唐文治集

唐文治 著

鄧國光 輯釋

上海古籍出版社

選堂

歐陽艷華 何潔瑩 輯校

唐文治性理學論著集

第二册

紫陽學術發微

整理説明

《紫陽學術發微》十二卷，與《性理學大義》所收《朱子大義》完全不同，乃全新之學術論撰。唐先生《自訂年譜》丁卯（一九二七）六十三歲條載：「冬，編《紫陽學術發微》，共分十二類，參考書共引用四五十種，此後治朱學者，當可得其門而入矣。」其自信源自集大成式之消化與融攝，而又能自出新意。《朱子大義》八卷以收録朱子論學書信爲主，可視之爲理解朱子學術之途徑，書中較少提供朱子學内容與思想特色之文字，唐先生亦自覺不足。爲避免泛泛虛論，於是更切實通盤整理與研究，在編成《性理學大義》與《十三經讀本》之後，乃欲全力整理《朱子文集》，在一九二三年先撰《朱文公文集校釋序》。唐先生《自訂年譜》癸亥（一九二三）五十九歲條載：「十月，命諸生編《朱子全集校釋》。余嘗聞寶應有王白田先生《朱子文集注本》，爰函屬寶應劉生翰臣代爲訪覓，旋得劉生復書，謂『家藏有王白田、朱止泉兩先生《朱集》簽注，甲子完備，朱墨爛然，惟編纂不易，衹可過臨』云云。余乃命館生王蘧常、唐蘭、吴其昌、吴寶淩、戴恩溥五人赴寶應劉家分鈔，七日而蕆事。回錫後，復命王生蘧常悉心編纂，得十餘萬言，定名《朱子全集校釋》云。諸生之自寶應歸也，吴生寶淩贈余朱止泉先生《文集》四册，余細讀之，見止泉先生論朱子於乙丑歲悟道後，專用力於『涵養須用敬』『進學則在致知』二語，因之精義入神。陽明編《晚年定論》固非，然謂朱子膠於萬物而不事涵養者亦非也。乃知止泉先生於朱子之學，終身服膺寢饋，更勝於白田。且編有《朱子聖學考略》及《朱子分類文選》二書，尤爲精密無倫。旋王生購得《分類文選》示余，劉生又訪得《朱子聖學考略》，爲之大快。」唐先生此次重大整理工程，其最重要之意義，在發現王守仁所撰《朱子晚年定論》並不符事實，乃誤讀朱子，於是確定依據朱子學術自身義理脈絡，以復原朱子學之真際。

《紫陽學術發微序》於理解唐先生朱子學研究歷程、規模、變化三方面，異常重要。序文首先通盤總結過去研究，問題在《朱子文集》原初未編年，導致後學閱讀理解上之困難，此乃朱子文獻流傳過程中之先天不足，種種問題皆由之而起。唐先生概括過去研究之問題，乃是偏於一隅，各造精微，於文字上見成果；但晚清之朱子學，卻能知行合一，唐先生謂：「又有殫精私淑、口誦心維、尊德性而道問學、致廣大而盡精微者，其惟朱氏止泉之《聖學考略》、秦氏定叟之《紫陽大指》、夏氏弢甫之《述朱質疑》乎？秦氏書較勝于朱、夏。顧文治編輯此書，雖網絡羣言，然實本此三家以爲準則也。」尤其是夏炘《述朱質疑》，唐先生徵引尤富。因其書能够擺脱門户與成説，實事求是，從朱子文章中董理其義理脈絡，由是唐先生重新思考朱陸異同之實質、王守仁《朱子晚年定論》之究竟、朱子與永嘉事功派之關係、與陳亮辯論王霸之本質，唐先生認爲「必平心而考其世、實事而求其是，惟通其道而後能論其道，惟知其心而後能原其心」，如此方免於沉淪於陳腔濫調，精察出「朱子體用本末、格致誠正、修齊治平之本原」，始足以發揮其雖舊常新之永恒與普遍之義理活力，「雖百世常新可也」，此乃重編《紫陽學術發微》之原動力。

唐先生編撰此書，同時亦處理《陽明學術發微》，於程朱、陸王全面考察，不復再單向片面自囿眼界，而開放視野於通觀宋、元、明、清以來性理學之整體格局與規模，由於工程浩大，足耗三年時間，至一九三〇年底方纔定稿，《自訂年譜》庚午（一九三〇）六十六歲條八月載：「輯《紫陽學術發微》成。初，於教授《性理大義》中朱子諸篇，不能挈其綱要。後取王白田、朱止泉、秦定叟諸先生書讀之，略事分門纂述，粗有成書。本年，購得夏弢甫先生《述朱質疑》，更覺秩然有條理。爰仿其意，編輯是書。後附陸桴亭、顧亭林諸先生之評論。朱子學者得九家，爲《九賢朱子學論》，頗足發明朱學源流。書成後，即付印。」所提及之《九賢朱子學論》，爲唐先生甚自信之力作，即本書卷十一及十二之《九賢朱學通論》（上、下），乃對清三百年程朱、陸王問題之總結。而於最末述夏炘朱子學，引夏氏評駁戴震《孟子字義疏證》於朱子之誤讀與主觀失實之否定，與唐先生《孟子大義》《禮記大義》之反駁戴震相呼應。是故此書與《朱子大義》，不論宗旨、體例、內容、規模等，均截然不同，尤其是提綱挈領，分類闡述朱子學要義，戛戛獨造，皆出於唐先生對學術之忠誠與責任，可視爲唐先生聖學之定論。

事實上，唐先生《紫陽學術發微》成書出版之後，並未滿足於此，依然不斷搜尋前賢著作，過後一年所撰《高忠憲公朱子節要後序》（一九三一），復詳細交代其有新發現之喜悦云：「辛酉歲（一九二一），文治講學錫山，初編《朱子大義》。己巳（一九二九）、庚午（一九三〇）之交，復輯《紫陽學術發微》，聞同邑高忠憲公有《朱子節要》一書，訪求未得。辛未（一九三一）夏日，孫君髭香〔一〕來告，同邑孫君蔭午〔二〕藏有《朱子節要》原本，榮

〔一〕孫髭香，曾任小學校長，一九二七年南洋大學畢業，赴曼徹斯特茂偉電機廠實習，一九三〇年任職杭州、南京、漢口電廠，一九五三年後任上海、北京電力工程師。

〔二〕孫蔭午曾中舉人，與富商榮德生、楊味雲多有交往。

君德生將謀付印，屬爲序言。文治大喜逾望，亟披而讀之。凡十四卷，其分類悉依朱子《近思録》而不稱『近思』者，忠憲公之謙也。然朱子嘗編《伊洛淵源録》，後人續編《考亭淵源録》〔一〕，則是書名爲《朱子近思録》固無不可也。其採擇純粹，致廣大，盡精微，而靡不約之於躬行實踐之間。雖後來如童能靈先生〔二〕之《朱子爲學次弟考》、秦定叟先生之《紫陽大指》〔三〕、朱止泉先生之《聖學考》，素稱邃密，皆不能逮也。迺恭爲之序，以附於後，曰：救世之道，宏綱有三，一曰正人心，二曰立人品，三曰拯人命。舍是三者而求治平，非所敢知也。天地純駁之氣，常與人心之邪正，息息相通。惟能正心，乃能維乾坤之正氣。朱子受學延平先生〔四〕，得力在『己丑悟道』，探心性之源，得已發未發之奥，其大要見於《答張南軒先生》四書。高忠憲《未發説》與顧涇凡〔五〕《論已發未發書》，洞暢厥旨。綜其要，不過涵養、省察、擴充三端。涵養者，養未發之

〔一〕《考亭淵源録》，宋端儀（一四四七～一五〇一）撰，薛應旂（一五〇〇～一五七五）重修。
〔二〕童能靈（一六八三～一七四五），字龍儔，晚號寒泉。
〔三〕秦雲爽，字開地，號定叟，錢塘人。是編成於順治辛丑，專糾正王守仁《朱子晚年定論》。
〔四〕李侗（一〇八八～一一五八），字愿中，世號延平先生。
〔五〕顧允成（一五五四～一六〇七），字季時，號涇凡，顧憲成弟，南京教授、禮部主事，東林八君子之一。

中也；擴充者，致已發之和也，而省察介乎未發已發之交。故周子曰：『動而未形有無之間者，幾也。』幾爲動微，必省察乎此，而後能去惡以歸於善。夫人未有不治其心而能治身者，亦未有不能管理其心，而能管理天下之事者，此正人心之道也。《孟子》論尚志，必本於氣節。……學校之政不修則子弟之教不肅，士林之品日壞則生民之苦日深，惟賴有公平正大、力挽頹風者，矯而正之，此立人品之道也。怐愗之儔，輒詆宋儒爲無用。文治謂世界有用之學，莫如孔、孟、程、朱，何也？以其『爲生民立命』也。……適值兵災水災交迫之會，哀鴻遍野，白骨邱山，耳不忍聞，筆不忍述，當世仁人君子讀是書者，其於拯人命一事，當必有大恫於心，而急所先務者矣。然惟人心險詐，人品卑污，而殺機災祲，乃根據盤伏而益無所底，則三者更有相因之理。居今之世，變今之俗，宜先革其心，改其行。立國根荄，莫要於此。此以爲迂而掃除之，世道之所以愈漓，而人綱人紀之所以愈悖也。則惟有提倡朱子之學，宏宣木鐸以救之。」此唐先生悲天憫人，身處「苦難時代」之肺腑心聲。

唐先生如此費力整理朱子學，提倡朱子學，正爲對治時代之集體「心疾」，其非我其誰之擔當精神，由衷而生者也。而需要大書特書的，是對朱子客觀公正評價問題，其全力批評戴震之誤導，表揚章學誠《文史通義》之識見，肯定其爲清代學術第一人，目的是在重振朱子學之救世意義，復興聖學。

本書是唐先生朱子學集大成之作，内容非常豐富，規模龐大，整理殊非易事。謹根據林慶彰教授主編《民國時期哲學思想叢書》第一編第八十八册影印之一九三〇年鉛印本爲工作底本；朱子文字取校於《四部叢刊初編》影印上海涵芬樓藏明刊《晦庵先生朱文公文集》；其中所大量徵引之夏炘《述朱質疑》，則取校於咸豐辛亥（一八五一）刊本；凡文字詞句差異處，皆出校注明。

紫陽學術發微目録

紫陽學術發微卷三

紫陽學術發微卷四

紫陽學術發微卷五

紫陽學術發微卷六

紫陽學術發微卷七

紫陽學術發微卷八

紫陽學術發微卷九

紫陽學術發微卷十

紫陽學術發微卷十一

紫陽學術發微卷十二

紫陽學術發微自序〔一〕

文治既編《朱子大義》八卷，比年以來教授學者，復博蒐舊藏及見在所得紫陽學各書，繁細不捐，顯微畢燭，略得要删之法，爰輯《紫陽學術發微》十有二卷。

序曰：　自黄氏勉齋臚述《朱子行狀》〔二〕，朱子文孫在〔三〕編《晦庵集》一百卷、《續集》五卷、《别集》七卷，厥後研朱子學者代有傳人。然爲之者鮮得要領，何哉？蓋編書之法不外兩端：曰編年，曰分類。《朱子集》既無編年（朱子偶有自注年歲，亦不過十數篇），而又僅以文體〔四〕分類，不以事隸屬；矧所著過多，爲古來所未嘗有；故綴學之

〔一〕序文又載於《茹經堂文集》三編卷五。文字與本書異同處，出校注明。

〔二〕黄榦（一一五二～一二二一），字直卿，號勉齋，閩三山人，淳熙九年（一一八二），朱子以次女妻之，編有《朱子行狀》，載本編《性理學大義》之《朱子大義》卷一。

〔三〕「文孫」謂後人。朱子三子朱在（一一六九～一二三九），字叔敬、敬之，號立紀，娶吕祖謙女，任泉州通判，歷南康軍奉祠，起知信州，建立石井書院。

〔四〕「文體」，《茹經堂文集》作「書疏等」。

士但覺茫無津涯，或轉病其亂雜而無章，是豈爲朱學者之咎哉？風氣未開，而董理之方未得也。

於是有裁割鱗爪，獨守偏隅者，如張氏伯大、齊氏充甫所訂《朱子讀書法》是也。其書於入門適道之序，燦然秩然，且間有爲文集所未載者，可貴已。

有考訂事實、鑽研成編者，如王氏白田《朱子年譜》、童氏龍儔《朱子爲學次第考》是也。王氏兼詳出處學術，童氏則注重於論學〔一〕，各竭其畢生之精力，俱有專長〔二〕。而王氏《朱子論學切要語》與白田《草堂雜著》，提要鉤深，與《年譜》並行，江河不廢矣〔三〕。

有抉擇精義，別樹一幟者，如張氏孝先所選之《朱子文集》、朱氏止泉之《朱子分類文選》是也，二選皆純粹而不宜於初學。

有以古文義法作選目標準者，如朱氏竹垞之《朱文公文鈔》、周氏大璋之《朱子古文讀本》、杜氏庭珠之《朱子文鈔》是也。朱氏選本獨取有關時事〔四〕感奮激烈之作。

〔一〕「則注重於論學」，《茹經堂文集》作「詳于學術」。
〔二〕「俱有專長」，《茹經堂文集》後有「未可軒輊」四字。
〔三〕「與《年譜》並行，江河不廢矣」，《茹經堂文集》作「固足補《年譜》之闕略矣」。
〔四〕《茹經堂文集》「時事」後有「出處」二字。

周、杜二書則皆以南豐爲先河，紫陽爲後海者也。

有自出己意以區類者，如邱氏瓊山之《朱子學的》、龍氏曉崖之《朱子講學輯要》是也。邱氏稍優於龍氏，而妄擬《論語》，皆蕪雜而無用〔一〕。

有輯拾朱子語以疏釋經義者，如陳氏鑅《朱子文集纂》是也。其書類《四書大全》，義理亦泛而雜〔二〕。

有精心評騭而不免門户之見者，如陳氏清瀾〔三〕之《學蔀通辨》、程氏啓暾之《閑闢録》〔四〕、陸氏稼書之《讀朱隨筆》《三魚堂集》〔五〕是也。陸氏畢生治朱學，精密無倫，於三家中尤爲傑出〔六〕。然微病其專闢異己，盡有餘之言。夫孟子之道本於性善，知言

〔一〕「而妄擬《論語》，皆蕪雜而無用」，《茹經堂文集》作「然其書皆蕪陋無所取」。
〔二〕《茹經堂文集》無「有輯拾朱子語」至「義理亦泛而雜」一段文字。
〔三〕陳建（一四九七～一五六七），字廷肇，號清瀾，東莞人；嘉靖七年（一五二八）舉人，任侯官縣教諭，期間與督學潘潢論朱陸異同，作《學蔀通辨》；曾校《十三經注疏》，朝廷頒行天下；遷江西臨江府學教授，編《周子全書》《程氏遺書類編》。
〔四〕《茹經堂文集》無「程氏啓暾之《閑闢録》」八字。
〔五〕《茹經堂文集》無「《三魚堂集》」四字。
〔六〕《茹經堂文集》無「於三家中尤爲傑出」八字。

養氣，其功豈僅距楊、墨、告子而已乎？

又有集大成、挈要旨以成書者，如陸氏桴亭〔一〕之《儒宗理要》、孫氏夏峰之《理學宗傳》、劉氏蕺山之《聖學宗要》〔二〕、黄氏梨洲之《晦翁學案》、李氏榕村〔三〕之《朱子全書》、朱氏止泉之《宗朱要法》是也。李氏書最繁，劉、朱二家極簡，陸、孫、黄三家得其中；然皆注重躬行，不貴徒騰口説，胡可幾也〔四〕。

又有殫精私淑、口誦心維、尊德性而道問學、致廣大而盡精微者，其惟朱氏止泉之《聖學考略》、秦氏定叟之《紫陽大指》〔五〕、夏氏弢甫〔六〕之《述朱質疑》乎！秦氏

〔一〕陸世儀（一六一一～一六七二），晚號桴亭，明亡不仕，唐先生父受祺輯《陸桴亭先生遺書》。

〔二〕劉宗周（一五七八～一六四五），順治二年杭州陷，絶食殉義，講學蕺山，學者稱蕺山先生。「聖學宗要」，《茹經堂文集》作「聖學宗傳」。按：當以「聖學宗要」爲是。

〔三〕李光地（一六四二～一七一八），字晉卿，號榕村，奉敕纂《性理精義》《朱子全書》《周易折中》。

〔四〕《茹經堂文集》無「胡可幾也」四字。

〔五〕秦雲爽，字開地，號定叟，錢塘人。是編成於順治辛丑，專糾正王守仁《朱子晚年定論》之非。

〔六〕夏炘（一七八九～一八七一），字心伯，號弢甫；道光五年（一八二五）舉人，任吴江、婺源教諭十八年；書齋曰「景紫堂」，以志敬慕朱子之意；成《述朱質疑》十六卷，另《朱子詩集傳校勘記》《學禮管釋》《三綱制服尊尊述義》《檀弓辨誣》等。曾國藩讀《述朱質疑》《檀弓辨誣》，謂古經學巨匠；左宗棠彙其書編爲《景紫堂全書》，奏請國史館立傳，入婺源名宦祠、當塗鄉賢祠。

書較遜〔一〕於朱、夏，顧文治編輯此書，雖網絡羣言，然實本此三家以爲準則也。

此外廣論朱學者，宋元而降，有若吴草廬〔二〕、薛敬軒〔三〕、羅整庵〔四〕、胡敬齋〔五〕、高景逸〔六〕諸人。近代有若顧亭林、吕晚村、江慎修、章實齋、唐鏡海〔七〕、倭艮峰〔八〕、劉虞卿〔九〕、曾滌生、羅羅山、吴竹如〔一〇〕諸人，雖所見偏全不同，要皆粹然壹出於正。而陳

〔一〕「遜」字，《茹經堂文集》作「勝」。

〔二〕吴澄（一二四九～一三三三），字幼清，號草廬，江西撫州人；朱子四傳弟子，咸淳三年（一二六七）作《道統圖並敘》，折衷朱陸；著《易纂言》《書纂言》《禮記纂言》《春秋纂言》等；謚文正。

〔三〕薛瑄（一三八九～一四六四），字德温，號敬軒，禮部右侍郎；著《讀書録》；謚文清，從祀孔廟。

〔四〕羅欽順（一四六五～一五四七），字允昇，號整庵，江西泰和人，官至南京吏部尚書；時稱江右大儒，與王陽明分庭抗禮；謚文莊。

〔五〕胡居仁（一四三四～一四八四），字叔心，築室梅溪山，成化元年（一四六五）白鹿洞書院主事，著《居業録》。

〔六〕高攀龍（一五六二～一六二六），字存之、雲從，無錫人，世稱「景逸先生」，東林八君子之一，謚忠憲。

〔七〕唐鑑（一七七八～一八六一），字鏡海，號翕澤，湖南善化人，嘉慶十四年（一八〇九）進士，官至太常寺卿，乃當時性理學巨擘，蜚聲京門。

〔八〕倭仁（一八〇四～一八七一），字艮峰，蒙古正紅旗人，道光九年（一八二九）進士，官至文華殿大學士，謚文端；講求宋儒之學，遺書十三卷。

〔九〕劉廷詔，字虞卿，號半村，河南永城人，恪守程朱，著《理學宗傳辯正》《讀經隨筆》《半村制藝》。參唐先生《〈理學宗傳辨正〉鈔本跋》（一九三九），載《茹經堂文集》四編卷六，收録《唐文治文集》「序跋類」。

〔一〇〕吴廷棟（一七九三～一八七三），字彦甫，號竹如，安徽霍山人，道光五年（一八二五）進士，官至刑部侍郎。

東塾《讀書記》之論朱子，不獨用考據法述義理，兼採近世新學，傅翼〔一〕而闡揚之。聖賢之道恢恢乎無所不包，豈非然哉？

《禮記·中庸篇》贊仲尼之大曰：「萬物並育而不相害，道並行而不相悖。」《禮運篇》贊大順之治曰：「深而通，茂而又間，連而不相及，順而不相害。」造化之行，一陰一陽；宇宙之合，一虛一實；教也者，民之寒暑也；事也者，民之風雨也，在提倡宗風者，斡維之而已矣。

朱子之於象山也，高明沈潛，虛實相濟，舊學新知，相觀而善，琢磨同在一室，巧力各有千秋，所謂「道並行而不相悖」，「連而不相及」；而彼入主出奴者，呶呶於黨同伐異之私，顧不陋哉？明王氏陽明編《朱子晚年定論》，考其年歲，大都在「己丑悟道」以後，故多涵養精微之論，而説者以爲顛倒早晚，並宇宙間虛實之理而不能辨，顧不隘〔二〕哉？抑如張氏陽和《朱子摘編》，採自然恬適之文，亦豈可厚非耶？〔三〕

〔一〕「翼」字，《茹經堂文集》作「會」字。
〔二〕「隘」字，《茹經堂文集》作「誣」字。
〔三〕《茹經堂文集》無「抑如張氏陽和」至「亦豈可厚非耶」一段文字。

若夫永嘉、永康學派之分支也，朱子對於士龍執後進之禮〔一〕，無論矣。如吕子約之襄輯《士禮通解》，氣節屹然，亦未嘗不欽重其爲人，特以其徒喜攻乙籍，恐其心麤而氣浮，故常貽書誥誡之；而子約亦留心於存養、克己之方〔二〕，是永嘉派固在朱子陶鎔之列者也。至於止齋、水心，講求經制，書札往還，各相師而不相非，和而不同，君子之道，固宜爾也。

東萊既殁，永康之燄遂熾〔三〕。龍川天資豪邁，朱子深加器重，力斥其「義利雙行，王霸並用」之説，引而進之於道，而龍川始終跅跎〔四〕於歧途，且痛詆朱子以爲空談性命，學無實用；不知南宋時若無朱子，則秦檜之徒將接迹於天下，而如文文山、謝疊山、陸秀夫、張世傑諸賢，又烏能聞風興起，造就其争光日月之節哉？而朱子對於永康派教誨諄諄，苦言不懈，是永康派亦未嘗不在朱子達材之列者也。

天之生聖賢豪傑也，必有以拂亂而挫折之，非特其生前爲然，即身後之名，亦往往時顯而時晦。孔孟且然，遑論餘子！朱子立朝之時，排擊之者，林栗、韓侂胄、胡

〔一〕「士龍執後進之禮」，《茹經堂文集》作「永嘉伯恭爲執友」。
〔二〕《茹經堂文集》無「而子約亦留心於存養、克己之方」十三字。
〔三〕《茹經堂文集》無「至於止齋」至「永康之燄遂熾」一段文字。
〔四〕「跅跎」同「跅弛」，放蕩不檢之謂。

紘、沈繼祖、余嘉〔一〕是也。不謂數百年後，好古如毛大可〔二〕，精博如戴東原，閎通如焦禮堂〔三〕，亦復挾其勝心〔四〕，詆毀之不遺餘力，且必欲掃除理學而後快〔五〕。

夫「易簡而天下之理得」，「窮理盡性以至於命」，孔子之言也。「心之所同然者，理也，義也」，孟子之言也。「不能反躬，天理滅矣」，「禮也者，理之不可易者也」〔六〕，古禮家之言也。天理外之人情，非人情也。若必徇情而滅理，則古聖賢之辭，皆爲謬妄矣。「君子一言以爲知，一言以爲不知」〔七〕，苟出其言不善，則人心世道皆因之偏激而失中，馴至於不可收拾〔八〕。此章氏實齋、夏氏弢甫輩所爲欷歔而太息者也。

文治自弱冠以迄艾耆，竊嘗尚論先儒言行，以爲必平心而考其世，實事而求其是，

〔一〕《宋史》載余嘉「乞斬」朱熹。
〔二〕毛奇齡（一六二三～一七一三），字大可，號西河。
〔三〕《茹經堂文集》無「閎通如焦禮堂」六字。
〔四〕《茹經堂文集》無「挾其勝心」六字。
〔五〕《茹經堂文集》「掃除理學而後快」後有「初不知其何心也」七字。
〔六〕《禮記·樂記》文。
〔七〕《論語·子張》載子貢語。
〔八〕《茹經堂文集》「不可收拾」後有「彼大可之《四書改錯》，抵隙吹疵，譬諸井蛙秋蟲，自鳴自噤，其猖狂不足道。獨惜東原之潛研訓詁，遠紹鄭學，而壹意與昔賢爭勝，其議論恣肆，遂至于此」一段文字。

惟通其道而後能論其道，惟知其心而後能原其心。故凡論學之中正和平者，必其人之出於忠恕者也；凡論學之叫囂隳突者，必其人之工於忌克者也。和而不同，同而不和，心術之分，於是可見。而紫陽學術之本原，更有握要以述之者[一]。昔先聖贊《易》曰：「《易》无思也，无爲也，寂然不動，感而遂通天下之故。」「天下同歸而殊塗，一致而百慮，天下何思何慮？」此朱子悟未發已發之宗旨也；又曰：「夫《易》開物成務，冒天下之道。」「富有之謂大業，日新之謂盛德。」是朱子體用本末、格致誠正、修齊治平之本原也。聖門家法，道德學問、功業文章，務在一以貫之。漢唐後能實踐此詣者，蓋朱子一人而已爾。

斯道至大，來者無窮。比聞遐方殊域，且有能爲朱子學者，東海西海、南海北海，心理固無不同，此書一出，儻有人引而伸之，斠而正之，迻而譯之，發揚而光大之，則紫陽氏之絕學，雖百世常新可也。

時在紫陽八百歲周攬揆之辰私淑弟子唐文治謹序[二]

[一]《茹經堂文集》無「故凡論學之中正和平者」至「更有握要以述之者」一段文字。

[二]《茹經堂文集》無「時在紫陽八百歲周攬揆之辰私淑弟子唐文治謹序」二十一字。

紫陽學術發微卷一

朱子爲學次第發微

文治按：朱子平生學術，廣大精微，鑽仰之而不能盡。其有專心研慮、提其要而挈其綱者，厥惟王氏懋竑《朱子年譜》、朱氏澤澐《朱子聖學考》、童氏能靈《朱子爲學次第考》、夏氏炘《述朱質疑》四書最爲精析。而《述朱質疑》擷取菁華，尤便講授。兹特輯夏氏書前五卷之最要者，成《朱子爲學次第發微》，而附童氏書二條於後，合爲一卷。或者病二書詳於朱子四十歲以前，而於己丑以後講學諸書，不免太略。然參考王氏懋竑《朱子論學切要語》、《年譜》附録。秦氏雲爽《論朱子涵養本原》，《紫陽大指》卷三。即可得其精微之奥。

抑文治考孔子自言進學次第，詳於《論語》「志學章」，子思子則詳於《中庸》「衣錦尚絅章」，孟子則詳於《浩生不害章》，其自邇登高之序，俱分六級。朱子己丑以後功夫，固不敢擬於孔子，其在《中庸》「不動而敬」與《孟子》「充實光輝」之候，殆無疑也。學者當取本書第三卷「心性學」，與夫《四書章句集注》詳細研究之，切己體察，深沉涵養，勉勉循循而不已焉，則所謂精義入神者，庶幾其有造乎！嗚呼！聖賢豈真不可學哉？

夏氏炘《朱子出入於老釋者十餘年考》

朱子幼孤，以遺命稟學於籍溪胡公、屏山白水兩劉公之門，三先生〔一〕之學皆不純，而屏山、籍溪爲甚。朱子既與屏山比鄰而居，又事籍溪最久，聰明絶世之資，網羅百家之學，一旦得聞所爲虛靈元妙之説，遂不直入其閫不止。迨銓選得簿以後，始見延平，復年餘而後返，總而計之，蓋十一年矣。朱子《答江元適書》所謂「出入於老釋者十餘年」，蓋謂此也。其實此十餘年之中，沈思經訓，潛心理學，未嘗一日不精研吾道；特其齊頭並進，二氏亦在所不遺耳。兹考其可見者著於篇。

輔廣録：「某年十五六時，在病翁所會一僧。屏山晚號病翁。與之語，其僧只相應

〔一〕三先生指籍溪胡原仲、屏山劉彦沖、白水劉致中。

和了説，也不説是不是，卻與劉説，某已理會得箇昭昭靈靈底禪。劉後説與某，某遂疑此僧更有要妙處在，遂去扣問他，見他説得也煞好……」〔一〕

包揚録：「某舊時亦要無所不學，禪、道、文章、《楚辭》、詩、兵法，事事要學。出入時無數文字，事事有兩册。一日忽思之曰：『且慢，我只一身〔二〕，如何兼得許多？』自此逐時去了。」〔三〕

《答汪尚書書》云：「某於釋氏之説，蓋嘗師其人，尊其道，求之亦切至矣，然未能有得。」

《答許順之書》云：「大抵舊來之以佛老之似，亂孔孟之真，故每有過高之病。」

《答孫敬甫書》云：「少時喜讀禪學文字。」

壬申朱子二十三歲。《讀道書詩》云：「巖居秉貞操，所慕在元虛。清夜眠齋宇，終朝觀道書。忘形氣自沖，性達理不餘。於道雖未庶，已超名迹拘。至樂在襟懷，山川

〔一〕《朱子語録》輔廣所録者。
〔二〕「一身」，《述朱質疑》作「一箇渾身」。
〔三〕《朱子語録》包揚所録者。

非所娱。寄語狂馳子，營營竟焉如。」六首録一首。

又《齋居誦經詩》云：「端居獨無事，聊披釋氏書。暫釋塵累牽，超然與道俱。門掩竹林幽，禽鳥山雨餘。了此無爲法，身心同晏如。」

癸酉二十四歲。春《誦經詩》云：「坐厭塵累積，脱躧味幽元。静披笈中素，流味東華篇。朝昏一頫仰，歲月如奔川。世紛未云遣，仗此息諸緣。」

炘按：《讀道書》《誦經》皆借異學以自遣，亦出入釋老之事。自癸酉春後，無是作矣。

鄭可學録：「初師屏山、籍溪。籍溪學於文定，又好佛老，以文定之學爲論治則可，而道未至，然於佛老亦未有見。屏山少年能爲舉業，官莆田，接塔下一僧，能入定，數日後乃見了，老歸家讀儒書，以爲與佛合，故作《聖傳論》。其後屏山先亡，籍溪在。某自見於道未有所得，乃見延平。」

《年譜》：癸酉夏，始受學於延平李先生之門。……

包揚録：「佛學舊嘗參究，後頗疑其不是。及見李先生，聞其言，初亦信未及，亦且背一壁放且理會學問看何如。後年歲間，始覺其非。」

《答江元適書》云：「某自幼記問言語，不能及人。以先君子之餘誨，頗知有意於古人爲己之學，而未得其處，蓋出入於老釋者十餘年。」

炘按：出入於老釋者十餘年，此朱子《答江元適書》，乃其鐵憑。輔漢卿所録，十五六歲「在病翁所會一僧」云云，則出入釋老自十五歲始矣。二十四歲始見延平，又「年歲間始覺其非」，則二十四五矣，所謂「十餘年」者是也。朱子見延平，實在二十四歲，而自云「二十四五」者，非真記憶之不清也，實以此兩年間，乃師弟授受之大淵源，學問轉關之大節目。《年譜》只據二十四計之，故云「泛濫於釋老者幾十年」；朱子自敘，必兼二十四五言之，故云「出入於老釋者十餘年」也。後人紛紛揣度之議，皆可以置之不論矣。〔一〕

文治按：朱子氾濫於老釋者十餘年，乃博覽之學耳。度其時，必以聖經賢傳爲主，而旁通二氏之書，非專沈溺於老釋之學也。故一見延平先生之後，即脱除舊習矣。夏氏按語，深得事實。

又按：夏氏《述朱質疑》兼採朱子答江元適、薛士龍、許順之、何叔京諸書，俱與此篇互相發明，文繁未録，當參考之。又王氏懋竑《朱子答江元適書、薛士龍書考》《辨通鑑》及《學蔀通辨》所載「二十餘年」，「二」字之誤，其説亦詳，當一

〔一〕夏炘《述朱質疑·朱子出入於老釋者十餘年考》卷一文。

併參閲。

夏氏炘《朱子見延平先生以後學術考》

延平受學於豫章，豫章受學於龜山，龜山受學於河南。惟其源流，遠有端緒。朱子以遺命稟學於建安三先生，自云：「於道未有所得。」及見延平，盡棄異學，純一不雜矣。自癸酉至壬午，十年之間，摳衣負笈，寓止西林者動輒數月，雖求中未發之旨，一間未達，而入道之次第，得於指授者最真。卒至晚年所見益親，所進益粹，光大師門之業，直軼豫章、龜山而上之，而其本原不可没也。兹輯其可見者著於篇。

《年譜》：朱子學無常師，出入於經傳，泛濫於釋老者幾十年。年二十四，見李延平，洞明道要，頓悟異學之非，盡能掊擊其失，繇是專精致誠，剖微窮幽，晝夜不懈，至忘寢食，而道統之傳，始有所歸矣。

炘按：《年譜》并不取「後年歲間始覺其非」之説，直截了當。以二十四歲爲斷，可以息羣喙矣。然與《答江元適書》所謂「十餘年」者，終嫌不合。

又《年譜》：先生常言：「自見李先生，爲學始就平實，乃知向日從事於釋老之非。」又云：「初見李先生，説得無限道理。李先生曰：『公恁地懸空理會得許多道理，面前事卻理會不下。道亦無他元妙，只在日用間著實做工夫處，便自見得。』某後來方曉得他説，故至今不至於無理會耳。」又云：「始見李先生，告之學禪。李先生但曰：『不是。』再三質問，則曰：『且看聖賢言語。』某遂將所謂禪權倚閣起，取聖賢書讀之。讀來讀去，日復一日，覺得聖賢言語漸漸有味，卻回頭看釋氏之説，漸漸破綻，罅漏百出。」

以上皆延平闢釋氏之説。炘按：「日復一日」，「聖賢言語，漸漸有味」，「釋氏之説，漸漸破綻」者，即所謂「後年歲間始覺其非」也。朱子一生屏黜異端，干城吾道，實自見延平始。且始於初見之一、二年，故《延平答問》所載，自丁丑至癸未，無專辨釋氏之書。蓋朱子癸酉、甲戌之間，已瞭然於儒釋之辯，而無所惑矣。又《延平行狀》云：「異端之學，無所入其心。然一聞其説，則知詖淫邪遁之所以然者。蓋辯之於錙銖秒忽之間，而儒釋之邪正分。」非朱子得力於延平者深，烏能爲是言哉？

《大學或問》云：「間獨惟念，昔聞延平李先生之教，以爲『爲學之初，且當常存此心，勿爲他事所勝，凡遇一事，即當就此事反覆推尋，以究其理，待此一事融釋脱落，然後循序少進，而別窮一事。如此既久，積累之多，胸中自當有灑然處，非文字言語之所及也。』……」

《延平行狀》：嘗語問者曰：「講學切在深潛縝密，然後氣味深長，蹊徑不差。若概以理一而不察乎其分之殊，此學者所以流於疑似亂真之説，而不自知也。」

李閎祖録：沈元周問尹和靖：「《伊川易傳》何處是切要？」尹云：「『體用一源，顯微無間。』此是最切要處。」後舉以問李先生，先生曰：「尹説固好，然須是看得六十四卦三百八十四爻，都有下落，方始説得此語。若學者未曾仔細理會，便與他如此説，豈不誤他？」某聞之悚然，自此讀書益加詳細〔一〕。

以上皆延平格物致知、讀書窮理之説。炘按：朱子《大學·格致補傳》，一宗程子，《或問》中備論吕、謝、楊、尹諸説，以爲僅有一二之合，不待七十子喪而大義乖，而獨殿以延平之教，以爲工夫之漸次，意味之深切，非他説所能及。惟嘗用力於此者，爲能有以識之，未易以口舌争。然則朱子格致之功，其得於延平者深矣。

文治按：朱子初見延平先生論學，好同而惡異，喜大而惡小。延平先生曰：「此但知理之一，而不知分之殊。」「理不患其不一，所難者分殊耳。」以上論理一分殊之旨，爲延平傳授一大關鍵。朱子畢生窮理之學，所以臻於精密無間

〔一〕此《朱子語録》文。

者，實基於此，後學切宜注意而體察焉，則庶乎能入道矣。又按：夏氏更有載《論〈西銘〉理一分殊》一條，以文繁不録。

《延平答問》丁丑書云：「承喻涵養力處，足見近來好學之篤。《孟子》有夜氣之說，更熟翫之，當見涵養用力處也。於涵養處著力，正是學者之要。」

又《戊寅書》云：「《孟子》發此夜氣之說，於學者極有益，若欲涵養，須於此持守可耳。」

又《己卯書》云：「今學者之患，在於未有灑然冰解凍釋處。」

又《庚辰書》云：「唯存養熟，理道明，習氣漸爾銷鑠，道理油然而生。」

又《與劉平甫書》云：「學問之道，不在多言，但默坐澄心，體認天理，若見，雖一毫私欲之發，亦自退聽矣。」

又《與劉平甫書》云：「大率有疑處，須静坐體究，人倫必明，天理必察，於日用處著力，可見端緒，在勉之耳。」

以上皆延平涵養用力、默坐澄心，期於「灑然冰解凍釋」之說。炘按：延平之學，最重涵養，其默坐澄心者，乃涵養之方；其洒然解釋者，乃涵養熟後自然之驗。朱子己丑以後，與張敬夫諸書專主先涵養，蓋宗延平及程子之說。但朱子之涵養重在「敬」，延平之涵養重在「静」，其旨趣微不同耳。

文治按：李先生主静之學，實本于周子《太極圖説》，亦師傳也。至云「於日用處著力，可見端緒」，是李先生亦極重察識。要之，太極兩儀，本不容偏廢也。

又《庚辰書》云：「曩時從羅先生學問，先生極好静坐，令静中看喜怒哀樂未發之謂中，未發時作何氣象。此意不唯於進學有益，兼亦是養心之要。」朱子庚辰《題西林院壁》云：「巾屨翛然一鉢囊，何妨且住贊公房。卻嫌宴坐觀心處，不奈簷花抵死香。」是用延平静坐看未發氣象如何之説。〔一〕

《延平行狀》：其語《中庸》曰：「聖門之傳是書，其所以開悟後學，無遺策矣。然所謂喜怒哀樂未發之謂中者，又一篇之指要也。」

又云：「初龜山倡道東南，士游其門者甚衆。然語其潛思力行，任重詣極，如羅公者，蓋一人而已。先生既從之學，講誦之餘，危坐終日，以驗夫喜怒哀樂未發之前氣象爲如何，而求所謂中者。若是者久之，而知天下之大本，真有在乎是也。」

〔一〕謹按：《述朱質疑》此條「又庚辰書云」文之次序，在下二條「延平行狀其語」「又云初龜山倡道」文之後。

以上延平於静中求喜怒哀樂未發時氣象之説。炘按：朱子《中和舊説序》云：「余早從延平李先生遊，受《中庸》之書，求喜怒哀樂未發之旨，未達而先生歿。」其所以未達之故，非後學所敢妄議。然朱子自己丑更定「中和舊説」後，堅守程子「涵養須用敬，進學在致知」二語，以爲後學指南。而楊方庚寅録云：「李先生時，説學已有許多意思，只爲説『敬』字不甚分明，是以許多時無捉摸處，或者未達之故，其以是與？」〔一〕

文治按：《中庸》未發已發之説，乃子思子述《易繫辭》之心傳，所謂「寂然不動」「感而遂通」者也。延平先生因之傳授朱子，實爲聖學入門之要，而合夜氣説體驗之，則更爲易顯矣。

夏氏炘《朱子丁亥戊子從張南軒先察識後涵養考》

張南軒「先察識，後涵養」之説，受之於胡五峯。五峯之説，本之於謝上蔡。上蔡之説，則原於明道而不得其意者也。朱子「中和舊説」，凡言心者，皆指已發而言，與胡五峯同。則以察識端倪爲初下手處，功夫較爲直捷，故丁亥至潭州，與南軒同主此

〔一〕夏炘《述朱質疑·朱子出入於老釋者十餘年考》卷二文。

說。茲考其較然者著於篇。

丁亥八月，朱子往長沙訪張南軒。十一月，偕登南嶽，至櫧州別歸，酬南軒詩二首，其二章云：「昔我抱冰炭，從君識乾坤；始知太極蘊，王白田云：「太極，謂未發也。」〔一〕要眇難名論。謂有豈有迹？謂無復何存？惟應酬酢處，特達見本根。萬化自此流，千聖同茲源；曠然遠莫禦，惕若初不煩。云何學力微，未勝物欲昏；涓涓始欲達，已被黃流吞。豈知一寸膠，救此千丈渾；勉哉共無斁，此語期相敦。」

炘按：「惟應酬酢處，特達見本根。」後朱子所謂南軒之學，皆於鬧處承當也。

戊子《與程允夫書》云：「去冬走湖湘，講論之益不少。然此事須是自做工夫，於日用之間，行住坐卧處體察，方自有見處。然後以此操存，以致其極，方爲己物。敬夫所見，超詣卓然，非所可及，如《艮齋銘》便是做工夫底節次。今日相與考證古聖所傳門庭，建立此箇宗旨，相與守之。」從《朱程答問》本。

炘按：朱子從南軒「先察識，後涵養」之說，此最分明。前詩獨詳先察識，至於後涵養之意，猶未及也。

〔一〕王懋竑《朱子年譜考異》卷一「乾道三年丁亥三十八歲八月」條下云：「《太極詩》云太極，則指未發而言也。」

戊子《與曾裘夫書》云：「敬夫爲元履作齋銘，曾見之否？漫納去，其言雖約，然《大學》始終之義具焉，恐可置左右也。」〔一〕

附：張南軒《艮齋銘》：「艮齋，建安魏元履燕居之室也。在《易》，艮爲止，止其所也。栻嘗考《大學》始終之序，以知止爲始，得其所止爲終，而知止則有道矣。《易》與《大學》，其義一也。敬爲之銘：『物之感人，其端無窮；人爲物誘，欲動乎中。不能反躬，殆滅天理；聖昭厥猷，在知所止。天心粹然，道義俱全；是曰至善，萬化之源。人所固存，曷自違之？求之有道，夫何遠而。四端之著，我則察之；豈惟慮思，躬以達之。工深力到，大體可明；匪由外鑠，如春發生。知既至矣，必由其知；造次克念，戰兢自持。動静以時，光明篤實；艮止之妙，於斯爲得。』」

炘按：「四端之著，我則察之」，即《孟子》「知皆擴而充之」也。與知止之知，淺深判然不同。比而同之，宜朱子不久而即悟其失也。

戊子《答何叔京書》云：「但因其良心發現之微，猛省提撕，使心不昧，則是做工

〔一〕夏炘《述朱質疑·朱子丁亥戊子從張南軒先察識後涵養考》卷三文。

夫底本領。本領既得，自然下學而上達矣。若不察於良心發見處，即渺渺茫茫，終無下手處也。欽夫之學，所以超脱自在，見得分明，終是本領是當，非吾輩所及。但詳觀所論，自可見矣。」

戊子《與石子重書》云：「去秋走長沙，敬夫見處，卓然不可及。」又云：「『敬』字之説，深契鄙懷。只如《大學》次序亦須如此看，始得非格物致知全不用正心誠意，及其誠意正心却都不用致知格物。但下學處須是密察，見得後便泰然行將去，此有始終之異耳。其實始終是箇『敬』字，但『敬』中須有體察功夫，方能行著習察。不然，兀然持敬，又無進步處也。」

炘案：「涵養須用敬，進學在致知」，二者雖齊頭並進，而涵養實爲致知之本。此書就子重言敬，分别以察識爲先，用敬夫之説也。又按：以上所列朱子從南軒先察識之説，其可考見者如此。〔二〕

〔二〕夏炘《述朱質疑·朱子丁亥戊子從張南軒先察識後涵養考·附張南軒艮齋銘》卷三文。

附考：答羅參議、張敬夫書

乙酉《答羅參議書》云：書中云：「端甫兄弟已祥祭。」延平先生卒於癸未十月，則此爲乙酉十月後書也。「欽夫時收安問，警益甚多。大抵衡山之學，只就日用處操存辨察，本末一致，尤易見功。近乃覺知如此，非面未易究也。」

炘按：南軒先察識之說，朱子未往衡湘以前，會問往來，早已論及。朱子守延平涵養本原之教久，不達中和之旨，忽聞此論，喜其尤易見功，則欲從之志，已萌芽於乙酉之冬矣。不曰「辨察操存」而曰「操存辨察」，語尚疑而未決，故云：「非面未易究也。」

丙戌《答張敬夫書》云：「然則天理本真，隨處發見，不少停息者，其體用固如是，而豈物欲之私所能壅遏而梏亡之哉？故雖汩於物欲流蕩之中，而其良心萌蘖，亦未嘗不因事而發見。學者於此致察而操存之，則庶乎可以貫乎大本，達道之全體而復其初矣。」

炘按：此朱子悟中和之旨，與敬夫第一書也。朱子既以心爲已發，性爲未發，而未發之性流行於日用之間，「隨處發見，不少停息」，學者即於良心萌蘖之初，致察而操存之，以復其初，非用先察識而後涵養之說哉？此說也，乙酉之冬，已有從之之意，而尚未決；至丙戌則用之以說中和，而丁亥至湘湖與敬夫面相質究，而遂決然主之，其次弟可考如此。〔一〕

夏氏炘《朱子己丑以後辨張南軒先察識後涵養考》

朱子丙戌中和之説，與南軒往復通書，辨晰詳盡，南軒雖以延平默坐澄心爲不然，而於朱子之論中和則無不合。及朱子至潭州，又從南軒「先察識，後涵養」之説，南軒贈詩所謂「遺經得紬繹，心事兩綢繆」也。及朱子己丑更定舊説，詒書與南軒論之。南軒亦欣然改從，惟先察識後涵養，執之尚堅。朱子既與南軒細辨，又與當時同主此説者極言之。兹考其可見者著於篇。……

庚寅《答張敬夫》云：「某幸從遊之久，竊覵所存，大抵莊重湛密氣象有所未足，以故所發多暴露而少含蓄，此殆涵養本原之功未至而然。以此慮事，吾恐視聽之不能審，而思慮之不能詳也。」又云：「某嘗以爲内修外攘，譬如直内方外。不直内而求

〔一〕夏炘《述朱質疑·朱子丁亥戊子從張南軒先察識後涵養考·附考答羅參議張敬夫書》卷三文。

外之方固不可，然亦未有今日直内而明日方外之理。須知自治之心不可一日忘，而復讎之義不可一日緩，乃可語今世之務矣。」

炘按：乾道六年，召敬夫爲講官，以范成大爲金祈請使。敬夫見上，言其不便，此書中間本不知曾爲上論罷祈請之使否。又書末以涵養比自治，察識方復讎，語亦分明。

庚寅又書云：「未有大本不立，而可以與此者。此古欲平天下者，所以汲汲於正心誠意以立其本也。若徒言正心，而不足以識事物之要，或精覈事情，而特昧夫根本之歸，則是腐儒迂闊之論，俗士功利之談，皆不足以論當世之務矣。吾人向來非不知此，卻是成己功夫於立本處未甚端的，如不先涵養而務求知見是也。」

炘按：書首云「奏草已得，竊觀」，知是庚寅得對後之書。又書中云「吾人向來非不知此，卻是成己功夫於立本處未甚端的，如不先涵養而務求知見」云云，可見先察識之說，朱子實與敬夫共之，非獨敬夫一人之學也。

己丑《答林擇之》云：篇首云「某侍旁如昨，祠官再請」，故知爲己丑九月前之書。「近得南軒書，諸説皆相然諾。但先察識後涵養之説，執之尚堅。」

炘按：擇之名用中，古田人，丁亥歲，朱子招至崇安教子；偕朱子至長沙，同登南嶽;十一月,自儲州別南軒,又偕朱子東歸,實與聞先察識後涵養之說者。

又《答擇之》云:「近看南軒文字,大抵都無前面一截功夫。心體通有無,該動靜,方無透漏。若必待其發而後察,察而後存,則功夫之所不至多矣。惟涵養於未發之前,則其發處自然中節者多,不中節者少。體察之際,亦易明審,易爲著力,與異時無本可據之説,大不同矣。」

又《答擇之》云:「今且論涵養一節,疑古人直自小學涵養成就,所以大學之道只從格物做起。今人從前無此功夫,但見《大學》以格物爲先,便欲只以思慮知識求之,更不於操存處用力。縱使窺測得十分,亦無實地可據。大抵『敬』字是徹上徹下之意,格物致知乃其間節次進步處耳。」

又《答擇之》云:「義理,人心之固有,苟得其養而無物欲之昏,則自然發見明著,不假別求。格物致知,亦因其明而明之耳。今乃謂不先察識端倪,則涵養箇甚底,不亦太急迫乎?」

炘按:以上三書,無年可考。大約亦在己丑、庚寅之間耳。

《答胡廣仲》云:「向來之論,謂必先致其知,然後有以用力於此,疑若未安。蓋古人由小學而進於大學,其於灑掃、應對、進退之間,持守堅定,涵養純熟,固已久矣。

是以大學之序，特因小學已成之功，而以格物致知爲始。今人未嘗一日從事於小學，而曰『必先致其知，然後敬有所施』，則未知以何爲主而格物以致知也。」

又《答廣仲》云：「上蔡雖説明道先使學者有所知識，卻從敬入。然其記二先生語，却謂未有致知而不在敬者。又自云：『諸君不須别求見處，但敬與窮理，則可以入德矣。』二先生亦言：『根本須先培壅，然後可立趨向。』又言：『莊整齊肅，久之則自然天理明。』五峯雖言『知不先至，則敬不得施』，然又云：『格物之道，必先居敬以持其志。』此言果何謂耶？某竊謂明道所謂先有知識者，只謂知邪正、識趨向耳，未便遽及知至之事也。上蔡、五峯既推之太過，而來喻又謂『知』之一字，便是聖門授受之機，則又因二公之過而又過之。」

又《答廣仲》云：「來教所謂『正要此處識得真妄』，然須是平日有涵養之功，臨事方能識得。若茫然都無主宰，事至然後安排，則已緩而不及於事矣。」

炘按：胡廣仲名實，文定公二弟安止之子。文定公世家建州之崇安，至文定宦遊荆楚，徙家衡嶽之下，故遂爲楚人。廣仲不及事文定，受業於從兄五峯之門，與張南軒爲同門友，蓋皆受五峯「先察識，後涵養」之説者。朱子所謂湖南諸公，廣仲其一也。

《答吴晦叔》云：「《大學》之書，雖以格物致知爲用力之始，然非謂初不涵養履踐，而直從事於此也；又非謂物未格、知未致，則意可以不誠、心可以不正、身家可以不修且齊也。但以爲必知之至，然後所以治己治人者，始有以盡其道耳。」又自注云：「按五峯作《復齋記》，有『立志居敬，身親格之』之説，蓋深得乎此者。但《知言》所論，於知之淺深，不甚區別，而一以知先行後概之，則有所未安耳。」

炘按：晦叔名翌，世爲建陽人；逾冠遊學衡山，師事胡先生五峯。五峯没，又與先生之從弟廣仲、伯逢門人張敬夫遊。其學大要以胡氏爲宗，故於「先察識，後涵養」之説，亦持之甚堅也。此又湖南諸公之一人也。

己丑冬《答程允夫》云：別紙據《朱程答問》本是十一月書。「紙尾之意，以爲先須有所見，方有下手用功處，則又不然。夫持敬用功處，伊川言之詳矣，只云：『但整齊嚴肅，則心便一，一則自無非僻之干。』又云：『但動容貌，整思慮，則自然生敬。』只此便是下手用功處，不待先有所見而後能也。』」

炘按：允夫名洵，婺源人，朱子之内弟；未嘗爲五峯之學，又未嘗與南軒相見。前朱子自潭州歸，曾寄書與論南軒之學，卓然不可及。允夫至今守其説不變，此時朱

子又詒書辨之也。〔一〕

文治按：先察識之説，《孟子》嘗言之曰「物皆然，心爲甚」〔二〕，「凡有四端於我者，知皆擴而充之矣」。〔三〕此爲功夫之淺者言也。先涵養之説，《孟子》亦嘗言之曰「苟得其養，無物不長」〔四〕，「存其心，養其性，所以事天也」〔五〕，此亦爲功夫之淺者言也。若夫《中庸》之「不息則久，久則徵」，「肫肫其仁，淵淵其淵」，《孟子》之「君子所性，仁義禮智根于心」〔六〕，此爲涵養功夫之深者言也。朱子與南軒先生爲學之始，主先察識而後涵養，本于胡五峯先生之教，蓋由淺以及深耳，非誤入歧途也。迨朱子己丑悟道後，乃用程子涵養、致知並進之説，而以涵養爲本，南軒先生亦無異議；等而上之，功夫日臻邃密，蓋非淺學者所能窺矣。王氏

〔一〕夏炘《述朱質疑·朱子己丑以後辨張南軒先察識後涵養考》卷四文。
〔二〕《孟子·梁惠王上》文。
〔三〕《孟子·公孫丑上》文。
〔四〕《孟子·告子上》文。
〔五〕《孟子·盡心上》文。
〔六〕《孟子·盡心上》文。

懋竑《朱子〈答陳正已書〉考》，所論極精，當參閱之。

夏氏炘《朱子己丑以後更定中和舊説考》

朱子一生之學，大定於己丑以後，豈天欲使之爲百世之師、立儒宗之極？故多其途徑，俾之紆迴曲折，無微不至，而後豁然貫通，遂有以衍濂洛之心傳，紹洙泗之道脈哉！夫理莫精於中和，而未發已發，乃中和之界限。舊説以未發屬性，已發屬心，雖未爲大失，而儱侗囫圇，畛限不分，於是乎審端用力之地，必有非所據而據者，是學術之憂也。朱子以潛思力行之久，得遺編精義之傳，其論説尚存於《文集》。學者聞其略而未覩其詳，兹輯其可見著於編。……

《答林擇之》云：「昨日書中論『未發』者，看得如何？兩日思之，疑舊來所説，於心性之實未有差，而『未發』『已發』字，頓放得未甚穩當。疑『未發』只是思慮事物之未接時，於此便可見性之體段，故可謂之中而不可謂之性也。『發而中節』是思慮事物已交之際，皆得其理，故可謂之和而不可謂之心。心則通貫乎已發未發之間，乃大《易》生生流行、一動一静之全體也。舊疑《遺書》所記不審，今以此勘之，無一不合。」

《答吴晦叔》云：「夫易，變易也，兼指一動一静、已發未發而言之也。太極者，性情之妙也，乃一動一靜、未發已發之理也，故曰『易有太極』，言即其動靜闔闢，而皆有是理也。若以『易』字專指已發而言，又是以心爲已發之説也。」

《答胡廣仲》云：「《中庸》體用之説，亦只是句中少曲折耳。蓋中者，所以狀性之德而形道之體；和者，所以語情之正而顯道之用。某前説之失，便以中和爲體用，則是猶便以方圓爲天地也，近已用此意改定舊説。」

炘按：此三書皆己丑一時之言。……

《易寂感説》云：「『易，无思也，无爲也，寂然不動，感而遂通天下之故』者，何也？曰：无思慮也，无作爲也；其寂然者無時而不感，其感通者無時而不寂也；是乃天命之全體，人心之至正，所謂體用之一原，流行而不息者也。疑若不可以時處分矣，然於其未發也，見其感通之體；於已發也，見其寂然之用，亦各有當而實未嘗分焉。故程子曰：『中者，言寂然不動者也。和者，言感而遂通者也。』然中和以性情言者也，寂感以心言者也，中和蓋所以爲寂感者也。觀『言』字、『者』字，可以見其微意矣。」

《程子養觀説》云：「程子曰：『存養於未發之前則可。』又曰：『善觀者卻於已發之際觀之。』何也？曰：此持敬之功，貫通乎動靜之際者也。就程子此章論之，方其未發，必有事焉，是乃所謂靜中之知覺，復所以『見天地之心』也。及其已發，隨事觀省，是乃所謂動上求靜，《艮》之所以『止其所』也。然則靜中之動，非敬其孰能形之？動中之靜，非敬其孰能察之？故又曰：『學者莫若先理會敬，能敬則自知此矣。』」

炘按：此二説發明未發已發，皆同時之作無疑。他如《太極説》《〈樂記〉動靜説》《〈中庸〉首章説》，皆所以論中和之旨，學者所宜潛心翫味，茲不具録也。〔一〕

文治按：夏氏原文所録，有《中和舊説序》《已發未發説》《與湖南諸公》及張敬夫諸書，均已採入第二卷，茲不具録。

夏氏炘《讀朱子答林擇之書》

《大全集》載答林擇之書三十二首，皆在戊子以後，蓋擇之丙戌始見朱子，丁亥館於朱子之家，秋八月偕朱子至長沙訪南軒，其「中和舊説」及先察識後涵養之論，皆與聞之。後朱子更定舊説，辨先察識之非，擇之已歸古田矣。答書數十首，大抵己丑、庚寅兩年居多，其中有滋後人之疑者，讀之烏能默默哉？

〔一〕夏炘《述朱質疑・朱子己丑以後更定中和舊説考》卷四文。

「《中庸》《樂記》之言，有疏密之異。《中庸》徹頭徹尾説箇謹獨工夫，即所謂『敬而無失』『平日涵養』之意；《樂記》即説到好惡無節處，方説『不能反躬，天理滅矣』。殊不知未感物時，若無主宰，則亦不能安其静，只此便自昏了天性，不待交物之引然後差也。蓋『中和』二字，皆道之體用，以人言之，則未發已發之謂，但不能慎獨，則雖事物未至，固已紛綸膠擾，無復未發之時，既無以致夫所謂中，而其發必乖，又無以致夫所謂和。惟其戒謹恐懼，不敢須臾離，然後中和可致，而大本達道乃在我矣。」「舊聞李先生論此最詳，後來所見不同，遂不復致思。今乃知其爲人深切，然恨已不能盡記其曲折矣。」「又如先言慎獨，然後及中和，此意亦嘗言之。但當時既不領略，後來又不深思，遂成蹉過，辜負此翁耳。」第二十首。

炘按：此書言涵養之義，隱破南軒先察識之説，蓋己丑書也。《樂記》言人生之性本静，感於物而後動，不著涵養功夫。《中庸》「戒慎」「隱顯」兩節，即涵養、用敬之意，故曰「言有疏密」。《章句》「戒慎」節屬存養，「隱顯」節屬省察，此統屬慎獨，不分兩意者，蓋用諸老先生之舊説。《中庸或問》諸家之説，皆以戒慎不覩、恐懼不聞，即爲謹獨之意。此時《章句》尚未成，未嘗出以示人也。延平之學最重涵養，朱子後宗胡五峯先察識後涵養之説，故云「所見不同」。兹更定舊説，極知涵養不可居察識之後，故深悔之。但延平之涵養，在默坐澄心，體認天理，而說「敬」字不分明，故未免有病。朱子自更定舊説後，與林擇之先後諸書皆極言「敬」字之妙，不敢明斥延平之失，故曰「不能盡記其曲折」，豈朱子之於師傳而習之猶有未審乎？

「古人只從幼子常視無誑以上，灑掃應對之間，便是做涵養底功夫，此豈待先識端倪而後加涵養哉？但從此涵養中，漸漸體出這端倪來，則一一便爲己物；又只如平常地涵養將去，自然純熟。今曰『即日所學，便當察此端倪，而加涵養之功』，似非古人爲學之序也。」「蓋義理，人心之固有，苟得其養而無物欲之昏，則自然發見明著，不待別求。格物致知，亦因其明而明之耳。今乃謂不先察識端倪，則涵養箇甚底，不亦太迫急乎？『敬』字通貫動靜，但未發時則渾然是敬之體，非是知其未發，方下敬底功夫，既發則隨事省察，而敬之用行焉。然非體素立，則其用亦無自而施也。」第二十一首。

王氏懋竑曰：「『從涵養中漸漸體出這端倪來』，陳湛之靜中養出端倪，則近之矣。『苟得其養，而無物欲之昏，則自然發見明著，不待別求』，陽明之致良知亦類是也。此皆朱子未定之論，後來所不用者，乃知後人之創爲異説，其實則拾前人之所棄以自珍爾。」

炘按：　前書言《中庸》下手功夫便是涵養，此書言《大學》雖首格致，而古人小學已是涵養，皆明涵養不可居後之意，以破南軒之説。「端倪」出《莊子》，萌芽之謂也。先識端倪而後加涵養，張南軒之説，擇之亦以爲是者也。但端倪不同，有從涵養中出者，有不從涵養中出者。不從涵養中出者，不中節者多，中節者少；從涵養中出者，中節者多，不中節者少。於此體察之，則所發之善，一一皆爲己物。又《答擇之書》云：「惟涵養於未發之前，則其發處自然中節者多，不中節者少。體察之際，亦易明審，可互相發明。」又復於無事之時，如前涵養，則功夫純熟矣。語意明白純精，與白沙、甘泉之養出端倪，静坐久之，然後見吾此心之體，隱然呈露，常若有物者，何翅天淵，而猶以爲近耶？「義理，人心之固有，苟得其養，而無物欲之昏，則自然發見明著，不假別求。格物致知，亦因其明而明之耳」，數語即申明前段之意，言涵養爲致知之本，而致知者，即從涵養做將去。朱子於不假外求之下，明明云「格物致知，亦因其明而明之」，與「致良知」之目視耳聽，安有認不真的道理？是非之心，人皆有之，不假外求，又何翅天淵，而又以爲類耶？〔一〕

〔一〕夏炘《述朱質疑·讀朱子答林擇之書》卷四文。

童氏能靈《朱子爲學次第考》二條

辛卯歲〔一〕朱子《答吕伯恭書》曰陰陽、動静之説，竟未了然，何耶？今以來諭所引者推明之。「夫謂人生而静是也，然其感於物者，則亦豈能終不動乎？今指其未發而謂之中，指其全體而謂之仁，則皆未離乎静者而言之。至於處物之宜謂之義，處得其位謂之正，則皆以感物而動之際爲言矣。是安得不有陰陽體用、動静賓主之分乎？故程子曰：『知義之爲用而不外焉者，可以語道矣。世之論義者多外之，不爾，則混然而無别，非知仁義之説者也。』此意極分明矣。且體用之所以名，正以其對待而不相離也。今以静爲中正仁義之體，而又爲中正仁義之用，不亦矛盾杌隉之甚乎。」

能靈謹案：《文集》中《答吕伯恭書》其首八篇無可考，自論欽夫去國一書以下凡數十篇，皆有事跡及冬春時序可案，以稽其歲月。而欽夫去國事在辛卯之歲，此書適在其前，故當繫於辛卯也。

〔一〕是歲朱子年四十二。

又案：朱子議論，早晚皆有次第。其始但泛就體用上説，其次乃就《中庸》未發已發上説，然皆條理未分也。自己丑春間，始分未發已發條理，而猶謂未發不可謂之性，又其次始以性情分動静而别體用，見于《答張欽夫書》矣，然尚未向陰陽上説也。至此書始漸向周子動静陰陽上説，不惟以性情分陰陽，而又以中正仁義分陰陽矣，但其解中正仁義，卻與癸巳所解《太極圖説》不同。謹録於此，以見其所見之與年俱進也。《答張欽夫性情分動静書》未録。〔一〕

壬辰冬〔二〕，朱子《答張欽夫書》曰：「在中之説，來諭説得道性未嘗相離，此意極善。但所謂此時蓋在乎中者，文意簡略，某所未曉。又謂已發之後，中何嘗不在裏面，此恐亦非文意。蓋既言未發時在中，則是對已發時在外矣。但發而中節，即此在中之理，發形於外，如所謂即事即物，無不有箇恰好底道理是也。一不中節，則在中之理，雖曰天命之秉彝，而當此之時，亦且漂蕩淪胥而不知其所在矣。但能反之，則

〔一〕童能靈《子朱子爲學次第考》卷二文，載乾隆元年刊《子朱子爲學次第考》。
〔二〕是歲朱子年四十三。

又未嘗不在於此。此程子所以謂『以道言之則無時而不中,以事言之則有時而中也』,所以又謂『善觀者卻於已發之際觀之』也。若謂已發之後,中只在裏面,則又似向來所説,以未發之中自爲一物,與已發者不相涉入,而已發之際,常挾此物以自隨也。然此義又有更要子細處,夫此廓然初豈有中外之限,但以未發已發之分,則須如此。亦若操舍、存亡、出入之云耳。」

能靈謹案:此書謂「發而中節,即此在中之理發形於外」,此愚所據爲用即體之現者也。體既現于用中,則方其用時,豈得謂更有渾然之全體?雖已發而仍未發,如所謂常挾以相隨者乎?以此言之,則體用之各分一時愈明矣。分之則用即體之現,而用皆所性之實也。體即用之藏,而體亦非洞然無物,即非條理不具者也。但用時各有所主,如愚所謂目之視,則百體之神皆從乎目而不離出,雖其全體者不相離,而要不害〔一〕其爲分之殊也。……

又案:《中和舊説序》作於是歲八月,而此書朱子自注壬辰冬。大抵當時特自記其年月者,蓋以紀其議論之一進也。如甲申《答李伯諫書》,亦自注年月,而《延平

〔一〕「害」字原誤作「窨」,據《朱子爲學次第考》爲正。

答問》於李先生來書及朱子問之者，皆謹書年月，正以明其爲早歲之所聞與其學之所到也，後人往往忽之，則朱子垂教之心遂隱矣，愚是以表而出之焉。〔一〕

文治按：《朱子文集》雖未編年，類有數十篇自注與所敘之事蹟，學者猶可考見其進學之次序。而如朱、王、童、夏諸先生考訂之苦心，亦真不可及矣。

〔一〕童能靈《子朱子爲學次第考》卷二文。

紫陽學術發微卷二

朱子己丑悟道發微

文治按：朱子畢生學問得力，在於居敬窮理，先儒論之詳矣，其精義具於問答諸書中，而其要領尤在於《答張敬夫先生》三書，即己丑悟道轉關之始末也。蓋朱子初時與敬夫先生相切磋，頗信衡山胡五峯先生之學，壹以動時省察爲主，故嘗謂：「人自嬰兒以至於老死，雖語默動静之不同，然其大體莫非已發，特其未發者爲未嘗發耳。」〔一〕後與蔡季通先生問辨時，忽悟其非，以爲「於日用之間，欠卻本領一段功夫」〔二〕，乃紬繹李延平先生涵養未發之訓，遵奉程子「涵養須是敬，進學則

〔一〕《晦庵先生朱文公文集·序·中和舊説序》卷七五文。
〔二〕《朱文公文集·雜著·已發未發説》卷六七文。

在致知」〔一〕二語，切實服膺。蓋由前之説不免膠於事物，即《通書》所謂「動而無靜，靜而無動」也；由後之説，心體周流貫徹，即《通書》所謂「動而無動，靜而無靜」也。

山陰劉蕺山先生以《與張敬夫》三書及《與湖南諸公論中和第一書》輯入《聖學宗要》，其指示學者可謂深切著明矣。黄梨洲先生《宋元學案》採以上四書爲「中和説」一，蓋梨洲係蕺山門人，實原本師説也。而陸稼書先生則謂蕺山欲伸己見，而巧於抑朱子之説〔二〕。夫蕺山先生評論，誠有過者，然其選擇諸書，次第分明，苦心開導，不可謂不善也。茲特録劉氏所載諸書及《已發未發説》諸篇，以見朱子宗聖功夫，自有先後，並無歧趨。並録先儒羽翼朱子之説，俾學道之士知所致力焉。

〔一〕朱子編《二程遺書》卷一八文。
〔二〕陸隴其《讀朱隨筆》卷一文。

與張欽夫書[一]

先生自注云：「此書非是，但存之以見論議本末耳。」[二]王云丙戌[三]。

人自有生，即有知識，事物交來，應接不暇，念念遷革，以至於死，其間初無頃刻停息，舉世皆然也。然聖賢之言，則有所謂「未發之中，寂然不動」者，夫豈以日用流行者爲「已發」，而指夫暫而休息、不與事接之際爲「未發」時耶？

嘗試以此求之，則泯然無覺之中，邪暗鬱塞，似非虛明應物之體，而幾微之際，一有覺焉，則又便爲已發，而非寂然之謂。蓋愈求而愈不可見。於是退而驗之於日用之間，則凡感之而通，觸之而覺，蓋有渾然全體應物而不窮者，是乃天命流行、生生不已之機。雖一日之間，萬起萬滅，而其寂然之本體，則未嘗不寂然也。所謂「未發」如是而已，夫豈別有一物，限於一時，拘於一處，而可以謂之「中」哉？

然則天理本真，隨處發見，不少停息者，其體用固如是，而豈物欲之私所能壅遏而梏亡之哉？故雖汩於物欲流蕩之中，而其良心萌蘖，亦未嘗不因事而發見。學者

[一] 文並載《性理學大義·朱子大義》卷二，《朱子大義》未收録陸隴其文按語。

[二] 《朱文公文集·書·問答·答張欽夫》卷三〇注文。

[三] 王懋竑《朱子年譜》卷一上「乾道二年丙戌三十七歲」條下文。

於是致察而操存之，則庶乎可以貫乎大本、達道之全體而復其初矣。文治按：此正是初學功夫。孟子告齊宣王權度〔一〕，亦即此意。不能致察，使梏之反覆，至於夜氣不足以存，而陷於禽獸，則誰之罪哉？

周子曰：「五行一陰陽也，陰陽一太極也，太極本無極也。」其論至誠，則曰：「靜無而動有。」程子曰：「未發之前，更如何求？只平日涵養便是。」又曰：「善觀者欲於已發之際觀之。」二先生之説如此，亦足以驗大本之無所不在，良心之未嘗不發矣。〔二〕

劉氏蕺山曰：「説得大意已是，猥不是限於一時，拘於一處，但有覺處不可便謂之已發，此覺性原自混然，原自寂然。」〔三〕

答張敬夫書〔四〕

誨諭「曲折」數條，始皆不能無疑。既而思之，則或疑或信而不能相通。近深思

〔一〕《孟子・梁惠王上》文。
〔二〕《朱文公文集・書・問答・答張欽夫》卷三〇文。
〔三〕《劉子全書・語類・聖學宗要・紫陽朱子中和説》卷五文。
〔四〕此文並載於《性理學大義・朱子大義》卷二。

之，乃知只是一處不透，所以觸處窒礙，雖或考索强通，終是不該貫，偶卻見得所以然者，輒具陳之，以卜是否。

大抵日前所見累書所陳者，只是儱侗地見得箇大本達道底影象，便執認以爲是了，卻於「致中和」一句，全不曾入思議，所以累蒙教告以「求仁」之爲急，而自覺殊無立脚下功夫處。蓋只見得箇直截根源、傾湫倒海底氣象，日間但覺大化所驅，如在洪濤巨浪之中，不容少頃停泊。蓋其所見一向如是，以故應事接物處，但覺粗厲勇果，增倍於前，而寬裕雍容之氣，略無毫髮，雖竊病之，而不知其所自來也。而今而後，乃知浩浩大化之中，一家自有一箇安宅，正是自家安身立命、主宰知覺處，陸清獻云：「此條所謂主宰，未嘗明指，想必是指心。念臺取此以爲『中和說二』，而以爲指天命之性，則失之矣。後一書又云『天理人欲之判，中節不中節之分，特在乎心之宰與不宰。』可見其指心。」〔一〕文治按：清獻於此處辨析是心不是性，極精。念臺先生之說確有未合。所以立大本、行達道之樞要，所謂「體用一源，顯微無間」者，乃在於此。而前此方往方來之説，正是手忙足亂無著身處，道邇求遠，乃至於是，亦可笑矣！

〔一〕陸隴其《讀朱隨筆》卷一文。

《正蒙》可疑處，以熹觀之，亦只是一病。如定性則欲其不累於外物，論至静則以識知爲客感，語聖人則以爲因問而後有知，是皆一病已。復見天地心之説，熹則以爲天地以生物爲心者也，雖氣有闔闢，物有盈虚，而天地之心則亘古亘今，未始有毫釐之間斷也。故陽極於外而復生於内，聖人以爲於此可以見天地之心焉。蓋其復者氣也，其所以復者，則有自來矣。向非天地之心生生不息，則陽之極也，一絶而不復續矣，尚何以復生於内而爲闔闢之無窮乎？此則所論動之端者，乃一陽之所以動，非徒指夫一陽之已動者而爲言也。夜氣固未可謂之天地心，然正是氣之復處。苟求其故，則亦可以見天地之心矣。〔一〕

劉氏蕺山曰：「這知覺又有箇主宰處，正是天命之性，統體大本達道者，端的端的。」〔二〕

〔一〕《朱文公文集・書・問答・答張敬夫》卷三二文。
〔二〕《劉子全書・語類・聖學宗要・中和説二》卷五文。

答張欽夫書〔一〕　王云己丑春。〔二〕

王氏白田云：「此書當是己丑春初悟未發之旨。」〔三〕其《與湖南第一書》又在其後，其言與此相出入，而「心體流行」「以静爲本」等語則删去，其以程子「凡言心者皆指已發」，謂指「赤子之心」，與此不同，然尚是未定之論，至《或問》則直以爲未當矣。

文治案：此書兼該動静，剖析精微。讀之醰醰有味，吾人用功之要，不外乎是矣。

諸説例蒙印可，而未發之旨，又其樞要。既無異論，何慰如之。然比觀舊説，卻覺無甚綱領，因復體察得見此理須以心爲主而論之，則性情之德，中和之妙，皆有條而不紊矣。然人之一身，知覺運用，莫非心之所爲，則心者固所以主於身而無動静語默之間者也。

〔一〕此文並載於《性理學大義·朱子大義》卷二，《朱子大義》未録王懋竑、吴廷棟、陸隴其、高攀龍、朱澤澐及唐先生之按語。

〔二〕王懋竑《朱子年譜考異》卷一「乾道五年己丑四十歲五月」條下文。

〔三〕王懋竑《朱子年譜考異》卷一「五月己丑四十歲」條下文。

然方其靜也，事物未至，思慮未萌，而一性渾然，道義全具，其所謂中，是乃心之所以爲體而寂然不動者也。及其動也，事物交至，思慮萌焉，則七情迭用，各有攸主，其所謂和，是乃心之所以爲用，感而遂通者也。然性之靜也，而不能不動。情之動也，而必有節焉。是則心之所以寂然感通，周流貫徹，而體用未始相離者也。

然人有是心而或不仁，則無以著此心之妙；人雖欲仁而或不敬，則無以致求仁之功。蓋心主乎一身，而無動靜語默之間。是以君子之於敬，亦無動靜語默而不用其力焉。未發之前是敬也，固已主乎存養之實；已發之際是敬也，又常行於省察之間。方其存也，思慮未萌而知覺不昧，是則靜中之動，《復》之所以「見天地之心」也。及其察也，事物紛糾而品節不差，是則動中之靜，《艮》之所以「不獲其身」「不見其人」也。王氏白田云：「知覺不昧爲復，《或問》已言其非，以品節不差爲艮，亦與本義不合。」〔一〕吴氏竹如云：「後

〔一〕王懋竑《考異》卷一「乾道三年丁亥三十八歲八月」條下云：「此書在己丑初悟已發未發之分，時尚多未定之論，如以静中『知覺不昧』爲復，『寂而常感，感而常寂』，以静爲本諸論，皆後來所不言。即如仁中爲静，義正爲動，與《太極圖解》正相反，豈可爲定論耶。」

有《答吕子約書》云：『至静之時〔一〕，但有能知覺〔二〕者，而無所知覺之事。此於《易》卦爲純坤，不爲無陽之象。若論《復》卦，則須以有所知覺者〔三〕當之，不得合爲一説矣。』」〔四〕是後所言爲定論。

有以主乎静中之動，是以寂而未嘗不感；有以察乎動中之静，是以感而未嘗不寂。寂而常感，感而常寂，此心之周流貫徹，而無一息之不仁也。然則君子之所以「致中和而天地位、萬物育」〔五〕者，在此而已。蓋主於身，而無動静語默之間者，心也；仁則心之道，而敬則心之貞也。此徹上徹下之道，聖學之本統。明乎此，則性情之德，中和之妙，可一言而盡矣。

熹向來之説，固未及此，而來諭曲折，雖多所發明，然於提綱振領處，似亦有未盡。又如所謂「學者先須察識端倪之發，然後可加存養之功」，則熹於此不能無疑。蓋發處固當察識，但人自有未發時，此處便合存養，豈可必待發而後察、察而後存耶？且從初不曾存養，便欲隨事察識，竊恐浩浩茫茫無下手處，而毫釐之差，千里之

〔一〕「時」字，《拙修集》作「中」。
〔二〕「能知覺」，《拙修集》作「能知能覺」。
〔三〕《拙修集》無「者」字。
〔四〕吴廷棟《拙修集·校訂〈理學宗傳辨正〉按語·書程子養觀説後》卷五文。
〔五〕《禮記·中庸》云：「致中和，天地位焉，萬物育焉。」

謬，將有不可勝言者，此程子所以每言：「孟子才高，學之無可依據。人須是學顏子之學，則入聖人爲近，有用力處。」其微意亦可見矣。陸清獻云：「此與《答湖南諸公第一書》意同，其爲朱子定論無疑。而念臺謂此是〔一〕朱子『已見得後，仍用鈍根功夫』，則是欲伸己見，而巧於抑朱子之説也。」〔二〕且如灑掃應對進退，此存養之事也，不知學者將先於此而後察之耶？抑將先察識而後存養也？以此觀之，則用力之先後，判然可觀矣。

來教又謂：「動中涵静，所謂復見天地之心。」亦所未喻。熹前以「復爲静中之動」者，蓋觀卦象便自可見，而伊川先生之意，似亦如此。

來教又謂：「言静則溺於虚無，此固當深慮。」然此二字〔三〕，如佛者之論，則誠有此患，若以天理觀之，則動之不能無静，猶静之不能無動也；静之不能無養，猶動之不可不察也。但見得一動一静，互爲其根；敬義夾持，不容間斷之意，則雖下静字，元非死物。

至静之中，蓋有動之端焉，是乃所以見天地之心者，而先王之所以至日閉關，蓋

〔一〕「而念臺謂此是」原刻脱字，作「念臺謂」，據《讀朱隨筆》文爲正。
〔二〕陸隴其《讀朱隨筆》卷一文。
〔三〕謂「言静」二字。

當此之時，則安静以養乎此爾，固非遠事絶物，閉目兀坐，而偏於静之謂。但未接物時，便有敬以主乎其中，則事至物來，善端昭著，而所以察之者益精明爾。伊川先生所謂「卻於已發之際觀之」者，正謂未發則只有存養而已，發則方有可觀也。周子言主静，乃就中正仁義而言。以正對中，則中爲重；以義配仁，則仁爲本爾，非四者之外，别有主静一段事也。王氏白田云：「敬貫動静，而必『以静爲本』。」〔一〕發明最詳。至《或問》則言「敬者，聖學所以成始成終」，而「以静爲本」，則絶不及，正用南軒以敬爲本之説。此前後同異之際，所當深考。

來教又謂熹言「以静爲本」，不若遂言「以敬爲本」，此固然也。然敬字工夫，通貫動静，而必以静爲本，故熹向來輒有是語。今者遂易爲敬，雖若完全，然卻不見敬之所施有先有後，則亦未得爲諦當也。

至如來教所謂「要須察夫動以見静之所存，静以涵動之所本，動静相須，體用不離，而後爲無滲漏也。」此數句卓然意語俱到，謹以書之座右，出入觀省。然上兩句次序，似未甚安。意謂易而置之，乃有可行之實，不審尊意以爲如何？〔二〕

〔一〕王懋竑《白田草堂存稿·雜著·張敬夫書》卷七文。
〔二〕《朱文公文集·書·問答·答張欽夫》卷三二文。

劉氏蕺山曰：「以心爲主，及主敬之説，最爲諦當。」〔一〕

高忠憲《與顧氏涇凡論已發未發書》曰：「朱子初年之見，認性爲未發，心爲已發。凡謂之心，則無未發之時，而未發之性存焉，則終未嘗發也。故其工夫，亦只在察識端倪，而卻於程子所謂『涵養於未發之前』者有疑，蓋全向流行發用〔二〕處尋求也。後來卻見得渾然全體之在我，存者存此，養者養此，非別有未發者限於一時、拘於一處；然其樞在我，非如向日在萬起萬滅、方往方來之中立脚矣。後又益見得性情之妙，管攝於心，而動静之功，貫徹於敬。當其未發，仁義禮知之性具焉，此心寂然不動之本體也。及其已發，惻隱、羞惡、辭讓、是非之情形焉，此心感而遂通之妙用也。而戒慎恐懼之功，則周流貫徹於動静之間，而尤必以涵養爲省察之本，此所以未發則鏡明水止，而喜怒哀樂之發，則無不中節也。凡朱子所見，大抵歷三轉而始定。」〔三〕

〔一〕《劉子全書·語類·聖學宗要·中和説三》卷五文。
〔二〕「用」字原誤作「見」，據《高子遺書》文爲正。
〔三〕高攀龍《高子遺書·書·與顧涇凡論已發未發》卷八上文。

朱氏止泉云：「忠憲三轉之説，亦極當矣，然有未盡者焉。朱子當延平在時，則[一]向日用實事上用功，於未發之旨未暇深思。延平殁而反思未發之旨，不能了然。是時朱子已三十五，非初年也。及會南軒，從察識端倪以透未發，有與張欽夫『人自有生』二書，『萬起萬滅，而寂然之體未嘗不寂然』云云者，是會南軒時初見也。後有前書所稟一書中云『取聖賢之書及近世諸老先生遺語讀而驗之，無一不合』云者，即《中和舊説序》中『後得胡氏與曾吉父論未發之旨，適與吾意合』者也。此書中已明言『已發者人心，而未發者皆其性』，仍是心爲已發、性爲未發之見，與初見雖若不同，而不甚相遠。雖不似『向日在萬起萬滅、方往方來之中立脚』，而尚在端倪上得樞軸；雖不『全向流行發用處尋求』，而亦是端倪上得疊定也。至於己丑春與蔡季通講論，因疑而悟『心統性情』之妙，覺從前專在察識端倪上用力，缺卻涵養一段工夫，詞氣之間，有躁迫浮露之病，而無雍容暇豫氣象，是以有《與湖南諸公書》《答張敬夫諸説例蒙印可書》《已發未發説》，而日用工夫，直是敬貫動静，以涵養未發氣象爲本。自此後三十年，工夫愈深愈

[一]「則」字原作「只」，據朱氏《朱子聖學考略》爲正。

純矣。忠憲於二轉三轉，大概平敘，而己丑透悟之由，未曾提掇清白，故特正之焉。」[一]

與湖南諸公論中和第一書[二]

文治按：「湖南諸公無所考，大抵皆爲衡山胡五峯先生之學者。夏氏弢甫謂如胡廣仲、吴晦叔，皆在湖南諸公之列。」

《中庸》未發已發之義，前此認得此心流行之體，又因程子凡言心者，皆指已發而言，遂目心爲已發，性爲未發。然觀程子之書，多所不合。因復思之，乃知前日之説，非惟心性之名，命之不當，而日用功夫，全無本領。蓋所失者，不但文義之間而已。

按：文集遺書諸説，似皆以思慮未萌、事物未至之時，爲喜怒哀樂之未發。當此之時，即是此心寂然不動之體，而天命之性當體具焉。以其無過不及，不偏不倚，故謂之中。及其感而遂通天下之故，則喜怒哀樂之性發焉，而心之用可見，以其無不

[一] 朱澤澐《朱子聖學考略·正訛·高宗憲》卷首文。
[二] 文並載《性理學大義·朱子大義》卷二，其中唐先生未下按語。

中節，無所乖戾，故謂之和。此則人心之正，而性情之德然也。然未發之前，不可尋覓；已覺之後，不容安排。但平日莊敬涵養之功至，而無人欲之私以亂之，則其未發也鏡明水止，而其發也無不中節矣。此是日用本領工夫，至於隨事省察，即物推明，亦必以是爲本，而於已發之際觀之，則其具於未發之前者，固可默識。故程子〔一〕答蘇季明，反復論辨，極於詳密，而卒之不過以敬爲言；又曰：「敬而無失，即所以中。」又曰：「入道莫如敬，未有致知而不在敬者。」又曰：「涵養須是敬，進學則在致知。」蓋爲此也。

向來講論思索，直以心爲已發；而日用工夫，亦止以察識端倪爲最初下手處，以故闕卻平日涵養一段工夫，使人心中擾擾，無深潛純一之味，而其發之言語事爲之間，亦常急迫浮露，無復雍容深厚之風。蓋所見一差，其害乃至於此，不可以不審也。程子所謂「凡言心者，皆指已發而言」，此乃指赤子之心而言，而所謂凡言心者，則其爲說之誤，故又自以爲未當而復正之，固不可以執其已改之言，而盡疑諸說之誤，又

〔一〕此指伊川先生程頤。

不可遂以爲未當，而不究其所指之殊也。不審諸君子以爲如何？〔一〕

劉氏蕺山曰：「畢竟是求之未發之中，歸之主静一路，然較濂溪爲少落邊際，蓋朱子最不喜儱侗説道理，故已見得後，仍做鈍根工夫。此朱子特參《中庸》奥旨以明道也。第一書先見得天地間一段發育流行之機，無一息之停待，乃天命之本然，而實有所謂〔二〕未發者存乎其間，是即已發處窺未發，絶無彼此先後之可言者也。第二書則以前日所見爲儱侗，浩浩大化之中，一家自有一箇安宅，爲立大本、行達道之樞要，是則所謂性也。第三書又以前日所見爲未盡，而反求之於心，以性情爲一心之藴，心有動静，而中和之理見焉。故中和只是一理，一處便是仁，疑即向所謂立大本、行達道之樞要。然求仁工夫，只是一敬；心無動静，敬無動静也。最後一書，又以工夫多用在已發者爲〔三〕未是，而專求之涵養一路，歸之未發之中云。合而觀之，第一書言道體也，第二書言性體也，第三書合性於心，言工夫也，第四書言工夫之究竟處也。見解一層進一層，工夫一節换一

〔一〕《朱文公文集・書・問答・與湖南諸公論中和第一書》卷六四文。
〔二〕「實有所謂」原作「有所爲」，據《劉子全書》爲正。
〔三〕「爲」字脱，據《劉子全書》補入。

節。孔孟〔一〕而後，幾曾見小心窮理如朱子者？愚按：朱子之學本之李延平，由羅豫章而楊龜山，而程子而周子。自周子有主静立極之説，傳之二程，其後羅、李二先生專教人默坐澄心，看喜怒哀樂未發時作何氣象。朱子初從延平遊，固嘗服膺其説，已而又參以程子主敬之説，覺静字爲稍偏，不復理會。迨其晚年，深悔平日用功未免疏於本領，致有辜負此翁之語，固已深信延平立教之無弊，而學人向上一機，必於此而取則矣。《湖南答問》誠不知出於何時。考之原集，皆載在敬夫次第往復之後，經輾轉折證，而後有此定論焉。則朱子平生學力之淺深，固於此窺其一班，而其卒傳延平心印，以得與於斯文，又當不出於此書之外無疑矣。夫主静一語，單提直入，惟許濂溪自開門户，而後人往往從依傍而入，其流弊便不可言。幸而得之，亦如短販然，本薄利奢，叩其中藏可盡也。朱子不輕信師傳，必遠尋伊洛以折衷之，而後有以要其至，乃所謂善學濂溪者。」〔二〕

文治按：劉先生《聖學宗傳》録以上四篇而止，陸清獻謂其「巧於抑朱子之

〔一〕「孔孟」原作「孔子」，據《劉子全書》文爲正。
〔二〕《劉子全書·語類·聖學宗要·中和説四（節略）》卷五文。

説」[一]，固屬太苛。然細玩劉先生評語，實有未安者，如以性爲知覺、朱子用鈍根工夫之類，俱未脱王學藩籬。且朱子自注《與張欽夫先生第一書》云：「此書非是，特存之以見議論本末耳。」[二]可見此書即係「中和舊説」，明係未定之論，而劉先生乃云「第一書言道體也，第二書言性體也」，「第四書言工夫之究竟也」，其實皆誤。

按：吴竹如先生評定第一書云：「陽明謂人無無念時，其見正如此。」[三]吴意蓋謂朱子初言心體，與陽明相同。然按高忠憲《未發説》云：見《高子遺書》卷三。「王文成以性體萬古常發、萬古常不發……此與朱子初年之説相似而實不同。蓋朱子初年，以人之情識遂念流轉而無未發之時，文成則以心之生機流行不息而無未發

[一] 陸隴其《讀朱隨筆》卷一文。

[二] 《朱文公文集·書·問答·答張欽夫》卷三〇注文。

[三] 按：吴廷棟《拙修集·校訂〈理學宗傳辨正〉按語》卷五嘗載羅羅山（澤南）先生論陽明喜怒哀樂不繫於心之説，因門人求静坐屏息念慮而不得之問，而答曰：「戒懼之念，無時可息，若戒懼之心稍有不存，不是昏憒，便已流入惡念。自朝至暮，自老至少，更無無念時也。此是慎獨工夫，若要無念，即是己不知此，除是昏睡，除是槁木死灰。」又曰：「戒懼之念，是活潑潑地，此是天機不息處，所謂『維天之命，於穆不已』，一息便是死。」吴廷棟教學生求動静不息於戒懼之念，與朱子《與張欽夫》第一書所言「凡感之而通，觸之而覺，蓋有渾然全體應物而不窮者，是乃天命流行、生生不已之機」相通，唐先生本此爲説。

之時也。」〔一〕分析較吳説爲精。然則劉先生誤以朱子之言心體爲陽明之言性體矣。至第二書謂：「浩浩大化之中，一家自有一箇安宅，正是自家安身立命、主宰知覺處。」蓋仍指心之主宰知覺而言，而劉先生以爲性體，是誤認心爲性矣。至第四書即推衍第三書之意，亦未可謂究竟工夫。凡此皆讀《聖學宗傳》者所不可辨也。

答林擇之書

昨日書中論「未發」者，看得如何？兩日思之，疑舊來所説，於心性實未有差，而「未發」「已發」字頓放得未甚穩當。疑「未發」只是思慮事物之未接時，於此便可見性之體段，故可謂之中而不可謂之性也。發而中節，是思慮事物已交之際，皆得其理，故可謂之和而不可謂之心。心則通貫乎已發、未發之間，乃大《易》生生流行，一動一靜之全體也。舊疑《遺書》所記不審，今以此勘之，無一不合。〔二〕

〔一〕高攀龍《高子遺書・經解類・未發説》卷三文。
〔二〕《朱文公文集・書・知舊門人問答》卷四三文。

答吴晦叔書

夫易，變易也，兼指一動一静、已發未發而言之也。太極者，性情之妙也，乃一動一静、未發已發之理也，故曰「易有太極」，言即其動静闔闢而皆有是理也。若以「易」字專指已發而言，又是以心爲已發之説也。〔一〕

文治按：夏氏弢甫謂此二書皆當在己丑時〔二〕。以其辨理極爲精析，故特録於中和書後。

已發未發説〔三〕

王氏白田曰：「此己丑春作。……亦有未定之論。」〔四〕「以事言之，則有動有静；以心言之，則周流貫徹。其功夫初無間斷也，但以静爲本耳。」按：程子曰：

〔一〕《朱文公文集・書・知舊門人問答》卷四二六。
〔二〕夏炘《述朱質疑・朱子己丑以後更定中和舊説考》卷四文。
〔三〕文並載《性理學大義・朱子大義》卷七，其中未録王懋竑按語。
〔四〕王懋竑《朱子年譜考異》卷二「乾道五年己丑四十歲秋七月」條下文。

「心，一也。有指體而言者，寂然不動是也；有指用言者，感而遂通是也。」〔一〕則心亦有靜有動矣。以靜爲本，亦後來所不言。此與《與湖南諸公第一書》、三十二卷《張敬夫》十八書，皆是己丑春後一時議論也。又曰：「『凡言心者，皆指已發而言』，程子自以爲未當。」〔二〕而此以爲指流行心體而言，但與《中庸》不合，猶有回護；至《記論性答稿後》，則直以爲未當，此前後所見之有不同也。

《中庸》未發已發之義，前此認得此心流行之體，又因程子「凡言心者，皆指已發」之云，遂目心爲已發，而性爲未發之中，自以爲安矣。比觀程子《文集》《遺書》，見其所論，多不符合，因再思之，乃知前日之説，雖於心性之實未始有差；而未發已發命名未當，且於日用之際，欠卻本領一段工夫，蓋所失者，不但文義之間而已。因條其語而附以己見，告於朋友，願相與講焉。恐或未然，當有以正之。

《文集》云：「中即道也。」又曰：「道無不中，故以中形道。」

又云：「『中即性也』，此語極未安。中也者，所以狀性之體段，如天圓地方。」

〔一〕《河南程氏文集·書啓·與呂大臨論中書》卷九文。
〔二〕王懋竑《朱子年譜考異》卷一「乾道五年己丑四十歲秋七月」條下文。

又云：「中之爲義，自過不及而立名。若只以中爲性，則中與性不合。」又云：「性、道不可合一而言。中，止可言體，而不可與性同德。」又云：「『中者性之德』，此爲近之。」又云：「不若謂之性中。」又云：「『喜怒哀樂之未發謂之中』，赤子之心，發而未遠乎中，若便謂之中，是不識大本也。」又云：「赤子之心，可以謂之和，不可謂之中。」《遺書》云：「只喜怒哀樂不發便是中。」又云：「既思便是已發，喜怒哀樂一般。」又云：「當中之時，耳無聞，目無見，然見聞之理在始得。」又云：「未發之前，謂之静則可，静中須有物始得，這裏最是難處。能敬則自知此矣。」又云：「『敬而無失』，便是『喜怒哀樂未發謂之中』也。敬不可謂之中，但『敬而無失』，即所以中也。」又云：「『中者，天下之大本』，天地間亭亭當當、直上直下之理，出則不是，惟『敬而無失』最盡。」

又云：「存養於未發之前則可，求中於未發之前則不可。」

又云：「未發更怎生求？只平日涵養便是。涵養久則喜怒哀樂發而中節。」

又云：「善觀者卻於已發之際觀之。」

右據此諸説，皆以思慮未萌、事物未至之時，爲「喜怒哀樂之未發」。當此之時，即是心體流行，寂然不動之處，而天命之性，體段具焉。以其無過不及，不偏不倚，故謂之中。然已是就心體流行處見，故直謂之性則不可。呂博士論此，大概得之。特以中即是性，赤子之心即是未發，則大失之，故程子正之。解中亦有求中之意，蓋答書時未暇辨耳。蓋赤子之心，動静無常，非寂然不動之謂，故「不可謂之中」。然無營欲知巧之思，故爲「未遠乎中」耳。

未發之中，本體自然，不須窮索，但當此之時，敬以持之，使此氣象常存而不失，則自此而發者，其必中節矣。此日用之際，本領工夫，其曰「卻於已發之處觀之」者，所以察其端倪之動，而致擴充之功也。一不中，則非性之本然，而心之道或幾乎息矣，故程子於此，每以「敬而無失」爲言。又云：「入道莫如敬，未有能致知而不在敬者。」又曰：「涵養須是敬，進學則在致知。」以事言之，則有動有静；以心言之，則周流貫徹，其工夫初無間斷也，但以静爲本爾。周子所謂主静者，亦是此意。但言静則偏，故程子又説「敬」。

向來講論思索，直以心爲已發；而所論致知格物，亦以察識端倪爲初下手處，以故缺卻平日涵養一段工夫。其日用意趣，常偏於動，無復深潛純一之味，而其發之言語事爲之間，亦常躁迫浮露，無古聖賢氣象，由所見之偏而然爾。程子所謂：「凡言心者，皆指已發而言。」此卻指心體流行而言，非謂事物思慮之交也。然與《中庸》本文不合，故以爲未當而復正之，固不可執其已改之言，而盡疑論説之誤；又不可遂以爲當，而不究其所指之殊也。

周子曰：「無極而太極。」程子又曰：「『人生而静』以上不容説，才説時便已不是性矣。」蓋聖賢論性，無不因心而發。若欲專言之，則是所謂無極而不容言者，亦無體段之可名矣。未審諸君子以爲如何？〔一〕

中和舊説序〔二〕

余蚤從延平先生學，受《中庸》之書，求喜怒哀樂未發之旨，未達而先生没。余竊

〔一〕《朱文公文集·雜著·已發未發説》卷六七文。

〔二〕文並載《性理學大義·朱子大義》卷八，其中未録吴廷棟按語。

自悼其不敏，若窮人之無歸，聞張欽夫得衡山胡氏學，則往從而問焉。欽夫告余以所聞，余亦未之省也。退而沈思，殆忘寢食，一日，喟然歎曰：「人自嬰兒以至老死，雖語默動静之不同，然其大體，莫非已發，特其未發者，爲未嘗發爾。」自此不復有疑，以爲《中庸》之旨，果不外乎此矣。後得胡氏書，有致曾吉父論未發之旨者，其論又適與余意〔一〕合，用是益自信；雖程子之言有不合者，亦直以爲少作失傳而不之信也。然間以語人，則未見有能深領會者。

乾道己丑〔二〕之春，爲友人蔡季通言之，問辨之際，余忽自疑：「斯理也，雖吾之所默識，然亦未有不可以告人者。今析之如此其紛糾而難明也，聽之如此其冥迷而難喻也，意者乾坤易簡之理，人心所同然者，殆不如是。而程子之言，出其門人高弟之手，亦不應一切謬誤以至於此。然則予之所自信者，其無乃反自誤乎？」則復取程氏書，虚心平氣而徐讀之，未及數行，凍解冰釋，然後知性情之本然，聖賢之微旨，其平正明白乃如此。而前日讀之不詳，妄生穿穴，凡所辛苦而僅得之者，適足以自誤而

〔一〕「意」字脱，據《朱文公文集》補入。
〔二〕宋孝宗乾道五年（一一六九），朱子四十歲，編成《程氏遺書》。

已。至於推類究極，反求諸身，則又見其爲害之大，蓋不但名言之失而已也，於是又竊自懼〔一〕，亟以書報欽夫及嘗同爲此論者。惟欽夫復書，深以爲然，其餘則或信或疑，或至於今，累年而未定也。夫忽近求遠，厭常喜新，其弊乃至於此，可不戒哉！暇日料檢故書，得當時往還書稾一編，輒序其所以，而題之曰《中和舊説》，蓋所以深懲前日之病，亦使有志於學者讀之，因予之可戒而知所戒也；獨恨不得奉而質諸李氏之門。然以先生之所已言者推之，知其所未言者，其或不遠矣。〔二〕

吴氏竹如曰：「按：朱子早年雖偶染禪學，而從初即以即物窮理爲先，於日用處一意下工夫，所見雖有未精，原未嘗誤用其功。迨得見延平，遂一歸於聖學，直以涵養爲重〔三〕，而理會分殊處亦無或稍懈。惟静中驗未發之旨，而始終未契於心。故一交南軒，得聞胡氏先察識而後涵養之説，因遂從之，而以察識端倪爲用功之要。而所謂『未發者爲未嘗發』，固仍主程子性爲未發〔四〕、心爲已發之

〔一〕「懼」字原作「惟」。
〔二〕《朱文公文集·序·中和舊説序》卷七五文。
〔三〕「遂一歸於聖學，直以涵養爲重」，《拙修集》作「遂以涵養爲重」。
〔四〕「性爲未發」四字脱，據《拙修集》文補入。

説，而守之不變也。然於程子未發之旨，未嘗一日去於心，亦未嘗不日與同志講論，以求其當。嗣因程子『敬而無失，即所以中』之語，遂一意在『敬』字下工夫，乃悟『中和舊説』之非，而深有會於『心統性情』一語，是蓋一旦豁然貫通之候，而提出『涵養須用敬，進學則在致知』二語爲宗旨。即朱子之言以證朱子之學，自是始終得力一『敬』字，故曰：『敬者，聖學所以成始而成終也。』又曰：『李先生從前已有許多言語，惟於「敬」字未説得分明，許多時無下落。』蓋謂不由敬入，無由識得未發之旨也。又曰：『敬而無失，即所以中。』又自證明由敬悟未發之旨也。又曰：『既思即是已發。』已説到未發界至十分盡頭處，故有《坤》《復》二卦之辨，所謂析〔一〕之極其精而不亂也。則前論《復》《艮》二卦之義，而謂『静中有動，動中有静』，猶是『中和舊説』之意，至直透未發之旨，則動静合一，立大本而行達道矣。」〔二〕

〔一〕「析」字，《拙修集》作「研」。按：《性理大全書》《傳習録》引均作「析」。
〔二〕吴廷楝《拙修集·校訂〈理學宗傳辨正〉按語·書程子養觀説後》卷五文。

附：朱氏澤澐《讀〈中和舊説序〉諸篇》

《與湖南諸公書》《答張敬夫諸説例蒙印可書》《已發未發説》《答陳超宗書》《答陳器之書》《答林德久書》《太極圖説注》、陳北溪録「窮究根原來處」。〔一〕

予嘗讀朱子文而佩服之累年矣，求朱子用功先後次第之序，而不得其説。又見象山、陽明皆訾朱子疏於尊德性之功，因求朱子所以尊德性者，而又不得其説。夫朱子尊德性，往往舉示來學，而讀之累年而不得其説，何也？蓋徒誦其文，而不求朱子當日苦心曲折之故，又不發奮思循朱子尊德性之功以自養其德性，無惑乎終日誦讀而惘惘無得如此也。

己丑冬十二月自晉州歸，日以朱子格言反求身心。及事務紛乘，又隨手消散，因自激勵奮發。竊念未發之中，即自己德性本體，不涵養未發，何以立德性根本？一日讀《中和舊説序》，朱子體會未發之故見於此篇，由此考年歲早晚進德之序，略得梗概，而究難尋其微密處。復玩序文及《與湖南諸公書》《答張敬夫諸説例蒙印可書》

〔一〕《朱止泉先生文集》題下注。

《已發未發説》，反復涵泳，知朱子透徹未發之旨，見於此數篇。於是日夜體驗，屏去邪雜，收心窮理，依朱子所言力行做去，静中不敢紛馳，動中不敢擾亂，方寸之中，稍有主宰，方信朱子栽培根本之學，如此親切。向來總未見得，徒説敬説誠，勉强用意，究不解未發之中爲何物，功力無所著落，良可歎息，是在庚寅秋九月也。

如是者又數月，幾自信得朱子傳心之奥，爲不差錯。體驗之暇，忽自念曰：静中有動，動中有静，自是一定準則。然而動静起伏之交，復艮動止之宜，畢竟有些轉换在。有轉换則不能一手握定，隨時隨處，無非大本運用，進道之幾，正在此時，不可忽過，以致不得定静。於是取朱子《答陳超宗》《陳器之》《林德久書》《太極圖説注》及陳北溪所録「窮究根源來處」數段，反復誦讀而玩味之。沉思研極，恍然自覺朱子教人入門下手，原直從未發本體指示，使人有所領會，即就本體緊著主敬工夫，「由情知性」，識義理大概規模，於自己方寸中有此志氣，便可做講習存養功夫，使人有所持循。若不由情知性，依舊是無星之秤，無寸之尺，必墮於空虚，如陸氏之學，任意乖張；不然，必陷於茫昧，如俗儒之學，止〔一〕了文義，心理、事

〔一〕「止」字原作「只」，據《朱止泉先生文集》爲正。

理裂爲兩片，内外體用不能直達，所謂未發，不過料想臆度，終屬影響也。

蓋朱子「窮究根原來處」之功，以「知性」爲要；吾儒學朱子學，亦以「知性」爲要。補小學從主敬下手，入大學從志學志道下手，「知性」工夫從本心發端體驗本原下手。須反之身心，果見仁、義、禮、智意思情狀，又反到思慮未萌、事物未至時，只有渾渾融融、大正欽明氣象，確有據依，絶不是恍惚影響。始覺説虚説空，及疑有四塊者，不得謂之「知[一]性」也；始覺四者非有形象方所可撮可磨，兀坐終日，甚有味[二]也；始覺未感時便有分别，不待感時方有分别也。

「知性」是體驗未發喫緊工夫，必如是方能一手握定，隨事運用在我手裏，所以立人之道與立天地之道一般，始之終之，俱在「知性」討消息也。既見得此端緒在是，不可只任窺測，便須實下手做，方爲己有。遂從此反到身心，自朝至夜，兢兢業業，端莊持養，如讀書窮理、應事接物、嗜好言語，皆歸於大正欽明氣象，不得

[一]「知」字脱，據《朱止泉先生文集》文補入。按：此言「知性」之方，脱「知」字則不辭。
[二]「味」字原誤作「昧」，據《朱止泉先生文集》爲正。

一毫浮游動蕩，不得一毫穿鑿造意，須信得天命我以德性，必於倫常有肫〔一〕篤意思，於民物有同患意思，刻刻培養，刻刻平復，刻刻凝定擴充，以保守光大此未發氣象。

如是者又數月，漸覺性體時時呈露，只在這裏；仁、義、禮、智，渾然在這裏，如穀種生生；惻隱、羞惡、辭讓、是非，燦然在這裏，如穀種萌芽〔二〕；視聽應酬皆在這裏發動，觀物考古皆在這裏分曉，真有不用轉換、一直做去之妙，舉從前日誦習而不解者，今方透得，覿面相承，亦竊自幸矣！但不能純静，猶有雜念，此須工夫接續，非可旦夕期者，是在辛卯冬十一月也。……

得此根本，加以讀書集義之功，當必進一境更有一境之益，要在不懈其志，與爲終身而已矣。〔三〕

〔一〕「肫」字原作「純」，據《朱止泉先生文集》爲正。
〔二〕「如穀種萌芽」五字脱，據《朱止泉先生文集》補入。
〔三〕《朱止泉先生文集·雜著·讀〈中和舊説序〉諸篇》卷七文。

附：唐文治《朱子主敬原於主靜説》

程子曰：「敬而無失，即所以中。」〔一〕語意渾淪，難於著力。朱子發明之曰：「未發之中，本體自然，不須窮索，但〔二〕當此之時，敬以持之，使此氣象常存而不失，則自此而發者，其必中節矣。」〔三〕此言得聖學入手之要，學者篤信謹守，自能漸進賢關。

然「主敬」乃自古聖賢相傳之心學，非自朱子倡之也。《論語》「子路問君子。子曰：『修己以敬。』」又曰：「修己以安人。」又曰：「修己以安百姓。」〔四〕可見「敬」字工夫，貫徹乎安人、安百姓矣。《左傳》「劉子曰：『吾聞之〔五〕：民受天地之中以生，所謂命也。』」〔六〕蓋即《中庸》所謂天命之性，未發之中也。又曰：「是以有動作、禮義、威儀之則，以定命也。」蓋即《中庸》所謂率性之道也、已發之和也。又曰：「能者養以

〔一〕《二程遺書·元豐己未吕與叔東見二先生語》卷二上文。
〔二〕「不須窮索，但」五字脱，據《朱文公文集》補入。
〔三〕《文集·雜著·已發未發説》卷六七文。
〔四〕《論語·憲問》文。
〔五〕「吾聞之」三字脱，據《春秋左傳》補入。
〔六〕《春秋左傳·成公十三年》文，下引兩條同。

之讀「之以」者，誤。福，不能者敗以取禍，是故君子勤禮，小人盡力。勤禮莫如致敬，盡力莫如敦篤。敬在養神，篤在守業。」養神者即涵養之方。可見朱子之言敬，實本於古訓而非倡論也。

若夫「主静」之説，倡自周子，傳於二程子及楊、羅、李諸先生，論者謂朱子恐主静流於虚寂，故以「敬」字補之，其實非也。按：《管子·内業篇》云：「守禮莫若敬，守敬莫若静。内静外敬，能反其性〔一〕，性將大定。」敬與静有相須爲用之理，非静何以言敬？周子言「定之以中正仁義而主静」，實該「敬」字工夫，並無虚寂之弊。惟朱子補言敬，更爲完備爾。

又按：《大學》八條目不列「主敬」，先儒謂古人於小學中，先有主敬工夫，故可不必再列，其實亦非也。據《古本大學》自首章「知止而後有定」起，至「此謂知之至也」，概言格物致知之義。蓋身心、意知、家國、天下，皆物也。曰「定而後能静，静而後能安」，即主敬之功也。「誠意章」引《詩》云「穆穆文王，於緝熙敬止」！亦據《古本大學》。敬止之功，即定、静、安、慮也。然則謂小學中有主敬，而大學中不必列入主敬，豈確論

〔一〕「能反其性」四字脱，據《管子·内業》文補入。

哉？特小學主敬，在洒掃、應對、進退之間，而大學主敬，則該定、靜、安、慮、得之效，程度有深淺之殊，故工夫亦有精粗疏密之異，於此益可見敬與静之相須而不離矣。

《易傳》曰「无思也，无爲也，寂然不動」，此專言静也。孟子曰「必有事焉」，此言敬也；曰「而勿正」，此兼言静也〔一〕。《曲禮》曰「毋不敬」，此言敬也；曰「儼若思」，此兼言静而安、安而慮也。《中庸》曰「至誠無息」，誠者由敬而進焉者也；曰「文王之德之純」，純者由敬而入於誠也。是故惟静乃可以言敬，惟敬乃可以言誠，惟敬與誠乃可以進於純一以貫之者也。學者惟輕言静，且諱言静，是以浮躁急迫之弊生，吾故特引古訓，以發明朱子之學。

附：唐文治《讀朱子〈已發未發説〉》

或問：「朱子已發未發之説，有本體，有工夫；有本體中之工夫，有工夫中之本體。功至密矣，可得而析言之歟？」

〔一〕《孟子·公孫丑上》文。

曰：請先言本體。「上天之載，無聲無臭」〔一〕，而萬象森然畢具。人性之中，至虛至明，而萬善皆足於己，所謂「人生而静，天之性」〔二〕，渾然太極是也，故吕與叔先生以「赤子之心」形容之。但聖賢之未發與赤子之天真，固迥然不同耳，此本體也。近儒陳蘭甫先生謂：「經言喜怒哀樂之未發，非謂思慮未發。」〔三〕此言最有意味。蓋喜怒哀樂，有因本心自然而生者，有感於事物而動者，感於事物則入乎思慮之界矣。若《中庸》之言未發，天命之性也，當以渾然粹然者爲主。況情意之與思慮確有不同。情者悱惻，屬於仁者也；思慮者知識，屬於智者也。人心之發，固有出於非喜、非怒、非哀、非樂者，張子曰：「合性與知覺，有心之名。」〔四〕是情意界與知識界固未可混而爲一，而《孟子》之「養性」與《莊子》之「養知」，見《繕性篇》。其功亦略有不同。此於未

〔一〕《詩・大雅・文王》文。
〔二〕《禮記・樂記》文。
〔三〕《東塾讀書記・禮記》卷九「朱子《答吕子約書》」條下云：「澧謂白直看子思説，則子思但説喜怒哀樂之未發謂之中，未嘗説思未發，未嘗説聞見未發也。不喜不怒不哀不樂之時，凡人皆有之，不必説到言外盡頭也。《朱子語類》云：『喜怒哀樂未發之中，未是論聖人，只是泛論衆人亦有此，與聖人都一般（卷六十二），此乃白直看子思之説矣。蓋發而皆中節，則非常人所能；喜怒哀樂之未發，則常人有之，絶無元妙也。』」
〔四〕《張横渠先生文集・正蒙一・太和篇第一》卷二文。

發將發之時，當加以體驗之功，乃本體中之工夫也。故《中庸》之言四情，與《孟子》之言「四端」不同。四情指未發而言者也，四端指已發而言者也，故曰端；又曰惻隱、羞惡、辭讓、是非，皆入乎已發之界者也。《孟子》之言四端，又與《禮運》之言「七情」不同。四端情之初發者也，七情對「十義」而言，情之盡發者也。朱子所謂涵養，當於四情中體驗之；所謂省察，當於四端中體驗之；所謂擴充，當於七情中體驗之。四情之未發，本體也；四端、七情之已發，工夫也；因萬事紛乘之會而時時有以收攝之，工夫中之本體也。孔子操心，孟子持志，皆此道也。

或又問曰：「然則用功當專在靜時乎？抑在動時乎？」

曰：靜中有覺，動中有止。張敬夫先生所謂「動以見靜之所存，靜以涵動之所本，動靜相須、體用不離，而必以靜爲主。」蓋自伊川先生作《易傳序》有「體用一原，顯微無間」之言，朱子篤守之，其注《太極圖説》又發明「動靜無端，陰陽無始」之義，而涵養未發、省察已發之功，於是益臻精密。試證之諸經以暢其旨。

《大學》之言慎獨曰：「如惡惡臭，如好好色」「誠於中，形於外」，此言乎動也；而其下文曰「十目所視，十手所指」，可見至動之中，吾本心有所視、所指者在，即至靜之中，吾本心亦有所視、所指者在也。

《中庸》之言慎獨曰：「莫見乎隱，莫顯乎微。」此言乎動也；而其上文曰「君子戒慎乎其所不覩，恐懼乎其所不聞」，可見至動之時，吾本心有可覩、可聞者在，即至静之時，吾本心亦有可覩、可聞者在也。

君子涵養未發，《易·坤》卦所謂「敬以直内」，《復》卦之所以「見天地之心」也；省察已發，《易·坤》卦所謂「義以方外」，《復》卦之所以「不遠復」也；而其操持於未發已發交關之際，則自有其幾焉。

朱子《大學》注曰：「實與不實，蓋有他人所不及知而已獨知之者，故必謹之於此，以審其幾。」〔一〕《中庸》注曰：「幽暗之中，細微之事，迹雖未形而幾則已動。」〔二〕周子《通書》曰：「動而未形，有無之間者，幾也。」又曰：「幾微故幽。」蓋於幽微之中，主敬以操持之，此萬事之萌柢，聖學之根源也。

昔者帝舜自言所學曰：「勑天之命，惟時惟幾。」〔三〕大禹自言所學曰：「安汝止，

〔一〕朱子《大學章句》注文，又見《朱文公文集·書·知舊門人答問·答周南仲》卷六〇文。
〔二〕朱子《中庸章句》注文，又見《朱文公文集·書·知舊門人答問·答周南仲》卷六〇文。
〔三〕《尚書·虞書·益稷》文。

惟幾惟康。」「天其申命用休。」〔一〕舜、禹兩言「幾」，並溯原於天命，此皆敬畏於未發已發之時者也。

孔子《易傳》言乾坤之德，於静專動直，静翕動闢，皆兼動静言之；至於言效天法地，則歸本乎「成性存存，道義之門」〔二〕，此涵養於未發之時者也。

《禮記·孔子閒居》告子夏曰「清明在躬，志氣如神」，此涵養於未發之時者也。又曰：「嗜欲將至，有開必先。」此省察於將發之時者也。

曾子引《書》曰「顧諟天之明命」〔三〕，此涵養於未發之時者也；其引《易傳》曰「君子思不出其位」，此省察於已發之時者也。

子思子《中庸》末章引《詩》曰「相在爾室，尚不愧於屋漏」，此涵養於未發之時者也；曰「内省不疚，無惡於志」，此省察於已發之時者也。至其論「至誠無息」曰「不息則久」，此涵養於未發之時者也；又曰「久則徵，徵則悠遠」，此擴充於已發之時者也。

〔一〕《尚書·虞書·益稷》文。
〔二〕《易·繫辭傳上》文。
〔三〕《禮記·大學》文。

孟子言「存心養性」「萬物皆備於我」〔一〕，此涵養於未發之時者也；言「盡心知性」「反身而誠」「强恕而行」〔二〕，此省察擴充於已發之時者也。然則朱子已發未發之説，雖受自程子，而實遠紹乎舜、禹、孔子、曾子、子思子、孟子之學者也。吾嘗謂：天下至大至難之學問，無過於管攝吾之心體，未有不能管攝吾之心體而能辨天下之大事者。故論朱子之學，不憚反復申明，用以自警其心，亦冀有以正人之心也。

附：唐文治《朱子已發未發精義本於復卦説》

朱子《答張敬夫先生書》謂：「静中之動」爲復，「動中之静」爲艮。

近吴竹如先生曰：「按：朱子《答吕子約論未發已發書》云：『至静之中，但有能知能覺者，而無所知所覺之事。此於《易》卦中爲純坤不爲無陽之象，若論《復》卦，則須以有所知覺者當之，不得合爲一説矣。』又正淳問静中有知覺曰：

〔一〕《孟子·盡心上》文。
〔二〕《孟子·盡心上》文。

『此是坤中不能無陽，到動處卻是復，只將十二卦排便是。』味此二條，以靜中涵動之理爲坤，由靜而動之初爲復，其理確不可易。至《集》中所載《程子養觀說》，及《答南軒先生書》，謂靜中涵動之理爲復，動中涵靜之理爲艮，應爲未定之論，乃後人每引復艮之說以釋《中庸》戒懼、慎獨二節者，抑考之未詳矣。況艮乃動靜各止其所，豈僅於動求靜哉？」[一]是說也，以朱子《坤》《艮》二卦之論爲未定，可謂縝且邃矣！然更有進者。

考《朱止泉先生集》中《坤、復、乾、艮四卦說》云：「《復》卦本義，原以動言；《繫辭》以顏子克己爲復，程子以過未形而改爲復，朱子以失之未遠能復於善爲復，皆以動之端立言。其言『思慮未萌而知覺不昧』者，即以復爲至靜也，其以純坤與復有別者，所造益深，所見益切，故云：『纔思即是已發。』說到未發界至十分盡頭也。嘗玩三卦而參以乾焉，此心澄然，一念不動，炯炯惺惺，涵養深潛，四德萬理，皆在其中。陽氣生意，含蓄斂藏，此是純坤不爲無陽氣象。及其端之發也，雖曰一陽動，而實靜中之動，依舊涵養，兢兢保守，此是《復》卦氣象。及其應事，

[一] 吳廷棟《拙修集·校訂〈理學宗傳辨正〉按語·書程子養觀說後》卷五文。

發見充周，必思中節，仁義禮智，隨處皆是，經綸萬變，主宰凝然，此是純乾不爲無陰氣象。其既發也，各如其理，各止其所，心體無毫髮擾亂，此是《艮》卦氣象。全在平日居敬、窮理、集義三者實實用功，使心體光明瑩淨，超然於氣稟物欲之上，乃能歷驗有此境候。」[一]是說也，又因《坤》、《復》、《艮》三卦推之《乾》卦，尤爲精密無間矣。然更有進者。

文治嘗沈潛《易》義，竊謂已發未發之旨，若廣而求之，則流行於日用事物之間，即普徧於六十四卦之内；若反而求之於心，不若專玩《復》卦，簡而易知，約而易行也。孔子之贊《復》，彖曰：「『反復其道，七日來復。』天行也。」天行者，君子自强不息，所以貞下而起元也，復見天地之心，即《左氏傳》所謂「天地之中」也。人居天之下、地之上，秉天地之中理中氣以生，是爲天命之性，是故天地之心，即人心未發之中也。

初爻曰：「不遠復。」一陽之初動也。二爻曰：「休復，吉。」休復者，乃《詩》所謂

[一] 朱澤澐《朱止泉先生集·雜著·坤復乾艮四卦説》卷七文。

「優遊而休」〔一〕之義。先儒以爲休美，固屬正解，然解作休養，更爲緊切。《記》所謂藏焉、息焉之義〔二〕，即涵養之旨也。因不遠之復而即有以休養之，然後剛浸而長，《孟子》曰「苟得其養，無物不長」〔三〕也。「二」比於「初」，《象傳》曰：「以下仁也。」言以休養夫不遠之仁也。仁豈遠乎哉？「我欲仁，斯仁至矣」〔四〕，三百八十四爻，《象傳》皆不言仁，而獨於此爻言仁者，其精義可見也。

君子之道，在貞下起元而已矣。「二」與「五」應。「二」之「休復」，涵養也；「五」之「敦復」，省察也。惟省察，是以无悔，故《象傳》曰：「中〔五〕以自考也。」《繫辭傳》又曰：「復以自知。」獨者，人所不知而己所自知之地也，君子之道，慎獨而已矣。

朱子中年，在心體流行處用功，三爻之「頻復」也。（或作「顰復」，是別一義。）有粗厲勇果之精神，無寬裕雍容之氣象，故其象爲「厲」，然志在於求善，故其義爲「无咎」。

〔一〕《詩・大雅・卷阿》文。
〔二〕《禮記・學記》文。
〔三〕《孟子・告子上》文。
〔四〕《論語・述而》文。
〔五〕「中」字原誤作「終」，據《易・復》卦六五象傳文改。

至己丑歲悟未發之旨，而得涵養致知並進之功，則合「休復」「敦復」爲一矣。「休復」「敦復」爲一，則進於顔子之「不遠復」，而天命之性漸見呈露，復其見天地之心矣。然則《復》卦之義，豈不費而隱哉？然更有進者。

程子《遺書》云：「只喜怒哀樂不發便是中。」〔一〕竊謂「不發」與「未發」不同。未發者，渾然天性，本於自然者也；不發者，强制其心，使之不動者也。若强制其心，則猶是「頻復」也，此殆程子未定之説也。

文治又嘗因《易》義而推求古聖人之心學。文王彖辭言心而不言性情。如《坎》言：「維心，亨。」然六十四卦之言「元亨」、言「利貞」者，皆性情也。周公爻辭亦言心而不言性情。如《明夷》言：「獲明夷之心。」《艮》言：「我心不快。」然三百八十四爻之「寂然不動，感而遂通」者，皆性情也。孔子作《十翼》，乃暢言性、言情、言心，其最精者曰：「聖人以此洗心，退藏於密。」又曰：「窮理盡性以至於命。」此則探心學、性學之本原者也。

《中庸》一書，言性而不言心，然言「致中和」之外，又言「聰明睿知」之五德，又言

〔一〕《二程遺書》卷一八答季明問之文。

「肫肫其仁，淵淵其淵」，皆心學也。《孟子》「道性善」〔一〕，又暢言心言情，俱於已發處求之，皆心學也。《中庸》《孟子》不言《易》，而無非《易》理也。

朱子言性、言心、言仁、言敬，辨析毫釐，至精至密，皆孔門性學心學之真傳也。後世學者能知《中庸》之「未發」「已發」，即大《易》「休復」〔二〕「敦復」〔三〕之旨，則於所謂「通神明之德」〔四〕「順性命之理」〔五〕者，其庶幾乎？故曰：復，德之本也〔六〕，立天下之大本〔七〕者也。

〔一〕《孟子·滕文公上》文。
〔二〕《易·復卦》六二爻辭。
〔三〕《易·復卦》六五爻辭。
〔四〕《易·繫辭傳下》文。
〔五〕《易·説卦》文。
〔六〕《易·繫辭傳下》文。
〔七〕《禮記·中庸》文。

紫陽學術發微卷三

朱子心性學發微

文治按：孔子作《繫辭傳》言：「聖人以此洗心，退藏於密。」「一陰一陽之謂道，繼之者善，成之者性。」《説卦傳》又言：「窮理盡性以至於命。」心性之學，斯爲權輿。子思子作《中庸》，闡《易傳》之精藴，《孟子》七篇更大昌其學説。宋周、程諸大儒出，所發明者，不過孔孟心性之學，而後世乃以禪目之，黑白不分，何其陋歟。朱子遠紹聖學，更集諸儒之大成，其體驗窮究，抉心性之根源，散見於《四書集注》及《文集》中者尤夥。而其指示初學，顯明深切者，莫要於《中庸》首章及《孟子》「生之謂性」「牛山之木」「鈞是人也」〔一〕數

〔一〕《孟子·告子上》文。

章注語。（王陽明先生謂朱子《四書集注》乃中年未定之論〔一〕，實爲大誤，先儒辨之甚詳。）兹特彙輯一卷，承學之士，要知講心性之學者，重在深造自得，默會於幽閒静壹之中，庶幾德性問學，廣大精微，是篇所録，莫非入道體驗之功，倘或道聽途説，藉資談助，則去道也遠矣！若夫故爲元妙之論，以爲朱子最上乘教法，則更非所敢知也。

《中庸》首章注

天命之謂性，率性之謂道，修道之謂教。

命，猶令也。性，即理也。天以陰陽五行化生萬物，氣以成形，而理亦賦焉，猶命令也。於是人物之生，因各得其所賦之理，以爲健順五常之德，所謂性也。率，循也。道，猶路也。人物各循其性之自然，則其日用事物之間，莫不各有當行之路，是則所謂道也。修，品節之也。性道雖同，而氣禀或異，故不能無過不及之差，聖人因人物之所當行者而品節之，以爲法於天下，則謂之教，若禮樂刑政之屬是也。蓋人知己之有性，而不知其出於天；知事之有道，而不知其由於性；知聖人之有教，而不知其因

〔一〕《王文成公全書·傳習録下·語録三·朱子晚年定論》卷三文。

吾之所固有者裁之也。故子思於此，首發明之；而董子所謂道之大原出於天，亦此意也。〔一〕文治按：本節注歸結到「人知己之有性」，可見以上三「物」字皆衍。

道也者，不可須臾離也，可離非道也。是故君子戒慎乎其所不睹，恐懼乎其所不聞。

道者，日用事物當行之理，皆性之德而具於心，無物不有，無時不然，所以不可須臾離也。若其可離，則豈率性之謂哉？〔二〕是以君子之心常存敬畏，雖不見聞，亦不敢忽，所以存天理之本然，而不使離於須臾之頃也。

莫見乎隱，莫顯乎微，故君子慎其獨也。

隱，暗處也。微，細事也。獨者，人所不知而己所獨知之地也。言幽暗之中，細微之事，跡雖未形而幾則已動，人雖不知而己獨知之，則是天下之事，無有著見明顯而過於此者。是以君子既常戒懼，而於此尤加謹焉，所以遏人欲於將萌，而不使其潛

〔一〕《摛藻堂四庫全書薈要》本與此同。《新編諸子集成》本「蓋人知己之有性」至「亦此意也」，作「蓋人之所以爲人，道之所以爲道，聖人之所以爲教，原其所自，無一不本於天而備於我。學者知之，則其於學知所用力而不能已矣。故子思於此首發明之，讀者所宜深體而默識之也」。

〔二〕《摛藻堂四庫全書薈要》本與此同。《新編諸子集成》本「則豈率性之謂哉」作「則爲外物而非道矣」。

滋暗長〔一〕於隱微之中，以至離道之遠也。

喜怒哀樂之未發，謂之中；發而皆中節，謂之和。中也者，天下之大本也；和也者，天下之達道也。

喜怒哀樂，情也，其未發，則性也。無所偏倚，故謂之中。發皆中節，情之正也，無所乖戾，故謂之和。大本者，天命之性，天下之理皆由此出，道之體也。達道者，循性之謂，天下古今之所共由，道之用也。此言性情之德，以明道不可離之意。

致中和，天地位焉，萬物育焉。

致，推而極之也。位者，安其所也。育者，遂其生也。自戒懼而約之，以至於至静之中，無少偏倚，而其守不失，則極其中而天地位矣。自謹獨而精之，以至於應物之處，無少差謬，而無適不然，則極其和而萬物育矣。蓋天地萬物本吾一體，吾之心正，則天地之心亦正矣。吾之氣順，則天地之氣亦順矣。故其效驗至於如此。此學問之極功，聖人之能事，初非有待於外，而修道之教亦在其中矣。是其一體一用雖有動静之殊，然必其體立而後用有以行，則其實亦非有兩事也。故於此合而言之，以結

〔一〕《摛藻堂四庫全書薈要》本與此同。《新編諸子集成》本「潛滋暗長」作「滋長」。

上文之意。

文治按：此章注語，爲朱子一生得力處，其最精處有三，其可疑處亦有三。首章注「天以陰陽五行」一段，合理與氣言，包括《太極圖説》之藴，其精一也；二節注爲涵養，三節注爲省察，一則静之本，一則動之幾，其精二也；第四節分析性情之妙，與《孟子》中言心性學息息相通，其精三也。首節注衍三「物」字，後儒以爲品節物性，無所謂禮、樂、刑、政，此固應行删正；第五節「自戒懼而約之」「自謹獨而精之」，分配「天地位」「萬物育」，立説未免太拘；至於「吾之心正，則天地之心亦正」「吾之氣順，則天地之氣亦順」，後人亦多疑之。不知此蓋本《洪範》皇極而言，所謂「會其有極，歸其有極」，本身以作則，益足動人戒懼慎獨之心，其説亦極精微。餘詳《中庸大義》，不贅述。

《孟子》「生之謂性」章注

告子曰：「生之謂性。」

生，指人物之所以知覺運動者而言。告子論性，前後四章，語雖不同，然其大指不外乎此，與近世佛氏所謂作用是性者略相似。

孟子曰：「生之謂性也，猶白之謂白與？」曰：「然。」「白羽之白也，猶白雪之白；白雪之白，猶白玉之白與？」曰：「然。」

白之謂白，猶言凡物之白者，同謂之白，更無差別也。白羽以下，孟子再問而告子曰然，則是謂凡有生者同是一性矣。

「然則犬之性，猶牛之性，牛之性，猶人之性與？」

孟子又言若果如此，則犬牛與人皆有知覺，皆能運動，其性皆無以異矣。於是告子自知其説之非而不能對也。愚按：性者，人之所得於天之理也。生者，人之所得於天之氣也。性，形而上者也；氣，形而下者也。人物之生，莫不有是性，亦莫不有是氣。然以氣言之，則知覺運動，人與物若不異也；以理言之，則仁義禮智之稟，豈物之所得而全哉？此人之性所以無不善，而爲萬物之靈也。告子不知性之爲理，而以所謂氣者當之，是以杞柳湍水之喻食色無善無不善之説，縱横繆戾，紛紜舛錯，而此章之誤乃其本根。所以然者，蓋徒知知覺運動之蠢然者，人與物同，而不知仁義禮智之粹然者，人與物異也。孟子以是折之，其義精矣。

文治按：此章近儒多以《公孫龍子·白馬篇》作比喻，實則白羽所以狀清虚，白雪所以狀寂滅，而白玉則儒家之比德於玉也。犬與牛之性且不同，而况物與人之性，豈可得而同乎？吾鄉陸桴亭先生謂古經傳言性多合理氣〔一〕，宋周、程、張諸大儒亦復如此。朱子論性合理氣言者居十之八，分理氣言者居十之二，此章分理氣而言，近儒多疑之。且謂即以氣言，人與物亦豈得從同？不知告子固不知理，并不知氣。朱子並未以知氣許告子，故曰「以所謂氣者當之」，惟謂「知覺運動之蠢然者，人與物同」，確有語病，且謂「性，形而上」，「氣，形而下」，與《中庸》首章注不合，要皆未定之論。至「生之謂性」一句，字義並不誤，而告子之本意則非。後來程子亦以「生之謂性」作訓釋，惜朱子本注未以程子「性即氣，氣即性」〔二〕之説補入，而以告子與程子語同意異之旨詳細闡明，以致戴氏東原抵瑕蹈隙，奮筆詆諆。見《孟子字義疏證》卷中。夫朱子疏漏之處，固不必爲之諱，然讀書須統觀全書大義，亦不可執未定之論，遽加訾毀也。以下數章，均應參考《孟子大義》。

〔一〕陸世儀《思辨録輯要·人道類》卷二六載：「又問：『宋儒云：「仁者心之德。」又曰：「性者心所具之理。」仁與性如何分別？』曰：『性者心所具之理，仁者性所具之理。』曰：『性既是理，如何又具理？』曰：『性兼理氣，仁則獨以理言也。』」

〔二〕朱子編《二程遺書·端伯傳師説》卷一文。

《孟子》「牛山之木」章注

孟子曰：「牛山之木嘗美矣，以其郊於大國也，斧斤伐之，可以爲美乎？是其日夜之所息，雨露之所潤，非無萌蘖之生焉，牛羊又從而牧之，是以若彼濯濯也。人見其濯濯也，以爲未嘗有材焉，此豈山之性也哉？

牛山，齊之東南山也。邑外謂之郊。言牛山之木，前此固嘗美矣。今爲大國之郊，伐之者衆，故失其美耳。息，生長也。日夜之所息，謂氣化流行未嘗間斷，故日夜之間，凡物皆有所生長也。萌，芽也。蘖，芽之旁出者也。濯濯，光潔之貌。材，材木也。言山木雖伐，猶有萌蘖，而牛羊又從而害之，是以至於光潔而無草木也。

雖存乎人者，豈無仁義之心哉？其所以放其良心者，亦猶斧斤之於木也，旦旦而伐之，可以爲美乎？其日夜之所息，平旦之氣，其好惡與人相近也者幾希，則其旦晝之所爲，有梏亡之矣。梏之反覆，則其夜氣不足以存，夜氣不足以存，則其違禽獸不遠矣。人見其禽獸也，而以爲未嘗有才焉者，是豈人之情也哉？

良心者，本然之善心，即所謂仁義之心也。平旦之氣，謂未與物接之時，清明之氣也。好惡與人相近，言得〔一〕人心之所同然也。幾希，不多也。梏，械也。反覆，展轉也。言人之良心雖已放失，然其日夜之間，亦必有所生長。故平旦未與物接，其氣清明之際，良心猶必有發見者。但其發見至微，而旦晝所爲之不善，又已隨而梏亡之，如山木既伐，猶有萌蘖，而牛羊又牧之也。晝之所爲，既有以害其夜之所息；夜之所息，又不能勝其晝之所爲，是以展轉相害，至於夜氣之生，日以寖薄，而不足以存其仁義之良心，則平旦之氣亦不能清，而所好惡遂與人遠矣。

故苟得其養，無物不長；苟失其養，無物不消。

山木人心，其理一也。

孔子曰：『操則存，舍則亡；出入無時，莫知其鄉。』惟心之謂與？」

孔子言心，操之則在此，舍之則失去，其出入無定時，亦無定處如此。孟子引之，以明心之神明不測，得失之易，而保守之難，不可頃刻失其養。學者當無時而不用其力，使神清氣定，常如平旦之時，則此心常存，無適而非仁義矣。程子曰：「心豈有出入，亦以操舍而言耳。操之之道，敬以直内而已。」愚聞之師曰：「人，理義之心未嘗

〔一〕「得」字原作「其」。按：《新編諸子集成》本、《摛藻堂四庫全書薈要》本均作「得」，以此爲正。

無，惟持守之即在爾。若於旦晝之間，不至梏亡，則夜氣愈清。夜氣清，則平旦未與物接之時，湛然虚明氣象，自可見矣。」孟子發此夜氣之説，於學者極有力，宜熟玩而深省之也。

文治按：此章之義，本於《周易》。「平旦之氣」，「復，其見天地之心」〔一〕也。惟至日以一歲言，平旦則指一日言耳。「得其養而無物不長」，所謂陽息也；「失其養而無物不消」，所謂陰消也。「出入無時，莫知其鄉」，所謂「出入無疾」也。「好惡與人相近」，《論語》所謂「性相近」也；「違禽獸不遠」，所謂「習相遠」也。孟子學説皆出於孔子，惟操心之學，卻與持志略異。蓋志者，心之所之，故持志者，省察之功，而操心者，涵養之要也。此章與「養氣」章皆爲入道之方，學者宜日三復而默識之於心。

《孟子》「仁人心」章注

孟子曰：「仁，人心也；義，人路也。

〔一〕《易·復卦·彖傳》文。

仁者心之德，程子所謂「心如穀種，仁則其生之性」是也。然但謂之仁，則人不知其切於己，故反而名之曰人心，則可以見其爲此身酬酢萬變之主，而不可須臾失矣。義者行事之宜，謂之人路，則可以見其爲出入往來必由之道，而不可須臾舍矣。

舍其路而弗由，放其心而不知求，哀哉！

「哀哉」二字，最宜詳味，令人惕然有深省處。

人有雞犬，放則知求之；有放心，而不知求。

程子曰：「心至重，雞犬至輕。雞犬放則知求之，心放則不知求，豈愛其至輕而忘其至重哉？弗思而已矣。」愚謂：上兼言仁義，而此下專論求放心者，能求放心，則不違於仁而義在其中矣。

學問之道無他，求其放心而已矣。」

學問之事，固非一端，然其道則在於求其放心而已。蓋能如是則志氣清明，義理昭著，而可以上達，不然則昏昧放逸，雖曰從事於學，而終不能有所發明矣。故程子曰：「聖賢千言萬語，只是欲人將已放之心約之，使反復人身來，自能尋向上去，下學而上達也。」此乃孟子開示切要之言，程子又發明之，曲盡其指，學者宜服膺而勿失也。

文治按：張氏楊園曰：「孟子不輕言哀哉。」惟《自暴自棄章》與此章兩言之，極爲痛切；又《莊子》言「哀莫大於心死」也。「學問之道」節有二解：或曰因學問以求放心；或曰學問之事，以求放心爲要。細玩朱注，當以後説爲長。蓋天下至大之學問，莫要於管攝此心也。其功奈何？蓋以靜時言之，則當以深沈涵養爲主；以動時言之，則當以收攝提撕爲主。求之既熟，自能不失其本心矣。或謂：「陳氏定齋《明辨録》有求放心説，力闢陸、王之謬，如以上所言，不幾近於空虛乎？」曰：不然。孟子發端言：「仁，人心也。」可見求放心即所以求仁，何空虛之有？子夏言博學篤志，切問近思，仁在其中；篤志近思，正求放心之義。

《孟子》「鈞是人也」章注

公都子問曰：「鈞是人也，或爲大人，或爲小人，何也？」孟子曰：「從其大體爲大人，從其小體爲小人。」

鈞，同也。從，隨也。大體，心也。小體，耳目之類也。

曰：「鈞是人也，或從其大體，或從其小體，何也？」曰：「耳目之官不思，而蔽於物，

物交物，則引之而已矣。心之官則思，思則得之，不思則不得也。此天之所與我者，先立乎其大者，則其小者不能奪也。此爲大人而已矣。」

官之爲言司也。耳司聽，目司視，各有所職，而不能思，是以敝於外物。既不能思而敝於外物，則亦一物而已。又以外物交於此物，其引之而去不難矣。心則能思，而以思爲職。凡事物之來，心得其職，則得其理，而物不能敝；失其職，則不得其理，而物來蔽之。此三者，皆天之所以與我者，而心爲大。若能有以立之，則事無不思，而耳目之欲不能奪之矣，此所以爲大人也[一]。范浚《心箴》曰：「茫茫堪輿，俯仰無垠。人於其間，眇然有身。是身之微，太倉稊米。參爲三才，曰惟心耳。往古來今，孰無此心？心爲形役，乃獸乃禽。惟口耳目，手足動靜。投間抵隙，爲厥心病。一心之微，衆欲攻之，其與存者，嗚呼幾希！君子存誠，克念克敬，天君泰然，百體從令。」

文治按：地居天中，天包地外，人在天地之中，而心又在人一身之中。得中

[一] 謹按：《摛藻堂四庫全書薈要》本及《新編諸子集成》本「此所以爲大人也」後有：「然『此天』之『此』，舊本多作『比』，而趙注亦以比方釋之。今本既多作『此』，而注亦作『此』，乃未詳孰是。但作『比』字，於義爲短，故且從今本云。」

理中氣，此其所以爲大體而最貴也。「心之官則思，思則得之」，乃思得仁義禮智之性，非思空虛之理。此其功候淺者如視思明、聽思聰之屬；深者如《易傳》所謂「寂然不動，感而遂通天下之故」，《洪範》所謂「思曰睿，睿作聖」是也。「天之所與我者」，即《左傳》所謂「人受天地之中以生」〔二〕也。「先立乎其大」，即孟子「不動心」之學。人能先立其心，方能自立於世界之内，否則一心窒塞而不通，即一身浮游而無據矣，可不懼哉？宋陸氏象山平生學問，以先立乎大爲主，其説有是有非，詳《孟子大義》中。范氏《心箴》鞭策本心，乾乾惕若，可與程子四箴並讀。

《孟子》「盡心」章注

孟子曰：「盡其心者，知其性也。知其性，則知天矣。

心者，人之神明，所以具衆理而應萬事者也。性則心之所具之理，而天又理之所從以出者也。人有是心，莫非全體，然不窮理，則有所蔽而無以盡乎此心之量。故能極其心之全體而無不盡者，必其能窮夫理而無不知者也。既知其理，則其所從出，亦

〔二〕《春秋左傳·成公十三年》文。按：「人」作「民」字。

不外是矣。以《大學》之序言之，知性則物格之謂，盡心則知至之謂也。

「存其心，養其性，所以事天也。

存，謂操而不舍；養，謂順而不害。事，則奉承而不違也。

「殀壽不貳，脩身以俟之，所以立命也。」

夭壽，命之短長也。貳，疑也。不貳者，知天之至，脩身以俟死，則事天以終身也。立命，謂全其天之所付，不以人爲害之。程子曰：「心也、性也、天也，一理也。自理而言謂之天，自稟受而言謂之性，自存諸人而言謂之心。」張子曰：「由太虛，有天之名；由氣化，有道之名；合虛與氣，有性之名；合性與知覺，有心之名。」愚謂：盡心知性而知天，所以造其理也；存心養性以事天，所以履其事也。不知其理，固不能履其事；然徒造其理而不履其事，則亦無以有諸己矣。知天而不以殀壽貳其心，智之盡也；事天而能脩身以俟死，仁之至也。智有不盡，固不知所以爲仁；然智而不仁，則亦將流蕩不法，而不足以爲智矣。

文治按：《易・説卦傳》曰：「窮理盡性以至於命。」《孟子》不言《易》，而書中隨處無非《易》理。以七篇之義言之，《萬章篇》，窮理之學也；《告子篇》，盡性之學也；《盡心篇》，至命之學也。以本章言之，首節知性知天，窮理之學也；次節存心養性，盡性之學也；三節立命，至命之學也。程子曰「進學則在致知」，即知性知天之義；「涵養須用敬」〔一〕，即存心養性之義。宋儒窮理居敬並進之説，實權輿於此。若夫命者，有義理之命，有氣數之命；義理有定，而氣數則隨時而變遷，以義理定氣數，故曰立命。《易・乾卦・文言傳》曰：「先天而天弗違，後天而奉天時。」此之謂立命。蓋惟立命然後能造命也。人生富貴貧賤、夷狄患難，皆隨遇而移，而生死一關，尤爲難破。惟朱注言「修身以俟死」，鄙意以爲可商。竊謂「修身以俟之」者，言勉勉循循，上達天德，以造於美大聖神之域耳。於此可見人之一生境遇當立命，而學問尤當立命，是爲至命之學。

答陳器之書〔二〕

性是太極渾然之體，不可以名字言，但其中含具萬理，而綱理之大者有四，故命

〔一〕《二程遺書》卷一八文。按：原文「在」前有「則」字，今補入。
〔二〕此文並載於《性理學大義・朱子大義》卷八題《答陳器之問玉山講義》，唐先生未下按語。按：《朱子文集》原題目有「問玉山講義」五字。

之曰仁義禮智，孔門未嘗備言。至孟子而始備言之者，蓋孔子之時，性善之理素明，雖不詳著其條〔一〕，而説自具。至孟子時，異端蠭起，往往以性爲不善，孟子懼是理〔二〕之不明，而思有以明之，苟但曰渾然全體，則恐其如無星之稱〔三〕，無寸之尺，終不足以曉天下，於是别而言之，界爲四破，而四端之説，於是而立。

蓋四端之未發也，雖寂然不動，而其中自有條理，自有間架，不是儱侗都無一物，所以外邊纔感，中間便應。如赤子入井之事感，則仁之理便應，而惻隱之心於是乎形；如過廟過朝之事感，則禮之理便應，而恭敬之心於是乎形。蓋由其中間衆理渾具，各各分明，故外邊所遇，隨感而應，所以四端之發，各有面貌之不同，是以孟子析而爲四以示學者，使知渾然全體之中，而粲然有條若此，則性之善可知矣。……故孟子言：「乃若其情，則可以爲善矣，乃所謂善也。」是則孟子之言性善，蓋〔四〕亦遡其情而逆知之耳。

〔一〕「條」乃一體之分枝，下文兩言「粲然有條」，皆指枝幹分明，是孟子之説四端也。
〔二〕此「理」指「性善之理」。
〔三〕「稱」字，《朱文公文集》作「秤」。
〔四〕「蓋」字脱，據《朱文公文集》補入。

仁義禮智，既知得界限分曉；又須知四者之中，仁義是箇對立底關鍵。蓋仁，仁也，禮則仁之著。義，義也，智則義之藏。猶春夏秋冬，雖爲四時，然春夏皆陽之屬也，秋冬皆陰之屬也，故曰：「立天之道曰陰與陽，立地之道曰柔與剛，立人之道曰仁與義。」〔一〕是知天地之道，不兩則不能以立。故端雖有四，而立之者則兩耳。仁義雖對立而成兩，然仁義實貫乎四者之中。蓋偏言則一事，專言則包四者。故仁者仁之本體，禮者仁之節文，義者仁之斷制，智者仁之分别；猶春夏秋冬雖不同，而同出乎春。春則春之生也，夏則春之長也，秋則春之成也，冬則春之藏也。自四而兩，自兩而一，則統之有宗，會之有元矣。故曰：「五行一陰陽，陰陽一太極。」……

仁包四端，而智居四端之末者，蓋冬者藏也，所以始萬物而終萬物者也。智有藏之義焉，有終始之義焉。如〔二〕惻隱、羞惡、辭讓〔三〕是三者，皆有可爲之事，智無事可爲，但分别其是非〔四〕耳，是以謂之藏也。

〔一〕《周易·説卦傳》説聖人之作《易》將以順性命之理之三才義。
〔二〕「如」字，《朱文公文集》作「則」。
〔三〕「辭讓」，《朱文公文集》作「恭敬」。
〔四〕「是非」，《朱文公文集》作「爲是爲非」。

象。又惻隱、羞惡、辭讓〔一〕，皆是一面底道理。而是非則有兩面……是終始萬物之象。故仁爲四端之首，而智則能成始成終，猶元氣雖四德之長，然〔二〕元不生於元而生於貞，蓋由〔三〕天地之化，不翕聚不能發散，理固然也。仁智交際之間，乃萬化機軸，此理〔四〕循環不窮，脗合無間，程子所謂「動靜無端，陰陽無始」者，此也。〔五〕

文治按：此書剖析性情四端，精密無倫，然必須實在體驗，方有心得，不可徒事空談也。仁統四端，智實通四端。仁智交際之間，讀《論語·里仁篇》首三章與《孟子》「矢人」章自能會悟。

答游誠之書

心體固本靜，然亦不能不動，其用固本善，然亦能流而入於不善。夫其動而流於

〔一〕「辭讓」，《朱文公文集》作「恭敬」。
〔二〕「元氣雖四德之長，然」脱，據《朱文公文集》補入。
〔三〕「蓋由」二字脱，據《朱文公文集》補入。
〔四〕「此理」二字脱，據《朱文公文集》補入。
〔五〕《朱文公文集·書·知舊門人問答·答陳器之問玉山講義》卷五八文。

不善者，固不可謂心體之本然，然亦不可不謂之心也，但其誘於物而然耳，故先聖只説「操則存，存則静，而其動也，無不善矣。舍則亡，於是乎有動而流入於不善者。出入無時，莫知其鄉。」出者亡也，入者存也，本無一定之時，亦無一定之處，特係於人之操舍如何耳。只此四句，説得心之體用始終、真妄邪正無所不備，又見得此心不操即舍，不出即入，别無閒處可安頓之意。若如所論，出入有時者爲心之正，然則孔子所謂出入無時者，乃心之病矣。不應卻以「惟心之謂與」一句，直指而總結之也。〔一〕

答蔡季通書〔二〕

人之有生，性與氣合而已。然即其已合而析言之，則性主於理而無形，氣主於形而有質。以其主理而無形，故公而無不善；以其主形而有質，故私而或不善。以其公而善也，故其發皆天理之所行；以其私而或不善也，故其發皆人欲之所作。此舜之戒禹，所以有「人心」「道心」之别，蓋自其根本而已然，非謂氣之所爲有過不及，而

〔一〕《朱文公文集·書·知舊門人問答·答游誠之》卷四五文。
〔二〕此文並載於《性理學大義·朱子大義》卷五，唐先生未下按語。

後流於人欲也。然但謂之人心，則固未以爲悉皆邪惡，但謂之危，則固未以爲便致凶咎。但既不主於理，有〔一〕主於形，則其流爲邪惡，以致凶咎亦不難矣，此其所以爲危。非若道心之必善而無惡，有安而無傾，有準的而可憑據也。故必其致精一於此兩者之間，使公而無不善者，常爲一身萬事之主，而私而或不善者不得與焉，則凡所云爲，不待擇於過與不及之間，而自然無不中矣。凡物剖判之初，且當論其善不善；二者既分之之後，方可論其中不中。「惟精惟一」，所以審其善不善也；「允執厥中」，則無過不及而自得中矣，非精一以求中也。此舜戒禹之本意，而序文述之，固未嘗直以形氣之發盡爲不善，而不容其有清明純粹之時，如來諭之所疑也。但此所謂清明純粹者，既屬乎形氣之偶然，則亦但能不隔乎理而助其發揮耳，不可便認以爲道心而欲據之以爲精一之地也。如《孟子》雖言夜氣，而其所欲存者，乃在乎仁義之心，非直以此夜氣爲主也；雖言養氣，而其所用力，乃在乎「集義」，非直就此氣中，擇其無過不及者而養之也。來諭主張氣字太過，故於此有不察。其他如分別氣中過不及處，亦覺有差，但既無與乎道心之微，故有所不暇

〔一〕「有」字誤作「而」，據《朱文公文集》爲正。

辨耳。〔一〕

文治按：人心道心之説，實出於梅氏僞《書》，蓋本於《荀子》所引《道經》，厥後儒者沿襲其説，固不妨於通用矣。此書判析理氣，至爲精微，可爲存心養性之助。

答何叔京書〔二〕

蒙示《心説》，甚善。然恐或有所未盡。蓋入而存者即是真心，出而亡者亦此真心，爲物誘而然耳。今以存亡出入皆爲物誘所致，則是所存之外，別有真心，而於孔子之言，乃不及之，何耶？子重〔三〕所論，病亦如此。而子約〔四〕又欲並其出而亡者，不

〔一〕《朱文公文集·書·知舊門人問答·答蔡季通》卷四四文。

〔二〕此文並載於《性理學大義·朱子大義》卷四，唐先生未下按語；又「不審尊意以爲如何」後，並録有「潘君之論」至「幸甚幸甚」一段文字。

〔三〕石𡼏（一一二八～一一八二），號克齋，臨海人，長朱熹三歲；紹興十五年（一一四五）進士，時年十八；由桂陽主簿轉同安縣丞，二十三年（一一五三）五月朱子授同安主簿，遂與石氏訂交，過從甚密；著《中庸集解》，朱子爲作序；卒後朱子刊定爲《中庸輯略》而傳至今。

〔四〕吕祖儉，字子約，吕祖謙之弟，自號大愚叟，浙江金華人，《宋史》列入《忠義傳》，朱子與交篤。

分真妄，皆爲神明不測之妙，二者蓋胥失之。熹向答二公，有所未盡，後來答游誠之〔一〕一段，方稍〔二〕穩當。今〔三〕謹録呈，幸乞指誨。

其實〔四〕大抵〔五〕心之體用始終，雖有真妄邪正之分，莫非神明不測之妙。雖皆神明不測之妙，而其真妄邪正又不可以不分耳。不審尊意以爲如何？〔六〕

文治按：王陽明先生《答陸元静》云：「照〔七〕心固照，妄心亦照。」〔八〕與朱子此書意相同，能於静時體驗之，性天中自有樂地矣。

〔一〕游九言（一一四二～一二〇六），字誠之，號默齋，福建建陽人，與吕祖儉同輩，張栻門人，今存《默齋遺稿》二卷。
〔二〕「稍」誤作「稱」，據《朱文公文集》爲正。
〔三〕「今」字脱，依《朱文公文集》補入。
〔四〕「其實」二字脱，依《朱文公文集》補入。
〔五〕「大抵」，《朱文公文集》作「然」。
〔六〕《朱文公文集·書·知舊門人問答·答何叔京》卷三九文。按：《朱子大義》未下按語，而此下删除「潘君之論，則異乎所聞矣」一段。
〔七〕「照」字誤作「真」，依《王文成公全書》文爲正。
〔八〕《王文成公全書·傳習録中·與陸原静書》卷二文。

答何叔京書

《心説》已喻。但所謂「聖人之心，如明鏡止水，天理純全」者，即是存處。但聖人則不操而常存耳，衆人則操而存之。方其存時，亦是如此，但不操則不存耳。存者，道心也；亡者，人心也。心一也，非是實有此二心，各爲一物，不相交涉也，但以存亡而異其名耳。方其亡也，固非心之本然；亦不可謂别是一箇有存亡出入之心，卻待反本還原，别求一箇無存亡出入之心來换卻。只是此心但不存便亡，不亡便存，中間無空隙處。所以學者必汲汲於〔一〕操存，雖舜、禹之間，亦以精一爲戒也。且如世之有治亂、安危，雖堯、舜之聖，亦只是有治安而無危亂耳，豈可謂堯、舜之世，無安危、治亂之可名耶？如此則便是向來胡氏性無善惡之説。請更思之，卻以見教。〔二〕

〔一〕「於」字誤作「乎」，依據《朱文公文集》補入。
〔二〕《朱文公文集・書・知舊門人問答・答何叔京》卷四〇文。

答吕子約書

所示心無形體之説，鄙意正謂如此，不謂賢者之偶同也。然所謂寂然之本體，殊未明白之云者，此則未然。蓋操之而存，則只此便是本體，不待别求。惟其操之久而且熟，自然安於義理而不妄動，則所謂寂然者，當不待察識而自呈露矣。今乃欲於頃刻之存，而遽加察識以求寂然者，吾恐夫寂然之體〔一〕未必可識，而所謂察識者，乃所以速其遷動，而流於紛擾急迫之中也。程夫子所論「纔思便是已發，故涵養於未發之前則可，而求中於未發之前則不可」，亦是此意。然心一而已，所謂操存者，亦豈以此一物操彼一物，如鬭者之相捽而不相〔二〕舍哉！亦曰主一無適，非禮勿動，則中有主而心自存耳。聖賢千言萬語，考其發端，要其歸宿，不過如此。子約既識其端，不必别生疑慮，但循此用功，久而不息，自當有所至矣。〔三〕

〔一〕「夫寂然之體」原作「寂然者」，依據《朱文公文集》爲正。
〔二〕「相」字脱，依《朱文公文集》補入。
〔三〕《朱文公文集·書·問答（一本作知舊門人問答）·答吕子約》卷四七文。

答陳明仲書

克己之目不及思，所論大概得之，然有未盡。熹竊謂《洪範》「五事」，以思爲主，蓋不可見而行乎四者之間也。然操存之漸，必自其可見者而爲之法，則切近明白而易以持守，故五事之次，思最在後，而夫子於此，亦偏舉「四勿」而不及夫思焉。蓋欲學者循其可見易守之法，以養其不可見、不可繫之心也。至於久而不懈，則表裏如一，而私意無所容矣。程子《四箴》，意正如此，試熟玩之，亦自可見。〔一〕

文治按：《論語》「四勿」「九思」，相爲表裏，何以勿視、勿聽、勿言、勿動，皆出於思也。《洪範》「五事」，以思次於貌、言、視、聽之後，蓋以配五行之土，寄王於四時爾。至於「思曰睿，睿作聖」，則其功夫較「四勿」「九思」爲純熟矣。此書謂孔子「偏舉『四勿』而不及夫思」，「蓋欲學者循其可見易守之法，以養其不可見不可繫之心」，非由思通而進於無思者乎！

〔一〕《朱文公文集·書·知舊門人問答》卷四三文。

觀心説〔一〕

或問：「佛者有觀心説，然乎？」

曰：「夫心者，人之所以主乎身者也，一而不二者也，爲主而不爲客者也，命物而不命於物者也。故以心觀物，則物之理得。今復有物以反觀乎心，則是此心之外，復有一心而能管乎此心也。然則所謂心者，爲一耶？爲二耶？爲主耶？爲客耶？爲命物者耶？爲命於物者耶？此亦不待教而審其言之繆矣！」

或者曰：「若子之言，則聖賢所謂『精一』，所謂『操存』，所謂『盡心知性』『存心養性』，所謂『見其參於前而倚於衡』者，皆何謂哉？」

應之曰：「此言之相似而不同，正苗莠朱紫之間，而學者之所當辨者也。

「夫謂『人心之危』者，人欲之萌也；『道心之微』者，天理之奥也。心則一也，以正、不正而異其名耳。『惟精惟一』，則居其正而審其差者也，絀其異而反其同者也。能如是，則『信執其中』，而無過不及之偏矣。非以道爲一心，人爲一心，而又有一心

〔一〕文並載《性理學大義·朱子大義》卷七，唐先生未下按語。

以精一之也。

「夫謂『操而存』者，非以彼操此而存之也；『舍而亡』者，非以彼舍此而亡之也。心而自操，則亡者存；舍而不操，則存者亡耳。然其操之也，亦曰不使旦晝之所爲，得以梏亡其仁義之良心云爾；非塊然兀坐，以守其炯然不用之知覺，而謂之操存也。

「若『盡心』云者，則格物窮理，廓然貫通，而有以極夫心之所具之理也；『存心』云者，則『敬以直内，義以方外』，若前所謂精一操存之道也。故盡其心而可以知性知天，以其體之不蔽，而有以究夫理之自然也。存心而可以養性事天，以其體之不失，而有以順夫理之自然也。文治按：惟本體不蔽而後可以窮理，亦惟窮理而本體愈益清明，二者其功交相進也。是豈以心盡心，以心存心，如兩物之相持而不相舍哉？

「若『參前倚衡』之云者，則爲忠信篤敬而發也。蓋曰忠信篤敬，不忘乎心，則無所適而不見其在是云爾，亦非有以見夫心之謂也。且身在此而心參於前，身在輿而心倚於衡，是果何理也耶？

「大抵聖人之學，本心以窮理，而順理以應物，如身使臂，如臂使指；其道夷而通，其居廣而安，其理實而行自然。釋氏之學，以心求心，以心使心，如口齕口，如目視目；其機危而迫，其途險而塞，其理虚而其勢逆。蓋其言雖有若相似者，而其實之

不同蓋如此也。然非夫審思明辨之君子，其亦孰能無惑於斯耶？」〔一〕

文治按：近世不明宋儒之學者，概目之爲禪，可謂不知分析之學而全無體驗矣！善乎陸稼書先生之闢禪也，曰：「明乎心性之辨則知禪矣！……夫人之生也，氣聚而成形，而氣之精英又聚而爲心。是心也，神明不測，變化無方，要之亦氣也。其中所具之理則性也。故程子曰：『性即理也。』邵子曰：『心者，性之郛郭。』朱子曰：『靈處是心不是性。』是心也者，性之所寓而非即性也；性也者，寓於心而非即心也。』先儒辨之亦至明矣。若夫禪者，則以知覺爲性，而以知覺之發動者爲心。故彼之所謂性，則吾之所謂心也；彼之所謂心，則吾之所謂意也。其所以滅彝倫，離仁義，張皇詭怪而自放於準繩之外者，皆由不知有性而以知覺當之耳。何則？既以知覺爲性，則其所欲保養而勿失者，惟是而已。一切人倫庶物之理，皆足以爲我之障，而惟恐其或累，宜其盡舉而棄之也。」（以上見《三魚堂集·學術辨》）〔二〕據此知吾儒之與禪宗，毫釐之差，千里之謬，正在於心性之辨。

〔一〕《朱文公文集·雜著》卷六七文。
〔二〕陸隴其《三魚堂文集·雜著·學術辨中》卷二文。

故文治竊以朱子解《中庸》《孟子》心性諸條列於前，證之以問答諸書，而以《觀心説》附於後，學者讀之，不獨悟儒釋之分，且可見朱子心性之學與已發未發之説互相貫通，而有以得其體驗之實功矣。

紫陽學術發微卷四

朱子論仁善國發微

【釋】唐先生以「人道教育」一詞概括儒家「仁」之大義，焦點在工夫上之推及，以此救治人心之麻木。

文治按：《禮記·禮運篇》孔子言「大道之行」「三代之英」，推及於大同之治，而要其精義實在之歸宿，則曰：「聖人能以天下爲一家，中國爲一人。」人者，天地之心也。所謂天地之心者何？仁而已矣，故曰：「仁者，人也。」人而不仁，何以爲人？是以《易傳》曰：「立人之道曰仁與義。」仁者，人道教育之根原，豈不大哉！昔孔子答樊遲之問仁曰：「居處恭，執事敬，與人忠。」[一]此功夫之徹始徹終者也。答顔淵之問仁

[一]《論語·子路》文。

曰：「克己復禮爲仁。」〔一〕答仲弓之問仁曰：「出門如見大賓，使民如承大祭；己所不欲，勿施於人。」〔二〕此功夫之究竟也。答子貢之問仁曰：「己欲立而立人，己欲達而達人。」〔三〕此則由體而推之於用，因是以盡人性、盡物性者也。孟子之言仁曰：「仁，人心也。」〔四〕「學問之道無他，求其放心而已矣。」〔五〕又曰：「君子以仁存心。」〔六〕「仁者愛人。」〔七〕此工夫之始事也；又曰：「人皆有不忍人之心。」〔八〕「人能充無欲害人之心，而仁不可勝用矣。」〔九〕此則由體而達之於用，「苟能充之，足以保四海」〔一〇〕者也。

朱子之言仁，本於《易傳》「天地之大德曰生」，而又本於孔孟之家法，曰「求放

〔一〕《論語·顏淵》文。
〔二〕《論語·顏淵》文。
〔三〕《論語·雍也》文。
〔四〕《孟子·告子上》文。
〔五〕《孟子·告子上》文。
〔六〕《孟子·離婁下》文。
〔七〕《孟子·離婁下》文。
〔八〕《孟子·公孫丑上》文。
〔九〕《孟子·盡心下》文。
〔一〇〕《孟子·公孫丑上》文。

心」，曰「主敬」，曰「行恕」，以心驗而躬行之。蓋五常之本，萬善之原，皆起於仁。然苟無是三者以植其本，則良心日漓〔一〕，而我之所以欲仁者，終歸於放失。此仁道之所以幾絶於天下也。世衰道微，爭民施奪，機械日深，殺機愈盛；仁人君子，至於目不忍覩，耳不忍聞。讀朱子之論仁，曰：「人有不仁，心無不仁。」〔二〕人爲私欲所蔽，雖至不仁，而心中之仁自在，如日爲雲障，水受泥淤，去之則自復矣。見《語録》。嗚呼！何其勸戒之深也！至於《玉山講義》，諄諄於《孟子》「道性善」一章。蓋人性皆善，國性亦無不善。故以五十里之滕，猶可以爲善國，由其國性本善也。《書》曰：「若藥不瞑眩，厥疾不瘳。」〔三〕惟若藥不對證，則愈飲藥而愈瞑眩，必將偏痺不仁以至於亡，而曾莫之悟也，豈不哀哉！吾特發明《仁説》諸篇，深願天下皆能讀朱子之書，而得救國性之良藥也。朱子晚年專教人讀《孟子》「道性善」及「求放心」兩章，屢見於問答書中，蓋欲使人收斂安静，返其本心，以善其國性，其意至深遠矣。

〔一〕「漓」謂流失。
〔二〕《朱子語類·程子之書》卷九五文。
〔三〕《尚書·説命上》文。

仁説[一]

天地，以生物爲心者也，而人物之生，又各得夫天地之心以爲心者也。故語心之德，雖其總攝貫通，無所不備，然一言以蔽之，則曰仁而已矣。請試詳之。

蓋天地之心，其德有四，曰元亨利貞，而元無不統；其運行焉，則爲春夏秋冬之序，而春生之氣無所不通。故人之爲心，其德亦有四，曰仁義禮智，而仁無不包；其發用焉，則爲愛恭宜别之情，而惻隱之心無所不貫。故論天地之心者，則曰乾元坤元；則四德之體用，不待悉數而足。論人心之妙者，則曰「仁，人心也」，則四德之體用，亦不待遍舉而該。蓋仁之爲道，乃天地生物之心，即物而在。情之未發，而此體已具；情之既發，而其用不窮，誠能體而存之，則衆善之源，百行之本，莫不在是。此孔門之教，所以必使學者汲汲於「求仁」也。

其言有曰：「克己復禮爲仁」，言能克去己私，復乎天理，則此心之體無不在，而此心之用無不行也。

[一] 文並載《性理學大義・朱子大義》卷七，唐先生未下按語。又唐先生於本書附録黄式三《朱子〈仁説〉説》文。

又曰：「居處恭，執事敬，與人忠。」則亦所以存此心也。
又曰：「事親孝，事兄弟，及物恕。」則亦所以行此心也。
又曰：「求仁得仁。」則以讓國而逃，諫伐而餓，爲能不失乎此心也。
又曰：「殺身成仁。」則以欲甚於生、惡甚於死，爲能不害乎此心也。
此心何心也？在天地則坱然生物之心，在人則温然愛人利物之心，包四德而貫四端者也。

或曰：「若子之言，則程子所謂『愛情仁性，不可以愛爲仁』者，非歟？」

曰：「不然。程子之所訶，以愛之發而名仁者也。吾之所論，以愛之理而名仁者也。蓋所謂情性者，雖其分域之不同，然其脈絡之通，各有攸屬者，則曷嘗判然離絶而不相管哉？吾方病夫學者誦程子之言而不求其意，遂至於判然離愛而言仁，故特論此，以發明其遺意。而子顧以爲異乎程子之説，不亦誤哉？」

或曰：「程氏之徒，言仁多矣，蓋有謂『愛非仁，而以萬物與我爲一爲仁之體』者矣；亦有謂『愛非仁，而以心有知覺釋仁之名』者矣。今子之言若是，然則彼皆非歟？」

曰：「彼謂『物我爲一』者，可以見仁之無不愛矣，而非仁之所以爲體之真也。彼謂『心有知覺』者，可以見仁之包乎智矣，而非仁之所以得名之實也。觀孔子答子貢博施濟衆之問，與程子所謂覺不可以訓仁者，則可見矣。子尚安得復以此而論仁哉？抑泛言『同體』者，使人含胡昏緩，而無警切之功，其弊或至於認物爲己者有之矣。專言『知覺』者，使人張皇迫躁，而無沈潛之味，其弊或至於認欲爲理者有之矣。一忘一助，二者蓋胥失之。而『知覺』之云者，於聖門所示樂山能守之氣象，尤不相似，子尚安得復以此而論仁哉？」因并記其語，作《仁説》。〔一〕

文治按：黄薇香先生《朱子〈仁説〉説》云：「朱子《仁説》，何以作乎？當時程門高言仁，如謝顯道〔二〕謂：『孝弟非仁，知此心則知仁。』是陸子静斥有子之支離，謝氏已開其漸。其與吕晉伯〔三〕言仁，晉伯思之久未悟，論辨既窮。晉伯乃知

〔一〕《朱文公文集·雜著·仁説》卷六七文。
〔二〕謝良佐（一〇五〇～一一〇三），字顯道，壽春上蔡人，學者稱上蔡先生；二程門人，與游酢、吕大臨、楊時，號程門四先生；朱子甚稱道其「敬是常惺惺法」；晚年奉佛。
〔三〕吕大臨長兄吕大忠，字晉伯。

其説仁同於説禪。楊中立〔一〕教其壻李光祖、陳默堂求仁，光祖自言累請累不合，十八年而論契，而其説入禪；默堂斥以愛言仁之本於王氏新學，而説亦入禪。朱子慮仁道爲禪所幪，學者無以識仁，何由行仁？不得已而作《仁説》也。朱子既斥離愛言仁之弊，直言『仁者在天則坱然生物之心，在人則温然愛人利物之心』，可謂明析矣。今《仁論》諸書迭出，見阮氏《揅經室集》。而學者仍未信，則由仁性愛情之分，仁包四德之説，尚有以幪之也。夫仁者何？聖心視天下如一體而已。人有心有體，心必愛護其體。聖人憫天下之凋殘，如手足之痿痺、耳目之聾暗，本其心之不容已，而竭力救之，性與情統之矣。仁合外内以成德，所以孟子辨仁本於性，不言發情之非仁也。昔李泰伯〔二〕重禮，而云：『禮之温厚而廣愛者曰仁，決斷而從宜者曰義，疏達而能謀者曰智，固守而不變者曰信。』朱子申程叔子之仁包四德，而云：『義則仁之斷制也，禮則仁之節文也，智則仁之分别也。』是二説也，在學者融貫之，奈何拘泥之乎？五德一不足，則四者皆有所歉。四德

〔一〕楊時，字中立。
〔二〕李覯（一〇〇九～一〇五九），字泰伯，江西南城人；慶曆三年（一〇四三）創建盱江書院；皇祐二年（一〇五〇），范仲淹、余靖推薦於朝，試太學助教；嘉祐四年（一〇五九）權同管勾太學。

備者，所行之一乃無弊。仁如是，禮亦如是，義信智無不如是。」〔一〕案：黃說邃矣！竊謂朱子之功在以愛言仁。人苟無愛情，則於性乎何有？愛者，不忍之本原也，說見末篇。又案：真西山先生嘗以朱子與張欽夫先生論仁往復四篇，彙而附於《仁說》之後，以資學者參考。前已選入《朱子大義》，玆不復録。

答張敬夫書〔二〕

類聚孔孟言仁處，以求夫仁之説，程子爲人之意，可謂深切。然專一如此用功，却恐不免長欲速好徑之心，滋入耳出口之弊，亦不可不察也。大抵二先生之前，學者全不知有「仁」字，凡聖賢説仁處，不過只作「愛」字看了。自二先生以來，學者始知理會「仁」字，不敢只作「愛」説，然其流復不免有弊者。蓋專務説仁，而於操存涵泳之功，不免有所忽略，故無復優柔厭飫之味、克己復禮之實，不但「其蔽也愚」而已。而又一向離了「愛」字，懸空揣摸，既無真實見處，故其爲説，恍惚驚怪，弊病百端，殆反

〔一〕黄式三《儆居遺書·儆居集一·經説五·朱子〈仁説〉説》文。
〔二〕文並載《性理學大義·朱子大義》卷三，《朱子大義》唐先生未下按語。

不若全不知有「仁」字，而只作「愛」字看卻之爲愈也。

熹竊謂：「若實欲求仁，固莫若力行之近。但不學以明之，則有擿埴冥行之患，故其蔽愚。若主敬致知交相爲助，則自無此蔽矣。若且欲曉得仁之名義，則又不若且將『愛』字推求，若見得仁之所以愛，而愛之所以不能盡仁，則仁之名義意思，瞭然在目矣，初不必求之於恍惚有無之間也。」此雖比之今日高妙之説稍爲平易，然《論語》中已不肯如此迫切注解説破，至《孟子》方間有説破處，然亦多是以愛爲言，如惻隱之類。殊不類近世學者驚怪恍惚、窮高極遠之言也。

今此録所以釋《論語》之言，而首章曰「仁其可知」，次章曰「仁之義可得而求」，其後又多所以明仁之義云者，愚竊恐其非聖賢發言之本意也。又如首章雖列二先生之説，而所解實用上蔡之意，正伊川説中間者，所謂「由孝弟可以至仁」而先生非之者，恐當更詳究之也。〔一〕

文治按：黄薇香先生《阮氏〈仁論〉説》云：「昔朱子讀《中庸》『仁者，人也』鄭君注不能明其義，致書吕公伯恭問『人耦』之説，吕公不能答，朱子自作《仁説》

〔一〕《朱文公文集·書·問答》卷三一文。

以明之。《説文》段公注解『人耦』之義甚詳。阮公因而推衍之，作《〈論語〉仁論》《〈孟子〉仁論》，以朱、吕所不能解者，而段、阮二公能申解之。所謂前賢畏後生者，非邪」〔一〕云云。文治竊謂：阮文達《論語》《孟子》論仁，實即本程子「類聚孔孟言仁」之説〔二〕，惟所論偏於考據爲多，似未得由淺入深之法，學者無從下手。竊謂《論語》中如「博學篤志，切問近思」〔三〕，「苟志於仁矣，無惡也」〔四〕，「我欲仁，斯仁至矣」〔五〕，言仁之淺者也；至於「君子無終食之間違仁」〔六〕，「三月不違仁」〔七〕，「一日克己復禮，天下歸仁」〔八〕，言仁之深者也。《孟子》論仁，有就學問

〔一〕黄式三《儆居遺書·儆居集一·經説五·阮氏〈仁論〉説》文。
〔二〕《二程遺書·鄒德久本》卷二四載程子曰：「義訓宜，禮訓别，智訓知，仁當何訓？説者謂訓覺訓人，皆非也。當合孔孟言仁處，大概研窮之二三歲，得之未晚也。」
〔三〕《論語·子張》文。
〔四〕《論語·里仁》文。
〔五〕《論語·述而》文。
〔六〕《論語·里仁》文。
〔七〕《論語·雍也》文。
〔八〕《論語·顔淵》文。

言者，「求放心」〔一〕，「强恕而行」〔二〕，言仁之淺者也；「由仁義行，非行仁義」〔三〕，言仁之深者也。有就治道言者，「今之諸侯〔四〕有好仁者」，「仁者無不愛也，急親賢之爲務」〔五〕，此言仁之淺者也。「既竭心思焉，繼之以不忍人之政，而仁覆天下」〔六〕，言仁之深者也。倘排比用功先後次第，則更可樂而玩，可居而安矣。文治常欲輯述之而未能也。

答陳安卿書

來書云淳嘗作〔七〕《心説》云：「『維天之命，於穆不已』，所以爲生物之主者，天之心也。人受天命而生，因全得夫天之所以生我者，以爲一身之主，渾然在中，虛靈知

〔一〕《孟子·告子上》文。
〔二〕《孟子·盡心上》文。
〔三〕《孟子·離婁下》文。
〔四〕「今之諸侯」，《孟子·離婁上》作「今天下之君」。
〔五〕《孟子·盡心上》文。
〔六〕《孟子·離婁上》文。
〔七〕《朱文公文集》無「來書云淳嘗作」六字。

覺，常昭昭而不昧，生生而不可已，是乃所謂人之心。其體則即所謂元、亨、利、貞之道，具而爲仁、義、禮、智之性；其用則即所謂春、夏、秋、冬之氣，發而爲惻隱、羞惡、辭讓、是非之情。故體雖具於方寸之間，而其所以爲體則實與天地同其大，萬理蓋無所不備，而無一物出乎是理之外。用雖發乎方寸之間，而其所以爲用則實與天地相流通，萬事蓋無所不貫，而無一理不行乎事之中。此心之所以爲妙，貫動静、一顯微、徹表裏，終始無間者也。人惟拘於陰陽五行所值之不純，而又重以耳、目、口、鼻、四支之欲爲之累，於是此心始梏於形器之小，不能廓然大同無我，而其靈亦無以主於心矣。人之所以欲全體此心而常爲一身之主者，必致知之力到，而主敬之功專，使胸中光明瑩淨，超然於氣稟物欲之上，而吾本然之體所與天地同大者，皆有以周徧昭晰，而無一理之不明；本然之用，與天地流通者，皆無所隔絶間斷，而無一息之不生。是以方其物之未感也，則此心澄然惺惺，如鑑之虚，如衡之平，蓋真對越乎上帝，而萬理皆有定於其中矣。及夫物之既感也，則妍媸高下之應，皆因彼之自爾，而是理固周流該貫，莫不各止其所。如『乾道變化，各正性命』，自無分數之差，而亦未嘗與之俱往矣。静而天地之體存，一本而萬殊；動而天地之用達，萬殊而一貫。體常涵用，用不離體，體用渾淪，純是天理，日常呈露於動静間。夫然後向之所以全得於天者，在我真有以復其本，而維天於穆之命亦與之爲不已矣。此人之所以存夫心之大略也。」以上《心説前篇》。

王丞子正云：「看得儘有功，但所謂心之體與天地同大，而用與天地流通，必有徵驗處，更幸見教。」以上引王丞「評語」請益。

淳因復有《後篇》：「所謂『體與天地同其大』者，以理言之耳。蓋通天地間，惟一實然之理而已，爲造化之樞紐，古今人物之所同得。但人爲物之靈，極是體而全得之，總會於吾心，即所謂性。雖會在吾之心，爲我之性，而與天固未嘗間。此心之所謂仁，即天之元；此心之所謂禮，即天之亨；此心之所謂義，即天之利；此心之所謂智，即天之貞；其實一致，非引而譬之也。天道無外，此心之理亦無外；天道無限量，此心之理亦無限量。天道無一物之不體，而萬物無一之非天，此心之理亦無一物之不體，而萬物無一之非吾心，天下豈有性外之物而不統於吾心，是理之中也哉？但以理言，則爲天地公共，不見其切於己，謂之吾心之體，則即理之在我有統屬主宰，而其端可尋也。此心所以至靈至妙，凡理之所至，其思隨之，無所不至，大極於無際而無不通，細入於無倫而無不貫，前乎上古、後乎萬古而無不徹，近在跬步、遠在萬里而無不同。雖至於位天地、育萬物，亦不過充吾心體之本然，而非外爲者。此張子所謂

『有外之心，不足以合心』者也。所謂『用與天地相流通』者，以是理之流行言之耳。蓋是理在天地間流行圓轉，無一息之停。凡萬物萬事小大精粗，無一非天理流行。吾心全得是理，而是理之在吾心，亦本無一息不生生而不與天地相流行。人惟欲淨情達，不隔其所流行，然後常與天地流通耳。且如『惻隱』一端，近而發於親親之間，親之所以當親，是天命流行者然也。吾但與之流行，而不虧其所親者耳。一或少有虧焉，則天理隔絶於親親之間，而不流行矣。次而及於仁民之際，如老者之所以當安，少者之所以當懷，入井者之所以當怵惕，亦皆天命流行者然也。吾但與之流行，而不失其所懷、所安、所怵惕者耳。一或少有失焉，則天理便隔絶於仁民之際，而不流行矣。又遠而及於愛物之際，如方長之所以不折，胎之所以不殺，殀之所以不夭，亦皆天命流行者然也。吾但與之流行，而不害其所長、所胎、所殀者耳。一或少有害焉，則天理便隔絶於愛物之際，而不流行矣。凡日用間，四端所應皆然。但一事不到，則天理便隔絶於一事之下；一刻不貫，則天理便隔絶於一刻之中。惟其千條萬緒，皆隨彼『天則』之自爾，而心爲之周流貫匝，無人欲之間焉，然後與元、亨、利、貞，流行乎天地之間者，同一用矣。此程子所以指天地變化草木蕃，以形容恕心充擴得去之氣象也。然亦必有是天地同大之體，然後有是天地流通之用；亦必有是天地流通之用，然後有是天地同大之體，則其實又非兩截事也。」以上《心說後篇》。

王丞批：「此篇後截稍近。」又曰：「天命性心，雖不可謂異物，然各有界分，不可誣也。今且當論心體，便一向與性與天滾同說去，何往而不可？若見得脱灑，一言半句亦自可見。更宜涵養體察。淳再思之。『體與天地同大，用與天地流通』，自原頭處論，竊恐亦是如此。然一向如此，則又涉於過高，而有不切身之弊；不若且只就此身日用見定，言『渾然在中者爲體，感而應者爲用』爲切實也。又覺聖賢說話如平常，然此二篇辭意，恐皆過當，併望正之。」以上引王丞「評語」請益。

此說甚善，更寬著意思涵養，則愈見精密矣。然又不可一向如此，向無形影處追尋，更宜於日用事物、經書指意、史傳得失上做工夫，即精粗表裏，融會貫通，而無一理之不盡矣。〔一〕

文治按：朱門高弟，天資聰穎，窮理精深者，以安卿先生爲最，當在滄洲諸儒之上。其《問仁》《問心說》共有數篇，而此書尤爲廣大，讀之深得《中庸》「肫肫其仁」「浩浩其天」氣象，一切私欲，自然淨盡，而程子、張子之論仁、論心，亦無不

〔一〕《朱文公文集·書·知舊門人問答》卷五七文。

融會貫通矣。且其論天理流行與愛物之情，尤與《仁説》爲近，故不入「心性學」，而特録於此，藉以自加體驗焉。

答袁機仲書

前書所論仁義禮智，分屬五行四時，此是先儒舊説，未可輕詆。……蓋天地之間，一氣而已，分陰分陽，便是兩物〔一〕，故陽爲仁而陰爲義。然陰陽又各分而爲二，故陽之初，爲木、爲春、爲仁；陽之盛，爲火、爲夏、爲禮；陰之初，爲金、爲秋、爲義；陰之極，爲水、爲冬、爲智。蓋仁之惻隱方自中出，而禮之恭敬則已盡發於外；義之羞惡方自外入，而智之是非則已全〔二〕伏於中。故其象類如此，非是假合附會，若能默會於心，便自可見。元、亨、利、貞，其理亦然。《文言》取類，尤爲明白，非區區今日之臆説也。五行之中，四者既各有所屬。而土居中宫，爲四行之地、四時之主；在人則爲信，爲真實之義，而爲四德之地、衆善之主也。五聲、五色，五臭、五味、五藏、五蟲，其分放此。蓋

〔一〕「物」字原作「端」，據《朱文公文集》爲正。
〔二〕「全」字原作「潛」，據《朱文公文集》爲正。

天人一物，内外一理，流貫通徹，初無間隔。若不見得，則雖生於天地間，而不知所以爲天地之理；雖有人之形貌，而亦不知所以爲人之理矣。〔一〕

文治按：讀此篇可見四德運行，周流貫徹，無所間隔。而結處四句，更足鞭策身心。

答胡伯逢書〔二〕 節録

以名義言之，仁特愛之未發者而已。程子所謂：「仁，性也；愛，情也。」又謂：「仁，性也；孝弟，用也。」此可見矣。其所謂豈可專以愛爲仁者，特謂不可指情爲性耳，非謂仁之與愛了無交涉，如天地冠履之不相近也。而或者因此求之太過，便作無限玄妙奇特商量，此所以求之愈切而失之愈遠。如或以覺言仁，是以智之端爲仁也。或以是言仁，是以義之用爲仁也。夫與其外引智之端、義之用而指以爲仁之體，則孰若以愛言仁，猶不失爲表裏之相須，而可以類求也哉！故愚謂欲求仁者，先當大概且

〔一〕《朱文公文集・書・問答》卷三八文。
〔二〕此文爲節録，《性理學大義・朱子大義》卷五載全文。

識此名義氣象之彷彿，與其爲之之方，然後就此慤實下功〔一〕，尊聞行知以踐其實，則所知愈深而所存益熟矣。此所謂「知之甚淺而便可行」，又以「知」與「爲」爲一事者也。〔二〕

文治按：讀此篇，尤見以愛言仁之真切。

玉山講義〔三〕　按：此篇在甲寅，朱子六十五歲。洪本《年譜》云：「邑宰司馬邁請爲諸生講説，先生辭不獲，乃就縣庠賓位，因學者所請〔四〕問而發明道要，聞者興起，邁刻《講義》一篇，以傳於世。」此乃先生晚年親切之訓，讀者其深味之。〔五〕

先生曰：「熹此來得觀學校鼎新，又有靈芝之瑞，足見賢宰承流宣化、興學誨人之美意，不勝慰喜。又承特設講座，俾爲諸君誦説，雖不敢當，然區區所聞，亦不得不

〔一〕「功」字原作「工」，據《朱文公文集》爲正。
〔二〕《朱文公文集·書·知舊門人問答》卷四六文。
〔三〕此文並載於《性理學大義·朱子大義》卷七；《朱子大義》在「學者尤不可以不戒」句下，尚有「熹又記得昔日曾參見端明汪公」至「則區區之望也」一段文字。
〔四〕「請」字，《朱子年譜》作「講」。
〔五〕王懋竑《朱子年譜》卷四上「紹熙五年甲寅六十五歲十一月」條下文。

爲諸君言之。蓋聞古之學者爲己，今之學者爲人，故聖賢教人爲學，非是使人綴緝言語，造作文辭，但爲科名爵禄之計；須是格物、致知、誠意、正心、修身，而推之以至於齊家、治國，可以平治天下〔一〕，方是正當學問。諸君肄業於此，朝夕講明於此，必已深有所得，不然亦須有疑。今日幸得相會，正好商量，彼此之間，皆當有益。」

時有程珙起而請曰：「《論語》多是説『仁』，《孟子》卻兼説『仁義』，意者夫子説元氣，孟子説陰陽。仁恐是體，義恐是用。」

先生曰：「孔孟之言，有同有異，固所當講。然今且當理會何者爲仁？何者爲義？曉此兩字，義理分明，方於自己分上有用力處，然後孔孟之言，有同異處，可得而論。如其不曉自己分上元無工夫，説得雖工，何益於事？且道如何説箇『仁義』二字底道理。大凡天之生物，各付一性，性非有物，只是一箇道理之在我者耳。故性之所以爲體，只是『仁義禮智信』五字，天下道理，不出於此。韓文公云：『人之所以爲性者五。』〔二〕其説最爲得之，卻爲後世之言性者，多雜佛、老而言，所以將『性』字作知覺

〔一〕《大學》八目是也。
〔二〕韓愈《原性》。

心意看了，非聖賢所説『性』字本指也。

「五者之中，所謂『信』者，是箇真實無妄底道理，如仁義禮智，皆真實而無妄者也。故『信』字更不須説，只仁義禮智四字於中各有分别，不可不辨。蓋仁則是箇温和慈愛底道理，義則是箇斷制裁割底道理，禮則是箇恭敬撙節底道理，智則是箇分别是非底道理。凡此四者，具於人心，乃是性之本體。方其未發，漠然無形象之可見；及其發而爲用，則仁者爲惻隱，義者爲羞惡，禮者爲恭敬，智者爲是非，隨事發見，各有苗脈，不相淆亂，所謂情也。故孟子曰：『惻隱之心，仁之端也；羞惡之心，義之端也；恭敬〔一〕之心，禮之端也；是非之心，智之端也。』謂之端者，猶有物在中而不可見，必因其端緒發見於外，然後可得而尋也。蓋一心之中，仁義禮智各有界限，而其性情、體用又自各有分别，須是見得分明，然後就此四者之中，又自見得『仁義』兩字是箇大界限，如天地造化，四序流行，而其實不過於一陰一陽而已。

「於此見得分明，然後就此又自見得『仁』字，是箇生底意思，通貫周流於四者之中。仁固仁之本體也，義則仁之斷制也，禮則仁之節文也，智則仁之分别也。正如春

〔一〕《孟子》原作「辭讓」。

之生氣，貫徹四時，春則生之生也，夏則生之長也，秋則生之收也，冬則生之藏也。故程子謂：『四德之元，猶五常之仁，偏言則一事，專言則包四者。』正謂此也。孔子只言仁，以其專言者言之也；故但言仁，而仁義禮智皆在其中。孟子兼言義，以其偏言者言之也；然亦不是於孔子所言之外，添入一箇『義』字，但於一理之中分別出來耳。其又兼言禮智，亦是如此。蓋禮又是仁之著，智又是義之藏，而仁之一字，未嘗不流行乎四者之中也。

「若論體用，亦有兩説，蓋以仁存於心，而義形於外言之，則曰：『仁，人心也；義，人路也。』而以仁義相爲體用。若以仁對惻隱、義對羞惡而言，則就其一理之中，又以未發、已發相爲體用。若認得熟、看得透，則玲瓏穿穴，縱横顛倒，無處不通；而日用之間，行著習察，無不是著工夫處矣。」

珙又請曰：「三代以前，只是説『中』説『極』，至孔門答問，説著便是『仁』，何也？」

先生曰：「説『中』説『極』，今人多錯會了他文義，今亦未暇一一詳説。但至孔門方説仁字，則是列聖相傳到此，方漸次説親切處爾。夫子所以賢於堯舜，於此亦可見其一端也。然『仁』之一字，須更於自己分上實下工夫始得。若只如此草草説過，無益於事也。」

先生因舉《孟子》「道性善，言必稱堯舜」一章，而遂言曰：「所謂性者，適固已言之矣。今復以一事譬之。天之生此人，如朝廷之命此官，人之有此性，如官之有此職。朝廷所命之職，無非使之行法治民，豈有不善？天之生此人，無不與之以仁義禮智之理，亦何嘗有不善？但欲生此物，必須有氣，然後此物有以聚而成質，而氣之爲物，有清濁、昏明之不同。禀其清明之氣，而無物慾之累，則爲聖；禀其清明而未純全，則未免微有物慾之累，而能克以去之，則爲賢；禀其昏濁之氣，又爲物欲之所蔽而不能去，則爲愚爲不肖；是皆氣禀物慾之所爲，而性之善未嘗不同也。堯舜之生，所受之性亦如是耳。但以其氣禀清明，自無物慾之蔽，故爲堯舜，初非有所增益於性分之外也。故學者知性善，則知堯舜之聖，非是强爲；識得堯舜做處，則便識得性善底規模樣子。而凡吾日用之間，所以『去人慾、復天理』者，皆吾分内當然之事，其勢至順而無難。此孟子所以首爲文公言之[一]，而又稱堯舜以實之也。

「但當戰國之時，聖學不明，天下之人，但知功利之可求，而不知己性之本善、聖

[一]《孟子・滕文公》載：「滕文公爲世子，將之楚，過宋而見孟子。孟子道性善，言必稱堯、舜。」

賢之可學。聞是説者，非惟不信，往往亦不復致疑於其間。若文公則雖未能盡信，而已能有所疑矣，是其可與進善之萌芽也。故孟子於其去而復來，迎而謂之曰：『世子疑吾言乎？』而又告之曰：『夫道一而已矣。』蓋古今聖愚，同此一性，則天下固不容有二道，但在篤信力行，則天下之理，雖有至難，猶必可至，況善乃人之所本有而爲之不難乎！然或氣稟昏愚，而物慾深固，則其勢雖順且易，亦須勇猛著力，痛切加功，然後可以復於其初。故孟子又引《商書》之言曰：『若藥弗瞑眩，厥疾弗瘳。』若但悠悠似做不做，則雖本甚易，而反爲至難矣。

「此章之言雖甚簡約，然其反復曲折，開曉學者，最爲深切。諸君更宜熟讀深思，反復玩味，就日用間便著實下工夫始得。《中庸》所謂『尊德性』者，正謂此也。然聖賢教人，始終本末，循循有序，精粗巨細，無有或遺，故才尊德性，便有箇『道問學』一段事，雖當各自加功，然亦不是判然兩事也。

「《中庸》曰：『大哉聖人之道！洋洋乎發育萬物，峻極於天。優優大哉！禮儀三百，威儀三千，待其人而後行。故曰苟不至德，至道不凝焉。是故君子尊德性而道問學，致廣大而盡精微，極高明而道中庸。温故而知新，敦厚以崇禮。』

「蓋道之爲體，其大無外，其小無内，無一物之不在焉。故君子之學，既能尊德性以全其大，便須道問學以盡其小。其曰致廣大、極高明、温故而敦厚，則皆尊德性之功也；其曰盡精微、道中庸、知新而崇禮，則皆道問學之事也。學者於此，固當以尊德性爲主，然於道問學，亦不可不盡其力，要當使之有以交相滋益，互相發明，則自然該貫通達，而於道體之全，無欠缺處矣。今時學者心量窄狹，不耐持久，故其爲學，略有些少影響見聞，便自主張，以爲至足，不能遍觀博考，反覆參驗。其務爲簡約者，既蕩而爲異學之空虛；其急於功利者，又溺而爲流俗之卑近，此爲今日之大弊，學者尤不可以不戒。」〔一〕

文治按：王白田先生《〈玉山講義〉考》云：「按：果齋李氏云：『晚年始指示本體，令人深思而自得之。』蓋指《玉山講義》及答陳器之、林德久諸書〔二〕而言。」〔三〕不知《講義》之説，因問者言孔孟之言同異，而發明性之所有仁義禮智四

〔一〕《朱文公文集·雜著》卷七四文。
〔二〕《白田草堂存稿》「《玉山講義》及答陳器之、林德久諸書」作「此數書」。
〔三〕王懋竑《白田草堂存稿·雜著·〈玉山講義〉考》卷六文。按：果齋指李方子，字公晦，號果齋，福建邵武人，朱子門人，嘉定七年（一二一四）進士。撰《朱子年譜》三卷，其原本不傳，明代李默重編爲五卷。王懋竑著《朱子年譜》及《考異》，多所訂正（陳榮捷《朱子門人》之李方子條）。

者，即《孟子》「非由外鑠我，我固有之」〔一〕之意，「如韓子《原性》『人之所以爲性者五，人之所以爲情者七』之例，非指示本體，令人深思而自得之謂也。」〔二〕故下文云：就日用間便着實下工夫始得；《中庸》所謂尊德性也，然尊德性便有道問學一段事，雖當各自加功，然亦不是判然兩事；學者於此固當以尊德性爲主，然於道問學亦不可不盡其力。其歸宿處只在於此，亦可謂明白而無疑矣。答陳器之、林德久兩書，亦只發明前段之意，而於下工夫處卻未之及。至吕燾所記，則直以識認得裏面物事模樣作工夫，且謂敬是第二節事，明與《玉山講義》相背。此記録之誤，不可以不辨也。吴竹如先生亦云：「朱子晚年爲學者指示本體之語，起自果齋，蓋指《玉山講義》而言。……自果齋已失朱子之意，而晚年定論由朱門有以啓之。」〔三〕文治謂：王、吴二家之説，意在杜空虚之弊。然要知吾儒之言本體，與釋氏迥不相同。朱子注《大學》「在明明德」句云：「其本體之明，有未

〔一〕《孟子·告子上》文。
〔二〕王懋竑《白田草堂存稿·雜著·〈玉山講義〉考》卷六文，「自得之謂也」作「自得之之意」。
〔三〕吴廷棟《拙修集·校訂〈理學宗傳辨正〉按語·書七月刻古本大學及朱子晚年定論條原注按語後》卷五文。

嘗息者。」〔一〕又「補格物傳」云：「吾心之全體大用無不明。」〔二〕全體即本體，是朱子未嘗諱言本體也。學者讀《玉山講義》祇須參考答陳器之、林德久二書，至於呂燾所記，乃門人記録之誤，儘可無庸研究。章實齋先生謂「後人所以毁朱子者，大半由於《語録》，實則《語録》出於門人之手，多非朱子本意也。」〔三〕其論最爲確當。故文治嘗謂：講漢學者當掃支離之習，講宋學者，亦當掃支離之習。

附：唐文治《讀朱子〈仁説〉諸篇》

凡生於天地之間者皆曰命。「天命之謂性」〔四〕，命者生也；「生之謂性」〔五〕，性者生也。萬物芸芸，所欲莫甚於生，所惡莫甚於死，故人於其生也，謂之性命。仁也者，所以自保其性命，而即擴充之以保人之性命者也。故《中庸》曰：「仁者，人也。」《説

〔一〕朱子《大學章句》文。
〔二〕朱子《大學章句》傳文。
〔三〕章學誠《文史通義・朱陸》云：「夫朱子之授人口實，强半出於《語録》。《語録》出於弟子門人雜記，未必無失初旨也。」本書卷一二《九賢朱學通論（下）》收録此文。
〔四〕《禮記・中庸》文。
〔五〕《孟子・告子上》文。

文》曰：「仁，相人偶也。」相人偶者，相親相愛之謂。人能相親相愛，則人道全，人類於以成；不能相親相愛，則人道苦，人類於以滅。是故人而能仁，則其心生而可以謂之人；人而不仁，則其心死而不得謂之人。

《周易》，生生之書也，故孔子作《易傳》曰：「生生之謂易」，「天地之大德曰生」；論乾之德，則曰大生；論坤之德，則曰廣生。蓋人生天地之間，不獨自全其生，且當有以大人之生，廣人之生也，故「君子體仁，足以長人」〔一〕也。

《尚書》，仁政之書也。《帝典》曰：「百姓昭明。」古者因人所生之地，而賜之姓，遂稱之爲百姓。姓者生也，故《商書·盤庚》稱民曰：「往哉生生。」又曰：「無總於貨寶，生生是庸。」聖人好生之德，洽於民心；繼之以不忍人之政，而仁覆天下矣。

周道衰，王迹熄，在上者失其本心，罔知輕重，誅求無厭，方命虐民。但有「以身發財」之不仁人，而無「以財發身」之仁人〔二〕。馴至戰國，諸侯放恣，干戈相尋，孟子生

〔一〕《易·乾卦·文言傳》文。

〔二〕《禮記·大學》：「仁者以財發身，不仁者以身發財。」

於其間，慨然嘆曰：「天下之生久矣，一治一亂。」〔一〕蓋言世有治亂，而生生之理，終不絶於天下也。其論禮樂仁義之實，而總括之曰：「樂則生矣，生則惡可已也。」〔二〕生者，不容已之性，不容已之情；而必推本於親親之仁，以立性命之綱紀，然後推而放諸東西海而準，推而放諸南北海而準。心理之大同，即生理之大同也。

無如天未欲平治天下，生民劫運，方興未艾。孟子早見及此，痛心礪齒，大聲疾呼曰：「天子不仁，不保四海；諸侯不仁，不保社稷。」〔三〕又曰：「不仁者可與言哉？安其危而利其災，樂其所以亡者。」〔四〕自是厥後，亡國破家相隨屬。數十年後，秦始皇出，焚書坑儒，殺人如草芥，此爲有天地以來，最不仁之慘禍，人道幾絶於天下。由是而三國，而六朝，而五季，閱數百年，未有不大亂者。痛乎！不仁之爲害也。

朱子生南宋之時，蒿目時艱，覩有國者積弱日深，勢將淪爲異域，於是本其惻隱之心，發爲大文，曰《仁説》，曰《玉山講義》。其言謂：「天地以生物爲心，而人物之

〔一〕《孟子·滕文公下》文。
〔二〕《孟子·離婁上》文。
〔三〕《孟子·離婁上》文。
〔四〕《孟子·離婁上》文。

生，因各得夫天地生物之心以爲心。」又曰：「在天地則坱然生物之心，在人則温然愛人利物之心。」又曰：「性者，真實無妄之理。仁、義、禮、智，皆真實而無妄。」迺於性善之旨，反復申明告戒。嗚呼！何其言之仁也！蓋朱子之心，猶孟子之心也。無如吾道晦盲，道學懸爲厲禁。國必自伐而後人伐之，故其後雖有文文山、謝疊山、陸秀夫之仁人，而卒無救於宋代之滅亡。

此豈天運使然哉？實人心爲之也。人而能仁，天下化之，則栽者培之，天亦生成而煦育之；人而不仁，天下化之，則傾者覆之，天即禽獮而草薙之。夫天何所私愛於人哉？且夫宇宙之殺機，不過起於二三人心術之壞，其禍遂蔓延及於億兆；而其所以消弭於無形者，惟學説有以拯之。

仁者，愛情也，亦公理也。韓子曰：「博愛之謂仁。」[一]而論者乃曰：「愛不足以名仁。」朱子之言曰：「仁者，愛之理。」離愛不可以言仁。斯言一出，而天下之愛情不泯矣。昔孔子曰：「汎愛衆，而親仁。」[二]樊遲問仁，答曰：「愛人。」作《易傳》曰：

[一]《朱文公校昌黎先生集·雜著·原道》卷一一文。

[二]《論語·學而》文。

「安土敦乎仁，故能愛。」獨非以愛言仁乎？孟子曰：「仁者愛人。」〔一〕仁者無不愛也，獨非以愛言仁乎？夫天地之所以不陸沈者，人心中愛情而已矣。

而説者又曰：「公不足以名仁。」朱子之言曰：「擴然而大公者，仁之所以爲體也。」《定性説》見程子注。〔二〕又曰：「人或不公，則於其所當愛者，又有所不愛。惟公則視天地萬物皆爲一體，而無所不愛。」見《答張敬夫書》。〔三〕斯言一出，而天下之公理不滅矣。昔孔子答子張問仁，曰：「恭、寬、信、敏、惠。」〔四〕而於《堯曰篇》，言天下之民歸心，終之以寬、信、敏、公，獨非以公言仁乎〔五〕？周子曰：「天地公而已矣。」〔六〕獨非以公言仁乎？夫世界之所以不銷毀者，人心中公理而已矣。是故宋代雖亡，而朱子之學説不亡，千古之人心，亦遂不亡。士君子之於學説不可不愼也。

〔一〕《孟子·離婁下》文。

〔二〕《朱文公文集·雜著·定性説》卷六七文。按：「大公」，《朱文公文集》作「太公」。

〔三〕《朱文公文集·書·答張欽夫（又論仁説）》卷三二文。

〔四〕《論語·陽貨》文。

〔五〕《論語·堯曰》：「寬則得衆，信則民任焉，敏則有功，公則説。」

〔六〕《周濂溪先生全集·通書·公第三十七》卷六文。按：《周濂溪先生全集》「天地」後有「至」字。

文治嘗於静中平旦清明之時，動中世途荆棘之會，體驗所以求仁之方，與所以失仁之故，蓋有二關鍵焉，一曰人己之分，一曰義利之界。孔子「己欲立而立人，己欲達而達人，能近取譬，可謂仁之方也已。」〔一〕生人心理，彼此相同。己欲如是，人亦欲如是。近取譬者，以己譬人，以人譬己也。凡民有血氣之性，形骸之隔，即不能無争，争而不已，於是但知有己而不知有人。己欲樂而不顧人之苦，己欲安而不顧人之危，己欲生而不顧人之死。聖人以天下爲一家，中國爲一人，其視天下皆如吾之身體髮膚。夫然，心體生理，流行貫徹而無所間，此仁之通乎人己關者也。

義者，禮之所由起，發而皆中節者也。非義，則無以行仁。三代而下，澆純散樸，先利後義，不奪不饜，於是機械變詐之心萌焉，穿窬害人之事滋焉，刼奪之端，紛紜而無底止焉。孟子曰：「孳孳爲善者，舜之徒」，「孳孳爲利者，跖之徒」〔二〕。聖人以義制之，乃有以範圍萬民之欲，而使之不過乎法則，此仁之判乎義利關者也。

二關轇轕，利欲薰天，剥膚敲髓，民生輾轉溝壑，行將同歸於盡。老子曰：「樂殺

〔一〕《論語·雍也》文。
〔二〕《孟子·盡心上》文。

人者，不可以得志於天下。」〔一〕《孟子》曰：「苟不志於仁，終身憂辱，陷於死亡。」〔二〕自古以來，未有天下人受害，而少數人可以得利者也，亦未有天下人皆死，而少數人可以獨生者也。而不仁者恃其武力，專務殺人以求逞；以齊宣王之昏庸，乃欲以一服八，動天下之兵，後災立至。《孟子》曰：「不仁而得國者，有之矣；不仁而得天下，未之有也。」〔三〕此爲求武力統一者，破其迷惑也。

然不仁而得國，亦未有享國久長者，何也？以其害吾民而死吾民，上干天地之和也。悲夫！《小雅》之詩曰：「苕之華，其葉青青。知我如此，不如無生。」〔四〕夫人民至於自怨其生，則人道將絶，而天下無可辨之事矣。唐李華之文曰：「蒼蒼烝民，誰無父母？誰無夫婦？誰無兄弟？生也何恩，殺之何咎？」〔五〕夫人民至於互相殺戮，則人類將滅，而天下無可避之地矣。

〔一〕《道德經·道經·偃武第三十一》文。按：《道德經》「不可」前有「則」字。
〔二〕《孟子·離婁上》文。
〔三〕《孟子·盡心下》文。
〔四〕《詩·小雅·苕之華》文。
〔五〕《李遐叔文集》卷四。《弔古戰場文》作：「蒼蒼蒸民，誰無父母？提攜捧負，畏其不壽。誰無兄弟？如足如手。誰無夫婦？如賓如友。生也何恩，殺之何咎？」

嗚呼！吾民之顛連困苦，水深火熱，呼號宛轉，奔走無門，求生不能，求死不得之情狀，尚忍言哉？殺人之父，人亦殺其父；殺人之兄，人亦殺其兄。天網恢恢，出爾反爾之情狀，尚忍述哉？民今方殆，視天夢夢，憂心如焚，不覺形諸夢寐，恍焉四鄰孺子，俱病將死，其父母撫之，飲泣號哭之聲，四達於户外，迺大慟曰：「嗚呼！死而如是，當日何爲而有生乎？」倏焉醒，不禁涕淚之盈枕也，哀哉！

《康誥》曰：「如保赤子，唯民其康乂。」孟子曰：「赤子匍匐將入井，非赤子之罪也。」〔一〕又問梁惠王曰：「殺人以梃與刃，有以異乎？」曰：「無以異也。」「以刃與政，有以異乎？」曰：「無以異也。」〔二〕夫古人言「保民」，以赤子爲喻者，蓋以百姓天良未汩，不啻赤子之天真，莫能告語。而乃終日操刃以殺之，行政以殺之，猶以爲未足。以近世不仁之器，日新月異，每數千萬發，即殺數千萬人。吾民飲泣號哭之聲，周達於郊野河山之外。終夜以思，良心猶在，寧不大痛？曰：「嗚呼！死而如是，當日何爲而有生乎？」哀哉！

〔一〕《孟子·滕文公上》文。
〔二〕《孟子·梁惠王上》文。

然吾謂天地好生惡殺之心，雖當至否極塞，終有剥而必復之時，而此一陽生生之機，實根於仁人之心理與其學説，故特録朱子《仁説》諸篇，以維人道；兼録陳安卿先生《心説》，欲人之廣大其心，與天地萬物爲一體也。世之治天下者，尊信朱子之學説，當必有取於斯文。

紫陽學術發微卷五

朱子經學發微

文治按：漢宋學派，意見紛歧，一則鈎稽訓詁，一則崇尚義理，各有專長，遂至互分門户。近曾文正謂漢儒之「實事求是」，即宋儒之「即物窮理」，其説最爲允當。按漢代大儒，無過鄭君；宋代大儒，無過朱子。朱子之於學，靡不登峯造極，而其尤要者，在博通羣經。繹其學説，安往而非實事求是哉？鄭君説《易》主爻辰，朱子説《易》尚占筮，雖家法不同，而朱子作《易五贊》，於易簡中寓精微之旨，不可及也。《書傳》口授蔡九峯先生，其疑《古文尚書》之僞，爲唐以來學者所未逮，遂開閻百詩、江艮庭、王西莊、孫淵如諸家之先河，讀《書》深細至此，厥功豈不偉歟！《詩集傳》雖不可與鄭箋同日而論，然興觀羣怨，所以涵養性情者備矣；孔孟説《詩》，不以文害辭，不以辭害志，僅點綴數虛字，而義理志意自見，朱子真得聖門之家法者也。《儀禮經傳通解》雖黄勉齋、楊信齋兩先生所續成，而實係朱子之命意，其以《冠義》《昏義》《祭義》《射義》《鄉飲酒義》諸篇，作爲十七篇〔一〕之傳義，宏見卓識，知類通達，遠紹鄭君《目録》、劉子政《七略》。學者分類讀《禮》，舍此奚由？朱子嘗論《儀禮》曰：「讀此書，乃知漢儒之學，有補於世教者不小。」〔二〕《書討論喪禮奏稿後》云：「《禮經》之文，誠有闕略，不無待於後人。向使無鄭康成，則此事終未有斷決。」〔三〕其虛心審慎推尊先哲也如此。至於《大學》《中庸》，鄭《目録》本屬之「通論」，朱子特輯録，合《語》《孟》爲《四書》，天德、王道、聖功，一以貫之，其於世道人心，豈小補哉！豈小補哉！友人曹君叔彦謂：「鄭君《三禮》注與朱子《四書》注，同爲日月經天、江河行地之書，後世學者所必讀。」可謂知言。朱止泉先生曰：「朱子聖學，全從《四書》〔四〕得力，研究〔五〕體

〔一〕「十七篇」指《儀禮》。
〔二〕《朱文公文集·書·問答·答李季章》卷三八文。
〔三〕《朱文公文集·奏劄·書奏稾（乞討論喪服劄子）後》卷一四文。「斷決」，《朱文公文集》作「決斷」。
〔四〕「四書」，《朱子聖學考略》作「《論語》《孟子》」。
〔五〕《朱子聖學考略》「研究」前有「章章」二字。

驗,身行心得,無處〔一〕不到。」〔二〕又謂其「統《五經》之理〔三〕,會而歸之〔四〕身心〔五〕,渾然〔六〕無間。」〔七〕文治按: 朱子又嘗掇羣經性理之菁華,輯《小學》《近思録》,示學者躬行實踐之方,此二書者,實足繼《四書》之後,嗚呼!何其大而精也。茲特録朱子傳經大綱,並附《小學》《近思録》題辭跋語。學者誠能體之於身,驗之於心,既敦品以力行,復通經而致用,庶不負朱子之苦心。而彼齗齗焉争漢宋學之界者,自當奉前賢爲依歸,修其人格,斯可矣。

書臨漳所刊《周易》後

《文集》淳熙九年壬寅,五十三歲作。

右古文《周易》經傳十二篇,亡友東萊吕祖謙伯恭父之所定;而《音訓》一篇,則其

〔一〕《朱子聖學考略》「處」前有「一」字。
〔二〕朱澤澐《朱子聖學考略・朱子泉先生朱子聖學考略提要》卷首文。
〔三〕「之理」,《朱子聖學考略》作「道理」。
〔四〕《朱子聖學考略》「歸之」後有「自己」二字。
〔五〕《朱子聖學考略》「身心」後有「中,自有《易》《詩》《書》《禮》《春秋》道理」二字。
〔六〕「然」字,《朱子聖學考略》作「融」。
〔七〕朱澤澐《朱子聖學考略・朱子泉先生朱子聖學考略提要》卷首文。

門人金華王莘叟之所筆受也。熹嘗以謂《易經》本爲卜筮而作，皆因吉凶以示訓戒，故其言雖約而所包甚廣。夫子作傳，亦略舉其一端，以見凡例而已。然自諸儒分經合傳之後，學者便文取義，往往未及玩心全經，而遽執傳之一端以爲定說。於是一卦一爻僅爲一事，而《易》之爲用，反有所局，而無以通天下之故。若是者，熹蓋病之，是以三復伯恭父之書而有發焉，非特爲其章句之近古而已也。《音訓》則妄意其猶或有所遺脱。莘叟蓋言書甫畢而恭父没，是則固宜，然亦不敢輒補也，爲之别見於篇後云。〔一〕

易五贊〔二〕

原本共五篇，附《周易本義》後。曰「原象」「述旨」「明筮」「稽類」「警學」，今録二首。《年譜》：丁酉四十八歲作。〔三〕

述旨

昔在上古，世質民淳。是非莫別，利害不分。風氣既開，乃生聖人。聰明睿知，

〔一〕《朱文公文集·跋·書臨漳所刊四經後·易》卷八二文。

〔二〕此文並載於《性理學大義·朱子大義》卷八《易五贊》，此文節選「原象」「述旨」「明筮」「稽類」「警學」五篇中之「述旨」「警學」兩篇。

〔三〕王懋竑《朱子年譜》卷二上「丁酉淳熙四年四十八歲冬十月」條下云「《周易本義》成」，又《朱子年譜》卷三上「丙午淳熙十三年五十七歲春三月」條下云「《易學啓蒙》成」，唐先生《朱子大義》以爲《易五贊》成於五十七歲時。

出類超羣。仰觀俯察，始畫奇偶。教之卜筮，以斷可否。作爲君師，開鑿户牖。民用不迷，以有常守。降及中古，世變風移。淳澆質喪，民僞日滋。穆穆文王，身蒙大難。安土樂天，惟世之患。乃本卦義，繫此彖辭。爰及周公，六爻是資。因事設教，丁寧詳密。心中必正，乃亨乃吉。語子惟孝，語臣則忠。鈎深闡微，如日之中。曁乎末流，淫於術數。僂句成敗〔一〕，黄裳亦誤。大哉孔子，晚好是書。韋編既絶，八索以祛。乃作彖象，十翼之篇。專用義理，發揮經言。居省象辭，動察變占。存亡進退，陟降飛潛。曰毫曰釐，匪差匪謬。加我數年，庶無大咎。恭惟三古，四聖一心。垂象炳明，千載是臨。惟是學者，不本其初。文辭象數，或肆或拘。嗟予小子，既微且陋。鑽仰没身，奚測奚究。匪警滋荒，匪識滋漏。維用存疑，敢曰垂後。

警學

讀《易》之法，先正其心。肅容端席，有翼其臨。於卦於爻，如筮斯得。假彼象辭，爲我儀則。字從其訓，句逆其情。事因其理，意適其平。曰否曰臧，如目斯見。曰止曰

〔一〕「敗」字誤作「欺」，依《朱文公文集》爲正。

行，如足斯踐。毋寬以略，毋密以窮。毋固而可，毋必而通。平易從容，自表而裏。及其貫之，萬事一理。理定既實，事來尚虛。用應始有，體該本無。稽實待虛，存體應用。執古御今，由静制動。潔静精微，是之謂易。體之在我，動有常吉。在昔程氏，繼周紹孔。奥旨宏綱，星陳極拱。惟斯未啓，以俟後人。小子狂簡，敢述而申。〔一〕

易學啓蒙序

《年譜》：丙午五十七歲作。〔二〕

聖人觀象以畫卦，揲蓍以命爻，使天下後世之人，皆有以决嫌疑、定猶豫，而不迷於吉凶悔吝之塗，其功可謂盛矣。然其爲卦也，自本而幹，自幹而枝，其勢若有所迫而自不能已；其爲蓍也，分合進退，縱横順逆，亦無往而不相值焉。是豈聖人心思智慮之所得爲也哉！特氣數之自然，形於法象，見於圖書者，有以啓於其心而假手焉耳。近世學者類喜談《易》，而不察於此。其專於文義者，既支離散漫，而無所根著；其涉於象數者，又皆牽合傅會，而或以爲出於聖人心思智慮之所爲也。若是者，予竊

〔一〕《朱文公文集·贊·易五贊》卷八五文。
〔二〕王懋竑《朱子年譜》卷三上「丙午淳熙十三年五十七歲春三月」條下文。

病焉。因與同志，頗輯舊聞，爲書四篇，以示初學，使毋疑於其説云。〔一〕

文治按：朱子邃精《易》學。其注《易》之書，爲目有五：曰《易傳》十一卷，曰《易本義》十二卷，曰《易學啓蒙》三卷，曰《古易音訓》二卷，曰《蓍卦考誤》一卷。最後朱子之長孫鑑，又輯有《朱文公易説》二十三卷。考《易傳》著録於《宋志》，今已散佚，（見《四庫全書提要》）通行者爲《本義》《啓蒙》二書。《啓蒙》闡明邵子數學，後人或假借此書，轉相推衍，至於支離轇轕，殊失朱子之意。至《本義》則崇尚占筮，使讀《易》者知如何則吉，如何則凶，不啻羲、文、周、孔耳提面命。謹讀《五贊》，誠所謂「无有師保，如臨父母」〔二〕者也。友人曹君叔彦云：「《易》者，聖人贊化育寡過之書，而其明得失以濟民行，則存乎卜筮。」〔三〕其書在周時不列

〔一〕《朱文公文集·序·易學啓蒙序》卷七六文。

〔二〕《易·繫辭傳下》文。

〔三〕曹元弼《周易鄭氏注箋釋序》云：「蓋易者，元也。元者，人心之仁也。人心正則天地之心見，而生民之命立，所謂吾心正而天地之心亦正，吾氣順而天地之氣亦順，人人親其親長其長而天下平。學易改過遷善，即贊化育之本，欲仁仁至，易知易能，充一念之善，消彌天匝地之患氣殺機，而返之元氣春生。吾知凡有血氣之倫，必皆有樂乎此。」又《復禮堂文集·論十翼》卷二云：「易有聖人之道四，而卜筮其一。又諸章屢以易之爲書發端，明易者，聖人之大道，而卜筮其一隅，易之爲易不明於天下者久，故爲之反覆提撕以著明之。」

於樂正四術，而掌於太卜，故朱子以占言《易》，而名其書曰「本義」。《本義》篇次，復孔門十二篇之舊。先儒興復古學，皆由朱子開之。可謂探本之論。又按《本義》無序文，首列九圖，爲後人假託，王白田先生辨之甚詳，夏弢甫先生析之尤精，學者宜詳細參考。

書臨漳所刊《書經》後

《文集》淳熙九年壬寅五十三歲作。〔一〕

世傳孔安國《尚書序》，言伏生口傳《書》二十八篇，《堯典》《皋陶謨》《禹貢》《甘誓》《湯誓》《盤庚》《高宗肜日》《西伯戡黎》《微子》《牧誓》《洪範》《金縢》《大誥》《康誥》《酒誥》《梓材》《召誥》《洛誥》《多士》《無逸》《君奭》《多方》《立政》《顧命》《呂刑》《文侯之命》《費誓》《秦誓》。

孔子壁中《書》，增多二十五篇：《大禹謨》《五子之歌》《胤征》《仲虺之誥》《湯誥》《伊訓》《太甲上》《太甲中》《太甲下》《咸有一德》《説命上》《説命中》《説命下》《泰誓上》《泰誓中》《泰誓下》《武成》《旅獒》《微子之命》《蔡仲之命》《周官》《君陳》《畢

〔一〕朱子《書臨漳所刊四經後·書》文中云：「紹熙庚戌十月壬辰新安朱熹識。」

命》《君牙》《冏命》。分伏生《書》中四篇爲九篇，又增多五篇，《舜典》《益稷》《盤庚中》《盤庚下》《康王之誥》，並序一篇，合之凡五十九篇。

及安國作傳，遂引序以冠其篇首，而定爲五十八篇，今世所行公私版本是也。然漢儒以伏生之《書》爲今文，而謂安國之《書》爲古文；以今考之，則今文多艱澀，而古文反平易。或者以爲今文自伏生女子口授鼂錯時失之，則先秦古書所引之文，皆已如此。或者以爲記録之實語難工，而潤色之雅詞易好，則暗誦者不應偏得所難，而考文者反專得其所易；是皆有不可知者。

至諸序之文，或頗與經不合，如《康誥》《酒誥》《梓材》之類。而安國之序，又絶不類西京文字，亦皆可疑。獨諸序之本不先經，則賴安國之序而可見。故今别定此本，一以諸篇本文爲經，而復合序篇於後，使覽者得見聖經之舊，而不亂乎諸儒之説；又論其所以不可知者如此，使讀者姑務沉潛反復乎其所易，而不必穿鑿傅會於其所難者云。〔一〕

文治按：讀《書》難易之論，發自朱子，可謂精密無倫。二十八篇之真實

〔一〕《朱文公文集·跋·書臨漳所刊四經後·書》卷八一文。

書，於是乎顯。蓋梅賾古文之僞，實自朱子發之。又謂《書序》「不類西京文字」，而改附於經文之後，亦卓識也。

詩集傳序〔一〕

《年譜》丁酉四十八歲作。〔二〕

或有問於予曰：「詩何爲而作也？」予應之曰：「人生而静，天之性也；感於物而動，性之欲也。夫既有欲矣，則不能無思；既有思矣，則不能無言；既有言矣，則言之所不能盡，而發於咨嗟詠歎之餘者，必有自然之音響節奏〔三〕而不能已焉。此詩之所以作也。」

曰：「然則其所以教者何也？」曰：「詩者，人心之感物而形於言之餘也。心之所感有邪正，故言之所形有是非。惟聖人在上，則其所感者無不正，而其言皆足以爲教。其或感之之雜，而所發不能無可擇者，則上之人必思所以自反，而因有以勸懲

〔一〕此文並載於《性理學大義·朱子大義》卷八，未附録夏炘《詩集傳跋》及唐先生按語。
〔二〕王懋竑《朱子年譜》卷二上「淳熙四年丁酉四十八歲夏六月」條下文。
〔三〕「奏」字原作「族」，據《朱文公文集》爲正。

之，是亦所以爲教也。昔周盛時，上自郊廟朝廷，而下達於鄉黨閭巷，其言粹然無不出於正者。聖人固已協之聲律，而用之鄉人，用之邦國，以化天下。至於列國之詩，則天子巡狩，亦必陳而觀之，以行黜陟之典。降自昭、穆而後，寖以陵夷，至於東遷，而遂廢不講矣。孔子生於其時，既不得位，無以行帝王勸懲黜陟之政，於是特舉其籍而討論之，去其重複，正其紛亂。而其善之不足以爲法，惡之不足以爲戒者，則亦刊而去之，以從簡約，示久遠，使夫學者即是而有以考其得失，善者師之，而惡者改焉。是以其政雖不足以行於一時，而其教實被於萬世，是則《詩》之所以爲教者然也。」

曰：「然則國風、雅、頌之體，其不同若是何也？」曰：「吾聞之，凡《詩》之所謂風者，多出於里巷歌謠之作，所謂男女相與詠歌，各言其情者也。惟《周南》《召南》，親被文王之化以成德，而人皆有以得其性情之正，故其發於言者，樂而不過於淫，哀而不及於傷，是以二篇獨爲風詩之正經。自《邶》而下，則其國之治亂不同，人之賢否亦異，其所感而發者，有邪正、是非之不齊，而所謂先王之風者，於此焉變矣。若夫雅、頌之篇，則皆成周之世，朝廷郊廟樂歌之辭。其語和而莊，其義寬而密，其作者往往聖人之徒，固所以爲萬世法程而不可易者也。至於雅之變者，亦皆一時賢人君子，閔時病俗之所爲，而聖人取之。其忠厚惻怛之心，陳善閉邪之意，猶非後世能言之士所能及至。此《詩》之爲經，所以人事浹於下，天道備於上，而無一理之不具也。」曰：「然則其學之也，當奈何？」曰：「本之二《南》以求其端，參之列國以盡其變，正之於雅以大其規，和之於頌以要其上，此學《詩》之大旨也。於是乎章句以綱之，訓詁以紀之，諷詠以昌之，涵濡以體之。察之情性隱微之間，審之言行樞機之始，則修身及家、平均天下之道，其亦不待他求而得之於此矣。」問者唯唯而退。余時方輯《詩傳》[一]，因悉次是語以冠其篇云。[二]

夏氏弢甫跋《詩集傳》云：「《詩》備興觀羣怨、事父事君之理，毛公傳《詩》，多詳訓詁，間有名言，不過百中之一二。鄭箋一本《小序》，名爲宗毛，違異不少，其强經就序糾纏傳會者，殊乏理趣。自朱子《集傳》出，或採先儒之説，或自下己意，精微博大，裨益名教，勸懲之功，於是爲至矣。宋茂陵在藩邸時，彭龜年爲官僚，因講魯莊公不能制其母，云：『母不可制，當制其侍御僕從。』上問：『此誰之説？』對曰：『朱某之説。』自是每講必問朱某之説云何，其感動當時人君之心如

[一] 此《詩傳》有取於《詩序》，非今行世之《詩集傳》。
[二] 《朱文公文集·序·易五贊》卷七六文。

此。顧氏炎武《日知録》云：『朱子作《詩傳》，至秦《黄鳥》之篇，謂其初特出於戎翟之俗，而無明王賢伯以討其辠，於是習以爲常。則雖以穆公之賢而不免，論其事者亦徒閔三良之不幸，而歎秦之衰。至於王政不綱，諸侯擅命，殺人不忌，至於如此，則莫知其爲非也。歷代相沿，至先朝英廟，始革千古之弊，而亦朱子《詩傳》有以發其天聰。嗚呼，仁哉！』觀顧氏之言，可謂能闡明《集傳》之功效矣。彼鄙儒小生，動據序説以訾議朱子，烏知大儒明道覺世之功哉！」〔一〕

文治按：朱子《詩集傳》闡發義理，每以數虚字抑揚反覆，而詩人之意自見，最得孔子、曾子、子思、孟子説《詩》之家法，所謂道性情是也。説詳《讀〈詩經〉提綱》中。

儀禮經傳通解

《年譜》：丙辰六十七歲作。〔二〕

《年譜》：「慶元二年丙辰，始修禮書。……其書大要以《儀禮》爲本，分章附

〔一〕夏炘《述朱質疑・跋〈詩集傳〉（三條）》卷六文。
〔二〕王懋竑《朱子年譜》卷四下「慶元二年丙辰六十七歲」條下文。

疏，而以《小戴》諸義各綴其後。其見於他篇及他書可相發明者，或附於經，或附於義。其外如《弟子職》《保傅傳》之屬，又自别爲篇以附其類，其目有《家禮》《鄉禮》《學禮》《邦國禮》《王朝禮》《喪禮》《祭禮》大傳、外傳，其大體已具者，蓋十七八。先是，具奏欲乞修《三禮》……會去國不及上。」〔一〕其劄子稿曰：

臣聞六經之道同歸，而禮樂之用爲急。遭秦滅學，禮樂先壞，漢、晉以來，諸儒補緝，竟無全書，其頗存者，《三禮》而已。《周官》一書，固爲禮之綱領，至其儀法度數，則《儀禮》乃其本經，而《禮記·郊特牲》《冠義》等篇，乃其義説耳。前此猶有「三禮」通禮學究諸科，禮雖不行，而士猶得以誦習而知其説。熙寧以來，王安石變亂舊制，廢罷《儀禮》，而獨存《禮記》之科，棄經任傳，遺本宗末，其失已甚，而博士諸生又不過誦其虚文以供應舉。至於其間亦有因儀法度數之實而立文者，則咸幽冥而莫知其源，一有大議，率用耳學臆斷而已。若乃樂之爲教，則又絶無師授，律尺短長，聲音清濁，學士大夫莫有知其説者，而不知其爲闕也。故臣頃在山林，嘗與一二學者考訂其説，欲以《儀禮》爲經，而取《禮記》及諸經史雜書所載有及於禮者，皆以附於本經之

〔一〕王懋竑《朱子年譜》卷四下「慶元二年丙辰六十七歲」條下文。

下，具列注疏諸儒之説，略有端緒。而私家無書檢閲，無人鈔寫，久之未成。會蒙除用，學徒分散，遂不能就。而鍾律之制，則士友間亦有得其遺意者，竊欲更加參考，別爲一書，以補六藝之闕，而亦未能具也。欲望聖明特詔有司，許臣就祕書省太常寺關借禮樂諸書，自行招致舊日學徒數十人，踏逐空間〔一〕官屋數間，與之居處，令其編類……可以興起廢墜，垂之永久，使士知實學，異時可爲聖朝制作之助，則斯文幸甚。〔二〕

夏氏弢甫《跋〈儀禮經傳通解〉》云：「當日助編禮書諸儒，可考見者：潘恭叔、《答呂子約書》云：「近日潘恭叔討取整頓。」又詳見《答潘恭叔書》。路德章、《答潘恭叔書》：「近見路德章，編得兩篇，頗有次第。」余正甫見《答余正甫書》、劉貴溪、《答余正甫書》云：「近忽得劉貴溪書，欣然肯爲承當。」呂芸閣、趙致道、見《答余正甫書》，又云：「呂書甚精，潘、趙互有得失。」黄直卿、詳見《答黄直卿書》。吴伯豐、李寶之、《答黄直卿書》：「吴伯豐已寄得《祭禮》來，渠職事無暇。只是李寶之編集。」又詳見答吴伯豐、李寶之書。呂子約、《答黄直卿書》：「《王朝禮》已付子約，託其校

〔一〕「間」字，《朱文公文集》作「閑」。

〔二〕《朱文公文集·奏劄·乞脩三禮劄子》卷一四文。

定，仍令一面附疏。彼中更有祭禮，工夫想亦不多。」又詳見《答呂子約書》。劉履之、用之兄弟、《答黄直卿書》：「禮書今爲履之、用之不來亦不濟事，可使報之，就直卿處折衷。」應仁仲、《答仁仲書》：「所喻編禮，如此甚佳。」趙恭父、見《答趙恭父書》。楊信齋、見《〈通解續編〉序》。浙中朋友、《答余正甫書》：「分付浙中朋友分手爲之。」明州諸人、《答黄直卿書》：「家鄉邦國四類，已付明州諸人，依此編入。」四明、永嘉諸人、《答黄直卿書》：「分付四明、永嘉諸人，依式爲之。」江右朋友，《答應仁仲書》：「覲禮以後，黄壻攜至廬陵與江右一二朋友成之。」而卒成朱子之志者，勉齋、信齋兩先生，厥功偉矣。」[一]

又云：「家鄉邦國禮凡四十二篇，二十三卷，謂之《經傳通解》，《王朝禮》十八篇，十四卷，猶沿舊名，謂之《集傳集注》。朱在《目録後記》云：『《經傳通解》者二十三卷。先君晚歲之所親定，而大射、聘、公食大夫、諸侯相朝八篇，按：四篇皆各有義一篇，故稱八篇。猶未脱稿。』其曰：『《集傳集注》者，凡十四卷，爲《王朝禮》，先君所草創而未暇删改者也。』按《答黄直卿書》云：『《王朝禮》初欲自爲整頓，今無心力看得，已送子約，託其校定，仍令一面附疏。』則《王朝禮》十四卷，呂

[一] 夏炘《述朱質疑・跋〈儀禮經傳通解〉（六條）》卷七文。

子約之功居多。又《答廖子晦書》云：『禮書入疏者，此間已校定《聘禮》以前二當作三。十餘篇。』《答應仁仲書》云：『禮書方了得《聘禮》以前。』似《聘禮》以前，朱子皆曾校定脱稿。敬之此記，亦未十分足據也。」〔一〕

文治按：《四庫全書提要》云：「朱子纂《儀禮經傳》〔二〕，初名《儀禮集傳集注》……爲《王朝禮》……蓋未成之本……其喪、祭二門，則屬諸門人黄榦〔三〕。……然榦僅修《喪禮》十五卷……而没〔四〕……其後楊復修〔五〕《祭禮》……十四卷……合前《經傳通解》及《集傳集注》，總六十有六卷。雖編纂不出一手，而端緒相因，規模不異，古禮之梗概節目，亦備於此矣」〔六〕云云。

案：朱子《文集·答李季章書》云其修禮書：「其目有《家禮》、有《鄉禮》、

〔一〕夏炘《述朱質疑·跋〈儀禮經傳通解〉（六條）》卷七文。
〔二〕《四庫全書總目》「朱子纂《儀禮經傳》」作「《儀禮經傳通解》，宋朱子撰」。
〔三〕「屬諸門人黄榦」，《四庫全書總目》作「成於朱子門人黄榦」。
〔四〕「而没」，《四庫全書總目》作「而榦又殁」。
〔五〕「修」前，《四庫全書總目》有「重」字。
〔六〕《四庫全書總目·經部二十二·禮類四》卷二二文。

有《學禮》、有《邦國禮》、有《王朝禮》、有《喪禮》、有《祭禮》、有大傳、有外傳，今其大體已具者，蓋十七八。因讀此書，乃知漢儒之學有補於世教者不小。」〔一〕然則朱子推崇漢儒禮教，可謂至矣。考《年譜》修禮書，在丙辰六十七歲，答李書當在其後也。又朱子修禮書之前，曾擬作《〈儀禮〉附記》，見《文集・答潘恭叔書》；又擬作《〈禮記〉分類》，見《文集・答蔡季通書》。惟二者俱未成書，而《〈禮記〉分類》合於《儀禮》篇次。又與吕伯恭先生一再商榷。蓋著作之其難其慎如此。

又案：《朱子語類》云：「『禮，時爲大。』使聖賢有作〔二〕，必不一切從古之禮。疑祇是以古禮減殺，從今世俗之禮。令稍有防範節文，不至太簡而已……今所集禮書，只是略存古之制度，使後人自去〔三〕減殺，求其可行者而已。若必欲一一盡如古人衣服冠屨之纖悉畢〔四〕備，其勢不能行也〔五〕。」其論閎通如此，後世

〔一〕《朱文公文集・書・問答・答李季章》卷三八文。
〔二〕「作」字，《朱子語類》作「禮」。
〔三〕「去」字原作「爲」，據《朱子語類》爲正。
〔四〕「畢」字原作「必」，據《朱子語類》爲正。
〔五〕「不能行也」句，《朱子語類》作「也行不得」。

之讀禮者，務達乎禮之意而不宜泥古也明矣。

家禮序 《爲學次第考》：「庚寅，四十一歲作。」〔一〕

凡禮有本有文。自其施於家者言之，則名分之守、愛敬之實，其本也；冠、昏、喪、祭、儀章度數者，其文也。其本者，有家日用之常禮，固不可以一日而不修；其文又皆所以紀綱人道之終始，雖其行之有時，施之有所，然非講之素明、習之素熟，則其臨事之際，亦無以合宜而應節，是不可以一日而不講且習焉也。三代之際，禮經備矣，然其存於今者，宫廬器服之制、出入起居之節，皆已不宜於世。世之君子雖或酌以古今之變，更爲一時之法，然亦或詳或略，無所折衷。至或遺其本而務其末，緩於實而急於文，自有志好禮之士，猶或不能舉其要，而困於貧窶者尤患其終不能有以及於禮也。某〔二〕之愚蓋兩病焉。是以嘗獨觀古今之籍，因其大體之不可變者，而少加損益於其間，以爲一家之書，大抵謹名分、崇愛敬，以爲之本。至其施行之際，則又略

〔一〕童能靈《子朱子爲學次第考》卷二文。
〔二〕「某」字，《朱文公文集》作「熹」名。

浮文、敦本實，以竊自附於孔子從先進之遺意。誠願得與同志之士，熟講而勉行之，庶幾古人所以修身齊家之道、謹終追遠之心，猶可以復見，而於國家所以敦化導民之意，亦或有小補云。〔一〕

文治按：黄薇香先生《讀〈白田草堂集〉》云「王《集》卷二辨《家禮》非朱子所作。……按：朱子丁母祝令人憂，於苫塊之中，鈔集《家禮》，本未成之書，既而書亡，不能增損訂正，未爲完書。〔二〕《家禮》之序，與朱子平日之文無不脗合，邱瓊山謂此序非朱子不能作，可謂知言」〔三〕云云。按：黄勉齋先生作《朱子行狀》云：「所輯《家禮》，世多用之。然其後亦多損益，未暇更定。」〔四〕黄説蓋即本此，考覈至爲精析。今世禮學掃地無餘，士君子無所遵守，有能本朱子之意斟酌古今之宜續爲家禮者，其有功於世道，實非淺鮮。《易傳》言：「變則通，通則久。」蓋禮制當隨時變通，而禮意則千古不變，通人達士必不以此論爲迂也。

〔一〕《朱文公文集・序・〈家禮〉序》卷七五文。
〔二〕「未爲完書」句，《儆居遺書》作「則是書之有牲謬不足，爲朱子病」。
〔三〕黄式三《儆居遺書・儆居集四・子集三・讀〈白田草堂集〉》文。
〔四〕黄榦《黄勉齋集・朝奉大夫文華閣侍制贈竇謨閣直學士通議大夫謚文朱先生行狀》卷八文。

古今家祭禮跋

《年譜》：甲午四十五歲作。〔一〕

右《古今家祭禮》，熹所纂次，凡十有六篇。蓋人之生無不本乎祖者，故報本反始之心，凡有血氣者之所不能無也。古之聖王，因其所不能無者，制爲典禮，所以致其精神，篤其恩愛，有義有數，本末詳焉。遭秦滅學，禮最先壞，由漢以來，諸儒繼出，稍稍綴緝，僅存一二。以古今異便，風俗不同，雖有崇儒重道之君、知經好學之士，亦不得盡由古禮，以復於三代之盛。其因時述作，隨事討論，以爲一家一國之制者，固未必皆得先王義起之意，然其存於今者，亦無幾矣。惜其散脱殘落，將遂泯没於無聞。因竊蒐輯敘次合爲一篇，以便觀覽，庶其可傳於後。然皆無别〔二〕本可參校，往往闕誤不可曉知，雖《通典》《唐書》博士官舊藏版本，亦不足據，則其他固可知已。諸家之書，如荀氏、徐暢、孟濤翊、周元陽、孟詵、徐潤、孫日周「周」，答鄭書作「用」，疑誤。〔三〕等儀，

〔一〕王懋竑《朱子年譜》卷一下「淳熙元年甲午四十五歲夏六月」條下文。
〔二〕「别」字，《文集》作「雜」。
〔三〕此爲唐先生注。

有録而未見者，尚多有之。有能采集附益，并得善本通校而廣傳之，庶幾見聞有所興起，相與損益折衷，共成禮俗，於以上助聖朝敦化導民之意，豈不美哉！〔一〕

文治按：曾子有言：「慎終追遠，民德歸厚矣。」〔二〕《禮記》曰：「萬物本乎天，人本乎祖。」人生最大之過，莫如忘本。常讀《祭義》一篇，每爲之感動悽愴，雖誦往復而不能已。朱子此書，惜不可見；即吾鄉陸桴亭先生《家祭禮》，亦係節録本，未能詳備。有能踵朱子之意，因近世所宜，輯録成編，志以義起，實厚風俗、正人心之大本也。

大學章句序〔三〕

《年譜》：己酉六十歲作。〔四〕

《大學》之書，古之大學所以教人之法也。蓋自天降生民，則既莫不與之以仁義禮智之性矣。然其氣質之禀，或不能齊，是以不能皆有以知其性之所有而全之也。

〔一〕《朱文公文集·跋·跋〈古今家祭禮〉》卷八一文。
〔二〕《論語·學而》文。
〔三〕此文並載於《性理學大義·朱子大義》卷八，《朱子大義》未録夏炘按語。
〔四〕王懋竑《朱子年譜》卷三下「淳熙十六年己酉六十歲二月」條下文。

一有聰明睿智能盡其性者出於其間，則天必命之以爲億兆之君師，使之治而教之，以復其性。此伏羲、神農、黄帝、堯、舜所以繼天立極，而司徒之職、典樂之官所由設也。

三代之隆，其法寖備。然後王宫、國都以及閭巷，莫不有學。人生八歲，則自王公以下，至於庶人之子弟，皆入小學，而教之以灑掃、應對、進退之節，禮樂、射御、書數之文。及其十有五年，則自天子之元子、衆子，以至公、卿、大夫、元士之適子，與凡民之俊秀，皆入大學，而教之以窮理、正心、修己、治人之道。此又學校之教、大小之節所以分也。

夫以學校之設，其廣如此，教之之術，其次第節目之詳又如此；而其所以爲教，則又皆本之人君躬行心得之餘，不待求之民生日用彝倫之外，是以當世之人無不學。其學焉者，無不有以知其性分之所固有，職分之所當爲，而各俛焉以盡其力，此古昔盛時所以治隆於上，俗美於下，而非後世之所能及也！

及周之衰，賢聖之君不作，學校之政不修，教化陵夷，風俗頹敗，時則有若孔子之聖，而不得君師之位，以行其政教，於是獨取先王之法，誦而傳之，以詔後世。若《曲禮》《少儀》《内則》《弟子職》諸篇，固小學之支流餘裔，而此篇者，則因小學之成功，以著大學之明法，外有以極其規模之大，而内有以盡其節目之詳者也。三千之徒，蓋莫不聞其説，而曾氏之傳獨得其宗，於是作爲傳義，以發其意。及孟子没而其傳泯焉，則其書雖存而知者鮮矣！

自是以來，俗儒記誦詞章之習，其功倍於小學而無用；異端虚無寂滅之教，其高過於大學而無實。其他權謀術數，一切以就功名之説，與夫百家衆技之流，所以惑世誣民，充塞仁義者，又紛然雜出乎其間。使其君子不幸而不得聞大道之要，其小人不幸而不得蒙至治之澤。晦盲否塞，反覆沉痼，以及五季之衰，而壞亂極矣！

天運循環，無往不復。宋德隆盛，治教休明。於是河南程氏兩夫子出，而有以接乎孟氏之傳。實始尊信此篇而表章之；既又爲之次其簡編，發其歸趣，然後古者大學教人之法、聖經賢傳之指，粲然復明於世。雖以熹之不敏，亦幸私淑而與有聞焉。顧其爲書，猶頗放失，是以忘其固陋，采而輯之，間亦竊附己意，補其闕略，以俟後之君子。極知僭逾，無所逃罪，然於國家化民成俗之意，學者修己治人之方，則未必無小補云。〔一〕

夏氏弢甫《跋大學章句》云：「朱子所據《大學》舊本，即注疏中之鄭本，經文

〔一〕《朱文公文集·序·大學章句序》卷七六文。

未嘗更動，只以末二句一爲衍文「此謂知本」句。一屬『格物致知補傳』，「此謂知之至也」句。所更定者，自所謂『誠其意者』以下傳文耳。元董丞相槐以『知止而後有定』兩節，綴以『此謂知本』句，冠於『子曰聽訟』章之首，而又殿以『此謂知之至也』句，爲格物致知傳，本《黄氏日鈔》。後儒多韙其説，於是乎經文亦有更動矣。按：《烝民》之詩云：『天生烝民，有物有則。』是民生日用飲食，有一物，必有一理。『致知在格物』者，欲推極其知，在每物皆格其理之所以然，所謂『多學而識之』也。『物格而后知至』者，積累之久〔二〕，物無不格，即『知無不盡』，所謂『一以貫之』也。洛閩之説合於洙泗如此。若謂一『知本』而即『知之至』，則《論語》之『多聞多見』，孟子之『博學詳説』，《中庸》之『學問思辨』，皆不免紆曲繁重，不如易簡者之直超頓悟矣，孔門有是學術乎？自有明以來，欲復古本諸儒，并不僅如董氏之説，其大旨皆以『知本』爲『知之至』，而其所認爲本者，遂有毫釐千里之謬，其弊未易更僕數也。總之，守《章句》之説，則傳雖朱子之所補，而教實孔門之所遺，遵朱子，即所以遵孔子也。不守《章句》之説，則文雖《大學》之舊文，而

〔二〕「久」字，《述朱質疑》作「大」。

解實後儒之創解，遵古今反所以闢新説也。」〔一〕

中庸章句序〔二〕

《年譜》：己酉六十歲作。〔三〕

《中庸》何爲而作也？子思子憂道學之失其傳而作也。蓋自上古聖神，繼天立極，而道統之傳有自來矣。其見於經，則「允執厥中」者，堯之所以授舜也；「人心惟危，道心惟微，惟精惟一，允執厥中」者，舜之所以授禹也。堯之一言，至矣盡矣！而舜復益之以三言者，則所以明乎堯之一言，必如是而後可庶幾也。

蓋嘗論之，心之虚靈知覺，一而已矣。而以爲有人心、道心之異者，則以其或生於形氣之私，或原於性命之正，而所以爲知覺者不同，是以或危殆而不安，或微妙而難見耳。然人莫不有是形，故雖上智不能無人心；亦莫不有是性，故雖下愚不能無道心。二者雜於方寸之間，而不知所以治之，則危者愈危，微者愈微，而天理之公，卒無以勝夫人欲之私矣。精則察乎二者之間而不雜也，一則守其本心之正而不離也。

〔一〕夏炘《述朱質疑·跋〈大學章句〉》卷六文。

〔二〕此文並載於《性理學大義·朱子大義》卷八，其中《朱子大義》未録注文，唐先生亦未下按語。

〔三〕王懋竑《朱子年譜》卷三下「淳熙十六年己酉六十歲二月」條下文。

從事於斯，無少間斷，必使道心常爲一身之主，而人心每聽命焉，則危者安，微者著，而動静云爲，自無過不及之差矣。

夫堯、舜、禹，天下之大聖也；以天下相傳，天下之大事也。以天下之大聖，行天下之大事，而其授受之際，丁甯告戒，不過如此，則天下之理，豈有以加於此哉！自是以來，聖聖相承，若成湯、文、武之爲君，皋陶、伊、傅、周、召之爲臣，既皆以此而接夫道統之傳。

若吾夫子，則雖不得其位，而所以繼往聖、開來學，其功反有賢於堯、舜者。然當是時，見而知之者，惟顔氏、曾氏之傳得其宗。及曾氏之再傳，而復得夫子之孫子思，則去聖遠而異端起矣。子思懼夫愈久而愈失其真也，於是推本堯、舜以來相傳之意，質以平日所聞父師之言，更互演繹，作爲此書，以詔後之學者。蓋其憂之也深，故其言之也切；其慮之也遠，故其説之也詳。其曰「天命率性」，則道心之謂也；其曰「擇善固執」，則精一之謂也；其曰「君子時中」，則執中之謂也。世之相後，千有餘年，而其言之不異，如合符節。歷選前聖之書，所以提挈綱維、開示藴奥，未有若是其明且盡者也。

自是而又再傳，以得孟氏，爲能推明是書，以承先聖之統，及其没而遂失其傳焉。則吾道之所寄，不越乎言語文字之間，而異端之説，日新月盛，以至於老、佛之徒出，則彌近理而大亂真矣。

然而尚幸此書之不泯，故程夫子兄弟者出，得有所考，以續夫千載不傳之緒；得有所據，以斥夫二家似是之非。蓋子思之功於是爲大，而微程夫子，則亦莫能因其語而得其心也。惜乎其所以爲説者不傳，而凡石氏之所輯録，即石子重《集解》。僅出於其門人之所記，《四庫全書提要》載：「《中庸輯略》二卷，宋石𡼖編，朱子删定。𡼖，字子重，號克齋，新昌人。……𡼖輯是編，斷自周子、二程子、張子，而益以吕大臨、謝良佐、游酢、楊時、侯仲良、尹焞之説，初名《集解》。乾道癸巳，朱子爲作序。……淳熙己酉，朱子作《中庸章句》，重爲删定，更名《輯略》……其後《章句》孤行，而是編漸晦矣。」〔一〕是以大義雖明，而微言未析。至其門人所自爲説，則雖頗詳盡，而多所發明，然倍其師説而淫於老、佛者，亦有之矣。

某自早歲，即嘗受讀而竊疑之，沈潛反復，蓋亦有年。一旦恍然似有以得其要領者，然後乃敢會衆説而折其衷，既爲定著《章句》一篇，以俟後之君子。而一二同志復取石氏書，删其繁亂，名以《輯略》，且記所嘗論辨取舍之意，別爲《或問》以附其後。然後此書之旨，支分節解，脈絡貫通，詳略相因，巨細畢舉，而凡諸説之同異得失，亦

〔一〕《四庫全書總目·經部三十五·四書類一》卷三五文。

得以曲暢旁通，而各極其趣。雖於道統之傳，不敢妄議，然初學之士，或有取焉，則亦庶乎行遠升高之一助云爾。〔一〕

文治按：「四書」注以《大學》《中庸》爲尤精，而《中庸》首章注「不覩」「不聞」兩節，與「喜怒哀樂」兩節，更爲精密無間。蓋朱子固得力於「已發未發」「敬義夾持」之學，故於《章句》外復作《〈中庸〉首章説》，舉「敬以直内，義以方外」〔二〕之説以發明之，見《文集》卷六十七。所謂「體用一原，顯微無間」〔三〕，作聖之基，實本於此，學者千萬注意。

又案：朱子最重章句、注疏之學，陳蘭甫先生表揚之最詳，見《東塾讀書記》。所以《學》《庸》取名「章句」，《論》《孟》取名「集注」者，蓋《學》《庸》摘取《禮記》，又於鄭君章句稍有變易，故定名「章句」，《論》《孟》則采取先儒説較多，故定名「集注」也。

〔一〕《朱文公文集·序·〈中庸章句〉序》卷七六文。
〔二〕《易·坤卦·文言傳》文。
〔三〕《河南程氏文集·伊川先生文四·雜著·易傳序》卷八文。

論孟集義序〔一〕

《年譜》：壬辰四十三歲作。〔二〕

《論》《孟》之書，學者所以求道之至要，古今爲之説者，蓋已百有餘家。然自秦漢以來，儒者類皆不足以與聞斯道之傳，其溺於卑近者，既得其言而不得其意，其騖於高遠者，則又支離踳駁，或乃并其言而失之，學者益以病焉。

宋興百年，河洛之間，有二程先生者出，然後斯道之傳有繼。其於孔子、孟氏之心，蓋異世而同符也，故其所以發明二書之説，言雖近而索之無窮，指雖遠而操之有要。使夫讀者非徒可以得其言，而又可以得其意；非徒可以得其意，而又可以并其所以進於此者而得之。其所以興起斯文，開悟後學，可謂至矣。

間嘗蒐輯條流，以附本章之次，既又取夫學之有同於先生者，若横渠張公、范氏、二吕氏、謝氏、游氏、楊氏、侯氏、尹氏，凡九家之説，以附益之，名曰《論孟精義》，以備觀省，而同志之士有欲從事於此者，亦不隱焉。

〔一〕此文並載於《性理學大義·朱子大義》卷八《論孟義序》，其中《朱子大義》没有夏炘及唐文治先生按語。
〔二〕王懋竑《朱子年譜》卷一下「乾道八年壬辰四十三歲春正月」條下文。

抑嘗論之，《論語》之言，無所不包，而其所以示人者，莫非操存涵養之要；七篇〔一〕之指無所不究，而其所以示人者，類多體驗擴充之端。夫聖賢之分，其不同固如此；而體用一源也，顯微無間也〔二〕，是則非夫先生〔三〕之學之至，其孰能知之？嗚呼！兹其所以奮乎百世絶學之後，而獨得夫千載不傳之傳也與！

若張公〔四〕之於先生，論其所至，竊意其猶伯夷、伊尹之於孔子；而一時及門之士，考其言行，則又未知其孰可以爲孔氏之顔、曾也。今録其言，非敢以爲無少異於先生，而悉合乎聖賢之意，亦曰大者既同，則其淺深疏密毫釐之間，正學者所宜盡心耳。至於近歲以來，學於先生之門人者，又或出其書焉，則意其源遠末分，醇醨異味，而不敢載矣。

或曰：「然則凡説之行於世而不列於此者，皆無取已乎？」曰：「不然也。漢魏

〔一〕指《孟子》。

〔二〕程頤《易傳序》云：「至微者理也，至著者象也。體用一源，顯微無間。觀會通以行其典禮，則辭無所不備。」見本編《性理學大義・二程子大義》卷二。

〔三〕指程頤。

〔四〕指張載。

諸儒正音讀、通訓詁、考制度、辨名物，其功博矣。學者苟不先涉其流，則亦何以用力於此？而近世二三名家，與夫所謂學於先生之門人者，其考證推説，亦或時有補於文義之間。學者有得於此而後觀焉，則亦何適而無得哉？特所以求夫聖賢之意者，則在此而不在彼爾。若夫外自託於程氏，而竊其近似之言，以文異端之説者，則誠不可以入於學者之心，然以其荒幻浮夸，足以欺世也，而流俗頗已鄉之矣，其爲害豈淺淺哉？顧其語言氣象之間，則實有不難辨者。學者誠用力於此書而有得焉，則於其言雖欲讀之，亦且有所不暇矣。然則是書之作，其率爾之誚，雖不敢辭，至於明聖傳之統，成衆説之長，折俗流之謬，則竊亦妄意其庶幾焉。」〔一〕

夏氏弢甫《跋〈論語〉〈孟子〉集注》云：「朱子始作《論語要義》，又作《論語訓蒙口義》，序之皆在隆興初年。《要義序》隆興元年，《訓蒙口義序》不著年日，亦相去不遠。《要義序》云：『獨取二先生及其門人朋友數家之説，補緝訂正，以爲一書。』《訓蒙序》云：『余既序次《論語要義》，又以其訓詁略而義理詳，非啓蒙之要，因删録以成此編，本之注疏以通其訓詁，參之釋文以正其音讀，然後會之於諸老先生之説以發其

〔一〕「乾道壬辰正月元日新安朱熹謹書」句，《紫陽學術發微》删除。《朱文公文集·序·語孟集義序》卷七五文。

精微。一句之義，繫之本句之下；一章之指，列之本章之左。又以平日所聞於師友而得於心思者，間附見一二條焉。』後二書皆不傳。炘按：《論孟精義》其體例本之《要義》而加詳，《論孟集注》其體例本之《訓蒙口義》而屢經修改以成書者也。《要義》取二先生及門人朋友數家之説，今不可得見。《精義》則自二先生而下，横渠張子、成都范祖禹淳夫、榮陽吕希哲原明、藍田吕大臨與叔、上蔡謝良佐顯道、建安游酢定夫、延平楊時中立、河東侯仲良師聖、河南尹焞彦明共九家，是本之《要義》而加詳也。《集注》訓詁多用《注疏》，音讀多用《釋文》，《孟子》用孫奭《音義》。義理本二程及九家外，又博採數十家益之，師如延平、白水，友如敬夫、叔京，罔不搜集，至於自爲之説，則稱『愚按』以别之，所謂會之於諸老先生之説以發其精微，又以平日所聞於師友而得於心思者附見，非與？至於句解節訓，章又有總説，無一不與《訓蒙口義》之體例相符。然則二書即《精義》《集注》之底本，雖不存無憾也。」〔一〕

又云：「朱子成《論語要義》在隆興癸未，年三十四歲，成《論孟精義》，在乾道壬辰，年四十三歲，《論孟集注》無序，不知成於何時。《年譜》：丁酉《論孟集

〔一〕夏炘《述朱質疑·跋〈論語〉〈孟子〉集注（三條）》卷六文。

注》《或問》成，年四十八歲。按：張元德問曰：『《論孟或問》乃丁酉本，不知後來修改如何？』《或問》既成於丁酉，則《集注》亦成於丁酉可知。又楊道夫己酉後録云：『《論語集注》，蓋某十年前本，爲朋友傳去，鄉人遂不告而刊，及知覺，則已分裂四出，而不可收矣。其間多所未穩，煞誤看讀。』由丁酉至己酉，與十年前合，是《集注》丁酉成後，即刊行矣；後又刊於南康，《答孫敬甫書》云：『南康《語》《孟》，是後來所定本，然比讀之，尚有合修改處。』又曾祖道丁巳録云：朱子六十八歲。『某所解《語》《孟》，自三十歲便下工夫，到而今改猶未已。』又三年而朱子卒。王過録，某於《論》《孟》四十餘年理會。終其身於訓解以詔後學，而後之學者徒以爲作文之用，並注之詞句未能盡解，鹵莽滅裂，其辜負朱子深矣。」〔一〕

文治按：朱子之於《論》《孟》，先作《要義》，次作《訓蒙口義》，又其次作《精義》，後改名《集義》，最後乃改名《集注》，又别爲《或問》，相輔而行。蓋朱子自幼學後，讀《論》《孟》以至於老，幾於終身不離，信乎萬世之師法也。篇中漢魏諸儒數句，朱子尊漢儒如此，後學者安得有門户之分哉？余嘗謂《四書集注》，不獨兼

〔一〕夏炘《跋〈論語〉〈孟子〉集注（三條）》卷六文。

備訓詁義理，實吾中國文法最要之書也。以《論語》「學而」篇言之，「有子孝弟」章注「善事父母爲孝」數句，明訓詁也；下文「此言人能孝弟」云云，明義理也。「巧言令色」章注「巧，好；令，善」，明訓詁也；下文「好其言」云云，明義理也。學者沈潛反復乎此，文理自能貫通。從前老師宿儒，以《集注》授童蒙，仍不免失之過高，然亦有深意存焉。後世教師善用之斯可矣。

又案：篇内云：《論語》之言，「莫非操存涵養之要」，七篇之指，「類多體驗擴充之端」。文治嘗深思之，《論語》亦未嘗不言擴充，《孟子》亦未嘗不言涵養，然譬如以《論語》論仁諸章，由淺及深，比類而熟玩之，自「仁遠乎哉」〔一〕、「苟志於仁」〔二〕諸章起，至「克己復禮」〔三〕、「三月不違仁」〔四〕章止，則所以涵養者備矣。又以《孟子》論心性諸章，由淺及深，比類而熟玩之，自「物皆然，心爲甚」〔五〕起，至

〔一〕《論語・述而》文。
〔二〕《論語・里仁》文。
〔三〕《論語・顔淵》文。
〔四〕《論語・雍也》文。
〔五〕《孟子・梁惠王上》文。

「良知良能達之天下」[一]章止，則所以擴充者備矣。楊龜山先生《論讀書法》曰：「以身體之，以心驗之。」[二]如此而已。

小學題辭 《年譜》：丁未五十八歲作。[三]

元亨利貞，天道之常；仁義禮智，人性之綱。凡此厥初，無有不善；藹然四端，隨感而見。愛親敬兄，忠君弟長，是曰秉彝，有順無强。惟聖性者，浩浩其天；不加毫末，萬善足焉。衆人蚩蚩，物欲交蔽；乃頹其綱，安此暴棄。惟聖斯則[四]，建學立師，以培其根，以達其枝。小學之方，洒掃應對，入孝出弟，動罔或悖。行有餘力，誦詩讀書；詠歌舞蹈，思罔或逾。窮理修身，斯學之大；明命赫然，罔有内外。德崇業廣，乃復其初；昔非不足，今豈有餘。世遠人亡，經殘教弛；蒙養弗端，長益浮靡。鄉無善俗，世乏良材，利欲紛拏，異言喧豗。幸兹秉彝，極天罔墜；爰輯舊聞，庶覺來

[一]《孟子・盡心上》文。
[二]楊時《龜山集・語録三・餘杭所聞》卷一二文。
[三]王懋竑《朱子年譜》卷三上「淳熙十四年丁未五十八歲三月」條下文。
[四]「則」字原作「惻」，據《朱文公文集》爲正。

裔。嗟嗟小子，敬受此書；匪我言耄，惟聖之謨。〔一〕

文治按：洪本《年譜》云「先生既發揮《大學》以開悟學者，又懼其失序無本而不能以有進也，乃輯此書以訓蒙士，使培其根以達其支。《内篇》四：曰『立教』，曰『明倫』，曰『敬身』，曰『稽古』。《外篇》二：曰『嘉言』，曰『善行』。雖已進乎大學者，亦得以兼補之於後」〔二〕云云。然則此書蓋立人極之根本也。《文集》有《題〈小學〉書》，應參考。

書《近思録》後〔三〕

《年譜》：乙未四十六歲作。〔四〕

淳熙乙未之夏，東萊吕伯恭來自東陽，過予寒泉精舍，留止旬日，相與讀周子、程子、張子之書。歎其廣大閎博，若無津涯，而懼夫初學者不知所入也，因共掇取其關於大體而切於日用者，以爲此編，總六百一十二條，分十四卷。蓋凡學者所以求端用

〔一〕《朱文公文集·序·小學題辭》卷七六文。
〔二〕王懋竑《朱子年譜》卷二上「淳熙二年乙未四十六歲夏四月」條下文。
〔三〕此文並載於《性理學大義·朱子大義》卷八，未附録吕祖謙《近思録跋》，唐先生亦未下按語。
〔四〕王懋竑《朱子年譜》卷三上「淳熙十四年丁未五十八歲三月」條下文。

力處己治人之要，與夫辨異端觀聖賢之大略，皆粗見其梗概，以爲窮鄉晚進，有志於學，而無明師良友以先後之者，誠得此而玩心焉，亦足以得其門而入矣。如此，然後求諸四君子之全書，沈潛反復，優柔厭飫，以致其博而反諸約焉，則其宗廟之美，百官之富，庶乎其有以盡得之。若憚煩勞，安簡便，以爲取足於此而可，則非今日所以纂集此書之意也。〔一〕

附：呂氏東萊《近思録》跋

《近思録》既成，或疑首卷陰陽變化性命之説，大抵非始學者之事。祖謙〔二〕竊嘗與聞，次輯之意，後出晚進於義理之本原，雖未容驟語，苟茫然不識其梗概，則亦何所底止，列之篇端，特使之知其名義，有所嚮望而已。至於餘卷所載講學之方，日用躬行之實，具有科級。循是而進，自卑升高，自近及遠，庶幾不失纂集之指。若乃厭卑近而騖高遠，躐等凌節，流於空虛，迄無所依據，則豈所謂近思者耶？覽者宜詳之。

〔一〕《朱文公文集・跋・書近思録後》卷八一文。
〔二〕「祖謙」，《東萊呂太史文集》作「某」。

淳熙三年四月四日東萊呂祖謙謹識。〔一〕

文治按：先師王文貞公有言：「《小學》《近思録》爲近時救世之萬金良藥。」蓋是二書實可繼「四書」之後，平易之中有無窮之意味，修己治人之道，不外乎此矣！

又案：朱子著書本孔子「述而不作，信而好古」〔二〕之旨，纂述羣經外，復有若《資治通鑑綱目》，若《名臣言行録》，若《楚辭集注》《韓文考異》，其於歷史考据詞章，網羅賅洽，縱横億萬里，上下數千年，未有著書若是之多者，不獨爲我中國一人已也。蓋古人著書，尚拘於簡册之刊刻，故成書也難。後世楮墨通行，成書較易，此後人之所以勝於前賢也。以上不過撮舉其大凡，若夫考全書目録，則有及門王遽常瑗仲所著《朱子全書存佚真僞考》，編傳經年歲及授受源流，則有及門吴其昌子馨所著《朱子傳經史略》，二子之於朱學，皆升堂之士也。

〔一〕呂祖謙《東萊呂太史文集·題跋·題近思録》卷七文，其中没有「淳熙三年四月四日東萊呂祖謙謹識」一句，據《近思録》卷首「後引」校。按：《近思録》後引中「謹識」作「謹書」。

〔二〕《論語·述而》文。

紫陽學術發微卷六

朱子政治學發微

【釋】「政治學」乃唐先生學術核心，一九二二年刊出《十三經讀本》後，即編《朱子大義》與《政治學大義》，其《政治學大義》之《本論》十三篇，見《唐文治文集》「論説類」，先生此序表揚「氣節」，以文天祥立範，以顯朱子學精義，爲華夏精神支柱。先生分類朱子「政治學」五類，分别是「正君德」「復讎」「用人」「紀綱風俗」「恤民」等五層次，而於「恤民」分「總論」「社倉」「救荒」三端，條理井然，而强調五層皆貫之以「氣節」，體用以此具在。

文治按：吾人生於天地之間，講明氣節而已矣。《孟子》曰：「居天下之廣居，立天下之正位，行天下之大道。」〔一〕此言乎立身之氣節也。又曰：「惟大人爲能格君心之非。君仁莫不仁，君義莫不義，君正莫不正。一正君而國定。」〔二〕此言乎立朝之氣節也。朱子一生出處，惟以氣節爲重，讀王白田先生所撰《朱子年譜》、夏弢甫先生所撰《朱子難進易退譜》，已大概可見。至於壬午、庚子、戊申、己酉封事諸篇，浩然正大之氣，溢於楮墨之表，奚亞於孟氏告君之言？嗚呼盛矣！

乃陳同甫告孝宗之言曰：「今世之儒者〔三〕，自以爲得正心誠意之學者，皆風痺不知痛癢之人也。舉一世安於君父之讎，方且低頭拱手高談性命之學〔四〕，不知何者謂之性命乎？」〔五〕朱竹垞先生辨之，以爲朱子《上孝宗封事》感奮激烈，殆有過於同甫之所云者；彼同甫之書，蓋非爲朱子言之。嗚呼！同甫懷推倒一時豪傑之心，其言固隱爲朱子而發，彼其平生之氣節，由君子觀之，果何如哉？

〔一〕《孟子·滕文公下》文。
〔二〕《孟子·離婁上》文。
〔三〕「者」字，《宋史》作「士」。
〔四〕「方且低頭拱手高談性命之學」句，《宋史》作「而方低頭拱手以談性命」。
〔五〕《宋史·儒林六·陳亮列傳》卷四三六載陳同甫上書文。

考文文山先生廷對策問謂：「政治之本，在於帝王不息之心。」〔一〕其説實本於朱子《戊申封事》。厥後謝疊山、陸秀夫諸賢接踵而起，豈非講學之明效有以致此？然則宋末氣節之盛，實皆朱子提倡之功也。

文治輯朱子政治學，凡分五類，曰「正君德」、曰「復讎」、曰「用人」、曰「紀綱風俗」、曰「恤民」，而「恤民」之中，又分「總論」「社倉」「救荒」三要端。雖簡之又簡，然後世學者讀之，當知修身治人之道，不外乎此，而要之必以「氣節」爲本。

正君德

戊申封事

節録

《年譜》：孝宗淳熙十五年，朱子年五十九歲。〔二〕

天下之事，所當言者不勝其衆，顧其序有未及者，臣不暇言，且獨以天下之大本與

〔一〕文天祥《御試策一道》原文云：「臣聞帝王行道之心，一不息而已矣。堯之兢兢，舜之業業，禹之孜孜，湯之慄慄，文王之不已，武王之無貳，成王之無逸，皆是物也。」載《文山先生文集》卷三「對策」。

〔二〕王懋竑《朱子年譜》卷三下「淳熙十五年戊申五十九歲冬十一月」條下文。

今日之急務，深爲陛下言之。蓋天下之大本者，陛下之心也。今日之急務，則輔翼太子，選任大臣，振舉綱維，變化風俗，愛養民力，修明軍政六者是也。臣請昧死而悉陳之，惟陛下之留聽焉。臣之輒以陛下之心爲天下之大本者，何也？天下之事，千變萬化，其端無窮，而無一不本於人主之心者，此自然之理也。故人主之心正，則天下之事無一不出於正；人主之心不正，則天下之事無一得由於正。蓋不惟其賞之所勸，刑之所威，各隨所向，勢有不能已者，而其觀感之間，風動神速，又有甚焉。是以人主以眇然之身，居深宮之中，其心之邪正，若不可得而窺者，而其符驗之著於外者，常若十目所視，十手所指而不可掩。此大舜所以有「惟精惟一」之戒，孔子所以有「克己復禮」之云，皆所以正吾心而爲天下萬事之本也。此心既正，則視明聽聰，周旋中禮，而身無不正。是以所行無過不及而能執其中，雖以天下之大，而無一人不歸吾之仁者。

然邪正之驗著於外者，莫先於家人而次及於左右，然後有以達於朝廷而及於天下焉。若宮闈之内，端莊齊肅。后妃有《關雎》之德，後宮無盛色之譏，貫魚順序，而無一人敢恃恩私以亂典常，納賄賂而行請謁，此則家之正也。退朝之後，從容燕息，貴戚近臣，攜僕奄尹，陪侍左右，各恭其職，而上憚不惡之嚴，下謹戴盆之戒，無一人敢通内外、竊威福，招權市寵，以紊朝政，此則左右之正也。内自禁省，外徹朝廷，二者之間，洞然無有毫髮私邪之間，然後發號施令，羣聽不疑，進賢退姦，衆志咸服。紀綱得以振而無侵撓之患，政事得以修而無阿私之失，此所以朝廷百官、六軍萬民，無敢不出於正而治道畢也。心一不正，則是數者固無從而得其正；是數者一有不正，而曰心正，則亦安有是理哉？是以古先聖王兢兢業業，持守此心，雖在紛華波動之中，幽獨得肆之地，而所以精之、一之、克之、復之，如對神明，如臨淵谷，未嘗敢有須臾之怠。然猶恐其隱微之間，或有差失而不自知也，是以建師保之官以自開明，列諫諍之職以自規正。而凡其飲食酒漿、衣服次舍、器用財賄，與夫宦官宮妾之政，無一不領於家宰之官，使其左右前後，一動一靜，無不制以有司之法，而無纖芥之隙、瞬息之頃，得以隱其毫髮之私。蓋雖以一人之尊，深居九重之邃，而懔然常若立乎宗廟之中，朝廷之上，此先王之治所以由內及外，自微至著，精粹純白，無少瑕翳，而其遺風餘烈猶可以爲後世法程也。

陛下試以是而思之，吾之所以精一、克復而持守其心者，果嘗有如此之功乎？所以修身齊家而正其左右者，果嘗有如此之效乎？宮省事禁，臣固有不得而知者，然不見其形而視其影，不覩其內而占其外，則爵賞之濫、貨賂之流，閭巷竊言，久已不勝其藉藉矣。臣竊以是窺之，則陛下之所以修之家者，恐其未有以及古之聖王也。至於左右便嬖之私，恩遇過當，往者淵、覿、説、抃之徒，勢燄薰灼，傾動一時，今已無可言矣。獨有前日臣所面奏者，雖蒙聖慈委曲開譬，然臣之愚終竊以爲此輩但當使之守門傳命，供掃除之役，不當假借崇長，使得逞邪媚、作淫巧於内以蕩上心，立門庭、招權勢於外以累聖政，而其有才無才、有罪無罪，自不當論，況其有才適所以爲姦，有罪而不可復用乎？……

陛下竭生靈之膏血，以奉軍旅之費，本非得已，而爲軍士者，顧乃未嘗得一温飽，甚者採薪織屨，掇拾糞壤，以度朝夕；其又甚者，至使妻女盛塗澤、倚市門，以求食也，怨詈謗讟，悖逆絶理，至有不可聞者。一有緩急，不知陛下何所倚仗。是皆爲將帥者巧爲名色，頭會箕斂，陰奪取其糧賜以自封殖，而行貨賂於近習，以圖進用。彼此既厭足矣，然後時以薄少號爲羨餘，陰奉燕私之費，以嫁士卒怨怒之毒於陛下。且幸陛下一受其獻，則後日雖知其罪，而不得復有所問也。出入禁闥腹心之臣，外交將帥，共爲欺蔽，以至於此，豈有一毫愛戴陛下之心哉！而陛下不悟，反寵暱之，以是爲吾〔一〕之私人，至使宰相不得議其制置之得失，給諫不得論其除授之是非，以此而觀之，則陛下所以正其左右，未能及古之聖王又明矣。且私之得名，何爲也哉？據己分

〔一〕「吾」字，《朱文公文集》作「我」。

之所獨有，而不得以通乎其外之稱也。故自匹夫而言，則以一家爲私，而不得以通乎其鄉；自鄉人而言，則以一鄉爲私，而不得以通乎其國；自諸侯而言，則以一國爲私，而不得以通乎天下；至於天子，則際天之所覆，極地之所載，莫非己分之所有，而無外之不通矣，又何以私爲哉？今以不能勝其一念之邪，而至於有私心；以不能正其家人近習之故，而至於有私人。以私心用私人，則不能無私費，於是内損經費之入，外納羨餘之獻，而至於有私財。陛下上爲皇天之所子，全付所覆，使其無有私而不公之處，其所以與我者亦不細矣。乃不能充其大，而自爲割裂以狹小之，使天下萬事之弊，莫不由此而出，是豈不可惜也哉！〔一〕

文治按：朱氏止泉謂：「《戊申封事》是漢唐、宋明以來告君第一篇文字，其言正君心也。自君心敬畏以檢其身……直足繼二典、三謨、《仲虺之誥》《旅獒》《召誥》〔二〕之後。」〔三〕其推崇如此。夫忠告善道，朋友之義且然，而況君乎？

〔一〕《朱文公文集·封事·戊申封事》卷一一文。
〔二〕《朱子聖學考略》「《召誥》」後有「《天官·冢宰》」之文。
〔三〕朱澤澐《朱子聖學考略·朱子泉先生朱子聖學考略提要》卷首文。

事上之道，合則留，不合則去。朱子惟以禄位爲輕，故敢於直言極諫。此疏實足爲萬世法則也。

己酉擬上封事　節録　孝宗淳熙十六年，朱子年六十歲。〔一〕

所謂講學以正心者，臣聞天下之事，其本在於一人，而一人之身，其主〔二〕在於一心。故人主之心一正，則天下之事無有不正；人主之心一邪，則天下之事無有不邪，如表端而影直，源濁而流汙，其理有必然者。是以古先哲王欲明其德於天下者，莫不壹以正心爲本。然本心之善，其體至微，而利欲之攻，不勝其衆。嘗試驗之，一日之間，聲色臭味游衍馳驅，土木之華、貨利之殖雜進於前，日新月盛，其間心體湛然，善端呈露之時，蓋絶無而僅有也。苟非講學之功有以開明其心，而不迷於是非邪正之所在，又必信其理之在我而不可以須臾離焉，則亦何以得此心之正，勝利欲之私，而

〔一〕此二句前有「年譜」兩字。按：王懋竑《朱子年譜》及《朱子年譜考異》於朱子六十歲條下，未提擬封事事。唐先生蓋因朱子題爲《己酉擬上封事》，而「己酉」年爲淳熙十六年，是年朱子六十歲而定奪，非《年譜》之説，故今删除「年譜」二字。

〔二〕「主」字原作「本」，據《朱文公文集》爲正。

應事物無窮之變乎！然所謂學，則又有邪正之别焉。味聖賢之言以求義理之當，察古今之變。〔一〕……涉獵記誦而以雜博相高，割裂裝綴而以華靡相勝，反之身則無實，措之事則無當者，學之邪也。學之正而心有不正者鮮矣，學之邪而心有不邪者亦鮮矣。故講學雖所以爲正心之要，而學之邪正，其繫於所行之得失，而不可不審者又如此。《易》曰：「正其本，萬事理。差之毫釐，繆以千里。」惟聖明之留意焉，則天下幸甚。〔二〕

夏氏炘《書〈己酉擬上封事〉後》曰：「此封事雖題曰『己酉擬上』，實非己酉所作，蓋在戊申之冬矣。何以明之？戊申冬十一月，上封事之後，除主管太乙宫，兼崇政殿説書。《行狀》云：『時上有倦勤之意，將爲燕翼之謀，先生嘗草奏疏十事，欲以爲新政之助。會執政有指道學爲邪氣者，力辭新命，即崇政殿説書之命，《文集》有《辭免崇政殿説書奏狀》。除祕閣修撰，仍奉外祠。十六年己酉正月，除祕閣修撰，依舊主管西京崇福宫。遂不果上。』孝宗以己酉二月朔内禪，倦勤之意，前一年戊申，中

〔一〕「察古今之變」句後，《朱文公文集》有「以驗得失之幾，而必反之身以踐其實者，學之正也」。
〔二〕《朱文公文集・封事・己酉擬上封事》卷一二文。

外皆已知之。是年皇太子初決庶務於議事堂。朱子於崇政殿説書命下之後，即草此封事，欲俟光宗新政上之，因道學邪氣之論，發於執政，知時未必可爲，故辭説書之命，而果除祕閣修撰，仍奉外祠。其時己酉正月，光宗尚未即位也。題曰『己酉』，因光宗己酉二月即位之故，其實封事之擬，實在前一年戊申之冬，《行狀》所敘，最爲明白。」〔一〕

甲寅行宫便殿奏劄二〔二〕　節録

《年譜》：光宗紹熙五年，朱子年六十五歲。〔三〕

爲學之道，莫先於窮理。窮理之要，必在於讀書。讀書之法，莫貴於循序而致精，而致精之本，則又在於居敬而持志，此不易之理也。夫天下之事，莫不有理……有以窮之，則自君臣之大，以至事物之微，莫不知其所以然，與其所當然，而亡纖芥之

〔一〕夏炘《述朱質疑·書〈己酉擬上封事〉後》卷一一文。

〔二〕此文並載於《性理學大義·朱子大義》卷一，其中《朱子大義》末引夏炘語及唐先生末下按語。又此文「爲學之道」上，《朱子大義》並載有「臣竊惟皇帝陛下祇膺駿命」至「請遂陳之」；「所以爲讀書之本也」下，《朱子大義》並載有「此數語者」至「取進止」一段文字。

〔三〕王懋竑《朱子年譜》卷四上「紹熙五年甲寅六十五歲冬十月辛卯」條下文。

疑。善則從之，惡則去之，而無毫髮之累。此爲學所以莫先於窮理也。

至論天下之理，則要妙精微，各有攸當，亘古亘今，不可移易……是其粲然之跡、必然之效，蓋莫不具於經訓史册之中。欲窮天下之理，而不即是而求之，則是正牆面而立爾，此窮理所以必在乎讀書也。

若夫讀書，則其不好之者，固怠忽間斷而無所成矣，其好之者又不免乎貪多而務廣，往往未啓其端，而遽已欲探其終；未究乎此，而忽已志在乎彼；是以雖復終日勤勞，不得休息，而意緒悤悤，常若有所奔趨迫逐，而無從容涵泳之樂……孔子所謂「欲速則不達」，孟子所謂「進鋭者退速」，正謂此也。誠能鑑此而有以反之，則心潛於一，久而不移，所讀之書……自然漸漬浹洽，心與理會，而善之爲勸者深，惡之爲戒者切矣。此循序致精，所以爲讀書之法也。

若夫至精之本，則在於心。心之爲物，至虚至靈……常爲一身之主，以提萬事之綱……一不自覺，而馳騖飛揚，以徇物欲於軀殼之外，則一身無主，萬事無綱，雖其俯仰顧眄之間，蓋已不自覺其身之所在，而況能反覆聖言，參考事物，以求義理至當之歸乎？孔子所謂「君子不重則不威，學則不固」，孟子所謂「學問之道無他，求其放心而已矣」，正謂此也。誠能嚴恭寅畏，常存此心，使其終日儼然，不爲物欲之所侵亂，

則以之讀書，以之觀理，將無所往而不通；以之應事，以之接物，將無所處而不當矣。此居敬持志，所以爲讀書之本也。〔一〕

夏氏炘《書〈甲寅行宮便殿奏劄二〉後》曰：「朱子一生學問，從讀書致知入門，中間與張宣公交，又從胡五峯先察識後涵養之說，己丑更定『中和舊說』，一以程子『涵養須用敬，進學在致知』二語爲千古不易之則，自後教人，不越斯旨。自潭州召還時，年已六十四矣。《行宮便殿所奏第二劄》言：『爲學之道，莫先於窮理；窮理之要，必在於讀書；讀書之法，莫貴於循序而致精；而致精之本，則又在於居敬而持志。』將一生辛苦得力學問，挈領提綱，一一拜獻於君父之前。蓋讀書而不循序致精、居敬持志，則所讀之書，鹵莽滅裂，不過說〔二〕誦典故以爲考據之資，採掇華藻以供詞章之用。其人則高視闊步，佻達放曠，顔氏之推所謂『讀數十卷書，便自高大；陵忽長者，輕慢同列；以學求益，今反自損；不如無學也。』至於習靜求心之士，稍知爲己，其人亦往往在規矩準繩之中，與居敬持志

〔一〕《朱文公文集·奏劄·甲寅行宮便殿奏劄二》卷一四文。
〔二〕「說」字，《述朱質疑》作「記」。

相似，然糟粕六經，唾洟載籍，欲以躐等超登，而悟性天之奥，將來生心害政，有不可勝言者。又有因習静而致病狂，如傅子淵之徒，并其所守之一二規矩準繩而失之，然後知朱子之學，所以傳之萬世而無弊也。……又以此劄與隆興元年《垂拱殿第一劄》參看，則知朱子晚年論學之語益精矣。」〔一〕

文治按：漢唐以後，輒謂帝王之學異於儒者，其實大謬。考《禮記·文王世子》教世子之法，詩書禮樂，干戈羽籥，與夫恭敬温文之道，無一不與凡民之俊秀者相同。而《學記篇》謂：「師也者，所以學爲君也。」古者君師之道，合而爲一。然則帝王之學，豈與儒者有異？惟其判而爲二，此民生之所以日困也。是以朱子本篇末云：「此數語者，皆愚臣平生爲學艱難辛苦已試之效，竊意聖賢復生，所以教人不過如此。不獨布衣韋帶之士所當從事，蓋雖帝王之學，殆亦無以易之。」〔二〕其旨深矣。

〔一〕夏炘《述朱質疑·書〈甲寅行宫便殿奏劄二〉後》卷一二文。
〔二〕《朱文公文集·奏劄·甲寅行宫便殿奏劄二》卷一四文。

復讎

壬午應詔封事[一] 節録

《年譜》：高宗紹興三十二年，朱子年三十三歲。[二]

臣又聞之，爲天下國家者，必有一定不易之計。而今日之計，不過乎修政事、攘夷狄而已矣，非隱奥而難知也。然其計所以不時定者，以講和之説疑之也。夫金虜於我，有不共戴天之讎，則其不可和也，義理明矣。而或者猶爲是説者，其意必曰：「今本根未固，形勢未成，進未有可以恢復中原之策，退未有可以備禦衝突之方，不若縻以虚禮，因其來聘，遣使報之，請復土疆。示之以弱，使之優游驕怠，未遽謀我，而我得以其間從容興補，而大爲之備，萬一天意悔禍，或誘其衷，則我之所大欲者，將不

[一] 此文並載於《性理學大義・朱子大義》卷一，其中唐先生未下按語。又此文「臣又聞之」上，《朱子大義》並載有「臣恭惟太上皇帝再造區夏」至「則天下幸甚」一段文字，此文「則天下幸甚」下，《朱子大義》並載有「至於四海之利病」至「而成效不可期也」一段文字。

[二] 王懋竑《朱子年譜》卷一上「紹興三十二年壬午三十三歲秋八月」條下文。

用一士之命，而可以坐得，何憚而不爲哉？」臣竊以爲知義理之不可爲矣，而猶爲之者，必以有利而無害故也。而以臣策之，所謂講和者，有百害無一利。何苦而必爲之？

夫復讎討賊、自彊爲善之説，見於經者，不啻詳矣。陛下聰明稽古，固不待臣一二言之，請姑陳其利害而陛下擇焉。夫議者所謂「本根未固，形勢未成，進不能攻，退不能守」，何爲而然哉？正以有講和之説故也。此説不罷，則天下之事，無一可成之理，何哉？進無生死一決之計，而退有遷延可已之資，則人之情，雖欲勉彊自力於進爲，而其氣固已涣然離沮而莫之應矣。其守之也必不堅，其發之也必不勇，此非其志之本然，氣爲勢所分，志爲氣所奪故也。故今日講和之説不罷，則陛下之勵志必淺，大臣之任責必輕，將士之赴功必緩，官人百吏之奉承，必不能悉其心力，以聽上之所欲爲。然則本根終何時而固，形勢終何時而成，恢復又何時而可圖，守備又何時而可恃哉？其不可冀明矣。若曰「以虚禮縻之」，則彼雖仁義不足，而凶狡有餘。誠有謀我之心，則豈爲區區之虚禮而驕？誠有兼我之勢，則亦豈爲區區之虚禮而輟哉？若曰「示之以弱」，則是披腹心、露情實，而示之以本然之弱，非强而示之弱之謂也，適所以使之窺見我之底蘊，知我之無謀，而益無忌憚耳。縱其不來，我恃此以自安，勢分氣奪，日復一日，如前所云者，雖復曠日十年，亦將何計之可成哉？則是所以驕敵者，乃所以啓敵而自驕；所以緩寇者，乃所以養寇而自緩；爲虜計則善矣，而非吾臣子所宜言也。

且彼盜有中原，歲取金幣，據全盛之勢，以制和與不和之權。少懦則以和要我，而我不敢動；力足則大舉深入，而我不及支。蓋彼以從容制和，而其操術常行乎和之外，是以利伸否蟠，而進退皆得。而我方且仰首於人，以聽和與不和之命，謀國者惟恐失虜人之驩，而不爲久遠之計。進則失中原事機之會，退則沮忠臣義士之心，蓋我以汲汲欲和，而志慮常陷乎和之中，是以跋前疐後，而進退皆失。自宣和、靖康以來，首尾三四十年，虜人專恃此計，中吾腹心。決策制勝，縱橫前却，無不如其意者，而我墮其術中，曾不省悟，危國亡師，如出一轍。去歲之事，人謂朝廷其知之矣，而解嚴未幾，虜使復至，彼何憚於我而遽爲若是？是又欲以前策得志於我，而我猶不悟也。受而報之，信節未還，而海州之圍已急矣。此其包藏反復，豈易可測？而議者猶欲以已試敗事之餘謀當之，其亦不思也哉！

至於「請復土疆」而冀其萬一之得，此又不思之大者。夫土疆我之舊也，雖不幸淪没，而豈可使彼仇讎之虜，得以制其予奪之權哉？顧吾之德之力如何耳。吾有以取之，則彼將不能有，而自歸於我；我無以取之，則彼安肯舉吾力之所不能取者，而與我哉？且彼能有之而我不能取，則我弱彼强，不較明矣。縱其予我，我亦豈能據而有之？彼有大恩，我有大費，而所得者未必堅也。向者燕、雲、三京之事，可以監矣，是豈可不爲之寒心也哉？假使萬有一而出於必不然之計，彼誠不我欺，而不責其報，我必能自保，而永無他虞，則固善矣。然以堂堂大宋，不能自力，以復祖宗之土宇，顧乃乞丐於仇讎之戎狄，以爲國家，臣雖不肖，竊爲陛下羞之。

夫前日之遣使報聘，以是爲請，既失之矣。及陛下嗣位，天下之望曰庶幾乎，而赦書下者，方且禁切諸將，毋得進兵；申遣使介，告諭纂承之意，繼修和好之禮，亦若有意於和議之必成，而坐待土疆之自復者。遠近傳聞，頓失所望。臣愚不能識其何説？而竊歎左右者用計之不詳也。古語有之：「疑事無功，疑行無名。」今虜以好來而兵不戢，我所以應之者，常不免出於兩塗，而無一定之計，豈非所謂疑事也哉？以此號令，使觀聽熒惑，離心解體，是乃未攻而已卻，未戰而已敗也。欲以此成恢復之功，亦已難矣！

然失之未遠，易以改圖。往者不可諫，而來者猶可追也。願陛下疇咨大臣，總攬羣策，鑑失之之由，求應之之術，斷以義理之公，參以利害之實，罷黜和議，追還使人，苟未渡淮，猶將可及。自是以往，閉關絶約，任賢使能，立紀綱、厲風俗，使吾修政事、攘夷狄之外，了然無一毫可恃以爲遷延中已之資，而不敢懷頃刻自安之意，然後將相軍民、遠近中外，無不曉然知陛下之志，必於復讎啓土，而無玩歲愒日之心，更相激厲，以圖事功。數年之外，志定氣飽，國富兵强。於是視吾力之强弱，觀彼釁之淺深，徐起而圖之。中原故地，不爲吾有，而將焉往？此不過少遲數年之久，而理得勢全，名正實利，其與講和請地、苟且僥倖必不可成之虚計，不可同年而語也明矣。惟陛下深留聖意毋忽，則天下幸甚。〔一〕

文治按：宋南渡以後，講和之爲害烈矣！讀岳武穆、宗忠簡集，未嘗不爲之太息流涕也。朱子父韋齋先生，以不附秦檜和議，致遭貶黜。故朱子平生，專以復讎爲旨，讀此篇與汪尚書二書，大概可見。迺無識之徒率以講道學者爲懦怯何耶？惟是復讎之要，首在自强。朱子之言修攘也，謂必「敬以直内」，而後能内修政事；必「義以方外」〔二〕，而後能外攘夷狄。然則朱子自强之策，固在於本心方寸之間，其非虚憍浮夸之士所能僞託明矣，後世之言外交者，當以此書爲金鑑也。

〔一〕《朱文公文集·封事·壬午應詔封事》卷一一文。
〔二〕《易·坤卦·文言傳》文。

用人

戊申封事 節録

至於選任大臣之説，則臣前所謂勞於求賢而賢人不得用者，蓋已發其端矣。夫以陛下之聰明，豈不知天下之事，必得剛明公正之人，而後可任也哉？其所以常不得如此之人，而反容鄙夫之竊位者，非有他也，直以一念之間未能撤其私邪之蔽，而燕私之好、便嬖之流，不能盡由於法度。若用剛明公正之人以爲輔相，則恐其有以妨吾之事、害吾之人而不得肆。是以選掄之際，常先排擯此等，寘之度外，而後取凡疲懦軟熟，平日不敢直言正色之人而揣摩之，又於其中得其至庸極陋，決可保其不至於有所妨者，然後舉而加之於位。是以除書未出而其物色先定，姓名未顯而中外已逆知其決非天下之第一流矣。故以陛下之英明剛斷，略不世出，而所取以自輔者，未嘗有如汲黯、魏徵之比，顧常反得如秦檜晚年之執政臺諫者而用之。彼以人臣竊國柄而畏忠言之悟主以發其姦也，故專取此流以塞賢路、蔽主心，乃其勢之不得已者。陛下尊居宸極，威福自己，亦何賴於此輩，而乃與之共天下之政，以自蔽其聰明，自壞其綱紀，而使天下受其弊哉！夫其所以取之者如此，故其選之不得而精；選之不精，故任之不得而重；任之不重，則彼之所以自任者亦輕。夫以至庸之材當至輕之任，則雖名爲大臣，而其實不過供給唯諾，奉行文書，以求不失其窠坐資級，如吏卒之爲而已。求其有以輔聖德、修朝政而振綱紀，不待智者而知其必不能也。下此一等，則惟有作姦欺、植黨與、納貨賂，以濁亂陛下之朝廷耳。其尤甚者，乃至十有餘年而後敗露以去，然其列布於後，以希次補者，又已不過此等人矣。蓋自其爲臺諫、爲侍從，而其選已如此，其後又擇其尤碌碌者而登用之，則亦無怪乎陛下常不得天下之賢材而屬任之也。然方用之之初，亦曰「姑欲其無所害於吾之私」而已，夫豈知其所以害夫天下之公者乃至於此哉！陛下試反是心以求之，則庶幾乎得之矣。蓋不求其可喜，而求其可畏；不求其能適吾意，而求其能輔吾德；不憂其自任之不重，而常恐吾所以〔一〕任之者之未重；不爲燕私近習一時之計，而爲宗社生靈萬世無窮之計。陛下誠以此

〔一〕「以」字原衍作「以以」，據《朱文公文集》爲正。

取之，以此任之，而猶曰不得其人，則臣不信也。此今日急務之二也。〔一〕

文治按：朱氏止泉云：「此篇論〔二〕用大臣以剛正爲棟梁，以柔媚爲蛇蝎，直足繼舜典命官、皋陶九德、周公立政、三宅三俊之旨，而憂危懼亂，尤兼家父、凡伯之苦衷矣。」〔三〕竊謂此段主腦，在「不求其可喜而求其可畏」八句。用人者能奉此以爲圭臬，則公私之途立判矣。

己酉擬上封事

所謂遠便嬖以近忠直者，臣聞蓬生麻中，不扶而直；白沙在泥，不染而黑。故賈誼之言曰：「習與正人居之，不能無正，猶生長於齊之地不能不齊言也；習與不正人居之，不能無不正，猶生長於楚之地不能不楚言也。」是以古之聖賢欲修身以治人者，必遠便嬖以近忠直。蓋君子小人，如冰炭之不相容，薰蕕之不相入。小人進則君子必退，君子親則小人必疏，未有可以兼收並蓄而不相害者也。能審乎此以定取舍，則

〔一〕《朱文公文集・封事・戊申封事》卷一一文。
〔二〕「此篇論」，《朱子聖學考略》作「其言」。
〔三〕朱澤澐《朱子聖學考略・朱子泉先生朱子聖學考略提要》卷首文。

其見聞之益，薰陶之助，所以謹邪僻之防、安義理之習者，自不能已。而其舉措刑賞，所以施於外者，必無偏陂之失。一有不審，則不惟其妄行請託、竊弄威權，有以害吾之政事，而其導諛薰染，使人不自知覺而與之俱化，則其害吾之本心正性，又有不可勝言者。然而此輩其類不同，蓋有本出下流，不知禮義而稍通文墨者，亦有服儒衣冠，叨竊科第而實全無行檢者，是皆國家之大賊，人主之大蜮。苟非心正身修，有以灼見其情狀，如臭惡之可惡，則亦何以遠之而來忠直之士，望德業之成乎！諸葛亮有言：「親賢臣、遠小人，此先漢之所以與隆也；親小人、遠賢臣，此後漢之所以傾頹也。先帝在時，每與臣論此事，未嘗不歎息痛恨於桓靈也。」本朝大儒程頤，在元祐間常進言於朝，以爲人主當使一日之中，親賢士大夫之時多，親宦官宮妾之時少，則可以涵養氣質，薰陶德性，此皆切至之言也。然後主不能用亮之言，故卒以黄皓、陳祗而亡其國。元祐大臣亦不能白用頤說，故紹聖、元符之禍，至今言之，猶可哀痛。前事不遠，惟聖明之留意焉，則天下幸甚。〔一〕

夏氏炘《書〈己酉擬上封事〉後》曰：「封事中……『遠便嬖以近忠直』一條，

〔一〕《朱文公文集・封事・己酉擬上封事》卷一一文。

曲寫小人情狀，勸帝以諸葛武侯『親賢臣，遠小人』之言爲戒，其後帝果寵任姜特立、陳源、楊舜卿、林億年諸人，雖宰臣臺諫攻之不能從。封事擬於未即位之先，而弊皆立見於即位之後。然後知聖賢之訓，炳若蓍龜矣。」[一]

文治按：便嬖之爲害烈矣！其所以諂我、諛我、求我、誘我者，皆將以戕吾心、賊吾性、殺吾身也。《易·泰卦·象傳》曰：「君子道長，小人道消。」《否》卦《象傳》曰：「小人道長，君子道消。」自古以來，所以亂日多而治日少，而民之憔悴於虐政者，皆由在上者不知君子與小人之辨也，可不痛哉？

與陳丞相書

古之君子有志於天下者，莫不以致天下之賢爲急，而其所以急於求賢者，非欲使之綴緝言語、譽道功德，以爲一時觀聽之美而已。蓋將以廣其見聞之所不及、思慮之所不至，且慮夫處己接物之間或有未盡善者，而將使之有以正之也。是以其求之不得不博，其禮之不得不厚，其待之不得不誠，必使天下之賢，識與不識，莫不樂自致於

[一] 夏炘《述朱質疑·書〈己酉擬上封事〉後》卷一一文。

吾前以補〔一〕吾過，然後吾之德業得以無愧乎隱微，而寖極乎光大耳。然彼賢者其明既足以燭事理之微，其守既足以遵聖賢之轍，而其自處必高，其不能同流合汙以求譽，自待必厚，而不能陳詞飾説以自媒，自信必篤，而不能趨走唯諾以苟容也。是以王公大人，雖有好賢樂善之誠，而未必得聞其姓名，識其面目，盡其心志之底藴。又況初無此意，而其所取特在乎文字言語之間乎？……蓋好士而取之文字言語之間，則道學德行之士，吾不得而聞之矣；求士而取之投書獻啓之流，則自重有耻之士，吾不得而見之矣。待士而雜之妄庸便佞之伍，則志節慷慨之士，寧有長揖而去耳，而況乎所謂對偶駢儷、諛佞無實，以求悦乎世俗之文，又文字之末流，非徒有志於高遠者，鄙之而不爲，若乃文士之有識者，亦未有肯深留意於其間者也。而間〔二〕者竊聽於下風，似聞明公專欲以此評天下之士。若其果然，則某〔三〕竊以爲誤矣。江右舊多文士，而近歲以來，行誼志節之有聞者，亦彬彬焉。惟明公留意，取其彊明正直者以自輔，而又表其惇厚廉退者以厲俗，毋先文藝以後器識，則陳太傅不得專美於前，而天下之

〔一〕「補」字，《朱文公文集》作「輔」。
〔二〕「間」字，《朱文公文集》作「聞」。
〔三〕「某」字，《朱文公文集》作「熹」名。

士亦庶乎不失望於明公矣。〔一〕

紀綱風俗

戊申封事

夫綱紀不振於上，是以風俗頽弊於下，蓋其爲患之日久矣，而浙中爲尤甚。大率習爲軟美之態，依阿之言，而以不分是非，不辨曲直爲得計，下之事上，固不敢少忤其意；上之御下，亦不敢稍咈其情。惟其私意之所在，則千塗萬轍，經營計較，必得而後已。甚者以金珠爲脯醢，以契券爲詩文，宰相可啗則啗宰相，近習可通則通近習，惟得之求，無復廉耻。父詔其子，兄勉其弟，一用此術，而不復知有忠義名節之可貴。其俗已成之後，則雖賢人君子，亦不免習於其説，一有剛毅正直守道循理之士出乎其間，則羣譏衆排，指爲道學之人，而加以矯激之罪，上惑聖聰，下鼓流俗。蓋自朝廷之上以及閭里之

〔一〕《朱文公文集·書·問答論事·與陳丞相（一本作與龔實之）》卷三七文。

間，十數年來，以此二字禁錮天下之賢人君子，復如崇、宣之間，所謂元祐學術者，排擯詆辱，必使無所容措其身而後已。嗚呼！此豈治世之事，而尚復忍言之哉！

又其甚者，乃敢誦言於衆，以爲陛下嘗謂今日天下幸無變故，雖有伏〔一〕節死義之士，亦何所用？此言一播，大爲識者之憂，而臣有以知其必非陛下之言也。夫伏節死義之士，當平居無事之時，誠若無所用者。然古之人君所以必汲汲以求之者，蓋以如此之人，臨患難而能外死生，則其在平世必能輕爵禄；臨患難而能盡忠節，則其在平世必能不詭隨。平日無事之時得而用之，則君心正於上，風俗美於下，足以逆折姦萌，潛消禍本，自然不至真有伏節死義之事，非謂必知後日當有變故，而預蓄此人以擬之也。惟其平日自恃安寧，便謂此等人材必無所用，而專取一種無道理、無學識、重爵禄、輕名義之人，以爲不務矯激而尊寵之，是以綱紀日壞，風俗日偷，非常之禍伏於冥冥之中，而一旦發於意慮之所不及，平日所用之人，交臂降叛，而無一人可同患難，然後前日擯棄流落之人，始復不幸而著其忠義之節。以天寶之亂觀之，其將相貴戚近幸之臣，皆已頓顙賊庭，而起兵討賊卒至於殺身湛族而不悔，如巡、遠、杲卿之

〔一〕「伏」字原作「仗」，據《朱文公文集》爲正，下同。

流，則遠方下邑，人主不識其面目之人也。使明皇早得巡等而用之，豈不能銷患於未萌？巡等早見用於明皇，又何至真爲伏節死義之舉哉！

「殷鑑不遠，在夏后之世」，此識者所以深憂於或者之言也。雖以臣知陛下聖學高明，識慮深遠，決然不至有此議論。然每念小人敢託聖訓以蓋其姦，而其爲害至於足以深沮天下忠臣義士之氣，則亦未嘗不痛心疾首，而不敢以識者之慮爲過計之憂也。陛下視此風俗爲如何？可不反求諸身而亟有以變革之耶？此今日急務之三、四也。〔一〕

文治按：此條敷陳時事，尤爲痛切。朱氏止泉謂：「直〔二〕足繼《詩》『姻亞膴仕』『車馬徂向』之刺，而垂涕泣以道之矣。」〔三〕

己酉擬上封事

所謂振綱紀以厲風俗者，臣聞四海之廣，兆民至衆，人各有意，欲行其私。而善

〔一〕《朱文公文集·封事·戊申封事》卷一一文。
〔二〕「直」字原作「實」，據《朱子聖學考略》文爲正。
〔三〕朱澤澐《朱子聖學考略·朱子泉先生朱子聖學考略提要》卷首文。

爲治者，乃能總攝而整齊之，使之各循其理，而莫敢不如吾志之所欲者，則以先有綱紀以持之於上，而後有風俗以驅之於下也。何謂綱紀？辨賢否以定上下之分，核功罪以公賞罰之施也。何謂風俗？使人皆知善之可慕而必爲，皆知不善之可羞而必去也。然綱紀之所以振，則以宰執秉持而不敢失，臺諫補察而無所私，人主又以其大公至正之心，恭己於上而照臨之。是以賢者必上，不肖者必下，有功者必賞，有罪者必刑，而萬事之統無所缺也。綱紀既振，則天下之人自將各自矜奮，更相勸勉以去惡而從善，蓋不待黜陟刑賞一一加於其身，而禮義之風、廉耻之俗已丕變矣。惟至公之道不行於上，是以宰執、臺諫，有不得人，黜陟刑賞多出私意，而天下之俗遂至於靡然不知名節行檢之可貴，而唯阿諛軟熟、奔競交結之爲務。一有端言正色於其間，則羣譏衆排，必使無所容於斯世而後已。此其形勢，如將傾之屋，輪奂丹雘，雖未覺其有變於外，而材木之心，已皆蠹朽腐爛而不可復支持矣。苟非斷自聖志，洒濯其心，而有以大警敕之，使小大之臣各舉其職，以明黜陟，以信刑賞，則何以振已頹之綱紀而厲已壞之風俗乎？《管子》曰：「禮義廉耻，是謂四維；四維不張，國乃滅亡。」賈誼嘗爲漢文誦之，而曰：「使管子而愚人也則可，使管子而少知治體，是豈可不爲寒心也

哉！」二子之言，明白深切，非虛語者，惟聖明之留意焉，則天下幸甚。〔一〕

文治按：此條雖似老生常談，而實爲建國之根本。

恤民通論

庚子應詔封事〔二〕 節録

《年譜》：孝宗淳熙七年，朱子年五十一歲。〔三〕

夫民之不可不恤，不待魯〔四〕者而後能知，亦不待明者然後能言也。然欲知其憔悴困窮之實，與其所以致此之由，則臣請以所領之郡推之，然後以次而及其所以施置之方焉。

臣謹按：南康爲郡，土地瘠薄，生物不暢，水源乾淺，易得枯涸；人民稀少，穀

〔一〕《朱文公文集·封事·己酉擬上封事》卷一二文。

〔二〕此文並載於《性理學大義·朱子大義》卷一，其中《朱子大義》唐先生未下按語。此文「夫民之不可不恤」上，《朱子大義》有「臣伏覩三月九日陛下可議臣之奏」至「蓋謂此也」一段文字；此文「而不可不恤者然也」下，《朱子大義》有「而臣所謂省賦理軍者」至「臣熹昧死再拜謹言」一段文字。

〔三〕王懋竑《朱子年譜》卷二下「淳熙七年庚子五十一歲夏四月」條下文。

〔四〕「魯」字原作「智」，據《朱文公文集》爲正。

賤農傷，固已爲貧國矣。而其賦税偏重，比之他處，或相倍蓰。民間雖復盡力耕種，所收之利，或不足以了納税賦，須至别作營求，乃可陪貼輸官，是以人無固志，生無定業，不肯盡力農桑，以爲子孫久遠之計。幸遇豐年，則賤糶禾穀，以苟目前之安。一有水旱，則扶老攜幼，流移四出，視其田廬，無異逆旅之舍。蓋出郊而四望，則荒疇敗屋，在處有之。故臣自到任之初，即嘗具奏，乞且將星子一縣税錢，特賜蠲減；又嘗具申提點坑冶司，乞爲敷奏，將夏税所折木炭價錢，量減分數。其木炭錢已蒙聖慈曲賜開允，獨減税事，漕司相度，方上版曹，若得更蒙聖恩，特依所請，則一方憔悴困窮之民，自此庶幾復有更生之望矣。

然以臣計之，郡之接境江饒等州，土田瘠薄類此者，非一郡一縣而已也。税賦重大如此者，非一料一色而已也。若不大爲經理，深加隱恤，雖復時於其間少有縱舍，如以杯水救一車薪之火，恐亦未能大有所濟，而剥膚椎髓之禍，必且愈深愈酷而不可救，元氣日耗，根本日傷，一旦不幸而有方數千里之水旱，則其横潰四出，將有不可如何者，未知陛下何以處此？此臣之所謂民之憔悴困窮，而不可不恤者然也。〔一〕

〔一〕《朱文公文集·封事·庚子應詔封事》卷一一文。

文治按：孔子言「節用愛人」〔一〕，孟子屢言「薄税斂」〔二〕，《周易》大義，「損上益下」則爲益，「損下益上」則爲損。故薄賦税一事，實爲愛民經國之大本。或謂：「國用不足將奈何？」不知君民一體，「百姓足，君孰與不足？」〔三〕且財聚民散，若壹意聚斂，怨謗繁興，倒戈者將踵起矣。此篇剥膚椎髓之禍數語，可爲千古殷鑑。

恤民社倉法

建寧府崇安縣五夫社倉記　節録

《年譜》：辛卯作，朱子年四十二歲。〔四〕

乾道戊子春夏之交，建人大饑。……知縣事諸葛侯廷瑞以書來，屬予及鄉之耆

〔一〕《論語·學而》文。
〔二〕《孟子·梁惠王上》文。
〔三〕《論語·顔淵》文。
〔四〕王懋竑《朱子年譜》卷一下「乾道七年辛卯四十二歲夏五月」條下文。

艾劉如愚〔一〕，勸豪民發藏粟，下其直以賑之。……俄而盜發浦城……人情大震，藏粟亦且竭……乃請於府。時知府事余公嘉〔二〕……以粟六百斛來……於是籍民口大小仰食者若干人，以率受粟，民遂得無饑亂以死，無不悦喜。……而浦城之盜，亦以無復隨和而就禽。……是冬有年，民願以粟償官……將輦載以歸有司，而知府事王公淮俾留里中〔三〕，而上其籍於府。

又曰：「劉侯與余，既奉王公教留民所償官粟貯里中〔四〕，次年夏，又請於府曰：『山谷細民，無蓋藏之積，新陳未接，雖樂歲不免出倍稱之息，貸食豪右，而官粟積於無用之地，後將紅腐不復可食。願自今以來，歲一斂散，既以紓民之急，又得易新以藏，俾願貸者出息什二……不欲者勿强，歲或不幸〔五〕小饑則弛半息，大祲則盡蠲之。……請著爲例。』……既而……又請曰：『粟分貯民家，於守視出納不便，請放古

〔一〕「劉如愚」，《朱文公文集》作「左朝奉郎劉侯如愚曰：『民饑矣。』盍爲」。
〔二〕「乃請於府。時知府事余公嘉」，《朱文公文集》作「則以書請于縣于府，時敷文閣待制信安徐公嘉知府」。
〔三〕「而知府事王公淮俾留里中」，《朱文公文集》作：「而王公曰：『歲有凶，穰不可前料，後或艱食，得無復有前日之勞，其留里中。』」
〔四〕「又曰：劉侯與余，既奉王公教留民所償官粟貯里中」，《朱文公文集》作「劉侯與予既奉教」。
〔五〕「或不幸」三字脱，據《朱文公文集》補入。

法，爲社倉以儲之。』……經始於七年五月，而成於八月。爲倉三，亭一，門牆、守舍，無一不具。……又講求倉之利病，具爲條約……揭之楣間，以視來者。於是倉之庶事，細大有程，可久而不壞矣。」〔一〕

夏氏炘曰：「古者藏富於民，耕三餘一……是以年有凶荒，而民無餓殍。社倉起於隋唐，即《周禮》『縣都委積之』之意。宋世已不復存。常平義倉，掌於官吏，有名無實。朱子所居崇安縣開糴鄉，每歲春夏之交，豪户閉糴牟利，細民或相强奪。朱子嘗帥鄉人置社倉賑貸，立法詳備，民以爲便。辛丑奏事延和殿，乞推行之，得旨，詔行社倉於諸郡。其時紹興府會稽縣鄉官、嘉興主簿諸葛修職，即乞官米置倉給貸。台州司户王迪功、衢州龍游縣袁承節等，又各出本家米穀置倉。淳熙丙午，陸文安公在敕局，編社倉法於廣賑恤門，梭山先生倣而置之於青田。他如婺州之金華，建陽之長灘，大闈邵武之光澤，常州之宜興，南城之吴氏，莫不聞朱子之風而興起。今近七百年，奉行遍於天下，又或不免滋弊，於是

〔一〕《朱文公文集·記·建寧府崇安縣五夫社倉記》卷七七文。

豐備積穀諸名相繼而起，而其實皆無能越乎朱子之範圍也。」〔一〕

文治按：社倉積穀，法良意美，吾國民生命脈實係乎此。惟職掌者，貴乎得人。近世以來，無論積穀積錢，多爲豪强經理者所侵蝕，浸至凶年饑歲，閉而不發，殃百姓而害子孫，可爲深痛。有社會之責者，急宜注意。

恤民救荒法

與星子諸縣議荒政書

《年譜》：庚子作，朱子年五十一歲。〔二〕

熹爲政不德，致此旱灾，雖已究心，多方措置，庶幾吾民得以保其生業，而免於飢餓游離之苦。然竊自念智力淺短，不惟精神思慮多所不周，而事體次第亦須由軍而縣，方能推以及民。若非三縣同官，各存至公至誠之心，深念邦本民命〔三〕之重，相與

〔一〕夏炘《述朱質疑·記朱子外任政績上》卷一三文。
〔二〕王懋竑《朱子年譜》卷二下「淳熙七年庚子五十一歲秋七月」條下文。
〔三〕「命」字原作「食」，據《朱文公文集》爲正。

協力，豈能有濟？今有愚見，懇切布聞，條具如後。

一、逐縣知佐，既是同在一縣，協力公家，當以至公至誠之心相與。凡百事務，切要通情，子細商量，從長措置，自然政修事舉，民受其賜。苟或上忽其下，唯務私己吝權，下慢其上，但知偷安避事，則公家之務何由可濟？況今災數非常，民情危迫，經營措置，當如拯溺救焚之急，不可小有遲緩齟齬，有誤民間性命之計。切告深體此意，盡革前弊，庶幾事有成功，民受實惠。

一、檢放之恩，著在令甲，謹已遵奉施行。今請同官當其任者，少帶人從，嚴切戒約，給與糧米錢物，不得縱容需索搔擾。又須不憚勞苦，逐一親到地頭，不可端坐寬涼去處，止憑鄉保撰成文字。又須依公檢定分數，切不可將荒作熟，亦不可將熟作荒。其間或有疑似去處，或有用力勤苦之人，寧可分明過加優恤，不可縱令隨行胥吏，受其計囑，別作情弊。

一、勸諭上户，請詳本軍立去帳式，令鄉衆依公推舉，約定所陰客户、所糶米穀數目，縣司略備酒果，延請勸諭，厚其禮意，諭以利害，不可縱令胥吏非理搔擾。上户既是富足之家，必能體悉此意。其間恐有未能致悉之人，亦當再三勸諭，審其虛實，量與增減。如更詐欺抵拒，即具姓名申軍切待，別作施行。

一、根括貧民，請詳本軍所立帳式，行下諸都隅官保正，子細抄劄，著實開排。再三叮嚀，説諭不得容情作弊，妄供足食之家，漏落無告之人。將來供到，更於本都喚集父老貧民，逐一讀示，公共審實。衆議平允，即與保明，如有未當，就令改正，將根括隅官保正，重行責罰。

一、將來糶米，亦請一面早與上户及糴米人户，公共商議置場去處，務令公私貧富遠近之人，各得其便。大抵官米只於縣市出糶，上户米穀即與近便鄉村置場出糶，不須般載往來，徒有勞費。如有大段有餘不足去處，及將來發糶常平米斛，即具因依申來切待，别行措置。

一、凡郡中行下寬恤事件，各請誠心公共推行。如有未當或未盡事宜，更望子細示諭，當行改正。

右件如前，各請痛察。如或未蒙聽從，尚仍前弊，致此飢民一有狼狽，即當直以公法從事，不容更奉周旋矣。千萬至懇至懇！〔一〕

〔一〕《朱文公文集·書·時事出處·與星子諸縣議荒政書》卷二六文。

勸諭救荒

年歲同上。〔一〕

契勘本軍營内，久闕雨澤，祈禱未應，田禾已有乾損去處，皆由長吏不明，政刑乖錯，致此災殃。永念厥愆，實深悼懼。除已具申朝省及諸監司乞行寬恤賑濟，及檢計軍倉兩縣常平米，見管萬數不少，又已多方招邀米船，日近出糶，仍兑借諸色錢往外州循環收糴，準備賑濟。……今有預行勸諭將來事件下項：

一、本軍日前災傷人户，多致流移，一離鄉土，道路艱辛，往往失所。甚者横有死亡，抛下墳墓，田園屋宇，便無人爲主，一向狼藉，至今遺跡尚有存者，詢問來歷，令人痛心。況今淮南湖北等路，亦不甚熟，舍此往彼，等是飢餓，有何所益？今〔二〕勸人户各體州縣多方救恤之意，仰俟朝廷非常寬大之恩，各宜〔三〕安心著業，更切祈禱神明，車戽水漿，救取見存些少禾穀，依限陳訴所傷田段頃畝，聽候官司減放税租，賑濟

〔一〕王懋竑《朱子年譜》卷二下「淳熙七年庚子五十一歲秋七月」條下文。
〔二〕「今」字原誤作「令」，據《朱文公文集》爲正。
〔三〕「宜」字，《朱文公文集》作「且」。

米斛。不可容易游移，别致後悔。

一、今勸上户有力之家，切須存恤接濟本家地客，務令足食，免致流移，將來田土抛荒，公私受弊。

一、今勸上户接濟佃火之外，所有餘米，即須各發公平廣大仁愛之心，莫增價例，莫減升斗，日逐細民告糴，即與應副。則不惟貧民下户獲免流移飢餓之患，而上户之所保全，亦自不爲不多。其糴米數多之人，官司必當施行保明，申奏推賞。其餘措借出放，亦許自依鄉例，將來填還。不足，官司當爲根究。如有故違不肯糶米之人，即仰下户經縣陳訴，從官司究實。

一、今勸貧民下户，既是平日仰給於上户，今當此凶荒，又須賴其救接，亦仰各依本分，凡事循理。遇闕食時，只得上門告糴。或乞賒借生穀舉米。如妄行需索，鼓衆作鬧，至奪錢米，如有似此之人，定當追捉根勘，重行決配遠惡州軍。其尤重者，又當别作行遣。

一、早禾已多損旱，無可奈何，只得更將早田多種蕎麥及大小麥接濟食用。〔二〕

〔二〕《朱文公文集·公移·勸諭救荒》卷九九文。

夏氏炘曰：「淳熙庚子，南康軍旱災，朱子大修荒政。《年譜》紀其凡活飢民大人一十二萬七千六百七口，小兒九萬二百七十六口。其設施次第，人争傳録以爲法。辛丑淛東大旱，較南康尤甚，孝宗專倚朱子以救荒之事。朱子自十二月視事西興，至明年九月歸，所活至不可勝計。浙東户歌朱子之德，孝宗亦以煞究心稱之。自古救荒之治，未有過於朱子者也。」〔一〕

文治按：居今之世，惟以正人心、救人命兩端爲急務。欲正人心，宜讀朱子心性學；欲救人命，宜讀朱子社倉法與救荒策。往者余讀程伊川先生與人論賑濟事，心竊佩之。蓋程子論賑，其要端在放時宜擇寬廣處所，不令飢民擁擠，而朱子論賑要端，如濟溺救焚，不容遲誤，二説皆宜書紳服膺者也。而文治更有進者。竊謂放賑要旨，在「救命不救窮」五字，蓋我國窮人頗多，勢難普及，惟極窮者亦宜速救，蓋極窮不救，其後亦必至於廢命也。惟統計學亟宜研究，預計吾之財力可放至何時，飢民至何時方可耕種得食，必籌劃至得食時始止，庶無餓莩之患。若財力不足，宜速勸捐，或請他善團繼之，否則爲善不終

〔一〕夏炘《述朱質疑·記朱子外任政績下·救荒之政》卷一四文。

矣。若夫未放之前，以調查爲入手要務，最急者若干户、若干口，次急者若干户、若干口，先給與證據，寧少寬，勿過刻；總以其家有無儲食糧爲斷。臨時或放錢、或放米，宜分途散給之；其有老病及饑餓不能行走者，則宜擔粥施送；煮粥時必須親自監視，防司爨者有偷減米糧、並攙和石灰之弊。其餓將死者，灌以粥湯，勿使食粥，蓋恐其腸細致斃也。若饑荒略輕之處，宜先分定區域各值一處散放。先期榜示開放日期時刻，切須如程子言，覓寬曠處所，或左進右出，或前進後出，勿使老幼婦女，有擁擠傾跌及落後之虞；且宜於近處派人巡查，勿使流氓匪徒搶奪，則善矣！至朱子所謂「如濟溺救焚」之説，即諺云「放賑如救火」是也。往年余嘗賑本鄉水災，捐得棉衣二千襲，經海關留難護照，遲到一日，新豐鄉凍死一老嫗，鹿湖鄉凍死一小孩，至今引爲大疚。又嘗賑湖南兵災，有某鉅紳勸捐得十數萬，靳而不放，詢之，則曰吾以寬籌緩放爲宗旨，迨後稍稍發放，餓死者無數。我輩力薄款少，亦引爲大疚。而如某鉅紳者，救人而適以造孽矣。於此可見，凡事皆以得人爲主，朱子所謂「以至誠至公之心相與」，尤屬探本之論。賑友之中，性剛者宜濟之以柔，性寬者宜濟之以嚴，則調劑之適得其平。《孟子》曰：「人皆有不忍人之心。」〔一〕感動而激發之首，在良知之學，能致良知，則天下皆善人矣。

又案：近時西國多主以工代賑，其法固善。吾國荒地荒山甚多，尤以移墾開礦爲宜，但必須有見成之工程工廠方爲適當。若因某方有饑荒，而始謀工程、開工廠，則饑民多餓死，何如放急賑之爲善乎！持高論而不究事實，作孽大矣。

〔一〕《孟子·公孫丑上》文。

紫陽學術發微卷七

朱子論道釋二家學發微

文治按：朱子初時，嘗出入於老釋者十餘年，夏弢甫先生考之詳矣。然文治考朱子晚年，頗參用道家而力闢釋氏。其參用道家者，取其爲存心養性之助也；其力闢釋氏者，以其廢人倫而蔑天理也。讀本篇所載《參同契説》《調息箴》《與汪尚書》諸篇大概可見，而《釋氏論（下篇）》謂「釋氏剽竊《莊》《列》之緒餘」，尤足資考古者之研究。

夫朱子之所以頗信道家者，蓋自有説。先儒謂神農傳《連山易》，黄帝傳《歸藏易》〔一〕，而老子爲柱下史，實傳黄帝之學，其《道德經》曰：「谷神不死，是爲玄牝，玄

〔一〕《周禮·春官·大卜》有「三易」，云：「一曰《連山》，二曰《歸藏》，三曰《周易》。」孔疏引漢儒杜子春云：「《連山》伏犧，《歸藏》黄帝。」

牝之門，是爲天地根。」〔一〕即引黄帝之言。文王作《坤》卦象辭曰「利牝馬之貞」，周公作《坤》上六爻辭曰「其血玄黄」，孔子《文言傳》贊之曰「天玄而地黄」，蓋皆本《歸藏易》之義，即所謂「玄牝之門，爲天地根」也。孔子觀殷禮而得坤乾〔二〕，即《歸藏易》也。《繫辭傳》曰：「闔户謂之坤，闢户謂之乾。」以坤先乾，亦用《歸藏易》之義。是文王、周公、孔子皆通黄帝之學，實即後世道家之學，故朱子取之以爲存養之助，實即《易傳》「无思无爲，寂然不動」之旨。

惟儒家之用，則重在「開物成務，冒天下之道」〔三〕；而道家之學，則以爲「神大用則竭，形大勞則敝」〔四〕，故「欲使人精神專一，動合無形」〔五〕，而與天地長久，此則其始同而終異者爾。故班氏《藝文志》謂：「道家者流……秉要執本，清虚自守，卑弱自持……合於堯之『克讓』，《易》之『嗛嗛』，……此其所長也；及放者爲之，則欲絶去

〔一〕《道德經・道經・成象第六》文。「爲」字，《道德經》作「謂」。
〔二〕《禮記・禮運》載孔子曰：「我欲觀夏道，是故之杞，而不足徵也，吾得夏時焉。我欲觀殷道，是故之宋，而不足徵也，吾得坤乾焉。坤乾之義，夏時之等，吾以是觀之。」鄭玄注「坤乾」云：「殷陰陽之書，存者有《歸藏》。」
〔三〕《易・繫辭上傳》文。
〔四〕《太史公自序》文。
〔五〕司馬談《論六家要旨》文。

禮學，兼棄仁義，曰獨任清虛可以爲治。」〔一〕是説也，可謂能探其本矣。朱子其亦有取於斯乎？爰發其微，以質世之君子。

參同契説

按：魏書〔二〕首言《乾》、《坤》、《坎》、《離》四卦，橐籥之外，其次即言《屯》、《蒙》六十卦，以見一日用功之早晚，又次即言納甲六卦，以見一月用功之進退，又次即言十二辟卦，以分納甲六卦而兩之，蓋内以詳理月節，而外以兼統歲功。其所取於《易》以爲説者，如是而已，初未嘗及夫三百八十四爻也。今世所傳火候之法，乃以三百八十四爻爲一周天之數，以一爻直一日，而爻多日少，則不免去其四卦二十四爻，以俟二十四氣之至而漸加焉，已非出於自然吻合之度矣。且當日所用之爻，或陰或陽，初無次第，不知工夫有何分别？又况一日之間，已周三百六十之數，而其一氣所加，僅得一爻，多少重輕，不相權準。及此二十四者，進增微漸，退減暴疾，無復往來循環之

〔一〕班固《漢書·藝文志第十》卷三〇文。
〔二〕指魏伯陽《周易參同契》。

勢。恐亦後人以意爲之，未必魏君之本指也。竊意此書大要，在於「坎」「離」二字，若於此處得其綱領，則功夫之節度，魏君所不言者，自可以意爲之。但使不失其早晚之期，進退之節，便可用功，不必一一拘舊説也。故今推得策數一法，似亦齊整，其與爻數之法，雖皆魏君所不言，然此爲粗有理也。蓋月以十二卦分之，卦得二日有半，各以本卦之爻行本爻之策，自八月《觀》卦以後，至正月《泰》卦，陽用少二十八策，陰用老二十四策，自四月《大壯》以後，至七月《否》卦，陽用老三十六策，陰用少三十二策。陽即注意運行，陰即放神冥寂，一爻已足，即一開目舒氣以休息之。十二卦周即爲一月之功，十二月周即爲一歲之運。反覆循環，無有餘欠。其數如左方：

震一至五	復一至三半	一陽二十八	陽生
		五陰百二十	
	臨三半至五	二陽五十六	
		四陰九十六	
兌六至十	泰六至八半	三陽八十四	
		三陰七十二	
	壯八半至十	四陽百四十四	

二陰六十四〔一〕

乾十一至十五　夬十一至十三半　五陽百八十

一陰三十二

乾十三半至十五　六陽二百一十六　陽極無陰

巽十六至二十　遘〔二〕十六至十八半　一陰三十二

五陽百八十　陰生

遯十八半至二十　二陰六十四〔三〕

四陽百四十四

艮二十一至二十五　否二十一至二十三半　三陰九十六

二陽一百八

觀二十三半至二十五　四陰九十六

二陽五十六

〔一〕「四」字，《朱文公文集》作「八」。

〔二〕「遘」字，《朱文公文集》作「過」。

〔三〕「四」字，《朱文公文集》作「八」。

坤二十六至三十　剥二十六至二十八半　五陰百二十

一陽二十八

坤二十八半至三十　六陰一百四十四　陰極無陽

此説欲與季通[一]講之，未及寫寄而季通死矣。偶閲舊稾，爲之泫然。戊午臘月二[二]十六日。

文治按：季通先生之歿，在朱子六十八歲，而此篇之作，則朱子六十九歲矣。朱子以《參同契》詞韻皆古，奥雅難通，因合諸本讎正，爲《考異》一卷。元人廬陵黄瑞節刻入《朱子成書》中，原跋空同道士鄒訢作，黄氏及《四庫全書提要》皆謂「鄒訢」二字，朱子之託名。《提要》並舉《年譜》載：「慶元三年，蔡元定將編管道州，與朱子會，宿寒泉精舍，夜論《參同契》事[三]。《文集》又有《與蔡季通》曰：『《參同契》更無縫隙，亦無心思量……』」云云。蓋遭逢世難，不得已而託諸

[一] 蔡元定（一一三五～一一九八），字季通，學者稱西山先生，福建建陽人；精緯學、律吕與堪輿，少朱子五歲，乃朱子摯友與姻親。

[二] 「二」字，《朱文公文集》作「一」。

[三] 「事」字前，《四庫全書總目》有「一」字。

神仙，殆與韓愈謫潮州時，邀大顛同游之意相類。」[一]文治竊謂：《提要》之論，可備一説。然朱子晚年，涵養深沈，未嘗不採取《參同契》之説，以爲存養之方，故嘗謂《參同契》「雖非爲明《易》而設，然《易》中無所不有。苟其言自成一家，可推而通，則亦無害於《易》。」[二]見《朱子成書》。於此可見朱子之學，廣大而無不賅矣。

又案：本文謂「陽即注意運行，陰即放神冥寂」，二語可以槖籥。《易·繫辭傳》言「天下何思何慮」下，繼之曰：「日往則月來，月往則日來，日月相推而明生焉。」此即晝夜不息之序也。又曰：「寒往則暑來，暑往則寒來，寒暑相推而歲成焉。」此即積日月而成歲功也。又曰：「往者屈也，來者伸也。屈伸相感而利生焉。」往屈爲陰，即「放神冥寂」也，來伸爲陽，即「注意運行」也。又曰「尺蠖之屈」「龍蛇之蟄」，即「放神冥寂」也。又曰「精義入神，利用安身」，即「注意運行」也。

然陰中有陽，陽中有陰，故曰「夫乾，其靜也專，其動也直」；「夫坤，其靜也

[一]《四庫全書總目·子部五十六·道家類》卷一四六文。
[二]《朱文公文集·書·問答·答袁機仲》卷三八文。

翕，其動也闢」。此則陰陽相需爲用，動静交相養也。《老子》首章曰：「常無欲以觀其妙。」即所謂「放神冥寂」也；「常有欲以觀其徼」，即所謂「注意運行」也。《莊子·在宥篇》曰：「吾爲女遂於大明之上矣，至彼至陽之原也；爲女入於窈冥之門矣，至彼至陰之原也。」此即《人間世篇》所謂「無門無毒」，陰陽相養之義也。惟道家所謂「常無觀妙」者，實與儒家「放神冥寂」同，而所謂「常有觀徼」者，實與儒家「注意運行」異。蓋儒家之注意運行，在處事接物，窮究理要；而道家之「觀徼」，則仍是本心冥想之功也。然則吾儒兼取道家之學，何諱言之有？即如《陰符經考異》，元人刻入《朱子成書》，而《年譜》不載，後人亦謂之諱。夫孔子問禮老聃，亦曷嘗諱言哉？

又案：古人推算時刻，未有鐘表，故本文以策數言之。若以近時鐘表推之，每卦值兩日半，合六十點鐘，每爻正當十點鐘也。惟鄙意陰爻陽爻似亦不可過拘。蓋人之一生，猶天道之元亨利貞，譬如一日，晝間運行之時多，夜間冥寂之時多，乃自然之理，老子所謂「天法道，道法自然」〔一〕是也。若過於拘泥，則煩

〔一〕《道德經·道經·象元第二十五》文。

而不能行，《易》所謂「頻復，厲」[一]，司馬談所謂「使人拘而多所畏」[二]矣。

養生主説

《莊子》曰：「爲善無近名，爲惡無近刑，緣督以爲經。」督，舊以爲中。蓋人身有督脈，循脊之中，貫徹上下。見《醫書》。故衣背當中之縫，亦謂之督，見《深衣》注。皆中意也。老莊之學，不論義理之當否，而但欲依阿於其間，以爲全身避患之計，正程子所謂「閃姦打訛」者，故其意以爲爲善而近名者，爲善之過也；爲惡而近刑者，亦爲惡之過也。唯能不大爲善，不大爲惡，而但循中以爲常，則可以全身而盡年矣。

然其「爲善無近名」者，語或似是而實不然。蓋聖賢之道，但教人以力於爲善之實，初不教人以求名，亦不教人以逃名也。蓋爲學而求名者，自非爲己之學，蓋不足道。若畏名之累己，而不敢盡其爲學之力，則其爲心亦已不公，而稍入於惡矣。

至謂「爲惡無近刑」，則尤悖理。夫君子之惡惡，如惡惡臭，非有所畏而不爲也。

[一]《易・復卦》六三爻辭。
[二]《史記・太史公自序》卷一三〇文。

今乃擇其不至於犯刑者而竊爲之，至於刑禍之所在，巧其途以避之，而不敢犯，此其計私而害理。又有甚焉，乃欲以其依違苟且之兩間，爲中之所在而循之，其無忌憚亦益甚矣！

客嘗有語余者曰：「昔人以誠爲入道之要，恐非易行，不若以中易誠，則人皆可行而無難也。」予應之曰：「誠而中者，君子之中庸也；不誠而中，則小人之無忌憚耳。今世俗苟偷恣睢之論，蓋多類此，不可不深察也。」

或曰：「然則《莊子》之意，得無與子莫之執中〔一〕者類耶？」曰：「不然。子莫執中，但無權耳，蓋猶擇於義理，而誤執此一定之中也。《莊子》之意，則不論義理，專計利害，又非子莫之比矣。蓋迹其本心，實無以異乎世俗鄉原之所見，而其揣摩精巧，校計深切，則又非世俗鄉原之所及，是乃賊德之尤者。所以清談盛而晉俗衰，蓋其勢有所必至。而王通猶以爲非《老》《莊》之罪〔二〕，則吾不能識其何説也。」既作《皇極

〔一〕《孟子・盡心上》載孟子曰：「楊子取爲我，拔一毛而利天下，不爲也。墨子兼愛，摩頂放踵利天下，爲之。子莫執中，執中爲近之。執中無權，猶執一也。」故朱子下文云「無權」。

〔二〕王通《中説・周公篇》謂：「《詩》《書》盛而秦世滅，非仲尼之罪也；虚玄長而晉室亂，非《老》《莊》之罪也；齋戒修而梁國亡，非釋迦之罪也。《易》不云乎：『苟非其人，道不虚行。』」

辨》，因感此意有相似者，謾筆之於其後云。〔一〕

文治按：朱子作《調息箴》，取《莊子·在宥篇》「守一處和」之説，而於此篇駁《莊子》，何也？竊意《莊子》所謂「爲善無近名，爲惡無近刑」二語，蓋近程子「善惡皆天理」之説，而更進焉。其意以爲戰國時人之爲善，無有不近名者，其爲惡亦無有不近刑者，不如不爲善亦不爲惡爾。至「緣督以爲經」，「督，舊以爲中」二語，朱子解緣督爲督脈，「循脊之中，貫徹上下」，可謂精極。蓋緣督爲經，乃循督脈以守竅，即《人間世篇》所謂「無門無毒，壹宅而寓於不得已」是也。「督，舊爲中」，即《老子》所謂「多言數窮，不如守中」〔二〕是也。中者何？「玄牝之門，是爲天地根」〔三〕，此乃儒家所謂「喜怒哀樂未發之中」〔四〕，非事理之中也。朱子以爲非「子莫執中」之比，更非世俗鄉原之所及，蓋誤解《莊子》之意矣。

〔一〕《朱文公文集·雜著·養生主説》卷六七文。
〔二〕《道德經·道經·虚用第五》文。
〔三〕《道德經·道經·成象第六》文。「爲」字，《道德經》作「謂」。
〔四〕《禮記·中庸》文。

觀《列子》偶書

向所謂未發者，即《列子》所謂「生之所生者死矣，而生生者未嘗終；形之所形者實矣，而形形者未嘗有」爾，豈子思《中庸》之旨哉！丙申臘日，因讀《列子》書此。又觀其言「精神入其門，骨骸反其根，我尚何存」者，即佛書「四大各離，今者妄身當在何處」之所由出也。他若此類甚衆，聊記其一二於此，可見剽掠之端云。〔一〕

王氏懋竑曰：「朱子嘗言『佛書皆剽掠《莊》《列》之言，以佐其説』〔二〕，與此跋同。今自言舊『未發説』〔三〕同於《列子》，則毫釐之間，與禪有近似者。薛書『馳心

〔一〕《朱文公文集·雜著·觀〈列子〉偶書》卷六七文。

〔二〕《朱子語類》卷一二五載朱子云：「道家有《老》《莊》書，卻不知看，盡爲釋氏竊而用之，卻去仿效釋氏經教之屬。譬如巨室子弟，所有珍寶悉爲人所盜去，卻去收拾人家破甕破釜。」卷一二六載：「釋氏書其初只有《四十二章經》，所言甚鄙俚，後來日添月益，皆是中華文士相助撰集。如晉宋間自立講師，孰爲釋迦，孰爲阿難，孰爲迦葉，各相問難，筆之於書，轉相欺誑。大抵多是剽竊《老子》《列子》意思，變換推衍以文其説。」「至晉宋間乃談義，皆是剽竊《老》《莊》，取《列子》爲多。」「今看《圓覺》云：『四大分散，今者妄身當在何處？』即是竊《列子》『骨骸反其根，精神入其門，我尚何存？』」以上皆是朱子批評佛家「剽竊」《老》《莊》《列》三家之論。

〔三〕指朱子《中和舊説序》。

空妙之域』，蓋指此類。此時已深闢禪，又未識象山，《學蔀通辨》謂其與禪、陸合，殊不其然。而或又謂『馳心空妙』，統指佛學，則亦誤也。」〔一〕

童氏能靈曰：「《中和舊説序》所謂『未嘗發』者，實即《列子》『未嘗終』『未嘗有』之説。而彼書所謂『覺性不動常〔二〕自寂滅』者，正此旨也。朱子特記之以自識其誤，而兼爲學者戒焉。此亦可見明季諸人皆掇拾朱子之所棄也。」〔三〕

夏氏炘曰：「或問：『朱子中和舊説與釋道同乎？』曰：『絶不同。』又問：『既絶不同，朱子《觀〈列子〉偶書》云：「向所謂未發者，即《列子》所謂：生之所生者死矣，而生生者未嘗終，形之所形者實矣，而形形者未嘗有，豈子思《中庸》之旨哉！」其言果何謂也？』曰：『此朱子極言之，謂其與《列子》之言無異，其實言不異，而所指者實大異。何以明之？《列子》所謂生與形，指知覺運動言也。生生、形形，指天地之氣言也。朱子未發之性，指理言也。發者方往而未發者方

〔一〕王懋竑《白田草堂存稿・雜著・朱子答江元適書薛士龍書考》卷七文。
〔二〕「常」字原作「嘗」，據《子朱子爲學次第考》爲正。
〔三〕童能靈《子朱子爲學次第考》卷二文。

來，與「生生未嘗終」之言同；一日之間萬起萬滅，而寂然之本體，未嘗不寂然，與「形形未嘗有」之言同。學者不察，則必流入於彼。因觀《列子》，遂書以爲戒，不可以詞害意，遂謂其真與《列子》無異也。不觀朱子丙戌之《答羅參議書》乎？其書云：「原來此事與禪家十分相似，所争毫末耳，然此毫末卻甚占地位。」其時朱子新悟中和舊説，云十分相似者，即觀《列子》之所書也；云所争毫末者，謂一理一氣，所争者只此些子耳；云此「毫末甚占地位」者，謂此些子之理，占地位甚多，此地位一失，即《大易》所謂「差之毫釐，繆以千里」也。朱子書不易讀，須觀其會通，始不昧於疑似。苟因觀《列子》數語，遂謂「中和舊説」之同於釋、陸，又謂《答薛士龍書》「馳心空妙之域」即指此類，不亦誤乎？』」〔二〕

文治按：王、童、夏三家之説，愈進而愈精。然《列子》書多後人僞託，先哲已詳言之。近姚氏際恒並謂其書言西方聖人直指佛氏，遂疑劉向《列子序》亦係

〔二〕夏炘《述朱質疑・朱子〈中和舊説〉約在乙卯丙戌之間考》卷三文。按：乙卯年（一一三〇）朱子方五歲，夏氏題云「乙卯」者疑應作「乙酉」。乙酉年朱子三十五歲，與丙戌年三十六歲時間相前後。

僞造者所假託〔一〕，則其書中所言之義理，殆不足深辨也。

調息箴

【釋】唐先生詳注此箴，乃先生於静坐説之心得。

鼻端有白，我其觀之，隨時隨處，容與猗移。静極而嘘，如春沼魚，動極而翕，如百蟲蟄。氤氲開闢，其妙無窮，孰其尸之，不宰之功。雲卧天行，非予敢議，守一處和，千二百歲〔二〕。

文治按：人之所以生者，惟在於氣。氣足則神自裕而精益固，故孟子論養氣曰「勿忘勿助」〔三〕，董子亦曰「君子甚愛氣」〔四〕，則氣之寶貴可知。《莊子·人間世篇》曰：「無聽之以耳而聽之以心，無聽之以心而聽之以氣」；「氣也者，虚而

〔一〕姚際恒《古今僞書考·列子》。
〔二〕《朱文公文集·箴·調息箴》卷八五文。
〔三〕《孟子·公孫丑上》文。
〔四〕《春秋繁露·循天之道》文。

待物者也」，此數語爲養生要旨。凡人於静時或動時，專壹於氣，則心不外放，氣不外散，自漸沉入丹田之内。老子所謂「虚其心，實其腹」〔一〕是也。「息」字從自從心，自者鼻之省文，心與鼻相應謂之息。「鼻端有白」二句，即《莊子》所謂「虚室生白，吉祥止止」也。虚室，鼻也；白者，氣也。

「吉祥止止」者，止而又止，氣由粗而入於細，由細而歸於無也。「我其觀之」，《莊子》所謂「瞻彼闋者」也（均見《人間世篇》）。

「隨時隨處」二句，《老子》所謂「綿綿若存，用之不勤」〔二〕也。

「静極而噓」四句，白樂天所謂「動静交相養」〔三〕，周子所謂「一動一静，互爲其根」〔四〕，即虚而待物之法也。

「氤氳開闢」四句，乃與天地之氣，同其呼吸。《易傳》曰：「天下何思何慮？

〔一〕《道德經·道經·安民第三》文。
〔二〕《道德經·道經·成象第六》文。
〔三〕白居易《白氏長慶集·詩賦·動静交相養賦》卷三八文。
〔四〕《周濂溪先生全集·周子太極圖説》卷一文。

往者屈也，來者伸也，屈伸相感，而利生焉。」《孟子》言性曰：「以利爲本……行其所無事。」〔一〕利者，自然也。《老子》曰：「天法道，道法自然。」〔二〕不宰則純乎天，而出於自然矣。《老子》又曰：「專氣致柔，能嬰兒乎？」〔三〕嬰兒之在母胎也，順母之氣以爲呼吸，人之生於天下也，順天之氣以爲呼吸。不宰之功，自然之極也。

「雲卧天行」二句，未知出處〔四〕。

「守一處和」二句，見《莊子·在宥篇》廣成子對黄帝語，雖係寓言，亦養生之要旨，宜熟味而心體之。

〔一〕《孟子·離婁下》文。
〔二〕《道德經·道經·象元第二十五》文。
〔三〕《道德經·道經·能爲第十》文。《道德經》「能嬰兒」後無「乎」字。
〔四〕按：「雲卧天行」出鮑照《代昇天行》，詩中言升仙之事云：「窮途悔短計，晚志重長生。從師入遠嶽，結友事仙靈。五圖發金記，九籥隱丹經。風餐委松宿，雲卧恣天行。冠霞登彩閣，解玉飲椒庭。蹔遊越萬里，少别數千齡。鳳臺無還駕，簫管有遺聲。何時與汝曹，啄腐共吞腥。」

答汪尚書第二書〔一〕 節録

前書旁注云：癸未六月九日〔二〕。此書蓋一時之作。

別紙示及釋氏之説，前日正以疑晦未祛，故請其説。方虞僭越，得罪於左右，不意貶損高明，與之疇酢如此，感戢亡已。熹於釋氏之説，蓋嘗師其人、尊其道，求之亦切至矣，然未能有得。其後以先生君子之教，校夫先後緩急之序，於是暫置其説，而從事於吾學。其始蓋未嘗一日不往來於心也，以爲俟卒究吾説而後求之，未爲甚晚耳，非敢遽絀絶之也。而一二年來，心獨有所自安，雖未能即有諸己，然欲復求之外學，以遂其初心，不可得矣。然則前輩於釋氏未能忘懷者，其心之所安，蓋亦必有如此者，而或甚焉，則豈易以口舌争哉？

竊謂但當益進吾學，以求所安之是非，則彼之所以不安於吾儒之學，而必求諸釋氏然後安者，必有可得而言者矣。所安之是非既判，則所謂反易天常，殄滅人類者，

〔一〕此文並載於《性理學大義·朱子大義》卷二，其中未録夏炘之言。此文「要於有定論而已」下，《朱子大義》有「和戰之説」至「不審台意以爲如何」一段文字。

〔二〕《朱文公文集·書·問答·答汪尚書》卷三〇文下注。「癸未」年爲宋孝宗趙昚隆興元年（一一六三），朱子三十四歲。

論之亦可，不論亦可，固不即此以定取舍也。上蔡所云「止觀」之説，恐亦是借彼脩行之目，以明吾進學之事。若曰彼之「參請」，猶吾所謂「致知」，彼之「止觀」，猶吾所謂「克己」也，以其《語録》考之，其不以「止觀」與「克己」同塗共轍明矣。後之好佛者，遂掇去首尾，孤行此句，以爲己援。正如孔子言「夷狄之有君，不如諸夏之亡」也，豈真慕夷狄？明道適僧舍，見其方食，而曰「三代威儀，盡在是矣」，豈真欲入叢林耶？胡文定所以取《楞嚴》《圓覺》，亦恐是謂於其術中猶有可取者，非以爲吾儒當取之以資己學也。

孔子曰：「攻乎異端，斯害也已。」吕博士謂：「君子反經而已矣，經正斯無邪慝。今惡邪説之害正而攻之，則適所以自敝而已。」此言誠有味者。故熹於釋學雖所未安，然未嘗敢公言詆之。特以講學所由，有在於是，故前日略扣其端。既蒙垂教，復不敢不盡所懷，恐未中理，乞賜開示，不憚改也，更願勿以鄙説示人，要於有定論而已〔一〕。

夏氏炘《讀朱子〈答汪尚書〉第二書》云：「《文集》載《答汪尚書書》十一首，

〔一〕《朱文公文集·書·問答·答汪尚書》卷三〇文。

此雖第二首，實第一首之別紙也。前書專論經史諸子，此專論釋氏，故開首即云：「別紙示及釋氏之説也。」旁注云：『癸未六月九日。』則朱子未入對之先，自崇安寄至京師者也。書中語特謙抑，疑過其實。考朱子幼年之學，求之最切至者，無如《學》《庸》《語》《孟》、程、蔡諸書見錢木之、郭友仁諸録。至於禪、道二氏，不過與文章、《楚辭》、詩、兵法，同在無所不好之中，見楊方録。究不如理學諸書之篤。在劉病翁所見一僧，與之語，即用其言以得舉，此偶爾之事，朱子原不諱。然觀輔漢卿所録，語氣抑揚，一則曰『只相應和説了，也不説是不是』，再則曰『見他説得也煞好，便用他意思去胡説』，豈師人尊道之謂乎？至於篇中所云『不敢公言詆之』，王白田遂有詞未甚決，與壬辰、癸巳見道益親，其詞益厲不同之疑。不知汪尚書聖錫與呂居仁、張子韶，皆從僧宗杲遊，又勸焦援登徑山見宗杲，其於釋氏之學，真所謂『師其人，尊其道』也。聖錫長朱子十二歲，不惟締交延平，聖錫請延平至閩帥治講學，遂卒於閩。兼與韋齋爲友，朱子祭胡籍溪、汪尚書文，皆稱「先友」，又自稱曰「表姪」。十八歲以進士第一人及第，朱子時甫六歲。歷官中外已數十年，氣節文章，爲一時之望。朱子以後生晚學，與之辨論，勢不能不委婉曲折，以寓納約自牖之意，必欲據迹以求之，是刻舟而求劍也。嗚呼！朱子初識金谿之時，尚欲集短取長，多方接引，而況齒

德爵位俱尊之汪尚書哉！」〔一〕

答汪尚書第三書〔二〕　節録　甲申十月二十二日。〔三〕

熹兹者累日侍行，得以親炙。竊惟道德純備，固非淺陋所能窺測，而於謙虚好問、容受盡言之際，尤竊有感焉。蓋推是心以往，將天下之善皆歸之，其於任天下之重也，何有？愚恐他日之事，常人所不能任者，閣下終不得而辭也，是以不勝拳拳，每以儒釋邪正之辨爲説，冀或有助萬分，而猶恐其未足於言也，請復陳之，幸垂聽焉。

大抵近世言「道學」者，失於太高；讀書講義，率常以徑易超絶、不歷階梯爲快；而於其間曲折精微、正好玩索處，例皆忽略厭棄，以爲卑近瑣屑，不足留情，以故雖或多聞博識之士，其於天下之義理，亦不能無所未盡。蓋以多聞博識自爲一事，不甚精察其理之所自來，卻謂别有向上一著，與此兩不相關。此尹和靖所以有「此三事中一事看破，則此患亡矣」之説，可謂切中

〔一〕夏炘《述朱質疑·讀朱子〈答汪尚書〉第二書》卷一文。

〔二〕此文並載於《性理學大義·朱子大義》卷二，其中未録夏炘之言。此文「企望之切」下，《朱子大義》存「中國所恃者『德』」至「其理至順而易哉」一段文字。

〔三〕《朱文公文集·書·問答·答汪尚書》卷三〇注文。

其病矣。理既未盡，而胸中不能無疑；乃不復反求諸近，顧惑於異端之説，益推而置諸冥漠不可測之域，兀然終日，味無義之語，以俟其廓然而一悟。殊不知物必格而後明，倫必察而後盡。格物只是窮理，物格即是理明，此乃《大學》功夫之始。潛玩積累，各有淺深，非有頓悟險絶處也。近世儒者語此，似亦太高矣。吕舍人書别紙録呈。彼既自謂廓然而一悟者，其於此猶懵然也，則亦何以悟爲哉？儒者爲此學而自謂有悟者，雖不可謂之懵，然其察之亦必不詳者矣。又況俟之而未必可得，徒使人抱不決之疑，志分氣餒，虚度歲月而倀倀耳。曷若致一吾宗，循下學上達之序，口講心思，躬行力究，寧煩毋略，寧下毋高，寧淺毋深，寧拙毋巧，從容潛玩，存久漸明，衆理洞然，次第無隱，然後知夫大中至正之極、天理人事之全，無不在是，初無迥然超絶不可及者，而幾微之間，毫釐畢察，酬酢之際，體用渾然，雖或使之任至重而處所難，亦沛然行其所無事而已矣！又何疑之不決，而氣之不完哉？縱言至此，亦可謂躐等矣。然以閣下之明勉而進之，恐不足以爲難也。此其與外學所謂「廓然而一悟」者，雖未知其孰爲優劣，然此一而彼二，此實而彼虚，則較然矣。

就使其説有實非吾儒之所及者，是乃所以過乎大中至正之矩，而與不及者亡以異也。窮極幽深，過也。反倫悖理，不及也。蓋大本既立，準則自明，此孟子所以知言，而詖淫邪遁接於我者，皆不能逃其鑑也。「生於其心，害於其政，發於其政，害於其事」，可不戒哉？可不懼哉？愚意如此，不識高明以爲如何？如其可取，幸少留意焉。

既以自任，又以是爲格，非定國之本，則斯言之發，庶不得罪於君子矣。或未中理，亦乞明賜誨喻，將復思而請益焉，固無嫌於聽納之不弘也。孤陋寡聞，企望之切。〔一〕

夏氏炘《讀〈答汪尚書〉第三書》云：「此書旁注云：『甲申十月二十二日。』篇首云：『某兹者累日侍行，得以親炙。』或九月朱子送張魏公匶至豐城，汪尚書亦自福州送魏公匶，途中相值同行也。前書因聖錫以齒德兼尊之大老，迷於釋學，猝然答書，不便徑直規諫，故貶抑謙沖，語多從容而不迫，此書又因聖錫『謙虛好問，容受盡言』，見書首數行。故抉摘近世儒者所以入釋之由，癥痞瘕結，無所不露，所謂不直則道不見也。然後知前書之詞未甚決者，非所見未親之故明矣。篇首又云：『不勝拳拳，每以儒釋邪正之辨爲説。』王白田反謂其不言釋氏，何哉？自『曷若致一吾宗』以下，言入道階梯，明豁詳細，愨

〔一〕《朱文公文集·書·問答·答汪尚書（甲申十月二十二日）》卷三〇文。

實精微，豈馳心空妙，所見未親者之所能道其隻字？學者參互考之，可無惑於諸儒之論矣。」〔一〕

答汪尚書第七書 節録 王云在辛卯、壬辰間汪乞祠後。〔二〕

伏蒙垂教，以所不及，反覆再四，開發良多。此足以見閒居味道，所造日深，而又謙虚退託，不自賢智如此。區區下懷，尤切欣幸。……

《太極圖》《西銘》，近因朋友商搉，嘗竊私記其説。見此抄録，欲以請教，未畢而明仲之僕來索書，不欲留之，後便當拜呈也。然頃以示伯恭，渠至今未能無疑。蓋學者含糊覆冒之久，一旦遽欲分剖曉析而告語之，宜其不能入也。

又蒙語及前此妄論平易蹉過之言，稱許甚過，尤切皇恐。然竊觀來意，似以爲先有見處，乃能造夫平易，此則又似禪家之説，熹有所不能無疑也。聖門之教，下學上達，自平易處講究討論，積慮潛心，優柔饜飫，久而漸有得焉，則日見其高深遠大而不

〔一〕夏炘《述朱質疑·讀〈答汪尚書〉第三書》卷一文。
〔二〕王懋竑《朱子年譜》卷一下「乾道八年壬辰四十三歲冬十月」條下文。

可窮矣。程夫子所謂善學者求言必自近，易於近者，非知言者也，亦謂此耳。今曰此事非言語臆度所及，必先有見，然後有以造夫平易，則是欲先上達而後下學，譬之是猶先察秋毫而後睹山岳，先舉萬石而後勝匹雛也。

夫道固有非言語臆度所及者，然非顔、曾以上幾於化者不能與也。今日爲學用力之初，正當學、問、思、辨而力行之，乃可以變化氣質而入於道。顧乃先自禁切，不學不思，以坐待其無故忽然而有見，無乃溺心於無用之地，玩歲愒日，而卒不見其成功乎？就使僥倖於恍惚之間，亦與天理人心，敘秩命討之實，了無交涉，其所自謂有得者，適足爲自私自利之質而已。此則釋氏之禍，横流稽天而不可遏者，有志之士所以隱憂浩歎，而欲火其書也〔一〕。

舊讀《明道行狀》，記其學行事業，累數千言，而卒道其言不過力排釋氏，以爲必闢之而後可以入道。後得《吕榮公家傳》，則以爲嘗受學於二程，而所以推尊稱美之辭甚盛。考其實，亦誠有以大過人者。然至其卒章而誦其言，則以爲佛之道與聖人合，此其師生之間，分背矛盾，一南一北，不審台意平日於此是非之際，何以處之？天

〔一〕韓愈《原道》言火其書。

之生物，使之一本，此是則彼非，此非則彼是，蓋不容並立而兩存也。愚昧無知，誤蒙誘進，敢竭愚慮，庶幾決疑。伏望恕其狂易而終教之，幸甚幸甚。〔一〕

夏氏炘《讀答汪尚書第七書》云：「此書不知何時所答。篇首云：『足見閒居味道，所造日深。』則庚寅以後書也。《續通鑑綱目》乾道六年，罷吏部尚書汪應辰。書中又云『《太極圖》《西銘》，近因朋友商榷，嘗竊私記其說。現此鈔録，未畢』云云，據《年譜》，乾道八年《西銘解義》成，九年《太極圖説》《通書解》成，則必在壬辰、癸巳間無疑。聖錫交朱子以後，十餘年來，反覆究辨，漸明儒釋之分，已逃釋而入於儒矣。其先有見處，乃造平易之論，仍未脱釋氏窠臼，故朱子箴之曰：『則又似禪家之説，某不能無疑也。』下極言釋氏之禍，比於横流稽天者，乃爲汪氏盡抉藩籬，徹其壅蔽，故不嫌言之嚴厲如此。若謂朱子之見道，至是而益真，豈第三書之所言，猶有未真之見乎？」〔二〕

〔一〕《朱文公文集・書・問答・答汪尚書》卷三〇文。
〔二〕夏炘《述朱質疑・讀〈答汪尚書〉第七書》卷一文。

讀大紀

宇宙之間，一理而已，天得之而爲天，地得之而爲地，而凡生於天地之間者，又各得之以爲性。其張之爲三綱，其紀之爲五常，蓋皆此理之流行，無所適而不在。若其消息盈虛，循環不已，則自未始有物之前，以至人消物盡之後，終則復始，始復有終，又未嘗有頃刻之或停也。儒者於此，既有以得於心之本然矣，則其内外精粗，自不容有纖毫之間，而其所以脩己治人、垂世立教者，亦不容其有纖毫造作輕重之私焉。是以因其自然之理，而成自然之功，則有以參天地，贊化育，而幽明巨細，無一物之遺也。

若夫釋氏則自其因地之初，而與此理已背馳矣！乃欲其所見之不差，所行之不繆，則豈可得哉？蓋其所以爲學之本心，正爲惡此理之充塞無間，而使已不得一席無理之地以自安，厭此理之流行不息，而使已不得一息無理之時以自肆也。是以叛君親、棄妻子，入山林、捐軀命，以求其所謂空無寂滅之地而逃焉，其量亦已隘，而其勢亦已逆矣。然以其立心之堅苦、用力之精專，亦有以大過人者，故能卒如所欲，而實有見焉。但以其言行求之，則其所見，雖自以爲至玄極妙，有不可以思慮言語到者，而於吾之所謂窮天地、亘古今，本然不可易之實理，則反瞢然其一無所覩也。雖自以爲直指人心，而實不識心；雖自以爲見性成佛，而實不識性。是以殄滅彝倫，墮於禽獸之域，而猶不自知其有罪。蓋其實見之差有以陷之，非其心之不然，而故欲爲是以惑世而罔人也。至其爲説之窮，然後乃有不舍一法之論，則似始有爲是遁詞，以蓋前失之意。然亦其秉彝之善，有終不可得而殄滅者，是以翦伐之餘，而猶有此之僅存，又以牽於實見之差，是以有其意而無其理，能言之而卒不能有以踐其言也。

凡釋氏之所以爲釋氏者，始終本末，不過如此，蓋亦無足言矣。然以其有空寂之説而不累於物欲也，則世之所謂賢者好之矣；以其有玄妙之説而不滯於形器也，則世之所謂智者悦之矣；以其有生死輪回之説而自謂可以不淪於罪苦也，則天下之傭奴、爨婢、黥髡、盜賊，亦匍匐歸之矣。此其爲説所以張皇輝赫，震耀千古，而爲吾徒者，方且蠢蠢〔一〕焉鞠躬屏氣，爲之奔走服役之不暇也。幸而一有間世之傑，乃能不爲之屈，而有聲罪致討之心焉。然又不能究其實見之差，而詆以爲幻見空説，不能正之以天理全體之大，而偏引交通生育之一説以爲主，則既不得其要領矣，而徒欲以戎狄

〔一〕此脱一「蠢」，《全宋文》據宋浙本補入。按：「蠢蠢」謂「蠢蠢庶類」，若蟲動之貌。

之醜號加之。其於吾徒，又未嘗教之以内修自治之實，而徒驕之以中華列聖之可以爲重，則吾恐其不唯無以坐收摧陷廓清之功，或乃往遺之禽，而反爲吾黨之詬也。嗚呼！惜哉！〔一〕

文治按：此篇精密之至，文氣之奔放嚴厲，雖不及韓子《原道》，而説理之委婉周至，則過於《原道》矣。

釋氏論上

或問：「孟子言盡心知性，存心養性，而釋氏之學，亦以識心見性爲本，其道豈不亦有偶同者耶？」朱子曰：「儒佛之所以不同，正以是一言耳。」曰：「何也？」曰：「性也者，天之所以命乎人而具乎心者也。情也者，性之所以應乎物而出乎心者也。心也者，人之所以主乎身而以統性情者也。故仁、義、禮、智者，性也，而心之所以爲體也；惻隱、羞惡、恭敬、辭讓者，情也，而心之所以爲用也。蓋所謂『降衷於民，有物有則』者，儒□□□□也，故其所以盡心知性者，以其窮理而極乎心之所□□□之所

〔一〕《朱文公文集·雜著·讀大紀》卷七〇文。

有者，無不識也。所謂□□養性□□□□□已而不失其本□則性□□□□□□□□□是則情之所發，亦無不□□正，而可以應物□□餘矣。□□□□□□□□性不見其分□□別□□□□給之□□□□與□□□□□□□□□□□□□□善□□□□□□□□□□其□指□□□□□□者實，在精神魂魄之聚，而吾儒所謂形而下者耳。至其所以識心者，則必別立一心以識此心；而其所謂見性者，又未嘗睹夫民之衷、物之則也。既不睹夫性之本然，則物之所感、情之所發，皆不得其道理，於是概以爲己累而盡絶之，雖至於反易天常，殄滅人理而不顧也。然則儒術之所以異其本，豈不在此一言之間乎？」

曰：「釋氏之不得爲見性，則聞命矣。至於心，則吾曰盡之存之，而彼曰識之，何以不同？而又何以見其別立一心耶？」曰：「心也者，人之所以主於身而統性情者也，一而不二者也，爲主而不爲客者也，命物而不命於物者也。惟其理有未窮而物或蔽之，故其明有所不照；私有未克而物或累之，故其體有所不存。是以聖人之教，使人窮理以極其量之所包，勝私以去其體之所害。是其所以盡心而存心者，雖其用力有所不同，然皆因其一者以應夫萬，因其主者以待夫客，因其命物者以命夫物，而未嘗曰反而識乎此心、存乎此心也。若釋氏之云識心，則必收視反聽，以求識其體於恍惚之中，如人以目視目，以口齕口，雖無可得之理，其勢必不能不相爾汝於其間也。此非别立一心而何哉？夫别立二心，則一者二而主者客，□□□□□□□□□□□分矣，而又塊然自守，滅情廢事，以自棄君臣父子之間，則心之用亦息矣。夫□□□□□□□□所指以爲心性，與其所以從事焉者乃如此，然則不謂之異端邪説而何哉？」

曰：「然則其徒蓋有實能恍然若有所睹，而樂之不厭，至於遺外形骸，而死生之變，不足動之者，此又何耶？」曰：「是其心之用既不交於外矣，而其體之分於内者，乃曰相伺〔一〕而不舍焉。其志專而切，其機危而迫，是以精神之極，而一旦惘然若有失也。近世所謂看心之法，又其所以至此之捷徑，蓋皆原於莊周『承蜩』『削鐻』之論，而又加巧密焉爾。然昧於天理，而特爲是以自私焉。」〔二〕

釋氏論下

或問：「子之言釋氏之術，原於《莊子》『承蜩』『削鐻』之論，其有稽乎？」朱子

〔一〕「乃曰相伺」，《朱文公文集》作「乃自相同」。
〔二〕《朱文公文集・雜著・釋氏論上（建安吴應櫄家藏湯東澗跋）》卷八文。

曰：「何獨此哉！凡彼言之精者，皆竊取《莊》《列》之説以爲之，宋景文公於《唐書》李蔚等傳，既言之矣〔一〕。蓋佛之所生，去中國絶遠，其書來者，文字音讀，皆累數譯而後通。而其所謂禪者，則又出於口耳之傳，而無文字之可據，以故人人得竄其説以附益之，而不復有所考驗。今其所以或可見者，獨賴其割裂裝綴之迹，猶有隱然於文字之間，而不可揜者耳。蓋凡佛之書，其始來者，如《四十二章》《遺教》《法華》《金剛》《光明》之類，其所言者，不過清虚緣業之論、神通變見之術而已。及其中間，爲其學者如惠遠、僧肇之流，乃始稍竊《莊》《列》之言以相之，然尚未敢正以爲出於佛之口也。及其久而耻於假借，則遂顯然篡取其意而文以浮屠之言，如《楞嚴》所謂自聞，即《莊子》之意，而《員覺》所謂『四大各離，今者妄身當在何處』，即《列子》所謂『精神入其門，骨骸反其根，我尚何存者』也。凡若此類，不可勝舉。然其説皆萃於書首，其玄妙無以繼之，然後佛之本真乃見。如結壇誦呪、二十五輪之類，以至於大力金剛、吉盤荼鬼之屬，則其麤鄙俗惡之狀，校之首章重玄極妙之指，蓋水火之不相入矣。至於禪者之

〔一〕《新唐書·陳三李曹劉傳》贊云：「華人之譎誕者，又攘莊周、列禦寇之説佐其高，層累架騰，直出其表，以無上不可加爲勝，妄相誇脅，而倡其風。於是，自天子逮庶人，皆震動而祠奉之。」

言，則其始也，蓋亦出於晉宋清談論議之餘習，而稍務反求靜養以默證之，或能頗出神怪以衒流俗而已。如一葉五花之讖、隻履西歸之説，雖未必實有是事，然亦可見當時所尚者，止於如此也。其後傳之既久，聰明才智之士，或頗出於其間，而自覺其陋，於是更出己意，益求前人之所不及者以陰佐之，而盡諱其怪幻鄙俚之談。於是其説一旦超然，真若出乎道德性命之上，而惑之者遂以爲果非堯、舜、周、孔之所能及矣。然其虚夸詭譎之情，險巧儇浮之態，展轉相高，日以益甚，則又反不若其初清虚静默之説，猶爲彼善於此也。以是觀之，則凡釋氏之本末真僞可知。而其所竊，豈獨『承蜩』『削鐻』之一言而已哉？

「且又有一説焉，夫佛書本皆胡語，譯而通之，則或以數字爲中國之一字，或以一字而爲中國之數字；而今其所謂『偈』者，句齊字偶，了無餘欠；至於所謂『二十八祖傳法』之所爲者〔一〕，則又頗協中國音韻，或用唐詩聲律。自其黨〔二〕之稍黠如惠洪〔三〕輩者，則已

〔一〕唐貞元間禪師慧炬《寶林傳》所載《二十八祖傳法偈》。
〔二〕「黨」字，《朱文公文集》作「唐」。
〔三〕惠洪（一〇七一～一一二八），彭德洪之法名，號覺範，江西筠州人，先歸禪宗，後還俗，長於詩文。

能知其謬，而强爲説以文之。顧服衣冠，通今古，號爲士大夫，如楊大年、蘇子由者，反不悟而筆之於書也。嗚呼！以是推之，則亦不必問其理之是非，而其增加之僞，迹狀明白，益無所逃矣。宋公〔一〕之論，信而有證，世之惑者，於此其亦可以少悟也哉！」〔二〕

文治按：此二篇載於《大全·别集》，旁注云：「建安吴應櫄家藏，湯東澗跋。」不知所作在何年也。上篇缺字甚多，且其精義已見於《觀心説》，下篇敘源流甚詳。惟上篇實爲下篇根據，故並録之。

附：夏氏炘《朱子出入二氏論》

朱子窮理之學，實得之於性生。其喜讀禪學文字，凡出入二氏十餘年，與讀聖賢書，齊頭並進者，雖不免爲高明之累，然亦即朱子格物致知之功也。格致之學，自身心性命以至天地之高深、鬼神之幽隱、一草一木之瑣細，皆所當格，而況釋老之學，溺

〔一〕指宋祁。宋祁（九九八～一〇六一），字子京，湖北安陸人；天聖二年（一〇二四）進士，官至工部尚書、翰林學士承旨；與歐陽修同修《唐書》，後世稱《新唐書》。

〔二〕《朱文公文集·雜著·釋氏論下》卷八文。

之者以爲空靈元妙，迥出吾儒之上，闢之者以爲虚無寂滅，大異吾儒之教。苟不讀其書，不究其説，則所謂空靈元妙與夫虚無寂滅者，又烏足以知之？朱子嘗説程子「書無所不讀……觀其平日辨異端，闢邪説，如此之詳，是豈不讀其書而以耳剽決之耶？」〔一〕又曰：「金谿之學真正是禪。欽夫、伯恭緣不曾看佛書，所以看他不破，只某便識得他。試將《楞嚴》《圓覺》之類一觀，亦可粗見大意。」〔二〕是朱子所以能辨釋老之學，正以其曾讀釋老之書故也。使不讀其書而徒深斥其學，近於道聽塗説，不惟無以服釋老之心，即返之吾心，亦有大不安者，故曰此即朱子格致之功也。後世因此遂謂朱子早年出入禪學，與金谿未會而同，豈所以論朱子哉？

或者曰：「朱子格致之功，不遺二氏之學，既得聞其説矣。前此者亦有徵乎？」答之曰：「子不讀伊川先生之譔《明道行狀》乎？『先生自十五六歲時，聞汝南周茂叔論道，遂厭科舉之學，慨然有求道之志，未知其要，泛濫於諸家，出入於老釋者幾十年，返求諸六經而後得之。』夫未知其要者，非不得其門也，謂斯道之要奥，未能知至

〔一〕朱子語載《御纂朱子全書》卷五三《道統二・程子》。

〔二〕朱子語載《朱子語類》卷一二四《陸氏》。「金谿之學」，《語録》原作「金谿學問」。

至之也。泛濫出入，乃格至之功，求其心之所安耳。其見濂溪以後，與見延平以後，亦大約相同。然則朱子之自謂『後年歲間，漸覺其非』者，豈得謂之晚乎？

且亦不獨程子爲然也，呂與叔譔《張横渠行狀》云：『年十八，范文正公勸讀《中庸》，先生讀其書，雖愛之，猶以爲未足，於是又訪諸釋老之書，累年盡究其説。』是横渠窮理之學，亦不遺釋老之説如此。彼程、張者，又何嘗有所陷溺哉？且又不獨程、張爲然也，孔子不嘗云『吾嘗終日不食，終夜不寢，以思』乎？夫日夜廢寢食以思，真不免馳心於空眇之域矣。聖人於異端之學，必身親其地，足履其庭，實知其無益之弊，其求其心之所安，其用意之微密，豈末學所能測？倘移陳氏『陷溺高明』之説〔一〕，以疑聖人，其可乎？其不可乎？」朱子《困學詩》云：「舊喜安心苦覓心，捐書絶學費追尋，困横此日安無地，始覺從前枉寸陰。」亦與孔子「終日不食，終夜不寢，以思，無益，不如學也」同意。蓋朱子曾有一日、二日之間，捐書絶學，講求安心、覓心之法，後因困横而知其枉寸陰也。《通辨》遂謂禪學近似亂真，能陷溺高明，朱子初猶捐書絶學，馳心二十餘年，不亦誣乎？〔二〕

〔一〕陳建《學蔀通辨》卷一云：「禪學近似亂真，能陷溺高明，雖朱子初猶捐書絶學，馳心二十餘年。」

〔二〕夏炘《述朱質疑·朱子出入二氏論（上、下）》卷一文。

紫陽學術發微卷八

朱子辨金谿學發微

文治按：《禮記·禮運篇》論「大順」曰：「事大積焉而不苑，並行而不繆……連而不相及也，動而不相害也。」甚矣！度量之大也！《中庸篇》之贊孔子曰：「萬物並育而不相害，道並行而不相悖。」甚矣！道體之大也！後世之學孔子者，孰不當以是爲法哉！若持門户之見，入主出奴，甚至黨同伐異，意氣嚻然，恐失聖人之本意矣。朱陸異同之辨，數百年來，齗齗不已。如陳清瀾《學蔀通辨》、程氏曈啓𧨏《閑闢録》、陸清獻《三魚堂集》、陳定齋《明辨録》、劉虞卿《理學宗傳辨正》、吴竹如《拙修集》，皆力攻洛學，以爲不得儕於儒者之列。文治始亦頗信其説，迨年稍長，學稍進，竊以爲學以救世爲主，而救世尤以人心世道爲先，其有益於人心世道者，皆聖賢之徒也，何必自隘其門牆哉？若清瀾諸先生之言，未免太過矣！

鵝湖之會，陸桴亭先生謂：「朱陸異同，不必更揚其波，但讀兩家年譜所記，朱子則有謙謹求益之心，象山不無矜高揮斥之意。」〔一〕此誠確論。然陸之在白鹿洞書院講《論語》「義利」章，諸生爲之泣下，朱子未嘗不心折之。若夫朱子之學重在道問學，陸子之學重在尊德性之説，此蓋朱子謙抑之辭〔二〕，見《語録》。豈可各標宗旨？而元吴草廬先生乃據爲事實〔三〕，耳食之士靡然從之，貽誤非細。

按：朱子《中庸》注云：「尊德性，所以存心而極乎道體之大也；道問學，所以致知而盡乎道體之細也。」〔四〕蓋非存心無以致知，而存心者，又不可以不致知。是尊

〔一〕陸世儀《思辨録輯要》卷三〇諸儒類（宋至元）。

〔二〕謹按：《朱文公文集・書・問答（一本作知舊門人問答）・答項平父》卷五四，文中提及相類内容曰：「大抵子思以來教人之法，惟以尊德性、道問學兩事爲用力之要。今子静所説，專是尊德性事，而熹平日所論，却是問學上多了，所以爲彼學者多持守可觀，而看得義理全不子細。又别説一種杜撰道理，遮蓋不肯放下，而熹自覺雖於義理上不敢亂説，却於緊要爲己爲人上，多不得力，今當反身用力，去短集長，庶幾不墮一邊耳。」此唐先生言朱子謙抑之根據。

〔三〕《宋元學案・草廬學案》載吴澄：「爲國子監丞，陞司業，爲學者言：『朱子于道問學之功居多，而陸子以尊德性爲主。問學不本于德性，則其蔽必偏于語言訓釋之末，故學必以德性爲本，庶幾得之。』議者遂以先生爲陸氏之學，非許氏崇信朱子本意，然亦莫知朱陸之爲何如也，先生一日謝去。」朱陸異同之論自此始。

〔四〕朱子《中庸章句》第二十七章注文。

德性，即程子所謂「涵養須用敬」也；道問學，即程子所謂「進學則在致知」〔一〕也。二者有兼營並進之功，無背道分馳之理。朱子道問學，即所以充其德性；而陸子尊德性，則不過明其昭昭靈靈之體而已。說見文治所撰《讀陸象山「先立乎其大」説》。〔二〕此不可不辨也。

雖然，吾儒尚論古人，析理貴乎精嚴，而立心歸於平恕。曾文正嘗謂：「君子之言，平則致和，激則召争；詞氣之輕重，積久則移易世風，黨仇訟争而不知所止。」〔三〕矧方今人士，沈溺於名利之私，利害得喪，情炎於中，營擾不釋，甚或穿窬害人，無所不至。苟得陸子「發明本心」之訓〔四〕，以怵惕其天良，豈非救世救心之善藥歟！語

〔一〕《二程遺書》卷一八文。謹按：原文「在」前有「則」字。

〔二〕唐先生文載於《茹經堂文集》一編卷三，題爲《陸象山「先立乎其大」辨》，收録《唐文治文集》「論説類」，並本書本卷。

〔三〕《曾文正公文集·孫芝房侍講芻論序》卷一文。

〔四〕《宋元學案·槐堂諸儒學案·朱亨道傳》載：「鵝湖之會，論及教人。元晦（朱子）之意，欲令人泛觀博覽而後歸之約；二陸（陸九齡、九淵兄弟）之意，欲先發明人之本心，而後使之博覽。朱以陸之教人爲太簡，陸以朱之教人爲支離，此頗不合。先生（謂陸九淵）更欲與元晦辯，以爲堯舜之前，何書可讀？復齋（九齡）止之。」此「發明本心」之概括，出自陸氏門人之記述。

曰：「羣言殽亂質諸聖。」[一]朱陸異同之説，儻能平心而折衷之，要所謂「連而不相及，動而不相害」，「道並行而不相悖」者也，抑豈獨論朱陸而已？由是推之，天下之争端皆可以息矣！

又案：金谿陸氏兄弟六人：長九思；次九敘；次九皋，號東齋；次九韶，字子美，號梭山；次九齡，字子壽，號復齋；次九淵，字子静，號存齋，又號象山。世稱其兄弟自相師友，和而不同，可謂極一門之盛，而子壽、子静爲尤著。黄梨洲先生《宋元學案》載梭山、復齋、象山均稱《金谿學案》，分爲三卷，而全謝山先生則合《梭山》《復齋學案》爲一卷，《象山學案》爲一卷云。

附：陳氏建《朱陸年譜》「鵝湖大會」[二]

乙未淳熙二年，朱子四十六歲，陸子三十七歲。

[一] 揚子《法言·吾子》卷二文。謹按：《法言》作「衆言淆亂則折諸聖」。

[二] 陳建《學蔀通辨》卷二「朱陸年譜」條。「鵝湖大會」非陳建原文，乃唐先生擬題。原文未標示作者陳建之名，依本書體例補入。又原文未注明「附」，因此文補充唐先生《朱子辨金谿學發微》有關朱陸異同之辨，故特附録陳建之辨，以明「學派大同」之述學宗旨。故據義例補入「附」目。

五月，呂伯恭約陸子及兄子壽會朱子於鵝湖。論學不合，各賦一詩見志。陸子壽詩云：「孩提知愛長知欽，古聖相傳只此心；大抵有基方築室，未聞無址忽成岑。留情傳注翻榛塞，着意精微轉陸沉。珍重友朋勤琢切，須知至樂在於今。」子静和云：「墟墓興哀宗廟欽，斯人千古不磨心；涓流積至滄溟水，卷石崇成太華岑。易簡工夫終久大，支離事業竟浮沉。欲知自下升高處，真僞先須辨只今。」朱子續和云：「德義風流夙所欽，别離三載更關心。偶扶藜杖出寒谷，又枉籃輿度遠岑。舊學商量加邃密，新知培養轉深沈。只愁説到無言處，不信人間有古今。」〔一〕

陳清瀾《學蔀通辨》云：「《朱子年譜》謂：『其後，子壽頗悔其非，而子静終身守其説不變。』是以子壽後五年卒，朱子祭之以文，有道合志同，降心從善之許，而於子静日益冰炭云。」〔二〕

〔一〕陳建《學蔀通辨・前編中》卷二文。
〔二〕陳建《學蔀通辨・前編中》卷二文。

文治按：《象山年譜》云：「鵝湖講道，誠當時盛事〔一〕。伯恭蓋慮朱與陸〔二〕猶有異同，欲令〔三〕歸於一，而定其所適從。」〔四〕惜乎其未遂也，然《易・睽卦・象傳》曰：「君子以同而異。」君子之於學術，所以不苟同者，正以見直道之公，何必曲爲附和哉？

朱子《答陸子静書》

王白田先生云：丁未。〔五〕程注：誤。《陸譜》：丙午。〔六〕

昨聞嘗有丐外之請，而復未遂，今定何如？莫且宿留否？學者後來更得何人？顯道得書云嘗詣見，不知已到未？子淵去冬相見，氣質剛毅，極不易得。但其偏處亦甚害事，雖嘗苦口，恐未必以爲然。今想到部，必已相見，亦嘗痛與砭礪

〔一〕「鵝湖講道，誠當時盛事」，《象山先生全集》作「鵝湖講道切誠，當今盛事」。
〔二〕「朱與陸」，《象山先生全集》作「陸與朱議論」。
〔三〕「令」字，《象山先生全集》作「會」。
〔四〕《象山先生全集・年譜》卷三六「淳熙二年乙未三十七歲」條下文。
〔五〕王懋竑《朱子年譜》卷三上「淳熙十二年乙巳五十六歲」條下云朱子《答陸子静書》「税駕已久」文作於丁未五月二日，唐先生據以推定作於丁未。丁未，朱子年五十八。
〔六〕《象山先生全集・年譜》卷三六「淳熙十三年丙午四十八歲夏五月」條下文。

否？道理雖極精微，然初不在耳目見聞之外，是非黑白，即在面前。此而不察，乃欲別求玄妙於意慮之表，亦已誤矣。熹衰病日侵，去年災患亦不少。此數日來，病軀方似略可支吾，然精神耗減，日甚一日，恐終非能久於世者。所幸邇來日用工夫頗覺有力，無復向來「支離」之病，甚恨未得從容面論，未知異時相見，尚復有異同否耳？〔一〕

文治按：程篁墩《道一編》採此書爲「朱陸晚同」，又自注云：「或疑書尾〔二〕尚持異同之説。然觀朱子於此〔三〕，既自以『支離』爲病，而陸子《與傅子淵書》〔四〕亦復以『過高』爲憂，則二先生胥會，必無異同可知。惜其未及胥會，而陸已下世

〔一〕《朱文公文集·書·陸陳辯答·答陸子静》卷三六文。
〔二〕《道一編》「書尾」前有「朱子」二字。
〔三〕「然觀朱子於此」，《道一編》作「以二書味之，朱子」。
〔四〕「而陸子《與傅子淵書》」，《道一編》作「陸子」。按：劉壎《隱居通議》卷三「理學三」載其人云：「傅子淵，南城人也，出入朱陸間，深明理學，爲衡州教授。」事跡載《宋元學案·槐堂諸儒學案》云：「傅夢泉，字子淵，號若水，建昌南城人；爲人機警敏悟，疏通洞達，學於象山。……象山論及門之士，以先生爲第一。登淳熙二年（一一七九）進士，分教衡陽，士人歸之者衆，太守亦加禮焉。……所著有《石鼓文》。嘗講學曾潭之滸，學者稱曾潭先生。」

矣。」〔一〕又趙東山亦云：「使其合并於晚歲，則其〔二〕微言精義，必有契焉，而子静則既往矣。抑〔三〕朱子後來德盛仁熟……使子静見之，又當以爲何如也？」〔四〕而陳清瀾先生則力詆之以爲非。按：此書既係丙午所作，則朱子已五十七歲，未可謂爲中年矣。虚心謙謹，儒者之常，何必力加詆訶耶？

又答陸子静書

丁未五月二日。〔五〕

税駕已久，諸況想益佳。學徒四來，所以及人者，在此而不在彼矣。來書所謂利欲深痼者，已無可言，區區所憂，卻在一種輕爲高論，妄生内外精粗之别，以良心日用，分爲兩截，謂聖賢之言不必盡信，而容貌詞氣之間不必深察者，此其爲説乖戾很悖，將有大爲吾道之害者，不待他時末流之弊矣。不審明者亦嘗以是爲憂乎？此事

〔一〕程敏政輯《道一編·朱子答陸子書》卷五文。
〔二〕「晚歲，則其」，《東山存稿》作「暮歲」。
〔三〕《東山存稿》「抑」後有「不知子」三字。
〔四〕趙汸《東山存稿·文·對問江右六君子策》卷二文。
〔五〕《朱文公文集·書·陸陳辯答·答陸子静》卷三六注文。

不比尋常小小文義異同，恨相去遠，無由面論，徒增耿耿耳。李子甚不易，知向學，但亦漸覺好高。鄙意且欲其著實看得目前道理事物分明，將來不失將家之舊，庶幾有用。若便如此談玄説妙，卻恐兩無所成，可惜壞卻天生氣質，卻未必如乃翁樸實頭，無許多勞攘耳。〔一〕

文治按：朱子此書針砭陸子之弊甚切，其語意與《中和第一説》頗相同。恐陸子當時亦正如此用功耳。

又答陸子静書

程注：戊申正月十四日。〔二〕

學者病痛，誠如所諭，但亦須自家見得平正深密，方能藥人之病。若自不免於一偏，恐醫來醫去，反能益其病也。所諭與令兄書辭費而理不明，今亦不記當時作何等語，或恐實有此病。承許條析見教，何幸如之！虚心以俟，幸因便見示。如有未安，

〔一〕《朱文公文集·書·陸陳辯答·答陸子静》卷三六文。
〔二〕見程曈《閑闢録》卷首目録篇章時序。

卻得細論，未可便似居士兄遽斷來章也。〔一〕

文治按：「與令兄書」云云，蓋即「無極」之辨，録後。

陸子静《與朱子書》〔二〕

梭山兄謂：「《太極圖説》與《通書》不類，疑非周子所爲；不然，則是其學未成時所作；不然，則或是傳他人之文，後人不辨也。蓋《通書・理性命》章言『中焉止矣，二氣五行，化生萬物，五殊二實，二本則一』，曰中曰一，則太極也，未嘗於其上加『無極』字。《動静章》言『五行陰陽，陰陽太極』，亦無『無極』之文。假令《太極圖説》是其所傳，或少時所作，則作《通書》時，蓋已知其説之非矣。」此言殆未可忽也。……尊兄鄉與梭山書云：「不言無極，則太極同於一物，而不足爲萬化根本；不言太極，則無極淪於空寂，而不能爲萬化根本。」

夫太極者，實有是理，聖人從而發明之耳，非以空言立論，使後人簸弄於頰舌紙

〔一〕《朱文公文集・書・陸陳辯答・答陸子静》卷三六文。
〔二〕此文並載於《周子大義》卷一《諸儒太極論辨・朱子答陸子静書》。

筆之間也。其爲萬化根本固是素定，其足不足，能不能，豈以人言不言之故耶？《易大傳》曰：「易有太極。」聖人言有，今乃言無，何也？作《大傳》時不言無極，太極亦何嘗同於一物，而不足爲萬化根本耶？《洪範》「五，皇極」，列在九疇之中，不言無極，太極亦何嘗同於一物，而不足爲萬化根本耶？太極固自若也。……

後書又謂：「無極即是無形，太極即是有理。周先生恐學者錯認太極別爲一物，故著『無極』二字以明之。」

《易大傳》曰「形而上者謂之道」，又曰「一陰一陽之謂道」，一陰一陽已是形而上者，況太極乎？曉文義者舉知之矣。自有《大傳》，至今幾年，未聞有錯認太極別爲一物者。設有愚謬至此，奚啻不能以三隅反？何足上煩老先生特地於太極上加「無極」二字以曉之乎？且「極」字亦不可以「形」字釋之。蓋極者，中也，言無極，是猶言無中也，是奚可哉？若懼學者泥於形器而申釋之，則宜如《詩》云「上天之載」，而於下贊之曰「無聲無臭」可也，豈宜以「無極」字加於太極之上？

朱子發[一]謂：「濂溪得《太極圖》於穆伯長，伯長之傳，出於陳希夷。」其必有考。

[一] 朱震，字子發，長於《易》，《宋史·儒林》有傳。

希夷之學，老氏之學也。「無極」二字，出《老子·知其雄章》，吾聖人之書所無有也。《老子》首章言「無名天地之始，有名萬物之母」，而卒同之，此老氏宗旨也。「無極而太極」，即是此旨。老氏學之不正，見理不明，所蔽在此。兄於此學用力之深，爲日之久，曾此之不能辨，何也？《通書》「中焉止矣」之言，與此昭然不類，而兄曾不之察，何也？《太極圖説》以「無極」二字冠首，而《通書》終篇，未嘗一及「無極」字，二程言論文字至多，亦未嘗一及「無極」字，假令其初實有是《圖》，觀其後來未嘗一及「無極」字，可見其學之進而不自以爲是也。兄今考訂注釋，表顯尊信，如此其至，恐未得爲善祖述者也。〔一〕

朱子《答陸子静書》〔二〕

來書反復，其於無極、太極之辨詳矣。然以熹觀之，伏羲作《易》，自一畫以下；文王演《易》，自「乾元」以下，皆未嘗言「太極」也，而孔子言之。孔子贊《易》，自太極

〔一〕陸九淵《象山先生全集·書·與朱元晦（一）》卷二文。
〔二〕此文「來書反復，其於無極、太極之辨詳矣」至「此又理有未明而不能盡乎人言之意者七也」一段文字，並載於《周子大義》卷一《諸儒太極論辨·朱子答陸子静書》。

以下，未嘗言「無極」也，而周子言之。夫先聖後聖，豈不同條而共貫哉？若於此有以灼然實見太極之真體，則知不言者不爲少，而言之者不爲多矣，何至若此之紛紛哉？今既不然，則吾之所謂理者，恐其未足以爲羣言之折衷，又況於人之言有所不盡者，又非一二而已乎？既蒙不鄙而教之，熹亦不敢不盡其愚也。

且夫《大傳》之太極者，何也？即兩儀、四象、八卦之理，具於三者之先，而蘊於三者之内者也。聖人之意正以其究竟至極，無名可名，故特謂之「太極」，猶曰「舉天下之至極，無以加此」云爾，初不以其中而命之也。至如北極之極、屋極之極、皇極之極、民極之極，諸儒雖有解爲中者，蓋以此物之極常在此物之中，非指「極」字而訓之以「中」也。極者，至極而已；以有形者言之，則其四方八面合輳將來，到此築底更無去處；從此推出，四方八面都無向背，一切停勻，故謂之極耳。後人以其居中而能應四外，故指其處而以中言之，非以其義爲可訓中也。至於太極，則又初無形象方所之可言，但以此理至極而謂之極耳。今乃以中名之，則是所謂理有未明，而不能盡乎人言之意者一也。

《通書·理性命章》，其首二句言理，次三句言性，次八句言命，故其章内無此三字，而特以三字名其章以表之，則章内之言，固已各有所屬矣。蓋其所謂「靈」，所謂「一」者，乃爲太極；而所謂「中」者，乃氣稟之得中，與剛善剛惡、柔善柔惡者爲五性，而屬乎五行，初未嘗以是爲太極也。且曰「中焉止矣」，而又下屬於二氣五行，化生萬物之云，是亦復成何等文字義理乎？今來諭乃指其中者爲太極而屬之下文，則又理有未明，而不能盡乎人言之意者二也。

若論「無極」二字，乃是周子灼見道體，迥出常情，不顧旁人是非，不計自己得失，勇往直前，説出人不敢説底道理，令後之學者曉得[一]見得太極之妙，不屬有無，不落方體。若於此看得破，方見得此老真得千聖以來不傳之祕，非但架屋下之屋，疊牀上之牀而已也。今必以爲未然，是又理有未明而不能盡乎人言之意者三也。

至於《大傳》既曰「形而上者謂之道」矣，而又曰「一陰一陽之謂道」，此豈真以陰陽爲形而上者哉？正所以見一陰一陽雖屬形器，然其所以一陰而一陽者，是乃道體之所爲也。故語道體之至極，則謂之太極；語太極之流行，則謂之道。雖有二名，初無兩體。周子所以謂之「無極」，正以其無方所、無形狀，以爲在無物之前，而未嘗不立於有物之後；以爲在陰陽之外，而未嘗不行乎陰陽之中；以爲通貫全體，無乎不在，則又初無聲臭影響之可言也。今乃深詆無極之不然，則是直以太極爲有形狀、有方所矣；直

[一]「得」字，《朱文公文集》作「然」。

以陰陽爲形而上者，則又昧於道器之分矣。又於「形而上者」之上，復有「況太極乎」之語，則是又以道上別有一物爲太極矣。此又理有未明而不能盡乎人言之意者四也。

至熹前書所謂「不言無極，則太極同於一物，而不足爲萬化根本；不言太極，則無極淪於空寂，而不能爲萬化根本」，乃是推本周子之意，以爲當時若不如此兩下説破，則讀者錯認語意，必有偏見之病，聞人説有即謂之實有，見人説無即以爲真無耳。自謂如此説，得周子之意，已是太煞分明，只恐知道者厭其漏洩之過甚，不謂如老兄者，乃猶以爲未穩而難曉也。謂〔一〕以熹書上下文意詳之，豈謂太極可以人言而爲加損者哉？是又理有未明而不能盡乎人言之意者五也。

來書又謂《大傳》明言「易有太極」，今乃言無何耶？此尤非所望於高明者，今夏因與人言《易》，其人之論正如此。當時對之不覺失笑，遂至被劾。彼俗儒膠固，隨語生解，不足深怪，老兄平日自視爲如何，而亦爲此言耶？老兄且謂《大傳》之所謂「有」，果如兩儀、四象、八卦之有定位，天地五行萬物之有常形耶？周子之所謂「無」，是果虛空斷滅，都無生物之理耶？此又理有未明，而不能盡乎人言之意者六也。

〔一〕「謂」字，《朱文公文集》作「請」。

《老子》「復歸於無極」，「無極」乃無窮之義，如莊生入無窮之門，以遊無極之野云爾，非若周子所言之意也。今乃引之，而謂周子之言實出乎彼，此又理有未明，而不能盡乎人言之意者七也。

高明之學超出方外，固未易以世間言語論量、意見測度。今且以愚見執方論之，則其未合有如前所陳者，亦欲奉報，又恐徒爲紛紛，重使世俗觀笑。既而思之，若遂不言，則恐學者終無所取正。較是二者，寧可見笑於今人，不可得罪於後世。是以終不獲已而竟陳之，不識老兄以爲如何？[一]

文治按：無極之辨，朱子答陸子美、子静，共書數通，兹特録一首，然其精義已具備於此。朱子《答程正思書》云「《答子静書》無人寫得，聞其已謄本四出久矣。此正不欲暴其短，渠乃自如此，可嘆！可嘆！然得渠如此，亦甚省力，且得四方學者略知前賢立言本旨，不爲無益」[二]云云。所謂「前賢立言本旨」，蓋即指《太極圖説》而言。

[一]《朱文公文集・書・辯答・答陸子静》卷三六文。
[二]《朱文公文集・書・問答（一本作知舊門人問答）・答程正思》卷五〇文。

陸子静《白鹿洞書院〈論語·喻義喻利章〉講義》

「此章以義利判君子、小人，辭旨曉白，然讀之者苟不切己觀省，亦恐未能有益也。某平日讀此不無所感，竊謂學者於此，當辨其志。人之所喻，由其所習，所習由其所志。志乎義，則所習者必在於義，所習在義，斯喻於義矣；志乎利，則所習者必在於利，所習在利，斯喻於利矣。故學者之志，不可不辨也。

科舉取士久矣，名儒鉅公皆由此出，今爲士者固不能免此。然場屋之得失，顧其技與有司好惡如何耳！非所以爲君子小人之辨也。而今世以此相尚，使汩没於此而不能自拔，則終日從事者，雖曰聖賢之書，而要其志之所鄉，則有與聖賢而背馳者矣。推而上之，則又惟官資崇卑、禄廩厚薄是計，豈能悉心力於國事民隱，以無負於任使之者哉？從事其間，更歷之多，講習之熟，安得不有所喻？顧恐不在於義耳。

誠能深思是身，不可使之爲小人之歸，其於利欲之習，怛焉爲之痛心疾首，專志乎義而日勉焉，博學、審問、謹思、明辨而篤行之。由是而進於場屋，其文必皆[一]道其

[一]「皆」字原作「習」，據《象山先生全集》文爲正。

平日之學、胸中之藴，而不詭於聖人。由是而仕，必皆共其職，勤其事，心乎國，心乎民，而不爲身計，其得不謂之君子乎？祕書先生起廢以新斯堂，其意篤矣。凡至斯堂者，必不殊志。願與諸君勉之，以毋負其志。」

淳熙辛丑春二月，陸兄子静來自金谿，其徒朱克家、陸麟之、周清叟、熊鑑、路謙亨、胥訓實從。十日丁亥，熹率寮友諸生與俱至於白鹿洞書院，請得一言以警學者。子静既不鄙而惠許之，至其所以發明敷暢，則又懇到明白，而皆有以切中學者隱微深痼之病，蓋聽者莫不悚然動心焉。熹猶懼其久而或忘之也，復請子静筆之於簡而受藏之。凡我同志，於此反身而深察之，則庶乎其可不迷於入德之方矣。新安朱熹識。〔一〕

文治按：陸子此篇，可謂萬世法戒。科舉之説，特爲一時之習俗言耳。推之爲選舉，爲徵辟，爲超擢，其奔走詭遇者，皆嗜利之徒也。天下多嗜利之人，百姓豈有安寧之日？寰宇寧有太平之望耶！《易·臨卦》之三爻曰：「甘臨，无攸利。」竊謂凡甘心於利者，終必无利。讀陸子之言，亦有良心發見，而通身汗下者乎？

〔一〕《象山先生全集·講義·白鹿洞書院講義》卷二三文。

附：夏氏炘《陸文安公、張宣公論》

陸文安公少朱子九歲，張宣公少朱子三歲，皆以聰明絶世之資，聞道甚早，又得朱子爲之友，而成就各不同者何哉？宣公受學於胡五峯，五峯爲伊川三傳弟子，《知言》一書，五峯所講授，宣公所奉爲準繩者也。朱子於性無善惡、心無已發、仁以用言、心以用盡、不事涵養、先務知識諸論，力辨其非，而宣公一一翻然從之。吕成公稱其事師，未嘗如世俗學一先生之言，暖暖姝姝，不復更求其進學之力者，可謂真知宣公者矣。觀朱子與宣公諸書，一義之合違，一言之同異，必反覆辨證，不遺餘力，卒乃同歸而一致。然則宣公之爲學，其用心也虛，其親賢也篤，其集益也廣，其從善也勇。乾淳諸老之中，學足以肩隨建安，而傳之後世無弊者，不得不於宣公首屈一指也。若夫陸文安公之學，一門兄弟，自相師友，非有先正名師之指授也。世無朱子則已，即有之，而或道里遼遠、華彝隔絶，則亦已矣。乃相望數百里之間，而又有吕成公爲之介紹，一會講於鵝湖，再會講於白鹿。朱子之德盛禮恭，情深心苦，欲挽注脚「六經」之習，以爲干城吾道之功，所以誘掖而接引者，亦不可謂不至矣。當復齋先生之未没也，轍雖歧而限之未深，迹雖偏而轉之尚易。

迨復齋先生之既没也，王荆公之祠記、曹立之之墓表，無往不開其争憤之端。至於無極太極之辨，各尊所聞，各行所知，而文安公之學，遂於鄒魯、伊洛以外，别樹一幟矣。明高忠憲公以無我、有我，論朱與陸曰：「學爲聖賢，必自無我入。無我而後能虚，虚而後能知過，知過而後能日新，日新而後能光大。有我者反是。」然則文安公之學，所由與宣公大異歟！〔一〕

附：夏氏炘《陸文達公學術與文安公不同考》

江西二陸並稱，後世因鵝湖之會，文達、文安兄弟與朱子論學不合，遂統謂之曰朱陸，不復别文達於文安之外，不知文達之學，晚年有就正之功。文安之學，終身無轉移之境也。比而考之，竊取君子之表微焉。……

《朱子年譜》：淳熙二年乙未，吕伯恭來自東陽，過先生寒泉精舍。東萊歸，送之至信州鵝湖寺，江西陸九齡子壽、弟九淵子静，及清江劉清之子澄皆來會。嚴松年録象山語云：「吕伯恭爲鵝湖之會，先兄復齋謂某曰：『伯恭約元晦爲此集，

〔一〕夏炘《述朱質疑·陸文安公、張宣公論》卷八文。

正爲學術異同。我兄弟先自不同，何以望鵝湖之同？』先兄遂與某議論致辨，又令某自説，至晚罷。先兄云：『子静之説是。』次早某請先兄説，先兄云：『某無説。夜來思之，子静之説極是。方得一詩云：孩提知愛長知欽，古聖相傳只此心。大抵有基方築室，未聞無址忽成岑。留情傳注翻蓁塞，着意精微轉陸沉。珍重友朋相切琢，須知至樂在於今。』某云：『詩甚佳，但第二句微有未安。』先兄云：『説得恁地？又道未安，便要如何？』某云：『不妨。』一路起行，某沿途卻和此詩。及至鵝湖，伯恭首問先兄别後新功，先兄舉詩方四句，元晦顧伯恭曰：『子壽早已上子静船了。』舉詩罷，遂致辨於先兄。某云：『途中和得家兄此詩云：墟墓生哀宗廟欽，斯人千古不磨心。涓流滴到滄溟水，拳石崇成泰華岑。易簡功夫終久大，支離事業竟浮沈。』舉詩至此，元晦失色，至『欲知自下升高處，真僞先須辨只今』，元晦大不懌，於是各休息。翼日，二公商量數十折議論來，莫不悉破其説。繼日凡致辨，其説隨屈。」……王氏懋竑云：「按《象山語録》：子壽與子静學問原〔一〕有不同，及將會鵝湖，子静再三辨論，而子壽乃以子静之言爲是，遂作『孩提知愛』一詩。

〔一〕「原」字，《朱子年譜考異》作「元」。

子静以爲然，故鵝湖之會，子壽舉詩四句，朱子曰：『子壽早已上子静船了。』其時二陸與朱子辨論，皆不合。」〔一〕

炘按：春秋重主盟，此會雖陸氏兄弟同來，實文安主之。文達與文安之學，平日本不同，是以文安謂文達曰：「我兄弟先自不同，何以望鵝湖之同？」則其家庭之旨趣可知矣！未會之前，文安先與文達講論者，蓋必求其同，欲文達之從己也。文達知文安之意，故令其先説。又知文安不可屈，故但云「子静之説是」也。次日文安仍恐其不合，故再問之。文達益知其不可屈，故云「子静之説極是也」。「孩提知愛」一詩，即就文安之所説而咏之，以明己之必不異於文安，而文安猶以第二句爲未安者，推其意，以爲孩提知愛，既長知欽，途人之心皆有之，不必古聖人之相傳，故和詩易之云「斯人千古不磨心」，隱以規文達之不足也。後世良知之學，即從鵝湖詩首二句悟入，陸氏兄弟本東萊之友，與朱子不相識，東萊留止寒泉數十日，必爲朱子言二陸梗概，并文達與文安不同之處，故朱子一聞其詩，深訝子壽將登於岸之學，竟爲子静一葦航之也。不然，朱子何以知之哉！

〔一〕見夏炘《述朱質疑》引王懋竑之文，又見王懋竑《朱子年譜考異》卷二「淳熙六年己亥五十歲春正月」條下文。

《象山年譜》：「先生更欲與元晦辨，以爲堯舜之前，何書可讀。復齋止之。」

炘按：文達之止文安，有深意存焉，非徒爲一時辨難之不已也。

《東萊集·與元晦書》云：此書在庚子，張南軒既卒之後。「子壽前日經過，留此二十餘日，幡然以鵝湖所見爲非，甚欲着實看書講論，心平氣下，相識中甚難得也。」

炘按：文達去年詣鉛山，今年過東陽，即此兩年之間，僕僕於朱、吕之門，非幡然改悔，求道真切，其何能若是乎？

《朱子文集·答張敬夫書》即《答敬夫前書》。云：「子壽兄弟得書，子静約秋涼來遊廬阜，但恐此時已换却主人耳。朱子應詔上封事，孝宗大怒曰：「是以我爲亡也。」趙雄力爲救解乃已。渠兄弟今日豈易得？但子静似猶有些舊來意思，聞其門人〔一〕説，子壽言『其雖已轉步，而尚未移身，然其勢久之亦必自轉。』回思鵝湖講論時，是甚氣勢〔二〕！今何止十去八九耶？」〔三〕

〔一〕陸九淵門人。
〔二〕此指陸九淵之鋒芒。
〔三〕《朱文公文集》卷三四。

炘按：此書專説文安，不説文達，蓋文達去年會鉛山，已改從朱子之教矣。文安之「雖已轉步，而尚未移身」，出自文達之口，則文達勸戒之力居多，惜乎是年九月文達遂卒，而文安仍自守其學以終身也。〔一〕

附：夏氏炘《朱子深戒及門不得無禮於金谿説》

昔孔子初見老子，《史記》載其謂孔子之言甚倨，而孔子不以爲忤，且有猶龍之歎，非老子之賢過於孔子，孔子之聖果不免於老子之所譏也。其時老子年高而德尊，孔子適周問禮，方以弟子之禮事之，謙恭卑下，乃少事長之禮，當如是耳。朱子一生，拳拳《小學》《少儀》《弟子職》諸篇，采輯綦備，所以守尼山之家法，而爲後生小子之慮者，可不謂深乎？

宋乾淳之間，陸文安公以聰明先覺之資，崛起金谿，聚徒講學，與建安壇坫相望，一時英俊後學之士，鮮有及者。是以朱陸之門，互相切磋。劉淳叟者，學於陸氏而登朱子之堂者也。來相見時，極口以子静之學爲大謬，朱子詰之曰：「子静學術，自當

〔一〕夏炘《述朱質疑·陸文達公學術與文安公不同考》卷八文。

付之公論，公不得遽如此説。」又朱子過江西，與文安之兄文達對語，而淳叟不顧而去，獨自默坐，朱子曰：「便是某與陸丈言不足聽，亦有數年之長，何得如此？」諸葛誠之者，亦遊於兩先生之門者也，朱子詒之書曰「示喻競辨之端，三復惘然。愚意欲深勸同志者，兼取兩家之長，不得輕相詆議」，「向來講論之際，見諸賢往往有立我自是之意，無復少長之節，禮遜之容，至今常不滿也」。嗟乎！觀朱子之所以戒及門者，然後知朱子之於金谿，其心平，其氣下，其禮恭，其詞遜，既以禮自律，復以禮約束及門之士，其所以救金谿之失者，不徒在論説之異同也。

後世學朱子之學者，矩矱宣尼，誦法《小學》，躬行實踐之餘，抑然自下，不敢放言高論，以取僭逾之咎，雖未必遽詣學之精微，而大本固已得矣。彼揚眉瞬目如傅子淵者，宜其喪心而失志〔一〕；而朱子之學，所以能傳之萬世而無弊與？〔二〕

文治按：夏氏此文，最爲平正。朱子别有《答諸葛誠之書》云：「所喻子静

〔一〕傅夢泉，字子淵，號若水，建昌南城人，陸九淵門人。或謂其喪心失志，《宋元學案・槐堂諸儒學案》有辯，知爲毁謗之詞。
〔二〕夏炘《述朱質疑・朱子深戒及門不得無禮於金谿説》卷八文。

不至深諱者，不知所諱何事？又云消融其隙者，不知隙從何生。愚意講論義理，只是大家商量尋箇是處，初無彼此之間，不容更似世俗遮掩回護，愛惜人情，纔有異同，便成〔一〕嫌隙也」〔二〕云云，詞意尤極和平親切，可補夏氏所未録。

附：黄氏式三《讀陸氏〈象山集〉》

陸氏象山之學，王陽明宗之，藉以樹敵於朱子，後儒遂稱之曰「陸王」。然而陸氏與王氏有同有異，與朱子有異亦復有同。陸氏以爲仁義者人之本心，愚不肖則蔽於物欲而失本心，賢智者則蔽於意見而失本心。人必先立其志，躬行實踐，日充其本心之大。此一生論學之旨也。

而其《與趙詠道書》則云：「《大學》致知、格物，《中庸》博學、審問、謹思、明辨，《孟子》始條理者，智之事，固先乎講明矣。」「未嘗學、問、思、辨，而曰吾惟篤行之而已，是冥行者也，是猶射者不習於教法之巧，而徒恃其有力；能至於百步之外，而不

〔一〕「成」字原作「生」，據《朱文公文集》爲正。
〔二〕《朱文公文集·書·問答（一本作「知舊門人問答」）·答諸葛誠之》卷五四文。

計其未嘗中也。」講明有所未至，雖伊尹、伯夷之聖，而孟子顧有所不願學，拘儒瞽生安可以硜硜之必爲，而傲知學之士，其與劉淳叟、包顯道、彭子壽書，皆言先知後行，是大綱本同於朱子矣。

惟朱子承伊川之學，致知格物，必盡窮天下之物理。陸氏以爲人情物理之變，不可勝窮，是以堯舜之智不徧物，學者耻一物之不知，耻非所耻，終身習支離之學，而義利未分，端緒未正，本心汩没，反將置之不耻，意蓋深惯乎此，而有異於朱子耳。

若王氏言知行合一，言行先於知，以格物爲正物，以致知爲致良知，以學、問、思、辨爲力行之功，以無善無惡爲心之本體，説皆異於陸氏，故其《答席元山書》既稱象山之學簡易，孟子之後一人；而又嫌其學問思辨、致知格物之説，未免沿襲之累，則王氏直簡於陸氏，而不顧其太簡邪？

抑嘗讀朱子《與吕子約書》云：「孟子言學問之道，惟在求其放心。今一著文字，不知有己，是無知覺不識痛癢之人，雖讀書何益？」《與何叔京書》云：「因良心發見之微，猛省提撕，使此心不昧，則本領既立，自然下學而上達。」此其言與《大學》《孟子》注同，豈不與陸氏若合符節乎？而後之爲朱子學者，必謂與吕、何書在年四十以前，猶非定論，抑又拘矣！

讀先儒書不必泥於時之先後，而衹論其説之是非。説果未盡是邪，則當知其非；未盡非耶，則當知其是。朱子平日教學者，詳言自明誠，未嘗不言自誠明；陸氏平日教學者，詳言自誠明，未嘗不言自明誠。讀朱子書正當以所與呂、何諸書徵成其是，讀陸氏書亦當以所與趙、劉、包、彭諸書，彌縫其闕。朱子謂學問所以求放心，正欲讀書者之輾轉歸己也。陸氏以宇宙事皆分内事，安得以考訂經傳爲儒者分外事也〔一〕？

文治按：陸子救世之志與朱子同。薇香太夫子此篇，爲實事之求，平心之論。其意義精密周帀，後學所當奉爲圭臬者也。

附：唐文治《陸象山「先立乎其大」辨》〔二〕

陸象山説「先立乎其大」，散見於《文集》《語録》者，不可殫舉。吾〔三〕考其説，蓋有淺有深，各宜區别。其淺焉者，足以制此心嗜欲之動，與《孟子》祛耳目之欲同；其深

〔一〕黄式三《儆居遺書·儆居集四·讀子集二·讀陸氏〈象山集〉》文。
〔二〕此先生在一八八五年於南菁書院求學期間之作，原載《茹經堂文集》一編卷三。
〔三〕「吾」字，《茹經堂文集》作「蒙」，謙辭。下同。

焉者，則欲一空其心之所有，并善念而屏絶之，乃與禪家淨智妙圓、體自空寂同，而與《孟子》「思則得之」之旨實背。

蓋嘗論之，人之五性皆具於心，然心之爲物，飛揚馳鶩，出入無時，一不自持，即逐物欲於軀殼之外，而不能自存。是以《孟子》言「立乎其大」，而先之曰「思則得之，不思則不得」〔一〕。夫人心亦豈有不思者哉？彼愚夫愚婦朝夕憧憧，何嘗不思？特其所思者皆耳目之欲，故猶之不思耳。夫耳目之欲，無與於心者也，而心反爲之役，則愈思愈昏而愈窒。聖人之思曰睿，睿者以「無欲」爲先。陸氏曰：「必有大疑大懼，深思痛省，決去世俗之習，如棄穢惡，如避寇讎……乃謂之先立乎其大者。」〔二〕此誠學者入手之要，而治心之先務也。然究其終，乃與《孟子》異者，《孟子》言「先立其大」，欲人決去世俗之習，而用其思於理義之域，以養其心；象山言「先立其大」，欲人決去世俗之習，而致其心於空蕩之鄉，并絶其思，此其説之歧乎《孟子》者也。

夫《孟子》之學，得力於養氣，而又歸本於集義。集義者，察識四端之發，窮究

〔一〕《孟子·告子上》文。
〔二〕陸九淵《與傅克明》文，載《象山先生全集》卷一五。

事物之宜，即《大學》所謂「知止」，《中庸》所謂「明善」，《大易》所謂「窮理」，而仁者見之謂之仁，智者見之謂之智。蓋吾心之良知，本足以辨善惡之端倪，特不致其體察之功，則不免於認欲作理，而有害於善念，即所念一出於善，而有偏而不中之處，於事亦終至於眊而不行，是以察識、格致之功，由漸而進，則所謂立乎其大者，乃亦由漸而精。《孟子》自言「不動心」，而要之以四十，此非四十以前未能自立其心也，蓋以積累之至者言也。而象山乃謂「决去世俗之習」。則此心之靈，自有其仁，自有其智，自有其勇，吾不知所謂仁、智、勇者，其能無所過乎？且能無不及乎？又能無雜於氣質之偏乎？此殆因事物之至，而以知覺籠罩之，非所謂仁也，非所謂智與勇也。夫如是，故專認取夫昭昭靈靈者，以爲萬象之主，其視事物之理，一切於吾心無與，而其治心也，乃不惟妄念之足爲累，即善念亦足爲障矣，此豈《孟子》「思則得之」之旨耶？案：詹子南之下樓，忽覺此心中立〔一〕，亦象山之「先立其大」也。楊慈

〔一〕《象山語録》載：「詹子南一日下樓，忽覺此心澄瑩中立。先生（陸九淵）目逆而視之曰：『此理已顯矣。』」並見載明人陳建《學蔀通辨》卷之四。子南是詹阜民的字，浙江遂安人，累官宗正寺丞，兼駕部郎中，知徽州府。先問學張栻，後師事陸九淵。

湖之夜坐不寐，忽心中灑然，如物脱去〔一〕，亦象山之「先立其大」也。故曰《孟子》之「立乎其大」，立此心之義理；象山之「立乎其大」，立此心之精神知覺。

吾故曰：象山所謂「立乎其大」，其淺焉者，固足祛人心妄念之動；其深焉者，則一超而頓悟，直禪氏之秘旨耳。嗚呼！學術誠難言矣哉！

文治按：陸子之學，近於禪宗，不必諱飾。朱子别書，謂其從葱嶺帶來，切中病痛。此書本篇未録。然若以爲悖於孔門，恐亦非聖人兼容并包之量也。陸清獻有言，「天下有成德之師，有興起之師。成德之師，切磋琢磨，能造人才於粹精之域；興起之師，廉頑立懦，能拔人心於陷溺之中」。〔二〕陸子蓋無愧爲興起之師。

〔一〕陳建《學蔀通辨》卷之四《楊慈湖行狀》載：「慈湖初在太學循理齋，嘗入夜憶先訓，默自反觀，已覺天地萬物通爲一體，非吾心外事。至陸先生新第，歸來富陽，慈湖留之，夜集雙明閣上，數提『本心』二字，因從容問曰：『何謂本心？』適平旦，嘗聽扇訟，陸先生即揚聲答曰：『適斷扇訟，見得孰是孰非者，即本心也。』慈湖聞之，忽覺此心澄然清明，亟問，曰：『止如斯耶？』陸曰：『更何有也？』慈湖即北面納拜，終身師事焉，每謂：『某感陸先生。』由是再答一語：『更云云，便支離去。』已而沿檄宿山間，觀故書猶疑，終夜坐，不能寐。天曈曈欲曉，忽洒然如物脱去，乃益明。後居妣喪，更覺日用應酬，未能無礙沈思，屢日偶一事相提觸，亟起，旋草廬中，始大悟變化云爲之旨，縱横交錯萬變，虚明不動如鏡中象矣。」唐先生所言楊簡師事陸九淵事，俱出《學蔀通辨》，以故詳引，以見唐先生學術淵源。

〔二〕陸隴其《三魚堂文集·書·上湯潛庵先生書》卷五文。

師，可以造就豪傑之士。而近儒則謂爲程朱之學者多迂拘，爲陸王之學者多開拓能辨事，抑又失之偏矣。夏、黄兩先生之言，非特平心，尤徵實事。文治此文爲乙酉歲（一八八五）舊作，學識尚淺，姑録之俾後世教育家參考焉。

紫陽學術發微卷九

朱子辨浙東學發微上

文治按：浙東學派，其最著者，曰永嘉，曰永康。黄梨洲先生《宋元學案》載永嘉諸儒，有吕東萊、吕子約、薛艮齋、陳止齋、葉水心諸先生，永康則僅有陳同甫先生。考浙東兩學派，世雖並稱，實則迥乎不同。吕成公爲朱子執友，與南軒先生同爲當代大儒。而程氏曈《閑闢録》，乃以東萊與同甫並稱，謂朱子之闢東萊不亞於同甫，可謂謬論。吴竹如先生謂：「永嘉之學，朱子所與辨者，乃吕子約輩，非東萊也。」〔一〕其説亦不然。

考朱子《與艮齋書》即薛士龍。語意謙恭，推重頗至，而子約得罪韓侂胄，至於貶死，其氣節之高，與蔡季通先生相等夷。朱子平日遺書往還，多進以涵養克己之詣，

〔一〕吴廷棟、楊德亨《拙修集·書·答徐鏡希司馬書》卷八文。

見於《文集》，亦不可謂非摯友也。蓋永嘉學術之棼雜，正由於吕成公兄弟歿後，無人主持，乃稍與永康相近。然以人品、心術論之，止齋、水心皆卓然有以自立，與同甫不可同日而語。

全謝山先生謂「永嘉以經制言事功」，而「永康則專言事功」，「其學更爲粗莽」〔一〕，且謂「永嘉功利之説，至水心始一洗之」〔二〕，洵係確論。而後人謂永嘉學説，掩於朱子，不知朱子以明德爲體，性命爲用，王道、聖功一以貫之，曷嘗非經制之學？況朱子晚年，黨錮之禍方興，士皆諱言道學，尚何勢力能掩永嘉哉？耳食之徒，不免道聽而塗説矣。

王氏《朱子年譜》，於甲辰歲載辨浙學十數條，於辛亥歲載《與陳君舉論學書》，又附《答葉正則書》，至爲詳審。而夏氏《述朱質疑・朱子同時浙學考》，則分永康、東陽、永嘉、四明爲四支派，更爲賅博。兹特録夏氏文二篇爲上卷，録朱子與陳同甫往來書爲下卷，俾後之人得詳考焉。

〔一〕黄宗羲《宋元學案・龍川學案》卷五六引全祖望先生之言。
〔二〕黄宗羲《宋元學案・水心學案上》卷五四引全祖望先生之言。

夏氏炘《朱子同時浙學考》

【釋】夏氏文載《述朱質疑》卷九；文中分四類列述浙學，其小題前各補入序號，以清眉目。

《年譜》云：「朱子歸自浙東，見其士習馳騖于外，每語學者且觀《孟子》『道性善』及『求放心』兩章，務收斂凝定，以致克己求仁之功，而深斥其所學之誤。以爲舍《六經》《語》《孟》而尊史遷，舍窮理盡性而談世變，舍治心修身而喜事功，爲學者心術之害，極爲吕祖儉、潘景愈、孫應時輩言之。」

按：朱子同時學術，有江西之學、湖南之學、浙東之學。江西之學，陸文安登壇主盟，與建安旗鼓相當，莫肯稍下。雖兩家門人弟子，往來講論，如晉楚之從交相見，卒未有能拔趙幟而立漢幟者也。湖南之學，發源於五峯，導流於南軒，如性無善惡、知覺爲仁及先務察識諸説，朱子爲之疏滌排決，南軒皆降心以相從，而胡廣仲、吴晦叔諸君子有切磋之功，而無齟齬之誚，真所謂末乃同歸而一致者也。惟浙東或談心性、或矜事功，高者入虛無，卑者湛利欲。觀《文集》《語類》所論浙中學術，别而出之，約有四家，不僅子約、叔昌諸公已也。今考其可見者著於篇。

一、永康陳同甫之學

陳亮，字同甫，婺州永康人。屢詣闕上書，光宗御極，擢進士第一人，授簽書建康府判官廳公事，未至官卒，謚文毅。今傳者有《龍川集》。

《本傳》：爲人才氣超邁，喜談兵，議論風生，下筆數千言立就。嘗曰：「研窮義理之精微，辨析古今之同異，原心於秒忽，校禮於分寸，以積累爲功，以涵養爲主，睟面盎背，則於諸儒誠有媿焉。至於堂堂之陣，正正之旗，風雨雲雷，交發而并至，龍蛇虎豹，變現而出没，推倒一世之智勇，開拓萬古之心胸，自謂差有一日之長。」亮意蓋指朱某、吕祖謙等云。

朱子答書云：「老兄平時自處於法度之外，不樂聞儒生禮法之論。私竊疑之，顧絀去『義利雙行，王霸並用』之説，粹然以醇儒之道自律，則所以爲異日發揮事業之地者，亦光大而高明矣。」《語類》云：「同父才高氣麤。」又曰：「同父在利欲膠漆盆中。」

炘按：陳同父爲吕成公所重。朱子提舉浙東時，同父來謁，其後書問不絶，朱子雖力辨其「義利雙行，王霸並用」，及漢唐行事非三綱五常之正，而同父終不能從，是爲永康之學。

二、東陽吕子約、潘叔昌之學

吕祖儉，字子約，婺州人，東萊先生之弟也。官至大府丞，以論事得罪韓侂胄，死貶所，《宋史·忠義》有傳。所著有《大愚集》，今佚。

朱子答書云：「所謂秦漢把持天下，有不由智力者。乃是明招堂上陳同甫所説，不謂子約亦作此見而爲此論也。」

又書云：「若如此説，則是學問之道，不在於己而在於書，不在於經而在於史，爲子思、孟子則孤陋狹劣而不足觀，必爲司馬子長、班固之儔，然後可以造乎高明正大之域也。」

又書云：「同甫後來又兩得書，已盡底裏答之。來書亦於『智力』二字，畢竟看不破、放不下。」

又書云：「『枉尺直尋』，素未嘗以此奉疑。但見頃來議論，如山移河決，使學者皆有趨時徇勢、馳騖功名之心，令人憂懼。」

《答沈叔晦書》云：「子約爲人，固無可疑。但其門庭近日少有變異，而流傳已遠，爲學者心術之害。」

《答劉子澄書》云：「婺州自伯恭死後，百怪都出。至如子約別説出一般差異底話，全然不是孔孟規模。」

炘按：子約爲成公之弟，成公與朱子共肩斯道，講論親切，子約不應差異至此。其所以差異者，蓋動於永康之議論耳。永康縱横馳驟，不可一世，成公在日，便往來於明招講席之間。及成公既歿，子約爲其所動，自以爲有用之學，而不知陷入計功謀利之窠臼，而不能拔出。朱子屢致書規之，然子約素切磋於朱子，省身克己，用力甚深。見《答子約書》。是以終能奮發，大節凜然，不可與縱横跅弛之士一例而視之也。

潘景愈，字叔昌，婺州人，居近吕成公，與兄景獻，俱以學名。

朱子答書云：「示喻讀史曲折，鄙意以爲看此等文字，但欲通知古今之變，又以觀其所處義理之得失耳。初不必翫味究索，以求變化氣質之功也。」

又書云：「六國表議論，乃是衰世一種卑陋之説。吾輩平日講論聖賢，何爲卻取此等議論，以爲標準？殊不可曉。向答子約一書，亦極言之，正恐赤幟已立，未必以爲然耳。」

又書云：「示喻漢唐故事，以兩家較優劣則然。然以三代之天吏言之，則其本領，恐不但如此。吾輩正當以聖賢爲師，取其是而監其非，不當以彼爲準則也。」《答黄直卿書》云：「婺州一種議論，名宗吕氏而實主同甫。潘家館客，往往皆此類。」《答程正思書》云：「浙學尤更醜陋，如潘叔昌、吕子約之徒，皆已深陷其中。」

炘按：叔昌所學，其詳不可考。以朱子答書觀之，大抵與子約相近。是爲成公歿後，東陽别派之學。

又按：《年譜·浙學》中又有孫應時。孫字季和，《大全集》中有答書二首，《别集》中有答書八首，細核之，似非子約、叔昌之比。且《别集》第三書云：「大抵學者專務持守者，見理多不明；專務講學者，又無地以爲之本。能如賢者兼集衆善，不倚一偏者，亦寡矣。」然則季和之學，實見許於朱子，故今不列。

三、永嘉陳君舉、葉正則之學

陳傅良，字君舉，温州瑞安人。登進士甲科，官至寶謨閣待制。今傳者有《春秋後傳》《止齋文集》。

《本傳》：永嘉鄭伯熊、薛季宣，以學行聞，而伯熊於古人經制治法，討論尤精；傅良皆師事之，而得季宣之學爲多。

呂東萊《與君舉書》云：「自昔所見少差，流弊無窮者，皆高明之士也。」朱子《與葉正則書》云：「年來見得此事極分明，乃知曾子竟以魯得之，而聰明辨博如子貢者，終不得與聞，真有以也。」與東萊答君舉之意同。又曰：「公私之辨，尤須詳察。」

陸象山《與君舉書》云：「世習靡敝，固無可言。以學自命者，又復錮蔽私見，卻鍼拒砭，厚自黨與，假先訓，封形似，以自附益，不知其實背馳久矣。」

朱子《答劉公度書》云：「君舉書殊不可曉，似都不曾見得實理，只是要得博雜；又不肯分明如此說破，欲包羅和會衆說，不令相傷。其實都不曉得衆說之是非得失，自有合不得處也。葉正則亦是如是。」《語類》云：「君舉有《周禮類》數篇[一]，又說漢唐好處，與三代暗合。」

葉適，字正則，温州永嘉人。淳熙五年進士第二人，官至寶文閣學士，謚忠定。今傳者有《水心集》。

《本傳》：志意慷慨，雅以經濟自負。

[一] 明代朱睦㮮《授經圖義例》卷二〇歸諸「論說」，稱陳傅良《周禮說》一卷。按：朱子說其書數篇，稱《周禮類》，推測爲類說議論之書。

朱子答書云：「來書毫毛鈞石之喻，是乃《孟子》所謂尋尺者。此等議論，近世蓋多有之，不謂明者亦出此也。」又書云：「見士子傳誦所著書及答問、書尺，類皆籠罩包藏之語。中間得君舉書，亦深以講究辨切爲不然。無他，只是自家不曾見得親切，故作此見耳。」

黄氏震曰：「水心力排莊老，正矣；乃并譏程伊川，則異論也。力主張恢復，正矣，乃反斥張魏公，則大言也。能力詆本朝兵財靡敝天下，以至於弱，正矣；乃欲割兩淮、江南、荆湖，棄諸人，以免養兵，獨以兩浙爲守，又欲抑三等户代兵，兹又靡敝削弱之尤者也。」

炘按：止齋、水心兩公，爲經制之學，雖其公私義利，包羅籠罩，不甚分别，大旨與永康相出入；而其持躬端正，考事詳密，立論慤實，終與永康不類，是爲永嘉之學。

四、四明楊敬仲、袁潔齋、舒元賓、沈叔晦之學

楊簡，字敬仲，慈溪人。乾道五年舉進士，授富陽主薄，官至寶文閣學士。今傳者有《楊氏易傳》《慈湖詩傳》《慈湖遺書》。

《慈湖遺書》云：「簡行年二十有八，居太學，夜返觀，忽覺天地内外，森羅萬象，幽明變化，有無彼此，通爲一體。後因承象山先生『扇訟是非』之答，而又覺澄然清

明。」又云：「道心發光，如太陽洞照。」

陳氏建曰：「朱子嘗謂浙江有般學問，是得江西之緒餘，只管教人合眼端坐，只覺一箇物事，與日頭相似，便謂之悟，正是指此。」

朱子《答潘子善書》云：「楊敬仲其人簡淡誠慤，自可愛敬，而其議論見識，自是一般。又自信已篤，不可復與辨論，亦不必徒爲嘵嘵也。」

袁燮，字和叔，鄞縣人。登進士第，官至知温州，進直學士，謚正獻。今傳者有《絜齋家塾書鈔》《絜齋毛詩經筵講義》《絜齋集》。

《本傳》：燮初入太學，陸九齡爲學録。同里沈焕、楊簡、舒璘皆在學，以道義相切磨。後見九齡之弟九淵，發明本心之旨，乃師事焉。

舒璘，字元質，一字元賓，奉化人。登乾道八年進士，官至通判宜州，謚文靖。今傳者有《文靖集》。

《本傳》：從陸九淵遊，曰：「吾惟朝於斯，夕於斯，刻苦磨厲，改過遷善，日有新功，亦可以弗畔矣乎。」

沈焕，字叔晦，定海人。登乾道五年進士，官至通判舒州，追贈直華文閣，謚端憲。

《本傳》：試入太學，與臨川陸九齡爲友，從而學焉。

朱子答書曰：「日前務爲學而不觀書，此固一偏之弊。」又書曰：「近年學者求道太迫，立論太高，往往嗜簡易而憚精詳，樂渾全而畏剖析。以此不本天理之本然。」

《宋史·陸九淵傳》：門人楊簡、袁燮、舒璘、沈煥，能傳其學云。

炘按：楊、袁、舒、沈四先生，雖所造各不同，而皆傳金谿之宗旨。朱子謂：「浙中朋友，一等底只理會上面道理，又只理會一箇空底物事，都無用。」蓋指此也。是爲四明之學。

夏氏炘《朱子借陸學以鍼砭婺學説》

婺州自吕成公歿後，大愚、叔昌諸君，震於永康之議論，輕心性，重事功，其弊將枉尺而直尋，且不免利欲之膠漆。始朱子與成公切磋之時，共肩斯道，不意一傳而弊至斯極也。淳熙辛丑季冬，朱子除提舉浙江常平公事，壬寅哭成公於明招之墓，會同甫於衢婺之間，與浙人往來講論者一載。癸未甲辰奉祠家居，始辨浙學之謬，而於婺州尤三致意焉。蓋大愚乃成公之弟，而叔昌亦及門之佳士也。

初陸文安公〔一〕講學臨川，吕成公爲之介紹，始與朱子爲鵝湖之會。文安之學，在於「收拾精神，自作主宰」，與朱、吕先知後行、由博反約之論不合，然與其癖傳耽史，心日外馳，何如收斂凝定，尚能不失其本心也；計功逐名，利日益熾，何如恬澹廉静，尚能不失其素志也。知智力之説不如德性，而後一切把持之念消；知涵養之功可勝浮躁，而後一切奔放之意絶，於是恒借陸學以鍼砭之。

《答劉子澄書》云：「子静一味是禪，却無許多功利術數，目下收斂得學者身心，不爲無益。」

《答陳膚仲書》云：「陸學固有似禪處，然婺州朋友，專事聞見，而於身心，全無功夫，所以每勸學者兼取其長。」

《答吴伯豐書》云：「學不過兩種，一則脱略太高，一則專務外馳。其過高者，固爲有害，然猶爲近本；其外馳者，詭譎狼狽，更不可言。」

《答沈叔晦書》云：「務爲學而不觀書，此固一偏之論。然近日又有一般學術，廢

〔一〕文安乃陸九淵之謚號。

經而治史，略王事而尊霸術，如此讀書，則又不若不讀之爲愈也。」凡《文集》中，如此類者甚多〔一〕，皆不得已而爲補偏救弊之計。其詞氣抑揚宛轉之間，亦無難明其意之所在。昧者不察，遂以爲朱子晚年之學，實尊信文安，不亦誣乎？〔二〕

朱子辨浙東學發微下

文治按：永康學派創自陳同甫，同甫才氣超邁，辟易千夫，直欲開拓萬古心胸，推倒一時豪傑；乃以言行不謹，三次下獄，厥後又附和光宗，幸獲及第，晚節狼藉。究其病痛所在，無非義利雙行、王霸雜用之説誤之也。

夫謂義利雙行，則是溺志於利矣；謂王霸雜用，則是降志於霸矣。朱子與之反覆辨論，無非欲救其心術之偏，而同甫不悟，惜哉！惜哉！孔子曰：「好直不好學，其

〔一〕謂朱子肯定陸九淵之言詞。

〔二〕夏炘《述朱質疑·朱子借陸學以鍼砭婺學説》卷九文。

蔽也絞。好勇不好學，其蔽也亂。好剛不好學，其蔽也狂。」〔一〕同甫於六蔽而得其三，雖得賢友之忠告善道，反覆箴規，卒悍然而不顧。其才其氣，皆爲傲很剛愎之資，焉得不罹於禍害？嗚呼！吾不獨爲同甫惜，實爲天下之人才與風氣惜也。譬諸覂駕之馬，遇伯樂而不反，《禮記・樂記篇》〔二〕：「始駕馬者反之，車在馬前。」樗櫟之材，逢大匠而仍廢。自來教育家欲成就英雄者，鮮不引爲憾事。

夫聖賢之徒，戰戰兢兢，如臨深而履薄，豈好爲是迂闊哉！立其心以爲天下之標準，守其身以辨天下之大事，固宜如是也。兹特録朱子與同甫辨論書，見天下萬世之懷才負氣者，必以端謹心術爲本。

答陳同甫書〔三〕 王云「甲辰」。〔四〕

比忽聞有意外之禍，甚爲驚歎。方念未有相爲致力處，又聞已遂辨白而歸，深

〔一〕《論語・陽貨》文。
〔二〕《禮記・學記》文。
〔三〕此文並載於《性理學大義・朱子大義》卷三，文末删除「悚仄悚仄」四字。
〔四〕王懋竑《朱子年譜》卷三上「淳熙十二年乙巳五十六歲春二月」條下文。

以爲喜。人生萬事，真無所不有也。比日久雨蒸鬱，伏維尊候萬福。歸來想諸況仍舊，然凡百亦宜痛自收歛。此事合説多時，不當至今日，遲頓不及事，固爲可罪，然觀老兄平時自處於法度之外，不樂聞儒生禮法之論。雖朋友之賢如伯恭者，亦以法度之外相處，不敢進其逆耳之論，每有規諷，必宛轉回互，巧爲之説，然後敢發平日狂妄。深竊疑之，以爲愛老兄者，似不當如此。方欲俟後會從容面罄其説，不意罷逐之遽，不及盡此懷也。今兹之故，雖不知所由，或未必有以召之，然平日之所積，似亦不爲無以集衆尤而信讒口者矣。老兄高明剛決，非吝於改過者。願以愚言思之，絀去「義利雙行、王霸並用」之説，而從事於「懲忿窒欲、遷善改過」之事，粹然以醇儒之道自律，則豈獨免於人道之禍，而其所以培壅本根，澄源正本，爲異時發揮事業之地者，益光大而高明矣。荷相與之厚，忘其狂率，敢盡布其腹心，雖不足以贖稽緩之罪，然或有補於將來耳，不審高明以爲如何？悚仄悚仄。〔一〕

〔一〕《朱文公文集·書·辯答·與陳同甫》卷三六文。

又答陳同甫書[一]　王云同。[二]

示諭縷縷，殊激懦衷，以老兄之高明俊傑，世間榮悴得失，本無足爲動心者，而細讀來書，似未免有不平之氣。區區竊獨妄意此殆平日才太高、氣太鋭、論太險、迹太露之過，是以困於所長，忽於所短，雖復更歷變故，顛沛至此，而猶未知所以反求之端也。

嘗謂天理、人欲二字，不必求之於古今王伯之迹，但反之於吾心義利邪正之間。察之愈密，則其見之愈明；持之愈嚴，則其發之愈勇。《孟子》所謂「浩然之氣」者，蓋斂然於規矩準繩，不敢走作之中，而其自任以天下之重者，雖賁育莫能奪也，是豈才能血氣之所爲哉？

老兄視漢高帝、唐太宗之所爲，而察其心果出於義耶？出於利耶？出於邪耶？正耶？若高帝則私意分數，猶未甚熾然，已不可謂之無。太宗之心，則吾恐其無一念

[一] 文並載《性理學大義·朱子大義》卷三。

[二] 王懋竑《朱子年譜》卷三上「淳熙十二年乙巳五十六歲春二月」條下文。即同前書甲辰年。

之不出於人欲也。直以其能假仁借義以行其私，而當時與之争者，才能智術既出其下，又不知有仁義之可借，是以彼善於此而得以成其功耳。若以其能建立國家，傳世久遠，便謂其得天理之正，此正是以成敗論是非，但取其獲禽之多，而不羞其詭遇之不出於正也。千五百年之間，正坐如此，所以只是架漏牽補，過了時日，其間雖或不無小康，而堯、舜、三王、周公、孔子所傳之道，未嘗一日得行於天地之間也。若論道之常存，却又初非人所能預，只是此箇自是亘古亘今、常在不滅之物，雖千五百年被人作壞，終殄滅他不得耳！漢唐所謂賢君，何嘗有一分氣力扶助得他耶？

至於儒者成人之論，專以儒者之學爲出於子夏，此恐未可懸斷。而子路之問成人，夫子亦就其所及而告之。故曰「亦可以爲成人」，則非成人之至矣。爲子路、爲子夏，此固在學者各取其性之所近。然臧武仲、卞莊子、冉求，中間插一箇孟公綽，齊手并脚，又要「文之以禮樂」，亦不是管仲、蕭何以下規模也。向見蔡伯恭文，亦疑二公何故相與聚頭作如此議論。近見叔昌、子約書〔一〕中説話，乃知前此此話已説成了。

〔一〕叔昌乃潘景愈之字，吕祖謙門人，嘗爲太學解魁，淳熙十六年（一一八九）進士，官至安慶教授。淳熙二年（一一七五）春，吕祖謙偕潘氏入閩四十餘天，與朱子合編《近思録》。子約則是吕祖儉之字，吕祖謙之弟，自號大愚叟。

亦嘗因答二公書，力辨其説，然渠來説得不索性，故鄙論之發，亦不能如此書之盡耳。

老兄人物奇偉英特，恐不但今日所未見，向來得失短長，正自不須更挂齒牙，向人分説。但鄙意更欲賢者百尺竿頭，進取一步，將來不作三代以下人物，省得氣力爲漢唐分疏，即更脱灑磊落耳。

李、孔、霍、張，則吾豈敢？然夷吾、景略之事〔一〕，亦不敢爲同父願之也。大字甚荷不鄙，但尋常不欲爲寺觀寫文字，不欲破例。此亦拘儒常態，想又發一笑也。寄來紙却爲寫張公集句《坐右銘》去，或恐萬一有助於積累涵養，睟面盎背之功耳。〔二〕

又答陳同甫書〔三〕

王云「乙巳」。〔四〕

示諭縷縷，備悉雅意。然區區鄙見，常竊以爲亘古亘今，只是一理〔五〕，順之者成，

〔一〕「夷吾」謂管仲。「景略」乃王猛（三二五～三七五）之字，王氏乃前秦苻堅立國功臣。

〔二〕《朱文公文集·書·辯答·答陳同甫》卷三六文。

〔三〕文並載《性理學大義·朱子大義》卷三。

〔四〕王懋竑《朱子年譜》卷三上「淳熙十二年乙巳五十六歲春二月」條下文。

〔五〕「理」字，《朱文公文集》作「體」。

逆之者敗，固非古之聖賢所能獨然，而後世之所謂英雄豪傑者，亦未有能舍此理而得有所建立成就者也。但古之聖賢，從根本上便有「惟精惟一」工夫，所以能執其中，徹頭徹尾，无不盡善。後來所謂英雄，則未嘗有此工夫，但在利欲場中，頭出頭没，其資美者，乃能有所暗合，而隨其分數之多少以有所立。然其或中或否，不能盡善，則一而已。來諭所謂「三代做得盡，漢唐做得不盡」者，正謂此也。然但論其盡與不盡，而不論其所以盡與不盡，却將聖人事業去就利欲場中比並較量，見有彷彿相似，便謂聖人樣子不過如此，則所謂毫釐之差、千里之謬者，其在此矣。

且如管仲之功，伊吕以下，誰能及之？但其心，乃利欲之心；迹，乃利欲之迹。是以聖人雖稱其功，而孟子、董子皆秉法義以裁之，不稍假借，蓋聖人之目固大，心固平，然於本根親切之地，天理人欲之分，則有毫釐必計、絲髮不差者。此在後之賢，所以密傳謹守，以待後來，惟恐其一旦舍吾道義之正，以徇彼利欲之私也。今不講此，而遽欲大其目，平其心，以斷千古之是非，宜其指鐵爲金，認賊爲子，而不自知其非也。

若夫點鐵成金之譬，施之有教无類、遷善改過之事則可，至於古人已往之迹，則其爲金爲鐵，固有定形，而非後人口舌議論所能改易久矣。今乃欲追點功利之鐵，以成道義之金，不惟費却閑心力，无補於既往，正恐礙卻正知見，有害於方來也。若論漢唐以下便是真金，則固無待於點化，而其實又有大不然者。蓋聖人者，金中之金也，學聖人而不至者，金中猶有鐵也。漢祖、唐宗用心行事之合理者，鐵中之金也。曹操、劉裕之徒，則鐵而已矣。夫金中之金，乃天命之固然，非由外鑠，淘擇不淨，猶有可憾。今乃無故必欲棄舍自家光明寶藏，而奔走道路，向鐵鑪邊渣鑛中撥取零金，不亦誤乎？

帝王本無異道，王通分作兩三等，已非知道之言。且其爲道，行之則是，今莫之禦而不爲，乃謂不得已而用兩漢之制，此皆卑陋之説，不足援以爲據。若果見得不傳底絶學，自无此蔽矣。今日許多閑議論，皆原於此學之不明，故乃以爲笆籬邊物而不之省，其爲唤銀作鐵，亦已甚矣。

來諭又謂：「凡所以爲此論者，正欲發儒者之所未備，以塞後世英雄之口而奪之氣，使知千塗萬轍，卒走聖人樣子不得。」以愚觀之，正恐不須如此費力。但要自家見得道理分明，守得正當，後世到此地者，自然若合符節，不假言傳，其不到者，又何足與之争耶！況此等議論，正是推波助瀾。縱風止燎，使彼益輕聖賢而愈無忌憚，又何足以閉其口而奪其氣乎？[一]

[一]《朱文公文集・書・辯答・答陳同甫》卷三六文。

附：全氏祖望《陳同甫論》

自陳同甫有義利雙行、王霸雜用之論，世之爲建安之徒者，無不大聲排之。吾以爲是尚未足以貶同甫。蓋如同甫所云：「是其學有未醇，而尚不失爲漢以後人物。孔明有王佐之才，而學墮於刑名家，要之固漢時一人豪也。」若同甫則當其壯時，原不過爲大言以動衆，苟用之亦未必有成。迨一擲不中而嗒焉以喪，遂有不克自持之勢。嗟夫！同甫當上書時，敝屣一官，且有逾垣以拒曾覿之勇。而其暮年對策，遂阿光宗嫌忌重華之旨，謂不徒以一月四朝爲京邑之美觀，何其謬也！蓋當其累困之餘，急求一售，遂不惜詭遇而得之。

吾友長興王敬所嘗語予：「以同甫之才氣，何至以一大魁爲驚喜，至於對弟感泣，相約以命服共見先人於地下，是蓋其暮氣已見之證。豈有淺衷如此，而力能成事者？」

予應之曰：同甫之將死，自其對策已徵之矣，不特此數語也。故即令同甫不死，天子赫然用之，必不能揜其言。同甫論李贊皇之才，以爲尚是積穀做米、把纜放船之人，尚有所未滿。同甫之失，正坐亟於求舂而不需穀，亟於求涉而不需纜，卒之米固不得，并其船而失之。水心於同甫惜其初之疾呼納説，以爲其自處者有憾，而又謂使其終不一遇，不免有狼疾之歎，可謂微而婉者也。永嘉經制之學，其出入於唐漢之間，大略與同甫等。然止齋進退出處之節，則渺渺不可及矣。即以争過宫言之，同甫不能無愧心，可謂一龍而一蛇者矣！

吾故曰：論學之疏，不足以貶同甫也，至若反面事二姓之方回，亦深文以詆同甫，謂其登第後以漁色死非命，是則不可信者。同甫雖可貶，然未許出方回之口，況摭流俗人之傳聞以周内之哉！〔一〕

文治按：篇中「逾垣拒曾覿」語，蓋同甫自淳熙中對策後，帝欲官之，同甫笑曰：「吾欲爲社稷開百年之基，寧用博一官乎？」曾覿聞欲見焉，同甫耻之，逾垣而逃。又李贊皇，即李德裕，唐之才相，頗任意氣，論見《龍川集》〔二〕。又方回是否留夢炎字，待考。

〔一〕黄宗羲《宋元學案》卷五六附録引全祖望之言。

〔二〕陳亮《龍川集·復何叔厚》卷一九文。

附：唐文治《讀陳同甫與朱子論漢唐書》上〔一〕

天地之間，道有其極，理有其至。學其極，學其至，則雖不造於極至，而亦不失爲中人。苟自其下焉者求之，以爲能如是，是亦足矣！則雖爲中人且不可得，而況其極致者乎？昔者孟子曰：「規矩，方員之至；聖人，人倫之至。……不以舜之所以事堯事君，賊其君者也；不以堯之所以治民治民，賊其民者也。」〔二〕夫世人寧不知堯舜之不可幾及者？果若《孟子》之言，豈天下真皆賊其君、賊其民者耶？蓋《孟子》之意，以爲法堯舜而不得，則猶不失爲湯、武、成、康諸君，苟不法堯舜，則其志日趨於污下，勢不至爲桀紂不止。

然則宋儒之貶抑漢唐，而以爲舍三代無可學者，其本意亦非謂漢唐之果一無可採也，蓋其説亦猶《孟子》之意也。自陳同甫不得其意，於是嘵嘵與朱子辨論，反覆數四，

〔一〕唐先生《讀陳同甫與朱子論漢唐書》上下篇，原收録在《茹經堂文集》一編卷三，題《陳同甫與朱子辨論漢唐治法論》上下篇，成於一八八七年。

〔二〕《孟子·離婁上》文。按：「賊其君者也」，《孟子》作「不敬其君者也」。

而卒不屈其説。夫吾推朱子之初意，但欲其絀去「義利雙行，王霸並用」之説，而冀其從事於「懲忿窒欲，遷善改過」之事，本非欲以辨漢唐也。而同甫乃全不顧其心之不純，專爲漢唐分疏，力以明其天理常運，人爲不息，而不可以架漏牽補度時之意，於是其説之支離，至於顯斥儒者，隱尊詭遇。然吾且不於此而責其謬也，但責其不察先儒立言之意爾。

夫宋儒之必貶抑漢唐，而自謂得三代不傳之學，其説固不免於過自期許。然其剖析乎義利之界、理欲之微，使後之人主，有以内純其心，兢兢業業，而欲然常有所不足，是真聖賢之教也。今同甫乃必欲推崇漢唐，以爲雖不及三代而實與三代不異，則是欲使後之人主不以上焉者爲法，以下焉者爲法也。夫以下焉者爲法，則且以仁義爲迂闊而無用，而以功利爲切要而可圖，日朘月削，浸舉古昔聖王「不忍人之心」與「不忍人之政」蕩滅而無餘，此其弊，詎有底耶？

且夫乾坤之不息者，由天理之常存也。天理之常存者，由人心之不死也。是則朱子〔一〕所云「千五百年之間……架漏牽補過日」〔二〕者，正欲使人動其戒懼之心，求其

〔一〕「朱子」原誤作「朱漏」，據《茹經堂文集》爲正。
〔二〕《朱文公文集·書·辯答·答陳同甫第六書》卷三六文。

不架漏、不牽補，乃僅僅可以架漏牽補也。今若即以架漏爲不架漏，以牽補爲不牽補，則後之繼者并不能架漏、不能牽補矣。同甫又何弗思耶[一]！是故吾申孟子之義，而以折同甫之説。

附：唐文治《讀陳同甫與朱子論漢唐書》下

或者曰：「如子言，則先儒所謂三代專以天理行，漢唐專以人欲行者，其説無可非與？」曰：此亦不宜專責漢唐之君，亦當就時勢而言也。

粵自太極之元，兩儀始分，浮沈交錯，庶類混成，天下之民，噩噩無爲。當是時也，萬物熙皞，機巧之智未開，而天地之氣亦渾淪和厚而毫無所斲喪，而古之聖人亦遂安坐而理之，以相安於無事；即有戰争誅伐之舉，亦多出於公義，而無有自爲身謀者，是何也？蓋以當世之人不知有利，不知有利，故聖王以義處之而有餘也；當世之人不縱其欲，不縱其欲，故聖人以理服之而有餘也。

自周道衰，七國分争而策士起，於是利欲之機大熾，變詐之術日開。洎乎秦政焚

[一]「弗思」原誤作「子思」，據《茹經堂文集》正。

書，禮法掃地，而天地渾厚之氣，於是大夷，而人心亦自此變矣。是故戰國並爭之會，正天下義轉爲利、理轉爲欲之一大關鍵也。當是之後，愛惡相攻，利害相刧，順存逆亡，力其先矣。難萃易涣，人心靈矣。故即以堯舜、三代之君處此，雖以道德爲治術先，亦必以智勇濟之。何者？民心日趨於機巧，若純用忠厚，則且爲其所愚而不自覺。然則漢唐之世固非無仁愛、忠信之主，而其所以不及三代之忠厚者，由時勢爲之也。

夫時勢之變，固非謂但宜霸而不宜王，然以中材處之，則恒出於霸，故後世儒者若不論其時勢之不同，而專責漢唐之君不及三代之君之用心之純，則其論固不免於苛刻。然若即以時勢之故，而以三代之君之用心爲迂闊而不足學，則適以啓天下淫暴虐戾者之藉口，而其弊更無所極止。吾獨怪同甫論漢唐諸君之不及三代，不就其世變而言，而反就其心術而言，是其意雖在庇漢唐諸君，而實未得乎漢唐諸君之用心，而反欲駁先儒之説，以爲三代固以天理行，漢唐亦以天理行，特三代做得盡，漢唐做得不盡。嗚呼！是烏知三代之君所以俱以天理行者，乃由乎機巧之未開，漢唐之君所以俱以人欲行者，乃承乎當世之流弊。然而後之人主，苟不就其至者以爲法，則亦終無以進於聖賢之道，而挽世運之變也夫！

紫陽學術發微卷十

《朱子晚年定論》發微

文治按：王陽明先生作《朱子晚年定論》，曾於正德乙亥其自序謂龍場悟道後，「精明的確，洞然無復可疑，獨於朱子之説有相〔一〕牴牾，恒疚於心……及官留都，復取朱子之書而檢求之，然後知其晚歲固已大悟舊説之非，痛悔極艾，至以爲自誑誑人…… 世之所傳《集注》《或問》之類，乃其中年未定之説……而其諸《語類》之屬，又其門人挾勝心以附己見。……余慨夫世之學者，徒守朱子中年未定之説，而不復知求其晚歲既悟之論……爰採録而裒集之，以示同志，庶幾無疑於吾説，而聖學之明可

〔一〕「相」原誤作「所」字，據《王文成公全書・朱子晚年定論》文爲正。

冀矣」〔一〕云云。此書一出，世儒或謂其顛倒年次，援儒入墨，如陳清瀾先生《學蔀通辨》、張武承先生《王學質疑》、陸清獻公《三魚堂集》、劉虞卿先生《理學宗傳辨正》、吴竹如先生《拙修集》，攻之尤力。

竊以爲陽明之論朱子，不考其平生爲學次第，舉其《集注》《或問》《語類》之説，一埽而空之，仍不免鹵莽滅裂之病。然其所引朱子晚年涵養之説在己丑以後者，亦未可遽以爲失而概廢之也。朱子著作既多，門人裒輯其集，但以文字類聚，不及編年，遂啓後學之争端。後代之編文集者，宜於此注意也。

然文治竊謂：讀先儒書，當先辨其是非。其言而是也，雖出於中年，未嘗不可以篤信之；其言而非也，雖出於晚年，亦當慎思明辨，知其或有爲而發也。《晚年定論》確有中年而誤以爲晚者，有中年而其言是者，有晚年有爲而發者，然亦確有晚年專主於涵養者。兹特逐條附以按語，並引陳、劉、吴諸先儒説而釐訂之，加以評論。其有原書所列而本編從略者，學者推類以盡其餘可矣。又王白田、朱止泉兩先生間有考定年歲，並附注題下，以備參覽，更以見晚年之説，非盡誣也。

〔一〕《王文成公全書·語録三·傳習録下·朱子晚年定論》卷三文。

答黄直卿書

爲學直是先要立本，文義卻可且與説出正意，令其寬心玩味，未可便令考校同異，研究纖密，恐其意思促迫，難得長進。將來見得大意，略舉一二節目，漸次理會，蓋未晚也。此是向來定本之誤，今幸見得，卻煩勇革，不可苟避譏笑，卻誤人也。〔一〕

文治按：此條並無流弊，可信爲定論。

答吕子約書

日用工夫，比復何如？文字雖不可廢，然涵養本原而察於天理人欲之判，此是日用動静之間，不可頃刻間斷底事。若於此處見得分明，自然不到得流入世俗功利權謀裏去矣。

熹亦近日方實見得向日「支離」之病，雖與彼中證候不同，然忘己逐物、貪外虚内

〔一〕《朱文公續集》卷一文。

之失，則一而已。程子説「不得以天下萬物撓己，己立後自能了得天下萬物」〔一〕，今自家一個身心不知安頓去處，而談王説伯，將經世事業別作一箇伎倆商量講究，不亦誤乎？相去遠不得面論，書問間終説不盡，臨風嘆息而已。〔二〕

文治按：此爲子約對病發藥，以其談王説伯，恐流於功利也。賢者立教，各有所當，觀孔門答問之不同，即可得其大意矣。

答何叔京書

王云此書在戊子，朱子三十九歲。〔三〕

前此僭易拜禀博觀之弊，誠不自揆，乃蒙見是，何幸如此！然觀來諭，似有未能遽舍之意，何邪？此理甚明，何疑之有？若使道可以多聞博觀而得，則世之知道者爲不少矣。熹近日因事方有少省發處，如「鳶飛魚躍」，明道以爲與「必有事焉勿正」之意同者，今乃曉然無疑。日用之間，觀此流行之體，初無間斷處，有下工夫處，乃知日前自誑誑人之罪，蓋不可勝贖也。此與守書册、泥言語，全無交涉，幸於日用間察之，

〔一〕程顥語見載《近思録》卷四及《朱子語録》之學二「總論爲學之方」第九十二節。
〔二〕《朱文公文集·書·問答》卷四七文。
〔三〕王懋竑《朱子年譜》卷一下「乾道四年戊子三十九歲夏四月」條下文。

知此則知仁矣。〔一〕

劉氏虞卿曰：「《宗傳》謂：『明道此語，晦翁晚年方得無疑，無怪後學未能卒解。』按：『明道此語』及『識仁』一段，道理深奥，非學者所能驟及，故朱子晚年始發其旨，非前此尚有疑也。所以朱子謂明道之言渾淪超邁，學之無可依據，不如伊川語的確精密，耐學者咀嚼，此實不易至論。而明正嘉以後學者，往往藉口於明道之言，滅卻多少下學工夫，而動語自然，輒尋快活，安得不躐等妄進，自外於聖賢之學，而墮入於虚無一路，以狂妄而自恣乎？」又云：「德盛則禮恭。自詆詆人，亦所謂自道。……此是爲學者指示本體處，恐其滯於文字中也，而以爲痛自悔悟，終與子静合，不亦援儒而入釋乎？」〔二〕

夏氏弢甫曰：「《年譜》『乾道四年夏四月，崇安饑。』此書篇首云：『今年不謂饑歉至此。』又云：『及今早稻已熟。』則爲戊子秋後之書。『因事方有少省發處』，即縣中委以振糶之役也。『如鳶飛魚躍』，謂因事省發，活潑潑地，不爲事所

〔一〕《朱文公文集·書·知舊門人問答》卷四〇文。
〔二〕劉廷詔《理學宗傳辨正》卷五文。

困也。『明道以爲與必有事焉而勿正之意同』『今乃曉然無疑』者，謂明道之言不我欺也。斯時叔京爲上杭丞數行縣事，不爲守所悦，與朱子書，有志不獲伸之語。朱子細詢來使，始盡知曲折，故既自道其不爲事困之實，而亦因以箴之。『明道以爲必有事焉而勿正』，活潑潑地與『鳶飛魚躍』之意同者，《孟子或問》中曾細言其旨，并以或者謂此語原於禪學則誤也。而孰意後之人，又以朱子此書爲早同於陸也。嗚呼！其亦考之未詳矣。又云『日用之間觀此流行之體，初無間斷處』，仍是『中和舊説』也。『有下工夫處』，謂因事省發，即所云對接事變，不敢廢體察。本書中語。從敬夫先察識之説也。『自誑誑人』，指乙酉丙戌以前，未達中和之旨言之。凡朱子自謙之語，如此類者不可勝數，而或以爲朱子晚年悔過，不亦誣乎？朱子此時纔三十九歲耳。」[一]

文治按：劉説極平實切理，惟以爲晚年則誤。夏氏説考覈精詳，最得事實。

〔一〕夏炘《述朱質疑·朱子答何叔京書考》卷三文。

答潘叔昌書

示諭「天上無不識字底神仙」，此論甚中一偏之弊，然亦恐只學得識字，卻不曾學得上天，即不如且學上天耳。上得天了，卻旋學上大〔一〕人，亦不妨也。中年以後，氣血精神，能有幾何不是記故事時節？熹以目昏，不敢著力讀書，閒中静坐，收斂身心，頗覺得力；閒起看書，聊復遮眼，遇有會心處時，一喟然耳。〔二〕

文治按：朱子所謂「學上天」者，欲其下學而上達天德，非元妙語也。讀此書正宜力求下學工夫，至静坐收斂身心，實學者之要。陸清獻《三魚堂集》載朱子告郭友仁語〔三〕，力闢静坐之非，然朱子静坐傳自羅、李〔四〕，遠紹程門，何必諱言静坐乎？《語録》中，言静坐處亦甚多。

〔一〕「大」字原作「天」，據《朱文公文集》爲正。

〔二〕《文集・書・知舊門人問答》卷四六文。

〔三〕陸隴其《三魚堂文集・讀朱子告郭友仁語》卷四文，唐先生《紫陽學術發微》卷一一引録此文。

〔四〕指羅從彦與李侗。

答吕子約書

《孟子》言學問之道，惟在求其放心。而程子亦言「心要在腔子裏」。今一向耽著文字，令此心全體都奔在册子上，更不知有己，便是箇無知覺不識痛癢之人。雖讀得書，亦何益於吾事耶？[一]

陳氏清瀾曰：「按：此書全文，乃有爲之言，因人而發者。《道一編》乃節録以證『朱陸晚同』。王陽明因取爲《晚年定論》，亦是謾人。全書云：『向來疾證，來書以爲勞耗心力所致，而諸朋友書亦云讀書過苦使然，不知是讀何書？若是聖賢之遺言，無非存心養性之事，決不應反至生病，恐又只是太史公作祟耳！《孟子》言學問之道，至何益於吾事耶？況以子約平日氣體不甚壯實，豈可直以耽書之故，遂忘饑渴寒暑？使外邪客氣得以乘吾之隙，是豈聖人謹疾孝子守身之意哉？』其全書首尾如此，蓋爲子約耽書成病而發，而因戒其讀史之癖耳，非以讀聖賢之書爲無益也。今篁墩、陽明删去首尾，欲使學者不知其爲有爲之言，

[一]《朱文公文集·書·問答（一本作知舊門人問答）》卷四七文。

而概以讀書爲無益者，不亦誣哉？」〔一〕

吴氏竹如曰：「朱子謙己誨人，每因人立教，應病與藥，言豈一端而已哉？此條《答吕子約書》特因其疲敝精神，沈溺於遷史，痛下鍼砭耳！《宗傳》專取此種言語，以爲朱子晚年悔悟，爲終與子静合之證，何用心之私也？」〔二〕

文治按：陳、吴二説均是。然朱子讀書法，有「以我觀書」「以書博我」之别；蓋「以我觀書」，則胸有主宰，事半功倍，其心逸而不勞；「以書博我」，則勞精敝神，泛濫而無所歸宿，直爲書所役使矣。故孟子言「博學詳説」，又言「存心養性」，二者之功，不可偏廢也。

與周叔謹書

王云程注附丁未後。〔三〕按：丁未，朱子五十八歲。

應之甚恨未得相見，其爲學規模次第如何？近來吕陸門人互相排斥，此由各徇

〔一〕陳建《學蔀通辨》前編卷中文。
〔二〕吴廷棟《拙修集·書〈孟子〉言學問之道條後》卷五文。
〔三〕「程注」見於程曈《閑闢録》卷首目録篇章時序。

所見之偏，而不能公天下之心以觀天下之理，甚覺不滿人意。應之蓋嘗學於兩家，不[一]知其於此看得果如何？因話扣之，因書諭及爲幸也。熹近日亦覺向來説話有太支離處，反身以求，正坐自己用功亦未切耳，因此減去文字工夫，覺得閒中氣象甚適。每勸學者亦且看《孟子》「道性善」「求放心」兩章，著實體察收拾爲要。其餘文字，且大概諷誦涵養，未須大段著力考索也[二]。

文治按：此書上半段正是闢浙學、贛學之非，憫其局於一偏而不能觀天下之理也。下半段正是涵養工夫有得，以諷誦爲涵養，乃與道大適，非廢書冥悟者所得藉口也。至勸學者讀《孟子》「道性善」「求放心」兩章，與《玉山講義》相合。「求放心」，學道之基也；「道性善」，理會本原，窮理盡性以至於命也。當確是晚年之論。

[一]「不」字原誤作「未」，據《朱文公文集》爲正。
[二]《朱文公文集·書·問答（一本作知舊門人問答）·答周叔謹（葉公謹改姓字）》卷五四文。

答陸象山書

王云丁未，程注誤。〔一〕《陸譜》丙午。〔二〕按：丙午，朱子五十七歲。

熹衰病日侵，去年災患亦不少。比來〔三〕病軀，方似略可支吾，然精神耗減日甚一日，恐終非能久於世者。所幸邇來日用工夫頗覺有力，無復向來支離之病。甚恨未得從容面論，未知異時相見尚復有異同否耳。〔四〕

劉氏虞卿引《宗傳》云：「此答象山書，兩人同異，到此了然。按：文公向來原不支離，就彼所云亦云，可見公之心如太虛然，亦以冀子静之稍有感悟耳。不意其倔强到底，甘於偏頗也，而乃云『二人同異到此了然』乎？」〔五〕

文治按：朋友之誼，不直則道不見。陸子學術偏頗，朱子何妨直言以規之，而必自認支離乎？若謂朱子「心如太虚」，則信然矣。陳清瀾先生辨此書尤

〔一〕「程注」見於程曈《閑闢録》卷首目録《答陸子静書》作於「淳熙丁未」。
〔二〕《象山先生全集·年譜》卷三六「淳熙十三年丙午四十八歲夏五月」條下文。
〔三〕「比來」，《朱文公文集》作「此數日來」。
〔四〕《朱文公文集·書·陸陳辯答》卷三六文。
〔五〕劉廷詔《理學宗傳辨正》卷五文。

力，甚至謂朱陸豈生異死同，意氣過於激昂，見《學蔀通辨》前編卷中。豈朱子本意哉？

答符復仲書

王云疑在庚子後。〔一〕按：庚子，朱子五十一歲。

聞向道之意甚勤，向所諭義利之間，誠有難擇者，但意所疑以爲近利者，即便舍去可也。向後見得親切，卻看舊事只有見未盡、舍未盡者，不解有過當也。見陸丈回書，其言明當，且就此持守，自見功效，不須多疑多問，卻轉迷惑也。〔二〕

劉氏虞卿曰：「《宗傳》云：『二人投契，於此見之。』夫君子不以人廢言，可取則取之，固無所容心於其間。至其投契與否，豈後人所能强爲撮合哉！」〔三〕

文治按：劉説亦太過，未免失聖賢「毋固、毋我」氣象。

〔一〕王懋竑《朱子年譜》卷二下「淳熙八年辛丑五十二歲二月」條下文。
〔二〕《朱文公文集・書・知舊門人問答》卷五五文。
〔三〕劉廷詔《理學宗傳辨正》卷五文。

答吕子約書

日用工夫，不敢以老病而自懈，覺得此心操存舍亡，只在反掌之間。向來誠是太涉支離，蓋無本以自立，則事事皆病耳。……又聞講授亦頗勤勞，此恐或有未便。今日正要清源正本，以察事變之幾微，豈一向汩溺於故紙堆中，使精神昏弊，失後忘前，而可以謂之學乎？〔一〕

劉氏虞卿曰：「《宗傳》云：『此與子静立乎其大、求放心有二耶？』按：此爲學者指示切要工夫，恐其汩没於書傳中也。至孟子、程、朱所謂立乎其大、求放心，與陸氏相去，何啻天淵！」〔二〕

文治按：此條劉説「爲學者指示切要工夫」，極精。原書云：「操存舍亡，在反掌之間。」蓋操心之功，用之熟矣。至程朱之學孟子，在於義利之精微，而陸氏之學孟子，涉於精神之恍惚。説詳第八卷。

〔一〕《朱文公文集·書·問答（一本作知舊門人問答）·答吕子約（九月十三日）》卷四八文。
〔二〕劉廷詔《理學宗傳辨正》卷五文。

答吴茂實書　王云此書在庚子，朱子五十一歲。〔一〕

近來自覺向時工夫，止是講論文義，以爲積集義理，久當自有得力處，卻於日用工夫全少點檢。諸朋友往往亦只如此做工夫，所以多不得力。今方深省而痛懲之，亦願與諸同志勉焉，幸老兄徧以告之也。〔二〕

文治按：此書注重檢點日用工夫，正是涵養與致知並進之意。天下未有無檢點心體工夫，而能成學問者；亦未有無檢點心體工夫，而能治大事者。

答張敬夫書　王云此書在乙未，朱子四十六歲。〔三〕

熹窮居如昨，無足言者，但遠去師友之益，兀兀度日。讀書反己，固不無警省處，終是旁無彊輔，因循汩没，尋復失之。近日一種向外走作，心悦之而不能自已者，皆

〔一〕王懋竑《朱子年譜》卷二下「淳熙八年辛丑五十二歲二月」條下文。
〔二〕《朱文公文集·書·知舊門人問答》卷四四文。
〔三〕王懋竑《朱子年譜》卷二上「淳熙二年乙未四十六歲夏四月偕東萊公至鵝湖」條下文。

準《止酒》例〔一〕，戒而絶之，似覺省事，此前輩所謂「下士晚聞道，聊以拙自修」〔二〕者。若充擴不已，補復前非，庶其有日。舊讀《中庸》「慎獨」、《大學》「誠意」「毋自欺」處，常苦求之太過，措詞煩猥，近日乃覺其非，此正是最切近處，最分明處，乃舍之而談空於冥漠之間，其亦誤矣。方竊以此意痛自檢勒，懍然度日，惟恐有怠而失之也。

至於文字之間，亦覺向來病痛不少。蓋平日解經，最爲守章句者，然亦多是推衍文義，自做一片文字，非惟屋下架屋，説得意味淡薄，且是使人看者將注與經作兩項工夫做了，下梢看得支離，至於本旨全不相照。以此方知漢儒可謂善説經者，不過只説訓詁，使人以此訓詁玩索經文，訓詁經文，不相離異，只做一道看了，直是意味深長也。〔三〕

文治按：此條平正無弊，上一節言「以拙自修」，正是求放心之法，並非空談於冥漠之中也。下節因訓詁以求道，尤爲讀經要旨，足救漢學支離破碎之弊。

〔一〕陶淵明《止酒》詩凡二十句，句句刻意下「止」字，乃示《大學》「知止」之意，此朱子之取義也。
〔二〕蘇軾《貧家淨掃地》句。
〔三〕《朱文公文集・書・問答・答張敬夫（十二月）》卷三一文。

如鄭君講學，近道之處甚多。曾子言「君子所貴乎道者三」〔一〕，道即禮也，視、聽、言、動一於禮，而《中庸》「戒懼」、《大學》「誠意」不外是矣。而陳清瀾先生乃謂「陽明節録此書，欺弊有三」，竭力詆之，見《學蔀通辨》前編卷中。未免過甚矣。

答吕伯恭書

朱云《年譜》：「三年丙申二月，如婺源，蔡元定從。」〔二〕按：丙申，朱子四十七歲。

道間與季通講論，因悟向來涵養工夫全少，而講説又多彊探必取、尋流逐末之弊，推類以求，衆病非一，而其源皆在此，怳然自失，似有頓進之功。若保此不懈，庶有望於將來，然非如近日諸賢所謂頓悟之機也。向來所聞誨諭諸説之未契者，今日細思，脗合無疑，大抵前日之病，皆是氣質躁妄之偏，不曾涵養克治，任意直前之弊耳。〔三〕

文治按：此條當在己丑悟未發之旨以後，與季通講論，「悟向來涵養工夫

〔一〕《論語・泰伯》文。
〔二〕王懋竑《朱子年譜》卷二上「淳熙三年丙申四十七歲春三月」條下文。
〔三〕《朱文公文集・書・問答・答吕伯恭》卷三三文。

全少」，正是悟「中和舊説」之非，此《答張敬夫先生諸説例蒙印可書》及《與湖南諸公書》，足相參證。所云「任意直前之弊」，即所謂「應事接物處，但覺粗厲勇果，增培於前，而無寬裕雍容之氣」也〔一〕。見《答張敬夫先生第二書》。至云「恍然自失，似有頓進之功，若保此不懈，庶有望於將來，然非如近日諸賢所謂頓悟之機」云云，足見朱子四十歲以後得力處，與禪家迥不相同，豈得謂非定論乎？

答周純仁書　王云此書疑在丁巳。朱子六十八歲。

閑中無事，固宜謹出，然想亦不能一併讀得許多，似此專人來往勞費，亦是未能省事隨寓而安之病。又如多服燥熱藥，亦使人血氣偏勝，不得和平，不但非所以衞生，亦非所以養心。竊恐更須深自思省，收拾身心，漸令向裏。令寧静閑退之意勝，而飛揚燥擾之氣消，則治心養氣，處世接物，自然安穩，一時長進，無復前日内外之患矣。〔二〕

〔一〕《朱文公文集·書·問答·答張敬夫》卷三二文。
〔二〕《朱文公文集·書·知舊門人問答》卷六文。

文治按：此條警近世少年之弊，尤爲親切。所云「收拾身心，漸令向裏，令寧靜閑退之意勝，而飛揚燥擾之意消」，正是《孟子》「求放心」，及諸葛武侯「寧靜致遠」工夫。夫天下豈有心逐於外，氣浮於上，而可以修德業成大器者哉？「無内外之患」，即程子所謂「内外兩忘」〔一〕，體用合一也。

答林擇之書

王云此書在庚子。朱子五十一歲。〔二〕

此中見有朋友數人講學，其間亦難得朴實頭負荷得者。因思日前講論，只是口説，不曾實體於身，故在己在人，都不得力。今方欲與朋友説日用之間，常切點檢氣習偏處、意欲萌處，與平日所講相似與不相似，就此痛著工夫，庶幾有益。陸子壽兄弟近日議論卻肯向講學上理會，其門人有相訪者，氣象皆好，但其間亦有舊病。此間學者卻是與渠相反，初謂只如此講學漸涵，自能入德，不謂末流之弊，只成説話。至

〔一〕程明道《河南程氏文集·書·答横渠張子厚先生書》卷二曰：「與其非外而是内，不若内外之兩忘也。兩忘則澄然無事矣。無事則定，定則明，明則尚何應物之爲累哉！」

〔二〕王懋竑《朱子年譜考異》卷二「淳熙八年辛丑五十二歲二月」條下文。

於人倫日用最切近處，亦都不得毫毛氣力，此不可不深懲而痛警也。〔一〕

劉氏虞卿曰：「按：子壽、子美皆能降心以從善者也，唯子静甘於自異耳。此條蓋欲學者從窮理致知後，更下反躬實踐工夫，方爲有得也。至慮及末流之弊，文公之情見乎辭矣！而乃云於自悔處，更見學力，何耶？」〔二〕

文治按：末流之弊，正當分別觀之。原書所謂「其間亦有舊病」，此陸氏講學之弊也。又言「人倫日用最切近處」不得氣力，此朱子自咎講學之弊也。至於「日用之間，常切點檢，氣習偏處，意欲萌處，與平日所講相似與不相似，就此痛著工夫，庶幾有益」，確係教者與學者心理相通，極當研究之處，聖不自聖，朱子虛心如此，何害其爲自悔乎？

答潘恭叔書

學問根本在日用間持敬集義工夫，直是要得念念省察，讀書求義，乃其間之一事

〔一〕《朱文公文集·書·知舊門人問答之》卷四三文。
〔二〕劉廷詔《理學宗傳辨正》卷五文。

耳。舊來雖知此意，然於緩急先後之間，終是不覺有倒置處，誤人不少，今方自悔耳。〔一〕

文治按：此書當在己丑以後。持敬、集義二者並進，即程子所謂「涵養須用敬，進學則在致知」是也。「念念省察」，即《孟子》「心勿忘」之義。

答何叔京書

朱子四十歲。

王云此書在乙酉、丙戌間，朱子三十七歲〔二〕。朱云在己丑前。按：己丑，

李先生〔三〕教人，大抵令於靜中體認大本未發時氣象分明，即處事應物自然中節，此乃龜山門下相傳指訣。然當時親炙之時，貪聽講論，又方竊好章句訓詁之習，不得盡心於此。至今若存若亡，無一的實見處，實辜負教育之意。每一念此，未嘗不愧汗沾衣也〔四〕。

〔一〕《朱文公文集·書·問答（一本作知舊門人問答）》卷五〇文。
〔二〕王懋竑《朱子年譜》卷一上「乾道二年丙戌三十七歲」條下文。
〔三〕指李侗。
〔四〕《朱文公文集·書·知舊門人問答》卷四〇文。

劉氏虞卿曰：「按：章句訓詁之習，下學事也。静中能體認，即動時自然中節，此豈下學所能易及？故文公於末年始發此論，亦何有於我之意也。後世躐等之徒，無下學工夫，只欲從此入道，未有不流入於偏頗者，而乃云益見晚年有聞，不在章句訓詁之習乎？按：以上諸説，皆後人所謂與子静終合者。昔謝子顯道歷舉佛説與吾儒同者，問伊川先生，先生曰：『恁地同處雖多，只是本領不是，一齊差卻。』然則子静之『先立其大』，與孟子、程、朱同耶？異耶？抑立其所立，非孟子之所謂立耶？其本領果是焉？否耶？此亦〔一〕不待辨而白矣。」〔二〕

吴氏竹如曰：「按：朱子悟『中和舊説』之非，一以涵養用敬、進學致知並重，故不復主延平體認未發氣象之説，觀其《答方賓王書》云：『《延平行狀》中語，乃是當時所聞其用功之次第。今以聖賢之言進修之實驗之，亦自是其一時入處，未免更有商量也』等語，是〔三〕其明證。故又〔四〕曰：『涵養於未發之前則

〔一〕「亦」字脱，據《理學宗傳辨正》補入。
〔二〕劉廷詔《理學宗傳辨正》卷五文。
〔三〕「是」字原作「亦」，據《拙修集》爲正。
〔四〕「又」字，《拙修集》作「每引程子語」。

可，求中於未發之前則不可。』體認即求之意也，此條實朱子未定之論耳。」〔一〕

文治按：右二條，虞卿先生之説得之，至吴説據《答方賓王書》以駁此條，恐失朱子尊師之意。按：延平先生之殁，朱子方三十三歲。《答方賓王書》當亦在中年，距作行狀時不遠，其爲在此書以前無疑也。若四面把截，幾幾乎欲併涵養之功而廢之矣。

又答何叔京書

王云此書在戊子，朱子三十九歲。〔二〕

向來妄論持敬之説，亦不自記其云何。但因其良心發見之微，猛省提撕，使心不昧，則是做工夫的本領。本領既立，自然下學而上達矣。若不察於〔三〕良心發見處，即渺渺茫茫恐無下手處也。中間一書，論「必有事焉」之説，卻儘有病，殊不蒙辨詰何耶？所諭「多識前言往行，固君子之所急」，熹向來所見亦是如此，近因反求未得箇安穩處，卻始知此未免支離，如所謂因諸公以求程氏，因程氏以求聖人，是隔幾重公案，

〔一〕吴廷棟《拙修集·書李先生教人條後》卷五文。
〔二〕王懋竑《朱子年譜》卷一下「乾道四年戊子三十九歲」條下文。
〔三〕「於」字脱，據《朱文公文集》補入。

曷若默會諸心，以立其本，而其言之得失，自不能逃吾之鑑耶！〔一〕

陳氏清瀾曰：「朱子此書，《道一編》指爲朱子晚合象山，王陽明採爲《朱子晚年定論》。據《年譜》朱子四十歲丁母祝孺人憂，此書有『奉親遺日』之云，則祝無恙時所答，朱子年猶未四十，學方日新未已，與象山猶未相識，若之何得爲晚合？得爲晚年定論邪？其顛倒誣誑，莫斯爲甚。」〔二〕

劉氏虞卿曰：「按：此蓋恐學者泛濫於學識中，欲其默會於心，由博以反約也。而《宗傳》乃云『直入聖人之室，何勞幾重公案』，豈聖人之室恁地易入，而大象之言亦有錯耶？」〔三〕

吴氏竹如曰：「按：此乃朱子早年初悟『中和舊説』，故有默會諸心以立其本之論，即《中和舊説序》中所自謂：『雖程子之言有不合者，亦直以爲少作失傳而不之信也。』故《宗傳》獨取之。」〔四〕

〔一〕《朱文公文集·書·知舊門人問答》卷四〇文。
〔二〕陳建《學蔀通辨》前編卷上文。
〔三〕劉廷詔《理學宗傳辨正》卷五文。
〔四〕吴廷棟《拙修集·書多識前言往行條後》卷五文。

文治按：右三條均確實。蓋朱子斯時方在心體流行處用功。陳清瀾先生斷此書爲戊子年所作，白田先生説亦與之相合，但所言意氣，不無過甚耳。

與林擇之書

王云此書辛卯，朱子四十二歲。〔一〕

熹近覺向來乖繆處不可縷數，方惕然思所以自新者，而日用之間，悔吝潛積，又已甚多，朝夕惴懼，不知所以爲計。若擇之能一來，輔此不逮，幸甚！然講學之功，比舊卻覺稍有寸進，以此知初學得些静中功夫，亦爲助不小。〔二〕

文治按：《大學》云「静而后能安」，《孟子》云：「君子深造之以道，欲其自得之也。」〔三〕惟能静而後能有所自得。「初學得静中功夫，爲助不小」，此言深有意味，未可忽也。

〔一〕按：王懋竑《朱子年譜》卷一下「乾道七年辛卯四十二歲夏五月」條下引《答林擇之書》，唐先生或以此文爲同期往來之作。

〔二〕《朱文公文集・書・林擇之》卷六文。

〔三〕《孟子・離婁下》文。

答呂子約書

王云此書在丁未，朱子五十八歲。〔一〕

示諭日用工夫如此甚善。然亦且要見得一大頭腦分明，便於操舍之間有用力處。如實有一物把住放行在自家手裏，不是謾説求其放心，實卻茫茫無把捉處也。〔二〕

文治按：此書之意，殆如《答南軒書》中所謂「浩浩大化之中，一家自有一箇安宅」〔三〕，確係未定之論。況云「實有一物把住於行在自家手裏」，其語尤近禪機，恐是朱子初年之論，即係「中和舊説」。白田先生以爲丁未歲作，未知何據？

答或人書

「中和」二字，皆道之體用。……舊聞李先生論此最詳，後來所見不同，遂不復致思。今乃知其爲人深切，然恨已不能盡記其曲折矣。如云：「人固有無所喜怒哀樂

〔一〕王懋竑《朱子年譜考異》卷二「淳熙四年丁酉四十八歲夏六月」條下云：「而丁未與呂子約書言『詩説久已成書』，則其在丁未以前也。」疑唐先生因而定此篇《答呂子約書》作於丁未年。

〔二〕《朱文公文集・書・問答（一本作知舊門人問答）》卷四八文。

〔三〕《朱文公文集・書・問答》卷三二文。

之時，然謂之未發則不可，言無主也。」……又如先言「慎獨」然後及「中和」，此意〔一〕亦嘗言之。但當時既不領略，後來又不深思，遂成蹉過，孤負此翁耳〔二〕。按：《朱子大全》載，此書係《答林擇之》。

文治按：中和皆道之體用，《中庸》注所謂：「大本者，天命之性，天下之理皆由此出，道之體也；達道者，循性之謂，天下古今之所共由，道之用也。」〔三〕先言慎獨，然後及中和，《中庸》注所謂「迹雖未形而幾則已動」〔四〕，《大學》注所謂「必謹之於此，以審其幾」〔五〕是也，即觀喜怒哀樂未發時氣象，亦即所謂先涵養而後察識也。「人固有無所喜怒哀樂之時，然謂之未發則不可」者，盡心不在，則視不見而聽不聞，安得謂未發之中乎？此書窮探至精，爲朱子學術一大公案。其尊信陸王者，據以爲朱陸晚同之證，其尊信朱學者，則或疑李先生之非，而轉疑

〔一〕「意」字原脱，據《朱文公文集》補入。
〔二〕《朱文公文集·書·知舊門人問答》卷四三文。
〔三〕朱子《中庸章句》「中也者，天下之大本也；和也者，天下之達道也」注。
〔四〕朱子《中庸章句》「故君子慎其獨也」注。
〔五〕朱子《大學章句》「故君子必慎其獨也」注。

此書爲誤，不知此書確係晚年定論。「辜負此翁」之説，朱子實出於至誠，不獨感情之厚，尤徵其晚年嚮道之殷，令人景佩不已。其疑李先生爲非者，固未窺朱子平生之學力，其以朱陸爲晚同者，亦不知朱子之涵養，非如陸子之涵養也。辨析精微，正在於此，余故釋《晚年定論》而以是終焉。

附：唐文治《讀朱子晚年定論》

孟子告萬章：「尚論古之人，頌其詩，讀其書，不知其人，可乎？是以論其世也。」〔一〕夫學者，必有平心養氣之功，而後可以論古人，亦必明實事求是之旨，而後可以論古人之學。王陽明先生輯《朱子晚年定論》，攻之者固多，而信之者亦復不少。然彼信之攻之者，亦嘗考朱子平生學問之經歷，深造自得之逕途，而切實加以體驗之功乎？蓋昔者朱止泉先生嘗統朱子終身進造之節候而論之，謂：

「朱子癸酉前未忘禪學；自癸酉至癸未，與延平講明性情之德，皆在發端處用功；自甲申至己丑，深究未發之旨，有會於心統性情、中和、復艮之妙，是時已悟本體

〔一〕《孟子・萬章下》文。

矣；自此以往，力以涵養本體爲主，即以涵養本體指示及門。故自庚寅至庚子，覺得講論文義之功猶多着力，所以有自誤誤人之悔；又恐學者趨於虚寂，所以有禪家張皇之戒。自庚子至丙午，動静合一，是大成時候。此後十餘年，乃純熟地位，而其所以防虚静之弊，示本體之要，皆始終所屢之至意，未有偏重，亦非兩事也。」

且謂：「嘉隆後二百年來，攻朱子者固不得朱子〔一〕真面目，即宗朱子者亦不得朱子真面目。蓋朱子立萬世大中至正之學脈，注釋經子，即是反求身心，平生尊道工夫，傳之後世最著者，如《中和舊説序》……《太極説》……《易寂感説》……《太極西銘注》、答林擇之、陳器之、李晦叔、吕子約、黄商伯諸篇，並《語類》中切要語，是朱子反求身心緊要處，與注釋經子等，其體驗未發，尤是統〔二〕尊道大本領。無如宗朱子者絶不闡發，且以爲諱朱子所悔者必不以爲悔，致使朱子未發涵養一段本領工夫不顯明於世，非獨攻朱子者之咎，抑亦宗朱子者不得辭其責。」〔三〕諒哉斯言！

〔一〕「朱子」二字脱，據《朱止泉先生文集》補入。
〔二〕原刻衍二「合」字，作「統合」，據《朱止泉先生文集》爲正。
〔三〕朱澤澐《朱止泉先生文集·書·與鄞縣王爾緝論朱子之學書（壬寅）》卷三文。

夫宗朱學之所諱言者，本體也。然朱子何嘗不言本體乎？《四書》注，晚年之所作也。《大學》首章注云：「其本體之明，有未嘗息者，故學者當因其所發而遂明之。」非言本體乎？《中庸》首章注云：「君子之心，常存敬畏……所以存天理〔一〕之本然，而不使離於須臾之頃。」「在下位」節注云：「不明乎善，謂未能察於人心天命之本然，而真知善之所在。」〔二〕夫「人心天命之本然」，非即本體乎？《孟子》「舜居深山章」注云：「聖人之心，至虛至明，渾然之中，萬理畢具。一有感觸，則其應甚速〔三〕，而無所不通。」〔四〕此正與《易傳》「無思無爲章」相合，非由本體而行達道乎？朱子於己丑歲悟本體之當涵養，學者正當盡力發明，以見道之本原，而可諱言之乎？惟諱言本體，而心體之窒塞乃愈甚，吾儒探賾索隱、開物成務之功，因以不明於天下。

夫學說之顯晦，人心存亡與世運盛衰係焉。往者曾惠敏譏朱學曰：「爲陸王之學者，性情超曠，遇事能勇決；爲程朱之學者，性情多迂拘，其處事也轉不如學

〔一〕「天理」原誤作「天命」，據《中庸章句》文爲正。
〔二〕朱子《中庸章句》第二十章注。
〔三〕「甚速」原誤作「神速」，據《孟子集注》文爲正。
〔四〕朱子《孟子集注・盡心上》注。

陸王者之開展。」嗟乎！君子一言以爲智，惠敏之言，其果智乎？然爲程朱學者，誠不能開展而勇決也。孔巽軒先生譏朱學者曰：「略闚《語録》，便詡知天，解斥〔一〕陽明，即稱希聖……其説空空，其見小小。」〔二〕嗟乎！君子一言以爲不智，巽軒之言，其果不智乎？然爲朱學者，誠不免空空而小小也，此心體之不能精微廣大，有以致之也。

吾嘗謂：自漢唐以來，講學之大弊有二：曰有我、曰好争。以孔子大聖，窮理盡性，且曰「毋我」，而後世講學者，輒挾有我之私以凌轢當世，惟我獨是，他人皆非。執此心以讀書爲學，挾此心以處事接物，其心疾已深，其辭氣愈倍，積之久焉，於是乎移易世風，相訟相仇而不知所止。《孟子》曰「吾爲此懼」〔三〕，《荀子》曰「有争氣者勿與辨」〔四〕，蓋兢兢乎其言之也。夫講朱子之學者，將以平吾之心，養吾之氣，而掃除門户之争也。今治朱子之學而先懷好勝之心，是已失朱子之志。然則爲朱學者，固當

〔一〕「斥」原誤作「及」字，據《儀鄭堂文》爲正。
〔二〕孔廣森《儀鄭堂文·〈戴氏遺書〉總序》卷一文。
〔三〕《孟子·滕文公下》文。
〔四〕《荀子·勸學》文。

以息争爲宗旨。而息争之道，又非獨爲朱學者當然，爲陸王之學者當然也。爰揭明斯義，俾天下後世知講學先務息争，而息争則必自講學者始。別附夏弢甫先生《與詹茂才論〈晚年全論〉書》，《全論》爲李穆堂所作〔一〕，與《定論》有不相謀而相感者，俟後學論定之，非持門户之見也。

附：夏氏炘《與詹小澗茂才論〈朱子晚年全論〉書》

臨川李穆堂先生爲金谿之學，《晚年全論》一書，聞之久矣，昨於鄰架見之，即攜置行篋中。途間讀過半，歸來全閲一通。此書不過爲《學蔀通辨》報仇，無他意也。朱陸之學，晚年冰炭之甚，此《通辨》之説，雖百喙亦莫能翻案。乃此書爲之説曰：「朱子晚年論陸子之學，如冰炭之不相入，而朱子晚年與陸子之學，則符節之相合。」夫學則全同而論則全背，是陰篡其實，陽避其名，此乃反覆變詐之小人，鄉黨自好者不爲，而謂朱子爲之乎？

〔一〕李紱（一六七三～一七五〇），字巨來，號穆堂，江西臨川人，康熙四十八年（一七〇九）進士，官至内閣學士，著《陸子學譜》《陽明學録》《朱子晚年全論》，調和朱陸。

所引朱子之書，凡三百五十餘條，但見書中有一「心」字，有一「涵養」字，有一「静坐收歛」等字，便謂之同於陸氏，不顧上下之文理，前後之語氣，自來説書者所未有也。朱子誨人，各因其材，懲心性之虚無，則每進以篤實，救口耳之泛濫，則恒示以精微。乃見朱子書中有箴學者溺於記誦語，則曰「此朱子晚年悔支離之説」「此朱子晚年咎章句訓詁之説」，不復顧其所答何人，所藥何病，執是以論，則爲之猶賢乎己，孔子真有取於博弈矣。

朱子一生之學，日進無疆，晚年造詣，後學何敢妄擬？然朱子之心則未嘗一日自足，望道未見之語，時流露於簡牘之間。乃見朱子自謙之言，則曰朱子五十七歲猶云「自誤誤人」，《答劉子澄書》。六十七歲後始云「晚方自信」，《答周南仲書》。七十歲後始云「至老而後有聞」，《答余景思》。若與同時頓悟之學，去若天淵。此鳳凰已翔乎九仞，而蟭螟猶窺於蟲睫也，悲夫！

朱子之書，宏博浩瀚，皆學者所當誦習。而尤精者，在《四書章句集注》，時時改定，至老不倦，易簀前猶改《誠意章》，可謂毫髮無餘憾矣！乃謂朱子之《四書》，晚年尚無定見，亦無定本；又謂朱子《補格致傳》背卻經文，横生枝節；又謂朱子明知章句之解不可用，而又難於自改；又謂朱子勝心爲害，自欺欺人。其信然乎？其否乎？

足下生朱子之鄉，爲朱子之學，居敬窮理，躬行實踐，不宜一刻放過，慎勿爲異説之所惑，則幸矣。〔一〕

〔一〕夏炘《述朱質疑・與詹小澗茂才論〈朱子晚年全論〉書》卷一〇文。

紫陽學術發微卷十一

九賢朱學通論上

【釋】此兩卷乃先生自信有得之作，原題《九賢朱子學論》，見先生《自訂年譜》庚午（一九三〇）六十六歲八月條。

文治按：評論紫陽學術者，黄勉齋先生所撰《朱子行狀》外，繼起者爲李氏果齋〔一〕，其言曰：「先生之道之至……無他，曰主敬以立其本，窮理以致其知，反躬以踐其實。而敬者又貫通乎三者之間，所以成始而成終者也。」〔二〕此數語足括紫陽學術之

〔一〕李方子字公晦，昭武人，初見朱子，謂曰：「觀公爲人，自是寡過，但寬大中要規矩，和緩中要果決。」遂以果名齋，嘉定七年（一二一四）進士。唐先生所言，指其《朱子年譜》三卷，明代學者取以重編新譜。

〔二〕王懋竑《朱子年譜》卷四下「嘉泰四年甲子先生卒冬十一月壬申葬于建陽縣」條下引李方子語。

全。厥後若羅氏整庵之《困知記》、程氏曈之《閑闢録》、陳氏清瀾之《學蔀通辨》，皆稱精覈，惟皆偏於闢陸，而程、陳兩家之書，頗涉囂張。

《易・睽卦》之《象傳》曰：「君子以同而異。」《論語》子張之於子夏，子遊之於子夏，持論各有同異。《禮記・檀弓篇》所載聖門弟子，且多互相詰責之語；不直則道不見，理固宜然，孔門且如此，況後賢乎？竊以爲朱陸鵝湖之會，傾蓋論學，賦詩相酬，各言心得，正宋代之盛事，儒林之美談，而論者乃以爲黨同伐異之具，豈君子成人之美哉？兹編所輯，自明陸桴亭先生始，迄有清夏弢甫先生止，評論朱子學者凡九賢，其中有專論朱學不涉他家者，有調停朱陸者，有篤信朱子排斥陸子者，義均有當。朱子所謂「各尊所聞，各行所知」〔二〕，窮理者分別觀之，斯可矣。

〔二〕「各尊所聞，各行所知」，語本《曾子》「尊其所聞則高明矣，行其所知則光大矣」（《漢書・董仲舒傳》引）。淳熙十五年（一一八八），朱子五十八歲，與陸氏兄弟反復辯論《太極圖說》未契，翌年正月朱子答書末云：「曾子三省其身，唯恐謀之不忠，交之不信，傳之不習。其智之崇如彼，而禮之卑如此，豈有一毫自滿自足强辯取勝之心乎？來書之意，所以見教者甚至，而其末乃有『若猶有疑』『不憚下教』之言，熹固不敢當此，然區區鄙見，亦不敢不爲老兄傾倒也。不審尊意以爲如何？如曰未然，則我日斯邁而月斯征，『各尊所聞，各行所知』，亦可矣，無復可望於必同也。言及於此，悚息之深，千萬幸察。」是朱子之言「各尊所聞，各行所知」乃本曾子語示謙虛而已，非謂割席分途也。

陸桴亭先生平生學問，專主實用，天文地理、錢穀兵刑、河渠水利，無一不精，其實皆本於朱子學也。晚年由江西督學張能鱗先生聘輯《儒宗理要》六十卷，其《讀朱子緒〔一〕言》與《思辨録》所載悉合，輯朱子書分格至、誠正、修齊、治平諸類，亦與《思辨録》體例相同。《緒言》所論，掇紫陽之大義，而剖析其精微，且謂「朱陸異同之説，不必更揚其波」，可謂卓識！賢者能識其大，豈非然哉？爰録之爲第一。

顧亭林先生居崑山，陸桴亭先生居太倉，相距僅三十六里，而生兩大賢，洵間氣之所鍾也。亭林之言曰「經學即理學，理學即經學」〔二〕，後人或非之。夫《孟子》言經正民興，經者，常道也，豈必以訓詁屬經學，義理屬理學乎？先生既博通古籍，尤篤信

〔一〕「緒」字原誤作「序」。

〔二〕「經學即理學，理學即經學」非顧氏原文，乃後人概括顧氏《與施愚山書》所云：「愚獨以爲理學之名，自宋人始有之。古之所謂理學，經學也，非數十年不能通也，故曰：『君子之於《春秋》，没身而已矣。』今之所謂理學，禪學也，不取之五經而但資之語録，校諸帖括之文而尤易也。」顧氏非否定理學也，乃批評當時談理學者未認真下功夫，故提出治經之態度以對治之；其於理學與朱子，乃多精辟之論，皆實事求是之論，故唐先生序録其説於本編。

程朱，見於《文集》者甚夥。《日知録》中《論朱子晚年定論》，發明羅文莊〔一〕之説，特爲透闢，然其意主於「實事求是」〔二〕，非叫囂激烈者可比，爰録之爲第二。

蕺山門下之有梨洲，猶夏峯門下之有潛庵也。顧梨洲先生輯《學案》，潛庵先生獨非之，斷之曰「雜而越」，斯言誠然矣！然《學案》以考據法治宋元明學，源流畢貫，派别釐然，使後儒得盡知門徑，其功豈淺鮮哉？而其評朱陸，尤爲心平氣和。《象山學案論》一則，兩家學術之精純，交誼之周摯，都括其中。考據家通貫之學，於斯爲美矣！爰録之爲第三。

陸稼書先生竭其畢生精力，專治朱子之學，遂成一代大儒。其所著《讀朱隨筆》，張孝先先生刻入《正誼堂全書》，文治嘗分别録入《朱子集》中，惟皆瑣碎，非論大旨。湯潛庵先生撫吾蘇時，先生上《學術辨》三篇，其意專主於闢陸王。湯先生覆書，微有諍辭；先生語人曰：「湯書乃《孟子》「反經」章意，某書是《孟子》「好辯」章意，蓋有鑑於明嘉隆後講學者流弊而云。」然《三魚堂集》中《答秦定叟書》論朱子進學轉關，極爲

〔一〕羅欽順（一四六五～一五四七），字允升，號整庵，謚文莊，江西泰和人，弘治六年（一四九三）進士，官至南京吏部尚書。

〔二〕此唐先生學術精神，繼承自南菁書院者也。

精深；稍有數語失考之處，夏弢甫先生已辨正之。惟其謂：「敬，尚恐有弊，何況專言靜！」則文治竊欲更進一解。孔子作《坤》卦《文言傳》曰「至靜而德方」。其下文曰：「君子敬以直內，義以方外。」可見至靜者，即敬以直內也；德方者，即義以方外也；《大學》「定而后能靜，靜而后能安」，即「緝熙敬止」〔一〕之學。蓋敬必本於靜，靜而後能敬。彼躁動之人，心氣交馳於外，苟非主靜，烏足以敬？若謂「敬尚有弊」，並靜而諱〔二〕言之，則是聖經賢傳之言靜者皆有流弊，而周子之主靜，何以開二程、楊、李之先哉？君子之道，所以爲中庸者，惟其不偏而不倚也。然自有先生之論，而後世之詆程朱爲禪學者，舉無所容其喙矣！爰録之爲第四。

陸桴亭先生《儒宗理要・讀朱子緒言》

朱子一生精力專在《集注》，至今家絃户誦，歷萬世而無斁。後世淺學之士，往往

〔一〕《詩・大雅・文王》文。
〔二〕「諱」字原誤作「緯」。

詆其筆力不佳，此真坐井之見也。朱子與人論注釋體，不可自作文字；自作文字〔一〕則觀者貪看文字，并正文之意而忘之。此朱子以大賢以上之資，而能持初學小子之心，故心愈小而功愈大也。試讀朱子《文集》，其筆力何如，而可輕爲議論耶？〔二〕

朱子一生學問，守定「述而不作」一句。當時周有《通書》，張有《西銘》，二程亦多文辭，朱子則專一注釋。蓋三代以後，《詩》《書》《禮》《樂》散亡已極，孔子不得不以删定爲功；漢唐宋以後，經書雖有箋疏，而蕪亂尤甚，朱子不得不以注釋爲功。此卓有定見，非漫學孔子「述而不作」者也。〔三〕

讀他人文集語録，有當否，有去取；朱子則無一語不當，無一篇可去，蓋中正和平之至也。

或以朱子《文集》《語録》爲平常者，此真不識朱子者也。朱子妙處正在平常，《中庸》注曰：「庸，平常也。」則知朱子平常，正是中庸之理。布帛、菽粟，有何新奇？所以萬古不可廢者，正在此處。

〔一〕「自作文字」脱，據陸世儀《儒宗理要》及《思辨録輯要》補入。
〔二〕陸世儀《思辨録輯要》卷三〇「諸儒類（宋至元）」文。
〔三〕陸氏前揭書。

陸象山少時，讀至「宇宙」二字曰：「宇宙内事是己分内事。」便見自任的意思。朱子三歲問天之上何物，便見窮理的意思〔一〕。

鵝湖之會，朱陸異同之辯，遂成聚訟，不必更揚其波；但讀兩家《年譜》所記，朱子則有謙謹求益之心，象山不無矜高揮斥之意，此則後來所未道耳。〔二〕

人言朱子酷好注釋，雖《楚辭》亦爲集注，似爲得已。不知當時黨禍方興，正人君子流離竄逐，死亡載途；朱子憂時特切，因託《楚辭》以見意，豈得已哉？學者坐不讀書，不能窺見古人微意，未可輕議古人也。〔三〕

朱子生平注釋四書、五經，曾無晷刻之暇，而又自著《文集》百卷，不知如何有許多精力？然亦是在野時多，在朝時少；讀書講論之時多，居官治事之日少，故成就愈久愈大耳。乃知「仕於外者僅九考，立朝纔四十日」，未可爲不幸也。〔四〕

〔一〕陸氏前揭書。
〔二〕陸氏前揭書。
〔三〕陸氏前揭書。
〔四〕陸氏前揭書。

道學之譏愈盛則愈甚，蓋君子小人不並立也。周子之時如草木在甲〔一〕，知之者惟二三君子，世固莫得而譏也。二程子徒與漸盛，攻者漸多，至朱子則更盛矣。所以劉三傑、姚愈之徒〔二〕，至有「僞黨變爲逆黨」〔三〕「窺伺神器，圖爲不軌」之言；當時方正之士，稍以儒名者〔四〕，至無所容其身。而朱子日與諸生講學不休，或勸其謝遣生徒，笑而不答。至今千載而下，朱子俎豆學宫，子孫世受恩澤，而所謂劉、姚之徒者，三尺童子聞名而唾罵之。然則爲朱子者何畏？爲劉、姚之徒者亦何益哉？〔五〕

當侂胄禁「僞學」時，朱子從游之士，特立不顧者，屏伏丘壑，依阿巽懦者，更名他師，甚至變易衣冠，狎遊市肆，以自别其非黨。嗚呼！此乃所謂水落石出也，附聲逐影之徒，雖多亦何爲哉？〔六〕

〔一〕言初生。
〔二〕宋寧宗慶元二年，朱子六十六歲，韓侂胄徒黨監察御史劉三傑、姚愈奏刻朱子，控制言路。三年（一一九七）冬，韓侂胄宣布道學爲「僞學」，史稱慶元黨禁。
〔三〕慶元三年（一一九七），劉三傑入宫奏對，稱僞黨如今已變逆黨，寧宗遂下詔嚴禁理學，立《僞學逆黨籍》。
〔四〕「者」字原誤作「著」，據陸氏文爲正。
〔五〕陸氏前揭書。
〔六〕陸氏前揭書。

宋世有幾篇大文字，皆數萬言，非有才力人不能作。蘇氏父子、王荆公及朱子諸封事是也。東坡文字頗爲朱子所貶，荆公遭際神宗力行新法，卒至顛覆而不悟。朱子封事皆切實易行，而竟不得行，可慨也夫！

「正心誠意」四字，上所厭聞，不知有何可厭？或以爲不切於時事，不知時事非正心誠意如何做得？

程子在經筵，先論坐講之禮，正其本也。朱子在經筵，一循時例，爲之兆也。兆足以行而不行，此光宗之世不同於神宗之世也。〔一〕

後人謂宋儒但講道學，置討賊復仇於度外，以爲腐儒無益國家，此未讀朱子諸封事也。不但諸封事，先後奏劄，何一非討賊復仇，爲國家計長久，爲民生計實用。後人不讀書，妄以空疎之論訾議前賢，簧鼓天下，誠爲可恨。

古今制民之産，莫急於經界。横渠、考亭皆以此爲要務，即荆公方田法亦此意也。然經界行不得法，最易擾民。推排打量，終不如横渠標竿之説，法簡而無弊也。

明道之議貢舉，主於竟行古法。朱子《學校貢舉私議》，即於今法中斟酌可否，可

〔一〕 陸氏前揭書。

謂周悉詳盡。然分年試士之法，病在太繁，蓋國家造士，取其足以致用，無貴窮經也。古人造士之法，簡而易，六德六行之外，不過六藝，習之者易曉，而施於世爲有用。今人造士之法繁而難，文辭聲病，爲説多端，習之者難工，而施於世爲無補，此大弊也。朱子立法雖勝，然皓首窮經，煞費心力，不如古法之簡易，此予以爲尚須斟酌也。

學校之法，第一在擇師，第二在立法，朱子議中所舉吕希哲之言，乃根本至論也。《井田類説》蓋朱子集漢儒、荀氏、何休諸論及班《志》所紀，然而變通之精意不存也。朱子論貢、助、徹法，以爲溝洫不同，亦未免泥於漢儒之論。

今人動以文風之盛衰，爲人才之盛衰，非定論也。昔商鞅以爲人不可多學，爲士人廢了耕戰，此雖無道之言，然朱子取之，以爲當今士人千萬，不知理會甚事，真所謂游手，此等人一旦得高官，只是害朝廷，何望其濟事。噫！以此觀之，真古今一轍也。玩「無極而太極」，猶言無所謂太極，而實有一太極，朱子所謂「無形而有理」也。玩一「而」字，便不是離了太極别有無極。陸氏昆仲輕肆辯駁，不但不肯細認「而」字，並不肯細讀下文，要之亦以周子爲近代人而忽之也。非朱子如此表章，周子之書烏能傳至今日？只此便是聖人心事。

朱子論天文，勝於横渠、二程，然尚有未透曉處。

二程論鬼神竟似陰陽，朱子則平實近人，然亦有未至精微處。

朱子論理氣，無一語不透，蓋深有得於《太極圖》也。

「仁」字是《論語》中第一喫緊字。程子嘗教人類聚孔孟言仁處，以求夫仁之説，張南軒亦極論之，終不如朱子之博而該，真而切，爲得夫「仁」字之全體也。人身配天地，人之心配天地之心，此處得大頭腦，則仁不待論而明矣，然亦自《太極圖》中貫徹出來。

五經之中，《三禮》尤爲用世之書，此一日不可少者。朱子《乞脩〈三禮〉劄》，切實可行，而當時朝廷何以漫不之省？今《儀禮經傳集解》謂非朱子手輯，然大概亦本朱子之意。愚意禮以時爲大，當於累代制作之後，益以議論權衡，乃爲確當，然非聖人不能也。

蔡季通《律吕書》與《八陣圖》俱未能致用，而《八陣》尤爲未覩肯綮，觀《朱子語録》所載問答，亦似未爲許可。

從來廟制，韋元成謂周爲七廟，四親廟、二世室，與太祖廟而七也；劉歆謂周爲九廟，三昭、三穆、二世室與太祖之廟而九也。班固以歆説爲是。朱子姑兩存之。愚謂：元成説是也，《中庸》「周公成文、武之德，追王大王、王季」以成王時言，則周實止二昭二穆，何由有三昭三穆？

朱子《明堂圖》仿井田遺意，謂是三間九架屋，隨時方位開門。予謂未必然。古今人情不甚相遠，決不戾於時俗，豈有隆冬盛寒正北開門，天子羣臣向朔風而朝羣后者？謂之明堂，決是向明無疑，隨所處而異名也。

郊社之禮，以義言之，必應合祭，而古今之儒多主分祭。《朱子語類》亦謂應分祭。但《周禮》自大合樂之外，更不言分祭，則朱子亦非定以分祭爲禮也。《朱子語録》中論冠昏喪祭諸禮，皆淺近切實可行，所謂禮以時爲大也。伊川所論便太泥古，如以尸爲必當立、影神爲必不可用，皆太拘。

朱子集中如《大學》《中庸》《詩集傳序》《資治通鑑序》，皆極大文字，不可不讀。只《皇極辨》一篇，便見朱子有功於《書經》不淺。諸儒議論，以皇訓大，以極訓中，是何等解？

道理中惟《易》學最深，蓋窮理盡性之極也。以孔子之聖，尚假年以學《易》，況其他乎？故知讀書爲學，須要漸次，有得於《四書》，有得於諸經，則《易》理自漸漸通貫，此晚年極步工夫也。今人每好談《易》，自爲淵深，高者僅得其形似耳！《朱子語類》曰：「某纔見人説看《易》，便知他錯了。」此真知《易》者也。

朱子於五經中，惟《易》最爲研窮，《詩》次之，《書》又次之，《禮》與《春秋》未嘗屬筆。然《儀禮經傳集解》雖非全書，亦見一斑矣。又《語類》中論《禮》及《春秋》處，最通達，最正大；故知論《禮》而拘，論《春秋》而鑿者，皆朱子所不取也〔一〕。

荀、揚、王、韓四子之書並傳，其中文中子畢竟是賢儒，其著述多爲人所雜亂，互有不同，其中模彷《論語》處，多是後人增入。至精當處，漢唐以來諸儒皆莫能及。朱子亦謂其賢於三子。然續經説以爲好名欲速，輕道求售，爲稍過矣。

朱子論釋氏書，如《讀大紀》《觀心説》等篇，莫如《釋氏論下篇》更得要領，橫渠、二程皆莫及也。〔二〕

顧亭林先生《日知録·〈朱子晚年定論〉評》

《宋史·陸九淵傳》：「初，九淵嘗與朱熹會鵝湖，論辯所學，多不合。及熹守南康，九淵訪之。熹與至白鹿洞，九淵爲講『君子小人喻義利』一章，聽者至有泣下，熹

〔一〕陸氏前揭書。
〔二〕張能鱗輯《儒宗理要·朱子》卷一五附《讀朱子緒言》文。

以爲切中學者隱微深痼之病，至於『無極而太極』之辯，則貽書往來，論難不置焉。」王文成原注：守仁。所輯《朱子晚年定論》，今之學者多信之，不知當時羅文莊原注：欽順。已嘗與之書而辯之矣。

其書曰：「詳《朱子定論》之編，蓋以其中歲以前所見未真，及晚年始克有悟，乃於其論學書牘三數十卷之内，摘此三十餘條，其意皆主於向裏者，以爲得於既悟之餘，而斷其爲定論。斯其所擇，宜亦精矣。第不知所謂晚年者，斷以何年爲定？偶考得何叔京氏卒於淳熙乙未，時朱子年方四十有六。後二年丁酉，而《論孟集注》《或問》始成，今有取於答何書者四通，以爲晚年定論，至於《集注》《或問》，則以爲中年未定之説，竊恐考之欠詳，而立論之太果也。

「又所取《答黄直卿》一書，監本止云『此是向來差誤』，别無『定本』二字，今所編增此二字，而序中又變『定』字爲『舊』字，却未詳『本』字所指。朱子有《答吕東萊》一書，嘗及定本之説，然非指《集注》《或問》也。凡此，愚皆不能無疑，顧猶未足深論。

「竊以執事天資絶世，而日新不已，向來恍若有悟之後，自以爲證諸《五經》《四子》，沛然若决江河而放諸海，又以爲精明的確，洞然無復可疑，某固信其非虚語也。然又以爲獨於朱子之説有相牴牾，揆之於理，容有是邪？他説固未敢請，嘗讀《朱子文集》其第三十二卷，皆與張南軒答問書，内第四書亦自以爲『其於實體似益精明，因復取凡聖賢之書，以及近世諸老先生之遺語，讀而驗之，則又無一不合。蓋平日所疑而未白者，今皆不待安排，往往自見灑落處』，與執事之所自序者，無一語不相似也。書中發其所見，不爲不明。而卷末一書，提綱振領，尤爲詳盡。竊以爲千聖相傳之心學，殆無以出此矣，不知何故獨不爲執事所取？無亦偶然也邪？若以此二書爲然，則《論孟集注》《學庸章句》《或問》不容别有一般道理。如其以爲未合，則是執事精明之見，決與朱子異矣！凡此三十餘條者，不過姑取之以證成高論，而所謂先得我心之所同然者，安知不有毫釐之不同者爲祟於其間，以成牴牾之大隙哉！

「又執事於朱子之後，特推草廬吴氏，以爲見之尤真，而取其一説以附三十餘條之後。竊以草廬晚年所見端的與否，良未易知。蓋我儒昭昭之云，釋氏亦每言之，毫釐之差，正在於此。即草廬所見，果有合於吾之所謂昭昭者，安知非其四十年間鑽研文義之效，殆所謂真積力久而豁然貫通者也。蓋雖以明道先生之高明純粹，又蚤獲親炙於濂溪，以發其吟風弄月之趣，亦必反求諸六經而後得之。但其所禀，鄰於生知，聞一以知十，與他人極力於鑽研者不同耳，又安得以前日之鑽研文義爲非，而以墮此窠臼〔一〕爲悔？夫得魚忘筌，得兔忘蹄，原注：出《莊子》，「蹄」古「罤」字，通兔罥也。可也，矜魚兔之獲而反追咎筌蹄以爲多事，其可乎哉？」

東莞陳建作《學蔀通辨》，取朱子《年譜》《行狀》《文集》《語類》及與陸氏兄弟往來書札，逐年編輯而爲之辯曰：「朱陸早同晚異之實，二家譜、集具載甚明。原注：《黄氏日鈔》曰：『朱子《答陸子壽書》反復論喪祭之禮，《答陸子美書》辯詰太極、《西銘》至再而止，《答陸子静書》辯詰尤切，條其理有未明而不能盡人言者凡七，終又隨條注釋，斥其空疎杜撰，且云：『如曰未然，各尊所聞，各行所知可矣。』書亦於此而止。」近世東山趙汸《對江右六君子策》乃云：『朱子《答項平父書》有去短集長之言，原注：此特朱子謙己誨人之辭，未嘗教人爲陸氏之學也。豈鵝湖之論，至是而有合邪？使其合并於晚歲，則其微言精義必有契焉，而子静則既往矣。』此朱陸早異晚同之説所萌芽也。程篁墩原注：敏政。因之乃著《道一編》，分朱陸異同爲三節，始焉如冰炭之相反，中焉則疑信之相半，終焉若輔車之相依，朱陸早異晚同之説於是乎成矣。王陽明因之，遂有《朱子晚年定論》之録，專取朱子議論與象山合者，與《道一編》輔車之説，正相唱和矣。凡此皆顛倒早晚，以彌縫陸學而不顧矯誣朱子，誑誤後學之

〔一〕「窠臼」，《日知録》作「科臼」。

深。故今〔一〕編年以辯，而二家早晚之實，近世〔二〕顛倒之弊，舉昭然矣。」〔三〕

又曰：「朱子有朱子之定論，象山有象山之定論，不可强同。『專務虚静，完養精神』，此象山之定論也；『主敬涵養以立其本，讀書窮理以致其知，身體力行以踐其實，三者交修並盡』，此朱子之定論也〔四〕。乃或專言涵養，或專言窮理，或止言力行，則朱子因人之教，因病之藥也。今乃指專言涵養者爲定論，以附合於象山，其誣朱子甚矣。」〔五〕

又曰：「趙東山所云……蓋求朱陸生前無可同之實，而没後乃臆料其後會之必同，本欲安排早異晚同，乃至説成生異死同，可笑可笑！原注：按：子静卒後，朱子《與詹元善書》謂「其説頗行於江湖間，損賢者之志，而益愚者之過，不知禍何時而已。」蓋已逆知後人宗陸氏者之弊，而東山輩不考此書，强欲附會之以爲同，何邪？如此豈不適所以彰朱陸平生之未嘗同，適自彰其牽合欺人之

〔一〕陳氏《學蔀通辨・提綱》原有「前編」二字。
〔二〕「世」字原作「儒」，以陳氏文爲正。
〔三〕陳建《學蔀通辨・提綱》第一條文。
〔四〕陳氏原文以下有「觀於後編、終編可考矣」一句。
〔五〕陳建《學蔀通辨・提綱》第三條文。

弊？奈何近世咸加〔一〕信之而莫能察也。姚氏曰：「元虞文靖有《送李彦方閩憲》詩，其序云：『先正魯國許文正文，實表章程朱之學，以佐至元之治，天下人心風俗之所繫，不可誣也。近日晚學小子，不肯細心窮理，妄引陸子静之説以自欺自棄，至欲移易《論語章句》，直斥程朱之説爲非，此亦非有見於陶氏者也，特以文其猖狂不學以欺人而已，此在王制之所必不容者也。閩中自中立歸，已有道南之歎，仲素、愿中至於元晦，端緒明白，皆在閩中，不能不於彦方之行發之，去一贓吏，治一弊政，不如此一事有以正人心，儒者之能事也。』按：文靖從游吴文正之門，文正之學以象山爲宗，而虞公立論如此，則師弟所學亦有不必同者耶？又是時文學修明，談道講藝，各有師承。洛閩之教方昌，而好異之士，已復别鶩旁騙，則源遠而末益分，無惑乎後此歧途之百出也。」〔二〕昔裴延齡掩有爲無、指無爲有，以欺人主；陸宣公謂其愚弄朝廷，甚於趙高指鹿爲馬。今篁墩輩分明掩有爲無、指無爲有，以欺弄後學，豈非吾道中之延齡哉〔三〕！」〔四〕

又曰：「昔韓絳、吕惠卿代王安石執政時，號絳爲傳法沙門，惠卿爲護法善神。愚謂近日繼陸學而興者，王陽明是傳法沙門，程篁墩則護法善神也。」原注：此書於朱陸二家同異，考之極爲精詳，而世人不知，但知其有《皇明通紀》；又不知《通紀》乃梁文康儲之弟億所作，而託名於

〔一〕「加」字脱，據陳氏文補入。
〔二〕此注文據黄汝成《日知録集釋》卷一八校。
〔三〕此句陳氏原作：「使遇君子，當如何議罪？」
〔四〕陳氏《學蔀通辨·前編中》卷二文。

清瀾也。〔一〕

宛平孫承澤謂：「陽明所編，其意欲借朱子以攻朱子。且吾夫子以天縱之聖，不以生知自居，而曰好古敏求，曰多聞多見，曰博文約禮，至老删述不休，猶欲假年學《易》。朱子一生效法孔子，進學必在致知，涵養必在主敬，德性在是，問學在是。如謬以朱子爲支離、爲晚悔，則是吾夫子所謂好古敏求、多聞多見、博文約禮，皆早年之支離，必如無言、無知、無能，爲晚年自悔之定論也。以此觀之，則《晚年定論》之刻，真爲陽明舞文之書矣。蓋自弘治、正德之際，天下之士厭常喜新，風氣之變，已有所自來，而文成以絶世之資，倡其新説，鼓動海内。原注：文成與胡端敏世寧，鄉試同年。一日謂端敏公曰：「公，人傑也，第少講學。」端敏答曰：「某何敢望公，但恨公多講學耳。」嘉靖以後，從王氏而詆朱子者，始接踵於人間，而王尚書原注：世貞。發策謂：『今之學者偶有所窺，則欲盡發先儒之説而出其上。楊氏曰：「盡發先儒」之「發」，當是「廢」字。〔二〕不學，則借一貫之言以文其陋；無行，則逃之性命之鄉，以使人不可詰。』此三言者，盡當日之情事矣。故王門

〔一〕陳氏《學蔀通辨・續編下》卷九文。
〔二〕此注文據黄汝成《日知録集釋》卷一八校。

高第爲泰州、原注：王艮。龍溪原注：王畿。二人。泰州之學，一傳而爲顔山農，原注：均。再傳而爲羅近溪、原注：汝芳。趙大洲。原注：貞吉。龍溪之學，一傳而爲何心隱，原注：本名梁汝元。再傳而爲李卓吾、原注：贄。陶石簣。原注：望齡。昔范武子論王弼、何晏二人之罪，深於桀紂，以爲一世之患輕，歷代之害重；自喪之惡小，迷衆之罪大。而蘇子瞻謂李斯亂天下，至於焚書坑儒，皆出於其師荀卿高談異論而不顧者也。《困知》之記、《學蔀》之編，固今日中流之砥柱矣。」

《姑蘇志》言姚榮國原注：廣孝。著書一卷，名曰《道餘録》，專詆程朱。原注：《實録》本傳言廣孝著《道餘録》，詆訕先儒，爲君子所鄙。少師亡後，其友張洪謂人曰：「少師於我厚，今死矣，無以報之，但每見《道餘録》，輒爲焚棄。」少師之才不下於文成，而不能行其説者，少師當道德一、風俗同之日，而文成在世衰道微邪説又作之時也。嘉靖二年，會試發策，原注：考試官蔣文定冕、石文介瑤。謂朱陸之論，終以不合，而今之學者顧欲强而同之，豈樂彼之徑便而欲陰詆吾朱子之學與？究其用心，其與何澹、陳賈輩亦豈大相遠與？至筆之簡册，公私〔一〕詆訾，以求售其私見。禮官舉祖宗朝故事，燔其書而禁斥

〔一〕「私」字原誤作「肆」，據《日知録》爲正。

之，得無不可乎！」原注：《成祖實録》：永樂二年，鄱陽人朱季友詣闕獻所著書，詆毀宋儒。上怒，遣行人押赴饒州，會司府縣官杖之，盡焚其所著書。

當日在朝之臣有能持此論者，涓涓不塞，終爲江河，有世道之責者，可無履霜堅冰之慮？以一人而易天下，其流風至於百有餘年之久者，古有之矣。王夷甫之清談，王介甫之新説，原注：《宋史》林之奇言：「昔人以王、何清談之罪甚於桀紂，本朝靖康禍亂，考其端倪，王氏實負王、何之責。」其在於今，則王伯安之良知是也。《孟子》曰：「天下之生久矣。一治一亂。」撥亂世反之正，豈不在於後賢乎！[一]

文治按：亭林先生之論，與後來陸清獻無異，可謂能閑朱子之道者矣。然其詞究嫌過激。曾文正云：「君子之言，平則致和，激則召争。辭氣之輕重，積久則移易世風，黨仇訟争而不知所止。」[二]學者讀湯文正論學書，與黄梨洲先生學案，可以持其平矣。

[一] 顧炎武《日知録·〈朱子晚年定論〉評》卷一八文。
[二] 《曾文正公文集·孫芝房侍講芻論序》卷三文。

黄梨洲先生《〈象山學案〉案語》

宗羲按：先生之學，以尊德性爲宗，謂：「先立乎其大，而後天之所以與我者，不爲小者所奪〔一〕。夫苟本體不明，而徒致功於外索，是無源之水也。」同時紫陽之學，則以道問學爲主，謂「格物窮理，乃吾人入聖之階梯，夫苟信心自是，而惟從事於覃思，是師心之用也」。兩家之意見既不同，逮後論《太極圖説》，先生之兄梭山謂「不當加『無極』二字於太極之前，此明背孔子，且並非周子之言」。紫陽謂「孔子不言無極，而周子言之，蓋實有見太極之真體。不言者不爲少，言之者不爲多」。先生爲梭山反復致辯，而朱陸之異遂顯。繼先生與兄復齋會紫陽於鵝湖，復齋倡詩有「留情傳注翻榛塞，著意精微轉陸沈」之句，先生和詩，亦云：「易簡工夫終久大，支離事業竟浮沈。」紫陽以爲譏己，不懌，而朱陸之異益甚。梓材案：鵝湖之會在淳熙二年，鹿洞之講在八年，已在其後。太極之辯在十五年，又在其後。梨洲説未免倒置。於是宗朱者詆陸爲狂禪，宗陸者以朱爲俗學，兩家之學，各成門户，幾如冰炭矣。嗟乎！聖道之難明，濂洛之後，正賴兩先

〔一〕出《孟子・告子下》之文。

生繼起，共扶持其廢墮，胡乃自相齟齬，以致蔓延今日，猶然借此辨同辨異以爲口實，寧非吾道之不幸哉！

雖然，二先生之不苟同，正將以求夫至當之歸，以明其道於天下後世，非有嫌隙於其間也。道本大公，各求其是，不敢輕易唯諾以隨人，此尹氏所謂「有疑於心，辨之弗明弗措」，豈若後世口耳之學，不復求之心得，而苟焉以自欺，泛然以應人者乎！况考二先生之生平自治，先生之尊德性，何嘗不加功於學古篤行；紫陽之道問學，何嘗不致力於反身修德。特以示學者之入門各有先後，曰此其所以異耳！

然至晚年，二先生亦俱自悔其偏重。稽先生之祭東萊文，有曰：「比年以來，觀省加細，追維曩昔麤心浮氣，徒致參辰，豈足酬義。」蓋自述其過於鵝湖之會也。與諸弟子書嘗云：「道外無事，事外無道。」而紫陽之親與先生書，則自云：「邇來日用工夫，頗覺有力，無復向來支離之病。」其别《與吕子約書》云：「孟子言學問之道，惟在求其放心。而程子亦言『心要在腔子裏』。今一向耽著文字，令此心全體都奔在册子上，更不知有己，便是箇無知覺不識痛癢之人，雖讀得書，亦何益於我事邪！」《與何叔京書》云：「但因其良心發現之微，猛省提撕，使此心不昧，則是做工夫底本領。本領既立，自然下學而上達矣。若不見於良心發見處，渺渺茫茫，恐無下手處也。」又謂：「多識前言往行，固君子所急，近因反求未得箇安穩處，卻始知此未免支離。」《與吴伯豐書》自謂：「欠卻涵養本原工夫。」《與周叔謹書》：「某近日亦覺向來説話有太支離處，反身以求，正坐自己用功亦未切耳。因此減去文字工夫，覺得閒中氣象甚適，每勸學者亦且看《孟子》『道性善』『求放心』兩章，著實體察，收拾此心爲要。」又《答吕子約》云：「覺得此心存亡，只在反掌之間。向來誠是太涉支離，若無本以自立，則事事皆病耳。豈可一向汩溺於故紙堆中，使精神昏蔽，而可謂之學？」又書：「年來覺得日前爲學不得要領，自身做主不起，反爲文字奪卻精神，不爲小病。每一念之，惕然自懼，且爲朋友憂之。若只如此支離，漫無統紀，展轉迷惑，無出頭處。」觀此可見二先生之虛懷從善，始雖有意見之參差，終歸於一致而無間，更何煩有餘論之紛紛乎？

且夫講學者所以明道也。道在撙節退讓，大公無我，用不得好勇鬬狠於其間，以先自居於悖戾。二先生同植綱常，同扶名教，同宗孔孟，即使意見終於不合，亦不過仁者見仁，知者見知，所謂「學焉而得其性之所近」，原無有背於聖人，矧夫晚年又志同道合乎！奈何獨不睹二先生之全書，從未究二先生之本末，糠粃眯目，强附高門，淺不自量，妄相詆毀。彼則曰「我以助陸子也」，此則曰「我以助朱子也」，在二先生豈屑有此等庸妄無謂之助己乎！昔先子嘗與一友人書：「子自負能助朱子排陸子與？亦曾知朱子之學何如陸子之學何如也？假令當日鵝湖之會，朱陸辯難之時，忽有蒼頭僕子歷階升堂，捽陸子而毆之曰：『我以助朱子也。』將謂朱子喜乎？不喜乎？定知朱子必且撻而逐之矣。子之助朱子也，得無類是。」〔一〕

陸稼書先生《三魚堂集·讀朱子〈白鹿洞學規〉》

朱子《白鹿洞學規》無誠意、正心之目，而以處〔二〕事接物易之，其發明《大學》之意，可謂深切著明矣；蓋所謂誠意、正心者，非外事物而爲誠正，亦就處事接物之際而誠之正之焉耳。故傳釋「至善」，而以仁敬孝慈信爲目，仁敬孝慈信皆因處事接物而見者也。聖賢千言萬語，欲人之心意〔三〕範圍於義理之中而已，而義理不離事物。明乎《白鹿洞學規》之意，而凡陽儒陰釋之學，可不待辨而明。夫子告顔淵「克己復

〔一〕黄宗羲《宋元學案·象山學案》卷五六文。
〔二〕「處」字原誤作「應」，據《白鹿洞書院學規》及《三魚堂文集》爲正。
〔三〕「意」字原誤作「理」，據《三魚堂文集》爲正。

禮」，而以視聽言動實之，其即朱子之意也夫？〔一〕

陸稼書先生《三魚堂集·讀朱子告郭友仁語》

考《亭淵源録》一條，郭友仁德元。告行，先生曰：「人若於日間閑言語省得一兩句，閑人客省得一兩人也濟事。若渾身都在閙場中，如何用工？人若逐日無事……用半日静坐，半日讀書，如此一二年，何患不進？」高忠憲纂《朱子節要》，亦載此條。

愚按：德元曾學禪，此語係德元所記，恐失其真。觀朱子《答劉淳叟》云：「某舊見李先生嘗教令静坐，後來看得不然，只是一个敬字，好方無事時敬於自持，及應事時敬於應事，讀書時敬於讀書，便自然該貫動静，心無時不存。」又《答潘子善》云云，可見朱子未嘗教人静坐，況限定半日哉！愚故謂德元所記，恐失其真。幾亭陳氏以此二語爲朱子教人之法，誤矣。

或疑程子見人静坐，便歎其善學，朱子於《復》卦象注曰：「安静〔二〕以養微陽也。」

〔一〕陸隴其《三魚堂文集·讀朱子〈白鹿洞學規〉》卷四文。
〔二〕「静」字，《三魚堂文集》作「坐」。按：朱子《易本義》作静。

是言初動之時宜静也。於《咸》卦初爻注曰：「此卦雖主於感，然六爻皆宜静而不宜動也。」是言方動之時宜静也。於《太極圖》注曰：「聖人全動静之德，而嘗本之於静。」是言未動之先宜静也。程朱何嘗不言静？不知程朱固未嘗不言静，而未嘗限定半日。且其所謂静者，皆是指敬，非如學禪者之静，又恐敬之混入〔一〕於禪也，而申言之曰：「略綽提撕。」夫敬猶恐其有病也，而況專言静乎？〔二〕

陸稼書先生《三魚堂集·答秦定叟書》

僕學問疎淺，蒙先生之不棄，遠辱惠教，常佩於心，冀一望見有道，開其茅塞。癸亥孟夏，適在武林，咫尺高齋，又忽忽不及造廬一晤，因草具數行，仰質高明，亦不能盡記其所言。而於《紫陽大指》一書中，尚不能無纖毫之疑，不敢自隱也。再承手教，兼示以答中孚、潛齋、擴菴諸書刻本，反覆莊誦，益歎先生之篤學精進，迥出流俗。如《答擴菴書》謂：「周子主静之『静』，朱子看做對待之動静，原自不謬，陽明恐人偏於

〔一〕「入」字脱，據《三魚堂文集》補入。
〔二〕陸隴其《三魚堂文集·讀朱子告郭友仁語》卷四文。

靜，而易爲程子『動亦定，靜亦定』之『定』，此陽明之誤，非朱子之誤也。」又《答中孚書》謂：「今人但知動中有靜，靜中有動，爲得體用之一原，不知此但知一原耳，未可爲體用一原也。先須分明體用，後識一原，然後有下功夫處。」此皆足以破俗儒之惑，有功正學，僕深服膺，不容更贊一辭者也。而於前日所疑，猶有未能盡釋然者，敢悉陳之。

來書謂：「未發已發，朱子一生精神命脈之係也，知未發已發，則知靜存動察。」又謂：「今之學者，相率入於困而不學，其源皆起於立教者以本體爲功夫，而不分未發已發之誤。」此固然矣。然以此論朱子則可，而謂陽明之所以異於朱子者專在此，嘉隆以來人才風俗，所以不如成弘以前者專在此，則恐有未盡者。蓋陽明之病，莫大於「無善無惡心之體」一語，而昧於未發已發之界。其末也，既以無善無惡爲心之體，則所謂未發，只是無善無惡者之未發；所謂已發，只是無善無惡者之已發。即使悉如朱子靜存動察，亦不過存其無善無惡者，察其無善無惡者而已，不待混動靜而一之，然後爲異於朱子也。朱子「中和舊説」雖屬已悔之見，然所謂「心爲已發，性爲未發」，亦指至善無惡者言，與陽明之無善無惡相楹莛。即使朱子守舊説而不變，仍與陽明不同。所以陽明雖指此爲朱子晚年定論，而仍有影響，尚疑朱仲晦之言，職是故耳。此僕所以謂考亭、姚江如黑白之不同。先生《紫陽大指》書中，乃云「無善無惡」一句，是名言之失，而非大義之謬，是僕所深疑而未解也。

來書又云《晚年定論》一書，陽明不無曲成己意，不敢雷同，即其窠臼，此固是矣。然考《紫陽大指》中載《答何叔京》三書，而評之曰「此三書實先生一轉關處也」，則猶似未脱陽明之窠臼者。嘗合朱子一生學問前後不同之故考之，朱子之學傳自延平，延平教人静中觀喜怒哀樂未發氣象矣，教人反覆推尋，以究斯理矣。朱子四十以前，出入佛老，雖受學延平，尚未能盡尊所聞，是以有「中和舊説」，有《答何叔京》諸書，與延平之學不免矛盾。及延平既没，朱子四十以後，始追憶其言而服膺之。《答林擇之書》所謂「辜負此翁」者，則悟「中和舊説」之非，而服膺其未發氣象之言，此朱子之轉關也。《答薛士龍書》所謂「困而自悔」，始復退而求之於句讀文義之間，則是以《答叔京》諸書爲悔，而服膺其反覆推尋以究斯理之言，此又朱子之一轉關也。是朱子之學，一定於悟未發之中之後，再定於退求之句讀文義之後。若夫《答何叔京》三書，則正其四十以前出入佛老之言，於未發已發之界，似若轉關，於窮理格物之功，則猶未轉關也。先生乃儱侗以爲朱子之一轉關，竊先生之意，卻似以居敬爲重，而看窮理一邊稍輕，雖不若陽明之徒，盡廢窮理，而不免抑此伸彼，故《答李中孚書》遂以《大學補傳》爲可更，而以陽明之獨崇《古本》〔一〕爲能絶支離之宿障，爲大有功於吾道，亦是看窮理稍輕之故。夫居敬、窮理，如太極之有兩儀，不可偏有輕重，故曰「涵養莫如敬，進學則在致知」，未有致知而可不居敬者，亦未有居敬而可不致知者。故朱子平日雖説敬不離口，而於《大學補傳》則又諄諄教人窮理，又於《或問》中反覆推明，真無絲毫病痛。朱子所以有功萬世者在此，所以異於姚江者在此。此而可更，孰不可更？即曰格物以知本爲先，所謂當務之爲急，然於格物之中，先其本則可，而如《古本大學》謂「知本即是知之至」則不可，是又僕之所深疑而未解也。

至於先生惓惓居敬主静，可謂深得程朱之旨，而切中俗學之病矣。然敬之所以爲敬，静之所以爲静，亦有不可不辨者焉。嘗觀朱子之言「敬」，每云「略綽提撕」，蓋惟恐學者下手過重，不免急迫之病，故於延平「觀喜怒哀樂未發」一語，雖悔其始之辜負而服膺之，然於「觀」之一字，則到底不敢徇。見於《答劉淳叟》諸書，至《觀心説》一篇，極言「觀」之病，雖指佛氏而言，而延平之言不能無病，亦在其中，此用力於敬者所不可不知也。又朱子雖云「『敬』字功夫通貫動静，而必以静爲本」，卻又云「不必特地

〔一〕指《古本大學》，即《禮記》所收者。

將靜坐做一件工夫，但看一『敬』字通貫動靜」，又云「明道説靜坐可以爲學，上蔡亦言多著靜不妨，此説終是小偏，纔偏便做病」，蓋《樂記》之「人生而靜」，《太極圖》之「主靜」，皆是指「敬」而言，無事之時，其心收斂，不他適而已；非欲人謝卻事物，專求之寂滅，如佛家之坐禪一般也。高景逸不知此，乃專力於靜，甚至坐必七日，名爲涵養大本，而不覺入於釋氏之寂滅，亦異乎朱子所謂靜矣！此用力於靜者所不可不知也。先生諄諄示人居敬主靜，而未及敬與靜當如何用功，是又僕所不能無疑也。

又讀先生答人書，謂：「陽明之弊，只在無善無惡。若良知之説，不可謂非孟子性善之旨。」夫陽明之所謂良，即無善無惡，非《孟子》所謂良也。《孟子》之良，以性之所發言，孩提之愛敬是也。陽明之良，以心之昭昭靈靈者言，湛然虛明，任情〔一〕自發而已。一有思慮營爲，不問其善不善，即謂之知識而非良，是豈可同日語哉！又謂陽明之學，真能爲己，而非挾好勝之心者。夫陽明大言無忌，至以孔子爲九千鎰〔二〕，朱

〔一〕「情」字誤作「性」，據陸氏《三魚堂文集》文爲正。

〔二〕王守仁以金量比重喻天理，《傳習録·薛侃録》載：「人到純乎天理方是聖，金到足色方是精。然聖人之才力，亦有大小不同，猶金之分兩有輕重。堯舜猶萬鎰，文王、孔子猶九千鎰，禹、湯、武王猶七八千鎰，伯夷、伊尹猶四五千鎰。」

子爲楊墨〔一〕，此而非好勝也，不知如何而後爲好勝耶？合先生之論陽明者言之，謂其真能爲己矣；良知之説，合於性善之旨矣；崇《古本大學》能絶支離矣；惟「無善無惡」一語不能無弊，又是名言之失而非大義之謬矣；《晚年定論》雖不無曲成己意，而採《答叔京》諸書，又未爲盡過矣；所不滿者，惟不分未發已發一節耳。又《答李中孚書》云：「此不過朝三暮四、暮四朝三之法，則并未發已發，亦與朱子名異實同矣。」前輩以陽明爲指鹿爲馬者皆非矣。僕極知先生從學術世道起見，與世俗之以私意調停者不同，而掃除未盡，不免涉於調停之迹，恐遺後學之惑，所以不揆愚陋，不敢自匿其所疑，輒以上陳，伏候教示。知先生諒其求正之心，不以指摘爲罪也。

嘉靖時，清瀾陳氏《學蔀通辨》一書，先生曾細閲之否？近時北方有張武承諱烈，所著《王學質疑》一卷，其言陽明之病亦頗深切著明，惜其已故，僕頃爲刊其書，敢并附正，統希垂鑑，不吝賜教幸甚，臨楮曷勝翹企。〔二〕

文治按：清獻之説，終覺主張太過。朱子求句讀文義，並非在四十以後，

〔一〕王守仁在《答羅整庵少宰書》（載《傳習録・中》）大意比擬朱子於楊墨。

〔二〕陸隴其《三魚堂文集・答秦定叟書》卷五文。

夏弢甫先生已辨之，《大學》古本原係鄭康成先生相傳舊本，並非陽明變亂經文，文治於《大學大義》中亦詳言之。至於學問之道，要在動静交相涵養。惡動求静，固偏矣；若必惡静求動，則必舉《易傳》所謂「寂然不動」、《大學》所謂「定而后能静，静而后能安」、周子所謂「主静」之説，一切掃除之而後可，亦可謂之不偏乎？清獻與秦定叟有二書，其第二首意義相同，兹不備録。

紫陽學術發微卷十二

九賢朱學通論下

文治於四十年前，研究朱子學，涉獵諸家，於寶應僅知有王白田先生而已。後訪之上。白田先生所著《朱子年譜》與附録，及存稿中雜著，皆以文繁不克録。止泉先生所著，有《朱子聖學考略》《宗朱要法》及編《朱子分類文選》，而《文集》中論朱學者極夥；其尤精者，是《涵養未發辨》《格物辨》〔一〕，皆洞中竅要；而《聖學考略提要》更能擷菁挈領，囊括無遺。蓋止泉先生於朱子之學，不獨口誦心維，貫通純熟，實能力踐躬行，循序漸進，以數十年之心得，上契朱子之心傳，非講演文義、稽考年月者所能

《朱子文集注》，遣門人王蘧常等赴寶應，始知白田先生外有朱止泉先生，而朱又在王

〔一〕涵養未發與格物窮理，二者乃朱子學之核心意識。

望塵而及也，爰録之爲第五。

章氏實齋學問淹博，通達古今，當爲清代第一。蓋乾嘉諸老，多研經學，而實齋先生，殫精史學，故於掌故源流，知之特詳。且夫爲朱陸之學者，豈易言哉！苟爲朱學者不能躬行，爲陸學者並無心得，皆僞而已矣。孔巽軒作《戴氏遺書序》，譏朱學者曰：「略窺《語録》，便詡知天；解斥陽明，即稱希聖。信洛黨之盡善，疑孟氏之非醇。」〔一〕其説至偏而激，而實齋先生則獨斷之曰僞朱子、僞陸王，嗚呼！何其嚴而確也。所著《文史通義》，士林推重，而《朱陸》一篇，目擊流弊，斷制持平；其《書後》〔二〕詆戴氏，雖不免訐以爲直，然是非之公，人能知之，而切磋之誼，人不能知。此指教導後學言，非指戴氏言。且聖門立教，文行交修，其所以端人心術，而與人爲善者，皆於是在矣！爰録之爲第六。

咸豐時人才，詎可及哉！時則有若倭文端、曾文正、吴竹如諸公，所以切磋而成之者，唐鏡海先生也。讀曾文正《送唐先生南歸序》，知諸君子之所以事之者，蓋在師

〔一〕孔廣森《儀鄭堂文·〈戴氏遺書〉總序》卷一文。
〔二〕《書後》指章學誠《文史通義·朱陸》篇後附録之《書朱陸篇後》，專門批評戴震。

友之間，用能才德並進，蔚成中興之業，而享六十年之太平，非倖致也，皆禮義道德之所薰陶也。文治嘗〔一〕上下古今，竊謂國家之興替，係乎理學之盛衰，理學盛則國運昌，理學衰則國祚滅，人心世道恒與之爲轉移。世每迂笑吾言，然吾之本心不能泯，即吾之學識不能易也。先生所撰《學案小識》，爲有清一代學術關鍵，前已著録，別有《朱子學案目録序》，見於《確慎文集》，惜其書不經見，海内有寶藏之者，能公諸天下乎？然節讀其序文數則，可見先生之學與朱子之精神，訢合而無間矣！爰録之爲第七。

陳蘭甫先生，淹貫六經諸子，於學無所不窺，所著《東塾讀書記》，釐別家法源流，無門户之見，而壹出以平心静氣之論。其中論朱子一卷，尤爲精細。如言朱子不獨窮極理奥，兼精章句訓詁、禮樂制度、天文、曆算、地理等學，可謂獨到之見。蓋以考據法治朱學，實於亭林、梨洲之外，更進一層矣。先生嘗自言早年涉獵世學，不知讀朱子書，中年以後始讀之，以《語類》繁博，擇其切要，標識卷端，冀可尋其門徑，并與

〔一〕疑脱「考」字。

其子宗誼輯《語類日鈔》五卷，其序文謂：「近時風氣不知道學，惟元和〔一〕顧千里鈔《語類》爲一編，名曰《遯翁苦口》，然聞其名未見其書，蓋成書而未刻者。」〔二〕其尊朱子救世道之苦心，溢於言外，洵粵東通儒中第一人也。爰録之爲第八。

自孔孟、程朱而外，凡治考據義理之學者，後人必較勝於前人，何也？以其學説之愈精而愈密也。如朱止泉先生《朱子聖學考》，體例較《大全》爲勝矣；王白田先生《朱子年譜》，採擇較洪本爲勝矣；夏弢甫先生《述朱質疑》一書，論朱子畢生之學，精詳周至，無義不搜，幾幾乎歎觀止矣！度其爲學，必有四五十年之苦功，乃克臻此。其可分類者，已散入本書各卷，而其總論各篇，如辨戴東原謂「孔孟六經、傳記羣籍，理字不多見」，不知如《大學》之「格物」、《中庸》之「未發」「已發」，《孟子》之「養氣」，皆前聖所未言，宋儒之「理氣」「體用」諸説亦然，但當論理之質諸往聖者，或合或否，不當論字之見於載籍者，或多或寡。又謂「戴氏論理欲二字，誤以貪欲之欲爲養欲給

〔一〕「近時風氣不知道學，惟元和」，《朱子〈語類日鈔〉序》作「蓋道學風氣盛時，或依附以沽名，或争辯以求勝，故無取焉。近時風氣不復有此，惟元和」，和原作「知」，因改。

〔二〕陳澧《朱子語類日鈔·序》文。

求之欲，乃斥程朱爲禍於天下，非仁人之所忍言」云云〔一〕。嗚呼！凡爲學説者，豈可因己之不便而遂輕毁先賢哉？先生之言，可爲救人心之苦藥，而立百世下中流之砥柱矣！爰録之爲第九。

朱止泉先生《朱子聖學考略提要》節録

一、朱子聖學所以遠承孔孟，近接周程者，全在體驗仁義禮知渾然之性，惻隱、羞惡、辭讓、是非燦然之情。孔子所謂「依仁」，孟子所謂「性善」，周子所謂「定之以中正仁義」而主静立極，程伯子所謂「識仁體」，程叔子所謂「五性具焉」，天地所以爲天地而生人物，俱是此旨。夫天地只是太極陰陽五行之理，天地生人只是太極健順五常之德，朱子實見得太極健順五常之德，是天命我之性。性體無爲，渾全在我，發處呈綫，著力體驗，積累擴充，透到未發氣象，皆統會於一心，方有歸宿。其全體也，只此渾然燦然者，無一毫私欲之自累，無一毫條理之不精，充滿分量，無少欠缺也；其大用也，只此渾然燦然者，無一物不措之得其所，無一事不經之適其宜，各有脈絡，不

〔一〕見夏炘《述朱質疑·與友人論〈孟子字義疏證〉書》卷一〇文。

稍紛擾也。……其始也，只此渾然燦然者爲之始；其終也，只此渾然燦然者爲之終。……自始學至易簀，滿腔子是太極健順五常之德，與天地合撰而已，此其所以爲孔孟、周程之大宗也夫。

一、朱子聖學全從《大學》《中庸》得力，合下見明、新、止、善，是大人之學之全量，稍虧欠不得。八條目工夫，必自格物入。身心、性情、天地、人物、鬼神，皆物也，自己心性統得一切，故從身心性情格起，漸而通之，修己治人，皆是明德裏事。只要著實，逐次用功，充滿明德全量，方爲完備。其最得力者，在補主敬一條，此朱子四十時有得於親切要妙之旨。非主敬，則格物以下工夫無主宰，無歸宿；是接聖學嫡傳，惟其於格物認得來歷的確，故於《中庸》天命之性、率性之道、修道之教，從自己心性中歷歷真切，則戒懼謹獨，吃緊精明，然後本來未發氣象可復，而發處各有節度，積累涵養，愈造愈深，愈斂愈實，自有不動而敬、不言而信者在這裏，方能完全天性。朱子一生是從本來明德，貫極於格物、致知、誠意、正心、修身，以至家國天下。達德達道九經，皆一心統會，非有二物也。朱子體於身，著於書，而聖學之天德王道、全體大用備矣。

一、朱子聖學全從《論語》《孟子》得力，章章研究，體驗身行心得，無一處不到，而一貫、克復、如見如承、博文約禮、居處執事數章，尤是孔門「爲仁」切要處。體入細密，究極淵源，故於仁統四端、備萬善之旨，渾融包涵，通透活絡。終身〔一〕内外，皆是生意周流；收拾放心，透存養之要，便是「致中」；集義擴充，透愛敬之用，便是「致和」。總是仁義路脈認得真切，所以《論》《孟》精髓發得詳明，此爲孔孟大宗，他家莫能與焉。

一、朱子聖學究造化之原，歷陰陽之變，順性命之理，得之於《易》焉。識風土之宜，别貞淫之情，審治亂之故，得之於《詩》焉。觀二帝、三王之心傳，味皋、益、伊、周之忠懇，玩典、謨、誓、誥之治要，得之於《書》焉。恭敬辭遜以會其身心，尊卑内外以别其分限，隨時制宜以定其典章，得之於《禮》焉。君臣治亂以明其是非，恤民重役以行其仁愛，因革制作以詳其法度，得之於《春秋》焉。統五經道理，會而歸之，自己身心中自有《易》《詩》《書》《禮》《春秋》道理，渾融無間矣。

一、朱子聖學宗五經、四子外，周、程、張子書極深研究，而於《太極》《西銘》尤精詳焉。實見得太極是無聲無臭之理，生陰陽五行，而人物得是以生，這一點理氣來自太極，必居敬主静，然後不虧損了太極。實見乾坤是大父大母之性體，生宗子家相，

〔一〕「終身」原作「身心」，據《朱子聖學考略》爲正。

而聖賢因以全生，這一身來自乾坤，必存養不愧能純乎孝，然後不辜負了乾坤。所以一生兢兢業業，窮理盡性，於《太極圖説》遡《西銘》之來歷，即體會自己身心來歷；於《西銘》識《太極圖説》之實際，即體會自己身心實際也。由是推之，《書》言降衷、恒性，天地萬物父母，《易》言太極、兩儀、四象、乾元、坤元，《詩》言「天生烝民，物則秉彝」，《禮》言「人生而静，陰陽之會」，皆是《太極圖説》《西銘》之宗祖，惟周子、張子會而通之，著此二篇；惟朱子深信此二篇，發經書要旨而潛心焉。此其足目俱到，迥出諸儒者與？

一、議朱子者，皆以朱子泛求事物之理爲格物，而本體不虚；不知朱子存心工夫，自三十前便知得心是仁義禮知之性所統會處，夙夜持守，不去於心，但在用處著力；至四十透未發之旨，已悟本體矣。此後屢悔，亦以仁義禮知之性理，見於文字事物者其塗徑，通於心思者其幾竅，見於躬行者其實地，藏於宥密者其歸宿。塗徑、幾竅相感發，造到實地，又造到歸宿，愈收斂愈充實，愈充實愈虚明。如《答徐彦章》云：「所謂純於善而無間斷者，非遂晝度夜思〔一〕，無一息之暫停；其外物不接、内欲

〔一〕「晝度夜思」謂日息夜念。

不萌之際，心體湛然，萬理皆備，此純於善而無間斷之謂也。」如此分説，真至虚至明境地。若陸王虚則有之，至心體湛然，萬理皆備則未也，以其從静入，而不透仁義禮知之性理，故差入禪派耳。

一、朱子四十前，常存此心以格物致知，但在端倪上著力，故認心是已發，性是未發；及四十時，知心統性情，未發之中，性體具焉。此後窮理愈精，惟恐所知不精，害於涵養，故「尊德性、道問學」是相通工夫，《答勉齋》云：「此心常明，講求義理，以栽培之。」即此意也。此朱子喫緊處，讀者不可忽略，必自家體驗到心上，透得是如此，方爲自得。若依象山之説，竊恐心雖定而義理不透，終是半明半暗，豈可哉？

一、朱子居敬，自少時即著力，亦在端倪上用功；至四十時，便覺涵養本體，只是敬以直内，玩《答林擇之書》，可見其親切矣。後又云「敬於讀書」「敬於應事」「敬於接物」，不可頃刻使心在烏何有之鄉；又云：「有事無事，吾之敬未嘗間斷。」又云：「此心既立，由是格物致知，則所謂『尊德性而道問學』，由是誠意、正心、修身，則所謂『先立乎其大者，小者不能奪』，由是齊家、治國、平天下，則所謂『篤恭而天下平』。」敬者，聖學之所以成始而成終也。朱子從居敬實實持守，步步有行程去處，讀《敬齋箴》

可見。故以此補小學工夫，立八條目之主宰，聖學之宗，自此定矣。〔一〕

《朱止泉先生文集・朱子未發涵養辨》

自程子發明平日〔二〕涵養之旨，傳之龜山、豫章、延平以及朱子，而聖學大明。朱子之涵養也，雖受之延平，而其默契乎「心統性情」，貫動静之奥，傳之久遠無弊者，實發龜山、豫章、延平所未及言，而直上合乎伊川。成書具在，可考而知也。

明正嘉後學者皆講良知，宗無善無惡之教，以朱子道問學之功居多，羣指爲章句文義之學；即有遵朱子者，力言格物致知之功，主敬存誠之要，而於未發涵養之故，無一言及之。夫主敬存誠，即所以涵養於未發，以貫通乎已發，實用力者自喻其微。然朱子「未發涵養」一段工夫，原極力用功；後儒爲之諱者，其防微杜漸之意，自有所在。特以陽明《晚年定論》一書，取朱子言收放心存養者不分早晚，概指爲晚年，以明朱陸合一，定學者紛紜之議。若更言涵養，是羽翼陽明，無以分朱陸之界，故概不置

〔一〕朱澤澐《朱子聖學考略提要》卷首文。
〔二〕「日」字原作「時」，據《朱止泉先生文集》爲正。

詞,俟學者自爲尋討,可謂用意深遠矣。然朱子涵養,原與陸、王兩家不同,乃有所避忌,不顯明指示,不惟無以闡朱子涵養之切要,且益增章句文義之譏,而目爲道問學之分途矣。縱有言及者,又似自陳所見,按之朱子涵養切要之序,不甚相合。

予讀朱子書,積有年所,明儒集間窺一二,陽明「晚年定論」之舛既駁正之,而朱子涵養切要之序,稍見端緒者,又烏敢不顯明其旨,以大别於無善無惡之教?而又豈章句文義之學所得借口哉?朱子從事延平十餘年,相見不過三次,後來追敘當年授受之旨,屢見於答何叔京、林擇之及《中和舊説序》。《答林擇之》《中和舊説序》在己丑後,提敘於此。其中詞旨,井然可見。當見延平時方用力於格物致知之學,延平雖授以未發之旨,而朱子不以爲然。十餘年而延平没,未達其旨,故與叔京輩敘説,以爲「辜負此翁」,及與張南軒往還,以未發之旨再三質證,所以有「人自有生」四書,皆是窮究此旨而未達之時,所諄諄問辨者也。是朱子不以體驗未發爲然者,在癸未以前。

自甲申至己丑,越六年,其答友朋諸書,無日不以此旨未達爲念,而其考程子書及前輩名言,只以心爲已發,性爲未發,亦只以人生自朝至夜,自少至老,無時不是已發,而未發在其中,因以察識端倪爲用功之要,而程子未發之旨,未嘗一日去於心,亦未嘗一日不與同志者相與辨論也,迨己丑春而恍然矣。

夫延平所云「終日危坐，以驗夫喜怒哀樂未發之前氣象如何，而求所謂中」者，朱子聞之久，自宜服行之，乃以爲不然者，何哉？蓋朱子於程子未發之旨，辨之精，有一毫之未當，不敢以爲是；思之切，有一毫之未信，不敢以爲安。驗喜怒哀樂之前氣象，而求所謂中者，延平得之豫章，以上承龜山、伊川者也。凡言心者皆指已發而言，程子之言也，與其信程子轉相授受之言，不如信程子之言，親切而有味，是以用功於察識端倪，而不以觀心於未發爲然。然惟其辨之精，思之切，有一毫之未當未信者，不敢以爲是而安，故於季通辨論之餘，疑而悔，悔而悟，反覆於程子諸説，而自覺其缺涵養一段工夫也。

朱子悟涵養之旨，自己丑始；悟涵養之旨，無諸賢之流弊，亦自己丑始。集程子諸説，參而求之，會而通之，因疑心指已發之未當而不可信，始悟心兼體用，必敬而無失，乃所以涵養此中，必實致其知，日就光明，而學乃進也。悟心兼體用，而有涵養於未發、貫通乎已發之功，則向來躁迫浮露之病可去，而有寬裕雍容之象矣。悟敬以涵養，又必致知，則絶聖去智，坐禪入定，歸於無善無惡之弊有所防，而陽儒陰釋之輩無所假借矣。自此以往，涵養之功日深，所見愈精，本領愈親。如「涵養於未發之前，則中節者多」，湖南諸友無前一截工夫，則有《答林擇之》之書；「平日有涵養之功，臨事方能識得」，則有《答胡廣仲》之書，此尤章章可考者也。

夫以朱子好學之篤，功力之專，自不數年而體立用行，然猶需之十數年者，亦有説焉。答吕伯恭、周叔謹輩，往往從涵養中，自見支離之失而不諱，固所以教友朋，箴來學，而自己之由疎而密，由淺而深，亦層進而有驗。蓋涵養而略於理者易，涵養而精於理者難；涵養而處事不盡當者易，涵養而事理合一者難；涵養而偏於静者易，涵養而動静合一者難。朱子自四十後，用許多工夫，漸充漸大，漸養漸純。至丙午《答象山》有「日用得力」之語，至庚戌有「方理會得恁地」之語，又曰「幸天假之年，許多理道在這裏」，所謂涵養於未發而貫已發者，心理渾融無間而歸於一矣。要其用功，一遵程子「涵養須用敬，進學在致知」之説，即尊德性而道問學之旨也。朱子涵養之序如此，此直上溯伊川，以接子思子之脈者，原與後世陽儒陰佛，假未發之旨，以實行其不思善不思惡之術者，較若黑白，亦何爲有所避忌而不言哉？

或曰：「子言朱子涵養之序詳矣！彼援朱入陸者，方爲晚同之論以混於一；吾子之言，得毋中其所欲言而賫以糧乎？」曰：不然。彼良知家多言朱子晚年直指本體以示人，今朱子之書具在，如答度周卿、晏亞夫、潘子善、孫敬甫諸書，皆六十以後筆，皆以涵養致知爲訓，曷嘗單指本體乎？其言涵養也，莫精於《答吕寺丞》「純坤不爲無陽」，無知覺之事，而有知覺之理；其言進學在致知也，莫精於《答張元德》「横渠成誦之説，最爲徑捷」。此甲寅、戊午後之言，又何嘗不以涵養致知爲訓？又何嘗單指本體，與良知家有一字之同乎？如單指本體，不惟理不能窮，中無所得，即所養者亦無理之虚靈知覺，正朱子所云「一場大脱空」者，亦不俟明者而知之矣。〔一〕

文治按：此篇與王、夏二家意思相合，惟尚有朱陸門户之見耳。然讀此以窺朱子門徑，最易得力。

又《朱子格物説辨》

自陽明以朱子格物爲析心理爲二、爲義外，於是明季學者，大都沈溺其中，置朱子書不讀。後來宗朱子者力闢其非，按之朱子格物實落處，少所發明。宜乎此以爲一，而彼以爲二；此以爲内，而彼以爲外。徒見立説之多，互相攻訐，而於朱子格物之要領實功，未透其所以然，而宗朱、宗王之兩家，卒未能平心而定其一是之極。

近又有調停之説，以爲朱王皆有當，而於陽明闢朱子之論，一概不辨，視爲非學者切己要務。嗚呼！辨論前賢之是非，誠非切己要務也；獨指朱子格物爲二、爲義外，而

〔一〕朱澤澐《朱止泉先生文集·雜著·朱子未發涵養辨》卷七文。

不辨其非，不獨於朱子格物之要領實功，多所未明，即於自家格物之要領實功，未得透徹，茫無下手處，獨非切己要務乎？愚竊以爲闢陽明可緩，而朱子之學受誣於陽明者，不可不辨。誠於朱子格物之學，得其要領實功，則吾道明，而其畔朱子者自屈矣。

朱子自從事延平，深懲虚無空寂之非，其所考究參詳乎事物者，非逐末也，實從自家心地動處體驗，以究其不容已之故，即從自家心地接萬物處體驗，以究其不可易之則，庶乎方寸之間，明乎物理，確有定準。是朱子壬午以前，三見延平，以察識端倪爲窮理之要，皆於思慮感動時著力，而所格者，性發之情也。

及延平既没以後，與南軒、擇之，往復參究，無非心地工夫。當其執心是已發之説，幾以爲無可改，始而信，既而疑且悔，後乃恍然悟。是朱子己丑以前，不敢信前賢之言，據爲有得，而必詳究其至當不易者，正以窮夫未發之體；而所格者，情之性體也。自此後凡講習討論之功，酌古參今之學，無非明此性體。久之而衆物之表裏精粗無不到，即物之統於吾性者無不至，吾心之全體大用無不明，即吾性之涵夫物者無不徹。終朱子之身，總是格物，總是知性，而未發之中，昭明形著，斯學問之極功，内外一致之實驗也。

夫朱子格物之學，心理合一，無内非外，無外非内，可謂顯明矣。陽明倡爲析〔一〕二、義外之説，以議朱子，吾亦不暇多舉。朱子之訓，即以《已發未發説》《仁説》《太極注》《西銘注》四篇言之，其云「未發之中，本體自然，不須窮索」者，二乎？義外乎？其云「衆善之源，百行之本，莫不在是」者，二乎？義外乎？其云「天下之故，皆感通於寂然不動之中」者，二乎？義外乎？其云「存則不違其理，没則安而無所愧於天」者，二乎？義外乎？由四篇而細繹之，朱子深明吾性之本體，著之簡編，以示後人，皆深切收斂身心性情之要，未見有拘牽文義如後世詞章之學也。由四篇而推廣之，凡朱子著述纂注，皆身心性情之所發見；應事接物，皆身心性情之所施行，未見有不察之動静微危，而徒託之口説辨論也。

四篇之中，《已發未發説》，朱子所最先窮究者，所謂「事物未至，思慮未萌之時，即是心體流行，寂然不動之處，而天命之性體段具焉」數語，直窮到雜念俱消，性體呈露微渺處矣。所謂「當此之時，敬以持之，使此氣象，常存而不失，則自此而發者必中節，此是日用之間本領工夫」數語，直窮到性體呈露，即工夫即本體，教人刻刻保守性命之學，莫

〔一〕「析」字脱，據《朱止泉先生文集》補入。

切於此矣。所謂「察其端倪之動，致擴充之功。一不中，則非性之本然，而心之道或幾乎息」數語，直窮到性體發動，持守益密，不令毫髮走作，致虧本體矣。所謂「周流貫徹，工夫初無間斷，但以静爲本」數語，直窮到主静立極，復其本性全體地位，而《仁説》之包羅，《太極注》之原原本本，《西銘注》之踐形成性，已具於心體流行、天性體段之中矣。

夫朱子格物之功，研究凡十餘年，不得未發之旨，深探静會，只據「心屬已發」一語，後又詳玩《遺書》，乃得涷解冰釋，其見於《中和舊説序》者甚詳，爰著是説，以衷於一是。至今讀之，溯其原委，想其苦心，歎服其格物之根於心理篤實，反求不諱；其用功曲折，吐心瀝膽，明示學者，一至於此。試思《陽明集》中，如「天泉證道」，有如是之切實的當者乎？如答舒國用、陸原静諸書，未嘗不中人深弊，然説來卻似自然，太直截，欲尋其端緒，無下手用功處，有如是之委曲，先後可依循者乎？如《傳習録》中「要語」，亦有克己切當處，然只是一静便了，有如是之透天命源頭、涵蓋萬理者乎？

學者循朱子之序，由發處用功，體驗到未發之中，即仁義禮智之渾然者，原自天地萬物一處來，自與天地萬物同條共貫，而無彼此之分，夫乃恍然知朱子格物之學，真是心理合一而非二也。心理合一，義生於心，無内無外，無乎不統，而非義外也。朱子之格物知性如此，陽明之説，何其誣哉？

夫《太極》《西銘注》，讀者遍天下，而不知其義，以爲高遠而非初學所及；《仁説》一篇，讀者亦日習而不用力；至《已發未發説》，則未有及焉。不知此一篇者，實《大學》《中庸章句》《或問》之根原、格物知性之實地，必熟體之而後深信朱子格物之學，實有向裏安頓處，初不令人誤用於所不當用也。予以故特宗之，以明陽明之議朱子者，實不知朱子云。〔一〕

文治按：此篇合涵養、致知爲一事，深得《易傳》「敬以直内，義以方外」之旨。所謂「方外」者，實在内而非外也，其立説有與陽明相近處，而其功夫確與陽明異。

章實齋先生《文史通義・朱陸篇》 節録

傳言有美疢，亦有藥石焉〔二〕。陸王之攻朱，足以相成而不足以相病。「僞陸王」之自謂學朱而奉朱，朱學之憂也。

〔一〕朱澤澐《朱止泉先生文集・雜著・朱子格物説辨一》卷七文。

〔二〕「傳」指《左傳》。按：《左傳・襄公二十三年》載：「季孫之愛我，疾疢也；孟孫之惡我，藥石也。美疢不如惡石。夫石猶生我，疢之美，其毒滋多。」一切回護縱容行爲皆稱「美疢」，足以生憂。

蓋性命事功、學問文章，合而爲一，朱子之學也。求一貫於多學而識，而〔一〕約禮於博文，是本末之兼該也。諸經解義不能無得失，訓詁考訂不能無疎舛，是何傷於大體哉！且傳其學者，如黄、蔡、真、魏，皆通經服古，躬行實踐之醇儒，其於朱子有所失，亦不曲從而附會，是亦足以立教矣。

乃有崇性命而薄事功，棄置一切學問文章，而守一二《章句》《集注》之宗旨，因而斥陸譏王，憤若不共戴天，以謂得朱之傳授，是以通貫古今、經緯世宙之朱子，而爲村陋無聞、傲狠自是之朱子也。且解義不能無得失，考訂不能無疎舛，自獲麟絶筆以來，未有免焉者也。今得陸王之僞而自命學朱者，乃曰墨守朱子，雖知有毒，猶不可不食；又曰朱子實兼孔子與顔、曾、孟子之所長。噫！其言之是非，毋庸辨矣。朱子有知，憂當何如耶……

末流失其本，朱子之流别，以爲優於陸王矣！然則承朱氏之俎豆，必無失者乎？曰奚爲而無也？今人有薄朱氏之學者，即朱氏之數傳而後起者也。其與朱氏爲難，學百倍於陸王之末流，思更深於朱門之從學，充其所極，朱子不免先賢之畏後生矣。

〔一〕「而」字原作「寓」，據《文史通義》文爲正。

然究其承學，實自朱子數傳之後起也，其人亦不自知也。而世之號爲通人達士者，亦幾幾乎褰裳以從矣！有識者觀之，齊人之飲井相捽也〔二〕。

性命之説，易入虚無。朱子求一貫於多學而識，寓約禮於博文，其事繁而密，其功實而難，雖朱子之所求，未敢必謂無失也。然沿其學者，一傳而爲勉齋、九峯，再傳而爲西山、鶴山、東發、厚齋，三傳而爲仁山、白雲，四傳而爲潛溪、義烏，五傳而爲寧人、百詩，則皆服古通經，學求其是，而非專己守殘、空言性命之流也。自是以外，文則入於辭章，學則流於博雅，求其宗旨之所在，或有不自知者矣。生乎今世，因聞寧人、百詩之風，上溯古今作述，有以心知其意，此則通經服古之緒，又嗣其音矣。無如其人慧過於識，而氣蕩乎志，反爲朱子詬病焉，則亦忘其所自矣。

夫實學求是與空談性天，不同科也。考古易差，解經易失，如天象之難以一端盡也。曆象之學，後人必勝前人，勢使然也。因後人之密而貶羲和，不知即羲和之遺法也。今承朱氏數傳之後，所見出於前人，不知即是前人之遺緒；是以後曆而貶羲和也，蓋其所見能過前人者，慧有餘也，抑亦後起之智慮所應爾也，不知即是前人遺藴

〔二〕謂自相殘殺。

者，識不足也。其初意未必遂然，其言足以懾一世之通人達士，而從其井捽者，氣所蕩也。其後亦遂居之不疑者，志爲氣所動也。攻陸王者出僞陸王，其學猥陋，不足爲陸王病也；貶朱者之即出朱學，其力深沈，不以源流互質、言行交推，世有好學而無真識者，鮮不從風而靡矣。

古人著於竹帛，皆其宣於口耳之言也。言一成而人之觀者千百其意焉，故不免於有向而有背。今之黠者則不然，以其所長有以動天下之知者矣，知其所短不可以欺也，則似有不屑焉。徒澤之蛇且以小者神君焉，其遇可以知而不必且爲知者，則略其所長，以爲未可與言也，而又飾所短以爲無所不能也。雷雹以神之，鬼神以幽之，鍵篋以固之，標幟以市之，於是前無古人，而後無來者矣。天下知者少，而不必且爲知者之多也；知者一定不易，而不必且爲知者之千變無窮也。故以筆信知者，而以舌愚不必深知者，天下由是靡然相從矣。

夫略所短而取其長，遺書具存，强半皆當遵從而不廢者也，天下靡然從之，何足忌哉？不知其口舌遺厲，深入似知非知之人心，去取古人，任惼衷而害於道也。語云：「其父殺人報仇，其子必且行劫。」其人於朱子，蓋已飲水而忘源，及筆之於書，僅有微辭隱見耳，未敢居然斥之也，此其所以不見惡於真知者也；而不必深知者，習聞口舌之間，肆然排詆而無忌憚，以謂是人而有是言，則朱子真不可以不斥也，故趨其風者，未有不以攻朱爲能事也，非有惡於朱也，懼其不類於是人，即不得爲通人也。

夫朱子之授人口實，强半出於《語録》。《語録》出於弟子門人雜記，未必無失初旨也，然而大旨實與所著之書相表裏；則朱子之著於竹帛，即其宣於口耳之言，是表裏如一者，古人之學也；即以是義責其人，亦可知其不如朱子遠矣，又何争於文字語言之末也哉？[一]

又《書〈朱陸篇〉後》

戴君學識[二]，深見古人大體，不愧一代鉅儒；而心術未醇，頗爲近日學者之患，故余作《朱陸篇》正之。

戴君下世，今十餘年，同時有横肆罵詈者，固不足爲戴君累。而尊奉太過，至有稱謂孟子後之一人，則亦不免爲戴所愚。身後恩怨俱平，理宜公論出矣，而至今無人

[一] 章學誠《文史通義·内篇三·朱陸》卷三文。
[二] 「識」字原作「問」，據《章氏遺書》爲正。

能定戴氏品者，則知德者鮮也。

凡戴君所學，深通訓詁，究於名物制度，而得其所以然，將以明道也。時人方貴博雅考訂，見其訓詁名物，有合時好，以謂戴之絶詣在此。及戴著《論性》《原善》諸篇，於天人理氣，實有發前人所未發者，時人則謂空説義理，可以無作，是固不知戴學者矣。戴見時人之識如此，遂離奇其説曰：「余於訓詁、聲韻、天象、地理四者，如肩輿之隸也。余所明道，則乘輿之大人也。當世號爲通人，僅堪與余輿隸通寒温耳。」言雖不爲無因，畢竟有傷雅道，然猶激於世無真知己者，因不免於已甚耳，尚未害於義也。其自尊所業，以謂學者不究於此，無由聞道，不知訓詁名物，亦一端耳。古人學於文辭，求於義理，不由其説，如韓、歐、程、張諸儒，竟不許以聞道，則亦過矣。然此猶自道所見，欲人惟己是從，於説尚未有欺也。

其於史學義例、古文法度，實無所解，而久遊江湖，耻其有所不知，往往强爲解事，應人之求，又不安於習，故妄矜獨斷。如修《汾州府志》，乃謂僧僚不可列之人類，因取舊志名僧入於古蹟；又謂修志貴考沿革，其他皆可任意，此則識解漸入庸妄。然不過自欺，尚未有心於欺人也。余嘗遇戴君於寧波道署，居停代州馮君廷丞。馮既名家子，夙重戴名，一時馮氏諸昆從，又皆循謹敬學，欽戴君言，若奉神明。戴君則故爲高論，出入天淵，使人不可測識。人詢班馬二史優劣，則全襲鄭樵譏班之言，以謂己之創見；又有請學古文辭者，則曰：「古文可以無學而能。余生平不解爲古文辭，後忽欲爲之而不知其道，乃取古人之文，反覆思之，忘寢食者數日。一夕忽有所悟，翼日取所欲爲文者，振筆而書，不假思索而成，其文即遠出《左》《國》《史》《漢》之上。」雖諸馮敬信有素，聞此亦頗疑之。蓋其意，初不過聞大興朱先生輩論爲文辭不可有意求工，而實未嘗其甘苦；又覺朱先生言平淡無奇，遂恢怪出之，冀聳人聽，而不知妄誕至此，則由自欺而至於欺人，心已忍〔一〕矣，然未得罪於名教也。

戴君學術，實自朱子道問學而得之，故戒人以鑿空言理，其說深探本原，不可易矣。顧以訓詁名義偶有出於朱子所不及者，因而醜貶朱子，至斥以悖謬，詆以妄作，且云：「自戴氏出而朱子徼倖爲世所宗已五百年，其運亦當漸替。」此則謬妄甚矣！戴君筆於書者，其於朱子有所異同，措辭與顧氏寧人、閻氏百詩相似，未敢有所譏刺，固承朱學之家法也。其異於顧、閻諸君，則於朱子間有微辭，亦未敢公然顯非之也，而口談之謬，乃至此極，害義傷教，豈淺鮮哉！

〔一〕「忍」字原作「甚」，據《章氏遺書》爲正。

或謂：「言出於口而無蹤，其身既歿，書又無大牴牾，何爲必欲摘之以傷厚道？」不知誦戴遺書而興起者，尚未有人；聽戴口説而加厲者，滔滔未已。至今徽歙之間，自命通經服古之流，不薄朱子則不得爲通人，而誹聖排賢，毫無顧忌，流風大可懼也。向在維揚，曾進其説於沈既堂先生曰：「戴君立身行己，何如朱子？至於學問文章，互争不釋，姑緩定焉可乎？」此言似粗而實精，似淺而實深也。〔一〕

文治按：如章先生之言，戴君頗極狂妄，蓋未能平心静氣讀朱子書耳。雖然，世更有不薄孔孟不得爲通人者，世道人心至於如此，何怪刼運循環而未有艾？深願豪傑之士，入迷途而急返也，庶幾可以救人而救世矣。

唐鏡海先生《朱子學案目録序》節録

明、新、止至善〔二〕

《大學》三綱領，一「明明德」而已矣。反諸己曰明，施之民曰新，新亦明也。明新

〔一〕章學誠《章氏遺書・朱陸（附朱陸篇書後）》卷二文。
〔二〕此小題略括朱子《大學》三綱領之目。

極其致曰至善，止至善亦明也。大學之道，一明而已矣。此明也，通天地，貫古今，徹上徹下，成始成終，而又人人之所同得者也。一人能明明德，千萬人皆〔一〕能明明德……明德者何？天命之性也。不謂之性而謂之明德，以人之得於天者言之也……天予之明而不求其明，其何以事天乎？

大學者，存心、養性、事天之學也。可以民，可以臣，可以君，可以堯舜天下，可以父母斯民；其功循序而漸進，其效隨分而有徵。格致加一分，誠正亦加一分，修齊治平亦猶是也。雖然，專恃格致不得也，須有格致之明足以通之，而後誠正修齊治平乃得力耳，是則其功一致也。而必析而分者，各有界限，各有持循，各有險夷，各有難易，毫釐差而千里謬，瞬息亂而萬緣紛。明之，必止於至善以是也。明而後可以誠，可以正，可以修齊治平也。誠正修齊治平，皆明中事也。

我朱子言之詳矣，而於奏議、封事、奏劄中，屢舉其全，而曲折陳之，惟恐其君不聽，聽之而不能行也。懇懇懃懃，竭誠盡忠，一奏不已，至再至三，至五至七，回環委婉，冀有以默感於君心，以安宗社之危，以振朝綱之墮，以除左右之奸，以消仇敵之

〔一〕「皆」字脱，據《唐確慎公集》補入。

侮；而無如讒間疊出，終不能行也。

而後世人主，乃往往讀此而歆動，惜斯人之不復見也，則未嘗不歎當時宋祚之衰，有一忠君愛國扶危撥亂之賢，而置之不用也。吁！其亦朱子之不幸矣！吾因爲之欷歔太息而識之。

治平

有知即有好惡，意發之，心存之，身施之，家國天下受之，而治亂出矣。防其亂而圖其治，則「公」之一字，萬古以之矣。堯、舜、禹、湯、文、武，傳心之法，夫子終之曰「公則悦」，蓋以此也。

我朱子立朝四十餘日，陳善閉邪，責難替否，摘隱微之伏，發傾側之奸，以明好惡公私之極則，而卒間於左右侍從之讒言。其在外經歷數階，旌淑別慝〔一〕，進賢懲貪；同監司薦者四人，申尚書省者屢狀；而唐仲友之罪不加誅，而潘友恭之舉將自代。其於學宫書院，或記或銘，法戒具備；其於經界社倉，或申或勸，利病悉詳。祧廟有

〔一〕「旌淑別慝」，謂表揚善良，剔除邪惡。

圖，而大禘大祫、七廟九廟，其圖無不得其精詳；謁學有文，而先聖先師、三賢五賢，其文無不致其誠敬。考古不遺於周漢，舉廢不問於顯幽。其治民也，酌盈劑虚，裒多益寡。審利害之重輕，爲之均減；通出納之贏縮，制其經常。損上益下，則蠲除惟恐其不寬；後樂先憂，則救援惟恐其不至。

雖當時内不過待制修撰，外不過提舉提刑，而見諸朝廷者，若是其誠篤；施諸州軍者，若是其慈仁，是可爲致君澤民之法矣，而惜乎其未大用於世也。吁！傳道者之阨於時，大抵然也。

時事

建炎以來，和之爲害，豈不大哉！高宗非不英傑也，其欲復土疆，恢中原；除僞國，翦仇酋；迎二帝，祠陵寢；以還祖宗之故物，以慰億兆之歸心，而卒未之得。孝宗繼之，亦高宗之心也。時時見於辭色，而亦舉而復棄，行之未及半而遂已。此何故？知及之而未能常明，意及之而未能常誠，心及之而未能常正。遇有以邪間之者則奪其正矣，遇有以詐投之者則奪其誠矣，遇有以暗昧蔽之者則奪其明矣，是豈獨和不和之事哉？

而和則關於斯時之勢事莫大焉。張忠獻之扈從也，竭其誠懇，濟以經略，因險而之夷，即亂而轉治。保關陝所以存中州也，守蜀漢所以奠南服也；移建康所以定天位也，城淮甸所以控江海也；拒四郡所以固揚鎮也，絶常使所以嚴體統也。當時賢者皆竊服其略，而奸者則深忌其能矣。忌其能，恐其敗和之局，不得成其奸也；屢欲罪公，而無絲毫可藉口，移怒於公之所使定中原者而加害焉。秦檜、沈該、万俟卨諸賊，萬世同誅之矣，然而宋之天下不能復興矣。厥後湯思退、尹穡、龍大淵、曾覿、王朴之徒，守檜之故智，潛斥忠良，明廢綱紀。正人如陳正獻、劉少傅、張修撰、劉光禄、王中奉、范秘閣諸君子，亦見知於君而未得竟其用，皆諸奸沮之也，即諸奸之簧鼓君心也。是以君心貴明而又明，以至於無不明；誠而又誠，以至於無不誠；正而又正，以至於無不正……格致誠正之功，存天理、遏人欲之功也。使此心有理無欲，則天下雖大，能逃乎人君之一心哉？

朱子曰：「人主所以制天下之事者，本乎一心。而心之所主，又有天理人欲之異。二者一分，而公私邪正之途判矣！蓋天理者，此心之本然，循之則其心公而且〔一〕

〔一〕「且」字原誤作「自」，據《朱文公文集》《性理大全書》卷六五「聖學」類所引爲正。按：下文「人欲者，此心之疾疢，循之則其心私而且邪」，「且正」與「且邪」互對。

正；人欲者，此心之疾疢，循之則其心私而且邪。公而正者逸而日休，私而邪者勞而日拙〔一〕。其效至於治亂安危，有大相懸〔二〕絶者，而其端特在夫一念之間而已……人君察於此理，而不敢以一毫私意鑿於其間，則其心廓然大公，儼然正，泰然行其所無事，而坐收百官衆職之成功。一或反是，則爲人欲私意之病，其偏黨反側，黠闇猜嫌，固日擾擾乎方寸之間，而姦僞讒慝，叢脞眩瞀，又將有不可勝言者。此亦理〔三〕必然者也。」〔四〕至哉言乎！有物必有理，知非理何所致？意非理何所誠？心非理何所正？身非理何所脩？故朱子之面對及封奏也，必以格致爲先，進之以誠正脩，推之以齊治平，而要不外主之以一理而已。而一時之宵小權奸，便辟側媚，惡其莊嚴，忌其學術，別之以理學，又指而摘之曰「僞學」，嗟夫殆矣！幾有徒黨之株連，里門之禁錮，而朱子未嘗動於心也；遯世不悶，而任道仍如其常；閉户潛修，而誨人亦尚不倦。《答余占之》曰：「某老衰殊甚，疾病益侵，仇怨交攻，未知所税駕也。今年絶無朋友相過，

〔一〕「公而正者逸而日休，私而邪者勞而日拙」句脱，據《朱文公文集》《性理大全書》補入。
〔二〕《朱文公文集》《性理大全書》無「懸」字。
〔三〕「亦理」二字原作「其」字，據《朱文公文集》爲正。
〔四〕朱子《延和奏札》之二文，載《朱文公文集》卷一一。

近日方有至者，只一二輩猶未有害，若多則恐生事矣。」又《答陳方卿》曰：「某碌碌如昨，但年老益衰，已分上事，未有得力處。朋友功夫，亦多間斷，方以爲憂。而忽此紛紛，遂皆不敢爲久留計，未知天意果何如也？」由是觀之，可以知吾朱子之遇，可以知吾朱子之學矣！

論撰

大禹之岣嶁碑，遠矣尚矣！比干、延陵季子，其墓碑之祖歟？閱漢魏六朝，而隋而唐，則凡有德、有功、有言者，葬必有碑表銘志，皆一時知名之人爲之，昌黎其最著者也。而時人或譏其諛，夫韓子豈諛墓者哉？善善從長，蓋有之矣。

吾朱子之守道也，平時於二三益友，及諸從游往來談論，從未嘗以一語假人。故來請銘請志者，或以家冗辭，或以衰病辭，或以時難辭，往往於書答中見之，亦不知凡幾矣。然而，道德之尊崇、勳猷之表著、學行之褒嘉、門庭之紀載、幽隱之宣揚，皆有各不容已者焉，則碑銘安得不作？夫朱子固「多聞闕疑，慎言其餘」者也，而祭文、墓碑、墓表、墓志、行狀至十有餘卷。繹其文，無非敘其學，敘其道，敘其德，敘其何以立朝，敘其何以治外、何以措置地方、何以撫安軍民、何以保護疆宇、何以抵拒强寇。其未仕及仕而止於小吏者，在家則書其何以孝、何以弟、何以睦婣、何以任恤；在官則書其何以事上、何以接下、何以教養、何以興利除害。無一虛詞，無一剩語，蓋慎之也。故其文皆信而有徵，納之册府，非信史歟？〔一〕

陳蘭甫先生《東塾讀書記·朱子學論》節録

朱子《論語訓蒙口義》序云：「本之注疏以通其訓詁，參之《釋文》以正其音讀，然後會之於諸老先生之説，以發其精微。」《與魏仲書》亦云：「參以《釋文》，正其音讀。」《論語要義目録》序云：「其文義名物之詳，當求之注疏，有不可略者。」《答余正父書》云：「今所編禮書内，有古經闕略處，須以注疏補之，不可專任古經而直廢傳注。」《答張敬夫〈孟子説〉疑義書》云：「近看得《周禮》《儀禮》一過，注疏見成，却覺不甚費力也。」《語類》云：「祖宗以來，學者但守注疏，其後便論道，如二蘇直是要論道，但注疏如何棄得？」卷一百二十九。又云：「今世博學之士，不讀正當底書，不看正當注疏。」卷五十七。朱子自讀注疏，教人讀注疏，而深譏不讀注疏者如此。昔時講學者多不讀注疏，近時

〔一〕唐鑑《唐確慎公集·序·朱子學案目録序》卷一文。

讀注疏者，乃反訾朱子，皆未知朱子之學也。

《語類》云：「某尋常解經，只要依訓詁説字。」卷七十二。又云：「先生初令義剛訓二三小子，見教曰：『訓詁則當依古注。』」卷七。《答黄直卿書》云：「近日看得後生，且是教他依本子認得訓詁文義分明爲急。今人多是躐等妄作，誑誤後生，其實都曉不得也。」《答李公晦書》云：「先儒訓詁，直是不草草。」《答王晉輔書》云：「禮書『縮』訓爲『直』者非一，乃先儒之舊，不可易也。」朱子重訓詁之學如此。其《答何叔京書》云：「李先生教人，大抵令於静中體認大本，未發時氣象分明，即處事應物，自然中節。當時竊好章句訓詁之習，不得盡心於此。」朱子從學於李延平，乃早年事，其時已好章句訓詁之學矣。

《語類》云：「而〔一〕今人多説章句之學爲陋，某看見人多因章句看不成，却壞了道理。」卷五十六。澧案：薛艮齋〔二〕《與朱編修書》云：「漢儒之陋，則有所謂章句家法。」

〔一〕「而」字脱，據《東塾讀書記》補入。
〔二〕薛季宣（一一三四～一一七三），字士龍，號艮齋，永嘉人；自六經之外，歷史、天官、地理、兵刑農，以至隱書小説，靡不搜研采獲。

此稱朱編修者，朱子嘗除樞密院編修也。朱子所云「今人」者，蓋即艮齋也。朱子注《大學》《中庸》名曰「章句」，用漢儒名目，以曉當時之以爲陋者也。讀朱子書者當知之，講漢學者亦當知之。

《學校貢舉私議》云：「其治經必專家法者，天下之理，固不外於人之一心。然聖賢之言，則有淵奧爾雅，而不可以臆斷者，其制度名物，行事本末，又非今日之見聞所能及也。故治經者，必因先儒已成之説而推之，借曰未必盡是，亦當究其所以得失之故，而後可以反求諸心而正其謬，此漢之諸儒所以專門名家，各守師説，而不敢輕有變焉者也。」

《語類》云：「漢儒各專一家，看得極子細。今人才看這一件，又要看那一件，下稍都不曾理會得。」卷一百二十一。

《策問》云：「問漢世專門之學，如歐陽、大小夏侯、孔氏《書》，齊、魯、韓氏《詩》，后氏、戴氏《禮》，董氏《春秋》，梁丘、費氏《易》，今皆亡矣。其僅有存者，又已列於學官，其亦可以無惡於專門矣。而近世議者深斥之，將謂漢世之專門者耶？抑別有謂也？今百工曲藝，莫不有師，至於學者尊其所聞，則斥以爲專門而深惡之，不識其何説也？二三子陳之。」

《文集》中考禮之文，如《禘祫議答》《社壇説》《明堂説》《殿屋廈室説》《深衣制度辨》《君臣服議》《跪坐拜説》《周禮太祝九拜辨》，《儀禮釋宫》，李如圭所作，而入《朱子文集》。林月亭學正以爲朱子所商搉而論定者，見《學海堂初集·答問儀禮釋宫何人爲精確》。皆博考詳辯，其長篇至數千言。又有《記鄉射疑誤》一篇，尤考覈精細。朱子深於禮學，於此可見。

《文集》有《壺説》一篇，算《禮記·投壺》之壺之周徑甚詳，可見朱子知算學。《語類》云：「算法甚有用，若時文整篇整卷，要作何用耶？徒然壞了許多士子精神。」卷十四。《答曾無疑書》云：「曆象之學，自是一家，若欲窮理，亦不可以不講。」《答李敬子書》云：「康節之言，大體固如是。然曆家之説，亦須考之，方見其細密處。如《禮記·月令》疏及《晉·天文志》，皆不可不讀。」《答蔡季通書》云：「近校得《步天歌》，頗不錯，其説雖淺而詞甚俚，然亦初學之階梯也。」《答蔡伯静書》云：「《步天歌》聞有定本，今就借，校畢，即納還也。」朱子講求曆算之學如此。《語類》又云：「今坐於此，但知地之不動耳。安知天運之於外，而地不隨之以轉耶？」卷八十六。此則今日西洋人地動之説，朱子亦見及矣。

《答謝成之書》云：「天文地理、禮樂制度、軍旅刑法，皆是著實有用之事業，無非自己本分内事，其與玩意於空言，以校工拙於篇牘之間者，其損益相萬萬矣。」

《答余彝孫書》云：「大凡禮樂制度，若欲理會，須從頭做工夫，不可只如此草草，略説一二。但恐日力未遽及此，不若且專意於其近者爲佳耳。」

《答孫季和書》云：「讀書玩理外，考證又是一種工夫，所得無幾，而費力不少，向來偶自好之。」

《語類》云：「學者於文爲度數，不可存終理會不得之心，須立箇大規模，都要理會得；至於其明其暗，則係乎人之才何如耳。」卷七。……「爲學須是先立大本，其初甚約，中間一節甚廣大，到末稍又約。近日學者多喜從約，而不於博求之。不知不求於博，何以考驗其約？如某人好約，今只做得一僧，了得一身。又有專於博上求之，而不反其約，今日考一制度，明日又考一制度，空於用處作工夫，其病又甚於約而不博者。」卷十一。

朱子好考證之學，而又極言考證之病，其持論不偏如此。蓋讀書玩理與考證，自是兩種工夫。朱子立大規模，故能兼之。學者不能兼，則不若專意於其近者也。朱子時爲考證之學甚難，今則諸儒考證之書略備，幾於見成物事矣。學者取見成之書而觀之，不甚費力，不至於困矣。至專意於其近者，則尤爲切要之學，而近百年來爲考證之學者多，專意於近者反少，則風氣之偏也。

南宋時科舉之弊，朱子論之者甚多，其言亦極痛切。今略舉數條於此。

《衡州石鼓書院記》云：「今日學校科舉之教，其害有不可勝言者，不可以爲適，然而莫之救也。」

《學校貢舉私議》云：「名爲治經，而實爲經學之賊；號爲作文，而實爲文字之妖。主司命題，又多爲新奇，以求出於舉子之所不意，於所當斷而反連之，於所當連而反斷之，爲經學賊中之賊，文字妖中之妖。」又云：「恠妄無稽，適足以敗壞學者之心志，是以人材日衰，風俗日薄。」

《語類》云：「今人文字，全無骨氣，自是時節所尚如此。只是人不知學，全無本柄；被人引動，尤而效之。如而今作件物事，一箇做起，一人學起，有不崇朝而徧天下者。本來合當理會底事，全不理會，直是可惜。」卷一百三十九。「時文之弊已極，日趨於弱，日趨於巧小，將士人這些志氣，都消削得盡。莫説以前，只是宣和末年，三舍法纔罷，學舍中無限好人才，如胡邦衡之類，是甚麽樣有氣魄！做出那文字，是甚豪壯。當時亦自煞有人。即紹興渡江之初，亦自有人才，那時士人所做文字極粗，更無委曲柔弱之態，所以亦養得氣宇。只看如今是多少衰氣！」卷一百九。……「問：『今日科舉之弊，使有可爲之時，此法何如？』曰：『更須兼他科目取人。』」同上。……此亦朱子欲救當時風氣之弊。使朱子見今日科舉時文，不知更以爲何如耳！

朱子之書，近儒最不滿者，《通鑑綱目》也。朱子修《綱目》，自云：「義例精密，上下千有餘年，亂臣賊子，真無所匿其形。」《答劉子澄書》。又云：「《通鑑》功夫浩博，甚悔始謀之太鋭，今甚費心力，然業已爲之，不容中輟。」《與林擇之書》。又云：「《綱目》竟無心力整頓，得恐爲棄井矣。」《答蔡季通書》。又《答潘恭叔書》云：「《綱目》亦苦無心力了得。」又云：「藏〔一〕之巾笥，姑以私便檢閲，自備遺忘而已。」《資治通鑑綱目序》。

澧案：司馬温公作《通鑑》，自言止欲「使觀者自擇其善惡得失以爲勸戒，非若《春秋》立褒貶之法」。《通鑑》卷六十九。朱子則欲「義例精密」。夫《春秋》二百四十二年，《綱目》一千三百六十二年，視《春秋》年數五倍。朱子雖大賢，而著書褒貶者，乃五倍於孔子之書；且《春秋》始於隱公元年，距孔子生一百七十三年，已謂之所傳聞之世，《綱目》終於後周末年，距朱子生一百七十年，所記之事，皆在所傳聞之世之前，此其義例必不能精密。故朱子自悔「始謀之太鋭」，但云「便檢閲」而已。《新唐書·裴光廷傳》云：「光廷引壽安丞李融、拾遺張琪、著作佐郎司馬利賓，直宏文館撰《續春秋經傳》，自戰國訖隋。表請天子修經，光廷等作傳，書久不就。」此即《綱目》之先聲也。然自戰國訖隋，已不能就，而況又多唐五代之事乎？

〔一〕「藏」字原誤作「臧」，據《東塾讀書記》爲正。

後儒推尊太過，遂欲上掩《通鑑》，朱子無此意也。朱子之論《通鑑》曰：「偉哉書乎！自漢以來，未始有也。」跋《通鑑紀事本末》。其推尊也至矣！

司馬温公《乞令校定資治通鑑所寫稽古録劄子》云：「年祀悠遠，載籍浩博，非一日二日所能偏閲而周知，所宜提其綱目，然後可以見治亂存亡之大略也。」然則朱子「綱目」二字，亦出自温公，曷嘗欲掩温公乎？朱子跋《司馬文正公通鑑綱要真蹟》云：「右司馬文正公手書楚漢間事一卷，疑是《通鑑目録》草稿，然又加以總目，則今本所無，且別有『綱要』之名，不知又是何書也？」然則朱子之「綱目」，猶司馬公「綱要」之意耳。特爲書法發明者，以《春秋》爲比，遂爲後人所不平。而爲質實者，又太疎謬，爲後人指摘。《陔餘叢考》卷十五摘出者甚多。

澧嘗謂：刻《綱目》者，當盡删書法、發明、質實之類，使不爲《綱目》累，則善矣。《潛丘劄記》云：「《綱目》赧王三十六年，趙王欲與樂毅謀伐燕，毅泣曰：『臣疇昔之事昭王，猶今日之事大王也。若復得罪在他國，終身不敢謀趙之奴隸，況子孫乎！』趙王乃止。此段《通鑑》原文所無。嘗問諸人，人莫能應。余考之，出《三國志·魏武帝紀》注。然則文公門人，學儘博，擇亦精矣。」〔一〕讀《綱目》而能知其精博處如閻百詩者，蓋鮮矣。

《戊申封事》云：「夫世俗無知，既以道學爲不美，則是必欲舉世之人俱無道、俱

〔一〕《東塾讀書記》「擇亦精矣」後有卷二一文。

不學，悉如己之所爲，而後適於其意耳。」當時之人，以道學爲不美，朱子既辯之如此。然其《答林擇之書》云：「要須把此事來做一平常事看，朴實頭做將去，久之自然見效，不必大驚小怪，起模畫樣也。且朋友相聚，逐日相見，晤語目擊，爲益已多，何必如此忉忉，動形紙筆，然後爲講學耶？如此，非惟勞攘無益，且是氣象方好，其流風之弊，將有不可勝言者。可試思之，非小故也。」

澧案：後世所譏〔一〕假道學，即朱子所謂「大驚小怪，起模畫樣」者也。近儒又有因明人講學之弊，謂講學非天下之福者，然朱子所謂「流風之弊，將有不可勝言」者，亦已逆料之矣，不可以譏朱子也。〔二〕

夏弢甫先生《述朱質疑·與胡琡卿論〈學蔀通辨〉及〈三魚堂集·答秦定叟書〉書》

《通辨》一書，顧亭林《日知録》中極稱之，自陸清獻公力爲表章，遂大顯於世。

〔一〕「所譏」二字脱，據《東塾讀書記》補入。
〔二〕陳澧《東塾讀書記·朱子書》卷二一文。

按：此書最精者，在《後編》《續編》之上、中四卷，直入陸學之窔奥，而抉朱學之所以然。《前編》中、下卷，雖是此書眉目，然當時羅文莊《與姚江書》已發其端，《通辨》特因以益致其精。惟《前編》之上卷，竊不滿於心，以爲清瀾陳氏尚爲異説所蒙耳。何以言之？

朱子之學凡三轉：十五六歲後，頗出入二氏，及見延平而釋然，此朱子學之第一轉也；受中和未發之旨於延平，未達而延平没，乙酉、丙戌之間，自悟「中和舊説」，又從張敬夫「先察識後涵養」之論，此朱子學之第二轉也；己丑，更定「中和舊説」，并辨敬夫「先察識」之非，一以「涵養用敬，進學致知」二語，爲學者指南，此朱子學之第三轉也。《通辨》不能一一分别，概謂朱子四十以前出入禪學，與象山未會而同，非大錯乎？

朱子二十九歲時，爲許順之作《存齋記》，以「心」字立論，既以《孟子》「存其心」一語名「齋」，何得抹煞「心」字不説？終以「必有事焉」數句，爲存心之道，仍是以《孟子》解《孟子》。《通辨》謂與禪陸合，是並《孟子》而亦禪陸矣！《答汪尚書書》是爲齒德兼尊、溺於異學者作引導，故其詞特謙抑。《答何叔京》諸書，一則懲叔京博覽之病，一則申「中和舊説」之旨。及張敬夫先察識之論，俱與禪陸之學，判若天淵。

自《通辨》謂朱子四十以前，與象山未會而同，於是李臨川并有朱子晚年無一不合陸子之論，戴東原遂有老、莊、楊、墨、陸、朱合一之説，未必非《通辨》之言予之以口實也。李氏《晚年全論》，因《通辨》所譏《存齋記》之意，敷衍成書。戴氏《孟子字義疏證》，因《通辨》四十以前與禪陸合之論，遂謂朱子終身之學，無不如是。　本朝真能爲朱子之學者，首推陸清獻公。其《答秦定叟書》分別與何叔京、林擇之、薛士龍諸書之次第，較《通辨》爲有條理。惟以朱子「四十以前，出入釋老」，尚沿《通辨》之説，是其一蔽也。清獻又謂：「中和舊説，雖屬已悔之見，然謂『心爲已發，性爲未發』，亦指至善無惡言，與無善無惡相楹莛」，精確不易。然則「中和舊説」之不同於禪，明矣！何得統謂之「四十以前，出入釋老」乎。僕謂何止「中和舊説」，即十五六至二十四五出入二氏之時，亦不過格物致知，無所不究，二氏亦在所不遺，其實與「易簡功夫」，判然各別。比而合之，是緇素之不分矣。

清獻又謂朱子之學，「再定於退求之句讀文義之後」，竊恐未然。朱子讀書研究之功，自少至老，終身從事，並非四十以後，始求之句讀文義之間也。且《與薛士龍書》明云：「退而求之於句讀文義之間，而亦未有聞也。」《答江元適書》云：「未離乎章句之間，雖時若有會於心，殊未有以自信。」何得專以此爲朱子之定論乎？

朱子之定論，在「涵養須用敬，進學在致知」二語，齊頭並進，缺一不可，未可謂「再求之於句讀文義之間」也。〔一〕

又《與胡𤩽卿論〈白田草堂雜著〉書》

蒙以白田《雜著》爲問，王氏深於朱子之學，然細繹之，頗多轇轕不清之處。如知《答江元適書》「出入於釋、老者十餘年」，《通辨》不當遺而不載，是矣。卻又不信《年譜》二十四歲受學於延平之説，必三分輔漢卿之所録，謂庚辰爲受學之始，回頭看釋氏之書，漸漸破綻，實無左證。不思朱子明明自云「從遊十年」，又云「十載笑徒勞」，以庚辰計之，不過三年，與朱子自述既大不合，而《語類》所謂「後年歲間始覺其非」者，亦大相反。凡所謂餘者，皆有限之辭。「十餘年」者，謂十年之外而又有餘也。若云至庚辰纔出釋學，則自十五歲數起，已十七年，「餘」字所該，不應若是之久，而《年譜》所謂頓悟釋老之非者，相縣至七八年之遠，使朱子出入二氏之迹，界限不清，是一大轇轕也。王氏又謂：「朱子悟釋老之非，在戊寅再見延平後。」比庚辰又早三年，其無定見如此。初注

〔一〕 夏炘《述朱質疑·與胡𤩽卿茂才論〈學蔀通辨〉及〈三魚堂集·答秦定叟書〉書》卷五文。

《文集》，知《答薛士龍書》之「二十餘年」，「二」字爲羨文，可謂能具隻眼矣。却於《雜著》中又改答薛書爲壬辰，《文集》注以爲辛卯。以遷就「二」字之不爲羨文。不知自癸丑至壬辰，實僅滿二十年，無二十餘年，況士龍卒於辛卯九月，壬辰何得有書？《通辨》列之庚寅，不爲無據。要之此書之羨文，不僅「二十餘年」之「二」字，即「先生君子」之「生」字，亦係羨文。朱子十四失怙，可稱「先君子之餘教」，事延平十年，不得云「先生君子之餘教」。答江、薛二書，相爲表裏，必如王氏之說，則兩書糾纏不清，是又一大轇轕也。知伊川「涵養須用敬，進學在致知」二語，爲朱子定論，其見卓矣。卻又謂己丑仍守舊見，至庚寅以後，始提「敬」字。不知己丑之悟，實悟於程子之言「敬」。前此之游移，實游移於延平之言「敬」字不分明。《答張敬夫書》《與湖南諸公論學書》及《已發未發說》《記程門論學同異》諸篇，皆極言「敬」字之妙，又皆己丑一時之言。必如王氏之說，則「中和舊說」與更定舊說，主腦不清，是又一轇轕也。知延平之求未發，不免少偏，是矣，卻又謂朱子悟已發未發之旨，仍用延平涵養之說；後十餘年至甲辰《與呂士瞻書》，乃有疑於延平求中之說，謂當以程朱之言爲正；至戊申《與方賓王書》，始斷然言之，不知悟已發未發之旨，即悟延平之偏。楊方庚寅録所謂言「敬」字不分明也，何待十年後之甲辰哉？朱子己丑《與林擇之書》所謂「遂成蹉過，辜負此翁」者，指從張敬夫「先察識」言也。所謂「舊聞李先生論此最詳，恨已不能盡記其曲折」者，指静中看未發之中言也。不欲斥言其非，故委婉其詞，以爲不能盡記其曲折。必如王氏之説，則所謂悟者仍未悟，是又一大轇轕也。

他如以静爲本之説，專救湖南之闕處承當，自注及下文甚明，而王氏以爲未定之論；《答汪尚書書》專爲齒德兼尊、溺於異學之大老作引導，而王氏以爲其詞未決；《答林擇之書》語意無弊，而王氏以爲與白沙、姚江之説相似，是皆不免自生轇轕也。足下試取王氏之書，與鄙説細加推勘，不憚反復，幸甚！〔一〕

又《與友人論〈孟子字義疏證〉書》

足下盛稱《孟子字義疏證》一書，爲近今之鉅製，竊以爲過矣。此書位置甚高，自以爲孟子而後，至我朝乾隆年間近二千載，無一人能明孔子之道，宋程子、朱子，皆不免冒宗亂族，貽禍無窮，特作《疏證》一書，由孟子以通孔子之道，不使程朱害事害政之言復行於世。其所以不能已於辨者，與孟子之闢楊墨、韓子之闢佛老，同爲不得已

〔一〕夏炘《述朱質疑·與胡琡卿論〈白田草堂雜著〉書》卷五文。

之苦心。其信然乎？其否乎？炘非知道者，何足以知《疏證》中之道，請粗陳鄙見之一二，以俟賢者擇焉。

《疏證》謂「理」者，條理、分理之謂。孔孟六經以及傳記羣籍，理字不多見。凡字義，至後世益加密於前，如《詩》《書》中「仁」字，皆親愛之稱，至孔門始以「仁」包「四德」，《孟子》又添説「義」字；《詩》《書》中「聖」字，皆明通之謂，至孔孟始以聖爲絕德。他如《大學》之「格物」、《中庸》之「未發」「已發」、《孟子》「養浩然之氣」，皆前聖所未道。宋儒之「理氣」「體用」諸説亦然。但當論理之質諸往聖者，或合或否，不當論字之見於載籍者，或多或寡。今人一啓口而即曰理，自宋以來，始相習成俗。宋人言理，如有物焉，得於天而具於心，因以心之意見當之。理在事物，處事物而當，合於人心之同然，始謂之理，非得於天而具於心也。天理即存乎人欲之中，非以天理爲正，人欲爲邪也。程朱就老、莊、釋氏所謂真宰真空者，轉之以言理，而六經孔孟之道亡云云。〔一〕

炘按：理也者，萬事萬物「當然」之則，《疏證》以自然者爲欲，必然者爲埋，而不肯言當然。夫欲任自然，則無所不至矣。理曰必然，則鮮不以意見當之者。惟求其當然，則知之明而處之當。孔子所謂「有物必有則」是也，程子亦云「在物爲理」。是理也，雖庸夫孺子皆知之。所以人一啓口

〔一〕夏炘撮述戴震《孟子字義疏證》卷上「理」十五條之大義。

即曰「理」。如天下即有不孝之子，未有敢説子之不當孝者；天下即有不忠之臣，未有敢説臣之不當忠者。故《詩》曰：「天生蒸民，有物有則。」《孟子》曰：「我心之所同然者，謂理也，義也。」豈非得於天而具於心乎？惟畀於天而具於心，是以庸夫孺子皆可以知；其知也，無幽深元遠之妙，故曰「易知」；又庸夫孺子皆可以能，其能也，無委曲煩重之跡，故曰「簡能」；「易簡而天下之理得」，此之謂也。易知，乾也；簡能，坤也，非得之於天乎？吾心苟無是理，何由易知而簡能？又何以處事而當，合於人心之所同然？《孟子》曰：「君子所性，仁義禮智根於心。」則具之於心亦明矣。

理之在事物者，散著之理也；理之在一心者，體統之理也。必以理屬事物而不屬之心，是告子外義之學也。天理者，在天爲元亨利貞，賦於人則爲仁義禮智。《疏證》謂天理爲自然之理，取《莊子》「依乎天理」爲説，詆程朱則謂與老莊爲一，言天理又不肯與《莊子》爲二。人欲者，在人爲耳目口鼻，接乎物則爲聲色臭味。欲縱有不必盡邪者，未有理而不正者也。

老釋之真宰真空，指虛無寂滅而言，程朱所謂理，指真實無妄而言。朱子曰：「釋只説空，老只説無，卻不知莫實於理。」判若天淵，而謂轉彼以言此，是文致之法也。「如有物焉」，乃老莊之説，老曰：「其中有物。」釋云：「有物先天地。」程朱無是言。加於得天，具心之上，張冠李戴，不亦誣乎？

「理」字萌芽於《繫辭》《孟子》，而實天下之恒言，民間之傳語。程子「性即理」之訓，即藉民間之恒語以解之，「一啓口而即曰理」，豈始自程朱乎？以意見爲理，程朱之所深惡，故「格物」之訓，「致知」之補傳，覼縷[一]言之，而謂程朱即其人，真辜負先賢之苦心矣！至於條理、分理之謂理，朱子詳言之，見《語類》。不過與《疏證》所云，名雖同而實則異耳。

《疏證》謂「性」者，人與物之血氣心知，萬類不齊之總名。羽飛毛走、蟲蟄土、魚游水之類，此血氣之萬有不齊；雞知晨、牛知耕、燕知戊巳、蚯蚓知雨之類，此心知之萬有不齊。性善者，人之血氣心知能進於善之謂。耳能辨聲，目能辨色，心能辨理義之類。理義可以謂之性，性不可謂之理，目悦色，故色可謂之性，性不可謂之色；耳悦聲，故聲可謂之性，性不可謂之聲；口鼻亦然。心悦理義，故理義可謂之性，性不可謂之理。理義存乎事情，不存乎人之心，色聲臭味在物，而接於我之耳目口鼻，非色聲臭味具於我之耳目口鼻也。理義在事，而接於我之心知，非理義具於我之心也。不過人之心能通之耳。天命之謂性，謂氣禀之不齊，各限於生初。《疏證》「命」字，衹作「限」字解。即後儒所

[一] 覼縷，委曲之謂。

謂氣質之性也。自程朱創立氣質之性名目，而以理當《孟子》所謂善，則自聖人而下，皆不美之質。《孟子》言「人無有不善」者，程子、朱子言人無有不惡，其旨與《荀子》性惡之説合云云。〔一〕

炘按：程子「性即理也」之説，發揮孔孟性善之旨，顛撲不破；不知《疏證》何獨惡此「理」字？以爲性不可以理言也。後人之「理」字，即仁義禮智之謂也，賦於人爲仁義禮智，本於天爲元亨利貞，《中庸》「天命之謂性」，即孔子「元者，善之長；亨者，嘉之會；利者，義之和；貞者，事之幹」也，雖一言性即有氣，然此句終屬於理。《孟子》之以四端言性，實淵源於此；其云性善，即繼善成性、各正性命之謂也。程朱之以理詮性善，與孔孟吻合無間，豈僅「人之血氣心知，能進於善之謂」乎？

至於性從心從生，既生之於心，即不離乎氣質，所以昏明强〔二〕弱，紛紛不齊。告子及荀、楊、韓諸儒，不得其説，是以各爲之解。自程、張「論性不論氣，不備」之説出，而後撥雲霧而見青天，張子「氣質之性，君子有弗性焉」者，即《孟子》「性也，有命焉，

〔一〕夏炘撮述戴震《孟子字義疏證》卷中「性」九條之大意。
〔二〕「强」字原誤作「張」，據《述朱質疑》爲正。

君子不謂之性也」。《疏證》獨取先儒之不以爲性者，而必輾轉以申其説，不知已落佛氏之窠臼。達摩答西竺國王作用之説曰：「在目能視，在耳能聞，在手能捉，在足運奔，在鼻臭浥，在口談論，偏現俱該沙界，收拾在一微塵，識者知是道性，不識唤作精魂。」而反以程朱與荀卿合，不亦誣乎？《疏證》深以周子無欲之説、程朱理欲之辨爲不然，以爲飲食男女，人之大欲存焉；聖人治天下，體民之情，達民之欲，而王道備。老莊貴無欲，宋儒祖之以爲説，舉凡民之饑寒愁怨、飲食男女、常情隱曲之感，咸視爲人欲之輕者，一切忍而不顧，其爲禍不可勝言云云。〔一〕

炘按：欲有根於秉彝者，如欲仁、欲立、欲達之類是也；欲有出於形體者，如目之欲色、耳之欲聲、四肢之欲安佚是也；欲有流於偏私者，如「其欲逐逐」「克伐怨欲」之類是也。「無欲故静」，孔安國注《論語》已用之，想亦古之遺言，豈必老莊之所云乎？程朱理欲之辨，安得與「體民之情、達民之欲」〔二〕並論？若必以欲爲養欲給求之欲，則「棖也慾」「苟子之不欲」諸語，俱不可解矣。

〔一〕夏炘撮述戴震《孟子字義疏證》卷上「《孟子》言養心莫善於寡欲，明乎欲不可無也，寡之而已」條之大義。
〔二〕前揭戴震《孟子字義疏證》卷上文云：「聖人治天下，體民之情，遂民之欲，而王道備。」

程朱所著之書，發揮「王道」，纖悉具備，無非「達民之欲、體民之情」。朱子外任九載，漳州之經畍、浙東之荒政，何一非體情達欲善政？而謂自宋儒辨理欲，遂爲禍於天下，此似非仁人之所忍言也。

總之，《疏證》一書，專與程朱爲仇，知名物制度不足以難程朱也，遂進而難以性命；知道德崇隆不能以毁程朱也，遂進而毁其學術。程朱之學術，莫大於辨理、辨欲、辨氣質之當變化；一切皆不便於己，於是掃而空之。以理責我者，以爲是乃程朱意見之理也；以欲責我者，以爲欲乃人生之所不可無，聖人無無欲之説也；以變化氣質繩我者，以爲氣質即天命之性，主敬存理，皆宋儒之認本來面目也。當時高明之士，如靈皋方氏、惜抱姚氏，未嘗不深惜其蔽。今七八十年間，如江都焦氏之作《孟子正義》、定海黄氏之作《論語後案》，已漸用其説矣。吾子又復尊而信之。炘不勝杞人之憂，祈爲吾道干城，幸甚！〔一〕

〔一〕 夏炘《述朱質疑·與友人論〈孟子字義疏證〉書》卷一〇文。

陽明學術發微

整理説明

《陽明學術發微》七卷，成書於一九三〇年，以實事求是之文本解讀方式，對王陽明學術提出更深刻之學理思考，超越向來相承之成説，而通透體會孔子、孟子、朱子、王陽明共通之精神，聖道心學，經義性理，一以貫之，本質不異，此所謂集大成。故是書乃唐先生心學標誌性成就，充分體現其勇進與擔當之學術精神。在此書出版之後，唐先生並不以此自滿而自劃，依然奮進深探，陸續在講壇上發揮新見，以培養學子深沉智慧與處事之擔當精神，更注意培養做人處世之氣節風骨。唐先生曾經兩次赴日處理公務，深知日本國性之深受陽明學之影響，故在其門人魏守謨於一九三三年赴日本中央大學學習後，去信要求魏氏深入考察陽明學傳入日本之歷史與具體作用，魏氏遂完成《陽明學流入日本考略》之考察報告，（載本集《性理救世書》卷三《讀王文成全書記》附録。）而唐先生在魏氏文後所下按語，語重心長：

余維孔門立教，智勇相濟，文武相資。惟文人兼武，故能統攝武人，而無迂緩柔懦之患；惟武人兼文，故能信從文人，而無叫囂攘奪之風。傳曰：「有文事者，必有武備。」合之兩是，離之兩非。朱子當南渡後，慷慨發憤，每上封事，輒以復讎雪耻爲言。蓋朱子以聖賢而兼英雄之姿，陽明則以英雄而進聖賢之域，其實無二致也。方今孔孟聖教遺經，遠訖東西洋，古本寶書，捆載以去，而吾國人轉土苴視之，國勢弱而人心亡，可哀也已！因讀《陽明集》，特附記之。

唐先生强調朱子與陽明殊途同歸，皆屬聖賢兼英雄，秉承孔門文武兼資之傳統，其思想足以醇厚國性，提升國力，挽救人心，端正世道，乃極爲珍貴之文化資源。

唐先生經歷苦難時代之痛苦洗禮，故能對陽明學大徹大悟，其言説乃親歷體會，而非騰挪成説與虛文，此先生反覆喻示門人學子，所以深盼驅除門户意氣之障蔽，直探心學之精髓，果行育德，厚培民性，再造國運，復興文明。先生《自訂年譜》庚午（一九三〇）六十六歲二月載：

輯《陽明學術發微》。自明季講學之風，流弊日甚，於是王學爲世所詬病，實則陽明乃賢智之過。其倡「致良知」之説，實足救近世人心。日本服膺王學，國以駸强。余特發明其學，都凡七卷，其中《四大問題》及《陽明學通於經學》二卷，頗爲精審，較之二十年以前喜闢陽明，自覺心平而氣和矣。

先生門人馮振在《茹經先生自訂年譜》介紹云：「先生此書共七卷，一，講學事蹟；二，聖學宗傳；三，陽明學四大問題；四，良知經學；五、六，通貫朱學；七，龍溪述學髓。薈萃菁英，鉤玄提要，實功利派之要藥也。」此乃唐先生於王學系統之研究，其於王學如此重視，重構「心學」體系，頑廉懦立，所以因時立教。在《陽明學術發微》中，詮釋王學義理，涉及思想體系之學術淵源、思想體統之内外互聯等重大學理。如果周照到整個時代之學術生態，了解到日本重視王陽明之事實，則其時已經失明之唐先生，面對日益嚴重之外侮威脅，奮力完成《陽明學術發微》，其時代意義，實在遠出敷陳成説之陳腔濫調。《陽明學術發微》序文自陳：

夫今日欲救中國之人心，必自「致良知」始矣。「若藥不瞑眩，厥疾不瘳」，善國良藥，豈遠乎哉？爰取陽明先生全書，擇其尤精要者，輯爲《陽明學術發微》，世之讀此書者，苟能善其心以善其身，善其身以善其國，庶幾其臻於上理與？

先生目擊時艱，洞見時代敗壞根由，在人心頹靡與道德淪亡，對治良方，必先端正人心；正本清源，陽明「致良知」之教，其作用乃無可置疑。遂痛定思痛，掙脱貶抑王學之思維定勢，本公心重新理解與體會，結合自身於《周易》與《孟子》研究之心得，體會其義理精粹，提挈時代之集體良知自覺，從而轉移風俗，以實現「救心」大義。迨至七十，身處於國難之時，更深契陽明心學，一九四二年所撰《石刻王陽明先生遺像跋》云：

子貢言聖門「性與天道，不可得聞」，心性之學，孔子僅於晚年論《易》中及之，而孟子道性善，暢言心性之學，豈違聖教哉？蓋春秋之世，禮義教化猶存，似魯國猶秉周禮，士大夫服膺禮教，散見於《左氏傳》中甚夥，故「《詩》《書》、執禮」之訓，尚多遵行者。至戰國時，争地争城，殺人盈野，人道幾乎滅息，故孟子大聲疾呼，直指良心本心，又直揭良知良能，以警醒當世，蓋非如此，不足以振人心也。宋朱子之教，孔子之真傳也；宋陸子、明王陽明先生之教，孟子之真傳也，此應時施教之法，其救世苦心一也。今日一大戰國之世也。其要旨在訓練國民之知覺，而知覺非以善良爲主，則恐流於機械變詐。孔子曰：「不逆詐，不億不信。」抑亦先覺者是賢乎？夫逆詐與億不信非機變之巧乎？孟子論伊尹先知先覺，其本在「非道非義，一介不取與」，故欲訓練國民之知覺，必先之以善良、衷之於道義，尚公正清廉，而後其知覺周乎萬彙，可以應行而不窮。陽明之訓曰：「致吾心之良知於事事物物，正其不正以歸於正。」是必先正己之知覺，而後能正人之知覺。拔邪妄之本，塞利欲之源，是今日教民善國之良藥也。世有提倡陽

明之學者，聖賢之徒也。〔一〕

此先生揭明道統淵源，陽明心學直接繼承孔孟，乃聖學真傳。卷二「陽明講學事蹟考」，知人論世之本誼也。卷三「陽明聖學宗傳」，録陽明晚年所撰《拔本塞源論》（《答顧東橋書》）及《〈良知答問〉答陸元静（澄）》兩封書信，以「聖學宗傳」定調陽明學，則孔孟直下之道統正脈在是，即唐先生所云「上理」，直接回歸孔門義理坦途，乃無容疑惑軒輕者。王守仁一生追求聖人境界，生死之際，即經歷種種生命磨難與考驗，體悟「致良知」之爲踐履自覺，通成聖之德。

唐先生復溯源《易》理，綜述良知啓動與掩息，闡明正反相生之義，推原《易·繫辭傳》「一陰一陽之謂道，繼之者善也，成之者性也」，先生按語云：

吾國民盍急猛省乎！猛省之道，讀經而已矣。六經皆啓發良知之書也，而《周易》爲尤要。（中略）夫世界内生物，不外乎知覺、運動：有運動而無知覺者，禽獸是也；知覺分數少而昏且濁者，凡民、愚民、横民是也；知覺分數多而靈且良者，聖賢是也。陽明良知之學，宜乎千古而常新矣！後之讀此書者，能警覺而

〔一〕原載《茹經堂文集》五編卷五，收録入《唐文治文集》「序跋類」。

自修焉，是吾國之幸矣夫！

唐先生措意者在開啓民智、保育民心，提升教育等養正心術之道，提升國民道德自律、自覺、自愛，則王守仁良知教，能唤醒全民知覺，進而讀經，培養深識智慧。唐先生貞定經義乃王學之根本，講經義强調「心學」，其溝通經學與王學之識見，一以貫之，在正心誠意。先生《自訂年譜》己卯（一九三九）七十五歲條謂：

四月，赴大夏大學演講，余講王陽明先生「致良知」及「知行合一」之學，可以正心救國，聽者至爲肅静。

至誠相感，「聽者至爲肅静」，亡國之痛盡出言表。至一九四八年，唐先生八十四歲，再撰《政治道德論》，苦口婆心云：

此余所撰《紫陽學術發微》《陽明學術發微》二書，又《茹經堂五訓》及《勸善編》，學者不可不熟讀也。〔一〕

「責任倫理」，乃由衷而生，故叮嚀如此。唐先生之得以完成本書，乃正視向來學界之論撰，既考知學術風會，不爲杜撰空論，復得以集學術之大成。先生綜述陽明學術淵

〔一〕 載《茹經堂文集》六編卷一，收録《唐文治文集》「論説類」。

源流別諸思想史之要義，實深有得於謝無量先生（一八八四～一九六四）於一九一五年出版之《陽明學派》，全書四編，分别爲序論、哲學、倫理學、古今學術之評論。本書卷五、六《陽明學通於朱子學》，乃選材自胡泉（一七九七～一八六八）咸豐八年（一八五八）刊出之《王陽明先生書疏證》四卷，胡氏按語均附録於選文之後，以開學子識見。至於日本王學之情況，先生向來垂意；以故學術眼界與視野恢宏，而以考實之方式，闡明王陽明之致良知源出經學，大而化之，開出知行合一之教，其中關目，在「良知」之實在意義。卷四《陽明學貫通經學變化神明》具考「良知」九義，古今無俩，乃唐先生非常特出之貢獻。

總括而言，本書實理解中國現代思想與儒學所不可或缺之作。然其成書於苦難時代，流傳困難，幾近遺失。此次整理，以《茹經堂叢書》一九三〇年初印本爲底本，特此謹誌。

陽明學術發微目録

陽明學術發微卷四

陽明學術發微卷五

陽明學術發微卷六

陽明學術發微卷七

陽明學術發微序〔一〕

有天地以來，其間萬事萬物流行變化紛紜繁賾而不可窮者，人心之知覺爲之也。知貴靈而忌滯、貴通而忌塞、貴清而忌昏、貴正而忌曲。靈也通也、清也正也，皆所謂良也。積億萬人之知覺，或良或否，成爲國性，而國之廢興存亡於是繫焉。故殷之元聖曰「先知覺後知，先覺覺後覺」〔二〕，孔子曰「知至」「知終」〔三〕、「知幾其神」〔四〕、「知微

〔一〕此序並載《茹經堂文集》三編卷五；又載上海《大衆》第三期，一九四三年，頁一六四～一六五；《交通大學演講録》第五集下卷「理學」。文字稍有出入，異文出校注明。
〔二〕《孟子·萬章上》載伊尹之言。
〔三〕《易·乾卦·文言傳》文。
〔四〕《易·繫辭傳下》文。

知彰，知柔知剛」〔一〕，孟子道性善，曰「良知」〔二〕，曰「可以爲善國」〔三〕；知覺之爲物，放之則彌於六合，卷之則退藏於密。而所以訓練其國民，陶淑其國性，以致其良者，伊誰之責哉？

余年十七，始爲性理之學，所讀者陳清瀾《學蔀通辨》、張武承《王學質疑》、陳定齋《明辨録》、陸清獻《三魚堂集》、吴竹如《拙修集》〔四〕，皆與陽明良知之説不合，且訾謷之，而與之爲敵者也〔五〕；後讀孫夏峯《理學宗傳》、劉蕺山《聖學宗傳》及湯文正與陸清獻論學書，稍稍疑之；又讀《曾惠敏日記》謂：「程朱之徒處事過于拘謹，陸王之徒頗能通敏於事。」余時存見在心，未敢以爲是也。

及年三十七八，兩遊東瀛，考其立國之本；遊其書肆，瀏覽其書目，則爲王學者不下數十百家，其數遠過於吾國，爲之舌撟而首俛〔六〕。又觀其擊劍之術，血流朱殷，

〔一〕《易・繫辭傳下》文。
〔二〕《孟子・盡心上》文。
〔三〕《孟子・滕文公上》文。
〔四〕此句《演講録》以「等書」兩字省略張武承《王學質疑》以下四部著作。
〔五〕「且訾謷之，而與之爲敵者也」句脱，據《茹經堂文集》卷五及《講演録》補入。
〔六〕《演講録》删除「爲之舌撟而首俛」句。

爲小技不顧死，俠客之風，屹然山立。然後知彼之所以立國者，乃由游俠而進于道義。陽明致良知之説，其深入於人心者，非偶然也。

迨自强仕以迄艾耆〔一〕，閲歷世變，則見貪利黷貨之流，賄賂公行，争民施奪，萬姓冤苦，以哀籲天；於是倫理悖謬，禮義廉耻，掃地無餘；而人心之昏惘，更不知所終極〔二〕。《孟子》曰：「其所以放其良心者，猶斧斤之於木也，旦晝所爲，梏之反覆，則其違禽獸不遠。」〔三〕嗚呼！此乃所謂滯也塞也、昏也曲也；抑非獨滯也塞也、昏也曲也，而且邪佞也、忍殘也，《孟子》所謂機械也、變詐也、穿窬也、害人也，皆知覺不良之尤者也。積億萬人不良之知覺，淆亂其國性，而與靈者通者角，則其國必無幸矣〔四〕。將有以振拔而訓練之，伊誰之責哉？

且夫清瀾諸先生所以排斥陽明者，謂其認心爲理，氣質用事，將僨天下之事也；

〔一〕强仕指四十歲，艾耆指五六十歲。
〔二〕《演講録》此句下有「倘得陽明拔本塞源之論以救之，庶幾有瘳」句。
〔三〕《孟子·告子上》文。
〔四〕「而與靈者通者角，則其國必無幸矣」句脱，據《演講録》補入。如此方足文意；蓋不如是，則「積億萬人不良之知覺，淆亂其國性」之句意無著落。

不知有明嘉隆以後，講學者不讀書，不窮理，猖狂自恣，此乃末流之説，非師法之本然，烏可以因噎廢食，而棄吾國性固有之良乎？

夫今日欲救中國之人心，必自「致良知」始矣〔一〕。「若藥不瞑眩，厥疾不瘳」〔二〕，善國良藥，豈遠乎哉？爰取陽明先生全書，擇其尤精要者，輯爲《陽明學術發微》。世之讀此書者，苟能善其心以善其身，善其身以善其國，庶幾有萬一之希冀與〔三〕？後學唐文治自序。

〔一〕《茹經堂文集》無「矣」字。
〔二〕《書·説命》云：「若藥弗瞑眩，厥疾弗瘳。」《孟子·滕文公上》引用云：「若藥不瞑眩，厥疾不瘳。」按：孔穎達《尚書正義》解釋説：「服藥必瞑眩極，其病乃除。」
〔三〕此句原作「庶幾其臻於上理與」，據《茹經堂文集》與《演講録》改。

陽明學術發微卷一

陽明講學事蹟考

按：朱竹垞先生序《王文成文鈔》曰：「伯夷之隘、柳下惠之不恭，孟氏以爲君子不由；至論聖人，則以百世之師歸之。蓋生民以來，未有盛于孔子，其餘爲清、爲任、爲和，道之至者，統謂之聖。……唐之韓愈，明聖人之學於舉世不講之時，儒者猶訾之不已，以爲守道不篤，致有大顛往來之書。自昔言虚無清静者宗老氏、言神仙者首萇弘，而孔子或問以禮、或問以樂，彼潮州之書果足爲韓子玷與？嗚呼！大道之不明，釋老之言充塞乎天下。幸而有講聖賢之學者，其門人弟子同異之辨，復紛呶不置，舉同室之人，日事争鬥，我道無全人，無惑乎異學之日盛矣。

文成王先生揭良知之學，投荒裔、禦大敵、平大難，文章卓然成一家之言，傳所〔一〕稱三不朽者，蓋兼有之。……議者或肆詆諆，謂近於禪學。夫棄去人倫事物之常而謂之學者，禪也，使禪之學能發于事業，又何病乎禪也耶？」〔二〕朱氏之言，可謂通人之論矣。

方今世道譸張，機械變詐之風，穿窬害人之事，日出不窮。揆厥原因，皆因人心紕謬，良知晦蒙，遂至於此，可勝痛哉！儻有陽明先生者出，天下庶幾太平矣。《孟子》曰：「奮乎百世之上，百世之下，聞者莫不興起也。」〔三〕爰採取《陽明先生年譜》，參以孫夏峰《理學宗傳》諸書，輯爲《講學事蹟考》，並加案語，以袪異説，而資則效。深願後世學者，讀之以致良知，並推之以救中國。

文成王守仁，字伯安，號陽明，紹興餘姚人，成化壬辰（一四七二）九月三十日生。父海日公華舉進士第一，寓京師；祖竹軒公攜先生北上，時十一歲矣。過金山寺，對

〔一〕「所」字脱，據《四部叢刊初編》景印上海涵芬樓藏原刊本《曝書亭集》補入。
〔二〕朱彝尊《曝書亭集·王文成公文鈔序》卷三六文。
〔三〕《孟子·盡心下》文。

客賦詩曰：「金山一點大如拳，打破維揚水底天。醉倚妙高臺上月，玉簫吹徹洞龍眠。」客大驚異，復命〔一〕賦《蔽月山房》，隨口應曰：「山近月遠月覺小，便道此山大如月。若人有眼大如天，還見山小月更闊。」明年就塾師，問：「何爲第一等事？」塾師言：「讀書登第耳。」先生意不然曰：「此未爲第一事，其爲聖賢乎？」

按：先生自幼抱負宏遠，其所題詩，辭氣闊大，與陸桴亭先生題《百鳥朝鳳圖詩》同。詩云：「獨向高岡擇木棲，更無鵷鷺與相齊；一聲叫出虞廷日，四海鴟鴞不敢啼。」時年七歲。至其有志於爲聖賢，所謂「豪傑之士，雖無文王猶興」〔二〕，百世下皆當興起矣。

孝宗弘治元年戊申（一四八八），先生十七歲，親迎諸氏於洪都。合巹日，偶出閒行，過鐵柱宮，遇道士，趺坐與語，夜遂忘歸。冬歸越，過廣信，謁婁一齋諒〔三〕，諒故游

〔一〕「命」字原誤作「名」。
〔二〕《孟子·盡心上》載孟子曰：「待文王而後興者，凡民也。若夫豪傑之士，雖無文王猶興。」
〔三〕婁諒（一四二二～一四九一），字克貞，號一齋，上饒人。《明儒學案·崇仁學案》載其少有志於聖學，精邃於《三禮》《春秋》。按：婁諒長陽明五十歲，爲陽明學術之開導者，其聖人之學建基於《禮》《春秋》，經世治人之學也。陽明拜晤後兩年過世。

吴聘君康齋門者，爲語聖人必可學而至，深契焉〔一〕。

按：遇道士與語夜遂忘歸事，後人頗疑爲行怪，然此不過落拓不羈耳。博學篤志，無時或懈，師其意而略其迹可也。

五年壬子，先生年二十一歲，舉於鄉，入京，偏讀晦庵書，習爲格物之學。署中多竹，即取竹「一物」格之〔二〕，沈思不得，至成疾。遂自委聖賢有分，且隨世就辭章之學。明年春，南宫下第，同舍有以爲耻者，先生曰：「子以不第爲耻，吾以不第動心爲耻。」

戊午年二十七，自念辭章藝能耳，不足以通至道，求師友於天下，不一遇，心特惶惑，復遵晦翁循序致精之法行之，然「物理吾心，終判爲二」，沈鬱既久，舊疾復作，遂有遺世入山之意。

按：此條劉氏虞卿斥之云：「按：格物之學，自有重輕大小先後次第，觀

〔一〕黄宗羲《明儒學案》卷五《崇仁學案》於此下云：「姚江之學，先生爲發端也。」謂婁諒之聖學，乃王陽明心學之啓蒙。

〔二〕程頤言「格物」云：「今日格一件，明日格一件。」

程子格致九條〔一〕及朱子諸説可見，今不於其重且大者先之，而第取必於一物以爲例，宜其沈思不得而成疾也。且物之理即根於吾之心，安見其判爲二物，而反疑于循序致精之説乎？」〔二〕云云。然余謂物理、事理本屬兩事，陽明之所格者，物理也；劉氏之所言者，事理也。陽明格庭前竹子，乃係近世所謂植物學，從前未經發明，是以沈思而不可得，於此亦可見其博學之誠，似未可牽合事理以斥之也。至於「物理吾心，終判爲二」，尤見其用功之切實而不含糊。夫内外合一之學，幾於精義入神，本非易至，朱子早年亦嘗致疑於延平涵養之説矣，何獨斥陽明乎？

十二年己未，先生年二十八歲，舉進士，上疏陳邊務八事。辛酉，游九華山，宿化成寺。是時道者蔡蓬頭善談仙，先生以禮請問，蔡曰：「尚未。」頃之至後亭，再拜請問，蔡曰：「尚未。」問再至三，蔡曰：「汝後堂後亭之禮雖隆，終不忘官相。」一笑而別。聞地藏洞有異人，坐卧松毛，不火食，歷險訪之。異人方熟睡，先生坐旁，撫其

〔一〕程頤之「格致九條」，分别載朱子《大學或問》卷下；綜見朱子《論語集注・讀論語孟子法》所輯九條程子語之精神。

〔二〕劉廷詔《理學宗傳辨正》卷一六「附録」按語。

足，頃之醒視曰：「路險何得至此？」因論最上乘曰：「周茂叔、程伯淳是儒家兩個好秀才。」

壬戌，請告歸越，築室陽明洞中，行導引術。遂先知，久之悟曰：「此簸弄精神，非道也。」又屏去，思遺棄世累，獨不能置念於祖母與父。久之，忽悟此念生於孩提，此念可去，是斷滅種性矣。

按：此條劉氏虞卿斥之云：「按：明道之學，曾泛濫於諸家，出入於釋老矣。即朱子初年亦嘗誤入於釋氏，而終有予幾陷焉之懼，要皆無意至此也〔一〕。未聞先有遺世入山之意，遂至隆禮於蓬頭，歷險於異人，而身親其導引之術，以至於先知者，入之深即出之難，故始雖以爲非道，而終不免遁入無善無惡之説」〔二〕云云。

余觀劉氏之説，深有慨於其言。韓文公與大顛交，留衣物爲别，不過交情

〔一〕「也」字脱，據同治十一年求我齋校刊本《理學宗傳辨正》補入。
〔二〕劉廷詔《理學宗傳辨正》卷一六「附録」按語。

而已，而後人遂詆文公爲信佛，雖周子亦作詩非之。詩云：「昌黎〔一〕自謂似〔二〕夫子，《原道》深排佛老非；不識大顛何似者，數書珍重更留衣。」〔三〕此真不可解之事。夫劉氏既以程子之出入釋老擬陽明矣，何遽謂終身溺於其學？觀其不忘祖母與父，深恐斷滅種性，可見其天性至誠，即係良知之根本，後人當奉以爲法者也，使陽明果沈溺二氏，早已被髮入山，不復建功立業矣。若夫無善無惡辨，已見第三卷〔四〕。

武宗正德三年，丁卯，先生年三十六歲。冬，赴龍場驛，就石穴而處。先生於時困衡動忍，不惟得失榮辱胥已解脱，即生死一念，亦皆拚置。端居澄默，蚤夜參求，忽一夕大悟，寐中若有神啓，不覺呼躍，從者皆驚。至此始信聖人之道，吾性自足，向之求理於事物者，一切皆誤，時年三十六矣。

〔一〕「昌黎」，同治正誼堂本《周濂溪集》作「退之」。
〔二〕「似」字，《周濂溪集》作「如」字。
〔三〕張伯行輯《周濂溪集》卷一〇「年譜」載神宗熙寧四年周敦頤五十五歲作《題大顛堂詩》文。
〔四〕本書第三卷統論陽明學四大問題，第一題論「無善無惡」之問題。

按：朱子《大學補傳》云：「用力之〔一〕久，而〔二〕一旦豁然貫通焉〔三〕，則衆物之表裏精粗無不到，而吾心之全體大用無不明矣。」陽明之豁然貫通，其即此境乎？凡人學問，得力各有不同，《中庸》云：「不息則久，久則徵。」夫子教曾子以一貫，而曾子曰：「唯。」蓋真積力久，而後得此悟境。陽明蚤夜參求，亦積思至極而後得之也，而先儒乃疑其爲禪機，誤矣！

三年戊辰，先生三十七歲，在龍場驛《答毛憲副書》云：「昨承遣人喻以禍福利害，且令勉赴大府請謝，是非道誼深情，決不至此，感激之至，言無所容。但差人至龍場凌侮，此自差人挾勢擅威，非大府使之也。龍場諸夷與之争鬭，此自諸夷憤愠不平，亦非某使之也。然則大府固未嘗辱某，某亦未嘗傲大府，何所得罪而遽請謝乎？跪拜之禮，亦小官常分，不足以爲辱，然亦不當無故而行之。不當行而行，與當行而不行，其爲取辱一也。廢逐小臣，所守以待死者，忠信禮義而已；又棄此而不守，禍

〔一〕「之」字原作「至」，通行本皆作「之」。
〔二〕「而」字脱，據民國施氏醒園本《大學章句》文補入。
〔三〕「焉」字脱，據前揭《大學章句》文補入。

莫大焉！凡禍福利害之説，某亦嘗講之[一]。君子以忠信爲利，禮義爲福。苟忠信禮義之不存，雖禄之萬鍾，爵以侯王之貴，君子猶謂之禍與害；如其忠信禮義之所在，雖剖心碎首，君子利而行之，自以爲福也，況於流離竄逐之微乎？某之居此，蓋瘴癘蠱毒之與處，魑魅魍魎之與遊，日有三死焉。然而居之泰然，未嘗以動其中者，誠知生死之有命，不以一朝之患而忘其終身之憂也。大府苟欲加害，而在我誠有以取之，則不可謂無憾；使吾無有以取之而横罹焉，則亦瘴癘而已爾，蠱毒而已爾，魑魅魍魎而已爾，吾豈以是而動吾心哉！」[二]

按：《易傳》云：「吉凶者，得失[三]之象也。」萬事之吉凶，係乎得失而不係乎禍福。陽明「忠信爲利，禮義爲福」八字，可謂千古名言。蓋惟其動心忍性，得素患難行乎患難之旨，故能獨立不懼，貞固不撓。人生當世，氣節而已矣！《孟子》曰：「貧賤不能移，威武不能屈。」[四]世有因毫髮之小利害，而喪失其所守者

[一]「之」字脱。
[二]文載《王陽明集》卷二一外集三之書。
[三]「得失」，《周易·繫辭傳上》文作「失得」。
[四]《孟子·滕文公下》文。

矣，其以此書作座右銘可也。

五年庚午，先生年三十九歲，量移廬陵令。過常德，見門人冀元亨輩俱能卓立，先生色喜，因與諸生静坐，使自悟性體，且曰：「此非欲坐禪入定，蓋因平日爲事物紛拏，未知爲己〔一〕，欲以補小學、收放心〔二〕一段工夫耳。」〔三〕

按：《大學》之道基於定静，《中庸》之道終於無聲臭；孟子之學要於存養，周子之學原於主静；朱子以主敬補小學之缺。陽明此説，實從朱子得來，而上紹曾子、子思、孟、周之傳，世乃以坐禪入定目之，何居？

八年癸酉，先生年四十二歲，至滁州；日與門人遨遊瑯琊瀼泉間，環龍潭而坐者常數百人，歌聲振山谷，從遊之衆自滁始。

甲戌五月，至南京。薛尚謙侃、陸原静澄、郭善甫慶來受業，與徐愛輩同聚師門，日夕漬礪不懈。初，先生懲末俗卑污，引接多就高明一路，乃近漸有空虚爲放言高論

〔一〕爲己之學。
〔二〕「收放心」乃婁諒之工夫論，見《明儒學案・崇仁學案》。
〔三〕王守仁《與辰中諸生書》（己巳）文。接言道：「明道云：『才學便須知有著力處，既學便須知有著力處。』諸友宜於此處著力，方有進步，異時始有得力處也。」載《王文成公全書》卷四之文録一（書一：始正德己巳至庚辰）。

者，深悔之，自是論學只教爲省克實功。

按：講學之盛，環聚者數百人，歌聲振山谷，固與鹿洞、鵝湖媲美，且上幾春風舞雩之樂矣。放言高論之失，陽明已鑑及之，此所謂狂者之過，行不掩言者也。省克實功，乃歸本於慎獨，後人以隆萬後講學流弊多歸過於陽明，豈其然哉？

十三年戊寅，先生年四十七歲，征三浰〔一〕，以書示薛侃曰：「即日已〔二〕抵龍南〔三〕，明日入巢，四路皆如期〔四〕並進，賊有必破之勢矣。向在横水，嘗寄書仕德云〔五〕：『破山中賊易，破心中賊難。』區區翦除鼠竊，何足爲異？若諸賢掃蕩心腹之寇，以收廓清平定之功，此誠〔六〕大丈夫不世之偉績也。」〔七〕

〔一〕「浰」原誤作「俐」。
〔二〕「已」字脱。
〔三〕「南」原誤作「川」。
〔四〕「皆如期」三字脱。
〔五〕「向在横水，嘗寄書仕德云」句脱。
〔六〕「誠」字脱。
〔七〕文載《王文成公全書》卷之三二附録一年譜一。

按：戚武毅公繼光曰：「克一城易，克一私欲難。」〔一〕與陽明學極相類。後世之當大任者，非實下心體定静工夫，決不能爲聖賢豪傑也，必以兩公爲法，則生民之幸矣。

先生燕居則挽强習勞，出兵則躍馬先驅；經營出入〔二〕，不暇寧居，而意思安閒，常若無事。門人數十，相隨揮麈談道，未嘗以造次輟也。

戊寅，七月刻《古本大學》及《朱子晚年定論》。八月門人〔三〕刻《傳習録》。九月修濂溪書院，四方求學者日衆。

按：程子云：「孔明庶幾禮樂。」〔四〕陽明揮麈談道，意思安閒，亦庶幾禮樂矣。古人爲學，文武兼資，故成周學校教法，敎干戈、敎羽籥、敎詩書，兼營並進。聖門諸大賢，多嫻習武藝。考《左傳》所載，如有子、子路、冉有、樊遲，皆赳赳干

〔一〕戚繼光《愚愚稿》文。
〔二〕「出入」指「出入賊壘」。
〔三〕指薛侃。
〔四〕《河南程氏遺書》程子語。

城之選，齊魯清之役〔一〕尤詳。吾國學校當以之爲師資矣。

又按：《傳習録》屢經門人刊刻，當以嘉靖丙辰錢德洪所刻者最爲精備。至《朱子晚年定論》，陽明自序謂：「予自幸説之不繆於朱子，又喜朱子先得我心之同然……輒採録而裒集之」云云。文治詳考《朱子全書》，蓋陽明所輯録者，泰半在朱子四十歲悟已發未發之旨以後，曾詳爲疏證，見《紫陽學術發微》〔二〕。

十四年己卯，先生年四十八歲。六月，奉勑勘處福建叛軍。至豐城，聞宸濠變，急走小舸，返吉安；飛章上變，與知府伍文定等，定謀徵兵各郡。時宸濠已攻南康九江，進圍安慶。我師既集，僉請急救安慶，先生以爲非策，不如先舉南昌，法所謂「攻其必救」是已。乃誓師樟樹，授文定等方略，俱如期至信地。先生親鼓之，三軍競奮登城，城遂拔。宸濠聞南昌破，悉衆歸援，僉謂賊衆盛，宜堅壁待援；先生曰：「賊進不得逞，還無所歸，氣已消阻，出奇擊惰。」便遂接戰於黄家渡，賊兵鼓譟，驕甚，我兵稍卻。文定立銃炮間，火燎其鬚，殊死戰，大敗之。明日復戰，擒濠，江西平。

〔一〕事載《左傳・哀公十一年》春，孔子稱此戰爲「義也」。
〔二〕此示王守仁曲解朱子也。

方先生入南昌時，日坐後堂〔一〕，對士友論學；洞開中門，令見前後，報至登堂，遣之。時有言文定焚鬚，及兵前卻狀者，衆咸失色。先生徐起，命側席，遣牌斬其前卻者，還坐復理前語論學。後聞濠擒，衆咸色喜，先生愀然曰：「濠雖擒，第恐傷死者衆耳！」亦復論學如常。

按：戰事方略，不鬥力而鬥智，孔子言「臨事而懼，好謀而成」。〔二〕好謀者，鬥知覺〔三〕而已。陽明惟爲致良知之學，故能心定神閒，指揮靈警若此。人服其講學之從容，我獨服其知覺在天下之先。至於痛傷死之衆，即怵惕惻隱之心。故凡用兵者不獨爲我計，當爲人計、爲民計，不獨哀矜我之士卒、我之人民，當哀矜敵之士卒、敵之人民，皆一點良知之發也。

十六年辛巳，先生年五十歲，在南昌始揭「致〔四〕良知」之教。牌行金谿縣，録陸象山子孫，以象山得孔孟正傳，其學久抑未彰，文廟尚缺配享，子孫未沾褒典，乃訪各處

〔一〕指都察院後堂。
〔二〕《論語·述而》文。
〔三〕「覺」字原作「謀」。按文理脈絡，指「知覺在天下之先」，應以「知覺」爲是。
〔四〕「致」字脱。

聖賢子孫事例，一體優崇之。

按：良知即良心也。然余謂陸子揭本心，陽明揭良知，其義稍有不同。蓋本心者指仁義禮智而言，而良知則運用乎本心之妙也。故陽明揭良知，必兼致知言；陸子揭本心，必兼先立乎其大言，否則無用功之處矣。直揭本心者，可以破世俗貪利爭奪之習；直揭良知者，可以發孩提愛親敬長之誠。至於開物成務，冒天下之道，則致良知尤爲緊切矣。

嘉靖三年，甲申，先生年五十三歲。在越。郡守南大吉，先生爲會試分考時所録士也，與論學有悟，闢稽山書院，聚八邑彦士及四方之來集者，環坐常三〔一〕百餘人。海寧董澐以能詩聞於江湖，年六十八，聞先生講〔二〕學，以杖肩其瓢笠詩卷來訪，登門長揖上坐。先生異其氣貌，禮敬之，與之語連日夜，澐有悟，因納拜稱弟子。

八月之望，月白如洗〔三〕，先生集諸弟子設席〔四〕於碧霞池之天泉橋上，在侍者百十

〔一〕「三」字原作「數」，據《年譜》爲正。
〔二〕「講」字脱。
〔三〕「洗」字《年譜》作「晝」。
〔四〕「設席」二字脱。

人，酒半行，命歌詩，諸弟子比音而作，翕然如協金石。少間，能琴者理絲，善簫者吹竹，或投壺聚算，或鼓棹徜徉，遠近相答。先生顧而樂之，遂即席賦詩，有「鏗然舍瑟春風裏，點也雖狂得我情」之句。明日諸生入謝，先生曰：「昔者〔一〕孔子〔二〕在陳，何思魯之狂士？蓋世之學者，没溺於富貴聲利之場，如拘如囚而莫之省脱。及聞孔子之教，始知一切俗緣，皆非性體，乃豁然脱落。但見〔三〕得此意，不加實踐以入於精微，則漸有輕滅世故，闊略倫物之病。雖〔四〕比世之庸庸瑣瑣者不同，其爲未得於道，一也。故孔子在陳，思歸以裁之，使入於道耳。諸君講學，但患未得此意，今幸見此，正好精詣力造，以求至於道，無以一見自足，而終止於狂也。」〔五〕

十月，南大吉續刻《傳習録》，門人立陽明書院於越城。

按：《中庸》引《詩》云「鳶飛戾天，魚躍于淵」，「言其上下察也」，讀之覺

〔一〕「者」字脱。
〔二〕「子」字原作「孟」。
〔三〕「見」字脱。
〔四〕「雖」字脱。
〔五〕《王文成公全書·附録四·年譜三》卷三四載嘉靖三年八月王守仁先生五十三歲語。

此心自有活潑之致。觀此條，覺身體、心體與道體同其活潑矣。後人譏陽明爲「狂」，余嘗謂天下惟性情狂而品行狷者，乃可以成大事。今觀陽明訓門人之辭，豈非進以中行之道，何嘗終於狂乎？《易·蒙卦》之象傳曰：「君子以果行育德。」言其養之之方也；《臨》之象傳曰：「君子以教思無窮。」言其教之因材而施也。陽明之言曰：「世之學者没溺於富貴聲利之場，如拘如囚，而莫之省脱。及聞孔子之教，始知一切俗緣皆非性體，乃豁然脱落。」嗚呼！後世之言哲學與心理學者，當知根本所在，必當聞孔子之教，庶幾乎救當世而淑人心矣！

六年丁亥，先生年五十六歲。九月，先生起征思田，發越中。是月初八日〔一〕，錢德洪、王畿論爲學宗旨，畿曰：「先生説『無善無惡心之體，有善有惡意之動，知善知惡是良知，爲善去惡是格物。』此恐未是究竟語〔二〕。心體既是無善無惡，則意、知、物

〔一〕「是月初八日」句脱。
〔二〕「語」字，《年譜》原作「話頭」。

亦如是；若説意有善惡，畢竟心亦未是無善無惡〔一〕。」德洪曰：「心體原來無善無惡……爲善去惡正是復那本體工夫。」因同進請問〔二〕。先生曰：「正要二子〔三〕有此一問，二子之見，正好相取，不可相病；汝中須用德洪工夫，德洪須透汝中本體，二子相取爲益，吾學更無餘念矣。」德洪再請問，先生喜〔四〕曰：「有只是你自有，良知本體，原來無有，本體只是太虛。太虛之中，日月星辰，風雨露雷〔五〕，陰霧〔六〕饐氣，何物不有？而又何一物得爲太虛之障？人心本體亦復如是……〔七〕德洪工夫須要如此，便是合得本體工夫。」……是日各有省。

按：無善無惡之説，後人攻訐者最多，已詳辨於第三卷中〔八〕。

〔一〕「善無惡」三字脱。
〔二〕其中細節如下：「是日夜分，客始散，先生將入內，聞洪與畿候立庭下，先生復出，使移席天泉橋上，德洪舉與畿論辯請問，先生喜曰」云云。此世所謂「天泉橋證道」，故補述此細節。
〔三〕「子」字《年譜》均作「君」，下同。
〔四〕《年譜》無「喜」字。
〔五〕「露雷」原倒，據《年譜》爲正。
〔六〕「霧」字《年譜》作「霾」。
〔七〕此所删《年譜》之原文云：「太虛無形，一過而化，亦何費纖毫氣力？」
〔八〕即「陽明四大題」。

十月謁孔廟〔一〕，講《大學》於明倫堂，諸生屏擁，多不得聞。唐堯臣獻茶得上堂旁聽〔二〕。初，堯臣不信學，比見擁謁，驚曰：「三代後安得有此氣象耶！」及聞講，沛然無疑。至吉安，大會螺川，臨別囑曰：「工夫只是簡易真切，愈真切愈簡易，愈簡易愈真切。」

按：中國學校規模，以三代爲最隆。宋以後稍興復之，陽明講學之盛如此，能不令人神往於其間耶！且師嚴道尊，中西皆然。唐堯臣之事，尤可爲後世法式矣。若夫易簡者，乾坤之精蘊也，故《易傳》曰：「易簡而天下之理得。」近人動言「科學方法」，要知科學方法，宜由散而歸之於聚，不宜由合而雜之使棼，故講學之與爲政，皆貴握其綱維而歸於易簡也。良知之在天下人心，必不容磨滅矣。

又按：明末推崇王學者，以漳浦黃石齋、四明施邦曜爲最著。施氏嘗輯

〔一〕在廣信府南浦。
〔二〕唐堯臣，字士良，南昌人，嘉靖七年（一五二八）舉人，平亂有功，升杭州府同知，官至浙江按察司指揮僉事，助戚繼光抗倭寇；三十二年（一五五三）刊行《墨子》，三十六年（一五五七）重刊《傳習録》。

《陽明集要》一書，分理學、經濟、文章三類，簡明精當。石齋爲之序曰：「文成出而〔一〕明絶學，排俗説，平亂賊，驅鳥獸；大者歲月，小者頃刻，筆致手脱，天地廓然，若仁者之無敵；自伊尹以來，乘昌運，奏顯績，未有盛于文成者也。孟子崎嶇戰國之間，祖述周孔，旁及夷惠，至於伊尹。祇誦其言曰：『天之生斯民也，使先知覺後知，使先覺覺後覺也。予，天民之先覺者也，予將以斯道覺斯民也。』變學爲覺，實從此始。……宋陸文安原本孟子，别白義利，震悚一時，其立教以易簡覺悟爲主，亦有耕莘遺意〔二〕……善哉！施四明先生之言曰：『天下病虛，救之以實；天下病實，救之以虛。』晦翁當五季之後，禪喜繁興，豪傑皆溺於異説，故宗程氏之學，窮理居敬，以使人知所持循。文成當宋人之後，辭章訓詁，汩没人心，雖賢者猶安於帖括，故明陸氏之學，易簡覺悟，以使人知所返本」〔三〕云云。夫黄氏推重文成，至比於伊尹，可爲知言矣！而所謂變學爲覺、天下〔四〕實則救之以

〔一〕「而」字脱，據同治求是齋本《黄石齋先生集》補入。
〔二〕伊尹未遇湯時，耕於莘野。凡安貧樂道，隱居求志若伊尹者，謂之「耕莘遺意」。
〔三〕黄道周《黄石齋先生集·王文成公集序》文。
〔四〕「天下」後疑脱「病」字。

虛，與時消息，尤爲教育家之名論。《禮記·樂記篇》曰：「教也者，民之寒暑也，教不時則傷世。」今日之人心，其必救之以良知乎！世有能爲三不朽者，微斯人，吾誰與歸？

七年戊子（一五二八），先生年五十七歲，十一月卒于南安。

陽明學術發微卷二

陽明聖學宗傳

【釋】此卷開宗明義，直陳王陽明直接繼承孔孟聖學之精神，故曰「聖學宗傳」；收録《拔本塞源論》《良知問答》兩文，一破一立，皆存立教深意，唐先生自陳：「讀陽明《拔本塞源論》，可以破小人喻利之知；讀《良知問答》，可以充君子喻義之知。」

按：張子曰：「合性與知覺有心之名。」〔一〕蓋知覺者，與五常之德同具於心，而所以妙五常之用者也。《孟子》曰：「人之所不慮而知者，其良知也。」〔二〕此指孩提之

〔一〕張載《正蒙·太和篇》文。
〔二〕《孟子·盡心上》文。

知愛知敬而言。陽明之言「致良知」，似與《孟子》稍異。然《孟子》嘗言：「先知覺後知，先覺覺後覺。」[一]蓋惟致其良知，而後能先知先覺；亦惟先知先覺，而其知覺乃愈良也。知覺之爲用大矣！《易傳》所謂「寂然不動，感而遂通天下之至神」者也。然而人皆窒塞其良知者，何也？利欲薰心之故也。良知窒而國性滅，國性滅而天下亡矣，豈不哀哉！

《孟子》言「良心」曰：「平旦之氣，其好惡與人相近也者幾希。」[二]平旦之氣，知覺之最良者也。《孟子》又言「本心」，言「求放心」。陸子静以「直提本心」爲宗旨，開陽明之先者也。而陽明之「致良知」，實本《孟子》求放心之學，引而伸之者也。朱子論心性之學，原於《中庸》喜怒哀樂未發之中，與《通書・動静章》、程子《定性書》一脈相傳，其功夫大要有三：曰涵養，曰省察，曰擴充。陽明之所以用力於内者，期於全體大用無不明，亦未嘗與朱子異也。夫聖賢立教，雖偶有不同，要歸於救世而已矣，歸於救人心而已矣。

[一]《孟子・萬章上》載伊尹之言。
[二]《孟子・告子上》文。

陽明良知之學，以劉蕺山《聖學宗傳》採擇爲最精，爰彙録之，以爲研究王學之萌柢。至《拔本塞源論》，警覺當世昏迷，霹靂震空，陰霧消散，真振聵發聾之苦藥也，狂熱者得之，如飲清涼散矣，特以冠諸篇首焉。

拔本塞源論

《答顧東橋書》末段〔一〕

【釋】此篇直接聖人之學。唐先生謂此文「霹靂震空」，按語復謂「讀此篇，有以救人心於將死」，又謂：「此文上下古今，切中時弊，世道人心，賴以不墜。乾坤不息，天理不亡，則此文之精氣，亦終不可磨滅。」王陽明此文，實在是有明以來，絶大手筆，讀之者莫不惻然感奮。陽明學説經義，盡見此篇。與《良知答問》並列，則堯、舜、孔、孟精神，貫注而下，是爲儒門之心法，聖學之宗傳也，足見唐先生之卓識。陽明此文爲《答顧東橋書》最後一節之内容，事在嘉靖四年（一五二五），時五十四歲，陽明回答山西按察使顧璘之問難。題中之本及源，乃指人欲私利，

〔一〕此論爲《答顧東橋書》最後一節，謹注明之，以示出處。載《傳習録》中卷，又題《答人論學書》，後來復其《答顧東橋書》之原題；因此段文字意義重大，直承孔孟神髓之堯舜之道，故門人取文中之語，别題《拔本塞源論》以傳世。按：顧璘（一四七六～一五四五），字華玉，號東橋，南直（即今江蘇）吴縣人；少負才名，弘治九年（一四九六）進士，官至南京刑部尚書；世稱東橋先生。本集取校《傳習録》文字者，皆據《王文成公全書》本。

與天理仁義相對；拔之塞之，所以復其良知本性。「拔本塞源」見《左傳》，程頤以説孟子精神云：「夫辟邪説以明先王之道，非拔本塞源不能也。」陽明此文，正意在此，其霹靂震空之氣魄亦在此。

陽明子答顧麟略曰：「夫聖人之所以爲聖者，以其生而知之也。而釋《論語》者曰：『生而知之者，義理耳。若夫禮樂名物、古今事變，亦必待學而後有以驗其行事之實。』〔一〕夫禮樂名物之類，果有關於作聖之功也，而聖人亦必待學而後能知焉，則是聖人亦不可以謂之生知矣。謂聖人爲生知者，專指義理而言，而不以禮樂名物之類，則是禮樂名物之類，無關於作聖之功矣。聖人之所以謂之生知者，專指義理而不以禮樂名物之類，則是學而知之者，亦惟當學知此義理而已；困而知之者，亦惟當困知此義理而已。今學者之學聖人，於聖人之所能知者，未能學而知之，而顧汲汲焉求知聖人之所不能知者以爲學，無乃失其所以希聖之方與？凡此皆就吾子之所惑者而稍

〔一〕朱子《論語集注·述而》引尹焞云：「孔子以生知之聖，每云好學者，非惟勉人也，蓋生而可知者義理爾；若夫禮樂名物、古今事變，亦必待學而後有以驗其實也。」

爲之分釋，未及乎拔本塞源之論也。

「夫拔本塞源之論不明於天下，則天下之學聖人者，將日繁日難，斯人淪〔一〕於禽獸夷狄〔二〕，而猶自以爲聖人之學。吾之説雖或暫明於一時，終將凍解於西而冰堅於東，霧釋於前而雲滃於後，呶呶焉危困以死，而卒無救於天下之分毫也已〔三〕。

夫聖人之心，以天地萬物爲一體，其視天下之人，無外内遠近，凡有血氣，皆其昆弟赤子之親，莫不欲安全而教養之，以遂其萬物一體之念。天下之人心，其始亦非有異於聖人也，特其間於有我之私，隔於物欲之蔽，大者以小，通者以塞，人各有心，至有視其父子兄弟如仇讎者。聖人有憂之，是以推其天地萬物一體之仁，以教天下，使之皆有以克其私，去其蔽，以復其心體之同然。其教之大端，則堯、舜、禹之相授受，所謂『道心惟微，惟精惟一，允執厥中』；而其節目，則舜之命契，所謂『父子有親，君臣有義，夫婦有别，長幼有序，朋友有信』五者而已。唐、虞、三代之世，教者惟以此爲

〔一〕「淪」字原作「入」，據明隆慶二年謝廷傑刊本《王文成公全書》爲正。
〔二〕「夷狄」二字原作「異類」，據前揭《王文成公全書》爲正。
〔三〕「已」字脱，據《王文成公全書》補入。

教，而學者惟以此爲學。當是之時，人無異見，家無異習，安此者謂之聖，勉此者謂之賢，而背此者，雖其啓明如朱，亦謂之不肖。下至閭井田野，農工商賈之賤，莫不皆有是學，而惟以成其德行爲務。何者？無有聞見之雜、記誦之煩、辭章之靡濫、功利之馳逐，而但使之孝其親，弟其長，信其朋友，以復其心體之同然，是蓋性分之所固有，而非有假於外者，則人亦孰不能之乎？

「學校之中，惟以成德爲事；而才能之異，或有長於禮樂，長於政教，長於水土播植者，則就其成德，而因使益精其能於學校之中。迨夫舉德而任，則使之終身居其職而不易。用之者惟知同心一德，以共安天下之民，視才之稱否，而不以崇卑爲輕重，勞逸爲美惡；效用者亦惟知同心一德，以共安天下之民，苟當其能，則終身處於繁劇而不以爲勞，安於卑瑣而不以爲賤。當是之時，天下之人，熙熙皞皞，皆相視如一家之親。其才質之下者，則安其農、工、商、賈之分，各勤其業，以相生相養，而無有乎希高慕外之心。其才能之異，若皋、夔、稷、契者，則出而各效其能。若一家之務，或營其衣食，或通其有無，或備其器用，集謀並力，以求遂其仰事俯育〔一〕之願，惟恐當其事

〔一〕「育」原作「畜」，據《王文成公全書》爲正。

者之或怠，而重己之累也。故稷勤其稼，而不耻其不知教，視契之善教，即己之善教也；夔司其樂，而不耻於不明禮，視夷之通禮，即己之通禮也。蓋〔一〕其心學純明，而〔二〕有以全其萬物一體之仁，故其精神流貫，志氣通達，而無有乎人己之分、物我之間。譬之一人之身，目視耳聽、手持足行，以濟一身之用。目不耻其無聰，而耳之所涉，目必營焉；足不耻其無執，而手之所探，足必前焉。蓋其元氣充周，血脈條暢，是以痒疴呼吸，感觸神應，有不言而喻之妙。此聖人之學所以至易至簡，易知易從，學易能而才易成者，正以大端惟在復心體之同然，而知識技能非所與論也。

「三代之衰，王道熄而霸術熾〔三〕；孔孟既没，聖學晦而邪説横。教者不復以此爲教，而學者不復以此爲學。霸者之徒，竊取先王之近似者，假之於外以内濟其私己之欲，天下靡然而〔四〕宗之，聖人之道遂以蕪塞。相倣相傚，日求所以富强之説、傾詐之謀、攻伐之計，一切欺天罔人，苟一時之得，以獵取聲利之術，若管、商、蘇、張之屬者，

〔一〕「蓋」原作「而」，據《王文成公全書》爲正。
〔二〕「而」原作「益」，據《王文成公全書》爲正。
〔三〕「熾」字，《王文成公全書》作「焻」。
〔四〕「而」字脱。

至不可名數。既其久也，鬬争劫奪，不勝其禍，斯人淪於禽獸夷狄〔一〕，而霸術亦有所不能行矣。

「世之儒者，慨然悲傷，蒐獵先聖王之典章法制，而掇拾修補於煨燼之餘，蓋其爲心，良亦欲以挽回先王之道。聖學既遠，霸術之傳，積漬已深，雖在賢智，皆不免於習染，其所以講明修飾，以求宣暢光復於世者，僅足〔二〕以增霸者之藩籬，而聖學之門牆，遂不復可睹。於是乎有訓詁之學，而傳之以爲名；有記誦之學，而言之以爲博；有詞章之學，而侈之以爲麗。若是者紛紛藉藉，羣起角立於天下，又不知其幾家。萬徑千蹊，莫知所適，世之學者如入百戲之場，讙謔跳踉〔三〕，騁奇鬬巧。獻笑争妍者，四面而競出，前瞻後盼，應接不遑〔四〕；而耳目眩瞀，精神恍惑，日夜遨遊淹息其間，如病狂喪心之人，莫自知其家業之所歸。時君世主亦皆昏迷顛倒於其説，而終身從事於無用之虚文，莫自知其所謂。間有覺其空疎繆妄，支離牽滯，而卓然自奮，欲以見諸行

〔一〕「夷狄」二字原作「異類」，據《王文成公全書》爲正。
〔二〕「足」原作「可」，據《王文成公全書》爲正。
〔三〕「踉」原作「浪」，據《王文成公全書》爲正。
〔四〕「遑」原作「暇」，據《王文成公全書》爲正。

事之實者，極其所抵，亦不過爲富强功利五霸之事業而止。

「聖人之學，日遠日晦，而功利之習，愈趨愈下。其間雖嘗瞽惑於佛老，而佛老之說，卒亦未能有以勝其功利之心；雖又嘗折衷於羣儒〔一〕，而羣儒之論，終亦未能有以破其功利之見。蓋至於今，功利之毒，淪浹於人之心髓，而習以成性也，幾千年矣！相矜以知，相軋以勢，相爭以利，相高以技能，相取以聲譽。其出而仕也，理錢穀者則欲兼夫兵刑，典禮樂者又欲與於銓軸，處郡縣則思藩臬之高，居臺諫則望宰執之要。故不能其事則不得以兼其官，不通其說則不可〔二〕以要其譽。記誦之廣，適以長其傲也；知識之多，適以行其惡也；聞見之博，適以肆其辨也；詞章之富，適以飾其僞也。是以皋、夔、稷、契所不能兼之事，而今之初學小生，皆欲通其說，究其術，其稱名僭〔三〕號，未嘗不曰「吾欲以共成天下之務」，而其誠心實意之所在，以爲不如是，則無以濟其私而滿其欲也。

〔一〕「羣儒」原作「諸儒」，下同，皆據《王文成公全書》爲正。
〔二〕「可」原作「得」，據《王文成公全書》爲正。
〔三〕「僭」原作「借」，吴光、錢明、董平、姚延福編校《王陽明全集》作「僭」，今據以爲正。

「嗚呼！以若是之積染〔一〕，以若是之心志，而又講之以若是之學術，宜其聞吾聖人之教，而視之以爲贅疣枘鑿，則其以良知爲未足，而謂聖人之學爲無所用，亦其勢有所必至矣！

「嗚呼！士生斯世，而〔二〕尚何以求聖人之學乎？尚何以論聖人之學乎？士生斯世而欲以爲學者〔三〕，不亦勞苦而繁難乎？不亦拘滯而險艱乎？嗚呼！可悲也已！

「所幸天理之在人心，終有所不可泯，而良知之明，萬古一日，則其聞吾拔本塞源之論，必有惻然而悲，戚然而痛，憤然而起，沛然若決江河，而有所不可禦者矣。非夫豪傑之士無所待而興者，吾誰與望乎？」〔四〕

按：陽明之學，本於陸子。陸子《白鹿洞講義》義利之辨，精晰無倫，諸生爲之泣下。此文上下古今，切中時弊，世道人心，賴以不墜。乾坤不息，天理不亡，則此文之精氣，亦終不可磨滅，其功豈在陸子下哉？然自明代以來，三百餘

〔一〕「染」字原作「習」，據《王文成公全書》爲正。
〔二〕「而」字脱。
〔三〕「者」字脱。
〔四〕文録自《王文成公全書·傳習録中·答顧東橋書》。

年流弊，更莫知所届。深願讀此篇者，憬然激發其良知，有以救人心於將死也，予日望之矣！

良知答問 答陸元静澄

問：「下手工夫，覺此心無時寧静。妄心固動也，照心亦動也。心既恒動，則無刻暫停也。」

陽明子曰：「是有意於求寧静，是以愈不寧静耳。夫妄心則動也，照心非動也。恒照則恒動恒静，天地之所以恒久而不已也。照心固照也，妄心亦照也。其爲物不貳，則其生物不息，有刻暫停則息矣，非至誠無息之學矣。」

劉氏蕺山曰：「妄心亦照，非實信得良知，安能如此説？」

問：「良知起處。」

陽明子曰：「良知者，心之本體，即前所謂恒照者也。心之本體，無起無不起，雖妄念之發，而良知未嘗不在，但人不知存，則有時而或放耳；雖昏塞之極，而良知未嘗不明，但人不知察，則有時而或蔽耳。雖有時而或放，其體實未嘗不在也，存之而已耳；雖有時而或蔽，其體實未嘗不明也，察之而已耳。若謂良知亦有起處，則是有時而不在〔一〕也，非其本體之謂矣。」

劉氏蕺山曰：「存養省察，何嘗不是宋儒之説，但提領在良知耳。」

問：「良知，心之本體，即所謂性善也、未發之中也、寂然不動之體也、廓然大公也，何常人皆不能，而必待於學耶？中也、寂也、公也，既已屬心之體，則良知是矣。今驗之於心，知無不良，而中、寂、大公實未有也。豈良知復超然於體用之外乎？」

陽明子曰：「性無不善，故知無不良，良知即是未發之中，即是廓然大公、寂然不動之本體，人人之所同具者也。但不能不昏蔽於物欲，故須學以去其昏蔽，然於良知之本體，初不能有加損於毫末也。知無不良，而中、寂、大公未能全者，是昏蔽之未盡去，而存之未純耳。體即良知之體，用即良知之用，寧復有超然於體用之外者乎？」

劉氏蕺山曰：「只爲人人承認不過，所以當面錯。」

問：「周子曰『主静』，程子曰『動亦定、静亦定』，先生曰『定者心之本體』，是静、定也，決非不睹不聞、無思無爲之謂，必常知、常存、常主於理之謂也。夫常知、常存、常主於理，明是動也，已發也，何以爲之静？何以謂之本體？豈是静、定也，又有以貫

〔一〕「不在」後原衍「不明」二字，據《王文成公全書》删。

乎心之動静者耶？」

陽明子曰：「理無動者也。『常知、常存、常主於理』，即『不睹不聞、無思無爲』之謂也。不睹不聞、無思無爲，非槁木死灰之謂也，睹、聞、思、爲一於理，而未嘗有所睹、聞、思、爲，即是動而未嘗動也。所謂『動亦定，静亦定，體用一原』者也。」

劉氏蕺山曰：「循理爲静，非動静對待之静。」

問：「此心未發之體，其在已發之前乎？其在已發之中而爲之主乎？其無前後内外而渾然一體者乎？今謂心之動静者，其主有事無事而言乎？其主寂然感通而言乎？其主循理從欲而言乎？若以循理爲静，從欲爲動，則於所謂動中有静、静中有動，動極而静、静極而動者不可通矣。若以有事而感通爲動，無事而寂然爲静，則於所謂動而無動、静而無静者不可通矣。若謂未發在已發之先，静而生動，是至誠有息也，聖人有復也，又不可通〔一〕矣。若謂未發在已發之中，則不知未發已發俱當主静乎？抑未發爲静，而已發爲動乎？抑未發已發俱無動無静乎？俱有動有静乎？幸教。」

〔一〕《王文成公全書》没有「通」字。

陽明子曰：「未發之中即良知也，無前後内外而渾然一體者也。有事無事，可以言動静，而良知無分於有事無事也。寂然感通，可以言動静，而良知無分於寂然感通也。動静者所遇之時，心之本體固無分於動静也。理無動者也，動即爲欲。循理則雖酬酢萬變，而未嘗動也；從欲則雖槁心一念，而未嘗静也。動中有静，静中有動，又何疑乎？有事而感通，固可以言動，然而寂然者未嘗有增也。無事而寂然，固可以言静，然而感通者未嘗有減也。動而無動，静而無静，又何疑乎？無前後内外而渾然一體，則至誠有息之疑，不待解矣。未發在已發之中，而已發之中未嘗别有未發者在。已發在未發之中，而未發之中未嘗别有已發者存。是未嘗無動静，而不可以動静分者也。

「凡觀古人言語，在以意逆志而得其大旨，若必拘滯於文義，則『靡有孑遺』者，是周果無遺民也。周子『静極而動』之説，苟不善觀，亦未免有病。蓋其意從『太極動而生陽，静而生陰』説來。太極生生之理，妙用無息，而常體不易。太極之生生，即陰陽之生生，就其生生之中，指其妙用無息者而謂之動，謂之陽之生，非謂動而後生陽也；就其生生之中，指其常體不易者而謂之静，謂之陰之生，非謂静而後生陰也。若果静而後生陰，動而後生陽，則是陰陽動静截然各自爲一物矣。

「陰陽一氣也，一氣屈伸而爲陰陽；動靜一理也，一理隱顯而爲動靜。春夏可以爲陽爲動，而未嘗無陰與靜也；秋冬可以爲陰爲靜，而未嘗無陽與動也。春夏此不息，秋冬此不息，皆可謂之陽、謂之動也；春夏此常體，秋冬此常體，皆可謂之陰、謂之靜也。自元會運世，歲月日時，以至刻秒忽微，莫不皆然，所謂動靜無端，陰陽無始，在知道者默而識之，非可以言語窮也。若只牽文泥句，比擬倣像，則所謂『心從法華轉，非是轉法華』矣。」

劉氏蕺山曰：「從欲而槁心一念，説不得是靜中有動，靜中有動，即是靜而無靜。」

問：「嘗試於心，喜怒憂懼之感發也，雖動氣之極，而吾心良知一覺，即罔然消阻，或遏於初，或制於中，或悔於後。然則良知常若居優閒無事之地而爲之主，於喜怒憂懼若不與焉者，何歟？」

陽明子曰：「知此則知未發之中、寂然不動之體，而有發而中節之和、感而遂通之妙矣。然則良知常若居於優閒無事之地，語尚有病。蓋良知雖不滯於喜怒憂懼，而喜怒憂懼亦不外於良知也。」

按：良知所以運用乎喜怒憂懼者也，故有在其先與在其後之時。

問：「夫子昨以良知爲照心。竊謂良知，心之本體也。照心，人所用之功，乃戒愼恐懼之心也，猶思也。而遂以戒懼恐懼爲良知，何歟？」

陽明子曰：「能戒愼恐懼者，是良知也。」

問：「先生又曰：『照心非動也』，豈以其循理而謂之靜與？『妄心亦照也』，豈以其良知未嘗不在於其中，未嘗不明於其中，而視聽言動之不過則者皆天理與？且既曰妄心亦照，則在妄心固可謂之照，而在照心亦可謂之妄矣。妄與照何異？今假妄之照以續至誠之無息，竊所未明，幸再啓蒙。」

陽明子曰：「照心非動者，以其發於本體明覺之自然，而未嘗有所動也。有所動即妄矣。妄心亦照者，以其本體明覺之自然者，未嘗不在於其中，但有所動耳。無所動即照矣。無妄無照，非以妄爲照、以照爲妄也。照心爲照，妄心爲妄，是猶有妄有照也。有妄有照則猶貳也，貳則息矣；無妄無照則不貳，不貳則不息矣。」

劉氏蕺山曰：「因妄不生，故照不立，然但可謂之無妄無照，不可謂之無善無惡。」

問：「養生以清心寡欲爲要。夫清心寡欲，作聖之功畢矣。然寡欲則心自清，清心非舍棄人事而獨居求靜之謂也。蓋欲使此心純乎天理，而無一毫人欲之私耳。今欲爲此之功，而隨人欲生而克之，則病根常在，未免滅於東而生於西。若欲刊剥洗蕩於衆欲未萌之先，則又無所用其力，徒使此心之不清。且欲未萌而搜剔以求去之，是猶引犬上堂而逐之也，愈不可矣。」

陽明子曰：「必欲此心純乎天理，而無一毫人欲之私，此作聖之功也。必欲此心純乎天理，而無一毫人欲之私，非防於未萌之先，而克於方萌之際不能也。防於未萌之先，而克於方萌之際，此正《中庸》『戒慎恐懼』，《大學》『致知格物』之功，舍此之外，無别功矣。夫謂滅於東而生於西，引犬上堂而逐之者，是自私自利、將迎意必之爲累，而非克治洗蕩之爲患也。今曰『養生以清心寡欲爲要』，只養生二字，便是自私自利、將迎意必之根，有此病根潛伏於中，宜其有『滅於東而生於西，引犬上堂而逐之』之患也。」

問：「佛氏於『不思善、不思惡時認本來面目』，與吾儒『隨物而格』之功不同，吾若於不思善、不思惡時用致知之功，則已涉於思善矣。欲善惡不思，而心之良知清静自在，惟有寐方醒之時耳。斯正孟子『夜氣』之説，但於斯光景不能久，倏忽之際，思慮已生。不知用功久者，其嘗〔一〕寐初醒而思未起之時否乎？今澄欲求寧静，愈不寧

〔一〕「嘗」字，《王文成公全書》作「常」。

静，欲念無生，則念愈生，如之何而能使此心前念易滅，後念不生，良知獨顯，而與造物遊乎。」

陽明子曰：「『不思善、不思惡時認本來面目』，此佛氏爲未識本來面目者設此方便。『本來面目』即吾聖門所謂『良知』。今既認得良知明白，即已不消如此説矣。『隨物而格』是『致知』之功，即佛氏之『常惺惺』，亦是常存他本來面目耳。體段工夫，大略相似。但佛氏有箇自私自利之心，所以便有不同耳。今欲善惡不思，而心之良知清静自在，此便有自私自利、將迎意必之心，所以有『不思善、不思惡時，用致知之功，則已涉於思善』之患。《孟子》説夜氣，亦只是爲失其良心之人，指出箇良心萌動處，使他從此培養將去。今已知得良知明白，常用致知之功，即已不消説夜氣，卻是得兔後不知守兔，而仍去守株，兔將復失之矣。欲求寧静，欲念無生，此正是自私自利、將迎意必之病，是以念愈生而愈不寧静。良知只是一箇良知，而善惡自辨，更有何善何惡可思？良知之體本自寧静，今卻又添一箇求寧静。本是生生，今卻又添一箇欲無生。非獨聖門致知之功不如此，雖佛氏之學亦未如此將迎意必也。只是一念良知，徹頭徹尾，無始無終，即是前念不滅，後念不生。今卻欲前念易滅而後念不生，是佛氏所謂斷滅種性，入於槁木死灰之謂矣。」

劉氏蕺山曰：「觀先生前後二則，直是按著人病根骨髓處，不由人不推門入曰，而儒佛之辨亦較然。」

問：「《大學》以心有好樂忿懥憂患恐懼爲不得其正，而程子亦謂『聖人情順萬事而無情』。所謂『有』者，《傳習録》中以病瘧譬之，極精切矣。若程子之言，則是聖人之情不生於心而生於物也，何謂耶？且事感而情應，則是是非非可以就格。事或未感時，謂之有，則未形也；謂之無，則病根在有無之間，何以致吾知乎？學務無情，累雖輕而出儒入佛矣，可乎？」

陽明子曰：「聖人致知之功，至誠無息；其良知之體，皦如明鏡，略無纖翳，妍媸之來，隨物見形，而明鏡曾無留染，所謂『情順萬事而無情也』。『無所住而生其心』，佛氏曾有是言，未爲非也。明鏡之應物，妍者妍，媸者媸，一照而皆真，即是生其心處。妍者妍，媸者媸，一過而不留，即是無所住處。病瘧之喻，誠已見其精切，則此節所問，可以釋然。病瘧之人，瘧雖未發，而病根自在，則亦安可以其瘧之未發而遂忘其服藥調理之功乎？若必待瘧發而後服藥調理，則既晚矣！致知之功，無間於有事無事，而豈論於病之已發未發耶？」

劉氏蕺山曰：「瘧病全在未發時，真能致知者，功夫只於此時用。自有宋諸儒而後，學者專守紫陽氏家法爲入道之方，即江門崛起，直遡濂溪，猶曰：『吾道有宗主，千秋朱紫陽，説敬不離口，示我入德方。』獨陽明子讀《大學》至『格致』一解，謂朱子『即物窮理』之説爲支離，而求端於心。天下無心外之物，即本心以求物理，是爲致良知於事事物物之間，而意可得而誠也。遂揭『致良知』三字專教學者，而《答陸元静》數書，發明《中庸》之理甚奥，則其直接濂雒之傳者，其曰『未發之中即良知』，即『主静立極』之説也；其曰『良知無前後内外而渾然一體』，即『性無内外』之説也；其曰『能戒慎恐懼者是良知』，即『敬無動静』之説也；其曰『自私自利爲病根』，即『識仁』之微旨也。最後病瘧一喻，尤屬居要語，所云『服藥調理在未發時』者，又即朱子涵養一段工夫之意。朱子他日曰『涵養須用敬，進學在致知』，至陽明子則合言之耳，孰謂其果立異同於朱子乎？夫諸儒説極、説仁、説静、説敬，本是一條血脈，而學者溺於所聞，猶未免滯於一指而不能相通，或轉趨其弊者有之。『致良知』三字，直將上下千古一齊穿貫。言本體，則只此是極，極不墮於玄虚；只此是仁，仁不馳於博愛。言工夫，則只此是静，静不涉於偏枯；只此是敬，敬不失之把捉，洵乎其爲易簡直截之宗也。或疑子之學近於禪者，乃儒釋之辨，直以自私自利爲彼家斷案，可爲推見至隱。學莫先於義

利之辨，於此一差，無往而不異，不必禪也。於此不差，雖謂茂叔爲窮禪可也，於子何疑？」〔一〕

按：以上各條，皆論良知之最精最深者。竊嘗推而言之，凡人之知，若囿於一家一室，則一家一室之知而已；囿於一鄉一邑，則一鄉一邑之知而已；若推而廣之於一國於宇宙，則所知者大矣。爲學亦然。若囿於章句文藝，則章句文藝之知而已；囿於形器迹象，則形器迹象之知而已；若推而廣之於政治於義理，則所知者深矣。又以時事論之，若囿於三二十年、四五十年之知，則有限之知而已；推而至於數百年數千年之知，則所知者遠矣；若囿於一二事十數事之知，則最陋之知而已；若推而廣之於數百事數千事，則所知者精矣。大也深也，遠也精也，皆本吾心之良知，以審度於方寸秒忽之間者也。

或曰：「莊生有言：『吾生也有涯，而知也無涯。』〔二〕以有涯逐無涯，不亦殆乎？」曰：不然。余將反莊生之説曰：「吾生也有涯，而知也亦有涯。」何以言

〔一〕《良知答問》載王陽明《王文成公全書·傳習録中·答陸原静書》；劉宗周文載《聖學宗要》。

〔二〕《莊子·養生主》文。

之？蓋有良知以範圍之，則知爲有涯矣。性者，五常之德，而用知覺以運之。凡合于仁義禮智信者，是良知也，吾之所當知也；凡悖于仁義禮智信者，此不良之知也，吾之所不當知也。君子喻于義，義者良知也，當知者也；小人喻於利，利者不良之知也，不當知者也。人惟徇無涯之欲，故以知爲無涯，若能致至良之知，知亦何曾無涯？故吾人之知宜大宜深、宜遠宜精，若小若淺、若近若粗，則自窒其良知矣。讀陽明《拔本塞源論》，可以破小人喻利之知；讀《良知問答》，可以充君子喻義之知。

陽明學術發微卷三

陽明學四大題

按：陽明良知之學，上卷既述其概要矣。而後儒之所以致疑於陽明者，其説有四大端：一曰無善無惡乃告子之説，即釋氏之學；二曰改用《古本大學》，以致知爲致良知，背於經傳；三曰心即理也，與性即理也不同；四曰知行合一，與朱子説異。

由是四者，聚訟糾紛，不有以解釋之，則陽明真旨，終無由而顯。夫言豈一端而已，亦各有所當也。苟其言而有補於世也，何害其爲異？其言而無補於世也，何必附和之以爲同？昔庖犧畫八卦，文王作彖辭，周公作爻辭，孔子贊之曰：「仁者見之謂之仁，智者見之謂之智。」[一]聖人之道，廣矣大矣，故曰：「道並行而不相

[一]《易・繫辭傳上》文。

悖。」〔一〕兹謹就以上數端，條舉原文，及諸家評論之説，詳加案語，以祛後人之惑，豈好爲辯護哉？竊附於平心之論，而爲黨同伐異者獻其箴規也。

一、無善無惡之説與告子迥異，不可誤解

丁亥九月〔二〕，陽明先生起征思田，錢德洪、王畿論爲學；德洪舉先生教言曰：「無善無惡心之體，有善有惡意之動，知善知惡是良知，爲善去惡是格物。」畿曰：「此恐未是究竟語，若説心體既是無善無惡，則意、知、物亦是無善無惡。若説意有善惡，畢竟心體還有善惡在。」是夕坐天泉橋，各舉請正。先生曰：「二子之見，正好相資，不可各執一邊。我這裏接人原有二種：利根之人，直從本源上悟入，人心本體，原是明瑩無滯，原是箇未發之中；利根人一悟本體，即是工夫，人己内外，一齊俱透。其次不免有習心在，本體受累，故教在意念上，實落爲善去惡工夫，熟後渣滓盡去，本

〔一〕《禮記·中庸》文。
〔二〕即嘉靖六年（一五二七），王陽明時年五十六，一年後逝世。

體亦明淨了。王畿之見，是我接利根人底；德洪之見，是我爲其次立法底。相取爲用〔一〕，中人上下皆可以引入於道。」德洪再請問，先生喜曰：「有只是你自有，良知本體，原來無有；本體只是太虛。太虛之中，日月星辰，風雨露雷〔二〕，陰霧饐氣〔三〕，何物不有？而又何一物得爲太虛之障？人心本體亦復如是……德洪工夫須要如此，便是合得本體工夫。」是日各有省〔四〕。

劉氏虞卿曰：「按：無善無惡之説，禪機也。其始只是箇善惡混，其究乃正是無善無不善。大抵陽明之意，謂有善有惡者人之情，無善無惡者人之性，爲善去惡，正以復其無善無惡之本體也。夫《孟子》言性善，徵之於情。情之與〔五〕性，本非二物，體用之分耳。性固無善之形矣，然發而有善之情，則善固性之所固有也。性既無惡之形矣，乃發而有惡之情，則惡亦性之所固有耶？此與善惡

〔一〕「用」字原作「資」，據《王文成公全書》爲正。
〔二〕二字原誤倒。
〔三〕「饐氣」原作「噎氣」，據《王文成公全書》爲正。
〔四〕唐先生録自《王文成公全書·傳習録下·語録三》及《王文成公全書·附録四·年譜三》載嘉靖六年（一五二七）九月陽明先生五十六歲之言。
〔五〕「與」原作「於」，據《理學宗傳辨正》爲正。

混之説奚以異？至論究竟工夫，則爲善去惡，以復其無善無惡之本體，而性體光光明明，落得一空，無欲障亦並無理障，此與無善無不善之説又奚以異？詆之爲禪，似不爲過。」〔一〕

黄氏梨洲曰：「《天泉問答》：『無善無惡者心之體，有善有惡者意之動，知善知惡是良知，爲善去惡是格物。』今之解者曰：『心體無善無惡是性，由是而發之爲有善有惡之意，由是而有分別其善惡之知，由是而有爲善去惡之格物。』層層自内而之外，一切皆是粗機，則良知已落後著，非不慮之本然，故鄧定宇以爲權論也。其實無善無惡者，無善念惡念耳，非謂性無善無惡也。下句意之有善有惡，亦是有善念惡念耳，兩句只完得動静二字。他日語薛侃曰：『無善無惡者理之静，有善有惡者氣之動。』即此兩句也。所謂知善知惡者，非意動於善惡，從而分別之爲知，知亦只是誠意中之好惡，好必於善，惡必於惡，無是無非〔二〕而不容已者，虚靈不昧之性體也。爲善去惡，只是率性而行，自然無善惡之夾雜。先

〔一〕劉廷詔《理學宗傳辨正》卷一六「附録」按語。
〔二〕「無是無非」，沈善洪主編《黄宗羲全集》作「孰是孰非」。

生所謂『致吾心之良知於事事物物也』。四句本是無病，學者錯會，反致〔一〕彼以無善無惡言性者，謂無善無惡斯爲至善。善一也，而有有善之善，有無善之善，無乃斷滅性種乎？彼在發用處求良知者，認已發作未發，教人在致知上著力，是指月者不指天上之月，而指地上〔二〕之光，愈求愈遠矣。得羲説而存之，而後知先生之無弊也。」〔三〕

按：天泉一證，後學詫爲漏洩天機，甚至比於六祖偈語「本來無一物，何處染塵埃」。此誠禪機矣，得梨洲之説以正之，始知所謂「無善無惡心之體」，乃言無善念惡念耳。夫《易傳》言：「天下何思何慮。」〔四〕又曰：「易，无思也，无爲也，寂然不動。」〔五〕易者，心體也；无思无爲，豈非無善念惡念乎？《中庸》言喜怒哀樂未發之中，始於天命之性，終於「上天之載，無聲無臭」，聖門曷嘗諱言「無」

〔一〕「反致」，《黄宗羲全集》作「文致」。
〔二〕「上」原作「下」，據《明儒學案》爲正。
〔三〕黄宗羲《明儒學案》卷一〇《姚江學案》文。
〔四〕《易·繫辭傳下》文。
〔五〕《易·繫辭傳上》文。

哉？周子言「無極而太極」〔一〕，無極之尊，又言「動而無動，静而無静」〔二〕；程子言「天地之常，以其心普萬物而無心；聖人之常，以其情順萬事而無情」〔三〕，周程二子，亦未嘗諱言無也。明乎此，則知陽明所謂「無善無惡」，與告子所謂「性無善無不善」，固絶不相侔矣。至於接利根人、鈍根人之説，未始非因材施教之法，聖門固有語上語下之别矣，何必因此而詆之哉？

又按：天泉證道，《王龍谿集》記載較詳，然其大要亦不外此。王門相傳「無善無惡」作爲口訣〔四〕，如《明儒學案》載周海門《九解》中釋「四無教」，詞旨元虚，誠不免有葱嶺帶來之意矣。

〔一〕周敦頤《太極圖説》文。
〔二〕周敦頤《通書・動静》文。
〔三〕程顥《答横渠先生定性書》文。
〔四〕「王門相傳無善無惡，作爲口訣」句，《演講録》作：「相傳錢緒山之説爲四句教，王龍溪之説爲四無教，迨陽明先生殁後，四無教盛行，學者侈談無善無惡，流弊滋甚。」

二、改用《古本大學》，雖與朱子異，實與漢唐諸儒合

【釋】此條收録王陽明《大學問》文之第六項（最後一項）與門人問答，錢德洪序文詳其事〔一〕。文中所涉及者乃嘉靖六年（一五二七）八月出征前之事，王陽明時年五十六，一年後逝世。已經早在正德十三年（一五一八）七月，在贛州講學時，王陽明即刊刻《古本大學》及《朱子晚年定論》，距寫作此文相隔已九年。

或問曰：「古之欲明明德於天下者，以至于先修其身，以吾子明德親民之説通之，亦既可得而知矣。敢問欲修其身，以至於致知在格物，其工夫次第，又何如其用力歟？」

〔一〕因王陽明《大學問》意義重大，謹附録錢德洪序文，以備參考：「德洪曰：《大學問》者，師門之教典也。學者初及門，必先以此意授，使人聞言之下，即得此心之知，無出於民彝物則之中，致知之功，不外乎修齊治平之內。學者果能實地用功，一番聽受，一番親切。師常曰：『吾此意思有能直下承當，只此修爲，直造聖域；參之經典，無不吻合；不必求之多聞多識之中也。』門人有請録成書者。曰：『此須諸君口口相傳，若筆之於書，使人作一文字看過，無益矣。』嘉靖丁亥八月，師起征思田，將發，門人復請。師許之。録既成，以書貽洪曰：『《大學或問》數條，非不願共學之士盡聞斯義，顧恐藉寇兵而齎盜糧，是以未欲輕出。』蓋當時尚有持異説以混正學者，師故云然。……《大學》之教，自孟氏而後不得其傳者，幾千年矣！賴良知之明，千載一日，復大明於今日。」

曰：此正詳言明德、親民、止至善之功也。蓋身、心、意、知、物者，是其工夫所用之條理，雖亦各有其所，而其實只是一物。格、致、誠、正、修者，是其條理所用之工夫，雖亦皆有其名，而其實只是一事。

何謂身？心之形體運用之謂也。何謂心？身之靈明主宰之謂也。何謂修身？爲善而去惡之謂也。吾身自能爲善而去惡乎？必其靈明主宰者欲爲善而去惡，然後其形體運用者始能爲善而去惡也。故欲修其身者，必在於先正其心也。然心之本體則性也，性無不善，則心之本體，本無不正也，何從而用其正之之功乎？蓋心之本體本無不正，自其意念發動而後有不正。故欲正其心者，必就其意念之所發而正之。凡其發一念而善也，好之真如好好色；發一念而惡也，惡之真如惡惡臭；則意無不誠而心可正矣。

然意之所發，有善有惡，不有以明其善惡之分，亦將真妄錯雜，雖欲誠之，不可得而誠矣。故欲誠其意者，必在於致知焉。致者，至也，如云「喪致乎哀」之「致」。《易》言「知至至之」，知至者，知也；至之者，致也。致知云者，非若後儒所謂充廣其知識之謂也，致吾心之良知焉耳。良知者，《孟子》所謂「是非之心，人皆有之」者也。是非之心，不待慮而知，不待學而能，是故謂之良知，是乃天命之性，吾心之本體，自然靈昭明覺者也。

凡意念之發，吾心之良知，無有不自知者。其善歟？惟吾心之良知自知之；其不善歟？亦惟吾心之良知自知之，是皆無所與於他人者也。故雖小人之爲不善，既已無所不至，然其見君子，則必厭然揜其不善而著其善者，是亦可以見其良知之有不容於自昧者也。今欲別善惡以誠其意，惟在致其良知之所知焉爾。何則？意念之發，吾心之良知既知其爲善矣，使其不能誠有以好之，而復背而去之，則是以善爲惡，而自昧其知善之良知矣。意念之所發，吾之良知既知其爲不善矣，使其不能誠有以惡之，而復蹈而爲之，則是以惡爲善，而自昧其知惡之良知矣。若是，則雖曰知之，猶不知也，意其可得而誠乎？

今於良知所知之善惡者，無不誠好而誠惡之，則不自欺其良知而意可誠也已。然欲致其良知，亦豈影響髣髴而懸空無實之謂乎？是必實有其事矣。故致知必在於格物。

物者，事也。凡意之所發，必有其事，意所在之事謂之物。格者，正也，正其不正，以歸於正之謂也。正其不正者，去惡之謂也；歸於正者，爲善之謂也，夫是之謂格；《書》言「格於上下」「格於文祖」「格其非心」，「格物」之「格」，實兼其義也。

良知所知之善，雖誠欲好之矣，苟不即其意之所在之物而實有以爲之，則是物有未格，而好之之意猶爲未誠也。良知所知之惡，雖誠欲惡之矣，苟不即其意之所在之物而實有以去之，則是物有未格，而惡之之意猶爲未誠也。今焉於其良知所知之善者，即其意之所在之物而實爲之，無有乎不盡；於其良知所知之惡者，即其意之所在之物而實去之，無有乎不盡，然後物無不格，而吾良知之所知者，無有虧缺障蔽，而得以極其至矣。夫然後吾心快然，無復餘憾而自謙〔一〕矣！夫然後意之所發者，始無自欺而可以謂之誠矣！故曰：「物格而後知至，知至而後意誠，意誠而後心正，心正而後身修。」蓋其工夫條理，雖有先後次序之可言，而其體之惟一，實無先後次序之可分。其條理工夫，雖無先後次序之可分，而其用之惟精，固有纖毫不可得而缺焉者。此格致誠正之説，所以闡堯舜之正傳，而爲孔氏之心印也。〔二〕

施氏邦曜曰：「《大學》除卻『格物』二字，更無下手處，必實體之乃見。蓋

〔一〕「謙」原作「慊」，據《王文成公全書》爲正。
〔二〕王陽明《王文成公全書·續編一·大學問》文。

自天開地闢，上天下地皆物也，即求道之身亦物也。共此無妄之理，即所謂道之大原也。如上下高深同歸闃寂，又何從問道？若要尋到天地之先，便是老莊虚無學問，是物正此道之顯然可見者，大《易》所謂『形而上者謂之道，形而下者謂之器』者是也。舍器更無所謂道，是物即吾之性也、命也，《孟子》所謂『萬物皆備於我』者也。人只是知誘物化，不能反身而誠，又不能强恕而行，只認軀殼爲身，認外物爲物，物與我始判然爲兩，究竟此身只成萬物中之一物，又安能致知、誠意、正心、修身、齊家、治國、平天下，以盡大學之道？故道要諸誠意，而工夫盡之致知。格物所謂格者，不從物上求也，要在博學、審問、慎思、明辨、篤行以求明此善。善即誠也，物之所以爲物者也。明善即是知止，知止即是能得。如此領會，萬物皆歸於舍矣，故《中庸》云『誠者物之終始』，君子誠之爲貴，自然成己成物，舉而措之，無不宜之也。格物原是一了百當工夫，故朱子訓格曰至，極當。凡屬遥想臆説，即擬議甚高，不得云至。所謂至者，猶云身造其境，原兼知行、該動静而言，即先生所舉大《易》『知至至之』謂也。至其所至，是盛德大業之本也，此外更無精義入神之功也。人惟認朱子至字淺了，便謂逐一物格一物，此是末學支離之習，晦翁原無此解，

得先生一番〔一〕闡明，有以發朱子未盡之意矣。」〔二〕

按：《大學》八條目以修身爲本，而修身又以誠意爲本，蓋意之誠僞，人心生死之關也。人惟不能誠其意，是以好惡顛倒，拂人之性，身不能修，而家國天下於以亂。故本經首章之「此謂知本」，指修身爲本而言；次章之「大畏民志，此謂知本」，指誠意爲本而言，經意本極明顯，而格物之物，即物有本末之物。身、心、意、知、家、國、天下，皆物也，漢唐諸儒，皆主此説。鄭君注「致知」云：「知，謂知善惡吉凶之所終始。」注「格物」云：「格，來也。物，猶事也。其知於善深則來善物，其知於惡深則來惡物，事緣言人所好來也。」陽明先生以致知爲致良知，深得聖經誠意爲本之旨，而與鄭注意亦隱相符合，惟與朱子《補傳》異耳。然朱子《補傳》云：「人心之靈，莫不有知，而天下之物，莫不有理。惟於理有未窮，故其知有不盡。」固未嘗以心與理判而爲二也；又云：「至於用力之久，而一旦豁然貫通焉，則衆物之表裏精粗無不到，而吾心之全體大用無不明。」則更以心與

〔一〕「一番」二字脱，據乾隆丁未重刊濟美堂藏板《陽明先生集要》補入。
〔二〕施邦曜評輯《陽明先生集要·理學篇·大學問》文。按：《陽明先生集要》「未盡之意」後無「矣」字。

物合而爲一矣。鄭君、朱子、陽明，同是羽翼經意，同一覺世苦心，何以紛紛然起門户之争乎？《古本大學説》，並見於本書卷六《答羅整庵先生書》，宜參考。

三、「心即理」與「性即理」渾言，未嘗不同

先生《答顧東橋書》曰：「朱子所謂格物云者……是以吾心而求理於事事物物之中……如求孝之理於其親之謂也。求孝之理……果在於吾之心邪？抑果〔一〕在於親之身邪？假而〔二〕果在於親之〔三〕身，則〔四〕親没之後，吾心遂無孝之理與？見孺子之入井，必有惻隱之理〔五〕；是惻隱之理，果在於〔六〕孺子之身與？抑在於〔七〕吾心之良知

〔一〕「果」字脱，據《王文成公全書》補入。
〔二〕「而」字脱，據《王文成公全書》補入。
〔三〕「之」字脱，據《王文成公全書》補入。
〔四〕「則」字原作「而」，據《王文成公全書》爲正。
〔五〕「理」字原作「心」，據《王文成公全書》爲正。
〔六〕「於」字脱，據《王文成公全書》補入。
〔七〕「於」字脱，據《王文成公全書》補入。

與？……是可以知〔一〕析心與理爲二之非矣。」〔二〕

高氏景逸曰：「臣之事君以忠也，夫人知之而非知之至也。……子之事親而當孝也，夫人知之而非知之至也。……人倫之至，天理之極〔三〕，格物而至於物，則物理盡者也〔四〕，所謂因其已知之理，而益窮之以求至乎其極也。今人〔五〕乍見孺子將〔六〕入井，皆有怵惕惻隱之心，此何心也？仁也。格物者知皆擴而充之，達之於其所忍，無不見吾不忍之真心焉。一簞食一豆羹，生死隨之〔七〕，行道不受嘑爾，乞人不屑蹴爾，此何心也？義也。格物者知皆擴而充之，達之於其所爲。……故其心之〔八〕神明，表裏精融，通達無間，更無一毫人欲之私，得藏於

〔一〕「知」字原作「見」，據《王文成公全書》爲正。
〔二〕王陽明《王文成公全書·傳習録中·答顧東橋書》文。
〔三〕「天理之極」，《四庫全書》本《高子遺書》作「止之則也，此爲」。
〔四〕「者也」二字脱，據《高子遺書》補入。
〔五〕「今人」二字脱，據《高子遺書》補入。
〔六〕「將」字脱，據《高子遺書》補入。
〔七〕「無不見吾不忍之真心焉。一簞食一豆羹，生死隨之」，原漏誤成「簞食豆羹」四字，謹據《高子遺書》爲正。
〔八〕「之」字脱。

隱微之地。……吾所聞於程朱格物致知之説，大略如此〔一〕，未聞其格孝於親之身，格忠於君之身，格惻隱於孺子，格不受不屑於行道乞人也。」〔二〕

又曰：「凡人之學，謂之曰務外遺内，謂之曰玩物喪志者，以其不反而求諸理也。求諸理，又豈有内外之可言哉？在心之理，在物之理，一也。天下無性外之物，無心外之理，猶之器受日光，在彼在此，日則一也，不能析之而爲二，豈待合之而始一也？陽明亦曰：『理無内外，性無内外，故學無内外。講習討論，未嘗非内，反觀内省，未嘗遺外也。』誠是也，則奈何駁朱子曰以吾求理於事物之中，爲析心與理爲二也。」〔三〕

按：《中庸》曰「合外内之道」，此言也，可以斷王、高二家之説矣。忠憲以陽明爲理在内，而陽明之學固非以理爲盡在内也。陽明以朱子爲理在外，而朱子之學固非以理爲盡在外也。特一則由内而達之於外，一則由外而斂之於内爾，其謂天下無性外之物，無心外之理，則一也。觀忠憲第二説，益足證心與理

〔一〕「大略」二字脱。
〔二〕高攀龍《高子遺書》卷三《陽明説辨一》文。
〔三〕高攀龍《高子遺書》卷三《陽明説辨三》文。

之非二矣。

又考陸清獻《學術辨》曰：「以理爲内〔一〕，而欲以心籠罩之者，陽明之學也；以理爲外〔二〕，而欲以心籠罩之者，高、顧之學也。」蓋皆有不滿之意。然余謂以心籠罩，亦無弊病。《易・繫辭傳》曰「夫易何爲者也？夫易，開物成務，冒天下之道」者也。易者心學也，冒者籠罩之謂也；然則以心籠罩涵蓋天下之道，可以開物而成務矣，何必分心與理爲二乎？先儒曰：「羣言淆亂折諸聖。」〔三〕

徐愛問：「『知止而後有定』，朱子以爲『事事物物，皆有定理』，似與先生之説相戾。」

先生曰：「於事事物物上求至善〔四〕，却〔五〕是義外也。至善是心之本體，祇是『明

〔一〕「内」字，《四庫全書》本《三魚堂文集》作「外」。按：應作「内」。
〔二〕「外」字，《三魚堂文集》作「内」。
〔三〕揚雄《法言・吾子》文。
〔四〕「至善」二字原作「定理」，據《王文成公全書》爲正。按：下文云「至善是心之本體」，故作「至善」爲是。
〔五〕「却」字脱，據《王文成公全書》補入。

明德』到『至精至一』處便是，然亦未嘗離却〔一〕事物。」又曰：「心即理也，天下又〔二〕有心外之事、心外之理乎？」〔三〕

張氏武承曰：「事事物物皆有定理，所謂有物必有則。如陽明説，宜云有心必有則，豈詩人、孔子亦義外歟？天下無心外之事，故求諸事，正所以盡此心；無心外之理，故求諸理，正所以盡此心。今直求諸心，而欲事理之無不盡，雖大賢不能也。心能知覺，發於欲爲人心，發於理爲道心，故貴乎擇之精焉、守之一焉，未聞心之即理也。程子曰『性即理也』是矣。理義悦我心，猶芻豢悦我口，若曰：『心即理』，是口即芻豢也，目即色也，耳即聲也。」〔四〕

按：《孟子》言「理義悦我心，猶芻豢悦我口」〔五〕，又言「君子以仁存心」〔六〕，是心非即理義，非即仁，固矣。然須知心兼具理氣者也，若非心則理何所寓？心

〔一〕「却」字脱。
〔二〕「又」字脱。
〔三〕《王文成公全書・傳習録上・語録一》文。
〔四〕張烈《王學質疑》卷一「心即理也」按語。
〔五〕《孟子・告子上》文。
〔六〕《孟子・離婁下》文。

即理也之説，不過語意稍傷快耳，故自其深者而言之，孔子「從心所欲不逾矩」〔一〕，是心即矩也。顔子其心「三月不違仁」〔二〕，是心即仁也。即矩、即仁、即理也，此非一蹴可幾者也。自其淺者而言之，孟子曰：「是非之心，人皆有之。」〔三〕是非之心，即判斷之理，是心即理也，此則盡人同具者也。夫謂心即理，不免於氣質用事，故必致其良知，自能變化其氣質，則此語何嘗有弊？若判心與理爲二，則理墮於玄虚，此戴東原、焦禮堂之徒，所以顯肆其攻訐，而以理爲不足據也。

徐愛又問：「事父事君，交友治民〔四〕，其間〔五〕有許多理在，恐亦〔六〕不可不察。」

〔一〕《論語·爲政》文。
〔二〕《論語·雍也》文。
〔三〕《孟子·告子上》文。
〔四〕《傳習録上》原文作：「如事父之孝，事君之忠，交友之信，治民之仁。」
〔五〕「其間」二字脱。
〔六〕「亦」字脱。

先生嘆〔一〕曰：「此説之蔽久矣！……今姑就所問者言之，且〔二〕如事父不成，去父上求個孝的理；事君不成，去君上求個忠的理；交友治民不成，去友上民上求個信與仁的理，都只在此心。心即理也。此心無私欲之蔽，即是天理。……以此純乎天理之心，發之事父便是孝，發之事君便是忠，發之交友治民便是信與仁。只在此心，去人欲、存天理上用功便是。」

徐愛又問：「……如事父一事，其間温清〔三〕定省之類，有許多節目，不知亦須講求否？」

先生曰：「如何不講求？……就如講求冬温……只是要盡此心之孝，恐怕〔四〕有一毫人欲間雜；講求夏清，只是要盡此心之孝，恐有一毫人欲間雜。只是講求得此心……純是天理……《禮記》言：『孝子之有深愛者必有和氣，有和氣者必有愉色，有

〔一〕「嘆」字脱。
〔二〕「且」字脱。
〔三〕「清」字諸本誤刻作「清」，準《禮記》文爲正。
〔四〕「怕」字脱。

愉色者必有婉容。』〔一〕須是有個深愛作根，便自然如此。」〔二〕

張氏武承曰：「此心何以遽無私欲之蔽？何以遽能純乎天理？欲人去欲而不許即事即物以辨驗所謂欲者，欲人存理而不許即事即物以研究所謂理者，第曰去人欲而已，存天理而已，愚知其難也。孝之理不在父，忠之理不在君。然惟有父〔三〕而後此心知孝，有君〔四〕而後此心知忠。且惟其爲父故孝以事之，若他人則不得以孝施矣。惟其爲君故忠以事之，若他人則不得以忠名矣。所當忠所當孝者在君父，而知忠知孝者即在吾心，此所謂無心外之事、無心外之理也。求之父、求之君，即所以求此心，所謂合内外之道也。今必曰求之心，不求之君父，則君父爲外矣，又有心外之事、心外之理矣。」〔五〕

〔一〕《禮記·祭義》文。
〔二〕《王文成公全書·傳習録上·語録一》徐愛問至善條。
〔三〕「有父」，同治正誼堂本《王學質疑》作「吾生必有父」。
〔四〕「有君」，《王學質疑》作「吾生必有君」。
〔五〕張烈《王學質疑》卷一「心即理也」按語。

按：此條與《答顧東橋書》〔一〕其意大同小異，張氏之説，固若持之成理，然解字有渾言、析言之别。孔子曰：「人者，天地之心也。」〔二〕孟子曰：「心之所同然者何也？謂理也義也。」〔三〕天地之心，非即義理之性乎？《大學》一書，言心而罕言性，而朱子解「明德」曰：「人之所得乎天，而虚靈不昧，以具衆理而應萬事者也。但爲氣稟所拘，物〔四〕欲所蔽，則有時而昏；然其本體之明，則有未嘗息者。」〔五〕然則明德非即心乎？《中庸》一書言性而不言心，而朱子注「道也者」節云：「道者，日用事物當行之理，皆性之德而具於心。」〔六〕至注「明善誠身」節云：「不明乎善，謂未能察於人心天命之本然，而真知至善之所在。」〔七〕然則人心與天命之性，非合而爲一者乎？程子答張子《定性書》皆言定心之法，故朱子解之

〔一〕即卷二所録《拔本塞源論》。
〔二〕《禮記·禮運》文。
〔三〕《孟子·告子上》文。
〔四〕「物」，《新編諸子集成》本《四書章句集注》作「人」。
〔五〕朱子《大學章句》文。
〔六〕朱子《中庸章句》文。
〔七〕朱子《中庸章句》文。

曰：「此性字是個心字意。」〔一〕黄氏勉齋亦謂：「定性字當作定心看。」〔二〕此皆渾言之例。若必以析言之例駁之，豈程子、朱子亦認心爲性乎？故曰讀書窮理宜會其通，張氏所謂合外内之道，陽明之意，實亦如此。若必事事求之於外，則如公都子所謂：「冬日則飲湯，夏日則飲水。」〔三〕豈飲食亦在外乎？不免拘泥之甚矣！

至張氏又〔四〕謂：「有君而後知忠，他人不得以忠名。」〔五〕尤爲不合。聖經所載主忠信忠恕、爲人謀而不忠，皆指普通人言，未嘗專屬之君。蓋惟此心純乎天理，故能大公無私，而其中之厚薄等差，亦由是非之心以判别之也。《孟子》曰：「仁之於父子，義之於君臣。」然父子君臣之性質，萬有不齊，父則有如瞽瞍者，君則有如桀紂者，如何事之而得其宜？則當於父上求孝之理、君上求忠之理矣。

〔一〕《朱子語類・程子之書》卷九五文。
〔二〕《近思録集釋・爲學》江永《集注》引黄氏文。
〔三〕《孟子・告子上》。
〔四〕「張氏又」三字脱。
〔五〕唐先生概括張烈之説，張氏《王學質疑》卷一「心即理也」云：「吾生必有君而後此心知忠，且惟其爲父，故孝以事之，若他人則不得以孝施矣。惟其爲君，故忠以事之，若他人則不得以忠名矣。」

惟求其理，必以一心之至誠通貫之。至誠者，良知也〔一〕。

四、「知行合一」與朱子「先知後行」之説，義各有當，不必入是出非

先生《答顧東橋書》曰：「人必有欲食之心，然後知食。欲食之心即是意〔二〕，即是〔三〕行之始。食味之美惡，必待入口而後知，豈有不待入口，而已先知食味之美惡耶？有欲行之心，然後知路，欲行之心即是意〔四〕，即是〔五〕行之始〔六〕，路歧之險易，必待身親履歷而後知。豈有不待親歷，而已先知路歧之險易耶？」

張氏武承曰：「按：此義皆有兩端。必先審明義理，然後可措之行，先知後行，此正説也。然所明之義理，必躬行閱歷，後愈覺其真，先行後知，亦一説也。必執後一説廢前一説，則偏詖不通，費詞多辯，惟新奇可喜，而於實學遠矣。

〔一〕自「孟子曰仁之於父子」至此，據唐先生《演講録》補入。
〔二〕句中脱「是」字，句末衍「意」字。
〔三〕「是」字脱。
〔四〕句中脱「是」字，句末衍「意」字。
〔五〕「是」字脱。
〔六〕此句末衍「矣」字。

欲食即知食也，以欲爲行，可乎？以欲爲行，則凡事第欲之而已，何必實事？且食味美惡，入口後知，固也。若不先辨明若者養人、若者害人，一一待入口而後知，若神農嘗百草然，則一日而遇數十毒，身之死已久矣。赤子匍匐，遇蟲亦食，遇穢亦食，將亦以爲是不學不慮之良知耶？保母指而示之，然後知其不可食。行之必先知，知之必需格物明矣。路歧險易，親歷乃知，固已。若不先考明程途幾何，由某至某用舟，由某至某用馬，倀倀前行，待親歷而後知，則適燕而南其轅，適齊而西其轍，臨時始知用舟而舟不具，及途始知用馬而馬不得，陷荆棘，没泥淖，至是而後知之，知之已無及矣。愚謂其偏詖不通者此也。」[一]

按：張氏所謂先知後行、先行後知，極是。然統其先後而言之，即所謂知行合一也。合一者，統乎知行之始，即貫乎知行之終，指全體而言，而非以偏端言也。至其駁「欲食之心，然後知食」云云，其説甚辯，然陽明本意恐不如此。蓋陽明所謂欲食之心即意，意即行之始；欲行之心即意，意即行之始。此蓋教人誠意功夫，所謂誠于中形於外，有因即有果，故皆曰「意即行之始」，非謂意即行

[一] 張烈《王學質疑》卷三「知行合一」按語。

也。若既有致良知功夫，如《中庸》之「事前定則不困，道前定則不窮」，何至一日而遇數十毒、適燕而南其轅乎？故知陽明立教本意，在兢兢於慎獨之功，欲善即可爲善，欲惡即墮於惡，指視其嚴，知此而後能不妄行，心幾事幾，互相應而隱相貫者也，故曰合一。

顧東橋又謂：「行即是知，恐專求本心遂遺物理，必有闇而不達處。」先生答書曰：「知之真切篤實處即是行，行之明覺精察處即是知。知行工夫本不可離，只爲後世學者分作兩截用功，失卻知行本體，故有合一並進之説。真知即所以爲行，不行不足謂之知。……專求本心，遂遺物理，此蓋失其本心者也。夫物理不外於吾心，外吾心而求物理，無物理矣。遺物理而求吾心，吾心又何物耶？」〔一〕

張氏武承曰：「若是則止曰『行』可矣，或止曰『知』可矣，古人何兼設此二字乎？兼設二字，必確是兩事，不可紊淆，此《易》之對待也；惟其爲兩，必自相生，此《易》之流行也。今單執其相生者，深斥其兩立者，巧爲之説曰『知之篤實即

〔一〕節録自《王文成公全書·傳習録中·答顧東橋書》文。

行，行之精察即知』，此尖新講章、小巧時文〔一〕耳。尖新小巧〔二〕，由人心之澆薄，以是講學可乎？」〔三〕

按：大《易》之義，曰「知至」，曰「知終」〔四〕，曰「知幾」〔五〕，曰「知險」「知阻」〔六〕，而必濟之以「『終日乾乾』，與時偕行」〔七〕，是即隨知隨行，知行合一也。程子之論學曰：「涵養須用敬，進學則在致知。」〔八〕致知者知之事，則涵養亦行之事也。程子又曰：「敬義夾持，直〔九〕上達天德。」斯言也，蓋亦本於《易》。《坤》卦《文言傳》曰「敬以直内，義以方外」，敬義，知之事也，而直内方外，則皆行之事

〔一〕「小巧時文」四字脱，據《王學質疑》補入。
〔二〕「小巧」二字脱，據《王學質疑》補入。
〔三〕張烈《王學質疑》卷三「知行合一」按語。
〔四〕《易·乾·文言傳》文。
〔五〕《易·繫辭下傳》文。
〔六〕《易·繫辭下傳》文。
〔七〕《易·乾·文言傳》文。
〔八〕朱子編《二程遺書》卷一八文。
〔九〕「直」字脱，據《四庫全書》本《二程遺書》卷五文補入。

也，故聖傳又曰：「不習[一]无不利，則不疑其所行。」不疑者，知之精切篤實也。是知行合一之説，固創自孔子，而非創自陽明矣。蓋行固有在於知之先者，亦有在於知之後者，張氏謂古人何以兼設知行二字，抑何以辭害意之甚也！

顧東橋又謂：「人之心體本無不明，而氣拘物蔽，鮮有不昏，非學問思辨以明之……則任情恣意，害有不可勝言者。」

先生答書曰：「……夫[二]問思辨行，皆所以爲學，未有學而不行者也。……盡天下之學，無有不行而可以言學者，則學之始固已即是行矣。……蓋[三]學之不能無疑則有問，問即學也，即行也；又不能無疑則有思，思即學也，即行也；又不能無疑則有辨，辨即學也，即行也。辨既明矣，思既慎矣，問既審矣，學既能矣，又從而不息其功焉，斯謂之篤行，非謂學問思辨之後而始措之於行也。是故以求能其事而言謂之學，以求解其惑而言謂之問，以求通其説而言謂之思，以求精其察而言謂之辨，以求履其實而言謂之行。蓋析其功而言則有五，合其事而言則一而已。此區區心理合一

[一]「習」原誤作「疾」，據《易傳》爲正。
[二]「夫」字脱。
[三]「蓋」字脱。

之體，知行並進之功，所以異於後世之説者，正在於是。」〔一〕

張氏武承曰：「若是則《中庸》列此五句，亦支離多事矣。又謂擇善即固執工夫，惟精即惟一工夫，博文即約禮工夫，諸若此類，古聖〔二〕人皆成贅語矣，不若王子言言句句，止提致良知也。止提致良知，則以此三字驅使經書，皆在包羅統括之内，真所謂六經皆我注脚，何止朱子〔三〕格物九條乎？但未免爲尖新時文之祖，率天下爲無忌憚耳。『有不善未嘗不知，知之未嘗復行』，知行先後也；『知之匪艱，行之維艱』，既知又須行也。故謂知行爲二，曉然易見而實是也，謂知即行、行即知，費分疏費筆舌而實非也。」〔四〕

按：《中庸》準《周易》而作，故常以知行並言，如曰知人知天，即曰「天下之達道五，所以行之者三」；曰生知、學知、困知，即曰安行、利行、勉行；又曰「不明乎善，不誠其身」，「擇善而固執之」，「誠則明矣，明則誠矣」，是知行未嘗不合

〔一〕節録自《王文成公全書·傳習録中·答顧東橋書》文。
〔二〕「聖」字脱，據《王學質疑》補入。
〔三〕「朱子」應作「程子」。
〔四〕張烈《王學質疑》卷三「知行合一」按語。

一也。陽明以學問思辨爲行，語意固失之快，然有當析言之者，如學之訓覺，屬於知也；又訓效，屬於行也。思在内，思其所行也；問辨在外，則更屬知行合一矣。「有不善未嘗不知，知之未嘗復行」〔一〕，更爲知行合一之證。有不善未嘗不知，由行而知也；知之未嘗復行，由知而不行也。顔子之非禮勿視聽言動，惟知其非禮，是以勿視聽言動，然則知其是禮，即視、即聽、即言、即動矣，非所謂知行合一乎？

昔朱子言致知力行，多言隨知隨行；而云小學先行後知，大學先知後行，朱子之意，蓋亦統知行先後而言之也。陳氏北溪深得朱子之師法者也，其言曰致知力行，如「目視足履，動輒相應」〔二〕，非截然判先後爲二事。陽明之言與陳氏合，亦未嘗與朱子相悖也。要而言之，知而不行，是謂虚知；行而不知，是謂冥行。陽明蓋有鑑於天下多虚知冥行之人，故爲知行合一之説以救之，後世之學問家、政治家當深味乎其言。

〔一〕《易·繫辭下傳》文。
〔二〕陳淳《北溪字義·嚴陵講義·用功節目》文。

又按：高氏景逸謂：「凡人之言合者，必二物也。本離而合之之謂合，本合則不容言合也。……知行未嘗不合一，而聖人不必以合一言也。故有時對而言之，則知及仁守是也；有時互而言之，則智愚賢不肖之過不及，而道之不行不明是也；有時對而互言之，則『知至至之，知終終之』是也；有時偏而言之，則夫子歎知德之鮮，孟子重始條理之智，傅説『知之非艱〔一〕，行之維艱』是也；有時分而言之，則知及而不能守，『有不知而作』者是也。吾〔二〕故曰聖人不必合一言之也。而知行未嘗不合，惟其未嘗不合，故專言知而行在，專言行而知亦在」〔三〕云云。

按：忠憲説最爲明通，其意蓋斥陽明之非，然其謂專言知而行在，專言行而知亦在，非知行合一乎？文治考《易傳》言：「知崇禮卑，崇效天，卑法地。」〔四〕竊謂知屬於天氣者也，行屬於地質者也。天包乎地，天與地不能相離，氣與質亦

〔一〕「知之非艱」，《高子遺書》作「非知之艱」，據《尚書・説命中》文爲正。
〔二〕「吾」字脱。
〔三〕高攀龍《高子遺書》卷三《陽明説辨一》文。
〔四〕《易・繫辭上傳》文。

不能相離，則知與行自然合一。陽明立教，固有精義，又何疑乎？

按：知行合一之説可以救國，因從前積弊，往往知而不行，寖成國民怠惰遲緩之習，必當以陽明學説矯之。余於己卯年（一九三九）春已經講過，印入《講演》第二集中。兹再暢發陽明先生宗旨，期於振作國民精神，務望學者注意〔一〕。

〔一〕此段按語，乃據唐先生《演講録》補入。文中唐先生所言之文，乃指《交通大學演講録》第二集上卷「經學心學類」之第八期《論陽明學爲今時救國之本》，已經收録在《性理救世書》卷二中，題爲《陽明學爲今時救國之本論》。

陽明學術發微卷四

陽明學貫通經學、變化神明

按：陽明在龍場悟道後，嘗作《五經臆説》四十六卷，其自序云：「龍場居南夷萬山中，書卷不可攜，日坐石穴，默記舊所讀書而録之，意有所得，輒爲之訓釋。朞有七月而五經之旨略遍，名之曰《臆説》。蓋不必盡合於先賢，聊寫其胸臆之見，而因以娱情養性焉耳。」〔一〕蓋陽明自三十七歲悟良知之旨，始作《五經臆説》，以爲娱情養性之資，故其後又作《稽山書院尊經閣記》曰：「經，常道也。其在於天謂之命，其賦於人謂之性，其主於身謂之心。心也，性也，命也，一也。……故六經者非

〔一〕載《陽明先生文集·外集》卷六。

他，吾心之常道也。」〔一〕然則陽明之於經學，固以吾心之良知一以貫之矣。惜《五經臆説》其書無傳，余竊不自揆，常欲以良知覺牖生民，嘗以羣經所言「内心」「外心」之知，分類次第，而以陽明説比附詮釋之，别爲一篇。

或曰：「昔程子嘗言有德性之知，有聞見之知，而王龍溪則謂陽明之言良知，德性之知也〔二〕，奈何以聞見之知雜之乎？」余曰：不然。陽明《答歐陽崇一書》曰：「良知不由見聞而有，而見聞莫非良知之用，故良知不滯於見聞，而亦不離於見聞。」按：此即朱子「所謂太極不離乎陰陽，亦不雜乎陰陽」〔三〕之意。然則陽明良知之學，何嘗遺棄見聞哉？惟學者外見聞而言良知，此後儒所以詆之爲禪也。況良知之爲用，窮天地，亘古

〔一〕《王陽明全集》卷七「文録」四；《稽山書院尊經閣記》成於嘉靖四年乙酉（一五二五）四月；是年十一月，因平定宸濠之亂而擢南京兵部尚書，封新建伯。按：陽明文云：「嗚呼！六經之學，其不明於世，非一朝一夕之故矣。尚功利，崇邪説，是謂『亂經』；習訓詁，傳記誦，没溺於淺聞小見，以塗天下之耳目，是謂『侮經』；侈淫辭，競詭辯，飾奸心盗行，逐世壟斷，而猶自以爲通經，是謂『賊經』。若是者，是並其所謂記籍者而割裂棄毁之矣，寧復之所以爲尊經也乎？」按：陽明尊經，乃藥治亂、侮、賊經之弊，乃從治經心術起義，以「吾心之常道」總持經學宗旨。

〔二〕王畿《答吴悟齋》云：「心之知一也，根於良則爲德性之知。」

〔三〕黎靖德編《朱子語類》卷四「性理一」載朱子引《太極解》文。

今，兼本末，賅始終，豈拘墟一端而已？

余之分類也凡十，一曰德性之良知，二曰聞見之良知，三曰好惡之良知，四曰事物已往之良知，五曰臨事警覺之良知，六曰事物未來之良知，七曰深沈涵養之良知，八曰歷練精密之良知，九曰爲學知類之良知，而良知昏昧之由，則列於第十則，以爲警醒人心之鐸。當世研究經學者，儻能心知其意而通以虛救實之方乎？

一、德性之良知

《周易·繫辭傳》曰：「乾知太始，坤作成物。乾以易知，坤以簡能。易則易知，簡則易從。」「易簡而天下之理得矣。」

《中庸》曰：「思事親不可以不知人，思知人不可以不知天。」又曰：「或生而知之，或學而知之，或困而知之，及其知之，一也。」又曰：「質諸鬼神而無疑，知天也；百世以俟聖人而不惑，知人也。」

《孟子·盡心篇》曰：「盡其心者，知其性也，知其性則知天矣。」又曰：「人之所不學而能者，其良能也；所不慮而知者，其良知也。孩提之童，無不知愛其親者〔一〕，及其長也，無不知敬其兄也。」

陽明曰：「吾『良知』二字，自龍場以後，便已不出此意，只是點此二字不出，與學者言，費卻多少辭説。今幸點出此意，真是直截。學者聞之，亦省卻多少求索。一語之下，洞見全體，學問頭腦，至此已是説得十分下落，但恐學者不肯實去用力耳。」〔二〕

又曰：「某於『良知』之説，從百死千難中得來，非是容易見得到此，此本是學者究竟話頭……不得已與人一口説盡。但恐學者得之容易，只把做一種光景玩弄，辜負此知耳。」〔三〕

又曰：「某近來卻見得『良知』兩字日益真切簡易，朝夕與朋輩講習，只是發揮此兩字不出。緣此兩字，人人所自有，故雖至愚下品，一提便省覺。若致其極，雖聖人天地不能無憾。故説此兩字，窮劫不能盡，世儒尚有致疑於此，謂未足以盡道者，只

〔一〕「者」字原作「也」，據《孟子・盡心上》爲正。
〔二〕出錢德洪《刻文録敘説》文中所述陽明先生之言。
〔三〕《王文成公全書》卷首載錢德洪《刻文録敘説》記述陽明先生之言。

是未嘗實見得耳。」〔一〕

又曰：「『良知』是造化精靈……生天生地，成鬼成帝，皆從此出，真是與物無對。人若復得他完完全全，無少虧欠，自不覺手舞足蹈，不知天地間更有何樂可代？」〔二〕

又曰：「『良知』原是精精明明。如欲孝親，生知安行者，只是依此良知實落盡孝而已；學知利行者，只是時時省覺，務要依此良知盡孝而已；至於困知勉行者，蔽錮已深，雖要依此良知去孝，又爲私欲所阻，是以不能，必須加人一己百、人十己千之功，方能依此良知以盡其孝。」〔三〕

又曰：「明道云：『只窮理，便盡性至命。』……夫學問思辨篤行之功，雖其困勉至於人一己百，而擴充之極，至於盡性知天，亦不過致吾心之良知而已。良知之外，豈復有加於豪末乎？」〔四〕

按：良知者，天地中和之氣也。《易傳》曰「乾以易知」，良知稟天氣而生者

〔一〕《王文成公全書・文録三・寄鄒謙之（三）》嘉靖五年丙戌（一五二六）文。
〔二〕《王文成公全書・傳習録下・語録三》文。
〔三〕《王文成公全書・傳習録下・語録三》文。
〔四〕《王文成公全書・傳習録中・答顧東橋書》文。

也,「易知」「簡能」,即良知良能也,未有不易簡而得天下之理者也。東海有聖人出焉,此心同此理同也;西海有聖人出焉,此心同此理同也。惟其心同,故其所禀之知同;惟其理同,故其所禀之良知同,徹上下貫中外者也,故陽明曰「良知是造化精靈」。《中庸》之「知人」「知天」,皆本於事親,《孟子》所謂「智之實,知斯二者弗去」是也〔一〕。知人知天,皆由孩提之良知擴而充之,質諸鬼神而無疑,爲往聖繼絶學也,百世以俟聖人而不惑,爲後世開太平也。無論生知、學知、困知,皆可以達之天下者也。世之人同生於天地之内,奈何自昧其良知耶?

二、聞見之良知

《周易·文言傳》曰:「知至至之,可與幾也。知終終之,可與存義也。」《論語》子曰:「我〔二〕非生而知之者,好古,敏以求之者也。」又曰:「蓋有不知而作之者,我無是也。多聞,擇其善者而從之,多見而識之,知之次也。」

〔一〕《孟子·離婁上》文。
〔二〕「我」原作「吾」,據《論語·述而》爲正。

《大學》曰：「欲誠其意者，先致其知，致知在格物。物格而后知至，知至而后意誠。」

陽明曰：「《易》言『知至至之』。知至者，知也。至之者，致也。致知云[一]者，非若後儒所謂充廣其知識之謂也，致吾心之良知焉耳。」[二]

又曰：「聖人亦是學知，衆人亦是生知。」問曰：「何如？」曰：「這良知人人皆有，聖人只是保全無些障蔽，兢兢業業，亹亹翼翼，自然不息，便也是學。只是生的分數多，所以謂之生知安行，衆人自孩提之童，莫不完具此知，只是障蔽多，然本體之知，自難泯息。雖學問克治，也只憑他，只是學的分數多，所以謂之學知利行。」[三]

又曰：「夫子嘗曰：『蓋有不知而作之者，我無是也。』是猶《孟子》『是非之心，人皆有之』之義也。此言正所以明德性之良知，非由於聞見耳。若曰：『多聞，擇其善者而從之，多見而識之。』則是專求諸見聞之末，而已落在第二義矣。故曰：『知之次

[一]「云」字原作「之」，據《全書》爲正。
[二]《王文成公全書·續編一·大學問》文。
[三]《王文成公全書·傳習録下·語録三》文。

也。』夫以見聞之知爲次，則所謂知之上者，果安所指乎？是可以窺聖門致知用力之地矣。……《易》曰：『君子多識前言往行，以畜其德。』夫以畜其德爲心，則凡多識前言往行者，孰非畜德之事？此正知行合一之功矣。好古敏求者，好古人之學，而敏求此心之理耳。心即理也，學者學此心也，求者求此心也。」〔一〕

又曰：「良知者，《孟子》所謂『是非之心人皆有之』者也。是非之心，不待慮而知，不待學而能，是故謂之良知，是乃天命之性，吾心之本體自然靈昭明覺者也。凡意念之發，吾心之良知，無有不自知者，其善歟惟吾心之良知自知之，其不善歟亦惟吾心之良知自知之，是皆無所與於他人者也。故雖小人之爲不善，即已無所不至，然其見君子，則必厭然揜其不善而著其善者，是亦可以見其良知之有不容於自昧者也。」〔二〕

又曰：「孔子云：『吾有知乎哉？無知也。』良知之外，别無知矣。故致良知是學問大頭腦，是聖門教人第一義。今云專求之見聞之末，則是失卻頭腦，而已落在第二

〔一〕《王文成公全書·傳習録中·答顧東橋書》文。
〔二〕《王文成公全書·續編一·大學問》文。

義矣。……大抵學問工夫，只要主意頭腦是當。若主意頭腦專以致良知爲事，則凡多聞多見，莫非致良知之功。蓋日用之間，見聞酬酢，雖千頭萬緒，莫非良知之發用流行，除卻見聞酬酢，亦無良知可致矣。」〔一〕

按：良知雖不因聞見而有，而聞見多則良知益精，《孟子》論堯、舜、禹、湯相傳道統，以爲有見而知之者，有聞而知之者，所謂見知聞知，豈非因心理之相同，而良知之默契乎？孔子之聞知，即因好古敏求而得之者也。陽明解《吾有知乎章》及《不知而作章》，不及朱注之妥善，而其解《大學》致知爲致良知，與誠意工夫合成一篇，卻與鄭君注意相合。要之，天命之性，萬物皆備於我，天下事物，皆我良知所固有；多聞多見，莫非致良知之功，故《孟子》言深造之以道，欲其自得，亦必見博學詳説也。近人謂西儒之學偏於外，中國之學偏於内，實則吾國聖賢之學，必合内外之道，故能時措之宜，彼滯於章句及流於空虛者，皆非開物成務之道也。

〔一〕《王文成公全書·傳習録中·答歐陽崇一》文。

三、好惡之良知

《大學》曰：「好而知其惡，惡而知其美者，天下鮮矣！故諺有之曰：『人莫知其子之惡，莫知其苗之碩。』」

《禮記·樂記》曰：「人生而靜，天之性也。感於物而動，性之欲也。物至知知，然後好惡形焉。好惡無節於内，知誘於外，不能反躬，天理滅矣。」

陽明曰：「欲别善惡以誠其意，惟在致其良知之所知焉爾。何則？意念之發，吾心之良知既知其爲善矣，使其不能誠有以好之，而復背而去之，則是以善爲惡，而自昧其知善之良知矣。意念之所發，吾之良知既知其爲不善矣，使其不能誠有以惡之，而覆〔一〕蹈而爲之，則是以惡爲善，而自昧其知惡之良知矣。若是則雖曰知之，猶不知也，意其可得而誠乎？今於良知所知之善惡者，無不誠好而誠惡之，則不自欺其良知而意可誠也已。」〔二〕

〔一〕「覆」原作「復」，據《全書》爲正。
〔二〕《王文成公全書·續編一·大學問》文。

又曰：「天理在人心，亘古亘今，無有終始，天理即是良知。」〔一〕

又曰：「天理之在人心，終有所不可泯，而良知之明，萬古一日。」〔二〕

按：是非好惡者，治天下之大關鍵也。是非正，則好惡公而人心定，而天下治；是非昧，則好惡私而人心乖，而天下亂，而人化爲物。嗚呼！可不懼哉！是以《大學》一書，專以好惡爲主，自「如惡惡臭，如好好色」始，而終言之曰：「好人之所惡，惡人之所好，是謂拂人之性。」拂人之性者，自滅其良知，而即拂人之良知也，故曰：「民之所好好之，民之所惡惡之，此之謂民之父母。」而《孟子》言選舉之法謂：「國人皆曰賢……然後用之……國人皆曰不可……然後去之……如此，然後可以爲民父母。」孟子之學説，即曾子之學説也。「好而知其惡，惡而知其美」，此知之發於良者也；「莫知其子之惡，莫知其苗之碩」，此良知之無復存者也。「物至知知，然後好惡形焉」，此知之發於良者也；「好惡無節於内，知誘於外」，此聲色貨利之知，知之流于不良者也。《洪範》箕子之論政治曰：「無

〔一〕《王文成公全書·傳習録下·語録三》文。
〔二〕《王文成公全書·傳習録中·答顧東橋書》文。

有作好，遵王之道，無有作惡，遵王之路。」作好作惡，則徇私蔑理，天下之所以不能出於大公，而不能進於大同也。

夫善惡不明，則天下無是非；是非不明，則天下無人心；人心亡而天下亦亡矣。千古末世之禍，莫不如此可哀也。陽明曰：「天理之在人心，終有所不可泯，而良知之明，萬古一日。」〔一〕善哉言乎！蓋吾人好惡之公私，天下之治亂係焉。嗚呼！可不懼哉！人可自昧其好惡之良知耶？

四、事物已往之良知

《周易·繫辭傳》子曰：「顏氏之子，其殆庶幾乎！有不善未嘗不知，知之未嘗復行也。《易》曰：『不遠復，无祇悔，元吉。』」

《孟子》曰：「凡有四端於我者，知皆擴而充之矣。若火之始然，泉之始達。苟能充之，足以保四海；苟不充之，不足以事父母。」

《禮記·學記》曰：「學然後知不足，教然後知困。知不足然後能自反也，知困然

〔一〕《王文成公全書·傳習録中·答顧東橋書》文。

後能自强也。」

陽明曰：「事物之來，但盡吾心之良知以應之，所謂『忠恕違道不遠』矣。凡處得有善有未善，及有困頓失次之患者，皆是牽於毁譽得喪，不能實致其良知耳。若能實致其良知，然後見得平日所謂善者，未必是善，所謂未善者，卻恐正是牽於毁譽得喪，自賊其良知者也。」〔一〕

又曰：「嘗試於心〔二〕，喜怒憂懼之感發也，雖動氣之極，而吾心良知一覺，即罔然消阻，或遏於初，或制於中，或悔於後。」〔三〕

按：《易·復卦》彖傳曰：「復，其見天地之心乎。」天地之心，人生之良知也，故致良知之學，貴於不遠復。顔子「有不善未嘗不知，知之未嘗復行」，所謂知行合一也，故「不遷怒，不貳過」〔四〕，皆復以自知也。雖然，此自其消極者而言之也；若就其積極者言之，則有善而復行之可知矣，故本心良知，莫善於復。

〔一〕《王文成公全書·傳習録中·啓問道通書》文。謹按：「啓問道通書」句，鄧艾民注《傳習録注疏》作「答周道通書」。
〔二〕「心」字脱，據《王文成公全書》補入。
〔三〕《王文成公全書·傳習録中·答陸原静書》文。
〔四〕《論語·雍也》文。

孟子告齊宣王曰：「權然後知輕重，度然後知長短，物皆然，心爲甚。」〔一〕齊宣不忍一牛之心，良知也；反而求之，不得於心，良知泯昧矣。孟子言之，於心有戚戚焉，是即良知之復也。由是而知輕重、知長短，皆良知之擴充也。「今人乍見孺子將入於井，皆有怵惕惻隱之心」〔二〕，此心也，如電光石火，不久消滅；故「凡有四端於我者，知皆擴而充之」，此知即良知也。

陽明曰：「或遏於初，或制於中，或悔於後。」〔三〕即所謂未來、現在、已往三者是也。而已往之後悔，即不遠復之良知，故曰「无祇悔」。至於《學記》所言「知不足」「知困」，乃教育之良知，故曰：「學者有四〔四〕失，教者必知之……知其心然後能救其失。」雖然，教者豈徒知學者之心哉？要在自省其良知，然後能救天下之學者，而救天下之人心。

〔一〕《孟子·梁惠王上》文。
〔二〕《孟子·公孫丑上》文。
〔三〕按：此乃《傳習録中·答陸原静書》中陸澄（字原静）致陽明問學書之語，非陽明語。
〔四〕「四」字脱，據《禮記·學記》文補入。按：「四失」，《學記》謂：「人之學也，或失則多，或失則寡，或失則易，或失則止。此四者，心之莫同也。」

五、臨事警覺之良知

《周易·文言傳》曰："亢之爲言也，知進而不知退，知存而不知亡，知得而不知喪，其唯聖人乎？知進退存亡而不失其正者，其唯聖人乎？"又《繫辭傳》曰："顯道神德行，是故可與酬酢，可與祐神矣。子曰：知變化之道者，其知神之所爲乎？"

《論語》子曰："不逆詐，不億不信，抑亦先覺者，是賢乎？"〔一〕

《孟子》述伊尹之言曰："天之生斯民也，使先知覺後知，使先覺覺後覺也。予，天民之先覺者也，予將以斯道覺斯民也。非予覺之，而誰也？"〔二〕

陽明曰："人孰無良知乎〔三〕？獨有不能致之耳〔四〕。自聖人以至於愚人，自一人之心以達於四海之遠，自千古之前以至於萬代之後，無有不同。是良知也者，是所謂『天下之大本』也；致是良知而行，則所謂『天下之達道』也。天地以位，萬物以育，將

〔一〕《論語·憲問》文。
〔二〕《孟子·萬章下》文。
〔三〕"乎"字脱，據《王文成公全書》補入。
〔四〕"耳"字原作"乎"，據《王文成公全書》爲正。

富貴、貧賤、患難、夷狄，無所入而弗自得也已。」〔一〕

又曰：「若時時刻刻就自心上集義，則良知之體，洞然明白，自然是是非非，纖毫莫遁。」〔二〕

又曰：「君子之酬酢萬變，當行則行，當止則止，當生則生，當死則死，斟酌調停，無非是致其良知，以求自慊而已。」〔三〕

又曰：「不逆不億而先覺，此孔子因當時人專以逆詐、億不信爲心，而自陷於詐與不信，又有不逆不億者，然不知致良知之功，而往往又爲人所欺詐，故有是言，非教人以是存心，而專欲先覺人之詐與不信也。以是存心，即是後世猜忌險薄者之事，而只此一念，已不可與入堯舜之道矣。不逆不億而爲人所欺者，尚亦不失爲善，但不如能致其良知，而自然先覺者之尤爲賢耳。」〔四〕

按：人生欲葆其良知，惟以謹出處、進退、取與爲命根，是數者皆臨事之警

〔一〕《王文成公全書·文録五·書朱守乾卷》嘉靖四年乙酉（一五二五）文。
〔二〕《王文成公全書·傳習録中·答聶文蔚（二）》文。
〔三〕《王文成公全書·傳習録中·答歐陽崇一》文。
〔四〕《王文成公全書·傳習録中·答歐陽崇一》文。

覺，陽明所謂當行則行，當止則止，當生則生，當死則死是也。若私欲錮蔽，而於此數者一墮落焉，則偏念之非，百身莫贖，永無自拔之日矣。世人之知覺所以遲鈍窒礙者，私心枉曲之爲害也，《孟子》謂：「所惡於智者，爲其鑿也。」〔一〕若能致其良知，則其心虛，虛則明，明則自然靈警矣。

「知變化之道」，非變詐也，其本在「顯道神德行」。道也，德行也，即良知也。顯也，神也，即致良知也。夫然後知進退存亡而不失其正，而可與酬酢，可與祐神，陽明所謂「富貴、貧賤、患難、夷狄，無所入而弗自得」者是也。是以《孟子》論伊尹之先知先覺，其上文則曰：「非其義也，非其道也，一介不以與人，一介不以取諸人。」其下文則曰：「吾未聞枉己而正人者也，況辱己以正天下者乎？」〔二〕後世之士，知進而不知退，知得而不知喪，取與之不謹，自滅其良知，則自辱其身甚矣，而可以正天下乎？而猶望其爲先知先覺者乎？若夫逆詐億不信之心，即詐

〔一〕《孟子·離婁下》文。按：唐先生在《孟子大義》（即《孟子新讀本》）釋「鑿」兩層之義云：「《荀子》曰：『人之性惡，其善者僞也。』以自然之性，而謂必矯揉造作以成之，所謂鑿也。告子曰：『性無善無不善也。』以萬物皆備之性，而求之於杳冥昏默之中，亦所謂鑿也。」

〔二〕《孟子·萬章上》文。

不信之心也。

孔子之言先覺，雖與伊尹稍異，然自古先知先覺之人，未有不臨事警覺者，無他，良知之昭明，充塞乎宇宙也。是故吾輩講學，於古代當法伊尹、孔子，於近世當法陽明。

六、事物未來之良知

《周易·繫辭傳》曰：「神以知來，知以藏往。」又曰：「夫乾，天下之至健也，德行恒易以知險；夫坤，天下之至順也，德行恒簡以知阻。」

《論語》：「子曰：殷因於夏禮，所損益可知也；周因於殷禮，所損益可知也；其或繼周者，雖百世可知也。」〔一〕又：「子謂子貢曰：『女與回也孰愈？』對曰：『賜也何敢望回？回也聞一以知十，賜也聞一以知二。』」〔二〕

《中庸》曰：「至誠之道，可以前知……禍福將至，善必先知之，不善必先知之，故

〔一〕《論語·爲政》文。
〔二〕《論語·公冶長》文。

至誠如神。」

陽明曰：「良知之於節目時變，猶規矩尺度之於方圓長短也；節目時變之不可預定，猶方圓長短之不可勝窮也。故規矩誠立，則不可欺以方圓，而天下之方圓不可勝用矣；尺度誠陳，則不可欺以長短，而天下之長短不可勝用矣。良知誠致，則不可欺以節目時變，而天下之節目時變不可勝應矣。毫釐千里之謬，不於吾心良知一念之微而察之，亦將何所用其學乎？是不以規矩而欲定天下之方圓，不以尺度而欲盡天下之長短，吾見其乖張謬戾，日勞而無成也已。」[一]

又曰：「良知之在人心，亘萬古，塞宇宙，而無不同；『不慮而知』，恒易以知險；『不學而能』，恒簡以知阻；『先天而天不違』，天且不違，『而況於人乎？況於鬼神乎？』」[二]

又曰：「君子學以爲己，未嘗虞人之欺己也，恒不自欺其良知而已；未嘗虞人之不信己也，恒自信其良知而已。……是故不欺則良知無所僞而誠，誠則明矣；

[一]《王文成公全書·傳習録中·答顧東橋書》文。

[二]《王文成公全書·傳習録中·答歐陽崇一》文。

自信則良知無所惑而明，明則誠矣。明誠相生，是故良知常覺常照。常覺常照，則如明鏡之懸，而物之來者，自不能遁其妍媸矣……是謂『易以知險，簡以知阻』，子思所謂『至誠如神，可以前知』者也。然子思謂『如神』，謂『可以前知』，猶二而言之，是蓋推言思誠者之功效，是猶爲不能先覺者説也。若就至誠而言，則至誠之妙用，即謂之神，不必言『如神』；至誠則『無知而無不知』，不必言『可以前知』矣。」〔一〕

按：自古聖賢，不矜言氣數之前知，而惟憑義理之先覺。世儒謂陸王之學，於吉凶禍福，皆能前知，因有三教合一之説，其實乃傅會之詞也。考經書之言前知者，大率有四：

《易》言「無有遠近幽深，遂知來物」〔二〕，此因占筮而知來也。

《論語》言「百世可知」〔三〕，此因人心風俗而知來也。

〔一〕《王文成公全書·傳習録中·答歐陽崇一》文。
〔二〕《易·繫辭傳上》文。
〔三〕《論語·爲政》文。

又言「告往知來」[一]，「聞一知十」[二]，此因學問閲歷而知來也。《中庸》言至誠前知，「善必先知之，不善必先知之」，此因義理推測而知來也。即如《左傳》劉子之論成子，寧喜之論陽處父，子貢之論鄒君，皆據義理而爲測驗之詞。以上諸經，言未來之知，皆憑義理而言。陽明言良知之於節目時變，猶規矩尺度之於方圓長短；又言知險知阻，皆本於良知，亦憑義理而言，無不歸于切實，豈有矜異炫怪之事？惟《中庸》「至誠如神」，朱注解爲「鬼神」，陽明以爲「至誠，無知而無不知，不必言可以前知」[三]，二説皆非。竊謂《中庸》所謂「如神」，言如天道之神化耳。《易傳》言「觀天之神道，而四時不忒，聖人以神道設教而天下服」，蓋謂「設教」者，風行地上，如天道之神化，《孟子》所謂「過化存神」[四]是也。後儒誤解神道設教，以爲鬼神，遂疑孔子等於宗教之迷信，可謂不通經學者矣。陽明以爲誠、神合而爲一，其論太高，亦啓學者之疑。

[一]《論語·學而》文。
[二]《論語·公冶長》文。
[三]《王文成公全書·傳習録中·答歐陽崇一》文。
[四]《孟子·盡心上》文。

夫聖賢所以知來者，蓋運一心之良知，籌畫於事前，神應於臨時，子思所謂：「凡事豫則立……言前定則不跲，事前定則不困，行前定則不疚，道前定則不窮。」〔一〕此皆思誠之功，可以前知之根本，而實即致良知之學也。萬事皆有秩序，良知明而秩序定，千里之外應之矣，此非可與鹵莽滅裂者道也。

七、深沈涵養之良知

《周易·繫辭傳》曰：「範圍天地之化而不過，曲成萬物而不遺，通乎晝夜之道而知，故神无方而易无體。」

《大學》曰：「知止而后有定。」

《中庸》曰：「肫肫其仁，淵淵其淵，浩浩其天，苟不固聰明聖知達天德者，其孰能知之？」又曰：「知遠之近，知風之自，知微之顯，可與入德矣。」

陽明曰：「良知在夜氣發的方是本體，以其無物欲之雜也。學者要使事物紛擾

〔一〕《禮記·中庸》文。

之時，常如夜氣一般，就是『通乎晝夜之道而知』。」〔一〕

又曰：「人惟不知至善之在吾心，而求之於其外，以爲事事物物皆有定理也，而求至善於事事物物之中，是以支離決裂，錯雜紛紜，而莫知有一定之向。今焉〔二〕既知至善之在吾心，而不假於外求，則志有定向，而無支離決裂錯雜紛紜之患矣。」〔三〕

又曰：「紛雜思慮，亦强禁絶不得，只就思慮萌動處省察克治，到天理精密後，有箇物各付物的意思，自然精專，無紛雜之念，《大學》所謂『知止而后有定』也。」〔四〕

又曰：「人心是天淵，心之本體，無所不該，原是一箇天，只爲私欲障礙，則天之本體失了。心之理無窮盡，原是一箇淵，只爲私欲窒塞，則淵之本體失了。如今念念致良知，將此障礙窒塞一齊去盡，則本體已復，便是天淵了。」乃指天以示之曰：「比如面前，天是昭昭之天，四外天也〔五〕是昭昭之天。……不可道眼前天是昭昭之天，外

〔一〕《王文成公全書·傳習録下·語録三》文。
〔二〕「焉」字脱，據《王文成公全書》補入。
〔三〕《王文成公全書·續編一·大學問》文。
〔四〕《王文成公全書·續編一·與滁陽諸生并問答語》。
〔五〕《王文成公全書》「也」後有「只」字。

面又不是昭昭之天也。於此便見一節之知即全體之知，全體之知即一節之知，總是一箇本體。」〔一〕

又曰：「不覩不聞是良知本體，戒慎恐懼是致良知的〔二〕功夫。學者時時刻刻常覩其所不覩，常聞其所不聞，功夫方有箇實落處。久久成熟後，則不須著力，不待防檢，而真性自不息矣，豈以在外者之聞見爲累哉？」〔三〕

按：《莊子》之言養知，最爲微妙，其《繕性篇》曰：「古之治道者，以恬養知；生而無以知爲也，謂之以知養恬。知與恬交相養，而和理出其性。」夫知與恬交相養者，心與舌相應，與口相守，此道家之養知，歸於清處無爲者也。若吾儒之養知，將以範圍天地之化，曲成萬物，其功要在於慎獨。獨者人所不知而己獨知之地，乃良知之萌芽也。

錢緒山得王學之真傳者也，其會語曰：「致知之功，從不睹不聞而入。但纔

〔一〕《王文成公全書·傳習録下·語録三》文。
〔二〕「的」字脱，據《王文成公全書》補入。
〔三〕《王文成公全書·傳習録下·語録三》文。

説不睹不聞，即著不睹不聞之見矣。今只念念在良知上精察，使是是非非無容毫髮欺蔽。」〔二〕又曰：「心之本體，純粹無雜，至善也。良知者，至善之著察也，良知即至善也。心無體，以知爲體，無知即無心也。知無體，以感應之是非爲體，無是非即無知也。意也者，以言乎其感應也；物也者，以言乎其感應之事也，而知則主宰乎事物是非之則也。意有動静，此知之體不因意之動静有明暗也。物有去來，此知之體不因物之去來爲有無也。性體流行，自然無息，通晝夜之道而知也。」〔三〕以上錢氏所言，皆慎獨之學，亦即涵養良知之功也。

《孟子》之論良心曰：「平旦之氣，好惡與人相近也者幾希。……苟得其養，無物不長。」此養良知之功較淺者也。《中庸》引《詩》云「『鳶飛戾天，魚躍于淵』，言其上下察也。」察乎上而爲天，察乎下而爲淵，此「夫婦之愚可以與知者也，及其至，而聖人有所不知」，此《易傳》所謂「過此以往，未之或知」也，此養良知之功最深者也。

〔二〕黄宗羲《明儒學案》卷一一《浙中王門學案一》載錢德洪語。
〔三〕前揭書載錢德洪語。

「淵淵其淵」，即躍淵之淵也；「浩浩其天」，即戾天之天也。然而一節之知與全體之知有別矣，「苟不固聰明聖知達天德者，其孰能知之？」此全體之良知，其功最深者也。

「知遠之近」三者，本於「闇然日章」，此養良知之功較淺者也。至於「内省不疚」「不愧屋漏」，極乎「上天之載，無聲無臭」，此「聖而不可知之之謂神」，養良知之功最深者也。

聖賢之養知如此，若夫豪傑之士，智深勇沈，蓋亦有涵養之方矣。《孟子》以管夷吾、孫叔敖、百里奚與舜、説〔一〕諸人並列，謂其苦心志，勞筋骨，「動心忍性，曾益其所不能」，而斷之曰：「然後知生於憂患，而死於安樂。」〔二〕此知也，良知之猛省者也。

惟聖賢之良知本於涵養者多，豪傑之良知由於激發者多，然而智極其深，勇極其沈，亦非出於涵養不可。近世曾文正有言：「知人之所不知者謂之英，能人

〔一〕「説」謂傅説。
〔二〕《孟子・告子下》文。按：「死於安樂」前之「而」字脱，據《孟子》文補入。

之所不能者謂之雄。」〔一〕吾國民其亟勉之。

八、歷練精密之良知

《周易·繫辭傳》曰：「知幾其神乎！君子上交不諂，下交不瀆，其知幾乎？幾者動之微，吉之先見者也。……君子知微知彰，知柔知剛，萬夫之望。」

《論語》子曰：「不知命，無以爲君子也。不知禮，無以立也。不知言，無以知人也。」

《孟子》曰：「我知言……詖辭知其所蔽，淫辭知其所陷，邪辭知其所離，遁辭知其所窮。」

陽明曰：「吾昔居滁時，見諸生多務知解，口耳異同，無益於得，姑教之静坐。一時窺見光景，頗收近效。久之漸有喜静厭動，流入枯槁之病；或務爲玄解妙覺，動人

〔一〕《曾文正公手書日記》卷二四《覆郭筠仙中丞書》云：「今日能知人、能曉事，則爲君子；明日不知人、不曉事，則爲小人。」又曾國藩在《致陳源兖書》中提出過類似意見云：「三達德之首曰智。智即明也。古來豪傑，動稱英雄。英即明也。明有二端：人見其近，吾見其遠，曰高明；人見其粗，吾見其細，曰精明。……高明由於天分，精明由於學問。」

聽聞；故邇來只説『致良知』。良知明白，隨爾去静處體悟也好，隨爾去事上磨練也好，良知本體，原是無動無静的，此便是學問頭腦。我這個話頭，自滁州到今，亦較過幾番，只是『致良知』三字無病。醫經折肱，方能察人病理。」〔一〕

又曰：「良知只是一個隨他發見流行處，當下具足，更無去來，不須假借。然其發見流行處，卻自有輕重厚薄，毫髮不容增減者，所謂天然自有之中也。」〔二〕

又曰：「我輩致知，只是各隨分限所及。今日良知見在如此，只隨今日所知，擴充到底；明日良知又〔三〕有開悟，便從明日所知擴充到底，如此方是精一功夫。」〔四〕

又曰：「人須在事上磨練做功夫。……若只好静，遇事便亂，終無長進，那静時功夫亦差似收斂，而實放溺也。」〔五〕

按：如陽明所言，其功豈偏於静哉？惟其動静交相歷練，良知乃益光明

〔一〕《王文成公全書・傳習録下・語録三》文。
〔二〕《王文成公全書・傳習録中・答聶文蔚（二）》文。
〔三〕「又」字原作「亦」，據《王文成公全書》爲正。
〔四〕《王文成公全書・傳習録下・語録三》文。
〔五〕《王文成公全書・傳習録下・語録三》文。

爾。自古良知之精密者，宜法舜與孔子。舜之所以稱大智者，惟在好問好察邇言，故《孟子》之贊舜曰：「明於庶物，察於人倫。」〔一〕惟其明察之極，故其良知精一，而能允執其中。禹之戒舜曰：「安汝止，惟幾惟康。」〔二〕而舜之自述所學，則曰：「敕天之命，惟時惟幾。」〔三〕幾者，良知之藴。知幾者，知天命之本然。心幾與時幾、事幾相應，故庶物人倫莫能隱其情，而處之各得其所，此良知之最精密者也。善學者惟在不諂不瀆，不諂不瀆即進於知命之學，而事理之微彰，人心之剛柔，亦纖毫必察矣。世之人汩没其良知者，諂瀆之心盛，而勢利之見，日有以蔽之也。

孔子自「不惑」「知天命」以至「耳順」「從心」，無非良知之運用，愈精愈密。《論語》二十篇，以知命、知禮、知言、知人作結〔四〕，其教學者致知之功至矣。知命者，即五十以學《易》而知天命也，《屯》卦所謂「君子幾」者是也。知禮者，天敘天

〔一〕《孟子·離婁下》文。
〔二〕《書·虞書·益稷》文。
〔三〕《書·虞書·益稷》文。
〔四〕《論語》末章載孔子説「四知」曰：「不知命，無以爲君子也；不知禮，無以立也；不知言，無以知人也。」

秩之等，「天聰明」，即本心良知之聰明也，而孔子自言所得，又曰：「視其所以，觀其所由，察其所安。」〔一〕視也、觀也、察也，皆良知之歷練精密，所以知言而知人也。孟子傳其學，故曰「我知言」，辯詖淫邪遁之辭，而知生心害政之弊，此良知之妙用，所以冠諸子也。

陽明喻良知：「醫經折肱，方能察人病理。」又謂良知：「發見流行處，卻自有輕重厚薄，毫髮不容增減者〔二〕，所謂天然自有之中。」其精一功夫，實大舜、孔、孟之所傳也。然吾人與世周旋之際，尤以知人爲難。先大夫著《處世須知》一篇，引張楊園先生《訓子語》謂：「知人，則能親賢遠不肖，而身安家可保。不知人，則賢否倒置，親疎乖反，而身危家亦敗，不易之理也。」世謂知人之明不可學，予謂雖不能學，實則不可不學，然則致良知之功，其可忽乎哉？

〔一〕《論語・爲政》文。
〔二〕「者」字脱，據《傳習録中》補入。

九、學術分類之良知

《論語》子曰：「由，誨女知之乎？知之爲知之，不知爲不知，是知也。」

《大學》曰：「物有本末，事有終始，知所先後，則近道矣。」又曰：「其本亂而末治者否矣，其所厚者薄，而其所薄者厚，未之有也。此謂知本，此謂知之至也。」據《古本大學》。

《孟子》曰：「指不若人，則知惡之；心不若人，則不知惡，此之謂不知類也。」

《禮記·學記篇》曰：「九年知類通達，强立而不反，謂之大成。」

陽明曰：「君子之學也〔一〕，於酬酢變化、語默動静之間，而求盡其條理節目焉，非他也，求盡吾心之天理焉耳矣。於升降周旋、隆殺厚薄之間，而求盡其條理節目焉，非他也，求盡吾心之天理焉耳矣。求盡其條理節目焉者，博文也；求盡吾心之天理焉者，約禮也。文散於事而萬殊者也，故曰博；禮根於心而一本者也，故曰約。」〔二〕

〔一〕「也」字脱，據《王文成公全書》補入。
〔二〕《王文成公全書·文録四·博約説》嘉靖四年乙酉（一五二五）文。

又曰：「聖人何能拘得死格？大要出於良知同，便各爲説，何害？且如一園竹，只要同此枝節，便是大同，若拘定枝枝節節，都要高下大小一樣，便非造化妙手矣。汝輩只要去培養良知，良知同更不妨有異處。汝輩若不肯用功，連筍也不曾抽得，何處去論枝節？」〔一〕

按：陽明第一説，博文分類之學也，約禮知本之學也，由萬殊之分類而歸於一本也。其第二説，則本於《孟子》養身養心之義。吾嘗即其意而推之：

有民物中之分類。《孟子》所謂「親親而仁民，仁民而愛物」，「知者無不知也，當務之謂急」，「堯舜之知而不徧物，急先務也」〔二〕，此先後緩急之分類也。

有身心中之分類。《孟子》所謂「人有雞犬放，則知求之；有放心，而不知求」，又曰：「拱把之桐梓，人苟欲生之，皆知所以養之者。至於身，而不知所以養之者，豈愛身不若桐梓哉！弗思甚也。」〔三〕此輕重之分類也。

〔一〕《王文成公全書・傳習録下・語録三》文。
〔二〕《孟子・盡心上》文。
〔三〕《孟子・告子上》文。

有事理中之分類。《大學》所謂本末、終始、厚薄是也。世之人不能知本，乃至薄其所厚，而轉欲厚其所薄，本末倒置，於是發於其事，害於其政，可哀也。

有學問中之分類。孔子所謂「知之爲知之，不知爲不知」〔一〕，《學記》所謂「知類通達」是也。余嘗謂吾國十三經，分類之書也，禮經中之條理節目，其大者也，如《爾雅》之釋詁、釋言、釋親、釋山、釋水、釋草木、釋鳥獸皆是也。孔子曰：「《爾雅》以觀於古，足以辯言矣。」〔二〕辯言者，分類也；孟子所謂「萬物皆備於我」〔三〕也。二十四史，分類之書也，爲吏治、爲財政、爲禮、爲樂、爲兵、爲刑、爲外交，皆分類之法也。諸子百家，分類之書也，爲儒家、爲道家、爲墨家、爲名家、爲法家、陰陽家，亦分類之法也。知此而後謂之通達。

綜以上所言，以身心中之知類爲尤要〔四〕，故曰：「學問之道無他，求其放心

〔一〕《論語·爲政》文。

〔二〕《大戴禮記·小辨》文。

〔三〕《孟子·盡心上》文。

〔四〕唐先生意謂以「身心知類」駕馭學問。

而已矣。」〔一〕惟求放心，乃能致良知；惟致良知，乃能知類。

十、良知昏昧之由

《周易·繫辭傳》曰：「一陰一陽之謂道，繼之者善也，成之者性也。仁者見之謂之仁，知者見之謂之知。百姓日用而不知，故君子之道鮮矣。」

《論語》子曰：「民可使由之，不可使知之。」

《中庸》子曰：「道之不行也，我知之矣！知者過之，愚者不及也。道之不明也，我知之矣！賢者過之，不肖者不及也。人莫不飲食也，鮮能知味也。」

《孟子》曰：「行之而不著焉，習矣而不察焉，終身由之而不知其道者，衆也。」然於良知之本體，初不能有加損於毫末也。

陽明曰：「良知本體，不能毫末加損；心之體用，不能超乎良知體用之外。」〔二〕故曰：「人〔三〕不能不昏蔽於物欲。故須學以去其昏蔽，然於良知之本體，初不能有加損

〔一〕《孟子·告子上》文。
〔二〕此四句乃唐先生概括下所徵引《傳習録》一段文字之主意。
〔三〕「人」字非原文，乃唐先生徵引補入以足成完整語意。

於毫末也。知無不良，而中寂大公未能全者，是昏蔽之未盡去，而存之未純耳。體即良知之體，用即良知之用，寧復有超然於體用之外者乎？」〔一〕又曰：「良知即是天植靈根，自生生不息，但著了私累，把此根戕賊蔽塞，不得發生耳。」〔二〕

按：仁者見仁，知者見知，即承「繼善成性」而言。見者，覺性也，日用不知，蔽其知覺之性也。「不道之行」「不明」，朱注以爲「智者知之過，既以道爲不足行。」又不求所以行〔三〕，「賢者行之過，既以道爲不足知。……又不求所以知。」〔四〕《中庸》本經之意，豈非言知行當合一乎？知味者，良知也；能知味者，良能也；「鮮能知味」，不能知道之味，此昏昧之由也。余往年見某國人著一書，痛詆「民可使由之」二句，以爲愚民之術〔五〕，不知其意何居？而吾國人誤信之，嗚

〔一〕《王文成公全書·傳習録中·答陸原静書》文。
〔二〕《王文成公全書·傳習録下·語録三》文。
〔三〕朱子《大學章句》無「又不求所以行」句，唐先生據語意補入此句。
〔四〕朱熹《大學章句》文。
〔五〕江户時代荻生徂徠（一六六六～一七二八）之《論語徵》之尊君愚民觀，清末章太炎以之批評清廷崇儒乃愚民之陰謀。唐先生生處其時，故感慨甚深。

呼！可痛也。

按：《論語》言可不可之例，皆作能不能解，如「可得而聞」「不可得而聞」〔一〕，「可以語上」「不可以語下」〔二〕，皆作能不能解。「民可使由之，不可使知之」，此孔子惜民智之不能開，而思有以啓導之，豈愚民之道哉？《孟子》言「終身由之而不知其道」〔三〕，正與「日用不知」〔四〕、「不可使知」之義相合，皆爲良知昏昧者戒也。

余嘗謂《孟子》「良知良能」章與「行之不著」章，皆當合下二章參看。「良知良能」下章言：「舜居深山之中……所以異於深山之野人者幾希。及其聞一善言，見一善行，若決江河，沛然莫之能禦。」〔五〕善言善行，野人各有良知也；沛然莫能禦，以人之良知感覺己之良知也。所謂取人爲善，與人爲善，皆良知之運

〔一〕《論語·公冶長》文。
〔二〕《論語·雍也》文。謹按：「不可以語下」句，《論語》作「不可以語上」。
〔三〕《孟子·盡心上》文。
〔四〕《易·繫辭上傳》文。
〔五〕《孟子·盡心上》文。

用，乃人生最要之務，良知之所以達於天下也。

「行之不著」下章即曰：「人不可以無耻。」「耻之於人大矣。爲機變之巧者，無所用耻焉。」〔一〕惟爲機變之巧，則色厲内荏，穿窬害人，無所不至，而廉耻掃地矣。然則不知其道者，正由於叔季之世，競尚機變之巧，故人心迷謬至此，乃良知昏昧之由也。陽明所爲：「良知即〔二〕是天植靈根……但著了〔三〕私累，把此根戕賊蔽塞，不得發生。」嗚呼！戕賊靈根，非由於無耻乎？此《中庸》言知仁勇所以歸於知耻。知耻者，良知也。廉耻之心生，則私累去，靈根見矣！

抑更有進者。《論語·爲政篇》言「温故而知新」，《中庸》言「尊德性，道問學」，亦推及於知新。「新知」皆良知也。《孟子》言庠序學校，力行之可以新國〔四〕；「人倫明於上」，明明德也；「小民親於下」，親民也；良知，至善也；「知

〔一〕《孟子·盡心上》文。
〔二〕「即」字脱，據《傳習録下》文補入。
〔三〕「了」字脱，據《傳習録下》文補入。
〔四〕《孟子·滕文公上》文。

止而後有定」，致其至善之良知也。故《孟子》告滕文公性善，而曰：「猶可以爲善國。」〔一〕欲文公之善其國性也，此即「繼善成性」之本原也。「雞鳴而起，孳孳爲善者，舜之徒；孳孳爲利者，跖之徒。欲知舜與跖之分，無他，利與善之間」〔二〕，此欲知之心，亦良知也。然則欲善國性以新其國，舍良知奚由？吾國民盍急猛省乎？猛省之道，讀經而已矣。

六經皆啓發良知之書也，而《周易》爲尤要，六十四卦三百八十四爻，天地設位，聖人成能，莫非良知之流行，故曰：「神也者，妙萬物而爲言者也。」〔三〕夫世界内生物，不外乎知覺運動。有運動而無知覺者，禽獸是也；知覺分數少而昏且濁者，凡民、愚民、横民是也；知覺分數多而靈且良者，聖賢是也。陽明良知之學，宜乎千古而常新矣！後之讀此書者，能警覺而自修焉，是吾國之幸矣夫！

〔一〕《孟子·滕文公上》文。
〔二〕《孟子·盡心上》文。
〔三〕《易·説卦傳》文。

陽明學術發微卷五

陽明學通於朱子學一

按：陸王之學，世儒並稱。陽明學出於陸子，夫人而知之，近謝氏無量所著《陽明學派》一書，內有陽明與象山關係，及程朱與陸王諸條〔一〕，考覈精詳，深爲可佩。蓋朱子自己丑四十歲悟未發之旨以後，從事涵養，深潛純粹，論其「體用一原，顯微無間」〔二〕之功，實與子静未嘗不合。而後儒之所以訾議陽明者，以其詆毁朱子也。湯文

〔一〕謝無量（一八八四～一九六四），四川樂至人，曾在上海南洋公學就讀，與孫中山先生善。其《陽明學派》一九一五年初版，全書四編，分别爲序論、哲學、倫理學、古今學術之評論。前者在第一編第二章，後者在第四編第四章。

〔二〕程頤《程氏易傳序》云：「至微者理也，至著者象也，體用一原，顯微無間。」程氏門人尹焞稱美説「莫太洩露天機否」。唯朱子則云：「尹説固好。然須是看得六十四卦三百八十四爻都有下落，方始説得此話。若學者未曾仔細理會，便與他如此説，豈不誤他？」强調學不躐等。

正尊崇王學，其《答陸清獻書》亦曰：「陽明之詆〔一〕朱子，陽明之大罪〔二〕過也，於朱子〔三〕何傷？」〔四〕然余考朱王二家之學，實有殊途而同歸者，往年已於《朱子晚年定論發微》中闡明之〔五〕。後得高郵胡氏泉白水〔六〕所著《陽明先生書疏證》，於朱陸兩家之學，盡力溝通，其苦心孤詣，博考周稽，與陽明編《朱子晚年定論》之意正復相同；其《自序》謂：「以陽明之學擬諸象山，尚屬影響。以陽明之學準諸朱子，確有依憑。……惟朱子精微之語，自陽明體察之以成其良知之學；惟朱子廣博之語，自陽明會通之以歸於致良知之效。」是説也雖不免附會，然實有獨得之處。胡氏又謂：「陸平湖論陽明之言曰：『其人則是，其學則非。』擬改其言曰：『其學則是，其詞則

〔一〕「詆」字原作「毀」，據康熙四十二年愛日堂藏板《湯子遺書》爲正。
〔二〕「大罪」二字脱，據《湯子遺書》補入。
〔三〕「於朱子」後衍「乎」字，據《湯子遺書》爲正。
〔四〕湯斌《湯子遺書·答陸稼書書》卷五文。
〔五〕唐先生《朱子晚年定論發微》收在《紫陽學術發微》卷一〇。
〔六〕胡泉（一七九七～一八六八），字白水，高郵人，道光三十年（一八五〇）舉人，專研陽明學，生平詳劉恭冕《清故蕭縣學教諭詔舉孝廉方正胡君墓志》。遺著《胡白水所著書》四種十一卷，涵《王陽明先生書疏證》四卷、《王陽明先生經説指餘》一卷、《王陽明先生經説弟子記》四卷、《大學古本薈參》一卷、《續編》一卷，咸豐八年（一八五八）刊印。唐先生本兩卷均選採自《王陽明先生書疏證》，並採録其按語。

非。』故凡陽明書中所謂『本來面目』『正法眼藏』『無所住而生其心』等語，旁涉佛書，借以發明者，概不引證附和」云云。是其别陽明與禪，界限分明，爰精採其書，釐爲二卷，以爲朱王二家殊途同歸之證。至於陽明至友如羅整菴、湛甘泉，高第如董蘿石、鄒謙之、歐陽崇德問答諸書，悉採録之，用以發明致良知之真傳云。

與辰中諸生書

「學要鞭辟近裏着己」「君子之道，闇然而日章」「爲名與爲利，雖清濁不同，然其利心則一」「謙受益」「不求異於人，而求同於理」，此數語宜書之壁間，常目在之。舉業不患妨功，惟患奪志。只如前日所約，循循爲之，亦自兩無相礙，所謂知得灑掃應對，便是精義入神也。〔一〕

泉〔二〕按：王塘南云：「天地之生無不貫，故草木鳥獸，一塵一毛，莫不受氣而呈形。聖人之生理無不貫，故人倫庶物，一瞬一息，莫不中節而盡分。是以聖

〔一〕《王文成公全書·文録一·與辰中諸生》正德四年己巳（一五〇九）文。
〔二〕胡泉，下同。

門教人，大閑不踰，細行必謹，非矯飾也，實以全吾生理，是盡性之極功也，故曰『灑掃應對，便是形而上』者。」塘南此語，足以發明陽明先生《與辰中諸生書》所謂「知得灑掃應對，便是精義入神」之旨。

愚謂：灑掃應對，是童子的致良知；精義入神，是成人的致良知。知得灑掃應對，便是精義入神，是聖人徹上徹下的良知。

又按：「舉業不患妨功，惟患奪志。」此朱子語，陽明先生襲之。書中所謂「闇然而日章」「謙而受益」者，正恐溺於詞章之學，而自昧其致良知之術也。

答徐成之書

先儒所謂志道懇切，固是誠意；然急迫求之，則反爲私己，不可不察也。日用間何莫非天理流行？但此心常存而不放，則義理自熟，《孟子》所謂「勿忘勿助，深造自得」者矣。學問之功何可緩，但恐着意把持振作，縱復有得，居之恐不能安耳。〔一〕

泉按：唐凝庵云：「《孟子》曰：『君子深造之以道，欲其自得之也。』其教

〔一〕《王文成公全書·文録一·答徐成之》正德六年辛未（一五一一）文。

也，曰勞之來之、匡之直之、輔之翼之，皆所以使之自得耳。爲學爲教，舍自得别無入路。欲自得，舍悟别無得路。」又云：「遵道而行，即是君子深造之以道，不至於自得，即所謂半塗而廢也。然自得亦難言矣。深造以道可以力爲，自得不可以力爲也。即有明師，亦惟爲勞來、匡直、輔翼以使之而已，不能必之也。有言下即得者，有俟之數年而得者，有終身不得者，有無心於感觸而得者，有有心於參求而得者，有有心無心俱不得者，及其得之也，師不能必其時必其事，己亦不能必其時必其事也。學者須是辦必得之志……則無不得者矣。」

愚謂：自得即良知之得，深造以道，即致良知之道，何忘之有？何助之有？所以陽明先生此篇書以深造自得，兼着勿忘勿助爲説，其曰：「志道懇切，固是誠意，急迫求之，反爲私己。」亦從《集注》語拾來。

又按：朱子曰：「程子所謂『活潑潑地』者何也？曰：此所以形容天理流行，自然之妙也。蓋無所事而忘，則人欲之私作，正焉而助之長，則其用心之過，亦不免於人欲之私也。故必絶是二者之累，而後天理自然之妙，得以流行發見於日用之間，若鳶之飛而戾於天也，魚之躍而出於淵也。」

愚謂：陽明先生此篇書「深造自得」，兼著「勿忘勿助」説，正有味於朱子此一段説話。

答汪石潭内翰書

夫喜怒哀樂，情也，既曰不可謂未發矣。喜怒哀樂之未發，則是指其本體而言性也，斯言自子思，非程子而始有，執事既不以爲然，則當自子思《中庸》始矣。喜怒哀樂之與思與知覺，皆心之所發。心統性情，性，心體也；情，心用也。程子云：「心，一也，有指體而言者，寂然不動是也；有指用而言者，感而遂通是也。」斯言既無以加矣，執事姑求之體用之説。夫體用一源也，知體之所以爲用，則知用之所以爲體者矣。雖然，體微而難知也，用顯而易見也，執事之云，不亦宜乎？

夫謂自朝至暮，未嘗有寂然不動之時者，是見其用而不得其所謂體也。君子之於學也，因用以求其體。凡程子所謂既思即是已發，既有知覺即是動者，皆爲求中於喜怒哀樂未發之時者言也，非謂其無未發者也。朱子於未發之説，其始亦嘗疑之，今其集中所與南軒論難辨析者，蓋往復數十而後決其説，則今之《中庸注疏》是也，其於此亦非苟矣。獨其所謂「自戒懼而約之，以至於至静之中；自謹獨而精之，以至於應物之處」者，亦若過於剖析，而後之讀者遂以分爲兩節，而疑其别有寂然不動静而存養之時，不知常存戒慎恐懼之心，則其工夫未始有一息之間，非必自其不覩不聞而存養也。吾兄且於動處加功，勿使間斷，動無不和，即靜無不中，而所謂寂然不動之體，當自知之矣。未至而揣度〔一〕之，終不免於對塔説相輪耳。然朱子但有知覺者在，而未有知覺之説，則亦未瑩。吾兄疑之，蓋亦有見，但其所以疑之者，則有因噎廢食之過，不可以不審也。〔二〕

泉按：朱子己丑以前目心爲已發，性爲未發。己丑一悟，在閲程氏書，而心統性情之旨神明契合，第三十二卷末一書所謂「察夫靜以涵動之所本，動以見靜之所存」，二語極妙。若陽明先生《答汪石潭書》謂：「心統性情，性心體也，情心用也」，「知體之所以爲用，則知用之所以爲體」，玩此數語，固與《中庸注疏》相符。

又按：王石渠云：「中和乃人性情之德，雖有動靜之殊，初非二物。戒懼謹獨，皆是不敢忽之意，豈有彼此？如何自戒懼而約之止能致中？自謹獨而精

〔一〕「度」字原作「摩」，據《王文成公全書》爲正。
〔二〕《王文成公全書·文録一·答汪石潭内翰》正德六年辛未（一五一一）文。

之止能致和？如何致中獨能位天地，致和獨能育萬物？恐非子思之意。」〔一〕石渠此段語，兩個止能，兩個獨能，殊屬添設，究非朱子之意。朱注剖析戒懼謹獨後，而申之曰：「其實亦非有兩事。」陽明先生從此處理會過來，與《汪石潭書》其所謂「『自戒懼而約之，以至於至靜之中；自謹獨而精之，以至於應物之處』，亦若過於剖判，而後之讀者遂以爲兩節，而疑其别有寂然不動静而存養之時」云云，此惟恐有以誤讀者，而非有所戾於朱子。石渠意見，當爲陽明所斥。

愚謂《中庸》之戒懼謹獨，即陽明之所謂致良知也。

與王純甫書

某平日亦每有傲視行輩、輕忽世故之心，後雖稍知懲創，亦惟支持抵塞於外而已。及謫貴州三年，百難備嘗，然後能有所見，始信孟氏「生於憂患」之言，非欺我也。嘗以爲「君子素其位而行，不願乎其外。素富貴行乎富貴，素貧賤行乎貧賤，素患難行乎患難」，故「無入而不自得」。後之君子亦當素其位而學，不願乎其外，素富貴學

〔一〕王恕之語載《明儒學案・三原學案》。

處乎富貴，素貧賤、患難學處乎貧賤、患難，則亦可以無入而不自得。向嘗爲純甫言之，純甫深以爲然，不審邇來用力卻如何耳。[一]

泉按：《陽明先生年譜》三十七歲謫龍場驛，忽中夜大悟格物致知之旨，即與王純甫此篇有所謂平日雖知懲創，亦惟支持抵塞於外；及謫貴州，百難備嘗，然後能有所見是也。陸桴亭云：「舜光舜光，姓許氏。多疾，且有氣滯之癖，蓋以居鄉無賢師良友之樂故也。予時方閱《陽明集》，舜光問予：『何謂致良知？』予謂：『陽明之學，是居患難時有得，今吾甥居鄉無伴，便忽忽不樂，他日何以處夷[二]狄患難耶？大抵心地須要活潑，隨時隨地可做工夫，不可拘執己見。』」桴亭此語，深信陽明龍場一悟，亦猶陽明深信《孟子》「生於憂患」之不我欺也。

《尤西川紀聞》近齋說：「陽明在南都時，有私怨陽明者，誣奏極其醜詆。始見頗怒，旋自省曰：『此不得放過。』掩卷自反，俟其心平氣和；再展看，又怒，又掩卷自反；久之，真如飄風浮靄，略無芥蒂。自後雖有大毀謗，大利害，皆不爲

[一]《王文成公全書·文録一·與王純甫》正德七年壬申（一五一二）文。

[二]「夷」字原作「彝」，據陸世儀《思辨録輯要》卷九爲正。

動。嘗告學者曰：『君子之學，務求在己而已。毀譽榮辱之來，非惟不以動其心，且資之以爲切磋砥礪之地，故君子無入而不自得，正以無入而非學也。』」〔一〕近齋此說，尤足發明陽明先生與王純甫此篇書之旨矣。朱子曰：「人若着些利害，便不免開口告人，卻與不學之人何異？向見李先生說：『若大段排遣不去，只思古人所遭患難有大不可堪者，持以自比，則亦可以稍安矣。』始者甚卑其說，以爲何至如此。後來臨事卻覺有得力處，不可忽也。」又曰：「患難之際，正當有以自處，不至大段爲彼所動，乃見學力。」

愚謂陽明先生《與王純甫書》將「素其位而行」的「行」字易個「學」字，頗具精義，實從朱子「與不學之人何異」云云、「乃見學力」云云體驗出來。夫素其位而學，只是各隨所值而學，今日富貴，則隨今日良知擴充到底；明日貧賤患難，則隨明日良知擴充到底。且良知只是一箇，擴充處富貴貧賤的良知，即是擴充處貧賤患難的良知；擴充處貧賤患難的良知，即是擴充處富貴的良知，陽明所悟格物致知之旨在此。

〔一〕朱得之（號近齋）語載《明儒學案·南中王門學案》。

又寄希淵書

學問之道無他，求其放心而已。蓋一言而足，至其工夫節目，則愈講而愈無窮者。孔子猶曰：「學之不講，是吾憂也。」今世無志於學者無足言，幸有一二篤志之士，又爲無師友之講明，認氣作理，冥悍自信，終身勤苦，而卒無所得，斯誠可哀矣。[一]

泉按：劉念臺云：「程子曰：『心要在腔子裏。』此本《孟子》求放心而言。然則人心果時放外耶？即放外，果在何處？因讀《孟子》上文云：『仁，人心也。』乃知心有不仁時，便是放，所謂『曠安宅而不居』也，故陽明先生曰：『程子所謂腔子，亦即是天理。』至哉言乎！」[二]

愚謂：「程子所謂腔子，亦即是天理」，亦即是良知，陽明先生《與希淵書》謂：「學問之道無他，求其放心而已矣。」蓋一言而足以見良知在腔子裏，求其放心，亦即是致其良知而已矣。

[一]《王文成公全書・文録一・寄希淵(三)》正德七年壬申(一五一二)文。
[二] 劉宗周《求放心説》文，載《明儒學案・蕺山學案》。

又按：朱子曰：「大抵此學以尊德性、求放心爲本，而講聖賢親切之訓以開明之，此爲切要之務。」〔一〕陽明先生從朱子此段語理會過來，故《寄希淵書》以「求放心」爲本，而引孔子「學之不講，是吾憂也」二語，以明工夫節目，則愈講而愈無窮者，説與朱子合。

答王天宇書

區區未嘗有誠身格物之説，豈出於希顔〔二〕耶？鄙意但謂「君子之學以誠意爲主；格物致知者，誠意之功也，猶飢者以求飽爲事，飲食者求飽之事也。」希顔頗悉鄙意，不應有此，或恐一時言之未瑩耳，幸更細講之。附來書。來書云：「誠身以格物，乍讀不能無疑，既而細詢之，希顔始悉其説。」〔三〕

泉按：王龍溪云：「文公分致知格物爲先知，誠意正心爲後行，故有遊騎無歸之慮；必須敬以成始，涵養本原，始於身心有所關涉。若知物生於意，格物

〔一〕朱子《答吕子約》文。
〔二〕蔡希淵，字希顔，號我齋，紹興山陰人；正德十二年（一五一七）進士，官至四川提學僉事。陽明門人。
〔三〕《王文成公全書·文録一·答天宇書（二）》正德九年甲戌（一五一四）文。

正是誠意工夫，誠即是敬，一了百了，不待合之於敬而後爲全經也。」龍溪篤信陽明《大學古本序》，故有此一段語，此一段語足以發明陽明先生《答王天宇書》謂「君子之學以誠意爲主」之旨。書中又謂：「格物者，誠意之功也，猶飢者以求飽爲事，飲食者求飽之事」，龍溪、希顔皆悉陽明先生意，而天宇來書「誠身以格物」云云，不知陽明先生意者也。

陳明水云：「誠意之學，卻在意上用不得工夫，直須良知全體洞徹，普照旁燭，無纖毫翳障，即百慮萬幾，皆從此出，方是知幾其神，乃所謂誠其意也。若俟意之不善，倚一念之覺，即已非誠意，落第二義矣。卻似正心，别是上面一層工夫，故竊謂炳於幾先，方是誠意之學。先師陳明水係陽明弟子，此先師即指陽明。云：『致知者，誠意之本也。』若謂誠意之功，則非矣。格物卻是誠意之功，故曰『致知在格物』。夫知之所以不致者，物未格耳。物雖意之所在，然不化則物矣；誠能萬感俱化，胸中無一物矣。夫然後本體擴然，與天地同體，即意無不誠矣。」〔一〕玩

〔一〕文見陳九川《明水論學書》，載《明儒學案·江右王門學案》。按：陳九川（一四九三～一五六二），字惟濬，號明水，江西臨川人，正德九年（一五一四）進士，陽明門人。

明水此段語，見陽明雖講良知，何嘗略格物？格物所以誠意，誠意即所以誠身也；天宇來書若云「格物以誠身」，則是矣。

又按：陽明先生此篇書謂：「君子之學，以誠意爲主。」與《大學·誠意章》朱注「誠意者自修之首」語意相合。

愚謂：陽明講良知，朱子講格物，爲善去惡，總不越「慎獨」一關，則陽明之所謂誠意，豈有殊於朱子之所謂誠意哉？

寄李道夫書

此學不講久矣。鄙人之見，自謂於此頗有發明。而聞者往往詆以爲異，獨執事傾心相信，確然不疑，其爲喜慰，何啻空谷之足音！别後時聞士夫傳説，近又徐曰仁自西江還，益得備聞執事任道之勇、執德之堅，令人起躍奮迅。「士不可以不弘毅，任重而道遠」，誠得弘毅如執事者二三人，自足以爲天下倡。彼依阿僂儞之徒，雖多亦奚以爲哉？幸甚幸甚！〔一〕

〔一〕《王文成公全書·文録一·寄李道夫》正德十年乙亥（一五一五）文。

泉按：陽明先生「弘毅説」已見於《答王虎谷書》，「弘非有所擴而大之，毅非有所作而强之」，所謂良知也；而《寄李道夫書》則謂：「士不可以不弘毅，任重而道遠。誠得弘毅如執事者二三人，自足以爲天下倡。」蓋望其倡致良知之學，專有賴於弘毅也。朱子曰：「明足以察其微，剛足以任其重，弘足以致其廣，毅足以極其常。」

愚謂：陽明從此數語理會過來，備聞道夫任道之勇，執德之堅，此所以起躍奮迅也。

寄諸弟書

屢得弟輩書，皆有悔悟奮發之意，喜慰無盡。但不知弟輩果出於誠心乎？亦謾爲之説云爾。本心之明，皎如白日，無有有過而不自知者，但患不能改耳。一念改過，當時即得本心。

人孰無過？改之爲貴。蘧伯玉，大賢也，惟曰「欲寡其過而未能」；成、湯、孔子，大聖也，亦惟曰「改過不吝，可以無大過」而已。人皆曰：「人非堯舜，安能無過？」此亦相沿之説，未足以知堯舜之心。若堯舜之心而自以爲無過，即非所以爲聖人矣。

其相授受之言曰：「人心惟危，道心惟微，惟精惟一，允執厥中。」[一] 彼其自以爲人心之惟危也，則其心亦與人同耳。危即過也，惟其兢兢業業，嘗加「精一」之功，是以能「允執厥中」而免於過。古之聖賢時時自見己過而改之，是以能無過，非其心果與人異也。

「戒慎不睹，恐懼不聞」者，時時自見己過之功。吾近來實見此學有用力處，但爲平日習染深痼，克治欠勇，故切切預爲弟輩言之，毋使亦如吾之習染既深，而後克治之難也。人方少時，精神意氣既足鼓舞，而身家之累，尚未切心，故用力頗易。迨其漸長，世累日深，而精神意氣亦日漸以減，然能汲汲奮志於學，則猶尚可有爲。至於四十五十，即如下山之日，漸以微滅，不復可挽矣。故孔子云：「四十五十而無聞焉，斯亦不足畏也已。」又曰：「及其老也，血氣既衰，戒之在得。」吾亦近來實見此病，故亦切切預爲弟輩言之。宜及時勉力，毋使過時而徒悔也。[二]

泉按：黄勉齋云：「人心道心，非是兩個心，但看所發如何。就人身上發

[一]《尚書・大禹謨》文。
[二]《王文成公全書・文録一・寄諸弟》正德十三年戊寅（一五一八）文。

者，謂之人心，耳欲聲、目欲色、口欲味、鼻欲臭、四肢欲安佚之類是也。就義理上發者，謂之道心，耳目口鼻四肢之欲發者，皆中節之類是也。人心者，人所不能無，但發而易流於縱，則人欲肆而天理滅矣，故名之曰危。道心者，亦人所不能無，但發之常微而不著，則難見矣，故名之曰微。或問：『程子曰人心人欲也，恐未便是人欲。』〔一〕朱子曰：『人欲未便是不好，謂之危者，危險欲墮未墮之間。若無道心以御之，則一向入於邪惡，又不止於危也。』〔二〕」若陽明先生《寄諸弟書》謂「危即過也」，似失「危」字本義，然《書》中切言改過，引蘧伯玉、成湯、孔子、堯、舜以爲的。蓋古聖賢有自見己過之處，是以有自見己過之功，陽明之所謂「危即過也」者，意蓋指此。朱子曰：「某以童子侍屏山先生疾，一日請問平昔入道次第，先生欣然告曰：『吾於《易》得入德之門焉，所謂不遠復者，吾之三字之符也。』」陽明從此數語理會過來，故《寄諸弟書》云云，可爲「不遠復」三字符注釋，《書》中謂「一念改過，當時即得本心」，又謂「本心之明，皎如白日。」

〔一〕《朱子語録》載程頤回答《尚書》「人心惟危」句之問。
〔二〕《朱子語類》卷七八《尚書》一之《大禹謨》文。

愚謂：「本心」二字出於《孟子》，即所謂良知也。陽明以本心示弟輩，非即朱子所謂「聖賢千言萬語，只要人不失其本心之旨」乎？

答甘泉書

此心同，此理同，苟知用力於此，雖百慮殊途，同[一]歸一致。不然，雖字字而證，句句而求，其始也毫釐，其末也千里。老兄造詣之深，涵養之久，僕何敢望？至其向往直前，以求必得乎此之志，則有不約而契、不求而合者。其間所見，時或不能無小異。然吾兄既不屑屑於僕，而僕亦不以汲汲於兄者，正以志向既同，如兩人同適京都，雖所由之途間有迂直，知其異日之歸終同耳。向在龍江舟次，亦嘗進其《大學》舊本及格物諸説，兄時未以爲然，而僕亦遂置不復强聒者，知兄之不久自當釋然於此也。乃今果獲所願，喜躍何可言？崐崙之源，有時而伏流，終必達於海也。[二]

泉按：陽明宗旨致良知，甘泉宗旨隨處體認天理，分主教事。其時學者遂

[一]「同」字原作「終」，據《王文成公全書》爲正。
[二]《王文成公全書·文録一·答甘泉》正德十四年己卯（一五一九）文。

以王、湛之學各立門户，而陽明先生《答甘泉書》謂：「此心同此理同，苟知用力於此，雖百慮殊途，終歸一致。」陽明此語，有可擬議而得者。天理即良知也，體認即致也，下手處不無小異，而究何異乎爾？此所謂「如兩人同適京都，雖所由之途，間有迂直，知異日之歸終同耳」。

又按：書中「迂直」二字，迂指隨處體認天理而言，直指致良知而言。

愚謂：工夫間有迂直，天理良知絶無彼此也，即朱子所謂「虚靈不昧者」是。

又按：陽明復《大學》舊本及格物諸説，甘泉何嘗釋然於此，而《答陽明書》云：「僕之鄙説，似有可采者五：訓格物爲至其理，始雖自得，然稽之程子之書，爲先得同然，一也；考之章首『止至善』即此也，上文知止能得，爲知行並進至理工夫，二也；考之古本，下文以修身申格致，爲於學者極有力，三也；《大學》曰『致知在格物』，程子則曰『致知在所養，養知在寡欲』，以涵養寡欲訓格物，正合古本以修身申格物之旨爲無疑，四也；以格物兼知行，其於自古聖訓，學問思辨，篤行也，精一也，博約也，學古好古信古也，修德講學也，默識學不厭也，尊德性道問學也，始終條理也，知言養氣也，千聖千賢之教爲不謬，五也。」夫甘泉此段語，講《大學》舊本，則不信朱子改本可知。而陽明書謂：「向龍江舟次，亦嘗進其《大學》舊本及格物諸説，兄時未以爲然，而僕亦遂置不復强聒者，知兄之不久自當釋然於此也。乃今果獲所願，喜躍何可言！」疑是指甘泉書此段語而言。

愚謂：殊途同歸，百慮一致，不惟陽明與甘泉爲然，即陽明與朱子亦有必然者，《大學》舊本與《大學》改本，神而明之，其義類豈不可相投耶？

答方叔賢書

其論象山處，舉《孟子》「放心」數條，而甘泉以爲未足，復舉「東西南北海有聖人出，此心此理同」，及「宇宙内事皆己分内事」數語。甘泉所舉，誠得其大，然吾獨愛西樵子[一]之近而切也。見其大者，則其功不得不近而切，然非實加切近之功，則所謂大者，亦虚見而已耳。自《孟子》道性善，心性之原，世儒往往能言，然其學卒入於支離

[一] 西樵子即方獻夫（一四八五～一五四四），字叔賢，與陽明論學，悦之，遂請爲弟子，讀書西樵山中者十年。

外索而不自覺者，正以其功之未切耳。此吾所以獨有喜於西樵之言，固今時對症之藥也。〔一〕

泉按：西樵子論象山處舉《孟子》放心數條，而甘泉以爲未足，陽明先生獨愛其近而切，非其於《孟子》性善之旨近而切乎？非即其於陽明良知之旨近而切乎？朱子曰：「大抵此學以尊德性、求放心爲本，而講聖賢親切之訓以開明之，此爲切要之務。若通古今，考世變，則亦隨力所至，推廣增益以爲補助耳。不當以彼爲重，而反輕凝定收斂之實，少聖賢親切之訓也。若如此説，則是學問之道不在於己而在於書，不在於經而在於史，爲子思、孟子則孤陋狹劣而不足觀，必爲司馬遷、班固、范曄、陳壽之徒，然後可以造於高明正大、簡易明白之域也。」

愚謂：朱子此語，正帖服象山處，陽明先生從此段語理會過來，故《答方叔賢書》説與朱子合。

〔一〕《王文成公全書·文録一·答方叔賢》正德十四年己卯（一五一九）文。

陽明學術發微卷六

陽明學通於朱子學二

答羅整菴少宰書

【釋】此陽明釋「格物」之物爲心意之物，在我意念中者也。

夫「德之不修，學之不講」，孔子以爲憂。而世之學者稍能傳習訓詁，即皆自以爲知學，不復有所謂講學之求，可悲矣！夫道必體而後見，非已見道而後加體道之功也；道必學而後明，非外講學而復有所謂明道之事也。然世之論學者有二：有講之以身心者，有講之以口耳者。講之以口耳，揣摩測度，求之影響者也；講之以身心，行著習察，實有諸己者也。知此則知孔門之學矣。

來教謂：「某《大學》古本之復，以人之爲學但當求之於内，而程朱格物之説，不免求之於外，遂去朱子之分章，而削其所補之傳。」

非敢然也。學豈有内外乎？《大學》古本乃孔門相傳舊本耳，朱子疑其有所脱誤，而改正補緝之。在某則謂其本無脱誤，悉從其舊而已矣。失在於過信孔子則有之，非故去朱子之分章而削其傳也。夫學貴得之心，求之於心而非也，雖其言之出於孔子，不敢以爲是也，而況其未及孔子者乎？求之於心而是也，雖其言之出於庸常，不敢以爲非也，而況其出於孔子者乎？且舊本之傳數千載矣，今讀其文辭，既明白而可通；論其工夫，又易簡而可入，亦何所案據而斷其此段之必在於彼，彼段之必在於此，與此之如何而缺，彼之如何而補〔一〕，而遂改正補緝之？無乃重於背朱而輕於叛孔已乎？

來教謂：「如必以學不資於外求，但當反觀内省以爲務，則正心誠意四字，亦何不盡之有？何必於入門之際，便困以格物一段工夫也？」

誠然誠然。若語其要，則修身二字亦足矣，何必又言正心？正心二字亦足矣，

〔一〕「補」原作「誤」，據《王文成公全書》爲正。

何必又言誠意？誠意二字亦足矣，何必又言致知？又言格物？惟其工夫之詳密，而要之只是一事，此所以爲精一之學，此正不可不思者也。夫理無内外，性無内外，故學無内外。講習討論，未嘗非内也；反觀内省，未嘗遺外也。夫謂學必資於外求，是以己性爲有外也，是義外也，用智者也；謂反觀内省爲求之於内，是以己性爲有内也，是有我也，自私者也；是皆不知性之無内外也。故曰：「精義入神，以致用也；利用安身，以崇德也。」〔一〕「性之德也，合内外之道也。」〔二〕此可以知格物之學矣。

格物者，《大學》之實下手處，徹首徹尾，自始學至聖人，只此工夫而已，非但入門之際有此一段也。夫正心誠意、致知格物，皆所以修身，而格物者，其所〔三〕用力，日〔四〕可見之地。故格物者，格其心之物也，格其意之物也，格其知之物也。正心者，正其物之心也。誠意者，誠其物之意也。致知者，致其物之知也。此豈有内外彼此

〔一〕《周易·繫辭下》文。
〔二〕《禮記·中庸》文。
〔三〕原作「所以」，「以」字衍，據《王文成公全書》爲正。
〔四〕「日」字原作「實」，據《王文成公全書》爲正。

之分哉？理一而已。

以其理之凝聚而言則謂之性，以其凝聚之主宰而言則謂之心，以其主宰之發動而言則謂之意，以其發動之明覺而言則謂之知，以其明覺之感應而言則謂之物。故就物而言謂之格，就知而言謂之致，就意而言謂之誠，就心而言謂之正。正者正此也，誠者誠此也，致者致此也，格者格此也，皆所謂窮理以盡性也。

天下無性外之理，無性外之物。學之不明，皆由世之儒者認理爲外，認物爲外，而不知義外之説，孟子蓋嘗闢之，乃至襲陷其内而不覺，豈非亦有似是而難明者歟？不可以不察也。

凡執事所以致疑於格物之説者，必謂其是内而非外也，必謂其專事於反觀内省之爲，而遺棄其講習討論之功也；必謂其一意於綱領本原之約，而脱略於枝條節目之詳也；必謂其沈溺於枯槁虚寂之偏，而不盡於物理人事之變也。審如是，豈但獲罪於聖門、獲罪於朱子，是邪説誣民，叛道亂正，人得而誅之也，而況於執事之正直哉？審如是，世之稍明訓詁，聞先哲之緒論者，皆知其非也，而況執事之高明哉！況某之所謂格物，其於朱子九條《大學或問》朱子紀程子格物九條。之説，皆包羅統括於其中。但爲之有要，作用不同，正所謂毫釐之差耳。然毫釐之差而千里之

謬，實起於此。〔二〕

泉按：陸稼書《大學問答》：「或問：《大學》依古本及董、蔡諸儒改本，則『此謂知本，此謂知之至也』，並非衍文缺文，蓋謂知本即是知至，乃堯舜不偏物之意，豈不明白而直截乎？曰：聖賢之學，本末兼該，雖有先後之序，而非可偏廢也。如謂知本即是知之至，則是一本之外，更别無學，以綱領言之，但當知有明德而不必復講新民之方也；以條目言之，但當知有誠、正、修，而不必復講齊、治、平之道也，可乎？故謂本之當先務則可，謂知本而不必更求末則不可。堯舜之不偏物，是言治天下當以親賢爲急，乃是論緩急，非論本末，豈《大學》知本之謂乎？朱子所以將此二句斷作衍文缺文，此是不易之論。董、蔡諸儒復將此二句强作『不偏物』之解，未免稍偏，然其所論爲本者猶未差。若陽明之復古本，則不過欲借『知本』二字，自伸其良知之説，其所認爲本者，又非董、蔡之所謂本矣。自陽明而後，專以知本爲格物者，皆不可究詰。此二句關係學脈非淺，顧涇陽之學於明季諸儒中爲近正，然作《大學通考》，亦謂此二句非闕文衍文，吾不敢

〔二〕《王文成公全書·傳習録中·答羅整菴少宰書》文。

附會。」

稼書此一段語，與陽明先生《答羅整菴書》「《大學》古本，乃孔門相傳舊本耳」，「今讀其文辭，既明白而可通；論其功夫，又易簡而可入，亦何所案據而斷其此段之必在於彼，彼段之必在於此，與此之如何而缺，彼之如何而誤，而遂改正補緝之」云云，正相牴牾。愚謂：陽明信《古本大學》，稼書信今本《大學》，各有心得。而陽明欲借「知本」二字以自伸其良知之説，未始非欲致吾之良知，在即物而窮其理也。稼書以爲本當先務則可，謂知本而不必更求末則不可，非所以例陽明之致良知矣。

又按：陸稼書《大學問答》：「或問：『王心齋《語録》云：「格物者，格其『物有本末』之物；致知者，致其『知所先後』之知。」其説如何？』曰：家、國、天下皆物也，身、心、意亦物也，格物之本則於身、心、意，求明德之事；格物之末則於家、國、天下，求新民之事；謂格物之物，即物有本末之物，固無不可。顧程子有云：『求之性情固切於身，然一草一木亦皆有理，不可不察。』此最説得周密，不教人泛求之天下之物，亦不教人盡卻天下之物，一草一木，非必一一察之，然亦當觸目而識其理，安得拘定？且即以格物之物，專就身、心、意、家、國、天下言之，與物有本末之物，亦有綱領條目之分，亦不得混而一之也。至於知所先後，知字尚淺，在知行之前，又何得扯入致知内？」稼書此一段語，有與陽明書中格其心之物、格其意之物、格其知之物、正其物之心、誠其物之意、致其物之知，語意相投者。至心齋體認良知，以知所先後之知屬良知，無當於稼書之意，有當於陽明之意。愚謂：以知所先後之知屬良知，當是一義；講良知者自成一說。調停《古本大學》，卻非畔朱可比。

又按：胡正甫云：「『東越訓格物曰：「正其不正，以歸於正。」初學猝難了也。』曰：『致知在格物者，蓋言古人之致其良知，雖曰循吾覺性，無感不應，而猶懼其泛也，則恒在於通物之本末，而無以末先其本。夫是則知本即格物，而致知之功不雜施矣。其下文曰：「此謂知本，此謂知之至也。」更不添一物字，則格物之爲知本明矣。夫子曰「反求諸其身」，孟子曰「反求諸己」，又曰「萬物皆備」，「反身而誠」，皆格物疏義也。括而言之，知本而已。夫致知非遺本也，而求其端，用力孜孜，反顧尤在於本，而後能不泛也。』曰：『格物則然，窮理何居？』曰：『窮之義，盡也，極也，非謂窮索也。窮理者，即極夫天理之謂也，誠極夫天理，則人欲滅矣。』」玩正甫此語，足以發明陽明先生復《古本大學》之旨，更足以發明陽明書中所謂：「正者正此，誠者誠此，致者致此，格者格此，皆所謂窮理以盡性之旨。」愚謂：理一而已。「正者正此，誠者誠此，致者致此，格者格此」，陽明此學，朱子此學，孔門此學也，整菴又何疑焉？

答董澐蘿石書　三則

此皆未免有外重内輕之患。若平日能「集義」，則浩然之氣至大至剛〔一〕，充塞天地，自然富貴不能淫，貧賤不能移，威武不能屈；自然能知人之言，而凡詖淫邪遁之詞，皆無所施於前矣，況肯自以爲慚乎？「集義」只是致良知。心得其宜爲義，致良知則心得其宜矣。附來書。來書云：「問某賦性平直守分，每遇能言之士，則以己之遲鈍爲慚，恐是根器弱甚。」

泉按：陽明先生「集義」之説，屢見於書，意必有所牽連，詞必所有貫串，若《答董蘿石書》，就《孟子》「養氣章」約其詞旨，爲增壯志而釋慚心，並未另參一解。謂：「集義只是致良知，心得其宜爲義，致良知則心得其宜。」示以下手工

〔一〕「剛」字，《王文成公全書》作「公」。按：此用《孟子》言浩然之氣語，作「剛」爲是。

夫，直截明白。朱子答陳同甫曰：「《孟子》所謂浩然之氣者，蓋斂然於規矩準繩、不敢走作之中，而其自任以天下之重者，雖賁育莫能奪也。」陸稼書按云：「此數語説盡養氣一章大旨。」愚謂：朱子、陽明兩書具在，蘿石合而觀之，會而通之，學陽明以學朱子，學朱子以學《孟子》，亦只致其良知而已矣。民之秉彝也，故好是懿德，又多着一分知得自以爲得之非宜，只此便是良知矣。意思不得。多着一分意思，便是私矣。

泉按：董蘿石以詩襪贈餓死者，胸次帖帖然，自以爲得，恐亦不宜。而陽明先生答書，即謂「知得自以爲得之非宜，只此便是良知」矣。引「民之秉彝，好事懿德」二語，以見良知之多着一分意思不得，蘿石宜由此有悟於良知。明道云：「既得後須放開。」上蔡亦云：「學者須是胸懷擺脱得開始得。」朱子曰明道之語，亦是上蔡所記，或恐「須」字是「必」字之意，言既得則自有此驗，不但如此拘拘耳，非謂須要放開也。若陽明先生答蘿石所謂：「自以爲得者，已着了意思。」豈朱子之所謂既得，則自有此驗乎？故以爲非宜，故以爲「知得自以爲得之非宜，只此便是良知」也。

又按：朱子曰：「『灑落』二字是黄太史語，後來李延平先生拈出，亦是且要學者識箇深造自得底氣象，以自考其所得之淺深，不謂一在傳後〔一〕而其弊乃至於此。」愚謂：其弊乃至於此者，直是自以爲得之弊耳，陽明先生從朱子此段語理會過來，故以爲非宜，並以爲知得非宜爲良知，則不自以爲得底氣象，亦從可想見矣。

録善人以自勉，此亦多聞多見而識，乃是致良知之功，此等人只是欠學問，恐不能到頭如此，吾輩中亦未易得也。〔二〕

泉按：陸稼書《讀朱隨筆》：「答子静云：『邇來日用工夫頗覺有力，無復向來支離之病。』此朱子自言其日用得力，非言其頓悟得力也，其篇首固云道理雖極精微，然初不在耳目見聞之外。」玩稼書此段語，則知陽明先生《答董羅石書》以「多聞多見而識」爲致良知，此正朱子之學也。夫朱子答陸子静此書，陽明指爲「晚年定論」。苟於聞見上致良知能到頭如此，當如朱子「頗覺有力，無復向來支離之病」云爾也。然而陽明恐此等人不能到頭如此者，以其多聞多見與良

〔一〕「一在傳後」，同治求我齋本《朱熹文集》作「不一再傳」。
〔二〕《王文成公全書・文録二・答董澐蘿石書》嘉靖四年乙酉（一五二五）文。

知尚或合或離也。

寄鄒謙之書

比遭家多難，工夫極費力，因見得良知兩字，比舊愈加親切，真所謂大本達道，舍此更無學問可講矣。〔一〕

泉按：朱子《答張敬夫》曰：「日前所見累書所陳者，只是儱侗地見得箇『大本達道』底影像，便執認以爲是了。……蓋只見得箇直截根源、傾湫倒海底氣象，日間但覺爲大化所驅，如在洪濤巨浪之中，不容少頃停泊。蓋其所見一向如是，以故應事接物處，但覺粗厲勇果增倍於前，而寬裕雍容之氣，略無毫髮雖竊病之，而不知其所自來也。而今而後，乃知浩浩大化之中，一家自有一箇安宅，正是自家安身立命、主宰知覺處，所以立大本、行達道之樞要。所謂體用一源，顯微無間者，乃在於此。」此朱子自道其所得力也。「大本達道」，朱注「大本者，天命之性，天下之理皆由此出，道之體也。達道者，循性之謂，天下古今之所

〔一〕《王文成公全書・文録三・寄鄒謙之》嘉靖五年丙戌（一五二六）文。

共由，道之用也。」其所以示人者，至明且切。陽明先生從朱子所自道者，與其所以示人者理會過來，故《寄鄒謙之書》以爲「見得良知兩字，比舊愈加親切，真舍此大本達道，更無學問可講矣。」愚謂：大本待致，達道待致，致中和，即所謂致良知也。

答歐陽崇一書　三則

良知不由見聞而有，而見聞莫非良知之用。故良知不滯於見聞，而亦不離於見聞。孔子云：「吾有知乎哉？無知也。」良知之外，別無知矣。故致良知是學問大頭腦，是聖門教人第一義。今云專求之見聞之末，則是失卻頭腦，而已落在第二義矣。近時同志中，蓋已莫不知有致良知之説，然言其〔二〕工夫尚多鶻突者，正是欠此一問。

大抵學問工夫，只要主意頭腦是當。若主意頭腦專以致良知爲事，則凡多聞、多見，莫非致良知之功。蓋日用之間，見聞酬酢，雖千頭萬緒，莫非良知之發用流行。

〔二〕「言其」二字誤作「其間」，據《王文成公全書》爲正。

除卻見聞酬酢，亦無良知可致矣。故只是一事。若曰致其良知而求之見聞，則語意之間未免爲二。此與專求之見聞之末者雖稍不同，其爲未得精一之旨，則一而已。「多聞，擇其善者而從之，多見而識之。」既云擇，又云識，其良知亦未嘗不行於其間。但其立意乃專在多聞多見上去擇識，則已失卻頭腦矣。崇一於此等處見得當已分曉，今日之問，正爲發明此學，於同志中極有益。但語意未瑩，則毫釐千里，亦不容不精察之也。

附來書。來書云：「師云：『德性之良知，非由於聞見，若曰多聞，擇其善者而從之，多見而識之，則是專求之見聞之末，而已落在第二義。』竊意良知雖不由見聞而有，然學者之知，未嘗〔一〕不由〔二〕見聞而發。滯於見聞固非，而見聞亦良知之用也。今曰『落在第二義』，恐爲專以見聞爲學者而言，若致其良知而求知〔三〕見聞，似亦知行合一之功矣。如何？」

泉按：陽明言「無善無惡者心之體」，東林多以此爲議論。楊晉菴云：「近乃會得無善無惡之說，蓋指心體而言，非謂性中一無所有也。夫人心寂然不動

〔一〕「嘗」原作「常」，據《王文成公全書》爲正。
〔二〕「由」原作「因」，據《王文成公全書》爲正。
〔三〕「知」原作「之」，據《王文成公全書》爲正。

之時，一念未起，固無所謂惡，亦何所謂善哉？夫子曰：『吾有知乎哉？無知也。』夫知且無矣，何處覓善惡？譬如鑑本至明，而未臨於照，有何妍媸？故其原文曰：『無善無惡者心之體。』非言性之體也，今謂其説與告子同，將毋錯會其旨歟？」

晉菴此語，足以發明陽明先生《答歐陽崇一書》解《無知章》之旨。夫陽明解《無知章》空空二字，在孔子身上説，即無知之義。無知是良知之外別無知之義，與《集注》不同。

然朱子《答江元適》曰：「詩人之稱文王，雖曰『不識不知』，然必繼之曰『順帝之則』；孔門之稱夫子，雖曰『毋意毋我』，然後之得其傳者語之，必曰：『絶四之外，必有事焉。』蓋體用相循，無所偏滯，理固然也。」今觀陽明書中謂：「良知不滯於見聞，而亦不離於見聞」，「良知之外，別無知矣」，雖與《集注》不同，實乞靈於朱子《答江元適》此一段語。

「思曰睿，睿作聖」，「心之官則思，思則得之」，思其可少乎？沈空守寂，與安排思索，正是自私用智，其爲喪失良知，一也。良知是天理之昭明靈覺處。故良知即是天理，思是良知之發用。若是良知發用之思，則所思莫非天理矣。良知發用之思，自然明白簡易，良知亦自能知得。若是私意安排之思，自是紛紜勞擾，良知亦自會分別得。

泉按：朱子曰：「李先生説：『人心中大段惡念，卻易制伏，只是那不大段計利害，乍往乍來底念慮，繼續不斷，難爲驅除，今看來是如此。』」朱子此語與陽明先生《答歐陽崇一書》：「『思曰睿，睿作聖』，『心之官則思，思則得之』，思其可少乎」數語衡之，言若人殊，而其理則一。故陽明書即謂「沈空守寂，與安排思索，正是自私用知，其爲喪失良知，一也」，即謂「良知即是天理，思是良知之發用；若是良知發用之思，則所思莫非天理矣。」愚謂：「所思莫非天理」，卻是曰睿作聖之思，自無安排思索之舉，便見驅除「那不大段計利害，乍往乍來的念慮」，只在良知上做工夫而已。

又按：「問：『不緊要的思慮，不知何以制之？』朱子曰：『只覺得不當思慮的，便莫要思，久久純熟，自然無此等思慮矣。』」陽明先生從朱子此語理會過來，故《答歐陽崇一書》謂：「良知發用之思，自然明白簡易，良知亦自能知得。若是私意安排之思，自是紛紜勞擾，良知亦自會分別得。」愚謂：朱子所謂「覺得不當思慮的」，是良知也；朱子所謂「便莫要思」，是致良知也。

不逆不億而先覺，此孔子因當時人專以逆詐、億不信爲心，而自陷於詐與不信。又有不逆不億者，然不知致良知之功，而往往又爲人所欺詐，故有是言。非教人以是存心，而專欲先覺人之詐與不信也。以是存心，即是後世猜忌險薄者之事。而只此一念，已不可與入堯舜之道矣。不逆不億而爲人所欺者，尚亦不失爲善，但不如能致其良知，而自然先覺者之尤爲賢耳。崇一謂「其惟良知瑩徹」者，蓋已得其旨矣。然亦穎悟所及，恐未實際也。蓋良知之在人心，亘萬古，塞宇宙而無不同。「不慮而知，恒易以知險；不學而能，恒簡以知阻」；「先天而天不違，天且不違，而況於人乎？況於鬼神乎？」夫謂背覺合詐者，是雖不逆人，而或未能無自欺也；雖不億人，而或未能果自信也。是或嘗有求先覺之心，而未能常自覺也。嘗有求先覺之心，即已流於逆億，而足以自蔽其良知矣，此背覺合詐之所以未免也。

君子學以爲己，未嘗虞人之欺己也，恒不自欺其良知而已；未嘗虞人之不信己也，恒自信其良知而已；未嘗求先覺人之詐與不信也，恒務自覺其良知而已。是故不欺則良知無所僞而誠，誠則明矣；自信則良知無所惑而明，明則誠矣。明誠相生，是故良知常覺常照。常覺常照，則如明鏡之懸，而物之來者，自不能遁其妍媸矣。何者？不欺而誠，則無所容其欺，苟有欺焉而覺矣；自信而明〔一〕，則無所容其不信，苟不信焉而覺矣。是謂易以知險，簡以知阻，子思所謂「至誠如神，可以前知」者也。然子思謂「如神」，謂「可以前知」，猶二而言之，是蓋推言思誠者之功效，是猶爲不能先覺者説也。若就至誠而言，則至誠之妙用，即謂之神，不必言如神。至誠則「無知而無不知」，不必言「可以前知」矣。

附來書。來書有云：「人情機詐百出，御之以不疑，往往爲所欺。覺則自入於逆億。夫逆詐即詐也，億不信即非信也，爲人欺又非覺也。不逆不億而常先覺，其惟良知瑩徹乎？然而出入毫忽之間，背覺合詐者多矣。」〔二〕

泉按：顧涇凡云：「逆詐億不信五字，入人膏肓，所謂殺機也。億逆得中，自家心腸亦與那人一般；億逆得不中，那人的心腸勝自己多矣。」涇凡此語，足以發明陽明先生《答歐陽崇一書》所謂「以是存心，即是後世猜忌險薄者之事，而只此一念，已不可與入堯舜之道」之旨。夫《不逆章集注》「未有誠而不明者」，此一句已括不逆、不億、先覺之義；而陽明書中謂「不欺則良知無所僞而誠，誠則明矣；自信則良知

〔一〕「明」原作「誠」，據《王文成公全書》爲正。
〔二〕《王文成公全書·傳習録中·答歐陽崇一》文。

無所惑而明，明則誠矣。明誠相生，是故良知常覺常照。常覺常照，則如明鏡之懸，而物之來者自不能遁其妍媸矣。」此數語從《集注》體會出來。

楊復所〔一〕《證學編》：「問：『抑亦先覺？』曰：『即伊尹所謂先覺也，人人有之。至虛至靈，謂之先覺，又謂之良知。逆億者，情識之私，習而有者也；不逆不億，則良知自然流行，而先覺矣。子貢之億則屢中，不能先覺；而孔子之每事問，乃先覺也。』」復所此編，以良知主意詮發不逆不億先覺之義，而先覺之義徹。陽明書以誠則明、明則誠詮發不逆不億先覺之義，而先覺之義徹，良知之義亦徹。復所不依傍《集注》，陽明依傍《集注》，學者於此亦可會其源流矣。

朱子《答廖子晦》曰：「智主含藏分別，有知覺而無運用，冬之象也。」陸稼書《讀朱隨筆》按云：「有運用前之知覺，有運用後之知覺，如冬之在秋後春前也。」愚即稼書此按詳之，有運用前之良知，有運用後之良知；有運用前之先覺，有運用後之先覺；取以按陽明書後，亦合書中云云指意也。

〔一〕楊起元（一五四七～一五九九），字貞復，號復所，廣東惠州人，萬曆五年（一五七七）進士，官至北京吏部右侍郎兼侍讀學士，卒謚文懿。

陽明學術發微卷七

王龍谿述陽明學髓〔一〕

按：李二曲《體用全學篇》論《陽明集》云：「象山雖云單傳直指，然於本體猶引而不發，至先生始拈致良知三字，以泄千載不傳之祕，一言之下，令人洞徹本面，愚夫愚婦，咸可循之以入道，此萬世功也。」〔二〕又論《龍谿集》云：「發明良知之藴，宏暢精透，闡發無餘，可謂前無往古，後無來今，後有作者，不可尚矣。然讀之亦須挈其要」云云。蓋龍谿爲陽明座下大弟子，所傳實得正宗，且其享壽尤高，故傳説尤夥，顧先

〔一〕王畿（一四九八～一五八三），字汝中，號龍谿，紹興山陰人。嘉靖二年（一五二三）始受業王守仁；七年（一五二八）奔守仁喪，經紀葬事，持心喪三年；十一年（一五三二）與同門錢德洪成進士，授郎中，稱病歸而講學終身，學者稱「龍溪先生」。

〔二〕李顒《二曲集·體用全學》卷七文。

儒謂其機鋒太露，羅念菴常忠告之，然王、羅俱係心宗，無所用其軒輊也。海鹽執友張君菊生〔一〕假余《龍谿集》二十卷，意極可感。爰本二曲之意，擇其論陽明學髓之最精者，輯爲一卷，以示來學。《天泉證道》一篇已見第二卷，不復贅。並附羅念菴論良知文二篇於後，見王羅二家固無異旨，而良知之學千古常新云。

沖元會紀

先生曰：「自先師提出本體工夫，人人皆能談〔二〕本體説工夫。其實本體工夫須有辨，自聖人分上説，只此知便是本體，便是工夫，便是致；自學者分上説，須用致知的工夫以復其本體，博學、審問、慎思、明辨、篤行，五者廢其一，非致也。世之議者或以致良知爲落空，其亦未之思耳。先師嘗謂人曰：『戒慎恐懼是本體，不覩不聞是工夫。』戒慎恐懼若非本體，於本體上便生障礙；不覩不聞若非工夫，於一切處盡成支

〔一〕張元濟（一八六七～一九五九），字筱齋，號菊生，浙江海鹽人。與唐先生同在光緒十八年（一八九二）成進士，曾任總理各國事務衙門章京；二十七年（一九〇一）創辦商務印書館。

〔二〕「談」原作「説」，據《龍谿王先生全集》爲正。

離。蓋工夫不離本體，本體即是工夫，非有二也。」〔一〕

滁陽會語

予赴南譙，取道滁陽，拜瞻先師新祠於紫微泉上。太僕巾石吕子以滁爲先師講學名區，相期同志與其雋士數十人，大會祠下。諸君謬不予鄙，謂晚有所聞，各以所得相質，以求印正。余德不類，何足以辱諸君之教？而先師平生所學之次第，則嘗聞之矣，請爲諸君誦之，而自取正焉。

先師之學，凡三變而始入於悟，再變而所得始化而純。其少禀英毅凌邁，超俠不羈，於學無所不窺，嘗泛濫與詞章，馳騁於孫吴。雖其志在經世，亦才有所縱也。及爲晦翁格物窮理之學，幾至於殞，時苦其煩且難，自嘆以爲若於聖學無緣，乃始究心於老佛之學。築〔二〕洞天精廬，日夕勤修，煉習伏藏，洞悉機要。其於彼家所謂見性抱一之旨，非惟通其義，蓋已得其髓矣。自謂嘗於静中内照形軀，如水晶宫，忘己忘物，

〔一〕王畿《龍谿王先生全集·語録·沖元會紀》文。
〔二〕「築」字，《龍谿王先生全集》作「緣」。

忘天忘地，與空虚同體，光耀神奇，恍惚變幻，似欲言而忘其所以言，乃真境象也。及至居夷處困，動忍之餘，恍然神悟，不離倫物感應，而是是非非，天則自見。徵諸四子六經，殊言而同旨，始嘆聖人之學，坦如大路，而後之儒者，妄開逕竇，紆曲外馳，反出二氏之下，宜乎高明之士厭此而趨彼也。自此之後，盡去枝葉，一意本原，以默坐澄心爲學的，亦復以此立教。於《傳習録》中所謂：「如鷄覆卵，如龍養珠……精神意思，凝聚融結，不復知有其他。顔子不遷怒不貳過，有未發之中，始能有發而中節之和，道德言動，大率以收斂爲主，發散是不得已。」種種論説，皆其統體耳。一時學者聞之翕然，多有所興起。然卑者或苦於未悟，高明者樂其頓便，而忘積累，漸有喜静厭動、玩弄疎脱之弊。先師亦稍覺其教之有偏，故自滁留以後，乃爲動静合一、工夫本體之説以救之；而入者爲主，未免加減迴護，亦時使然也。

自江右以後，則專提「致良知」三字，默不假坐，心不待澄，不習不慮，盎然出之，自有天則，乃是孔門易簡直截根原。蓋良知即是未發之中，此知之前，更無未發；良知即是中節之和，此知之後，更無已發。此知自能收斂，不須更主於收斂；此知自能發散，不須更期於發散。收斂者，感之體，静而動也；發散者，寂之用，動而静也。知之真切篤實處即是行，真切是本體，篤實是工夫，知之外更無行；行之明覺精察處即是知，明覺是本體，精察是工夫，行之外更無知。故曰：致知存乎心，悟致知焉盡矣。

逮居越以後，所操益熟，所得益化，信而從者益衆，時時知是知非，時時無是無非，開口即得本心，更無假借湊泊，如赤日麗空，而萬象自照，如元氣運於四時，而萬化自行，亦莫知其所以然也。……晚年造履，益就融釋，即一爲萬，即萬爲一，無一無萬，而一亦忘矣。

先師平生經世事業，震耀天地，世以爲不可及。要之，學成而才自廣，機忘而用自神，亦非兩事也。先師自謂「良知」二字，自吾從萬死一生中體悟出來，多少積累在，但恐學者見太容易，不肯實致其良知，反把黃金作頑鐵用耳。先師在留都時，會有人傳謗書，見之不覺心動，移時始化，因謂終是名根消煞未盡，譬之濁水澄清，終有濁在。余嘗請問平藩事，先師云：「在當時只合如此做，覺來尚有微動於氣所在。使今日處之，更自不同。」夫良知之學，先師所自悟。……吾人得於所見所聞，未免各以性之所近爲學，又無先師許大鑪冶，陶鑄銷鎔，以歸於一，雖於良知宗旨，不敢有違，而擬議卜度，攙和補湊，不免紛成異説。……而其最近似者，不知良知本來易簡，徒泥其所晦之迹，而未究其所悟之真，鬨然指以爲禪。同異毫釐之間，自有真血脈絡，明者當自得之，非可以口舌争也。

諸君今日所悟之虚實與所得之淺深，質諸先師終身經歷次第，其合與否？所謂如人飲水，冷煖自知，以此求之，沛然有餘師矣。〔一〕

按：此篇包括一部年譜，有志於陽明之學者，宜熟玩也。

書休寧會約

吾人爲學，所大患者，在於包裹心深，擔當力弱。若夫此學之脈絡〔二〕本來易簡，有志者一言可以立決，正不必以爲患也。昔吾陽明先師講學山中，時一人資性警敏，與之語，易於領略；因其請，引以入見，先師漫然視之，屢問而多不答，吾惑焉。一人平時作事過當，不顧人非毁，見惡於鄉黨；因其悔請，亦引以入見，先師與之語，竟日忘倦，若有意於斯人者，吾惑焉。間以請問，先師曰：「某也資雖警捷，世情機心，不肯放舍，使不聞學，猶有敗露悔改之時。若又使之有聞，見解愈

〔一〕王畿《龍谿王先生全集·語録·滁陽會語》文。
〔二〕「脈絡」，《龍谿王先生全集》作「脉路」。

多，趨避愈巧，覆藏愈密，一切圓融智慮，適足增其包藏而益其機變，爲惡將不可復悛矣〔一〕。某也作事能不顧人非毀，原是有力量之人，特其狂心偶熾，一時銷歇不下，所患不能悔耳。今即知悔而來，得其轉頭，移此力量爲善，何事不辦〔二〕？予所以與其進也。」後二人皆如所料。乃知先師教法，如秦越人視疾〔三〕，洞見五臟，真神醫也。

不肖千里遠來，求助於四方，承諸君不鄙，相會數日。中間豪傑之士能不包裹、能擔當世界者，不敢謂盡無人。試平心各各自反，如前之説，亦或有一二似之否乎？不可不深以爲戒也。予之爲此言，心亦良苦。追憶曩相會時，復八九年矣，今所進益復何如？若不及時發憤，以圖遠業，竊恐後之視今猶夫昔也。若夫此學之易簡，本心之靈，不容自昧，一念自反，未有不自得者。惟諸君立真志，修實行，本諸一念之微，各安分限，以漸而入，譬之源泉之赴海，終有到時。在諸君勉之而已矣！〔四〕

〔一〕謂此警敏人甚世故，包裹心深也。
〔二〕謂此過當者之擔當力强也。
〔三〕「秦越人」乃扁鵲；《史記・扁鵲傳》載扁鵲姓秦氏，名越人。
〔四〕王畿《龍谿王先生全集・語録・書休寧會約》文。

書婺源同志會約

或者曰：「婺源爲紫陽闕里，今日之論，不免於〔一〕有異同，盍諱諸？」予曰：「噫！鄙哉！是何待晦翁之薄，而視吾道之不廣也？夫道，天下之公道；學，天下之公學，公言之而已。今日之論，不能免於異同者，乃其入門下手之稍殊，至於此志之必爲聖人，則固未嘗有異也。蓋非同異不足以盡其變，非析異以歸於同則無以會其全。道固如是，學固如是也。使千聖同堂而坐，其言論風旨，亦不能以盡合；譬之五味相濟，各適其宜而止；若以水濟水，孰從而和之哉？

今所論不同之大者，莫過於《大學》之先知後行，《中庸》之存養省察。晦翁以格致誠正分知行爲先後，先師則以《大學》之要，惟在誠意，致知格物者，誠意之功，知行一也。既分知行爲先後，故須用敬以成其始終。先師則以誠即是敬，既誠矣，而復敬以成之，不幾於贅已乎？孔門括《大學》一書爲《中庸》首章，戒懼慎獨者，是格致以誠意之功；未發之中與發而中節之和，是正心修身之事；中和位育，則齊家、治國、平

〔一〕「於」字脱，據《龍谿王先生全集》補入。

天下之事也。若分知行爲先後，《中庸》首言慎獨，是有行而無知也；後分尊德性、道問學爲存心、致知，是有知而無行也。一人之言，自相矛盾，其可乎哉？晦翁既分存養省察，故以不覩不聞爲己所不知，獨爲人所不知，而以中和分位育。夫既己所不知矣，戒慎恐懼，孰從而知之？既分中和位育矣，天地萬物，孰從而二之〔一〕？此不待知者而辨也。先師則以不覩不聞爲道體，戒慎恐懼爲修道之功。不覩不聞即是隱微，即所謂獨。存省一事，中和一道，位育一原，皆非有二也。晦翁隨處分而爲二，先師隨處合而爲一，此其大較也。

至於《大學》致知、《中庸》未發之中，此古今學術尤有關係，不容不辨者也。夫良知之與知識，爭若毫釐，究實千里。同一知也，良知者，不由學慮而得，德性之知，求諸己也；知識者，由學慮而得，聞見之知，資諸外也。未發之中是千古聖學之的。中爲性體，戒懼者，修道復性之功也。故曰：戒慎恐懼而中和出焉……良知即是未發之中，譬如北辰之奠垣，七政由之以效靈，四時由之以成歲，運乎周天，無一息之停，

〔一〕「之」原作「也」，據《龍谿王先生全集》爲正。

而實未嘗一息離乎本垣，故謂之未發也。千聖舍此，更無脈絡〔一〕可循，古今學術之同異，尤不容不辨者也。

然此特晦翁早年未定之見耳。逮其晚年超然有得，深悔平時所學，虚内逐外，至謂『誑己誑人』，謂『延平先生嘗令體認未發以前氣象，此是本領功夫，當時貪着訓詁，未暇究察，辜負此翁耳』。其語象山有云：『所喜邇來功夫頗覺省力，無復向來支離之病。』其語門人有云：『向來全體精神用在故册子上，究竟一無實處，只管談王説霸，别做一項伎倆商量。』諸凡類此者，所謂『晚年定論』，載在《全書》，可考見也。

學者蔽於舉業，無暇討求全書，徒泥早年未定之見，揣摸依倣，瑕瑜互相掩覆，使不得爲完璧，其薄待晦翁亦甚矣！夫晦翁平生之志，在必爲聖人，而其制行之高，如太山喬嶽，一毫世情功利不足以動乎其中，故其學之足以信今而傳後，亦以此也。吾人未有必爲之志，未免雜於故習，行不足以孚於人，而嘵嘵然於分合異同之迹，譬之隋和之寶，不幸綴與窶人垢衣之内，人孰從而信之？

雖然，此猶泥於迹也。今日之學，惟以發明聖修爲事，不必問其出於晦翁、出於

〔一〕「脈絡」，《龍谿王先生全集》作「脉路」。

先師，求諸其心之安而信焉，可也。學者不因其人之蹇，而并疑其實之非真，斯善學也已。」〔一〕

按：此篇以《大學》《中庸》首章，分析朱王二家異同，極爲明顯。要之，朱學善精析，王學喜籠統，所謂道並行而不相悖，在善學者視其性之所近而已矣。

天柱〔二〕山房會語　與張陽和〔三〕、裘子充問答

陽和張子自謂：「功名一念，已能忘機不動心。」先生曰：「何言之易易也？」昔有鄉老譏先師曰：「陽明先生雖與世間講道學，其實也只是功名之士。」先師聞之，謂諸友曰：「你道這老者是譏我，是稱我？」諸友笑曰：「此直東家丘耳，何與於譏稱？」師曰：「不然。昔人論士之所志，大約有三：道德、功名、富貴。聖學不明，道德之風邈矣。志於功名者，富貴始不足以動其心。我今與〔四〕世間講學，固以道德設

〔一〕王畿《龍谿王先生全集·語録·書婺源同志會約》文。
〔二〕「柱」原作「桂」，據《龍谿王先生全集》爲正。
〔三〕謹按：《龍谿王先生全集》「張陽和」後有「周繼實」之名。因唐先生未録周氏語，故删之。
〔四〕「與」原作「於」，據《龍谿王先生全集》爲正。

教，是與人同善不容已之心，我亦未能實有諸己。一念不謹，還有流入富貴時候。賴天之靈，一念自反，覺得早，反得力，未至墮落耳。世衰道喪，功利之毒浹於人之心髓，士鮮以豪傑自命。以世界論之，是千百年習染。以人身論之，是一生幹當。古今人所見不同，大抵名浮而實下。古之所謂功名，今之道德；古之所謂富貴，今之功名。若今之所謂富貴，狗偷鼠竊，競競刀錐之利，比於乞墦穿窬，有儀、秦所耻而不屑爲者。其視一怒安居之氣象，何如也？吾子看得功名題目太淺，所以如此自信；若觀其深，必如百里奚之不入爵禄於心，王曾之不事温飽，始足以當功名。達如伊傅〔一〕，窮如孔孟，立本知化，經綸而無所倚，始足以當道德也。」……

子充曰：「陽明夫子居喪，有時客未至慟哭，有時客至不哭。陽和終以不哭爲疑，敢請。」先生曰：「凶事無詔，哀哭貴於由衷，不以客至不至爲加減也。昔人奔喪，見城郭而哭，見室廬而哭，自是哀心不容已。今人不論哀與不哀，見城郭、室廬而哭，是乃循守格套，非由衷也。客至而哭，客不至而不哭，尤爲作僞。世人作僞得慣，連

〔一〕指伊尹與傅説。

父母之喪，亦用此術以爲守禮，可嘆也已！毁不滅性，哀亦是和。悟得時，即此是學。」〔一〕

按：首段當與《拔本塞源論》同讀，可以砥礪德行，增長志氣。此段當與《禮記·檀弓篇》同讀，哀至則哭，何常之有？良知非由外鑠我也。

答吴悟齋

何謂知行合一？有本體，有工夫，聖人之學，不失其本心而已。心之良知謂之知，心之良能謂之行。《孟子》只言知愛知敬，不言能愛能敬，知能處即是知，能知處即是能，知行本體，原是合一者也。知之真切篤實處謂之行，行之明覺精察處謂之知，知行功夫本不可離，只因後世學者分作兩截用功，故有合一之説。知非篤實，是謂虚妄，非本心之知矣；行非精察，是謂昏冥，非本心之行矣。……

夫知行合一，發於先師而非始於先師。《中庸》曰：「道之不行，知者過之，愚者不及也；道之不明，賢者過之，不肖者不及也。」此便是孔門知行合一真指訣。孟氏

〔一〕王畿《龍谿王先生全集·語録·天柱山房會語》文。

曰「智譬則巧，聖譬則力」，智與聖，知行之謂也。巧者，力之巧；力者，巧之力。引弓發矢，巧力俱到。巧有餘而力不足，力有餘而巧不足，皆不足以言中，此合一之説也。先師曰：「致良知，良知是知行之本體，致是知行之功夫，格物正所以致之也。」

先師一生教人喫緊處，只有「在格物」三字；吾人一生學道切要處，亦只有「在格物」三字。……若以良知本體屬知，以致知功夫屬行；知之體圓〔一〕，易於流動而不居，格則有矩存焉。格物者，行其所知也。謂今之論學者只在知上發明，未曾在行上發明，則是能知而不能行，知行分而爲二。……而謂鄙人之説纏繞，反成穿鑿，亦無怪其然也。〔二〕

按：此篇當與第二卷「知行合一」節并讀。《中庸》「道之不行」章，朱注以知行交互説，是亦以知行爲合一矣。《孟子》言：「智之實，知斯二者弗去是也。」〔三〕弗去即行，尤爲知行合一之明證。

〔一〕「圓」原作「員」，據《龍谿王先生全集》爲正。
〔二〕王畿《龍谿王先生全集・書・答吴悟齋》文。
〔三〕《孟子・離婁上》文。

讀先師再報海日翁吉安起兵書序

伏讀吾師《吉安起兵再報海日翁手書》，至情溢發，大義激昂，雖倉卒遇變，而慮患周悉，料敵從容，條畫措置，終始不爽，逆數將來，歷歷若道其已然者，所爲良工苦心，非天下之至神，何以與此？而世之忌者，猶若未免於紛紛之議，亦獨何哉？

夫宸濠逆謀已成，内外協應，虐焰之熾，熏灼上下，人皆謂其大事已定，無復敢攖其鋒者。師之回舟吉安，倡義起兵也，人皆以爲愚，或疑其詐。時鄒謙之在軍中，見人情洶洶，入請於師。師正色曰：「此義無所逃於天地之間。使天下盡從寧王，我一人決亦如此做。人人有箇良知，豈無一人相應而起者？若夫成敗利鈍，非所計也。」宸濠始事，張樂高會，詗探往來，且畏師之擣其虚，浹旬始出。人徒見其出城之遲，不知多方設疑用間，有以貳而撓之也。宸濠出攻安慶，師既破省城，以三策籌之：上策直趨北都，中策取南都，下策回兵返救。或問：「計將安出？」師曰：「必出下策，駑馬戀棧荳〔一〕，知不能舍也。」及宸濠回兵，議者皆謂歸師勿遏，須堅守以待援。師

〔一〕「荳」字，《龍谿王先生全集》作「豆」。

曰：「不然，宸濠氣焰雖盛，徒恃焚劫之慘，未逢大敵，所以鼓動煽惑其下，亦全恃封爵之賞。今未出[一]旬日輒返，衆心沮喪，譬之卵鳥破巢，其氣已墮。堅守待援，適以自困。若先出鋭卒，乘其惰歸而擊之，一挫其鋒，衆將不戰自潰矣。」已而果然。人徒知其成擒之易，不知謀定而動，先有以奪其心也。師即獻俘，閉門待命。

一日，召諸生入講曰：「我自用兵以來，致知格物之功，愈覺精透。」衆謂兵革浩穰，日給不暇，或以爲迂。師曰：「致知在於格物，正是對境應感，實用力處。平時執持怠緩，無甚查考，及其軍旅酬酢，呼吸存亡，宗社安危，所係全體精神，只從一念入微處，自照自察，一些着不得防檢，一毫容不得放縱，勿欺[二]勿忘；觸機神應，是乃良知妙用，以順萬物之自然，而我無與焉。

夫人心本神，本自變動周流，本能開物成務，所以蔽累之者，只是利害毁譽兩端。世人利害，不過一家得喪爾已；毁譽，不過一身榮辱爾已。今之利害毁譽兩端，乃是滅三族，助逆謀反，係天下安危，只如人疑我與寧王同謀，機少不密，若有一毫激作之

[一]「未出」原作「出未」，據《龍谿王先生全集》爲正。
[二]「欺」原作「助」，據《龍谿王先生全集》爲正。

心，此身已成虀粉，何待今日？動少不慎，若有一毫假借之心，萬事已成瓦裂，何有今日？此等苦心，只好自知；譬之真金之遇烈燄，愈煆煉，愈發光輝。此處致得，方是真知；此處格得，方是真物；非見解意識所能及也……夫死天下事易，成天下事難；成天下事易，能不有其功難；不有其功易，能忘其功難；此千古聖學真血脈絡。」〔一〕吾師一生任道之苦心也。

畿既讀是書，并述所聞，綴諸卷端，歸之嗣子正億〔二〕，服膺以爲大訓。是豈惟足以祛紛紛之議，千古經綸之實學，亦可以窺其微矣。繼述之大，莫善於此，嗣子其圖之。〔三〕

按：此篇以陽明畢生功業，統歸於致良知之學，尤爲精當不磨。世之人所以不能成大業者，以其無性體心體功夫，私欲錮蔽，卒至於身敗名裂，豈不惜哉！

〔一〕「脈絡」，《龍谿王先生全集》作「脉路」。

〔二〕王正億（一五二六～一五七七），小名正聰，字仲時，號龍陽，王陽明長子，世襲新建伯。

〔三〕王畿《龍谿王先生全集・序・讀先師再報海日翁吉安起兵書序》文。

又按：孫夏峯先生《語録》載：「陽明在贛，諸寇平捷，上設酒，勞諸生曰：『以此相報。』諸生瞿然。陽明曰：『自吾大征及登堂賞罰，直至與諸生相對並較，無少增損，此即諸生之助。』尹吉甫中興，歸而飲御，乃在張仲孝友，亦此意」〔一〕云云。蓋陽明建功立業，所性分定，固本於良知之學，而師生之誼，親切如此，尤可愛慕。近世羅忠節公行兵，所用將士如李忠武公昆弟，皆其門徒，須知學校中師生皆當如此，庶可備干城之選也。

附録：羅念菴《良知辨》

余問於龍谿子曰：「吾記熙光樓若何？」曰：「將以救病，非言學也。」曰：「何？」曰：「良知者，感觸神應，愚夫愚婦與聖人一也。奚以寂，奚以收攝爲？」余不答，已〔二〕而腹飢索食，龍谿子曰：「是須寂否？須收攝否？」余曰：「若是則安取於學？饔飧與禮食，固無辨乎。」

〔一〕孫奇逢《夏鋒先生集・語録》文。
〔二〕「已」原作「也」，據哈佛燕京圖書館藏本《念菴羅先生文集》爲正。

他日，龍谿子曰：「良知本寂，無取乎歸寂。歸寂者，心〔一〕槁矣。良知本神應，無取乎照應。照應者，義襲矣。吾人不能神應，不可持以病良知，良知未嘗增損也。」余曰：「吾人嘗寂乎？」曰：「不能。」曰：「不能，則收攝以歸寂，於子何病？吾人不能神應，謂良知有蔽，可乎？」曰：「然。」曰：「然則去蔽則良知明，謂聖愚有辨，奚不可？求則得，舍則失，不有存亡乎？養則長，失則消，不有增損乎？擬而言，議而動，不有照應乎？是故不可〔二〕泯者，理之常也，是謂性；不易定者，氣之動也，是謂欲；不敢忘者，志之凝、命之主〔三〕也，是謂學。任性而不知辨欲，失之罔；談學而不本之真性，失之鑿；言〔四〕性而不務力學，失之蕩。吾懼言之近於蕩也。」龍谿子曰：「如〔五〕子之言，固未足以病良知也。」〔六〕

〔一〕「心」原作「必」，據《念菴羅先生文集》爲正。
〔二〕「可」原作「容」，據《念菴羅先生文集》爲正。
〔三〕「主」字原作「立」，據《念菴羅先生文集》爲正。
〔四〕「言」字原作「見」，據《念菴羅先生文集》爲正。
〔五〕「如」字原作「若」，據《念菴羅先生文集》爲正。
〔六〕羅洪先《念菴羅先生文集·辨·良知辨》文。

附録：羅念菴《龍場陽明祠記》節録

余嘗考龍場之事，於先生之學有大辨焉。夫所謂良知云者，本之孩童固有而不假於學慮，雖匹夫匹婦之愚，固與聖人無異也。乃先生自敘，則謂困於龍場三年而後得之，固有甚不易者，則又何哉？

今夫發育之功，天地之所固有也，然天地不常有其功。一氣之斂閉而成冬，風露之撼薄，霜霰之嚴凝，隕穫摧敗，生意蕭然，其可謂寂寞而枯槁矣！鬱極而軋，雷霆奮焉，百蟄啓，羣卉茁，氤氳動蕩於宇宙之間者，則向之風霰爲之也。是故藏不深則化不速，蓄不固則致不遠，屈伸剝復之際，天地且不能違，而況人乎？

先生以豪傑之才，邁往之志，振迅雄偉，脱屣於故常，於是一變而爲文章，再變而爲氣節。當其倡言於逆瑾蠱政之時，撻之朝而不悔，其憂思懇款，意氣激烈，議論鏗訇，真足以淩駕一時而託名後世，豈不快哉！

及其擯斥流離於萬里絶域，荒煙深箐，狸鼯豺虎之區，形影孑立，朝夕惴惴，既無一可騁者，而且疾病之與居，瘴癘之與親。情迫於中，忘之有不能；勢限於外，去之有不可。輾轉煩瞀，以成動忍之益。蓋吾之一身已非吾有，而又何有於吾身之外？

至於是而後如大夢之醒，强者柔，浮者實，凡平日之所挾以自快者，不惟不可以常恃，而實足以增吾之機械，盜吾之聰明，其塊然而生，塊然而死，與吾獨存而未始加損者，則固有之良知也。然則先生之學，出之而愈長，晦之而愈光，鼓舞天下之人，至於今日不怠者，非雷霆之震？前日之龍場，其風霰也哉？

嗟乎！今之言良知者，莫不曰「固有」；問其致知之功，亦莫不曰「任其固有」焉耳，亦嘗於枯槁寂寞而求之矣乎〔一〕？所謂盜聰明、增機械者，亦嘗有辨於中否乎？夫良知之處寂無，不啻風霰之斂其形；其速發而善應，不啻雷霆之鼓其機；而人之憂愉恐喜、咈順拘肆之態，磊礧出没於胸中，日不知其凡幾，又不啻一龍場也。然未有知之而動忍者，彼其根株蔓引之潛滋，而勉强格禁於既發，此雖困頓扼抑之極，將亦何益於進退也〔二〕？

生於憂患，死於安樂，豈亦有待其人乎？蓋憂悔吝而後可以言補過，齊夭壽而後可以言修身。大受而不懼者，内無所繫者也；苦難而不入者，近有所安者也。龍場

〔一〕「乎」字脱，據《念菴羅先生文集》補入。
〔二〕《念菴羅先生文集》無「也」字。

固傳舍也，先生遇之，一以爲風霰，一以爲雷霆。非先生其人，荒煙深箐，狸鼯豺虎故區而已矣，誰爲過之？誰爲祠之？世之勢位，加於龍場何限？考其所至，猶傳舍然，而人之遇之者，亦如逆旅之過目。吾又未嘗不有感於賢愚相遠，而嘆先生厚自貽也〔一〕。

按：念菴此二篇以明七子之文思，發致良知之精藴，震醒人心不少，亟録之以資激厲，庶幾盪滌天下之邪穢乎！

〔一〕《念菴羅先生文集·記·龍場陽明祠記》文。

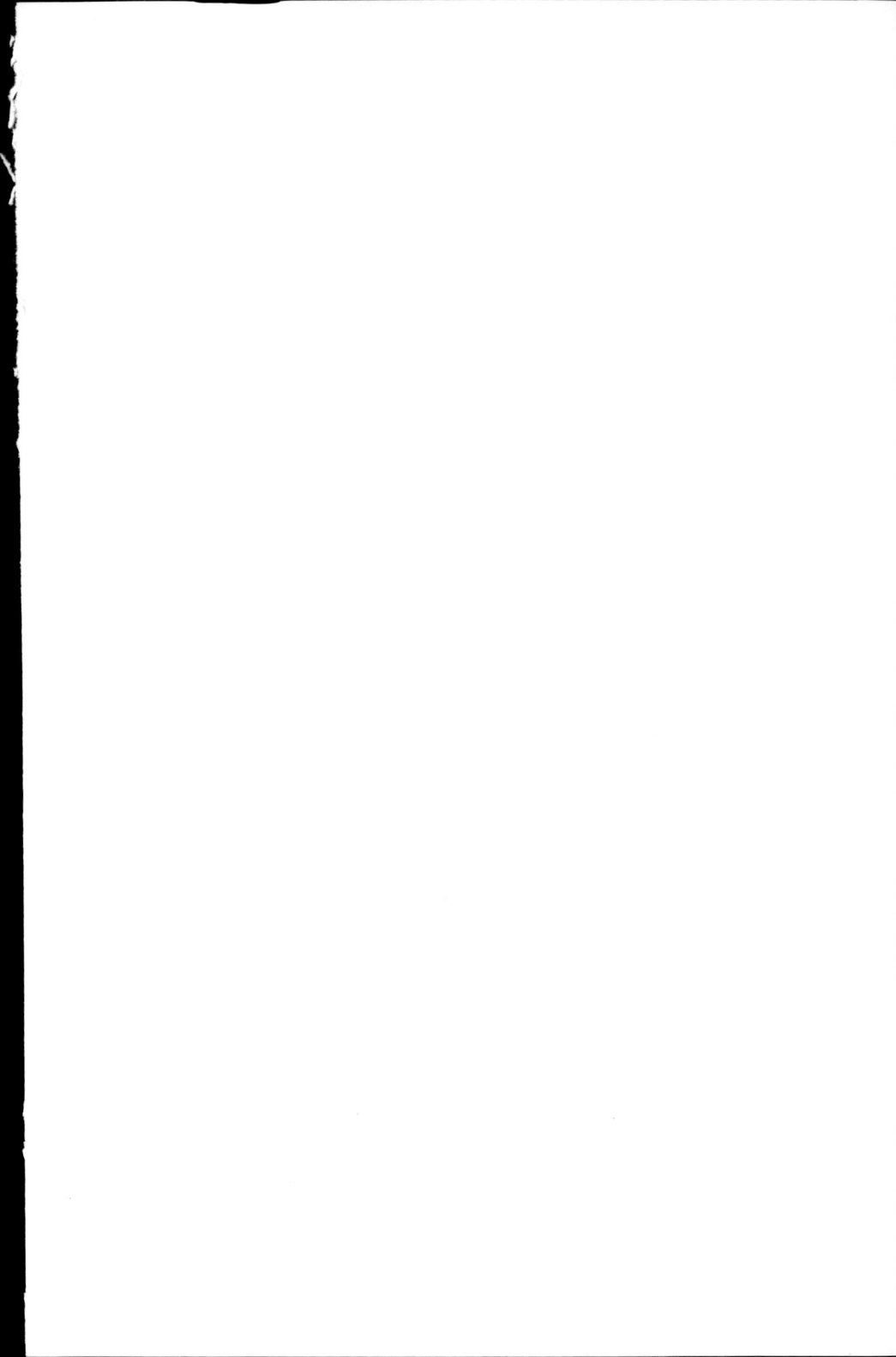

十三五國家重點圖書出版規劃項目

國家古籍整理出版專項經費資助項目

唐文治集

選堂

唐文治 著

鄧國光 輯釋

歐陽艷華 何潔瑩 輯校

唐文治性理學論著集

第一冊

上海古籍出版社

圖書在版編目(CIP)數據

唐文治性理學論著集 / 唐文治著；鄧國光輯釋；歐陽艷華，何潔瑩輯校. —上海：上海古籍出版社，2020.9
（唐文治集）
ISBN 978-7-5325-9705-5

Ⅰ.①唐… Ⅱ.①唐… ②鄧… ③歐… ④何… Ⅲ.①理學—文集 Ⅳ.①B244.05-53

中國版本圖書館 CIP 數據核字（2020）第 137433 號

唐文治集
唐文治性理學論著集
（全三册）
唐文治 著
鄧國光 輯釋
歐陽艷華 何潔瑩 輯校
上海古籍出版社出版發行
（上海瑞金二路 272 號 郵政編碼 200020）
（1）網址：www.guji.com.cn
（2）E-mail：guji1@guji.com.cn
（3）易文網網址：www.ewen.co
江陰金馬印刷有限公司印刷
開本 890×1240 1/32 印張 53.75 插頁 15 字數 903,000
2020 年 9 月第 1 版 2020 年 9 月第 1 次印刷
印數：1—1,100
ISBN 978-7-5325-9705-5
Z·454 定價：350.00 元

總目

陽明學術發微

第三册

性理救世書

弁　言

本編爲《唐文治集》第三編，蒐集唐文治先生性理學專著四種，曰《性理學大義》《紫陽學術發微》《陽明學術發微》《性理救世書》，爲之校釋整理，舉凡先生性理學專著，備載無遺。至於相關講録或可補充者，皆附録於相應章節之中，庶幾保全先生性理學之整體造詣。蓋世積亂離，遺著散落，綿綿若存天壤間，大體未彰，至於今日，正視「苦難時代」艱苦卓絶之性理學建樹，實在刻不容緩。

唐文治先生一生精研、闡揚并實踐「性理學」，「格物」「致良知」兩項重大性理學主題之闡釋，成就尤爲斐然。其堅持修己治人，飽含「倫理政治」之信念以重建人道之宏願，出之以對心學之自覺與提倡。唐先生性理學原本《孟子》，根植經義；重建孔子、曾子、子思、孟子一系以修己治人爲核心之儒家義理精神，下接程、朱、陸、王道統；會通朱子與陽明，統合堯舜之道、文武之德於聖學道統，闡明修齊治平之王道大義，皆身體力行，聖賢氣象，具存於兹。其學理之機括，在「倫理意志」之自覺，此所謂先知先覺，即良知與良能，涵蓋生命倫理與責任倫理之要義。經義性理一體，本植於知覺，人心一念之幾微，體用由之而出。此意志機制稱之曰「心學」。此先生性理學之大本，經學爲其大用，文章學則樞紐於其中，三者共匯，構成其學術殿堂，展示人道莊嚴所在。其通融匯攝之力量，化解學術專業或門户秉具之排他性，遂形成生命力極度活躍之學理反思，從而建構體系嚴密而條理分明之義理體統。先生於一九二〇年撰《無錫國學專修館學規》之第五「理學」條宣示云：

經師之所貴，兼爲人師。禮學之所推，是爲理學。孔子説《易》曰：「窮理盡性。」窮理者，人生莫大之學問，即莫大之事業也。孟子傳孔子之緒，曰：「理義悦我心。」曰明善、曰集義，皆理學也。宋周子得道統之傳，作《太極圖説》，發揮陰陽五行之奥曰：「聖人定之以中正仁義而主静，立人極焉。」主静者，窮理之根源；人極者，爲人之極則也。二程、張子皆理學正宗，朱子集諸儒之大成，旁搜遠紹，所謂「爲往聖繼絶學，爲萬世開太平」者也。陸象山先生直揭本心，别樹一幟。王文成宏暢厥旨，學術、功業震耀當時。嗣後劉蕺山〔一〕、陸桴亭〔二〕、張楊園〔三〕、陸清獻、湯文正、張清恪〔四〕諸先生，莫不行爲世表，言爲世法。綜覽歷史，理學盛則世道昌，理學衰則世道晦，毫髮不爽。吾輩今日惟有以提倡理學，尊崇人範爲救世之標準。然而有最宜致慎者，則誠與僞之辨而已。孔子曰：「君子進德修業。忠信所以進德也；修辭立其誠，所以居業也。」〔五〕學者所當日三復也。

先生言傳身教，更論撰不息，所以因時成教，通變而不失道體，開新而成治化之大用；復因時代際會，周知世界大勢之推移，與東西方文化進路，深探落差之由，以求根

〔一〕劉宗周（一五七八～一六四五），字起東，號念臺，紹興人，萬曆二十九年（一六〇一）進士，順治二年杭州陷，絶食殉義。講學蕺山，提倡誠意慎獨，學者稱蕺山先生。

〔二〕陸世儀（一六一一～一六七二），字道威，晚號桴亭，太倉人，學宗程朱，明亡不仕。唐先生父受祺輯《陸桴亭先生遺書》。

〔三〕張履祥（一六一一～一六七四），世居楊園村，故號楊園先生。

〔四〕張伯行（一六五一～一七二五），字孝先，號恕齋，河南儀封人，康熙二十四年（一六八五）進士，官至禮部尚書，編《正誼堂全書》；謚清恪。參唐先生《正誼堂逸書序》（一九〇三）。

〔五〕《易·乾》卦九三《文言傳》文。

治之方。欲力挽狂瀾，學術救國，其關鍵必自人心世道之更生始，救心所以救國也。是故先生兢兢提倡「心學」，欲以救人心，正人極，解民瘼，明王道。仁心經緯，禮義規劃，復提倡商政，支持實業，維護農工，恢復地方生機，皆所以濟世保民，以期長治久安，其賑濟惠民之措施，深得朱子遺意。本道心之微，推拓而至「救世」，由微而著，因隱至顯，即本及末，明體達用，皆神理一貫，體統全備，是以高屋建瓴，堂廡自深，規模宏大，氣象至厚；乃至身體力行，修德明道，立教成化，再造文明，此先生性理之學，從「生命倫理」自覺始，體仁明耻，步步推拓而爲「倫理政治」，期盼禮治仁政之實現，實在體統該備，偉然卓立，無愧一代儒宗者，其出類拔萃，豈區區學科陬隅範限於一端！性理學乃先生學術生命之核心，繼天立極，不離乎此；故今謹縷述其治學之始末與進路，客觀演示其學術經義之生成與變化，用備知人論世而知所取則之資。

一、主一治心：對治時代「心疾」之性理學

先生行實，大略分兩面而言，其先從政，其後辦學。此兩面之特殊「歷練」，皆不離世運與時代。時代問題對先生之衝擊，直接體現於其對「性理學」之重視與營構，實具關鍵意義。蓋「歷練」乃生命之學基本條件，先生從政之時，適值内憂外患之至

亟，際此目睹時艱，痛徹心懷，由是痛定思痛，反省根源，深刻體會士風頹敗、民心散渙、氣節淪喪諸痼疾之弊。上梁不正下梁歪，故正君德，端士習，其更重於變法更制，一意取法朱子，建言輸誠，然亦知狂瀾已倒，但盼回天之有日。先生一八九八戊戌年冬，康梁變法失敗之後，撰《高子外集序》，痛言時代之「心疾」曰：

嗚呼！天地之正氣微矣！（中略）迨夫世衰道微，學術不明，品行不飭，士大夫習爲柔媚脆弱之態，趨承奔競，哫訾栗斯，苞苴公行，廉耻掃地，由是生心害政；朝廷之上，含垢攘尤；學校之中，奇衺詭異。天人之氣否，而三綱五常浸以淪斁。嗚呼！此非特運會之隱憂，抑亦孔、孟、程、朱相傳以來名教之隱痛也。（中略）徵諸遂古，大禹抑洪水，周公兼夷狄、驅猛獸，孔子作《春秋》，聖賢之學豈必盡同？務在救時而已。今日士大夫之心疾，微高子其誰救？此文治所以終不廢主静之説，惜不能起清獻而質之也〔一〕。

〔一〕高攀龍（一五六二～一六二六），稱景逸先生，東林八君子之一。文見唐先生《高子外集序上（戊戌）》，載《茹經堂文集》一編卷四，收録《唐文治文集》「序跋類」。

先生特意開出「心學」，以對治時代「心疾」。「心疾」有甚於洪水猛獸，人道失則心疾狂。先生於舉世瘋狂之機，堅持者，乃程朱以來「主静」之方，此先生性理之學因時淑世之意。先生斷言其「終不廢主静之説」，蓋程朱理學，乃承其家學而更發揚之者。故唐先生之認識「性理學」，乃自童蒙家教始。其父唐受祺（一八四一～一九二四）精於程朱理學，曾整理清初大儒陸世儀著作爲《太倉陸桴亭先生遺書》二十二種。陸世儀一生氣節可嘉，而唐先生一生尊崇氣節，家教與家學爲其關鍵。先生《性理救世書》卷三自敘「讀書大路」，詳述家學緣起云：

文治十五歲時，先大夫授以《御纂性理精義》〔一〕，命先讀《朱子讀書法》與《總論爲學之方》〔二〕，其時已微有會悟。逮年十七，受業於先師王文貞公之門，命專治性理學。明年，赴省試，擬購理學諸書，苦於無貲，先妻郁夫人亟出奩貲助之，

〔一〕《御纂性理精義》十二卷，康熙五十四年（一七一五）李光地等二十六位儒臣精選《性理大全》而成，其中並收録康熙研讀性理書籍之體會，五十六年（一七一七）成書。

〔二〕《總論爲學之方》見載《朱子語類》卷八，明以聖賢明道爲己任。今《朱子語類》以「學」爲關鍵者佔六種之多，依次是《小學》《總論爲學之方》《論知行》《讀書法（上、下）》《持守》《力行》等，精神義理，一以貫之。

現藏之《四書精義》《或問》《二程全書》《朱子大全集》等，皆典質而得之者也。厥後官京師，益廣購理學諸書，友人中亦間有以性理書相贈者。訖今數十年，自《正誼堂》及諸先儒全書外，專集計共百餘種。雖自維弇陋，而沉浸其中，有終身知之行之不能盡者焉。

唐先生鍾情於性理學，一生不渝，而令人感動之處，是其對學術之真摯投入。在年輕時代赴考之際，乘便搜羅性理學著作，竟至妻子出售妝奩以購置，若非真心切志於學問，何能如此？至於師從王祖畬，更是關鍵。先生《自訂年譜》自敘云：

辛巳(一八八一)，十七歲。春，因姨丈黃公浚之介紹，受業於紫翔王先生之門。間三四日，前往聽講，先生教誨倍至，告之曰：「文章一道，人品、學問皆在其中。故凡文之博大昌明者，必其人之光明磊落者也；文之精深堅卓者，必其人之忠厚篤實者也；至尖新險巧，則人必刻薄；圓熟軟美，則人必鄙陋。汝學作文，先從立品，始不患不爲天下第一等人，亦不患不爲天下第一等文。」並教余先讀汪武曹《孟子大全》、陸清獻《三魚堂集》，並《唐宋文醇》《熊鍾陵制義》等。余日夜淬勵於性理、文學，初知門徑矣。

自此唐先生不忘師誨，一生以文章培養提升人品與學問，信守不渝。道義文章，乃先生一生自持，志意以立，風神是鑄。先生《自訂年譜》壬午（一八八二）十八歲條又載：

> 時余學頗精進，書「毋不敬，毋自欺」六字於座右銘，行路不斜視，務收束身心；分日讀《朱子小學》《近思録》《性理精義》《學蔀通辨》《程氏讀書分年日程》等，兼鈔《王學質疑》《明辨録》，細讀之，覺醰醰有味。讀《孟子》，乃更有心得，爰摘録《大全》諸書先儒説，並録王師筆記，作《讀孟劄記》，理學乃日進。

先生由《孟子》入聖學，根基深固，讀書切至，勤劄所得，遂更有得於理學之書，而鈍學累功，實事求是之功夫，乃爲日後學術成就之基礎。其志學堅毅，未因際遇而改易，亦自此奠定一生道義風骨。先生十九歲再赴考，下第，依然不廢理學，《自訂年譜》癸未（一八八三）條載：

> 春……余下第歸。秋冬間，仍研理學，讀《二程遺書》《朱子文集》並先儒語録等書，粗有論著，然皆不足存也。

先生深得盡其在我之道，堅韌不拔，精讀程朱之書，更求上達，考入新辨之南菁書院，自此學問拾級而上，奠定一生學術方向。《自訂年譜》載：

甲申（一八八四），二十歲。讀《周禮》《儀禮》《爾雅》，始從事經學。學政浙江瑞安黄漱蘭師，在江陰設立南菁書院，以樸學提倡多士。畢君枕梅爲余報名，寄卷應試。

乙酉（一八八五），二十一歲。春，偕畢君枕梅、張君拙嘉名樹萇諸友，同赴江陰南菁書院應試，取超等，住院肄業。謁見黄漱蘭師，諄諄然訓以「有用之學」，遂受業於院長黄元同先生之門。先生名以周，浙江定海人，爲薇香太夫子之季子，東南經學大師也。聞余講宋儒之學，甚喜，語余曰：「顧亭林先生有言：經學即理學，理學即經學。不可歧而爲二。聖門之教，先博後約，子其勉之。」復教余訓故、義理合一之旨。先假余《陳北溪先生字義》，余鈔讀之，逾月而畢；又示余所著《經義通故》（後改名《經訓比誼》），余亦摘其精要者鈔録之；又於藏書樓縱覽諸書，自是於經學、小學，亦粗得門徑矣！……作《宋元明諸儒主一辨》，黄師嘆賞不置，謂擇精語詳，於斯道已得十之七八矣。

唐先生於南菁書院師從黄以周，此乃其學術生命之關鍵機緣。黄氏循循善誘，唐先生得以上接顧炎武開出之經學氣脈，即經學與理學合一之旨。經過如此徹底學術洗禮，先生對性理學之體認，復跨越一大步，體現於其首篇性理學論文《宋元明諸儒主一辨》〔一〕。「主一之謂敬」乃程頤所提出之關鍵理學命題，而「主静」之義，乃其根本，主一主静，乃反求天理本初之切實功夫。收攝用神，斯謂之主，乃心學之修養。此文通觀其在宋、元、明三朝數百年消化之過程。先生首篇理學專題論文，即面對此核心義理，而其見稱於黄氏，非徒「擇精語詳」而已，實因其通盤觀察學術流變之識見，方爲關鍵，故黄氏譽其「於斯道已得十之七八矣」。其所以初露頭角即顯示不凡者，蓋此時期先生嘗精讀陳淳《北溪字義》，深通本訓故解讀義理之法，其《性理救世書》卷一所載《論古人造字多根於性理》，即其時之成果，非泛泛論述觀念成説而已。

然先生之治理學，非徒止於觀念之闡發，同時傳刻前賢遺著，以繼將絶之學，爲時代提供「治心」之良方。《自訂年譜》載：

(乙未〔一八九五〕，三十一歲。)三月，李少荃相國名鴻章赴日本馬關議和。(中略)痛

〔一〕文載《茹經堂文集》一編卷三，收録《唐文治文集》「論説類」。

心曷極。（中略）吾父輯《太倉陸桴亭先生遺書》告成，（中略）合《思辨録》共二十八册，先後募資授刊。

丁酉（一八九七），三十三歲。閲《經世文正續編》及曾文正、胡文忠《全集》。《經世文正編》選擇極精，《論學》二卷尤極純粹，續者遠不逮矣。（中略）購得蘇州周忠介公順昌《燼餘集》三册，係湯文正公斌撫蘇時所刻，真難得之書，可寶之至，爲集資刊印之。（中略）冬，沈子培師假余無錫《高忠憲攀龍未刻稿》八册，云得自河南書肆中，蓋當時陳稽亭先生輯高子遺書所未録者也。其中論學精粹處極多，余喜甚，手自鈔録二册，爲序其首。

唐先生在京期間，注意經世之學，遍讀賀長齡（一七八五～一八四八）《皇朝經世文正續編》，通盤了解道咸之治理經驗，裨益於撥亂反正，此追步宋儒以道輔君之善願。盡讀明清諸儒性理專書之餘，更出資爲之梓行傳世，用心之公，皆出衷情。

唯時國勢崩積，先生親歷義和團之亂、八國聯軍入京，以至瓜分之巨禍，《自訂年譜》載辛丑（一九〇一）事云：

時正與各國議和，余隨辦和約事宜，仍兼在户部辦事，勞頓殊甚。（中略）去年拳匪難作，全家遷避後，余有兩事至爲迫切：一、前數年刻《陸桴亭先生遺書》及《周忠介公集》，板片藏琉璃廠龍雲齋，未知曾否燬失。二、内子郁宜人及内弟黄彬瑞靈柩停城東崇文門外夕照寺，未知曾否損傷。去冬往訪，則均無恙，深爲慶幸。至是，印陸子《遺書》數十部，分送太倉同鄉。

先生與其父唐受祺處於國家多難之時，爲之奔走，未能專意著述，然繫懷鄉先賢陸世儀著作之梓行，保存經世正學之道義苗種，無疑出自真摯之學術責任。先生此時處理總理各國事務衙門之外交事務，復兩出外洋，親歷諸種交涉，接屬既廣，於國耻體會更深，此非常之「歷練」，更醒覺「理學」任由歪曲之大弊，於此際而正視「理學」之真諦，恢復重建國格之尊嚴，乃實在之救治之方。先生在一九〇三年序《正誼堂逸書》曰：

近世以來士大夫拾理學家之唾餘，習爲守舊迂謬之萋論，師心自用，臆決唱聲，深閉堅拒，牢固而不可破，生心害政，釀成庚子（一九〇〇）之大變。不逾年後，異説朋興，人心益肆，綴學之士標宗樹旨，自命曰西學，以號召天下，實則於西學之精微，概乎其未有聞，而徒勦襲自由、平等、民權之説，塗飾當世之耳目，倫常大義，棄如弁髦。推極其弊，將不至胥中國去人倫、無君子不止。悲夫！悲夫！由前之說，所謂「謬種」是也；由後之說，所謂「賊民」是也。二者之說既更進而迭相勝，恂愗者流，内無主宰，復隨其流以揚其波，而國家乃實受其敝。（中略）蓋自古聖賢所以修己而治人者，曰天德，曰王道，所以「終日乾乾，夕惕若厲」〔一〕者，曰盡性，曰立命，而其所以貫徹終始、經緯天人者，不過曰「理」而已矣。理也者，彌綸於六合，卷舒於一心，析之極其精，擴之極其大，顯之以開物而成務，微之以探賾而索隱。得其紀則經綸參贊、輔相天地之所不足，失其緒則如正牆面而立，一物無所見，一步不可行。《孟子》之贊宣聖曰：「始條理者，智之事；終條理者，聖之事。」然則，理之爲用大矣哉！俯仰前史，名儒名臣，學問經濟，指歸不同，而其導源於理則一。世之儒者，誠明乎治心之學，操存省察，俾之虛靈而不昧，及萬事之臨於我前，則必虛心易氣，徐察其理，推而究之，以至於未形無有之間，五常五倫之序秩如也，五性七情之發遂如也，六府三事、五辰庶績之用繹如

〔一〕《易·乾》九三爻辭。

也。如是，内以之修齊，外以之治平，其有復至於顛倒錯亂、敗壞家國之事者，吾不信也。惟不明乎理，於是窒塞以爲體，似乎有體而無用，而實則體非真體；不明乎理，於是橫恣以爲用，似乎有用而無體，而實則用非真用。道德晦盲，世變日亟，而大惑不解者，且以理學爲詬病。悲夫！悲夫！〔一〕

先生至此更明確闡明「治心」之學修齊治平之重要價值。於完全喪失文化自信之時代，失心無理，即無復人道之可言。對治之道，惟有提倡正心立極之理學，先生爲此而大聲疾呼。

此唐先生性理學之第一階段。自十七歲至四十歲之間，家學、立志定願、師門之教、生活閱歷諸種因素，輻輳其「性理學」焦點於程朱「主一之謂敬」。此一階段之代表作，爲南菁書院時期所撰之《宋元明諸儒主一辨》。肇始先生後來性理學之論撰輯述，貞定「心學」即治心之學，爲力挽狂瀾救弊匡時之良方，延展爲其整體學術之基礎，系統整理先賢思想與經世意志相結合，因時立教之道義擔當，決定其放棄從政而

〔一〕 載《茹經堂文集》二編卷五，收録《唐文治文集》「序跋類」。

全情投入聖賢教育。

二、明道救世：《性理學大義》之編撰與意義

唐先生於一九〇六年冬丁憂離京，守制南歸，自此脱離官場，全心辦學。先生爲教，明示「救民命、正人心」之宗旨，復興儒家，高揚「國文」，鼓勵氣節，尋求恢復人格、民格、國格之途，一生不渝。夫「國文」者，涵蓋「經學」與「性理學」，體用全幅並舉，因時立教，守先待後，先生親撰講義。《自訂年譜》自述云：

丁巳（一九一七），五十三歲。……夏，編《先儒静坐集説》一卷〔一〕，自李延平先生始，至李二曲先生止，其中尤以高忠憲公《静坐説》爲最精密。編《近思録劄記》《思辨録劄記》各一卷，皆二十年前評讀之語輯録成書。

三書雖未刊，惟其精義，皆存本編所收性理學四書中，斷毋可疑，蓋先生主一、主静觀念早已成熟，静坐乃其工夫所在。理學家之言静坐，乃程朱涵養功夫，説自李延

〔一〕唐先生在《答胡敬庵書（二）》（一九二八）云：「十年以前，曾作《先儒静坐集説》，自延平先生起，下逮陽明、忠憲、蕺山、二曲諸先生緒論，合爲一編，用備觀省。」

平始者，蓋朱子師門之學相承，李氏「默坐澄心，體認天理」之踐行，朱子深有體會。先生彙集李延平至清初李顒静觀修養之學爲一編，總結前期二十年踐履體道工夫所得，若言立教，非急務之所先，惟自此以後，當務之爲急，先生乃以傳道爲先，全力整理程朱一系道學之講義。

以下從三方面通釋唐先生通盤整理宋、明、清性理學之學理與發展大略。先生《自訂年譜》載：

壬戌（一九二二），五十八歲。……冬，編《性理學大義》成，定《周子》二卷、《程子》二卷、《張子》一卷、《洛學傳授》一卷、《朱子》八卷。每卷各冠以敘文及傳狀，發明大義；篇中精要處，各加評語、圈點。學者得此講本，可窺性理學之門徑矣。

自一九〇七年至此年，先生編寫《性理學大義》，前後十五年間，先生已經編撰《論語》《孟子》《大學》三種「新讀本」，在一九一七年編《十三經讀本》時統稱「大義」。先生名書曰《性理學大義》，與之相應，無疑上接先秦原始儒學之義理體系與氣脈，而一貫相承不絕之意存其中。故是書之編纂，非率爾操觚。

《性理學大義》初版於湖南長沙，先生對此版之失校頗有微言。其後一九三六年五月再版，改由無錫民生印書廠承印，並置於「無錫國學專修學校叢書」第十三種，書分二册。全書由五部大義組成，分别是《周子大義》二卷、《二程子大義》二卷、《張子大義》一卷、《洛學傳授大義》一卷、《朱子大義》八卷。每種大義均冠置自敘，即唐先生「大義」之綱領。五篇自敘，完整顯示周、張、程、朱一系「性理學」之大體；正文則收録有關生平行誼、主要學術論著文獻或記載，務令學者能够知人論世並精讀原典。其體例明晰，先之以周、程、張、朱一系代表人物之生平與作品，輔以評點，指示性理學與時代之間之密切關係，彰顯淑世關懷與經世要義，以誘導學子，訓世之旨非常明確。先生重視精讀本文，不爲口耳虚張之説，以培養德才兼備之人才爲至上。惟社會動蕩不安，覓書困難，專業文獻與書籍流傳不易，是以必以至佳版本與簡明之讀本爲入門之初階。先生所著「大義」，例必提示最具代表意義而篇幅不長之範本，而指導綱領置諸篇首。如此體式，異乎闡述學術意識之專書專著，蓋其本爲立教而撰也。

唐先生正視程朱導正君德之經世實踐，與匡時救弊、賑災保教之奮發有爲，故收録程顥《請修學校尊師儒取士劄子》《論王霸劄子》、朱子《壬午應詔封事》《庚子應詔封事》《甲寅行宮便殿奏劄》《乞修〈三禮〉劄子》，分别冠置於《二程子大義》與《朱子大義》之首，以見程朱經世致用之要義，表明宋儒抗顏而爲師之雄偉氣象，乃上承孔孟之道統精神。《朱子大義》尤其收録論學答問之書信，唐先生在《朱子大義》卷二《與張欽夫》題下按語交代云：

讀《朱子全集》，以問答書爲最要。問答書以張、吕、陸、陳四先生爲最要。而《答張敬夫先生書》中論中和説，尤爲養心之本、入道之方。蓋朱子初時謂：「人自嬰兒以至老死，雖語默動静之不同，然其大體，莫非已發，特其未發者爲未嘗發耳。」後與蔡季通先生問辨時，忽悟其非，以爲於日用之間，欠卻本領一段功夫，乃於程子所謂「涵養須是敬，進學則在致知」二語，切實服膺。蓋由前之説，膠於事物，即《通書》所謂「動而無静，静而無動」也；由後之説，心體周流貫徹，即《通書》所謂「動而無動，静而無静」也。（集中《已發未發説》及《中和舊説序》論之甚詳。）山陰劉蕺山先生以《與張敬夫》三書及《與湖南諸公論中和》第一書輯入《聖學宗要》，其指示學者，可謂深切著明矣。而陸稼書先生則謂蕺山欲伸己見，而巧於抑朱子之説；不知《聖學宗要》先後排次，固極分明，未可輕加訾議也。兹謹將

《宗要》所録，第列於與欽夫先生問答書之後，並附録蕺山、稼書先生之説，俾學道之士知所用力云。

據此按語，足見先生《朱子大義》八卷選録文獻之宗旨與取材淵源，其有得於劉宗周《聖學宗要》至爲明確，端莊正大。而其中先生按語之豐富，究其實，乃集先生一九二三年所草擬《朱子全集校釋》之具體成果。然先生未以此自滿，讀朱澤澐〔一〕之著作，虚心比照，而恍然反省，自知尚有進境，遂進而重編《紫陽學術發微》十二卷也。

三、聖學規模：《紫陽學術發微》之編撰與價值

唐先生於朱子心悦誠服，認定朱子深得孔子真傳，足以爲後人範式，以爲救世之方。其肯定朱子可學，所以學聖人，聖人乃可學而至。於《紫陽學術發微》卷一卷首按語自陳：

〔一〕朱澤澐（一六六六～一七三二），字湘陶，號止泉，江蘇寶應人，諸生。江藩《國朝宋學淵源記》載其讀程氏《讀書分年日程》，又從泰州陳厚耀學天文，能得其意，有志於聖人之道；以朱子實繼周敦頤、二程、顔回、孟子，而上溯孔子；有得於王懋竑，謂：「道問學莫如朱子，尊德性亦莫如朱子。觀朱子中和之説，其於《中庸》之旨深矣。故知居敬窮理祇是一事，窮即窮其所存之心，存即存其所窮之理，初非有二也。」著《朱子聖學考略》《王學辨》等。

> 朱子平生學術，廣大精微，鑽仰之而不能盡。……抑文治考孔子自言進學次第，詳於《論語》「志學章」，子思子則詳於《中庸》「衣錦尚絅章」，孟子則詳於「浩生不害章」，其自邇登高之序，俱分六級。朱子己丑以後功夫，固不敢擬於孔子，其在《中庸》「不動而敬」與《孟子》「充實光輝」之候，殆無疑也。學者當取本書第三卷「心性學」，與夫《四書章句集注》詳細研究之，切己體察，深沉涵養，勉勉循循而不已焉，則所謂「精義入神」者，庶幾其有造乎！嗚呼！聖賢豈真不可學哉？

此學聖次序，秩然清晰，精義入神，斷非虛語，則對治時代「心疾」之良方，循朱子聖學規模，深切而實在實踐，拾級而上，自可藥到病除，重樹人道。故先生於朱子學之整理、研究、傳授，付出無比勇氣與力量，以爲因時立教之根本，長治久安之至道。先生於一九二〇年後，主無錫國專，親授經義與性理之餘，更從是年開始，計劃撰作《朱子全集校釋》。《自訂年譜》載：

> 癸亥（一九二三），五十九歲。正月，開館上課，余講《周易》及《性理學大義》。（中略）十月，命諸生編《朱子全集校釋》。余嘗聞寶應有王白田先生《朱子文集注

本》，爰函屬寶應劉生翰臣代爲訪覓。旋得劉生復書，謂家藏有王白田、朱止泉兩先生《朱集》簽注，甲子完備，朱墨爛然，惟編纂不易，衹可過臨云云。余乃命館生王蘧常、唐蘭、吴其昌、吴寶淩、戴恩溥五人，赴寶應劉家分鈔，七日而蕆事。回錫後，復命王生蘧常悉心編纂，得十餘萬言，定名《朱子全集校釋》云。諸生之自寶應歸也，吴生寶淩贈余朱止泉先生《文集》四册。余細讀之，見朱止泉先生論朱子於己丑歲悟道後，專用力於「涵養須用敬，進學則在致知」二語〔一〕，因之精義入神；陽明編《晚年定論》固非，然謂朱子膠於萬物而不事涵養者，亦非也。乃知止泉先生於朱子之學，終身服膺寢饋，更勝於白田；且編有《朱子聖學考略》及《朱子分類文選》二書，尤爲精密無倫。旋王生購得《分類文選》示余；劉生又訪得《朱子聖學考略》，爲之大快。十二月，國學專修館行第一届畢業禮。先期練習講演，印《講演集初編》。招新生一班，與陸君勤之議設「理學社」，陸續捐資，選刻先儒遺集。

〔一〕此程顥語，見載《近思録》並《二程遺書》卷一八，朱子認同並以此爲教法。

甲子（一九二四），六十歲。（中略）寶應劉生來書云：「朱止泉先生裔孫憶劬名某，刊刻《止泉先生外集》。」聞之欣慰，即擬序文寄去。三月，刻陳確庵先生《周易傳義合闡》十二卷，是書爲安道先生《遺書》第一種，於《程傳》及朱子《本義》多所發明，向無刻本。前數年，聞太倉同鄉陸君星五名鴻曜購得鈔本，余借鈔之，如獲異寶。遂撥理學社捐款刻之，逾年告成。六月，劉生啓瑞又來書，云朱君憶劬擬刻《朱子聖學考略》，請爲作序，並屬王生蘧常代爲校字，大爲快慰，謹擬序寄去。旋吴生其昌在天津圖書館鈔得朱止泉先生《宗朱要法》一卷，即寄劉生，屬其附刻於《聖學考略》後。

唐先生耳順之年，尚致力於傳播前賢性理學著述，在無錫國專别設「理學社」，專門刻印理學專書，以廣流傳，擴大其於世道人心之正面影響。同時奮力整理朱子遺文與學術，於搜集過程中，先生門人劉翰臣〔一〕搜羅朱澤澐之兩種重要朱子學著作《朱

〔一〕傅增湘是日記云：「劉翰臣，名啓瑞，乃丹庭先生之堂弟也。渠以癸卯（一九〇三）鄉試，出謝魯卿房中。當時薦卷，余力爲贊助，並謂可登魁選，以此感激知遇，乃呼余爲師，使人殊爲惶怍。」見《藏園日記鈔》，傅熹年整理摘録，載《文獻》二〇〇四年第二期。

子聖學考略》《朱子分類文選》。先生發現朱氏《朱子聖學考略》於朱子學術理解之深刻，邁越前人，反省力度極其强烈，於《重刻朱止泉先生朱子聖學考略序》詳敘全新之學術反思云：

文治少年有志程朱之學，年十七讀陳清瀾先生《學蔀通辨》，知陽明先生《傳習録》之非。十八歲以後讀《朱子大全》，並陸稼書先生《讀朱隨筆》、吴竹如先生評《朱子集語》，愛其剖析之精。然反而求之於朱子之書，若涉大水，其無津涯，偶稱述之，不過爲口耳講貫之助，未嘗得「躬行實踐」之方也。中年服官，荏苒無進德。歲在癸亥，忽忽年五十九矣。講學於無錫國學專修館，及門諸子編輯《朱文公集校釋》，乃始聞寶應朱止泉先生有《朱子聖學考略》一書，亟求之，則聞其家僅存二帙，刻本鈔本各一。爰乞金壇馮夢花同年轉假刻本讀之，然後知止泉先生真得朱子之心傳者也。

先生表出朱氏深切體會，謂真得朱子之心傳，則非徒字面虚説，乃建基於長期研習之累積與反省，終體會到「躬行實踐」之關鍵工夫，諸家難免有隔，而朱氏之得在體認踐履之功。此先生重新體會朱子性理學之精義，指標所在，是爲學聖，方纔會心有得，而其中微妙，在文辭表達之虚實，如何慧解得真，真切體會聖賢境界。序文詳述云：

文治往者讀寶應王白田先生所纂《朱子年譜》，歎其采擇精博，於出處進退之際，載之綦詳。今讀《聖學考略》，則又爲朱子文字之《編年考》。一邑一時而得兩大賢，後世爲朱子學者，舍二先生，其誰與歸？然向非其信道之篤，體驗之純，又曷克臻此？竊嘗謂有天地以來，形上爲道，形下爲器，虚與實而已。吾人爲學，有所偏主，不流於虚寂之途，則入於膠柱之域。先儒謂：「陸子尊德性，朱子道問學。」不知此乃紫陽自謙之辭，後人誤會之，專求朱學於章句文字之間，而不知省察於操存踐履之際，以是而接於事物，則偏執而不通，以是而求爲聖賢，則拘墟而不能上達。夫苟第以章句而已，則《大學》「明明德」「明命」之注，與夫《中庸》「戒慎恐懼，見隱顯微」、《孟子》「盡心章」「舜居深山章」之注，其開示後學，爲何如哉？然則專求朱學於實者，固當以此書藥之；而求朱學於虚，如陽明先生者，又惡能有所藉口乎？世道淪胥，邪説暴行，盈天下學者，心麤氣浮，不復知聖學爲何事。然則此書者，豈獨爲傳道之南鍼，抑亦救人心之嚆矢矣！

唐先生闡發朱學中虛實兩層精義，更表明强别「陸子尊德性，朱子道問學」之分際爲誤讀，視朱子自謙之虛詞爲方便説法之實義，導致歪曲整個學術史，則學聖之道大晦，其弊不可勝言。如此彰顯朱子學統，認定爲復興聖人之學之責任有在，是以「救心」之説，乃爲救萬世長遠之道，乃建基於實在之理解。因研讀朱澤澐書，先生遂經此全面反省，乃調整撰寫講義之理路，擺脱陳腔濫調，從而展示實踐聖人之道之真實意義。先生《自訂年譜》載：

（乙丑（一九二五），六十一歲。）託沈君健生在長沙印《性理學大義》，惜校對乏人，魯魚之誤甚多，可惜也。

（丁卯（一九二七），六十三歲。）冬，編《紫陽學術發微》，共分十二類，參考書共引用四五十種。此後治朱學者，當可得其門而入矣。

唐先生運用分類治經之法門，精益求精，重撰《紫陽學術發微》，分類闡述，更客觀與完整展示朱子學術精神，以期後學得其門而入，知方學聖，變化氣質，不爲向來虛詞讕説誤導於末枝末節之中，奄奄自斃。此書乃唐先生實有心得之成果，非徒匯聚成篇，故全書面目大異《性理學大義》中之《朱子大義》八卷。《紫陽學術發微》十二卷歷時三年方始成書，先生《自訂年譜》云：

（庚午〔一九三〇〕，六十六歲。）八月……輯《紫陽學術發微》成。初，於教授《性理大義》中，朱子諸篇不能挈其綱要，後取王白田、朱止泉、秦定叟諸先生書讀之，略事分門纂述，粗有成書。本年，購得夏弢甫先生《述朱質疑》，更覺秩然有條理，爰仿其意，編輯是書，後附陸桴亭、顧亭林諸先生之評論。朱子學者得九家，爲《九賢朱子學論》〔一〕，頗足發明朱學源流。書成後，即付印。

馮振先生提綱挈領云：

先生此書共十二卷。一、爲學次第；二、己丑悟道；三、心性學；四、論仁善國；五、經學；六、政治學；七、論道釋二家；八、辨金谿學；九、辨浙東學；十、晚年定論評；十一、十二、朱學通論（上、下）。於紫陽畢生學術，提要鈎玄，洪纖畢備。自李榕村、王白田兩先生後，未有能道此者，可謂體大而思精矣。

〔一〕《九賢朱子學論》即書中《九賢朱學通論》上下二篇。

唐先生研究朱子學，不遺餘力，因整理期間得讀夏炘《述朱質疑》，遂得精進而重編《朱子大義》而成《紫陽學術發微》，盡棄《朱子大義》八卷之格局，重樹朱子學以入聖道之體統。先生在《紫陽學術發微自序》交代從《大義》至《發微》之學術進境云：

文治既編《朱子大義》八卷，比年以來教授學者，復博蒐舊藏及見在所得紫陽學各書，繁細不捐，顯微畢燭，略得要删之法，爰輯《紫陽學術發微》十有二卷。

先生謙虚，不事張揚，故謙云「略得要删之法」，此法實在得來不易。以下闡明《紫陽學術發微》會心有得之重旨與格局。卷一「朱子爲學次第發微」序言，開宗明義：

文治按：朱子平生學術，廣大精微，鑽仰之而不能盡。其有專心研慮，提其要而挈其綱者，厥惟王氏懋竑《朱子年譜》、朱氏澤澐《朱子聖學考》、童氏能靈《朱子爲學次第考》、夏氏炘〔一〕《述朱質疑》四書最爲精析。而《述朱質疑》擷取菁

〔一〕夏炘（一七八九～一八七一），字欣伯，弢甫，安徽當塗人，道光五年（一八二五）舉人，任吴江、婺源教諭十八年，講學爲事，推尊朱子學。

華，尤便講授。兹特輯夏氏書前五卷之最要者，成《朱子爲學次第發微》，而附童氏書二條於後，合爲一卷。

關鍵在「爲學次第」之具體實踐範例，作爲後學師法聖賢之德方。王懋竑《朱子年譜》、朱澤澐《朱子聖學考略》兩書，因其提供大量文獻考據信息，固然是研究朱子學之必備。然夏炘之《述朱質疑》，則是唐先生編撰《紫陽學術發微》之關鍵推動力，正因其實在展示朱子學聖之進路，此乃學聖之具體要義。唐先生明確交代引録夏炘《述朱質疑》「前五卷之最要者」，皆朱子理解孔子之内在義脈之演變，必須實事求是方能考知。先生固有得於《述朱質疑》，更從而長大與推拓，遂衍成集朱子學大成之規模與格局。此首先顯示於反思程、朱、陸、王分野之成説。《紫陽學術發微》卷三述朱子「心性學」，卷首唐先生按語云：

承學之士，要知講心性之學者，重在深造自得，默會於幽閒静壹之中，庶幾德性問學，廣大精微。是篇所録，莫非入道體驗之功，倘或道聽途説，藉資談助，則去道也遠矣！若夫故爲玄妙之論，以爲朱子最上乘教法，則更非所敢知也。

先生糾正過去「尊德性」與「道學問」二分理學門户之誤讀，要以「深造自得」爲入道之門。《紫陽學術發微》之氣象，遠邁《朱子大義》之渾淪失統，皆因重新領悟「治心」之要領，明確親行孔子聖道爲原則，確定師法聖賢之自覺意識，方爲關鍵。故《紫陽學術發微》爲唐先生朱子學成熟之標誌，實乃「反孔」狂潮中推行聖學之中流砥柱。其終編兩章總結有清一代九家朱子學精義與得失，皆體現其追步孔子集大成之會通精神，亦反映新時代嚴謹治學之徵實精神。先生在一九四一年撰《朱子學術精神論》，以「孝」與「仁」概括朱子學術精神，亦即是修己治人之倫理政治之實踐，聖人氣象，並非虚言。

四、救心正俗：《陽明學術發微》之編撰與意義

唐先生性理之學，至理解與認同王學後，經歷脱胎换骨之思想變化，《陽明學術發微》乃是其表徵，此書亦是現代陽明學之重要標誌。先生撰寫此書，實非易事。其整理《紫陽學術發微》時，已經同步整理《陽明學術發微》，於陽明學投入大量心力，《自訂年譜》載：

（庚午〔一九三〇〕，六十六歲。）二月，輯《陽明學術發微》。自明季，講學之風流弊日

甚，於是王學爲世所詬病，實則陽明乃賢智之過，其倡「致良知」之説，實足救近世人心。日本服膺王學，國以駸强。余特發明其學，都凡七卷，其中「四大問題」及「陽明學通於經學」二卷，頗爲精審，較之二十年以前喜闢陽明，自覺心平而氣和矣。〔一〕

此乃唐先生於王學研究之全新成果，其卓越見解，至今仍精確不磨。唐先生於王學如此重視，乃與其建構「心學」體系以救國信念息息相關。

唐先生中年因時立教，全心整理朱子文集，得讀朱澤澐《朱子聖學考略》而一變，讀夏炘《述朱質疑》而知朱子聖學條理與規模，尊朱所以學聖；晚年因見日本刻薛方山《考亭淵源録》，而追惟朱學之爲治平之學與維繫國運盛衰興亡之樞紐，比照當下國情之種種難堪與不濟，乃至推原禍首，歸咎上下失心敗德，難免自罹其咎。以故憂生傷嘆，更思欲以聖學治心，力挽狂瀾，此唐先生於苦難時代之真切關懷，遂以性理

〔一〕馮振在《茹經先生自訂年譜》此條後介紹説：「先生此書共七卷，一、講學事蹟；二、聖學宗傳；三、陽明學四大問題；四、良知經學；五、六、通貫朱學；七、龍溪述學髓。薈萃菁英，鈎玄提要，實功利派之要藥也。」

學救心大義，對治時代之心疾，重樹人道。先生既親證朱子與陽明學俱見重東瀛之事實，自辛丑和約後，隨團至日本處理道歉與賠償等善後事宜，其間比照國勢民俗落差，其救弊起衰之責任意識，擔當自任之重，乃更貞定無悔，提倡聖道，終身不渝。此其儒者本色，迥非一時血氣亢奮之豪言，復遭遇國土淪喪，則當下之急，在以實際行動以救國難，乃形逼切，故提倡王學，大聲疾呼。

一九三〇年二月，唐先生六十六歲，成《陽明學術發微》七卷。唐先生自信「頑廉懦立」，王陽明心性學足以擔負其救國之意志重建。《陽明學術發微》詮釋王學義理，涉及學術淵源、思想體統之內外互聯等重大學理。其時面對日益嚴重之外侮，而先生正值人生與學術成熟時期，其生命之學歸穴孔孟聖心，觀念極爲明確，其奮力結撰《陽明學術發微》，從時代與道統承傳意義而言，實在迥出世俗庸下之虛論與陳腔濫調之上。如果周照整個時代之學術生態，了解日本安岡正篤（一八九八～一九八三）在二十世紀二十年代出版《王陽明研究》之事實，則更能體認先生此書之意義。先生目擊時艱，方真實洞見時代之敗壞，其根源在人心之潰爛、道德之淪亡，於是尋求對治良方，堅信應從端正人心之教化層次入手，方能正本清源。爲此而體認王陽明「良知」

學之重要作用，遂痛定思痛，擺脱長期貶抑王學之思維定勢。本公心重新理解陽明學，結合自身從《孟子》研究所體會之心學義理，呈現其精粹所在，期望提挈時代之集體良知自覺，從而轉移風俗，並提升整體倫理意識，以實現「救心」大義。唐先生自序云：

> 夫今日欲救中國之人心，必自「致良知」始矣。「若藥不瞑眩，厥疾不瘳」，善國良藥，豈遠乎哉？爰取陽明先生全書，擇其尤精要者，輯爲《陽明學術發微》。世之讀此書者，苟能善其心以善其身，善其身以善其國，庶幾其臻於上理與？

全書首以序文自敘緣起；卷一「陽明講學事蹟攷」，乃知人論世之本誼，而用意在闡明陽明學之在生活磨煉中踐行自律之重要性，而陽明學自身變化即在時代變遷之中體現無遺；卷二「陽明聖學宗傳」，録陽明晚年所撰《拔本塞源論》及《〈良知答問〉答陸元静（澄）》兩文。唐先生以「聖學宗傳」定調陽明學，則孔孟直下之道統正脈在是，即唐先生所云「上理」，直接回歸孔門義理坦途，乃無容疑惑軒輊者。王守仁一生追求聖人境界，生死之際，即經歷種種生命磨難與考驗，體悟「致良知」之爲踐履自覺，通成聖之德，從而開發人心。人心之自覺原非易事，人道之再現，更須長期奮鬥，尤其處於苦難時代，唐先生貞定王學爲淑世方劑，足以對治淪喪，遂奮撰是書，誠乃儒者救人心、復國性、挽救整個時代之道義擔當。時代鮮廉寡耻，無疑爲事實。拯救陷溺於惡濁之世道人心，對症下藥，必以王守仁「致良知」之教，若著實體現，則奏效可期。其内容自順此意結撰，以圖實現如此神聖之救弊心願。王陽明本《大學》而體認誠意，再而致知，再而格物，一體之仁，皆即知即行，聖人之心，由是大顯。以故唐先生性理之學，從前期程朱主敬，進而至於格物，此先生所以在倥傯國難之際，依然與逃難諸生席地講論「格物」定論者也。

唐先生在《陽明學術發微》綜述良知啓動與掩息，溯源《易》理，闡明正反相生之義，及「一陰一陽之謂道，繼之者善也，成之者性也」之重要啓示，先生按語云：

吾國民盍急猛省乎！猛省之道，讀經而已矣。六經皆啓發良知之書也，而《周易》爲尤要。（中略）夫世界内生物，不外乎知覺、運動；有運動而無知覺者，禽獸是也；知覺分數少而昏且濁者，凡民、愚民、横民是也；知覺分數多而靈且良者，聖賢是也。陽明良知之學，宜乎千古而常新矣！後之讀此書者，能警覺而自修焉，是吾國之幸矣夫！

唐先生措意者在開啓民智、保育民心，通過教育以養正心術，從而提升國民道德自律、自覺、自愛，以王守仁良知教唤醒全民内在知覺，進而讀經，培養智慧與幹才。對於致良知，唐先生從經學出發確定其立説基礎，然後類説九種良知之爲體用根本之九種形態，分析之精密，體會之深刻，考證之確切，可謂一時無兩。即使今日東洋終身研治陽明學之學者，亦唯董理良知四項而已。唐先生考實陽明致良知乃根本於經義，與經學不違，以實在之考實説明陽明學充分吸收經學之能量。

唐先生納陽明良知教於經教之中，提升倫理意志之自覺程度，及既善而行之倫理行爲之强度與力度，以克服種種知而不能行之「意志乏力」狀態，陽明心學之有助提升知覺之蘇生與自覺，乃踐行聖道之關鍵意志力量，則治本之道，便是全民讀經。先生講經義强調「心學」，其溝通經學與王學之識見，一以貫之，在正心救國，皆出以由衷之誠意，人心由之而通感。先生《自訂年譜》載：

（中略）己卯（一九三九），年七十五歲。（中略）四月，赴大夏大學演講，余講王陽明先生「致良知」及「知行合一」之學，可以正心救國，聽者至爲肅静。

「聽者至爲肅静」一語，亡國之痛盡出言表。處日佔環境，先生依然公開宣揚學術救國救世，則是何等之勇氣！同年，先生又撰《理學宗傳辨正鈔本跋》〔一〕，七十七歲時又講《朱子學術精神論》〔二〕，至一九四八年，唐先生八十四歲，再撰《政治道德論》，明確宣示云：

> 此余所撰《紫陽學術發微》《陽明學術發微》二書，又《茹經堂五訓》及《勸善編》，學者不可不熟讀也。〔三〕

可以政治道德之「責任倫理」一詞，綜攝唐先生「性理學」之精神。政治道德乃「倫理政治」之根本，百川匯海，成就先生「政治學」之體統。

五、復興道統：《性理救世書》之編撰與意義

救世者，本詩人大義〔四〕，聖賢用心，先生自覺對治時代「心疾」之學術責任。唐先生完成朱子與王守仁之學術詮釋之後，集大成式之性理學體系幾近於成熟，《自訂年

〔一〕刊《茹經堂文集》四編卷六，收録《唐文治文集》「序跋類」。

〔二〕刊《茹經堂文集》四編卷三，收録《唐文治文集》「論説類」。

〔三〕刊《茹經堂文集》六編卷一，收録《唐文治文集》「論説類」。

〔四〕孔穎達《毛詩正義》云詩人救世。

譜》載：

甲戌（一九三四），七十歲。（中略）七月，本學期，余講授《性理學大義》，於周子《太極圖説》《通書》、張子《西銘》、程子《論性篇》及明儒王龍溪、錢緒山、王心齋諸先生學派，皆有詳論，擬編爲《性理學發微》。

唐先生《性理救世書》原名《性理學發微》，書凡三卷，卷一「救心大本第一」，卷二「學派大同第二」，卷三「讀書大路第三」。三卷分别立大本，匯大同，行大路，取義甚端莊，氣象雄偉，涵蓋唐先生「性理學」全體，結穴之所在。

卷一「救心大本第一」是唐先生對「性理學」全方位之察識，包括以下專題：立四大根本，即正人心化風俗、政治、氣節、孝弟慈；嚴君子小人之辨，即知人之學；説明字義所含之義理内涵，如理字本訓、理氣關係、理欲關係，至辨性情與心之關係，則性理原則具在；末論《宋史・道學傳》之史傳褒貶，闡明《宋史》「道學」一詞乃正面意義。值得注意者，所言「大本」，其意義向度已經在專題安排上立定，即「人心風俗」而「政治」、「氣節」而「孝弟慈」，蘊涵《大學》修身、齊家、治國、平天下要義。開端「正人心」至第十節辨「心」，終歸此心之大義，救世救國之元動力，先在「救心」，乃唐先生性理學核心。先生於此卷序具述云：

正學不明於世久矣！偶有治性理學者，舉茫然不知所謂，遂相與非笑之、訾毁之，而人心迺如江河之日下。哀哉！抑思孔子繫《易傳》，揭性命之理；子思子述《中庸》，闡天命之性；孟子生戰國之世，發明性善宗旨；古聖賢所以兢兢於此者，無非欲以性理之學，推行之於政治，所謂「既竭心思焉，繼之以不忍人之政，而仁覆天下」也。救世之要，先救心術。

「救世之要，先救心術」，不啻鏜鏜巨響，直貫歷代聖賢經世心事。唐先生强調「心」義，體現於「心術」之正念，以「心」提攝「性理」義脈，從而明確肯定王守仁致良知之統制意義。

卷二「學派大同第二」，顧名思義，即性理學之匯流，猶如先秦諸子之殊途同歸，皆所以經世，而性理學之歸於大同，即所以實現更具體之堯舜之道，蓋大同之出自《禮記·禮運》者，乃孔孟所言堯舜之世也。此卷綜列二十五專題，分屬程、朱、陸、王，以顯示其差異，即其獨特性之所在，而立言宗旨則意在溝通及勾勒其淑世之關鍵作用，即挽救時代人心陷溺之作用。順次説明，首先開列宋代性理開山之一系六論：周敦頤《太極圖説》《通書》、程顥《論性》、程頤《顔子所好何學論》、張載《西銘》，及楊龜山、羅豫章、李延平先生學派論。以上六論乃朱子前之始源道脈，接下五論，乃以朱子爲中心之成熟體系：一，朱子學爲今時救世之本論；二，朱子、陸子學派異同論；三，張南軒先生學派論；四，吕東萊、薛艮齋、陳止齋、葉水心先生學派論；五，趙仁甫、許魯齋、吴草廬先生學派論。以上朱子一系，開宗明義，即爲「救世之本」。接下乃明王守仁一系：一，陽明學爲今時救國之本論；二，王龍溪、錢緒山先生學派論；三，王心齋先生格物論。以上王學一系，開宗明義，即爲「救國之本」。救國乃指當下之急，救世乃指長治久安之治理，相輔則大善，執一則廢百，故必通匯二脈，乃得大同基礎。接下敘述明清兩系之通體流變：一，高景逸、顧涇陽先生學派論；二，孫夏峯、湯潛庵先生學派論；三，劉蕺山、張楊園、黄梨洲先生學派論；四，陸桴亭、陳確庵、江藥園、盛寒溪先生學派論；五，李二曲先生學派論；六，顔習齋、李恕谷先生學派論；七，陸稼書先生學派論；八，李厚庵先生學派論；九，張孝先先生學派論；十，朱止泉、王白田先生學派論；十一，唐鏡海、羅羅山、倭艮峯、曾滌生、吴竹如先生學派論。綜此一卷所述，繼承《宋元學案》《明儒學案》之體裁而加精煉。

按時序類聚，宋、元、明、清四代理學心學之分合流變，展示道統承傳結構之內在活躍程度，透露高層位學術思想之可塑特點，則反本開新，或撥亂反正，皆可能可爲者，故先生在「學派大同第二」序云：

漢儒重師承，宋儒重道統，皆拘泥之論。士生天地間，當以孔孟爲法，其合於孔孟者，皆正學也，不必列師承道統之目也。其不合於孔孟者，則異學也，無所謂師承道統也。……然而朱、呂之不同也，朱、陸之不同也，薛、陳、羅、王之不同也，陸、張、顔、李之不同也，即在一派之中，各分異派，而實則同出於孔孟。文治特爲兹編，以見宗派歸於一原，勿迷所嚮可矣。……明周海門輯《聖學宗傳》〔一〕，先以古聖。文治仿《理學宗傳》《儒宗理要》例〔二〕，斷自周程。以孔孟之

〔一〕周汝登（一五四七～一六二九），字繼元，號海門，浙江嵊縣人，學者稱海門先生。《聖學宗傳》十八卷，成書於萬曆三十三年（一六〇五），以「王學」譜系爲殿後，遥接三皇五帝之統。

〔二〕孫奇逢（一五八五～一六七五），明亡後，清廷屢召不仕。其《理學宗傳》十六卷，爲儒門人物之傳記學案，以人物爲主。張能鱗（明末清初人，順治四年進士），其《儒宗理要》二十九卷，選録周、張、二程、朱等五子作品與語録，以作品爲主。唐先生編撰本書，融攝二者之優長。

道，載在六經，當研究經學也〔一〕。

先生敘述學術流變，先以古昔，明鑑大體，周照本末，大地江流，終歸大海，歸宗孔孟，此一貫之宗旨，學術「大同」，造福人世，止於至善。唐先生精通《尚書》與《禮記》，標明《尚書·洪範》至《禮記·禮運》「大同」之旨，乃會心有得者，重整性理學體系之根基。王學譜系並列程朱譜系，消融門户之餘，聖道貫一，更集中注意力於終極之「大同」，此思想扭轉之樞機也。

卷三「讀書大路第三」，收録六十二篇讀書心得，依據時序，追尋學術流别，乃樞機之運。所録讀書記，皆唐先生一生漫長之治學經驗。本卷先列綜述、學案、總集等之作；次列程朱一系之理學入門讀書記；次列程子至朱子師傳一系專集讀書記等六種；次列朱子書及朱子學重要論著七種；次列與朱子相交之宋儒專集六種；次列元明朱子學者專書五種；然後是王學專書三種，商略王學三種；依次爲護持程朱或陸王者十四種；殿後乃晚清朱子學一系六種。以上讀書記系統呈現自宋以來性

〔一〕唐先生《性理救世書》卷二。

理之生發與流變圖譜，非只於門面論述與介紹之理學史文字，蓋皆唐先生連亘數十年研讀之筆記記録與心得。唐先生終生讀書求道，程朱之學是其根底。理學家願意導人讀書門徑者，莫如朱子。唐先生一本公心，弘揚絶學，以切身經歷指導讀書，六十二篇讀書記，積存數十年之心得，無私奉獻，正體現朱子磊落胸懷與品德，此《性理救世書》開示讀書大路所蘊涵之强烈拯世之用心。

先生《自訂年譜》甲戌（一九三四）七十歲條載：

> 十二月，放假。自朱子纂《伊洛淵源録》後，明薛方山應旂作《考亭淵源録》，陸清獻《三魚堂集》嘗徵引之，余訪求數十年，不能得。今冬，忽得之於上海富晉書肆，共二十四卷，編輯精詳，宗旨純粹，乃東人翻刻明板，其卷端徐階、薛應旂序，亦係手蹟翻刻，洵可寶貴。因歎外人尊崇理學如此，國安得不興盛哉！

唐先生以學術救國心切，故於宋明儒者著作之東傳甚爲注意。爲重見明儒薛方山〔一〕《考亭

〔一〕薛應旂（一五〇〇～一五七五），字仲常，號方山，江蘇武進人，嘉靖十四年（一五三五）進士，官至浙江提學使，著有《宋元資治通鑑》《考亭淵源録》《四書人物考》等。

淵源録》而興奮不已，亦同時感慨鄰邦護持傳統學術之效果，而洞悉富强之精神資源所在，是以提醒學者捨本逐末之惡果，而表明正視「性理學」智慧之重大意義。先生爲獲得《考亭淵源録》而欣喜，不但録諸年譜之中，並在《性理救世書》專條演述此「禮失求諸野」之深層感慨云：

《考亭淵源録》，余訪求數十年不能得。甲戌歲（一九三四），門人錢生萼孫告余，上海書坊有此書，余因以重價購得之，則日本天保九年（一八三八）刊本，卷首徐階序及薛氏自序，皆係手書翻刻者。禮失而求諸鄰邦，可耻尤可悲也。（中略）余家藏日本版理學書凡三種，是編外，尚有《羅豫章先生集》及《學蔀通辨》，而《〈豫章集〉跋文》謂「日本家挾程朱之書」，嗚呼！彼其國所以强盛也乎？

唐先生因其中言「日本家挾程朱之書」，遂更激發其復興性理以救國之意志。

唐先生融攝王學於朱子學，於明清學術史並非新穎，而其有别於其他者，乃是建基於中年時代的親歷與磨練。於現代學術語境之中，「程朱理學」與「陸王心學」已强别爲「方法論」層面之思維定勢，定調爲「道問學」與「尊德性」兩脈之思想史理路。然唐先生深造自得，不枉從時俗，而更通匯兩家，成就更巨大之文化心靈之自覺與願力。唐先生充分掌握清代朱子學與性理學之成就，融通經學與性理學精神，融攝朱子學與王學，正視陽明學於提升國民心理質素之重要作用，從而建構一套本末兼該、博大精深而意向明確之經世性理學體系，集道統大成。遠遠超邁時流，非刻意標新立異，乃源出由衷之淑世情懷。

唐先生一生八十九年生命歷程，氣節風骨，體現於「性理學」之鑄煉，至爲關鍵，而身體力行，足堪垂範。綜先生性理學四書：《性理學大義》是唐先生「性理學」之啓端；《紫陽學術發微》《陽明學術發微》兩書，深造有得，超越一切陳腔濫調；唐先生重鑄「性理學」之正脈，集大成於《性理學發微》（最後定名爲《性理救世書》）。四部專書接通傳統智慧以啓動「修己治人」之義理氣機，從而正人心，立人道，繼天立極，端在於是。考察唐先生體證「性理學」之過程，可見其重建儒學智慧之恒常意義，無愧二十世紀之一代醇儒，更無疑是值得尊重與弘揚的學術典範。是編之整理，意在於斯乎！

本編搜輯整理，多歷年所，以四書綿綿若存，蒐集非易。是編草成，皆歸功於歐陽艷華博士、何潔瑩博士默默付出；而上海古籍出版社傾力襄助，並獲得國家出版經費支持，啓榮世運。今唐先生已見重，靈根再植，聖道復行，百年來復興中國文化之集體善念與努力，成效漸見，不復虛言。

戊戌年立夏　鄧國光　謹序

性理學大義

整理説明

《性理學大義》十四卷，是唐先生性理學與道統承傳專著四部之始，是在無錫國專創校至一九二四年三學年間，講授性理學之專題教材。唐先生重視編撰體例，採取黄宗羲《宋元學案》之學案體形式。全書五編，未撰總序，而五編各有序説。五編爲周敦頤二卷，程顥、程頤二卷，張載一卷，洛學傳授四先生一卷，朱熹八卷。五編分量雖異而體制一致，先具「自序」綜述宗旨，五篇自序通體闡明道學精義與淵源；全編九家，皆先具載史傳行狀，以爲知人論世之資；然後精選篇章，其中按語，乃先生治學之心得之言；附録先儒論説，皆學案體格。

其書編撰，始於一九二一年講學無錫國專時〔一〕。據唐先生序文可知，《周子大義》二卷編成於一九二三年正月元日，《二程子大義》二卷、《張子大義》《洛學傳授大

〔一〕見《〈高忠憲公朱子節要〉後序》，載《茹經堂文集》三編卷五；收録《唐文治文集》「序跋類」。

義》各一卷編成於同年春正，《朱子大義》八卷編成於同年春三月。全書四册，列入《茹經堂全書》〔一〕，收録於「無錫國學專修學校叢書」之十三。《自訂年譜》記載《性理學大義》編成於一九二三年冬，乃總略云之。

此書之整理，乃據一九二六年無錫國學專修學校之初刊本，校對版本謹於注文中説明。由於《通書》與《太極圖説》注文與集説交錯並列，凡《太極圖説》之原文及注文，均據唐先生所用之《朱子成書》對校；凡《通書》之原文及朱子注文均據《御纂性理精義》對校，集説之引文出處，仍一一附注於引文文末，謹此説明。

〔一〕見陳起紹、何葆恩《唐蔚芝先生〈茹經堂叢書〉提要并序》，載《國專校友會集刊》第一期，一九三一年，頁一〇五～一一九。

性理學大義目録

周子大義

二程子大義

張子大義

洛學傳授大義

朱子大義

朱子大義卷四

朱子大義卷五

朱子大義卷六

周子大義

周子大義目録

周子大義自敘〔一〕

周子不由師傳，默契道妙，開宋元以來理學之先河。明陸桴亭先生推尊之，擬之於孟子，稱之爲亞聖；且謂其學得孔顏之真傳。何哉？《思辨録》載「或問：『儒者之論，皆以周子推孔孟，而子獨以周子繼孔顏，得無過歟？』曰：『以周子繼孔孟，此以世數言也。若論學問，則周子實繼孔顏。觀《通書》中所述，自孔子外，三稱顏子，則可知學問之所自矣。』」〔二〕蓋周子《太極圖説》即性善之旨也；五行一太極也〔三〕，繼善而後成性也；「聖人定之以中正仁

〔一〕序文又載於《茹經堂文集》一編卷四，題《周子大義序（癸亥　一九二三）》，《茹經先生著作年表》作「壬戌」（一九二二）。又另改題爲《周子學派論》，載《交通大學建講演録》第三集（上）第九期。

〔二〕陸世儀《思辨録輯要》卷三〇。按：《講演録》改寫此節曰：「論曰：周子通天人性命之奥，開伊洛淵源，爲宋元以來理學之先河。明陸桴亭先生推尊之，擬之於孟子，稱之爲亞聖，且謂其學得孔顏之真傳，何哉？」

〔三〕概括周敦頤《太極圖説》「五行一陰陽也，陰陽一太極也，太極本無極也」之説。

義」〔一〕，即言必稱堯舜，由仁義行，非行仁義也〔二〕；「君子修之吉」〔三〕，君子存之〔四〕，有爲者亦若是〔五〕也；「小人悖之凶」，庶民去之，放其心而不知求〔六〕也。此周子之學，所以擬於孟子也。

嗚呼！戰國之世，諸侯放恣，處士橫議，楊朱、墨翟之言盈天下，故孟子以性善之説救之。今世人心陷溺，殺機盈溢，奚啻戰國！非本「太極」〔七〕之説以救之，則「人道」何由而明，「人格」亦何由而立哉？此推崇孟子之學者，尤當推崇周子也。

然而更有進焉者。桴亭先生謂周子之學，在一「誠」字，故《通書》首章即曰「誠者

〔一〕周敦頤《太極圖説》云：「聖人定之以中正仁義，而主静，立人極焉。」

〔二〕《孟子·離婁下》云：「舜明於庶物，察於人倫，由仁義行，非行仁義也。」

〔三〕《太極圖説》繼「立人極」云：「故聖人與天地合其德，日月合其明，四時合其序，鬼神合其吉凶。君子修之吉，小人悖之凶。」

〔四〕《孟子·離婁下》云：「人之所以異於禽獸者幾希，庶民去之，君子存之。」接言「舜明於庶物」。

〔五〕《孟子·滕文公上》載顔淵曰：「舜何人也？予何人也？有爲者亦若是。」

〔六〕《孟子·告子上》云：「仁，人心也；義，人路也。舍其路而弗由，放其心而不知求，哀哉！人有雞犬放，則知求之；有放心而不知求。學問之道無他，求其放心而已矣。」

〔七〕「太極」原刻及《文集》誤作「人極」，此序論《太極圖説》其上下文理俱就「太極」爲義，而《演講集》亦作「太極」，故以「太極」爲正。

聖人之本」，二章曰「聖，誠而已矣」，三章曰「誠無爲，幾善惡」，四章曰「誠神幾，曰聖人」。誠者天之道也，非聖人之流亞，近於生知者乎？

文治竊謂：周子主靜之學，其要功尤在一「幾」字。《易傳》曰：「夫易，聖人〔一〕所以極深而研幾也。……惟幾也，故能成天下之務。」然未言幾之所以爲幾也。周子則曰：「動而未形，有無之間者，幾也。」此言也，蓋直紹曾子、子思子慎獨之傳，而《中庸》所謂未發之中，其義於是乎顯。此程、楊、羅、李先生恪守師承〔二〕，其學所以皆主於靜，而龜山先生〔三〕以下相傳，教人觀喜怒哀樂未發之中，實基於此。至朱子而已發未發之説於是大明矣。然則今日之所以救人心者，舍此其奚由哉？周子之功，不亦大哉？

〔一〕「聖人」後，《易繫辭》有「之」字。

〔二〕「性理學」從河南洛學二程到朱熹，其間經歷楊時（龜山先生）、羅從彦（仲素先生）、李侗（延平先生）至朱熹四傳，「楊、羅、李、朱」乃程朱理學脈絡。唐先生《二程子大義序》有説。

〔三〕楊時（一〇五三～一一三五），字中立，號龜山；熙寧九年（一〇七六）進士，官至龍圖閣直學士；師從二程，倡誠意正心而推之以平天下；政和五年（一一一五）在無錫建立書院，講學十八年，歸鄉，傳二程之學入福建，開「道南系」一脈；謚文靖。

爰撮其大義，以諗諸生。至其言行，備詳於朱子所撰《事實記》，特弁諸首。學者苟能尋孔顏之所樂，與其光風霽月之所由來，庶乎能自得之矣。〔一〕

癸亥（一九二三）月正元日，後學唐文治謹敘

〔一〕《交通大學講演録》第三集（上）於此之後尚有：「又論者謂：『周子係道家學，異於儒家。』此説不然。孔子言『竊比於我老彭』，老聃彭祖，皆道家也。昔伏羲畫八卦，世傳神農作《連山易》，黄帝作《歸藏易》，實爲道家之祖，非與儒家同出一原乎？烏得以周子爲道家而訾議之？若夫無極之旨，朱子與陸子辨之綦詳，《易》言『无思无爲』，《詩》言『上天之載，無聲無臭』，亦不必諱言無也。」

周子大義卷一

濂溪先生事實記

朱子撰

先生世家道州營道縣濂溪之上，姓周氏，名惇實，字茂叔，後避英宗舊名，改惇頤。用舅氏龍圖閣學士鄭公珦〔一〕奏，授洪州分寧縣主簿。縣有獄，久不決。先生至，一訊立辨，衆口交稱之。部使者薦以爲南安軍司理參軍，移郴及桂陽令，用薦者改大理寺丞，知洪州南昌縣事，簽事合州判官事，通判虔州事，改永州，權發遣邵州事。

〔一〕鄭珦（九七六～一〇三八），字公明，開封陳留人，宋真宗大中祥符元年（一〇〇八）進士，官至龍圖閣直學士，天聖三年（一〇二五），培養八歲外甥周敦頤，親授課業。

熙寧初，用趙清獻公〔一〕、呂正獻公〔二〕薦，爲廣南東路轉運判官，改提點刑獄公事，未幾而病，亦會水齧其先墓，遂求南康軍以歸。既葬，上其印綬，分司南京。時趙公再尹成都，復奏起先生。朝命及門，而先生卒矣。熙寧六年（一〇七三）六月七日，年五十有七，葬江州德化縣清泉社。

先生博學力行，聞道甚蚤，遇事剛果，有古人風。爲政精密嚴恕，務盡道理，嘗作《太極圖》《易説》《易通》數十篇。在南安時，年少不爲守所知。洛人程公珦〔三〕攝通守事，視其氣貌非常人，與語，知其爲學知道也，因與爲友，且使二子往受學焉。及爲郎，故事當舉代，每一遷授，輒以先生名聞。在郴時〔四〕，郡守李公初平知其賢，與之語而歎曰：「吾欲讀書，何如？」先生曰：「公老，無及矣！某也請得爲公言之。」於是初

〔一〕趙抃（一〇〇八～一〇八四），字閱道，號知非子，浙江衢州人，仁宗景祐元年（一〇三四）進士，官至太子少保，卒謚清獻，存《清獻集》十卷。

〔二〕呂公著（一〇一八～一〇八九），字晦叔，壽州下蔡人，宰相呂夷簡之子；登進士第，累官至御史中丞；元祐初年（一〇八六）拜尚書右僕射兼中書侍郎，與司馬光並爲宰相；卒謚正獻。

〔三〕程珦（一〇〇六～一〇九〇），本名温，致仕後改名珦，字伯温，河南伊川人，程顥、程頤之父；官至太中大夫、上柱國，封永年縣伯，賜九百户。

〔四〕仁宗慶元六年（一〇四六）冬至皇祐二年（一〇五〇），周氏任荆湖南路郴州郴縣縣令。

平日聽先生語，二年果有得。而程公二子，即所謂河南二先生也。

南安獄有囚，法不當死，轉運使王逵〔一〕欲深治之。逵苛刻，吏無敢與相可否，先生獨力爭之，不聽，則置手版〔二〕，歸取告身〔三〕，委之而去，曰：「如此，尚可仕乎？殺人以媚人，吾不爲也。」逵亦感悟，囚得不死。

在郴、桂陽〔四〕皆有治績，來南昌縣〔五〕，人迎喜曰：「是能辨分寧獄者，吾屬得所訴矣！」於是更相告語，莫違教命。蓋不惟以抵辠爲憂，實以汙善政爲耻也。

在合州〔六〕，事不經先生手，吏不敢決，苟下之，民不肯從。蜀之賢人君子，皆喜稱之。趙公〔七〕時爲使者，人或讒先生。趙公臨之甚威，而先生處之超然，然趙公疑終不

〔一〕王逵（九九〇～一〇七二），字仲達，河南濮陽人，真宗天禧三年（一〇一九）進士，官至尚書兵部郎中。
〔二〕在官者手執之小版。
〔三〕告身，謂授官委任狀。
〔四〕皇祐二年（一〇五〇）改任湖南桂陽令。
〔五〕仁宗至和元年（一〇五四）改授理寺丞，知洪州南昌。
〔六〕嘉祐元年（一〇五六）升太子中舍簽書，署合州判官，於嘉祐五年（一〇六〇）解任，東還京師任國子監博士、虔州通判。
〔七〕趙抃。

釋。及守虔，先生適佐州事，趙公熟視其所爲乃悟，執其手曰：「幾失君矣！今日乃知周茂叔也。」

於邵州[一]，新學校[二]以教其人。及使嶺表[三]，不憚出入之勤，瘴毒之侵，雖荒崖絶島，人跡所不至者，必緩視徐按，務以洗冤澤物爲己任，施設措置，未及盡其所爲，而病以歸矣。

自少信古好義，以名節自砥礪，奉己甚約，俸禄盡以周宗族，奉賓友，家或無百錢之儲。李初平卒，子幼，護其喪歸葬之，又往來經紀其家，終始不懈。及分司而歸，妻子饘粥或不給，而亦曠然不以爲意也。襟懷飄灑，雅有高趣，尤樂佳山水，遇適意處，或徜徉終日。廬山之麓有溪焉，發源於蓮華峯下，潔清紺寒，下合於湓江，先生濯纓而樂之，因寓以濂溪之號，而築書堂於其上。豫章黄太史庭堅詩而序之曰：「茂叔人品甚高，胸中灑落，如光風霽月。」知德者亦深有取其言云。淳熙六年（一一七九）六月

[一] 英宗治平四年（一〇六七）五月，詔權任邵州守，代理邵州知州事。
[二] 遷建新府學。
[三] 熙寧三年（一〇七〇）任虞部郎中，提點廣南東路刑獄，下年八月調南康，以病請辭。周氏二十出仕，丁憂三載，五十五退官，游宦江西、湖南、四川、廣東三十二年。

後學朱熹謹記〔一〕。

太極圖說

朱子注，附集説

朱子曰：「河圖出而八卦畫，洛書呈而九疇敘，而孔子於斯文之興喪，亦未嘗不推之於天……自周衰，孟軻氏没而此道之傳不屬。更秦及漢，歷晉隋唐，以至於我有宋……五星集奎〔二〕，實開文明之運……而先生出焉。不由師傳，默契道體，建圖屬書，根極領要。當時見而知之，有程氏者，遂擴大而推明之。使夫天理之微、人倫之著、事物之衆、鬼神之幽，莫不洞然畢貫於一，而周公、孔子、孟氏之傳，焕然復明於當世。有志之士，得以探討服膺〔三〕而不失其正，如出於三代之前者。嗚呼盛哉！非天所畀，其孰能與於此？」〔四〕

〔一〕朱子《濂溪先生事實記》，載《晦庵先生朱文公文集》卷九八。
〔二〕金、木、水、火、土五星排成直綫，取喻周敦頤、程顥、程頤、邵雍、張載五人復興聖學。
〔三〕「膺」，上海涵芬樓影印明嘉靖本《晦庵先生朱文公文集》作「行」字。
〔四〕《江州重建濂溪先生書堂記》文，載前揭《朱文公文集》卷七八。

又曰：「先生之學，其妙具於《太極》一圖。《通書》之言，亦皆〔一〕此圖之藴，而程先生兄弟語及性命之際，亦未嘗不因其説。觀《通書》之《誠》《動静》《理性命》等章，及程氏書《李仲通銘》《程邵公誌》《顔子好學論》等篇，《顔子好學論》見《伊川文集》。銘誌見《明道文集》。仲通名敏之；邵公，明道先生之子。則可見矣。潘清逸〔二〕誌先生之墓，敘所著書，特以作《太極圖》爲稱首〔三〕。然則此圖當爲先生書首無疑〔四〕也。然先生既手以授二程，本因附書後。傳者見其如此，遂誤以《圖》爲書之卒章，不復釐正，使先生立象盡意之微指，闇而不明；而驟讀《通書》者，亦復不有所總攝，此則諸本之失也〔五〕。」

「又嘗讀朱内翰震《進易説表》，謂此《圖》之傳，自陳摶、种放、穆修而來。而五峯

〔一〕「亦皆」，前揭《朱文公文集》作「皆發」。
〔二〕「潘清逸」前，前揭《朱文公文集》有「故」字。按：潘興嗣，字延之，號清逸居士，南昌新建人；以祖蔭出仕，與王安石、曾鞏善，後歸鄉築室豫章城南。潘興嗣《濂溪先生墓誌銘》、朱子《濂溪先生事狀》，俱載《周濂溪集》卷一〇。
〔三〕潘興嗣《濂溪先生墓誌銘》云：「尤善談名理，深於《易》學，作《太極圖》《易説》《易通》數十篇，詩十卷，今藏於家。」
〔四〕「先生書首無疑」句，前揭《朱文公文集》作「書首不疑」。
〔五〕「之失也」三字，前揭《朱文公文集》作「皆失之」。

胡氏作序〔一〕，又以爲〔二〕先生非止爲种、穆之學者，此特其學之一師爾，非其至者也。夫以先生之學之妙，不出此《圖》，以爲得之於人，則決非种、穆所及。以爲非其至者，則先生之學，又何以加於此《圖》哉？是以竊嘗疑之。及得誌文考之，然後知其果先生所自作，而非有受於人者，二公蓋未嘗見此誌而云云爾。」〔三〕

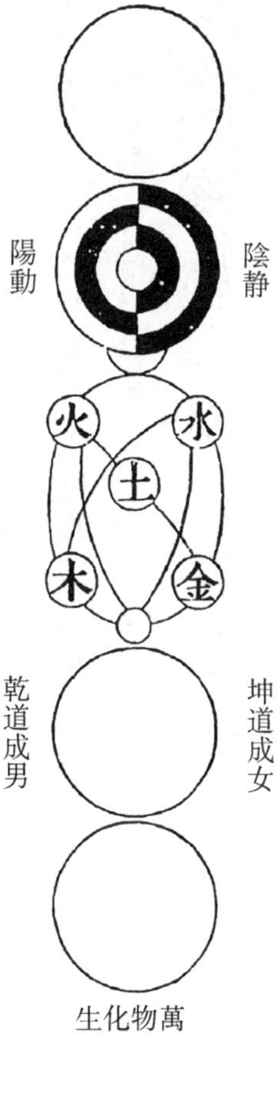

○，此所謂「無極而太極」也，所以「動而陽、静而陰」之本體也，然非有以離乎陰陽也。即陰陽而指其本體，不雜乎陰陽而爲言耳。

〔一〕「胡氏作序」，前揭《朱文公文集》作「胡公仁仲作《通書》序」。
〔二〕「以爲」，前揭《朱文公文集》作「謂」字。
〔三〕《周子〈太極通書〉後序》，載前揭《朱文公文集》卷七五。

◎，此○之「動而陽，靜而陰」也。中○者，其本體也。◐者陽之動也，○之用，所以行也。◑者陰之靜也，○之體，所以立也。◑者◐之根也，◐者◑之根也。

，此「陽變陰合，而生水火木金土」也。乀者陽之變也，丿者陰之合也。㊌陰盛，故居右。㊋陽盛，故居左。㊍陽穉，故次火。㊎陰穉，故次之水。㊏沖氣，故加居中，而水火之乂交系乎上，陰根陽，陽根陰也。水而木，木而火，火而土，土而金，金而復水，如環無端。五氣布，四時行也。

「五行一陰陽」，五殊二實，無餘欠也。「陰陽一太極」，精粗本末，無彼此也。「太極本無極」，上天之載，無聲無臭也。「五行之生，各一其性」，氣殊質異，各一其○[一]，無假借也。

〔一〕元至正元年日新書堂刻本《朱子成書·太極圖》中「○」作小圈。又日本淺草文庫藏本《朱子成書》同作小圈，書中並附紅筆小注大圈爲「太極」，小圈爲「極」；圖意顯示「極」大於「太極」。

此無極二五，所以妙合而無間也。

○乾男坤女，以氣化者言也。各一其性，而男女一太極也。

○萬物化生，以形化者言也。各一其性，而萬物一太極也。此以上引説解剥圖體，此以下據圖推盡説意。

惟人也得其秀而最靈，則所謂人○者，於是乎在矣。然形，之爲也。神，之發也。五性，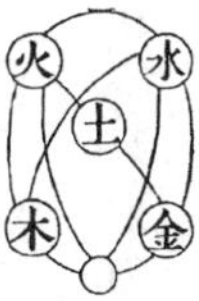

之德也，善惡男女之分也，萬事萬物之象也。此天下之動，所以紛綸交錯，而吉凶悔吝所由以生也。

惟聖人者，又得夫秀之精一，而有以全乎○之體用者也。是以一動一靜，各臻其極，而天下之故，常感通乎寂然不動之中。蓋中也，仁也，感也，所謂也，○之用所以行也。正也，義也，寂也，所謂也，○之體所以立也。中正仁義，渾然全體，而靜者常爲主焉，則人○於是乎立，而

天地日月四時鬼神，有所不能違矣。君子之戒慎恐懼，所以修此而吉也。小人之放僻邪侈，所以悖此而凶也。

天地人之道，各一○也。陽也，剛也，仁也，所謂也，物之始也。陰也，柔也，義也，所謂也，物之終也。此所謂易也，而三極之道立焉。實則一○也，故曰「《易》有太極」，之謂也。

無極而太極。

[注]上天之載，無聲無臭，而實造化之樞紐，品彙之根柢也。故曰：「無極而太極。」非太極之外，復有無極也。

[集説]

朱子曰：「老子之言有無，以有無爲二。周子之言有無，以有無爲一。」[一]又曰：「謂之無極，正以其無方所形狀，以爲在無物之前，而未嘗不立於有物之後；以爲在陰陽之外，而未嘗不行於陰陽之中；以爲通貫全體，無乎不在，則又初無聲臭影響之可言也。」[二]又曰：「原極之所以得名，蓋取樞極之意。聖人謂之太極者，所以指乎天

[一]《答陸子静》，載前揭《朱文公文集》卷三六文。又載《性理大全》卷一「故曰易有太極，之謂也」條下集説文。

[二]《答陸子静》文。又載《性理大全》卷一「故曰易有太極，之謂也」條下集説文。

地萬物之根也。周子因之，而又謂之無極者，所以著乎無聲無臭之妙也。」〔一〕

太極動而生陽，動極而靜；靜而生陰，靜極復動。一動一靜，互爲其根，分陰分陽，兩儀立焉。

〔注〕太極之有動靜，是天命之流行也。所謂「一陰一陽之謂道」。誠者，聖人之本，物之終始，而命之道也。其動也，誠之通也。繼之者善，萬物之所資以始也。其靜也，誠之復也，成之者性，萬物各正其性命也。「動極而靜」，「靜極復動」，「一動一靜，互爲其根」，命之所以流行而不已也。「動而生陽」，「靜而生陰」，「分陰分陽，兩儀立焉」，分之所以一定而不移也。蓋太極者，本然之妙也；動靜者，所乘之機也。太極，形而上之道也；陰陽，形而下之器也。是以自其著者而觀之，則動靜不同時、陰陽不同位，而太極無不在焉。自其微者而觀之，則沖漠無朕，而動靜陰陽之理，已悉具於中矣。雖然，推之於前，而不見其始之合；引之於後，而不見其終之離也。故程子曰：「動靜無端，陰陽無始。」非知道者，孰能識之？

〔一〕《答楊子直》文，載前揭《朱文公文集》卷四五。又載《性理大全》卷一「無極而太極」條下集説文。

［集説］

朱子曰：「太極生陰陽，理生氣也。陰陽既生，則太極在其中，理復在氣之内也。」〔一〕又曰：「性猶太極也，心猶陰陽也。太極只在陰陽之中，非能離陰陽也。然至論太極，則太極自是太極，陰陽自是陰陽。惟性與心亦然，所謂一而二，二而一也。」〔二〕

問：「太極之有動静，是静先動後否？」曰：「一動一静，循環無端。無静不成動，無動不成静。譬如鼻息，無時不噓，無時不吸。噓盡則生吸，吸盡則生噓，理自如此。」〔三〕

陽變陰合，而生水火木金土。五氣順布，四時行焉。

［注］有太極，則一動一静而兩儀分；有陰陽，則一變一合而五行具。然五行者，

〔一〕《性理大全》卷一「故曰易有太極，◎之謂也」條下集説文。陳來先生《中國近世思想史研究》「理生氣考」文中據呂柟《宋四子抄釋》考證此條語録原當出自朱子門人楊與立所編《朱子語略》。（北京：商務印書館，二〇〇三年，頁二〇一～二〇三。）

〔二〕黎靖德編《朱子語類・性理二・性情心意等名義》卷五文。又載《性理大全》卷一「故曰易有太極，◎之謂也」條下集説文。

〔三〕《朱子語類・周子之書・太極圖》卷九四文。

質具於地，而氣行於天者也。以質而語其生之序，則曰水火木金土。而水木陽也，火金陰也。以氣而語其行之序，則曰木火土金水，而木火陽也，金水陰也。又統而言之，則氣陽而質陰也。又錯而言之，則動陽而靜陰也。蓋五行之變，至於不可窮，然無適而非陰陽之道。至其所以爲陰陽者，則又無適而非太極之本然也。夫豈有所虧欠間隔哉？

[集説]

朱子曰：「陽變陰合，初生水火。水火氣也，流動閃爍，其體尚虚，其成形猶未定。次生木金，則確然有定形矣。水火初是自生，木金則資於土。」[一]又曰：「水質陰而性本陽，火質陽而性本陰。水外暗而内明，以其根於陽也。火外明而内暗，以其根於陰也。……横渠言『陰陽之精，互藏其宅』，正此意也。」[二]

五行一陰陽也，陰陽一太極也，太極本無極也。五行之生也，各一其性。

[注]五行具，則造化發育之具無不備矣。故又即此而推本之，以明其渾然一體，

[一] 前揭《朱子語類》。
[二] 茅星來《近思録集注》卷一引朱子語。

莫非無極之妙。而無極之妙，亦未嘗不各具於一物之中也。蓋五行異質，四時異氣，而皆不能外乎陰陽。陰陽異位，動靜異時，而皆不能離乎太極。至於所以爲太極者，又初無聲臭之可言，是性之本體然也。天下豈有性外之物哉？然五行之生，隨其氣質而所禀不同，所謂「各一其性」也。各一其性，則渾然太極之全體，無不各具於一物之中，而性之無所不在，又可見矣。

無極之真，二五之精，妙合而凝。「乾道成男，坤道成女」，二氣交感，化生萬物。萬物生生，而變化無窮焉。

[注]夫天下無性外之物，而性無不在，此無極、二五所以渾融而無間者也，所謂「妙合」者也。「真」以理言，無妄之謂也；「精」以氣言，不二之名也。「凝」者聚也，氣聚而成形也。蓋性爲之主，而陰陽五行爲之經緯錯綜，又各以類凝聚而成形焉。陽而健者成男，則父之道也；陰而順者成女，則母之道也。是人物之始，以氣化而生者也。氣聚成形，則形交氣感，遂以形化，而人物生生變化無窮矣。自男女而觀之，則男女「各一其性」，而男女一太極也。自萬物而觀之，則萬物「各一其性」，而萬物一太極也」。蓋合而言之，萬物統體一太極也；分而言之，一物各具一太極也。所謂「天下無性外之物，而性無不在」者，於此尤可以見其全矣。子思子曰：「君子語大，天下

莫能載焉；語小，天下莫能破焉。」[一]此之謂也。

[集説]

《御纂性理精義》云：「無極之真，真即誠也。《通書》誠字，實根於此。」又云：「圖末二圓象，與上圓象不二，則知人之性即天地之性，渾然合一而無加損也。然氣化形化，似不必分。而周子必分爲二象者，則有深意焉。蓋人之體性受於父母，易知也；人之體性受於天地，則習焉不察者多矣。故自男女搆精，而溯乎天地絪緼之始；由父子似續，而推於『厥初生民』之先，則知父母之[二]父母，又知乾坤之爲大父母矣。爲父母之子，則身體髮膚受之者不敢毁傷；爲天地之子，則形色天性，必如聖人，然後可以踐形也。此即《西銘》之大指，然已具於周子圖象之中矣。」[三]

惟人也，得其秀而最具靈。形既生矣，神發知矣，五性感動而善惡分，萬事出矣。

[注]此言衆人具動静之理，而常失之於動也。蓋人物之生，莫不有太極之道焉。

[一]《禮記·中庸》文。
[二]「之」字後，《擒藻堂四庫全書薈要》本有「爲」字。
[三]康熙《太極圖》文，載《御纂性理精義》卷一。

然陰陽五行，氣質交運，而人之所禀，獨得其秀，故其心爲最靈，而有以不失其性之全，所謂天地之心，而人之極也。然形生於陰，神發於陽，五常之性，感物而動，而陽善陰惡，又以類分，而五性之殊，散爲萬事。蓋二氣五行，化生萬物，其在人者又如此，自非聖人全體太極有以定之，則欲動情勝，利害相攻，人極不立，而違禽獸不遠矣！

【集説】

朱子曰：「只〔一〕一箇陰陽五行之氣，滚在天地中，精英者爲人，查滓者爲物。精英之中又精英者，爲聖爲賢。精英之中查滓者，爲愚〔二〕不肖。」〔三〕

問：「靈處是心抑是性？」曰：「靈處只是心，不是性。性只是理。」〔四〕

又曰：「『形既生矣』，形體，陰之爲也。『神發知矣』，神知，陽之爲也。蓋陰主

〔一〕「只」後，《四庫全書》本《朱子語類》有「是」字。
〔二〕「愚」後，《朱子語類》有「爲」字。
〔三〕《朱子語類·大學·序》卷一四文。
〔四〕《朱子語類·性理二·性情心意等名義》卷五文。

翁，凡斂聚成就者，陰爲之也。陽主闢，凡發暢揮散者，皆陽爲之也。」〔一〕又曰：「仁義禮智信之性，即水火金木土之理〔二〕。木仁金義火禮水智，各有所主。獨土無位，又〔三〕爲四行之實，故信亦無位，而爲四德之實也。」〔四〕

聖人定之以中正仁義聖人之道，仁義中正而已矣。**而主靜，**無欲故靜。**立人極焉。故聖人與天地合其德，日月合其明，四時合其序，鬼神合其吉凶。**

[注]此言聖人全動靜之德，而常本之於靜也。蓋人稟陰陽五行之秀氣以生，而聖人之生，又得其秀之秀者。是以其行之也中，其處之也正，其發之也仁，其裁之也義。蓋一動一靜，莫不有以全夫太極之道，而無所虧焉。則向之所謂欲動情勝、利害相攻者，於此乎定矣。然靜者，誠之復而性之真〔五〕也。苟非此心寂然無欲而靜，則又何以酬酢事物之變，而一天下之動哉？故聖人中正仁義，動靜周流，而其動也，必主

〔一〕《朱子語類·周子之書·太極圖》卷九四文。
〔二〕「理」後，《晦庵先生朱文公文集》有「也」字。
〔三〕「又」字，前揭《朱文公文集》作「而」字。
〔四〕《答方賓王》，前揭《朱文公文集》卷五六文。
〔五〕「真」字，《朱子成書》作「貞」字。

乎静，此所以成位乎中，而天地日月四時鬼神有所不能違也，蓋必體立而後用有以行。若程子論乾坤動静而曰：「不專一則不能直遂，不翕聚則不能發散。」亦此意爾。

君子修之吉，小人悖之凶。

［注］聖人，太極之全體，一動一静，無適而非中正仁義之極，蓋不假修爲而自然也。未至此而修之，君子之所以吉也。不知此而悖之，小人之所以凶也。修之悖之，亦在乎敬肆之間而已矣。敬則欲寡而理明，寡之又寡，以至於無，則静虚動直，而聖可學矣！

故曰：「立天之道，曰陰與陽。立地之道，曰柔與剛。立人之道，曰仁與義。」又曰：「原始反終，故知死生之説。」

［注］陰陽成象，天道之所以立也。剛柔成質，地道之所以立也。仁義成德，人道之所以立也。道一而已，隨事著見，故有三才之別，而於其中又各有體用之分焉，其實則一太極也。陽也剛也仁也，物之始也。陰也柔也義也，物之終也。能原其始，而知所以生，則反其終，而知所以死矣。此天地之間，綱紀造化，流行古今，不言之妙，聖人作《易》，其大義蓋不出此，故引之以證其説。

【集説】

朱子曰：「陽主進而陰主退，陽主息而陰主消。進而息者其氣强，消而退者其氣弱，此陰陽之所以爲柔剛也。陽剛温厚，居東南，主春夏，而以作長爲事。陰柔嚴凝，居西北，主秋冬，而以斂藏爲事。作長爲生，斂藏爲殺，此剛柔之所以爲仁義也。以此觀之，則陰陽剛柔仁義之位，豈不曉然？而彼楊子〔一〕所謂『於仁也柔，於義也剛』者，乃自其用處末流言之。蓋亦〔二〕所謂『陽中之陰，陰中之陽』，固不妨自爲一義，但不可雜乎此而論之耳。」〔三〕

《御纂性理精義》云：「此節引《易》以證前文之意。『立天之道曰陰與陽』，則四時之氣是也。『立地之道曰柔與剛』，則五行之質是也。『立人之道曰仁與義』，則五性感動，而必定之以中正仁義者是也。真精合凝，化生萬物者，人物之所以始而生之説也。衆人蚩蚩，草木同腐，而聖人者，立人之極，至於與天地參，人物之所以終而死

〔一〕「楊子」後，《晦庵先生朱文公文集》有「云之」二字。
〔二〕「亦」字原刻作「易」，據前揭《朱文公文集》爲正。
〔三〕《答袁機仲別幅》文，前揭《朱文公文集》卷三八。

之説也。引此之意，所以明夫三材[一]之道並立，而人必全受而全歸之，蓋亦《西銘》卒章之指也。」[二]

大哉《易》也！斯其至矣！

［注］《易》之爲書，廣大悉備。然語其至極，則此圖盡之，其指豈不深哉？抑嘗聞之，程子昆弟之學於周子也，周子手是圖以授之。程子之言性與天道，多出於此，然卒未嘗明以此圖示人，是則必有微意焉，學者亦不可以不知也。

諸儒太極論辨

【釋】此部分唐先生收入朱子與陸九韶、陸九淵兄弟論辨「無極」書信，並陸世儀講義一篇及陸隴其通論一篇。

[一] 「材」，《御纂性理精義》作「才」字。
[二] 《御纂性理精義·太極圖》卷一文。

朱子《答陸子美書》

梭山陸九韶〔一〕書云：「敬覽所著《太極圖説》，左扶右掖，使不失正，用力多矣。然此圖本説，自是非正，雖曲爲扶掖，恐終爲病根，貽憾後學。」答云：「《太極篇》首一句，最是長者所深排。殊不知不言『無極』，則『太極』同於一物，而不足爲萬化之根；不言『太極』，則『無極』淪於空寂，而不能爲萬化之根。只此一句，便見其下語精密微妙，而向下所説許多道理，條貫脈絡，井井不亂，亘古亘今，攧撲不破，只恐自家見得未曾如此分明直截，則所可疑者，乃在此不在彼也。」

梭山又書云：「『太極』二字，聖人發明道之本源，微妙中正，豈有下同一物之理？左右之言過矣。今於上又加『無極』二字，是頭上安頭，過爲虛無好高之論也。」答云：「『太極』之説，熹謂周先生之意，恐學者錯認『太極』別爲一物，故著『無極』二字以明之。此是推原前賢立言之本意，所以不厭重複，蓋有深指。而來諭便謂熹以

〔一〕陸九韶（一一二八～一二〇五），字子美，號梭山居士，江西金溪人，築室梭山，自號梭山老圃，與弟九齡、九淵合稱「三陸」。此書説朱熹太極之失，謂「不當於太極上加無極二字」，《宋元學案・梭山復齋學案》載此事。

太極下同一物，是則非惟不盡周先生之妙旨，而於熹之淺陋妄説，亦未察其情矣。又謂著『無極』字，便有虛無好高之弊，則未知尊兄所謂太極，是有形器之物耶？無形器之物耶？若果無形而但有理，則無極即是無形，太極即是有理明矣！又安得爲虛無而好高乎？」〔一〕

朱子《答陸子静書》

【釋】收入朱子與陸九淵論辨「無極」之二書。

象山陸九淵第一書云：

「梭山兄謂：『《太極圖説》與《通書》不類，疑非周子所爲；不然，則是其學未成時所作；不然，則或是傳他人之文，後人不辨也。蓋《通書·理性命章》言「中焉止矣。二氣五行，化生萬物；五殊二實，二本則一。」曰中曰一，則太極也，未嘗於其上加「無極」字。《動静章》言五行陰陽，陰陽太極，亦無無極之文。假令《太極圖説》是

〔一〕朱子《答陸子美》文，載《晦庵先生朱文公文集》卷三六。

其所傳，或是少時所作。則作《通書》時[一]，蓋已知其説之非矣。』此言殆未可忽也。」

「尊兄鄉與梭山書云：『不言無極，則太極同於一物，而不足爲萬化根本。不言太極，則無極淪於空寂，而不能爲萬化根本。』夫太極者實有是理，聖人從而發明之耳，非以空言立論，使後人簸弄於頰舌紙筆之間也。其爲萬化根本，固是素定，其足不足，能不能，豈以人言不言之故耶？《易大傳》曰『《易》有太極』，聖人言有，今乃言無，何也？作《大傳》時不言無極，太極亦何嘗同於一物，而不足爲萬化根本耶？《洪範》『五，皇極』列在九疇之中，不言無極，太極亦何嘗同於一物，而不足爲萬化根本耶？太極固自若也。」

「後書又謂：『無極即是無形，太極即是有理。周先生恐學者錯認太極别爲一物，故著「無極」二字以明之。』《易大傳》曰『形而上者謂之道』，又曰『一陰一陽之謂道』，一陰一陽已是形而上者，况太極乎？曉文義者舉知之矣！自有《大傳》，至今幾年？未聞有錯認太極别爲一物者。設有愚謬至此，奚啻不能以三隅反？何足上煩老

[一]「作《通書》時」句後，《四部叢刊初編》影印涵芬樓藏明刊本《象山先生全集》有「不言無極」四字。

先生特地於太極上加無極二字以曉之乎？且極字亦不可以形字釋之。蓋極者中也〔一〕，言無極，是猶言無中也，是奚可哉？若懼學者泥於形器而申釋之，則宜如《詩》云『上天之載』，而於下贊之曰『無聲無臭』可也，豈宜以無極字加於太極之上？朱子發〔二〕謂：『濂溪得《太極圖》於穆伯長，伯長之傳出於陳希夷。』其必有考。希夷之學，老氏之學也。無極二字，出《老子·知其雄章》〔三〕，吾聖人之書所無有也。老氏首章言『無名天地之始，有名萬物之母』，而卒同之，此老氏宗旨也。『無極而太極』，即是此旨。老氏學之不正，見理不明，所蔽在此。兄於此學用力之深，爲日之久，曾此之不能辨，何也？《通書》『中焉止矣』之言，與此昭然不類，而兄曾不之察，何也？《太極圖說》以『無極』二字冠首，而《通書》終篇未嘗一及『無極』字。二程言論文字至多，亦未嘗一及『無極』字。假令其初實有是圖，觀其後來未嘗一及『無極』字，可見其學之

〔一〕此是争議核心。朱子一直不以「中」訓「極」。

〔二〕朱震，字子發，湖北荆門人，徽宗政和年間進士，紹興四年（一一三四）胡安國、趙鼎薦於朝，紹興六年（一一三六）官左朝奉大夫，是年秋，獻《漢上易傳》，紹興八年（一一三八）卒於臨安。

〔三〕《老子》二十八章云：「知其白，守其黑，爲天下式。爲天下式，常德不忒，復歸於無極。」

進而不自以爲是也。兄今考訂注釋，表顯尊信，如此其至，恐未得爲善祖述者也。」[一]

朱子答云：

「來書反復，其於無極、太極之辨詳矣。然以熹觀之，伏羲作《易》，自一畫以下；文王演《易》，自乾元以下，皆未嘗言太極也，而孔子言之。孔子贊《易》，自太極以下，未嘗言無極也，而周子言之。夫先聖後聖，豈不同條而共貫哉？若於此有以灼見太極之真體，則知不言者不爲少，而言之者不爲多矣，何至若此之紛紛哉？今既不然，則吾之所謂理者，恐其未足以爲羣言之折衷，又況於人之言有所不盡者，又非一二而已乎？既蒙不鄙而教之，熹亦不敢不盡其愚也。

「且夫《大傳》之太極者何也？即兩儀四象八卦之理，具於三者之先，而緼於三者之内者也。聖人之意，正以其究竟至極，無名可名，故特謂之太極，猶曰舉天下之至極，無以加此云爾，初不以中而命之也。至於[二]北極之極、屋極之極、皇極之極、民極之極，諸儒雖有解爲『中』者，蓋以此物之極，常在此物之中，非指極字而訓之以中也。

[一] 陸九淵《與朱元晦一》文，載《象山先生全集》卷二。

[二] 「至於」，《晦庵先生朱文公文集》作「至如此」。

極者，至形[一]而已；以有形者言之，則四方八面，合輳將來，到此築底，更無去處；從此推出，四方八面，都無向背，一切停匀，故謂之極耳。後人以其居中而能應四外，故指其處而以中言之，非以其義爲可訓中也。至於太極，則又初無形象方所之可言，但以此理至極而謂之極耳。今乃以『中』明之，則是所謂理有未明，而不能盡乎人言之意者一也。

「《通書·理性命章》其首二句言理，次三句言性，次八句言命，故其章内無此三字，而特以三字名其章以表之，則章内之言，固已各有所屬矣。蓋其所謂靈、所謂一者，乃爲太極；而所謂中者，乃氣禀之得中，與剛善剛惡、柔善柔惡者爲五性，而屬乎五行，初未嘗以是爲太極也。且曰『中焉止矣』，而又下屬於二氣五行，化生萬物之云，是亦復成何等文字義理乎？今來諭乃指其『中』者爲太極，而屬之下文，則又理有未明，而不能盡乎人言之意者二也。

「若論『無極』二字，乃是周子灼見道體，迥出常情，不顧旁人是非，不計自己得失，勇往直前，説出人不敢説底道理，令後之學者，曉然見得太極之妙，不屬有無，不

[一]「形」字，前揭《朱文公文集》作「極」字。

落方體，若於此看得破，方見得此老真得千聖以來不傳之秘，非但『架屋下之屋，疊牀上之牀』[一]而已也。今必以爲未然，是又理有未明，而不能盡乎人言之意者三也。

「至於《大傳》既曰『形而上者謂之道』矣，而又曰『一陰一陽之謂道』，此豈真以陰陽爲形而上者哉？正所以見一陰一陽雖屬形器，然其所以一陰而一陽者，是乃道體之所爲也。故語道體之至極，則謂之太極；語太極之流行，則謂之道。雖有二名，初無兩體，周子所以謂之『無極』，正以其無方所、無形狀，以爲在無物之前，而未嘗不立於有物之後；以爲在陰陽之外，而未嘗不行乎陰陽之中；以爲通貫全體，無乎不在，則又初無聲臭影響之可言也。今乃深詆『無極』之不然，則是直以太極爲有形狀、有方所矣；直以陰陽爲形而上者，則又昧於形器之分矣；又於形而上者之上，復有況太極乎之語，則是又以道上又別有一物爲太極矣！此又理有未明，而不能盡乎人言之意者四也。

「至熹前書所謂『不言無極，則太極同於一物，而不足爲萬化根本。不言太極，則無極淪於空寂，而不能爲萬化根本。』乃是推本周子之意，以爲當時若不如此兩下説

[一] 此回應陸九淵書之批判語：「上面加無極字，正是疊牀上之牀；下面著真體字，正是架屋下之屋。」

破，則讀者錯認語意，必有偏見之病，聞人説有，即謂之實有；見人説無，即以爲真無耳。自謂如此説，得周子之意，已是大煞分明，只恐知道者厭其漏泄之過甚，不謂如老兄者，乃猶以爲未穩而難曉也。謂〔一〕以熹書上下文字詳之，豈謂太極可以人言而爲加損者哉？是又理有未明，而不能盡乎人言之意者五也。

「來書又謂《大傳》明言《易》有太極，今乃言無，何耶？此尤非所望於高明者。今夏因與人言《易》，其人之論正如此。當時對之，不覺失笑，遂至被劾〔二〕。彼俗儒膠固，隨語生解，不足深怪。老兄平日自視爲如何，而亦爲此言耶？老兄且謂《大傳》之所謂有，果如兩儀四象八卦之有定位、天地五行萬物之有常形，周子之所謂無，是果虚空斷滅，都無生物之理耶？此又理有未明，而不能盡乎人言之意者六也。

〔一〕「謂」字，前揭《朱文公文集》作「請」字。

〔二〕劾朱子者爲林栗，事載《宋史》卷三九四《林栗傳》：「朱熹以江西提刑召爲兵部郎官，熹既入國門，未就職，栗與熹相見，論《易》與《西銘》不合。至是，栗遣吏部趣之，熹以脚疾請告。栗遂論：『熹本無學術，徒竊張載、程頤之緒餘，爲浮誕宗主，謂之道學，妄自推尊。所至輒攜門生十數人，習爲春秋戰國之態，妄希孔孟歷聘之風。……望將熹停罷，姑令循省，以爲事君無禮者之戒。』上謂其言過當，而大臣畏栗之强，莫敢深論，太常博士葉適獨上封事辯。」

「《老子》『復歸於無極』，無極乃無窮之義，如莊生『入無窮之門，以遊無極之野』[一]云爾，非若周子所言之意也。今乃引之，而謂周子之言實出乎彼，此又理有未明，而不能盡乎人言之意者七也。」[二]

象山第二書云：

「來書本是主張『無極』二字，而以明理爲説，其要則曰：『於此有以灼然實見太極之真體。』九淵竊謂尊兄未嘗實見太極，若實見太極，上面必不更加無極字，下面必不更著真體字。上面加無極字，正是疊牀上之牀；下面著真體字，正是架屋下之屋；虚見之與實見，其言固自不同也。

「又謂：『極者，正以其究竟至極，無名可名，故特謂之太極，猶曰舉天下至極無以加此云爾。』就令如此，又何必更於上面加『無極』字也？若謂欲言其無方所，無形狀，則前書固言宜如《詩》言『上天之載』，而於其下贊之曰『無聲無臭』可也，豈宜以

[一]《莊子・在宥》云：「故余將去女，入無窮之門，以游無極之野。」

[二]朱子《答陸子静》文，載《晦庵先生朱文公文集》卷三六。

『無極』字加之太極之上？《繫辭》言『神無方』矣，豈可言無神？言『《易》無體』矣，豈可言無《易》？老氏以無爲天地之始，以有爲萬物之母，以常無觀妙，以常有觀竅。直將『無』字搭在上面，正是老氏之學，豈可諱也？惟其所蔽在此，故其流爲任術數，爲無忌憚。此理乃宇宙之所固有，豈可言無？若以爲無，則『君不君，臣不臣，父不父，子不子』矣。楊朱未遽無君，而孟子以爲無君；墨翟未遽無父，而孟子以爲無父；此其所以爲知言也。

「『極』亦此理也，『中』亦此理也。五居九疇之中，而曰皇極，豈非以其中而命之乎？『民受天地之中以生』，而《詩》言『立我烝民，莫匪爾極』，豈非以其中而命之乎？《中庸》曰：『中也者，天下之大本也。和也者，天下之達道也。致中和，天地位焉，萬物育焉。』此理至矣，外此豈更復有太極哉？以極爲中，則爲不明理，以極爲形，乃爲明理乎？字義固有一字而數義者，用字則有專一義者。……中即至理，何嘗不兼至義？《大學》《文言》皆言『知至』。所謂至，即此理也。語讀《易》者曰：『能知太極，即是知至。』語讀《洪範》者曰：『能知皇極，即是知至。』夫豈不可？蓋同指此理，則曰極、曰中、曰至，其實一也。

「至於直以陰陽爲形器而不得爲道，此尤不敢聞命。《易》之爲道，一陰陽〔一〕而已。先後始終，動静晦明，上下進退，往來闔闢，盈虚消長，尊卑貴賤，表裏隱顯，向背順逆，存亡得喪，出入行藏，何適而非一陰一陽哉？奇耦相尋，變化無窮，故曰『其爲道也屢遷。變動不居，周流六虚，上下無常，剛柔相易，不可爲典要，惟變所適』。《説卦》曰：『觀變於陰陽而立卦，發揮於剛柔而生爻，和順於道德而理於義，窮理盡性以至於命。』又曰：『昔者聖人之作《易》也，將以順性命之理，是以立天之道，曰陰與陽；立地之道，曰柔與剛；立人之道，曰仁與義。』《下繫》亦曰：『《易》之爲書也，廣大悉備，有天道焉，有人道焉，有地道焉，兼三才而兩之。故六，六者非他也，三才之道也。』今顧以陰陽爲非道，而直謂之形器，其孰爲昧於道器之分哉？

「前書舉《大傳》『一陰一陽之謂道』『形而上者謂之道』兩句，以見粗識文義者，亦知一陰一陽是形而上者，必不至錯認太極別爲一物，故曰『況太極乎』。此其指歸，本自明白，而兄曾不知察，乃必見誣〔二〕道上别言一物爲太極！《通書》曰：『中者和也，

〔一〕「一陰陽」三字，《象山先生全集》作「一陰一陽」。

〔二〕「誣」字後，《象山先生全集》有「以」字。

中節也，天下之達道也，聖人之事也，故聖人立教，俾人自易其惡，自至其中而止矣。』周子之言中如此，亦不輕矣，外此豈更别有道理，乃不得此虚字乎？所舉《理性命章》五句，但欲見《通書》言中言一，而不言無極耳。『中焉止矣』一句，不妨自是斷章，兄必見誣以屬之下文！兄之爲辯，失其指歸，大率類此。……《大傳》《洪範》《毛詩》《周禮》與《太極圖説》孰古？以極爲形，而謂不得爲中，以一陰一陽爲器，而謂不得爲道，此無乃少絀古書爲不足信，而微任胸臆之所裁乎？

「來書又謂：『周子所以謂之無極，正以其無方所、無形狀。』誠令如此，不知人有甚不敢道處？但加之太極之上，則吾聖門正不肯如此道耳。夫《乾》確然示人易矣，夫《坤》隤然示人簡矣，太極亦曷嘗隱於人哉？尊兄兩下説無説有，不知漏洩得多少？」〔一〕

朱子答書：

「來書云：『尊兄未嘗實見太極』至『其言固自不同也』。熹亦謂老兄正爲未識太極之本無極而有其體，故必以中訓極；而又以陰陽爲形而上者之道，虚見之與實見，

〔一〕陸九淵《與朱元晦二》文，載《象山先生全集》卷二。

其言果不同也。

「來書云：『老氏以無爲天地之始』至『豈可諱也』。熹詳老氏之言有無，以有無爲二；周子之言有無，以有無爲一，正如南北水火之相反，更請子細著眼，未可容易譏評也。

「來書云：『此理乃宇宙之所固有』至『爲知言也』。更請詳看熹前書曾有無理二字否？

「來書云：『極亦此理也』至『外此豈更復有太極哉』。極是名此理之至極，中是狀此理之不偏，雖然同是此理，然其名義各有攸當，雖聖賢言之，亦未嘗敢有所差互也。若皇極之極，民極之極，乃爲標準之義。猶曰立於此而示於彼，使其有所向望而取正焉耳，非以其中而命之也。『立我烝民』，立與粒通，即《書》所謂『民烝乃粒』；『莫匪爾極』則亦指后稷而言，蓋曰使我衆人皆得粒食，莫匪爾后稷之所立者是望耳。爾字不指天地，極字亦非指所受之中。此義尤明白，似是急於求勝，更不暇考上下文。推此一條，其餘可見。『中者天下之大本』，乃以喜怒哀樂之未發，此理渾然無所偏倚而言。太極固無偏倚，而爲萬化之本，然其得名，自爲至極之極，而兼有標準之義，初不以中而得名也。

「來書『以極爲中』至『乃爲明理乎』。老兄自以中訓極，熹未嘗以形訓極也。今若此言，則是已不曉文義，而謂他人亦不曉也，請更詳之。

「來書云：『《大學》《文言》皆言「知至」』。熹詳『知至』二字雖同，而在《大學》則知爲實字，至爲虚字，兩字上重而下輕，蓋曰心之所知無不到耳。在《文言》則知爲虚字，至爲實字，兩字上輕而下重，蓋曰有以知其所當至之地耳。兩義既自不同，而與太極之爲至極者，又皆不相似，請更詳之。此義在諸説中亦最分明，請試就此推之，當知來書未能無失，往往類此。

「來書云：『直以陰陽爲形器』至『孰爲昧道器之分哉』。若以陰陽爲形而上者，則形而下者復是何物？更請見教。若熹愚見與其所聞，則曰凡有形有象者，皆器也。其所以爲是器之理者，則道也。如是則來書所謂『始終晦明奇偶之屬』，皆陰陽所爲之器，獨其所以爲是器之理，如目之明、耳之聰、父之慈、子之孝，乃爲道耳，如此分别，似差明白。不知尊意以爲如何？此一條亦極分明，切望略加思索，見愚言不爲無理，而其餘亦可以類推矣。

「來書云：『《通書》曰中者和也』至『大率類此』。周子言中而以和字釋之，又曰中節，又曰達道，彼非不識字者，而其言顯與《中庸》相戾，則亦必有説矣。蓋此中字，是就氣禀發用而言其無過不及處耳，非直指本體未發、無所偏倚者而言也，豈可以此而訓極爲中也哉？

「來書云：『《大傳》《洪範》《詩》《禮》《爾雅》與《太極圖説》孰古』。《大傳》《洪範》《詩》《禮》皆言極而已，未嘗謂極爲中也。先儒以此極處，常在物之中央，而爲四方之所面内而取正，故因以中釋之，蓋亦未爲甚失。而後人遂直以極爲中，則又不識先儒之本意矣。《爾雅》乃是纂集古今諸儒訓詁以成書，其間蓋亦不能無誤，不足據以爲古，又况其間但有以極訓至，以殷齊訓中，初未嘗以極爲中乎？

「來書又謂：『周子所以謂之無極』至『則吾聖門正不肯如此道耳』止。前又云：「若謂欲言其無方所，無形狀，豈宜以無極字加之太極之上哉？」『無極而太極』，猶曰『莫之爲而爲，莫之致而至』，又如曰『無爲之爲』，皆語勢之當然，非謂别有一物也。向見欽夫有此説，嘗疑其贅，今乃正使得著，方知欽夫之慮遠也。其意則固若曰：『非如皇極、民極、屋極之有方所形象，而但有此理之至極耳。』若曉此意，則於聖門有何違叛而不肯道乎？『上天之載』，是就有中説無。『無極而太極』，是就無中説有。若實見得，即説有説無，或先或後，都無妨礙。

「來書云：『夫「乾」確然示人易矣』至『不知漏洩得多少』。太極固未嘗隱於人，然人之識太極者則少，往往只是於禪學中，認得箇昭昭靈靈能作用的，便謂此是太極，而不知所謂太極乃天地萬物本然之理，亘古亘今，攧撲不破者也。」〔一〕

陸桴亭先生《太極圖説講義》

【釋】陸世儀此講義表彰周敦頤《太極圖説》特立「人極」之義。

周子《太極圖説》，向原在《通書》中。《通書》原名《易通》，是周子讀《易》有得，筆而成書，不必拘拘於《易》，而亦無非是《易》，故名《易通》。「太極」云者，即《繫辭傳》所謂「《易》有太極」是也。周子讀至此處，恍然有得，遂舉筆爲圖，圖成復爲説，以太極一語在《繫辭》上，故此圖此説，亦只在《通書》後半部中。朱子以此圖此説爲道之根蔕，一書之綱領，故特挑出置於卷首。後人見此《圖説》，爲前人所未有，便以爲創此《圖説》，不知周子原只是根本《易經》，發揮太極，其實是述，原未嘗作；其實是因，原未嘗創。然此圖此説，周子雖未嘗

〔一〕朱子《答陸子静》文，前揭《朱文公文集》卷三六。

創作，其實周子以前，無人曾作；周子以後，無人能作，則此圖此説，原畢竟獨歸周子。

此一《圖説》者，彌綸天地，囊括萬物，究陰陽始終之原，明天人合一之理。今日諸公在座，要儀講説。儀若摘舉中間意義，則在座諸公中倘有未晰文義者，豈堪遽及精微？若句釋字解，則朱子注解，已是説得分明，諸公俱可自讀自會，何必儀爲代誦？無已，則將《圖説》大義，略略衍説一番。俟大義既明，然後互相問答，更論精微，何如？

儀嘗謂人生有一件絶大疑惑，不過是生天、生地、生人而已。有一件絶大學問，不過是講明天地之所以爲天地、人之所以爲人而已。這箇道理，惟《易經》上邊稍稍言之，然渾樸精深，未盡刻露，故周子復爲此圖此説，發明其義。圖之所以爲圖，不過原是《易》書中意思，周子衍之，亦不爲奇。最奇特者，周子特特發出「人極」兩字，此是天地以來未發之秘，又是天地以來本有之理。從來先儒説人身小天地，此語人人知道，卻未見得實落處。一閲此圖，真箇是人與天地毫釐絲忽，點滴不差，不得不推爲孔子以後一箇小聖人也！今且未暇細説，只將《圖説》依文解去，便自見得。

《圖説》一篇，約略分五段看。自「無極太極」至「本無極也」，言道之生天地，即

「《易》有太極，是生兩儀，兩儀生四象」也。自「五行之生」至「變化無窮」，言天地之所以生人，即「天命之謂性」也。自「惟人也」至「萬事出矣」，言人之所以合天，即「率性之謂道」也。自「聖人定之以仁義中正」至「修吉悖凶」，言盡人合天之學，即「修道之謂教」也。「故曰」以下，是總結一篇之意。

周子説：「今人戴天不知高，履地不知厚，以爲是天地而已矣。」試思天地未有之先，何以忽然而有天？忽然而有地？今人有身不知貴，有萬物不知愛，以爲是人與萬物而已矣。試思未有人與萬物之先，何以忽然而有人？忽然而有萬物？此處看不明白，便異端雜説，足以欺之。列子斷鼇立極，徐整盤古九變，荀子性惡，告子本無仁義，何處見得他是？何處見得他不是？豈不是絶大疑惑、絶大學問？自我看起來，《繫辭上》説：「《易》有太極，是生兩儀。」便是説天地之原起。但太極是甚麽東西？説箇有字，自不知者觀之，得無認作一物否？這太極不過是理。理是無形的，無所謂極，而實太極，是爲「無極而太極」。

這太極，何嘗會動静？但天地是箇陰陽，陰陽是箇氣，氣自然有動静。然其動也，非無因而動也，必有當動之理而後動，這便是「太極動而生陽」。其静也，非無因而静也，必有當静之理而後静，這便是「太極静而生陰」。其動静也，又非一動一静而遂已也，理必循環不已，這便是「静極復動，動極復静」。動静之久，則分陰分陽而兩儀立，兩儀立則五行生，五氣布而四時行。究竟五行不過一陰陽，陰陽不過一太極，太極不過一無形之理而已，這便是生天生地之根。因那生天生地説起來，不過是幾句，這時卻有好一會。邵子《皇極經世》一元分十二會，每會該一萬零八百年。子會天開，丑會地闢，則生天生地，已准准是二萬一千六百年了。還有一會，人生於寅，亦該一萬八百年。但邵子説的是數，周子説的卻是理。今且把周子的理來説，「無極之真」至「變化無窮」一段，正説天地之生人也。

然又説「五行之生，各一其性」句，這是爲何？蓋五行之生，上邊説未明白，將謂陽變陰合而生，則五行不過一陰陽而已。不知五行既生之後，便各具一性。是天地之間既有二氣，又有五行，算起來便是七樣了，如何去生萬物？不知其間又有箇絶妙的道理。那無極之真，真者理也。二五之精，精者氣也。理與氣，「妙合而凝」，渾成無縫，其間便生出許多人與萬物。這「妙合而凝」，不要淺淺看過，有個「渾淪」的妙合而凝，是人與萬物公共的，所謂「統體一太極」也，「大德敦化」是也。有箇「細分」的妙合而凝，是人與萬物各具的，所謂「一物一太極」也，「小德川流」是也。然所謂二五者，亦逐件分析言之也。究竟「五行一陰陽」，不過只是乾坤二氣。得乾道之多者成男，得坤道之多者成女。只之二氣交感，便化生出許多萬物，《易》所謂「天地絪緼，萬物化醇」也。既有萬物之後，則萬物各自生生，而變化無窮，《易》所謂「男女構精，萬物化生」也，這便是生人的根。因此生天、生地、生人者。《易》書上邊俱曾説過，周子不過借圖發明，亦未爲奇。

獨是人之所以合天，《易》書上邊只説得「大人與天地合德」一句，不曾細細將天地間人盡數與天地配合，周子卻將天地間人盡數與天地配合，又不是矯揉造作，真是奇特。其言曰：「人與萬物，雖同是無極二五所生，然惟人則是得其秀而最靈。」試將人來配天地，看天地静而生陰，而人之形則陰之所生也；天地動而生陽，而人之神則陽之所發也；知天地有五行，而人之五性則五行之所稟也；天地有妙合而凝，而人之五性，則有感動。天地妙合而凝則男女出，人性感動則善惡分。天地一生男女，則男女自會生出許多萬物。人心一有善惡，則善惡自會做出許多萬事。且看那一件不與天地相似的麽？既與天地相似，則人人自當與天地合德，所謂「人皆可以爲堯舜」者。

乃人之品格，萬有不齊，此爲甚緣故？只爲不曉得「人極」兩字。不曉得人極，便不能立人極，惟「聖人則定之以中正仁義而主静，立人極」焉。中正即《易》中「龍德中正」之中正，仁義即《易》中「立仁與義」之仁義，定即所謂「品節以齊一之」也，靜即太極之本體。太極以靜爲本體，以動爲用。人極亦以靜爲本體，以動爲用。周子自注「無欲故靜」，無欲無字，直與無極無字，一樣看。天地一有所著，便落氣。惟不落氣，故謂之太極。人心一有所著，便入欲。惟不入欲，故謂之人極。是主靜者，即主於理也，無欲則純乎理矣！立字尤見得主靜是體，蓋體立而後用行也。

「人極」兩字，雖是創闢，然與太極原不是兩箇。在天地言，則謂之太極。在人心言，則謂之人極。總之只是箇理字。在人身上親切看來，又只是箇性字。故程子說「性即理」也。如此看來，聖人豈不與天地合德的麽？既與天地合德，則自然與日月合明，與四時合序，與鬼神合吉凶矣，此是《中庸》上說「自誠明」之聖人。吾輩人人原具有聖人本體，原該人人與天地合德，只爲氣質既殊，便不得不用工夫學力，所謂「修之」也。

「修之」便是君子。《中庸》上說「自明誠謂之教」，蓋通大賢以下，凡湯武一輩皆是也。下此便氣質益殊，又不肯用工夫學力，所謂「悖之」也，悖之便是小人。這小人不是生而小人，小人亦得天地之秀，形生神發，具有五性，亦件件與聖人一般，只是不肯用工夫學力，不肯定之以中正仁義、而主靜立人極，便恰恰做成了一箇小人。他要做小人，亦無奈他何。只是周子「吉凶」兩字下得好。如何叫做吉？吉是好處，好處只管「上達」，上達到極處，總謂之吉。如何叫做凶？凶是不好處，不好處只管「下達」，下達到極處，總謂之凶。君子修之，只是箇人，到後來極至處，與天地合德，直與天地參，那箇吉豈不是箇吉麽？小人悖之，悖之亦只是箇人，到後來極至處，不能與天地合德，直與禽獸伍，那箇凶豈不是箇凶麽？這樣看來，天與地與人，總不過是之箇「太極」。太極者道也，所以《繫辭上》說：「立天之道，曰陰與陽。立地之道，曰柔與剛。立人之道，曰仁與義。」陰陽剛柔者，天地之道也，即所謂太極動靜者是也。仁義者，人之道也，即所謂仁義立人極是也。

不但如此，即生死之説，極是難知。然即此圖觀之，人之始生，不過得天地之理氣以爲形性，則其終死，亦不過天地之理氣而已，一切幻妄之説，俱不足以惑之也。由此觀之，天地間絶大疑惑，絶大學問，只消閲此圖，讀此説，便自瞭然。周子真是孔子以後一箇開天亞聖。然仔細看來，都不是周子一毫造作，都是《易》書中原有是理，故周子亦曰：「大哉《易》也！斯其至矣。」此是周子作圖立説本意。吾輩今日看了此圖，讀了此説，不可徒作一番講論，要知安身立命，卻在何處？吾輩今日只是「君子修之吉」一句。修之如何？中正仁義而主静立人極是已。能立人極，則與天地參而吉；不能立人極，則與禽獸伍而凶，更無中立的道理。願同志諸公，各自免旃〔一〕。

陸稼書先生《太極論》

【釋】陸隴其以「至善」釋太極之義，近取諸身，與陸世儀立人極同旨。

論太極者，不在乎明天地之太極，而在乎明人身之太極。明人身之太極，則天地之太極在是矣。先儒之論太極，所以必從陰陽五行、天地生物之初言之者，惟恐人不知此理之原，故溯其始而言之，使知此理無物不有，無時不然，雖欲頃刻離之而不可得也。學者徒見先儒之言陰陽，言五行，言天地萬物，廣大精微，而不從我身切實求之，則豈前賢示人之意哉？

夫太極者，萬理之總名也。在天則爲命，在人則爲性；在天則爲元亨利貞，在人則爲仁義禮智。以其有條而不紊，則謂之理；以其爲人所共由，則謂之道；以其不

〔一〕陸世儀《太極圖説講義》，載《陸桴亭先生集》卷一。

偏不倚，無過不及，則謂之中；以其真實無妄，則謂之誠；以其純粹而精，則謂之至善；以其至極而無以加，則謂之太極。名異而實同也。

學者誠有志乎太極，惟於日用之間，時時存養，時時省察，不使一念之越乎理，不使一事之悖乎理，不使一言一動之逾乎理，則太極存焉矣。其寂然不動，是即太極之陰静也；感而遂通，是即太極之陽動也；感而復寂，寂而復感，是即太極之動静無端、陰陽無始也。寂然之中，而感通之理已具。感通之際，而寂然之體常存。是即太極之「體用一原，顯微無間」也。

分而爲五常，發而爲五事，布而爲五倫，是即太極之陽變陰合，而生水火木金土也。以之處家則家齊，以之處國則國治，以之處天下則天下平，是即太極之成男成女而萬物化生也。合吾身之萬念萬事而無一非理，是「萬物統體一太極」也。即吾身之一念一事而無之非理，是「一物各具一太極」也。不越乎日用常行之中，而卓然超絶乎恒流〔一〕，是太極之不離乎陰陽，而亦不雜乎陰陽也。若是者，豈必遠而求之天地萬物？而太極之全體，已備於吾身矣。由是以觀天地，則太極之在天地，亦若是而已。

〔一〕「恒流」，同治正誼堂本《陸稼書先生文集》作「流俗」。

由是以觀萬物，則太極之在萬物，亦若是而已。

天地萬物，浩浩茫茫，測之不見其端，窮之莫究其量，而莫非是理之發見也，莫非是理之流行也，莫非是理之循環而不窮也。高明博厚不同，而是理無不同也。飛潛動植有異，而是理無異也。是理散於萬物，而萃於吾身，原於天地，而賦於吾身。是故善言太極者，求之遠不若求之近，求之虛而難據，不若求之實而可循。故周子《太極圖説》，雖從陰陽五行言之，而終之曰「聖人定之以中正仁義而主静，立人極焉」，其示人之意亦深切矣。又恐聖人之立極，非學者所〔一〕驟及也，而繼之曰「君子修之吉」。修之爲言，擇善固執之謂也。而朱子解之，又推本於敬，以爲能敬然後能静虚動直，而太極在我。嗚呼至矣！先儒之言，雖窮高極深，而推其旨，不過欲人修其身以治天下國家焉耳！學者慎無騖太極之名，而不知近求之身也〔二〕。

〔一〕「所」字，《陸稼書先生文集》作「可」字。
〔二〕陸隴其《太極論》文，《陸稼書先生文集》卷一。

周子大義卷二

【釋】唐先生《演講録》選講誠幾德、聖、師、志學等四節，按語云：「周子《太極圖説》精奥幽深，《通書》則廣大通博，詳見余所著《性理救世書》諸論中。兹特録《通書》修己治人最切近者數章，以示門徑。先儒謂四子書，《六經》之階梯，《近思録》，四子書之階梯。余謂《中庸》、《周易》之階梯，《太極圖説》《通書》，《中庸》之階梯。學者求升堂入室，則有全書在。」

通書　朱子注，附集説

《通書》者，濂溪夫子之所作也。夫子姓周氏，名敦頤，字茂叔，自少即以學行〔一〕聞於世，而莫或知其師傳之所自，獨以河南兩程夫子嘗受學焉，而得孔孟不傳之正

〔一〕「行」字後，《晦庵先生朱文公文集》有「有」字。

統，則其淵源固〔一〕可概見。然所以指夫仲尼顔子之樂，而發其吟風弄月之趣者，亦不可得而悉聞矣。所著之書又多散失，獨此一篇，本號《易通》，與《太極圖説》並出程氏，以傳於世，而其爲説實相表裏。大抵推一理二氣五行之分合，以紀綱道體之精微，決道義文字〔二〕利禄之取舍，以振起俗學之卑陋。至論所以入德之方，經世之具，又皆親切簡要，不爲空言。顧其宏綱大用，既非秦漢以來諸儒所及，而其條理之密，意味之深，又非今世學者所能驟而窺也，是以程氏既没，而傳者鮮焉，其知之者，不過以爲用意高遠而已。熹自蚤歲，即幸得其遺編而伏讀之，初蓋茫然不知其所謂，而甚或不能以句。壯歲，獲遊延平李先生之門，然後始得聞其説之一二。比年以來，潛玩既久，乃若粗有得焉。雖其宏綱大用，所不敢知，然於其章句文字之間，則有以實見其條理之愈密，意味之愈深而不我欺也。顧自始讀以至於今，歲月幾何？倏焉三紀，慨前哲之益遠，懼妙旨之無傳。竊不自量，輒爲注釋，雖知凡近，不足以發夫子之精蘊，然創通大義，以俟後之君子，則萬一其庶幾焉〔三〕。

〔一〕「固」，前揭《朱文公文集》作「因」。
〔二〕「字」，前揭《朱文公文集》作「辭」。
〔三〕《周子通書後記》文，載前揭《朱文公文集》卷八一。

誠上第一

誠者聖人之本。

［注］誠者至實而無妄之謂，天所賦物所受之正理也，人皆有之，而聖人之所以聖者，無他焉，以其獨能全此而已。此書與《太極圖》相表裏，誠即所謂太極也。

「大哉乾元！萬物資始」，誠之源也。

［注］此上二句，引《易》以明之。乾者純陽之卦，其義爲健，乃天德之别名也。元，始也。資，取也。言乾道之元，萬物所取以爲始者，乃實理流出，以賦於人之本，如水之有源，即圖之陽動也。

「乾道變化，各正性命」，誠斯立焉。

［注］此上二句，亦《易》文，天所賦爲命，物所受爲性。言乾道變化，而萬物各得受其所賦之正，則實理於是而各爲一物之主矣。即圖之陰静也。

精純至善者也。

［注］純，不雜也。粹，無疵也。此言天之所賦，物之所受，皆實理之本然，無不善之雜也。

故曰「一陰一陽之謂道，繼之者善也，成之者性也」。

[注]此亦《易》文。陰陽，氣也，形而下者也。所以一陰一陽者，理也，形而上者也。道即理之謂也。繼之者，氣之方出，而未有所成之謂也。善則理之方行，而未有所立之名也，陽之屬也，誠之源也。成則物之已成，性則理之已立者也，陰之屬也，誠之立也。

[集説]

問：「《誠上篇》舉『一陰一陽之謂道』三句，是證上文否？」朱子曰：「固是。『一陰一陽之謂道』一句，通證『誠之源』『誠斯立焉』二節。『繼之者善』又證『誠之源』一節。『成之者性』，又證『誠斯立焉』一節。」

陳氏淳曰：「孟子道性善，從何而來？夫子《易繫》曰：『一陰一陽之謂道，繼之者善也，成之者性也。』所以一陰一陽之理者爲道，止是統説箇太極之本體。繼此者爲善，乃是就其間説造化流行、生育賦予，更無别物，只是箇善而已，此是太極之動而陽時。所謂善者，以實理言，即道之方行者也。至成此者爲性，是説一物受得此善底道理去各成箇性，是太極之静而陰時，此性字與善字相對，是即所謂善，而理之已定者也。夫子所謂善，是就人物未生之前，造化源頭處説。善乃重字，爲實物。若孟子所謂性善，則是就『成之者性』處説，是生以後事，善乃輕字，言此性之純粹至善耳。其實由造化原頭處有是繼之者善，然後成之者性時，方能如此之善，則孟子之所謂善，實淵源於夫子所謂善，而非有二本也。」

元亨，誠之通。利貞，誠之復。

[注]元，始；亨，通；利，遂；貞，正；乾之四德也。通者方出而賦於物，善之繼也。復者各得而藏於己，性之成也。此於圖已爲五行之性矣。

[集説]

朱子曰：「濂溪與伊川説『復』字差不同。濂溪就歸處説……如云『利貞誠之復』，誠心復其不善之動而已矣，皆是就歸處説復字。伊川就動處説，如『元亨利貞』，濂溪就利貞上説復字，伊川就元字頭説復字。」〔一〕二説不同，道理則一。

大哉易也！性命之源乎？

[注]易者，交錯代换之名，卦爻之立，由是而已。天地之間，陰陽交錯，而實理流行，一賦一受於其中，亦猶是也。

〔一〕《朱子語類·易七·復》卷七一文。

［集説］

《御纂性理精義》云：「繼之者善，是天道之流行賦與，所謂命也。成之者性，是人物之稟受成質，所謂性也。其理自《易》發之，故曰性命之源。」

誠下第二

聖，誠而已矣。

［注］聖人之所以聖，不過全此實理而已，即所謂太極者也。

誠，五常之本，百行之源也。

［注］五常，仁義禮智信，五行之性也。百行，孝悌忠信之屬，萬物之象也。實理全，則五常不虧，而百行修矣。

静無而動有，至正而明達也。

［注］方静而陰，誠固未嘗無也，以其未形而謂之無耳。及動而陽，誠非至此而後有也，以其可見而謂之有耳。静無則至正而已，動有然後明與達者可見也。

五常百行，非誠非也，邪暗塞也。

［注］非誠則五常百行皆無其實，所謂「不誠無物」者也。静而不正，故邪。動而

不明不達，故暗且塞。

故誠則無事矣！

[注]誠則衆理自然，無一不備，不待思勉，而從容中道也。

至易而行難。

[注]實理自然，故易。人僞奪之，故難。

果而確，無難焉。

[注]果者陽之決，確者陰之守。決之勇，守之固，則人僞不能奪之矣。

[集説]

朱子曰：「德輶如毛，民鮮克舉之。程子所謂克己最難也。知其易，故行之必果。知其難，則守之宜確。能果能確，則又何難之有？」

故曰：「一日克己復禮，天下歸仁焉。」

[注]克去己私，復由天理，天下之至難也。然其機可一日而決，其效至於天下歸仁。果確之無難如此。

誠幾德第三

誠無爲。

[注]實理自然，何爲之有？即太極也。

幾善惡。

[注]幾者動之微，善惡之所由分也，蓋動於人心之微，則天理固當發見，而人欲亦已萌乎其間矣。此陰陽之象也。

[集説]

朱子曰："「誠，實理也。無爲，猶寂然不動也。實理該貫動静，而其本體則無爲也。幾者動之微，動則有爲而善惡形矣。誠無爲則善而已。動而有爲，則有善有惡。」

德，愛曰仁，宜曰義，理曰禮，通曰智，守曰信。

[注]道之得於身[一]者謂之德，其别有是五者之用，而因以名其體焉，即五行之

[一]「身」原誤作「心」。

性也。

性焉安焉之謂聖。

[注]性者獨得於天，安者本全於己，聖者大而化之之稱，此不待學問勉强，而誠無不立，幾無不明，德無不備者也。

復焉執焉之謂賢。

[注]復者反而至之，執者保而持之，賢者才德過人之稱。此思誠研幾，以成其德，而有以守之者也。

發微不可見，充周不可窮之謂神。

[注]發之微妙而不可見，充之周徧而不可窮，則聖人之妙用而不可知者也。

聖第四

寂然不動者誠也，感而遂通者神也，動而未形，有無之間者幾也。

[注]本然而未發者，實理之體。善應而不測者，實理之用。動静體用之間，介然有頃之際，則實理發見之端，而衆事吉凶之兆也。

誠精故明，神應故妙，幾微故幽。

[注]「清明在躬，志氣如神」，精而明也。「不疾而速，不行而至」，應而妙也。理雖已明〔一〕，事則未著，微而幽也。

誠神幾曰聖人。

[注]性焉安焉，則精明應妙，而有以洞其幽微矣。

慎動第五

動而正曰道。

[注]動之所以正，以其合乎衆所共由之道也。

用而和曰德。

[注]用之所以和，以其得道於身而無所待於外也。

匪仁、匪義、匪禮、匪智、匪信，悉邪也。

[注]所謂道者，五常而已。非此，則其動也邪矣。

邪動，辱也；甚焉，害也。

〔一〕「明」字，《御纂性理精義》作「萌」。

[注]無得於道，則其用不和矣。

故君子慎動。

[注]動必以正，則和在其中矣。

道第六

聖人之道，仁義中正而已矣。

[注]中即禮，正即智，圖解備矣。

守之貴。

[注]天德在我，何貴如之？

行之利。

[注]順理而行，何往不利？

廓之配天地。

[注]充其本然並立之全體而已矣。

豈不易簡？豈爲難知？

[注]道體本然，故易簡。人所固有，故易知。

不守、不行、不廓耳。

[注]言爲之則是，而歎學者自失其幾也。

師第七

或問曰：「曷爲天下善？」曰：「師。」曰：「何謂也？」曰：「性者，剛柔善惡中而已矣。」

[注]此所謂性，以氣稟而言也。

不達。曰：「剛善，爲義，爲直，爲斷，爲嚴毅，爲幹固；惡，爲猛，爲隘，爲强梁。柔善，爲慈，爲順，爲巽；惡，爲懦弱，爲無斷，爲邪佞。」

[注]剛柔固陰陽之大分，而其中又各有陰陽，以爲善惡之分焉。惡者固爲非正，而善者亦未必皆得乎中也。

惟中也者，和也，中節也，天下之達道也，聖人之事也。

[注]此以得性之正而言也。然其以和爲中，與《中庸》不合，蓋就已發無過不及者言之，如《書》所謂「允執厥中」者也。

［集説］

問：注中引「允執厥中」。朱子曰：「此只是無過不及之中，《書傳》中所言皆如此。只有『喜怒哀樂未發之中』一處，是以體言。到『中庸』字，亦非專言體，便有無過不及之意。」

故聖人立教，俾人自易其惡，自至其中而止矣。

［注］易其惡，則剛柔皆善，有嚴毅慈順之德，而無强梁懦弱之病矣！至其中，則其或爲嚴毅，或爲慈順也，又皆中節，而無太過不及之偏矣。

故先覺覺后覺，闇者求於明，而師道立矣。

［注］師者所以攻人之惡，正人之不中而已矣。

師道立，則善人多。善人多，則朝廷正，而天下治矣。

［注］此所以爲天下，善也。

此章所言剛柔，即《易》之兩儀。各加善惡，即《易》之四象。《易》又加倍以爲八卦。而此書及圖，則止於四象，以爲火水金木，而即其中以爲土。蓋道體則一，而人之所見詳略不同，但於本體不差，則並行而不悖矣。

幸第八

人之生，不幸不聞過，大不幸無恥。

［注］不聞過，人不告也。無恥，我不仁也。

必有恥，則可教。聞過，則可賢。

［注］有恥則能發憤而受教，聞過則知所改而爲賢。然不可教，則雖聞過而未必能改矣，以此見無恥之不幸爲尤大也。

思第九

《洪範》曰：「思曰睿，睿作聖。」

［注］睿，通也。

無思，本也。思，通用也。幾動於彼，誠動於此，無思而無不通爲聖人。

［注］無思，誠也。思，通神也。所謂「誠神幾曰聖人」也。

不思則不能通微，不睿則不能無不通，是則無不通生於通微，通微生於思。

［注］通微，睿也。無不通，聖也。

故思者聖功之本，而吉凶之極也。

［注］思之至，可以作聖而無不通。其次亦可以見幾通微，而不陷於凶咎。

《易》曰：「君子見幾而作，不俟終日。」

［注］睿也。

又曰：「知幾其神乎！」

［注］聖也。

志學第十

聖希天，賢希聖，士希賢。

［注］希，望也。字本作睎。

伊尹顔淵，大賢也。伊尹耻其君不及〔一〕堯舜，一夫不得其所，若撻於市。顔淵不遷怒，不貳過，三月不違仁。

［注］説見《書》及《論語》，皆賢人之事也。

〔一〕「及」字原誤作「爲」。

志伊尹之所志，學顏子之所學。

［注］此言士希賢也。

過則聖，及則賢，不及則亦不失於令名。

［注］三者隨其用力[一]之淺深，以爲所至之近遠。不失令名，以其有爲善之實也。

順化第十一

天以陽生萬物，以陰成萬物。生，仁也。成，義也。

［注］陰陽以氣言，仁義以道言。詳已見圖解矣。

故聖人在上，以仁育萬物，以義正萬民。

［注］所謂定之以仁義。

天道行而萬物順，聖德修而萬民化。大順大化，不見其迹，莫知其然之謂神。

［注］天地聖人，其道一也。

故天下之衆，本在一人。道豈遠乎哉？術豈多乎哉？

[一]「用力」原誤作「所用」。

[注]天下之本在君，君之道在心，心之術在仁義。

治第十二

十室之邑，人人提耳而教，且不及，况天下之廣，兆民之衆哉！曰純其心而已矣。

[注]純者不雜之謂。心謂人君之心。

仁義禮智四者，動静言説視聽，無違之謂純。

[注]仁義禮智，五行之德也。動静，陰陽之用；而言貌視聽，五行之事也。德不言信，事不言思者，欲其不違，則固以思爲主，而必求是四者之實矣。

心純則賢才輔。

[注]君取人以身，臣道合而從也。

賢才輔則天下治。

[注]衆賢各任其職，則不待人人提耳而教矣。

純心要矣！用賢急焉。

[注]心不純，則不能用賢。不用賢，則無以宣化。

禮樂第十三

禮，理也。樂，和也。

［注］禮陰也；樂陽也。

陰陽理而後和，君君臣臣，父父子子，兄兄弟弟，夫夫婦婦，萬物各得其理然後和，故禮先而樂後。

［注］此定之以中正仁義而主静之意。程子論敬則自然和樂，亦此理也。學者不知持敬，而務爲和樂，鮮不流於慢者。

務實第十四

實勝善也，名勝耻也，故君子進德修業，孳孳不息，務實勝也。德業有未著，則恐恐然畏人知，遠耻也，小人則僞而已。故君子日休，小人日憂。

［注］實修而無名勝之耻，故休。名勝而無實修之善，故憂。

愛敬第十五

有善不及。

[注]設問人或有善，而我不能及，則如之何？

曰：「不及則學焉。」

[注]答言當學其善而已。

問曰：「有不善。」

[注]問人有不善，則何以處之？

曰：「不善則告之不善，且勸曰庶幾有改乎？斯爲君子。」

[注]答言人有不善，則告之以不善，而勸其改。告之者，恐其不知此事之爲不善也。勸之者，恐其不知不善之可改而爲善也。

有善一，不善二，則學其一，而勸其二。

[注]亦答詞也。言人有善惡之雜，則學其善而勸其惡。

有語曰：「斯人有是之不善，非大惡也。」則曰：「孰無過？焉知其不能改？改則爲君子矣！不改爲惡。惡者，天惡之，彼豈無畏耶？烏知其不能改？」

[注]此亦答言。聞人有過，雖不得見而告勸之，亦當答之以此，冀其或聞而自改也。有心悖理謂之惡，無心失理謂之過。

故君子悉有衆善，無弗愛且敬焉。

[注]善無不學，故悉有衆善。惡無不勸，故不棄一人於惡。不棄一人於惡，則無所不用其愛敬矣。

動静第十六

動而無静，静而無動，物也。

[注]有形則滯於一偏。

動而無動，静而無静，神也。

[注]神則不離於形，而不囿於形矣。

動而無動，静而無静，非不動不静也。

[注]動中有静，静中有動。

物則不通，神妙萬物。

[注]結上文，起下意。

水陰根陽，火陽根陰。

［注］水，陰也，而生於一，則本乎陽也。火，陽也，而生於二，則本乎陰也。所謂神妙萬物者如此。

五行陰陽，陰陽太極。

［注］此即所謂「五行一陰陽，陰陽一太極」者，以神妙萬物之體而言也。

四時運行，萬物終始。

［注］此即所謂五氣順布，四時行焉，無極二五妙合而凝者，以神妙萬物之用而言也。

混兮闢兮，其無窮兮。

［注］體本則一，故曰混。用散而殊，故曰闢。一動一靜，其運如循環之無窮，此兼舉其體用而言也。

此章發明圖意，更宜參考。

樂上第十七

古者聖王，制禮法，修教化，三綱正，九疇敘，百姓大和，萬物咸若。

[注]綱，綱上大繩也。三綱者，夫爲妻綱，父爲子綱，君爲臣綱也。疇，類也。九疇見《洪範》。若，順也。此所謂「理而後和」也。

乃作樂以宣八風之氣，以平天下之情。

[注]八音以宣八方之風，見《國語》；宣所以達其理之分，平所以節其和之流。

故樂聲淡而不傷，和而不淫，入其耳，感其心，莫不淡且和焉。淡則欲心平，和則躁心釋。

[注]淡者，理之發。和者，淡之爲。先淡後和，亦主静之意也。然古聖賢之論樂，曰和而已。此所謂淡，蓋以今樂形之，而後見其本於莊正齊肅之意爾。

優柔平中，德之盛也。天下化中，治之至也。是謂道配天地，古之極也。

[注]欲心平，故平中。躁心釋，故優柔。言聖人作樂，功化之盛如此。或云：化中，當作化成。

後世禮法不修，政刑苛紊，縱欲敗度，下民困苦。謂古樂不足聽也，代變新聲，妖淫愁怨，導欲增悲，不能自止，故有賊君棄父，輕生敗倫，不可禁者矣。

[注]廢禮敗度，故其聲不淡而妖淫。政苛民困，故其聲不和而愁怨。妖淫，故導欲而至於輕生敗倫；愁怨，故增悲而至於賊君棄父。

嗚呼！樂者，古以平心，今以助欲。古以宣化，今以長怨。

［注］古今之異，淡與不淡，和與不和而已。

不復古禮，不變今樂，而欲至治者遠矣。

［注］復古禮，然後可以變今樂。

樂中第十八

樂者，本乎政也。政善民安，則天下之心和。故聖人作樂，以宣暢其和心，達於天地。天地之氣，感而大和焉。天地和則萬物順，故神祇格，鳥獸馴。

［注］聖人之樂，既非無因而强作，而其制作之妙，又能真得其聲氣之元，故其志氣天人，交相感動，而其效至此。

樂下第十九

樂聲淡，則聽心平；樂辭善，則歌者慕，故風移而俗易矣。妖聲豔辭之化也亦然。

聖學第二十

「聖可學乎？」曰：「可。」曰：「有要乎？」曰：「有。」「請聞焉。」曰：「一爲要。一者

無欲也，無欲則静虚動直。静虚則明，明則通。動直則公，公則溥。明通公溥，庶矣乎！」

［注］此章之指，最爲要切。然其辭義明白，不煩訓解。學者能深玩而力行之，則有以知無極之真，兩儀四象之本，皆不外乎此心，而日用間自無别用力處矣。

公明第二十一

公於己者公於人，未有不公於己而能公於人也。

［注］此爲不勝己私，而欲任法以裁物者發。

明不至則疑生，明無疑也。謂能疑爲明，何啻千里。

［注］此爲不能先覺，而欲以逆詐億不信爲明者發。然明與疑，正相南北，何啻千里之不相及乎？

理性命第二十二

厥彰厥微，匪靈弗瑩。

［注］此言理也。陽明陰晦，非人心太極之至靈，孰能明之？

剛善剛惡，柔亦如之，中焉止矣。

［注］此言性也。説見第七篇，即五行之理也。

二氣五行，化生萬物。五殊二實，二本則一，是萬爲一。一實萬分，萬一各正，小大有定。

［注］此言命也。二氣五行，天之所以賦授萬物而生之者也。自其末以緣本，則五行之異，本二氣之實，二氣之實，又本一理之極，是合萬物而言之，爲一太極而已也。自其本而之末，則一理之實，而萬物分之以爲體。故萬物之中，各有一太極，而小大之物，莫不各有一定之分也。

此章十六章意同。

［集説］

朱子曰：「自下推而上去，五行只是二氣，二氣只是一理。自上推而下來，只是一理，萬物分之以爲體。萬物之中，又各具一理，所以『乾道變化，各正性命』，此理處處皆渾淪，如一粒粟生爲苗，苗便生花，花便結實，還復本形。一穗有百粒，每粒箇箇完全。」

《御纂性理精義》云：「此章與《易繫傳》言『窮理盡性至命』處相發明。彰者微者，如《易》所言幽明、死生、人鬼也。剛柔必要於中，如《易》所謂知不過而仁不流也。二氣五行萬物，皆一者之所貫，如《易》所謂萬物之生，晝夜之道，統於易而妙於神也。」

顏子第二十三

顏子一簞食，一瓢飲，在陋巷，人不堪其憂，而不改其樂。

［注］説見《論語》。

夫富貴人所愛也，顏子不愛不求，而樂乎貧者，獨何心哉？

［注］設問以發其端。

天地間有至貴至愛可求，而異乎彼者，見其大而忘其小焉爾。

［注］「至愛」之間，當有「富可」二字。所謂至貴至富、可愛可求者，即周子之教程子，每令尋仲尼、顏子樂處，所樂何事者也。然學者當深思而實體之，不可但以言語解會而已。

見其大則心泰，心泰則無不足。無不足，則富貴貧賤處之一也。處之一，則能化而齊，故顏子亞聖。

［注］齊字意複，恐或有誤。或曰：化，大而化也。齊，齊於聖也。亞，則將齊而未至之名也。

師友上第二十四

天地間至尊者道，至貴者德而已矣。至難得者人，人而至難得者，道德有於身而已矣。

［注］此略承上章之意，其理雖明，然人心蔽於物欲，鮮克知之，故周子每言之詳焉。

求人至難得者有於身，非師友則不可得也已。

［注］是以君子必隆師而親友。

師友下第二十五

道義者身有之，則貴且尊。

［注］周子於此一意而屢言之，非複出也，其丁寧之意切矣。

人生而蒙，長無師友則愚，是道義由師友有之。

[注]此處恐更有「由師友」字屬下句。

而得貴且尊，其義不亦重乎？其聚不亦樂乎？

[注]此重此樂，人亦少知之著。

過第二十六

仲由喜聞過，令名無窮焉。今人有過，不喜人規，如護疾而忌醫，寧滅其身而無悟也，噫！

勢第二十七

天下勢而已矣，勢輕重也。

[注]一輕一重，則勢必趨於重，而輕愈輕，重愈重矣。

極重不可反，識其重而亟反之可也。

[注]重未極而識之，則猶可反也。

反之力也，識不早，力不易也。

[注]反之在於人力，而力之難易，又在識之早晚。

力而不競，天也。不識不力，人也。

[注]不識則不知用力，不力則雖識無補。

天乎？人也何尤？

[注]問勢之不可反者，果天之所爲乎？若非天而出於人之所爲，則亦無所歸罪矣。

文辭第二十八

文所以載道也。輪轅飾而人勿庸，徒飾也，況虛車乎？

[注]文所以載道，猶車所以載物。故爲車者必飾其輪轅，爲文者必善其辭說，皆欲人之愛而用之。然我飾之而人不用，則猶爲虛飾，而無益於實，況不載物之車，不載道之文，雖美其飾，亦何爲乎？

文辭，藝也。道德，實也。篤其實而藝者書之，美則愛，愛則傳焉。賢者得以學而至之，是爲教，故曰：「言之無文，行之不遠。」

[注]此猶車載物而輪轅飾也。

然不賢者，雖父兄臨之，師保勉之，不學也，强之，不從也。

［注］此猶車已飾而人不用也。

不知務道德，而第以文辭爲能者，藝焉而已。噫！弊也久矣。

［注］此猶車不載物，而徒美其飾也。

或疑有德者必有言，則不待藝而後其文可傳矣。周子此章，似猶别以文辭爲一事而用力焉，何也？曰：人之才德，偏有長短，其或意中了了，而言不足以發之，則亦不能傳於遠矣。故孔子曰：「辭達而已矣。」程子亦言：「《西銘》，吾得其意。但無子厚筆力，不能作耳。」正謂此也。然言或可少，而德不可無。有德而有言者常多，有德而不能言者常少。學者先務，亦勉於德而已矣。

聖藴第二十九

不憤不啓，不悱不發，舉一隅，不以三隅反，則不復也。

［注］説見《論語》，言聖人之教，必當其可，而不輕發也。

子曰：「予欲無言。天何言哉？四時行焉，百物生焉。」

［注］説亦見《論語》，言聖人之道，有不待言而顯者，故其言如此。

然則聖人之藴，微顔子，殆不可見。發聖人之藴，教萬世無窮者，顔子也。聖同天，不

亦深乎？

［注］蘊，中所畜之名也。仲尼無迹，顏子微有迹，故孔子之教，既不輕發，又未嘗自言其道之蘊。而學者惟顏子爲得其全，故因其進修之迹，而後孔子之蘊可見，猶天不言而四時行，百物生也。

常人有一聞知，恐人不速知其有也。急人知而名也，薄亦甚矣！

［注］聖凡異品，高下懸絶，有不待校而明者。其言此者，正以深厚之極，警夫淺薄之尤耳。然於聖人言深，常人言薄者，深則厚，淺則薄。上言首，下言尾，互文以明之也。

精蘊第三十

聖人之精，畫卦以示。聖人之蘊，因卦以發。卦不畫，聖人之精不可得而見。微卦，聖人之蘊，殆不可悉得而聞。

［注］精者，精微之意。畫前之易，至約之理也。伏羲畫卦，專以明此而已。蘊，謂凡卦中之所有，如吉凶消長之理，進退存亡之道，至廣之業也。有卦則因以形矣。

《易》何止五經之源，其天地鬼神之奥乎？

[注]陰陽有自然之變，卦畫有自然之體，此《易》之爲書，所以爲文字之祖，義理之宗也。然不止此，蓋凡管於陰陽者，雖天地之大，鬼神之幽，其理莫不具於卦畫之中焉。此聖人之精蘊，所以必於此而寄之也。

乾、損、益動第三十一

君子乾乾不息於誠，然必懲忿窒慾，遷善改過而後至。乾之用其善是，損益之大莫是過，聖人之旨深哉！

[注]此以《乾》卦爻辭、《損》《益》大象，發明思誠之方。蓋乾乾不息者體也，去惡進善者用也。無體則用無以行，無用則體無所措，故以三卦合而言之。或曰其字亦是莫字。

吉凶悔吝生乎動。噫！吉一而已，動可不慎乎？

[注]四者一善而三惡，故人之所值，福常少而禍常多，不可不謹。此章論《易》，所謂聖人之蘊。

家人、睽、復、无妄第三十二

治天下有本，身之謂也。治天下有則，家之謂也。

［注］則，謂物之可視以爲法者，猶俗言則例、則樣也。

本必端。端本，誠心而已矣。則必善。善則，和親而已矣。

［注］心不誠，則身不可正。親不和，則家不可齊。

家難而天下易，家親而天下疏也。

［注］親者難處，疏者易裁。然不先其難，亦未有能其易者。

家人離，必起於婦人。故《睽》次《家人》，以二女同居而志不同行也。

［注］《睽》次《家人》，《易》卦之序。「二女」以下，《睽》彖傳文。「二女」，謂《睽》卦兑下離上，兑少女，離中女也。陰柔之性，外和悦而内猜嫌，故同居而異志。

堯所以釐降二女于嬀汭，舜可禪乎？吾兹試矣。

［注］釐，理也。降，下也。嬀，水名。汭水北，舜所居也。堯理治下嫁二女於舜，將以試舜而授之天下也。

是治天下觀於家，治家觀身而已矣，身端心誠之謂也，誠心復其不善之動而已矣。

[注]不善之動息於外，則善心之生於内者，無不實矣。

不善之動，妄也。妄復則无妄矣，无妄則誠矣。

[注]程子曰：「无妄之謂誠。」

[集説]

《御纂性理精義》云：「上章言不息於誠，而後言慎動，由本體之操存，以察於思慮事爲也。此章言復其不善之動，而後言誠，由思慮事爲之省察，以復其本體也。二意蓋互相發。」

故《无妄》次《復》，而曰「先王以茂對時育萬物。」深哉！

[注]《无妄》次《復》，亦卦之序。「先王」以下，引《无妄》卦大象，以明對時育物，惟至誠者能之，而贊其旨之深也。

此章發明四卦，亦皆所謂聖人之藴。

富貴第三十三

君子以道充爲貴，身安爲富，故常泰無不足，而銖視軒冕，塵視金玉，其重無加焉爾。

[注]此理易明，而屢言之，欲人有以真知道義之重，而不爲外物所移也。

陋第三十四

聖人之道，入乎耳，存乎心，藴之爲德行，行之爲事業。彼以文辭而已者，陋矣。

［注］意同上章，欲人真知道德之重，而不溺於文辭之陋也。

擬議第三十五

至誠則動，動則變，變則化，故曰：「擬之而後言，議之而後動。擬議以成其變化。」

［注］《中庸》《易大傳》，所指不同，今合而言之，未詳其義。或曰：至誠者，實理之自然。擬議者，所以誠之之事也。

刑第三十六

天以春生萬物，止之以秋。物之生也，既成矣，不止則過焉，故得秋以成。聖人之法天，以政養萬民，肅之以刑。民之盛也，欲動情勝，利害相攻，不止，則賊滅無倫焉，故得刑以治。

［注］意與十一章略同。

情僞微曖，其變千狀，苟非中正明達果斷者，不能治也。《訟》卦曰：「利見大人，以剛得中也。」《噬嗑》曰：「利用獄，以動而明也。」

［注］中正，本也。明斷，用也。然非明則斷無以施，非斷則明無所用，二者又自有先後也。《訟》之中兼乎正，《噬嗑》之明兼乎達。《訟》之剛，《噬嗑》之動，即果斷之謂也。

嗚乎！天下之廣，主刑者，民之司命也，任用可不慎乎？

公第三十七

聖人之道，至公而已矣。或曰：「何謂也？」曰：「天地至公而已矣。」

孔子上第三十八

《春秋》，正王道，明大法也，孔子爲後世王者而修也。亂臣賊子，誅死者於前，所以懼生者於後也。宜乎萬世無窮，王祀夫子，報德報功之無盡焉。

孔子下第三十九

道德高厚，教化無窮，實與天地參而四時同，其惟孔子乎？

［注］道高如天者，陽也。德厚如地者，陰也。教化無窮如四時者，五行也。孔子其太極乎？

蒙、艮第四十

童蒙求我，正果行，如筮焉。叩神也，再三則瀆矣，瀆則不告也。

［注］此通下三節雜引《蒙》卦象象而釋其義。童，稚也。蒙，暗也。我，謂師也。筮，揲蓍以決吉凶也。言童蒙之人，來求於我，以發其蒙。而我以正道果決彼之所行，如筮者叩神以決疑，而神告之吉凶，以果決其所行也。叩神求師，專一則明。如初筮則告，二三則惑，故神不告以吉凶，師亦不當決其所行也。

山下出泉，静而清也。汩則亂，亂不決也。

［注］山下出泉，大象文。山静泉清，有以全其未發之善，故其行可果。汩，再三也。亂，瀆也。不決，不告也。蓋汩則不静，亂則不清，既不能保其未發之善，則告之不足，以果其所行，而反滋其惑，不如不告之爲愈也。

［集説］

《御纂性理精義》云："汩則亂，亂不決也。此二句皆是就泉説，以況人事。決水者必俟其源清而後決之，若汩亂濁穢，則不決也。」

慎哉！其惟時中乎？

〔注〕時中者，彖傳文，教當其可之謂也。初則告，瀆則不告。静而清，則決之；汩而亂，則不決，皆時中也。

艮其背，背非見也。静則止，止非爲也。爲不止矣，其道也深乎？

〔注〕此一節引《艮》卦之象而釋之。艮，止也。背，非有見之地也。艮其背者，止於不見之地也。止於不見之地則静，静則止而無爲。一有爲之之心，則非止之道矣。此章發明二卦，皆所謂聖人之藴，而主静之意矣。〔一〕

通書後録

先生名張宗範之亭曰養心〔二〕，而爲之説曰：「孟子曰：『養心莫善於寡欲。其爲

〔一〕《摛藻堂四庫全書薈要》本《御纂性理精義》卷一文。

〔二〕周敦頤任合州判官，嘉祐元年（一〇五六），門人張宗範以私人亭園辦理州學，爲題曰養心亭並作《養心亭記》。《宋元學案·濂溪學案下》有張氏説太極、無極之語。

人也寡欲，雖有不存焉者寡矣。其爲人也多欲，雖有存焉者寡矣。』予謂養心不止於寡而存爾，蓋寡焉以至於無，無則誠立明通。誠立，賢也。明通，聖也。是聖賢非性生，必養心而至之。養心之善，莫〔一〕大焉如此，存乎其人而已。」

[注]誠立，謂實體安固。明通，則實用流行。立如「三十而立」之立。通則不惑，知命而鄉乎耳順矣〔二〕。

胡安定先生《通書序略》

《通書》四十〔三〕章，周子之所述也。周子名惇頤，字茂叔，春陵人。推其道學所自，或曰：「傳《太極圖》於穆脩〔四〕也，傳《先天圖》於种放〔五〕，种放傳於陳摶。」此殆其

〔一〕「莫」，《御纂性理精義》作「有」。

〔二〕《御纂性理精義》卷一文。實體，謂生命歷程。《論語·爲政》載孔子曰：「吾十有五而志於學，三十而立，四十而不惑，五十而知天命，六十而耳順，七十而從心所欲，不逾矩。」朱子以立誠爲三十而立，因立而通，而不惑而耳順，皆誠意之流行順成作用，故稱安固。朱子注《論語》此章之「三十而立」曰：「有以自立，則守之固，而無所事志矣。」

〔三〕《四庫全書》本《五峰集》「四十」作「四十一」。

〔四〕穆修（九七九～一〇三二），字伯長，鄆州汶陽人，師事陳摶，大中祥符二年（一〇〇九）進士。

〔五〕种放（九五五～一〇一五），字名逸，自號雲溪醉侯，洛陽人，真宗時薦入朝，官至工部侍郎。

學之一師歟？非其至者也。希夷先生有天下之願，而卒與鳳歌、荷蓧長往不來者伍，於聖人「無可無不可」之道，亦似有未至者。程明道先生嘗謂門弟子曰：「昔受學於周子，令尋仲尼、顏子所樂者何事。而明道自再見周子，吟風弄月以歸。」道學之士，皆謂程顥氏續盡子不傳之學，則周子豈特爲种、穆之學而止者哉？

粵若稽古，孔子述三五〔一〕之道，立百王經世之法。孟軻氏闢楊墨，推明孔子之澤，以爲萬世不斬，人〔二〕謂孟氏功不在禹下。今周子啓程氏兄弟以不傳之妙，回〔三〕萬古之光明，如日麗天，將爲百世之利澤，如水行地，其功蓋在孔孟之間矣！人見其書之約也，而不知其道之大也；見其文之質也，而不知其義之精也；見其言之淡也，而不知其味之長也。顧愚何足以知之？然服膺有年矣。試舉一二語爲同志者起予之益乎？

患人以發策決科、榮身肥家、希世取寵爲事也，則曰「志伊尹之志」；患人以知識

〔一〕「五」，《五峰集》作「王」。按：應作「五」，典出《史記·孔子世家》楚令尹子西沮孔子曰：「今孔丘述三五之法，明周召之業。」
〔二〕「人」，《五峰集》作「又」。
〔三〕「回」字前，《五峰集》有「一」字。

聞見爲得而自畫、不待價而自沽也，則曰「學顏子之所學」。人有真能立伊尹之志，修顏子之學者，然後知《通書》之言，包括至大，而聖門之事業無窮矣。故此一卷書，皆發端以示人者，宜其度越諸子，直與《詩》《書》《易》《春秋》《語》《孟》同流行乎天下，是以敘而藏之，遇天下之善士，又尚論前修而欲讀其書者，則傳焉。安定胡宏謹序〔一〕。

張南軒先生《通書後跋》

濂溪周先生《通書》，友人朱熹元晦以《太極圖》列於篇首，而題之曰《太極通書》，拭刻於嚴陵學宫，以示多士。

嗟乎！自聖學不明，語道者不睹夫大全，卑則割裂而無統，高則汗漫而不精，是以性命之説，不參乎事物之際；而經世之務，僅出於私意小智之爲，豈不可嘆哉？惟先生生乎千有餘載之後，超然獨得夫《大易》之傳。所謂《太極圖》，乃其綱領也，推明動静之一源，以見生化之不窮，天命流行之體，無乎不在。文理密察，本末該貫，非闡微極幽，莫能識其指歸也。然而學者若之何而可以進於是哉？亦曰敬而已矣。誠能

〔一〕胡宏《周子通書序》卷三文。

起居食息主一而不舍，則其德性之知，必有卓然不可掩於體察之際者，而後先生之藴可得而窮，太極可得而識矣！乾道庚寅閏月謹題〔一〕。

陳北溪先生《性理字義》

天所命於人以是理，本只善而無惡，故人所受以爲性，亦本善而無惡。孟子道性善，是專就大本上説來，説得極親切，只是不曾發得氣稟一段，所以啓後世紛紛之論。蓋人之所以有萬殊不齊，只緣氣稟不同，這氣只是五行之氣，如陽性剛，陰性柔，火性燥，水性潤，金性寒，木性温，土性遲重，七者夾雜，便有參差不齊，所以人隨所值，便有許多般樣。然這氣運來運去，自有箇貞元之會，如歷法算到本數凑合，所謂日月如合璧、五星如聯珠時相似，聖人便是稟得這貞元之會來。

然天地間參差不齊之時多……不寒不暑、光風霽月之時少，最難得恰好時，人生多是值此不齊之氣。如有一等人非常剛烈，是值陽氣多；有一等人極是輭弱，是值陰氣多；有人躁暴忿厲，是又值陽氣之惡者；有狡獝姦險，此又值陰氣之惡者；有

〔一〕張栻《通書後跋》文，載《張栻文集》卷六。

人性圓，一撥便轉；也有一等極愚拗，雖一句善言亦説不入，與禽獸無異，都是氣禀如此。陽氣中有善惡，陰氣中亦有善惡，如《通書》所謂剛善剛惡、柔善柔惡之類，不是陰陽氣本惡，只是分合轉移，齊不齊中，便自然成粹駁善惡耳。因氣有粹駁，便有賢愚。氣雖不齊，而大本則一，雖下愚亦可變而爲善。然工夫最難，非百倍其功者不能，故子思子曰：「人一能之己百之，人十能之己千之。果能此道，雖愚必明，柔必强。」正爲此耳。自孟子不説到氣禀，所以荀子便以性爲惡，揚子便以性爲善惡混，韓文公又以爲性有三品，都只是説得氣。近世東坡蘇氏又以爲性未有善惡，五峯胡氏又以爲性無善惡，都是含糊捉摸，就人與天相接處説箇性，是天生自然底物，竟不曾説得性端的是甚底物。

直至二程得濂溪先生《太極圖》發端，方始説得分明極至，更無去處。其言曰：「性即理也，理則自堯舜至於途人一也。」此語最是簡切端的，如孟子説善，善亦只是理，但不若理字下得較確定。胡氏看不徹，便謂善者只是贊歎之詞，又誤了。既是贊歎，便是那箇是好物方贊歎，豈有不好物而贊歎之耶？程子於本性之外，又發出氣禀一段，方見得善惡所由來，故其言曰：「論性不論氣不備，論氣不論性不明，二之則不是也。」蓋只論大本而不及氣禀，則所論有欠缺未備。若只論氣禀而不及大本，便只說得粗底，而道理全然不明。千萬世而下，學者只得按他說，不可改易。

孟子道性善何從而來，孔子《繫辭》曰：「一陰一陽之謂道，繼之者善也，成之者性也。」所以一陰一陽之理者爲道，此是統説箇太極之本體；繼此者善，乃是就其間説造化流行、生育賦予，更無别物，只是箇善而已，此是太極之動而陽時。所謂善者，以實理言，即道之方行者也。到此成者爲性，是説人物受得此善底道理去，各成箇性耳，是太極静而陰時，此性字與善字相對，是即所謂善而理之已定者也。

繼成字與陰陽字相應，是指氣而言。善性字與道相應，是指理而言。此夫子所謂善，是就人物未生之前、造化源頭處説，善乃重字，爲實物；若孟子所謂性善，則是就成之者性説，是人生以後事，善乃輕字，言此性之純粹至善耳。其實由造化源頭處有是繼之者善，然後成之者性時，方能如是之善，則孟子之所謂善，實淵源夫子之所謂善者而來，而非有二本也。《易·文言》、周子《通書》及程子説已明備矣。至明道又謂孟子所謂性善者，只是説繼之者善也。此又是借《易》語移就人分上説，是指四端之發處言之，而非《易》之本旨也。

禮者心之敬，而天理之節文也。心中有箇敬，油然自生，便是禮。見於應接，便自然有箇節文。節則無大過，文則無不及。如做事太質無文彩，是失之不及。末節繁文太盛，是流於大過。天理之節，乃其恰好處。恰好處，便是禮合當如此，更無大過，更無不及，當然而然，便即是中。故濂溪説仁義中正，以中字代禮字，尤見親切。〔一〕

中有二義，有已發之中，有未發之中。未發是就性上論，已發是就事上論。已發之中，當喜而喜，當怒而怒，那恰好處，無過不及，便是中。此中即所謂和，所以周子《通書》亦曰「中者和也」，是指已發之中言也。〔二〕

〔一〕陳淳《北溪字義》卷上文。

〔二〕陳淳《北溪字義》卷下文。

二程子大義

二程子大義目録

二程子大義自敍〔一〕

孔子之道，傳諸曾子，遞傳諸子思子，又傳諸其門人，乃傳諸孟子，自孔子凡四傳而至孟子。程子之道，傳諸楊龜山先生〔二〕，遞傳諸羅仲素先生〔三〕，又傳諸李延平先生〔四〕，乃傳諸朱子，自程子凡四傳而至朱子。道統淵源，先後彷彿，斯亦奇矣。明道〔五〕以天

〔一〕序文又載《茹經堂文集》一編卷四，題《二程子大義序》（癸亥一九二三）；《茹經先生著作年表》作「壬戌」（一九二二）。本文又載《交通大學演講録》三集上之第十期，題《宋大程子學派論》，《演講録》於文後添加一段，本編皆出校補入。《演講録》先選録《明道先生行狀》，後以「論曰」二字領起論述，即本序内容。

〔二〕楊時（一〇五三～一一三五），號龜山，謚文靖。

〔三〕羅從彦（一〇七二～一一三五），字仲素，稱豫章先生，福建南平人，紹興二年（一一三二）進士，任廣東博羅縣主簿，師從楊時。二程、楊時、羅從彦、李侗，至朱熹，乃性理學之道統師傳。

〔四〕李侗（一〇八八～一一五八），字愿中，世號延平先生。

〔五〕程顥（一〇三二～一〇八五），字伯淳，號明道，世稱明道先生，洛陽伊川人，世稱其與弟程頤爲二程，俱師從周敦頤，創洛學；嘉祐二年（一〇五七）進士，官至太子中允、監察御史；卒封豫國公，配祀孔廟。

資勝，伊川〔一〕以學問勝。明道以和，伊川以正，各極其至。明道《論學校劄子》，彬彬乎三代之規模矣；其《識仁篇》，謂仁者以萬物爲一體〔二〕，不須探索防檢〔三〕，似涉於疏，論者謂爲呂與叔而發，而不知仁之體固如是也。其《論性説》，謂性即是氣，氣即是性，似涉於粗，論者謂論性不論氣不備，而不知性之體固如是也。〔四〕

伊川邃於《易》理，其序《易》上下篇義，直繼《序卦傳》而作矣；至其謂「仁者以天地萬物爲一體」〔五〕，又謂「喜怒哀樂未發之中，寂然不動」〔六〕，楊、羅諸先生，實皆得力於此。蓋二程先生之學，原於《太極圖説》《讀定性書》及《顔子所好何學論》，授受一脈，已可概見。其承先啓後之功，豈特紫陽紹其遺緒？元明諸儒，無不私淑而服膺之

〔一〕程頤（一〇三三～一一〇七），字正叔，世稱伊川先生，哲宗初，以司馬光、吕公著薦爲崇政殿説書，卒封洛國公，配祀孔廟。

〔二〕「仁者以萬物爲一體」八字，據《演講録》補入，以足文意。

〔三〕程頤《識仁篇》云：「識得此理，以誠敬存之而已，不須防檢，不須窮索。」

〔四〕自此以下，《交通大學演講録》之《宋大程子學派論》修訂之一段載序文後。

〔五〕《論語·雍也》載孔子曰：「夫仁者，己欲立而立人，己欲達而達人。」朱子《論語集注》引程頤云：「仁者以天地萬物爲一體。莫非己也，認得爲己，何所不至；若不屬己，自與己不相干。」

〔六〕見載朱熹、吕祖謙合編《近思録·道體》。

矣。而淺儒乃謂孔孟後無聖人〔一〕，豈不陋哉？爰撮其大義，著録於篇。若其語録，爲朱子所編輯，精粹處極夥；龜山先生所輯《二程粹言》亦佳。以卷帙浩繁，均不及備載，惟冀吾人之博觀默識，能自得師耳。

癸亥（一九二三）春正後學唐文治謹敘

編者謹按：唐先生《交通大學演講録》三集（上）之第十期《宋大程子學派論》之「論曰」補充序文之義云：

蓋古來學聖賢者，類分二派，一則純任自然，一則强探力索。先生自然派也，優游饜飫，挹之不盡。孟子曰：「君子深造之以道，欲其自得之也。」〔二〕自得之則居之安，資之深，取之左右逢其原，先生造乎斯境矣。蓋其天懷澹定，由静而安，由慮而得，實得力于周子之光風霽月，故後之得其傳者，若羅仲素、若李延平，胸次皆如冰壺秋月，朗澈無遺，所謂自然派者是也。其所

〔一〕《朱子語録》卷九三「孔孟周程張子」載有問：「自孔子後，何故無聖人？」「淺儒」指此。
〔二〕《孟子·離婁下》文。

撰文罔不精粹，而以《定性書》爲最，其所言「無將迎，無内外」〔一〕，擴然而大公，物來而順應，皆有得于自然者也。孔子之贊顔子曰：「顔氏之子，其殆庶幾乎！」〔二〕竊謂明道先生之學，庶幾乎顔子矣。

伊川先生氣質言論，視明道先生爲嚴厲，故其過也，不免涉於意氣，而洛蜀黨之争由是起焉。其論「孝弟爲仁之本」，謂「性中曷嘗有孝弟來」〔三〕，然則《孟子》謂「孩提之童，無不知愛親敬長」者非，而又謂「道著用，即不是」〔四〕，然則《大學》「八條目」全體大用，推諸修齊治平者非歟。此其語言，失之過快。陸象山先生所以謂「聞伊川語，若傷我也」。〔五〕雖然，聖門之徒，師也過，商也不及，與夫柴愚參魯，由喭師辟〔六〕，靡不有氣質之偏，要在修養磨礱，以造於中和。吾輩觀先儒之説，正宜返躬自省，化其氣質之偏，不宜空論短長也。且伊川先生有功聖學，尤在《易傳》一書，《易序》謂「卦爻彖象之義備，而天地萬物之情見。……凡遠在六合之外，近在

〔一〕程明道《答横渠張子厚先生書》文。
〔二〕《易·繫辭下》文。
〔三〕朱子《論語集注·學而》引程子曰：「蓋仁是性也，孝弟是用也，性中只有箇仁、義、禮、智四者而已，曷嘗有孝弟來？然仁主於愛，愛莫大於愛親，故曰孝弟也者，其爲仁之本與！」
〔四〕《二程集·河南程氏遺書·附師説後》載伊川先生語。
〔五〕《宋史·儒林傳四》載陸九淵曰：「聞人誦伊川語，自覺若傷我者。」
〔六〕《論語·先進》文。

一身之中，暫於瞬息，微於動静，莫不有卦之象，莫不有爻之義。……故得之於精神之運，心術之動……然後可謂之知《易》。」又《易上下篇義》謂：「卦有乾者居上篇……有坤者居下篇。」（其有變化者説詳，本篇不備載。）體會之精，直繼《序卦傳》而作矣。其解《泰》卦二爻「包荒，用馮河，不遐遺，朋亡，得尚於中行」。論政治之要，在君子道長，小人道消，深切著明，爲萬世法〔一〕。明顧亭林先生自謂「讀《易》書二百餘種，未有過於程傳者」〔二〕，推尊如此，有以也。至

〔一〕《周易程氏傳·泰卦·九二》傳曰：「二以陽剛得中，上應於五；五以柔順得中，下應於二。君臣同德，是以剛中之才，爲上所專任，故二雖居臣位，主治泰者也，所謂上下交而其志同也。故治泰之道，主二而言。包荒，用馮河，不遐遺，朋亡，四者處泰之道也。人情安肆，則政舒緩而法度廢弛，庶事無節。治之之道，必有包含荒穢之量，則其施爲寬裕詳密，弊革事理而人安之。若無含弘之度，有忿疾之心，則無深遠之慮，有暴擾之患，深弊未去，而近患已生矣，故在包荒也。用馮河：泰寧之世，人情習於久安，安於守常，惰於因循，憚於更變，非有馮河之勇，不能有爲於斯時也。馮河，謂其剛果足以濟深越險也。自古泰治之世，必漸至於衰替，蓋由狃習安逸，因循而然。自非剛斷之君，英烈之輔，不能挺特奮發以革其弊也，故曰用馮河。或疑：上云包荒，則是包含寬容，此云用馮河，則是奮發改革，似相反也。不知以含容之量，施剛果之用，乃聖賢之爲也。不遐遺，泰寧之時，人心狃於泰，則苟安逸而已，惡能復深思遠慮，及於遐遠之事哉？治夫泰者，當周及庶事，雖遐遠不可遺。若事之微隱，賢才之在僻陋，皆遐遠者也，時泰則固遺之矣。朋亡，夫時之既泰，則人習於安，其情肆而失節。將約而正之，非絶去其朋與之私，則不能也，故云朋亡。自古立法制事，牽於人情，卒不能行者多矣。若夫禁奢侈則害於近戚，限田産則妨於貴家，如此之類，既不能斷以大公而必行，則是牽於朋比也。治泰不能朋亡，則爲之難矣。治泰之道，有此四者，則能合於九二之德，故曰得尚于中行，言能配合中道行之義也。尚，配也。」

〔二〕顧炎武《與友人論易書》云：「昔之説《易》者，無慮數千百家，如僕之孤陋，而所見及寫録唐宋人之書亦有十數家，有明之人之書不與焉。然未見有過於程傳者。」載《顧亭林文集》卷三。

其謂仁者以天地萬物爲一體〔一〕，又謂喜怒哀樂未發之中，寂然不動〔二〕，楊、羅諸先生皆得力於此，授受一脈，已可概見，承先啓後之功，豈特紫陽紹其遺緒？元明諸儒無不私淑而服膺之矣。後世學者當興立雪程門之志願，未可因小疵而掩大醇也。

〔一〕《論語·雍也》載孔子曰：「夫仁者，己欲立而立人，己欲達而達人。」朱子《論語集注》引程頤云：「仁者以天地萬物爲一體。莫非己也，認得爲己，何所不至；若不屬己，自與己不相干。」

〔二〕見載朱熹、吕祖謙合編《近思録·道體》。

二程子大義卷一

明道先生行狀

伊川先生撰

曾祖希振，任尚書虞部員外郎，妣高密縣君崔氏；祖遹，贈開府儀同三司吏部尚書，妣孝感縣太君張氏、長安縣太君張氏；父珦，見任大〔一〕中大夫致仕，母壽安縣君侯氏。先生名顥，字伯淳，姓程氏。其先曰喬伯，爲周大司馬，封於程，後遂以爲氏。先生五世而上，居中山之博野，高祖贈太子少師諱羽，太宗朝以輔翊功顯，賜第於京師；居再世，曾祖而下，葬河南，今爲河南人。先生生而神氣秀爽，異於常兒，未能言，叔祖母任氏太君抱之行，不覺釵墜，後數日方求之，先生以手指示，隨其所指而往，果得釵，人皆驚異；數歲誦《詩》《書》，强記過人；十歲能爲詩賦，十二三時，羣居

〔一〕《六安涂氏求我齋所刊書》本《河南程氏文集》「大」作「太」。

庠序中如老成人，見者無不愛重，故户部侍郎彭公思永謝客到學舍，一見異之，許妻以女；逾冠，中進士第〔一〕，調京兆府鄠縣〔二〕主簿，令以其年少，未知之。

民有借其兄宅以居者，發地中藏錢，兄之子訴曰：「父所藏也。」令曰：「此無證佐，何以決之？」先生曰：「此易辨耳。」問兄之子曰：「爾父藏錢幾何時矣？」曰：「四十年矣。」「彼借宅居幾何時矣？」曰：「二十年矣。」即遣吏取錢十千視之，謂借宅者曰：「今官所鑄錢十五六年即徧天下，此錢皆爾未居前數十年所鑄，何也？」其人遂服，令大奇之。

南山僧舍有石佛，歲傳其首放光，遠近男女聚觀，晝夜雜處，爲政者畏其神，莫敢禁止。先生始至，詰其僧，曰：「吾聞石佛歲現光，有諸？」曰：「然。」戒曰：「俟復見，必先白吾職事，不能，往當取其首就觀之。」自是不復有光矣。

府境水害，倉卒興役，諸邑率皆狼狠，惟先生所部，飲食茇舍〔三〕，無不安便。時盛

〔一〕時在嘉祐二年（一〇五七），程顥年二十五。
〔二〕鄠縣在咸陽，夏爲有扈氏所在，商稱崇，周稱豐邑；秦改扈爲鄠，西漢設縣。
〔三〕茇舍，謂野外臨時便居。

暑，泄痢大行，死亡甚衆，獨鄠人無死者。所至治役，人不勞而事集，常謂人曰：「吾之董役，乃治軍法也。」

當路者欲薦之，多問所欲。先生曰：「薦士當以才之所堪，不當問所欲。」再期，以避親罷，再調江寧府上元縣主簿。田税不均，比他邑尤甚。蓋近府美田，爲貴家富室以厚價薄其税而買之，小民苟一時之利，久則不勝其弊。先生爲令畫法，民不知擾，而一邑大均。其始，富者不便，多爲浮論，欲摇止其事，既而無一人敢不服者。後諸路行「均税法」〔一〕，邑官不足，益以他官，經歲歷時，文案山積，而尚有訴不均者，計其力比上元不啻千百矣。

會令罷去，先生攝邑事。上元劇邑，訴訟日不下二百。爲政者疲於省覽。奚暇及治道？先生處之有方，不閲月，民訟遂簡。江南稻田，賴陂塘以溉，盛夏塘堤大決，計非千夫不可塞，法當言之府，府禀於漕司，然後計功調役，非月餘不能興作。先生曰：「比如是，苗槁久矣，民將何食？救民獲罪，所不辭也。」遂發民塞之〔二〕，歲則

〔一〕王安石所推行新法。
〔二〕言其權宜民事。

大熟。

江寧當水運之衝，舟卒病者，則留之爲營以處，曰小營子，歲不下數百人，至者輒死。先生察其由，蓋既留然後請於府，給券乃得食，比有司文具，則困於饑已數日矣。先生白漕司，給米貯營中，至者與之食〔一〕，自是生全者大半。措置於纖微之間，而人已受賜，如此之比，所至多矣。先生常云：「一命之士，苟存心於愛物，於人必有所濟。」

仁宗登遐，遺制官吏成服，三日而除。三日之朝，府尹率群官將釋服。先生進曰：「三日除服，遺詔所命，莫敢違也，請盡今日。若朝而除之，所服止二日爾。」尹怒不從，先生曰：「公自除之，某非至夜不敢釋也。」〔二〕一府相視，無敢除者。

茅山有龍池，其龍如蜴蜥而五色。祥符中，中使取二龍，至中途，中使奏一龍飛空而去。自昔嚴奉以爲神物，先生嘗捕而脯之〔三〕，使人不惑。其始至邑，見人持竿道

〔一〕亦權宜民事。
〔二〕言於禮則謹其制。
〔三〕去怪異。

旁，以粘飛鳥，取其竿折之，教之使勿爲〔一〕。及罷官，艤舟郊外，有數人共語：「自主簿折粘竿，鄉民子弟不敢畜禽鳥。」不嚴而令行，大率如此。

再朞，就移澤州〔二〕晉城令。澤人淳厚，尤服先生教命，民以事至邑者，必告之以孝弟忠信，入所以事父兄，出所以事長上。度鄉村遠近爲伍保，使之力役相助、患難相恤，而奸僞無所容。凡孤煢殘廢者，責之親戚鄉黨，使無失所；行旅出於其途者，疾病皆有所養。諸鄉皆有校，暇時親至，召父老而與之語；兒童所讀書，親爲正句讀；教者不善，則爲易置。俗始甚野，不知爲學，先生擇子弟之秀者，聚而教之，去邑纔十餘年，而服儒服者蓋數百人矣〔三〕。

鄉民爲社會，爲立科條，旌別善惡，使有勸有恥。邑幾萬室，三年之間，無强盜及鬭死者。秩滿，代者且至，吏夜叩門，稱有殺人者，先生曰：「吾邑安有此？誠有之，必某村某人也。」問之果然。家人驚異，問何以知之？曰：「吾常疑此人惡少之弗革者也。」

〔一〕 養愛心。
〔二〕 在洛陽北。
〔三〕 立教之成效。

河東財賦窘迫，官所科買，歲爲民患，雖至賤之物，至官取之，則其價翔湧，多者至數十倍。先生常度所需，使富家預儲，定其價而出之，富室不失倍息，而鄉民所費，比常歲十不過二三。

民稅常移近邊，載往則道遠，就糴則價高。先生擇富民之可任者，預使購粟邊郡，所費大省，民力用紓。

縣庫有雜納錢數百千，常藉以補助民力。部使者至，則告之曰：「此錢令自用而不敢私，請一切不問。」使者屢更，無不從者。

先時民憚差役，役及則互相糾訴，鄉鄰遂爲仇讎。先生盡知民產厚薄，第其先後，按籍而命之，無有辭者。

河東義勇，農隙則教以武事，然應文備數而已。先生至，晉城之民遂爲精兵。晉俗尚焚屍，雖孝子慈孫，習以爲安。先生教諭禁止，民始信之。而先生去後，郡官有母死者，憚於遠致，以投烈火，愚俗視效，先生之教遂廢，識者恨之。

先生爲令，視民如子。欲辨事者，或不持牒，徑至庭下，陳其所以。先生從容告語，諄諄不倦。在邑三年，百姓愛之如父母，去之日，哭聲振野。

用薦者改著作佐郎，尋以御史中丞呂公公著薦，授太子中允，權監察御史裏行。

神宗素知先生名，召對之日，從容諮訪，比二三見，遂期以大用，每將退，必曰：「頻求對來，欲常相見爾。」一日，論議甚久，日官報午正，先生遽求退，庭中中人相謂曰：「御史不知上未食邪？」前後進説甚多，大要以正心窒慾、求賢育材爲先。先生不飾辭辨，獨以誠意感動人主。神宗嘗使推擇人才，先生所薦者數十人，而以父表弟張載暨弟頤爲首；所上章疏，子姪不得窺其稿；嘗言「人主當防未萌之欲。」神宗俯身拱手曰：「當爲卿戒之。」及因論人才曰：「陛下奈何輕天下士？」神宗曰：「朕何敢如是？」言之至於再三。

時王荆公安石日益信用。先生每進見，必爲神宗陳君道以至誠仁愛爲本，未嘗及功利〔一〕，神宗始疑其迂而禮貌不衰；嘗極陳治道，神宗曰：「此堯舜之事，朕何敢當？」先生愀然曰：「陛下此言，非天下之福也。」荆公寖行其説，先生意多不合，事出必論列，數月之間，章數十上。尤極論者，輔臣不同心，小臣與大計，公論不行；青苗取息，賣祠部牒；差提舉官多非其人及不經封駁，京東轉運司剥民希寵不加黜責；興利之臣日進，尚德之風寖衰等十餘事。荆公與先生雖道不同，而嘗謂先生忠信。

〔一〕「功利」二字，針對王安石新法而言。

先生每與論事，心平氣和，荆公多爲之動。而言路好直者，必欲力攻取勝，由是與言者爲敵矣。

先生言既不行，懇求外補，神宗猶重其去，上章及面請至十數，不許，遂闔門待罪。神宗將黜諸言者，命執政除先生監司，差權發遣京西路提點刑獄；復上章曰：「臣言是願行之。如其妄言，當賜顯責。請罪而獲遷，刑賞混矣！」累請得罷。既而神宗手批暴白同列之罪，獨於先生無責，改差簽書鎮寧軍〔一〕節度判官事。

爲守者嚴刻多忌，通判而下，莫敢與辨事。始意先生嘗任臺憲，必不盡力職事，而又慮其慢己。既而先生事之甚恭，雖莞庫細務，無不盡心，事小未安，必與之辨，遂無不從者，相與甚歡。屢平反重獄，得不死者前後蓋十數。

河清卒〔二〕於法不他役，時中人程昉爲外都水丞，怙勢，滅視州郡，欲盡取諸埽兵

〔一〕領地在今河南濮陽。
〔二〕宋代專治汴京河道之士卒。

治二股河〔一〕，先生以法拒之。昉請於朝，命以八百人與之。天方大寒，昉肆其虐，衆逃而歸。州官晨集城門，吏報河清兵潰歸，將入城。衆官相視畏昉，欲勿納，先生曰：「此逃死自歸，勿納必爲亂。昉有言，某自當之。」即親往，開門撫諭，約歸休三日復役，衆歡呼而入。具以事上聞，得不復遣。後昉奏事過州，見先生，言甘而氣懾，既而揚言於衆曰：「澶卒之潰，乃程中允誘之，吾必訴於上。」同列以告，先生笑曰：「彼方憚我，何能爾也？」果不敢言。

會曹村埽決，時先生方救護小吴，相去百里。州帥劉公涣以事急告，先生一夜馳至，帥俟於河橋，先生謂帥曰：「曹村決，京城可虞。臣子之分，身可塞亦爲之。請盡以廂兵見付。事或不集，公當親率禁兵以繼之。」帥義烈士，遂以本鎮印授先生曰：「君自用之。」先生得印，不暇入城省親，徑走決堤，諭士卒曰：「朝廷養爾輩，正爲緩急爾。爾知曹村決則注京城乎？吾與爾曹以身捍之。」衆皆感激自效。論者皆以爲勢不可塞，徒勞人爾。先生命善泅者運細繩以渡決口，水方奔注，達者百一，卒能引大索以濟衆，兩岸並進，晝夜不息，數日而合。其將合也，有大木自

〔一〕黄河東流之京東故河道，嘉祐五年河決，形成二股河。

中流而下，先生顧謂衆曰：「得彼巨木横流入口，則吾事濟矣。」語纔已，木遂横，衆以爲至誠所致。其後曹村之下復決，遂久不塞，數路困擾，大爲朝廷憂。人以爲使先生在職，安有是也？

郊祀霈恩〔一〕，先生曰：「吾罪滌矣，可以去矣。」遂求監局，以便親養，得罷歸。自是醜正者競揚避新法之説。歲餘，得監西京洛河竹木務。薦者言其未嘗敘年勞，丐遷秩，特改太常丞。

神宗猶念先生，會修《三經義》，嘗語執政曰：「程某可用。」執政不對。又嘗有登對者自洛至，問曰：「程某在彼否？」連言佳士。其後彗見翼軫間，詔求直言，先生應詔論朝政極切。還朝，執政屢進擬，神宗皆不許，既而手批與府界知縣，差知扶溝縣〔二〕事。先生詣執政，復求監當，執政諭以上意不可改也。數月，右府同薦，除判武學。新進者言其新法之初，首爲異論，罷復舊任。

先生爲治，專尚寬厚，以教化爲先。雖若甚迂，而民實風動。扶溝素多盜，雖樂

〔一〕謂大赦。
〔二〕在今河南周口市。

歲，强盜不減十餘發。先生在官，無强盜者幾一年。

廣濟、蔡河出縣境，瀕河不逞之民，不復治生業，專以脅取舟人物爲事，歲必焚舟十數以立威。先生始至，捕得一人，使引其類，得數十人，不復根治舊惡，分地而處之，使以挽舟爲業，且察爲惡者。自是邑境無焚舟之患。

畿邑田税重，朝廷歲常蠲除以爲惠澤。然而良善之民憚督責而先輸，逋負獲除者皆頑民也。先生爲約，前料獲免者，今必如期而足，於是惠澤始均。

司農建言：「天下輸役錢，達户四等，而畿内獨止第三，請亦及第四。」先生力陳不可。司農奏其議，謂必獲罪，而神宗是之，畿邑皆得免。

先生爲政，常權穀價，不使至甚貴甚賤。會大旱，麥苗且枯。先生教人掘井以溉，一井不過數工，而所灌數畝，闔境賴焉。

水災民饑，先生請發粟貸之，鄰邑亦請，司農怒，遣使閲實。使至鄰邑，而令遽自陳穀且登，無貸可也。使至，謂先生盍亦自陳？先生不肯，使者遂言不當貸。先生力言民饑，請貸不已，遂得穀六千石，饑者用濟，而司農益怒，視貸籍户同等而所貸不等，檄縣杖主吏。先生言：「濟饑當以口之衆寡，不當以户之高下；且令實爲之，非吏罪。」乃得已。

内侍都知王中正巡閲保甲，權寵至盛，所至淩慢縣官，諸邑供帳，競務華鮮以悦奉之。主吏以請，先生曰：「吾邑貧，安能傚他邑？且取於民，法所禁也。令有故青帳，可用之。」先生在邑歲餘，中正往來境上，卒不入。

鄠邑有冤訴府，願得先生決之者，前後五六。有犯小盜者，先生謂曰：「汝能改行，吾薄汝罪。」盜叩首願自新。後數月，復穿窬，捕吏及門，盜告其妻曰：「我與太丞約，不復爲盜，今何面目見之邪？」遂自經。

官制改，除奉議郎。朝廷遣官括牧地，民田當没者千頃，往往持累世契券以自明，皆弗用。諸邑已定，而扶溝民獨不服，遂有朝旨，改税作租，不復加益，及聽賣易如私田。民既倦於追呼，又得不加賦，乃皆服，先生以爲不可。括地官至，謂先生曰：「民願服而君不許，何也？」先生曰：「民徒知今日不加賦，而不知後日增租奪田，則失業無以生矣。」因爲言仁厚之道，其人感動，謝曰：「寧受責，不敢違公。」遂去之他邑。不逾月，先生罷去。其人復至，謂攝令者曰：「程奉議去矣。爾復何恃而敢稽違朝旨？」督責甚急，數日而事集。

鄠邑民犯盜，繫縣獄而逸，既又遇赦，先生坐是以特旨罷。邑人知先生且罷，詣府及司農丐留者千數。去之日，不使人知。老穉數百，追及境上，攀挽號泣，遣之不去。

以親老求近鄉監局，得監汝州[一]酒稅。今上[二]嗣位，覃恩改承議郎。先生雖小官，賢士大夫視其進退，以卜興衰。聖政方新，賢德登進，先生特爲時望所屬，召爲宗正寺丞。未行，以疾終，元豐八年六月十五日也，享年五十有四，士大夫識與不識，莫不哀傷，爲朝廷生民恨惜。

先生資稟既異，而充養有道，純粹如精金，温潤如良玉；寬而有制，和而不流；忠誠貫於金石，孝悌通於神明。視其色，其接物也，如春陽之温；聽其言，其入人也，如時雨之潤；胸懷洞然，徹視無間。測其蘊，則浩乎若滄溟之無際；極其德，美言蓋不足以形容。

先生行己，内主於敬，而行之以恕；見善若出於己，不欲勿施於人；居廣居而行大道，言有物而動有常。

先生爲學，自十五六時，聞汝南周茂叔論道，遂厭科舉之業，慨然有求道之志。

[一] 河南汝州北與伊川地相鄰。

[二] 元豐八年（一〇八五）三月，神宗崩，哲宗沖齡即位。

未知其要，泛濫於諸家，出入於老釋者幾十年，返求諸《六經》而後得之；明於庶物，察於人倫，知盡性至命，必本於孝悌；窮神知化，由通於禮樂；辨異端似是之非，開百代未明之惑，秦漢而下，未有臻斯理也。謂孟子没而聖學不傳，以興起斯文爲己任，其言曰：「道之不明，異端害之也。昔之害近而易知，今之害深而難辨；昔之惑人也乘其迷暗，今之入人也因其高明；自謂之窮神知化，而不足以開物成務；言爲無不周徧，實則外於倫理，窮神極微而不可以入堯舜之道。天下之學，非淺陋固滯，則必入於此。自道之不明也，邪誕妖異之説競起，塗生民之耳目，溺天下於汙濁。雖高才明智，膠於見聞，醉生夢死，不自覺也。是皆正路之蓁蕪，聖門之蔽塞，辟之而後可以入道。」

先生進將覺斯人，退將明之書。不幸早世，皆未及也。其辨析精微，稍見於世者，學者之所傳爾。先生之門，學者多矣。先生之言，平易易知，賢愚皆獲其益，如羣飲於河，各充其量。

先生教人，自「致知」至於「知止」，「誠意」至於「平天下」，「灑掃應對」至於「窮理盡性」，循循有序。病世之學者舍近而趨遠，處下而窺高，所以輕自大而卒無得也。

先生接物，辨而不間，感而能通。教人而人易從，怒人而人不怨，賢愚善惡，咸得其心；狡僞者獻其誠，暴慢者致其恭；聞風者誠服，覿德者心醉。雖小人以趨向之異，顧於利害，時見排斥，退而省其私，未有不以先生爲君子也。

先生爲政，治惡以寬，處煩而裕。當法令繁密之際，未嘗從衆，爲應文逃責之事。人皆病於拘礙，而先生處之綽然；衆憂以爲甚難，而先生爲之沛然。雖當倉卒，不動聲色。方監司競爲嚴急之時，其待先生，率皆寬厚；設施之際，有所賴焉。先生所爲綱條法度，人可效而爲也；至其道之而從，動之而和，不求物而物應，未施信而民信，則人不可及也。

彭夫人封仁和縣君，嚴正有禮，事舅以孝稱，善睦其族，先一年卒。一有「五」字。子，一有「三早卒」字。曰端懿，蔡州汝陽縣主簿；曰端本，治進士業。一有「四」字。女，一有「三夭」二字。適假承務郎朱純之。卜以今年十月乙酉，葬於伊川先塋。謹書家世行業及歷官行事之大概，以求誌於作者，謹狀。元豐八年八月日弟頤狀〔一〕。

〔一〕程頤《明道先生行狀》，載《河南程氏文集》卷一一。朱子、呂祖謙節録行狀敘述學術之内容，載入《近思録》卷一七「聖賢氣象」。

請修學校尊師儒取士劄子

熙寧元年(一〇六八)上,時爲監察御史裏行

臣伏謂:治天下,以正風俗、得賢才爲本。宋興百餘年,而教化未大醇,人情未盡美;士人微謙退之節,鄉閭無廉耻之行;刑雖繁而奸不止,官雖冗而材不足者,此蓋學校之不修,師儒之不尊,無以風勸養勵之使然耳。竊以去聖久遠,師道不立,儒者之學幾於廢熄,惟朝廷崇尚教育之,則不日而復。古者一道德以同俗,苟師學不正,則道德何從而一?方今人執私見,家爲異説,支離經訓,無復統一,道之不明不行,乃在於此。

臣謂宜先禮命近侍賢儒,各以類舉,及百執事方岳州縣之吏,悉心推訪。凡有明先王之道、德業充備、足爲師表者,其次有篤志好學、材良行修者,皆以名聞。其高蹈一作尚。〔一〕之士,朝廷當厚禮延聘。其餘命州縣敦遣,萃於京師,館之寬閑之宇,豐其廪餼,卹其家之有無,以大臣之賢典領其事,俾羣儒朝夕相與講明正學。其道,必本

〔一〕《四庫全書》本之校文,下同。

於人倫，明乎物理。其教，自小學灑掃應對以往，修其孝悌忠信，周旋禮樂。其所以誘掖激勵、漸摩成就之道，皆有節序。其要在於擇善修身，至於化成天下。自鄉人而可至於聖人之道，其學行皆中於是者爲成德。

又其次取材識明達、可進於善者，使日受其業，稍久則舉其賢傑，以備高任。擇其學業大明、德義可尊者，爲太學之師；次以分教天下之學，始自藩府，至於列郡。擇士之願學、民之俊秀者入學，皆優其廩給而蠲其身役。凡其有父母骨肉之養者，亦通其優遊往來，以察其行。其大不率教者，斥之從役。漸自太學及州郡之學，擇其道業之成、可爲人師者，使教於縣之學，如州郡之制。異日則十室之鄉，達於黨遂，皆當修其庠序之制，爲之立師，學者以次而察焉。

縣令每歲與學之師以鄉飲之禮會其鄉老，學者衆推經明行修、材能可任之士，升於州之學，以觀其實。學荒行虧者罷歸，而罪其吏與師。其升於州而當者，復其家之役。郡守又歲與學之師，行鄉飲酒之禮，大會郡士，以經義、性行、材能三物賓興其士於太學，太學又聚而教之。其學不明、行不修與材之下者罷歸，以爲郡守學師之罪。升於太學者，亦聽其以時還鄉里，復來於學。

太學歲論其賢者、能者於朝，謂之選士。朝廷問之經以考其言，試之職以觀其材，然後辨論其等差而命之秩。凡處郡縣之學與太學者，皆滿三歲，然後得充薦。其自州郡升於太學者，一歲而後薦。其有學行超卓、衆所信服者，雖不處於學，或處學而未久，亦得備數論薦。

凡選士之法，皆以性行端潔，居家孝悌，有廉耻禮遜，通明學業，曉達治道者。在州縣之學，則先使其鄉里長老，次及學衆推之。在太學者，先使其同黨，次及博士推之。其學之師與州縣之長，無或專其私。苟不以實，其懷奸罔上者，師長皆除其仕籍，終身不齒。失者亦奪官二等，勿以赦及去職論。州縣之長，莅事未滿半歲者，皆不薦士；師皆取學者成否之分數，爲之賞罰。

凡公卿大夫之子弟皆入學，在京師者入太學，在外者各入其所在州之學，謂之國子；其有當補蔭者，並如舊制，惟不選於學者，不授以職。每歲，諸路別言一路國子之秀者，升於太學；其升而不當者，罪其監司與州郡之師。太學歲論國子之有學行材能者於朝，其在學，賓興、考試之法，皆如選士。

國子自入學，中外通及七年，或太學五年。年及三十以上，所學不成者，辨而爲二等。上者聽授以莞庫之任，自非其後學業修進，中於論選，則不復使親民政；其下者罷歸之。雖歲滿，願留學者，亦聽。其在外學七歲而不中升選者，皆論致太學而考察之，爲二等之法。國子之大不率教者，亦斥罷之。凡有職任之人，其學業材行應薦者，諸路及近侍以聞，處之太學，其論試亦如選士之法，取其賢能而進用之。凡國子之有官者，中選則增其秩。

臣謂既一以道德仁義教養之，又專以行實材學升進之，去其聲律小碎、糊名謄録、一切無義理之弊，不數年間，學者靡然丕變矣。豈惟得士浸廣，天下風俗將日入醇正，王化之本也。臣謂帝王之道，莫尚於此，願陛下特留宸意，爲萬世行之。〔一〕

論王霸劄子

熙寧二年上，時爲監察御史裏行

臣伏謂：得天理之正，極人倫之至者，堯舜之道也。用其私心，依仁義之偏者，

〔一〕程顥《請修學校尊師儒取士劄子》，載《河南程氏文集》卷一。

霸者之事也。王道如砥〔一〕，本乎人情，出乎禮義，若履大路而行，無復回曲。霸者崎嶇反側於曲徑之中，而卒不可與入堯舜之道。故誠心而王則王矣，假之而霸則霸矣〔二〕，二者其道不同，在審其初〔三〕而已，《易》所謂「差若毫釐，謬以千里」者，其初不可不審也。故治天下者，必先立其志。正志先立，則邪説不能移，異端不能惑，故力進於道而莫之禦也。苟以霸者之心而求王道之成，是衒石以爲玉也。故仲尼之徒無道桓文之事，而曾西耻比管仲者，義所不由也，況下於霸者哉？

陛下躬堯舜之資，處堯舜之位，必以堯舜之心自任，然後爲能充其道。漢唐之君有可稱者，論其人則非先王之學，考其時則皆駁雜之政，乃以一曲之見，幸致小康。其創法垂統，非可繼於後世者，皆不足爲也。然欲行仁政而不素講其具，使其道大明

〔一〕本《詩·小雅·大東》句「周道如砥，其直如矢；君子所履，小人所視」，孟子引用之，以明禮義之爲人君用人之門路。鄭箋云：「此言古者天子之恩厚也，君子皆法效而履行之，其如砥矢之平，小人又皆視之，共之無怨。」孔穎達正義云：「如砥，貢賦平均也；如矢，賞罰不偏也。」是孔疏視之爲治道之比喻。程氏謂「王道如砥」云云，統前修説而言之。

〔二〕《孟子·盡心》載孟子曰：「堯舜，性之也；湯武，身之也；五霸，假之也。」朱注云：「堯舜天性渾全，不假修習。湯武修身體道，以復其性。五霸則假借仁義之名，以求濟其貪欲之私耳。」假之，巧借名目而已，非由衷而出也。

〔三〕心志之謂也。

而後行，則或出或入，終莫有所至也。

夫事有大小，有先後。察其小，忽其大；先其所後，後其所先，皆不可以適治。且志不可慢，時不可失，惟陛下稽先聖之言，察人事之理，知堯舜之道備於己，反身而誠之，推之以及四海，擇同心一德之臣，與之共成天下之務。《書》所謂：「尹躬暨湯，咸有一德。」又曰「一哉王心」[一]，言致一而後可以有[二]爲也。

古者三公不必備，惟其人，誠以謂不得其人而居之，則不若闕之之愈也。蓋小人之事，君子所不能同，豈聖賢之事，而庸人可參之哉？欲爲聖賢之事，而使庸人參之，則其命亂矣。既任君子之謀，而又入小人之議，則聰明不專，而志意惑矣。今將救千古深錮之弊，爲生民長久之計，非夫極聽覽之明，盡正邪之辨，致一而不二，其能勝之乎？

或謂：「人君舉動，不可不慎；易於更張，則爲害大矣。」臣獨以爲不然。所謂更張者，顧理所當耳。其動皆稽古質義而行，則爲慎莫大焉，豈若因循苟簡，卒致敗亂

[一]《尚書·咸有一德》之文。
[二]「有」字脱，據《河南程氏文集》原文補入。

者哉？自古以來，何嘗有師聖人之言、法先生之治，將大有爲而反成禍患者乎？願陛下奮天錫之勇智，體乾剛而獨斷，霈然不疑，則萬世幸甚。〔一〕。

答横渠張子厚先生書

依《近思録》節本

【釋】此題爲原名，《四庫全書》本《明道先生全集》題作《答横渠先生定性書》，學界簡稱《定性書》，乃實踐上達聖賢工夫之重要宣示。朱子認爲是程顥廿三歲作，並作《定性説》，説明程顥補充其在「涵泳完養」之培養聖人氣象之不足。

横渠先生問於明道先生曰：「定性未能不動，猶累於外物，何如？」〔二〕明道先生曰：

「所謂定者，動亦定，静亦定，無將迎，無内外。苟以外物爲外，牽己而從之，是以

〔一〕程顥《論王霸劄子》，載《河南程氏文集》卷一。

〔二〕此第一段，《明道先生全集》原文作「承教。諭以定性未能不動，猶累於外物。此賢者慮之熟矣，尚何俟小子之言？然嘗思之矣，敢貢其説於左右。」

己性爲有内外也。且以性爲隨物於外，則當其在外時，何者爲在内？是有意於絶外誘而不知性之無内外也。既以内外爲二本，則又烏可遽語定哉？

黄氏榦曰：「此書分七段讀，此首段。『定性』字當作『定心』看。若以心有内外，不惟未可與〔一〕定，亦且不識心矣。」

「夫天地之常，以其心普萬物而無心。聖人之常，以其情順萬事而無情。故君子之學，莫若廓然而大公，物來而順應。

黄氏榦曰：「此書大意不過此二句。『擴然大公』是不絶乎物，『物來順應』是不累乎物。」

「《易》曰：『貞吉悔亡，憧憧往來，朋從爾思。』苟規規於外誘之除，將見滅於東而生於西也，非惟日之不足，顧其端無窮，不可得而除也。

黄氏榦曰：「此第三段，引《易》以結上段之意。貞吉則虚中無我，不絶乎物而亦不累乎物也。憧憧則累乎物矣。」

「人之情，各有所蔽，故不能適道，大率患在於自私而用智。自私則不能以有爲爲應

〔一〕「與」，《四庫全書》本《近思録集注》作「語」。

迹，用智則不能以明覺爲自然。今以惡外物之心，而求照無物之地，是反鑑而索照也。

黄氏榦曰：「第四段只是與前二段相反。自私便是求絶乎物，用智是反累乎物，不能以有爲爲應迹，故求絶乎物；不能以明覺爲自然，故反累乎物。」

「《易》曰：『艮其背，不獲其身。行其庭，不見其人。』孟氏亦曰：『所惡於智者，爲其鑿也。』與其非外而是内，不若内外之兩忘也。兩忘，則澄然無事矣。無事則定，定則明，明則尚何應物之爲累哉？

黄氏榦曰：「此第五段，亦引《易》以結上文。艮不獲其身則無我，無我則不自私。用智而鑿，則不以明覺爲自然，故不若内外之兩忘也。」

「聖人之喜，以物之當喜。聖人之怒，以物之當怒。是聖人之喜怒，不繫於心，而繫於物也。是則聖人豈不應於物哉？烏得以從外者爲非，而更求在内者爲是也？今以自私用智之喜怒，而視聖人喜怒之正爲如何哉？

黄氏榦曰：「此第六段，以聖人喜怒明其擴然大公、物來順應也。」

「夫人之情，易發而難制者，惟怒爲甚。第能於怒時遽忘其怒，而觀理之是非，亦可見

外誘之不足惡，而於道亦思過半矣。」〔一〕

黄氏榦曰：「此第七段。未嘗無怒，而觀理是非，則未至於聖人，『而於道思過半矣』。此段專説順應一邊，然未嘗不怒，則是大公。文公舊説，則兼大公順應而言，蓋以遽忘其怒爲大公也。」

〔總論〕

【釋】朱子提出「擴然而大公」與「物來而順應」，乃《定性篇》之要綱。

朱子曰：「定性者，存養〔二〕之功至，而得性之本然也。性定則動静如一，而内外無間矣。天地之所以爲天地，聖人之所以爲聖人，不以其定乎？君子之學，亦以求定而已矣。故擴然而大公者，仁之所以爲體也；物來而順應者，義之所以爲用也。仁立義行，則性定而天下之動一矣，所謂貞也。夫豈爲是急於外誘之除，而反爲是憧憧哉？然常人之所以不定者，非其性之本然也。自私以賊乎仁，用智以害乎義，是以情有所蔽而憧憧耳。不知自反以去其蔽，顧以惡外物爲

〔一〕此段有删節。
〔二〕存心養性也。

心，而反求照於無物之地，亦見其用力愈勞，而燭理愈昧，益以憧憧而不自知也。艮其背則不自私矣，行所無事則不用智矣。内外兩忘，非忘也，一循於理，不是内而非外也。不是内而非外，則大公而順應，尚何事物之爲累哉？聖人之喜怒，大公而順應，天理之極也。衆人之喜怒，自私而用智，人欲之盛也。忘怒則公，觀理則順，二者所以爲自反而去蔽之方也。夫張子之於道，固非後學所敢議。然意其强探力取之意多，涵泳完養之功少，故不能無疑。於此程子以是發之，其旨深哉！」〔一〕

識仁篇

【釋】程顥《識仁篇》，朱子、吕祖謙合編《近思録》未收録，朱子曾謂：「明道言『學者須先識仁』一段，説話極好。只是説得太廣，學者難入。」見《朱子語類》卷九七。

〔一〕朱子《定性説》，原載《朱文公全集》卷六七。江永《近思録集注・爲學》卷二引録，並注引黄勉齋先生語。

學者須先識仁。仁者渾然與物同體，義禮智信皆仁也。識得此理，以誠敬存之而已。不須防檢，不須窮索。若心懈則有防，心苟不懈，何防之有？理有未得，故須窮索；存久自明，安待窮索？此道與物無對，「大」不足以明之。天地之用，皆我之用。孟子言「萬物皆備于我」，須「反身而誠」，乃爲大樂。若反身未誠，則猶是二物有對，以己合彼，終未有之，又安得樂？《訂頑》[一]意思，乃備言此體，以此意存之，更有何事？「必有事焉而勿正，心勿忘，勿助長」，未嘗致纖毫之力，此其存之之道。若存得，便合有得。蓋良知良能，元不喪失，以昔日習心未除，卻須存習此心，久則可奪舊習。此理至約，惟患不能守。既能體之而樂，亦不患不能守也[二]。

劉蕺山先生《識仁篇後論》

【釋】劉宗周此《後論》乃首篇闡述大程子《識仁篇》之作，肯定是程子繼承周敦頤者，以見道統一脈相傳。兩者相表裏之説，朱子所未道，王陽明及其門人偶爾提及，劉氏則全面闡述。

[一] 張載《西銘》，舊名《訂頑》。
[二] 《二程遺書·元豐己未與叔東見二先生語》卷二上文。

按：　此篇先儒以爲地位高者之事，非淺學可幾，學者只合説「克己復禮爲仁」。周海門先生〔一〕深不然之，以爲「不識仁而能復禮者，無有是處」，極爲有見。而顧涇陽先生則云：「學者極喜舉程子《識仁》，但昔人是全提，後人只是半提。『仁者渾然與物同體，義禮智信皆仁也』，此全提也。後人只説得『渾然與物同體』，而遺卻下句，此半提也。『識得此理，以誠敬存之，不須防檢，不須窮索』，此全提也。後人只説得『不須防檢，不須窮索』，而遺卻上句，此半提也。尤見衞道之苦心矣！」〔二〕

又案：《識仁篇》分明是《太極圖説》……周子説太極，程子便於此中悟出一箇仁，曰「與物無對」。周子説二五化生，程子便於此悟出個皆備之禮。周子説中正仁義，程子便於此悟出個義禮智信皆仁也。周子説主静，程子便於此悟出誠敬二字，而曰未嘗致纖毫之力。周子説天地合德，程子便於此悟出個天地之用皆我之用。種種青出於藍矣。先儒嘗言兩程子平生不曾及《圖説》一字，而至所以與學者相授受，大抵不出此意。由今考之，信然。〔三〕

〔一〕周汝登（一五四七～一六二九），字繼元，號海門，浙江嵊縣人，人稱海門先生。
〔二〕顧憲成語，載《宋元學案·明道學案》。
〔三〕載《宋元學案》卷一三，又劉宗周《聖學宗要·明道程子識仁説》，載《劉子全書·語類》卷五。

黄薇香先生《讀識仁篇》

程伯子《識仁篇》，或譏之，或贊之，皆有可疑。式三謂：伯子發此藥，以療吕與叔之疾耳。與叔先學於横渠張子，尊崇禮學，以防檢窮索爲主。伯子語之識仁，以誠敬存之，復以「不須防檢，不須窮索」示之者，禮與仁之用，功有同有異耳。伯子之言曰：「學者須先識仁，以誠敬存之。」此以誠敬爲存仁之功，非言仁之易至也。又言：「心懈則有防，心苟不懈，何防之有？」此申言敬也。又言：「理有未得，故須窮索，存久自明，安待窮索？」此申言誠也。與叔善會伯子之意，自作《克己銘》，服膺勿失，不亦宜乎？伯子年二十四，作《定性書》以答張子，其中言「有爲爲應迹，明覺爲自然」，又言「無心無情，内外兩忘」，欲爲張子矯其蔽，正與《識仁篇》同，皆在讀者善會之。《朱子文集》已改作《定性説》，又謂：「《識仁篇》爲地位高者之事，非淺學所可幾。」蓋此語可爲與叔告，若學者未能防檢窮索，不得以此藉口耳。而後儒爲明心見性之學者，既贊《定性書》爲「主静立極」之道，復贊《識仁篇》以攻擊朱子，果盡是歟？未盡是也。〔二〕

〔二〕黄式三《讀程伯子識仁篇》，載《儆居遺書·讀子集二》。

論性説

【釋】此篇所據乃江永《近思録集注》。

「生之謂性」。性即氣，氣即性，生之謂也。

朱子曰：「天之付與萬物者謂之命，物之稟受於天者謂之性。然天命流行，必二氣五行交感凝聚，然後能生物也。性命形而上者也，氣則形而下者也。形而上者，一理渾然，無有不善。形而下者，則紛紜雜揉，善惡有所分矣。故人物既生，則即此所稟以生之氣，而天命之性存焉。此程子所以發明告子生之謂性之説，而以『性即氣，氣即性』者言之也。」

人生氣稟，理有善惡，然不是性中元有此兩物相對而生也。有自幼而善，有自幼而惡，后稷之「克岐克嶷」。子越椒始生，人知其必滅若敖氏之類。**是氣稟有然也。善固性也，然惡亦不可不謂之性也。**

朱子曰：「所稟之氣所以必有善惡之殊者，亦性之理也。蓋氣之流行，性爲之主，以其氣之或純或駁，而善惡分焉。故非性中本〔一〕有二物相對也，然氣之惡者，其性亦無不善，故惡亦不可不謂之性也。先生又曰：『善惡皆天理，謂之惡者，本非惡，但或過或不及，便如此。』蓋天下無性外之物，本皆善而流於惡耳。」

蓋「生之謂性」，「人生而靜」以上不容説，才説性時，便已不是性也。凡人説性，只是説繼之者善也，孟子言人性善是也。夫所謂「繼之者善也」者，猶水流而就下也。

朱子曰：「性則理〔二〕而已矣，何言語之可形容哉？故善言性者，不過即其發見之端而言之，而性之韞固可默識矣，如孟子之論四端是也。觀水之流而必下，則水之性下可知；觀性之發而必善，則性之韞善亦可知也。」

皆水也，有流而至海，終無所污，此何煩人力之爲也？有流而未遠，固已漸濁。有出而甚遠，方有所濁。有濁之多者，有濁之少者，清濁雖不同，然不可以濁者不爲水也。如此則人不可以不加澄治之功，故用力敏勇則疾清，用力緩怠則遲清，及其清也，則卻只是元初水也。不是將清來換卻濁，亦不是取出濁來置在一隅也。水之清則性善

〔一〕「本」字誤作「未」，據《近思録集注》《晦庵先生朱文公文集》爲正。
〔二〕唐先生本江永《近思録集注》字作「理」，《晦庵先生朱文公文集》作「性」。

之謂也，故不是善與惡在性中爲兩物相對，各自出來。

朱子曰：「此又以水之清濁譬之。水之清者，性之善也。流而至海不污者，氣稟清明，自幼而善，聖人性之而全其天者也。流未遠而已濁者，氣稟偏駁之甚，自幼而惡者也。流既遠而方濁者，長而見異物而遷焉，失其赤子之心者也。濁有多少，氣之昏明純駁有淺深也。不可以濁者不爲水，惡亦不可不謂之性也。然則人雖爲氣所昏，流於不善，而性未嘗不在其中，特謂之性，則非其本然；謂之非性，則初不離是。以其如此，故人不可以不加澄治之功。惟能學以勝氣，則知此性渾然，初未嘗壞，所謂元初水也，雖濁而清者存，故非將清來換濁。既清則本無濁，故非取濁置一隅也。如此則其本善而已矣，性中豈有兩物對立而並行也哉？」

此理天命也，順而循之則道也。循此而修之，各得其分，則教也。自天命以至於教，我無加損焉，此舜有天下而不與焉者也。

朱子曰：「此理天命也，該始終本末而言也。修道雖以人事而言，然其所以修者，莫非天命之本然，非人私智所能爲也。然非聖人有不能盡，故以舜明之。」〔一〕

〔一〕《明道論性説》，載《晦庵先生朱文公文集》卷六七。

二程子大義卷二

又按：唐先生《交通大學演講録》三集上之第十一期《宋二程子學派論》之「論曰」論伊川先生學術云：

伊川先生年譜

朱子撰

【釋】南宋諸儒重視家學，撰寫此類編年記録，可更清晰表達思想發展之脈絡與變化，而師友間以相知之深，更足取信，從而體現知人論世之功。朱子於乾道四年（一一六八）編纂《二程遺書》，四月而成，因見程顥記載豐富，而程頤無有完整記録，遂作此編年，在《遺書》後記云：「伊川行事本末，當時無所論著，熹嘗竊取實録所書、文集内外書所載，與凡它書之可證者，次其後先，以爲年譜，既不敢以意形容，又不能保無謬誤，故於每事之下，各繫其所從得者，今亦輒取以著於篇，合爲一卷，以附於二十五篇之後。嗚呼！學者察言以求其心，考跡以觀其用，而有以自得之，則斯道之傳也，其庶幾乎？」唐先生置此年譜於此，非徒記載行跡，亦道統所傳之義也。

先生名頤，字正叔，明道先生之弟也；幼有高識，非禮不動。年十四五，與明道同受業於春陵周茂叔先生。

皇祐二年（一〇五〇），年十八，上書闕下，勸仁宗「以王道爲心，生靈爲念，黜世俗之論，期非常之功，且乞召對，面陳所學」，不報。間遊太學，時海陵胡翼之先生〔一〕方主教導，嘗以《顔子所好何學論》試諸生，得先生所試，大驚，即延見，處以學職；吕希哲原明〔二〕與先生鄰齋，首以師禮事焉，既而四方之士，從遊者日益衆。舉進士。

嘉祐四年（一〇五九），廷試報罷，遂不復試。太中公屢當得任子恩，輒推與族人。治平、熙寧間，近臣屢薦，自以爲學不足，不願仕也。

元豐八年（一〇八五），哲宗嗣位。門下侍郎司馬公光、尚書左丞吕公公著，及西京

〔一〕胡瑗（九九三～一〇五九），字翼之，泰州海陵人，因世居安定堡，故世稱安定先生，講學分經義、治事二齋。

〔二〕吕希哲（一〇三九～一一一六），字原明，號滎陽先生，安徽壽州人，吕公著之子，元祐年間，范祖禹薦舉爲崇政殿説書。

留守韓公絳，上其行義於朝。十一月丁巳，授汝州團練推官，西京國子監教授，先生再辭。尋召赴闕。

元祐元年（一〇八六）三月，至京師，除宣德郎，秘書省校書郎。先生辭曰：「神宗時，布衣被召，自有故事。今臣未得入見，未敢祗命。」於是召對。太皇太后面喻，將以爲崇政殿説書。先生辭不獲，始受西監之命。且上奏論經筵三事：其一，以上富於春秋，輔養爲急，宜選賢德，以備講官，因使陪侍宿直，陳説道義，所以涵養氣質，薰陶德性。其二，請上左右内侍宫〔一〕人，皆選老成厚重之人，不使侈靡之物、淺俗之言接於耳目。仍置經筵，祗應内臣十人，使伺上在宫中動息；以語講官，其或小有違失，得以隨事規諫。其三，請令講官坐講，以養人主尊儒重道之心，寅畏祗懼之德。而曰：「若言可行，敢不就職？如不可用，願聽其辭。」既而命下，以通直郎充崇政殿説書。先生再辭而後受命。

四月，例以暑熱罷講。先生奏言：「輔導少主，不宜疏略如此。乞令講官以六參日上殿問起居，因得從容納誨，以輔上德。」

〔一〕「宫」字，《晦庵先生朱文公文集》作「之」。

五月，差同孫覺、顧臨及國子監長貳，看詳《國子監條制》。先生所定，大概以爲學校禮義相先之地，而月使之争，殊非教養之道，請改試爲課，有所未至，則學官召而教之，更不考定高下。制尊賢堂，以延天下道德之士。鐫解額〔一〕，以去利誘；省繁文，以專委任；勵行檢，以厚風教。及置待賓吏師齋，立觀光法，如是者亦數十條。

六月，上疏太皇太后，言：「今日至大至急，爲宗社生靈長久之計，惟是輔養上德。而輔養之道，非徒涉書史，覽古今而已，要使跬步不離正人，乃可以涵養薰陶，成就聖德。今間日一講，解釋數行，爲益既少。又自四月罷講，直至中秋，不接儒臣，殆非古人旦夕承弼之意。請俟初秋，即令講官輪日入侍，陳説義理。仍選臣僚家十一二歲子弟三人，侍上習業。且以邇英迫隘暑熱，恐於上體非宜，而講日，宰臣史官皆入，使上不得舒泰悦懌。請自今一月，再講於崇政殿，然後宰臣史官入侍，餘日講於延和殿，則後楹垂簾，而太皇太后時一臨之。不惟省察主上進業，其於后德，未必無補。且使講官欲有所言，易以上達，所繫尤大。又講讀官例兼他職，請亦罷之，使得積誠意以感上心。」

〔一〕謂嚴格規定州府輸送赴考進士科之數額。

皆不報。

八月，差兼判登聞鼓院。先生引前説，且言「入談道德，出領訴訟，非用人之體」，再辭不受。

二年，又上疏論延和講讀垂簾事，且乞時召講官至簾前，問上進學次第。又奏邇英暑熱，乞就崇政、延和殿或他寬涼處講讀。給事中顧臨，以殿上講讀爲不可，有旨修展邇英閣。先生復上疏，以爲：「修展邇英，則臣所請遂矣。然祖宗以來，並是殿上坐講，自仁宗始就邇英，而講官立侍，蓋從一時之便耳，非若臨之意也。今臨之意，不過以尊君爲説，而不知尊君之道。若以其言爲是，則誤主上知見。臣職當輔導，不得不辨。」

先生在經筵，每當進講，必宿齋預戒，潛思存誠，冀以感動上意；而其爲説，常於文義之外，反覆推明，歸之人主。一日當講《顏子不改其樂章》〔一〕，門人或疑此章非有

〔一〕《論語・雍也》載孔子曰：「賢哉！回也。一簞食，一瓢飲，在陋巷，人不堪其憂，回也不改其樂。賢哉！回也。」朱子注周敦頤《通書・顏子篇》録此章云：「夫富貴人所愛也，顏子不愛不求，而樂乎貧者，獨何心哉？設問以發其端。天地間有至貴至愛可求，而異乎彼者，見其大而忘其小焉爾。……即周子之教程子，『每令尋仲尼、顏子樂處，所樂何事』者也。」是此章乃道學精義所在，固通於君德也。

人君事也，將何以爲説？」及講，既畢文義，乃復言曰：「陋巷之士，仁義在躬，忘其貧賤。人主崇高，奉養備極，苟不知學，安能不爲富貴所移？且顔子王佐之才也，而簞食瓢飲；季氏魯國之蠹也，而富於周公。魯君用舍如此，非後世之監乎？」聞者歎服，而哲宗亦常首肯之。不知者或誚其委曲已甚，先生曰：「不於此盡心竭力，而於何所乎？」

上或服藥，即日就醫官問起居。然入侍之際，容貌極莊。時文潞公〔一〕以太師平章重事，或侍立終日不懈，上雖喻以少休，不去也。人或以問先生曰：「君之嚴，視潞公之恭，孰爲得失？」先生曰：「潞公四朝大臣，事幼主，不得不恭。吾以布衣職輔導，亦不敢不自重也。」嘗聞上在宫中，起行漱水，必避螻蟻，因請之曰：「有是乎？」上曰：「然。誠恐傷之耳。」先生曰：「願陛下推此心以及四海，則天下幸甚。」一日，講罷未退，上忽起憑檻，戲折柳枝。先生進曰：「方春發生，不可無故摧折。」上不悦。所講書有容字，中人以黄覆之，曰：「上藩邸嫌名也。」先生講罷，進言曰：「人主之勢，不患不尊，患臣下尊之過甚，而驕心生爾，此皆近習輩養成之，不可以不戒。請自

〔一〕文彦博（一〇〇六～一〇九七），字寬夫，號伊叟，汾州介休人，歷仕仁、英、神、哲四帝，出將入相五十年。

今舊名嫌名，皆勿復避。」

時神宗之喪未除，而百官以冬至表賀，先生言：「節序變遷，時思方切，請改賀爲慰。」及除喪，有司又將以開樂致宴，先生又奏請罷宴，曰：「除喪而用吉禮，則因事用樂可矣。今特設宴，是喜之也。」嘗聞後苑以金製水桶，問之，曰：「崇慶宫物也。」先生曰：「若上所御，則吾不敢不諫。」在職累月，不言禄，吏亦弗致。既而諸公知之，俾户部特給焉。

又不爲妻求邑封，或問之，先生曰：「某起於草萊，三辭不獲而後受命，今日乃爲妻求封乎？」經筵承受張茂則〔一〕嘗招諸講官啜茶觀畫，先生曰：「吾平生不啜茶，亦不識畫。」竟不往。文潞公嘗與吕、范諸公入侍經筵，聞先生講説，退相與歎曰：「真侍講也。」一時人士歸其門者甚盛，而先生亦以天下自任，論議褒貶，無所顧避。由是，同朝之士有以文章名世者，疾之如讎，與其黨類，巧爲詆謗。

一日赴講，會上瘡疹，不坐已累日。先生退，詣宰臣，問上不御殿知否，曰：「不知。」先生曰：「二聖臨朝，上不御殿，太皇太后不當獨坐。且人主有疾而大臣不知，

〔一〕張茂則，字平甫，開封人，爲黄門宦官。

可乎？」翼曰，宰臣以先生言，奏請問疾，由是大臣亦多不悦，而諫議大夫孔文仲〔一〕，因奏先生：「汙下憸巧，素無鄉行。經筵陳説，僭横忘分。遍謁貴臣，歷造臺諫，騰口間亂，以償恩仇。致市井目爲五鬼之魁，請放還田里，以示典刑。」

八月，差管勾西京國子監。先生既就職，再上奏，乞歸田里，曰：「臣本布衣，因説書得朝官。今以臯罷，則所授官不當得。」

三年，又請，皆不報。乃乞致仕，至再，又不報。

五年正月，丁太中公憂，去官。

七年，服除，除直秘閣判西京國子監，先生再辭，極論儒者進退之道。而監察御史董敦逸〔二〕，奏以爲有怨望輕躁語。五月改授管勾崇福宫，未拜，以疾尋醫。

元祐九年（一〇九四），哲宗初親政，申祕閣西監之命，先生再辭不就。

〔一〕孔文仲（一〇三八～一〇八八），字經父，臨江新喻人，仁宗嘉祐六年進士，熙寧初，以制舉對策，力論王安石新法之非而罷官，哲宗時，累起居舍人，擢左諫議大夫。

〔二〕董敦逸（一〇三一～一一〇一），字夢授，江西吉州永豐人，仁宗嘉祐八年（一〇六三）進士，哲宗元祐六年召爲監察御史。

紹聖〔一〕間，以黨論放歸田里。

四年十一月，送涪州編管〔二〕。門人謝良佐〔三〕曰：「是行也，良佐知之，乃族子公孫與邢恕之爲爾。」先生曰：「族子至愚，不足責。故人情厚，不敢疑。孟子既知天，焉用尤臧氏？」

元符二年（一〇九九）正月，《易傳》成而序之〔四〕。

三年正月，徽宗即位，移峽州〔五〕。四月，以赦復宣德郎，任便居住，還洛。十月，復通直郎，權判西京國子監。先生既受命，即謁告，欲遷延爲尋醫計。既而供職。門人尹焞〔六〕深疑之，先生曰：「上初即位，首被大恩，不如是，則何以仰承德意？然吾之

〔一〕紹聖（一〇九四～一〇九八），宋哲宗第二個年號，共四年。
〔二〕涪州在今重慶。編管，宋代官員得罪謫放，編入地方户籍以管束。
〔三〕謝良佐（一〇五〇～一一〇三），字顯道，河南壽春上蔡人，學者稱上蔡先生，元豐八年（一〇八五）進士，與游酢、吕大臨、楊時在程門，號四先生。
〔四〕程頤時年六十七。
〔五〕峽州在今宜昌。
〔六〕尹焞（一〇七一～一一四二），字彦明，洛陽人，師事程頤，靖康初年召至京師，賜「和靖處士」，紹興八年（一一三八）任禮部侍郎兼侍講。

不能仕，蓋已決矣。受一月之俸焉，然後唯吾所欲爾。」

建中靖國二年（一一〇三）五月，追所復官，依舊致仕。

崇寧二年（一一〇四）四月，言者論：「其本因姦黨論薦得官，雖嘗明正辠罰，而敘復過優，今復著書非毁朝政。」於是有旨追毁出身以來文字，其所著書，令監司覺察。先生於是遷居龍門〔一〕之南，止四方學者，曰：「尊所聞、行所知可矣，不必及吾門也。」

五年，復宣義郎致仕。時《易傳》成書已久，學者莫得傳授。或以爲請，先生曰：「自量精力未衰，尚覬有少進耳。」其後寢疾，始以授尹焞、張繹〔二〕。

大觀元年（一一〇七）九月庚午，卒於家，年七十有五。於疾革，門人進曰：「先生平日所學，正今日要用。」先生力疾微視曰：「道著用便不是。」其人未出寢門而先生没。初明道先生嘗謂先生曰：「異日能使人尊嚴師道者，吾弟也。若接引後學，隨人材而成就之，則予不得讓焉。」先生既没，昔之門人高弟，多已先亡，無有能形容其美

〔一〕洛陽龍門南耙樓山下，今河南嵩縣田湖鎮程村，距洛陽七十公里。明英宗旨封「二程故里」。

〔二〕張繹，字思叔，河南壽安人，年三十從程頤學，頤謂人曰吾晚得二士，乃指尹焞與張繹，後頤一年卒。

德〔一〕者。然先生嘗謂張繹曰：「我昔狀明道先生之行。我之道蓋與明道同，異時欲知我者，求之於此文可也。」〔二〕

附録：伊川先生事略

節録朱子所作年譜〔三〕

先生名頤，字正叔，明道先生之弟也。幼有高識，非禮不動。年十四五，與明道同受學於春陵周茂叔先生。皇祐二年，年十八，上書闕下，勸仁宗以王道爲心，生靈爲念，黜世俗之論，期非常之功。不報。閒遊太學，時海陵胡翼之先生方主教導，嘗以《顔子所好何學論》試諸生。得先生所試，大驚，即延見，處以學職，令助教。元豐八年，哲宗嗣位，門下侍郎司馬公光，尚書左丞吕公公著，及西京留守韓公絳，上其行義於朝。十一月丁巳，授汝州團練推官，西京國子監教授。先生再辭，尋召赴闕。元祐元年三月，至京師。除宣德郎秘書省校書郎。先生辭，於是召對。太皇太后面諭，將以爲崇政殿説書。先生辭不獲，始受西監之命。既而命下，以通直郎充崇政殿説書，先生再辭而後受命。元祐九年，哲宗初親政，申秘閣西監之命。先生再辭不

〔一〕「美德」，《晦庵先生朱文公文集》作「德美」。
〔二〕朱子《伊川先生年譜》，載《晦庵先生朱文公文集》卷九八。
〔三〕據《交通大學演講録》三集上卷第十一期之《宋二程子學派論》補。

就。紹聖間，以黨論放歸田里。四年十一月，送涪州編管。門人謝良佐曰：「是行也，良佐知之，乃族子公孫與邢恕之爲爾。」先生曰：「族子至愚不足責，故人情厚不敢疑。孟子既知天，焉用尤臧氏。」元符二年正月，《易傳》成而序之。三年正月，徽宗即位。移峽州。四月以赦復宣德郎，任便居，還洛。大觀元年九月庚午，卒於家，年七十有五。

顔子所好何學論

【釋】黄宗羲《宋元學案·伊川學案(下)》引劉宗周云：「此伊川得統於濂溪處。」本文經唐先生節選。此篇爲程頤道學得力處，故列出所删之文，方便總覽。

或問：「聖人之門，其徒三千，獨稱顔子爲好學。夫《詩》《書》六藝，三千子非不習而通也。然則顔子所獨好者，何學也？」伊川先生曰：「學以至聖人之道也。」「聖人可學而至歟？」曰：「然。」「學之道如何？」曰：「天地儲精，得五行之秀者爲人。其本也真而静，其未發也五性具焉，曰仁義禮智信。形既生矣，外物觸其形而動中矣。其中動而七情出焉，曰喜怒哀懼愛惡欲。情既熾而益蕩，其性鑿矣。是故覺者約其情，使合於中；正其心，養其性。……〔一〕愚者則不知制之，縱其情而至於邪僻，梏其性而亡之。……〔二〕然學之道……〔三〕必先明諸心，知所往，然後力行以求至，所謂『自明而誠』也。……〔四〕誠之之道，在乎信道篤。信道篤則行之果，行之果則守之固。仁義忠信不離乎心，『造次必於是，顛沛必於是』，出處語默必於是，久而弗失，則居之安，動容周旋中禮，而邪僻之心無自生矣。故顔子所事，則曰：『非禮勿視，非禮勿聽，非禮勿言，非禮勿動。』仲尼稱之，則曰：『得一善則拳拳服膺，而弗失之矣。』又曰：『不遷怒，不貳過。』『有不善未嘗不知，知之未嘗復行也。』此其好之篤，學之之道也。……〔五〕然聖人則不思而得，不勉而中。……〔六〕顔子則必思而後得，必勉而後

〔一〕略程頤原文「故曰性其情」。
〔二〕略程氏原文「故曰情其性」。
〔三〕略程氏原文「正其心，養其性而已。中正而誠，則聖矣。君子之學」五句。
〔四〕略程氏原文「知所養，然後力行以求至，所謂自明而誠也。故學必盡其心，盡其心則知其性。知其性，反而誠之，聖人也。故《洪範》曰：『思曰睿，睿作聖。』」一段。
〔五〕略程氏原文「視聽言動皆禮矣，所異于聖人者」二句。
〔六〕略程氏原文「從容中道」句。

中，其與聖人相去一息……〔一〕所未至者，守之也，非化之也。以其好學之心，假之以年，則不日而化矣。……〔二〕後人不達，以謂『聖本生知，非學可至』，而爲學之道遂失。不求諸己而求諸外，以博文强記、巧文麗辭爲工，榮華其言，鮮有至于〔三〕道者，則今之學與顏子所好異矣。」〔四〕

養魚記

【釋】此記抒發「一體之仁」之感，透露成就生生之王道大義。

〔一〕略程氏原文「顏子則必思而後得，必勉而後中。故曰：顏子之與聖人，相去一息。孟子曰：『充實而有光輝之謂大，大而化之之謂聖，聖而不可知之謂神。』顏子之德，可謂充實而有光輝矣」。

〔二〕略程氏原文「故仲尼曰不幸短命死矣，蓋傷其於得至于聖人也；所謂化之者，入於神而自然，不思而得，不勉而中之謂也，孔子曰『七十而從心所欲，不踰矩』是也。或曰：『聖人，生而知之者也。今謂可學而至，其有稽乎？』曰：然。孟子曰：『堯舜性之也，湯武反之也。』性之者，生而知之者也；反之者，學而知之者也。又曰孔子則生而知也，孟子則學而知也」。

〔三〕「于」字原脱。

〔四〕程頤《顏子所好何學論》，載《河南程氏文集》卷八。

書齋之前有石盆池，家人買魚子食貓，見其煦沫也，不忍〔一〕，因擇可生者得百餘，養其中。大者如指，細者如箸，支頤而觀之者竟日。始舍之，洋洋然，魚之得其所也；終觀之，戚戚焉，吾之感於中也〔二〕。

吾讀古聖人書，觀古聖人之政，禁數罟不得入洿池〔三〕；魚尾不盈尺〔四〕，不中殺〔五〕，市不得鬻，人不得食。聖人〔六〕之仁，養物而不傷也如是。物獲如是，則吾人之樂其生，遂其性，宜何如哉〔七〕？思是一無此二十字。魚之一無之字。於是時，寧有是困耶？推是魚孰不可見耶？

魚乎魚乎！細鈎密網，吾不得禁之於彼。炮燔咀嚼，吾得免爾於此。吾知江海

〔一〕本心之德。
〔二〕以下抒所感。
〔三〕《孟子·梁惠王上》載孟子曰：「數罟不入洿池，魚鱉不可勝食；斧斤以時入山林，材木不可勝用。」
〔四〕《詩·小雅·魚麗》「魚麗於罶」，《毛詩正義》云：「罟目必四寸，然後始得入澤梁耳。」
〔五〕《禮記·王制》明定「五穀不時，果實未熟，不粥於市。木不中伐，不粥於市。禽獸魚鱉不中殺，不粥於市」。《逸周書·大聚解》載周公旦傳述《禹之禁》曰：「春三月山林不登斧，以成草木之長；夏三月川澤不入網罟，以成魚鱉之長。」
〔六〕夏禹、商湯、文王、周公。
〔七〕因魚而推之於人。

之大，足使爾遂其性，思置汝於彼，而未得其路，徒能以斗斛之水，生汝之命。生汝誠吾心，汝得生已多，萬類天地中，吾心將奈何？魚乎魚乎！感吾心之戚戚者，豈止魚而已乎〔一〕？因作《養魚記》。一無此上十一字，有爾乎二字。至和甲午（一〇五四）季夏記。

吾昔作《養魚記》，於兹幾三十年矣。故稿中偶見之，竊自嘆其幼而有志，不忍毁去。觀昔日之所知，循今日之所至，愧負初心，不幾於自棄者乎？示諸小子，當以吾爲戒。元豐己未（一〇七九）正月戊戌，西齋南窗下書。〔二〕

易傳序

【釋】程頤此序，批評先儒失意，自信以爲可接聖道者，在「斷辭則備」，充分理解辭義，則至廣大之象與至精微之理，其内在關係與變化，皆能體會統攝於一心而無隔，故曰「體用一源，顯微無間」。此程氏學理之核心也。

〔一〕雖欲活人而無從。
〔二〕程頤《養魚記》，載《河南程氏文集》卷八。

易，變易也，隨時變易以從道也。其爲書也，廣大悉備，將以順性命之理，通幽明之故，盡事物之情，而示開物成務之道也。聖人之憂患後世，可謂至矣！去古雖遠，遺經尚存。然而前儒失意以傳言，後學誦言而忘味。自秦而下，蓋無傳矣。予生千載之後，悼斯文之湮晦，將俾後人沿流而求源，此傳所以作也〔一〕。「易有聖人之道四焉：以言者尚其辭，以動者尚其變，以制器者尚其象，以卜筮者尚其占。」〔二〕吉凶消長之理，進退存亡之道，備於辭。推辭考卦，可以知變，象與占在其中矣。「君子居則觀其象而玩其辭，動則觀其變而玩其占。」得於辭不達其意者有矣，未有不得於辭，而能通其意者也。至微者理也，至著者象也。體用一源，顯微〔三〕無間。觀會通，以行其典禮〔四〕，則辭無所不備。故善學者，求言必自近；易〔五〕於近者，非知言者也。予所傳者辭也，由辭以得意，則在乎人焉。

〔一〕程氏自言作此《易傳》，傳失落千年之聖人之意。
〔二〕《易繫辭上》文，言知變化之道在乎此四者。
〔三〕謂理與象。
〔四〕此《易繫辭》言「聖人有以見天下之動」之道。
〔五〕輕慢之謂。

有宋元符二年（一〇九九）己卯正月庚申，河南程頤正叔謹序。〔一〕

春秋傳序

【釋】此序乃程氏晚年遷謫後作，一掃過去陳言，遥傳孔子作《春秋》宗旨，其「經世大法」標準在《論語》孔子語顔淵爲邦之道。陳亮（一一四三～一一九四）《書伊川先生春秋傳後》云：「伊川先生之序此書也，蓋年七十有一矣，四年而先生没。今其書之可見者纔二十年。……先生於是二十年之間，其義甚精，其類例博矣，學者苟精考其書，優柔饜飫，自得於言意之外，而達之其餘，則精義之功在我矣。」程氏《春秋傳》首二十年之説，尚見引於李明復（一一七四～一二三四）《春秋集義》五十卷中，其例以程頤説爲權衡，故大體可概見也。

天之生民，必有出類之才，起而君長之，治之而争奪息，導之而生養遂，教之而倫理明，然後人道立，天道成，地道平。二帝而上，聖賢世出，隨時有作，順乎風氣之宜，

〔一〕程頤《易傳序》，載《河南程氏文集》卷八；並載《近思録》卷三「格物窮理」。

不先天一作時。以開人，各因時而立政。暨乎三王迭興，三重既備，子丑寅之建正，忠質文之更尚，人道備矣，天運周矣。聖王既不復作，有天下者雖欲倣古之迹，亦私意妄爲而已。事之謬，秦至以建亥爲正；道之悖，漢專以智力持世；豈復知先王之道也？

夫子當周之末，以聖人不復作也，順天應時之治不復有也，於是作《春秋》，爲百王不易之大法，所謂「考諸三王而不謬〔一〕，建諸天地而不悖，質諸鬼神而無疑，百世以俟聖人而不惑」〔二〕者也。先儒之傳曰「游夏不能贊一辭」〔三〕，辭不待贊也，言不能與於斯耳。斯道也，惟顔子嘗聞之矣。「行夏之時，乘殷之輅，服周之冕，樂則韶舞」〔四〕，此其準的也。後世以史視《春秋》，謂褒善貶惡而已，至於經世之大法，則不知也。

《春秋》大義數十，其義雖大，炳如日星，乃易見也；惟其微辭隱義、時措從宜者爲難知也，或抑或縱、或與或奪、或進或退、或微或顯，而得乎義理之安、文質之中、寬

〔一〕《中庸》字作「繆」。
〔二〕《禮記·中庸》文。
〔三〕《史記·孔子世家》云：「筆者筆，削者削，游夏之徒不能贊一辭。」
〔四〕《論語·衛靈公》顔淵問爲邦，孔子之語。

猛之宜，是非之公，乃制事之權衡，揆道之模範也。夫觀百物然後識化工之神，聚衆材然後知作室之用，於一事一義而欲窺聖人之用心，一無心字。非上智不能也。故學《春秋》者，必優遊涵泳，默識心通，然後能造其微也。後王知《春秋》之義，則雖德非禹湯，尚可以法三代之治。

自秦而下，其學不傳，予悼夫聖人之志不明於後世也，故作傳以明之，俾後之人通其文而求其義，得其意而法其用，則三代可復也。是傳也，雖未能極聖人之蘊奥，庶幾學者得其門而入矣。

有宋崇寧二年（一一〇三）癸未四月乙亥〔一〕，伊川程頤序。一無此上十七字。〔二〕

與人論立賑濟法事

【釋】本文亦稱《賑濟論》，乃程頤救荒之政之綱領。南宋董煟著《救荒活民書》三卷，其第

〔一〕程頤時年七十一，遷謫龍門南之後。

〔二〕程頤《春秋傳序》，載《河南程氏文集》卷八；並載《近思録》卷三「格物窮理」。吕祖謙録在《宋文鑑》中。

三卷「救荒雜説」收羅宋人論荒政之言論，此程氏論賑濟之文録在其中。賑災乃救民命之德業，理學家於此至爲用心，亦是唐先生所親行與提倡者，皆從性理學中而來之意識。

不制民之産，無儲蓄之備，饑而後發廩以食之，廩有竭，而饑者不可勝濟也。今不暇論其本，救目前之死亡，唯有節則所及者廣。常見今時州縣濟饑之法，或給之米豆，或食以粥飯，來者與之〔一〕，不復有辨，中雖欲辨之，亦不能也。穀貴之時，何人不願得食？倉廩既竭，則殍〔二〕死者在前，無以救之矣！

數年前一親戚爲郡守，愛恤之心，可謂至矣，雞鳴而起，親視俵散〔三〕，官吏後至者，必責怒之。於是流民歌詠，至者日衆，未幾穀盡，殍者滿道。愚常矜其用心，而嗤其不善處事。

救饑者使之免死而已，非欲其豐肥也，當擇寬廣之處，宿戒使晨入，至巳則闔門

〔一〕富弼《青州賑濟行道・曉示流民許令諸般採取營運事指揮》有言：「斂本路之物，救鄰封之民，實用通其有無，豈復分於彼此？」載董煟《救荒活民書》卷三。

〔二〕餓死曰殍。

〔三〕俵散，謂分派散發。

不納。午而後與之食，申而出之，給米者午即出。日得一食，則不死矣。其力自能營一食者，皆不來矣。比之不擇而與，當活數倍之多也。

凡濟饑當分兩處，擇羸弱者作稀粥，早晚兩給，勿使至飽。俟氣稍完，然後一給。第一先營寬廣居處，切不得令相枕藉。如作粥飯，須官員親嘗，恐生及入石灰。不給浮浪遊手，無是理也。平日當禁遊惰，至其饑餓，則哀矜之一也。〔一〕

易上下篇義

【釋】唐先生《周易提綱》云：「宋儒之説《易》者，《程氏傳》推天人之奥，廣大精深，隱合宣聖之旨。」此篇乃《程傳》外遺文，闡述《周易》六十四卦之次序與互動關係，説明「陰陽盛衰」爲判卦之原則。

乾坤，天地之道，陰陽之本，故爲上篇之首。坎離，陰陽之成質，故爲上篇之終。

〔一〕程頤《與人論立賑濟法事》，載《河南程氏文集》卷八。

咸恒，夫婦之道，生育之本，故爲下篇之首。未濟，坎離之合；既濟，坎離之交；合而交則生物，陰陽之成功也，故爲下篇之終。二篇之卦既分，而後推其義以爲之次，序卦是也。

卦之分則以陰陽，陽盛者居上，陰盛者居下。所謂盛者，或以卦，或以爻。卦與爻取義有不同，如剥以卦言，則陰長陽剥也；以爻言，則陽極於上，又一陽爲衆陰主也。如大壯以卦言，則陽長而壯；以爻言，則陰盛於上，用各其所，不相害也。乾父也，莫亢焉。坤母也，非乾無與爲一無爲字。敵也。故卦有乾者居上篇，有坤者居下篇，而復陽生，臨陽長，觀陽盛，剥陽極，則雖有坤而居上；姤陰生，遯陰長，大壯陰盛，夬陰極，則雖有乾而居下。其餘有乾者皆在上篇：泰、否、需、訟、小畜、履、同人、大有、无妄、大畜也。有坤而在上篇，皆一陽之卦也。

卦五陰而一陽，則一陽爲之主；故一陽之卦皆在上篇：師、謙、豫〔一〕、比、復、剥也。其餘有坤者皆在下篇，晉、明夷、萃、升也。

卦一陰五陽者，皆有乾也，又陽衆而盛也。雖衆陽説於一陰，説之而已，非如一

〔一〕「豫」字脱，據《河南程氏文集·遺文》補入。

陽爲衆陰主也。王弼云一陰爲之主，非也。故一陰之卦皆在上篇：小畜、履、同人、大有也。

卦二陽者，有坤則居下篇，小過雖無坤，陰過之卦也，亦在下篇。其餘二陽之卦，皆一陽生於下而達於上，又二體皆陽陽之盛也，皆在上篇：屯、蒙、頤、習坎也。陽生於下，謂震坎在下〔一〕，震生於下也，坎始於中也，達於上謂一陽至一作在。上，或得正位也。生於下而上一作陽。達，陽之暢盛也。陽生於下而不達於上，又陰衆而陽寡，復失正位，陽之弱也，震也，解也。上有陽而下無陽，無本也，艮也，蹇也。震、坎、艮以卦言則陽也，以爻畜則皆始變微也，而震之上、艮之下無陽，坎則陽陷，皆非盛也。惟習坎則陽上達矣，故爲盛。

卦二陰者，有乾則陽盛可知，需、訟、大畜、无妄也。無乾而爲盛者，大過也，離也。大過陽一有過字。盛於中，上下之陰弱矣。陽居上下則綱紀於陰，頤是也。陰居上下不能主制於陽而反弱也，必上下各二陰中惟兩陽，然後爲勝，小過是也。大過、小過之名可見也。離則二體上下皆陽，陰實麗焉，陽之盛也。其餘二陰之卦，二體俱

〔一〕「下」原作「上」，據《河南程氏文集·遺文》爲正。

陰，陰盛也，皆在下篇，家人、暌、革、鼎、巽、兑、中孚也。

卦三陰三陽者敵也，則以義爲勝。陰陽尊卑之義，男女長少之序，天地之大經也。陽少於陰而居上則爲勝，蠱少陽居長陰上，賁少男在中女上，皆陽盛也。坎雖陽卦，而陽爲陰所陷弱也，又與陰卦重，陰盛也，故陰陽敵而有坎者，皆在下篇：困、井、涣、節、既濟、未濟也。

或曰：一體有坎，尚爲陽陷；二體皆坎，反爲陽盛，何也？

曰：一體有坎，陽爲陰所陷，又重於陰也。二體皆坎，陽生於下而達於上，又二體皆陽，可謂盛矣。男在女上，乃理之常，未爲盛也。若失正位而陰反居尊，則弱也，故恒、損、歸妹、豐皆在下篇。女在男上，陰之勝也，凡女居上者皆在下篇：咸、益、漸、旅、困、涣、未濟也。惟隨與噬嗑則男下女，非女勝男也，故隨之彖曰「剛來而下柔」，噬嗑彖曰「柔得中而上行」。長陽非少陰可敵，以長男下中少女，故爲下之。若長少敵勢力侔，則陰在上爲陵，陽在下爲弱，咸、益之類是也。咸亦有下女之象，非以長下少也，乃二少相感一作感説。以相與，所以致陵也，故有利貞之誡。困雖女少於男，乃陽陷而爲陰揜，無相下之義也。小過二陽居四陰之中，則爲陰盛。

中孚二陰居四陽之中，而不爲陽盛，何也？

曰：陽體實，中孚中虛也。

然則頤中四陰不爲虛乎？

曰：頤二體皆陽卦，而本末皆陽盛之至也。中孚二體皆陰卦，上下各二陽，不成本末之象，以其中虛，故爲中孚，陰盛可知矣。〔一〕

易序

【釋】此篇亦程頤集外遺文，闡明卦象爻義，非爲一時一事而發，須本通體全德之心，方能通知辭外之理，即聖人立義之微意。

《易》之爲書，卦爻彖象之義備，而天地萬物之情見，聖人之憂天下來世，其至矣。先天下而開其物，後天下而成其務，是故極其數以定天下之象，著其象以定天下之吉凶。六十四卦三百八十四爻，皆所以順性命之理，盡變化之道也。散之在理則有萬

〔一〕程頤《易上下篇義》，載《河南程氏文集》卷八「遺文」。

殊，統之在道則無二致[一]，所以「易有太極，是生兩儀」。

太極者道也，兩儀者陰陽也。陰陽一道也，太極無極也。萬物之生，負陰而抱陽，莫不有太極，莫不有兩儀。絪緼交感，變化不窮。形一受其生，神一發其知，情僞出焉，萬緒起焉，易所以定吉凶而生大業，故易者陰陽之道也，卦者陰陽之物也，爻者陰陽之動也。

卦雖不同，所同者奇偶；爻雖不同，所同者九六。是以六十四卦，爲其體三百八十四爻，互爲其用。遠在六合之外，近在一身之中，暫於瞬息，微於動静，莫不有卦之象焉，莫不有爻之義焉。至哉易乎！其道至大而無不包，其用至神而無不存。時固未始有一，而卦亦未始有定象，事固未始有常窮，而爻亦未始有定位。

以一時而索卦，則拘於無變，非易也。以一事而明爻，則窒而不通，非易也。知所謂卦爻彖象之義，而不知有卦爻彖象之用，亦非易也。故得之於精神之運，心術之動，「與天地合其德，與日月合其明，與四時合其序，與鬼神合其吉凶」[二]，然後可以謂

[一] 此理一分殊之理。
[二] 《易·乾文言》説聖人之德，故下文皆聖人爲義也。

之知易也。

雖然，易之有卦，易之已形者也；卦之有爻，卦之已見者也。已形已見者，可以言知；未形未見者，不可以名求。則所謂易者，果何如哉？此學者所當知也。〔一〕

禮序

【釋】程氏此序言禮出於本性中之敬意，產生相互通感之作用。治亂存亡，俱以禮爲關鍵。申明《禮記》雖未至善，却是理解禮之爲禮之重要典籍。

「禮經三百，威儀三千」〔二〕，皆出於性，非僞貌飾情也。鄙夫野人，卒然加敬，逡巡遜卻而不敢受；三尺童子，拱而趨市，暴夫悍卒莫敢狎焉。彼非素有於教與邀譽於人而然也，蓋其所有於性，物感而出者如此。故天尊地卑，禮固立矣；類聚羣分，禮

〔一〕程頤《易序》，載《河南程氏文集·遺文》。
〔二〕見《大戴禮記·本命》《漢書·禮樂志》及《藝文志》。

固行矣。人而位乎天地之間，立乎萬物之上，天地與吾同體，萬物與吾同氣，尊卑分類，不設而彰。

聖人循此，制爲冠、婚、喪、祭、朝、聘、射、饗之禮，以行君臣、父子、兄弟、夫婦、朋友之義。其形而下者，具於飲食器服之用；其形而上者，極於無聲無臭之微。衆人勉之，賢人行之，聖人由之，故所以行其身家與其國與其天下，禮治則治，禮亂則亂，禮存則存，禮亡則亡。上自古始，下逮五季，質文不同，罔不由是〔一〕。

然而世有損益，惟周爲備。是以夫子嘗曰：「郁郁乎文哉！吾從周。」逮其弊也，忠義之薄，情文之繁，林放有禮本之問，而孔子欲先進之從，蓋所以矯正反弊也。然豈禮之過哉？爲禮者之過也。

秦氏焚滅典籍，三代禮文大壞。漢興購書，《禮記》四十九篇，雜出諸儒傳記，不能悉得聖人之旨，考其文義，時有牴牾。然而其文繁，其義博，學者觀之，如適大通之肆，珠珍器帛，隨其所取；如遊阿房之宫，千門萬户，隨其所入。博而約之，亦可以弗畔。蓋其説也，粗在應對進退之間，而精在道德性命之要；始於童幼之習，而終於聖

〔一〕治亂存亡，俱以禮爲關鍵。

人之歸。惟達於道者，然後能知其言。能知其言，然後能得於禮。然則禮之所以爲禮，其則不遠矣〔一〕。

昔者顔子之所從事，不出乎視聽言動之間；而《鄉黨》之記孔子，多在於動容周旋之際。此學者所當致疑以思，致思以達也。〔二〕

〔一〕述《禮記》之價值。

〔二〕程頤《禮序》，載《河南程氏文集·遺文》。

張子大義

張子大義目録

張子大義自敘〔一〕

【釋】唐先生以「治道」統轄張載學術精神。

張子其深明治道者乎〔二〕！《西銘》一書，或疑其近於兼愛〔三〕，而不知後世方盛行兼愛之説，固當以張子之説救之也。《正蒙》一書，或疑其涉於輪迴，而不知後世方盛行輪迴之説，固當以張子之説救之也。

張子之言曰：「民吾同胞也，物吾與也。」〔四〕此後人或疑爲兼愛者也，然曰同胞、

〔一〕序文又載於《茹經堂文集》一編卷四，題《張子大義序（癸亥　一九二三）》，《茹經先生著作年表》作「壬戌」（一九二二）。並載《交通大學演講録》第三集（上）第十二期《宋張子學派論》之中。

〔二〕《演講録》之《宋張子學派論》句首有「論曰」二字。

〔三〕《朱子語録》卷七九載「龜山疑其兼愛，想亦未深曉《西銘》之意」。楊時疑張載《西銘》近於兼愛，與伊川先生程頤辯論往復，聞「理一分殊」之説，始豁然無疑。

〔四〕《張横渠先生文集·西銘》卷一文。

曰與，則固有辨別矣。又曰：「大君者，吾父母宗子，其大臣宗子之家相也。」〔一〕則固有差等矣。「物有本末，事有終始」，「其本亂而末治者否矣」〔二〕，程子謂《西銘》明「理一而分殊」〔三〕；蓋由一本而推之萬殊，「老吾老以及人之老，幼吾幼以及人之幼」〔四〕，「親親而仁民，仁民而愛物」〔五〕，擴而充之，有無限之等級，即有無限之經綸，此豈愛無差等者所可同日語哉？《大學》曰：「其所厚者薄，其所薄者厚，未之有也。」《孟子》亦曰：「於所厚者薄，無所不薄也。」蓋惟厚其所薄，而後薄其所厚，「違曰悖德，害仁曰賊」〔六〕，薄骨肉而戕天性，此正無等之弊，故曰：當以張子之説救之也〔七〕。

張子之言曰：「太虚不能無氣，氣不能不聚而爲萬物，萬物不能不散而爲太虚。」

〔一〕《張横渠先生文集·西銘》卷一文。
〔二〕《禮記·大學》文。
〔三〕程頤《答楊時論西銘書》，載《河南程氏文集》卷九。
〔四〕《孟子·梁惠王上》文。
〔五〕《孟子·盡心上》文。
〔六〕《西銘》文。
〔七〕救兼愛之弊。

「聖人盡道其間，兼體而不累者，存神其至矣。」〔一〕此亦後人所疑爲輪迴者也。然要知人身中各有魂魄，即人心中俱有神明，往來屈伸，出入變化，無非神明之作用。彼邪妄之徒，利欲薰心，淪爲禽獸，然平旦之氣，好惡相近，詔以良知，或有能憬然悟者，以其神明之尚存也。故曰：「存其心，養其性，所以事天也。」〔二〕又曰：「體物而不可遺。」「夫微之顯，誠之不可揜如此夫。」〔三〕然則吾儒之存神也，蓋所以養其性天，而異學之存神也，乃適以滋其迷信，此所謂「失之毫釐，謬以千里」者也。而其尤要者，在闢有無之説。其言曰〔四〕：「《大易》不言有無，言有無，諸子之陋也。」〔五〕「聖人仰觀俯察，但云知幽明之故，不云知有無之故。」〔六〕可見「一陰一陽之謂道」，祇可言顯隱，不可言有無。蓋無則生理絶，乾坤息，則道家謂有生於無，釋氏謂山河大地爲幻夢，更可不攻而自破矣。王氏推重之，以爲「張子言無非《周易》立天、立地、立人，反經研機，精義存神，以綱維三

〔一〕張載《正蒙一・太和篇》，載《張横渠先生文集》卷二。
〔二〕《孟子・盡心上》文。
〔三〕《禮記・中庸》文。
〔四〕《茹經堂文集》一編卷四録此序，删去「其言曰」以下至「非張子其孰與歸」一段文字，而《演講録》則全部保留。
〔五〕張載《正蒙三・大易篇》文。
〔六〕張載《正蒙一・大和篇》文。

才，貞生而安死，往聖之傳，非張子其孰與歸？」〔一〕且夫古聖人爲治之要，將使人日新其德，使人自洗其心。《正蒙·太和》《參兩》《天道》《神化》諸篇，大抵闡乾坤易簡之旨，無非《易繫辭》之精蘊，即無非治天下之經猷，故曰：張子蓋深於治道者也。

張子之言曰：「治天下不由井地，終無由得平。周道止是均平。」〔二〕又曰「仁政必自經界始。貧富不均，教養無法，雖欲言治，皆苟而已。此法縱不能行之天下，猶可驗之一鄉」〔三〕云云，《經學理窟》及文集附録中屢言之。斯言也，尤爲治平之綱領，「地方自治」之權輿，三代而下，未有能毅然行之者，而張子卓然獨見及此，豈非聖賢豪傑之志與？

然近世之士，方欲借均貧富之名，以惑亂天下，似是之非，易淆觀聽，此文治所以於張子井田之議，謹師其意，而尚敢採用其辭也。陸桴亭先生謂：「欲行封建井田，非先復古學校，令學者人人知三代之治，知封建井田之法，而又斟酌變通於古今之間，未可以漫言復也。」〔四〕其説最確。

〔一〕王夫之《張子正蒙注》文。
〔二〕張載《經學理窟一·周禮》，載《張横渠先生文集》卷五。
〔三〕朱熹、吕祖謙合編《近思録》卷九「治法」。
〔四〕陸世儀《思辨録輯要》卷三〇「諸儒類」。

至其文章之雄厚，程子嘗謂《西銘》非子厚筆力不能作，而《正蒙》一書，精深奥曲，爲秦漢以後諸子所不能逮。近張清恪公〔一〕作注外，王船山、李榕村兩先生又先後爲之注，則此書見重於天下可知矣！兹故彙而録之，儻有好學深思、心知其意者，絶學之興，庶有望乎？

癸亥（一九二三）春正後學唐文治謹敘

〔一〕張伯行（一六五一～一七二五），字孝先，編《正誼堂全書》，卒謚清恪。

張子厚先生行狀

門人呂大臨撰

先生諱載，字子厚，世大梁人。曾祖某，生唐末，歷五代不仕，以子貴，贈禮部侍郎；祖復仕真宗朝，爲給事中、集賢院學士，贈司空；父迪，仕仁宗朝，終於殿中丞，知涪州事，贈尚書都官郎中。涪州卒於西官，諸孤皆幼，不克歸，僑寓於鳳翔郿縣横渠鎮之南大振谷口〔一〕，因徙而家焉。

先生嘉祐二年（一〇五七）登進士第，始仕祁州〔二〕司法參軍，遷丹州〔三〕雲巖縣令；又遷著作佐郎，簽書渭州軍事判官公事。熙寧二年（一〇六九）冬，被召入對，除崇文院校書，明年移疾；十年春，復召還館，同知太常禮院；是年冬謁告西歸。十二月乙亥，行次臨潼，卒於館舍，享年五十有八。是月以其喪歸，殯於家；卜以元豐元年（一

〔一〕在今陝西寶雞市。
〔二〕在今河北保定市。
〔三〕在今陝西宜川縣。

○七八）八月癸酉，葬於涪州墓南之兆。先生娶南陽郭氏，有子曰因，尚幼。先生始就外傅，志氣不羣，虔〔一〕奉父命，守不可奪，涪州公器之。

少孤自立，無所不學；與邠人焦寅遊，寅喜談兵，先生説其言。當康定用兵時〔二〕，年十八，慨然以功名自許。上書謁范文正公，公一見知其遠器，欲成就之，乃責之曰：「儒者自有名教，何事於兵？」勸讀《中庸》。先生讀其書，雖愛之，猶未以爲足也。於是又訪諸釋老之書，累年，盡究其説，知無所得，反而求之六經。嘉祐初，見洛陽程伯淳、正叔昆弟於京師，共語道學之要，先生涣然自信，曰：「吾道自足，何事旁求？」乃盡棄異學，淳如也。間起從仕，日益久，學益明。

方未第時，文潞公以故相判長安，聞先生名行之美，聘以束帛，延之學宫，異其禮際，士子矜式焉。其在雲巖，政事大抵以敦本善俗爲先。每以月吉，具酒食召鄉人高年，會於縣庭，親爲勸酬，使人知養老事長之義，因問民疾苦，及告所以訓戒子弟之

〔一〕「虔」上原有一「衍」字，同治正誼堂本《伊洛淵源録》卷六《横渠先生行狀》該字作「知」。

〔二〕宋仁宗康定元年（一〇四〇），范仲淹任陝西經略安撫副使兼延州知府，與韓琦主持西夏防務，四年之間靖安邊境，稱康定用兵。故身在關中之張載得向范仲淹上書。

意。有所告教，常患文檄之出，不能盡達於民，每召鄉長於庭，諄諄口諭，使往告其閭里；閒有民因事至庭，或行遇於道，必問某時命某告某事聞否，聞即已，否則罪其受命者。故一言之出，雖愚夫孺子，無不預聞。

知京兆王公樂道〔一〕嘗延致郡學，先生多教人以德，從容與學者曰：「孰能少置意科舉，相從於堯舜之域否？」學者聞法語，亦多有從之者。在渭，渭帥蔡公子正〔二〕特所尊禮，軍府之政，小大咨之，先生夙夜從事，所以贊助之力爲多。並塞之民，常苦乏食，而貸於官帑不能足，又屬霜旱，先生力言於府，取軍儲數十萬以救之；又言戍兵徒往來，不可爲用，不若捐數以募土人爲便。

上嗣位〔三〕之二年，登用大臣，思有變更，御史中丞呂晦叔薦先生於朝曰：「張載學有本原，四方之學者皆宗之，可以召對訪問。」上即命召。既入見，上問治道，皆以漸復三代爲對，上説之，曰：「卿宜日見二府議事，朕且將大用卿。」先生謝曰：「臣自

〔一〕王陶，字樂道，京兆萬年人，嘉祐六年（一〇六一）進士，官至右諫議大夫，權御史中丞。
〔二〕蔡挺（一〇一四～一〇七九），字子正，應天府宋城人，景祐元年（一〇三四）進士，官至端明殿學士、兼龍圖閣學士爲資政殿學士、兼制置涇原秦鳳路軍馬糧草。
〔三〕指宋神宗。

外官赴召，未測朝廷新政所安，願徐觀旬月，繼有所獻。」上然之。他日見執政，執政嘗語曰：「新政之更，懼不能任事，求助於子，何如？」先生對曰：「朝廷將大有爲，天下之士，願與下風。若與人爲善，則孰敢不盡？如教玉人追琢，則人亦固有不能。」執政默然，所語多不合，寖不説，即命校書崇文，先生辭，未得謝。復命案獄浙東，或有爲之言曰：「張載以道德進，不宜使之治獄。」執政曰〔一〕：「淑問如皋陶，猶且讞囚，此庸何傷？」獄成還朝，會弟天祺以言得罪，先生益不安，乃謁告西歸，居於横渠故居，遂移疾不起。

横渠至僻陋，有田數百畝，以供歲計，約而不足，人不堪其憂，而先生處之益安。終日危坐一室，左右簡編，俯而讀，仰而思，有得則識之。或中夜起坐，取燭以書，其志道精思，未始須臾息，亦未始須臾忘也。學者有問，多告以知禮成性，變化氣質之道，學必如聖人而後已，聞者莫不動心有進。又以爲教之必能養之然後信，故雖貧困，不廢講學。門人之無貲者，糲蔬亦共之。其自得之者，窮神化，一天人，立大本，斥異學，自孟子以來，未之有也。嘗謂門人曰：「吾學既得於心，則修其辭。命辭無

〔一〕「執政曰」三字原脱，據《張子全書》原文補入。

差，然後斷事。斷事無失，吾乃沛然精義入神者，豫而已矣。」

近世喪祭無法，喪惟致隆，三年自期以下，未始有衰麻之變。祭先之禮，一用流俗節序，燕褻不嚴。先生繼遭期功之喪，始制喪服，輕重如禮；家祭始行四時之薦，必盡誠潔。聞者始或疑笑，終乃信而從之，一變從古者甚衆，皆先生倡之。

先生氣質剛毅，德盛貌嚴，然與人居，久而日親。其治家接物，大要正己以感人，人未之信，反躬自治，不以語人。雖有未諭，安行而無悔，故識與不識，聞風而畏，非其義也，不敢以一毫及之。其家童子，必使灑掃應對，給侍長者。女子之未嫁者，必使親祭祀，納酒漿，皆所以養孫弟，就成德。嘗曰：「事親奉祭，豈可使人爲之？」聞人之善，喜見顏色。答問學者，雖多不倦。有不能者，未嘗不開其端。其所至，必訪人才。有可語者，必丁寧以誨之，惟恐其成就之晚。歲適大歉，至人相食。家人惡米不鑿，將舂之，先生亟止之曰：「飢殍盈野，蔬食且自愧，又安忍有擇乎？」甚或咨嗟對案，不食者數四。

熙寧九年（一〇七六）秋，先生感異夢，忽以書囑門人，乃集所立言，謂之《正蒙》，出示門人曰：「此書於歷年致思之所得，其言殆前聖合與？大要發端示人而已。其觸類廣之，則吾將有待於學者，正如老木之株，枝别固多，所少者潤澤華葉爾。」又嘗謂：「《春秋》之爲書，在古無有，乃聖人所自作，唯孟子爲能知之，非理明義精，殆未可學。先儒未及此而治之，故其説多穿鑿。及《詩》《書》《禮》《樂》之言，多不能平易其心，以意逆志。方且條舉大例，考察大〔一〕理，與學者緒正其説。」

先生慨然有意三代之治，望道而欲見。論治人先務，未始不以經界爲急。講求法制，粲然備具，要之可以行於今。如有用我者，舉而措之耳。嘗曰：「仁政必自經界始，貧富不均，教養無法，雖欲言治，皆苟而已。世之病難行者，未始不以亟奪富人之田爲辭。然兹法之行，悦之者衆。苟處之有術，期以數年，不刑一人而可復。所病者特上未之行耳。」乃言曰：「縱不能行之天下，猶可驗之一鄉。」方與學者議古之法，共買田一方，畫爲數井。上不失公家之賦役，退以其私正經界，分宅里，立斂法，廣儲蓄，興學校，成禮俗，救災恤患，敦本抑末，足以推先王之遺法，明當今之可恤〔二〕。此皆有志未就。

會秦鳳帥吕公薦之曰：「張載之學，善發聖人遺旨。其論政略，可措之以復古，乞召還舊職，訪以治體。」詔從之，先生曰：「吾是行也，不敢以疾辭，庶幾有遇焉。」及

〔一〕「大」字，光緒二十三年鐫《張子全書》作「文」。
〔二〕「恤」字，《張子全書》作「行」。

至都，公卿聞風慕之，然未有深知先生者。以所欲言，嘗試於人，多未之信。會有言者，欲講行冠婚喪祭之禮，詔下禮官。禮官安習故常，以古今異俗爲説，先生獨以爲可行，且謂稱不可非儒生博士所宜，衆莫能奪，然議久不決。郊廟之禮，禮官預焉。先生見禮下致嚴，亟欲正之，而衆莫之助，先生益不悦。

會有疾，謁告以歸，知道之難行，欲與門人成其初志，不幸告終，不卒其願。没之日，惟一甥在側，囊中索然。明日，門人之在長安者，繼來奔哭之，賻襚始克歛，遂奉柩歸殯以葬，又卜以三月而葬。其治喪禮一用古，以終先生之志。某惟先生之學之至，備存於書，略述於謚議矣。然欲求文以表其墓，必得行事之迹，敢次以書。〔一〕

附録：張子傳略

依《名儒傳理學宗傳》節録〔二〕

張子名載，字子厚。父迪，仁宗朝仕至殿中承，知涪州事，卒於官。諸孤皆幼，不克歸，僑寓於鳳翔郿縣横渠鎮之南，因家焉。先生少喜談兵，年十八以書謁范仲淹。仲淹知爲遠器，授

〔一〕 吕大臨《張子厚先生行狀》，載《張子全書》卷一五「附録・行狀」。

〔二〕 載《交通大學演講録》第三集（上）第十二期《宋張子學派論》篇首。

以《中庸》。先生猶爲未足，又求諸釋老者累年，知無所得，乃反求六經。嘗擁虎皮講《易》京師，聽從者甚衆。一夕，二程至，與論《易》。遂撤坐輟講，語人曰：「是深明易道，吾所弗及。」因與二程論道學之要，涣然自信，曰：「吾道自足，何事旁求？」於是盡棄異學，淳如也。嘉祐二年，成進士，授祁州司法參軍。既命按獄浙東，謁告西歸，屏居終南山下。敝衣疏食，危坐一室，俯而讀，仰而思，有得則識之，或中夜起取燭以書，其志道精思，未嘗須臾息也。

其學以《易》爲宗，以《中庸》爲的，以禮爲體，以孔孟爲極。患近世喪祭無法，喪僅隆三年，期以下未有衰麻之變，祀先之禮，只用流俗節序。於是倡行古禮，治期功之服，行四時之薦，爲衆人倡。先生氣質剛毅，望之儼然，與之居久而日親，勇於自克，聞風者服義，不敢以其私干之。居恒以天下爲念，行道見饑殍，輒咨嗟，對案不食者終日。雖貧不能自給，而門人無貲者，輒粗糲與共。卒年五十八，門人私謚曰「誠明先生」，嘉定間賜謚曰「明」。〔一〕

西銘

【釋】張載《西銘》又名《訂頑》，取自《正蒙·乾稱篇》，全文二百五十三字，初書於學堂雙牖

〔一〕朱軾《史傳三編·名儒傳四》卷四文。

右側。《宋元學案・横渠學案》載程頤改稱爲《西銘》，謂：「孟子之後，只有《原道》一篇……《原道》卻只説道元，未到《西銘》意思。據張子厚之文，醇然無出此文也。自孟子後，蓋未見此書。」又朱子謂：「程門專以《西銘》開示學者。」所學示者，陸隴其概括之曰「仁」，此儒家之核心觀念；是以在乾道八年（一一七二）作《西銘解義》，詳述其義並作後記。朱子又謂張載《東銘》「開警後學」，故唐先生並録此兩篇及朱子解義，《西銘》每條均自下按語，補説「立人格」之重旨，則仁者立命立德立行之義，更具體闡明人道之内涵，如此顯示儒學深層次學術判斷與反思。唐先生《交通大學演講録》第三集（上）第十二期《宋張子學派論》之「張子學述録」選講本篇部分内容，以作啓蒙。

乾稱父，坤稱母，予兹藐焉，乃混然中處。

朱注：「天，陽也，以至健而位乎上，父道也。地，陰也，以至順而位乎下，母道也。人稟氣於天，賦形於地，以藐然之身，混合無間而位乎中，子道也。然不曰天地而曰乾坤者，天地其形體也，乾坤其性情也。乾者健而無息之謂，萬物之所資以始者也。坤者順而有常之謂，萬物之所資以生者也。是乃天地之所以爲天地，而父母乎萬物者，故指而言之。」

文治按：乾稱父，坤稱母，故人皆爲天之子，而於萬物中爲最貴。然若失其爲人之格，則不獨有負乎天地，實有負此藐然中處之身矣！

故天地之塞吾其體，天地之帥吾其性。

朱注：「乾陽坤陰，此天地之氣，塞乎兩間，而人物之所資以爲體者也，故曰『天地之塞吾其體』。乾健坤順，此天地之志，爲氣之帥，而人物之所得以爲性者也，故曰『天地之帥吾其性』。深察乎此，則父乾母坤，混然中處之實可見矣。」

文治按：《孟子》曰：「夫志，氣之帥也。」又曰：「浩然之氣，塞於天地之間。」爲此塞字、帥字之所本〔一〕。志，爲氣之帥。「天地之帥」，即《禮運》所謂「天地之心」也。

民吾同胞，物吾與也。

朱注：「人物並生於天地之間，其所資以爲體者，皆『天地之塞』。其所得以爲性者，皆『天地之帥』也。然體有偏正之殊，故其於性也，不無明暗之異。惟人也，得其形氣之正，是以其心最靈，而有以通乎性命之全體，於並生之中，又爲同類而最貴焉，故曰『同胞』，則其視之也，皆如己之兄弟矣。物則得乎形氣之偏，而不能通乎性命之

〔一〕此明「塞」本《孟子》「浩然之氣」立義，異乎朱子强調「天地之氣」。

全，故與我不同類，而不若人之貴，然原其體性之所自，是亦本之於天地而未嘗不同也，故曰『吾與』，則其視之也，亦如己之儕輩矣。惟同胞也，故以天下爲一家，中國爲一人，如下文所云；惟吾與也，故凡有形於天地之間者，若動若植，有情無情，莫不有以若其性，遂其宜焉。此儒者之道，所以必至於『參天地，贊化育』，然後爲功用之全，而非有所强於外也。」

文治按：因朱子之言，益見人之可貴。而人輕其身以徇無涯之欲，甚者侈談同胞同與〔一〕，實則利欲薰心，私意充塞，所作所爲，無非戕賊吾同胞同與，豈不哀哉？

大君者吾父母宗子，其大臣宗子之家相也。尊高年，所以長其長；慈孤弱，所以幼其幼；聖其合德，賢其秀也。凡天下疲癃殘疾，惸獨鰥寡，皆吾兄弟之顛連而無告者也。

朱注：「乾父坤母，而人生其中，則凡天下之人，皆天地之子矣。然繼承天地，統理人物，則大君而已，故爲父母之宗子。輔佐大君，綱紀衆事，則大臣而已，故爲宗子

〔一〕「同胞」一詞泛濫於清末民初之政治文辭，專指同類「國民」，非張載原意，故唐先生批評政治人物移花接木，粉飾私心。

之家相。天下之老一也，故凡尊天下之高年者，乃所以長吾之長。天下之幼一也，故凡慈天下之孤弱者，乃所以幼吾之幼。『聖人與天地合其德』，是兄弟之合德乎父母者也；賢者才德過於常人，是兄弟之秀出乎等夷者也。是皆以天地之子言之，則凡天下之疲癃殘疾、惸獨鰥寡，非吾兄弟無告者而何哉？」

文治按：此乃謂之同胞，乃謂之平等。「禹思天下有溺者，由己溺之。稷思天下有飢者，由己飢之。」〔一〕「伊尹思天下之民，匹夫匹婦，有不被堯舜之澤者，若己推而納之溝中。」〔二〕此皆人道之當然者也。人道以救人濟人爲急，惟親親仁民愛物〔三〕，當有差等耳。孔子言「博施濟衆，堯舜猶病」，後人因之，以爲非儒者之事，不知聖賢無日不以「博施濟衆」爲事，而其心惟恐不及，故曰「堯舜猶病」耳。若借此語以爲推諉之地，可哂亦可痛也。

于時保之，子之翼也。樂且不憂，純乎孝者也。

〔一〕《孟子·離婁下》。
〔二〕《孟子·萬章上》。
〔三〕三者從親親開拓而出，是謂推恩。

朱注：「畏天以自保者，猶其敬親之至也。樂天而不憂者，猶其愛親之純也。」

文治按：翼，敬也，《詩》曰「小心翼翼」是也。《易傳》「樂天知命故不憂」，蓋樂天則循理安命，决不爲非分之事，故曰「純乎孝」。不安命則不孝，罪通於天矣，可不畏哉！

違曰悖德，害仁曰賊。濟惡者不才，其踐形惟肖者也。

朱注：「不循天理而徇人欲者，不愛其親而愛他人也，故謂之『悖德』。戕滅天理，自絕本根者，賊殺其親，大逆無道也，故謂之『賊』。長惡不悛，不可教訓者，世濟其凶，增其惡名也，故謂之『不才』。若夫盡人之性，而有以充人之形，則與天地相似而不違矣，故謂之『肖』。」

文治按：悖德非人也，賊非人也，不才非人也，惟肖天乃爲人，故《西銘》一篇，所以立人格。

知化則善述其事，窮神則善繼其志。

朱注：「孝子『善繼人之志，善述人之事者也』〔一〕。聖人知變化之道，則所行者無

〔一〕《禮記·中庸》。

非天地之事矣。『通神明之德』，則所存者，無非『天地之心』矣。此二者皆樂天〔一〕踐形〔二〕之事也。」

文治按：釋此節不可淪於空虛。聖人本喜怒哀樂以爲禮樂刑政，馴致萬物各得其所，故「所過者化，所存者神」，此謂善述天之事，善繼天之志〔三〕。

不愧屋漏爲無忝，存心養性爲匪懈。

朱注：「《孝經》引《詩》曰『無忝〔四〕爾所生』，故事天者，仰不愧，俯不怍，則不忝乎天地矣！又曰『夙夜匪懈』，故事天者，存其心，養其性〔五〕，則不懈乎事天矣。此二者畏天之事〔六〕，而君子所以求踐夫形者也。」

〔一〕《孟子·梁惠王下》載齊宣王問：「交鄰國有道乎？」孟子對曰：「有。惟仁者爲能以大事小，是故湯事葛，文王事昆夷；惟智者爲能以小事大，故大王事獯鬻，句踐事吴。以大事小者，樂天者也；以小事大者，畏天者也。樂天者保天下，畏天者保其國。」是樂天乃仁者之事。

〔二〕《孟子·盡心上》載孟子曰：「形色，天性也。惟聖人然後可以踐形。」是踐形爲聖人之事。

〔三〕此節就聖人角度言之，乃聖道實行，故謂不可淪於空虛。

〔四〕忝，辱也。

〔五〕《孟子·盡心上》載孟子曰：「盡其心者知其性者，知其性則知天矣。存其心，養其性，所以事天也。殀壽不貳，修身以俟之，所以立命也。」

〔六〕智者之事。

文治按：釋此節亦不可淪於空虛。「不愧屋漏」，慎所獨知也。「存心養性」，敬以養神也。人道，以「慎獨」爲要〔一〕。慎所獨知，自不敢爲非分之事。若破去「慎獨」二字，則無忌憚而無所不爲矣。《小宛》之詩曰：「我心憂傷，念昔先人。明發不寐，有懷二人。」又曰：「我日斯邁，而月斯征。夙興夜寐，無忝爾所生。」此詩宛轉抑揚，最宜吟誦。人誠能於「明發不寐」及「夙興夜寐」之時，養此一點良心，俾之虛靈不昧〔二〕；而又時時省察我之居心制行〔三〕，其「能無忝所生」否？倘對人對己，有所愧怍之處，是即有忝於祖宗父母也。惟無忝於親，庶幾無忝於天，而後可以爲人也已〔四〕。

惡旨酒，崇伯子之顧養。育英才，潁封人之錫類。

朱注：「好飲酒而不顧父母之養者，不孝也，故遏人欲，如禹之惡旨酒，則所以顧

〔一〕《禮記·中庸》云：「君子戒慎乎其所不睹，恐懼乎其所不聞；莫見乎隱，莫顯乎微，故君子慎其獨也。」

〔二〕此言涵養良知。

〔三〕制行，《禮記·表記》：「聖人之制行也，不制以己。」孔穎達疏：「聖人之制法立行，不造制以己之所能；謂不將己之所能以爲法，恐凡人不能行也。」

〔四〕此言省察之功。

天之養者至矣。性者，萬物之一源，非有我之得私也，故育英才，如潁考叔之及莊公，則所以『永錫爾類』者廣矣。」

文治按：大禹菲飲食而致孝乎鬼神[一]，故曰顧養。《詩》曰：「孝子不匱。永錫爾類。」能教育則可以傳吾之學説，而廣吾之孝行，故人道以教育爲最重[二]。

不施勞而底豫，舜其功也。無所逃而待烹，申生其恭也。

朱注：「舜盡事親之道而瞽瞍底豫，其功大矣。故事天者，盡事天之道，而天心豫焉，則亦天之舜也。申生無所逃而待烹，其恭至矣，故事天者，『夭壽不貳，而脩身以俟之』，則亦天之申生也。」

文治按：不施勞而底豫，乃樂天之學。無所逃而待烹，乃安命之事。

體其受而歸全者參乎！勇於從而順令者伯奇也。

朱注：「父母全而生之，子全而歸之，若曾子之啓手啓足，則體其所受乎親者而歸其全也。況天之所以與我者，無一善之不備，亦全而生之也。故事天者，能體其所

[一] 見《論語·泰伯》。
[二] 唐先生以禹致孝爲説，則重歸入聖道。教育之本誼甚明確，在乎教孝也。

受於天者而全歸之，則亦天之曾子矣。子於父母，東西南北，惟令之從。若伯奇之履霜中野〔一〕，則勇於從而順令也。況天之所以命我者，吉凶禍福，不容參以〔二〕人欲之私。故事天者能勇於從而順受其正，則亦天之伯奇矣。」

文治按：「體其受而歸全」，何謂受？無所不知、無所不能之學識也。何謂全？凡五官百骸所能爲而所當爲者，皆是也。體之歸之者，以吾一身所當任之天職，盡之於世界中，而無所虧缺也。若僅以「身體髮膚，不敢毁傷」言之，猶淺也。「勇於從而順令」者，勇於爲善，如孟子言：「舜之聞一善言，見一善行，若決江河，沛然莫之能禦也。」〔三〕

富貴福澤，將厚吾之生也。貧賤憂戚，庸玉女於成也。

朱注：「『富貴福澤』，所以大奉於我，而使吾之爲善也輕。『貧賤憂戚』，所以拂亂於我，而使吾之爲志也篤。天地之於人，父母之於子，其設心豈有異哉？故君子之

〔一〕《琴操》載：「《履霜操》，尹吉甫之子伯奇所作也。伯奇無罪，爲後母讒而見逐，乃集芰荷以爲衣，采楟花以爲食。晨朝履霜，自傷見放，於是援琴鼓之，而作此操。曲終，投河而死。」

〔二〕「不容參以」，《張子全書》作「非有」。

〔三〕唐先生從勇於爲善之正面意義，超越朱子比附於悲劇自終之伯奇之例。

事天也，以周公之富而不至於驕，以顔子之貧而不改其樂；其事親也，愛之則喜而弗忘，惡之則懼而無怨，其心亦一而已矣。」

文治按：此節余以爲當深一層講〔一〕。嘗讀《易傳》曰：「崇高莫大乎富貴。」心竊疑之，以爲聖人何重富貴若此？又讀《易傳》曰：「崇效天。」乃恍然於「富貴」二字，蓋指天而言。至富貴者莫如天，善養人者亦莫如天。人能體天之心以養之，斯謂之富，反是謂之貧。人能體天之心以教人，斯謂之貴，反是謂之賤。譬諸一人之力，能教養十百人，乃竟教養千萬人焉，謂之大富貴可也。一人之身，能教養千萬人，乃並不能教養一二人焉，謂之至貧賤可也。古有以匹夫而任教養之責者，孔子是也，不得不謂之大富貴也。有以天子而不能任教養之責者，桀紂是也，不得不謂之至貧賤也。故「富貴貧賤」四字，乃係能教養與不能教養之分，不當以境遇而言。自後人誤解以利禄爲富貴，以窮窶爲貧賤，是爲貪鄙之所由起，而志氣亦因之日短矣！此節教人不以富貴爲厚，而以貧賤爲玉成，可發猛省。然不若深一層講，尤得真詮也。

〔一〕言朱子從境遇解釋，未盡其義藴。以下唐先生闡説「任教養」之保民大義。

存吾順事，没吾寧也。

朱注：「孝子之身存，則其事親者不違其志而已，没則安而無所愧於親也。仁人之身存，而其事天者不逆其理而已，没則安而無所愧於天也。蓋所謂朝聞夕死、吾得正而斃焉者，故張子之銘以是終焉。」

文治按：如何而可以爲「順」？如何而可以爲「寧」？必能保我之良心。無所愧怍於天，乃爲盡其爲人之道，而可以順而寧耳。余嘗謂《西銘》專發明大公之道，讀是篇者，當先辨「公私」二字。公則有以盡民胞物與之量，而可以事天。私則適以窒民胞物與之量，遂至無以爲人，故人道宜先辨居心之公私。若以民胞物與爲口頭禪，而居心則甚私焉，恐爲天所不容，而人道將自此滅矣！

朱子論曰：「天地之間，理一而已。然乾道成男，坤道成女，二氣交感化生萬物。則其大小之分，親疏之等，至於十百千萬而不能齊也。不有聖賢者出，孰能合其異而反其同哉？《西銘》之作，意蓋如此。程子以爲明理一而分殊，可謂一言以蔽之矣。蓋以乾爲父，以坤爲母，有生之類，無物不然，所謂理一也。而人物之生，血脈之屬，各親其親，各子其子，則其分亦安得而不殊哉。一統而萬殊，則雖天下一家，中國一人，而不流於兼愛之弊；萬殊而一貫，則雖親疏異情，貴賤異等，而不梏於爲我之私，此《西銘》之大指也。觀其因〔一〕親親之厚，以大無我之公；因事親之誠，以明事天之道，蓋無適而非所謂分殊而推理一也。夫豈專以民吾同胞、長長幼幼爲理一，而必默識於言意之表，然後知其分之殊哉？且所謂稱物平施者，正謂稱物之宜，以平吾之施云爾。若無稱物之義，則亦何以知夫所施之平哉？龜山第二書，蓋欲發明此意，然言不盡而理有餘也。故愚得因其説，而遂言之如此，同志之士，幸相與折衷焉。熹既爲此解，後得尹氏書，云『楊中立《答伊川先生論〈西銘〉書》，有「釋然無惑」之語，先生讀之，曰：「楊氏也未釋然。」』乃知此論所疑第二書之説，先生蓋亦未之許也。然《龜山語録》有曰：『《西銘》理一而分殊，知其理一，所以爲仁；知其分殊，所以爲義。所謂分殊，猶《孟子》言「親親而仁民，仁民而愛物」，其分不同，故所施不能無差等耳。或曰：「如是則體用果離而爲二矣。」曰：「用未嘗離體也。以人觀之，四肢百骸，具於一身者體也。至其用處，則首不可以加履，足不可以納冠。蓋即體〔二〕而言，而分已在其中矣。」』此論分别異同，知有歸趣，大非答書之比。豈其年高德盛，而所見始益精

〔一〕「因」字，《張子全書》作「推」。
〔二〕「體」原誤作「禮」。

與？因復表而出之，以明答書之説，誠有未釋然者，而龜山所見，蓋不終於此而已也。」〔一〕

此論分別異同〔二〕，各有歸趣。大非答書之比，豈其年高德盛而所見始益精與？因復表而出之，以明答書之説誠有未釋然者，而龜山所見，蓋不終於此而已也。〔三〕

諸儒西銘論説

劉蕺山先生《西銘後記》

此篇舊名《訂頑》，程子謂起争端，故易之。「訂頑」云者，醫書以手足痿痺爲不

〔一〕張載《西銘》，《張子全書》卷一。

〔二〕指朱熹《西銘解》文。

〔三〕「此論分別異同」以下至段末，乃《演講録》文，謹附於此。另《演講録》目録《宋張子學派論》下云：「以下應接講《紫陽學術發微》《陽明學術發微》二書。」乃唐先生指導初學者之語。

仁，視人之但知有己而不知有人，其病亦猶是，則此篇乃求仁之學也。仁者以天地萬物爲一體，真如一頭兩手足，合之百體然。若其付畀之初，吾體吾性，即是天地。吾胞吾與，本同父母。而君相任家督之責，聖賢表合德之選，皆吾一體中人也。

然則當是時而苟有一夫之不得其所，其能自已於一體之痛乎？「于時保之」，畏天以保國也。「樂且不憂」，樂天以保天下也。反是則違天，則自賊其仁，甚焉濟惡，則亦天之戮民而已。

然則君子宜何如以求其所爲一體之脈，而通之於民物乎？必也反求諸身，即天地之所以與我者，一一而踐之。及其踐之，踐之心即是窮神，踐之事即是知化，而工夫則在不愧屋漏始，於是有存養之功焉。繼之有省察之要焉，進之有推己及人以及天下萬世者焉。「天之生斯民也，使先知覺後知，使先覺覺後覺」〔一〕，如是而已矣，庶幾以之稱天地之肖子不虚耳。

若夫所遇之窮通順逆，君子有匆暇問者。功足以格天而贊化，尚矣；其或際之屯，亦無所逃焉。道足以守身而令終，幸也；其或瀕之辱，亦惟所命焉。凡以善承天

〔一〕《孟子·萬章下》引伊尹自任之言。

心之仁愛,而生死兩無所憾焉,斯已矣,此之謂「立命之學」,至此而君子真能通天地萬物以爲一體矣,此求仁之極則也。歷引崇伯子以下言之,皆以孝子例仁人云。明道先生云:「《訂頑》之言,極純無雜,秦以來學者所未到。」又曰:「《訂頑》一篇,意極完備,乃仁之體也。」愚按:終篇之意,本體工夫都無滲義,讀者知之。

又按:此篇之意,大抵從周先生《圖説》來。但周先生自先天説來,由造化而人事,其義精。此篇從後天説起,由本體而工夫,其事實。至《西銘》之所謂仁,即《圖説》之所謂極;《西銘》之所謂屋漏,即《圖説》之所謂「主静立極」之地與?〔一〕

陸桴亭先生《西銘講義》

《西銘》一書,乃有宋横渠張子所作。有宋之世,大儒迭起,爲周、程、張、朱五先生。予嘗徧讀五先生之書,周子至矣盡矣!孔子而後,蔑以加矣!朱子其集諸儒之大成者乎?大程純而次程正,惟張子之書,文義多艱深,如《正蒙》《易説》《經學理窟》之類,間有未盡合者,於四先生似稍遜,然後世卒與四先生並稱,此非過情之譽,原有

〔一〕劉宗周《聖學宗要·横渠張子·西銘》,載《劉子全書·語類五》卷五。

箇實落處。

伊川先生曰：「《訂頑》即《西銘》。之書，極純無雜，秦漢以來學者所未到。」又曰：「自孟子以後，未見此書。」朱子亦云：「《西銘》合下便有乾健坤順意思。」至注釋訓解，與《太極圖説》同，此卻爲何？只爲横渠作《西銘》，其開闢力量實有與他人不同處。其不同處如何？《西銘》一書，只是善於言「仁」。

「仁」之一字，自孔門以來，無人識得。韓昌黎唐之大儒，其作《原道》，乃云「博愛之謂仁」。夫仁者，以天地萬物爲一體，豈僅博愛二字可以當之？即云博愛矣，然其所以博愛之故，原有箇源頭；而一總博愛之中，又有箇差等，此卻從無人知道，從無人説過。

張子説「乾吾父，坤吾母。予兹藐焉，混然中處。天地之塞吾其體，天地之帥吾其性」。這便是博愛之源頭。「民吾同胞，物吾同與」至「顛連無告者也」，便是博愛的差等。蓋源頭不明，雖有博愛之心，終不親切。爾爲爾，我爲我，何處見得必當博愛？稍一退轉，便漸漸走入「楊氏爲我」一邊去。惟見得乾真是我大父，坤真是我大母，吾之體即天地之氣，吾之性即天地之理，則凡天下之人，皆是父天母地，皆是同得天地之氣以爲形，同得天地之理以爲性者，然後對天下之人，覺得親親切切，真真實實。誰欲不博愛，而自然不能不博愛也。

差等不分，則一聞博愛之説，便無主意。此亦當愛，彼亦當愛，何處見得有分別？略一認真，便漫漫〔一〕陷入「墨氏兼愛」一邊去。惟見得民乃是我同胞，物僅爲我同與；而同胞之中，大君又爲宗子，大臣又爲家相；高年爲吾老，孤弱爲吾幼；聖賢爲合德秀出之子孫，疲癃殘疾、惸獨鰥寡爲顛連之兄弟，然後對天下之人，覺得有條有理，有倫有脊，雖未嘗博愛，而實未嘗不博愛也。合而觀之，豈不是箇「天地萬物爲一體」麽？

既知天地萬物爲一體，則畏天樂天，如人子之於父母，自有不容已者，故曰：「於時保之，子之翼也。樂且不憂，純乎孝者也。」其有不知天地萬物爲一體，而違天害仁濟惡，是謂悖德之子、賊親之子、不才之子；其能踐形盡性，不虚天地之賦畀者，惟天之肖子耳。天之肖子如何？有窮神知化之聖人，此即天善繼善述之孝子也；有不愧屋漏、存心養性之賢人，此即天無忝所生、夙夜匪懈之孝子也。

試以徵之古人，有以善自治者，如惡旨酒，此崇伯子之顧養也；有以善及人者，

〔一〕「漫漫」，浙江大學圖書館藏本《桴亭先生文集》作「浸浸」。

如育英才，此潁封人之錫類也；有先天而天弗違者，如舜能得親，而使親底豫，此舜之功也；有後天而奉天時者，如申生不能違親，而坐以待烹，此申生之恭也；有處常者，此體其受而全歸之參乎？有處變者，此勇於從而順令之伯奇也。總之識得此意，則處順境而貴福澤，固是天之厚吾之生；處逆境而貧賤憂戚，亦是天之玉汝於成。而生則順而不悖於天，死亦寧而無愧於天矣！果能如此，豈非渾然是仁，而與天地萬物爲一體乎？

然《西銘》不但是善於言仁，兼亦善於言義。程子曰：「《西銘》明理一而分殊。」龜山楊子曰：「知其理一，所以爲仁。知其分殊，所以爲義。」義即是仁也，仁是義之統體處，義是仁之條理處。而今學者要識得仁義，須是如何？亦曰「居敬以窮理」而已。居敬則仁之體存，塞爲吾體，帥爲吾志，恍然與天地同其量也。窮理則義之用見，「民吾同胞，物吾同與」，油然使萬物各得其所也。故居敬窮理，爲千聖千賢入手之關鍵。

學者讀《西銘》識仁體，不可不講求仁之功；欲講求仁之功，不可不於「居敬窮理」四字加之意也。〔一〕

〔一〕《桴亭先生文集》卷一文。

東銘

戲言出於思也，戲動作於謀也。發於聲，見乎四支，謂非己心，不明也。欲人無己疑，不能也。過言非心也，過動非誠也。失於聲，謬迷其四體，謂己當然，自誣也。欲他人己從，誣人也。或者謂出於心者，歸咎爲己戲；失於思者，自誣爲己誠。不知戒其出汝者，歸咎其不出汝者，長傲且遂非，不知孰甚焉！

朱子曰：「横渠學力絶人，尤勇於改過，獨以戲爲無傷。一日忽曰：『凡人之過，猶有出於不知而爲之者，至戲則皆有心爲之也，其爲害尤甚。』遂作《東銘》。」〔一〕

横渠學堂雙牖，右書「訂頑」，左書「砭愚」。伊川曰：「是起争端。改『訂頑』曰『西銘』，『砭愚』曰『東銘』。」〔二〕

〔一〕宋儒葉采《近思録集解》卷四引朱子語。
〔二〕載《近思録・爲學》卷二。

朱子《答江仲謀》〔一〕曰：「二銘雖同出於一時之作，然其詞義之所指，氣象之所及，深淺廣狹，迥然不同。是以程門專以《西銘》開示學者，而於《東銘》則未之嘗言。蓋學者誠於《西銘》之言，反復玩味，而有以自得之，則心廣理明，意味自別。若《東銘》則雖分別長傲遂非之失於毫釐之間，所以開警後學，亦不爲不切，然意味有窮，而於下學功夫，蓋猶有未盡者，又安得與《西銘》徹上徹下、一以貫之之旨同日而語哉？」〔二〕

〔一〕「江仲謀」，《晦庵先生朱文公文集》作「汪尚書」。
〔二〕朱子《答汪尚書》，載《晦庵先生朱文公文集》卷三〇。

洛學傳授大義

洛學傳授目録

洛學傳授大義自敘[一]

洛學者，道統所由傳也。龜山先生[二]受學於明道先生，其歸閩也，程子目送之曰：「吾道南矣。」於是龜山先生來吾蘇講學。旋入閩，羅豫章、李延平[三]兩先生俱在閩受學。朱子父韋齋先生，與延平先生爲執友，同事豫章先生，故朱子受業於延平，而閩學於是大盛，後人遂有濂洛關閩之稱。以《周易・乾》卦之義言之，周子其元也，二程子其亨也，羅、李兩先生其利也，朱子則貞下而起元者也。守先待後[四]，惟洛學是賴，故曰：「洛學者，道統所由傳也。」

[一] 序文又載於《茹經堂文集》一編卷四。《茹經先生著作年表》作「壬戌」（一九二二）。
[二] 楊時（一〇五三～一一三五），字中立，號龜山，謚文靖。
[三] 李侗（一〇八八～一一五八），字愿中，世號延平先生。
[四] 《孟子・滕文公下》載孟子云：「於此有人焉，入則孝，出則悌，守先王之道，以待後之學者。」守先待後，孝悌之道，所必自守無失者也。

其所傳之道本安在？曰主静而已矣。自周子作《太極圖説》，發明主静立人極之旨，然後學者知人極之必本於静也，程子遂以「静坐」爲教，楊先生遂以「觀喜怒哀樂未發之中」爲教。羅、李兩先生紹承其緒，朱子恐言静之流於虛寂也，又發明程子主敬之説，於是「動静一原，顯微無間」，而萬世學者咸得所指歸，而不入於歧路矣。

孟子論堯、舜、禹、湯、文王相傳之統，或見而知之，或聞而知之，而終之曰：「由孔子而來，至於今百有餘歲，去聖人之世，若此其未遠也，近聖人之居，若此其甚也。」〔一〕可見道統相承，不必拘拘於五百年矣。楊先生之於洛學，見而知之者也；朱子之於洛學，聞而知之者也。孟子又曰：「無有乎爾，則亦無有乎爾。」〔二〕「豪傑之士，雖無文王猶興。」〔三〕千載而下，聞洛學之風者，猶且奮然興起不能自已，而況於親炙之者乎？《易》曰：「碩果不食。」〔四〕私淑之傳，下逮于湯潛庵、張孝先兩先生〔五〕，且當綿

〔一〕《孟子·盡心下》文。
〔二〕《孟子·盡心下》文。
〔三〕《孟子·盡心上》文。
〔四〕《易·剥》上九爻辭。
〔五〕湯斌（一六二七～一六八七）與張伯行（一六五一～一七二五）。

延于億萬禩，庸有既乎？

或曰：「傳洛學者，游、楊、尹〔一〕、謝、呂〔二〕諸先生皆是也，兹獨述楊、呂二先生，何歟？」曰：楊先生開閩學之始者也，故首載之。呂與叔先生於《易》《詩》《禮》皆有説，經學最深；克己之銘〔三〕、心齋之詩〔四〕，啓迪後學尤切，而已發未發之問，辨析精至，爲諸賢所不逮，故朱子於程門中，特推與叔先生。文治讀其《禮説》，向所服膺，故著録之。至於游、尹、謝諸先生學説，精詳縝密，俱當參考，兹爲門人講述不及詳，敢以俟諸異日。

癸亥（一九二三）春正後學唐文治謹敘

〔一〕尹焞（一〇七一～一一四二），字彦明，洛陽人，師事程頤。

〔二〕呂大臨（一〇四四～一〇九一），字與叔，陝西藍田人，與游酢、楊時、謝良佐並稱「程門四先生」。

〔三〕呂大臨受教於程頤後，作《克己復禮銘》以見意。銘文見下文《呂與叔先生傳》。

〔四〕程頤甚賞此詩，説明作文害道之問題，載《近思録》卷二。呂祖謙《宋文鑑》録呂大臨《送劉户曹》詩，詩見下文《呂與叔先生傳》。

楊中立先生傳

【釋】唐先生《楊中立先生傳》採録《宋史·道學列傳》、孫奇逢《理學宗傳》卷一五，及朱軾、蔡世遠《歷代名儒傳》卷五相關傳記資料，多記其進言匡輔之器識，與維護士子及百姓之陰德。

公姓楊氏，諱時，字中立，先宏農人。五世祖避地入閩，始家將樂[一]；資禀異甚，八歲能文。第進士，調官不赴，以師禮見程明道於潁昌[二]，明道稱之。其歸也，目送之曰：「吾道南矣！」明道卒，設位哭寢門[三]。年四十，事伊川。一日，伊川瞑坐，與游酢侍立不去，伊川覺，曰：「賢輩尚在此乎？歸休矣。」及退出，則門外雪深三尺，其

[一] 在今福建三明市。
[二] 在今河南許昌市。
[三] 寢門乃內房之門，設初喪祭禮痛哭之處，典據在《禮記·檀弓上》載伯高死於衛，消息傳至孔子，孔子曰：「吾惡乎哭諸？兄弟，吾哭諸廟；父之友，吾哭諸廟門之外；師，吾哭諸寢；朋友，吾哭諸寢門之外。」是有聞師喪之禮。

謹篤如此。

調虔州〔一〕司户參軍，疑獄立斷，與郡守議事，守正不阿。歷知瀏陽〔二〕、餘杭、蕭山三縣，所至有惠政，民思之。浮沈下位，不求聞達，而德望日隆，四方之士，不遠千里從之遊，號曰龜山先生。遠及異域，雖高麗國王，亦從使者問龜山先生安在也。

時蔡京當國，天下多故，京知事必敗，欲稍引用老成，以張舜〔三〕言，召爲秘書郎，入對，首言：「自熙豐、元祐分爲二黨，縉紳之禍，至今未艾。願詔有司條具祖宗之法，有宜於今者，舉而行之，當損益者損益之，元祐、熙豐，姑置勿問。」

又乞警戒無虞，爲《宣和會計録》，以周知天下財物出入之數，徽宗首肯之。除邇英殿〔四〕説書，於是〔五〕方圖燕雲，虚内事外，公乃陳時弊十餘事，且言：「燕雲之師，宜退守内地，以省輸轉。募邊民爲弓弩手，以殺常勝軍之勢。慮都城四達，無高山巨浸

〔一〕在今江西贛州。
〔二〕在今湖南瀏陽市。
〔三〕據《宋史》記載，張氏乃當時正士。
〔四〕邇英殿乃宋代君臣講習之所。
〔五〕「是」字疑爲「時」。

爲阻；衞士人懷異心，緩急不可仗倚。」執政不能用，其爲國遠慮類此。

及金人入寇，公益謇謇輸忠，上言：「今日事勢，如積薪已然，奮勵以竦觀聽；若示以怯懦，則事去矣。請罷免夫之役及京城聚斂、東南花石之害，以收人心。」

已而欽宗受禪，金人日迫，勤王之師四集，大臣方以推恩進秩，争議行幸，莫念軍計。公請立帥以統援師，引唐九節度之敗以爲鑑。又言：「上皇禪位，而宰執遷敘，此何理也？主辱臣死，而争爲竄亡之計，陛下何賴焉？童貫爲三路總帥，棄軍不問，故梁方平、何灌皆相繼遁，宜以軍法從事。貫以閹誤國，今防城猶用閹人，覆軍之轍，不可復蹈。」欽宗大悦，擢右諫議大夫。

至金脅和，邀割三鎮以去。復言：「河朔爲國家重地，三鎮爲河朔要藩。一旦棄之，是敵以二十州之地，貫吾腹中，非經遠之謀。且使勤王之師，無功而去。厚賜之則無名，不與則生怨。聞三鎮之民，以死拒守，若遣兵躡之，使腹背受敵，宜有功。乞召种師道問方略。」疏上，下詔出師。公又疏曰：「金尚駐磁相，破大名，又挾肅王以往。誓墨未乾，背不旋踵，吾欲專守和議，豈可得乎？夫越數千里犯人國都，危道也。彼見援兵四集，亦懼而歸，初非愛我，而割與三鎮，是助寇自攻也。臣謂宜以肅王爲問，責其敗盟。」

李綱之罷，太學生伏闕上書，軍民集者數萬。欽宗患之，召問公。公言：「諸生忠於朝廷，非有他意。但擇老成有行誼者爲之長，即定矣。」欽宗曰：「無以逾卿。」即命兼祭酒。於是雪王珪被誣之冤，以直宣仁皇后之謗；推蔡京蠹國之禍，以摘王安石學術之非，有旨改修宣仁謗史，而黜安石從祀。

初公歷任於州縣者四十七年，及老，居諫垣僅九十日，其所論列，皆切於世道如此。諫官馮澥素宗王氏學，乃劾公，罷祭酒。公求去，除給事中，請益力，遂以徽猷閣直學士提舉嵩山崇福宫。又辭職名，改待制。高宗即位，除工部侍郎，召赴行在。至則勸上典學納諫，及修《建炎會計録》，加恤勤王之兵，遂告老。紹興五年（一一三五）卒，年八十三，謚文靖。

公仁厚寬大，能容物，蔬糲脆甘，皆可於口，未嘗有所嗜；狐貉緼袍，皆適於禮，未嘗有所擇；閒居和樂可親，臨事不動聲色。在東郡時，先達陳瓘、鄒浩皆以師禮事之，與胡安國往來講論尤多。後朱子、張栻之學，得程氏之正，其源皆出於公。

子迪，字遵道，兒時能力學，指物即賦；少長，孝友和易，中外無間言，見善矯然敢爲，與人辨詰，冰解的破，而平居若不能出口，度身不踐，不苟言也。遊太學有聲，已棄去，從伊川學。年少，伊川極器重云。

語録

【釋】此語録中三引吴廷棟按語。

自堯舜以前，載籍未具。世所有者，獨宓羲所畫八卦耳。當是之時，聖賢如彼其多也。自孔子删定《繫傳》之後，更歷秦漢以迄於今，其書至不可勝記。人之所資以爲學者，宜易於古。然其間千數百年，求一人如古之聖賢，卒不可〔一〕得，何哉？豈道之所傳，固不在於文字之多寡乎？夫堯、舜、禹、皋陶，皆稱若稽古，非無待於學也，其學果何以乎？由是觀之，聖賢之所以爲聖賢，其用心必有在矣。學者不可不察之也。

觀孔門弟子之徒，其事師雖至於流離困餓，且濱〔二〕於死而不去，非要譽而規利

〔一〕「可」字，同治正誼堂本《楊時文集》作「易」。
〔二〕「且濱」，《楊時文集》作「瀕」。

也，所以甘心焉者，其所求也大矣，流離困餓且濱於死有不足道者。學者知此，然後知學之不可已矣。

古之學者以聖人爲師，其學有不至，故其德有差焉。人見聖人之難爲也，故凡學者以聖人爲可至，則必以爲狂而竊笑之。夫聖人固未易至，若舍聖人而學，是將何所取則乎？以聖人爲師，猶學射而立的。然的立於彼，然後射者可視之而求中。若其中不中，則在人而已。不立之的，以何爲準？

或謂：「孔子登東山而小魯，登泰山而小天下。此言勝物而小之。」曰：「使聖人以勝物爲心，是將自小，安能小物？聖人本無勝物之心，身之所處者高，則物自不得不下耳。」

問：「孟子對人君論事，句句未嘗離仁，此所謂王道也？」曰：「安得句句不離乎仁？」曰：「須是知一以貫之之理。」曰：「一以貫之，仁足以盡之否？」曰：「孟子固曰：『一者何，曰仁也。』[二]仁之用大矣。今之學者，仁之體亦不曾體究得。」

[一]《孟子·告子下》載孟子曰：「居下位，不以賢事不肖者，伯夷也；五就湯，五就桀者，伊尹也；不惡汙君，不辭小官者，柳下惠也。三子者不同道，其趣一也。一者何也？曰仁也。君子亦仁而已，何必同？」

一介之與萬鍾，論利則有多寡。若論義，其理一也。伊尹惟能一介知所取與，故能禄之以天下弗顧，繫馬千駟弗視。自後世觀之，則一介不以與人爲太吝，一介不以取諸人爲太潔。然君子之取與，適於義而已。與之嗇，取之微，雖若不足道矣，然苟害於義，又何多寡之間乎？孔子於公西赤之富，不卹其請；於原憲之貧，不許其辭，此知所與者也。孟子言：「非其道，則一簞食不可受於人。如其道，則舜受堯之天下，不以爲泰。」此知所取者也。

物有圭角，多刺人眼目，亦易玷闕。故君子處世，當渾然天成，則人不厭棄矣。溝洫之量，不可以容江河；江河之量，不可以容滄海，有所局故也。若君子則以天地爲量，何所不容？有能捐一金而不顧者，未必能捐十金；能捐十金而不顧者，未必能捐百金。此由所見之熟與不熟，非真知其義之當與否也。若得其義矣，雖一分不妄與，亦不妄取。

李似祖、曹令德問：「何以知仁？」曰：「孟子以惻隱之心爲仁之端。平居但以此體究，久久自見。」因問似祖、令德：「尋常如何説隱？」似祖云：「如有隱憂、勤卹民隱，皆疾痛之謂也。」曰：「孺子將入於井，而人見之者，必有惻隱之心。疾痛非在己也，而爲之疾痛，何也？」似祖曰：「出於自然，不可已也。」曰：「安得自然如此？

若體究此理，知其所從來，則仁之道不遠矣。」二人退。或從容問曰：「萬物與我爲一，其仁之體乎？」曰：「然。」

問：「《論語》言仁處，何語最爲親切？」曰：「皆仁之方也。若正所謂仁，則未之嘗言也，故曰：『子罕言利與命與仁。』要道得親切，惟孟子言『仁，人心也』，最爲親切。」

學者須有所疑，乃能進德。然須用力深，方有疑。今之士讀書爲學，蓋自以爲無可疑者，故其學莫能相尚。

問：「《中庸》只論誠，而《論語》曾不一及誠，何也？」曰：「《論語》之教人，凡言忠信恭敬，所以求仁而進德之事，莫非誠也。《論語》示人以其入之之方，《中庸》言其至也。蓋《中庸》子思傳道之書，不正言其至，則道不明。孔子所罕言，孟子常言之，亦猶是矣。」

《易》曰：「君子敬以直内，義以方外。」夫盡其誠心而無僞焉，所謂直也。若施之於事，則厚薄隆殺，一定而不可易，爲有方矣。敬與義本無二，所主者敬，而義則自此出焉，故有内外之辨，其實義亦敬也。故孟子之言義曰：「行吾敬而已。」

問：「操則存如何？」曰：「古之學者，視聽言動無非禮，所以操心也。至於無故不徹琴瑟，行則聞佩玉，登車則聞和鸞，蓋皆欲收其放心，不使惰慢邪僻之氣得而入焉，故曰：『不有博弈者乎？爲之猶賢乎已。』夫博弈非君子所爲，而云爾者，以是可以收其放心爾。説經義至不可踐履處，便非經義。若聖人之言，豈有人做不得處？學者所以不免求之釋老，爲其有高明處。如六經中自有妙理，卻不深思，只於平易中認了，曾不知聖人將妙理只於尋常事説了。」

《春秋》正是聖人處置事處。他經言其理，此明其用。理既明，則其用不難知也。聖人作用處，本分之外，不加毫末，故以孔子之聖，孟子止言其「不爲已甚」而已。

或問「操心」，曰：「《書》云『以禮制心』，所謂操也。如顔子『克己復禮』，最學者之要。若學至聖人，則不必操而常存〔二〕矣。」

論《西銘》曰：「河南先生言『理一而分殊，知其理一，所以爲仁。知其分殊，所以爲義』。所謂分殊，猶孟子言『親親而仁民，仁民而愛物』，其分不同，故所施不能無差等耳。」或曰：「如是，則體用果離而爲二矣。」曰：「用，未嘗離體也。且以一身觀之，四體百骸皆具，所謂體也，至其用處，則屨不可加之於首，冠不可納之於足，則即體而言，而分已在其中矣！忠信乃爲進德之基本，無忠信，如在空虚中行，德何以進？」

〔二〕「不必操而常存」後，《理學宗傳》有「揚雄言能常操而存者，其唯聖人乎」句。

末見《易》而玩《易》之文以言《易》，若説得深，即不是聖人作用處；若説得淺，常人之談耳。

揚雄云：「多聞，守之以約；多見，守之以卓。」其言終有病，不如孟子言「博學而詳説之，將以反説約也」爲無病。蓋博學詳説，所以趨約。至於約，則其道得矣。謂之守以約卓，於多聞多見之中，將何守？見此理分明，然後知孟子之後，其道不傳，知孟子所謂「天下可運於掌」爲不妄。

《孟子》一部書，只是要正人心，教人存心養性，收其放心；至論仁義禮智，則以惻隱、羞惡、辭讓、是非之心爲之端；論邪説之害，則曰：「生於其心，害於其政。」論事君，則欲「格君心之非」，「正君而國定」；千變萬化，只説從心上來。人能正心，則事無足爲者矣。《大學》之修身、齊家、治國、平天下，其本只是正心誠意而已。心得其正，然後知性之善。孟子遇人便道性善，永叔卻言「聖人教人，性非所先」。永叔論列是非利害，文字上儘去得；但於性分之内，全無見處，更説不行。人性上不可添一物，堯舜所以爲萬世法，亦只是率性而已。所謂率性，循天理是也。外邊用計用數，假饒立得功業，只是人欲之私，與聖賢作處，天地懸隔。

季常在京時，嘗問：「正心誠意，如何便可以平天下？」與之言後世自是無人正心。若正得心，其效自如此。此心一念，毫毛有差，便是不正。要得常正，除非聖人始得。且如吾輩還敢便道自己心得其正否？此須是於喜怒哀樂未發之際，能體所謂中；於喜怒哀樂既發之後，能得所謂和。致中和，則天地可位，萬物可育，其於平天下何有？因論孟子直以禹稷比方顔子，只顔子在陋巷時，如禹稷事業，便可爲之無難。若正心誠意不足以平天下，則禹稷功巍巍如此，如顔子者，如何做得？

吴氏廷棟曰：「此條言須是於喜怒哀樂未發之際，能體所謂中，即體認未發氣象之旨，似不如言涵養於未發之前爲無弊。朱子己丑悟中和之旨，只是從一敬字體貼入細，故言『涵養須用敬』，又言『敬而無失，即所以中』，乃不易之論也。」〔一〕

揚雄云：「學者所以修性。」〔二〕夫物變壞，然後可修。性無變壞，豈可修乎？惟不假修，故《中庸》但言率性、尊德性，孔子、孟子但言盡性、養性。

人各有勝心。勝心去盡，而惟天理之循，則機巧變詐不作。若懷其勝心，施之於

〔一〕吴廷棟《書楊文靖語録季常在京時條後》，載《拙修集》卷五。
〔二〕原作「學所以修性」，據揚氏原文補入「者」字。

事，必以一己之是非爲正，其間不能無窒礙處。又固執之不移，此機巧變詐之所由生也。孔子曰：「不知命，無以爲君子。」知命只是事事循天理而已。循天理，則於事無固必。無固必，則計較無所用。

仲素問：「横渠云『氣質之性』，如何？」曰：「人所資禀，固有不同者。若論其本，則無不善，蓋一陰一陽之謂道，陰陽無不善，而人則受之以生故也。然而善者其常也，亦有時而惡矣。猶人之生也，氣得其和，則爲安樂人；及其有疾也，以氣不和，則反常矣。其常者，性也，此孟子所以言性善也。横渠説『氣質之性』，亦云人性有剛柔緩急、强弱昏明而已，非所謂『天地之性』然也。今夫水，清者其常然也，至於汩濁，則沙泥混之矣。沙泥既去，其清者自若也。是故君子於氣質之性，必有以變之，其澄濁而求清之義〔一〕與？」

《中庸》深處，多見於孟子之書，其所傳也歟？

今之學者，只爲不知爲學之方，又不知學成要何用。此事體大，須是曾著力來，方知不易。夫學者，學聖賢之所爲也；欲爲聖賢之所爲，須是聞聖賢所得之道。若

〔一〕「義」，原作「議」。

只要博通古今爲文章，作忠信願慤、不爲非義之士而已，古來如此等人不少，然以爲聞道人則不可。且如東漢之衰，處士逸人與夫名節之士，有聞當世者多矣，觀其作處，責以聖賢之道，略無毫髮髣髴相似。何也？以彼於道，初無所聞故也。今時學者，平居則曰「吾當爲古人之所爲」，纔有事到手，便措置不得，蓋其所學，以博通古今爲文章，或志於忠信願慤、不爲非義而已，而不知須是聞道，故應如此。由是觀之，學而不聞道，猶不學也。

語仲素曰：「某嘗有數句教學者讀書之法，云以身體之，以心驗之，從容默會於幽閒静一之中，超然自得於書言象意之表。此蓋某所爲者如此。」仲素問：「盡其心者知其性，如何是盡心底道理？」曰：「未言盡心，須先理會心是何物。」又問，曰：「心之爲物，明白洞達，廣大静一，若理會得了然分明，然後可以言盡。未理會得心，盡個甚？」「能盡其心，自然知性，不用問人，大抵須先理會仁之爲道。知仁則知心，知心則知性，是三者初無異也。横渠作《西銘》，亦只是要學者求仁而已。」

吴氏廷棟曰：「諸儒解盡心知性，皆説成盡心然後知性，似不然。若不知性，便要盡心，則懸空無下手處。惟就知性上積累將去，自然盡心。大抵盡其心者，只是窮盡其在心之理耳。窮得此，又卻不能窮得彼，便不可唤做盡心。若説未盡心先要知心，未知心又先要知仁，則愈無可依據。何如《集注》之字字精確，當下即有可用功之處也。」〔一〕

朝廷作事，若要上下小大，同心同德，須是道理明。蓋天下只是一理，故其所爲必同。若用智謀，則人人出其私意。私意萬人萬樣，安得同？因舉舊記正叔先生之語云：「公則一理，私則萬殊。人心不同猶面，其蔽於私乎？解經大抵須得理會而語簡。舊嘗解『易簡而天下之理得』云『行其所無事』，不亦易乎？『一以貫之』，不亦簡乎？如是則天下之理得矣。」又言：「行所無事，一以貫之，只是一個自然之理。」《繫辭》中語言直有難理會處，今人注解，只是亂説。

學者若不以敬爲事，便無用心處。主〔二〕一之謂敬，無適之謂一。

孟子言大人正己而物正，荆公卻云：「正己而不期於正物，則無義。正己而必期於正物，則無命。」若是所論，孟子自當言正己以正物，不應言正己而物正矣。物正，

〔一〕吴廷棟《書仲素問盡其心者知其性條後》，載《拙修集》卷五。
〔二〕「主」字，《理學宗傳》作「致」。

物自正也，大人只知正己而已。若物之正，何可必乎？惟能正己，物自然正，此乃「篤恭而天下平」之意。荆公之學，本不知此。

孟子所言，皆精粗兼備，其言甚近，而妙義存焉。如龐居士云：「神通并妙用，運水與搬柴。」此自得者之言，最爲適理。若孟子之言，則無適不然，如許大堯舜之道，只於行止疾徐之間，教人做了。

吴氏廷楝曰：「運水搬柴，此釋氏作用是性，不得謂爲適[一]理矣。至孟子言堯舜之道，必徐行後長，則謂之弟，若疾行先長，則謂之不弟，即道判於後長先長之間，非只取必行止疾徐矣。今比而同之，未免混而無別矣。」[二]

夫爲己之學，正猶飢渴之於飲食，非有悦乎外也。以爲弗飲弗食，則飢渴之病，必至於致死。人而不學，則失其本心，不足以爲人，其病蓋無異於飢渴者，此固學之不可已也。然古之善學者，必先知所止。知所止，然後可以漸進，倀倀然莫知所之，

[一]「適」字，《求我齋叢書》本《拙修集》作「道」字。
[二]吴廷楝《書孟子所言皆精粗兼備條後》，載《拙修集》卷五。

而欲望聖賢之域，多見其難矣。此理宜切求之，不可忽也。〔一〕六經之義，驗之於心而然，施之行事而然〔二〕，然後爲得……若工無用之文，徼幸科第，何益哉？〔三〕

諸儒論説〔四〕

胡氏曰：「龜山天資宏曠，濟以問學，充養有道，德器早成。積於中者純粹而宏深，見於外者簡易而平淡。閒居和樂，色笑可親。臨事裁處，不動聲氣。與之遊者，雖羣居終日，嘿然不語。飲人以和，而鄙薄之態自不形也。推本孟子性善之説，發明《中庸》《大學》之道，有欲知方者，爲指其攸趨，無所隱也。當時公卿大夫之賢，莫不尊信之。」又曰：「先生造養深遠，燭理甚明。混跡同塵，知之者鮮。行年八十，志氣

〔一〕上楊時語録引自《理學宗傳》卷一五「宋儒考·程門弟子·楊文靖公時」。
〔二〕「然」字，《楊時文集》作「順」。
〔三〕《楊時文集·語録·荆州所聞》卷二文。
〔四〕「諸儒論説」之目，原書未立，根據前後各編體例補入，以清條理眉目。

未衰，精力少年殆不能及。朝廷若嚮意儒學，延禮此老，置之講席，朝夕咨訪，裨補必多。至裁決危疑，經理世務，若燭照數計而龜卜也。」〔一〕

朱子曰：「龜山天資高，樸實簡易。然所見一定，更不須窮究。某嘗謂這般人皆是天資出人，非假學力。」又曰：「龜山之出，人多議之。惟胡文定公之言曰：『當時若能聽用，決須救得一半。』此語最公。」〔二〕

張氏曰：「磨不磷，涅不緇，須還孔子，吾人只學子路。如龜山晚年一出，不是道要官職，當時意思，亦是要去其間救正。直到後來圍城，不知救正得如何？行權是聖人事，龜山自處地位太高爾。」〔三〕

《名儒傳》曰：「名賢之澤，豈不遠哉？閩僻在嶠外，道術之興，自龜山始。當南宋時河洛關隴之間，學者寥寥，而閩士相踵起，推其流派之所自洪，固知朱子之爲功大。然後海先河，則龜山之澤也。方今朱子傳注，立於學宮，家誦户習，凡天下人心

〔一〕胡安國《龜山先生墓志銘》文，《理學宗傳》注引。
〔二〕《理學宗傳》注引《朱子語類》文。
〔三〕《理學宗傳》注引張栻文。

之所以正，風俗之所以醇，悉由於是。以是知明道道南之指，其於斯文運數，昭昭乎其先見之矣！」〔一〕

《理學宗傳》曰：「龜山嘗曰：『平居欲爲古人所爲，才有事到手，便措置不得，皆未聞道者也。』此其所學可知已。會得容易，而歷練又久，故能衍程門之旨，開考亭之傳，厥功大矣。」〔二〕

〔一〕《歷代名儒傳》卷五楊時文。
〔二〕《理學宗傳·宋儒考·程門弟子·楊文靖公時》卷一五文。

吕與叔先生傳

吕大臨，字與叔，少學張先生。先生卒，乃東見二先生〔一〕卒業焉。大臨故深醇近道，而以「防檢窮索」爲學，明道語之以「識仁」，且以不須窮索、不須防檢開之〔二〕，遂默識深契，豁如也，作《克己銘》以見意，曰：「凡厥有生，均吾同體。胡爲不仁？我則有己。立己與物，私爲町畦。勝心横生，擾擾不齊。大人存誠，心見帝則。初無吝驕，作我蟊賊〔三〕。志以爲帥，氣爲卒徒。奉辭於天，誰敢侮予？且戰且徠，勝私窒慾。昔爲寇讎，今則臣僕〔四〕。方其未克，窘我室廬。婦姑勃谿〔五〕，安取其餘？亦既克之，

〔一〕謂二程子也。

〔二〕求本也。

〔三〕《詩·小雅·瞻卬》：「去其螟螣，及其蟊賊。」蟊賊乃噬苗之蟲，禍害根本者也。

〔四〕駕馭私欲之意。

〔五〕指室内不和，喻内心交戰不安。

皇皇四達。洞然八荒，皆在我闥。孰曰天下，不歸吾仁？癢疴疾痛，舉切吾身。一日〔一〕至之，莫非吾事。顏何人哉？晞〔二〕之則是。」

始大臨於書〔三〕博極，能文章，已持養深醇，言如不出口，粥粥若無能者〔四〕，嘗賦詩曰：「學如元凱方成癖，文到相如始類俳。獨立孔門無一事，只輸顏子得心齋。」〔五〕其充養如此。婦翁張天祺〔六〕語人曰：「吾得顏回爲壻矣。」以門蔭入官，遂不復應舉，曰：「某何敢揜先人之德？」元祐中，官太學博士、秘書省正字，范學士祖禹薦其「修身好學，行如古人，可充勸講」。未及用而卒。

程子謂：「與叔守横渠學甚固，每横渠無説處，皆相從，纔有説了，更不肯回。」又

〔一〕《論語·顏淵》載顏淵問仁，孔子曰：「克己復禮爲仁。一日克己復禮，天下歸仁焉。爲仁由己，而由人乎哉？」一日之義本此。
〔二〕「晞」字原誤作「睎」。
〔三〕「書」字，《歷代名儒傳》作「羣書」。
〔四〕《禮記·儒行》言：「其難進而易退也，粥粥若無能也。」粥粥，謙卑之意。
〔五〕吕祖謙《宋文鑑》録吕大臨此詩題《送劉户曹》。
〔六〕張戩，字天祺，張載之弟，反對王安石變法。

曰：「和叔〔一〕任道擔當，風力甚勁，然沈潛縝密，有不逮於與叔。」又曰：「與叔六月中自緱氏〔二〕來，燕居中頤嘗窺之，必見其儼然危坐〔三〕，可謂敦篤矣。」〔四〕

未發問答

與叔曰：「中者，道之所由出。」程子曰：「此語有病。」

與叔曰：「論其所同，不容更有二名。别而言之，亦不可混爲一事。如所謂『天命之謂性，率性之謂道』，又曰『中者天下之大本，和者天下之達道』，則性與道、大本與達道，豈有二乎？」程子曰：「中即道也，若謂道出於中，則道在中内，别爲一物矣。所謂『論其所同，不容更有二名。别而言之，亦不可混爲一事』，此語固無病，若謂性

〔一〕呂大鈞，字和叔，陝西藍田人，北宋關學三呂之一，呂大忠弟，師從張載，嘉祐二年（一〇五九）進士，官至三原及福州知縣，丁憂期間，作《呂氏鄉約鄉儀》。
〔二〕在今洛陽偃師市。
〔三〕終始慎獨也。
〔四〕《理學宗傳・宋儒考・程門弟子・呂與叔》卷一五文。

與道、大本與達道，可混而爲一，即未安。在天曰命，在人曰性，循性曰道。性也、命也、道也，各有所當。大本言其體，達道言其用。體用自殊，安得不爲二乎？」

與叔曰：「既云『率性之謂道』，則循性而行莫非道，此非性中別有道也。中即性也，在天爲命，在人爲性，由中而出者莫非道，所以言道之所由出也……」程子曰：「『中即性也』，此語極未安。中也者，所以狀性之體段，如稱天圓地方，遂謂方圓即天地，可乎？方圓既不可謂之天地，則萬物決非方圓之所出。如中既不可謂之性，則道何從稱出於中？蓋中之爲義，自過不及而立名。若只以中爲性，則中與性不合……子居案：子居，和叔子。對以中者性之德，卻爲近之……」

與叔曰：「不倚之謂中，不雜之謂和。」程子曰：「『不倚之謂中』甚善，語猶未瑩；『不雜之謂和』，未當。」

與叔曰：「『喜怒哀樂之未發』，則赤子之心，當其未發，此心至虛，無所偏倚，故謂之中。以此心應萬物之變，無往而非中矣。《孟子》曰：『權然後知輕重，度然後知長短，物皆然，心爲甚。』此心度物，所以甚於權度之審者，正以至虛無所偏倚故也。有一物存乎其間，則輕重長短，皆失其中矣，又安得如權度乎？『大人不失其赤子之心』，乃所謂『允執厥中』也。大臨始者有見於此，便指此心名謂中，故前言『中者道之所由出』也。今細思之，乃命名未當爾，此心之狀，可以言中，未可便指此心名之曰中……」程子曰：「『喜怒哀樂之未發，謂之中』，赤子之心，發而未遠於中。若便謂之中，是不識大本也。」

與叔曰：「聖人智周萬物，赤子全未有知，其心固有不同矣。然推《孟子》所云，豈非止取純一無僞，可與聖人同乎？非謂無毫髮之異也。大臨前日所云，亦取諸此而已……今承教，乃云已失『大本』，茫然不知所向……聖人之學，以中爲大本，雖堯舜相授以天下，亦云『允執厥中』。中者，無過不及之謂也。何所準則而知過不及乎？求之此心而已。此心之動，出入無時，何從而守之乎？求之於喜怒哀樂未發之際而已。當是時也，此心即赤子之心……此心所發，純是義理……安得不和？前日敢指赤子之心爲中者，其説如此。來教云：『赤子之心，可謂之和，不可謂之中。』大臨思之，所謂和者，指已發而言之。今言赤子之心，乃論其未發之際，純一無僞，無所偏倚，可以言中。若謂已發，恐不可言心……」程子曰：「所云『非謂無毫髮之異』，是有異也，有異者得爲大本乎？推此一言，餘皆可見。」

與叔曰：「大臨以赤子之心爲未發，先生以赤子之心爲已發，所謂大本之實，則先生與大臨之言，未有異也，但解赤子之心一句不同耳。大臨初謂赤子之心，止取純一無僞，與聖人同，恐孟子之義亦然。更不曲折一一較其同異，故指以爲言，未嘗以已發不同處爲大本也。先生謂『凡言心者，皆指已發而言』，然則未發之前，謂之無心可乎？竊謂未發之前，心體昭昭具在，已發乃心之用也……」程子曰：「所論意雖以已發者爲未發，及求諸言，卻是認已發者爲説，辭之未瑩，乃是擇之未精。『凡言心者，指已發而言』，此固未當。心一也，有指體而言者，『寂然不動』是也；有指用而言者，『感而遂通天下之故』是也，惟觀其所見何如耳。大抵論愈精微，言愈易差也……」〔一〕

語録

赤子之心，良心也，天之所以降衷，人之所以受天地之中也。寂然不動，虚明純一，與天地相似，與神明爲一，傳曰「喜怒哀樂之未發謂之中」，其謂此與？此心自正，不待人而後正，而賢者能弗喪，不爲物欲之所遷動；如衡之平，不加以物；如鑑之明，不蔽以垢，乃所謂正也。惟先立乎其大者，則小者不能奪，如使忿懥、恐懼、好樂、憂患，一奪其良心，則視聽食息，從而失守，欲區區修身以正其外，難矣。

〔一〕程頤《與呂大臨論中書》，載《河南程氏文集·伊川先生文》卷九。

「我心所同然」，即天理天德；孟子言同然者，恐人有私意蔽之；苟無私意，我心即天心[一]。

萬物之生，莫不有氣，氣也者，神之盛也。莫不有魄，魄也者，鬼之盛也。故人亦鬼神之會爾，周流天地之間[二]，無所不在，雖寂然不動，而有感必通；雖無形無聲，而有所謂昭昭不可欺者。「人受天地之中以生」，良心所發，莫非道也。在我者，惻隱、羞惡、辭讓、是非，皆道也；在彼者，君臣、父子、夫婦、昆弟、朋友之交，亦道也。在物之分，則有彼我之殊；在性之分，則合乎内外，一體而已，是皆人心所同然，乃吾性之固有也。

誠者理之實然，一而不可易者也。

實理不二，則其體無雜。其體不雜，則其行無間，故「至誠無息」。

自灑掃應對，上達乎天道性命，聖人未嘗不竭以教人，但人所造自有淺深，所得亦有大小也。仲尼曰：「吾無隱乎爾。」又曰：「有鄙夫問於我，我叩其兩端而竭焉。」然子貢高弟，猶未聞乎性與天道，非聖人之有隱，而人自不能盡爾。如天降時雨，百

[一] 此節原刻連下節。據原文所出之《宋元學案》區别兩節。
[二] 《宋元學案》「周流天地之間」前有「鬼神者」三字。

果草木皆甲坼，其盛衰大小之不齊，膏澤豈私於物哉？

吕博士説（補）〔一〕：「必有事焉而勿正」，「浩然之氣，充塞天地」，雖難得而言，非虚無也〔二〕。「必有事焉」，但正其名而取之，則失之矣。

諸儒論説〔三〕

朱子曰：「與叔惜乎壽不永，如天假之年，必所見又别。程子謂其沈潛縝密，可見他資質好，又能涵養。若某則如吕年，亦不見得到此田地矣……與叔本是個剛底氣質，涵養得到，所以如此。故聖人以剛之德爲君子，柔爲小人。若其有剛矣，須除去邪〔四〕剛之病，全其爲剛之德，然後可以爲學。若不剛，終是不能成。與叔《論選舉

〔一〕此《宋元學案》原文。
〔二〕「雖難得而言，非虚無也」乃唐先生句讀。坊間多作「雖難得，而言非虚無也」。
〔三〕「諸儒論説」之目原文所無，補入以清條理眉目。
〔四〕「邪」字，《四庫全書》本《朱子語類》作「那」。

狀〔一〕『立士規以養德厲士，更學制以量才進藝，定貢法以取賢斂才，立試法以試用養才，立辟法以興能備用，立舉法以覈實得人，立考法以責任考功』。其論甚高，使其不死，必有可用。」〔二〕

黄氏宗羲曰：「朱子於程門中，最取先生，以爲高於諸公，大段有筋骨，天假之年，必理會得到；至其求中之說，則深非之。及爲《延平行狀》，謂其危坐終日，驗未發時氣象，而求其所謂中。蔡淵亦云：『朱子教人，於靜中體認大本未發時氣象分明，即處事應物，自然中節。』又即先生之說也。故學者但當於本原上理會，不必言語自生枝節也。」〔三〕

〔一〕《論選舉狀》指《論選舉六事疏》，乃吕大臨在哲宗元祐元年（一〇八六）任太學博士時所上。
〔二〕《朱子語類》卷一〇一「程子門人總論」文。
〔三〕黄宗羲《宋元學案》卷三一《吕范諸儒學案·正字吕藍田先生大臨》文。

羅仲素先生傳

羅從彦，字仲素，南劍人。自幼即不爲言語文字之學；及長，嚴毅清苦，刻志求道，聞龜山先生得程氏之傳，慨然慕之。及龜山令蕭山，徒步往從焉，初見三日，驚汗浹背曰：「不至是，幾枉此生。」龜山亦喜，謂可與言道，於是日益親，他弟子無及仲素者。嘗講《易》，至某爻曰：「伊川説甚善。」仲素即鬻田走洛，見伊川問之。歸復事龜山，龜山告之曰：「讀書之法，以身體之，以心驗之，從容默會於幽閑静一之中，超然自得於書言象意之表。」又曰：「學而不聞道，猶不學也。」仲素受命，益自力，凡從學二十餘載。龜山壻陳淵，每造仲素，必竟日乃返，謂人曰：「自交仲素，日聞所未聞。奥學清節，南州冠冕也。」既而築室山中，絶意仕進，終日端坐，充然自得。郡人李侗、新安朱松，盡執弟子禮從之遊。嘗採祖宗故事，爲《遵堯録》。靖康中，將獻闕下，會國難不果。

其論治曰：「祖宗法度不可廢，德澤不可恃。廢法度，則變亂之事起；恃德澤，則驕佚之心生。」又曰：「君子在朝則治，小人在朝則亂。蓋君子常有亂世之言，使人主多憂，憂則善心生，故治。小人常有治世之言，使人主多樂，樂則怠心生，故亂。」又曰：「天下之亂，不起四方，而起朝廷。譬人傷氣則寒暑易侵，木傷心則風雨易折。」又曰：「士之立朝，要以忠厚正直爲本。正直則朝無過失，忠厚則朝無怨嗟。」

其論士行曰：「周孔之心，使人明道。道苟明，則周孔之心，深自得之。三代人材，得周孔之心而明道，故視生死去就，如寒暑晝夜之移，而行忠義也易。漢唐以後，失周孔之心，不能明道，故視死生去就，如萬鈞九鼎之重，而行忠義也難。嗚呼！學者所見，自漢唐喪矣。」又曰：「古人之所以進此道者，必有由而然。夫《中庸》之書，學者盡心以知性，躬行以盡性者也，而其始則曰：『喜怒哀樂之未發謂之中。』其終則曰：『肫肫其仁，淵淵其淵，浩浩其天。』此言何謂也？『差之毫氂，謬以千里』，故大學之道，在知所止而已。苟知所止，則知學之先後。不知所止，則於學無自而進矣。」

其議論淳正精實如此。朱子稱自龜山倡道，東南遊其門者至衆；潛思力行，任重詣極，如仲素，一人而已。晚就特科，受博羅主簿。年六十四，卒於官，學者稱豫章先生，淳祐間謚文質〔二〕。

〔二〕唐先生《羅仲素先生傳》録自《歷代名儒傳·宋·羅從彦》卷五文及《理學宗傳·宋儒考·羅文質公從彦》卷一六文。

《名儒傳》曰：「仲素之爲河洛正傳〔一〕，朱子之論定矣。今觀其推言治忽之故，何其明以達也！當靖康時，廢法度而恃德澤，退君子而進小人，朝廷不正，而邊陲是亟，及都城陷，殉義者僅李若水一人耳。推厥亂兆，則由元祐之與熙豐，彼此相激而不存忠厚之意也。仲素所言，炳若龜鑑，庶幾天民先覺之亞，乃竟不爲世用，即其書亦不及以聞於朝，惜哉！」〔二〕

〔一〕正傳謂正脈。
〔二〕《歷代名儒傳·宋·羅從彥》卷五文。

李延平先生行狀

朱子撰

先生諱侗，字愿中，姓李氏，南劍州劍浦人。曾祖諱幹，屯田郎中致仕，贈金紫光禄大夫，妣清源郡太夫人朱氏；祖諱縹，朝散大夫，贈中奉大夫，妣永嘉郡太君胡氏、咸寧郡太君朱氏；父諱涣，朝奉郎，贈右朝議大夫，妣太恭人饒氏。先生朝議公之季子也，生有異禀，幼而穎悟，少長，孝友謹篤，朝議公、太恭人特所鍾愛。

既冠，遊鄉校，有聲稱，已而聞郡人羅仲素先生得河洛之學於龜山楊文靖公之門，遂往學焉。羅公清介絶俗，雖里人鮮克知之，見先生從遊受業，或頗非笑，先生若不聞。從之累年，受《春秋》《中庸》《語》《孟》之説，從容潛玩，有會於心，盡得其所傳之奥。羅公少然可，亟稱許焉。

於是退而屏居山田，結茅水竹之間，謝絶世故，餘四十年。簞瓢屢空，怡然自適；中間郡將學官，聞其名而招致之，或遣子弟從遊受學，州郡士子有以矜式焉。晚以二子舉進士，試吏旁郡，更進迎養；先生不得已，爲一行。自建安如鉛山，訪外家兄弟於昭武，過其門弟子故人於武夷潭溪之上，徜徉而歸。會閩帥玉山汪公〔一〕，以書禮車乘來迎，蓋將相與講所疑焉，先生因往見之；至之日，疾作，遂卒於府〔二〕治之館舍，是年七十有一矣，隆興元年（一一六三）十月十有五日也。汪君爲遣參議官王君伯序、觀察推官謝公倣護喪事，躬視棺斂，禮意喪具，無不周悉。居數日，諸子畢至，遂以喪歸〔三〕。

先生娶同郡吴氏。子男三人：友直，左修職郎，信州鉛山縣尉；信甫，左修職郎，建寧府建安縣主簿；友聞，未仕。女一人，早亡。孫男四人，女八人，皆幼。

初龜山先生唱道東南，士之遊其門者甚衆，然語其潛思力行，任重詣極，如羅公，蓋一人而已。先生既從之學，講誦之餘，危坐終日，以驗夫喜怒哀樂未發之前氣象爲

〔一〕汪應辰（一一一八～一一七六），字聖錫，朱子從表叔，信州玉山人，紹興五年（一一三五）進士，時年十八，官至吏部尚書兼翰林學士並侍讀，卒謚文定。

〔二〕福唐帥府。

〔三〕李侗猝死經過，及汪應辰照料李侗後事，詳汪氏《與朱元晦書》云：「李愿中先生十月半間見訪，館于眉壽堂。方説話間，忽覺欲仆，急扶之，問其無所苦否？則曰『無事無事』，尋即不省人事。舁之就榻，則已蜕矣。後事皆親爲料理，似可無悔。」載汪氏《文定集》卷一五。

如何，而求所謂中者，若是者蓋久之，而知天下之大本，真有在乎是也。蓋天下之理，無不由是而出。既得其本，則凡出於此者，雖品節萬殊，曲折萬變，莫不該攝洞貫，以次融釋，而各有條理，如川流脈絡之不可亂；大而天地之所以高厚，細而品彙之所以化育，以至於經訓之微言，日用之小物，折之於此，無一不得其衷焉。由是操存益固，涵養益熟；精明純一，觸然洞處〔一〕；泛應曲酬，發必中節。故其事親誠孝，左右無違。

仲兄性剛多忤，先生事之，致誠盡敬，更得其歡心焉。閨門内外，夷愉肅穆，若無人聲，而衆事自理。與族姻舊故，恩意篤厚，久而不忘。生事素薄，然處之有道，量入爲出，賓祭謹飭，租賦必爲鄰里先，親戚或貧不能婚嫁，爲之經理，節衣食以振助之。與鄉人處，食飲言笑，終日油油如也；年長者事之盡禮，少者賤者，接之各盡其道；以故鄉人愛敬，暴悍化服。

其接後學，答問窮晝夜不倦，隨人淺深誘之各不同，而要以反身自得，而可以入於聖賢之域。故其言曰：「學問之道，不在多言，但默坐澄心體認，天理若見，雖一毫

〔一〕「觸然洞處」，《晦庵先生朱文公文集》作「觸處洞然」。

私欲之發，亦退聽矣。久久用力於此，庶幾漸明，講學始有力耳。」又嘗曰：「學者之病，在於未有灑然冰解凍釋處，縱有力持守，不過苟免顯然悔尤而已。若此者，恐未足道也。」又嘗曰：「今人之學與古人異，如孔門諸子，羣居終日，交相切磨，又得夫子爲之依歸，日用之間，觀感而化者多矣。恐於融釋而脱落處，非言説所及也。不然，子貢何以言『夫子之言性與天道，不可得而聞也』耶？」嘗以黄太史之稱濂溪周夫子「胸中灑落，如光風霽月」云者，爲善形容有道者氣象，嘗諷誦之，而顧謂學者曰：「存此於胸中，庶幾遇事廓然，而義理少進矣。」

其語《中庸》曰：「聖門之傳是書，其所以開悟後學，無遺策矣。然所謂『喜怒哀樂未發謂之中』者，又一篇之指要也。若徒記誦而已，則亦奚以爲哉？必也體之於身，實見是理，若顔子之嘆卓然，見其爲一物而不違乎心目之間也，然後擴充而往，無所不通，則庶乎其可以言《中庸》矣。」

其語《春秋》曰：「《春秋》一事，各是發明一例，如觀山水，徙步而形勢不同，不可拘以一法。然所以難言者，蓋以常人之心，推測聖人，未到聖人灑然處，豈能無失耶？」

其於《語》《孟》他經，無不貫達。苟有疑問，答之必極其趣，然語之而不惰者，或寡矣。蓋嘗曰：「讀書者，知其所言，莫非吾事，而即吾身以求之，則凡聖賢所至，而吾所未至者，皆可勉而進矣。若直以文字求之，悦其詞義以資誦説，其不爲玩物喪志者幾希。」以故未嘗爲講解文書。然其辨析精微，毫釐畢察。嘗語問者曰：「講學切在深潛縝密，然後氣味深長，蹊徑不差。若概以理一而不察乎其分之殊，此學者所以流於疑似亂真之説，而不自知也。」其開端示人，大要類此。

先生資禀勁特，氣節豪邁，而充養完粹，無復圭角，精純之氣，達於面目。色温言厲，神定氣和；語默動静，端詳閑泰；自然之中，若有成法。平居恂恂，於事若無甚可否，及其酬酢事變，斷以義理，則有截然不可犯者。早歲聞道，即棄場屋，超然遠引，若無意於當世，然憂時論事，感激動人。其語治道，必以明天理，正人心，崇節義，厲廉耻爲先，本末備具，可舉而行，非特空言而已。異端之學，無所入於其心，然一聞其説，則知其詖淫邪遁之所以然者，蓋辨之於錙銖眇忽之間，而儒釋之邪正分矣。

熹先君子吏部府君〔一〕亦從羅公問學，與先生爲同門友，雅敬重焉，嘗與沙縣鄧迪天啓語及先生，鄧曰：「愿中如冰壺秋月，瑩徹無瑕，非吾曹所及。」先君子深以爲知

〔一〕朱子父朱松（一〇九七～一一四三），字喬年，政和八年（一一一八）進士，歷官著作郎、吏部郎，故稱。

言，亟稱道之。其後熹獲從先生遊，每一去而復來，則所聞必益超絶，蓋其上達不已，日新如此。嗚呼！若先生之道德純備，學術通明，求之當世，殆絶倫比。然不求知於世，而亦未嘗輕以語人，故上之人既莫之知，而學者亦莫之識，是以進不獲施之於時，退未及傳之於後。而先生方且玩其所安樂者於畎畝之中，悠然不知老之將至〔一〕，蓋所謂「依乎中庸、遯世不見知而不悔」者〔二〕，先生庶幾焉。比年以來，學者始益親，而方伯連帥之賢者，又樂聞其道而邀致之，其意豈徒然哉？不幸天喪斯文，而先生没矣！龜山之所聞於程夫子而授之羅公者，至是而不得其傳矣！嗚呼痛哉！

諸孤方謀窀穸〔三〕之事，謂熹承學之久，宜知先生之藴，使具其事，以請銘於作者，將勒諸幽堂〔四〕，以告後世知德者有以考焉。熹愚不肖，蒙被教育不爲不久；聽其言，親其行而服膺焉，不爲不詳；未能有以得其遠者大者，故悉取凡聞見所及一二書之，

〔一〕《論語·述而》載孔子自敘語。
〔二〕《禮記·中庸》云：「素隱行怪，後世有述焉，吾弗爲之矣！君子遵道而行，半塗而廢，吾弗能已矣！君子依乎中庸，遯世不見知而不悔，唯聖者能之。」朱子引此句，擬之近乎聖人。
〔三〕窀穸謂墓穴。
〔四〕幽堂謂墳墓。

詞若繁而不敢殺者，蓋有待於筆削云耳！謹狀。〔一〕

延平問答

朱子記

「夜氣」之説〔二〕，所以於學者有力者，須是兼旦晝存養之功，不至梏亡。即夜氣清，若旦晝不能存養，即夜氣何有？疑此便是日月至焉〔三〕氣象也。某曩時從羅先生學問，終日相對静坐，只説文字，未嘗及一雜語。先生極好静坐，某時未有知，退入室中，亦只静坐而已。先生令静中看「喜怒哀樂未發之謂中，未發時作何氣象」，此意不惟於進學有力，兼亦是養心之要。元晦偶有心恙，不可思索，更於此一句内求之，静坐看如何？往往不能無補也。〔四〕

所云見語録中有「仁者渾然與物同體」一句，即認得《西銘》意旨，所見路脈甚正，

〔一〕朱子《延平先生李公行狀》，載《晦庵先生朱文公文集》卷九七。

〔二〕《孟子·告子上》載孟子云：「夜氣不足以存，則其違禽獸不遠矣。」此夜氣與修德關係之所出。

〔三〕《論語·雍也》載孔子云：「回也，其心三月不違仁，其餘則日月至焉而已矣。」

〔四〕《李延平文集·答問上》卷二庚辰五月八日文。

宜以是推廣求之。然要見一視同仁氣象卻不難，須是理會分殊，雖毫髮不可失，方是儒者氣象。〔一〕

吾儕在今日，止可於僻寂處草木衣食，苟度此歲月爲可，他一切置之度外，惟求進此學問爲庶幾耳。若欲進學，須是盡放棄平日習氣，鞭飭所不及處，使之脱然有自得處，始是道理少進。承諭應接少暇即體究，方知以前皆是低看了道理，此乃知覺之效，更在勉之。有所疑，便中無惜詳及，庶幾彼此得以自警也。〔二〕

「仁」字極難講説，只看天理，統體便是。更「心」字亦難指説，惟認取發用處是心。二字須要體認得極分明，方可下工夫。「仁」字難説，《論語》一部，只是説與門弟子「求仁之方」，知所以用心，庶幾私欲沈，天理見，則知仁矣。如顔子、仲弓之問，聖人所以答之之語，皆其切要用力處也。《孟子》曰：「仁，人心也。」……又曰：「仁者，人也。」人之一體，便是天理無不備具。若合而言之，人與仁之名亡，則渾是道

〔一〕《李延平文集》卷二庚辰七月文。
〔二〕《李延平文集》卷二壬午四月二十二日文。

理也。〔一〕

以今日事勢觀之，此時〔二〕惟儉德避難，更加韜晦爲得所，他皆不敢以姑息自恕之事奉聞也，元晦更切勉之。上蔡先生〔三〕語，近看甚有力，渠一處云：「凡事必有根。」又云：「必須有用處尋討要用處病根，將來斬斷便没事。」此語可時時經心也。〔四〕

謝上蔡云：「吾嘗習忘以養生，明道曰：『施之養則可，於道則有害。習忘可以養生者，以其不留情也。學道則異於是，必有事焉勿正，何謂乎？且出入起居，寧無事者，正心待之，則先事而迎，忘則涉乎去念，助則近於留情，故聖人心如鑑，所以異於釋氏心也。』」上蔡録明道此語，於學者甚有力。蓋尋常於静處體認下工夫，即於鬧處使不著，不曾如此用功也。自非謝先生確然實於日用處下工夫，即恐明道此語，亦未必引得出來。此語録所以極好玩索，近方看見如此，意思顯然。元晦於此更思看如何？惟於日

〔一〕《李延平文集》卷二壬午六月十一日文。
〔二〕「此時」前，正誼堂書院藏本《李延平文集》有「處」字。
〔三〕謝良佐（一〇五〇～一一〇三），字顯道，壽春上蔡人，學者稱上蔡先生，師從二程，與游酢、吕大臨、楊時號程門四先生。
〔四〕《李延平文集》卷二壬午六月十一日文。

用處便下工夫，或就事上便下工夫，庶幾漸可合爲己物。不然，只是説也。〔一〕

此個氣味爲上下相咻，無不如此者，這個風俗如何得變，某於此有感焉。當今之時，苟有修飭之士，須大段涵養韜晦始得。若一旦齟齬，有所去就，雖去流俗遠矣，然以全體論之，得失未免相半也。〔二〕

人心中大段惡念，卻易制伏，最是那不大段計利害，乍來乍往底念慮，相續不斷，難爲驅除。〔三〕

心下鬧熱，如何看得道理出……所謂静坐，只是打疊得心下無事，則道理始出。道理出，心下愈明静矣。〔四〕

韜晦一事，常驗之極難，自非大段涵養深潛，定不能如此，遇事輒發矣，亦何〔五〕可輕看也，如何如何？〔六〕

〔一〕《李延平文集》卷二辛巳八月七日文。
〔二〕《李延平文集》卷二壬午八月九日文。
〔三〕《李延平文集》卷三文。
〔四〕《李延平文集》卷三文。
〔五〕「何」字，《李延平文集》作「不」。
〔六〕《李延平文集》卷二壬午八月九日文。

「仁」字「心」字，亦須略有分別始得。記得李先生説《孟子》言「仁，人心也」，不是將心訓仁字，此説最有味。〔一〕

孔明不如子房之從容，而子房不如孔明之正大。〔二〕

凡蹈危者，慮深而獲全；居安者，患生於所忽，人之常情也。〔三〕

虛一而静，心方實則物乘之，物乘之則動。心方動則氣乘之，氣乘之則惑。惑斯不一矣，則喜怒哀樂皆不中節矣。〔四〕

思索義理，到紛亂窒塞處，須是一切掃去，放教胸中空蕩蕩地了，卻舉起一看，便自覺得有下落處。〔五〕

人若著些利害，便不免開口告人，卻與不學之人何異……若大段排遣不去，只思

〔一〕《李延平文集·答問下》卷三文。

〔二〕《李延平文集》卷三文。

〔三〕《李延平文集》卷三文。

〔四〕《李延平文集》卷三文。

〔五〕《李延平文集》卷三文。

古人所遭患難，有大不可堪，持以自慰〔一〕，則亦可以少安矣。〔二〕

爲學之初，且當常存此心，勿爲他事所勝。凡遇一事，即當且就此事，反復推尋，以究其理，待此一事融釋脱落，然後循序少進，而别窮一事。如此既久，積累之多，胸中自當有灑然處，非文字言語之所及也。〔三〕

罪己責躬，固無不可。然過此以往，又將奈何？常留在胸中，卻是積〔四〕一團私意也。到此境界，當推求其所以愧悔不去，爲何而來？……就本源處推究，涵養之令漸明，即此等固滯私意，當漸化矣。〔五〕

心者貫幽明，通有無。〔六〕

論性曰：「動静、真僞、善惡，皆對而言之，是世之所謂動静、真僞、善惡，非性之所謂動静、真僞、善惡也。惟求静於未始有動之先，而性之静可見矣；求真於未始有

〔一〕「慰」字，《李延平文集》作「比」。
〔二〕《李延平文集》卷三文。
〔三〕《李延平文集》卷三文。
〔四〕「積」字後，《李延平文集》有「下」字。
〔五〕《李延平文集》卷二癸未六月十四日文。
〔六〕周木編《延平答問補録》文，又《李延平文集》卷二壬午六月十一日文：「心體通有無，貫幽明。」

偽之先，而性之真可見矣；求善於未始有惡之先，而性之善可見矣。」[三]

《名儒傳》曰：「主靜之旨，標自濂溪，非偏於靜也，定之以中正仁義，則動靜該備矣。然必以靜者爲主，是本原之學也。《中庸》所謂未發，偏言之與已發對，而專言之則天下之大本也，故曰主也。主於靜以行乎動，則義與正固靜，而仁與中亦不害其爲靜也，故曰定也。羅、李之學，深會乎此，用能大本卓然，獨得程氏之宗，紫陽紹緒，其傳益彰。然羅猶有絕俗之嫌，李乃無復圭角，豈天稟異哉？抑亦所養使然耳。」[三]

〔二〕 《延平答問補錄》文。

〔三〕 《歷代名儒傳·宋·李侗》卷五文。

朱子大義

朱子大義目録

朱子大義卷三
答張敬夫
答張敬夫
答張敬夫
答張敬夫《孟子説》疑義
答張欽夫論《仁説》
又論《仁説》
又論《仁説》
又論《仁説》
答吕伯恭
答陸子美
與陳同甫
答陳同甫
答陳同甫

朱子大義卷四
與范直閣
答袁機仲
答江元適
答江元適
答許順之
答何叔京
答胡廣仲
答胡廣仲
答胡廣仲
答胡廣仲
朱子大義卷五
答吴晦叔
答蔡季通

朱子大義自敘〔一〕

昔人選朱子文集者，有康熙時桐城周大璋所編《朱子古文》〔二〕、秀水杜庭珠所輯《朱子文鈔》〔三〕，大率以古文法評之，重於文而不重於道。張清恪公〔四〕選《朱子文集》，重於道矣，顧略病其繁冗，未可爲講本也。文治幼年曾購金陵局刻《朱子大全》〔五〕一百卷，又續集十一卷，别集十卷，假先師王文貞公圈點本臨讀之，並録陸清獻公〔六〕《讀

〔一〕序文又載於《茹經堂文集》一編卷四。《茹經先生著作年表》作「壬戌」（一九二二）。
〔二〕周大璋（一六七一～一八四八），字聘侯，號筆峰，安慶人，雍正二年（一七二四）進士，任紫陽書院山長期間，編《朱子古文讀本》十六卷。
〔三〕杜庭珠選評《朱子文鈔》二十卷，《朱子詩鈔》四卷。
〔四〕張伯行（一六五一～一七二五），字孝先，謚清恪。
〔五〕《茹經堂文集》一編卷四收録之序文「朱子大全」作「晦庵集」。謹按：《朱子大全》原稱《晦庵集》，亦稱《朱文公文集》。
〔六〕陸隴其（一六三〇～一六九二），字稼書，浙江平湖人，卒謚清獻。

朱隨筆》及吴竹如先生〔一〕評語於上方。癸亥歲（一九二三）爲國學館生講「朱子大義」，乃詳加選録，擇其尤精者著於篇。

昔子貢之贊孔子曰：「夫子之牆數仞，不得其門而入，不見宗廟之美，百官之富。」〔二〕得其門者或寡矣，「見其禮而知其政，聞其樂而知其德，由百世之後〔三〕，等百世之王，莫之能違也」。〔四〕嗚呼！盛矣哉！朱子之書，猶夫子之宫牆也，其義理之精博而純粹，猶宗廟之美、百官之富也。百世而下，儒林之士，講求道學，誦習師法，莫之能違也。吾欲溯其源，而其源卒不可尋也。吾欲比其類，而其類卒不可分也。蓋讀之數十年，覺其千門萬户，曲折紛綸，在前在後，而卒不得入也。嗚呼，盛矣哉！

蓋其畢生精力，窮極乎天人性命之原，博綜乎《詩》《書》《易》象之奥，聖功王道，物理人情，靡不兼賅而洞矚焉。故其所言，要皆本平居之心得閲歷，由中而出，自然以宣，乃能「質諸鬼神而無疑，百世以俟聖人而不惑」〔五〕。

〔一〕吴廷棟（一七九三～一八七三），字彦甫，號竹如，安徽霍山人，官至刑部侍郎。少好宋儒之學。
〔二〕《論語・子張》載子貢語。
〔三〕「後」，《孟子》作「下」。
〔四〕《孟子・公孫丑上》載子貢語。
〔五〕《禮記・中庸》文。

後學者乃欲以管窺之，尋章摘句，而輕議其是非，庸有當乎？然則德性問學之殊，早年晚年之論，何必若是其紛紛哉？《易傳》曰：「知至至之，可與幾也。知終終之，可與存義也。」〔一〕《孟子》曰：「始條理者，智之事也。終條理者，聖之事也。」〔二〕凡聖賢所得力之學問，自始至終，有必由之階梯。晚年之論，固當篤信，即早年者，豈必爲未定之論耶？

竊謂爲朱子之學者，惟有尚志居敬以植其本，致知格物以會其通，天德王道以總其全，盡性至命以要其極，庶幾仁者見仁，智者見智，於先賢之道德文章，或能見其涯涘乎？「賢者識其大者，不賢者識其小者」〔三〕，道統之續，蓋必有所傳矣。顧瞻後進，跂予望之。

癸亥（一九二三）春三月後學唐文治謹敘

〔一〕《易・乾・文言傳》文。
〔二〕《孟子・萬章下》文。
〔三〕《論語・子張》載子貢曰：「文武之道，未墜於地，在人。賢者識其大者，不賢者識其小者，莫不有文武之道焉。夫子焉不學？而亦何常師之有？」

朱子大義卷一

朱子行狀

門人黄榦撰

【釋】黄榦此行狀，突出朱子繼承道統之意義。

曾祖絢故〔一〕不仕，妣汪氏。祖森，故贈〔二〕承事郎，妣程氏，贈〔三〕孺人。父松，故前任左〔四〕承議郎，守尚書吏部員外郎，兼史館校勘，贈通議大夫。妣孺人〔五〕祝氏，

〔一〕「故」字脱，據《宋集珍本叢刊》影印元刻本《勉齋先生黄文肅公文集》補入。
〔二〕「故贈」二字脱，據前揭《勉齋文集》補入。
〔三〕「贈」字脱，據前揭《勉齋文集》補入。
〔四〕「故前任左」四字脱，據前揭《勉齋文集》補入。
〔五〕「孺人」二字脱，據前揭《勉齋文集》補入。

贈〔一〕碩人。本貫徽州婺源縣永平鄉松巖里。

先生姓朱氏，諱熹，字仲晦。朱氏爲婺源著姓，以儒名家，世有偉人。父吏部公甫冠，擢進士第，入館爲尚書郎，兼史事，以不附和議去國；文章行義，爲學者師；號韋齋先生，有文集行於世。吏部公因仕入閩，至先生，始寓建之崇安五夫里，今居建陽之考亭。

先生以建炎四年（一一三〇）九月十五日午時，生南劍尤溪之寓舍。幼穎悟莊重，甫能言，韋齋指天〔二〕示之曰「此〔三〕天也」，問曰：「天之上何物？」韋齋異之，就傅授以《孝經》，一閱通之，題其上曰：「不若是，非人也。」嘗從羣兒戲沙上，獨端坐，以指畫沙，視之八卦也。少長，勵志聖賢之學，於舉子業初不經意。

年十八，貢於鄉，登紹興十八年（一一四八）進士第，以左迪功郎主泉州同安簿，莅職勤敏，纖悉必親，郡縣長吏事倚以決；苟利於民，雖勞無憚；職兼學事，選邑之秀民充弟子員，訪求名士，以爲表率，日與講説聖賢修己治人之道。年方逾冠，聞其風

〔一〕「贈」字脱，據前揭《勉齋文集》補入。
〔二〕《勉齋文集》無「天」字。
〔三〕「此」字脱，據前揭《勉齋文集》補入。

者，已知學之有師而尊慕之。歷四考罷歸，以奉親講學爲急。

二十八年（一一五八），請奉祠，監潭州南嶽廟。明年，召赴行在，言路有託抑奔競以阻之者，遂以疾辭。

三十二年（一一六二），祠秩滿，再請。孝宗即位[一]，復因其任，會有詔求直言，因上封事，其略言：「聖躬雖未有闕失，而帝王之學，不可以不熟講。朝廷雖未有闕遺，而修攘之計，不可以不早定。利害休戚，雖不可偏以疏舉，然本原之地，不可以不加意。陛下毓德之初，親御簡策，不過諷[二]誦文字，吟詠情性。比年以來，欲求大道之要，又頗留意於老子、釋氏之書。記誦詞藻，非所以探淵源而出治道；虚無寂滅，非所以貫本末而立大中。帝王之學，必先格物致知，以極乎事物之變，使義禮所存，纖悉畢照，則自然意誠心正，而可以應天下之務。」

次言：「今日之計，不過修政事，攘寇敵。然計不時定者，講和之説疑之也。金寇與我有不共戴天之讎，則不可和也。義理明矣，知義理之不可爲而猶爲之，以有利

[一] 在是年六月。
[二] 「諷」字原作「訓」，據前揭《勉齋文集》爲正。

而無害也。以臣策之，所謂和者〔一〕，有百害而無一利，何苦而必爲之？願疇咨大臣，總攬羣策，鑑失之之由，求應之之術，斷以義理之公，參以利害之實。閉關絶約，任賢使能，立紀綱，厲風俗，使吾修政攘敵之外，了然無一毫可恃以爲遷延中已之資，而不敢懷頃刻自安之意，然後將相軍民，無不曉然知陛下之志，更相激厲，以圖事功。數年之外，志定氣飽，國富兵强，視吾力之强弱，觀彼釁之淺深，徐起而圖之，中原故地，不爲我有，而將焉往？」

次言：「四海利病，繫斯民之休戚；斯民休戚，繫守令之賢否。監司者守令之綱，朝廷者監司之本。欲斯民之得其所，本原之地，亦在朝廷而已。今之監司，姦贓狼藉，肆虐以病民者，莫非宰執臺諫之親舊賓客。其已失勢者，既按見其交私之狀而斥去之。尚在勢者，豈無其人？顧陛下無自而知之耳。」

明年改元隆興，復召，辭，不許；即入對。其一言：「大學之道，在乎格物以致其知。蓋有是物，必有是理。然理無形而難知，物有跡而易觀，故因是物以求之，使其理了然於心目之間，而無毫髮之差，則應乎事者，自無毫髮之謬。陛下雖有生知之

〔一〕「所謂和者」四字脱，據前揭《勉齋文集》補入。

性，高世之行，而未嘗隨事以觀理，故天下之理，多所未察；未嘗即理以應事，故天下之事，多有未明。是以舉措之間，動涉疑貳；聽納之際，未免蔽欺。平治之效，所以未著，由不講乎大學之道，而溺心於淺近虛無之過。」

其二言：「君父之讎，不與共戴天。乃天之所覆，地之所載，凡有君臣父子之性者，發於至痛不能自已之同情，而非專出於一己之私。然則今日所當爲者，非戰無以復讎，非守無以制勝，是皆天理之同然，而非人欲之私忿也。」

末言：「古先聖王制御夷狄之道，其本不在乎威强，而在乎德業；其任不在乎邊境，而在乎朝廷；其具不在乎兵食，而在乎紀綱。今日諫諍之塗尚壅，佞幸之勢方張。爵賞易致，而威罰不行；民力已殫，而國用未節。則德業未可謂修，朝廷未可謂正，綱紀未可謂立。凡古先聖王所以强本折衝，威制遠方之道，皆未可謂備。」

三劄所陳，不出封事之意，而加剴切焉。先生以謂：「制治之原，莫急於講學。經世之務，莫大於復讎。至於德業成敗，則決於君子小人之用舍。」故於奏對復申言之，蓋學有定見，事有定理，而措之於言者如此。

除武學博士待次。乾道改元，促就職。既至，以時相方主和議，請監南嶽廟以歸。三年（一一六七），差充樞密院編修官待次。五年，三促就職，會魏掞之以布衣召爲國子録，因論曾覿而去，遂力辭。先生嘗兩進絶和議、抑倖幸之戒，言既不行，雖擢用狎至，不敢就；出處之義〔一〕，凛然有不可易者。尋丁内艱。六年，復召，以未終喪辭。七年，既免喪，復召，以禄不及養辭。四年之間，辭者六。九年，有旨：「安貧守道，廉退可嘉。」特改令入官，主管台州崇道觀，先生以「改秩畀祠，皆進賢賞功、優老報勤之典，今無故驟得之，求退得進，於義未安」，再辭。

淳熙元年（一一七四），又再辭，上意愈堅，始拜命，改宣教郎奉祠。二年，除秘書郎。先生以「改官之命，正以嘉其廉退，今乃冒進擢之寵，是左右望而罔市利」，力辭。時上諭大臣欲獎用廉退，執政以先生爲言，故有是命。會有言虚名之士不可用者，以故再辭。即從其請，主管武彝山沖佑觀。

五年（一一七八），差權發遣南康軍事，辭者四，始之任。先生自同安歸，奉祠家居，幾二十年，間關貧困，不以屬心，涵養充積，理明義精，見之行事者益霈然矣。至郡，懇惻愛民，如己隱憂；興利除害，惟恐不及。屬邑星子土瘠税重，乞從蠲減，章凡五

〔一〕「義」字原作「際」，據前揭《勉齋文集》爲正。

六上。歲值不雨，講求荒政。凡請於朝，言無不盡。官物之檢放，倚閣〔一〕蠲減，除豁帶納〔二〕，如秋苗夏税、木炭月樁〔三〕、經總制錢〔四〕之屬，各視其色目〔五〕，爲之條奏，或至三四，不得請不已。並奏請截留綱運，乞轉運常平兩司，發錢米充軍糧，備賑濟，申嚴鄰路斷港遏糴之禁；選官吏，授以方略，俾視境内，具知荒歉分數，户口多寡，蓄積虚實，通商勸分，多所全活。其設施次第，人争傳録以爲法。訖事，奏乞依格推賞納粟人者凡數四。郡濱大江，舟艤岸者，遇大風輒淪溺，因募飢民築堤捍舟，民脱於饑，舟患亦息。

先生視民如傷，至姦豪侵擾細民，撓法害政者，懲之不少貸，由是豪强斂戢，閭里安靖。數詣郡學，引進士子，與之講論；訪白鹿書院遺址，奏復其舊。又奏乞賜書院

〔一〕「倚閣」謂擱置。
〔二〕帶納，逾期罰金。
〔三〕月樁，謂軍餉。
〔四〕買賣交易税。
〔五〕色目，謂種類名目。

敕額，及高宗御書石經、版本〔一〕九經注疏等書者至再。每休沐〔二〕輒一至，諸生質疑問難，誨誘不倦。退則相與徜徉泉石間，竟日乃反。又求栗里陶靖節之居、西澗劉屯田之墓、孝子熊仁贍之閭，旌顯之，猶以不得悉行其志爲恨。明年，詔監司郡守條具民間利病，遂上疏言：「天下之大務莫大於恤民，恤民之本，又在人君正心術以立紀綱。今日民間特以税重爲苦，正緣二税之入，朝廷盡取以供軍，而州縣無復贏餘，則不免於二税之外，别作名色，巧取於民。今民貧賦重，若不討軍實，去其浮冗，則民力決不可寬。惟有選將吏，覈兵籍，可以節軍貲；開廣屯田，可以益軍儲；練習兵民，可以益邊備。今日將帥之選，率皆膏粱子弟，廝役凡流，所得差遣，爲費已是不貲；到軍之日，唯望掊斂刻剥，以償債負。總魄餉之任者，亦皆倚負幽陰，交通貨賂，其所驅催東南數十郡之脂膏骨髓，名爲供軍，而輦載以輸權幸之門者，不可以數計。然則欲討軍實以紓民力，必盡反前之所爲，然後乃可革也。授將印，委利權，一出於朝廷之公議，則可以絶苞苴請託之私，而刻剥之風可革。務求忠勇沈毅、實經行陣之人，

〔一〕「版本」謂木板刻印之本。
〔二〕「休沐」謂休假，宋代官定休假時間，一年逾百天。

則可以革輕授非才之弊，而軍士畏愛，蒐閱以時，竄名冗食者，不得容其間。又擇老成忠實、通曉兵農之務者，使領屯田之事，付以重權，責其久任，則可以漸省列屯坐食之兵，稍捐列郡供軍之數。軍籍既覈，屯田既成，民兵既練，州縣事力既舒，然後可以禁其苛斂，責其寬恤，庶幾窮困之民，得保生業，無復流移漂蕩之患矣。所謂其本在於正心術以立紀綱者，蓋天下之紀綱，不能以自立，必人主之心術公平正大，無偏黨反側之私，然後紀綱有所繫而立。君心不能以自正，必親賢臣，遠小人，講明義理之歸，閉塞私邪之路，然後乃可得而正。今宰相臺省、師傅賓友、諫諍之臣，皆失其職，而陛下所與傳密謀議者，不過一二近習之臣。此一二小人者，上則蠱惑陛下之心志，使陛下不信先王之大道，而説於功利之卑説；不樂莊士之讜言，而安於私贄之鄙態。下則招集天下士大夫之嗜利無耻者，文武彙分，各入其門。所喜則陰爲引援，擢寘清顯；所惡則密行訾毁，公肆擠排。交通貨賂，則所盜者皆陛下之財；命卿寘將，則所竊者皆陛下之柄。陛下所謂宰相、師傅賓友、諫諍之臣，或反出入其門牆，承望其風旨，其幸能自立者，亦不過齦齦自守，而未嘗敢一言以斥之。其甚畏公論者，乃略能驚逐其徒黨之一二，既不能深有所傷，而終亦不敢明言，以擣其囊橐窟穴之所在。勢成威立，中外靡然向之，使陛下之號令黜陟，不復出於朝廷，而出於此一二人之門，名爲陛下之獨斷，而實此一二人者陰執其柄，蓋其所壞，非獨壞陛下之紀綱，乃併與陛下所以立紀綱者而壞之，則民又安可得而恤？財又安可得而理？軍政何自而修？土宇何自而復？宗廟之讎耻，又何時而可雪耶？」

先生在任，嘗用劄子奏事，後因臺諫言用劄子非舊制，遂奏乞罷黜。又以致人户逃移自劾者再，以疾請奉祠者五。將滿，除江西提舉常平茶鹽事，待次。初，廟堂議遣先生使蜀，上意不欲其遠去，故有是命，詔以「修舉荒政，民無流殍」，除直祕閣，凡三辭，皆以前所奏納粟人未推賞，難以先被恩命。會浙東大饑，易提舉浙東常平茶鹽事。時民已艱食，即日單車就道，復以南康納粟人推賞辭職名，且乞奏事。之任，納粟賞行，遂受職名。入對，其一言：「陛下臨御二十年間，水旱盜賊，略無寧歲。意者德之崇未至於天與？業之廣未及於地與？政之大者有未舉、而小者無所繫與？刑之遠者或不當、而近者或幸免與？君子有未用、而小人有未去與？大臣失其職、而賤者竊其柄與？直諒之言罕聞、而諂諛者衆與？德義之風未著、而汙賤者騁與？貨賂或上流、而恩澤不下究與？責人或已詳、而反躬有未至與？夫必有是數者，然後足以召災而致異。」

其二言：「陛下即政之初，蓋嘗選建英豪，任以政事。不幸其間不能盡得其人，是以不復廣求賢哲，而姑取輭熟易制之人，以充其位。於是左右私褻使令之賤，始得以奉燕閒，備驅使，而宰相之權日輕；又慮其勢有所偏，而因重以壅己也，則時聽外廷[一]之論，將以陰察此輩之負犯而操切之。陛下既未能循天理，公聖心，以正朝廷之大體，則固已失其本矣。而又欲兼聽士大夫之公言，以爲駕馭之術，則士大夫之進見有時，而近習之從容無間。士大夫之禮貌既莊而難親，其議論又苦而難入；近習便嬖側媚之態，既足以蠱心志。其胥吏狡猾之術，又足以眩聰明。此其生熟甘苦，既有所分，恐陛下未及施其駕馭之術，而先墮其數中矣。是以雖欲微抑此輩，而此輩之勢日重；雖欲兼採公論，而士大夫之勢日輕。重者既挾其重以竊陛下之權，輕者又借力於所重，以爲竊位固寵之計，中外相應，更濟以私。日往月來，浸淫耗蝕，使陛下之德業日墮，紀綱日壞，邪佞充塞，貨賂公行，兵愁民怨，盜賊間作，災異數見，饑饉薦臻，羣小相挺，人人皆得滿其所欲，惟有陛下了無所得，而國家顧乃獨受其弊。」

其三言：「救荒利害，如州縣旱傷，早行檢放，從實蠲減；勸諭人户賑糶，務得其

[一]「廷」字原作「庭」，據《勉齋文集》爲正。

平；納粟之人，早行推賞，所納米數，仍減其半。乞撥豐儲倉米三十餘萬石，以備濟糶。州縣新舊官物，並且住催。紹興丁身等錢，豫行蠲放，及免米商力勝税錢，量立賞格。官吏違慢者奏劾，昏病者別與差遣，仍差選得替待闕宮廟持服官員，時暫管幹。」

其四言：「水旱三分以上，第五等户免檢，並放五分以上，第四等户依此施行。乞行著令，及請頒行《社倉條約》於諸路。」

其五言：「紹興和買〔一〕，乞議革其弊。」其六言：「南康嘗乞蠲減星子租税，有司拒以對補，吝細鄙狹，不達大體。」其七言：「白鹿書院請賜書額。」

先生所對奏劄凡七，其一二皆自書，以防宣洩。又以南康所上封事，繕寫成册，用袋重封，於閤門投進。後五劄亦有非一時救荒之急者，當倥傯不暇給之際，而憂深慮遠，從容整暇，蓋急於救民，罄竭忠悃，不敢有所隱也。

先生所居之鄉，每歲春夏之交，豪户閉糴牟利，細民發廩强奪，動相賊殺，幾至挺變。先生嘗帥鄉人，置社倉以賑貸之，米價不登，人得安業，至是乞推行之。白鹿書

〔一〕和買，指官府向農民貸款方式，於春季青黃不接時，官府借錢於民，然後夏秋間輸絹償還。

院事本不暇及，前期，執政使人諭以且宜勿言，先生因念主上未必有鄙薄儒生之意，而大臣先爲此言，不可。及對，卒言之，上委曲訪問，悉從其請。

先生初拜命〔一〕，即移書他郡，募米商，蠲其征。及至，客舟之米已輻湊，復以入奏荒政數事，推廣條上，情詞懇惻，條目詳密。日與僚屬寓公鈎訪民隱，至廢寢食。分畫既定，按行所部，窮山長谷，靡所不到。拊問存恤，所活不可勝計。每出皆乘單車，屏徒從，所歷雖廣，而人不知。郡縣官吏憚其風采，倉皇驚懼，常若使者壓其境，至有自引去者，由是所部肅然。而尤以戢盜、捕蝗、興水利爲急，大抵措畫悉如南康時，而心用尤苦。

初，奏紹興和買之弊，至是乞先與痛減歲額，然後用貫頭科敷，惟慮真下户受其弊，則請參用高下等第均敷，及減免下户丁錢以優之。又乞免台州丁錢，至於差役利害，亦嘗條具數千言。申省義役之法，則乞令均出義田，罷去役首，免排役次，官差保正副長，輪收義田，仍令上户兼充户長。又乞取會福建下四州見行産鹽法，行於本路沿海四州。又乞依處州見行之法，改諸郡酒坊爲萬户。於救荒之餘，

〔一〕「命」字原作「受」，據《勉齋文集》爲正。

猶悉及他事，以爲經久之計。先生猶以徒費大農數十萬緡，無以全活一道飢民自劾。又以前後奏請，多見抑卻；幸而從者，又率稽緩後時，無益於事。蝗旱相仍，不勝憂憤，復奏言：「爲今之計，獨有斷自聖心，沛然發號，責躬求言。然後君臣相戒，痛自省改。其次惟有盡出内庫之錢，以供大禮之費，爲收糴之本。詔户部無得催理舊欠，詔諸路漕臣遵依條限，檢放税租；詔宰臣沙汰被災路分州軍監司守臣之無狀者，遴選賢能，責以荒政，庶幾猶足以下結人心，消其乘時作亂之意。不然，臣恐所憂者不止於餓殍，而在於盜賊；蒙其害者不止於官吏，而上及於國家也。」

復上時宰書云：「朝廷愛民之心，不如惜費之甚，是以不肯爲極力救民之事。明公憂國之念，不如愛身之切，是以但務爲阿諛順旨之計。然民之與財，孰輕孰重？身之與國，孰大孰小？財散猶可復聚，民心一失，則不可復收；身危猶可復安，國勢一傾，則不可復正。至於民散國危，而措身無所，則其所聚，有不爲大盜積者耶？」

九年，以賑濟有勞，進直徽猷閣。時台守唐仲友，與時相王淮同里爲姻家，遷江西憲，未行。先生行部，訟者紛然，得其姦贓僞造紙幣等事，劾之。時久旱而雨，奏上，淮匿不以聞，仲友亦自辯，且言弟婦王氏驚悸病篤；論愈力，章至十上，事下紹興府鞫〔一〕之。獄具情得，乃奪其新命授先生。先生以爲是蹊田而奪之牛，辭不拜，遂歸。尋令兩易江東，辭。及辭職名，其言唐仲友雖寢新命，已具之獄，竟釋不治，則是所按不實，難以復沾恩賞，並不許受職名，再辭新任，且乞奉祠，言：「所劾贓吏，黨與衆多，並當要路，大者宰制斡旋於上，小者馳騖經營於下。若其加害於臣，不遺餘力，則遠至師友淵源之所自，亦復無故横肆觝排。爲臣之計，惟有乞身就閒，或可少紓患害。」時從臣有奉時相意，上疏毁程氏之學，以陰詆先生者，故有是言。

十年，差主管台州崇道觀。先生守南康，使浙東，始得行其所學。已試之效卓然，而卒不果用。退而奉崇道、雲臺、鴻慶之祠者五年，自是海内學者，尊信益衆。十四年，除提點江西刑獄公事待次，以疾辭，不許，遂拜命。十五年，促奏事，又以疾辭，不許，遂行。又以疾請奉祠者再。淮罷相，遂力疾入奏，首言：「近年以來，刑獄不當，輕重失宜，甚至涉於人倫風化之重者，有司議刑，亦從流宥之法。則天理民彝，幾何不至於泯滅？」

〔一〕「鞫」，《勉齋文集》作「鞠」字。

又言：「州郡獄官乞注，有舉主關陞。及任滿銓試，第二等以上人，常調關陞。及省部胥吏，並不得注擬[一]。若縣獄則專委之令，或不得人，則無所不至。亦望令縣丞或主簿同行推訊。」

又言：「提刑司管催經總制錢起於宣和末年，倉猝用兵，權宜措畫，其始亦但記其出納之實數，而隨以取之。及紹興經界，民間投印違限，契約所入，倍於常歲，自後遂以是年爲額，而立爲比較之説。甚至災傷檢於倚閣，錢米已無所入，而經總制錢，獨不豁除。州縣之煎熬，何日而少紓？斯民之愁怨，何時而少息？」

又言江西諸州科罰之弊。至其末篇，乃言：「陛下即位，二十有七年，而因循荏苒，無尺寸之效，可以仰酬聖志。嘗反覆而思之，無乃燕閒蠖濩之中，虛明應物之地，天理有未純，人欲有未盡歟？天理未純，是以爲善不能充其量；人欲未盡，是以除惡未能去其根。一念之頃，公私邪正、是非得失之幾，朋分角立，交戰於其中。故禮貌大臣非不厚，而便嬖側媚，得以深被腹心之寄；寤寐英豪非不切，而柔邪庸謬，得以久竊廊廟之權。非不樂聞公議正論，而有時不容；非不堲讒説殄行，而未免誤聽；

〔一〕「注擬」謂因循資格，不審能力功過。

非不欲報復陵廟讎耻，而不免畏怯苟安；非不欲愛養生靈財力，而未免歎息愁怨之聲。凡若此彙，不一而足。願陛下自今以往，一念之頃，則必謹而察之，此爲天理耶？爲人欲耶？果天理耶〔一〕，則敬以充之，而不使其少有壅閼。果人欲耶〔二〕，則敬以克之，而不使其少有凝滯。推而至於言語動作之間，用人處事之際，無不以是裁之，則聖心洞然，中外融徹，無一毫之私欲得以介乎其間；而天下之事，將惟陛下之所欲爲，無不如志矣。」

是行也，有要之於路，以「正心誠意」爲上所厭聞，戒以勿言者，先生曰：「吾平生所學，止有此四字，豈可回互而欺吾君乎？」及奏，上未嘗不稱善，曰：「久不見卿，浙東之事，朕自知之。今當處卿清要，不復勞卿州縣。」除兵部郎官，以足疾乞祠，未供職。

本部侍郎林栗，前數日與先生論《易》《西銘》不合，至是遣部請授印，迫以供職。先生以疾在告，遂疏先生欺慢。時上意方嚮先生，欲易以他部郎，時相竟請授以前江

〔一〕「耶」，《勉齋文集》作「也」字。
〔二〕「耶」，《勉齋文集》作「也」字。

西之命，仍舊職名； 又令吏部給還改官，以後不曾陳乞磨勘[一]。 蓋先生改秩，既出特恩，其後累任祠官，無績可考，以故不曾陳乞磨勘者十有四年。 先生行且辭曰：「論者謂臣事君無禮，爲人臣子有此名，罪當誅戮，豈可復任外臺耳目之寄？」章再上，除直寶文閣主管西京嵩山崇福宫，粟亦罷。 辭磨勘及職名，不許，轉朝奉郎，未逾月，再召。 時廟堂知上眷厚，憚先生復入，故爲兩罷之策，上悟。 先生復召，受職名，辭召命，以爲「遷官進職，皆爲許其閒退。 方竊難進易退之褒，復爲彈冠結綬之計，則其爲世觀笑，不但往來屑屑之譏」。 又促召。 初，先生入奏事，迫於疾作，嘗面奏以爲口陳之説，有所未盡，乞具封事以聞。 至是再辭，遂併具封事，投匭以進。 其略曰：「今天下大勢，如人有重病，内自心腹，外達四肢，無一毫一髮不受病者。 臣不暇言，且以天下之大本，與今日之急務，爲陛下言之。 蓋大本者，陛下之心； 急務則輔翼太子，選任大臣，振舉綱維，變化風俗，愛養民力，修明軍政，六者是也。

「古先聖王兢兢業業，持守此心，雖在紛華波動之中，幽獨得肆之地，而所以精之一之，克之復之，如對神明，如臨淵谷，猶恐隱微之間，或有差失而不自知，是以建師

〔一〕「磨勘」，謂仔細校驗。

保之官，列諫諍之職。凡飲食酒漿，衣服次舍，器用財賄，與夫宦官宫妾，無一不領於冢宰；使其左右前後，一動一静，無不制以有司之法，而無纖芥之隙，瞬息之頃，得以隱其毫髮之私。陛下之所以精一克復而持守其心，果有如此之功乎？所以修身齊家而正其左右，果有如此之效乎？宫省事禁，臣固有不得而知，然爵賞之濫，貨賂之流，閭巷竊言，蓋久已不勝其籍籍，則陛下所以修之家者，恐未有以及古之聖王也。

「至於左右便嬖之私，恩遇過當，往者淵、覿、説、抃之徒，勢焰薰灼，傾動一時，今已無可言矣。獨有前日臣所面陳者，雖蒙聖慈委曲開譬，然臣之愚，竊以爲此輩但當使之守門傳命，供掃除之役，不當假借崇長，使得逞邪媚，作淫巧於内，以蕩上心；立門庭，招權勢於外，以累聖政。臣竊聞之道路，自王抃既逐之後，諸將差除，多出此人之手。陛下竭生靈膏血，以奉軍旅，而軍士顧乃未嘗得一温飽，是皆將帥巧爲名色，奪取其糧，肆行於貨賂，干近習以圖進用，出入禁闥腹心之臣，外交將帥，共爲欺蔽，以至於此。而陛下不悟，反寵暱之，以是爲我之私人，至使宰相不得議其制置之得失，給諫不得論其除授之是非，則陛下所以正其左右者，未能及古之聖王又明矣。

「至於輔翼太子，則自王十朋、陳良翰之後，宫寮之選，號爲得人，而能稱其職者，蓋已鮮矣。而又時使邪佞儇薄、闒冗妄庸之輩，或得參錯於其間。所謂講讀，亦姑以應文備數，而未聞其箴規之效。至於從容朝夕，陪侍遊燕者，又不過使臣宦者數輩而已。唐之《六典》，東宫之官，師傅、賓客，既職輔導，而詹事府、兩春坊，實擬天子之三省，故以詹事、庶子領之。今則師傅、賓客，既不復置，而詹事、庶子，有名無實；其左右春坊，遂直以使臣掌之，何其輕且褻之甚耶？夫立太子而不置師傅、賓客，則無以發其隆師親友、尊德樂義之心，獨使春坊使臣得侍左右，則無以防其戲慢媟狎、奇衺雜進之害。宜討論前典，置師傅、賓客之官，罷去春坊使臣，而使詹事、庶子，各復其職。

「至於選任大臣，則以陛下之聰明，豈不知天下之事，必得剛明公正之人，而後可任哉？其所以常不得如此之人，而反容鄙夫之竊位者，直以一念之間，未能撤其私邪之蔽，而燕私之好，便嬖之流，不能盡由於法度。若用剛明公正之人以爲輔相，則恐其有以防吾之事，害吾之人，而不得肆。是以選掄之際，常先排擯此等寘之度外，而後取凡疲懦輭熟、平日不敢直言正色之人而揣摩之，又於其中得其至庸極陋，決可保其不至於有所妨者，然後舉而加之於位。是以除書未出，而物色先定；姓名未顯，而中外已逆知其決非天下之第一流矣。

「至於振肅紀綱，變化風俗，則今日宫省之間，禁密之地，而天下不公之道、不正之人，顧乃得以窟穴盤據於其間。而陛下目見耳聞，無非不公不正之事，則其所以薰蒸銷鑠，使陛下好善之心不著，疾惡之意不深，其害已有不可勝言者矣！及其作奸犯法，則陛下又未深割私愛，而付諸外廷〔一〕之議，論以有司之法，是以紀綱不能無所撓敗。紀綱不正於上，是以風俗頹弊於下，蓋其爲患之日久矣，而浙中爲尤甚。大率習爲輭美之態，依阿之言，以不分是非，不辨曲直爲得計。下之事上，固不敢少忤其意；上之御下，亦不敢稍拂其情。惟其私意之所在，則千塗萬轍，經營計較，必得而後已。甚者以金珠爲脯醢〔二〕，以契券爲詩文，宰相可啗則啗宰相，近習可通則通近習，惟得之求，無復廉耻。一有剛毅正直、守道循理之士出乎其間，則羣譏衆排，指爲『道學』，而加以矯激之罪。十數年來，以此二字禁錮天下之賢人君子，復如崇宣之間，所謂『元祐學術』者，排擯詆辱，必使無所容其身而後已。嗚呼！此豈治世之事，而尚復忍言之哉？

「至於愛養民力，修明軍政，則自虞允文之爲相也，盡取版曹歲入窠名之必可指

〔一〕「廷」字原作「庭」，據《勉齋文集》爲正。
〔二〕「醢」，《勉齋文集》作「醢」字。

擬者，號爲歲終羡餘之數，而輸之内帑。顧以其有名無實，積累挂欠，空載簿籍，不可催理者，撥還版曹，以爲内帑之積，將以備他日用兵進取不時之須。然自是以來，二十餘年，内帑歲入不知幾何？而認爲私貯，典以私人，宰相不得以式貢均節其出入，版曹不得以簿書勾考其有亡，其日銷月耗以奉燕私之費者，蓋不知其幾何矣，而曷嘗聞其能用此錢以易胡人之首，如太祖皇帝之言哉？徒使版曹經費，闕乏日甚，督趣日峻，以致廢棄祖宗以來破分良法，而必以十分登足爲限，以爲未足，則又造爲比較監司郡守殿最之法，以誘脅之，於是中外承風，競爲苛急，此民力之所以重困也。

「諸將之求進也，必先掊克士卒，以殖私財，然後以此自結於陛下之私人，而祈以姓名達於陛下之貴將。貴將得其姓名，即以付之軍中，使自什五以上，節次保明，稱其材武堪任將帥，然後具奏爲牘，而言之陛下之前。陛下但見等級推先，案牘具備，則誠以爲公薦而可以得人矣，而豈知諧[一]價輸錢，已若晚唐之債帥哉？夫將者三軍之司命，而其選置之方，乖剌如此，則彼智勇材略之人，孰肯抑心下首於宦官宮妾之門？而陛下之所得以爲將帥者，皆庸夫走卒，而猶望其修明軍政，激勸士卒，以强國

〔一〕「諧」，《勉齋文集》作「論」字。

勢，豈不誤哉？

「此六事皆不可緩，而本在於陛下之一心。一心正，則六事無不正。一有人心私欲以介乎其間，則雖欲憊精勞力，以求正乎六事者，亦將徒爲文具，而天下之事愈至於不可爲矣！」

疏入，夜漏下七刻，上已就寢，亟起秉燭讀之終篇；明日除主管太乙宫，兼崇政殿説書。時上已有倦勤之意，蓋將以爲燕翼之謀。先生嘗草奏疏言：「講學以正心，修身以齊家，遠便嬖以近忠直，抑私恩以抗公道，明義理以絶神姦，擇師傅以輔皇儲，精選任以明體統，振紀綱以厲風俗，節財用以固邦本，修軍政以攘寇敵。」凡十事，欲以爲新政之助。會執政有指「道學」爲邪氣者，力辭新命，除祕閣修撰，仍奉外祠，遂不果上。

先生當孝宗朝，陛對者三，上封事者三；其初固以講學窮理爲出治之大原，其後則直指天理人欲之分，精一克復之義；其初固以當世急務一二爲言，其後封事之上，則心術宫禁，時政風俗，披肝瀝膽，極其忠鯁。蓋所望於君父愈深，而其言愈切，故於封事之末，有曰：「日月逾邁，如川之流，一往而不復，不惟臣之蒼顔白髮，已迫遲暮，而竊仰天顔，亦覺非昔時矣！」忠誠懇惻，至今讀者猶爲之涕下。

先生進疏雖切，孝宗亦開懷容納。武博、編摩、祕省、郎曹之除，蓋將引以自近。守南康，持浙東、江西之節，又知其不可强留而授之。至是復有經帷之命，先生之盡忠，孝宗之受盡言，亦未爲不遇也。然先生進言，皆痛詆大臣近習。孝宗之眷愈厚，而嫉者愈深，是以不能一日安其身於朝廷之上，而孝宗內禪矣。

光宗即位，再辭職名仍舊，直寶文閣，降詔獎諭，除江東轉運副使，以疾辭者再；覃恩轉朝散郎，賜緋衣銀魚，改知漳州，又再以疾辭，不許。時光宗初政，再拜除命，遂以紹熙元年之任。奏除屬縣無名之賦七百萬，減經總制錢四百萬，加意學校，教誘諸生，如南康時。又以習俗未知禮，採古喪葬嫁娶之儀，揭以示之，命父老解説，以教子弟。釋氏之教，南方爲盛，男女聚僧廬，爲傳經會；女不嫁者，私爲庵舍以居，悉禁之，俗大變。郡有故迪功郎高登，忤秦檜貶死，爲奏請昭雪，褒其直。

會朝論欲行泉漳汀三州經界。先生初仕同安，已知經界不行之害。至是訪事宜，擇人物，以至方量之法，洞見本末，遂疏其事上之，且言必可行之説三，將必至於不能行之説一，蓋謂經界法行，息争止訟，大爲民利，而占田隱税、侵漁貧弱者所不便。及具宣德意，牓之通衢，則邦民鼓舞。而寓公豪右，果爲異議以沮之，遂因地震及足疾，不赴錫宴自劾。其冬，有旨先行漳州經界。南方春早，事已無及。

明年，屬有嗣子之喪，再請奉祠，除祕閣修撰，主管南京鴻慶宫。先生以當上初政，嘗辭前體職名，已降褒詔從其請，難以復受，辭者再，詔論撰之職，以寵名儒，乃拜命。除荆湖南路轉運副使，再辭。漳州經界竟報罷，遂以前言經界可行自劾。三年，再以疾辭，乞補滿宫觀，從之。又數月，差知静江府廣南西路經略安撫，辭。四年，又辭主管南京鴻慶宫。未幾，差知潭州荆湖南路安撫，以辭遠就近，不爲無嫌，力辭。

五年，再辭。有旨，長沙巨屏，得賢爲重。會洞獠擾屬郡，遂拜命赴鎮；至則遣人諭以禍福，皆降之；申教令，嚴武備，戢奸吏，抑豪民。先生所至，必興學校，明教化，湖湘士子素知學，日伺公退，則請質所疑，先生爲之講説不倦，四方之學者畢至；又以南康、漳州所申改正釋奠儀式爲請。録故死節五人，爲之立廟。

孝宗升遐，先生哀慟不能自勝。又聞上以疾不能執喪，中外洶洶，益憂懼，遂申省乞歸田里，言：「天下國家所以長久安寧，惟賴朝廷三綱五常之教，建立修明於上，然後守藩述職之臣，有以稟承宣佈於下。所以内外相維，大小順序。雖有强猾奸宄，無所逞志。不然，以一介書生，置諸數千里軍民之上，亦何所憑恃，而能服其衆哉？」又草封事，極言「父子天性，不應以小嫌廢彝倫」，言頗切直。會今上即位，不果上。上在潛邸，聞先生名，每恨不得先生爲本宫講官。至是首召奏事，先生行且辭，除煥章閣待制侍講，辭，不許；又再辭，且言：「陛下嗣位之初，方將一新庶政，所宜愛惜名器。若使倖門一開，其弊豈可復塞？至於博延儒臣，專意講學，蓋將求所以深得親歡者，爲建極導民之本；思所以大振朝綱者，爲防微慮遠之圖。顧問之臣，實資輔養。用人或繆，所繫非輕。」蓋先生在道，聞南內朝禮尚闕，近習已有用事者，故豫有是言。

又不許，遂奏乞且依元降指揮，帶元官職奏事者再。及入對，首言：「乃者天運艱難，國有大咎，所謂天下之大變，而不可以常理處者。太皇太后躬定大策，陛下寅紹丕圖，可謂處之以權而庶幾不失其正矣。然自頃至今，亦既三月，或反不能無疑於逆順名實之際，禍亂之本，又已伏於冥冥之中，竊爲陛下憂之。尚猶有可諉者，亦曰陛下之心，前日未嘗有求位之計，今日未嘗忘思親之懷，此則道心微妙之全體，天理發用之本然，所以行權而不失其正之根本也。誠即是心而充之，所謂求仁得仁而無怨，終身欣然樂而忘天下者，臣有以知陛下之不難矣。借曰天命神器，不可無傳；宗廟社稷，不可無奉，則轉禍爲福，易危爲安，亦豈可舍此而他求哉？充吾未嘗求位之心，則可以盡吾負罪引慝之誠；充吾未嘗忘親之心，則可以致吾溫凊定省之禮。始終不越乎此，而大倫正，大本立矣。」

次言：「爲學莫先於窮理，窮理必在於讀書。讀書之法，莫貴於循序而致精。致精之本，則又在於居敬而持志。」

又三劄言：「湖南歲計，入少出多，不可支吾。乞裁減差到諸班換授歸正雜色，補官員數。邵州邊防，全無措畫，以致溪人侵犯。乞移置寨栅，增撥戍兵。潭州城壁，乞行計度修築。」

既對，面辭待制侍講，不許。翌日，又辭待制職名，乞改作説書差遣，以爲「未得進説，而先受厚恩，萬一異時未效涓埃，而疾病不支，遂竊侍從職名而去，則臣死有餘罪」。上手札：「卿經術淵源，正資勸講，次對之職，勿復牢辭，以副朕崇儒重道之意。」遂拜命。會趙彦逾按視孝宗山陵，以爲土肉淺薄，掘深五尺，下有水石，旋改新穴，比舊僅高尺餘。孫逢吉覆按，亦乞少寬日月，别求吉兆。有旨集議，臺史憚之，議遂中寢。先生竟上議狀，言：「壽皇聖德神功，宜得吉土，以奉衣冠之藏。當廣求術士，博訪名山，不宜偏信臺史罔上誤國之言，固執紹興坐南向北之説，委之水泉砂礫之中，殘破浮淺之地。」不報。覃恩轉朝請郎，紫章服，實録院同修撰，再辭，不許。

拜命受詔，進講《大學》。先生以平日論著，敷陳開析，務積誠意，以感上心，遂奏乞除朔望旬休及過宫日外，不以寒暑雙隻日月諸色假故，並令早晚進講。又乞置局看詳四方封事，瑞慶節免稱賀，皆從之。復因有旨修葺舊東宮，爲屋三數百間，遂具《四事奏》，言：「當上帝震怒，災異數出，畿甸百姓，饑餓流離，太上皇帝未獲進見，壽皇因山未卜。太皇太后、皇太后皆以尊老之年，煢然憂苦，不宜大興土木，以就安便。壽康定省之禮，所宜下詔自責，頻日繼往。顧乃逶迤舒緩，無異尋常，太上皇帝必以爲此特備禮而來，其深閉固拒而不得見亦宜矣。朝廷紀綱，尤所當嚴。上自人主，下至百執，各有職業，不可相侵。今進退宰執，移易臺諫，皆出陛下之獨斷，大臣不與謀，給舍〔一〕不及議，正使其事悉當於理，亦非爲治之體。況中外傳聞，皆謂左右或竊其柄，而其所行又未能盡允於公議乎？此弊不革，臣恐名爲獨斷，而主威不免於下移，欲以求治，而反不免於致亂。」末復申言：「菆〔二〕宮之卜，不宜偏聽臺史膠固繆妄之言，墮其交結眩惑之計。」皆不報。

先生進講，每及數次，復以前所講者，編次成帙以進。上亦開懷容納，且面諭以「求放心之説甚善。所進册子，宫中嘗讀之，今後更爲點來」。先生知上有意於學，遂

〔一〕「舍」字原作「諫」，據《勉齋文集》爲正。
〔二〕「菆」，《勉齋文集》作「攢」字。

以劄子勉上進德，其略言：「願陛下日用之間，語默動静，必求放心以爲之本。而於玩經觀史，親近儒學，已用力處，益用力焉。數召大臣，切劘治道，俾陳今日要務，略如仁祖開天章閣故事。至於羣臣進對，亦賜温顏，反覆詢訪，以求政事之得失，民情之休戚，而又因以察其人才之邪正短長，庶於天下之事，各得其理。」

又奏：「《禮經》勑令子爲父、嫡孫承重爲祖父者，斬衰三年。嫡子當爲父後，不能襲位執喪，則嫡孫繼統而代之執喪。自漢文短喪，歷代因之，天子遂無三年之喪，爲父且然，則嫡孫承重可知。人紀廢壞，三綱不明，千有餘年，莫能釐正。壽皇聖帝，至性自天，孝誠内發，易月之外，猶執通喪。朝衣朝冠，皆以大布，所宜著在方册，爲世法程。間者遺誥初頒，太上皇帝偶違康豫，不能躬就喪次。陛下以世嫡承大〔一〕統，則承重之服，著在禮律，所宜一遵壽皇已行之法。一時倉卒不及詳議，遂用漆沙淺黄之服，不惟上違禮律，且使壽皇已行之禮，舉而復墜，臣竊痛之。然既往之失，不及追改，惟有將來啓殯發引禮，當復用初喪之服，則其變除之節，尚有可議。欲望明詔禮官，稽考禮律，豫行指定。」

〔一〕「大」，《勉齋文集》作「文」字。

會孝宗祔廟，議宗廟迭毀之次。有請「併祧僖、宣二祖，奉太祖居第一室，祫祭則正東向之位」者。有旨集議，僖、順、翼、宣四祖祧主，宜有所歸；自太祖皇帝首尊四祖之廟，以僖祖爲四廟之首。治平間，議者以世數寖遠，請遷僖祖於夾室，未及數年，王安石等奏僖祖有廟，與稷契無異，請復其舊。詔從之，時相雅不以熙寧復祀僖祖爲是，先生度難以口舌爭，遂移疾上議狀，條其不可者四，以爲：「藏之夾室，則是以祖宗之主，下藏於子孫之夾室。至於祫祭設幄於夾室之前，則亦不得謂之祫。欲別立一廟，則喪事即遠，有毀無立。欲藏之天興殿，則宗廟原廟，不可相雜。議者皆知其不安，特以其心急於尊奉太祖，三年一祫，時暫東向之故，不知其實無益於太祖之尊，而徒使僖祖、太祖兩廟威靈，相與爭較强弱於冥冥之中，並使四祖之神，疑於受擯，徬徨躑躅，不知所歸，令人傷痛，不能自已。今但以太祖當日追尊帝號之心而默推之，則知太祖今日在天之靈，於此必有所不忍。又況僖祖祧主遷於治平，不過數年。神宗皇帝復奉以爲始祖，已爲得禮之正而合於人心，所謂有其舉之而莫敢廢者乎！」

又擬爲廟制，以辯議者一旦並遷僖、宣二祖，析太祖、太宗爲二之失，復引元祐大儒程頤之說，以爲：「物豈有無本而生者，今日天下基本，蓋出僖祖，安得爲無功業？」議狀既上，廟堂持之，不以聞，既毀撤僖宣廟室，更創別廟以奉四祖。宰相既有所偏主，樓鑰、陳傅良又復牽合裝綴，附以其説。先生所議，頗達上聽。復有旨召赴内殿奏事，因節略狀文，及爲劄子，畫圖以進，上然之，且曰：「僖祖國家始祖，高宗、孝宗、太上皇帝不曾遷，今日豈敢輕議！」欲令先生於榻前撰數語，以御批直罷其事。先生方懲内批之弊，因言乞降出劄子，再令臣寮集議。既退，復以上意諭廟堂，而事竟不行。

經生學士知禮者皆是先生。一時異議之徒，忌其軋己，權奸遂從而乘之。上之立也，丞相趙汝愚密與知閤門事韓侂胄謀之，侂胄於太皇太后爲親屬，因得通中外之言。侂胄自謂有定策功，居中用事。先生自長沙辭免待制侍講，已微寓其意。及進對，復嘗再三面言，又約吏部侍郎彭龜年共攻之。龜年出護使客，侂胄益得志。先生又於所奏四事〔一〕疏中，斥言左右竊柄之失，後因講筵留身，復申言前疏，乞賜施行，既退，即降御批云：「憫卿耆艾，方此隆冬，恐難立講。已除卿宫觀。」宰相執奏不行，明日徑以御批付下，臺諫給舍亦争留，不可，除寶文閣待制，與州郡差遣，力辭。尋除知江陵府，又力辭。仍乞追還新舊職名，詔依舊焕章閣待制提舉南京鴻慶宫。

〔一〕「事」字原作「書」，據《勉齋文集》爲正。

慶元元年（一一九五），又乞追還舊職，不許。趙丞相亦罷，誣以不軌，謫永州。丞相既當大任，收召四方知名之士，中外引領以觀新政。先生獨惕然以侂胄用事爲慮，既屢爲上言，又數以手書遺生徒密白丞相，當以厚賞酬其勞，勿使得豫朝政，且有分界限、立紀綱、防微杜漸、謹不可忽之意。丞相方謂「其易制，所倚以爲腹心謀事之人，又皆持禄苟安，無復遠慮」。丞相既逐，而朝廷大權，悉歸侂胄。先生自念身雖閒退，尚帶侍從職名，不敢自默，遂草書萬言，極言奸邪蔽主之禍，因以明其冤。詞旨痛切，諸生更諫，以筮決之，遇《遯》之《同人》，先生默然退，取諫稿焚之，自號遯翁。以廟議不合，乞收還職名，又以疾乞休致。

先是吏部取會磨勘，至是轉朝奉大夫，又辭職名乞休致。又以嘗妄議山陵自劾，又言已罷講官，不敢復帶侍從職名，詔依舊祕閣修撰。二年，又言昨來疏封錫服，封贈蔭補，磨勘轉官，皆爲已受從官恩數，乞改正。沈繼祖爲監察御史，上章誣詆，落職罷祠。四年十二月，以來歲年近七十，申乞致仕。五年依所請。六年（一二〇〇）三月甲子，終於正寢。十一月壬申，葬建陽縣唐石里之大林谷。

嘉泰二年，除華文閣待制，與致仕恩澤。傅伯壽故家子，嘗執子弟禮，恨不薦己，先生辭次對除修撰也，伯壽行詞有慢僞等語。及先生歿，伯壽守建寧，又不以聞，故復職之命猶生存也。

自先生去國，侂胄勢益張，鄙夫憸人，迎合其意，以學爲僞，謂「貪黷放肆，乃人真情；廉潔好禮者皆僞」也。科舉取士，稍涉經訓者，悉見排黜；文章議論，根於理義者，並行除毁。《六經》《語》《孟》，悉爲世之大禁，猾胥賤隸，頑鈍無耻之徒，往往引用，以至卿相。繩趨尺步，稍以儒名者，無所容其身；從遊之士，特立不顧者，屏伏丘壑。依阿巽懦〔一〕者，更名他師，過門不入，甚至變易衣冠，狎遊市肆，以自别其非黨。先生日與諸生講學竹林精舍，有勸以謝遣生徒者，笑而不答。先生既殁，善類悉已排擯，羣小之勢已成。侂胄志氣驕溢，遂至擅開邊釁，幾危宗社，而生靈塗炭矣。開禧三年，侂胄伏誅，凶徒憸黨，根株斥戮。嘉定元年，詔賜謚，與遺表恩澤。明年賜謚曰文，又明年贈中大夫，特贈寶謨閣直學士，後以明堂恩，累贈通議大夫。

先生平居惓惓，無一念不在於國；聞時政之闕失，則戚然有不豫之色；語及國勢之未振，則感慨以至泣下。然謹難進之禮，則一官之拜，必抗章而力辭；厲易退之節，則一語不合，必奉身而亟去。其事君也，不貶道以求售。其愛民也，不徇俗以苟

〔一〕巽懦，謂怯懦。

安。故其與世，動輒齟齬。自筮仕以至屬纊，五十年間，歷事四朝，仕於外者僅九考，立於朝者四十日，道之難行如此。然紹道統，立人極，爲萬世宗師，則不以用舍爲加損也。

自韋齋先生得中原文獻之傳，聞河洛之學，推明聖學遺意，日誦《大學》《中庸》，以用力於致知誠意之地，先生蚤歲已知其説而心好之。韋齋病且亟〔一〕，屬曰：「籍溪胡原仲，白水劉致中，屏山劉彦沖，三人吾友也，學有淵源，吾所敬畏。吾即死，汝往事之，而惟其言之聽，則吾死不恨矣。」先生既孤，則奉以告三君子，而禀學焉。時年十有四，慨然有求道之志，博求之經傳，徧交當世有識之士，雖釋老之學，亦必究其歸趣，訂其是非。

延平李先生學於豫章羅先生，羅先生學於龜山楊先生，延平於韋齋爲同門友。先生歸自同安，不遠數百里，徒步往從之，延平稱之曰：「樂善好義，鮮與倫比。」又曰：「潁悟絶人，力行可畏，其所論難，體認切至。」自是從遊累年，精思實體，而學之所造者益深矣。其爲學也，窮理以致其知，反躬以踐其實。居敬者，所以成始成終

〔一〕「亟」字原作「革」，據《勉齋文集》爲正。

也，謂：「致知不以敬，則昏惑紛擾，無以察義理之歸；躬行不以敬，則怠惰放肆，無以致義理之實。持敬之方，莫先主一。」既爲之長箴以自警，又筆之書，以爲小學大學皆本於此。

終日儼然端坐一室，討論典訓，未嘗少輟。「自吾一心一身以至萬事萬物，莫不有理。存此心於齊莊静一之中，窮此理於學問思辨之際，皆有以見其所當然而不容已，與其所以然而不可易。然充其知而見於行者，未嘗不返之於身也。不覩不聞之前，所以戒懼者愈嚴愈敬；隱微幽獨之際，所以省察者愈精愈密。思慮未萌而知覺不昧，事物相接而品節不差。無所容乎人欲之私，而有以全乎天理之正。」

不安於偏見，不急於小成，而道之正統在是矣。「其爲道也，有太極而陰陽分，有陰陽而五行具。稟陰陽五行之氣以生，則太極之理各具於其中。天所賦爲命，人所受爲性，感於物爲情，統性情爲心。根於性則爲仁義禮智之德，發於情則爲惻隱、羞惡、辭遜、是非之端，形於身則爲手足耳目口鼻之用，見於事則爲君臣、父子、夫婦、兄弟、朋友之常，求諸人則人之理不異於己，參諸物則物之理不異於人。貫徹古今，充塞宇宙，無一息之間斷，無一毫之空闕。莫不析之，極其精而不亂；然後合之，盡其大而無餘。」

先生之於道，可謂建諸天地而不悖，質諸聖賢而無疑矣。故其得於己而爲德也，以一心而窮造化之原，盡性情之妙，達聖賢之蘊。以一身而體天地之運，備事物之理，任綱常之責，明足以察其微，剛足以任其重，弘足以致其廣，毅足以極其常。其存之也虛而静，其發之也果而確，其用之也應事接物而不窮，其守之也歷變履險而不易。本末精麤，不見其或遺；表裏初終，不見其或異。至其養深積厚，矜持者純熟，嚴厲者和平，心不待操而存，義不待索而精，猶以爲義理無窮，歲月有限，常歉然有不足之意。蓋有日新又新不能自已者，而非後學之所可擬議也。

其可見之行則修諸身者，其色莊，其言厲，其行舒而恭，其坐端而直。其閒居也，未明而起，深衣幅巾方履，拜於家廟，以及先聖。退坐書室，几案必正，書籍器用必整。其飲食也，羹食行列有定位，匕箸舉措有定所。倦而休也，瞑目端坐。休而起也，整步徐行。中夜而寢，既寢而寤，則擁衾而坐，或至達旦。威儀容止之間，則自少至老，祁寒盛暑，造次顛沛，未嘗有須臾之離也。

行於家者，奉親極其孝，撫下極其慈。閨庭之間，内外斬斬，恩義之篤，怡怡如也。其祭祀也，事無纖鉅，必誠必敬。小不如儀，則終日不樂；已祭無違禮，則油然而喜；死喪之禮，哀戚備至；飲食衰經，各稱其情。賓客往來，無不延遇，稱家有無，常盡其歡。於親故，雖疏遠必致其愛；於鄉閭，雖微賤必致其恭。吉凶慶弔，禮無所遺；賙恤問遺，恩無所闕。其自奉則衣取蔽體，食取充腹，居止取足以障風雨，人不能堪，而處之裕如也。

若其措諸事業，則州縣之施設，立朝之言論，經綸規畫，正大宏偉，亦可概見。雖達而行道，不能施之一時，然退而明道，足以傳之萬代。謂：「聖賢道統之傳，散在方册。聖賢之旨不明，則道統之傳始晦。」於是竭其精力，以研窮聖賢之經訓，於《大學》《中庸》，則補其闕遺，别其次第，綱領條目，燦然復明。於《論語》《孟子》，則深原當時答問之意，使讀而味之者，如親見聖賢而面命之。於《易》與《詩》，則求其本義，攻其末失，深得古人遺意於數千載之上。凡數經者，見之傳注，其關於天命之微，人心之奥，入德之門，造道之域者，既已極深研幾，探賾索隱，發其旨趣而無遺矣。至於一字未安，一詞未備，亦必沈潛反覆；或達旦不寐，或累日不倦，必求至當而後已。故章旨字義，至微至細，莫不理明詞順，易知易行。

於《書》，則疑今文之艱澀，反不若古文之平易。於《春秋》，則疑聖心之正大，決不類傳注之穿鑿。於《禮》，則病王安石廢罷《儀禮》而傳記獨存。於《樂》，則憫後世律尺既亡，而清濁無據。是數經者，亦嘗討論本末，雖未能著爲成書，然其大旨，固已獨得之矣。若歷代史記，則又考論西周以來，至於五代，取司馬公編年之書，繩以《春秋》紀事之法，綱舉而不繁，目張而不紊；國家之理亂，君臣之得失，如指諸掌。

周、程、張、邵之書，所以繼孔孟道統之傳，歷時未久，微言大義，鬱而不章。先生爲之裒集發明，而後得以盛行於世。《太極》《先天》二圖，精微廣博，不可涯涘，爲之解剥條畫，而後天地本原，聖賢藴奥，不至於泯没。程張門人祖述其學，所得有深淺，所見有疏密，先生既爲之區别，以悉取其所長；至或識見小偏，流於異端者，亦必研窮剖析，而不没其所短。南軒張公、東萊吕公，同出其時，先生以其志同道合，樂與之友。至或識見少異，亦必講磨辯難，以一其歸。

至若求道而過者，病〔一〕傳注誦習之煩，以爲不立文字，可以識心見性；不假修爲，可以造道入德。守虚靈之職，而昧天理之真；借儒者之言，以文老佛之説。學者利其簡便，詆訾聖賢，捐棄經典，猖狂叫呶，側僻固陋，自以爲悟；立論愈下者，則又崇獎漢唐，比附三代，以便其計功謀利之私。二説並立，高者陷於空無，下者溺於卑陋，其害豈淺淺哉？先生力排之，俾不至亂吾道以惑天下，於是學者靡然向之。

〔一〕「病」字原作「痛」，據《勉齋文集》爲正。

先生教人，以《大學》《語》《孟》《中庸》爲入道之序，而後及諸經。以爲不先乎《大學》，則無以提綱挈領，而盡《論》《孟》之精微；不參之以《論》《孟》，則無以融會貫通，而極《中庸》之旨趣。然不會其極於《中庸》，則又何以建立大本、經綸大經，而讀天下之書、論天下之事哉？

其於讀書也，又必使之辯其音釋，正其章句，玩其辭，求其義，研精覃思，以究其所難知；平心易氣，以聽其所自得。然爲己務實，辯別義利，毋自欺，謹其獨之戒，未嘗不三致意焉。蓋亦欲學者窮理反身，而持之以敬也。從遊之士，迭誦所習，以質其疑。意有未喻，則委曲告之，而未嘗倦。問有未切，則反覆戒之，而未嘗隱。務學篤則喜見於言，進道難則憂形於色。講論經典，商略古今，率至夜半，雖疾病支離，至諸生問辯，則脱然沈痾之去體；一日不講學，則惕然常以爲憂。摳衣而來，遠自川蜀；文詞之傳，流及海外。至於荒裔，亦知慕其道，竊問其起居。窮鄉晚出，家蓄其書，私淑諸人者，不可勝數。

先生既没，學者傳其書，信其道者益衆，亦足以見理義之感於人者深也。繼往聖將微之緒，啓前賢未發之機，辨諸儒之得失，闢異端之訛繆，明天理，正人心，事業之大，又孰有加於此者？至若天文地志，律曆兵機，亦皆洞究淵微；文詞字畫，騷人才士，疲精竭神，常病其難，至先生未嘗用意，而亦皆動中規繩，可爲世法。是非資禀之異，學行之篤，安能事事物物，各當其理，各造其極哉？學修而道立，德成而行尊，見之事業者又如此。秦漢以來，迂儒曲學，既不足以望其藩牆。而近代諸儒，有志乎孔、孟、周、程之學者，亦豈能以造其閫域哉？嗚呼！是殆天所以相斯文，篤生哲人，以大斯道之傳也。

先生病且革，手爲書囑其子在，與門人范念德、黄榦，尤拳拳以勉學及修正遺書爲言。翌日，門人侍疾者請教，先生曰：「堅苦。」問温公《喪禮》，曰：「疏略。」問《儀禮》，頷之。已而正坐整衣冠，就枕而逝。門人治喪者，既一以《儀禮》從事。而訃告所至，從遊之士，與夫聞風慕義者，莫不相與爲位而聚哭焉。禁錮雖嚴，有所不避也……先生所著書，有《易本義》《啓蒙》《蓍卦考誤》《詩集傳》《大學中庸章句或問》《論語孟子集注》《太極圖通書西銘解》《楚辭集注辨證》《韓文考異》，所編次有《語孟集義》《孟子指要》《中庸集略》《孝經刊誤》《小學書》《通鑑綱目》《本朝名臣言行録》《古今家祭禮》《近思録》《河南程氏遺書》《伊洛淵源録》，皆行於世。先生著述雖多，於《語》《孟》《中庸》《大學》，尤所加意。若《大學》《論語》，則更定數四，以至垂没。《大學》誠意一章，乃其絶筆也。其明道垂教，拳拳深切如此。《楚辭集注》亦晚年所作，其愛君憂國，雖老不忘。《通鑑綱目》僅能成編，每以未及修補爲恨。又嘗編次禮書，用工尤苦，竟亦未能脱稿，所輯家禮，世多用之，然其後亦多損益，未暇更定。平生爲文，則季子在彙次之矣。生徒問答，則後學李道傳嘗裒輯鋟版〔一〕，未備也。

妻劉氏，追封碩人，白水草堂先生之女……子三人，塾……埜……在；孫男七人，鉅、銓、鑑、鐸、銍、鉉、鑄……曾孫男六人：淵、洽、潛、濟、濬、澄……

先生没有年矣，狀其行者，未有所屬筆，在以榦從學日久，俾任其責。先生既不假是而著，榦之識見淺陋，言語卑弱，又不足模倣萬一。追思平日步趨謦欬，則悲愴哽咽，不忍書亦不忍忘也。竊聞道之正統，待人而後傳。自周以來，任傳道之責，得統之正者，不過數人。而能使斯道章章較著者，一二人而止耳。由孔子而後，周、程、張子繼其絶，至先生而始著，蓋千有餘年之間，孔孟之徒所以推明是道者，既以煨燼殘闕，離析穿鑿，而微言幾絶矣。周、程、張子崛起於斯文湮塞之餘，人心蠹壞之後，

〔一〕李道傳首先輯集《朱子語録》四十五卷本，寧宗嘉定八年（一二一五）在池州刻出；其弟李性傳搜集《朱子語續録》，理宗嘉熙二年（一二三八）於饒州刻出。李道傳（一一七〇～一二一七），字貫之，四川井研人，寧宗慶元二年（一一九六）進士，官至兵部郎官。

扶持植立，厥功偉然。未及百年，踳駁尤甚。先生出，而自周以來，聖賢相傳之道，一旦豁然，如大明中天，昭晰呈露，則摭其言行，又可略與？輒採同志之議，敬述世系爵里出處言論，與夫學問道德行業，人之所共知者，而又私竊以道統之著者終之，以俟知德者〔一〕考焉。謹狀。〔二〕

壬午應詔封事

【釋】紹興三十二年壬午（一一六二）夏六月，孝宗（趙眘）即位，詔求直言，秋八月，應詔上此封事，時朱子三十三歲。「封事」，密封奏事之謂。朱子封事綜述「帝王之學」，條陳講學、定計、任賢三項治道之綱領。孝宗乃宋太祖之後，在位二十七年，爲南渡諸帝之有爲者，史稱乾淳之治。

臣恭惟太上皇帝再造區夏，受命中興，憂勤恭儉，三十六年，春秋未高，方內無

〔一〕《論語·衛靈公》孔子曰：「由，知德者鮮矣！」蓋有待也。
〔二〕黄榦《學士通議大夫謚文朱先生行狀》，載《勉齋先生黄文肅公文集》卷三四。

事，乃深惟天下國家之至計，一旦而舉四海之廣，天位之尊，斷自宸衷〔一〕，傳之聖子。皇帝陛下恭承慈訓，應期御歷，爰初踐阼，曾未幾何，而設施注措之間，所以大慰斯民之望者，新而又新，曾靡虚日，其規摹固已宏遠矣。然猶且謙沖退託，不以聖智自居，首下明詔，以求直言，此尤足以見帝王之高致，知爲治之先務也，天下幸甚。

臣竊伏草茅，深自惟念天下之大，不爲無人；忠言嘉謨，崇論紘議，計已日陳於陛下之前，尚恐不足仰望清光，無以少備採擇，況臣之愚，雖欲效其區區，豈能有補於萬分之一哉？又惟即位求言，累聖相承，以爲故事，則未知今日陛下之意，姑以備故事而已耶？抑真欲博盡羣言，以冀萬一之助也。臣誠愚昧，不知所出，然愛君尊主，出於犬馬之誠，有不能自已者，而昧死言之，惟陛下留聽。

臣伏讀詔書，有曰：「朕躬有過失，朝政有闕遺，斯民有戚休，四海有利病，並許中外士庶直言極諫者。」臣竊以陛下潛德宫府，幾三十年，不邇聲色，不殖貨利，無一物之嗜好形於宴私，無一事之過失聞於中外，昧爽而朝，嚴恭寅畏，仁孝之德，孚於上下，所以大繫羣生之仰望，濬發太上之深慈，以至於膺受付託，奄有萬方者，其必有以

〔一〕「宸衷」，宸謂北辰之所居，意指人君；衷，謂心意。

致之矣。然則聖躬之過失，臣未之聞也。今日臨御未幾，而延登故老，召用直臣，抑僥倖以正朝綱，雪冤憤以作士氣；貢奉之私不輸於内帑，恭儉之德日聞於四方。凡天下之人所欲而未行，所患而未去者，以次罷行，幾無遺恨。然則朝政之闕遺，臣亦未之聞也。至於斯民之戚休，四海之利病，則有之矣。然臣屏伏閩陬十有餘年，足迹未嘗及乎四方，其見聞所及之一二，内自隱度，皆非今日所宜道於陛下之前者，不敢毛舉以溷聖聽。至若陰拱噤默，終不爲陛下一言，則又非臣之所敢安也。

臣聞召公之戒成王曰：「若生子，罔不在厥初生，自貽哲命。」《孟子》之言亦曰：「雖有智慧，不如乘勢。」方今天命之眷顧方新，人心之嚮向方切，此亦陛下端本正始，自貽哲命之時，因時順理，乘勢有爲之會也。又況陛下聖德隆盛，天下之人傳誦道説，有年於兹。今者正位宸極，萬物咸覩，其心蓋皆以非常之事，非常之功，望於陛下，不但爲守文之良主而已也。然而祖宗之境土未復，宗廟之讎耻未除，戎敵之姦譎不常，生民之困悴已極。方此之時，陛下所以汲汲有爲，以副生靈之望者，當如何哉？然則今日之事，非獨陛下不可失之時，抑國家盛衰治亂之機，廟社安危榮辱之兆，亦皆決乎此矣。蓋陛下者，我宋之盛主，而今日者，陛下之盛時，於此而不副其望焉，則祖宗之遺黎裔胄，不復有所歸心矣，可不懼哉！可不懼哉！

臣愚死罪，竊以爲聖躬雖未有過失，而帝王之學，不可以不熟講也；朝政雖未有闕遺，而修攘之計，不可以不早定也；利害休戚，雖不可偏以疏舉，然本原之地，不可以不加意也。蓋學不講則過失萌矣，計不定則闕遺大矣，本不端則末流之弊不可勝言矣。臣請得爲陛下詳言之。

臣聞之，堯、舜、禹之相授也，其言曰：「人心惟危，道心惟微，惟精惟一，允執厥中。」夫堯、舜、禹皆大聖人也，生而知之，宜無事於學矣，而猶曰精，猶曰一，猶曰執者，明雖生而知之，亦資學以成之也。陛下聖德純茂，同符古聖；生而知之，臣所不得而窺也。然竊聞之道路，陛下毓德之初，親御簡策衡石之程，不過諷誦文辭，吟詠情性而已。比年以來，聖心獨詣，欲求大道之要，又頗留意於老子、釋氏之書，疏遠傳聞，未知信否？然私獨以爲若果如此，則非所以奉承天錫神聖之資，而躋之堯舜之盛者也。蓋記誦華藻，非所以探淵源而出治道；虛無寂滅，非所以貫本末而立大中。是以古者聖帝明王之學，必將格物致知，以極夫事物之變，使事物之過乎前者，義理所存，纖微畢照，瞭然乎心目之間，不容毫髮之隱，則自然意誠心正，而所以應天下之務者，若數一二辨黑白矣。苟惟不學，與學焉而不主乎此，則內外本末，顛倒謬戾，雖有聰明睿智之資，孝友恭儉之德，而智不足以明善，識不足以窮理，終亦無補乎天下之治亂矣。然則人君之學與不學，所學之正與不正，在乎方寸之間；而天下國家之治與不治，見乎彼者如此其大，所繫豈淺淺哉？《易》所謂：「差之毫釐，繆以千里。」此類之謂也。蓋致知格物者，堯舜所謂「精一」也；正心誠意者，堯舜所謂「執中」也。自古聖人口授心傳而見於行事者，惟此而已。至於孔子集厥大成，然進而不得其位，以施之於天下，故退而筆之，以爲《六經》，以示後世之爲天下國家者，於其間語其本末、終始、先後之序，尤詳且明者，則今見於戴氏之記，所謂《大學篇》者是也。故承議郎程顥，與其弟崇政殿説書頤，近世大儒，實得孔孟以來不傳之學，皆以爲此篇乃孔氏遺書，學者所當先務，誠至論也。

臣愚伏願陛下捐去舊習無用浮華之文，攘斥似是而非、邪詖之説，少留聖意，於此遺經，延訪真儒深明厥旨者，置諸左右，以備顧問，研究充擴，務於至精至一之地，而知天下國家之所以治者，不出乎此。然後知體用之一原，顯微之無間，而獨得乎堯、舜、禹、湯、文、武、周公、孔子之所傳矣！於是考之以《六經》之文，監〔一〕之以歷代之跡，會之於心，以應當世無窮之變。以陛下之明聖，而所以浚其源，輔其志者，如此

〔一〕「監」字，《晦庵先生朱文公文集》作「鑑」。

其備，則其所至，豈臣愚昧所能量哉？然臣非知道者，凡此所陳，特其所聞與師友之梗概端緒而已。陛下由是講學而自得之，則必有非臣之言所能及者，惟陛下深留聖意毋忽，則天下幸甚。

臣又聞之，爲天下國家者，必有一定不易之計。而今日之計，不過乎修政事，攘夷狄而已矣，非隱奥而難知也。然其計所以不時定者，以講和之説疑之也。夫金虜與我有不共戴天之仇，則其不可和也，義理明矣。而或者猶爲是説者，其意必曰：「今本根未固，形勢未成，進未有可以恢復中原之策，退未有可以備禦衝突之方，不若縻以虚禮，因其來聘，遣使報之，請復土疆。示之以弱，例之優遊驕怠，未遽謀我，而我得以其間從容興補，而大爲之備，萬一天意悔禍，或誘其衷，則我之所大欲者，將不用一士之命而可以坐得，何憚而不爲哉？」臣竊以爲知義理之不可爲矣，而猶爲之者，必以有利而無害故也。而以臣策之，所謂講和者，有百害無一利。何苦而必爲之？

夫復讎討賊、自彊爲善之説，見於經者，不啻詳矣。陛下聰明稽古，固不待臣一二言之，請姑陳其利害而陛下擇焉。夫議者所謂「本根未固，形勢未成，進不能攻，退不能守」，何爲而然哉？正以有議和之説故也。此説不罷，則天下之事，無一可成之理，何哉？進無生死一决之計，而退有遷延可已之資，則人之情，雖欲勉强自力於進爲，而其氣固已涣然離沮而莫之應矣。其守之也必不堅，其發之也必不勇，此非其志之本然，氣爲勢所分，志爲氣所奪故也。故今日講和之説不罷，則陛下之勵志必淺，大臣之任責必輕，將士之赴功必緩，官人百吏之奉承必不能悉其心力，以聽上之所欲爲。然則根本終欲何時而固，形勢終欲何時而成，恢復又何時而可圖，守備又何時而可恃哉？其不可冀明矣。

若曰「以虚禮縻之」，則彼雖仁義不足，而凶狡有餘。誠有謀我之心，則豈爲區區之虚禮而驕？誠有兼我之勢，則亦豈爲區區之虚禮而輟哉？若曰「示之以弱」，則是披腹心，露情實，而示之以本然之弱，非强而示之弱之謂也，適所以使之窺見我之底藴，知我之無謀，而益無忌憚耳。縱其不來，我恃此以自安，勢分氣奪，日復一日，如前所云者，雖復曠日十年，亦將何計之可成哉？則是〔一〕前所以驕敵者，乃所以啓敵而自驕；所以緩寇者，乃所以養寇而自緩；爲虜計則善矣，而非吾臣子乃宜言也。

且彼盜有中原，歲取金幣，據全盛之勢，以制和與不和之權。少懦則以和要我，

〔一〕「是」字脱，據《朱文公文集》補。

而我不敢動；力足則大舉深入，而我不及支。蓋彼以從容制和，而其操術常行乎和之外，是以利伸否蟠，而進退皆得。而我方且仰首於人，以聽和與不和之命，謀國者惟恐失敵人之驩，而不爲久遠之計。進則失中原事機之會，退則沮忠臣義士之心，蓋我以汲汲欲和，而志慮常陷乎和之中，是以跋前疐後，而進退皆失。自宣和、靖康以來，首尾三四十年，虜人專恃此計，中吾腹心。決策制勝，從横前卻，無不如其意者，而我墮其術中，曾不省悟，危國亡師，如出一轍。去歲之事，人謂朝廷其知之矣，而解嚴未幾，虜使復至，彼何憚於我而遽爲若是？是又欲以前策得志於我，而我猶不悟也。受而報之，信節未還，而海州之圍已急矣。此其包藏反覆，豈易可測？而議者猶欲以已試敗事之餘謀當之，其亦不思也哉！

至於「請復土疆」，而冀其萬一之得，此又不思之大者。夫土疆我之舊也，雖不幸淪没，而豈可使彼仇讎之虜，得以制其予奪之權哉？顧吾之德之力如何耳。我有以取之，則彼將不能有，而自歸於我；我無以取之，則彼安肯舉吾力之所不能取者，而與吾哉？且彼能有之而我不能取，則我弱而彼强，不較明矣。縱其與我，我亦豈能據而有之？彼有大恩，我有大費，而所得者未必堅也。向者燕雲三京之事，可以監矣，是豈可不爲之寒心也哉！假使萬有一而出於必不然之計，彼誠不我欺，而不責其報，我必能自保，而永無他虞，則固善矣。然以堂堂大宋，不能自力，以復祖宗之土宇，顧乃乞丐於仇讎之戎狄，以爲國家，臣雖不肖，竊爲陛下羞之。

夫前日之遣使報聘，以是爲請，既失之矣。及陛下嗣位，天下之望曰庶幾乎！而赦書下者，方且禁切諸將，毋得進兵；申遣使介，告諭纂承之意，繼修和好之禮，亦若有意於和議之必成，而坐待土疆之自復者。遠近傳聞，頓失所望。臣愚不能識其何說？而竊歎左右者用計之不詳也。古語有之：「疑事無功，疑行無名。」今虜以好來而兵不戢，我所以應之者，常不免出於兩途，而無一定之計，豈非所謂疑事也哉？以此號令，使觀聽熒惑，離心解體，是乃未攻而已卻，未戰而已敗也。欲以此成恢復之功，亦已難矣。

然失之未遠，易以改圖。往者不可諫，而來者猶可追也。願陛下疇咨大臣，總攬羣策，鑑失之之由，求應之之術，斷以義理之公，參以利害之實，罷黜和議，追還使人，苟未渡淮，猶將可及。自是以往，閉關絶約，任賢使能，立紀綱，厲風俗，使吾修政事、攘夷狄之外，了然無一毫可恃以爲遷延中已之資，而不敢懷頃刻自安之意，然後將相軍民，遠近中外，無不曉然知陛下之志，必於復讎啓土，而無玩歲愒日之心，更相激厲，以圖事功。數年之外，志定氣飽，國富兵强。於是視吾力之强弱，觀彼釁之淺深，徐起而圖之。中原故地，不爲吾有，而將焉往？此不過少遲數年之久，而理得勢全，名正實利，其與講和請地，苟且僥倖必不可成之虛計，不可同年而語也明矣。惟陛下深留聖意毋忽，則天下幸甚！〔一〕

至於四海之利病，臣則以爲繫於斯民之戚休。斯民之戚休，臣則以爲繫乎守令之賢否。然而監司者，守令之綱也；朝廷者，監司之本也。欲斯民之皆得其所，本原之地，亦在乎朝廷而已。陛下以爲今日之監司，姦贓狼藉，肆虐以病民者誰，則非宰執臺諫之親舊賓客乎？其既失勢者，陛下既按見其交私之狀而斥去之矣，尚在勢者，豈無其人？顧陛下無自而知之耳。然則某事之利爲民之休，某事之病爲民之戚，陛下雖欲聞之，亦誰與奉承而致諸民哉？

臣以爲惟以正朝廷爲先務，則其患可不日而自革。而陛下似亦有意乎此矣。蓋前日所號召數君子者，皆天下所謂忠臣賢士也，所以正朝廷之具，豈有大於此者哉？然其才之所長者不同，則任之所宜者亦異。願陛下於其大者，使之贊元經體，以亮天

〔一〕「臣又聞之」至「則天下幸甚」，並載於《紫陽學術發微》卷六《壬午應詔封事》。

功；於其細者，使之居任職庶〔一〕，以熙庶績；能外事者，使任典戎幹方之責；明治體者，使備拾遺補過之官。又使之各舉所知，布之列位，以共圖天下之事。使疏而賢者，雖遠不遺；親而否者，雖邇必棄。毋主先入，以致偏聽獨任之譏；毋篤私恩，以犯示人不廣之戒。進退取舍，惟公論之所在是稽，則朝廷正而内外遠近莫敢不一於正矣。監司得其人，而後列郡之得失可得而知；郡守得其人，而後屬縣之治否可得而察。重其任以責其成，舉其善而懲其惡。夫如是則事之所謂利，民之所謂休，將無所不舉。事之所謂病，民之所謂戚，將無所不除，又何足以勞聖慮哉？

苟惟不然，而切切然今日降一詔，明日行一事，欲以惠民而適增其擾者有之，欲以興利而益重其害者有之，紛紜叢脞，既非君道所宜；宣布奉行，徒爲觀聽之美而已，則亦何補之有？況今旱蝗四起，民食將乏，圖所以寬賦役，備賑贍，業流通，銷盜賊之計，尤在於守令之得其人；而其本原之地，則又有在。願陛下深留聖意毋忽，則天下幸甚！

蓋天下之事，至於今日，無一不弊，而不可以勝陳。以獻言者之衆，則或已能略盡

〔一〕「居任職庶」，《朱文公文集》作「居官任職」。

之矣。然求其所謂要道先務而不可緩者，此三事是也。夫「講學」所以明理，而導之於前；「定計」所以養氣，而督之於後；「任賢」所以修政，而經緯乎其中。天下之事，無出乎此者矣。伏維陛下因此初政，端本正始，自貽哲命之時，因時順理，乘勢有爲之會，於此三言，深加察納，果斷力行，以幸天下。則夫所謂不可勝陳之事，凡見於議者之言，而合乎義理之公，切於利害之計者，自然循次及之，各得其所。若其不然，雖有求治之心而致之不得其方，雖有致治之方而爲之不得其序，一旦恭儉勞苦，憂勤過甚，有所不堪，而不見其效，則亦終於因循怠惰而無所成矣！豈天下之人所以延頸舉踵而望陛下之初心哉？至於是時，雖欲悔之，臣恐其倍勞聖慮，而成效不可期也。〔一〕

庚子應詔封事

孝宗淳熙七年（一一八〇）三月，詔監司郡守條具民間利病。公知南康軍事，四月應詔上。

臣伏覩三月九日陛下可議臣之奏，申敕監司郡守，條具民間利病，悉以上聞，無

〔一〕朱子《壬午應詔封事》，載《晦庵先生朱文公文集》卷一一。

有所隱。臣以布衣諸生，蒙被聖恩，待罪偏壘，乃獲遭值仁聖，求言願治，不間疎遠如此，其敢不悉心竭慮，以塞詔旨。然臣嘗病獻言者不惟天下國家之大體，而毛舉細故以爲忠；聽言者不察天下國家之至計，而抉擿隱伏以爲明，是以獻言雖多而實無所益於人之國，聽言雖廣而實無以盡天下之美。臣誠不佞，然不敢專以淺意小言，仰奉明詔，惟陛下幸於其大者垂聽而審行之，則天下幸甚！

臣嘗謂天下國家之大務，莫大於恤民。而恤民之實在省賦，省賦之實在治軍。若夫治軍省賦以爲恤民之本，則又在夫人君正其心術，以立紀綱而已矣。董子所謂：「正心以正朝廷，正朝廷以正百官，正百官以正萬民，正萬民以正四方。」[一]蓋謂此也。夫民之不可不恤，不待智[二]者而後能知，亦不待明者然後能言也。然欲知其憔悴困窮之實，與其所以致此之由，則臣請以所領之郡推之，然後以次而及其所以施置之方焉。

臣謹按：南康爲郡，土地瘠薄，生物不暢，水源乾淺，易得枯涸；人民稀少，穀

[一] 見《漢書·董仲舒傳》。
[二] 「智」字，《朱文公文集》作「魯」。

賤農傷，固已爲貧國矣。而其賦税偏重，比之他處，或相倍蓰。民間雖復盡力耕種，所收之利，或不足以了納税賦，須至别作營求，乃可陪貼輸官，是以人無固志，生無定業，不肯盡力農桑，以爲子孫久遠之計。幸遇豐年，則賤糶禾穀，以苟目前之安。一有水旱，則扶老携幼，流移四出，視其田廬，無異逆旅之舍。蓋出郊而四望，則荒疇敗屋，在處有之。故臣自到任之初，即嘗具奏，乞且將星子一縣税錢，特賜蠲減；又嘗具申提點坑冶司，乞爲敷奏，將夏税所折木炭價錢量減分數。其木炭錢已蒙聖慈曲賜開允，獨減税事，漕司相度，方上版曹，若得更蒙聖恩，特依所請，則一方憔悴困窮之民，自此庶幾復有更生之望矣。

然以臣計之，郡之接境江、饒等州，土田瘠薄類此者，非一郡一縣而已也。税賦重大如此者，非一料一色而已也。若不大爲經理，深加隱恤，雖復時於其間少有縱舍，如以杯水救一車薪之火，恐亦未能大有所濟，而剥膚椎髓之禍，必且愈深愈酷而不可救，元氣日耗，根本日傷，一旦不幸而有方數千里之水旱，則其横潰四出，將有不可如何者，未知陛下何以處此？此臣之所謂民之憔悴困窮，而不可不恤者然也。

而臣所謂省賦理軍者，請復爲陛下言之。夫有田則有租，爲日久矣。而今日民間特以税重爲苦者，正緣二税之入，朝廷盡取以供軍，而州縣無復羸餘也。夫二税之入盡以供軍，則其物有常數，其時有常限，而又有點納水脚轉輸之費，州縣皆不容有所寬緩而減免也。州縣既無羸餘，以給官吏、養軍兵，而朝廷發下離軍歸正等人，又無紀極，支費日增，無所取辦，則不免創於二税之外，别作名色，巧取於民。且如納米收耗，則自七斗八斗，以至於一倍再倍而未止也；豫借官物，則自一年二年以至三年四年而未止也。此外又有月樁移用諸雜名額，抛買乳香，科買軍器，寄招軍兵，打造鐵甲之屬，自版曹總所以至漕司，上下相承，遞相促迫。今日追究人吏，明日取勘知通，官吏無所從出，不過一切取之於民耳。蓋不如是，無以補舊欠，支目前。雖明知其一旦發覺，違法抵罪而不及顧也。夫以罪及其身而不暇恤，尚何暇於民之恤乎？以此觀之，則今日民貧賦重，其所從來亦可知矣。若不計理軍實而去其浮冗，則民力決不可寬。然國家躄處東南，恢復之勳未集，所以養兵而固圉者，常患其力之不足，則兵又未可以遽減。

竊意惟有選將吏，覈兵籍，可以節軍貲；開廣屯田，可以實軍儲；練習民兵，可以益邊備。誠能行此三者，而又時出禁錢以續經用，民力庶幾其可寬也。今將帥之選，率皆膏粱騃子，廝役凡流，徒以趨走應對爲能，苞苴結託爲事，物望素輕，既不爲軍士所服，而其所以得此差遣，所費已是不貲。以故到軍之日，惟務裒斂刻剥，經營賈販，百種搜羅，以償債負。債負既足，則又別生希望，愈肆誅求。蓋上所以奉權貴而求陞擢，下所以飾子女而快己私，皆於此乎取之。至於招收簡閲，訓習撫摩，凡軍中之急務，往往皆不暇及。軍士既已困於刻剥，苦於役使，而其有能者又不見優異，無能者或反見親寵，怨怒鬱積，無所伸訴。平時既皆悍然有不服之心，一旦緩急，何由可恃？至於軍中子弟，亦有素習弓馬，諳曉戰陣者，例皆不肯就本軍投募，而朝廷反爲之分責州郡，枉費錢物，拖拽短小生疎無用之人，以補軍額。凡此數端，本末巨細，無不乖錯。而所謂將帥者，利欲飽滿，鑽研有效，則又可以束裝問塗，而望他軍之積以爲己資矣。故近歲以來，管軍臣僚遷代之速，至有一歲而再易者，是則不惟軍中利病無由究知，冗兵浮食日益猥衆，而此人之所盜竊破費，與夫送故迎新，百色支用，已不知其幾何矣！至於總餽輸之任者，亦皆負倚幽陰，交通賄賂，其所程督驅催，東南數十州之脂膏骨髓，名爲供軍，而輂載以輸於權倖之門者，不可以數計。

若乃屯田、民兵二事，又特爲誕謾小人竊取官職之資，而未聞其有絲毫尺寸可見之效。凡此數弊，天下之人孰不知之？而任事之臣，略不敢一言以告陛下，惟務迫趣州縣，使之急征横賦，戕伐邦本，而其所以欺陛下者，則曰如是而國可富，如是而兵可强。陛下亦聞其説之可喜而未究其實，往往誤加獎寵，畀以事權，是以比年以來，此輩類皆高官厚禄，志滿氣得，而生民日益困苦，無復聊賴。草茅有識之士，相與私議竊歎，以爲莫大之禍，必至之憂，近在朝夕，顧獨陛下未之知耳。

爲今之計，欲計軍實以紓民力，則必盡反前之所爲，然後乃可冀也。蓋授將印，委利權，一出於朝廷之公議，則可以絶苞苴請託之私；務求忠勇沈毅，實經行陣，曾立勞效之人，則可以革輕授非才之弊。無苞苴請託之私則刻剥之風可革，將得其人則軍士畏愛奮厲，蒐閲以時而竄名冗食者不得容於其間。得人而久其任，則上下相安，緩急可恃，而又可以省送迎之費。軍之汰卒，與凡北來歸正、添差任滿之人，皆可歸之屯田，使之與民雜耕，而漸損其請給。其有材勇事藝之人，則計其品秩而多與之田，因以爲什伍之長，使教其人習於馳射擊刺行伍之法。罷去諸州招軍之令，而募諸軍子弟之驍勇者，則〔一〕授以田，使隸尺籍，大抵令與見行屯田民兵之法相爲表裏。擇老成忠實、通曉兵農之務者，使領其事，付以重權，久其事任，毋貪小利，毋急近功，俟其果能漸省列屯坐食之兵，稍損州郡供軍之數，然後議其課最增秩而因任之，如此十數年間，自然漸見功效。若其功效未能遽見之間，而欲亟圖所以紓州縣民間目前之

〔一〕「則」字原作「别」，據《朱文公文集》爲正。

急者，則願深詔主計將輸之臣，且於見今樁積金穀緡絹數内，每歲量撥三二十萬，視州郡之貧乏者，特與免起上供官物三五分而代其輸。向後軍籍既覈，屯田既成，民兵既練，則上項量撥之數可以漸減，而州郡免起之數可以漸增。州縣事力既益寬舒，然後可以禁其苛斂，責以寬恤，歲課而時稽之，不惟去其加耗預借、非法科敷之弊，又視其土之肥瘠、税之輕重而均減之，庶幾窮困之民得保生業，無復流移漂蕩之意；所在曠土，亦當漸次有人開墾布種，而公上之賦亦當自然登足，次第增羨，不俟程督迫促，而國真可富，兵真可强矣！此臣之所謂省賦治軍之説然也。

至於所謂「其本在於正心術，以立紀綱」者，則非臣職之所當及。然天下萬事之根本源流，有在於是，雖欲避而不言，有不可得者。且臣頃於隆興初元，誤蒙召對，蓋已略陳其梗概矣，今請昧死復爲陛下畢其説焉。

夫所謂綱者，猶網之有綱也；所謂紀者，猶絲之有紀也。網無綱則不能以自張，絲無紀則不能以自理。故一家則有一家之綱紀，一國則有一國之綱紀。若乃鄉總於縣，縣總於州，州總於諸路，諸路總於臺省，臺省總於宰相，而宰相兼統衆職，以與天子相可否而出政令，此則天下之綱紀也。然而綱紀不能以自立，必人主之心術公平正大，無偏黨反側之私，然後綱紀有所繫而立。君心不能以自正，必親賢臣，遠小人，講明義理之歸，閉塞私邪之路，然後乃可得而正也。古先聖王所以立師傅之官，設賓友之位，置諫諍之職，凡以先後縱臾，左右維持，惟恐此心頃刻之間，或失其正而已。原其所以然者，誠以天下之本在是，一有不正，則天下萬事將無一物得其正者，故不得而不謹也。

今天下之事，如前所陳，亦可見矣。陛下欲恤民則民生日蹙，欲理財則財用日匱，欲治軍則軍政日紊；欲恢復土宇，則未能北向以取中原尺寸之土；欲報雪讐耻，則未能係單于之頸而飲月氏之頭也，此其故何哉？宰相臺省、師傅賓友、諫諍之臣皆失其職，而陛下所與親密、所與謀議者，不過一二近習之臣也。此一二小人者，上則蠱惑陛下之心志，使陛下不信先王之大道，而悦於功利之卑説，不樂莊士之讜言，而安於私暬之鄙態。下則招集天下士大夫之嗜利無耻者，文武彙分，各入其門。所喜則陰爲引援，擢寘清顯；所惡則密行訾毁，公肆擠排。交通貨賂，則所盗者皆陛下之財；命卿置將，則行竊者皆陛下之柄。雖陛下所謂宰相師保賓友諫諍之臣，或反出入其門牆，承望其風旨，其幸能自立者，亦不過齪齪自守，而未嘗敢一言以斥之。其甚畏公論者，乃略能驚逐其徒黨之一二，既不能深有所傷，而終亦不敢明言以擣其囊橐巢窟之所在。勢成威立，中外靡然向之，使陛下之號令黜陟，不復出於朝廷，而出於此一二人之門；名爲陛下之獨斷，而實此一二人者，陰執其柄。蓋其所壞非獨壞陛下之綱紀而已，乃并與陛下所以立綱紀者而壞之，使天下之忠臣賢士，深憂永歎，不樂其生；而貪利無耻，敢於爲惡之人，四面紛然，攘袂而起，以求逞其所欲。然則民又安可得而恤？財又安可得而理？軍政何自而修？土宇何自而復？而宗廟〔一〕之讐耻，又何時而可雪耶？

臣誠至愚，不勝憤懣，因伏惟念，自頃進對，得竭狂瞽。陛下不惟赦而不誅，其後十八年間，兩蒙收召，五被除擢。雖臣愚暗，自知無用於世，又爲疾病憂患之所牽留，有不得祗拜恩命者。然陛下之知臣不爲不深，憐臣不爲不厚。顧臣乃獨畏懦藏縮，熟視天下之綱紀廢亂，生靈困苦，至於如此，而不能捐生出死，一爲陛下言之，是陛下不負臣而臣負陛下也。今者幸值聖明，開廣言路，而臣官守適在可言之數，於此而又不言，則臣之罪雖萬死不足以自贖，是以敢冒言之。伏惟臣下曲加容貸，留神省察，奮發剛斷，一正宸心，斥遠佞邪，建立綱紀，以幸四海困窮之民，則臣不勝大幸。干冒

〔一〕「廟」字原作「朝」，據《朱文公文集》爲正。

斧鉞，臣無任瞻天望聖、戰慄俟命之至。臣熹昧死再拜謹言。〔一〕

甲寅行宫便殿奏劄

【釋】光宗（趙惇）紹熙五年甲寅（一一九四），傳位寧宗（趙擴）。是年八月，朱子六十五歲，除焕章閣待制兼侍講；九月，於行宫便殿奏事，第一劄奏請正心誠意，第二劄是爲此文，奏明窮理讀書爲「帝王之學」之根本。奏文之末表明道學即帝王之學。

臣竊惟皇帝陛下祗膺駿命，恭御寶圖，正位之初，未遑它事，而首以博延儒臣，討論經藝爲急先之務，蓋將求多聞以建事，學古訓而有獲，非若記問愚儒，詞章小技，誇多以爲博，鬬靡以爲工而已也。如是則勸講之官所宜遴選，顧乃不擇，誤及妄庸，則臣竊以爲過矣。蓋臣天資至愚極陋，雖嘗挾策讀書，妄以求聖賢之遺旨，而行之不力，老矣無聞，況於帝王之學，則固未之講也，其何以當擢任之寵，而辱顧問之勤乎？

〔一〕朱子《庚子應詔封事》，載《朱文公文集》卷一一。

是以聞命驚惶，不敢奉詔。然嘗聞之，人之有是生也，天固與之以仁義禮智之性，而敘其君臣父子之倫，制其事物當然之則矣。以其氣質之有偏，物欲之有蔽也，是以或昧其性以亂其倫，敗其則而不知反，必其學以開之，然後有以正心修身，而爲齊家治國之本，此人之所以不可不學，而其所以學者，初非記問詞章之謂，而亦非有聖愚貴賤之殊也。以是而言，則臣之所嘗用力，固有可爲陛下言者，請遂陳之。

蓋爲學之道，莫先於窮理。窮理之要，必在於讀書。讀書之法，莫貴於循序而致精，而致精之本，則又在於居敬而持志，此不易之理也。夫天下之事莫不有理，爲君臣者有君臣之理，爲父子者有父子之理，爲夫婦，爲兄弟，爲朋友，以至於出入起居應事接物之際，亦莫不各有理焉。有以窮之，則自君臣之大，以至於事物之微，莫不知其所以然，與其所當然，而無纖芥之疑。善則從之，惡則去之，而無毫髮之累。此爲學所以莫先於窮理也。

至論天下之理，則要妙精微，各有攸當，亘古亘今不可移易，惟古之聖人爲能盡之，而其所行所言，無不可爲天下後世不易之大法。其餘則順之者爲君子而吉，背之者爲小人而凶。吉之大者，則能保四海而可以爲法；凶之甚者，則不能保其身而可以爲戒。是其粲然之跡，必然之效，蓋莫不具於經訓史册之中。欲窮天下之理，而不既是而求之，則是正牆面而立爾，此窮理之所以必在乎讀書也。

若夫讀書，則其不好之者，固怠忽間斷而無所成矣。其好之者，又不免乎貪多而務廣，往往未啓其端，而遽已欲探其終；未究乎此，而忽已志在乎彼；是以雖復終日勤勞，不得休息，而意緒忽忽，常若有所奔趨迫逐，而無從容涵泳之樂，是又安能深信自得，常久不厭，以異於彼之怠忽間斷而無所成者哉？孔子所謂「欲速則不達」，孟子所謂「進鋭者退速」，正謂此也。誠能鑑此而有以反之，則心潛於一，久而不移，而所讀之書，文意接連，血脈通貫，自然漸漬浹洽，心與理會，而善之爲勸者深，惡之爲戒者切矣。此循序致精所以爲讀書之法也。

若夫致精之本，則在於心。而心之爲物，至虚至靈，神妙不測，常爲一身之主，以提萬事之綱，而不可有頃刻之不存者也。一不自覺，而馳騖飛揚，以徇物欲於軀殼之外，則一身無主，萬事無綱，雖其俯仰顧盼之間，蓋已不自覺其身之所在，而況能反覆聖言，參考事物，以求義理至當之歸乎？孔子所謂「君子不重則不威，學則不固」，孟子所謂「學問之道無他，求其放心而已矣」者，正謂此也。誠能嚴恭寅畏，常存此心，使其終日儼然，不爲物欲之所侵亂，則以之讀書，以之觀理，將無所往而不通；以之應事，以之接物，將無所處而不當矣。此居敬持志，所以爲讀書之本也〔一〕。

此數語者，皆愚臣平生爲學，艱難辛苦已試之效。竊意聖賢復生，所以教人不過如此。不獨布衣韋帶之士所當從事，蓋雖帝王之學，殆亦無以易之。特以近年以來，風俗薄陋，士大夫間聞此等語，例皆指爲「道學」，必排去之而後已。是以食芹之美，無路自通，每抱遺經，徒竊慨嘆。今者乃遇皇帝陛下，始初清明，無他嗜好，獨於問學，孜孜不倦。而臣當此之時，特蒙引對，故敢忘其固陋，而輒以爲獻。伏惟聖明深賜省覽，試以其説驗之於身，蚤寤晨興，無忘今日之志，而自强不息，以緝熙於光明，使異時嘉靖邦國如商高宗，興衰撥亂如周宣王，以著明人主講學之效，卓然爲萬世帝王之標準，則臣雖退伏田野，與世長辭，與有榮矣。何必使之勉强盲聾，扶曳跛躄，以汙近侍之列，而爲盛世之羞哉？干冒宸嚴，不勝戰慄。惟陛下留神財幸，取進止。〔二〕

〔一〕「爲學之道」至「所以爲讀書之本也」，並載於《紫陽學術發微》卷六《甲寅行宮便殿奏劄二》。

〔二〕「取進止」，謂奏文意見隨君上定奪去取，下同。此朱子《甲寅行宮便殿奏劄二》，載《朱文公文集》卷一四。

乞修三禮劄子

【釋】宋光宗紹熙五年（一一六四），擬呈此《乞修三禮劄子》，唯未及呈上。

臣聞之：「六經之道同歸，而禮樂之用爲急。」〔一〕遭秦滅學，禮樂先壞。漢晉以來，諸儒補緝，竟無全書。其頗存者，《三禮》而已。《周官》一書固爲禮之綱領，至其儀法度數，則《儀禮》乃其本經，而《禮記·郊特牲》《冠義》等篇，乃其義説耳。前此猶有三禮、通禮、學究諸科，禮雖不行，而士猶得以誦習而知其説。熙寧以來，王安石變亂舊制，廢罷《儀禮》而獨存《禮記》之科，棄經任傳，遺本宗末，其失已甚。而博士諸生又不過誦其虚文，以供應舉，至於其間亦有因儀法度數之實而立文者，則咸幽冥而莫知其源，一有大議，率用耳學臆斷而已。若乃樂之爲教，則又絶無師授。律尺短長，聲音清濁，學士大夫莫有知其説者，而不知

〔一〕見《漢書·禮樂志》。

其爲闕也。

故臣頃在山林，嘗與一二學者考訂其説，欲以《儀禮》爲經，而取《禮記》及諸經史雜書所載，有及於禮者，皆以附於本經之下，具列注疏諸儒之説，略有端緒。而私家無書檢閲，無人鈔寫，久之未成。會蒙除用，學徒分散，遂不能就。而鐘律之制，則士友間亦有得其遺意者。竊欲更加參考，别爲一書，以補六藝之闕，而亦未能具也。欲望聖明特詔有司，許臣就秘書省太常寺關借禮樂諸書，自行招致舊日學徒十餘人，踏逐空閑官屋數間，與之居處，令其編類。雖有官人，亦不繫銜請俸，但乞逐月量支錢米，以給飲食、紙札、油燭之費。其鈔寫人即乞下臨安府差撥貼司二十餘名，候結局日量支犒賞，别無推恩，則於公家無甚費用，而可以興起廢墜，垂之永久，使士知實學，異時可爲聖朝製作之助，則斯文幸甚，天下幸甚。取進止。〔一〕

〔一〕 朱子《乞脩三禮劄子》，載《朱文公文集》卷一四。

朱子大義卷二

【釋】朱子與時人往還書信，闡述治道與道學大端，唐先生以爲其乃朱子集中之切要者，故極重視。此卷至卷六凡五卷，皆收録朱子此類書信；根據劉宗周《聖學宗要》排次，並附劉宗周或陸隴其之評説於相應作品之末。

與陳侍郎書　乾道乙酉

【釋】王懋竑《朱子年譜》云此文作於宋孝宗乾道元年（一一六五），時朱子三十六歲。陳侍郎謂陳俊卿〔一〕，時任侍郎。此書詳言治本之方，而批評「講和」之計、「獨斷」之言、「國是」之説

〔一〕陳俊卿（一一一三～一一八六），字應求，號陸梅，福建莆田人，紹興八年（一一三八）進士，乾道元年（一一六五）除吏部侍郎，兼侍讀同修國史。

三者爲政局之大患，此皆人主心術敗壞所致，故陳明用事大臣亟以格正君心爲本務。

昨者伏蒙還賜手書，慰藉甚厚，拜領感激，不知所言。而奉祠冒昧之請，又蒙台慈，引重再三，卒以得其所欲，所示堂帖，謹以祗受，仰荷恩眷，尤不敢忘，而不知所以報也。蓋熹賦性樸愚，惟知自守，間一發口，枘鑿頓乖，度終未能有以自振於當世，退守丘園，坐待溝壑[一]而已。今以閣下之力，得竊廩假[二]以供水菽之養，其爲私幸，亦已大矣。顧於義分，猶有僥冒之嫌，而閣下推挽之初心，猶以爲不止於此，此則豈熹所敢聞哉？

又蒙垂諭今日之事，慨然有「戛戛乎其難哉」之歎[三]，且承任職以來，屢有建白去處之義，自處甚明。熹也雖未獲與聞其詳，然有以見賢人君子立乎人之本朝，未嘗一日而忘天下之憂[四]，亦不肯以一日居其位而曠其職，蓋如此，然猶不鄙迂愚疏賤之

[一] 謂亂埋水溝泥壑之中，語本《孟子・滕文公下》：「志士不忘在溝壑，勇士不忘喪其元。」
[二] 謂俸禄。
[三] 韓愈《答李翊書》云：「當其取於心而注於手也，惟陳言之務去，戛戛乎其難哉！」
[四] 《孟子・梁惠王下》載孟子云：「樂以天下，憂以天下，然而不王者，未之有也。」

人，而語之及此，其意豈徒然哉？熹誠不足以奉承教令，然竊不自勝其慕用之思，是以忘其不佞，而試效一言焉，執事者其亦聽之。

熹嘗謂天下之事，有本有末。正其本者〔一〕，雖若迂緩而實易爲力；救其末者，雖若切至而實難爲功。是以昔之善論事者，必深明夫本末之所在，而先正其本。本正則末之不治，非所憂矣。且以今日天下之事論之，上則天心未豫，而饑饉薦臻；下則民力已殫，而賦歛方急；盜賊四起，人心動摇〔二〕。將一二以究其弊，而求所以爲圖回之術，則豈可以勝言哉？然語其大患之本，則固有在矣。蓋「講和」之計決，而三綱頹，萬事隳；「獨斷」之言進，而主意驕於上；「國是」之説行，而公論鬱於下；此三者其大患之本也。然爲是説者，苟不乘乎人主心術之蔽，則亦無自而入，此熹所以於前日之書不暇及他，而深以格夫君心之非者，有望於明公，蓋是三説者不破，則天下之事無可爲之理；而君心不正，則是三説者，又豈有可破之理哉？不審閣下前日之論，其亦嘗及是乎？抑又有大於此者，而山野之所弗聞弗知者乎？閣下誠得其本而論

〔一〕《漢書·東方朔傳》引《易》云：「正其本，萬事理。」
〔二〕本亂之六事。

之，則天下之事，一舉而歸之於正，殆無難者，而吾之去就，亦易以決矣。熹竊不自勝其憤懣之積，請復得而詳言之。

夫沮國家恢復之大計者，講和之說也；壞邊陲備禦之常規者，講和之說也；内咈吾民忠義之心，而外絶故國來蘇之望者，講和之說也；苟逭目前宵旰之憂，而養成異日晏安之毒者，亦講和之說也。此其爲禍，固已不可勝言，而議者言之固已詳矣。若熹之所言，則又有大於此者。蓋以祖宗之讎，萬世臣子之所必報而不忘者，苟曰力未足以報，則姑爲自守之計，而蓄憾積怨以有待焉，猶之可也。今也進不能攻，退不能守，顧爲卑辭厚禮，以乞憐於仇讎之戎狄，幸而得之，則又君臣相慶，而肆然以令於天下曰：凡前日之薄物細故，吾既捐之矣。欣欣然無復豪分忍痛含冤迫不得已之言，以存天下之防者，嗚呼！孰有大於祖宗陵廟之讎者，而忍以薄物細故捐之哉？

夫君臣之義，父子之恩，天理民彝之大，有國有家者，所以維繫民心，紀綱政事本根之要也。今所以造端建極者如此，所以發號施令者如此，而欲人心固結於我而不離，庶事始終有條而不紊，此亦不待智者而凜然以寒心矣。而爲此說者之徒，懼夫公論之沸騰，而上心之或悟也，則又相與作爲「獨斷」之說，傅會經訓，文致姦言，以深中人主之所欲，而陰以自託其私焉。本其爲說，雖原於講和之一言；然其爲禍，則又不止於講和之一事而已。是蓋將重誤吾君,使之傲然自聖,上不畏皇天之譴告,下不畏公論之是非,挾其雷霆之威,萬鈞之重,以肆於民上而莫之敢攖者,必此之由也。嗚呼!其亦不仁也哉?甚於作俑者矣。仁人君子,其可以坐視其然,而恬然不爲之一言以正之乎?

此則既然矣,而旬日之間,又有造爲「國是」之説以應之者,其欺天罔人,包藏險慝,抑又甚焉。主上既可其奏,而羣公亦不聞有以爲不然者,熹請有以詰之。夫所謂國是者,豈不謂夫順天理合人心,而天下之所同是者耶?誠天下之所同是也,則雖無尺土一民之柄,而天下莫得以爲非,況有天下之利勢者哉?惟其不合乎天下之所同是,而强欲天下之是之也,故必懸賞以誘之,嚴刑以督之,然後僅足以劫制士大夫不齊之口,而天下之真是非,則有終不可誣者矣。不識今日之所爲,若和議之比,果順乎天理否耶?合乎人心否耶?誠順天理,合人心,則固天下之所同是也,異論何自而生乎?若猶未也,而欲主其偏見,濟其私心,彊爲之名,號曰國是,假人主之威,以戰天下萬口一辭之公論,吾恐古人所謂德惟一者,似不如是;而子思所稱「具曰予聖,誰知烏之雌雄」者,不幸而近之矣。昔在熙寧之初,王安石之徒嘗爲此論矣。其後章惇、蔡京之徒,又從而紹述之,前後五十餘年之間,士大夫出而議於朝,退而語乎家,一言之不合乎此，則指以爲〔一〕「邦朋」「邦誣」，而以四凶之罪隨之。蓋近世主張國是之嚴，凜乎其不可犯，未有過於近時者，而卒以公論不行，馴致大禍，其遺毒餘烈，至今未已。夫豈國是之不定而然哉？惟其所是者，非天下之真是，而守之太過，是以上下相徇，直言不聞，卒以至於危亡而不悟也。傳曰：「差之毫釐，繆以千里。」況所差非特毫釐哉？嗚呼！其可畏也已！奈何其又欲以是重誤吾君，使之尋亂亡之轍跡，而躬駕以隨之也？嗚呼！此三說者，其爲今日大患之本明矣。

然求所以破其説者，則又不在乎他，特在乎格君心之非而已。明公不在朝廷則已，一日立乎其位，則天下之責四面而至，與其顛沛於末流而未知所濟，孰若汲汲焉以勉於大人之事，而成己成物之功，一舉而兩得之也。

熹杜門求志，不敢復論天下之事久矣，於閤下之言，竊有感焉，不能自已，而復發其狂言如此，不審高明以爲如何也。尚書王公，計就職已久，方羣邪競逐，正論消亡之際，而二公在朝，天下望之，屹然若中流之底柱，有所恃而不恐。雖然，時難得而易失，事易毁而難成，更願合謀同力，早悟上心，以圖天下之事，此非獨熹之願，實海内

〔一〕「爲」字脱，據《朱文公文集》補入。

生靈之願也。〔一〕

與留丞相書　辛亥十月十二日

【釋】王懋竑《朱子年譜》云此文作於光宗紹熙二年（一一九一）辛亥十月十二日，時朱子六十二歲。留正（一一二九～一二〇六），字仲至，福建永春人；歷仕孝宗、光宗、寧宗三朝；於紹熙元年進左丞相，故云「留丞相」。函文痛述朝中小人「朋黨」，禍國殃民，務必去之；深盼賢才氣節君子得用於時，轉危爲安，在此一舉。

熹區區賤懇，已具前幅，必蒙矜念，俾遂退閑，不敢重出以煩公聽，惟是昨因致謝，輒罄鄙懷，狂妄僭率，不勝惶恐。然自遣人之後，即得朝士私書，語及近事，恭聞丞相忠誠〔二〕感格，天意爲回；重陰之底，復有陽復之漸，乃竊自幸其言之不效。既又反覆以思，則恐今日之事未足爲喜，而前日之論猶有可思者也。蓋自古君子小人雜

〔一〕朱子《與陳侍郎書》，載《朱文公文集》卷二四。
〔二〕「忠誠」二字脱，據《朱文公文集》補入。

居並用，非此勝彼，即彼勝此，無有兩相疑而終不決者，此必然之理也〔一〕。故雖舉朝皆君子，而但有一二小人雜於百執事之間，投隙抵巇，已足爲患，況居侍從之列乎？況居丞弼之任，而潛植私黨、佈滿要津乎？

蓋二三大臣者，人主之所與分别賢否，進退人材，以圖天下之事。自非同心一德，協恭和衷，彼此坦然，一以國家爲念，而無一毫有己之私間於其間，無以克濟。若以小人參之，則我之所賢而欲進之者，彼以爲害己而欲退之；我之所否而欲退之者，彼以爲助己而欲親之。且其可否異同，不待勉争力辨而後決，但於相與進退之間，小爲俯仰前卻之態，而已足以敗吾事矣！是豈可不先以爲慮，而輕爲他計以發其害我之機哉？

此猶姑以鈞敵之常勢言之耳。況今親疏新舊之情，本自不侔；忠邪遜逆之趣，又各有在。彼已先據必勝之地，而挾羣黨以塞要衝，凡一舉手，一摇足，皆足以爲吾之害。下至近習纖人，亦或爲之挾持簡牘、關通内外，以助其勢。而吾乃兀然孤居，孑然特立，絶無蚍蜉蟻子之援可與用力於根本之地，以覺上心而清言路，其可望以爲

〔一〕君子小人，互爲消長。

公道之助者，不能留之蹞步之間；而欲求之千里之外，彼方爲主而我方爲客，彼方爲刀而我方爲肉，此固天下之危機敗證，而又時取彼所甚惡之人，置之不能爲助之處，徒益其疑而無補於事。愚恐雖能遍起天下之賢人君子，置之内外，彼亦不必動其聲氣，但陰拱而微伺其勢，似能害己，則便一眴目而羣吠四起，使來者或未及門，至者或未暖席，而已狼狽倉皇，奔迸四處矣，尚何國事之可圖哉？

今日之事，丞相以爲但去一人，班列便無小人，臺閣便無異論乎？胡不觀於鄭尚書、王著作、孫司業之遂去而不留，袁温州之已除而中寢，此皆「誰實爲之」也哉？以愚觀之，但見其操心益危，慮患益深，而爲祟益甚耳！語曰：「治水不自其源，末流彌增其廣。」又曰：「射人先射馬，禽賊當禽王。」蓋慮此也。去年劉副端初除，抗論震動朝野，善類相慶，而熹獨深憂之。今日之勢，何以異此？

伏願丞相試熟計之，而亟陰求學士大夫之有識慮氣節者，相與謀之，先使上心廓然洞見忠邪之所在，而自腹心以至耳目喉舌之地，皆不容有毫髮邪氣留於其間，然後天下之賢可以次而用，天下之事可以序而爲也。如其不然，則自今以往，丞相之憂乃有甚於前日，是以熹竊危之，而未敢以爲喜也。

辱知之厚，不敢不盡愚，惟高明察之。抑天下之事，固多以欲速而致敗，然見幾不蚤，猶豫留時，亦智者所甚懼也。今日在我之勢固爲甚危，然乘隙疾攻，正在此時。投機之會，間不容息，惟丞相深計而亟圖之，則不唯善類之幸，實宗社生靈之幸。熹死罪死罪。〔一〕

附録：又《與留丞相書》一段　辛亥四月二十四日

【釋】覆函説明君子同心協力治理國事，不嫌有黨。君子成黨，爲治有望。

熹又蒙垂諭，深以士大夫之朋黨爲患，此古今之通病，誠上之人所當疾也。然熹當竊謂朋黨之禍，止於縉紳。而古之惡朋黨而欲去之者，往往至於亡人之國，蓋不察其賢否忠邪，而惟黨之務去，則彼小人之巧於自謀者，必將有以自蓋其迹，而君子恃其公心直道，無所回互，往往反爲所擠，而目以爲黨。漢唐紹聖之已事，今未遠也。熹雖至愚，伏讀丞相所賜之書，知丞相愛君憂國之心，無一言一字不出於至誠惻怛，此天下之賢人君子所以相率而願附於下風也，而未能

〔一〕朱子《與留丞相書》，載《朱文公文集》卷二八。

不以朋黨爲慮。熹恐丞相或未深以天下之賢否忠邪爲己任，是以上之所以告於君者，未能使之判然不疑於君子小人之分；下之所以行於進退予奪者，未能有以服天下之心，慰天下之望，而陰邪讒賊，常若反有侵凌干犯之勢。丞相又慮此身自陷於君子之黨，而使彼之蓄憾久而爲禍深也，又稍故爲迷亂昏錯之態以調柔之，反使之氣豪意健，旁若無人，敢於干禄之章，肆爲誣善之語，而朝廷亦不之問也。夫杜門自守、孤立無朋者，此一介之行也；延納賢能、黜退姦險，合天下之人，以濟天下之事者，宰相之職也，奚必以無黨者爲是，而有黨者爲非哉？

夫以丞相今日之所處，無黨則無黨矣，而使小人之道日長，君子之道日消，天下之慮將有不可勝言者，則丞相安得辭其責哉？熹不勝愚者之慮，願丞相以分别賢否忠邪爲己任，其果賢且忠耶，則顯然進之，惟恐其黨之不衆，而無與共圖天下之事也。其果姦且邪耶，則顯然退之，惟恐其去之不盡，而有以害吾用賢之功也。不惟不疾君子之爲黨，而不憚以身爲之黨；不惟不憚以身爲之黨，是又將引其君以爲黨而不憚也。如此，則天下之事其庶幾乎？〔一〕

〔一〕朱子《與留丞相書》，載《朱文公文集》卷二八。

答汪尚書

汪名應辰〔一〕，官吏部尚書

【釋】汪應辰於孝宗乾道四年（一一六八）冬，入覲陛對，召除吏部尚書，兼翰林學士並侍讀。函中提及吕祖謙爲博士，其時在孝宗乾道六年（一一七〇），則此書函作於此際，朱子是年四十歲。朱子此函明辨儒釋，正本清源；復宣明講和自治以偷安之非計，乃本不正而事不能理之意。

别紙示及釋氏之説，前日正以疑晦未祛，故請其説，方虞僭越，得罪於左右，不意貶損高明，與之醻酢如此，感戢〔二〕亡已。熹於釋氏之説，蓋嘗師其人，尊其道，求之亦切至矣，然未能有得。其後以先生君子之教，校夫先後緩急之序，於是暫置其説，而從事於吾學。其始蓋未嘗一日不往來於心也，以爲俟卒究吾説而後求之，未爲甚晚

〔一〕汪應辰（一一一八～一一七六），朱子從表叔，字聖錫，玉山人，紹興五年（一一三五）進士，時年十八，官至吏部尚書兼翰林學士並侍讀。

〔二〕「感戢」，感激之謂。

耳，非敢遽絀絶之也。而一二年來，心獨有所自安，雖未能即有諸己，然欲復求之外學，以遂其初心，不可得矣。然則前輩於釋氏未能忘懷者，其心之所安，蓋亦必有如此者，而或甚焉，則豈易以口舌争哉？

竊謂但當益進吾學，以求所安之是非，則彼之所以不安於吾儒之學，而必求諸釋氏然後安者，必有可得而言者矣。所安之是非既判，則所謂反易天常，殄滅人類者，論之亦可，不論亦可，固不即此以定取舍也。上蔡所云「止觀」之説，恐亦是借彼修行之目，以明吾進學之事。若曰彼之「參請」猶吾所謂「致知」，彼之「止觀」猶吾所謂「克己」也，以其語録考之，其不以「止觀」與「克己」同塗共轍明矣。後之好佛者，遂掇去首尾，孤行此句，以爲己援，正如孔子言「夷狄之有君，不如諸夏之亡也」，豈真慕夷狄？明道適僧舍，見其方食，而曰「三代威儀，盡在是矣」，豈真欲入叢林耶？胡文定所以取《楞嚴》《圓覺》，亦恐是謂於其術中猶有可取者，非以爲吾儒當取之以資己學也。孔子曰：「攻乎異端，斯害也已。」吕博士〔一〕謂：「君子反經而已矣，經正斯無邪慝。今惡邪説之害正而攻之，則適所以自敝而已。」此言誠有味者。故熹於釋學雖所

〔一〕吕祖謙於孝宗乾道六年（一一七〇）任太學博士。

未安，然未嘗敢公言詆之。特以講學所由，有在於是，故前日略扣其端。既蒙垂教，復不敢不盡所懷，恐未中理，乞賜開示，不憚改也，更願勿以鄙説示人，要於有定論而已。〔一〕

和戰之説，頃嘗蒙面誨。及今所示，非不明白，利害較然矣，然愚意終未敢安。蓋衛君待夫子而爲政，夫子以正名爲先，以子路之賢，尚疑其迂，然後夫子極言之，以爲名之不正，其禍至於「使民無所措其手足」。聖人之言，萬世之法，豈苟然哉？惟明人倫，達天理，知其上際下蟠，無所不極，無所逃於天地之間，然後信斯言之果不妄也。今欲以講和爲名，而修自治之實，恐非夫子正名爲先之意。内外心迹，判爲兩途，雖使幸而成功，亦儒者之所諱也。況先自處於背盟違命之地，而使彼得擅其直以責於我，内疑上下之心，外成讎敵之勢，皆非計之得也。必以摇動爲慮，則所謂自治者，其惟閉關固圉，寇至而戰，去不窮追，庶可以省息勞費，蓄鋭待時乎？以此自治，與夫因機亟決，電掃風馳者固不同，然猶同歸於是，其與講和之計，不可同年而語

〔一〕「别紙示及」至「要於有定論而已」，並載《紫陽學術發微》卷七《答汪尚書第二書》。

矣！不審台意以爲如何？〔一〕

答汪尚書

【釋】是篇正「道學」之義；闡明下學上達之工夫，方爲關鍵。

熹茲者累日侍行，得以親炙，竊惟道德純備，固非淺陋所能窺測，而於謙虚好問、容受盡言之際，尤竊有感焉。蓋推是心以往，將天下之善皆歸之，其於任天下之重也，何有？愚恐他日之事，常人所不能任者，閣下終不得而辭也，是以不勝拳拳，每以儒釋邪正之辨爲説，冀或有助萬分，而猶恐其未足於言也，請復陳之，幸垂聽焉。

大抵近世言「道學」者，失於太高；讀書講義，率常以徑易超絶，不歷階梯爲快；而於其間曲折精微、正好玩索處，例皆忽略厭棄，以爲卑近瑣屑，不足留情，以故雖或多聞博識之士，其於天下之義理，亦不能無所未盡。蓋以多聞博識自爲一事，不甚精察其理之

〔一〕朱子《答汪尚書》，載《朱文公文集》卷三〇。

所自來，却謂别有向上一著，與此兩不相關。此尹和靖所以有「此三事中一事看破，則此患亡矣」之説，可謂切中其病矣。理既未盡，而胸中不能無疑；乃不復反求諸近，顧惑於異端之説，益推而置諸冥漠不可測知之域，兀然終日味無義之語，以俟其廓然而一悟。殊不知物必格而後明，倫必察而後盡。格物只是窮理，物格即是理明，此乃《大學》功夫之始。潛玩積累，各有淺深，非有頓悟險絶處也。近世儒者語此，似亦太高矣。吕舍人書别紙録呈。彼既自謂廓然而一悟者，其於此猶懵然也，則亦何以悟爲哉？儒者爲此學而自謂有悟者，雖不可謂之懵，然其察之亦必不詳者矣。又況俟之而未必可得，徒使人抱不決之疑，志分氣餒，虛度歲月而倀倀耳。曷若致一吾宗，循下學上達之序，口講心思，躬行力究，寧煩毋略，寧下毋高，寧淺毋深，寧拙毋巧，從容潛玩，存久漸明，衆理洞然，次第無隱，然後知夫大中至正之極，天理人事之全，無不在是，初無迥然超絶不可及者，而幾微之間，毫釐畢察，酬酢之際，體用渾然，雖或使之任至重而處所難，亦沛然行其所無事而已矣，又何疑之不決而氣之不完哉？縱言至此，亦可謂躐等矣。然以閤下之明勉而進之，恐不足以爲難也。此其與外學所謂廓然而一悟者，雖未知其孰爲優劣，然此一而彼二，此實而彼虛，則較然矣。就使其説有實非吾儒之所及者，是乃所以過乎大中至正之矩，而與不及者亡以異也。窮極幽深，過也。反倫悖理，不及也。蓋大本既立，準則自明，此孟子所以知言，而詖淫邪遁接於我者，皆不能逃其鑑也。「生於其心，害於其政。發於其政，害於其事。」可不戒哉？可不懼哉？愚意如此，不識高明以爲何如？如其可取，幸少留意焉。既以自任，又以是爲格，非定國之本，則斯言之發，庶不得罪於君子矣。或未中理，亦乞明賜誨喻，將復思而請益焉，固無嫌於聽納之不弘也。孤陋寡聞，企望之切〔一〕。

中國所恃者「德」，夷狄所恃者「力」。今慮國事者，大抵以審彼己、較强弱爲言，是知夷狄相攻之策，而未嘗及中國治夷狄之道也。蓋以力言之，則彼常强我常弱，是無時而可勝，不得不和也。以德言之，則振三綱，明五常，正朝廷，勵風俗，皆我之所可勉，而彼之所不能者，是乃中國治夷狄之道，而今日所當議也。誠能自勵以此，則亦何以講和爲哉？愚之所憂，獨恐力既不振，德又不修，則曰戰曰和，俱無上策耳。

悦親有道，在於誠身。誠身有道，在乎明善。今和戰殊途，兩宫異論，秋防已迫，恐誤大計。蓋由誠身未至，自治未力，無以取信於親而然耳。必欲違令行義以圖事功，其勢甚逆而難，孰若誠身幾諫以冀感悟，其理至順而易哉？〔二〕

〔一〕「熹兹者累日侍行」至「企望之切」，並載《紫陽學術發微》卷七《答汪尚書第三書》。
〔二〕朱子《答汪尚書（甲申十月二十二日）》，《朱文公文集》卷三〇。

與張欽夫〔一〕

此書非是，但存之以見議論本末耳。丙戌

【釋】王懋竑《朱子年譜》云作於乾道二年丙戌，時朱子三十七歲。唐先生題下按語闡明朱子與張栻、吕祖謙、陸九淵、陳亮之間論學書信乃朱子集中至切要者。

文治謹按：讀《朱子全集》，以問答書爲最要。問答書以張〔二〕、吕、陸、陳〔三〕四先生爲最要，而《答張敬夫先生書》中論中和説，尤爲養心之本，入道之方。蓋朱子初時謂：「人自嬰兒以至老死，雖語默動静之不同，然其大體莫非已發，特其未發者

〔一〕文並載《紫陽學術發微》卷二《與張欽夫書》。

〔二〕張栻（一一三三～一一八〇），字敬夫，後避諱改欽夫，又字樂齋，號南軒，學者稱南軒先生，謚曰宣，後世稱張宣公，四川綿竹人。少朱子三歲，師從胡宏（一一〇五～一一六一），主講嶽麓書院，開「湖湘學」，與朱子「閩學」、吕祖謙「婺學」鼎足而三。乾道三年（一一六七）八月，朱子至長沙，與論《中庸》之義，相與博約。著作有《論語解》《孟子説》。卒後，朱子爲作《右文殿修撰張公神道碑》。

〔三〕吕祖謙、陸九淵、陳亮。

爲未嘗發耳。」後與蔡季通先生問辨時〔一〕，忽悟其非，以爲於日用之間，欠卻本領一段功夫，乃於程子所謂「涵養須是敬，進學則在致知」二語，切實服膺。蓋由前之説，膠於事物，即《通書》所謂「動而無静，静而無動」也；由後之説，心體周流貫徹，即《通書》所謂「動而無動，静而無静」也。集中《已發未發説》及《中和舊説序》論之甚詳。山陰劉蕺山先生以《與張敬夫》三書及《與湖南諸公論中和第一書》輯入《聖學宗要》，其指示學者，可謂深切著明矣；而陸稼書先生則謂蕺山「欲伸己見而巧於抑朱子之説」，不知《聖學宗要》先後排次，固極分明，未可輕加訾議也。兹謹將《宗要》所録，第列於《與欽夫先生問答書》之後，並附録蕺山、稼書先生之説，俾學道之士知所用力云。

人自有生，即有知識。事物交來，應接不暇，念念遷革，以至於死，其間初無頃刻停息，舉世皆然也。然聖賢之言，則有所謂未發之中、寂然不動者，夫豈以日用流行

〔一〕蔡元定（一一三五～一一九八），字季通，號西山，福建建陽人，精河洛之學，乃朱熹門人及姻親，從游最久，世稱西山先生。朱子初從張栻「心爲已發」之説；隔年與蔡元定問辨之際，在《中和舊説序》回憶反思道：「程子之言，出其門人高弟之手，亦不應一切誤謬以至於此。然則予之所自信者，其無乃反自誤乎？則復取程氏書，虚心平氣而徐讀之；未及數行，凍解冰釋，然後知情性之本然，聖賢之微旨，其平正明白乃如此。」正謂欠缺一段工夫，是程子所言「涵養須是敬，進學則在致知」，然後始能心貫道本；遂痛下決心，整理二程遺書，兩年後成書。

者爲已發，而指夫暫而休息、不與事接之際爲未發時耶？嘗試以此求之，則泯然無覺之中，邪暗鬱塞，似非虛明應物之體；而幾微之際，一有覺焉，則又便爲已發，而非寂然之謂。蓋愈求而愈不可見，於是退而驗之於日用之間，則凡感之而通，觸之而覺，蓋有渾然全體、應物而不窮者，是乃天命流行，生生不已之機，雖一日之間萬起萬滅，而其寂然之本體，則未嘗不寂然也，所謂未發，如是而已，夫豈别有一物，限於一時，拘於一處，而可以謂之中哉？

然則天理本真，隨處發見，不少停息者，其體用固如是，而豈物欲之私所能壅遏而梏亡之哉？故雖汩於物欲流蕩之中，而其良心萌蘖，亦未嘗不因事而發見。學者於是致察而操存之，則庶乎可以貫乎大本達道之全體，而復其初矣。不能致察，使梏之反覆，至於夜氣不足以存而陷於禽獸，則誰之罪哉？

周子曰：「五行一陰陽也，陰陽一太極也，太極本無極也。」其論至誠，則曰：「静無而動有。」程子曰：「未發之前，更如何求？只平日涵養便是。」又曰：「善觀者卻於已發之際觀之。」二先生之説如此，亦足以驗大本之無所不在，良心之未嘗不發矣。〔一〕

〔一〕朱子《答張欽夫》，載《朱文公文集》卷三〇。

劉蕺山先生云：「説得大意已是，猥不是限於一時，拘於一處，但有覺處不可便謂之已發，此覺性原自混然，原自寂然。」〔一〕

答張敬夫〔二〕

誨諭「曲折」數條，始皆不能無疑。既而思之，則或疑或信而不能相通。近深思之，乃知只是一處不透，所以觸處窒礙；雖或考索强通，終是不該貫，偶卻見得所以然者，輒具陳之，以卜是否。

大抵日前所見累書所陳者，只是儱侗地見得箇大本達道底影象，便執認以爲是了，卻於「致中和」一句，全不曾入思議，所以累蒙教告以「求仁」之爲急，而自覺殊無立脚下功夫處，蓋只見得箇直截根源、傾湫倒海底氣象，日間但覺爲大化所驅，如在洪濤巨浪之中，不容少頃停泊。蓋其所見一向如是，以故應事接物處，但覺粗厲勇

〔一〕劉宗周《聖學宗要·中和説》文，載《劉子全書·語類》卷五。
〔二〕文並載《紫陽學術發微》卷二《答張敬夫書》。

果，增倍於前，而寬裕雍容之氣，略無毫髮，雖竊病之，而不知其所自來也。而今而後，乃知浩浩大化之中，一家自有一箇安宅，正是自家安身立命、主宰知覺處，所以立大本、行達道之樞要，所謂「體用一源，顯微無間」者，乃在於此。而前此方往方來之說，正是手忙足亂無著身處，道邇求遠，乃至於是，亦可笑矣。

《正蒙》可疑處，以熹觀之，亦只是一病，如定性則欲其不累於外物，論至静則以識知爲客感，語聖人則以爲因問而後有知，是皆一病而已。復見天地心之説，熹則以爲天地以生物爲心者也，雖氣有闔闢，物有盈虚，而天地之心則亘古亘今，未始有毫釐之間斷也。故陽極於外而復生於内，聖人以爲於此可以見天地之心焉，蓋其復者氣也，其所以復者則有自來矣，向非天地之心生生不息，則陽之極也，一絶而不復續矣，尚何以復生於内，而爲闔闢之無窮乎？此則所論動之端者，乃一陽之所以動，非徒指夫一陽之已動者而爲言也。夜氣固未可謂之天地心，然正是氣之復處，苟求其故，則亦可以見天地之心矣。〔一〕

劉蕺山先生云：「這知覺又有箇主宰處，正是天命之性，統體大本達道者，

〔一〕 朱子《答張敬夫》，載《朱文公文集》卷三二。

端的端的。」〔一〕

答張欽夫〔二〕　己丑春

【釋】王懋竑《朱子年譜考異》云作於孝宗乾道五年（一一六九）己丑春，時朱子四十歲，剛編成《程氏遺書》，故實徵程子之説，闡明主敬之心意常存，仁體義用，無所不安。

諸説例蒙印可，而未發之旨，又其樞要，既無異論，何慰如之。然比觀舊説，卻覺無甚綱領，因復體察，得見此理，須以心爲主而論之，則性情之德，中和之妙，皆有條而不紊矣。然人之一身，知覺運用，莫非心之所爲，則心者固所以主於身，而無動静語默之間者也。然方其静也，事物未至，思慮未萌，而一性渾然，道義全具，其所謂中，是乃心之

〔一〕劉宗周《聖學宗要·中和説二》，《劉子全書·語類》卷五。

〔二〕文並載《紫陽學術發微》卷二《答張欽夫書》。

所以爲體而寂然不動者也。及其動也，事物交至，思慮萌焉，則七情迭用，各有攸主，其所謂和，是乃心之所以爲用，感而遂通者也。然性之靜也，而不能不動。情之動也，而必有節焉，是則心之所以寂然感通，周流貫徹，而體用未始相離者也。然人有是心而或不仁，則無以著此心之妙；人雖欲仁而或不敬，則無以致求仁之功。蓋心主乎一身，而無動靜語默之間，是以君子之於敬，亦無動靜語默而不用其力焉。

未發之前是敬也，固已主乎存養之實；已發之際是敬也，又常行於省察之間。方其存也，思慮未萌而知覺不昧，是則靜中之動，《復》之所以「見天地之心」也；及其察也，事物紛糾，而品節不差，是則動中之靜，《艮》之所以「不獲其身，不見其人」也。有以主乎靜中之動，是以寂而未嘗不感；有以察乎動中之靜，是以感而未嘗不寂。寂而常感，感而常寂，此心之周流貫徹，而無一息之不仁也。然則君子之所以「致中和而天地位萬物育」〔一〕者，在此而已。

蓋主於身而無動靜語默之間者心也，仁則心之道而敬則心之貞也。此徹上徹下之道，聖學之本統；明乎此，則性情之德，中和之妙，可一言而盡矣。

〔一〕《禮記·中庸》云：「致中和，天地位焉，萬物育焉。」

熹向來之説，固未及此。而來諭曲折，雖多所發明，然於提綱振領處，似亦有未盡。又如所謂「學者先須察識端倪之發，然後可加存養之功」。則熹於此不能無疑。蓋發處固當察識，但人自有未發時，此處便合存養，豈可必待發而後察，察而後存耶？且從初不曾存養，便欲隨事察識，竊恐浩浩茫茫無下手處，而毫釐之差，千里之繆，將有不可勝言者。此程子所以每言：「孟子才高，學之無可依據。人須是學顔子之學則入聖人爲近，有用力處。」其微意亦可見矣。且如灑掃應對進退，此存養之事也，不知學者將先於此而後察之耶？抑將先察識而後存養也？以此觀之，則用力之先後，判然可觀矣。

來教又謂：「動中涵静，所以復見天地之心。」亦所未諭。熹前以「復爲静中之動」者，蓋觀卦象便自可見，而伊川先生之意，似亦如此。

來教又謂：「言静則溺於虚無，此固所當深慮。」然此二字，如佛者之論，則誠有此患。若以天理觀之，則動之不能無静，猶静之不能無動也。静之不能無養，猶動之不可不察也。但見得一動一静，互爲其根，敬義夾持，不容間斷之意，則雖下静字，元非死物。至静之中蓋有動之端焉，是乃所以見天地之心者，而先王之所以至日閉關，蓋當此之時，則安静以養乎此爾，固非遠事絶物，閉目兀坐，而偏於静之謂。但未接物時，便有敬以主乎其中，則事至物來，善端昭著，而所以察之者益精明爾。伊川先生所謂「卻於已發之際觀之者」，正謂未發則只有存養而已，發則方有可觀也。周子之言主靜，乃就中正仁義而言，以正對中，則中爲重，以義配仁，則仁爲本爾，非四者之外，別有主静一段事也。

來教又謂熹言「以静爲本」，不若遂言「以敬爲本」。此固然也。然敬字工夫通貫動静，而必以静爲本，故熹向來輒有是語，今者遂易爲敬，雖若完全，然卻不見敬之所施有先有後，則亦未得爲諦當也。

至如來教所謂「要須察夫動以見静之所存，静以涵動之所本，動静相須，體用不離，而後爲無滲漏也」。此數句卓然意語俱到，謹以書之座右，出入觀省。然上兩句次序，似未甚安。意謂易而置之，乃有可行之實，不審尊意以爲如何？〔一〕

劉蕺山先生云：「以心爲主，及主敬之説，最爲諦當。」〔二〕

〔一〕朱子《答張欽夫》，載《朱文公文集》卷三二。

〔二〕劉宗周《聖學宗要・中和説三》文，載《劉子全書・語類》卷五。

與湖南諸公論中和第一書〔一〕

【釋】王懋竑《朱子年譜》卷一繫於乾道五年（一一六九）己丑，時朱子四十歲。此書言心之全體大用，中和之德爲工夫所歸。

《中庸》未發已發之義，前此認得此心流行之體，又因程子凡言心者，皆指已發而言，遂目心爲已發，性爲未發。然觀程子之書，多所不合。因復思之，乃知前日之説，非惟心性之名，命之不當，而日用功夫，全無本領。蓋所失者，不但文義之間而已。

按：文集遺書〔二〕諸説，似皆以思慮未萌、事物未至之時爲喜怒哀樂之未發，當此之時，即是此心寂然不動之體，而天命之性，當體具焉。以其無過不及，不偏不倚，故謂之中。及其感而遂通天下之故，則喜怒哀樂之性發焉，而心之用可見，以其無不

〔一〕文並載《紫陽學術發微》卷二《與湖南諸公論中和第一書》。
〔二〕「文集遺書」指朱子所編《二程遺書》，是時朱子已整理妥當。

中節，無所乖戾，故謂之和。此則人心之正，而情性之德然也。

然未發之前，不可尋覓；已覺之後，不容安排。但平日莊敬涵養之功至，而無人欲之私以亂之，則其未發也鏡明水止，而其發也無不中節矣。此是日用本領工夫，至於隨事省察，即物推明，亦必以是爲本，而於已發之際觀之，則其具於未發之前者，固可默識。故程子之答蘇季明，反復論辨，極於詳密，而卒之不過以敬爲言。又曰：「敬而無失，即所以中。」又曰：「入道莫如敬，未有致知而不在敬者。」又曰：「涵養須是敬，進學則在致知。」蓋爲此也。

向來講論思索，直以心爲已發；而日用工夫，亦止以察識端倪爲最初下手處，以故闕却平日涵養一段工夫，使人心中擾擾，無深潛純一之味，而其發之言語事爲之間，亦常急迫浮露，無復雍容深厚之風。蓋所見一差，其害乃至於此，不可以不審也。程子所謂「凡言心者皆指已發而言」，此乃指赤子之心而言，而謂凡言心者，則其爲説之誤，故又自以爲未當而復正之，固不可以執其已改之言，而盡疑諸説之誤，又不可遂以爲未當，而不究其所指之殊也。不審諸君子以爲如何？〔一〕

〔一〕朱子《與湖南諸公論中和第一書》，載《文集》卷六四。

劉蕺山先生云：「畢竟是求之未發之中，歸之主静一路，然較濂溪爲少落邊際，蓋朱子最不喜儱侗説道理，故已見得後，乃做鈍根工夫。」又云：「此朱子特參《中庸》奥旨以明道也。「第一書先見得天地間一段發育流行之機，無一息之停待，乃天命之本然，而實有所謂未發者存乎其間，是即已發處窺未發，絶無彼此先後之可言者也。「第二書則以前日所見爲儱侗，浩浩大化之中，一家自有一箇安宅，爲立大本、行達道之樞要，是則所謂性也。「第三書又以前日所見爲未盡，而反求之於心，以性情爲一心之藴，心有動静，而中和之理見焉。故中和只是一理，一處便是仁，疑即向所謂立大本、行達道之樞要。然求仁工夫，只是一敬；心無動静，敬無動静也。「最後一書，又以工夫多用在已發者爲〔一〕未是，而專求之涵養一路，歸之未發之中云。

〔一〕「爲」字脱，據哈佛燕京圖書館藏道光乙未（一八三五）刻本《劉子全書》補入。

「合而觀之，第一書言道體也，第二書言性體也，第三書合性於心，言工夫也；第四書言工夫之究竟處也，見解一層進一層，工夫一節换一節。孔孟〔一〕而後，幾曾見小心窮理如朱子者。

「愚按：朱子之學本之李延平，由羅豫章而楊龜山而程子而周子。自周子有『主静立極』之説，傳之二程，其後羅、李二先生專教人默坐澄心，看喜怒哀樂未發時作何氣象；朱子初從延平遊，固嘗服膺其説，已而又參以程子主敬之説，覺静字爲稍偏，不復理會；迨其晚年，深悔平日用功未免疏於本領，致有辜負此翁之語，固已深信延平立教之無弊，而學人向上一機，必於此而取則矣。

「湖南答問，誠不知出於何時。考之原集，皆載在敬夫次第往復之後，經展轉折證，而後有此定論焉。則朱子平生學力之淺深，固於此窺其一班，而其卒傳延平心印，以得與於斯文，又當不出於此書之外無疑矣。

「夫『主静』一語，單提直入，惟許濂溪自開門户，而後人往往從依傍而入，其流弊便不可言。幸而得之，亦如短販然，本薄利奢，叩其中藏可盡也。朱子不輕

〔一〕「孔孟」原作「孔子」，據前揭《劉子全書》文爲正。

信師傳，而必遠尋伊洛以折衷之，而後有以要其至，乃所謂善學濂溪者。」〔一〕

答張欽夫

王懋竑注云乙酉

【釋】王懋竑《朱子年譜考異》云作於乾道二年丙戌，時朱子年三十七歲。

蒙示及答胡彪二書，吕氏《中庸辨》發明親切，警悟多矣，然有未諭，敢條其所以，而請於左右。

《答廣仲書》切中學者之病，然愚意竊謂此病正坐平時燭理未明，涵養未熟，以故事物之來，無以應之。若曰於事物紛至之時，精察此心之所起，則是似更於應事之外，別起一念，以察此心。以心察心，煩擾益甚，且又不見事物未至時用力之要，此熹所以不能亡疑也。

儒者之學，大要以窮理爲先，蓋凡一物有一理，須先明此，然後心之所發，輕重長

〔一〕劉宗周《聖學宗要·中和説四（節略）》文，《劉子全書·語類》卷五。

短，各有準則。《書》所謂天敘天秩、天命天討，《孟子》所謂「物皆然心爲甚」者，皆謂此也。若不於此先致其知，但見其所以爲心者如此，識其所以爲心者如此，泛然而無所準則，則其所存所發，亦何自而中於理乎？且如釋氏擎拳豎指〔一〕、運水般柴之説，豈不見此心？豈不識此心？而卒不可與入堯舜之道者，正爲不見天理，而專認此心以爲主宰，故不免流於自私耳。前輩有言：「聖人本天，釋氏本心。」蓋謂此也。

來示又謂：「心無時不虛。」熹以爲心之本體，固無時不虛，然而人欲己私，汩没久矣，安得一旦遽見此境界乎？故聖人必曰「正其心」，而正心必先誠意，誠意必先致知，其用力次第如此，然後可以得心之正，而復其本體之虛，亦非一日之力矣。今直曰「無時不虛」，又曰：「既識此心，則用無不利。」此亦失之太快，而流於異學〔二〕之歸矣。若儒者之言，則必也「精義入神」，而後「用無不利」可得而語矣。孟子存亡出入之説，亦欲學者「操而存之」耳，似不爲識此心發也。若能常操而存，即所謂敬者純矣。純則動静如一，而此心無時不存矣。今也必曰動處求之，則是有意求免乎静之

〔一〕「指」字，《朱文公文集》作「拂」。
〔二〕「學」字原作「端」，據《朱文公文集》正。

一偏，而不知其反倚乎動之一偏也。然能常操而存者，亦是顔子地位以上人，方可言此。

今又曰：「識得便能守得。」則僕亦恐其言之易也。明道先生曰：「既能體之而樂，則亦不患不能守，須如此而言，方是攧撲不破，絶滲漏，無病敗耳。」高明之意，大抵在於施爲運用處求之，正禪家所謂「石火電光底消息」也，而於優遊涵泳之功，似未甚留意。是以求之太迫，而得之若驚；資之不深，而發之太露。《易》所謂「寬以居之」者，正爲不欲其如此耳。愚慮及此，不識高明以爲如何？[一]

答張欽夫

王懋竑云疑戊子前後[二]

所示彪丈[三]書，論天命未契處，想尊兄已詳語之。然彪丈之意，似欲更令下語，

[一] 朱子《答張欽夫》文，《朱文公文集》卷三〇。
[二] 按：戊子年，朱子三十九歲。
[三] 彪居正，字德美，號敬齋，湘潭人，胡宏門人，與張栻爲莫逆之交。

雖自度無出尊兄之意外者，然不敢不自竭以求教也。蓋熹昨聞彪丈謂：「天命惟人得之，而物無所與。」鄙意固已不能無疑。今觀所論，則似又指稟生賦形以前，爲天命之全體，而人物所受皆不得而與焉，此則熹之所尤不曉也。

夫天命不已，固人物之所同得以生者也，然豈離乎人物之所受而別有全體哉？觀人物之生生無窮，則天命之流行不已可見矣。但其所乘之氣，有偏正純駁之異，是以稟而生者，有人物賢否之不一。物固隔於氣而不能知，衆人亦蔽於欲而不能存，是皆有以自絶於天，而天命之不已者，初亦未嘗已也。人能反身自求於日用之間，存養體察，以去其物欲之蔽，則求仁得仁，本心昭著，天命流行之全體，固不外乎此身矣。故自昔聖賢，不過使人盡其所以正心修身之道，則仁在其中，而性命之理得，伊川先生所謂「盡性至命，必本於孝弟」，正謂此耳。《遺書》第十八卷一段論此甚詳。夫豈以天命全體，置諸被命受生之前，四端五典之外，而別爲一術以求至乎彼哉？

蓋仁也者心之道，而人之所以盡性至命之樞要也。今乃言：「聖人雖教人以仁，而未嘗不本性命以發之。」則是以仁爲未足，而又假性命之云以助之也。且謂之大本，則天下之理，無出於此，但自人而言，非仁則無自而立，故聖門之學，以求仁爲要者，正所以立大本也〔一〕。今乃謂：「聖人言仁，未嘗不兼大本而言。」則是仁與大本各爲一物，以此兼彼，而後可得而言也。

凡此皆深所未喻，不知彪丈之意竟何如耳？《知言》首章〔二〕，即是説破此事，其後提掇仁字，最爲緊切，正恐學者作二本三本〔三〕看了。但其間亦有急於曉人，而剖析太過，略於下學，而推説太高者，此所以或啓今日之弊〔四〕。序文之作，推明本意，以救末流，可謂有功於此書，而爲幸於學者矣，尚何疑之有哉？釋氏雖自謂「惟明一心」，然實不識心體〔五〕；雖云「心生萬法」，而實心外有法；故無以立天下之大本，而內外之道不備。然爲其説者，猶知左右迷藏，曲爲隱諱，終不肯言一心之外別有大本也。若聖門所謂心，則天叙天秩、天命天討，惻隱羞惡、是非辭讓，莫不該備，而無心外之法，

〔一〕「求仁」乃根本工夫與大義。
〔二〕胡宏《知言》首篇爲《天命》，朱子因作《知言疑義》。
〔三〕蓋恐誤會心外別有本，則本心盡失。
〔四〕黄宗羲《宋元學案·胡宏學案》概括朱子批評胡氏《知言》八條云：「性無善惡、心爲已發、仁以用言、心以用盡、不事涵養、先務知識、氣象迫狹、語論過高。」此所云乃議論過高之弊。
〔五〕此針對胡宏《知言》卷三所云：「釋氏惟明一心，亦可謂要矣。」蓋胡氏以此認爲佛學知「心體」。

故《孟子》曰：「盡其心者，知其性也，知其性則知天矣。存其心，養其性，所以事天也。」是則天人性命，豈有二理哉？而今之爲此道者，反謂：「此心之外別有大本，爲仁之外別有盡性至命之方。」竊恐非惟孤負聖賢立言垂後之意，平生承師問道之心。竊恐此說流行，反爲異學所攻，重爲吾道之累。故因來示，得效其愚，幸爲審其是否，而復以求教於彪丈，幸甚幸甚。〔一〕

〔一〕朱子《答張欽夫》文，《朱文公文集》卷三〇。

朱子大義卷三

【釋】此卷所收録十三封書信，皆涉及理學之核心觀念。

答張敬夫〔一〕

【釋】此函言張栻類聚《論語》《孟子》中言仁之文乃揠苗助長；復言離愛説仁則怪誕，專以愛説仁則偏側；主敬致知，操存涵泳，内外交修，方能實在識得「仁」義。

類聚孔孟言仁處以求夫仁之説，程子爲人之意，可謂深切。然專一如此用功，卻

〔一〕文並載《紫陽學術發微》卷四《答張敬夫書》。

恐不免長欲速好徑之心，滋入耳出口之弊〔一〕，亦不可不察也。大抵二先生之前，學者全不知有仁字，凡聖賢説仁處，不過只作「愛」字看了〔二〕。自二先生以來，學者始知理會仁字，不敢只作愛説。然其流復不免有弊者，蓋專務説仁，而於「操存涵泳」之功，不免有所忽略，故無復優柔厭飫〔三〕之味、克己復禮之實，不但「其蔽也愚」而已。而又一向〔四〕離了愛字，懸空揣摸，既無真實見處，故其爲説，恍惚驚怪，弊病百端，殆反不若全不知有仁字，而只作愛字看卻之爲愈也。

熹竊嘗謂：「若實欲求仁，固莫若力行之近，但不學以明之，則有擿埴冥行之患，故其蔽愚。若主敬致知，交相爲助，則自無此蔽矣。」若且欲曉得仁之名義，則又不若且將愛字推求，若見得仁之所以愛，而愛之所以不能盡仁，則仁之名義意思，瞭然在目矣，初不必求之於恍惚有無之間也。此雖比之今日高妙之説稍爲平易，然《論語》中已不肯如此迫切注解説破，至《孟子》方間有説破處，然亦多是以愛爲言，如惻隱之

〔一〕言此非涵養自得者也。
〔二〕指韓愈《原道》云：「博愛之謂仁。」
〔三〕「從容滿足」，謂自得之意。
〔四〕「一向」，謂全也。

類，殊不類近世學者驚怪恍惚、窮高極遠之言也。

今此録所以釋《論語》之言，而首章曰「仁其可知」，次章曰「仁之義可得而求」，其後又多所以明仁之義云者，愚竊恐其非聖賢發言之本意也。又如首章雖列二先生之説，而所解實用上蔡之意，正伊川説中間者所謂「由孝弟可以至仁」，而先生非之者，恐更當詳究之也。〔一〕

答張敬夫

王懋竑云壬辰

【釋】此函釋「中」字兩層義藴，乃朱子反思漢唐經解《尚書・洪範》皇極大中義之始。

「中」字之説甚善，而所論「狀性形道之不同」，尤爲精密，開發多矣。然愚意竊恐程子所云「只一箇中字，但用不同。」〔二〕此語更可玩味。夫所謂「只一箇中字」者，中字

〔一〕朱子《答張敬夫》，載《朱文公文集》卷三一。
〔二〕《宋元學案・伊川學案（上）》載程頤回應蘇季明問：「中之道與『喜怒哀樂未發謂之中』同否？」曰：「非也。喜怒哀樂未發，是言在中之義；只一箇中字，但用不同。」

之義未嘗不同，亦曰不偏不倚、不過不及而已矣。然「用不同」者，則有所謂「在中之義」者，有所謂「中之道」者是也。

蓋所謂「在中之義」者，言喜怒哀樂之未發，渾然在中，亭亭當當，未有箇偏倚過不及處，其謂之中者，蓋所以狀性之體段也。有所謂「中之道」者，乃即事即物，自有箇恰好底道理，不偏不倚，無過不及，其謂之中者，則所以形道之實也。只此亦便可見來教所謂「狀性形道之不同」者，但又見得中字只是一般道理，以此狀性之體段，則爲未發之中；以此形道，則爲無過不及之中耳。且所謂在中之義，猶曰在裏面底道理云爾，非以在中之中字解未發之中字也。愚見如此，不審高明以爲如何？

忠恕之説，竊意明道是就人分上分別淺深而言，伊川是就理上該貫上下而言。若就人分上説，則違道不遠者，賢人推之之事也。一以貫之者，聖人之不待推也。若就理上平説，則忠只是盡己，恕只是推己。但其所以盡所以推，則聖賢之分不同，如明道之説耳。聖人雖不待推，然由己及物，對忠而言，是亦推之也。

大抵明道之言，發明極致，通透灑落，善開發人。伊川之言，即事明理，質慤精深，尤耐咀嚼。然明道之言，一見便好，久看愈好，所以賢愚皆獲其益。伊川之言，乍見未好，久看方好，故非久於玩索者，不能識其味。此其自任，所以有成人材、尊師道之不同。明道渾然天成，不煩人力。伊川功夫造極，可奪天巧。所引盡心知天，恐是充擴得去之意，不知是否？

秦漢諸儒，解釋文義，雖未盡當，然所得亦多。今且就分數多處論之，則以爲得其言而不得其意，與奪之際，似已平允。若更於此一向刻核過當，卻恐意思迫窄，而議論偏頗，反不足以服彼之心，如向來所論，《知言》不當言釋氏欲仁之病矣。

大率議論要得氣象寬宏，而其中自有精密透漏不得處，方有餘味，如《易傳序》中說秦漢以來儒者之弊，及令人看王弼、胡安定、王介甫《易》之類，亦可見矣。況此序下文反覆致意，不一而足，不應猶有安於卑近之嫌也。

又所謂「言雖近而索之無窮，指雖遠而操之有要」。自謂「此言頗有含蓄」，不審高明以爲如何？以愛論仁，猶升高自下，尚可因此附近推求，庶其得之。若如近日之說，則道近求遠，一向没交涉矣。此區區所以妄爲前日之論，而不自知其偏也。

至謂「類聚言仁」，亦恐有病者。正爲近日學者厭煩就簡，避迂求捷，此風已盛，方且日趨於險薄，又若更爲此以導之，恐益長其計獲欲速之心，方寸愈見促迫紛擾，而反陷於不仁耳。然卻不思所類諸說，其中下學上達之方，蓋已無所不具，苟能深玩而力行之，則又安有此弊？今蒙來諭，始悟前說之非，敢不承命？然猶恐不能人人皆肯如此愨實用功，則亦未免尚有過計之憂，不知可以更作一後序，略采此意，以警後之學者否？不然，或只盡載此諸往返議論，以附其後，亦庶乎其有益耳，不審尊意以爲如何？[一]

答張敬夫

壬辰冬[二]

【釋】此函闡明「中節」之義。

答晦叔[三]書，鄙意正如此，已復推明其説，以求教於晦叔矣。但於來示所謂「知底事者，亦未能無疑」，已并論之，今録以上呈，便乞垂教。

「在中之義」之説，來諭説得性道未嘗相離，此意極善。但所謂「此時蓋在乎中」

[一] 朱子《答張敬夫》，載《朱文公文集》卷三一。
[二] 《朱文公文集》卷三一《答張敬夫》注文。
[三] 李輝，字晦叔，江西建昌人，朱子門人。

者，文意簡略，熹所未曉，更乞詳諭。

又謂「已發之後，中何嘗不在裏面」，此恐亦非文意。蓋既言未發時在中，則是對已發時在外矣。但發而中節即此在中之理，發形於外，如所謂「即事即物，無不有箇恰好底道理」是也。一不中節，則在中之理，雖曰天命之秉彝，而當此之時，亦且漂蕩淪胥而不知其所存矣。但能反之，則又未嘗不在於此。此程子所以謂「以道言之，則無時而不中；以事言之，則有時而中」也；所以又謂「善觀者，卻於已發之際觀之也」。若謂已發之後，中又只在裏面，則又似向來所説，以未發之中自爲一物，與已發者不相涉入，而已發之際，常挾此物以自隨也。然此義又有更要子細處。

夫此心廓然，初豈有中外之限？但以未發已發分之，則須如此，亦若操舍存亡出入之云耳，並乞詳之。心譬之水，是因《知言》有此言而發，然性情既有動静，善惡既有順逆，則此言乃自然之理，非用意差排〔一〕也。「人無有不善」，此一言固足以具性情之理，然非所以論性情之名義也。若論名義，則如今來所説，亦無害理，不費力，更推詳之。

〔一〕用意差排，謂刻意安排也。

《太極圖》立象盡意，剖析幽微，周子蓋不得已而作也。觀其手授之意，蓋以爲唯程子爲能受之。程子之祕而不示，疑亦未有能受之者爾。夫既未能默識於言意之表，則道聽塗説，其弊必有甚焉，近年已覺頗有此弊矣。觀其《答張閎中書》云：「書雖未出，學未嘗不傳，第患無受之者。」及《東見録》中論横渠「清虚一大」之説：「使人向别處走，不若且只道敬。」則其微意亦可見矣。

若《西銘》則推人以知天，即近以明遠，於學者之用爲尤切，非若此書詳於天而略於人，有不可以驟而語者也。孔子雅言《詩》《書》執禮，而於《易》則鮮及焉，其意亦猶此耳。韓子曰：「堯舜之利民也大，禹之慮民也深。」其周子、程子之謂乎？熹向所謂微意者如此，不識高明以爲如何？〔一〕

答張敬夫《孟子説》疑義

王懋竑云乙未

【釋】乙未，即孝宗淳熙二年（一一七五），時朱子四十六歲；是年《近思録》編成，有「鵝湖之

〔一〕朱子《答張敬夫》，載《朱文公文集》卷三一。

會」。此函商榷張栻《孟子説》五事，一爲説經之體，其餘四條爲文本義理。

《告子篇》論性數章。

按：此「解」之體，不爲章解句釋，氣象高遠，然全不略説文義，便以己意立論；又或别用外字體貼，而無脈絡連綴，使不曉者展轉迷惑，粗曉者一向支離，如此數章論性，其病尤甚。蓋本文不過數語，而所解者文過數倍。本文只謂之性，而解中謂之太極。凡此之類，將使學者不暇求經，而先坐困於吾説，非先賢談經之體也。且如《易傳》已爲太詳，然必先釋字義，次釋文義，然後推本而索言之，其淺深近遠詳密有序，不如是之恖遽而繁雜也。大抵解經，但可略釋文義名物，而使學者自求之，乃爲有益耳。

「夜氣不足以存。」解云：夜氣之所息能有幾？安可得而存乎？〔一〕

按：此句之義，非謂夜氣之不存也。凡言存亡者，皆指心而言耳，觀上下文可見。云「仁義之心」，又云「放其良心」，又云「操則存，舍則亡，惟心之謂與」，正有「存」「亡」二字，意尤明白。蓋

〔一〕朱子《答張敬夫〈孟子説〉疑義》，《朱文公文集》卷三一注文。

人皆有是良心，而放之矣，至於日夜之所息，而平旦之好惡與人相近者，則其夜氣所存之良心也。及其旦晝之所爲有梏亡之，則此心又不可見，若梏亡反覆而不已，則雖有日夜之所息者，亦至微薄，而不足以存其仁義之良心矣，非謂夜氣有存亡也。若以氣言，則此章文意首尾衡決，殊無血脈意味矣。程子亦曰：「夜氣之所存者，良知良能也。」意蓋如此。然舊看《孟子》，未曉此意，亦只草草看過也。

大體小體。

此章之解，意未明而説太漫。蓋唯其意之未明，是以其説不得而不漫也。按：本文「耳目之官不思而蔽於物」「心之官則思」，此兩節方是分別小體之不可從，而大體之當從之意。解云：「從其大體心之官也，從其小體耳目之官也。」只此便多卻從其四字矣。下文始結之云：「此二者皆天之所以與我者，但當先立於其大者，則小者不能奪耳。」此章内「先立乎其大者」一句，方是説用力處。而此句内「立」字尤爲切要。據今所解，全不曾提掇著「立」字，而只以「思」爲主。心不立而徒思，吾未見其可也。於是又有「君子徇理，小人徇欲」之説，又有「思非汎而無統」之説，又有「事事物物皆有所以然」之説，雖有「心得其宰」之云，然乃在於動而從理之後，此由不明《孟子》之本意，是以其説雖漫而愈支離也。七八年前見徐吉卿〔一〕說，曾問焦某先生爲學之要，焦云：「先立乎其大者。」是時熹說此章，正如此解之支離，聞之惘然，不解其語。今而思之，乃知焦公之學，於躬行上有得力處。

「反身而誠。」解云「反身而至於誠，則心與理一」云云。

按：此解語意極高，然只是贊詠之語，施之於經，則無發明之助；施之於己，則無體驗之功。竊恐當如張子之說，以「行無不慊於心」解之，乃有落著。兼樂莫大焉，便是仰不愧、俯不怍之意，尤慤實有味也。若只懸空說過，便與禪家無以異矣。

「所過者化，所存者神。」解中引程子、張子之說，合而爲一。

按：此程子、張子之說自不同，不可合爲一說。程子云：「所過者化，是身所經歷處。所存者神，所存主處便神。」是言凡所經過處，人皆化之；而心所存主處，便有鼓舞風動之意，不待其居之久而後見其效也。「經歷」及「便」字尤見其意。又引「綏來動和」及《易傳·革》卦所引用亦可見也。今以《孟子》上下文意求之，恐當從程子爲是。張子說雖精微，然恐非本文

〔一〕徐吉卿，即徐嘉，浙江衢州人，抗金名將徐徽言之侄，乾道五年（一一六九）任平江府（今蘇州）太守，其明年四月去世。據此可考此成文時間。

之意也。〔一〕

答張欽夫論《仁説》

【釋】朱子與張栻之論仁，於乾道八年壬辰（一一七二）始，朱子四十三歲，張氏四十。先朱子成《仁説》而録寄張氏，討論往還，漸能互融。此首輪辯論，朱子回應張氏質疑四事。

「天地以生物爲心。此語恐未安。」

熹竊謂此語恐未有病。蓋天地之間，品物萬形，各有所事，惟天確然於上，地隤然於下，一無所爲，只以生物爲事，故《易》曰：「天地之大德曰生。」而程子亦曰：「天只是以生爲道。」其論「復見天地之心」，又以動之端言之，其理亦已明矣。然所謂「以生爲道」者，亦非謂將生來做道也。凡若此類，恐當且認正意，而不以文害詞焉，則辨

〔一〕朱子《答張敬夫〈孟子説〉疑義》，載《朱文公文集》卷三一。

詰不煩，而所論之本指得矣[一]。

「不忍之心，可以包四者乎？」

熹謂《孟子》論四端，自首章至孺子入井，皆只是發明不忍之心一端而已，初無禮義智之心也。至其下文乃云「無四者之心非人也」，此可見不忍之心，足以包夫四端矣。蓋仁包四德，故其用亦如此。前説之失，但不曾分得體用，若謂「不忍之心不足以包四端」則非也，今已改正[二]。

「仁專言則其體無不善而已。對禮義智而言，其發見則爲不忍之心也。大抵天地之心粹然至善，而人得之，故謂之仁。仁之爲道，無一物之不體，故其愛無所不周焉。」

熹詳味此言，恐説仁字不著；而以禮義智與不忍之心，均爲發見，恐亦未安。蓋人生而静，四德具焉，曰仁曰義，曰禮曰智，皆根於心而未發，所謂理也，性之德也。及其發見，則仁者惻隱，義者羞惡，禮者恭敬，智者是非，各因其體以見其本，所謂情也，性之發也，是皆人性之所以爲善者也。但仁乃天地生物之心而在人者，故特爲衆

[一] 據《易傳》生生之德爲説，典據具在，此解不安之疑。
[二] 據體用以説不忍之心，開釋含糊之論。

善之長，雖列於四者之目，而四者不能外焉。《易傳》所謂「專言之則包四」者〔一〕，亦是正指生物之心而言，非别有包四者之仁，而又别有主一事之仁也。惟是即此一事，便包四者，此則仁之所以爲妙也。今欲極言仁字而不本於此，乃概以「至善」目之，則是但知仁之爲「善」，而不知其爲「善之長」也。卻於已發見處方下愛字，則是但知已發之爲愛，而不知「未發之愛之爲仁」也，又以不忍之心與義禮智均爲發見，則是但知仁之爲性，而不知義禮智之亦爲性也。又謂「仁之爲道，無所不體」，而不本諸天地生物之心，則是但知仁之無所不體，而不知仁之所以無所不體也。凡此皆愚意所未安，更乞詳之，復以見教。

「程子之所訶，正謂以愛名仁者。」

熹按：程子曰：「仁，性也；愛，情也。」〔二〕豈可便以愛爲仁？此正謂「不可認情爲性」耳，非謂仁之性不發於愛之情，而愛之情不本於仁之性也。熹前説，以愛之發對愛之理而言，正分别性情之異處，其意最爲精密。而來諭每「以愛名仁」見病，下章

〔一〕程頤《易傳》釋《乾》卦彖傳云：「四德之元，猶五常之仁，偏言則一事，專言則包四者。」

〔二〕程頤「仁性愛情」之説，載《二程遺書》卷一五云：「仁義禮智信，於性上要言此五事，須要分别出。若仁則固一，一所以爲仁。惻隱則屬愛，乃情也，非性也。」

又云：「若專以愛名仁。」乃是指其用而遺其體，言其情而略其性，則其察之亦不審矣。蓋所謂愛之理者，是乃指其體性而言，且見性情體用，各有所主而不相離之妙，與所謂遺體而略性者，正相南北。請更詳之〔一〕。

「元之爲義，不專主於生。」

熹竊詳此語，恐有大病。請觀諸天地，而以《易象》《文言》《程傳》反復求之，當見其意。若必以此言爲是，則宜其不知所以爲善之長之説矣。此乃義理根源，不容有毫釐之差。竊意高明非不知此，特命辭之未善爾。

「孟子雖言仁者無所不愛，而繼之以急親賢之爲務〔二〕，其差等未嘗不明。」

熹按：仁但主愛，若其等差，乃義之事。仁義雖不相離，然其用則各有主而不可亂也。若以一仁包之，則義與禮智皆無所用矣，而可乎哉？「無所不愛」四字，今亦改去。〔三〕

〔一〕此疏明張氏混仁之體用爲一之疑惑。

〔二〕《孟子·盡心》云：「仁者無不愛也，急親賢之爲務。」

〔三〕朱子《答張欽夫論〈仁説〉》，載《朱文公文集》卷三二。

又論《仁説》

【釋】此第二輪討論，朱子再伸仁與愛之體用關係，性情之辨乃爲前提。

昨承開諭《仁説》之病，似于鄙意未安，即已條具請教矣。再領書誨，亦已具曉，然大抵不出熹所論也，請復因而申之。

謹按：程子言仁，本末甚備。今撮其大要，不過數言，蓋曰：「仁者生之性也，而愛其情也，孝悌其用也。公者所以體仁，猶言克己復禮爲仁也。學者於前三言者，可以識仁之名義；於後一言者，可以知其用力之方矣。」

今不深考其本末指意之所在，但見其分別性情之異，便謂愛之與仁了無干涉；見其以公爲近仁，便謂直指仁體最爲深切。殊不知仁乃性之德而愛之本，因其性之有仁，是以其情能愛。義、禮、智亦性之德也。義，惡之本；禮，遜之本；智，知之本。因性有義故情能惡，因性有禮故情能遜，因性有智故情能知，亦若此爾。但或蔽於有我之私，則不能盡其體用之妙，惟克己復禮，廓然大公，然後此體渾全，此用昭著，動静本末，血脈貫通爾。程子之言，意蓋如此，非謂愛之與仁了無干涉也，此説前書言之已詳，今請復以兩言決之。如熹之説，則性發爲情，情根於性，未有無性之情，無情之性，各爲一物而不相管攝。二説得失，此亦可見。非謂公之一字便是直指仁體也。細觀來諭，所謂「公天下而無物我之私，則其愛無不溥矣」，不知此兩句甚處是直指仁體處。若以「愛無不溥」爲仁之體，則陷於以情爲性之失，高明之見，必不至此。若以「公天下而無物我之私」便爲仁體，則恐所謂公者，漠然無情，但如虚空木石，雖其同體之物，尚不能有以相愛，況能無所不溥乎？然則此兩句中，初未嘗有一字説著「仁體」。「須知仁是本有之性，生物之心，惟公爲能體之，非因公而後有也，故曰公而以人體之故爲仁」，細看此語，卻是人字裏面帶得仁字過來。

由漢以來，以愛言仁之弊，正爲不察性情之辨，而遂以情爲性爾。今欲矯其弊，反使仁字泛然無所歸宿，而性情遂至於不相管，可謂矯枉過直，是亦枉而已矣。其弊將使學者終日言仁，而實未嘗識其名義，且又并與天地之心、性情之德而昧焉。竊謂程子之意，必不如此。是以敢詳陳之，伏惟采察。〔一〕

〔一〕朱子《又論〈仁説〉》，載《朱文公文集》卷三二。

又論《仁説》

【釋】此文仲明以生理本能之知覺言仁之未當，蓋忽略工夫與涵養，遂衍虚論。

熹再讀别紙所示三條。竊意高明雖已灼知舊説之非，而此所論者，差之毫忽之間，或亦未必深察也。謹復論之，伏幸裁聽。

廣仲[一]引《孟子》先知先覺，以明上蔡心有知覺之説[二]，已自不倫；其謂「知此覺此」，亦未知指何爲説？要之大本既差，勿論可也。今觀所示，乃直以此爲仁，則是以知此覺此爲「知仁」「覺仁」也。仁本吾心之德，又將誰使知之而覺之耶？若據《孟子》本文，則程子釋之已詳矣，曰「知是知此事」，知此事當如此也。「覺是覺此理」。知此事之所以當如此之理也。意已分明，不必更求玄妙，且其意與上蔡之意，亦初無干涉也。上

[一] 胡實，字廣仲，胡宏從弟，卒時年三十八。學説大略見《宋元學案·五峰學案》。
[二] 以知覺訓仁，乃謝良佐之説。謝良佐（一〇五〇～一一〇三），字顯道，壽春上蔡人，學者稱上蔡先生。

蔡所謂知覺，正謂知寒暖飽飢之類爾〔一〕；推而至於酬酢佑神，亦只是此知覺，無别物也，但所用有小大爾。然此亦只是智之發用處，但惟仁者爲能兼之。故謂仁者心有知覺則可，謂心有知覺謂之仁則不可。

蓋仁者心有知覺，乃以仁包四者之用而言，猶云仁者知所羞惡辭讓云爾。若曰心有知覺謂之仁，則仁之所以得名，初不爲此也。今不究其所以得名之故，乃指其所兼者便爲仁體，正如「言仁者必有勇」「有德者必有言」〔二〕，豈可遂以勇爲仁、言爲德哉？今伯逢〔三〕必欲以覺爲仁，尊兄既非之矣。至於論知覺之淺深，又未免證成其説，則非熹之所敢知也。

至於伯逢又謂：「上蔡之意，自有精神。得其精神，則天地之用，皆我之用矣。」此説甚高甚妙。然既未嘗識其名義，又不論其實下功處，而欲驟語其精神，此所以立意愈高，爲説愈妙，而反之於身愈無根本可據之地也。所謂「天地之用即我之用」，殆

〔一〕此生理本能之自然反應，不涉工夫。
〔二〕《論語·憲問》載孔子曰：「有德者必有言，有言者不必有德；仁者必有勇，勇者不必有仁。」
〔三〕胡大原，字伯逢，胡宏從子。

亦其傳聞想像如此爾，實未嘗到此地位也。愚見如此，不識高明以爲如何？〔一〕

又論《仁説》

【釋】此伸説必合天道之公與人性之義禮智，方能解決孤立解釋「仁」字之偏。至此朱子與張栻於「仁」之義同歸，而朱子《論語集注》釋有子曰「孝弟也者，其爲人之本與」，云「仁者，愛之理，心之德也」，此朱子定説，乃融攝張栻「愛之理」義。

來教云：「夫其所以與天地萬物一體者，以夫天地之心之所有，是乃生生之藴，人與物所公共，所謂愛之理也。」熹詳此數句，似頗未安。蓋仁只是愛之理，人皆有之。然人或不公，則於其所當愛者又有所不愛，惟公則視天地萬物皆爲一體，而無所不愛矣。若愛之理，則是自然本有之理，不必爲天地萬物同體而後有也。熹向所呈似《仁説》，其間不免尚有此意，方欲改之而未暇，來教以爲不如克齋之云是也，然於

〔一〕朱子《又論〈仁説〉》，載《朱文公文集》卷三二。

此卻有所未察。

竊謂莫若將「公」字與「仁」字且各作一字，看得分明，然後卻看中間兩字相近處之爲親切也。若遽混而言之，乃是程子所以謂「以公便爲仁」之失，此毫釐間〔一〕正當子細也。又看「仁」字，當并義禮智字看，然後界限分明，見得端的。今舍彼三者而獨論仁字，所以多說而易差也。

又謂：「體用一源，內外一致，爲仁之妙。」此亦未安。蓋義之有羞惡，禮之有恭敬，智之有是非，皆內外一致，非獨仁爲然也。不審高明以爲如何？〔二〕

答呂伯恭　王懋竑云庚寅

【釋】庚寅即孝宗乾道六年（一一七〇），時朱子四十一歲，呂氏三十三歲。呂祖謙（一一三七～一一八一），字伯恭，安徽壽州人；隨父自幼居福建任所；孝宗隆興元年（一一六三）中博學鴻詞科，特

〔一〕「間」字原作「問」，據《朱文公文集》爲正。
〔二〕朱子《又論〈仁說〉》，載《朱文公文集》卷三二。

授左從政郎；孝宗乾道六年（一一七〇），吕氏時任太學博士，兼國史院編修官、實録院檢討官。此文開釋「文理密察，足以有別」正義，伸明解讀《左傳》應體會其中聖賢氣象與公心，深戒附會曲解。

學校之政，名存實亡，徒以陷溺人心，敗壞風俗，不若無之爲愈。聞嘗有所釐正，而苟且放縱者多不悦其事，亦可想而知矣。然當留意於立〔一〕教厲俗之本，乃爲有補。若課試末流，小小得失之間，則亦不足深較也。

向見所與諸生論説左氏之書，極爲詳博。然遺詞命意，亦頗傷巧矣。恐後生傳習，益以澆漓，重爲心術之害，願亟思所以反之，則學者之幸也。前書所引「文理密察」，初看得不子細，近詳考之，似以密爲秘密之密，察爲觀察之察，若果如此，則似非本指也。蓋密乃經密之密〔二〕，察乃著察之察〔三〕，正謂毫釐之間，一一有分別耳，故曰

〔一〕「立」字原作「正」，據《朱文公文集》爲正。

〔二〕「經密」原是佛學用語，所謂密非謂神秘難解，乃指佛經文本之佛説意藴，必經心領神會通透理解之工夫，方能領受。朱子於佛學不陌生，乃借用其意，謂《春秋》之義全非隱秘，依據文本精讀，便可理會聖人之意，故關鍵在讀者之態度，而非先設爲秘密而曲解臆説。

〔三〕陸九淵謂：「天地之間，一事一物，無不著察。」見《陸九淵集》卷三五語録下。著察，謂著力觀察，乃格物工夫，而非泛泛瀏覽。

「文理密察，足以有别」，只是一事，非相反以相成之説也。若道理合有分别，便自顯然不可掩覆，何必潛形匿跡以求之，然後爲得耶？

大抵聖賢之心，正大光明，洞然四達，故能春生秋殺，過化存神，而莫知爲之者。學者須識得此氣象而求之，庶無差失。若如世俗常情，支離巧曲，瞻前顧後之不暇，則又安能有此等氣象耶？不審高明以爲如何？〔一〕

答陸子美

王懋竑云丁未

【釋】丁未即是時淳熙十四年（一一八七），時朱子五十八歲，前一年三月《易學啓蒙》成。陸九韶（一一二八～一二〇五），字子美，江西撫州人，陸九淵四兄，長朱子一歲。此文朱子再伸維護周敦頤《太極圖説》立無極之本義，並宣明重視《易》之象數義理。

前書示諭《太極》《西銘》之説，反覆詳盡，然此恐未必生於氣習之偏，但是急迫

〔一〕朱子《答吕伯恭》，載《朱文公文集》卷三三。

看人文字，未及盡彼之情，而欲遽申己意，是以輕於立論，徒爲多説而未必果當於理爾。

且如《太極》之説，熹謂周先生之意，恐學者錯認「太極」别爲一物，故著「無極」二字以明之，此是推原前賢立言之本意，所以不厭重複，蓋有深指。而來諭便謂熹以太極下同一物，是則非惟不盡周先生之妙旨，而於熹之淺陋妄説，亦未察其情矣。又謂著「無極」字便有「虚無好高」之弊，則未知尊兄所謂太極，是有形器之物耶？無形器之物耶？若果無形而但有理，則無極即是無形，太極即是有理明矣，又安得爲虚無而好高乎？

熹所論《西銘》之意，正謂長者以横渠之言，不當謂乾坤實爲父母，而以膠固斥之，故竊疑之，以爲若如長者之意，則是謂人物實無所資於天地，恐有所未安爾，非熹本説固欲如此也。今詳來誨，猶以横渠只是假借之言，而未察父母之與乾坤，雖其分之有殊，而初未嘗〔一〕有二體；但其分之殊，則又不得而不辨也。熹之愚陋，竊願尊兄更以二家之言，少賜反復，寬心遊意，必使於其所説如出於吾之所爲者，而無纖芥之

〔一〕「嘗」字脱，據《朱文公文集》補入。

疑，然後可以發言立論，而斷其可否，則其爲辨也不煩，而理之所在，無不得矣。若一以急迫之意求之，則於察理已不能精，而於彼之情又不詳盡，則徒爲紛紛，而雖欲不差，不可得矣。然只此急迫，即是來諭所謂「氣質之弊」。蓋所論之差處雖不在此，然其所以差者，則原於此而不可誣矣。不審尊意以爲如何？

子静歸來，必朝夕得款聚。前書所謂「異論卒不能合」者，當已有定説矣，恨不得側聽其旁，時效管窺，以求切磋之益也。

延平新本《龜山别録》漫内一通〔一〕，近又嘗作一小卜筮書，亦以附呈。蓋緣近世説《易》者，於象數全然闊略；其不然者，又太拘滯支離，不可究詰。故推本聖人經傳中説象數者，只此數條，以意推之，以爲是足以上究聖人作《易》之本指，下濟生人觀變玩占之實用，學《易》者決不可以不知，而凡説象數之過乎此者，皆可以束之高閣而不必問矣。不審尊意以爲如何？〔二〕

〔一〕陳振孫《直齋書録解題》作二卷，云未知撰人。據此文，知《龜山别録》是李侗（一〇九三～一一六三）生前所輯刊。「漫内一通」謂遍抄一通。「内」乃抄内，六朝唐宋習用，謂抄寫也。

〔二〕朱子《答陸子美》，載《朱文公文集》卷三六。

與陳同甫[一]

王懋竑云甲辰

【釋】甲辰即孝宗淳熙十一年(一一八四),時朱子五十五歲,主管台州崇道觀。陳亮(一一四三~一一九四),字同甫,號龍川先生,浙江婺州人,少朱子十四歲。乾道四年(一一六八),二十四歲首貢於鄉,旋入太學;次年,上《中興五論》,反對議和;淳熙五年(一一七八)三上書議論朝政,當政忌恨,誣以犯上,逮捕刑笞,體無完膚;事聞,孝宗下詔免死;回鄉又受冤獄,此朱子書云「意外之禍」,勸戒陳氏自律,稍斂放肆言行,所以盡朋友責善之道也。

比忽聞有意外之禍,甚爲驚歎。方念未有相爲致力處,又聞已遂辨白而歸,深以爲喜。人生萬事,真無所不有也。比日久雨蒸鬱,伏維尊候萬福,歸來想諸况仍舊,然凡百[二]亦宜痛自收斂,此事合説多時,不當至今日,遲頓不及事,固爲可罪,然觀老

[一] 文並載《紫陽學術發微》卷八《答陳同甫書》。
[二] 「凡百」謂所有事情。

兄平時自處於法度之外，不樂聞儒生禮法之論，雖朋友之賢如伯恭者，亦以法度之外相處，不敢進其逆耳之論；每有規諷，必〔一〕宛轉回互，巧爲之説，然後敢發平日狂妄，深竊疑之，以爲愛老兄者似不當如此〔二〕。方欲俟後會從容面罄其説，不意罷逐之遽，不及盡此懷也。今兹之故，雖不知所由，或未必有以召之，然平日之所積，似亦不爲無以集衆尤而信讒口者矣。老兄高明剛決，非吝於改過者，願以愚言思之；絀去「義利雙行，王霸並用」之説〔三〕，而從事於「懲忿窒慾，遷善改過」之事，粹然以醇儒之道自律，則豈獨免於人道之禍，而其所以培壅本根，澄源正本，爲異時發揮事業之地者，益光大而高明矣！荷相與之厚，忘其狂率，敢盡布其腹心，雖不足以贖稽緩之罪，然或有補於將來耳。不審高明以爲如何？〔四〕

〔一〕「必」字原作「亦」，據《朱文公文集》爲正。
〔二〕言吕祖謙過寵陳亮，未盡責善之任。
〔三〕此爲朱子於陳氏觀點之概括
〔四〕朱子《與陳同甫》，載《朱文公文集》卷三六。

答陳同甫〔一〕

王懋竑云同上

【釋】此文言持察之道，規勸端視公理之是非，而非徒以成敗説王霸。

示諭縷縷，殊激儒衷。以老兄之高明俊傑，世間榮悴得失，本無足爲動心者，而細讀來書，似未免有不平之氣。區區竊獨妄意此殆平日才太高，氣太鋭，論太險，跡太露之過，是以困於所長，忽於所短，難復更歷變故，顛沛至此，而猶未知所以反求之端也。嘗謂「天理人欲」二字，不必求之於古今王伯之跡，但反之於吾心義利邪正之間；察之愈密，則其見之愈明；持之愈嚴，則其發之愈勇；《孟子》所謂「浩然之氣」者，蓋歛然於規矩準繩、不敢走作之中，而其自任以天下之重者，雖賁育莫能奪也，是豈才能血氣之所爲哉？

老兄視漢高帝、唐太宗之所爲而察其心，果出於義耶？出於利耶？出於邪耶？

〔一〕文並載《紫陽學術發微》卷八《又答陳同甫書》。

正耶？若高帝則私意分數猶未甚熾然，已不可謂之無。太宗之心，則吾恐其無一念之不出於人欲也，直以其能假仁借義以行其私，而當時與之争者，才能智術既出其下，又不知有仁義之可借，是以彼善於此而得以成其功耳。若以其能建立國家，傳世久遠，便謂其得天理之正，此正是以成敗論是非，但取其獲禽之多，而不羞其詭遇之不出於正也。千五百年之間，正坐如此，所以只是架漏牽補，過了時日，其間雖或不無小康，而堯舜三王周公孔子所傳之道，未嘗一日得行於天地之間也。若論道之常存，卻又初非人所能預，只是此箇自是亘古亘今、常在不滅之物，雖千五百年被人作壞，終殄滅他不得耳！漢唐所謂賢君，何嘗有一分氣力扶助得他耶？

至於儒者「成人」之論，專以儒者之學爲出於子夏，此恐未可懸斷。而子路之問成人，夫子亦就其所及而告之，故曰「亦可以爲成人」，則非成人之至矣。爲子路，爲子夏，此固在學者各取其性之所近。然臧武仲、卞莊子、冉求，中間插一箇孟公綽，齊手并脚，又要「文之以禮樂」[一]，亦不是管仲、蕭何以下規模也。向見《祭

[一]《論語·憲問》載孔子云：「若臧武仲之知，公綽之不欲，卞莊子之勇，冉求之藝，文之以禮樂，亦可以爲成人矣。」孟公綽乃魯大夫，孔子在魯所敬重嚴事之前輩。

伯恭文》〔一〕，亦疑二公何故相與聚頭作如此議論，近見叔昌、子約〔二〕書中説話，乃知前此此話已説成了。亦嘗因答二公書，力辨其説；然渠來説得不索性，故鄙論之發，亦不能如此書之盡耳。老兄人物，奇偉英特，恐不但今日所未見；向來得失短長，正自不須更掛齒牙，向人分説。但鄙意更欲賢者百尺竿頭，進取一步，將來不作三代以下人物，省得氣力爲漢唐分疏〔三〕，即更脱灑磊落耳。

李、孔、霍、張〔四〕，則吾豈敢？然夷吾、景略之事〔五〕，亦不敢爲同父願之也。大字甚荷不鄙，但尋常不欲爲寺觀寫文字，不欲破例，此亦拘儒常態，想又發一笑也。寄來紙卻爲寫張公集句坐右銘去，或恐萬一有助於積累涵養、睟面盎背之功耳。〔六〕

〔一〕此文四年前，即淳熙八年（一一八一），吕祖謙卒，陳亮撰《祭吕東萊文》，引發之後義利王霸之辨。

〔二〕叔昌乃潘景愈之字，吕祖謙門人，嘗爲太學解魁，淳熙十六年（一一八九）進士，官至安慶教授。淳熙二年（一一七五）春，吕祖謙偕潘氏入閩凡一月有餘，與朱子合編《近思録》。子約，吕祖儉之字，吕祖謙之弟，自號大愚叟。

〔三〕「分疏」謂辯白。

〔四〕指漢孔融、李膺、霍光、張昭等四位建功立業之士。

〔五〕「夷吾」謂管仲。「景略」乃王猛（三二五～三七五）之字，王氏乃前秦苻堅立國功臣。

〔六〕朱子《答陳同甫》，載《朱文公文集》卷三六文。

答陳同甫〔一〕　　王懋竑云乙巳

【釋】乙巳即淳熙十二年（一一八五）。此文再伸天理人欲之判，乃根本大義。朱子與陳亮義利王霸之辯，自呂祖謙逝世後至此持續三年有餘。

示諭縷縷，備悉雅意。然區區鄙見，常竊以爲亘古亘今，只是一體，順之者成，逆之者敗，固非古之聖賢所能獨然，而後世之所謂英雄豪傑者，亦未有能舍此理而得有所建立成就者也。但古之聖賢，從本根上便有「惟精惟一」功夫，所以能執其中，徹頭徹尾，無不盡善。後來所謂英雄，則未當有此功夫，但在利欲場中，頭出頭没；其資美者，乃能有所暗合，而隨其分數之多少以有所立，然其或中或否，不能盡善，則一而已。來諭所謂「三代做得盡，漢唐做得不盡」者，正謂此也。然但論其盡與不盡，而不論其所以盡與不盡，卻將聖人事業去就利欲場中比並較量，見有彷彿相似，便謂聖人

〔一〕文並載《紫陽學術發微》卷八《又答陳同甫書》。

樣子不過如此，則所謂毫釐之差，千里之繆者，其在此矣。

且如管仲之功，伊吕以下，誰能及之？但其心，乃利欲之心；迹，乃利欲之迹；是以聖人雖稱其功，而孟子、董子皆秉法義以裁之，不少假借。蓋聖人之目固大，心固平，然於本根親切之地，天理人欲之分，則有毫釐必計、絲髮不差者。此在後之賢所以密傳謹守，以待後來，惟恐其一旦舍吾道義之正，以徇彼利欲之私也。今不講此，而遽欲大其目，平其心，以斷千古之是非，宜其指鐵爲金，認賊爲子，而不自知其非也。

若夫點鐵成金之譬，施之有教無類、遷善改過之事則可，至於古人已往之迹，則其爲金爲鐵，固有定形，而非後人口舌議論所能改易久矣。今乃欲追點功利之鐵，以成道義之金，不惟費卻閑心力，無補於既往，正恐礙卻正知見，有害於方來也。若謂漢唐以下便是真金，則固無待於點化。而其實又有大不然者，蓋聖人者，金中之金也。學聖人而不至者，金中猶有鐵也。漢祖、唐宗用心行事之合理者，鐵中之金也，曹操、劉裕之徒，則鐵而已矣。夫金中之金，乃天命之固然，非由外鑠。淘擇不淨，猶有可憾。今乃無故必欲棄舍自家光明實藏，而奔走道路，向鐵鑪邊渣鑛中撥取零金，不亦誤乎？

帝王本無異道，王通分作兩三等，已非知道之言。且其爲道，行之則是，今莫之禦而不爲，乃謂不得已而用兩漢之制，此皆卑陋之説，不足援以爲據。若果見得不傳底絶學，自無此蔽矣。今日許多閑議論，皆原於此學之不明，故乃以爲笆籬邊物而不之省，其爲唤銀作鐵，亦已甚矣。

來諭又謂：「凡所以爲此論者，正欲發儒者之所未備，以塞後世英雄之口而奪之氣，使知千塗萬轍，卒走聖人樣子不得。」以愚觀之，正恐不須如此費力，但要自家見得道理分明，守得正當，後世到此地者，自然若合符節，不假言傳，其不到者，又何足與之爭耶？況此等議論，正是推波助瀾，縱風止燎，使彼益輕聖賢而愈無忌憚，又何足以閉其口而奪其氣乎？〔一〕

〔一〕朱子《答陳同甫》，載《朱文公文集》卷三六。

朱子大義卷四

【釋】本卷收録朱子與朋友門人論性理之書信凡十篇。

與范直閣

【釋】此函討論「忠恕」之「一以貫之」之本體意義。范如圭（一一〇二～一一六〇），字伯達，福建建陽人；少從胡安國受業；高宗建炎年間進士，紹興二十五年（一一五五）秦檜卒，被旨入對，得以直秘閣提舉江西常平茶鹽，故稱直閣；時范氏五十三歲，朱子二十八歲，此際前後正批閱《孟子》。

伏奉賜教，獲聞邇日起居之詳，慰感亡以喻，信後暑雨應候。伏惟盛德所臨，百神勞相；台候萬福，熹親旁粗遣，未有可言者。伏蒙教諭「忠恕」之説，自非愛予之深，不鄙其愚，豈肯勤勤反覆如此？感幸深矣。但伏思之，終未有契處，不敢隱默，請畢其辭以求正於左右。

熹前書所論忠恕則一，而在聖人在學者則不能無異，此正猶《孟子》言由仁發行與行仁義之別耳。《孟子》之言，不可謂以仁義爲有二，則熹之言亦非謂忠恕爲有二也。但聖賢所論，各有所爲而發，故當隨事而釋之，雖明道先生見道之明，亦不能合二者而爲一也，非不能合，蓋不可合也。强而合之，不降高以就卑，即推近以爲遠，始倚一偏，終必乖戾，蓋非理之本然，是乃所以爲不一也。蓋曾子專爲發明聖人一貫之旨〔一〕，所謂由忠恕行者也。子思專爲指示學者入德之方，所謂行忠恕者也。所指既殊，安得不以爲二？然核其所以爲忠恕者，則其本體蓋未嘗不同也。以此而論，今所被教問曲折，可以無疑矣！不識尊意以爲然否？

若夫曾子所言發明一貫之旨，熹前書一再論之，皆未蒙決其可否。熹又有以明之，蓋忠恕二字，自衆人觀之，於聖人分上極爲小事。然聖人分上，無非極致，蓋既曰

〔一〕《論語·里仁》載孔子曰：「參乎！吾道一以貫之。」曾子曰：「唯。」孔子出，門人問：「何謂也？」曾子曰：「夫子之道，忠恕而已。」

一貫，則無小大之殊故也；猶天道至教，四時行，百物生，莫非造化之神，不可專以太虚無形爲道體，而判形而下者爲粗迹也。此孔子所謂「吾無隱乎爾者」，不離日用之間，二三子知之未至，而疑其有隱，則是正以道爲無形，以日用忠恕爲粗迹，故曾子於此指以示之耳。

此説雖陋，乃二程先生之舊説，上蔡謝先生又發明之，顧熹之愚，實未及此，但以聞見之知，推衍爲説，是以不自知其當否，而每有請焉。更望詳覽前書，重賜提誨，不勝幸甚。前日諸疑，亦望早賜鐫譬，俾毋疑爲望。時序向熱，伏乞爲道保重，以須還召。區區不勝大願，不備。[一]

答袁機仲樞

王懋竑《朱子年譜》云丙午後

【釋】丙午即孝宗淳熙十三年（一一八六），時朱子五十七歲，是年三月，成《易學啓蒙》，即文中所提之《啓蒙》。袁樞（一一三一～一二〇五），字機仲，福建建安人；孝宗隆興元年（一一六三）

[一] 朱子《與范直閣》，載《朱文公文集》卷三七。

進士。袁氏是年五十五歲。此函解釋袁氏對《易學啓蒙》象數卦畫兩面之質疑。再伸《易繫辭》所言兩儀生四象，實指八卦而言，非實指天地。

熹數日病中，方得紬繹所示圖書、卦畫二説，初若茫然不知所謂，因復以妄作《啓蒙》考之，則見其論之之詳，而明者偶未深考，是以致此紛紛多説而愈致疑耳。

夫以《河圖》《洛書》爲不足信，自歐陽公以來，已有此説，然終無奈《顧命》《繫辭》《論語》皆有是言，而諸儒所傳二圖之數，雖有交互，而無乖戾；順數逆推，縱横曲直，皆有明法，不可得而破除也。至如〔一〕《河圖》與《易》之天一至地十者合，而載天地五十有五之數，則固《易》之所自出也；《洛書》與《洪範》之初一至次九者合，而具九疇之數，則固《洪範》之所自出也。《繫辭》雖不言伏羲受《河圖》以作《易》，然所謂仰觀俯察，近取遠取，安知《河圖》非其中之一事耶？

大抵聖人制作所由，初非一端，然其法象之規模，必有最親切處。如鴻荒之世，天地之間，陰陽之氣雖各有象，然初未嘗有數也。至於《河圖》之出，然後五十有五之

〔一〕「如」字原作「於」，據《朱文公文集》正。

數，奇偶生成，粲然可見，此其所以深發聖人之獨智，又非汎然氣象之所可得而擬也。是以仰觀俯察，遠求近取，至此而後兩儀、四象、八卦之陰陽奇偶，可得而言。雖《繫辭》所論，聖人作《易》之由者非一，而不害其得此而後決也。

來諭又謂熹不當以「大衍之數」參乎《河圖》《洛書》之數，此亦有説矣。數之爲數，雖各主於一義，然其參伍錯綜，無所不通，則有非人之所能爲者。其所不合固不容以强合，其所必合則縱横反覆，如合符契，亦非人所能强離也。若於此見得自然契合，不假安排底道理，方知造化功夫，神妙巧密，直是好笑，説不得也。若論《易》文，則自「大衍之數五十」至「再扐而後掛」，便接「乾之策二百一十有六」，至「可與祐神矣」爲一節，是論大衍之數。自天一至地十，卻連「天數五」至「而行鬼神也」爲一節，是論《河圖》五十五之數。今其文間斷差錯，不相連接，舛誤甚明。伊川先生已嘗釐正，《啓蒙》雖依此寫，而不曾推論其所以然者，故覽者不之察耳。

至於卦畫之論，反復來諭，於熹之説，亦多未究其底藴。且如所論兩儀，有曰：「乾之畫奇，坤之畫偶。」只此乾坤二字，便未穩當。蓋儀，匹也。兩儀如今俗語所謂一雙一對云爾。自此再變至生第三畫，八卦已成，方有乾坤之名。當爲一畫之時，方有一奇一偶，只可謂之陰陽，未得謂之乾坤也。

來論又曰：「以二畫增至四畫，爲二奇二偶。又於四畫之上，各增一奇一偶，而爲八畫。」此亦是於熹圖中所説發生次第有所未明而有此語。蓋四象第一畫，本只是前兩儀圖之一奇一偶，緣此一奇一偶之上，各生一奇一偶，是以分而爲四；而初畫之一奇一偶，亦隨之而分爲四段耳，非是以二畫增成四畫，又以四畫增成八畫也。此一節正是前所謂「自然契合，不假安排之妙」，孔子而後，千載不傳，至康節先生始得其説，然猶不肯大段説破。蓋《易》之心髓，全在此處，不敢容易輕説，其意非偶然也。

來論又曰：「不知陰陽二物，果可分老少而爲四象乎？」此恐亦考之未熟之過。夫「老少」於經固無明文，然揲蓍之法，三變之中，掛扐四以奇偶分之，然後爻之陰陽可得而辨；又於其中各以老少分之，然後爻之變與不變可得而分。經所謂「用九」「用六」者，正謂此也。若其無此，則終日揲蓍，不知合得何卦？正使得卦，不知當用何爻？安得以爲後世之臆説而棄之乎？

又詳所論，直以天地爲兩儀，而天生神物以下四者爲四象，此尤非是。大抵曰儀曰象曰卦，皆是指畫而言，故曰「《易》有太極，而生兩儀、四象、八卦」，又曰「《易》有四象，而示人以卦爻吉凶」。若如所論，則是先有太極兩儀四象，然後聖人以畫八卦，而兩儀、四象、八卦三物，各是一種面貌，全然相接不著矣。此乃《易》之綱領，如法律之

有名例，不可以毫釐差。熹之所見，判然甚明，更無疑惑，不審高明以爲如何？如其未然，幸復有以見教也。〔一〕

答江元適泳〔二〕　王懋竑云癸未〔三〕

【釋】癸未即宋孝宗隆興元年（一一六三），時朱子三十四歲，是年三月，蒙孝宗召見；時江泳三十九歲。此函討論江泳《無極齋記》之問題。

伏讀誨諭，慚負不知所言。然厚意不可虛辱，敢因所示文編〔四〕，其間有不能無

〔一〕朱子《袁機仲（樞）》，載《朱文公文集》卷三八。
〔二〕「泳」字原誤作「永」。江泳（一一二四～一一七二），字元適，號西莊，衢州開化人，徙家江山；弱冠有聲庠序，應試未第，遂棄舉業；誨人不倦，家貧來學者，且供其食。
〔三〕王懋竑《朱子年譜》卷三繫《答江元適書》於「隆興二年甲申三十五歲秋九月」條下，錢賓四先生引夏炘之言：「書中有日者誤蒙收召，造朝之際，輒以所聞於師友者一二陳之，是癸未入對垂拱殿後書也。白田以爲甲申，非。是年十月延平卒，此書當在其前。」見《朱子新學案》第三册，頁五。此唐先生録夏炘之説，而誤作「王懋竑」。
〔四〕此「文編」乃下文所言《無極齋記》。

疑者，略抒其愚，以請於左右，伏維幸復垂教焉。《無極齋記》發明義理之本原，正名統實於毫釐幾忽之際，非見之明，玩之熟，詎能及此？然其間有曰：「《易》姑象其機，《詩》《書》《禮》《樂》姑陳其用。」熹竊謂姑者，且然而非實之辭也。夫《易》之象其機，《詩》《書》《禮》《樂》之陳其用，皆其實然而不可易者，豈且然而非實之云乎？

又有曰：「髣髴曰强名，曰假狀。」凡此皆近乎《老》《莊》溟涬鴻蒙之説；以《六經》《語》《孟》考之，凡聖人之言，皆慤實而精明，平易而淵奥，似或不如是也。

又有曰：「禮樂政事，典謨訓誥，皆斯齋之土苴耳。」土苴之言，亦出於莊周，識者固已議之。今祖其言以爲是説，則是道有精粗内外之隔，此恐未安。

又曰：「老兮釋兮，付諸大鈞範質之初。」語意隱奥，亦所未喻。

又曰：「西伯不識不知，仲尼毋意毋我，玆蓋乾坤毁無以見易，易不可見，乾坤或幾乎息矣。」熹竊謂詩人之稱文王，雖曰「不識不知」，然必繼之曰「順帝之則」；孔門之稱夫子，雖曰毋意毋我，然後之得其傳者，語之必曰絶四之外，必有事焉。蓋體用相循，無所偏滯，理固然也。且《大傳》所謂「易不可見而乾坤息」者，乃所以明乾坤即易，易即乾坤；乾坤無時而毁，則易無時而息爾。恐非如所引終篇之意，乃類於老氏

「復歸於無物」之云也。若夫《中庸》之終〔一〕所謂「無聲無臭」，乃本於「上天之載」而言；則聲臭雖無，而上天之載自顯，非如今之所云「並與乾坤而無之」也。此恐於道體有害，自所謂求仁之端者推之，則可見矣。

《士箴》本末該備，説天人貫通，其於指示仁體，極其親切。

《三要書》推天理而見諸人事，其曰：「體不立而徒恃勇斷以有爲，一旦智窮力屈，善後之謀索矣。」可謂切中今日之病。又曰：「體中心之誠實者，達於禮樂刑政之間，而加之四方萬里之遠，可謂善補袞職之闕。」皆非淺陋所及也。

然熹竊嘗聞之，聖人之學所以異乎老釋之徒者，以其精粗隱顯，體用渾然，莫非大中至正之矩，而無偏倚過不及之差，是以君子智雖極乎高明，而見於言行者，未嘗不道乎中庸。非故使之然，高明中庸，實無異體故也，故曰：「道之不行也，智者過之，愚者不及也。道之不明也，賢者過之，不肖者不及也。」〔二〕又曰：「差之毫釐，繆以

〔一〕「終」字脱，據《朱文公文集》補入。按：「上天之載，無聲無臭」乃《中庸》終章末所引《詩經·大雅·皇矣》句，故應有「終」字。

〔二〕約《中庸》之意。

千里。」聖人丁寧之意，亦可見矣。凡此謬妄之言，皆不知其中否？正欲求教於左右，以啓其未悟，故率意言之，無復忌憚。蓋以爲不如是，不足以來警切之誨爾。因來不吝垂教，實所幸願而非敢望也。〔一〕

答江元適

【釋】此函具言求仁之方，下學上達，在於平日生活之間，規其莫過於刻意也。

熹嘗謂天命之性，流行發用，見於日用之間，無一息之不然，無一物之不體，其大端全體即所謂仁；而於其間事事物物，莫不各有自然之分，如方維上下，定位不易，毫釐之間，不可差繆，即所謂義；立人之道，不過二者，而二者則初未嘗相離也，是以學者求仁精義，亦未嘗不相爲用。其求仁也，克去己私，以復天理，初不外乎日用之間。其精義也，辨是非，别可否，亦不離乎一念之際。蓋無適而非天理人心體用之

〔一〕朱子《答江元適（泳）》，載《朱文公文集》卷三八。

實，未可以差殊觀也。

孟子告齊王曰：「權然後知輕重，度然後知長短，物皆然，心爲甚，王請度之。」嗚呼！此求仁之方也，而精義之本在焉，孟子其可謂知言之要矣[一]。今執事以「反身自認、存真合體」者自名其學，信有意於求仁矣[二]，而必以精義之云，爲語道之精體，而無語乎學者之用力；又以辨是非、别可否爲空言，不充實用，而有害乎簡易之理，則熹恐其未得爲至當之論也。蓋曰道之精體，則義不足以名之，以義强名，則義之爲名，又無所當，此蓋原於不知義之所以爲義，是以既失其名，因昧其實，於是乎有「空言實用」之説，此正告子義外之蔽也。既不知義，則夫所謂仁者，亦豈能盡得其全體大用之實哉？

近世爲精義之説，莫詳於《正蒙》之書，而五峯胡先生者亦曰：「居敬所以精義也。」此言尤精切簡當，深可玩味；恐執事未以爲然，則試直以文義考之：「精義入神」，正與「利用安身」爲對，其曰精此義而入於神，猶曰利其用而安其身耳。揚子所

[一] 心爲權度之主也。
[二] 謂刻意爲之，揠苗助長之類也。

謂「精而精之」，用字正與此同，乃學者用功之地也。若謂「精義」二字只是道體，而其下復有「入神」二字，豈道體之上又有所謂神者，而自道以入神乎？以此言之，斷可決矣。

抑所謂「反身自認，存真合體」者，以孔子「克己復禮」、孟子「勿忘勿助」之説驗之，則亦未免失之急迫，而反與道爲二。大抵天人初無間隔，而人以私意自爲障礙，故孔孟教人，使之克盡己私，即天理不期復而自復；惟日用之間，所以用力，循循有序，不淩不躐，則至於日至之時，廓然貫通，天人之際，不待認而合矣！今於古人所以下學之序，則以爲近於傀儡而鄙厭之，遂欲由徑而捷出，以爲簡易，反謂孔孟未嘗有分明指訣；殊不知認而後合，揠苗助長，其不簡易而爲傀儡，亦已大矣！

熹竊以爲日用之間，無一事一物不是天真本體；孔孟之言，無一字一句不是分明指訣。故孔子曰：「吾無隱乎爾。」又曰：「天何言哉？」而子貢曰：「夫子之文章，可得而聞也；夫子之言性與天道，不可得而聞也。」夫豈平日雅言常行之外，而復有所謂分明指訣者哉〔一〕？此外牴牾尚多，然其大概節目，具於是矣。以執事教誨不倦，

〔一〕謂不必刻意曲説深探也。

念未有承晤之期，不敢久虛大賜，是以冒昧罄竭其愚。伏維恕其狂妄，少賜覽觀，還以一言，示及可否，虛心以俟，如有所疑，不敢不以復也。〔一〕

答許順之

王懋竑云戊子

【釋】戊子即孝宗乾道四年（一一六八），時朱子三十九歲，編輯《程氏遺書》成。許升（一一四一～一一八五），字順之，號存齋，福建同安人；自幼追隨朱子，乃朱子首位門生，是年二十七歲，協助校訂《程子語録》，護持朱子；年四十四去世，朱子爲作祭文，是以後世「朱子祠」多配祀許氏。此函責成「求仁格物、順理涵養」之氣象，乃在平日生活自然磨練，非預設目標，勉强刻意。

熹一出幾半年，學問思辨之益，警發爲多。大抵聖門求仁格物之學，無一事與釋氏同，所以尋常議論間，偶因記憶，自然及之，非是特然立意與之争勝負、較曲直也；

〔一〕朱子《答江元適》，載《朱文公文集》卷三八。

想見孟子闢楊墨，亦是如此，故其言曰：「予豈好辯哉？予不得已也。」今觀所與祝弟書，乃有「謗釋氏」之語，殊使人驚歎。不知吾友別後所見如何而爲是語也？及細讀二書，則所可怪者不特此耳。

且論其大者，如所謂：「棲心淡泊，與世少求；玩聖賢之言，可以資吾神，養吾真者，一一勘過。」只此二十餘字，無一字不有病痛。夫人心是活物，當動而動，當静而静，動静不失其時，則其道光明矣。是乃本心全體大用，如何須要棲之淡泊然後爲得？且此心是箇什麽？又如何其可棲也耶？聖賢之言，無精粗巨細，無非本心天理之妙，若真看得破，便成己成物，更無二致，内外本末，一以貫之，豈獨爲資吾神、養吾真者而設哉？若將聖賢之言作如此看，直是全無交涉，聖門之學，所以與異端不同者，灼然在此。若看不破，便直唤作「謗釋氏」，亦何足怪？

吾友若信得及，且做年歲工夫，屏除舊習；案上只看六經、《語》《孟》及程氏文字，著開擴心胸，向一切事物上理會，第一不得唤作塵事昏心也。方知「體用一源，顯微無間」，是真實語；不但做兩句好言語説，爲資神養真、胡荼自己之説而已也。

又承見警，此其甚荷相愛之深。然儒者之學，於此亦只是順理而已。當顯則顯，當默則默，若涵養深淳，則發必中節，更無差互。既未到此地位，自是隨其氣習，所發不同。然若一向矯枉過直，則柔弱者必致狂暴，剛强者必爲退縮，都不見天理之當然。惟聖門之學，以求仁格物爲先，所以發處自然見得是非可否，不差毫髮，其工夫到與不到卻在人。今吾友見教：「要使天下之人，不知有自家，方做得事。」且道：「此一念從何處來？喚做本心得否？喚做天理得否？」直是私意上又起私意。縱使磨挫掩藏得全不發露，似個没氣底死人，亦只是計較利害之私，與聖門求仁格物、順理涵養氣象，大段懸隔。信知儒釋只此毫釐間，便是繆以千里處。卻望吾友更深思之，仍將此書徧呈諸同志，相與反覆商確，不可又似向來説先覺之義，更不與徐、柯二丈〔一〕見也。

朋友商論，正要得失分明，彼此有益，何必於此揜覆？只此是私意根株，若不拔去，使之廓然大公，緣何得見義理真實處耶？所論好善優於天下，只是一箇公字，此等處何不公之甚也？〔二〕

〔一〕指徐元聘與柯翰。徐元聘，號芸齋，同安人，柯翰，字國材。二人皆朱子任同安縣主簿時（一一五四～一一五六）之摯友。許升與徐元聘、柯翰校正《程氏語録》，朱子深所贊許。

〔二〕朱子《答許順之》，載《朱文公文集》卷三九。

答何叔京〔一〕

王懋竑云辛卯後〔二〕

【釋】辛卯即孝宗乾道七年（一一七一），朱子四十一歲。何鎬（一一二八～一一七五），字叔京，學者稱台溪先生，福建邵武人；長朱子兩歲，從朱子遊；以父恩授安溪主簿，汀州上杭縣丞，孝宗淳熙二年（一一七五）調知潭州善化縣，未赴而卒。今存朱子與論學四書，先生録其一，言心之體用一貫。

伏蒙示及《心説》，甚善。然恐或有所未盡，蓋入而存者即是真心，出而亡者亦此真心，爲物誘而然耳。今以存亡出入皆爲物誘所致，則是所存之外，別有真心〔三〕，而於孔

〔一〕文並載《紫陽學術發微》卷三《答何叔京》。

〔二〕王懋竑《朱子年譜考異》卷一「乾道九年癸巳四十四歲夏四月」條下云：「又朱子與南軒書云：『《太極解》後來所改不多，別紙上呈。』則書在戊子、己丑間。南軒書云：『伯恭昨日得書，猶疑《太極説》中體用先後之論。』則在辛卯後。」與此篇論體用終始相類，唐先生因而編於辛卯後。

〔三〕所謂二本也。

子之言〔一〕，乃不及之，何耶？子重〔二〕所論，病亦如此。而子約〔三〕又欲并其出而亡者，不分真妄，皆爲神明不測之妙，二者蓋胥失之。熹向答二公，有所未盡，後來答游誠之〔四〕一段，方稍穩當。今謹録呈，幸乞指誨。然心之體用始終，雖有真妄邪正之分，其實莫非神明不測之妙。雖皆神明不測之妙，而其真妄邪正又不可不分耳，不審尊意以爲如何？

潘君之論，則異乎所聞矣。其所誦説環溪之書〔五〕，雖未之見；然以其言考之，豈其父嘗見環溪？而環溪者即濂溪之子元翁兄弟也歟〔六〕？元翁與蘇、黄遊，學佛談禪，蓋失其家學之傳已久，其言固不足據。且潘君者，又豈非清逸家子弟耶？清逸之子

〔一〕《論語·里仁》孔子云「吾道一以貫之」，朱子注云：「聖人之心，渾然一理，而泛應曲當，用各不同。」此朱子本意，忠恕一貫，不可二本也。

〔二〕石𡼖（一一二八～一一八二），號克齋，臨海人，長朱熹三歲；紹興十五年（一一四五）進士，時年十八；由桂陽主簿轉同安縣丞；二十三年（一一五三）五月朱子授同安主簿，遂與石氏訂交，過從甚密；著《中庸集解》，朱子爲作序；卒後朱子刊定爲《中庸輯略》而傳至今。

〔三〕吕祖儉，字子約，吕祖謙之弟，自號大愚叟，浙江金華人，《宋史》列入《忠義傳》，朱子與交尤篤。

〔四〕游九言（一一四二～一二〇六），初名九思，字誠之，號默齋，福建建陽人，與吕祖儉同輩分，乃張栻門人，今存《默齋遺稿》二卷。

〔五〕吴沆（一一一六～一一七二），字德遠，江西撫州人。紹興十六年（一一四六）與弟吴澥呈獻《易璇璣》三卷及《三墳訓義》，以犯廟諱而罷歸，隱居環溪，人稱環溪先生。其《易璇璣》存《四庫全書》中。

〔六〕朱子蓋未知其人也。

亦參禪，雖或及識濂溪，然其學則異矣。今且據此書論之，只文字語言便與《太極》《通書》等絕不相類。蓋《通書》文雖高簡，而體實淵慤，且其所論，不出乎陰陽變化、修己治人之事，未嘗劇談無物之先、文字之外也；而此書乃謂「中」爲「有物」，而必求其所在於未生之前，則是禪家本來面目之緒餘耳。殊不知「中」者，特無偏倚過不及之名，以狀性之體段；而所謂性者，三才五行萬物之理而已矣，非有一物先立乎未生之前，而獨存乎既没之後也。其曰執、曰用、曰建，亦體此理，以修己治人而已矣，非有一物，可以握持運用而建立之也。《通書》論「中」，但云：「中者和也，中節也。」又曰：「中焉止矣。」周子之意尤爲明白。其後所謂「立象示人，以乾元爲主」者，尤爲誑誕無稽。大概本不足辨，以來教未有定論，故略言之。因來誨諭，幸甚幸甚。〔一〕

答胡廣仲

王懋竑謂云疑己丑

【釋】己丑即孝宗乾道五年（一一六九），朱子四十歲，編成《程氏遺書》。胡實（一一三五～一

〔一〕朱子《答何叔京》，載《朱文公文集》卷三九。

一七三)，字廣仲，胡宏從弟，少朱子五歲；以門蔭補將仕郎不就，專事講道；與朱子、張栻往來辯論，未嘗苟合，年三十八卒。此函戒解經不可主觀與偏頗，說太極之妙不可移易爲主觀，專於静而排斥動爲偏頗，以的當不含糊爲尚。

《太極圖》舊本，極荷垂示。然其意義，終不能曉，如陰静在上，而陽動在下，黑中有白，而白中無黑；及五行相生先後次序，皆所未明。而來諭以爲「太極之妙，不可移易」，是必知其說矣，更望子細指陳所以爲「太極之妙而不可移易」處以見教，幸甚幸甚。

解釋文義，使各有指歸，正欲以語道耳。不然，則解釋文義，將何爲耶？今來諭有云：「解釋文義則當如此，而不可以語道。」不知如何立言而後可以語道也？仁義之說，頃答晦叔〔二〕，兄已詳；今必以爲仁不可對義而言，則《說卦》《孟子》之言，皆何謂乎？來諭又云：「仁乃聖人極妙之機。」此等語亦有病，但看聖賢言仁處，還曾有一

〔二〕吴翌(一一二九—一一七七)，字晦叔，胡宏門人。

句此等説話否〔一〕？

來諭又謂：「動静之外，别有不與動對之静，不與静對之動。」此則尤所未諭。動静二字，相爲對待，不能相無，乃天理之自然，非人力之所能爲也。若不與動對，則不名爲静；不與静對，則亦不名爲動矣。但衆人之動則流於動而無静，衆人之静則淪〔二〕於静而無動〔三〕，此周子所謂「物則不通」者也。惟聖人無人欲之私，而全乎天理，是以其動也，静之理未嘗亡；其静也，動之機未嘗息；此周子所謂「神妙萬物」者也。然而必曰「主静」云者，蓋以其相資之勢言之，則動有資於静，而静無資於動，如乾不專一則不能直遂，坤不翕聚則不能發散；龍蛇不蟄則無以奮，尺蠖不屈則無以伸，亦天理之必然也。

來諭又有「動則離性」之説，此尤所未諭。蓋人生而静，雖天之性，感物而動，亦性之欲；若發而中節，欲其可欲，則豈嘗離夫〔四〕性哉？惟夫衆人之動，動而無静，則

〔一〕含糊之説。
〔二〕「淪」原作「流」，據《朱文公文集》正。
〔三〕皆謂偏滯之見。
〔四〕「夫」字原誤作「天」，據《朱文公文集》正。

或失其性耳，故文定《春秋傳》曰：「聖人之心，感物而動。」〔一〕《知言》亦云：「静與天同德，動與天同道。」皆未嘗有「聖人無動」之説也；卻是後來分別「感物而通」「感物而動」，語意迫切，生出許多枝節；而後人守之太過，費盡氣力，百種安排，幾能令臧三耳矣。然甚難而實非，恐不可不察也。

《知言》「性之所以一」，初見一本無「不」字，後見別本有之，尚恐有誤；繼而遍考此書前後説，頗有不一之意，如「子思子曰」一章是也。故恐實謂「性有差別」，遂依別本添入「不」字，今既遺稿無之，則當改正。但其他説「性不一」處，愈使人不能無疑耳。昨來《知言疑義》中已論之，不識高明以爲然否？

上蔡雖説明道先使學者有所知識，卻從敬入。然其記二先生語，卻謂「未有致知而不在敬者」，又自云：「諸君不須別求見處，但敬與窮理則可以入德矣。」二先生亦言根本須先培壅，然後可立〔二〕趨向；又言：「莊整齊肅，久之則自然天理明。」五峯雖

〔一〕胡安國（一〇七四～一一三八），字康侯，謚文定，其《春秋傳》後世稱《春秋胡氏傳》。語見卷三〇「春，西狩獲麟」下注文。

〔二〕「立」字原作「以」，據《朱文公文集》正。

言「知不先致，則敬不得施」，然又云：「格物之道，必先居敬以持其志。」此言皆何謂耶〔二〕？

熹竊謂明道所謂「先有知識」者，只爲知邪正、識趨向耳，未便遽及知至之事也。上蔡、五峯既推之太過，而來諭又謂：「知之一字，便是聖門授受之機。」則是因二公之過而又過之。試以聖賢之言考之，似皆未有此等語意，卻是近世禪家説話多如此。若必如此，則是未知已前，可以怠慢放肆，無所不爲，而必若曾子一「唯」之後，然後可以用力於敬也。此説之行，於學者日用工夫，大有所害，恐將有談玄説妙以終其身，而不及用力於敬者，非但言語之小疵也。

上蔡又論橫渠以禮教人之失，故其學至於無傳，據二先生所論，卻不如此，蓋曰「子厚以禮教學者最善，使人先有所據守。」但譏其説清虚一大，使人向別處走，不如且道敬耳。此等處上蔡説皆有病，如云：「正容謹節，外面威儀，非禮之本。」尤未穩

〔二〕此言胡宏格物與居敬之先後不透。

當。子文、文子〔一〕，《知言疑義〔二〕》亦已論之矣。僭冒不韙，深以愧懼。但講學之際，務求的當，不敢含糊，不得不盡言耳。〔三〕

答胡廣仲

王懋竑云疑庚寅、辛卯間〔四〕

【釋】此函申述觀過而反求諸己之義，並開釋天理人欲相對爲義，乃惡欲實在發生作用之故，非先設此比對。

「知仁」之説〔五〕，前日答晦叔書已具論之。今細觀來教，謂：「釋氏初無觀過工

〔一〕子文指春秋楚令尹子文，文子指春秋陳文子（田文子）。《論語・公冶長》記載孔子回應子張問子文與子文仁否，肯定子文「忠」、文子「清」而「未知仁」。

〔二〕「義」字原誤作「議」。

〔三〕朱子《答胡廣仲》，載《朱文公文集》卷四二。

〔四〕王懋竑《壬子答朱湘淘書》云：「未發已發説作於己丑，有以静爲本之説，其與何叔京、林擇之、石子重、胡廣仲諸書，多主此意，考其時皆在壬辰、癸巳間。」《白田草堂存稿》卷一一。唐先生因而定此篇作於己丑年。

〔五〕指《論語・里仁》載孔子云：「人之過也，各於其黨，觀過，斯知仁矣。」即觀過知仁。

夫，不可同日而語。」則前書未及報也。夫彼固無「觀過」之功矣，然今所論，亦但欲借此觀過而知觀者之爲仁耳，則是雖云觀過，而其指意，卻初不爲遷善改過、求合天理設也〔一〕。然則與彼亦何異耶？

嘗聞釋氏之師，有問其徒者曰：「汝何處人？」對曰：「幽州。」曰：「汝思彼否？」曰：「常思。」曰：「何思？」曰：「思其山川城邑、人物車馬之盛耳。」其師曰：「汝試反思，思底還有許多事否？」今所論因觀過而識觀者，其切要處，正與此同。若果如此，則聖人當時自不必專以觀過爲言，蓋凡觸目遇事，無不可觀；而已有所觀，亦無不可因以識觀者而知夫仁矣。以此譏彼，是何異同浴而譏裸裎也耶？

「人欲非性」之語，此亦正合理會。熹竊謂天理固無對，然既有人欲，即天理便不得不與人欲爲消長。善亦本無對，然既有惡，即善便不得不與惡爲盛衰。譬如「普天之下，莫非王土；率土之濱，莫非王臣」，此本豈有對哉？至於晉有五胡，唐有三鎮，則華夷逆順，不得不相與爲對矣。但其初則有善而無惡，有天命而無人欲耳。龜山之意，正欲於此毫釐之間，剖判分析，使人於克己復禮之功，便有下手處。如孟子道性善，只如

〔一〕指其觀過徒然挑剔他人之失，而非有益於己身之遷善改過。

此説，亦甚明白慤實，不費心力。而《易傳·大有》卦，《遺書》第二十二篇《棣問孔孟言性章》。論此又極分明，是皆天下之公理，非一家所得而私者。願虚心平氣，勿以好高爲意，毋以先入爲主；而熟察其事理之實於日用之間，則其得失從違，不難見矣。

蓋謂天命爲不囿於物可也，以爲不囿於善，則不知天之所以爲天矣；謂惡不可以言性可也，以爲善不足以言性，則不知善之所自來矣。《知言》中此等議論，與其他好處，自相矛盾者極多，卻與告子、楊子、釋氏、蘇氏之言，幾無以異。昨來所以不免致疑者，正爲如此，惜乎不及供洒掃於五峯之門而面質之，故不得不與同志者講之耳。亦聞以此或頗得罪於人，然區區之意，只欲道理分明，上不負聖賢，中不誤自己，下不迷後學而已，他固有所不得而避也。〔二〕

答胡廣仲

王懋竑云同上

【釋】此函闡明「性」之本質，乃無所不該，非專以一面限定，亦屬已發未發之問題。

〔二〕朱子《答胡廣仲》，載《朱文公文集》卷四二。

伊川先生曰：「天地儲精，得五行之秀者爲人，其本也真而静，其未發也五性具焉，曰仁義禮智信；形既生矣，外物觸其形而動於中矣，其中動而七情出焉，曰喜怒哀樂愛惡欲；情既熾而益蕩，其性鑿矣。」〔一〕熹詳味此數語，與《樂記》之説，指意不殊。所謂静者，亦指未感時言爾。當此之時，心之所存，渾是天理，未有人欲之僞，故曰天之性。及其感物而動，則是非真妄，自此分矣。然非性則亦無自而發，故曰性之欲。動字與《中庸》「發」字無異，而其是非真妄，特決於有節與無節、中節與不中節之間耳〔二〕，來教所謂「正要此處識得真妄」是也。然須是平日有涵養之功，臨事方能識得；若茫然都無主宰，事至然後安排，則已緩而不及於事矣。

至謂「静字所以形容天性之妙，不可以動静真妄言」，則熹卻有疑焉。蓋性無不該，動静之理具焉，若專以静字形容，則反偏卻性字矣。記以静爲天性，只謂未感物之前，私欲未萌，渾是天理耳，不必以静字爲性之妙也。真妄又與動静不同，性之爲

〔一〕程頤此釋，朱子《論語集注》在《雍也》之「哀公問弟子孰爲好學」章之下。
〔二〕義在發之方向與意義，而非發之自身。

性，天下莫不具焉，但無妄耳。今乃欲并與其真而無之，此韓公「道無真假」之言〔一〕，所以見譏於明道也。伊川所謂「其本真而静」者，真静兩字，亦自不同，蓋真則指本體而言，静則但言其初未感物耳。明道先生云：「人生而静之上不容説，纔説性時，便已不是性矣。」蓋人生而静，只是情之未發，但於此可見天性之全，非真以静狀性也。愚意如此，未知中否？〔二〕

答胡廣仲

王懋竑云癸巳〔三〕

【釋】此函具論七義，皆商量加邃而轉密之實在體驗與反思，非文字應酬也。

〔一〕韓維（一〇一七～一〇九八），字持國，河南潁昌人，熙寧七年（一〇七四）翰林學士承旨。其提出「道無真假」論，朱子有説，見載於《朱子語類》卷一三〇。

〔二〕朱子《答胡廣仲》，載《朱文公文集》卷四二。

〔三〕王懋竑《壬子答朱湘淘書》云：「未發已發説作於己丑，有以静爲本之説，其與何叔京、林擇之、石子重、胡廣仲諸書，多主此意，考其時皆在壬辰、癸巳間。」載《白田草堂存稿》卷一一。唐先生因而定此篇作於己丑年。

熹承諭向來爲學之病，足見高明所進，日新之盛，一方後學，蒙惠厚矣。然以熹觀之，則恐猶有所未盡也。蓋不務涵養而專於致知，此固前日受病之原，而所知不精，害於涵養，此又今日切身之病也。若但欲守今日之所知，而加涵養之功，以補其所不足，竊恐終未免夫有病，而非所以合内外之道。必也盡棄今日之所已知，而兩進乎涵養格物之功焉，則庶乎其可耳。蓋來書所論，皆前日致知之所得也，而其病有如左方所陳者，伏惟幸垂聽而圖之。

夫太極之旨，周子立象於前，爲説於後，互相發明，平正洞達，絶無毫髪可疑。而舊傳圖説，皆有繆誤，幸其失於此者，猶或有存於彼；是以向來得以參互考證，改而正之。凡所更改，皆有據依，非出於己意之私也。舊本圖子既差，而説「中静而生陰」，静下多一「極」字，亦以圖及上下文意考正而削之矣。若如所論，必以舊圖爲據，而曲爲之説，意則巧矣，然既以第一圈爲陰静，第二圈爲陽動，則夫所謂太極者，果安在耶？又謂「先有無陽之陰，後有兼陰之陽」，則周子本説初無此意，而天地之化似亦不然。且程子所謂「無截然爲陰爲陽之理」，即周子所謂「互爲其根」也；程子所謂「升降生殺之大分，不可無」者，即周子所謂「分陰分陽」也；兩句相須，其義始備。故二夫子皆兩言之，未嘗偏有所廢也。今偏舉其一，而[一]所施又不當其所，且所論先有專一之陰，後有兼體之陽，是乃截然之甚者，此熹之所疑者一也。

「人生而静，天之性」者，言人生之初，未有感時，便是渾然天理也。「感物而動，性之欲」者，言及其有感，便是此理之發也。程子於《顔子好學論》中論此極詳，但平心易氣，熟玩而徐思之，自當見得義理明白穩當處，不必如此强説，枉費心力也。程子所謂「常理不易」者，亦是説未感時理之定體如此耳，非如來諭之云也，此熹之所疑者二也。

《知言疑義》所謂「情亦天下之達道」，此句誠少曲折，然其本義卻自分明。今但改云：「情亦所以爲天下之達道也。」則語意曲折備矣。蓋非喜怒哀樂之發，則無以見其中節與否；非其發而中節，則又何以謂之和哉？心主性情，理亦曉然。今不暇別引證據，但以吾心觀之，未發而知覺不昧者，豈非心之主乎性者乎？已發而品節不差者，豈非心之主乎情者乎？「心」字貫幽明，通上下，無所不在，不可以方體論也。今曰以情爲達道，則不必言心矣。如此，則是專以心爲已發，如向來之説也。然則謂

[一]「而」字原作「其」，據《朱文公文集》爲正。

未發時無心可乎？此義程子答吕博士最後一書，説已分明，今不察焉，而必守舊説之誤，此熹之所疑者三也。

性善之説[一]，不與惡對，此本龜山所聞於浮屠常總[二]者，宛轉説來，似亦無病。然謂性之爲善，未有惡之可對則可，謂終無對則不可，蓋性一而已，既曰無有不善，則此性之中無復有惡與善爲對，亦不待言而可知矣。若乃善之所以得名，是乃對惡而言，其曰性善，是乃所以别天理於人欲也。天理人欲，雖非同時并有之物，然自其先後、公私、邪正之反而言之，亦不得不爲對也。今必謂别有無對之善，此又熹之所疑者四也。

《中庸》鄙説，誠有未當，然其説之病，正在分曉太過，無復餘味，以待學者涵泳咀嚼之功；而來諭反謂未曾分曉説出，不知更欲如何，乃爲分曉説出耶？天命之性，不可形容，不須贊嘆，只得將他骨子實頭處説出來，乃於言性爲有功，故熹只以仁義禮

[一]「善」字原作「説」，據《朱文公文集》爲正。
[二] 常總禪師(一〇二五～一〇九一)，江西東林寺主持，本四川劍州施氏，十一歲出家，後至吉州，聞慧南禪師之道，往依二十年。蘇軾初遊廬山，與之甚投契。

智四字言之，最爲端的。率性之道，便是率此之性，無非是道，亦離此四字不得，如程子所謂「仁，性也；孝弟是用也，性中只有仁義禮智而已，曷嘗有孝弟來？」〔一〕此語亦可見矣。蓋父子之親，兄弟之愛，固性之所有，然在性中，只謂之仁，而不謂之父子兄弟之道也。君臣之分、朋友之交，亦性之所有，然在性中只謂之義，而不謂之君臣朋友之道也。推此言之，曰禮曰智，無不然者，蓋天地萬物之理，無不出於此〔二〕四者。今以此爲倒說，而反謂仁義因父子君臣而得名，此熹之所疑者五也。

中和體用之語，亦只是句中少曲折耳。蓋中者所以狀性之德而形道之體，和者所以語情之正而顯道之用。熹前說之失，便以中和爲體用，則是猶便以方圓爲天地也。近已用此義，改定舊語，如來諭所疑，卻恐未然。又云：「中自過不及而得名。」此亦恐說未發之中不著，此熹之所疑者六也。

至於仁之爲說，昨兩得欽夫書，詰難甚密，皆已報之。近得報，云卻已皆無疑矣。今觀所論，大概不出其中者，更不復論。但所引《孟子》「知覺」二字，卻恐與上蔡意旨

〔一〕程頤之語，見引於朱子《論語集注》卷一《學而》「有子曰君子務本」下。
〔二〕「此」字原脱，據《朱文公文集》補入。

不同，蓋孟子之言知覺，謂知此事覺此理，乃學之至而知之盡也；上蔡之言知覺，謂識痛痒能酬酢者，乃心之用而知之端也，二者亦不同矣。然其大體，皆智之事也。今以言仁，所以多矛盾而少契合也。憤驕險薄，豈敢輒指上蔡而言，但謂學者不識仁之名義，又不知所以存養，而張眉努眼説知説覺者，必至此耳。如上蔡詞氣之間，亦微覺少些小温粹，恐亦未必不坐此也。夫以愛名仁固不可，然愛之理所謂仁之體也，天地萬物與吾一體，固所以無不愛。然愛之理則不爲是而有也，須知仁義禮智四字一般，皆性之德，乃天然本有之理，無所爲而然者。但仁乃愛之理，生之道，故即此而又可以包夫四者，所以爲學之要耳。細觀來諭，似皆未察乎此。此熹之所疑者七也。晦叔書中論此，大略與吾丈意同，更不及別答，只乞轉以此段呈之。大抵理會「仁」字，須并義、禮、智三字通看，方見界分分明，血脉通貫。近世學者貪説仁字而忽略三者，所以無所據依，卒并與仁字而不識也。

夫來教之爲此數説者，皆超然異於簡册見聞之舊，此其致知之功，亦足以爲精矣。然以熹之所疑考之，則恐求精之過，而反失之於鑿也。大抵天下事物之理，亭當均平，無無對者，唯道爲無對。然以形而上下論之，則亦未嘗不有對也。蓋所謂對者，或以左右，或以上下，或以前後，或以多寡，或以類而對，或以反而對，反復推之，天地之間，真無一物兀然無對而孤立者，此程子所以中夜以思，不覺手舞而足蹈也。

究觀來教，條目固多，而其意常主於別有一物之無對，故凡以左右而對者，則扶起其一邊；以前後而對者，則截去其一段；既强加其所主者以無對之貴名，而於其所賤而列於有對者，又不免別立一位以配之，於是左右偏枯，首尾斷絶，位置重疊，條理交併。凡天下之理勢，一切畸零贅剩，側峻尖斜，更無齊整平正之處。凡此所論陰陽動静、善惡仁義等説，皆此一模中脱出也。常安排此箇意思、規模横在胸中，竊恐終不能到得中正和樂、廣大公平的地位，此熹所以有「所知不精，害於涵養」之説也。若必欲守此，而但少加涵養之功，別爲一事以輔之於外，以是爲足以合内外之道，則非熹之所敢知矣！要須脱然頓舍舊習，而虚心平氣，以徐觀義理之所安，則庶乎其可也。

仰恃知照，不鄙其愚，引與商論，以求至當之歸，敢不罄竭所懷，以求博約。蓋天下公理，非一家之私，儻不有益於執事之高明，則必有警乎熹之淺陋矣。〔一〕

〔一〕 朱子《答胡廣仲》，載《朱文公文集》卷四二。

朱子大義卷五

【釋】此卷録朱子論學書簡十四篇,圍繞研治四書、《周易》之説經原則與方法諸問題,歸諸切己體會,不務空談。

答吴晦叔

【釋】吴翌(一一二九~一一七七),字晦叔,福建建寧人;師事胡宏,從張栻遊。此函討論知行之問題,提出兩層解説法,一以泛論,一以事論,兩者皆統攝於平日生活之涵養與格致工夫,進以《大學》之道,乃身體力行之踐履與堅持也。

熹伏承示及「先知後行」之説,反復詳明,引據精密,警發多矣;所未能無疑者,方欲求教,又得南軒寄來書稿讀之,則凡熹之所欲言者,蓋皆已先得之矣。特其曲折之間，小有未備，請得而細論之。

夫泛論知行之理，而就一事之中以觀之，則知之爲先，行之爲後，無可疑者。如〔一〕《孟子》所謂「知皆擴而充之」、程子所謂「譬如行路，須得光照」及《易・文言》所謂「知至至之，知終終之」之類是也。然合夫知之淺深，行之大小而言，則非有以先成乎其小，亦將何以馴致乎其大者哉？如子夏教人以洒掃應對進退爲先。程子謂「未有致知而不在敬者」，及《易・文言》所言「知至知終」，皆在「忠信修辭」之後之類是也。蓋古人之教，自其孩幼而教之以孝悌誠敬之實，及其少長而博之以《詩》《書》《禮》《樂》之文，皆所以使之即夫一事一物之間，各有以知其義理之所在，而致涵養踐履之功也。此小學之事，知之淺而行之小者也。及其十五成童，學於大學，則其洒掃應對之間，禮樂射御之際，所以涵養踐履之者，略已小成矣。於是不離乎此，而教之以格物以致其知焉。「致知」云者，因其所已知者，推而致之，以及其所未知者，而極其至也。是必致於舉天地萬物之理，而一以貫之，然後爲知之至；而所謂誠意正心、修身齊家、治國平天下者，至是而無所不盡其道焉。此大學之道，知之深而行之大者也。

今就其一事之中而論之，則先知後行，固各有其序矣。誠欲因夫小學之成，以進

〔一〕「如」字原作「加」，據《朱文公文集》正。

乎大學之始，則非涵養踐履之有素，亦豈能居然以夫雜亂紛糾之心，而格物以致其知哉？且《易》之所謂忠信修辭者，聖學之實事，貫始終而言者也。以其淺而小者言之，則自其常視毋誑、男唯女俞之時，固已知而能之矣。

「知至至之」，則由行此而又知其所至也，此知之深者也。「知終終之」，則由知至而又進以終之也，此行之大者也。故《大學》之書，雖以格物致知爲用力之始，然非謂初不涵養踐履，而直從事於此也；又非謂物未格、知未至，則意可以不誠，心可以不正，身可以不修，家可以不齊也，但以爲必知之至，然後所以治己治人者，始有以盡其道耳。若曰必俟知至而後可行，則夫事親從兄，承上接下，乃人生之所不能一日廢者，豈可謂吾知未至，而暫輟以俟其至而後行哉？按：五峯作《復齋記》有「立志居敬，身親格之」之説，蓋深得乎此者，但《知言》所論，於知之淺深，不甚區別，而一以「知先行後」概之，則有所未安耳。抑聖賢所謂知者，雖有淺深，然不過如前所論二端而已。但至於廓然貫通，則內外精粗，自無二致，非如來教及前後所論「觀過知仁」者，乃於方寸之間，設爲機械，欲因觀彼而反識乎此也。侯子〔一〕所闢總老〔二〕「默

〔一〕侯仲良，字師聖，華陰人，二程表弟，師從周敦頤、程顥、程頤、胡安國，遺著有《論語説》《雅言》。
〔二〕總老指廬山東林寺住持常總禪師（一〇二五～一〇九一），周敦頤曾從學道者。

而識之是識甚底之言」，正是説破此意。如南軒所謂「知底事」者，恐亦未免此病也。

又來諭所謂「端謹以致知，所謂克己私、集衆理」者，又似有以行爲先之意。而所謂「在乎兼進」者，又若致知力行，初無先後之分也。凡此皆鄙意所深疑，而南軒之論所未備者，故敢復以求教，幸深察而詳諭之。〔一〕

答蔡季通〔二〕

王懋竑云己酉前

【釋】己酉即孝宗淳熙十六年（一一八九），朱子六十歲，《中庸章句》《大學章句》成。蔡元定（一一三五～一一九八），字季通，號西山，福建建陽人；朱子姻親，蔡沈之父，同師事朱子，稱西山先生。蔡氏是時五十四歲；其卒，朱子爲作誄文；行宜載《宋史·儒林傳》。此函言道德心之爲道心，乃得存天理之公，避免落入形質性質之氣論。

人之有生，性與氣合而已。然即其已合而析言之，則性主於理而無形，氣主於形

〔一〕朱子《答吳晦叔》，《朱文公文集》卷四二。
〔二〕文並載《紫陽學術發微》卷二《答蔡季通書》。

而有質。以其主理而無形，故公而無不善；以其主形而有質，故私而或不善。以其公而善也，故其發皆天理之所行；以其私而或不善也，故其發皆人欲之所作。此舜之戒禹，所以有「人心」「道心」之别，蓋自其根本而已然，非爲氣之所爲有過不及，而後流於人欲也。然但謂之人心，則固未以爲悉皆邪惡；但謂之危，則固未以爲便致凶咎。但既不主於理，有主於形，則其流爲邪惡，以致凶咎亦不難矣，此其所以爲危。非若道心之必善而無惡，有安而無傾，有準的而可憑據也，故必其致精一於此兩者之間，使公而無不善者，常爲一身萬事之主，而私而或不善者不得與焉，則凡所云爲，不待擇於過與不及之間，而自然無不中矣。凡物剖判之初，且當論其善不善；二者既分之後，方可論其中不中。「惟精惟一」，所以審其善不善也；「允執厥中」，則無過不及而自得中矣，非精一以求中也。此舜戒禹之本意，而序文述之，固未嘗直以形氣之發盡爲不善，而不容其有清明純粹之時，如來諭之所疑也。但此所謂清明純粹者，既屬乎形氣之偶然，則亦但能不隔乎理而助其發揮耳，不可便認以爲道心，而欲據之以爲精一之地也。如《孟子》雖言「夜氣」，而其所欲存者，乃在乎仁義之心，非直以此夜氣爲主也；雖言「養氣」，而其所用力，乃在乎「集義」，非直就此氣中，擇其無過不及者而養之也。來諭主張氣字太過，故於此有不察。其他如分别氣中過不及處，亦覺有差，但既無與乎道心之微，故有所

不暇辨耳。〔一〕

答胡寬夫

【釋】此函述爲人治學之道，首戒虛談與意氣争論，次訓專注，復戒武斷，應量力研習。

示諭《疑義》數條，足見别後進學之篤，甚慰甚慰。大概如此看，更須從淺近平易處理會，應用切身處體察，漸次接續，勿令間斷，久之自然意味浹洽，倫類貫通；切不可容易躁急，厭常喜新，專揀一等難理會無形影底言語，暗中想像，杜撰穿鑿，枉用心神，空費日力；更勿與人辨論釋氏長短，自家未有所見，判斷他不得，況廢卻自家合做的緊切工夫，卻與人争一場閑口舌，有損無益，尤當深戒也。

「主一」之功，學者用力切要處，承於此留意，甚善，但其他推説，似太汗漫多病痛。以熹觀之，似不必如此，只就如今做書會處理會，便見漸次。大抵自家所看文

〔一〕朱子《答蔡季通》，載《朱文公文集》卷四四。

字，及提督學生工夫，皆須立下一定「格目」〔一〕；格目之内，常切存心；格目之外，不要妄想。如看《論語》，今日看到此段，即專心致意，只看此段；後段雖好，且未要看，直待此段分曉，説得反復不差仍，且盡日玩味，明日卻看後段。日用凡事皆如此，以類推之可見。不然，雖是好事，亦名妄想。此主一之漸也。若不如此，方寸之間，頃刻之際，千頭萬緒，卒然便要主一，如何按伏得下？試更思之，「我不欲人之加諸我，吾亦欲無加諸人」，與子思所謂「施諸己而不願，亦勿施於人」，此言且只各就本句中體味踐履，久之純熟，自見淺深，今亦不須彊分别也。大抵學者之患，在於好談高妙，而自己脚根卻不點地，正所謂「道在邇而求諸遠，事在易而求諸難」也。《大學解》想亦看未到，四哥又自有日課，不欲妨他。教人者須常存此心。郭子和《中庸》〔二〕頃曾見之，切不可看，看著轉迷悶也。其他所欲文字合用者，前已附去，其他非所急者，更不上内，想自曉此意。千萬息卻此心，且就日課中逐些理會，慤實踐履，方有意味。千萬千萬，後生輩誦書，亦如吾人講學，只是量力，不

〔一〕類似功過格之類之行事大綱。

〔二〕郭雍（一一〇三～一一八七），字子和，號白雲，洛陽人，隱居湖北峽州，不就孝宗徵召，專研《周易》與醫學。行宜載《宋史·隱逸傳》。郭氏之父郭忠孝，字玄之，師事程頤學《周易》《中庸》；郭雍傳其學，時稱「二郭」，所著《中庸解》，即本文所指。

要貪多，仍須反覆熟讀，時時温習，是要法耳。〔一〕

答吴德夫 獵

【釋】吴獵（一一四二～一二一三），字德夫，號畏齋，湖南醴陵人；師事張栻與朱子；紹熙五年（一一九四）寧宗即位後，上書請留朱子。此函討論《易》説不易與變易是否即《中庸》未發、已發，朱子以爲未可比附；篇首先自陳踐履之間，體會孔子與程子所稱之仁，不事空論；復説心、性、情三者分别與關係，心爲體，理爲性，情爲用。

承諭「仁」字之説，足見用力之深。熹意不欲如此坐談，但直以孔子、程子所示求仁之方，擇其一二，切於吾身者，篤志而力行之，於動静語默間，勿令間斷，則久久自當知味矣。

「去人欲，存天理」，且據所見去之存之，功夫既深，則所謂似天理而實人欲者，次第

〔一〕朱子《答胡寬夫》，載《朱文公文集》卷四五。

可見。今大體未正，而便欲察及細微，恐有放飯流啜而問無齒決之譏也，如何如何？

易之爲義，乃指流行變易之體而言，此體生生，元無間斷，但其間一動一静，相爲始終耳。程子曰：「上天之載，無聲無臭，其體則謂之易，其理則謂之道，其用則謂之神。」正謂此也。此體在人則心是已，其理則所謂性，其用則所謂情，其動静則所謂未發、已發之時也。此其爲天人之分雖殊，然静而此理已具，動而此用實行，則其爲易一也。若其所具之理，所行之用，合而言之，則是易之有太極者。昨來南軒嘗謂「太極所以明動静之藴」，蓋得之矣。

來諭以不易、變易爲未發、已發，恐未安。試以此説推之，非惟見得易字意義分明，而求仁用力要處，亦可得矣。〔一〕

答廖子晦

【釋】廖德明（一一四〇～一二一三），字子晦，福建南劍州人。少學佛，後讀楊時之書，受業

〔一〕朱子《答吴德夫（獵）》，載《朱文公文集》卷四五。

於朱子。乾道五年（一一六九）進士，知莆田，寧宗開禧元年（一二〇五），以平夷之功受封武威王。此書論學，一以貫之，實事求是；而其中透露朱子對韓愈之評價爲至重要，闡明其非否定韓愈，只爲韓愈講治國平天下，唯欠缺持守修養工夫，故於此詳爲補足。

前此屢辱貽書，有所講論，每竊怪其語之不倫，而未能深曉其故，只據一時鄙見所未安處，草草奉答，往往只是説得皮膚，不能切中其病，所以賢者亦未深悉，而猶有今日之論也。此雖微陋疎率之罪，然因此卻得左右明辨力扣，敷述詳明，然後乃能識得前後所説之本意，而區區愚見，亦因得以自竭，非小補也。

蓋詳來諭，正謂日用之間，別有一物，光輝閃爍，動蕩流轉，是即所謂「無極之真」，所謂「谷神不死」，二語皆來書所引；所謂「無位真人」，此釋氏語，正谷神之酋是〔一〕也。學者合下便要識得此物，而後將心想像照管，要得常在目前，乃爲根本工夫。至於學問踐履，零碎湊合，則自是下一截事，與此粗細迥然不同。雖以顔子之初，鑽高仰堅，瞻前忽後，亦是未見此物，故不得爲實見耳。此其意則善矣，然若果是

〔一〕「是」字，《朱文公文集》作「長」。

如此，則聖人設教，首先便合痛下言語，直指此物教人著緊體察，要令實見，著緊把捉，要常在目前，以爲直截根原之計。而卻都無此説，但只教人格物致知、克己復禮，一向就枝葉上零碎處做工夫，豈不誤人枉費日力耶？

《論》《孟》之言，平易明白，固無此等玄妙之談。雖以子思、周子喫緊爲人，特著《中庸》《太極》之書，以明道體之極致，而其所説用功夫處，只説擇善固執、學問思辨而篤行之，只説「定之以中正仁義而主静，君子修之吉」而已；未嘗使人日用之間，必求見此天命之性、無極之真而固守之也。

蓋原此理之所自來，雖極微妙，然其實只是人心之中，許多合當做底道理而已。但推其本，則見其出於人心，而非人力之所能爲，故曰天命。雖萬事萬化皆自此中流出，而實無形象之可指，故曰無極耳。若論功夫，則只擇善固執、中正仁義，便是理會此事處，非是别有一段根原功夫，又在講學應事之外也。如説「求其放心」，亦只是説日用之間，收斂整齊，不使心念向外走作，庶幾其中許多合做底道理，漸次分明，可以體察；亦非捉取此物，藏在胸中，然後别分一心出外，以應事接物也。

來書又云：「事事物物，皆有實理。如仁義禮智之性，視聽言動之則，皆從天命中來。須如顔、曾洞見全體，即無一不善。」此説雖似無病，然詳其語脈，究其意指，亦是以天命全體者爲一物之渾然，而「仁義禮智之性，視聽言動之則」，皆是其中零碎查滓之物，初不異於前説也。

至論所以爲學，則又不在乎事事物物之「實理」，而特以「洞見全體」爲功，凡此似亦只是舊病也。且曰「洞見全體，而後事無不善」，則是未見以前，未嘗一一窮格，以待其貫通，而直以意識想象之耳，是與程子所訶「對塔而説相輪」者，何以異哉？

來諭又疑《考異》〔一〕中説韓公見道之用而未得其體，以爲「亦若自謂根原學問，各有一種功夫者」。此亦不然。前日鄙意正爲韓公只於治國平天下處用功，而未嘗就其身心上講究持守耳，非病其不曾捉得此物藏在懷袖間也。此是學問功夫，徹上徹下，細密緊切處。向使不因來諭之詳，終亦未覺其病之在是。今幸見得，不是小事，千萬詳看此説，子細尋繹，更推其類，盡將平生所認有相關處，一一勘驗，當自見得。如有未契，更宜反覆，不可容易放過也。〔二〕

〔一〕指朱子《韓文考異》。
〔二〕朱子《答廖子晦》，載《朱文公文集》卷四五。

答劉叔文

【釋】此函具言性無所不在，乃形而上者，先氣而存。

細詳來諭，依舊辨别性氣兩字不出。須知未有此氣，已有此性。氣有不存，性卻常在。雖其方在氣中，然氣自氣，性自性，亦自不相夾雜。至論其徧體於物，無處不在，則又不論氣之精粗，而莫不有是理焉，不當以氣之精者爲性，性之粗者爲氣也。來説雖多，只以此意思之，便見得失。如云：「精而又精，不可名狀，所以不得已，而强名之曰太極。」又曰：「氣愈精而理存焉。」皆是指氣爲性之誤；又引《通書解》云云，亦是不察「陰陽」二字是形而下者，便指爲誠。不知此是誠之流行歸宿處，不可便指爲誠也。

又引「無極之真」，以爲「真固是理。然必有其氣，是以可與二五妙合而凝」，此尤無理矣。夫真者理也，精者氣也。理與氣合，故能成形，豈有理自有氣，又與氣合之理乎？其間瑣細，不暇一一辨論，但更看《太極圖解》第一段初兩三行，便見理之與

氣，各有去著，不待如〔一〕此紛紜矣。〔二〕

答胡伯逢

【釋】胡大原，字伯逢，福建崇安人，胡宏從子。力守師説，與學侶共輯楊時《龜山語録》五卷；辨朱子《知言疑義》，即此書所言之其事。朱子伸説孟子道性善，乃本體未發之層面説。

《知言》之書，用意深遠，析理精微，豈末學所敢輕議？向輒疑之，自知已犯不韙之罪矣。兹承誨諭，尤切愧悚。但鄙意終有未釋然者。

知行先後，已具所答晦叔書〔三〕中，其説詳矣，乞試取觀，可見得失也。至於「性無善惡」之説，則前後論辨，不爲不詳；近又有一書，與廣仲〔四〕文論此尤詳於前。因龜山

〔一〕「如」字原誤作「加」。
〔二〕朱子《答劉叔文》，載《朱文公文集》卷四六。
〔三〕見卷五《答吴晦叔》。
〔四〕胡實（一一三五～一一七三），字廣仲，胡宏從弟。卷五録四篇朱子予胡實書。

《中庸》首章而發，及引《易傳·大有》卦及《遺書》第二十二卷者。此外蓋已無復可言者矣。然既蒙垂諭，反復思之，似亦尚有一説，今請言之。

蓋《孟子》所謂性善者，以其本體言之，仁義禮智之未發者是也。程子曰：「止於至善、不明乎善。此言善者義理之精微，無可得而名，姑以至善目之是也。」又曰：「人之生也，其本真而静；其未發也，五性具焉，曰仁義禮智信。」所謂可以爲善者，以其用處言之；四端之情發而中節者是也。程子曰：「繼之者善，此言善，卻言得輕，但謂繼斯道者莫非善也，不可謂爲惡是也。」蓋性之與情，雖有未發已發之不同，然其所謂善者，則血脈貫通，初未嘗有不同也。程子曰：「喜怒哀樂未發，何嘗不善？發而中節，則無往而不善是也。」此《孟子》道性善之本意，伊洛諸君子之所傳，而未之有改者也。

《知言》固非以性爲不善者，竊原其意，蓋欲極其高遠以言性，而不知名言之失，反陷性於摇蕩恣睢、駁雜不純之地也。所謂「極其高遠以言性」者，以性爲未發，以善爲已發，而惟恐夫已發者之混夫未發者也。所謂「名言之失」者，不察乎至善之本然，而概謂善爲已發也。所謂「反陷性於摇蕩恣睢、駁雜不純之地」者，既於未發之前除卻善字，即此性字便無著實道理，只成一箇空虚底物，隨善隨惡，無所不爲，所以有「發而中節，然後爲善；發不中節，然後爲惡」之説；又有「好惡性也，君子好惡以道，小人好惡以己」之説，是皆公都子所問、告子所言，而孟子所闢者，已非所以言性矣。又其甚者，至謂「天理人欲同體異用」，則是謂本性之中，已有此人欲也，尤爲害理，不可不察。竊意〔一〕此等偶出於前輩一時之言，非其終身所守不可易之定論。今既未敢遽改，則與其争之，而愈失聖賢之意，違義理之實，似不若存而不論之爲愈也。

「知仁」之説，亦已累辨之矣；大抵如尊兄之説，則所以知之者甚難而未必是，而又以知仁、爲仁爲兩事也。所謂「觀過知仁，因過而觀，因觀而知，然後即夫知者而謂之仁。」其求之也崎嶇切促，不勝其勞。而其所謂仁者，乃智之端也，非仁之體也。且雖如此，而亦曠然未有可行之實，而須别求爲仁之方，然後可以守之，此所謂知之甚難而未必是。又以「知」與「爲」爲兩事也。如熹之言，則所以知之者，雖淺而便可行，而又以知仁、爲仁爲一事也。以名義言之，仁特愛之未發者而已，程子所謂：「仁，性也；愛，情也。」又謂：「仁，性也；孝弟，用也。」此可見矣。其所謂豈可專以愛爲仁者？特謂不可指情爲性耳；非謂仁之與愛了無交涉，如天地冠履之不相近也。而或者因此求之太過，便作無限玄妙奇特商量，此所以求之愈工而失之愈遠。如或以覺言仁，是以知之端爲仁也。或以是言仁，是以義之用爲仁也。夫與其外引智之端、義之用而指以爲仁之體，則孰若以愛言仁，猶不失爲表裏之相須而可以類求也哉！故愚謂欲求仁者，先當大概；且識此名義氣象之彷彿，與其爲之之方，然後就此慤實下功，尊聞行知以踐其實，則所知愈深而所存益熟

〔一〕「意」字原作「謂」，據《朱文公文集》爲正。

矣。此所謂「知之甚淺而便可行」，又以「知」與「爲」爲一事者也。〔一〕不知今將從其難而二者乎？將從其易而一者乎？以此言之，則兩家之得失，可一言而決矣。

來教又謂：「方論知仁不當兼及不仁。」夫觀人之過，而知其愛與厚者之不失爲仁，則知彼忍而薄者之決不仁，如明暗黑白之相形，一舉目而兩得之矣。今乃以爲節外生枝，則夫告往知來、舉一反三、聞一知十者，皆適所以重得罪於聖人矣。竊謂此章只合依程子、尹氏之説，不須别求玄妙，反失本指也。

直敘胸臆，不覺言之太繁，伏惟高明財擇其中，幸甚幸甚。〔二〕

答黄直卿

【釋】黄榦（一一五二～一二二一），字直卿，號勉齋，福建三山人，朱子女婿，晚年隱居於武夷，潛心學術，世稱「勉齋先生」，續成朱子《禮書》。此函言解讀《通書》膠柱鼓瑟之弊，推而廣

〔一〕「以名義言之」至「爲一事者也」並載於《紫陽學術發微》卷四《答胡伯逢書（節録）》。
〔二〕朱子《答胡伯逢》，載《朱文公文集》卷四六。

之，應隨時親切體會，心平氣和，方爲有得。

所論「太極散爲萬物，而萬物各具太極，見得道不可須臾離之意，而與一貫之指、川上之歎、萬物皆備之説相合。學者當體此意，造次顛沛，不可間斷。」此説大概得之。但周子之意，若只如此，則當時只説此一句足矣，何用更説許多陰陽五行、中正仁義，及《通書》一部種種諸説耶？《通書》中所謂「誠，無爲者，太極也。幾，善惡者，陰陽也。德曰仁義禮智信者，五行也。」皆就圖上説出。其餘如「静虚動直，禮先樂後，淡且和，果而確」之類，亦是圖中陰陽動静之意。蓋既曰「各具太極」，則此處便又有陰陽五行許多道理，須要隨處一一盡得，如先天之説，亦是太極散爲六十四卦三百八十四爻，而一卦一爻莫不具一太極；其各具一太極處，又便有許多道理，須要隨處盡得，皆不但爲塊然自守之計而已也。

然此亦只是大概法象，若論日用功夫，則所守須先有箇自家親切要約處，不可必待見圖而後逐旋安排；其隨處運用，亦須虚心平氣，徐觀事理，不可只就圖上想像思維也。既先有箇立脚處，又能由此推考證驗，則其胸中萬理洞然，通透活絡，而其立處自不費力，而愈堅牢開闊矣。若但寸寸銖銖，比量湊合，逐旋將來做工夫，則亦何由有進步處耶〔一〕？

答呂子約 祖儉

【釋】此函朱子戒泛泛瀏覽之弊，勉以精讀《四書》，循序漸進，收攝心神，方爲有得。

示諭縷縷，足見力學之志。然所讀書似亦太多矣。大抵今人讀書，務廣而不求精，是以刻苦者迫切而無從容之樂，平易者泛濫而無精約之功，兩者之病雖殊，然其所以受病之源，則一而已。

今觀來諭，雖云數書之外，有所未暇，然只此已是多少功夫？又《論》《孟》《中庸》《大學》，乃學問根本，尤當專一致思，以求其指意之所在。今乃或此或彼，泛然讀之，此則尤非所以慎〔二〕思明辨，而究聖學之淵源也。

〔一〕朱子《答黄直卿》，載《朱文公文集》卷四六。
〔二〕「慎」字，《朱文公文集》作「審」。

愚意此四書者，當以序進。每畢一書，首尾通貫，意味浹洽，然後又易一書，乃能有益。其餘亦損其半，然後可以研味從容，深探其立言之旨，而無迫切泛濫之累。不審賢者以爲如何？〔一〕

答吕子約

【釋】此函朱子訓誨歸本原典，依文言義，如「未發」則本子思《中庸》、「浩氣」則本《孟子》，訓詁字義，以心會意，自有心得，不必糾纏後人話頭；後人種種説法，存而不論可也。進而勉以心思、耳聞、目見三面，體證《中庸》「未發」之旨；以氣配道義，體證《孟子》「浩氣」之意，並具示依文解義之方式，闡明依據文本而反求諸己之爲學宗旨。

所示四條，其前二義雖有小差，然猶不至難辨，各已略報去矣。至於「未發」「浩氣」二義，則皆雜亂膠轕，不可爬梳，恐非一朝之辨所能決。本欲置而不論，以俟賢者

〔一〕朱子《答吕子約（祖儉）》，載《朱文公文集》卷四七。

之自悟；又恐安於舊説，未肯致疑，不免略啓其端，千萬虚心垂聽，不可一向支蔓固執，只要彌縫前人闕誤，不知卻礙自家端的見處也。

蓋今所論，雖累數百言之多，然於《中庸》，但欲守程門問者之説，謂「未發時，耳無聞，目無見」而已；於「浩氣」之説，但欲謂「此氣元是配合道義而成，無道義則氣爲之餒而」已。其他援引之失，皆緣此文以生異義，自爲繁冗。若一一究析，往復不已，則其説愈繁，其義愈汩，而未必有益。故今奉勸不若只取子思、孟子之言，虚心平看，且勿遽增他説；只以訓詁字義，隨句略解，然後反求諸心，以驗其本體之實爲如何，則其是非可以立判。若更疑著，則請復詳論之。

夫未發已發，子思之言，已自明白。程子數條，引「寂然感通」者，皆與子思本指符合，更相發明。但答吕與叔之問，偶有「凡言心者皆指已發」一言之失，而隨即自謂未當，亦無可疑。至《遺書》中「纔思即是已發」一句，則又能發明子思言外之意，蓋言不待喜怒哀樂之發，但有所思，即爲已發，此意已極精微，説到未發界至十分盡頭，不復可以有加已〔一〕。問者不能言下領略，切己思惟，只管要説向前去，遂有無聞無見之

〔一〕「已」字，《朱文公文集》作「矣」。

問。據此所問之不切，與程子平日接人之嚴，當時正合不答，不知何故卻引惹他，致他如此？記録前後差舛，都無理會。後來讀者，若未敢便以爲非，亦且合「存而不論」。今卻據守其說，字字推詳，以爲定論；不信程子手書此固未當之言，而寧信他人所記自相矛盾之說，强以已發之名，侵過未發之實，使人有生已後、未死已前，更無一息未發時節，惟有爛熟睡著可爲未發，而又不可以立天下之大本，此其謬誤，又不難曉。故《或問》中粗發其端，今既不信而復有此紛紛之論，則請更以心思、耳聞、目見三事校之，以見其地位時節之不同。

蓋心之有知，與耳之有聞，目之有見，爲一等時節，雖未發而未嘗無；心之有思，乃與耳之有聽，目之有視，爲一等時節，一有此則不得爲未發，故程子以有思爲已發則可，而記者以無見無聞爲未發則不可。若苦未信，則請更以程子之言證之。如稱許渤持敬而注其下云：「曷嘗有如此聖人？」又每力詆坐禪入定之非，此言皆何謂耶？若必以未發之時無所見聞，則又安可譏許渤而非入定哉？此未發、已發之辨也。

若氣配道義，則《孟子》之意，不過曰此氣能配道義，若無此氣，則其體有不充而餒然耳。此其賓主向背，條理分合，略無可疑。但粗通文理之人，無先入偏滞之説，以亂其胸次，則虛心平氣而讀之，無不曉會。若反諸身而驗之，則氣主乎身者也，道義主乎心者也。氣，形而下者也；道義，形而上者也。雖其分之不同，然非謂氣在身中，而道義在皮外也，又何嫌於以此配彼，而爲崎嶇詰曲以爲之説曰：「道義本存乎血氣，但無道義，則此氣便餒，而止爲血氣之私。故必配義與道，然後能浩然而無餒」乎？語勢不順，添字太多，不知有何憑據見得如此？若果如此，則《孟子》於此，當別有「穩」字，以盡此意之曲折，不當下一「配」字以離二者合一之本形，而又以氣爲主，以倒二者賓主之常勢也。且其上既言「其爲氣也」以發語，而其下復言「無是，餒也」以承之，則所謂「是」者，固指此氣而言，若無此氣，則體有不充而餒然矣。若如來諭，以是爲指道義而言，若無此道義，則氣爲之餒，則《孟子》於此，亦當别下數語以盡此意之曲折，又不當如此倒其文而反其義，以疑後之讀者，如今之云也。且若如此，則其上本未須説「以直養而無害」，其下亦不須更説「是集義所生」矣。今乃連排三句，只是一意，都無向背彼此之勢，則已甚重復而太繁冗矣！而其中間一句，又如此其暗昧而不分明，如此其散緩而無筋骨，依以誦説，使人迷悶，如口含膠漆，不可吞吐。

竊意孟子胸中明快洒落，其發於言語者，必不至於如此之猥釀而紕繆也。又況來諭已指無是而餒者爲浩氣於前矣，其後又謂「無道義則氣爲之餒，而但爲血氣之私」，不亦自相矛盾之甚耶？若程子之言，則如以金爲器，積土成山之喻，皆有不能使人無疑者；來諭雖亦不敢據以爲説，然其所慮恐爲二物者，亦程子之常言。今又不察其施安之所當，而冒取以置於此也。

其他分別血氣浩氣、小體大體，皆非《孟子》正意，而妄爲離合，卻自墮於二物之嫌。原其所以，只因「配義與道」一句，不肯依文解〔一〕義，著實平説，故須從頭便作如此手勢翻弄，乃可以迤邐遷就，委曲附會，而求其通耳。《孟子》言「毋暴其氣」而釋之曰：「氣，體之充。」又言「其爲氣也」，而指之曰「無是，餒也」。是數語者，首尾相應，表裏相發，其所指者，正一物耳。今必以無暴者爲血氣，而其爲氣者爲浩然，而又恐犯二物之戒，故又爲之説曰「浩氣不離乎血氣」，徒爲紛擾，增添冗長，皆非《孟子》之本意也。今亦不暇悉數以陷於來諭之覆轍。然只如此説，已覺不勝其冗矣。幸深思之，且以自己分上明理致知爲急，不須汲汲以救護前輩爲事。蓋其言之得失，白黑判然，已不可揜，救之無及。又況自家身心義理，不曾分明，正如方在水中，未能自拔，又何暇救他人之溺乎？

但所云：「未發不可比純坤，而當爲太極。」此卻不是小失，不敢隨例放過。且

〔一〕「解」字原作「言」，據《朱文公文集》正。

試奉扣，若以未發爲太極，則已發爲無極耶？若謂純坤不得爲未發，則宜以何卦爲未發耶？竊恐更宜静坐，放教心胸虚明淨潔，卻將《太極圖》及十二卦畫，安排頓放，令有去著，方可下語，此張子所謂「濯去舊見以來新意」者也。如決不以爲然，則熹不免爲失言者，不若權行倚閣之爲愈，不能如此紛挐强聒，徒費心力，有損而無益也。〔二〕

答王子合

【釋】王遇（一一四二～一二一一），字子合，號東湖先生，福建龍溪人，受業於朱子、張栻、吕祖謙。太學上舍生，乾道八年（一一七二）進士，嘉定初年調任太學博士，官至宗正寺丞，再遷右曹郎中。此函言陰陽與善惡無關，次言研治理學，先識道與理。

陰陽之氣，相勝而不能相無，其爲善惡之象，則異乎此。蓋以氣言，則動静無端，

〔二〕朱子《答吕子約》，載《朱文公文集》卷四八。

陰陽無始，其本固並立，而無先後之序、善惡之分也；若以善惡之象而言，則人之性本獨有善而無惡，其爲學亦欲去惡而全善，不復得以不能相無者而爲言矣。今以陰陽爲善惡之象，而又曰不能相無，故必曰：「小人日爲不善，而善心未嘗不間見。」以爲陰不能無陽之證。然則曷不曰「君子日爲善，而惡心亦未嘗不間見」，以爲陽不能無陰之證耶？蓋亦知其無是理矣。

且又曰：「克盡己私，純是義理，亦不離乎陰陽之正。」則善固可以無惡矣，所謂不能相無者，又安在耶？大凡義理精微之際，合散交錯，其變無窮，而不相違悖。且以陰陽善惡論之，則陰陽之正皆善也，其沴皆惡也。周子所謂「剛善剛惡，柔亦如之」者是也。以象類言，則陽善而陰惡；以動靜言，則陽客而陰主。此類甚多，要當大其心以觀之，不可以一說拘也。

窮理之學，誠不可以頓進。然必窮之以漸，俟其積累之多，而廓然貫通，乃爲識大體耳。今以窮理之學不可頓進，而欲先識乎大體，則未知所謂大體者果何物耶？道即理也，以人所共由而言則謂之道，以其各有條理而言則謂之理，其目則不出乎君臣、父子、兄弟、夫婦、朋友之間，而其實無二物也。今曰：「子貢、曾點知道矣，而窮理未盡。」則未知所謂道者，又何物耶？心猶鏡也，但無塵垢之蔽，則本體自明，物來能照。今欲自識此心，是猶〔一〕欲以鏡自照而見夫鏡也，既無此理，則非别以一心，又識一心而何？後書所論「欲識端倪，未免助長」者，得之矣，然猶曰「其體不可不識」，似亦未離前日窠臼也。細看後書，已改〔二〕「識」字爲「知」字；又云「心體之知」，亦是已覺前弊，但未脱然耳。〔三〕

答林伯和

王懋竑云己酉後〔四〕

【釋】己酉年爲淳熙十六年（一一八九），朱子年六十歲，《中庸章句》《大學章句》完成。林鼐（一一四三～一一九二），字伯和，台州黄岩人，乾道八年（一一七二）進士，朱子薦修黄岩水利，任福建侯官知縣。此函言入德之序，持敬爲先，循序漸進，《論語》《孟子》乃根本而必精研，隨時反躬省察。

〔一〕「猶」字原作「想」，據《朱文公文集》爲正。
〔二〕「改」字原作「解」，據《朱文公文集》爲正。
〔三〕朱子《答王子合》，載《朱文公文集》卷四九。
〔四〕王懋竑《朱子年譜·朱子論學切要語》附録卷一文。「己酉後」原刻作「己酉前」，依王氏文爲正。

示諭前此蓋嘗博求師友，而至今未能有得，足見求道懇切之意。以熹觀之，此殆師友之間所以相告者，未必盡循聖門學者入德之序，使賢者未有親切用力之處而然耳。

大抵聖人之教，博之以文，然後約之以禮；而大學之道，以明明德爲先，新民爲後。近世語道者，務爲高妙直截，既無博文之功，而所以約之者，又非有復禮之實；其工於記誦文詞之習者，則又未嘗反求諸身，而囂然遽以判斷古今，高談治體自任，是皆使人迷於入德之序，而陷於空虛博雜之中。其資質敦篤慤實，可以爲善；而智識或不逮人者，往往尤被其害，此不可不察也。爲老兄今日之計，莫若且以「持敬」爲先，而加以講學省察之助。蓋人心之病，不放縱即昏惰。如賢者必無放縱之患，但恐不免有昏惰處。若日用之間，務以整齊嚴肅自持，常加警策，即不至昏惰矣。

講學莫先於《語》《孟》，而讀《論》《孟》者，又須逐章熟讀，切己深思；不通然後考諸先儒之說以發明之，如二程先生説得親切處，直須看得爛熟，與經文一般，成誦在心，乃可加省察之功。蓋與講學互相發明，但日用應接思慮隱微之間每每加察，其善端之發，慊於吾心而合於聖賢之言，則勉厲而力行之；其邪志之萌，愧於吾心而戾於聖賢之訓，則果決而速去之。大抵見善必爲，聞惡必去，不使有頃刻悠悠意態，則爲學之本立矣。

異時漸有餘力，然後以次漸讀諸書，旁通當世之務，蓋亦未晚。今不須預爲過計之憂，以失先後之序也。若不務此，而但欲爲依本分無過惡人，則不惟無以自進於日新，正恐無本可據，亦未必果能依本分無過惡也。

無由面諭，姑此布萬一，幸試留意焉。此紙勿以示人，但叔和〔一〕、幾道〔二〕及林兄昆仲諸人，亦不可不知耳！〔三〕

答黄子耕

【釋】黄㽦（一一五〇～一二一二），字子耕，號復齋，黄庭堅孫子，江西分寧人，孝宗淳熙進士，從

〔一〕林鼐之弟。

〔二〕趙師淵，字幾道，號訥齋，宗室秦王趙德芳八世孫，乾道八年（一一七二）進士。淳熙元年（一一七四）朱子講學黄岩樊川書院，趙氏執弟子禮，與朱子合編《資治通鑑綱目》，未成而朱子卒。其書序文與提要出朱子，凡例則共商而定，内容五十九卷全出趙氏。

〔三〕朱子《答林伯和》，載《朱文公文集》卷四九。

郭雍、朱子學，《朱子文集》尚存復書九篇。此函訓誨研讀《大學》之法，精熟文本，乃爲先務；未下省察涵養工夫，徒事口舌空談，終致一無所得而事與願違；再勉以切己有益之實學，無耽空文也。

時事傳聞不一，然亦未知是否？衰病閑散，既無所效其區區，亦不敢深問也。示諭且看《大學》，俟見大指，乃及他書，此意甚善。但看時須是更將大段分作小段，字字句句，不可容易放過；常時暗誦默思，反覆研究；未上口時，須教上口；未通透時，須教通透；已通透後，更要純熟；直得不思索時，此意常在心胸之間，驅遣不去方是。此一段了，又換一段看，令如此，數段之後，心安理熟，覺得工夫省力時，便漸得力也。

近日看得朋友間病痛，尤更親切，都是貪多務廣，匆遽涉獵，所以凡事草率粗淺。本欲多知多能，下梢〔一〕一事不知，一事不能；本欲速成，反成虛度歲月。但能反此，如前所云，試用歲月之功，當自見其益矣。至於作無益語，以本心正理揆之，誠是何補於事？但人不作自己功夫，向外馳走，便見得此等事重。若果見得自己分上合做

〔一〕「梢」字，《朱文公文集》作「稍」，作「梢」是。下梢者，謂後來或緊接而下。

底事，千條萬端，有終身勉勉而不能盡者，則亦自當不暇及此矣。〔一〕

答萬正淳

【釋】萬人傑，字正淳，號止齋，湖北大冶人，初師事陸九齡、九淵兄弟，見朱子於南康後，遂爲朱學。此函言《周易》卦爻之德乃通義，非專説聖人，批評張載過於穿鑿也，誨以虚心治經。

兩箇「其爲氣也」〔二〕，是言浩氣之體用，未是以義爲氣主。「集義」以下，是推明氣所由生，非是論以集義爲主。蓋氣雖至剛大，配道義，然非集義則無以生之，非可以行義而掩取之也。如此爲文，乃得抑揚之意。

横渠論《易·乾》卦諸爻，恐皆過論。大抵《易》卦爻辭，本只是各著本卦本爻之象，明吉凶之占當如此耳，非是就聖賢地位説道理也。故《乾》六爻，自天子以至於庶

〔一〕朱子《答黄子耕》，載《朱文公文集》卷五〇。

〔二〕《孟子·公孫丑》載孟子言浩然之氣曰：「難言也。其爲氣也，至大至剛，以直養而無害，則塞於天地之間。其爲氣也，配義與道；無是，餒也。是集義所生者，非義襲而取之也；行有不慊於心，則餒矣。」兩言其爲氣也。

人，自聖人以至於愚不肖，筮或得之，義皆有取。但純陽之德，剛健之至，若以義類推之，則爲聖人之象；而其六位之高下，又有似聖人之進退，故《文言》因潛、見、躍、飛自然之文，而以聖人之迹，各明其義，位有高下而德無淺深也。然其本意亦甚分明，未嘗過爲深巧如橫渠之説也。

且如初九，則是德已成而行未著，故衆人未見其德，而君子之心，確然已有以自信也。九二則人見其庸言庸行，閑邪存誠之迹，又從而化之也。九三則雖涉此危地，而但進德修業之不已也。九四則其位愈進，其危益甚，而亦但知循理，不恤其他也。九五則以天德居天位，而天下莫不仰觀之也。上則過極而亢，不能無悔矣。若以德言，則愈進愈高，此當爲聖而不可知之地，又豈有可悔耶？今橫渠專以聖人爲説，已失本經之旨；又逐爻爲漸進之意，又非《文言》之義；且其龍德中正，不在九二而在九三；九二之德博而化，非進於九三，則未免於非理非義之失；而其取義，前後相妨，因繆益訛，而轉不得其所矣。

大抵近世説經者，多不虛心以求經之本意，而務極意以求之本文之外。幸而渺茫疑似之間，略有縫罅，如何鉤索？略可形影，如何執搏？則遂極筆模寫，以附於經，而謂經之爲説，本如是也，其亦誤矣！

此數段文義，正淳所疑多得之；但謂「九三天下將歸，益當進德修業」爲未然。「乾乾夕惕」，自是君子之常事，今雖處危地而不失其常耳。「知至知終」，亦不是言修爲先後之漸，只是見德業内外之别。蓋心則致誠以進德，身則修辭以居業。進德者日新，居業者無倦，與周公繼日待旦，意雖略相近而不相似也。九四只是循理而行，自無固必耳，亦不爲信乎於人而後可躍也。乾有兩乾，是兩天也。昨日行矣，今日又行，其實一天耳，而行健不已，此所爲天行健。地平則不見其順，必其高下層層地去，此所以見地勢之坤順。

看《易傳》若自無所得，縱看數家，反被疑惑。如伊川先生教人看《易》，只須看王弼注，胡安定、王介甫解；今有伊川傳，且只看此尤妙。解書難得分曉，趙岐《孟子》〔一〕拙而不明，王弼《周易》〔二〕巧而不明，格物致知，正心誠意，不可著些纖毫私意在其中。〔三〕

〔一〕指《孟子章句》。
〔二〕指《周易注》。
〔三〕朱子《答萬正淳》，載《朱文公文集》卷五〇。

朱子大義卷六

【釋】此卷收録論學書簡十六篇，皆性理學之總綱與原理，並及研治經典之原則。

答姜叔權大中

【釋】姜大中，字叔權，福建長樂邊蘭村人；寧宗慶元二年（一一九六）八月，朱子六十七歲，避「僞學」之禁而至長樂龍峰書院，姜氏此際師從門下。此函明窮理以識心之妙。

程子言「性即理也」，而邵子曰「性者道之形體」，兩説正相發明。而叔權所論，乃欲有所優劣於其間，則不惟未達邵子之意，而於程子之語，亦恐未極其蘊也。

方君〔一〕所謂：「道者天之自然，性者天之賦予萬物，萬物禀而受之。」亦皆祖述先儒之舊，蓋其實雖非二物，而其名之異，則有不可不分者；且其下文有曰：「雖禀而受之於天，然與天之所以爲天者，初無餘欠。」則固未嘗判然以爲兩截也。但其曰：「道體無爲，人心有動。」則性與心字，所主不同，不可以此爲説耳。如邵子又謂「心者性之郛郭」，乃爲近之，但其語意未免太粗。須知心是身之主宰，而性是心之道理，乃無病耳。

所謂「識察此心，乃致知之切近者」，此説是也。然亦須知所謂識心，非徒欲識此心之精靈知覺也，乃欲識此心之義理精微耳。欲識其義理之精微，則固當以窮盡天下之理爲期，但至於久熟而貫通焉，則不待一一窮之，而天下之理，固已無一毫之不盡矣。舉一而三反，聞一而知十，乃學者用功之深，窮理之熟，然後能融會貫通，以至於此。今先立定限，以爲不必盡窮於事事物物之間，而直欲僥幸於三反知十之效，吾恐其鹵莽滅裂，而終不能有所發明也。

知仁爲「愛之理」，則當知義爲「宜之理」矣，蓋二者皆爲未發之本體，而愛與宜者

〔一〕方誼，字賓王，浙江嘉興人，朱子門人。

乃其用也。今乃曰「義者理之宜」，則以義爲本體之發也，不幾於仁内義外之失乎？又以「仁爲性之全德」，則與方君所謂「天理之統體」者，無一字不相似；又以爲「仁爲心體之流行發見」，則與方君之「流動發生之端緒」，皆以仁爲已發之用矣，又何足以相譏乎？方君「循其本，循其用」數語自無病，而亦非之，恐未安也。〔一〕

答胡季隨

王懋竑云乙巳後

【釋】乙巳即孝宗淳熙十二年（一一八五），時朱子五十六歲，方撰寫《易學啓蒙》，下年三月成。胡大時，字季隨，號盤谷，福建崇安人；胡宏季子，張栻女婿；淳熙年間掌嶽麓書院；整理胡宏詩文集《五峰集》五卷。朱子與之論學信札今存十五封。此函自道治學甘苦，强調貴在精熟，勿貪多務得，自明一生於《四書》最有心得，尚修訂更新不斷，未嘗自以爲是。

熹杜門衰病如昔，但覺日前用力泛濫，不甚切己，方與一二學者力加鞭約，爲克

〔一〕朱子《答姜叔權（大中）》，載《朱文公文集》卷五二。

己求仁之功，亦粗有得力處也。

《易傳》且熟讀，未論前聖作《易》本旨，且看得程先生意思，亦大有益，不必更雜看。大抵先儒於《易》之文義，多不得其綱領，雖多看亦無益。然此一事卒難盡説，不若且看《程傳》，道理卻不錯也。

所論文定〔一〕專治《春秋》而於諸書循環誦讀，以爲「學者讀書，不必徹頭徹尾」，此殊不可曉。既曰文定讀《春秋》徹頭徹尾，則吾人亦豈可不然？且又安知其於他書，少日已嘗反復研究，得其指歸，至於老年，然後循環泛讀耶？若其不能，亦是讀得《春秋》徹頭徹尾有得力處，方始汎讀諸書，有歸宿處。不然，前輩用心篤實，決不如今時後生貪多務得，涉獵無根也。

前書鄙論，更望熟究。其説雖陋，然卻是三四十年身所親歷，今日粗於文義、不至大段差錯之效，恐非一旦卒然立論所可破也。若如來諭，不能俟其徹頭徹尾，乃是欲速好徑之尤，此不可不深省而痛革之也。熹於《論》《孟》《大學》《中庸》一生用功，粗有成説。然近日讀之，一一大節目處，猶有謬誤，不住修削；有時隨手

〔一〕胡安國（一〇七四～一一三八），乃胡大時祖父，字康侯，謚文定，有《春秋胡氏傳》三十卷。

又覺病生；以此觀之，此豈易事？若只恃一時聰明才氣，略看一過，便謂事了，豈不輕脱自誤之甚耶？吕伯恭嘗言：「道理無窮，學者先要不得有自足心。」此至論也，幸試思之。

《南軒文集》方編得略就，便可刊行，最好是奏議文字及往還書中論時事處，確實痛切，今卻未敢編入；異時當以奏議自作一書，而附論事書尺〔一〕於其後，勿令廣傳。或世俗好惡稍衰，乃可出之耳。〔二〕

答項平父 安世

王懋竑云程注壬寅

【釋】壬寅即孝宗淳熙九年（一一八二），時朱子五十三歲。項安世（一一二九～一二〇八），長朱子一歲，字平父，號平庵，家湖北江陵；淳熙二年（一一七五）進士，調紹興府教授；時朱子任浙東提舉，相與講論；有《周易玩辭》傳世。此函言持敬與集義交修以成學。

〔一〕書尺謂函簡。

〔二〕朱子《答胡季隨》，載《朱文公文集》卷五三。

示諭：「此心元是聖賢，只要於未發時常常識得，已發時常常記得。」此固持守之要，但聖人指示爲學之方，周遍詳密，不靠一邊，故曰：「敬義立而德不孤。」〔一〕若如今說，則只恃一個「敬」字，更不做集義工夫，其德亦孤立而易窮矣。須是精粗本末，隨處照管，不令工夫少有空闕不到之處，乃爲善學也。

此心固是聖賢本領，然學未講，理未明，亦有錯認人欲作天理處，不可不察。「識得」「記得」，不知所識所記，指何物而言？若指此心，則識者記者，復是何物？心有二主，自相攫拏，聖賢之教，恐無此法也。持守之要，大抵只是要得此心常自整頓，惺惺了了，即未發時不昏昧，已發時不放縱耳。愚見如此，不知子靜〔二〕相報如何？因風録示，或可以警所不逮也。

伊川先生云：「涵養須用敬，進學則在致知。」此兩句與從上聖賢相傳指訣，如合符契，但講學更須寬平其心，深沉詳細，以究義理要歸處，乃爲有補。若只草草領略，

〔一〕《易·坤·文言傳》文。
〔二〕陸九淵（一一三九～一一九三），字子静，淳熙二年（一一七五）四月在信州鵝湖，朱子與相會。

就名數訓詁上著到，則不成次第耳。〔一〕

答項平父

王懋竑云辛亥

【釋】辛亥即紹熙二年（一一九一），時朱子六十二歲，是年底項氏上書諫光宗省視孝宗不報，求去未果。此函明言體察與窮理交修，在躬行反己，有所得著，不必强争門户異同，提到葉適亦犯此病。

録寄啓書，尤以愧荷，稱許之過，皆不敢當，但覺「難用」兩字著題耳。至論爲學次第，則更儘有商量。

大抵人之一心，萬理具備，若能存得，便是聖賢，更有何事？然聖賢教人，所以有許多門路節次，而未嘗教人只守此心者，蓋爲此心此理雖本完具，卻爲氣質之禀，不能無偏。若不講明體察，極精極密，往往隨其所偏，墮於物之私而不自知。近世爲此説

〔一〕朱子《答項平父（安世）》，載《文集》卷五四。

者，觀其言語動作，略無毫髮近似「聖賢氣象」，正坐此耳。是以聖賢教人，雖以恭敬持守爲先，而於其中又必使之即事即物，考古驗今，體會推尋，内外參合。蓋必如此，然後見得此心之真，此理之正，而於世間萬事，一切言語，無不洞然了其白黑。《大學》所謂知至意誠，《孟子》所謂知言養氣，正謂此也。

若如來諭，乃是合下只守此心，全不窮理，故此心雖似明白，然卻不能應事，此固已失之矣。後來知此是病，雖欲窮理，然又不曾將聖賢細密言語，向自己分上精思熟察，而便務爲涉獵書史、通曉世故之學，故於理之精微，既不能及，又并與向來所守而失之，所以倀倀無所依據，雖於尋常淺近之説，亦不能辨而坐爲所惑也。夫謂不必先分儒釋者，此非實見彼此皆有所當取，而不可偏廢也，乃是不曾實做自家本分功夫，故亦不能知異端詖淫邪遁之害，茫然兩無所見，而爲是依違籠罩之説，以自欺而欺人耳。若使自家日前曾做得窮理功夫，此豈難曉之病耶？

然今所謂：「心無不體之物，物無不至之心。」又似只是移出向來所守之心，便就日間所接事物上比較耳。其於古今聖賢指示剖析、細密精微之藴，又未嘗入思議也。其所是非取舍，亦據己見爲定耳，又何以察夫氣禀之偏、物欲之蔽，而得其本心正理之全耶？便謂「存誠愈固，養氣愈充」，吾恐其察之未審，而自許過高，異日忽逢一夫之説，反將爲所遷惑而不能自安也。中間得葉正則〔一〕書，亦方似此依違籠罩，而自處甚高，不自知其淺陋，殊可憐憫；以書告之，久不得報，恐未必能堪此苦口也。《大學章句》一本附往，其言雖淺，然路脈不差，節序明審，便可行用，幸試詳之。〔二〕

答路德章

【釋】路芇，字德章，江蘇盱眙人；吕祖謙門人；慶元元年（一一九五）黨禁，講學於金壇。此函申明知心乃爲學要義，過於憤激，則不能治矣。

奉一日告，獲聞安勝爲慰。但聞忍窮益堅，未有卒歲之計，則未能不相爲動心也。然詳來諭，似所以處者亦有未盡善，蓋若謂「羞於出入」，則不應去冬未覺而今夏方覺；謂「厭請託」，則此等以義裁之，一切不與，人自不能相干；謂「所入不足自

〔一〕葉適（一一五〇～一二二三），字正則，號水心，温州永嘉人，淳熙五年（一一七八）進士，官至吏部侍郎兼直學士院，有《習學記言》《水心先生文集》等著，卒謚文定。
〔二〕朱子《答項平父》，載《朱文公文集》卷五四。

資」，則又將去此而有求，其得失既未可期，而豐約亦未可料，此恐皆非所以決爲去就之實。或者但以平日意氣不能俯仰，而忽然有所激觸，遂憤然爲此而不暇顧計耳！大抵德章平日爲學，於文字議論上用功多，於性情義理上用功少，所以常有憤鬱不平之意，見於詞氣容貌之間；而所向者，無非崎嶇傴仄不可容身之地。此在世俗苟且流徇之中觀之，固亦足爲高，然在吾輩學問義理上看，則豈非膏肓深錮之疾，而不可以不早治者耶？即今且置此勿論，而以所諭讀《論》《孟》者言之，則所謂「不愛把來作口頭説話，故不敢作問，而墮於寡陋」者，豈亦不爲憤鬱不平之氣所發耶？

夫學者讀書有疑而不能自決，故不得已而不能不問。今人無疑而「飾問」以資談聽者，固不足道，然遂懲此而不問，則未知其果已洞然而無疑耶？抑有疑而耻自同於飾問，遂欽默以自愚！將未至乎有疑而不能問，遂發其憤悶，肆其忌克，而託於不問以自欺也？若已洞然而無疑則善矣，然非上智之資不能及。若不幸而仿佛於後兩者之所謂，則吾恐其深有妨於進學，而大有害於養心也。

昨見編集《春秋》，蓋嘗奉勸此等得暇爲之，不可以此而妨吾涵養之務，正爲此爾。但當時又見所編功緒已成，精密可愛，他人決做不得，遂亦心利其成，不欲一向説殺。以今觀之，則所謂「爲人謀而不忠」者，無大於此。乃始惕然自悔自咎，蓋不獨爲賢者惜之也。讀書爲學，本以治心。今乃不唯不能治之，而乃使向外奔馳，不得休息，以至於反爲之害，是豈不爲迷惑之甚乎？德章氣節偉然，非流輩所可及，私心常所愛敬，而區區之懷，猶有未得盡者，每竊以爲愧且恨也。因風布問，輒盡言之，想所樂聞，不至以爲罪也。〔一〕

答路德章

【釋】此函論「向外」與「反己」之别；勸諭反省當時學界徒然讀史傳、説世變、誦編節之「向外」虚論；而勉徹底躬行「反己」之學，克制憤世習氣，實在安頓生活，然後專心研讀《論語》《孟子》，變化自家氣質；乃朱子苦口婆心之責善也。

示諭縷縷備悉，然其大概皆自恕之詞，以此存心，亦無惑乎德之不進，而業之不修也。吾人爲貧，只有禄仕一途，可以苟活，無害於義。彼中距臨安不遠，豈不能一

〔一〕朱子《答路德章》，載《朱文公文集》卷五四。

爲是也。大抵是爲參選計，而長此羈旅乎？此則未諭義理，而只以利害計之，亦未得爲是也。大抵是日前爲學，只是讀史傳，説世變，其治經亦不過是記誦編節，向外意多，而未嘗反躬内省，以究義理之歸。故其身心放縱，念慮粗淺，於自己分上無毫髮得力處，此亦從前師友與有責焉。而自家受病，比之他人，尤更重害，此又姿禀不美，而無以洗滌變化之罪也。今日正當痛自循省，向裏消磨，庶幾晚節救得一半。而一向如此苟簡自恕，若不怨天即是尤人，殊非平日所望於德章者也。

來諭每謂熹有相棄之意，此亦尤人之論。區區所以苦口相告，正爲不忍相棄耳；若已相棄，便可相忘於江湖，何至如此忉怛，愈增賢者忿懟不平之氣耶？只今可且捺下身心，除了許多閑説話，多方擘畫，去參了部，授一本等合入差遣，歸來討一歇泊處〔一〕。將《論語》《孟子》正文，端坐熟讀，口誦心惟，雖已曉得文義，亦須逐字忖過，洗滌了心肝五臟裏許多忿懥怨毒之氣，管取後日須有進步處，不但爲今日之路德章而已也。向見伯恭〔二〕説「少時性氣粗暴，嫌飲食不如意，便敢打破家事；後因久

〔一〕言爲貧出仕，先到相關部門處理好入仕問題，安頓生活。
〔二〕指吕祖謙（一一三七～一一八一），字伯恭。

病，只將一册《論語》早晚閑看，忽然覺得意思一時平了，遂終身無暴怒，此可爲變化氣質之法」。不知平時曾與朋友説及此事否？德章從學之久，不應不聞。如何全不學得些子？是可謂不善學矣！〔一〕

答黄道夫

王懋竑云己酉、庚戌後

【釋】黄樵仲，字道夫，號敬齋，漳州龍溪人；孝宗淳熙進士，慶元元年八月内漕司考試致仕。朱子紹熙元年知漳州，延黄氏入郡學。此函具明「理氣」觀念。理者形上，氣者形下，此道器分際，乃理學之基本原則，朱子以此開釋黄氏疑惑不明。

天地之間，有理有氣。理也者，形而上之道也，生物之本也。氣也者，形而下之器也，生物之具也。是以人物之生，必禀此理，然後有性；必禀此氣，然後有形。其性其形，雖不外乎一身，然其道器之間，分際甚明，不可亂也。若劉康公所謂「天地之

〔一〕朱子《答路德章》，載《文集》卷五四。

中所謂命」者，理也，非氣也；所謂「人受以生所謂動作威儀之則」者，性也，非形也。今不審此，而以魂魄鬼神解之，則是指氣爲理，而索性於形矣，豈不誤哉？

所引《禮運》之言，本亦自有分別，其曰「天地之德者，理也」，其曰「陰陽之交鬼神之會者，氣也」，今乃一之，亦不審之誤也。

《詩》曰：「天生烝民，有物有則。」周子曰：「無極之真，二五之精，妙合而凝。」所謂真者，理也；所謂精者，氣也；所謂則者，性也；所謂物者，形也。上下千有餘年之間，言者非一人，記者非一筆，而其説之同，如合符契，非能牽聯配合，而强使之齊也。此義理之原，學者不可不察〔一〕。

答徐子融

【釋】孝宗淳熙十五年（一一八八），朱子五十九歲，是年三月赴臨安，途經江西鉛山永平驛，徐昭然來問學。徐昭然，字子融，江西鉛山人。朱子《與蔡季通書》云：「鉛山徐子融，老成有

〔一〕朱子《答黄道夫》，載《朱文公文集》卷五八。

守；嘗作《小學》；欲延之家塾，爲諸子師範。」朱子卒後，徐氏於嘉定元年（一二〇八）前後，在鵝湖寺旁葺屋講學，傳朱子之學。朱子此函具言飾問飾答之虚僞學術行徑爲無益；復具言程頤性即理之説，乃性理學之根本原則。

「有性無性」之説[一]，殊不可曉。當時方叔[二]於此，本自不曾理會，率然躐等，揀難底問，熹若照管得到，則於此自合不答，且只教他子細熟讀聖賢明白平易切實之言，就己分上，依次第做功夫，方有益於彼，而我亦不爲失言。卻不合隨其所問[三]，率然答之，致渠一向如此狂妄，此熹之罪也。駟不及舌，雖悔莫追。然既有此話頭，又不容不結末。今試更爲諸君言之，若猶未以爲然，則亦可以忘言矣。

伊川先生言「性即理也」，此一句自古無人敢如此道，心則知覺之在人而具此理者也。横渠先生又言：「由太虚有天之名，由氣化有道之名，合虚與氣有性之名，合

〔一〕余方叔（大猷）問「枯槁無性」。
〔二〕余大猷，字方叔，其兄余大雅，字正叔，江西上饒瀘鎮人，皆朱子門人。
〔三〕此所謂「飾問」。

性與知覺有心之名。」〔一〕其名義亦甚密，皆不易之至論也。蓋天之生物，其理固無差別，但人物所稟，形氣不同，故其心有明暗之殊，而性有全不全之異耳。若所謂仁，則是性中四德〔二〕之首，非在性外别爲一物，而與性並行也。然惟人心至靈，故能全此四德，而發爲四端。物則氣偏駁而心昏蔽，固有所不能全矣，然其父子之相親，君臣之相統，間亦有僅存而不昧者。然欲其克己復禮以爲仁，善善惡惡以爲義，則有所不能矣，然不可謂無是性也。若生物之無知覺者，則又其形氣偏中之偏者，故理之在是物者，亦隨其形氣而自爲一物之理，雖若不復可論仁義禮智之彷佛，然亦不可謂無是性也。此理甚明，無難曉者，自是方叔暗昧膠固，不足深責，不謂子融亦不曉也！

至引釋氏「識神」之説，則又無干涉。蓋釋氏以虚空寂滅爲宗，故以識神爲生死根本。若吾儒之論，則識神乃是心之妙用，如何無得？但以此言性，則無交涉耳。又謂：「枯槁之物只有氣質之性，而無本然之性。」此語尤可笑。若果如此，則是物只有一性，而人卻有兩性矣。此語非常醜差，蓋由不知氣質之性，只是此性墮在氣質之

〔一〕張載《正蒙·太和》文。
〔二〕仁、義、禮、智是也。

中，故隨氣質而自爲一性，正周子所謂「各一其性」者。向使元無本然之性，則此氣質之性又從何處得來耶？況亦非獨周、程、張子之言爲然，如孔子言「成之者性」，又言「各正性命」，何嘗分别某物是有性底、某物是無性底？孟子言山之性水之性，山水何嘗有知覺耶？若於此看得通透，即知天下無無性之物，除是無物，方無此性。若有此物，即如來諭：「木燒爲灰，人陰爲土，亦有此灰土之氣。」既有灰土之氣，即有灰土之性，安得謂枯槁無性也？又如「狹其性而遺之」以下，種種怪説，尤爲可笑，今亦不暇細辯，但請虚心静慮，詳味此説，當自見得，如看未透，即且放下，就平易明白切實處玩索涵養，使心地虚明，久之須自見得，不須如此信口信意，馳騁空言，無益於己，而徒取易言之罪也。如不謂然，則請子融、方叔自立此論以爲宗旨，熹亦安能必二公之見從耶？

至於《易》之説，又别是一事。今於自己分上見成易曉底物，尚且理會不得，何暇及此？當俟異日心虚氣平，萬理融徹，看得世間文字言語無不通達，始可細細商量耳。此等若理會不得，亦未妨事，且闕所疑而徐思之，不當便如此咆哮無禮也。〔一〕

〔一〕 朱子《答徐子融》，載《朱文公文集》卷五八。

答陳器之問玉山講義〔一〕　王懋竑云乙卯

【釋】乙卯即寧宗慶元元年(一一九五),朱子六十六歲。前年底,入侍經筵四十六日而見黜,罷歸福建考亭,途經江西上饒玉山,應玉山縣宰司馬邁之邀,爲草堂書院諸生講《大學》,並兼與友朋商論大義,此即《玉山講義》,乃歷練後之學理總結。陳埴,字器之,號潛室,浙江永嘉人;少師葉適,後從朱子;寧宗嘉定七年(一二一四)進士。朱子此講義全面説明性理大義,其具體在《孟子》仁、義、禮、智四端,仁義與禮智爲對應,而仁爲總括。

性是太極渾然之體,本不可以名字言,但其中含具萬理,而綱理之大者有四,故命之曰仁義禮智。孔門未嘗備言,至孟子而始備言之者,蓋孔子時,性善之理素明,雖不詳著其條〔二〕,而説自具;至孟子時,異端蠭起,往往以性爲不善,孟子懼是理〔三〕

〔一〕文並載《紫陽學術發微》卷三《答陳器之書》。

〔二〕「條」乃一體之分枝,下文兩言「粲然有條」,皆指枝幹分明,是孟子之説四端也。

〔三〕此「理」指「性善之理」。

之不明，而思有以明之，苟但曰渾然全體，則恐其如無星之秤，無寸之尺，終不足以曉天下，於是别而言之，界爲四破，而四端之説於是而立。

蓋四端之未發也，雖寂然不動，而其中自有條理，自有間架，不是儱侗都無一物，所以外邊纔感，中間便應。如赤子入井之事感，則仁之理便應，而惻隱之心於是乎形；如過廟過朝之事感，則禮之理便應，而恭敬之心於是乎形。蓋由其中間衆理渾具，各各分明，故外邊所遇，隨感而應，所以四端之發，各有面貌之不同，是以孟子析而爲四以示學者，使知渾然全體之中，而粲然有條若此，則性之善可知矣。然四端之未發也，所謂渾然全體，無聲臭之可言，無形象之可見，何以知其粲然有條如此？

蓋是理之可驗，乃依然就他發處驗得。凡物必有本根，性之理雖無形，而端的〔一〕之發最可驗。故由其惻隱，所以必知其有仁；由其羞惡，所以必知其有義；由其恭敬，所以必知其有禮；由其是非，所以必知其有智。使其本無是理於内，則何以有是

〔一〕「端的」乃宋人新語，謂確實之意，具指下文惻隱、羞惡、恭敬、是非四者。謹按：恭敬，《孟子》乃云「辭讓」。朱子以恭敬改讀辭讓，蓋宋寧宗受禪於光宗，德未稱位，則辭讓不可輕肇於君位，否則徒成口實，貽害天下蒼生，乃不敬之至，故更以恭敬，以之爲端的之發也。此朱子之説經，自有時代之關懷。

端於外？由其有是端於外，所以必知有是理於内而不可誣也。故孟子言：「乃若其情，則可以爲善矣，乃所謂善也。」是則孟子之言性善，蓋亦遡其情而逆知之耳。

仁義禮智，既知得界限分曉；又須知四者之中，仁義是個對立底關鍵。蓋仁仁也，而禮則仁之著。義義也，而智則義之藏。猶春夏秋冬，雖謂四時，然春夏皆陽之屬也，秋冬皆陰之屬也；故曰：「立天之道曰陰與陽，立地之道曰柔與剛，立人之道曰仁與義。」〔一〕是知天地之道，不兩則不能以立，故端雖有四，而立之者則兩耳。仁義雖對立而成兩，然仁實貫通乎四者之中。蓋偏言則一事，專言則包四者。故仁者仁之本體，禮者仁之節文，義者仁之斷制，智者仁之分别；猶春夏秋冬雖不同，而同出乎春。春則春之生也，夏則春之長也，秋則春之成也，冬則春之藏也。自四而兩，自兩而一，則統之有宗，會之有元矣。故曰：「五行一陰陽，陰陽一太極。」是天地之理固然也。

仁包四端，而智居四端之末者，蓋冬者藏也，所以始萬物而終萬物者也。智有藏之義焉，有終始之義焉，則惻隱、羞惡、恭敬是三者，皆有可爲之事，而智則無事可爲，

〔一〕《周易·説卦傳》説聖人之作《易》將以順性命之理之三才義。

但分别其爲是爲非爾，是以謂之藏也。

又惻隱、羞惡、恭敬，皆是一面底道理，而是非則有兩面，既别其所是，又别其所非，是終始萬物之象。故仁爲四端之首，而智則能成始能成終，猶元氣雖四德之長，然元不生於元而生於貞。蓋由天地之化，不翕聚則不能發散，理固然也。仁智交際之間，乃萬化之機軸，此理循環不窮，脗合無間，程子所謂「動静無端，陰陽無始」者此也。〔一〕

答林正卿

【釋】林學蒙，字正卿，福建永福人，與其弟學履（字安卿），俱朱子門人。僞學禁起，築室龍門庵下講學，後任道南書院堂長。此函誨治經之道，須全經通讀，戒零碎穿鑿。

所示《易疑》〔二〕，恐規模未是。蓋讀書之法，須是從頭至尾，逐句玩味；看上字

〔一〕 朱子《答陳器之問玉山講義》，載《朱文公文集》卷五八。
〔二〕 根據《宋元學案》，林學蒙之《易疑》，乃「疑《大易》本爲垂教，而伏羲、文王特借之以卜筮」。

時，如不知有下字；看上句時，如不知有後句。看得都通透了，又卻從頭看此一段，令其首尾通貫。然方其看此段時，亦不知有後段也。如此漸進，庶幾心與理會，自然浹洽，非惟會得聖賢言語意脈不差，且是自己分上身心義理，日見純熟。若只如此匆匆檢閱一過，便可隨意穿鑿，排布硬説，則不唯錯會了經意，於己分上亦有何干涉耶？且如看此幅紙書，都不行頭直下看至行尾，便只作旁行橫讀將去，成何文理？可試以此思之，其得失亦不難見也。〔一〕

答汪叔耕

王懋竑云當是己酉後

【釋】己酉即淳熙十六年（一一八九），朱子六十歲，完成《中庸章句》《大學章句》。汪莘（一一五五～一二二七），字叔耕，安徽休寧人；好填詞，表揚蘇辛；時年三十四。此函教誨爲學之道，循序漸進，坦蕩磊落，勿入偏秘；復示以所撰《大學章句》，篤敬謹持，綱領遵依。

〔一〕朱子《答林正卿》，載《朱文公文集》卷五九。

來書所論向來爲學次第，足以見立志之高矣。然雜然進之而不由其序，譬如以枵然之腹，入酒食之肆，見其肥羹大胾、餅餌膾脯，雜然於前，遂欲左拏右攫，盡納於口，快嚼而亟吞之，豈不撐腸拄腹而果然一飽哉？然未嘗一知其味，則不知向之所食者，果何物也？

今承來諭，將欲捐[一]其逐末玩華之習[二]，而加反本務實之功，則善矣。然所論周程傳授次第，恐亦有未易言者；而以《太極圖》爲有「單傳密付之三昧」，則又近世學者背形逐影、指妄爲真之弊也。夫道在目前，初無隱蔽，而衆人沈溺膠擾，不自知覺，是以聖人因其所見道體之實，發之言語文字之間，以開悟天下與來世；其言丁寧反復，明白切至，惟恐人之不解了也，豈有故爲不盡之言，以愚學者之耳目，必俟其「單傳密付」而後可以得之哉？但患學者未嘗虛心靜慮，優柔反復，以味其立言之意，而妄以己意，輕爲之説，是以不知其味，而妄意乎言外之别傳耳。《不欺論》中所談儒佛同異得失，似亦未得其要；至論所以求乎儒者之學，而以平其出入之息者參之，又有

[一]「捐」字原誤作「損」。
[二]此指填詞。

「忘心忘形，非寐非寤，虛白清鏡，火珠静月，每現輒變」之説，則有大不可曉者。不知儒者之學，自六經孔孟以來，何嘗有是説？而吾子何所授受而服行之哉？所以求之者如是之雜，無怪乎愈求而愈不得也；而反自謂將從「主静持敬、應事接物」以求之，則有没世而不能達者，是豈「應事接物、主静持敬」之罪哉？如此不已，不唯求之不得而已，愚恐其必將有狂易喪心之患，竊爲吾子憂之，不敢不以告也。

幸且置此，而即聖賢之言，平易明白之處，虚心平氣，熟玩而躬行之。玩之深則理自明，行之篤則力自進。持之以久，亹亹而上達焉，則道體精微之妙，聖賢親切之傳，不待「單傳密付」，而已了然心目之間矣！

其他所論，亦儘有合商量處，未暇悉陳。然根本若正，則此等枝葉，亦不待辯而明矣。《史論》卻勝他書，然姑少後之而先其本，則其所至，又當不止此也。《大學章句》一本附往，古人爲學規模，及今日用力次第，盡在此矣。幸試詳之，勿以爲老生常談而忽之也。〔一〕

〔一〕朱子《答汪叔耕》，載《朱文公文集》卷五九。

答孫仁甫 自任〔一〕

【釋】孫自任，字敬甫，安徽宣城人。據陳榮捷先生《朱子門人》考訂，乃朱子晚年及門之士。此函朱子訓以切實循序用功，克制使氣弄才之弊，爲學所以治心之意也。

奉告反復其詞，又知賢者英邁之氣，有以過人，而慮其不屑於下學，且將無以爲入德之階也。夫人無英氣，固安於卑陋，而不足以語上；其或有之而無以制之，則又反爲所使而不肯遜志於學，此學者之通患也。所以古人設教，自灑掃應對進退之節，禮樂射御書數之文，必皆使之抑心下首，以從事於其間，而不敢忽，然後可以消磨其飛揚倔强之氣，而爲入德之階。今既皆無此矣，則唯有讀書一事，尚可以爲攝伏身心之助，然不循序而致謹焉，則亦未有益也。故今爲賢者計，且當就日用間致其下學之功；讀書窮理，則細立課程，奈煩著實，而勿求速解。操存持守，則隨時隨處，省覺收

〔一〕「任」字原誤爲「仁」。

斂，而毋計近功。如此積累，做得三五年工夫，庶幾心意漸馴，根本粗立，而有可據之地。不然，終恐徒爲此氣所使，而不得有所就也。

只如所問舜及東漢二事，想亦出於一時信筆之所及，非思之不得、積其憤悱而後發也〔一〕。所與子約〔二〕書，曾得其報否？不知其説云何？後便略報及也。〔三〕

答江彦謀

【釋】此函示以《大學》之道，勉以爲己之學，戒躐等妄意之通病。

所論《正蒙》大旨，則恐失之太容易爾。夫道之極致，物我固爲一矣，然豈獨物我之間驗之？蓋天地鬼神、幽明隱顯、本末精粗，無不通貫而爲一也，《正蒙》之

〔一〕此所謂「飾問」。
〔二〕吕祖儉，字子約，吕祖謙之弟，自號大愚叟，浙江金華人。
〔三〕朱子《答孫仁甫》，載《朱文公文集》卷六三。

旨，誠不外是。然聖賢言之則已多矣，《正蒙》之作，復何爲乎？恐須反復研究其說，求其所以一者而合之。於其所謂一者，必銖銖而較之，至於鈞而必合；寸寸而度之，至於丈而不差，然後爲得也。孟子曰：「博學而詳說之，將以反說約也。」正爲是爾。

今學之未博，說之未詳，而遽欲一言探其極致，則是銖兩未分而臆料鈞石，分寸不辨而目計丈引〔一〕，不惟精粗二致，大小殊觀，非所謂一以貫之者。愚恐小差積而大繆生，所謂鈞石丈引者，亦不得其真矣，此躐等〔二〕妄意之蔽，世之有志於爲己之學，而未知其方者，其病每如此也。

《明道先生行狀》〔三〕云：「先生教人，自『致知』至於『知止』，『誠意』至於『平天下』，灑掃應對至於窮理盡性，循循有序；病世之學者，舍近而趨遠，處下而窺高，所以輕自大而卒無得也。」此言至矣！彥謀以爲如何？〔四〕

〔一〕十尺爲丈，十丈爲引。
〔二〕《禮記·學記》說教之大倫有七，殿曰：「幼者聽而弗問，學不躐等也。」躐等，謂躁進無禮也。
〔三〕程頤所撰。
〔四〕朱子《答江彥謀》，載《朱文公文集》卷六四。

答或人一云與余正甫〔一〕

【釋】此函言持敬之道，身體力行，習爲自然，則不待勉强。

二先生所論「敬」字，方德夫〔二〕須該貫動静看。方其無事而存主不懈者，固敬也。及其應物而〔三〕酬酢不亂者，亦敬也，故曰：「毋不敬，儼若思。」又曰：「事思敬，執事敬。」〔四〕豈必以攝心坐禪而謂之敬哉？

禮樂固必相須，然所謂樂者，亦不過謂胸中無事而自和樂耳，非是著意放開一路，而欲其和樂也。然欲胸中無事，非敬不能，故程子曰：「敬則自然和樂。」而周子

〔一〕余正甫以治《禮》爲著。
〔二〕「方德夫」三字原脱，據《朱文公文集》補入。
〔三〕「應物而」三字原脱，據《朱文公文集》補入。
〔四〕《禮記·曲禮》文。

亦以爲「禮先而樂後」〔一〕，此可見也。既〔二〕得後須放開，不然卻只是守此言。既自得之後〔三〕，則自然心與理會，不爲禮法所拘，而自中節。若未能如此，則是未有所自〔四〕得，纔方是守禮〔五〕法之人爾。亦非謂既自得之，又卻須放開也。克己復禮，固非易事。然顔子用力，乃在於視聽言動，禮與非禮之間，未敢便道得其本心，而了無一事也。此其所以「先難而後獲」歟？今言之甚易，而苦其行之之難，亦不考諸此而已矣。〔六〕

答或人

【釋】此函闡明治經須切實，根本經文，戒勿先入爲主，妄自發揮。

〔一〕周敦頤《通書·禮樂》。
〔二〕「既」字原作「則自」，據《朱文公文集》爲正。
〔三〕「後」字脱，據《朱文公文集》補入。
〔四〕「自」字脱，據《朱文公文集》補入。
〔五〕「禮」字原脱，據《朱文公文集》補入。
〔六〕朱子《答或人（一云與余正甫）》，載《朱文公文集》卷六四，又見卷六四《答江彦謀》、卷四五《答廖子晦（德明）》。

昨來所示《疑義》〔一〕，久無便可奉報，今并納還。鄙説或恐未安，不惜痛加辨析也。《大學》等書，近復刊訂，體製比舊亦已不同，恨未有人可録寄耳。《尚書》頃當讀之，苦其難而不能竟也〔二〕。注疏、程、張之外，蘇氏説〔三〕亦有可觀，但終是不純粹。林少穎〔四〕説《召誥》以前亦詳備。聞新安有吴材老《稗傳》〔五〕，頗有發明，卻未曾見，試并考之。諸家雖或淺近，要亦不無小補，但在詳擇之耳。不可以篇帙浩汗，而遽憚其煩也。

大抵讀書，先且虚心考其文詞指意所歸，然後可以要其義理之所在。近見學者多是先立己見，不問經文向背之勢，而横以義理加之，其説雖不悖理，然非經文本意也。如此則但據己見，自爲一書亦可，何必讀古聖賢之書哉？所以讀書，正恐吾之所

〔一〕指《知言疑義》。

〔二〕朱子晚年欲注《尚書》而未成，期待於門人蔡沈。蔡氏在《書集傳序》交代云：「慶元己未（一一九九）冬，先生文公令沈作《書集傳》。」朱子三月後逝世，自知命也。

〔三〕蘇軾著《書傳》八卷。

〔四〕林之奇（一一一二～一一七六），字少穎，福建侯官人，紹興二十一年（一一五一）進士，著《尚書全解》四十卷。

〔五〕吴棫，字才老，安徽舒州人，宣和六年（一一二四）進士，官太常丞，因忤秦檜，出爲泉州通判。撰《書稗傳》十三卷，疑《古文尚書》。

見未必是，而求正於彼耳。惟其闕文斷簡、名器物色有不可考者，則無可奈何。其他在義理中可推而得者，切須字字句句，反復消詳，不可草草説過也。〔一〕

答江隱君

【釋】江泳（一一二四～一一七二），字元適，號西莊，棄舉業不仕，徙家江山，講學爲務，故稱隱君。此函辨爲學次第，本末兼該，一以貫之；復論聖人立言宗旨，皆須平心體會，勿好立異以自高；復勉以持敬反躬，精察本原。

别紙所諭，汪洋博大，不可涯涘。仰見所造之深，所養之備，縱横貫穿，上下馳騁，無所窮竭底滯，雖若某之蒙昧，誠不足以語此，亦已昭然若發蒙矣，幸甚幸甚。然竊以平生所聞於師友者驗之，其大致規模不能有異，獨於其間語夫進修節序之緩急先後，則或未同。蓋某之所聞，以爲天下之物，無一物不具天理，所謂「寂然不

〔一〕朱子《答或人（自此以下共十書，元題答或人，一云其問是答劉公度）》，載《朱文公文集》卷六四。

動，感而遂通」者，舉目無不在焉。是以聖門之學，下學之序，始於格物以致其知，不離乎日用事物之間，别其是非，究其可否，由是「精義入神，以致其用」；其間曲折纖悉，容有次序，而一理貫通，無分段，無時節，無方所，以爲精也而不離乎粗，以爲末也而不離乎本，必也優遊潛玩饜飫而自得之，然後爲至。固不可自畫而緩，亦不可以欲速而急，譬如草木，自萌芽生長，以至於支葉生實，不至其日至之時，而揠焉以助之長，豈不無益而反害之哉？凡此與來教所謂「傷時痛俗，急於自反，且欲會通其旨要，以爲駐足之地」者，其本末指意，似若不同，故前後反復之言，率多違異；而語其所詣之極，則又不敢以爲不同也。姑論其大概異同之端，以爲求教之目。其他曲折，不敢執普言語，「普」疑當作「著」。以取再三之瀆。要之非得面承，不能究此心之所欲言也。……始者獻疑，亦非敢以所示大旨爲不然，但疑「精義入神」一句，文義或不如此。恐如所論，則日用「方外」之一節，似少功用耳。及蒙垂諭再三，每加精密，讀之恍然自失，於直截根源處，更無纖芥可疑。只是「精義入神」一句，依前未免扭捏。愚謂大體已是正當，即不須强以此句說合，費多少心力言語，於道體無所發明，於文理反有所累，某竊終疑之，願平心以觀聖人立言之意，當信某非敢妄言。而此句工夫，自有所謂，不但如來諭所指而已。拙於文詞，又迫私冗，來使不能久駐。然此非難知，以吾丈高明，尤不難見。若無「義以方外」一節，即儒者與異端又何異乎？此似未易以内外隔截看也。

前書別紙「變化」「機要」二者之分，亦非愚妄所曉。竊意聖賢之言則一，而見之淺深，在學者所證，本非預有如此分別也。昔有人見龜山先生請教，先生令讀《論語》。其人復問《論語》中要切是何語？先生云：「皆要切，且熟讀可也。」此語甚有味。乍看似平淡没可説，只平淡中有味，所以其味無窮。今人説得來驚天動地，非無捷徑可喜，只是味短，與此殊不倫矣。且看《論語》中一句一字，孰有非要切之言者？若學者體會履踐得，皆是性分内緊要慤實事，便從此反本還源，心與理一，夫豈有剩法哉？若如吾丈所謂變化者，則聖賢之門無有是也，其莊老竺學之緒餘乎？反復以思，未見其可。大抵聖門立言制行，自有規矩，非意所造，乃義理之本然〔一〕也。故日用之間，内主於敬而行於義；義不擇則不精，不精則雖其大體不離於道，而言行或流於詭妄，則亦與道離而不自知矣。故曰：「和順於道德而理於義。」而《孟子》養浩然之氣，亦必曰「是集義所生」者，不識此爲對仁之義乎？爲精微之義，若來諭所云乎？

〔一〕「然」字原作「原」，據《朱文公文集·續集》爲正。

且對仁之義，亦何以知其不精微也？但《大傳》中精義不如此耳。

前幅所陳，謬妄不中理之言必多，蓋未敢以爲是，而求正於左右，切望指教。區區之病，正坐執滯於文字言語之間，未能脱然有貫通處。其於道體，固患夫若存若亡，而未有約卓之見耳。但「精義」二字，聞諸長者，所謂義者，宜而已矣。物之有宜有不宜，事之有可有不可，所謂義也。精義者，精諸此而已矣。所謂精云者，猶曰察之云爾。精之之至而入於神，則於事物所宜，毫釐委曲之間，無所不悉，有不可容言之妙矣，此所以致用而用無不利也。來教之云，似於名言之間小有可疑，雖非大指所係，然亦學者發端下手處，恐不可略，故復陳之。〔一〕

〔一〕朱子《答江隱君》，載《朱文公文集·續集》卷六。

朱子大義卷七

【釋】此卷收録朱子雜文七篇，皆學術與經世之精義。《仁説》後附録黄式三《朱子仁説説》，明學術授受淵源。

讀書之要

【釋】此設問體，詳述治學之道。先標定「聖賢氣象」之氣質變化向度，初學者自日用始；循序漸進爲治學原則，然後熟讀精思、虚心涵泳。按：程端禮《程氏家塾讀書分年日程》引用朱子門人輔廣所萃《朱子讀書法》凡六法，曰：循序漸進、熟讀精思、虚心涵泳、切己體察、著緊用力、居敬持志。本文統攝三大端。

或問：「程子通論聖賢氣象之别者數條，子既著之《精義》〔一〕之首，而不列於《集注》〔二〕之端，何也？」曰：「聖賢氣象，高且遠矣，非造道之深，知德之至，鄰於其域者，不能識而辨之，固非始學之士所得驟而語也。鄉吾著之書首，所以尊聖賢；今不列於篇端，所以嚴科級，亦各有當焉爾。且吾於程子之論讀是二書之法，則既掇其要而表之於前矣，學者誠能深考而用力焉，盡此二書，然後乃可與議於彼耳。」

曰：「然則其用力也奈何？」曰：「循序而漸進，熟讀而精思可也。」

曰：「然則請問循序漸進之説。」曰：「以二書言之，則先《論》而後《孟》，通一書而後及一書。以一書言之，則其篇章文句，首尾次第，亦各有序而不可亂也。量力所致，約其課程而謹守之。字求其訓，句索其旨；未得乎前，則不敢求其後；未通乎此，則不敢志乎彼；如是循序而漸進焉，則意定理明，而無疎易凌躐之患矣。是不惟讀書之法，乃是操心之要，尤始學者之不可不知也。」

曰：「其熟讀精思者何耶？」曰：「《論語》一章，不過數句，易以成誦。成誦之後，

〔一〕指《論孟精義》。
〔二〕指《四書章句集注》。

反復玩味於燕閒静一之中，以須其浹洽可也。《孟子》每章或千百言，反復論辯，雖若不可涯者，然其條理疏通，語意明潔，徐讀而以意隨之，出入往來以十百數，則其不可涯者，將可有以得之於指掌之間矣。大抵觀書先須熟讀，使其言皆若出於吾之口；繼以精思，使其意皆若出於吾之心，然後可以有得爾。至於文義有疑，衆説紛錯，則亦虚心静慮，勿遽取舍於其間；先使一説自爲一説，而隨其意之所之，以驗其通塞；則其尤無義理者，不待觀於他説而先自屈矣。復以衆説互相詰難，而求其理之所安，以考其是非，則似是而非者，亦將奪於公論而無以立矣。大抵徐行卻立，處静觀動，如攻堅木，先其易者，而後其節目；如解亂繩，有所不通，則姑置而徐理之，此讀書之法也。」〔一〕

已發未發説〔二〕

【釋】按：文中提及「吕博士」，考吕祖謙於宋孝宗乾道六年（一一七〇）任太學博士，時朱子

〔一〕朱子《讀書之要》，載《朱文公文集》卷七四。

〔二〕文並載《紫陽學術發微》卷二《已發未發説》。

四十一歲；朱子於前二年編成《程氏遺書》。本文「比觀程子文集、遺書」以明涵養工夫爲關鍵，以綜合概括方式，説明性理要義，乃實事求是之治學工夫也。

《中庸》「未發」「已發」之義，前此認得此心流行之體。又因程子凡言心者，皆指已發之云，遂目心爲已發，而以性爲未發之中，自以爲安矣。比觀程子文集、遺書，見其所論，多不符合。因再思之，乃知前日之説，雖於心性之實，未始有差；而未發、已發命名未當，且於日用之際，欠卻本領一段工夫。蓋所失者，不但文義之間而已。因條其語而附以己見，告於朋友，願相與講焉。恐或未然，當有以正之。

文集云：「中即道也。」又曰：「道無不中，故以中形道。」

又云：「中即性也，此語極未安。中也者，所以狀性之體段，如天圓地方。」

又云：「中之爲義，自過不及而立名。若只以中爲性，則中與性不合。」

又云：「性道不可合一而言。中，止可言體，而不可與性同德。」

又云：「中者性之德，此爲近之。」又云：「不若謂之性中。」

又云：「喜怒哀樂之未發謂之中。赤子之心，發而未遠乎中，若便謂之中，是不識大本也。」

又云：「赤子之心，可以謂之和，不可謂之中。」

遺書云：「只喜怒哀樂不發便是中。」

又云：「既思便是已發，喜怒哀樂一般。」

又云：「當中之時，耳無聞，目無見，然見聞之理在始得。」

又云：「未發之前，謂之静則可，静中須有物始得，這裏最是難處。能敬則自知此矣。」

又云：「敬而無失，便是喜怒哀樂未發謂之中也。敬不可謂之中，但敬而無失，即所以中也。」

又云：「中者天下之大本，天地間停停當當，直上直下之理，出則不是，惟敬而無失最盡。」

又云：「存養於未發之前則可，求中於未發之前則不可。」

又云：「未發更怎生求，只平日涵養便是。涵養久則喜怒哀樂發而中節。」

又云：「善觀者卻於已發之際觀之。」

右據此諸説，皆以思慮未萌、事物未至之時，爲喜怒哀樂之未發。當此之時，即是心體流行、寂然不動之處，而天命之性，體段具焉。以其無過不及，不偏不倚，故謂之中。

然已是就心體流行處見，故直謂之性則不可。呂博士〔一〕論此，大概得之；特以中即是性，赤子之心即是未發，則大失之，故程子正之。解中亦有求中之意，蓋答書時未暇辯耳。蓋赤子之心，動静無常，非寂然不動之謂，故不可謂之中。然無營欲知巧之思，故爲未遠乎中耳。

未發之中，本體自然，不須窮索。但當此之時，敬以持之，使此氣象常存而不失，則自此而發者，其必中節矣。此日用之際，本領工夫，其曰「卻於已發之處觀之」者，所以察其端倪之動，而致擴充之功也。一不中則非性之本然，而心之道或幾乎息矣，故程子於此每以「敬而無失」爲言；又云：「入道莫如敬，未有能致知而不在敬者。」又曰：「涵養須是敬，進學則在致知。」以事言之則有動有静，以心言之則周流貫徹，其工夫初無間斷也，但以静〔二〕爲本爾。」周子所謂有主静者亦是此意，但言静則偏，故程子又説敬。

向來講論思索，直以心爲已發；而所論致知格物，亦以察識端倪爲初下手處，以故缺卻平日涵養一段工夫。其日用意趣，常偏於動，無復深潛純一之味，而其發之言語事爲之間，亦常躁迫浮露，無古聖賢氣象，由所見之偏而然爾。

〔一〕呂祖謙於孝宗乾道六年（一一七〇）任太學博士。

〔二〕「静」原作「教」，據《朱文公文集》爲正。

程子所謂「凡言心者，皆指已發而言」，此卻指心體流行而言，非謂事物思慮之交也。然與《中庸》本文不合，故以爲未當而復正之。固不可執其已改之言，而盡疑論説之誤；又不可遂以爲當，而不究其所指之殊也。

周子曰：「無極而太極。」程子又曰：「人生而静以上不容説，纔説時便已不是性矣。」蓋聖賢論性，無不因心而發。若欲專言之，則是所謂無極而不容言者，亦無體段之可名矣。未審諸君子以爲如何？〔一〕

觀心説〔二〕

【釋】此篇設問，二問二答，闡明盡心知性與存心養性之涵養工夫。

或問：「佛者有觀心之説，然乎？」曰：「心者，人之所以主乎身者也，一而不二者也，爲主而不爲客者也，命物而不命於物者也，故以心觀物，則物之理得。今復有

〔一〕朱子《已發未發説》，載《朱文公文集》卷六七。
〔二〕文並載《紫陽學術發微》卷三《觀心説》。

物，以反觀乎心，則是此心之外，復有一心而能管乎此心也。然則所謂心者，爲一耶？爲二耶？爲主耶？爲客耶？爲命物者耶？爲命於物者耶？此亦不待教而審其言之謬矣。」或者曰：「若子之言，則聖賢所謂『精一』，所謂『操存』，所謂『盡心知性』『存心養性』，所謂『見其參於前而倚於衡』者，皆何謂哉？」

應之曰：「此言之相似而不同，正苗莠朱紫之間，而學者之所當辨者也。夫謂『人心之危』者，人欲之萌也；『道心之微』者，天理之奥也。心則一也，以正、不正而異其名耳。『惟精惟一』，則居其正而審其差者也，絀其異而反其同者也。能如是，則『信執其中』，而無過不及之偏矣。非以道爲一心，人爲一心，而又有一心以精一之也。夫謂『操而存』者，非以彼操此而存之也。『舍而亡』者，非以彼舍此而亡之也。心而自操，則亡者存；舍而不操，則存者亡耳。然其操之也，亦曰不使旦晝之所爲，得以梏亡其仁義之良心云爾；非塊然兀坐，以守其炯然不用之知覺，而謂之操存也。若『盡心』云者，則格物窮理，廓然貫通，而有以極夫心之所具之理也。『存心』云者，則『敬以直内，義以方外』，若前所謂精一操存之道也。故盡其心而可以知性知天，以其體之不蔽，而有以究乎理之自然也。存心而可以養性事天，以其體之不失，而有以順夫理之自然也。是豈以心盡心，以心存心，如兩物之相持而不相舍哉？若『參前倚衡』之云者，則爲忠信篤敬而發也。蓋曰忠信篤敬，不忘乎心，則無所適而不見其在是云爾，亦非有以見夫心之謂也。且身在此而心參於前，身在輿而心倚於衡，是果何理也耶？大抵聖人之學，本心以窮理，而順理以應物，如身使臂，如臂使指；其道夷而通，其居廣而安，其理實而行自然。釋氏之學，以心求心，以心使心，如口齕口，如目視目；其機危而迫，其途險而塞，其理虛而其勢逆。蓋其言雖有若相似者，而其實之不同蓋如此也。然非夫審思明辨之君子，其亦孰能無惑於斯耶？」〔一〕

仁說〔二〕

王懋竑云當在壬辰、癸巳間〔三〕

【釋】此文並郵呈張栻，隨後反覆討論，張氏亦撰《仁說》以明己意。互參《朱子大義》卷三

〔一〕朱子《觀心說》，載《朱文公文集》卷六七。

〔二〕文並載《紫陽學術發微》卷四《仁說》。

〔三〕王懋竑《朱子年譜》卷一下云：「乾道九年癸巳四十四歲六月《伊洛淵源》録成。」而朱子《答吕伯恭》云：「仁字之說，欽夫得書，已無疑矣。……欲作《淵源録》一書，載周、程以來諸君子行實文字。」故此推定《仁說》作於壬辰、癸巳間。

所録《答張欽夫論仁説》四篇書簡。張氏言仁爲「愛之理」，朱子則言「愛之理，心之德」，蓋仁包四德，本體所在也。本文設爲二問二答以張開義理體統。

天地，以生物爲心者也。而人物之生，又各得夫天地之心以爲心者也。故語心之德，雖其總攝貫通，無所不備，然一言以蔽之，則曰仁而已矣。請試詳之。

蓋天地之心，其德有四，曰元亨利貞，而元無不統；其運行焉，則爲春夏秋冬之序，而春生之氣無所不通。故人之爲心，其德亦有四，曰仁義禮智，而仁無不包；其發用焉，則爲愛恭宜别之情，而惻隱之心無所不貫。故論天地之心者，則曰乾元坤元，則四德之體用，不待悉數而足。論人心之妙者，則曰「仁，人心也」，則四德之體用，亦不待遍舉而該。蓋仁之爲道，乃天地生物之心，即物而在。情之未發，而此體已具；情之既發，而其用不窮。誠能體而存之，則衆善之源，百行之本，莫不在是。此孔門之教，所以必使學者汲汲於「求仁」也。

其言有曰：「克己復禮爲仁。」言能克去己私，復乎天理，則此心之體無不在，而此心之用無不行也。又曰：「居處恭，執事敬，與人忠。」則亦所以存此心也。又曰：「事親孝，事兄弟，及物恕。」則亦所以行此心也。又曰：「求仁得仁。」則以讓國而逃，諫伐而餓，爲能不失乎此心也。又曰：「殺身成仁。」則以欲甚於生、惡甚於死，爲能不害乎此心也。此心何心也？在天地則坱〔一〕然生物之心，在人則温然愛人利物之心，包四德而貫四端者也。

或曰：「若子之言，則程子所謂『愛情仁性，不可以愛爲仁』者，非歟？」曰：「不然。程子之所訶，以愛之發而名仁者也。吾之所論，以愛之理而名仁者也。蓋所謂性情者，雖其分域之不同，然其脈絡之通，各有攸屬者，則曷嘗判然離絶而不相管哉？吾方病夫學者誦程子之言，而不求其意，遂至於判然離愛而言仁，故特論此，以發明其遺意。而子顧以爲異乎程子之説，不亦誤哉？」

或曰：「程氏之徒，言仁多矣，蓋有謂『愛非仁，而以萬物與我爲一爲仁之體』者矣；亦有謂『愛非仁，而以心有知覺釋仁之名』者矣。今子之言若是，然則彼皆非歟？」

曰：「彼謂『物我爲一』者，可以見仁之無不愛矣，而非仁之所以爲體之真也。彼謂『心有知覺』者，可以見仁之包乎智矣，而非仁之所以得名之實也。觀孔子答子貢

〔一〕坱，微塵彌漫，有充盈流行、無處不在之意。

博施濟衆之問，與程子所謂覺不可以訓仁者，則可見矣。子尚安得復以此而論仁哉？抑泛言『同體』者，使人含胡昏緩，而無警切之功，其弊或至於認物爲己者有之矣。專言『知覺』者，使人張皇迫躁，而無沉潛之味，其弊或至於認欲爲理者有之矣。一忘一助，二者蓋胥失之。而『知覺』之云者，於聖門所示樂山能守之氣象，尤不相似，子尚安得復以此而論仁哉？」因并記其語作《仁說》。〔一〕

附：黄薇香先生《讀朱子仁説》

朱子《仁說》，何以作乎？當時程門高弟言仁，如謝顯道〔二〕謂：「孝弟非仁，如此心則知仁。」是陸子静斥有子之支離，謝氏已開其漸。其與吕晉伯〔三〕言仁，晉伯思之久未悟，論辨既窮，晉伯乃知其說仁同於説禪。楊中立〔四〕教其壻李光

〔一〕朱子《仁說》，載《朱文公文集》卷六七。
〔二〕謝良佐（一〇五〇～一一〇三），字顯道，壽春上蔡人，學者稱上蔡先生，二程門人，與游酢、吕大臨、楊時，號程門四先生，朱子甚稱道其「敬是常惺惺法」，晚年奉佛。
〔三〕吕大臨長兄吕大忠，字晉伯。
〔四〕楊時，字中立。

祖、陳默堂求仁，光祖自言累請累不合，十八年而論契，而其説入禪；默堂斥以愛言仁之本於王氏新學，而説亦入禪。朱子慮仁道爲禪所幪[一]，學者無以識仁，何由行仁？不得已而作《仁説》也。

朱子既斥離愛言仁之弊，直言「仁者在天則坱然生物之心，在人則温然愛人利物之心」，可謂明析矣。今《仁論》諸書迭出，而學者仍未信，則由仁性愛情之分、仁包四德之説，尚有以幪之也。

夫仁者何？聖心視天下如一體而已。人有心有體，心必愛護其體。聖人憫天下之凋殘，如手足之痿痹，耳目之聾暗，本其心之不容已，而竭力救之，性與情統之矣。

仁合内外以成德，所以孟子辨仁本於性，不言發情之非仁也。昔李泰伯[二]重禮，而云：「禮之温厚而廣愛者曰仁，決斷而從宜者曰義，疏達而能謀者曰智，

[一]「幪」字原作「據」，據光緒戊子黄氏家塾刊本《儆居遺書》爲正。

[二]李覯（一〇〇九～一〇五九），字泰伯，江西南城人。慶曆三年（一〇四三）創建盱江書院；皇祐二年（一〇五〇），范仲淹、余靖推薦於朝，試太學助教；嘉祐四年（一〇五九）權同管勾太學。

固守而不變者曰信。」朱子申程叔子之仁包四德，而云：「義則仁之斷制也，禮則仁之節文也，智則仁之分別也。」是二説也，在學者融貫之，奈何拘泥之乎？五德一不足，則四者皆有所歉。四德備者，所行之一，乃無不弊〔一〕。仁如是，禮亦〔二〕如是，義信智無不如是。〔三〕

開阡陌辨

王懋竑云據《與程沙隨書》，此疑在庚子後〔四〕

【釋】孝宗淳熙七年（一一八〇）三月，朱子五十一歲；詔監司郡守條具民間利病，時朱子知南康軍事，四月應詔上《庚子應詔封事》。此文具論田制。謹按：《漢書・地理志下》云：「孝公用商君，制轅田，開仟伯（同陌），東雄諸侯。」顔師古注引張晏云：「周制三年一易，以同美惡。

〔一〕「弊」字原作「不備」，據《儆居遺書》爲正。

〔二〕「亦」字原脱，據《儆居遺書》補入。

〔三〕黄式三《朱子仁説説》，載《儆居遺書・經説五》。

〔四〕朱子《答曹立之書》中提及「近得程丈文字論及黍尺制度」，而《答程可久書》載有朱子與程沙隨討論「阡陌」之義，故知「程丈」爲程沙隨，又王懋竑《朱子年譜》卷二上繫《答曹立之書》於「淳熙六年己亥五十歲二月」條下，故定《開阡陌辨》作於庚子年後。

商鞅始割列田地，開立阡陌，令民各有常制。」又引孟康説：「三年爰土易居，古制也，末世侵廢。商鞅相秦，復立爰田，上田不易，中田一易，下田再易，爰自在其田，不復易居也，《食貨志》曰『自爰其處而已』是也。轅爰同。」商鞅所破壞者，乃戰國時代關中豪强所擁有之井田，（此井田非《孟子》所言之井田。）而恢復周初之「爰田」。制轅田，開仟伯（同陌），乃兩項政策。開阡陌，乃轉公有之農道爲私有。開者所以立，此史有明文，故朱子據《周禮》辨白「開阡陌」之本意，此爲朱子經世之學大義。

《漢志》言秦廢井田、開阡陌〔一〕，説者之意，皆以爲「開置」之「開」，言秦廢井田而始置阡陌也，故白居易云：「人稀土曠者宜修阡陌，户繁鄉狹者則復井田。」〔二〕蓋亦以阡陌爲秦制，井田爲古法，此恐皆未得其事之實也。

按：阡陌者，舊説以爲田間之道。蓋因田之疆畔，制其廣狹，辨其横縱，以通人

〔一〕《漢書·食貨志》云：「秦孝公用商君，壞井田，開阡陌，急耕戰之賞，雖非古道，猶以務本之故，傾鄰國而雄諸侯，王制遂滅。」朱子引此，言其攘目前之功，任由豪强買賣阡陌之公共農道，而毀壞保民之制。

〔二〕白居易《策林》第五十二議井田阡陌之文。

物之往來，即《周禮》所謂「遂上之徑」「溝上之畛」「洫上之涂」「澮上之道」也〔一〕。然《風俗通》云：「南北曰阡，東西曰陌。」又云：「河南以東西爲阡，南北爲陌。」二說不同。今以《遂人》田畝夫家之數〔二〕考之，則當以後說爲正。蓋陌之爲言百也，遂洫從而徑涂亦從，則遂間百畝，洫間百夫，而徑涂爲陌矣。阡之爲言千也，溝澮橫而畛道亦橫，則溝間千畝，澮間千夫，而畛道爲阡矣。阡陌之名，由此而得。至於「萬夫有川」，而川上之路，周於其外，與夫《匠人》井田之制〔三〕，遂溝洫澮亦皆四周，則阡陌之名，疑亦因其橫從而命之也。

然遂廣二尺，溝四尺，洫八尺，澮二尋，則丈有六尺矣。徑容牛馬，畛容大車，涂

〔一〕皆《周禮·夏官·司馬》之文。

〔二〕《周禮·地官·遂人》云：「辨其野之土：上地、中地、下地，以頒田里：上地，夫一廛，田百畝，萊五十畝，餘夫亦如之；中地，夫一廛，田百畝，萊百畝，餘夫亦如之；下地，夫一廛，田百畝，萊二百畝，餘夫亦如之。凡治野：夫間有遂，遂上有徑；十夫有溝，溝上有畛；百夫有洫，洫上有涂；千夫有澮，澮上有道；萬夫有川，川上有路，以達于畿。」

〔三〕《周禮·考工記·匠人》載：「匠人爲溝洫。耜廣五寸，二耜爲耦。一耦之伐，廣尺深尺謂之甽。田首倍之，廣二尺、深二尺謂之遂。九夫爲井，井間廣四尺、深四尺謂之溝。方十里爲成，成間廣八尺、深八尺謂之洫。方百里爲同，同間廣二尋、深二仞謂之澮。專達於川，各載其名。」

容乘車一軌，道二軌，路三軌，則幾二丈矣。此其水陸占地，不得爲田者頗多。先王之意，非不惜而虛棄之也，所以正經界，止侵争，時畜洩，備水旱，爲永久之計，有不得不然者，其意深矣。

商君以其急刻之心，行苟且之政，但見田爲阡陌所束，而耕者限於百畝，則病其人力之不盡；但見阡陌之占地太廣，而不得爲田者多，則病其地利之有遺。又當世衰法壞之時，則其歸授之際，必不免有煩擾欺隱之姦，而阡陌之地切近民田，又必有陰據以自私，而税不入於公上者。是以一旦奮然不顧，盡開阡陌，悉除禁限而聽民兼并買賣，以盡人力；墾闢棄地，悉爲田疇，而不使其有尺寸之遺，以盡地利。使民有田，即爲永業，而不復歸授，以絶煩擾欺隱之姦；使地皆爲田，而田皆出税，以覈陰據自私之幸。此其爲計，正猶楊炎[一]疾浮户之弊，而遂破「租庸」以爲「兩税」，蓋一時之害雖除，而千古聖賢傳授精微之意，於此盡矣。故《秦紀》《鞅傳》皆云：「爲田開阡

[一] 楊炎（七二七～七八一），字公南，陝西鳳翔人。科舉釋褐，至唐德宗初立後（七七九），任門下侍郎，同中書門下平章事。次年議行「兩税法」，廢止徭役，以夏秋兩季徵輸金錢替代。

陌封疆，而賦税平。」蔡澤亦曰：「決裂阡陌，以静生民之業，而一其俗。」[一]詳味其言，則所謂「開」者，乃破壞剗削之意，而非創置建立之名；所謂「阡陌」，乃三代井田之舊，而非秦之所置矣；所謂「賦税平」者，以無欺隱竊據之姦也；所謂「静生民之業」者，以無歸授取予之煩也。以是數者合而證之，其理可見，而蔡澤之言尤爲明白。

且先王疆理天下，均以予民，故其田間之道有經有緯，不得無法。若秦既除井授之制矣，則隨地爲田，隨田爲路，尖斜屈曲，無所不可，又何必取其東西南北之正，以爲阡陌，而後可以通往來哉？此又以物情事理推之，而益見其説之無疑者。

或乃以漢世猶有阡陌之名，而疑其出於秦之所置[二]。殊不知秦之所開，亦其曠僻而非通路者耳。若其適當衝要，而便於往來，則亦豈得而盡廢之哉？但必稍侵削之，不使復如先王之舊耳。

或者又以董仲舒言富者連阡陌，而請「限民名田」，疑田制之壞由於阡陌，此亦非

[一]《史記·范雎蔡澤列傳》文。
[二]《晉書》卷四六《李重傳》載李重奏文曰：「自秦立阡陌，建郡縣而斯制已没；降及漢魏，因循舊跡。」

也。蓋曰富者一家，而兼有千夫百夫之田耳〔一〕。至於所謂「商賈無農夫之苦，有阡陌之得」〔二〕，亦以千夫百夫之收而言。蓋當是時，去古未遠，此名尚在，而遺跡猶有可考者，顧一時君臣，乃不能推尋講究而修復之耳，豈不可惜也哉！〔三〕

學校貢舉私議

【釋】李清馥《閩中理學淵源考》卷一六云：「慶元元年（一一九五），先生又乞追還舊職不許，是年作《學校貢舉私議》。」朱子是年六十六歲。此爲朱子經世之學大義。文中强調治經必遵家法，與朱子嚴守二程道統之精神相貫。

古者學校選舉之法，始於鄉黨，而達於國都。教之以德行道藝，而興其賢者能者，蓋其所以居之者無異處，所以官之者無異術，所以取之者無異路，是以士有定志，

〔一〕謂豪强兼併之罪，非關阡陌也。
〔二〕晁錯《論貴粟疏》文。
〔三〕朱子《開阡陌辨》，載《朱文公文集》卷七二。

而無外慕；蚤夜孜孜，惟懼德業之不修，而不憂爵祿之未至。夫子所謂：「言寡尤，行寡悔，祿在其中。」孟子所謂：「修其天爵，而人爵從之。」蓋謂此也。

若夫三代之教，藝爲最下，然皆猶有實用而不可闕；其爲法制之密，又足以爲治心養氣之助，而進於道德之歸。此古之爲法，所以能成人材而厚風俗，濟世務而興太平也。今之爲法不然，雖有鄉舉，而其取人之額不均；又設太學利誘之一涂，監試、漕試、附試，詐冒之捷徑，以啓其奔趨流浪之意；其所以教者，既不本於德行之實，而所謂藝者，又皆無用之空言；至於甚弊，則其所謂空言者，又皆怪妄無稽，而適足以敗壞學者之心志。是以人材日衰，風俗日薄。朝廷州縣，每有一事之可疑，則公卿大夫、官人百吏，愕眙〔一〕相顧而不知所出，是亦可驗其爲教之得失矣。而議者不知其病源之所在，反以程試文字之不工爲患，而唱爲混補之説，以益其弊。

或者知其不可，又欲斟酌舉行崇寧州縣三舍之法，而使歲貢選士於大〔二〕學。其説雖若賢於混補之云，然果行此，則士之求入乎州學者必衆。而今州郡之學，錢糧有

〔一〕「愕眙」謂驚視。

〔二〕「大」字，《朱文公文集》作「太」。

限，將廣其額，則食不足；將仍其舊，則其勢之偏；選之艱而途之狹，又將有甚於前日之解額〔一〕少而無所容也。正使有以處之，然使遊其間者，校計得失於旦暮錙銖之間，不得寧息，是又不惟無益，而損莫大焉，亦非計之得也。

蓋嘗思之，必欲乘時改制，以漸復先王之舊，而善今日之俗，則必如明道先生熙寧之議〔二〕，然後可以大正其本，而盡革其末流之弊。如曰未暇，則莫若且均諸州之解額，以定其志；立德行之科，以厚其本；罷去詞賦，而分諸經子史時務之年，以齊其業。又使治經者必守家法，命題者必依章句，答義者必通貫經文，條舉衆說，而斷以己意。學校則遴選實有道德之人，使專教導，以來實學之士；裁減解額舍選謬濫之恩，以塞利誘之塗。至於制科、詞科、武舉之屬，亦皆究其利病而頗更其制。則有定志而無奔競之風，有實行而無空言之弊，有實學而無不可用之材矣，此其大略也。

其詳則繼此而遂陳之。夫所以必均諸州之解額者，今之士子，不安於鄉舉，而爭趨太學試者，以其本州解額窄而試者多，太學則解額闊而試者少。本州只有解試一

〔一〕「解額」乃地方解送舉子參加省試之名額。
〔二〕程顥於熙寧二年（一〇六九）上《請修學校尊師儒取士劄子》。

路，太學則兼有舍選之捷徑，又可以智巧而經營也。所以今日倡爲混補之説者，多是温、福、處、婺之人，而他州不與焉；非此數州之人獨多躁競，而他州之人無不廉退也，乃其勢驅之，有不得不然者耳。然則今日欲救其弊，而不以大均解額爲先務，雖有良法，豈能有所補哉？故莫若先令禮部，取見逐州三舉終場人數，通比舊額都數，定以若干分爲率，而取其若干以爲新額；又損太學解額，舍選取人分數，使與諸州不至大段殊絶，則士安其土，而無奔趨流浪之意矣。

所以必立德行之科者，德行之於人大矣。然其實則皆人性所固有，人道所當爲。以其得之於心，故謂之德；以其行之於身，故謂之行；非故有所作爲增益，而欲爲觀聽之美也。士誠知用力如此，則不惟可以修身，而推之可以治人，又可及夫天下國家，故古之教者，莫不以是爲先。若舜之命司徒以敷五教，命典樂以教胄子，皆此意也。至於成周而法始大備，故其人材之盛，風俗之美，後世莫能及之。漢室之初，尚有遺法，其選舉之目，必以敬長上，順鄉里，肅政教，出入不悖所聞爲稱首。魏晉以來，雖不及古，然其九品中正之法，猶爲近之。及至隋唐，遂專以文詞取士，而尚德之舉，不復見矣。積至於今，流弊已極，其勢不可以不變，而欲變之，又不可不以其漸。故今莫若且以逐州新定解額之半，而又折其半以爲德行之科，明立所舉德行之目，專委逐縣令佐從實搜訪，於省試後，保明津遺赴州，守倅〔一〕審實，保明申部；於當年六月以前，以禮津遣，限本年内到部，撥入太學，於近上齋舍安排，而優其廩給，仍免課試。長貳〔二〕以時延請詢考，至次年終，以次差充大小職事；又次年終，擇其尤異者，特薦補官；餘令特赴明年省試，比之餘人，倍其取人分數，殿試各升一甲；其不中人，且令住學，以俟後舉。其行義有虧，學術無取，舉者亦當議罰。則士知實行之可貴，而不專事於空言矣。

所以必罷詩賦者，空言本非所以教人，不足以得士，而詩賦又空言之尤者，其無益於設教取士，章章明矣。然熙寧罷之，而議者不以爲是者，非罷詩賦之不善，乃專主王氏經義之不善也。故元祐初議有改革，而司馬温公、吕申公皆不欲復；其欲復之者，惟劉摯爲最力。然不過以考校之難而爲言耳，是其識之卑而説之陋，豈足與議先王教學官人之本意哉？今當直罷，無可疑者。如以習之者衆，未欲遽罷，則限以三舉，而遞損其取人之數。俟其爲之者少，而後罷之，則亦不駭於俗，而其弊可革矣。

〔一〕「守倅」謂郡守及其副職。
〔二〕「長貳」謂正副長官。

所以必分諸經子史時務之年者，古者大學之教，以格物致知爲先；而其考校之法，又以「九年，知類通達，强立不反」爲大成。蓋天下之事，皆學者所當知，而其理之載於經者，則各有所主，而不能相通也。況今《樂經》亡而《禮經》缺，二戴之記，已非正經，而又廢其一焉。蓋經之所以爲教者，已不能備。而治之者，類皆舍其所難，而就其所易；僅窺其一，而不及其餘；則於天下之事，宜有不能盡通其理者矣。若諸子之學，同出於聖人，各有所長，而不能無所短；其長者固不可以不學，而其所短，亦不可以不辨也。至於諸史，則該古今興亡、治亂得失之變。時務之大者，如禮樂、制度、天文、地理、兵謀、刑法之屬，亦皆當世所須而不可闕，皆不可以不之習也。然欲其一旦而盡通，則其勢將有所不能，而卒至於不行。若合所當讀之書，而分之以年，使天下之士，各以三年而共通其三四之一，則亦若無甚難者。故今欲以《易》《書》《詩》爲一科，而子年午年試之；《周禮》《儀禮》及二戴之《禮》爲一科，而卯年試之；《春秋》及三傳爲一科，而酉年試之。諸經皆兼《大學》《論語》《中庸》《孟子》；論則分諸子爲四科，而分年以附焉；策則諸史時務亦然。則士無不通之經，無不習之史，而皆可爲當世之用矣。

其治經必專家法者，天下之理，固不外乎於人之一心。然聖賢之言，則其淵奥爾雅，而不可以臆斷者；其制度名物，行事本末，又非今日之見聞所能及也，故治經者，必因先儒已成之説而推之。借曰未必盡是，亦當究其所以得失之故，而後可以反求諸心而正其謬。此漢之諸儒，所以專門名家，各守師説，而不敢輕有變焉者也。但其守之太拘，而不能精思明辨以求真，是則爲病耳。然以此之故，當時風俗，終是淳厚。近年以來，習俗苟偷，學無宗主，治經者不復讀其經之本文，與夫先儒之傳注，但取近時科舉中選之文，諷誦摹倣，擇取經中可爲題目之句，以意扭捏，妄作主張；明知不是經意，但取便於行文，不暇恤也。蓋諸經皆然，而《春秋》爲尤甚。主司不惟不知其謬，乃反以爲工，而置之高等。習以成風，轉相祖述，慢侮聖言，日以益甚。名爲治經，而實爲經學之賊；號爲作文，而實爲文字之妖；不可坐視而不之正也。今欲正之，莫若討論諸經之説，各立家法，而皆以注疏爲主；如《易》則兼取胡瑗、石介、歐陽修、王安石、邵雍、程頤、張載、呂大臨、楊時，《書》則兼取劉敞、王安石、蘇軾、程頤、楊時、晁説之、葉夢得、吴棫、薛季宣、呂祖謙，《詩》則兼取歐陽修、蘇軾、程頤、張載、王安石、呂大臨、楊時、呂祖謙，《周禮》則劉敞、王安石、楊時，《儀禮》則劉敞，二戴《禮記》則劉敞、程頤、張載、呂大臨，《春秋》則啖助、趙正、陸淳、孫明復、劉敞、程頤、胡安國，《大學》《論語》《中庸》《孟子》，則又皆有《集解》等書，而蘇軾、王雱、吴棫、胡寅等説亦可采。令應舉人各佔兩家以上，於家狀内，及經義卷子第一行内一般聲説；將來答義，則以本説爲主，而旁通他説，以辨其是非，則治經者不敢妄牽己意，而必有據依矣。

其命題所以必依章句者。今日治經者，既無家法，其穿鑿之弊，已不可勝言矣。而主司命題，又多爲新奇，以求出於舉子之所不意，於所當斷而反連之，於所當連而反斷之，大抵務欲無理可解，無説可通，以觀其倉卒之間，趨附離合之巧。其始蓋出於省試「上天之載、無聲無臭、儀刑文王」之一題，然而當時傳聞，猶以爲怪。及今數年，則無題不然，而人亦不之怪矣。主司既以此倡之，舉子亦以此和之。平居講習，專務裁翦經文，巧爲鬬飣，以求合乎主司之意，其爲經學賊中之賊，文字妖中之妖，又不止於家法之不立而已也。今既各立家法，而此弊勢當自革。然恐主司習熟見聞，尚仍故態，卻使舉子愈有拘礙，不容下筆。願下諸路漕司，戒敕所差考試官，今後出題，須依章句，不得妄有附益裁翦。如有故違，許應舉人依經直答，以駁其謬，仍經本州及漕司陳訴，將命題人重作行遣；其諸州申到題目，亦令禮部國子監長貳，看詳糾舉譴罰，則主司不敢妄出怪題，而諸生得守家法，無復敢肆妖言矣。

又按：前賢文集策問，皆指事設疑，據實而問，多不過百十字。嘉祐治平以前，尚存舊體。而吕申公《家傳》記熙寧事，乃云：「有司發策問，必先稱頌時政。對者因大爲諛詞以應之。」然則此風蓋未遠也，今亦宜爲之禁；使但條陳所問之疑，略如韓、歐諸集之爲者，則亦可以觀士子之實學，而息其諛佞之姦心矣。其必使答義者通貫經文，條陳衆説，而斷以己意者，其説已略具於家法之條矣。蓋今日經學之難，不在於治經，而難於作義。大抵不問題之大小長短，而必欲分爲兩段，仍作兩句對偶；破題又須借用他語，以暗貼題中之字，必極於工巧而後已。其後多者三二千言，别無他意，不過止是反覆敷衍破題兩句之説而已。如此不惟不成經學，亦復不成文字，而使學者卒歲窮年，枉費日力，以從事於其間，甚可惜也。

欲更其弊，當更寫卷之式，明著問目之文，而疏其上下文，通約三十字以上；次列所治之説而論其意，又次旁列他説而以己意反復辨析，以求至當之歸。但令直論聖賢本意，與其施用之實，不必如今日經義分段、破題、對偶、敷衍之體。每道只限五六百字以上，則雖多增所治之經，而答義不至枉費辭説，日力亦有餘矣。至於舊例經義禁引史傳，乃王氏末流之弊；而論子史者，不復證以經指，又俗學卑近之失；皆當有以正之，使治經術者通古今，議論者識原本，則庶乎其學之至矣。

其學校必選實有道德之人，使爲學官，以來實學之士。裁減解額舍選謬濫之恩，以塞利誘之塗者。古之太學，主於教人，而因以取士。故士之來者，爲義而不爲利。且以本朝之事〔一〕言之，如李廌所記元祐侍講吕希哲之言曰：「仁宗之時，太學之法寬簡，國子先生必求天下賢士真可謂人師者，就其中又擇其尤賢者，如胡翼之之徒，使專教導規矩之事，故當是時，天下之士，不遠萬里，來就師之。其遊太學者，端爲道藝，稱弟子者，中心説而誠服之。」蓋猶有古法之遺意也。熙寧以來，此法寖壞。所謂太學者，但爲聲利之場，而掌其教事者，不過取其善爲科舉之文，而嘗得雋於場屋者耳。士之有志於義理者，既無所求於學；其奔趨輻湊而來者，不過爲解額之濫、舍選之私而已。師生相視，漠然如行路之人，間相與言，亦未嘗開之以德行道藝之實；而月書季考者，又祇以促其嗜利苟得、冒昧無耻之心，殊非國家之所以立學教人之本意也。欲革其弊，莫若一遵仁皇之制，擇士之有道德可爲人師者，以爲學官，而久其任，使之講明道義，以教訓其學者。而又痛減解額之濫，以還諸州；罷去舍選謬濫之法，而使爲之師者，考察諸州所解德行之士，與諸生之賢者，而特命以官。則太學之教，不爲虚設，而彼懷利干進之流，自無所爲而至矣。如此則待補之法，固可罷去；而混

〔一〕「事」字原作「士」，據《朱文公文集》爲正。

補者，又必使與諸州科舉同日引試，則彼有鄉舉之可望者，自不復〔一〕來，而不患其紛冗矣。

至於取人之數，則又嚴爲之額，而許其補中之人，從上幾分，特赴省試，則其舍鄉舉而來赴補者，亦不爲甚失職矣。其計會、監試、漕試、附試之類，亦當痛減分數，嚴立告賞，以絶其冒濫。其諸州教官，亦以德行人充，而責以教導之實，則州縣之學，亦稍知義理之教，而不但爲科舉之學矣。

至於制舉名爲賢良方正，而其實但得記誦文詞之士，其所投進詞業，亦皆無用之空言；而程試論策，則又僅同覆射兒戲；初無益於治道，但爲仕宦之捷徑而已。詞科則又習諂諛夸大之詞，而競於駢儷刻雕之巧，尤非所以爲教。

至於武舉，則其弊又不異於儒學之陋也。欲革其弊，則制科當詔舉者，不取其記誦文詞，而取其行義器識，罷去詞業六論，而直使待對於廷，訪以時務之要，而不窮以隱僻難知之事；詞科則當稍更其文字之體，使以深厚簡嚴爲主，而以能辨析利害、敷陳法度爲工。武舉則亦使學官放經義策論之制，參酌定議，頒下《武經總要》等書，而

〔一〕「復」字原作「得」，據《朱文公文集》爲正。

更加討論，補其遺逸，使之誦習而立其科焉。則庶乎小大之材，各得有所成就，而不爲俗學之所病矣！

夫如是，是以教明於上，俗美於下，先王之道，得以復明於世。而其遺風餘韻，又將有以及於方來，與夫規規然固守末流之弊法，而但欲小變一二於其間者，利害相絶，固有間矣。草茅之慮，偶及於此，故敢私記其説，以爲當路之君子，其或將有取焉。〔一〕

玉山講義〔二〕

王懋竑云甲寅

【釋】甲寅即光宗紹熙五年（一一九四），此年傳位寧宗；是年八月，朱子六十五歲，除焕章閣待制兼侍講，入侍經筵四十六日，即見拙罷歸福建考亭，途經江西上饒玉山，應玉山縣宰司馬邁之邀，爲草堂書院諸生講《大學》，並兼與友朋商論大義，此其經生活歷練之學理總結也。

〔一〕朱子《學校貢舉私議》，載《朱文公文集》卷六九。

〔二〕文並載《紫陽學術發微》卷四《玉山講義》。

講義先肯定韓愈《原性》之説，乃深入體會所得。

先生曰：「熹此來得觀學校鼎新，又有靈芝之瑞，足見賢宰承流宣化、興學誨人之美意，不勝慰喜。又承特設講座，俾爲諸君誦説，雖不敢當，然區區所聞，亦不得不爲諸君言之。蓋聞『古之學者爲己，今之學者爲人』[一]，故聖賢教人爲學，非是使人綴緝言語、造作文辭，但爲科名爵禄之計；須是格物、致知、誠意、正心、修身，而推之以至於齊家、治國，可以平治天下[二]，方是正當學問。諸君肄業於此，朝夕講明於此，必已深有所得，不然亦須有疑。今日幸得相會，正好商量，彼此之間，皆當有益。」

時有程珙[三]起而請曰：「《論語》多是説仁，《孟子》卻兼説仁義。意者夫子説元氣，孟子説陰陽，仁恐是體，義恐是用。」

先生曰：「孔孟之言，有同有異，固所當講。然今且當理會何者爲仁？何者爲

[一]《論語·憲問》載孔子語。
[二]《大學》八目是也。
[三] 程珙，字仲璧，江西德興人。

義？曉此兩字，義理分明，方於自己分上有用力處，然後孔孟之言，有同異處，可得而論。如其不曉自己分上元無工夫，説得雖工，何益於事？且道如何説箇『仁義』二字底道理。大凡天之生物，各付一性，性非有物，只是一箇道理之在我者耳。故性之所以爲體，只是『仁義禮智信』五字，天下道理，不出於此。韓文公云：『人之所以爲性者五。』〔一〕其説最爲得之，卻爲後世之言性者，多雜佛老而言，所以將『性』字作知覺心意看了，非聖賢所説『性』字本指也。

「五者之中，所謂『信』者，是箇真實無妄底道理，如仁義禮智，皆真實而無妄者也，故『信』字更不須説，只仁義禮智四字於中各有分别，不可不辨。蓋仁則是箇温和慈愛底道理，義則是箇斷制裁割底道理，禮則是箇恭敬撙節底道理，智則是箇分别是非底道理。凡此四者，具於人心，乃是性之本體。方其未發，漠然無形象之可見；及其發而爲用，則仁者爲惻隱，義者爲羞惡，禮者爲恭敬，智者爲是非，隨事發見，各有苗脈，不相淆亂，所謂情也。故孟子曰：『惻隱之心，仁之端也；羞惡之心，義之端

〔一〕韓愈《原性》。

也；恭敬〔一〕之心，禮之端也；是非之心，智之端也。』謂之端者，猶有物在中而不可見，必因其端緒發見於外，然後可得而尋也。蓋一心之中，仁義禮智各有界限，而其性情、體用又自各有分別，須是見得分明，然後就此四者之中，又自見得『仁義』兩字是箇大界限，如天地造化，四序流行，而其實不過於一陰一陽而已。

「於此見得分明，然後就此又自見得『仁』字是箇生底意思，通貫周流於四者之中。仁固仁之本體也，義則仁之斷制也，禮則仁之節文也，智則仁之分別也。正如春之生氣，貫徹四時，春則生之生也，夏則生之長也，秋則生之收也，冬則生之藏也。故程子謂：『四德之元，猶五常之仁，偏言則一事，專言則包四者。』正謂此也。孔子只言仁，以其專言者言之也；故但言仁，而仁義禮智皆在其中。孟子兼言義，以其偏言者言之也；然亦不是於孔子所言之外，添入一箇『義』字，但於一理之中分別出來耳。其又兼言禮智，亦是如此。蓋禮又是仁之著，智又是義之藏，而仁之一字，未嘗不流行乎四者之中也。

「若論體用，亦有兩說，蓋以仁存於心而義形於外言之，則曰：『仁，人心也；義，

〔一〕《孟子》原說「辭讓」。

人路也。』而以仁義相爲體用。若以仁對惻隱、義對羞惡而言，則就其一理之中，又以未發、已發相爲體用。若認得熟、看得透，則玲瓏穿穴，縱横顛倒，無處不通；而日用之間，行著習察，無不是著功夫處矣。」

珙又請曰：「三代以前，只是説中説極。至孔門答問，説著便是仁，何也？」先生曰：「説中説極，今人多錯會了他文義，今亦未暇一一詳説。但至孔門方説仁字，則是列聖相傳到此，方漸次説親切處爾。夫子所以賢於堯舜，於此亦可見其一端也。然仁之一字，須更於自己分上實下工夫始得。若只如此草草説過，無益於事也。」

先生因舉《孟子》「道性善，言必稱堯舜」一章，而遂言曰：「所謂性者，適固已言之矣。今復以一事譬之。天之生此人，如朝廷之命此官；人之有此性，如官之有此職。朝廷所命之職，無非使之行法治民，豈有不善？天之生此人，無不與之以仁義禮智之理，亦何嘗有不善？但欲生此物，必須有氣，然後此物有以聚而成質；而氣之爲物，有清濁、昏明之不同。稟其清明之氣，而無物慾之累，則爲聖；稟其清明而未純全，則未免微有物慾之累，而能克以去之，則爲賢；稟其昏濁之氣，又爲物欲之所蔽而不能去，則爲愚爲不肖；是皆氣稟物慾之所爲，而性之善未嘗不同也。

「堯舜之生，所受之性亦如是耳。但以其氣禀清明，自無物慾之蔽，故爲堯舜，初非有所增益於性分之外也。故學者知性善，則知堯舜之聖，非是强爲；識得堯舜做處，則便識得性善底規模樣子。而凡吾日用之間，所以去人慾、復天理者，皆吾分内當然之事，其勢至順而無難。此孟子所以首爲文公言之〔一〕，而又稱堯舜以實之也。

「但當戰國之時，聖學不明，天下之人，但知功利之可求，而不知己性之本善、聖賢之可學。聞是説者，非惟不信，往往亦不復致疑於其間。若文公則雖未能盡信，而已能有所疑矣，是其可與進善之萌芽也。故孟子於其去而復來，迎而謂之曰：『世子疑吾言乎？』而又告之曰：『夫道一而已矣。』蓋古今聖愚，同此一性，則天下固不容有二道，但在篤信力行，則天下之理，雖有至難，猶必可至，況善乃人之所本有而爲之不難乎！

「然或氣禀昏愚，而物慾深固，則其勢雖順且易，亦須勇猛著力，痛切加功，然後可以復於其初。故孟子又引《商書》之言曰：『若藥弗瞑眩，厥疾弗瘳。』若但悠悠似做不做，則雖本甚易，而反爲至難矣。

〔一〕《孟子·滕文公》載：「滕文公爲世子，將之楚，過宋而見孟子。孟子道性善，言必稱堯舜。」

「此章之言雖甚簡約，然其反復曲折，開曉學者，最爲深切。諸君更宜熟讀深思，反復玩味，就日用間便著實下工夫始得。《中庸》所謂『尊德性』者，正謂此也。然聖賢教人，始終本末，循循有序，精粗巨細，無有或遺，故才尊德性，便有箇『道問學』一段事，雖當各自加功，然亦不是判然兩事也。

「《中庸》曰：『大哉聖人之道！洋洋乎發育萬物，峻極於天。優優大哉！禮儀三百，威儀三千，待其人而後行。故曰苟不至德，至道不凝焉。是故君子尊德性而道問學，致廣大而盡精微，極高明而道中庸。温故而知新，敦厚以崇禮。』

「蓋道之爲體，其大無外，其小無内，無一物之不在焉。故君子之學，既能尊德性以全其大，便須道問學以盡其小。其曰致廣大、極高明、温故而敦厚，則皆尊德性之功也；其曰盡精微、道中庸、知新而崇禮，則皆道問學之事也。學者於此，固當以尊德性爲主，然於道問學，亦不可不盡其力，要當使之有以交相滋益，互相發明，則自然該貫通達，而於道體之全，無欠缺處矣。

「今時學者心量窄狹，不耐持久，故其爲學，略有些少影響見聞，便自主張，以爲至足，不能遍觀博考，反復參驗。其務爲簡約者，既蕩而爲異學之空虛；其急於功利者，又溺而爲流俗之卑近；此爲今日之大弊，學者尤不可以不戒。

「熹又記得昔日曾參見端明汪公〔一〕，見其自少即以文章冠多士，致通顯，而未嘗少有自滿之色，日以師友前輩多識前言往行爲事，及其晚年，德成行尊，則自近世名卿，鮮有能及之者。乃是此邦之人，諸君視之丈人行耳，其遺風餘烈，尚未遠也。又知縣大夫〔二〕當代名家，自其先正温國文正公，以盛德大業爲百世師，所著《資治通鑑》等書，尤有補於學者。至忠潔公扈從北狩，固守臣節，不汙僞命，又以忠義聞於當世，諸君蓋亦讀其書而聞其風矣。自今以往，儻能深察愚言，於聖賢大學有用力處，則凡所見聞，寸長片善，皆可師法。而況於其鄉之先達，與當世賢人君子之道義風節乎？《詩》曰：『高山仰止，景行行止。』願諸君留意，以副賢大夫教誨作成之意；毋使今日之講，徒爲空言，則區區之望也。」〔三〕

〔一〕汪應辰（一一一八～一一七六），字聖錫，江西玉山人，朱子從表叔，曾任端明殿學士，故稱。
〔二〕玉山縣宰司馬邁。
〔三〕唐先生《紫陽學術發微》不録此段。朱子《玉山講義》，載《朱文公文集》卷七四。

朱子大義卷八

易五贊　王懋竑云丙午

【釋】丙午即孝宗淳熙十三年（一一八六），朱子五十七歲；是年三月，成《易學啓蒙》。原文並載於《紫陽學術發微》卷五。五贊包涵《原象》《述旨》《明筮》《稽類》《警學》。

原象

太一肇判，陰降陽升。陽一以施，陰兩而承。惟皇昊羲，仰觀俯察。奇偶〔一〕既陳，兩儀斯設。既幹乃支，一各生兩。陰陽交錯，以立四象。奇加以奇，曰陽之陽。奇而加偶，陽陰以章。偶而加奇，陰内陽外。偶復加偶，陰與陰會。兩一既分，一復

〔一〕偶、耦原混用，今統一爲偶。

生兩。三才在目，八卦指掌。奇奇而奇，初一曰乾。奇奇而偶，兑次二焉。奇偶而奇，次三曰離。奇偶而偶，四震以隨。偶奇而奇，巽居次五。偶奇而偶，坎六斯睹。偶偶而奇，艮居次七。偶偶而偶，八坤以畢。初畫爲儀，中畫爲象。上畫卦成，人文斯朗。因而重之，一貞八悔。六十四卦，由内達外。交易爲體，往此來彼。變易爲用，時静而動。降帝而王，傳夏歷商。有占無文，民用弗彰。文王繫彖，周公繫爻。視此八卦，二純六交。乃乾斯父，乃坤斯母。震坎艮男，巽離兑女。離南坎北，震東兑西。乾坤艮巽，位以四維。建官立師，命曰《周易》。孔聖傳之，是爲十翼。遭秦弗燼，及宋而明。邵傳羲畫，程演周經。象陳數列，言盡理得。彌億萬年，永著常式。

述旨

昔在上古，世質民淳。是非莫别，利害不分。風氣既開，乃生聖人。聰明睿知，出類超羣。仰觀俯察，始畫奇偶。教之卜筮，以斷可否。作爲君師，開鑿户牖。民用不迷，以有常守。降及中古，世變風移。淳澆質喪，民僞日滋。穆穆文王，身蒙大難。安土樂天，惟世之患。乃本卦義，繫此彖辭。爰及周公，六爻是資。因事設教，丁寧詳密。心中必正，乃亨乃吉。語子惟孝，語臣則忠。鉤深闡微，如日之中。暨乎末流，淫於術數。僂句成敗，黄裳亦誤。大哉孔子，晚好是書。韋編既絶，八索以袪。乃作彖象，十翼之篇。專用義理，發揮經言。居省象辭，動察變占。存亡進退，陟降飛潛。曰毫曰釐，匪差匪謬。加我數年，庶無大咎。恭惟三古，四聖一心。垂象炳明，千載是臨。惟是學者，不本其初。文辭象數，或肆或拘。嗟予小子，既微且陋。鑽仰没身，奚測奚究？匪警滋荒，匪識滋漏。維用存疑，敢曰垂後。

明筮

倚數之元，參天兩地。衍而極之，五十乃備。是曰大衍，虚一無爲。其爲用者，四十九蓍。信手平分，置右於几。取右一蓍，掛左小指。乃以右手，揲左之策。四四之餘，歸之於扐。初扐左手，無名指間。右策左揲，將指是安。再扐之奇，通掛之算。不五則九，是謂一變。置此掛扐，再用存策。分掛揲歸，復準前式。三亦如之，奇皆四八。三變既備，數斯可察。數之可察，其辨伊何。四五爲少，八九爲多。三少爲九，是曰老陽。三多爲六，老陰是當。一少兩多，少陽之七。孰八少陰，少兩多一。既得初爻，復合前蓍。四十有九，如前之爲。三變一爻，通十八變。六爻發揮，卦體可見。老極而變，少守其常。六爻皆守，彖辭是當。變視其爻，兩兼首尾。變及三爻，占兩卦體。或四或五，視彼所存。四二五一，二分一專。皆變而他，新存舊毀。消息盈虛，舍此視彼。乾占用九，坤占用六。泰愕匪人，姤喜來復。

稽類

八卦之象，《説卦》〔一〕詳焉。考之於經，其用弗專。象以情言，象以象告。惟是之求，斯得其要。乾健天行，坤順地從。震動爲雷，巽入木風。坎險水泉，亦雲亦雨。離麗文明，電日而火。艮止爲山，兑説爲澤。以是舉之，其要斯得。凡卦六虚，奇偶殊位。奇陽偶陰，各以其類。得位爲正，二五爲中。二臣五君，初始上終。貞悔體分，爻以位應。陰陽相求，乃得其正。凡陽斯淑，君子居之。凡陰斯慝，小人是爲。常可類求，變非例測。非常曷變，謹此爲則。

警學

讀《易》之法，先正其心。肅容端席，有翼其臨。於卦於爻，如筮斯得。假彼象

〔一〕「説卦」，原誤作「設卦」。此指《説卦傳》。

辭，爲我儀則。字從其訓，句逆其情。事因其理，意適其平。曰否曰臧，如目斯見。曰止曰行，如足斯踐。毋寬以略，毋密以窮。毋固而可，毋必而通。平易從容，自表而裏。及其貫之，萬事一理。理定既實，事來尚虚。用應始有，體該本無。稽實待虚，存體應用。執古御今，由静制動。潔静精微，是之謂易。體之在我，動有常吉。在昔程氏，繼周紹孔。奥旨宏綱，星陳極拱。惟斯未啓，以俟後人。小子狂簡，敢述而申。〔一〕

詩集傳序〔二〕

【釋】孝宗淳熙四年丁酉（一一七七），朱子四十八歲；此年底成《周易本義》《詩傳集注》（非今本《詩集傳》）。《朱子年譜》載朱子孫朱鑑《詩傳遺説》卷二謂：「《詩傳》舊序，此乃先生丁酉歲用《小序》解經時所作，後乃盡去《小序》。」則此序乃作於《詩集傳》之前之注本，《四庫全書·

〔一〕朱子《易五贊》，載《朱文公文集》卷八五。

〔二〕文並載《紫陽學術發微》卷五《詩集傳序》。

詩集傳提要》言朱子注《詩》兩易稿，「凡吕祖謙《讀詩記》所稱朱氏曰者，皆其初稿，其説全宗《小序》，後乃改從鄭樵之説，（案：朱子改《序》用鄭樵説，見於《語録》。朱升以爲用歐陽脩之説，誤也。）是爲今本。卷首自序，作於淳熙四年，中無一語斥《小序》，蓋猶初稿，序末時方輯《詩傳》，是其證也。」《詩集傳》成於淳熙十三年（一一八六），則此序乃爲沿用舊序。此序用設問體，以四問四答闡明作詩、詩教、詩體、讀法四端，朱子《詩經》綱領所在也。

或有問於予曰：「詩何爲而作也？」予應之曰：「人生而静，天之性也；感於物而動，性之欲也。夫既有欲矣，則不能無思；既有思矣，則不能無言；既有言矣，則言之所不能盡，而發於咨嗟詠歎之餘者，必有自然之音響節奏〔一〕而不能已焉。此詩之所以作也。」

曰：「然則其所以教者何也？」曰：「詩者，人心之感物而形於言之餘也。心之所感有邪正，故言之所形有是非。惟聖人在上，則其所感者無不正，而其言皆足以爲教。其或感之之雜，而所發不能無可擇者，則上之人必思所以自反，而因有以勸懲

〔一〕「奏」字原作「族」，據《朱文公文集》爲正。

之，是亦所以爲教也。昔周盛時，上自郊廟朝廷，而下達於鄉黨閭巷，其言粹然無不出於正者。聖人固已協之聲律，而用之鄉人，用之邦國，以化天下。至於列國之詩，則天子巡狩，亦必陳而觀之，以行黜陟之典。降自昭穆而後，寖以陵夷，至於東遷，而遂廢不講矣。孔子生於其時，既不得位，無以行帝王勸懲黜陟之政，於是特舉其籍而討論之，去其重複，正其紛亂。而其善之不足以爲法，惡之不足以爲戒者，則亦刊而去之，以從簡約，示久遠，使夫學者即是而有以考其得失，善者師之，而惡者改焉。是以其政雖不足以行於一時，而其教實被於萬世，是則《詩》之所以爲教者然也。」

曰：「然則國風、雅、頌之體，其不同若是何也？」曰：「吾聞之，凡《詩》之所謂風者，多出於里巷歌謠之作，所謂男女相與詠歌，各言其情者也。惟《周南》《召南》，親被文王之化以成德，而人皆有以得其性情之正，故其發於言者，樂而不過於淫，哀而不及於傷，是以二篇獨爲風詩之正經。自《邶》而下，則其國之治亂不同，人之賢否亦異，其所感而發者，有邪正、是非之不齊，而所謂先王之風者，於此焉變矣。若夫雅頌之篇，則皆成周之世，朝廷郊廟樂歌之辭。其語和而莊，其義寬而密，其作者往往聖人之徒，固所以爲萬世法程而不可易者也。至於雅之變者，亦皆一時賢人君子，閔時病俗之所爲，而聖人取之。其忠厚惻怛之心，陳善閉邪之意，猶非後世能言之士所能及之。此《詩》之爲經，所以人事浹於下，天道備於上，而無一理之不具也。」

曰：「然則其學之也當奈何？」曰：「本之二南以求其端，參之列國以盡其變，正之於雅以大其規，和之於頌以要其上，此學《詩》之大旨也。於是乎章句以綱之，訓詁以紀之，諷詠以昌之，涵濡以體之；察之情性隱微之間，審之言行樞機之始，則修身齊家、平均天下之道，其亦不待他求而得之於此矣。」

問者唯唯而退。余時方輯《詩傳》，因悉次是語以冠其篇云。淳熙四年丁酉冬十月戊子新安朱熹書。〔一〕

論孟精義序〔二〕　初曰「精義」，後改名「集義」

【釋】作於孝宗乾道壬辰（一一七二），朱子四十三歲。此序闡明二程遥繼孔孟，乃道統真傳。按：題原作「語孟精義序」，今改「語」爲「論」。

〔一〕朱子《詩集傳序》，載《朱文公文集》卷七六。
〔二〕文並載《紫陽學術發微》卷五《論孟集義序》。

《論》《孟》之書，學者所以求道之至要，古今爲之説者，蓋已百有餘家。然自秦漢以來，儒者類皆不足以與聞斯道之傳，其溺於卑近者，既得其言而不得其意，其騖於高遠者，則又支離踳駁，或乃并其言而失之，學者益以病焉。

宋興百年，河洛之間，有二程先生者出，然後斯道之傳有繼。其於孔子、孟氏之心，蓋異世而同符也，故其所以發明二書之説，言雖近而索之無窮，指雖遠而操之有要。使夫讀者非徒可以得其言，而又可以得其意；非徒可以得其意，而又可以并其所以進於此者而得之。其所以興起斯文，開悟後學，可謂至矣。間嘗蒐輯條流，以附本章之次，既又取夫〔一〕學之有同於先生者，若横渠張公、范氏、二吕氏、謝氏、游氏、楊氏、侯氏、尹氏，凡九家之説以附益之，名曰《論孟精義》，以備觀省，而同志之士有欲從事於此者，亦不隱焉。

抑嘗論之，《論語》之言，無所不包，而其所以示人者，莫非操存涵養之要；七篇〔二〕之指，無所不究，而其所以示人者，類多體驗擴充之端。夫聖賢之分，其不同固

〔一〕「夫」原作「大」，據《朱文公文集》爲正。
〔二〕指《孟子》。

如此；然而體用一源也，顯微無間也〔一〕，是則非夫先生〔二〕之學之至，其孰能知之？嗚呼！兹其所以奮乎百世絶學之後，而獨得夫千載不傳之傳也歟？

若張公〔三〕之於先生，論其所至，竊意其猶伯夷、伊尹之於孔子；而一時及門之士，考其言行，則又未知其孰可以爲孔氏之顔、曾也。今録其言，非敢以爲無少異於先生，而悉合乎聖賢之意，亦曰大者既同，則其淺深疏密毫釐之間，正學者所宜盡心耳。至於近歲以來，學於先生之門人者，又或出其書焉，則意其源遠末分，醇醨異味，而不敢載矣。

或曰：「然則凡説之行於世而不列於此者，皆無取已乎？」

曰：「不然也。漢魏諸儒正音讀，通訓詁，考制度，辨名物，其功博矣。學者苟不先涉其流，則亦何以用力於此？而近世二三名家，與夫所謂學於先生之門人者，其考證推説，亦或時有補於文義之間，學者有得於此而後觀焉，則亦何適而無得哉？特所

〔一〕程頤《易傳序》云：「至微者理也，至著者象也。體用一源，顯微無間。觀會通以行其典禮，則辭無所不備。」見本書《二程子大義》卷二。
〔二〕指程頤。
〔三〕指張載。

以求夫聖賢之意者，則在此而不在彼爾。若夫外自託於程氏，而竊其近似之言，以文異端之説者，則誠不可以入於學者之心，然以其荒幻浮夸，足以欺世也，而流俗頗已鄉之矣，其爲害豈淺淺哉？顧其語言氣象之間，則實有不難辨者，學者誠用力於此書而有得焉，則於其言雖欲讀之，亦且有所不暇矣。然則是書之作，其率爾之誚，雖不敢辭，至於明聖傳之統，成衆説之長，折俗流之謬，則竊亦妄意其庶幾焉。」

乾道壬辰（一一七二）正月元日新安朱熹謹書。〔一〕

大學章句序〔二〕

【釋】淳熙十六年己酉（一一八九），朱子六十歲；是年正月，除秘閣修撰，辭；二月，光宗即位，拜祠命，辭職名，不允；同月《大學章句》、三月《中庸章句》成。

〔一〕朱子《語孟集義序》，載《朱文公文集》卷七五。按：「乾道壬辰正月元日新安朱熹謹書」句，《紫陽學術發微》删。
〔二〕文並載《紫陽學術發微》卷五《大學章句序》。

《大學》之書，古之大學所以教人之法也。蓋自天降生民，則既莫不與之以仁義禮智之性矣。然其氣質之稟，或不能齊，是以不能皆有以知其性之所有而全之也。一有聰明睿智、能盡其性者出於其間，則天必命之以爲億兆之君師，使之治而教之，以復其性。此伏羲、神農、黄帝、堯、舜所以繼天立極，而司徒之職、典樂之官所由設也。

三代之隆，其法寖備。然後王宫國都，以及閭巷，莫不有學。人生八歲，則自王公以下，至於庶人之子弟，皆入小學，而教之以灑掃、應對、進退之節，禮樂、射御、書數之文。及其十有五年，則自天子之元子、衆子，以至公、卿、大夫、元士之適子，與凡民之俊秀，皆入大學，而教之以窮理正心、修己治人之道，此又學校之教、大小之節所以分也。

夫以學校之設，其廣如此；教之之術，其次第節目之詳又如此；而其所以爲教，則又皆本之人君躬行心得之餘，不待求之民生日用彝倫之外，是以當世之人無不學。其學焉者，無不有以知其性分之所固有，職分之所當爲，而各俛焉以盡其力，此古昔盛時所以治隆於上，俗美於下，而非後世之所能及也。

及周之衰，賢聖之君不作，學校之政不修，教化陵夷，風俗頽敗。時則有若孔子之聖，而不得君師之位，以行其政教，於是獨取先王之法，誦而傳之，以詔後世。若《曲禮》《少儀》《内則》《弟子職》諸篇，固小學之支流餘裔，而此篇者，則因小學之成功，以著大學之明法，外有以極其規模之大，而内有以盡其節目之詳者也。三千之徒，蓋莫不聞其説。而曾氏之傳，獨得其宗，於是作爲傳義，以發其意。及孟子没而其傳泯焉，則其書雖存而知者鮮矣！

自是以來，俗儒記誦詞章之習，其功倍於小學而無用；異端虚無寂滅之教，其高過於大學而無實。其他權謀術數，一切以就功名之説，與夫百家衆技之流，所以惑世誣民，充塞仁義者，又紛然雜出乎其間，使其君子不幸而不得聞大道之要，其小人不幸而不得蒙至治之澤。晦盲否塞，反覆沈痼，以及五季之衰，而壞亂極矣！

天運循環，無往不復。宋德隆盛，治教休明。於是河南程氏兩夫子出，而有以接乎孟氏之傳，實始尊信此篇而表章之；既又爲之次其簡編，發其歸趣，然後古者大學教人之法、聖經賢傳之指，粲然復明於世。雖以熹之不敏，亦幸私淑而與有聞焉。顧其爲書，猶頗放失，是以忘其固陋，采而輯之，間亦竊附己意，補其闕略，以俟後之君子。極知僭逾，無所逃罪，然於國家化民成俗之意，學者修己治人之方，則未必無小

補云。淳熙己酉二月甲子新安宋熹序。〔一〕

中庸章句序〔二〕

【釋】序作於淳熙十六年己酉（一一八九），朱子六十歲；是年三月《中庸章句》成。

《中庸》何爲而作也？子思子憂道學之失其傳而作也。蓋自上古聖神，繼天立極，而道統之傳有自來矣。其見於經，則「允執厥中」者，堯之所以授舜也；「人心惟危，道心惟微，惟精惟一，允執厥中」者，舜之所以授禹也。堯之一言，至矣盡矣！而舜復益之以三言者，則所以明乎堯之一言，必如是而後可庶幾也。

蓋嘗論之，心之虛靈知覺，一而已矣。而以爲有人心、道心之異者，則以其或生於形氣之私，或原於性命之正，而所以爲知覺者不同，是以或危殆而不安，或微妙而

〔一〕朱子《大學章句序》，載《朱文公文集》卷七六。
〔二〕文並載《紫陽學術發微》卷五《中庸章句序》。

難見耳。然人莫不有是形，故雖上智不能無人心；亦莫不有是性，故雖下愚不能無道心。二者雜於方寸之間，而不知所以治之，則危者愈危，微者愈微，而天理之公，卒無以勝夫人欲之私矣。精則察乎二者之間而不雜也，一則守其本心之正而不離也。從事於斯，無少間斷，必使道心常爲一身之主，而人心每聽命焉，則危者安，微者著，而動静云爲，自無過不及之差矣。

夫堯、舜、禹，天下之大聖也；以天下相傳，天下之大事也。以天下之大聖，行天下之大事，而其授受之際，丁寧告戒，不過如此，則天下之理，豈有以加於此哉！自是以來，聖聖相承，若成湯、文、武之爲君，皋陶、伊、傅、周、召之爲臣，既皆以此而接夫道統之傳。

若吾夫子，則雖不得其位，而所以繼往聖、開來學，其功反有賢於堯舜者。然當是時，見而知之者，惟顏氏、曾氏之傳得其宗。及曾氏之再傳，而復得夫子之孫子思，則去聖遠而異端起矣。子思懼夫愈久而愈失其真也，於是推本堯舜以來相傳之意，質以平日所聞父師之言，更互演繹，作爲此書，以詔後之學者。蓋其憂之也深，故其言之也切；其慮之也遠，故其説之也詳。其曰「天命率性」，則道心之謂也；其曰「擇善固執」，則精一之謂也；其曰「君子時中」，則執中之謂也。世之相後，千有餘年，而其言之不異，如合符節。歷選前聖之書，所以提挈綱維、開示藴奥，未有若是其明且盡者也。

自是而又再傳，以得孟氏，爲能推明是書，以承先聖之統，及其没而遂失其傳焉。則吾道之所寄，不越乎言語文字之間，而異端之説，日新月盛，以至於老佛之徒出，則彌近理而大亂真矣。然而尚幸此書之不泯，故程夫子兄弟者出，得有所考，以續夫千載不傳之緒；得有所據，以斥夫二家似是之非。蓋子思之功於是爲大，而微程夫子，則亦莫能因其語而得其心也。惜乎其所以爲説者不傳，而凡石氏之所輯録〔一〕，僅出於其門人之所記〔二〕，是以大義雖明，而微言未析。至其門人所自爲説，則雖頗詳盡，而多所發明，然倍其師説而淫於老佛者，亦有之矣。

熹自早歲，即嘗受讀而竊疑之，沈潛反復，蓋亦有年。一旦恍然似有以得其要領者，然後乃敢會衆説而折其衷，既爲定著《章句》一篇，以俟後之君子。而一二同志復

〔一〕唐先生於《紫陽學術發微》自注云：「即石子重《集解》。」

〔二〕唐先生《紫陽學術發微》自注云：「《四庫全書提要》載《中庸輯略》二卷，宋石𡼏編，朱子删定。𡼏，字子重，號克齋，新昌人。𡼏輯是編，斷自周子、二程子、張子，而益以吕大臨、謝良佐、游酢、楊時、侯仲良、尹焞之説，初名《集解》。乾道癸巳，朱子爲作序。淳熙己酉，朱子作《中庸章句》，重爲删定，更名《輯略》，其後《章句》孤行，而是編漸晦矣。」

取石氏書，删其繁亂，名以《輯略》，且記所嘗論辨取舍之意，别爲《或問》，以附其後。然後此書之旨，支分節解，脈絡貫通，詳略相因，巨細畢舉，而凡諸説之同異得失，亦得以曲暢旁通，而各極其趣。雖於道統之傳，不敢妄議，然初學之士，或有取焉，則亦庶乎行遠升高之一助云爾。淳熙己酉春三月戊申新安朱熹序。〔一〕

程氏遺書後序

王懋竑云戊子

【釋】戊子即孝宗乾道四年（一一六八），朱子三十九歲，是年編成《程氏遺書》。此文《紫陽學術發微》未録。

右《程氏遺書》二十五篇，二先生門人記其所見聞答問之書也。始諸公各自爲書，先生没而其傳寖廣，然散出竝行，無所統一，傳者頗以己意私竊竄易，歷時既久，殆無全編。熹家有先人舊藏數篇，皆著當時記録主名，語意相承，首尾通貫，蓋未更

〔一〕朱子《中庸章句序》，載《朱文公文集》卷七六。

後人之手，故其書最爲精善。後益以類訪求，得凡二十五篇，因稍以所聞歲月先後，第爲此書。篇目皆因其舊，而又别爲之録如此，以見分别次序之所以然者。

然嘗竊聞之伊川先生無恙時，門人尹焞得朱光庭所鈔先生語，奉而質諸先生，先生曰：「某在，何必讀此書。若不得某之心，所記者徒彼意耳。」尹公自是不敢復讀。夫以二先生唱明道學，於孔孟既没千載不傳之後，可謂盛矣；而當時從遊之士，蓋亦莫非天下之英材，其於先生之嘉言善行，又皆耳聞目見而手記之，宜其親切不差，可以行遠。而先生之戒，猶且丁寧若是，豈不以學者未知心傳之要，而滯於言語之間，或者失之毫釐，則其謬將有不可勝言者乎？又況後此且數十年，區區掇拾於殘編墜簡之餘，傳誦道説，玉石不分，而謂真是以盡得其精微嚴密之旨，其亦誤矣。

雖然，先生之學，其大要則可知已。讀是書者，誠能主敬以立其本，窮理以進其知；使本立而知益明，知精而本益固，則日用之間，且將有以得乎先生之心，而於疑信之傳，可坐判矣。此外諸家所鈔尚衆，率皆割裂補綴，非復本篇。異時得其所自來，當復出之以附今録，無則亦將去其重複，别爲外書，以待後之君子云爾。〔一〕

〔一〕朱子《程氏遺書後序》，載《朱文公文集》卷七五。

書《近思録》後〔一〕

【釋】文作於孝宗淳熙二年（一一七五），朱子四十六歲；是年四月，吕祖謙來訪，共編《近思録》成；復往信州鵝湖寺會陸梭山、陸象山兄弟，是爲鵝湖之會。

淳熙乙未之夏，東萊吕伯恭來自東陽，過予寒泉精舍，留止旬日，相與讀周子、程子、張子之書，歎其廣大閎博，若無津涯，而懼夫初學者不知所入也，因共掇取其關於大體而切於日用者，以爲此編，總六百一十二條，分十四卷。蓋凡學者所以求端用力處己治人之要，與夫辨異端觀聖賢之大略，皆粗見其梗概，以爲窮鄉晚進，有志於學，而無明師良友以先後之者，誠得此而玩心焉，亦足以得其門而入矣。如此，然後求諸四君子之全書，沈潛反復，優柔厭飫，以致其博而反諸約焉，則其宗廟之美，百官之富，庶乎其有以盡得之。若憚煩勞，安簡便，以爲取足於此而可，則非今日所以纂集

〔一〕文並載《紫陽學術發微》卷五《書近思録後》。

此書之意也。五月五日朱熹謹識。〔一〕

《中和舊説》序〔二〕

【釋】文作於孝宗乾道八年（一一七二），朱子四十三歲。

余蚤從延平先生學，受《中庸》之書，求喜怒哀樂未發之旨，未達而先生没。余竊自悼其不敏，若窮人之無歸，聞張欽夫得衡山胡氏學，則往從而問焉。欽夫告余以所聞，余亦未之省也。退而沈思，殆忘寢食。一日，喟然歎曰：「人自嬰兒以至老死，雖語默動静之不同，然其大體，莫非已發，特其未發者，爲未嘗發爾。」自此不復有疑，以爲《中庸》之旨，果不外乎此矣。後得胡氏書，有與曾吉父論未發之旨者，其論又適與余意合，用是益自信。雖程子之言有不合者，亦直以爲少作失傳而不之信也。然間

〔一〕朱子《書近思録後》，載《朱文公文集》卷八一。
〔二〕文並載《紫陽學術發微》卷二《中和舊説序》。

以語人，則未見有能深領會者。

乾道己丑〔一〕之春，爲友人蔡季通言之，問辨之際，余忽自疑：「斯理也，雖吾之所默識，然亦未有不可以告人者。今析之如此其紛糾而難明也，聽之如此其冥迷而難喻也，意者乾坤易簡之理，人心所同然者，殆不如是。而程子之言，出其門人高弟之手，亦不應一切謬誤以至於此。然則予之所自信者，其無乃反自誤乎？」則復取程氏書，虛心平氣而徐讀之，未及數行，凍解冰釋。然後知性情之本然，聖賢之微旨，其平正明白乃如此。而前日讀之不詳，妄生穿穴，凡所辛苦而僅得之者，適足以自誤而已。至於推類究極，反求諸身，則又見其爲害之大，蓋不但名言之失而已也。

於是又竊自懼，亟以書報欽夫及嘗同爲此論者，惟欽夫復書，深以爲然，其餘則或信或疑，或至於今，累年而未定也。夫忽近求遠，厭常喜新，其弊乃至於此，可不戒哉！暇日料檢故書，得當時往還書稿一編，輒序其所以，而題之曰「中和舊説」。蓋所以深懲前日之病，亦使有志於學者讀之，因予之可戒而知所戒也。獨恨不得奉而質諸李氏之門，然以先生之所已言者推之，知其所未言者，其或不遠矣。壬辰八月丁酉

〔一〕孝宗乾道五年（一一六九），朱子四十歲，編成《程氏遺書》。

朔新安朱熹仲晦云。〔一〕

《資治通鑑綱目》序

【釋】文作於孝宗乾道八年（一一七二），朱子四十三歲。《紫陽學術發微》未收此序。

先正温國司馬文正公受詔編集《資治通鑑》既成，又撮其精要之語，別爲《目録》三十卷并上之。晚病本書太詳，目録太簡，更著《舉要》歷八十卷，以適厥中，而未成也。

至紹興初，故侍讀南陽胡文定公，始復因公遺稿，修成《舉要補遺》若干卷，則其文愈約而事愈備矣。然往者得於其家而伏讀之，猶竊自病記識之弗彊，不能有以領其要而反其詳也，故嘗過不自料，輒與同志因兩公四書，別爲義例，增損檃括，以就此編。

〔一〕朱子《中和舊説序》，載《朱文公文集》卷七五。

蓋表歲以首年，逐年之上行外，書某甲子，遇甲字子字，則朱書以别之；雖無事，依《舉要》以備歲年。因年以著統，凡正統之年歲下大書，非正統者兩行分注。大書以提要，凡大書有正例，有變例。正例，如始終、興廢、災祥、沿革，及號令、征伐、殺生、除拜之大者。變例，如不在此例，而善可爲法，惡可爲戒者，皆特書之也。而分注以備言，凡分注，有追原其始者，有遂言其終者，有詳陳其事者，有備載其言者，有因始終而見者，有因拜罷而見者，有因事類而見者，有因家世而見者；有温公所立之言、所取之論，有胡氏所收之説、所著之評，而兩公所遺，與夫近世大儒先生折衷之語，今亦頗采以附於其間云。使夫歲年之久近，國統之離合，辭事之詳略，議論之同異，通貫曉析，如指諸掌，名曰《資治通鑑綱目》，凡若干卷，藏之巾笥，姑以私便檢閲，自備遺忘而已。若兩公述作之本意，則有非區區所敢及者。

雖然，歲周於上，而天道明矣；統正於下，而人道定矣；大綱概舉，而監戒昭矣；衆目畢張，而幾微著矣。是則凡爲致知格物之學者，亦將慨然有感於斯，而兩公之志，或庶乎其可以默識矣。因述其指意條例如此，列於篇端，以俟後之君子云。乾道壬辰夏四月甲子，新安朱熹謹書。〔一〕

〔一〕朱子《資治通鑑綱目序》，載《朱文公文集》卷七五。

《楚辭集注》序

右《楚辭集注》八卷，今所校定其第録如上。蓋自屈原賦《離騷》，而南國宗之，名章繼作，通號《楚辭》，大抵皆祖原意，而《離騷》深遠矣。

竊嘗論之，原之爲人，其志行雖或過於中庸，而不可以爲法，然皆出於忠君愛國之誠心；原之爲書，其辭旨雖或流於跌宕怪神、怨懟激發，而不可以爲訓，然皆生於繾綣惻怛、不能自已之至意。雖其不知學於北方，以求周公、仲尼之道，而獨馳騁於變風變雅之末流，以故醇儒莊士或羞稱之。然使世之放臣屏子、怨妻去婦，抆淚謳吟於下，而所天者幸而聽之，則於彼此之間，天性民彝之善，豈不足以交有所發，而增夫三綱五典之重？此余之所以每有味於其言，而不敢直以詞人之賦視之也。

然自原著此辭，至漢未久，而説者已失其趣。如太史公蓋未能免，而劉安、班固、賈逵之書，世復不傳。及隋唐間，爲訓解者尚五六家；又有僧道騫者，能爲楚聲之讀，今亦漫不復存，無以驗其説之得失。而獨東京王逸《章句》，與近世洪興祖《補注》，並行於世，其訓詁名物之間，則已詳矣。顧王書之所取舍，與其題號離合之間，多可議者，而洪皆不能有所是正；至其大義，則又皆未嘗沈潛反復，嗟歎詠歌，以尋其文辭指意之所出，而遽欲取喻立説，旁引曲證，以强附於其事之已然。是以或以迂滯而遠於性情，或以迫切而害於義理；使原之所爲，抑鬱而不得伸於當年者，又晦昧而不見白於後世，予於是益有感焉。

疾病呻吟之暇，聊據舊編，粗加隱括〔一〕，定爲《集注》八卷。庶幾讀者得以見古人於千載之上，而死者可作，又足以知千載之下有知我者，而不恨於來者之不聞也。嗚呼悕矣！是豈易與俗人言哉？〔二〕

《張南軒文集》序

【釋】文作於孝宗淳熙甲辰（一一八四），朱子五十五歲。

〔一〕隱括謂糾正。
〔二〕朱子《楚辭集注序》，載《朱文公文集》卷七六。

孟子没，而義利之説不明於天下，中間董相仲舒、諸葛武侯、兩程先生屢發明之，學者莫之能信，是以其所以自爲者，鮮不溺於人欲之私；而其所以謀人之國家，則亦曰功利焉而已爾。

爰自國家南渡以來，乃有丞相魏國張忠獻公，唱明大義，以斷國論；侍讀南陽胡文定公，誦説遺經，以開聖學；其託於空言，見於行事，雖若不同，而於孟子之言，董、葛、程氏之意，則皆有所謂千載而一轍者。若近故荆州牧張侯敬夫者，則又忠獻公之嗣子，而胡公季子五峯先生之門人也。自其幼壯，不出家庭，而固已得夫忠孝之傳，既又講於五峯之門，以會其歸，則其所以默契於心者，人有所不得而知也；獨其見於論説，則義利之間，毫釐之辨，蓋有出於前哲之所欲言而未及究者，措諸事業，則凡宏綱大用，巨細顯微，莫不洞然於胸次，而無一毫功利之雜。是以論道於家，而四方學者争鄉往之；入侍經帷，出臨藩屏，則天子亦味其言，嘉其績，且將倚以大用，而敬夫不幸死矣。

敬夫既没，其弟定叟，裒其故稿，得四巨編，以授予曰：「先兄不幸蚤世，而其同志之友，亦少存者。今欲次其文以行於世，非子之屬而誰可？」予受書愀然，開卷亟讀，不能盡數篇，爲之廢書太息流涕而言曰：「世復有斯人也耶？無是人而有是書，猶或可以少見其志。然吾友平生之言，蓋不止此也。」因復益爲求訪，得諸四方學者所傳，凡數十篇。又發吾篋，出其往還書疏讀之，亦多有可傳者，方將爲之定著繕寫，歸之張氏。而或者已用別本摹印，而流傳廣矣，遽取觀之，蓋多曏所講焉而未定之論，而凡近歲以來，談經論事發明道要之精語，反不與焉。予因慨〔一〕念敬夫天資甚高，聞道甚蚤，其學之所就，既足以名於一世，然察其心，蓋未嘗一日以是而自足也。比年以來，方且窮經會友，日反諸心，而驗諸行事之實，蓋有所謂不知年數之不足者，是以其學日新而無窮，其見於言語文字之間，始皆極於高遠，而卒反就於平實，此其淺深疏密之際，後之君子，其必有以處之矣。顧其序次之不時，使其説之出於前而棄於後者，猶得以雜乎篇帙之間，而讀者或不能無疑信異同之惑，是則予之罪也已夫！於是乃復亟取前所蒐輯，參伍相校，斷以敬夫晚歲之意，定其書爲四十四卷。嗚呼！使敬夫而不死，則其學之所至，言之所及，又豈予之所得而知哉？

敬夫所爲諸經訓義，唯《論語説》晚嘗更定，今已別行。其他往往未脱稿時，學者私所傳録，敬夫蓋不善也，以故皆不著。其立朝論事，及在州郡條奏民間利病，則上

〔一〕「慨」字原作「既」，據《朱文公文集》爲正。

意多鄉納之，亦有頗施行者，以故亦不著。獨取其「經筵口義」一章，附於表奏之後，使敬夫所以堯舜吾君，而不愧其父師之傳者，讀者有以識其端云。淳熙甲辰十有二月辛酉，新安朱熹序。〔一〕

克齋記

【釋】文作於孝宗乾道八年（一一七二），朱子四十三歲。石𡼏（一一二八～一一八二），字子重，長朱子三歲，紹興十五年（一一四五）進士。

性情之德，無所不備，而一言足以盡其妙，曰仁而已。所以求仁者，蓋亦多術，而一言足以舉其要，曰克己復禮而已。蓋仁也者，天地所以生物之心，而人物之所得以爲心者也。惟其得乎天地生物之心以爲心，是以未發之前，四德具焉，曰仁義禮智，而仁無不統。已發之際，四端著焉，曰惻隱、羞惡、辭讓、是非，而惻隱之心無所不通。

〔一〕朱子《張南軒文集序》，載《朱文公文集》卷七六。

此仁之體用，所以涵育渾全，周流貫徹，專一心之妙，而爲衆善之長也。

然人有是身，則有耳目鼻口四肢之欲，而或不能無害夫仁。人既不仁，則其所以滅天理而窮人欲者，將益無所不至。此君子之學，所以汲汲於求仁，而求仁之要，亦曰去其所以害仁者而已。蓋非禮而視，人欲之害仁也；非禮而聽，人欲之害仁也；非禮而言且動焉，人欲之害仁也。知人欲之所以害仁者在是，於是乎有以拔其本、塞其源，克之克之而又克之，以至於一旦豁然欲盡而理純，則其胸中之所存者，豈不粹然天地生物之心，而藹然其若春陽之温哉？默而成之，固無一理之不具，而無一物之不該也；感而通焉，則無事之不得於理，而無物之不被其愛矣。嗚呼！此仁之爲德，所以一言而可以盡性情之妙，而其所以求之之要，則夫子之所以告顔淵者，亦可謂一言而舉也與！

然自聖賢既遠，此學不傳。及程氏兩先生出，而後學者始得復聞其説，顧有志焉者或寡矣。若吾友會稽石君子重，則聞其説而有志焉者也，故嘗以「克」名齋，而屬余記之。予維克、復之云，雖若各爲一事，其實天理人欲，相爲消長，故克己者，乃所以復禮，而非克己之外，别有復禮之功也。今子重擇於斯言，而獨以克名其室，則其於所以求仁之要，又可謂知其要矣，是尚奚以予言爲哉？自今以往，必將因夫所知之要，而盡其力，至於造次顛沛之頃，而無或怠焉，則夫所謂仁者，其必盎然有所不能自已於心者矣，是又奚以予言爲哉？顧其所以見屬之勤，有不可以終無言者，因備論其本末，而書以遺之。幸其朝夕見諸屋壁之間，而不忘其所有事焉者，則亦庶乎求仁之一助云爾。乾道壬辰月日，新安朱熹謹記。〔一〕

復齋記

【釋】文作於孝宗淳熙三年（一一七六），朱子四十七歲。黄瀚，字仲本，號復齋，福建邵武人。

昔者聖人作《易》，以擬陰陽之變，於陽之消於下而息於上也，爲卦曰《復》。復，反也，言陽之既往而來反也。夫大德敦化而川流不窮，豈假乎既消之氣以爲方息之資也哉？亦見其絶於彼而生於此，而因以著其往來之象爾。唯人亦然。太和保合，

〔一〕朱子《克齋記》，載《朱文公文集》卷七七。

善端無窮。所謂復者，非曰追夫已放之心而還之，録乎已棄之善而屬之也；亦曰不肆焉以騁於外，則本心全體，即此而存，固然之善，自有所不能已耳。嗚呼！聖人於《復》之卦，所以贊其可見「天地之心」，而又以爲「德之本」者，其不以此與？

吾友黄君仲本，以復名齋，而謁於予曰：「願得吾子之言以書於壁，庶乎其有以目在之而不忘也。」予不敢辭，而請其名之意，仲本則語予曰：「吾之幼而學也，家公授以程氏之書讀之，而有不得於其説者，則以告而願請益焉，公曰思之；又問，則曰：『反諸爾之身以求焉可也。』自吾之得是言也，居處必恭，執事必敬，其與人也必忠，如是以求之三年，而後有得也。然其存之也未熟，是以充之不周，往者不循其本，顧欲雜乎事物之間以求之，或反牽於外而益眩於内。今也既掃一室於家庭之側，揭以是名而日居之。蓋將悉其温凊定省之餘力，以從事於舊學。庶乎真積力久，而於動静語默之間，有以貫乎一，而不爲内外之分焉。然猶懼其怠而不能以自力，是以願吾子之相之也。」予惟仲本所以名齋之意，蓋與予之所聞者合，然其守之固而行之力，則吾黨之士皆有愧焉。則起謝曰：「僕之言未有以進於吾子，而子之賜於僕則已厚矣。且將銘諸心移諸同志，以警夫空言外徇之弊，而豈敢有所愛於子之求哉？」

抑予聞之，古人之學，博文以約禮，明善以誠身，必物格而知至，而後有以誠意而正心焉。此夫子、顏、曾、子思、孟子所相授受，而萬世學者之準程也。仲本誠察於此，有以兩進而交養焉，則夫道學之體用，聖賢之德業，不在仲本而安歸乎？願書此言以記於壁，且將因其過庭之際而就正焉，予亦庶乎其又有以自新也。

淳熙丙申冬十月戊寅，新安朱熹記。〔一〕

瓊州學記

王懋竑云壬寅

【釋】文作於淳熙九年（一一八二），朱子五十三歲。韓璧，字廷玉，福建長樂人；淳熙四年（一一七七）爲張栻所舉薦，淳熙八至十年間任瓊守。

昔者聖王作民君師，設官分職，以長以治；而其教民之目，則曰父子有親，君臣有義，夫婦有別，長幼有序，朋友有信，五者而已。蓋民有是身，則必有是五者，而不能以一日離；有是心，則必有是五者之理，而不可以一日離也。是以聖王之教，因其

〔一〕朱子《復齋記》，載《朱文公文集》卷七八。

固有，還以導之，使不忘乎其初。然又慮其由而不知，無以久而不壞也，則爲之擇其民之秀者，羣之以學校，而聯之以師儒，開之以《詩》《書》，而成之以禮樂，凡所以使之明是理而守之不失，傳是教而施之無窮者，蓋亦莫非因其固有而發明之，而未始有所務於外也。夫如是，是以其教易明，其學易成，而其施之之博，至於無遠之不暨，而無微之不化。此先王教化之澤，所以爲盛，而非後世所能及也。

淳熙九年，瓊管帥守長樂韓侯璧，既新其州之學，而使之以圖來請記曰：「吾州在中國西南萬里，炎天漲海之外，其民之能爲士者既少。幸而有之，其記誦文辭之習，又不能有以先於北方之學者。故其功名事業，遂無以自白於當世，僕竊悲之。今其公堂序室，則既脩矣，然尚懼其未能知所興起也，是以願有謁焉。吾子其有以振德之。」熹竊惟國家敎學之意不爲不廣，斯人蒙化之日不爲不深，然猶有如侯之所慮者，豈前日之所以教者，未嘗導之以其身心之所固有，而徒强之以其外，是以若彼其難與？因爲之書其所聞於古者以告之，使瓊之士知夫所以爲學者，不外於身心之所固有，而用其一日之力焉，則其德成行脩，而無所疑，於天下之理，將無難者，而凡所謂功名事業云者，其本已在是矣。若彼記誦文詞之末，則本非吾事之所急，而又何足爲重輕乎？嗚呼！瓊士勉旃。「天生烝民，有物有則。民之秉彝，好是懿德」，是豈有古今之間、遠近之殊哉？侯於是邦，政多可紀，已具刻於池亭之石，因不復書。而是役之面執功程，又非侯所以屬筆之意也，亦略不論著云。是年歲在玄黓攝提格冬十月庚申，宣教郎直祕閣朱熹記。〔一〕

邵武軍學丞相隴西李公祠記

【釋】文作於孝宗淳熙丙午（一一八六），朱子五十七歲。李綱（一〇八三～一一四〇），字伯紀，福建邵武人，抗金名臣；徽宗政和二年（一一一二）進士；靖康元年（一一二六）任京城四壁守禦使，擊退金兵；議立河北藩鎮；高宗登位，任李綱爲相，遭讒去職，主政僅七十五日；後復謫海南島；卒謚忠定。

建炎丞相隴西李公，邵武人也，少有大志，自爲小官，即切切然以天下事爲己憂。宣和初，一日大水猝至，幾冒都城，人莫能究其所自來，相與震懼，而無有敢以爲言者。

〔一〕朱子《瓊州學記》，載《朱文公文集》卷七九。

公時適爲左史，以爲此夷狄兵戎之象也，不可以不戒，亟上疏言之，遂以謫去。數歲，乃得召還，則虜騎已入塞而長驅向闕矣。公復慨然圖上内禪之策，誠意感通，言未及發，而大計已決。虜圍既迫，羣小方謀挾至尊犯不測；爲倖免計，公又獨叩殿陛，力陳大義，得復城守，以退虜兵。然自是以來，割地講和之議遂起，公又再謫，而大事去矣。

光堯太上皇帝〔一〕受命中興，疇咨人望，首召公爲宰相。公亦痛念國家非常之變，日夜圖回，所以修政事，攘夷狄者，本末甚備。蓋方誅僭逆以正人心，而建遣張所撫河北，傅亮收河東，宗澤守京城，遂將益據形便，大明紀律，以示必守中原，必還兩宫之勢。而小人有害公者，遂三謫以去而不復還矣！

淳熙丙午，距公去相適六十年〔二〕，而永嘉徐君元德〔三〕命教此邦，謂公之忠義籌略，海内有志之士，莫不誦而傳之。顧其鄉人子弟，乃無有能道其萬一而興起焉者，於是闢講堂之東，省公之像而立祠焉。四月吉日，合郡吏率諸生進拜跪奠，妥侑如

〔一〕宋高宗。
〔二〕指李綱擊退金兵之年（一一二六），至孝宗淳熙丙午（一一八六），適六十年。
〔三〕徐元德（一一三九～一二〇一），字居厚，號牧齋，瑞安人。漕試《周禮》奪魁登進士，任邵武軍學教授，歷官莆田令、徽州通判。爲政有聲，浙東名儒；卒贈朝散大夫。

法，已事，而以書來屬熹記之。熹惟天下之義，莫大於君臣，其所以纏綿固結而不可解者，是皆生於人心之本然，而非有所待於外也。然而世衰俗薄，學廢不講，則雖其中心之所以固有，亦且淪胥陷溺，而爲全軀保妻子之計以後其君者，往往接迹於當世；有能奮然拔起於其間，如李公之爲人，知有君父而不知有其身，知天下之有安危，而不知其身之有禍福，雖以讒間竄斥，屢瀕九死，以其愛君憂國之志，終有不可得而奪者，是亦可謂一世之偉人矣。徐君之祠之也，非其志之所好，學之所講，有在于是，則亦孰能及之哉？故熹喜聞其事，而樂推其説，以告郡之學者，雖病且衰，而不自知其感慨發憤，猶復誤有平日之壯心也。

十二月癸巳，宣教郎直徽猷閣主管華州雲臺觀朱熹記。〔一〕

韶州州學濂溪先生祠記

【釋】文作於孝宗淳熙十年（一一八三），朱子五十四歲；是年四月，於武夷山隱屏峰下建成

〔一〕朱子《邵武軍學丞相隴西李公祠記》，載《朱文公文集》卷七九。

「武夷精舍」(或稱隱屏精舍),自任堂主。

秦漢以來,道不明於天下,而士不知所以爲學。言天者遺人而無用,語人者不及天而無本。專下學者,不知上達而滯於形器;必上達者,不務下學而溺於空虛。優於治己者,或不足以及人,而隨世以就功名者,又未必自其本而推之也。夫如是,是以天理不明而人欲熾,道學不傳而異端起。人挾其私智,以馳騖於一世者,不至於老死則不止,而終亦莫悟其非也。

宋興,九疑之下,舂陵之墟,有濂溪先生者作,然後天理明而道學之傳復續。蓋有以闡夫太極陰陽五行之奥,而天下之爲中正仁義者,得以知其所自來;言聖學之有要,而下學者,知勝私復禮之可以馴致於上達;明天下之有本,而言治者,知誠心端身之可以舉而措之於天下。其所以上接洙泗千歲之統,下啓河洛百世之傳者,脈絡分明,而規模宏遠矣。是以人欲自是有所制而不得肆,異端自是有所避而不得騁。蓋自孟氏既没,而歷選諸儒受授之次,以論其興復開創、汛掃平一之功,信未有高焉者也。

先生熙寧中,嘗爲廣南東路提點刑獄公事,而治於韶,洗冤澤物,其兆足以行矣,而以病去。乾道庚寅，知州事周侯舜元，仰止遺烈，慨然永懷，始作祠堂於州學講堂之東序，而以河南二程先生配焉。後十有三年，教授廖君德明〔一〕至，視故祠頗已摧剥，而香火之奉，亦惰弗供，乃謀增廣而作新之。明年，即其故處，爲屋三楹，像設儼然，列坐有序。月旦望率諸生拜謁，歲春秋釋奠之明日，則以三獻之禮禮焉。而猶以爲未也，則又日取三先生之書，以授諸生曰：「熟讀精思而力行之，則其進而登此堂也，不異乎親炙之矣。」又明年，以書來告曰：「韶故名郡，士多愿慤少浮華，可與進於善者，蓋有張文獻、余襄公之遺風焉。然前賢既遠，而未有先生君子之教，以啓迪於其後，雖有名世大賢，來官其地，亦未聞有能摳衣請業，而得其學之傳者，此周侯之所爲惓惓焉者，而德明所以奉承於後而不敢怠也。今既訖事，而德明亦將終更以去矣。夫子幸而予之一言，庶幾乎有以卒成周侯之志，是亦德明之願，而諸生之幸也。」廖君嘗以其學講於熹者，因不獲辭，而輒爲論著先生唱明道學之功，以視韶人，使因是而知所以用力之方。又記其作興本末如此，使來者有考焉。

〔一〕廖德明，朱子門人，字子晦，福建南劍人，乾道五年（一一六九）進士，歷任知莆田、潯州，廣東提舉刑獄，吏部左選正郎官。

淳熙十年癸卯歲五月丁卯，新安朱熹記。〔一〕

鄂州州學稽古閣記

【釋】文作於光宗紹熙四年（一一九三），朱子六十四歲。

人之有是身也，則必有是心。有是心也，則必有是理。若仁義禮智之爲體，惻隱、羞惡、恭敬、是非之爲用，是則人皆有之，而非由外鑠我也。然聖人之所以教，不使學者收視反聽，一以反求諸心爲事，而必曰：「興於詩，立於禮，成於樂。」又曰：「博學、審問、愼思、明辨而力行之。」何哉？蓋理雖在我，而或蔽於氣稟物欲之私，則不能以自見；學雖在外，然所以講乎此理之實，及其浹洽貫通而自得之，則又初無内外精粗之間也。世變俗衰，士不知學。挾册讀書者，既不過於誇多鬭靡，以爲利禄之計。其有意於己者，又直以爲可以取足於心，而無事於外求也。是以墮於佛老空虚之邪見，而於

〔一〕朱子《韶州州學濂溪先生祠記》，載《朱文公文集》卷七九。

義理之正，法度之詳，有不察焉。其幸而或知理之在我，與夫學之不可以不講者，則又不知循序致詳，虛心一意，從容以會乎在我之本然，是以急遽淺迫，終已不能浹洽而貫通也。嗚呼！是豈學之果不可爲，書之果不可讀，而古先聖賢所以垂世立教者，果無益於後來也哉？道之不明，其可嘆已。

鄂州州學教授許君中應〔一〕，既新其學之大門，而因建閣於其上，櫝藏紹興石經、兩朝宸翰，以爲寶鎮；又取板本九經、諸史百氏之書，列寘其旁，不足，則使人以幣請於京師之學官，使其學者討論誦説，得以饜飫而開發焉。其役始於紹熙辛亥之冬，而訖於明年之夏。其費亡慮三百萬，而取諸廪士之羸者，蓋三之一，其餘則太守焕章閣待制陳公居仁〔二〕、轉運判官薛侯叔似〔三〕實資之，而總卿詹侯體仁〔四〕、戎帥張侯詔〔五〕，

〔一〕許中應，字成甫，浙江東陽人，淳熙十一年（一一八四）進士。
〔二〕陳居仁（一一二九～一一九七），字安行，福建莆田人，紹興二十一年（一一五一）進士，紹熙三年（一一九二），進焕章閣待制，移建寧府。
〔三〕薛叔似（一一四一～一二二一），字象先，永嘉人，薛季宣從侄，乾道八年（一一七二）進士。
〔四〕詹體仁（一一四三～一二〇六），字元善，福建浦城人，隆興元年（一一六三）進士。
〔五〕張詔，字君卿，成州人，少隸張俊帳下。紹熙六年卒。

亦揮金以相焉。既成，因予之友蔡君元定〔一〕以來請曰：「願有記也。」

予雅聞許君之學，蓋有志於爲己，而意其所以學者，亦曰取足於心而已矣。今以是舉觀之，則見其所以誨人者，甚平且實，然後知其所以自爲者，不以泯心思、滅聞見爲極致〔二〕之歸也，因爲之記其本末，而并推近世所以爲學讀書之病，請具刻焉，以告登此閣而讀此書者，使姑無溺於俗學之下流，無迷於異端之捷徑，則於理之在我者，庶乎有以深求而自得之矣。道之不明，豈足患哉？四年癸丑九月甲子朔旦，新安朱熹記〔三〕。

跋黄仲本《朋友説》

【釋】黄瀚，字仲本，號復齋，福建邵武人。

〔一〕蔡元定（一一三五～一一九八），字季通，號西山，福建建陽人，朱子門人及女婿。
〔二〕「致」字原作「摯」，據《朱文公文集》改。
〔三〕朱子《鄂州州學稽古閣記》，載《朱文公文集》卷八〇。

人之大倫，其别有五，自昔聖賢皆以爲天之所敘，而非人之所能爲也。然以今考之，則惟父子兄弟爲天屬，而以人合者居其三焉，是則若有可疑者。然夫婦者，天屬之所由以續者也；君臣者，天屬之所賴以全者也；朋友者，天屬之所賴以正者也；是則所以綱紀人道，建立人極，不可一日而偏廢。雖或以人而合，其實皆天理之自然，有不得不合者，此其所以爲天之所敘，而非人之所能爲者也。

然是三者之於人，或能具其形矣，而不能保其生；或能保其生矣，而不能存其理。必欲君臣、父子、兄弟、朋友〔一〕、夫婦之間，交盡其道而無悖焉，非有朋友以責其善、輔其仁，其孰能使之然哉？故朋友之於人倫，其勢若輕而所繫爲甚重，其分若疏而所關爲至親，其名若小而所職爲甚大，此古之聖人脩道立教，所以必重乎此而不敢忽也。然自世教不明，君臣、父子、兄弟、夫婦之間，既莫有盡其道者，而朋友之倫，廢闕爲尤甚。世之君子，雖或深病其然，未必深知其所以然也。

予嘗思之：父子也，兄弟也，天屬之親也；非其乖離之極，固不能輕以相棄。而夫婦、君臣之際，又有雜出於情物事勢而不能自已者，以故雖或不盡其道，猶得以

〔一〕《晦庵先生朱文公文集》無「朋友」二字。

相牽聯比合，而不至於盡壞。至於朋友，則其親不足以相維，其情不足以相固，其勢不足以相攝；而爲之者，初未嘗知其理之所從，職之所任，其重有如此也。且其於君臣、父子、兄弟、夫婦之間，猶或未嘗求盡其道，則固無所藉於責善輔仁之益，此其所以恩疏而義薄，輕合而易離，亦無怪其相視漠然，如行路之人也。

夫人倫有五，而其理則一。朋友者，又其所藉以維推是理，而不使至於悖焉者也。由夫四者之不求盡道，而朋友以無用廢。然則朋友之道盡廢，而責善輔仁之職不舉，彼夫四者，又安得獨立而久存哉？嗚呼！其亦可以爲寒心也已。非夫强學力行之君子，則孰能深察而亟反之哉？

始予讀王深甫《告友》之篇〔一〕，感其言若有輔於世教者，徐而考之，則病其推之不及於天理之自然，顧以夫婦君臣，一出情勢之偶合；至於朋友，則亦不求其端，直以爲聖人彊而附於四者之間也〔二〕。誠如是也，則其殘壞廢絶，是乃理分之當然，無足深

〔一〕王回（一〇二二～一〇六五），字深甫，福州侯官人，嘉祐二年進士（一〇五七），與二程同榜，爲亳州衛真縣主簿，王安石摯友。王氏《告友》文，載《宋文鑑》卷一二七雜著類。

〔二〕此謂朋友可有可無，故朱子糾正之。

嘆，而其至是亦晚矣。

近得黄君仲本《朋友説》讀之，其言天理人倫之意，乃若有會於予心者。然於朋友之道廢，所以獨至於此，則亦恐未究其所以然也。因書其後如此，庶乎其有發云。〔一〕

〔一〕朱子《跋黄仲本朋友説》，載《朱文公文集》卷八一。

唐文治集

選堂

唐文治　著　鄧國光　輯釋

上海古籍出版社

歐陽艷華　何潔瑩　輯校

唐文治性理學論著集

第三册

性理救世書

整理説明

《性理救世書》三卷原名《性理學發微》，一九三五年完稿，一九三七年刊出，是唐先生性理學集大成之作。先生《自訂年譜》甲戌（一九三四）七十歲七月下載：「本學期，余講授《性理大義》，於周子《太極圖説》《通書》、張子《西銘》、程子《論性篇》及明儒王龍溪、錢緒山、王心齋諸先生學派，皆有詳論，擬編爲《性理學發微》。」説明先生在一九三四年萌發撰寫是書之意，於是坐言起行，立刻擬定規模，系統綜述其主張。

經過一年之綜合整理而成書，先生並在《自訂年譜》乙亥（一九三五）七十一歲條五月杪交代其書結構與宗旨云：「宗姪星海來談，有志研究余學説。余告以方今世局頗類戰國，當以《孟子》心性學救之。余《性理學發微》已將告成，即以稿本示之。星海欣然，願任印費。余乃詳細整理，釐爲三卷。一曰『理學大原』，言性理爲政治之本，當嚴君子小人之辨；二曰『學派大同』，自宋周濂溪始，至清曾滌生止，詳論學派源流，實事求是，反諸躬行，不存門户之見；三曰『讀書大路』，先總集，次專集，爲讀書記凡六十二篇。助余繕寫者，高君涵叔、陸生脩祜、沈生訒，流汗霢霂，不稍休息。書成，交星海陸續付印。校勘者錢生君白、洪生長佳。總其成者馮生振。此書一出，期有裨于人心世道云。」是書大概與作意，先生已經説明，關鍵在「救國」，此決非兒戲事，處於國家存亡之際，對時代認識非常深刻之唐先生，已經預感到大難將至。此憂世情懷，轉化與寄托於復蘇學術生機之期盼與奮鬥，與先生其他述作，均一以貫之，無不湧出此股極度强大之救國熱情。此《性理學發微》之原書名，至刊出時最後改定爲《性理救世書》之由。唯此時已時局倥偬，國命如縷，先生種種著述，於非常艱難之情況下刊出，實在萬幸。至礙於客觀環境與時局等種種因素，其未能大行於世而發揮作用，以至於今，知之者尚渺，何況傳習，實亦可以理解者。

今之整理，乃據一九三七年初印本爲底本，其中文章出處或文句上種種印刷問題，皆出校注明。在此書出版後，先生於抗戰時期依然講學不絶，其在戰時於滬上講演文稿傳至今日，而有所更新補充者，俱爲補入本書相關章節之中，皆下注文説明，以見先生一生奮進不息、與時並進之治學精神。須要指出者，唐先生於本書六處徵引與商略黄式三《儆居集》之論述，有意保存師門道統之精神，此唐先生海涵地負而不忘本之節操，實事求是而非空拾前人牙慧之正學精神。至於其深邃學術識見，具見行文之間。此崇高人格、學品、智慧，俱現本書之中，讀者於此宜垂意焉。

性理救世書目録

性理救世書自序

凡民之生也，惛惛然，昧昧然，惟賴聖賢之士有以發其蒙而去其蔽。孔子繫《易傳》論「繼善成性」，慨然曰：「百姓日用而不知，君子之道鮮矣。」〔一〕孟子作七篇，論「盡心知性」，慨然曰：「行之而不著焉，習矣而不察焉，終身由之而不知其道者衆也。」〔二〕蓋人生宇宙間最苦之事，惟不知有道，不知有學，且絶不知有「性理」爾。「天地之大德曰生」〔三〕，性者，生理也，故人莫不好生而惡殺。迨性理滅息，則人且好殺而惡生〔四〕。

〔一〕《易・繫辭上》文。
〔二〕《孟子・盡心上》孟子語。
〔三〕《易・繫辭下》文。
〔四〕開宗明義，闡明「性理」之要義大用。

嗚呼！今之世何世乎？殺人如草芥，民命等於鴻毛，老弱轉乎溝壑，凍餓自經〔一〕之狀，愁歎哭泣之聲，目時有所見，耳時有所聞。「先王有不忍人之心，斯有不忍人之政」〔二〕，倘非以性理學挽救之，則乖戾之氣，上干天和，劫運更靡所底止？《康誥》曰：「如保赤子。」斯民皆赤子也。赤子日溺焚於水火之中，父母之心將何以堪？故今日吾輩所負責任，惟有正人心、拯民命兩端，非徒以善吾國，亦將以救世界〔三〕。《洪範》陳大同之謀，在無作好惡、無作福威〔四〕。《禮運》論大同之治，在治七情，脩十義，大法小廉，俾民咸若其性。約言之，性理學而已矣。性理學之大用，仁政而已矣〔五〕。

余竊不自揆，恒欲以此提倡天下，爰論理學救心大本，以提其綱，並列學派及讀理學書記，以發其扃〔六〕。政治家讀此書，可以正天敘天秩；儒家讀此書，可以立人紀

〔一〕自殺也。
〔二〕《孟子·公孫丑上》孟子語。
〔三〕天下在懷，乃聖人氣象。性理之學，所以從根本處轉化殘暴，而立人極。
〔四〕此人君所必守者。唐先生於《洪範大義》申明「臣無有作福作威」之臣，乃專指人君代天行道者。
〔五〕性理學乃聖王之學也。
〔六〕發其扃，謂開啓關紐。

人綱；農工商兵家讀此書，可以講信修睦，尚慈讓，去争奪，而會歸有極〔一〕。《詩》曰：「聽用我謀，庶無大悔。天方艱難，曰喪厥國。」〔二〕又曰：「昔我先正，其言明且清。國家以平，都邑以寧。」〔三〕昔周之盛也，先正莫如召康公，哀小民之籲天，節性敬德，日闢國百里。迨其衰也，誦《召旻》之詩：「我相此邦，無不潰止。」〔四〕日蹙國百里矣。悲夫悲夫！世有賢人君子，得吾説而口誦之，心維之，躬行而實踐之，庶幾挽世界之殺運，弭喪亂於未形，尚何有殘生傷性，歧路亡羊之惑與？

太倉唐文治蔚芝自序於無錫國學專修學校　　乙亥（一九三五）夏纂

〔一〕敞開性理學大門，凡爲人類，皆受其惠也。

〔二〕《詩·大雅·仰》句。

〔三〕佚詩，見引《禮記·緇衣》。

〔四〕《詩·大雅·召旻》凡七章，其首章：「旻天疾威，天篤降喪。瘨我饑饉，民卒流亡。我居圉卒荒。」全詩喪亂之慘象，觸動唐先生悲懷。

性理救世書卷一〔一〕

目録

〔一〕原書各卷下均有小字注「原名《性理學發微》」。

救心大本第一

【釋】「救心」，具言爲孔子、子思、孟子一系之「聖學體用」，乃先生心學基礎觀念，正人心，挽國運，撥亂反正之樞紐，故稱大本。本卷文十一篇，層層拓殖「聖學體用」之具體意義。

正學不明於世久矣。偶有治性理學者，舉茫然不知所謂，遂相與非笑之，訾毁之，而人心迺如江河之日下，哀哉！抑思孔子繫《易傳》，揭性命之理；子思子述《中庸》，闡天命之性；孟子生戰國之世，發明性善宗旨〔一〕。古聖賢所以兢兢於此者，無非欲以性理之學，推行之於政治，所謂：「既竭心思焉，繼之以不忍人之政，而仁覆天下也。」〔二〕救世之要，先救心術，爰撮「聖學體用大本」，分論

〔一〕先生以《論語》《易傳》《中庸》《孟子》《大學》，構成儒家政治學與性理學之系統性格，此與後來牟宗三先生之説不約而同，先後一揆，若合符節，是知爲儒學之正見也。

〔二〕《孟子·離婁上》文。

如左。

論性理學爲正人心化風俗之本

【釋】唐先生言性理學功能之一；蓋國民性善之三徵，尚儉樸、習勤勞、畏刑罰，因其善性而爲治，推行人道教育，化民成俗，民知愛敬；禮義廉耻之行著，崇義黜利之道行，此性理之學，所以爲教化之權輿也。

世界民性〔一〕，無有如我中國之善者〔二〕，故聖賢爲治，無庸刑名法術也，惟在順民性而已。所謂順者，非阿其所好也，因其氣質之性順導之而已。吾嘗讀《論語·陽貨篇》，詳言人心風俗之遷流，而先之曰：「性相近，習相遠。」繼之曰：「君子學道則愛

〔一〕民性，泛言之。《禮記·王制》云：「司徒修六禮以節民性，明七教以興民德。」《荀子·大略》云：「不富無以養民情，不教無以理民性。」民性與民德、民情互爲見義。節民性，出《尚書·召誥》「節性，惟日其邁，王敬作所，不可不敬德」。

〔二〕唐先生肯定「中國民性」，與孫文同調。孫文在《我的回憶：對紐約〈濱海雜誌〉(*The Strand Magazine*, vol. 43, No. 255, New York, March, 1912.)記者敘述革命經歷》(*My Reminiscences*)文末强調：「中國是世界上最宜建爲共和國的國家，其民性勤奮而馴良。在短期之内，她將與世界上文明和愛好自由的國家，並駕齊驅。」

人，小人學道則易使。」蓋惟民性善，故凡學道者無不向化而從流也。六言六蔽〔一〕，性質也。民有三疾〔二〕，性質也。居下流而訕上，訐以爲直〔三〕，皆性質之偏也。恭寬信敏惠，使民明乎禮而復於性也。然則孔子之化民成俗，豈在性理之外哉？因其相近，導其固有之善而已。

孟子道性善，非徒謂人性皆善，實則國皆善。而欲「國性」〔四〕之善，在設爲庠序學

〔一〕《論語·陽貨》載孔子曰：「由也，女聞六言六蔽矣乎？」對曰：「未也。」「居，吾語女。好仁不好學，其蔽也愚；好知不好學，其蔽也蕩；好信不好學，其蔽也賊；好直不好學，其蔽也絞；好勇不好學，其蔽也亂；好剛不好學，其蔽也狂。」

〔二〕《論語·陽貨》載孔子曰：「古者民有三疾，今也或是之亡也。古之狂也肆，今之狂也蕩；古之矜也廉，今之矜也忿戾；古之愚也直，今之愚也詐而已矣。」

〔三〕《論語·陽貨》載子貢曰：「君子亦有惡乎？」子曰：「有惡，惡稱人之惡者，惡居下流而訕上者，惡勇而無禮者，惡果敢而窒者。」曰：「賜也亦有惡乎？」「惡徼以爲知者，惡不孫以爲勇者，惡訐以爲直者。」

〔四〕「國性」一詞，與「人性」並論，始見於梁啓超《國性篇》（載《庸言》第一卷一號，一九一二年十二月一日）梁啓超謂：「國於天地，必有與立。國之所以與立者何？吾無以名之，名之曰國性。國之有性，如人之有性然。」强調「國性」是立國根本。

校以教之。人倫明於上，明德也；小民親於下，親民也〔一〕。人道教育〔二〕，天性中之教育也。「一鄉之善士，斯友一鄉之善士。一國之善士，斯友一國之善士。天下之善士，斯友天下之善士」〔三〕，惟一鄉之鄉性、一國之國性，無不出於善，是以天下多善士，「物耻足以振之，國耻足以興之」。二語見《禮記·哀公問篇》，物耻謂事物中之耻。要在俾吾民明於性理，相互團結，感仁人之德，奮效死之誠，乃能禦外侮而雪國耻，《孟子》曰：「彊爲善而已矣。」〔四〕

且夫中國民性所以善者何？尚儉樸也，習勤勞也，畏刑罰也〔五〕。而人之氣質，則有智愚焉，有厚薄焉，有精粗焉，有静與囂之分焉。聖人觀於其微，愚者使之智，所謂

〔一〕《孟子·滕文公上》載孟子曰：「設爲庠序學校以教之……皆所以明人倫也。人倫明於上，小民親於下。有王者起，必來取法，是爲王者師也。」

〔二〕唐先生提出「人道教育」，乃以性情教育見義。

〔三〕《孟子·萬章下》文，言相類以求。

〔四〕《孟子·梁惠王下》載滕文公問曰：「齊人將築薛，吾甚恐。如之何則可？」孟子對曰：「昔者大王居邠，狄人侵之，去之岐山之下居焉。非擇而取之，不得已也。苟爲善，後世子孫必有王者矣。君子創業垂統，爲可繼也，若夫成功，則天也。君如彼何哉？彊爲善而已矣。」先生呼籲舉國同心同德，共禦外侮，此存亡之幾也。

〔五〕中國國民共性三義。

謂「篤於親、薄者使之厚，所謂「以斯道覺斯民也」〔一〕；「先知覺後知，先覺覺後覺」，「以斯道覺斯民也」〔一〕；薄者使之厚，所謂「篤於親、興於仁，而民不偷也」〔二〕；粗者使之精，所謂「通天下之志」〔三〕，「文理密察，足以有別也」〔四〕；囂者使之静，所謂「居敬行簡」〔五〕，「定而后能静，静而后能安也」〔六〕。是故在上者一喜一怒、一嚬一笑一趨向，而人心風俗係之，可不慎哉？

然而更有本焉，則禮義廉耻是已。《管子》曰：「禮義廉耻，國之四維。」四維者，民性本然之善也。恭敬之心，人皆有之；羞惡之心，人皆有之。然而四維不張者，爲利所誘，則本心惛塞也。民性戕，國性失，則國虚有其表而滅亡矣。今欲使民返而爲善，惟有崇義而黜利，《孟子》曰：「何必曰利？亦有仁義而已矣。」利欲熏心，詐僞百出，外本内末，不奪不饜，尚何有於國性？救之以仁義，生生之心，天地之性也。

試以近代徵之。當清康雍之世，民生彫敝，四海困窮，天亦哀於四方民；陸清

〔一〕《孟子·萬章上》文。
〔二〕《論語·泰伯》載孔子語。
〔三〕《易·繫辭上》文。
〔四〕《中庸》文。
〔五〕《論語·雍也》文。
〔六〕《大學》文。

獻、湯文正、張清恪諸賢輩出，講明道學，人心爲之一振，風氣爲之丕變，閭巷謳歌，沐浴德澤，此無他，性理之學明也。洎乎道咸之際，内憂外患，交訌迭起，此其棘手，恐無逾於今時。然而唐確愼〔一〕講學於朝，羅忠節、曾文正諸賢，相與發揚而光大之，於是倭文端〔二〕、吴竹如〔三〕、何丹谿〔四〕、李忠武昆季〔五〕，接踵而興，風雨晦明，絃誦不輟，

〔一〕唐鑑（一七七八～一八六一），字鏡海，湖南善化人，嘉慶十四年（一八〇九）進士，官至太常寺卿。服膺二程及朱子學，當時學界巨擘，爲曾國藩所服膺。著有《國朝學案小識》十五卷。

〔二〕倭仁（一八〇四～一八七一），字艮峰，蒙古正紅旗人，道光九年（一八二九）進士，官至文華殿大學士，卒贈太保，入祀賢良祠，謚文端。今存《倭文端公遺書》十一卷，卷首述帝範與臣道，卷一爲經筵講義述帝德，卷二爲奏議導君后入德，卷三《爲學大旨》六條以勵學，卷四至七《日記》敘丙午（一八四六）之後行事及讀書實録，卷八詩文雜稿，卷九爲《吏治輯要》，續刊卷一爲《莎車行記》，續刊卷二爲《嘉善録》，續刊卷三爲《嘉善録補》。

〔三〕吴廷棟（一七九三～一八七三），字彦甫，號竹如，安徽霍山人，道光五年（一八二六）拔貢。治理學，有《拙修集》十卷，其中卷一《恭記》，卷二《劄記》，卷三、四《讀書記疑》，卷五《校定理學宗傳辨正按語》，卷六書後，卷七至九書，卷十家書附録雜文。

〔四〕何桂珍（一八一七～一八五五），字丹畦，號丹谿，雲南師宗縣人，道光十八年（一八三八）進士。領兵圍剿太平軍，咸豐五年（一八五五）爲降兵所殺。著《續理學正宗》四卷、《千字文》一卷。

〔五〕李續賓（一八一八～一八五八），字迪庵，湖南湘鄉人，咸豐八年（一八五八）底率部援救安徽，爲太平軍圍攻戰死。其弟李續宜（一八二二～一八六三），字希庵。同治元年（一八六二），命幫辦欽差大臣勝保軍務。兄弟俱師從羅澤南，爲湘軍中堅，皆在平定太平天國前去世。

遂成中興之業。故吾嘗謂理學盛，則天下安且治；理學廢，則國家危且亂〔一〕。孔孟程朱，「見龍在田」，皆不獲大用於世，悲夫！《易》曰「碩果不食」，珍之也；《詩》曰「不尚有舊」〔二〕，痛之也。數千年來，江河日下；試問今日之人心，今日之風俗，較之往昔爲何如？而社會之中，一聞「性理學」，則相與非笑而詬罵之。人道淪胥，天理滅絶，殺機迺日出而不可遏，豈不尤可哀哉？吾於是大聲疾呼，以告一鄉、一國、天下有人心風俗之責者。

論性理學爲政治之本

【釋】此論性理學功能之二；「政治學」乃唐先生至爲究心者，治平之道，義存五經。仁義一念之間，知人方能判善惡，是爲「幾學」，取諸《易傳》。其於人性之節制與變化，是爲「性學」，取諸《尚書》。其於性情之陶冶，抵至中和之爲德，是爲「性情學」，取諸《詩經》。綜括而言，《易》學之「幾」、《書》《詩》之「性情」，皆先生溯源性理學於經學，而根本於人心、人性、人情，以

〔一〕唐先生分清代理學爲三期。

〔二〕《詩・大雅・召旻》之第七章「於乎哀哉！維今之人，不尚有舊」句，鄭玄《箋》云：「哀其不高尚賢者，尊用有舊德之臣。」

應用於倫理政治之實踐也。

性理之明與不明，國家興廢存亡之際也。天下有不知性、不明理，而可以爲治者乎？惟不知性、不明理之人，訑訑然〔一〕自命政治家，而國家乃日危且亂。吾嘗上下古今，並引經典以證之。

陰陽消息，政治之機也。《周易》六十四卦，推衍運行，無非政治之宏綱，性理之大本。「大哉乾元，萬物資始」，「各正性命，保合太和」〔二〕；乾元者，善理也〔三〕，即性理也。《泰》之象，「君子道長，小人道消」，性理明也。《否》之象，「小人道長，君子道消」，性理晦也。矧治國必寶其國之文化，文者理也，故曰：「觀乎人文以化成天下。」《夬》，「揚于王庭，言文者宣教布化」〔四〕，「易簡而天下之理

〔一〕訑訑，見《孟子·告子下》孟子謂：「夫苟不好善，則人將曰：『訑訑，予既已知之矣。』訑訑之聲音顔色，距人於千里之外。士止於千里之外，則讒諂面諛之人至矣。與讒諂面諛之人居，國欲治，可得乎？」深層意義是指心腸歹毒之人。

〔二〕《易·乾》彖辭文。

〔三〕唐先生强調《孟子》性善之旨與《易》道相通，此爲性理學的第一義。

〔四〕許慎《説文解字序》文。

得」也〔一〕。

羲、文、周公，皆本性理，「以通神明之德，類萬物之情」，故孔子贊之曰：「窮理盡性。」〔二〕君子「安而不忘危，存而不忘亡，治而不忘亂」〔三〕；身安而國家可保，其道惟何？「成性存存，道義之門也」〔四〕。是故《易》者，性理、政治合一之書也，惟治《易》而後能治天下。

政治之學，在兢業以理萬幾〔五〕。世儒謂「幾學」始自孔子，非也。虞廷早已言之〔六〕，吾嘗於他篇中論之〔七〕。「周公思兼三王，以施四事，其有不合者，仰而思之。」何思乎？思其幾而已。幾者，性理之發於事理者也。

〔一〕《易·繫辭上》文：「易簡，而天下之理得矣。天下之理得，而成位乎其中矣。」唐先生檃括其義。

〔二〕《易·說卦傳》第一章言「窮理盡性以至於命」。

〔三〕《易·繫辭下》文。

〔四〕《易·繫辭上》文。孔穎達疏：「性謂稟其始也，存謂保其終也。」

〔五〕《書·皋陶謨》文：「無教逸欲有邦，兢兢業業，一日二日萬幾。」孔安國《傳》：「幾，微也。言當戒懼萬事之微。」唐先生本《書》說《書》。

〔六〕「虞廷」檃括《書·大禹謨》「人心惟危，道心惟微，惟精惟一，允執厥中」十六字心傳之道統精神。

〔七〕指《尚書大義》。

至於性學，亦明著於《尚書》。殷之亡也，見於祖伊之告曰：「不虞天性，不迪率典。」〔一〕蓋天性亡而草竊姦宄起矣〔二〕。周之興也，見於召公之訓曰：「節性惟日其邁。」〔三〕蓋人性節而孝弟忠信立矣。且修教不易俗，齊政不易宜，五方民皆有性也，必審其剛柔、輕重、遲速之異齊〔四〕。《洪範》之「沈潛剛克、高明柔克」，所以因民之性而劑其偏，用能「會其有極，歸其有極」〔五〕；周子《通書》曰：「性者，剛柔善惡中而已矣。」剛有善有惡，柔亦有善有惡。聖人立教，俾人自易其惡，自至其中，此即本於《洪範》「三德」之教〔六〕，上承

〔一〕《書·西伯戡黎》文。按：《史記·周本紀》謂：「（文王）明年，伐犬戎。明年，伐密須。明年，敗耆國（指黎）。殷之祖伊聞之，懼，以告帝紂。」

〔二〕《書·微子》文：「殷罔不小大，好草竊姦宄。」孔《傳》：「草野竊盜，又爲姦宄於內外。」

〔三〕《書·召誥》文。召公訓成王謂：「節性，惟日其邁。王敬作所，不可不敬德。」

〔四〕《禮記·王制》文：「凡居民材，必因天地寒煖燥濕，廣谷大川異制。民生其間者異俗，剛柔輕重遲速異齊，五味異和，器械異制，衣服異宜。脩其教不易其俗，齊其政不易其宜。中國、戎夷、五方之民皆有性也，不可推移。」唐先生檃括其義。《禮記·王制》本《虞書》，乃《書》教之重旨，故唐先生此節用之。

〔五〕綜《書·洪範》「王道」大義。

〔六〕《書·洪範》「九疇」之六，是爲「三德」，文謂：「三德：一曰正直，二曰剛克，三曰柔克。平康正直，彊弗友剛克，燮友柔克。沈潛剛克，高明柔克。」孔穎達《尚書正義》説：「此三德者，人君之德，張弛有三也。『一曰正直』言能正人之曲使直，『二曰剛克』言剛强而能立事，『三曰柔克』言和柔而能治。既言人主有三德，又説隨時而用之。平安之世，用正直治之。强禦不順之世，用剛能治之。和順之世，用柔能治之。」《洪範》三德爲性情之教，故唐先生取之。

《皋謨》「九德」之訓〔一〕；夫如是，民性乃壹歸於善。是故《書》者，性理、政治合一之書也。惟治《書》而後能治天下。

吾讀《詩》至變風變雅，不禁喟然嘆曰：嗟乎！此君性之所由暗塞，而政事之所由怠荒乎？孔子言「爲政以德」，即引《魯頌·駉篇》之詩曰：「思無邪。」所以正君德，即所以淑民性也。《小雅》之贊文王曰：「天保定爾，亦孔之固。」〔二〕定者定其性，固者固其性也。故下章言：「民之質矣，日用飲食。」民之質，即民之性〔三〕，日用飲食之中，皆天理之流行也；又曰：「羣黎百姓，偏爲爾德。」〔四〕尊德性也。周公之訓成王曰：

〔一〕《書·皋陶謨》載皋陶語：「寬而栗，柔而立，願而恭，亂而敬，擾而毅，直而温，簡而廉，剛而塞，彊而義。彰厥有常，吉哉。」鄭玄注：「凡人之性有異，有其上者，不必有下。有其下者，不必有上。上下相協，乃成其德。」孔穎達《尚書正義》説：「人性不同，有此九德。……此二者雖是本性，亦可以長短自矯。」《皋陶謨》九德之教，强調性情的自覺與自我調整，乃唐先生取義，以改善民性與國性。

〔二〕《詩·小雅·天保》第五章：「神之弔矣，詒爾多福。民之質矣，日用飲食。羣黎百姓，遍爲爾德。」

〔三〕朱熹《詩集傳》謂：「質，實也。言其質實無僞，日用飲食而已。」

〔四〕鄭玄《毛詩箋》謂：「黎，衆也。羣衆百姓，偏爲女之德。言則而象之。」孔穎達《毛詩正義》説此章：「此承上厚人事神之後，反而本之。言王已致神之來至矣，遺汝王以多福。又使民之事平矣，日用相與飲食爲樂。其羣衆百姓之臣，偏皆爲汝之德，言法效之。汝既人定事治，羣下樂德，是爲天安定王業，使君聖臣賢，上下皆善也。」唐先生取此義以説明君德之重要。

「夙夜基命宥密，於緝熙，單厥心，肆其靖之。」〔一〕此即《文王》「緝熙敬止」之學〔二〕。「單單爲殫之省文。厥心」〔三〕，即靖厥性也。召公之訓成王曰：「俾爾彌爾性，似先公酋矣。」〔四〕彌性者，充滿其性。酋者聚也，充滿蓄聚其德性〔五〕，然後「土宇版章」〔六〕，可得而保。宣王中興，《大雅》之詩曰：「天生烝民，有物有則。民之秉彝，好是懿德。」秉彝者，民所秉執之恒性〔七〕，故繼美仲山甫之德曰：「柔亦不茹，剛亦不吐。不侮鰥寡，

〔一〕《詩·周頌·昊天有成命》。孔穎達《毛詩正義》說：「此詩作在成王之初，非是崩後，不得稱成之謚。所言成王，有涉成王之嫌。韋昭云：『謂文、武修己自勤，成其王功，非謂周成王身也。』鄭、賈、唐説皆然。是時人有疑是成王身者，故辨之也。」按：朱熹認爲是周康王以後之詩。唐先生謂周公訓成王，則用漢唐經説。

〔二〕《詩·大雅·文王》句。《大學》引此句言「止於至善」，唐先生取此義。

〔三〕孔穎達《毛詩正義》釋厚，朱熹《詩集傳》釋盡。唐先生推言。

〔四〕《詩·大雅·卷阿》句。《毛傳》：「召康公戒成王也，言求賢用吉士也。」此唐先生用《毛傳》説。

〔五〕孔穎達《毛詩正義》説：「賢人在位，即行善政，可以保全性命，無他患禍，故云：『使汝終汝之性命，無困病之憂也。』」

〔六〕《詩·大雅·卷阿》「爾土宇昄章，亦孔之厚矣」句，朱子《詩集傳》：「昄章，大明也。或曰，昄當作版。版章，猶版圖也。」唐先生用後説。

〔七〕《毛傳》：「彝，常。懿，美也。」鄭玄《毛詩箋》：「秉，執也。天之生衆民，其性有物象，謂五行仁、義、禮、智、信也。其情有所法，謂喜、怒、哀、樂、好、惡也。然而民所執持有常道，莫不好有美德之人。」謂人心所向，必天下歸仁，唐先生以此明君德的重要性。

不畏强禦。」〔一〕此皆政治中之要旨〔二〕，「德輶如毛」〔三〕，性學邃矣。「暴其民甚，名曰幽厲」〔四〕，凡伯作《板詩》曰：「昊天曰明，及爾出王。昊天曰旦，及爾游衍。」〔五〕衛武公作《抑詩》曰：「相在爾室，尚不愧於屋漏。」〔六〕大聲疾呼，所以啓發良知，範圍性命者，俱可作座右銘，政治家當奉爲圭臬者也。孔子曰：「温柔敦厚，詩教也。」〔七〕性情學即性理學也。

〔一〕《詩·大雅·烝民》句。

〔二〕孔穎達《毛詩正義》説：「不侮不畏，即是不茹不吐。既言其喻，又言其實以充之。」唐先生説本此，謂在位者須以仁德爲施政之實，而非虚弄私心權詐之術。

〔三〕《詩·大雅·烝民》句。

〔四〕《孟子·離婁上》載孟子語：「暴其民甚，則身弒國亡。不甚，則身危國削。名之曰『幽』『厲』，雖孝子慈孫，百世不能改。」唐先生引此以警惕在位者。

〔五〕《詩·大雅·板》，《毛傳》：「凡伯刺厲王也。」朱熹《詩集傳》於末章引張載説：「天體物而不遺，猶仁體事而無不在也。『禮儀三百，威儀三千』，無一事而非仁也。『昊天曰明，及爾出王。昊天曰旦，及爾游衍』，無一物之不體也。」此仁覆天下之意，唐先生取此以勵在位者行仁政之實。

〔六〕《詩·大雅·抑》句，見引於《中庸》，「言故君子不動而敬，不言而信」，表明慎獨的天德，朱熹《詩集傳》謂之「此正心誠意之極功」。唐先生以此結出正意。

〔七〕《禮記·經解》文。

禮，時爲大，順次之〔一〕。爲政者，必齊民以禮〔二〕。禮也者，理之不可易者也〔三〕。《儀禮》十七篇，冠昏喪祭，皆因人心之固有，因情而立文，非强致也。《周官》六德，知仁聖義中和；六行，孝友睦婣任恤，皆性理也，是爲和親康樂之本。七十子之徒，又推明先王之道，以爲《禮記》。戴聖輯之爲四十九篇，如《曲禮》《内則》《玉藻》《少儀》諸篇，皆少成天性、自貽哲命之書，《冠義》所謂「可以爲人而後可以治人」也。子夏傳《樂記》，曰：「人生而静，天之性也。感於物而動，性之欲也。好惡無節於内，知誘於外，不能反躬，天理滅矣。」斯言也，上紹孔聖之心法，下開宋儒性理學之權輿。蓋大禮與天地同和，大樂與天地同節。禮樂偵天地之情，是以耳目聰明，血氣和平，移風易俗，天下皆寧〔四〕。子游傳《禮運》，曰：「仁者天地之德，陰陽之交，五行之秀氣。」皆所謂性也。擴而充之，人情以爲田，乃躋於大同之治。孔子曰：「恭儉莊敬，《禮》

〔一〕《禮記・禮器》文：「禮，時爲大，順次之，體次之，宜次之，稱次之。」

〔二〕意本《論語・爲政》載孔子語：「道之以政，齊之以刑，民免而無耻。道之以德，齊之以禮，有耻且格。」

〔三〕《禮記・樂記》文：「樂也者，情之不可變者也。禮也者，理之不可易者也。樂統同，禮辨異。禮樂之説，管乎人情矣。窮本知變，樂之情也。著誠去僞，禮之經也。」

〔四〕綜《禮記・樂記》文。

教也。廣博易良，《樂》教也。」皆性理學也。

《論語》《孝經》相爲表裏。《孝經》曰：「天地之性人爲貴，人之行莫大於孝。」孝者，性理也。《論語》所謂：「孝乎惟孝，友于兄弟，施於有政，是亦爲政也。」《孝經》曰：「安上治民，莫善於禮。」禮者，敬而已矣。《論語》言居敬行簡，可以臨民。又言修己以敬、以安人、以安百姓。蓋敬者，性之德而心之貞也。《顔淵篇》言仁言政，要歸於敬而無失，恭而有禮。政治之大綱，仁、政二字，足以盡之。夫子之言性，豈終不可得聞哉？《論語》《孝經》性理學，皆政治學也。

曾子述孔子之傳而作《大學》，子思闡聖祖之訓而作《中庸》，再傳而又得孟子，三子之言性理政治詳矣。《大學》一書，心學也[一]；「誠意」章言好惡，「齊家」「治國」兩章言好惡，「平天下」章言好惡，終之曰：「好人之所惡，惡人之所好，是謂拂人之性。」蓋「無有作好，無有作惡」，即不作福作威[二]，所以順民性也。《中庸》一書，性學

[一]《大學》爲「心學」。
[二]《尚書・洪範》文。

也〔一〕；爲政九經，必本於修身，「不明乎善，不誠其身」，自誠明謂之性也。惟能盡其性，乃能盡人性，盡物性，贊天地之化育，優優大哉。尊德性而道問學，王天下之道在是矣〔二〕。戰國之時，争地争城，殺人盈野，百姓輾轉於水深火熱之中，孟子痛焉，大聲疾呼，曰性善，「乃若其情，則可以爲善矣」；指示四端，曰惻隱、羞惡、辭讓、是非；又總言之，曰「有不忍人之心，斯有不忍人之政」，「不以仁政，不能平治天下」。《萬章》一篇言窮理，《告子》一篇言盡性，《盡心》一篇言立命，而政治之學，莫不會通於其中。然則性理、政治，一以貫之。聖賢明訓，昭若日星，爲治豈有他道哉〔三〕？

自是厥後，明君大儒，言政治皆根於性理。即如《近思録》，四子之階梯也，其論治平之道，雖至平極淡，而爲政者舉莫能外。循而行之，則興也浡焉；反而悖之，則亡也忽焉。往者西人朱邇典與吾華博士嚴幼陵相友善，嚴嘗以中國危亡爲慮，朱曰：「中國決不至於亡。」嚴詢其故，朱曰：「中國經書，皆寶典也，發而讀之，深入人心，基隆扃固，豈有滅亡之理？」於是吾國通人，遂有「讀經救國」之論。雖然，讀經非

〔一〕《中庸》爲「性學」。
〔二〕綜《禮記·中庸》意。
〔三〕本性理學以建構政治學，乃唐先生之心得。

泛騖見聞也，非考據瑣節也，非沈溺訓詁也，非標新領異、隱僻好奇也，更非疑經畔道、亂名改作也，當通其大義，修之於人性，達之於事理，朝乾夕惕，以措之於政治〔一〕，而國乃可以不亡。

論性理學爲氣節之本

【釋】此論性理學功能之三，乃在樹立見義勇爲與終始如一之道德意志與情操，歷言歷代氣節典範，綱紀風義，端在於是。

吾儒生天地間，講明氣節而已。孔子曰：「吾未見剛者。」又曰：「人之生也直。」孟子曰：「富貴不能淫，貧賤不能移，威武不能屈，此之謂大丈夫。」又論浩然之氣曰：「至大至剛，以直養而無害，則塞於天地之間。其爲氣也，配義與道。無是，餒也。」剛直者，氣之發乎理者也。道義者，理也。是故氣節而本乎理學，是爲真氣節；氣節而不本乎理學，則爲客氣，爲克伐怨欲，爲傲愎乖戾，是爲僞氣節。天下多僞氣

〔一〕此先生身體力行者，觀《唐文治經學論著集》所收諸書可知。

節，有乖戾而無和平，有偏激而無中正，生民實受其害，豈不悲哉！俯仰千古，盱衡世變，益歎氣節之衰，皆由於理學之廢也。

粤稽殷季[一]，三仁尚已。夫孔子論微、箕、比干，本目之以忠義，而獨以仁歸之者，何也？蓋仁者不忍之情也。三仁之於殷，去也、奴也、死也[二]；不忍不去，不忍不奴，不忍不死也，故曰「殺身以成仁」。其仁也，其情也[三]。世未有無情之人，而可以成氣節者也。諸葛孔明之《出師表》，情深矣！「澹泊明志，寧静致遠」[四]，非真理學之士乎？唐之張巡、許遠、顔杲卿，大節炳乎日星，亦道義之士也。宋程朱諸大儒出，發明天理人情合一之説，而氣節乃大明於當世，一時風會所趨，爭自高尚其品格。于時先有胡澹庵《上高宗封事》，厥後迺有文文山《正氣歌》、謝疊山《卻聘書》，流傳天壤

[一] 粤，語氣詞，仿《尚書》行文。
[二] 《論語・微子》載孔子評價殷末三仁云：「微子去之，箕子爲之奴，比干諫而死。孔子曰：『殷有三仁焉。』」去、奴、死，皆三仁之悲慘下場。
[三] 謂其仁由衷而爲，非虚矯僞飾者也。
[四] 其意源出《淮南子・主術訓》「是故非澹漠無以明志，非寧静無以致遠」，諸葛亮在《誡子書》勉云：「夫君子之行，静以修身，儉以養德，非澹泊無以明志，非寧静無以致遠。」

間，可歌可泣。而陸君實親抱幼主，蹈海而死，所謂天柱以尊，地維以立者，豈非然哉？吾嘗謂殷有三仁而殷不亡，漢有孔明而漢不亡，唐有張、許、顏而唐不亡，宋有文、謝、陸而宋不亡，蓋氣節之維繫乎人心，維繫乎家國也若是。

迄于有明，方正學爲氣節之開山，誅夷及於十族。或曰：「先生當時已稱程朱復出，後之人反以一死抹先生苦心，謂節義與理學是兩事。……於是成仁取義之訓，爲世大禁，而亂臣賊子，將接踵於天下矣。」〔一〕見黃梨洲《明儒學案》。或曰：「先生〔二〕之事，吾惑焉。國破君亡，縮劍自裁，以無辱可也。即不幸爲邏者得，閉口絶吭，不食而死可也，何乃呫呫于口舌之間，以致沈先人之宗，而枉及十族哉？」〔三〕見《方望溪集·方正學論》。二說適相反。吾謂先生蹈九死而不顧，可以爲全忠矣，何忍訾議之耶〔四〕？

厥後若于廷益，若楊椒山，相繼崛起。魏璫竊權，毒痡四海，而氣節之盛，分南北二支。在北則孫夏峯、鹿伯順二人主之。當左、魏、楊諸君子被逮，救之者多集於定

〔一〕黄宗羲批評後世未能體諒方孝孺「求仁得仁」之苦心。
〔二〕「先生」，方苞《方正學論》原作「若方正學」。
〔三〕方苞批評方孝孺修養未熟，牽累親朋。
〔四〕此批評方苞説。

興，夏峯則奔走調和其間[一]。見《方望溪集·孫徵君傳》。讀《夏峯集·乙丙記事文》，時奉聖客氏[二]弟光先欲周[三]其事，夏峰以告左遺直[四]，左曰：「可向婦人女子求活耶？」其浩然之氣，上薄霄漢，由是而氣節之相傳，遂及于史道鄰矣。見《方望溪集·左忠毅公逸事》。在南則東林諸君子主之。高景逸、顧涇陽而外，若周景文，若黄尊素，若繆昌期諸人，項背相望。顔佩韋等五人，擊殺緹騎，逆焰爲之稍殺。余昔年刻周忠介《燼餘集》，讀其遺文，往復流連，不能已已。由是而氣節之相傳，遂及於黄石齋、劉念臺矣。見《劉蕺山年譜》。吾嘗謂：有明三百年政治，君昏臣庸，幾於無可紀録，所可紀者，氣節而已。惟氣節特隆，而明亦可爲之不亡。

其後南方之傑出者，綿延於顧亭林；北方之傑出者，遞嬗於湯潛庵。顧氏名世豪傑，屢謁孝陵，奔走北方，志在恢復明社，故老相傳《天下郡國利病書》外，别有著作，結成繩索，於某府某州某縣阨塞險要，攻守異宜，莫不畢載。殁後李二曲恐召禍，

[一] 方苞謂諸義士遺體得孫氏居間用力，始得保存歸土埋葬。
[二] 奉聖客氏明熹宗乳母，以行爲不檢見載史傳。
[三] 周，謂羅織罪名。
[四] 左光斗也。

流涕焚之，惜哉惜哉！潛庵受業夏峯，正風俗，毁淫祠，固河防，興水利，名播海内，實皆聖祖有以調護而裁成之。古之人無斁，譽髦斯士，菁莪樂育之化，豈不大哉？

道咸以降，外患迭乘，加以洪楊倡亂，生靈塗炭。羅羅山、李迭庵、邵位西、朱伯韓、戴存莊諸人，先後輝映。惟時唐鏡海講明理學，師表人倫；倭艮峯、曾滌生、吴竹如、涂朗軒諸人，大扇宗風，遂成中興之業。揆厥本原，不外砥礪名節，維持人綱人紀而已。

蓋自羲文〔一〕作《易》，發明扶陽抑陰之閎旨，故乾坤正大之氣，雖當至昏極濁之世，不容稍有泯滅。《易》曰「碩果不食」，《論語》曰：「歲寒然後知松柏之後凋。」碩果松柏者，天地之心所寄也；不食而後凋者，天地生生之機，所以不息也。而論者乃謂：「提倡氣節，士林不免罹无妄之災，非盛世所宜。」〔二〕此言實大可哂。

夫氣節者，氣骨也，生人自立之根基也。人無氣骨，何以立於天地間？故世之盛

〔一〕伏羲與周文王。

〔二〕此舉明徐樹丕《識小録·前輩格言》大意，原文云：「氣節非盛世所尚，以氣節名士君子之不幸也。持而盈之，小則禍及一身，大則毒流天下，可不慎哉！」

世，君子道長，樂則行之，氣節寓於無形之中；世之衰也，君子道消，儉德避難，或至赴湯蹈火，罹刀鋸鼎鑊而不辭，氣節乃顯於有形之際。要之皆正氣所彌綸，非預儲此類人才，冀其舍生而取義也。「世衰道微，邪說暴行有作」，士夫義利之不明，出處進退，辭受取予，邪正之不辨，貪冒財賄，廉耻掃地；或矯飾爲僞氣節，勇而無禮，果敢而窒，孔子曰「色厲而内荏」，譬諸小人，其猶穿窬之盜也與？此則名教之大閑，有識者辨之宜早辨也。

孫夏峯氣節尤著者也，其作《理學宗傳例言》曰：「節義與俠氣不同，學問須除俠氣，而不能不本之節義。第有所以處死之道，而不外乎天則，非可與徒慕其名，而輕蹈白刃者比。」[一]斯言也，辨析精嚴，凡束髮讀書之倫，皆當書紳而服膺者也。厥後張孝先編《正誼堂全書》，遂專列「氣節」一門，百世而下，聞者莫不興起。有旨哉！有旨哉！

〔一〕孫奇逢《理學宗傳·例言》「是編有素推節義者」條。

論性理學爲孝弟慈之本[一]

【釋】此述性理學教化功能之四，「保民」之義，乃重旨所在。孝弟慈乃《大學》齊家之道，文云：「所謂治國必先齊其家者，其家不可教而能教人者，無之，故君子不出家而成教於國。孝者，所以事君也；悌者，所以事長也；慈者，所以使衆也。」先生本《大學》之義立説，闡明愛與敬爲人性，仁與義爲天理，存天理所以行愛敬，以誘發愛護體諒蒼生百姓之憐憫心。

王陽明先生曰：「聞程伊川先生之言，輒若有傷我者。」文治竊謂：伊川大儒，何可輕議？惟讀其《遺書》，謂：「孝弟非性，性中曷嘗有孝弟來？」實有大可疑者。孔子曰：「天地之性人爲貴，人之行莫大於孝。」[二]則孝固自天性中來矣。性者何？仁、義、禮、智、信，五常之德是也。《孟子》曰：「仁之實，事親是也。義之實，從兄是也。」則事親從兄明爲仁義之性矣；又曰：「孩提之童，無不知愛其親。及其長，無不知敬其兄。」良知良能，皆天性也。親生之膝下，纏綿悱惻之情，自有固

[一] 文並載無錫國專《學術世界》第一卷第六期，一九三五年，頁四。
[二] 《孝經·聖治章》文。

結而不可解者〔一〕。若謂性中無孝弟，則是孝弟出於人之作爲，其啓後學之惑甚矣〔二〕。《中庸》首揭天命之性，而歸極於舜之大孝、文王之無憂、武王周公之達孝，「思修身，不可以不事親」〔三〕，皆所謂率性之道也。是故孝弟性也，愛敬情也，而達之天下，即爲仁義，故曰：「人人親其親、長其長，而天下太平〔四〕。」

吾嘗疑《孝經》一書，言孝道節目，轉不若《曲禮》《内則》之詳盡，何也？蓋《孝經》重在推諸四海，言其大；《曲禮》《内則》重在行諸家庭，言其細。「身體髮膚，受之父母，不敢毁傷。」〔五〕「聖人能以天下爲一家，中國爲一人」。〔六〕其視天下人之體猶吾身體也，天下人之髮膚猶吾髮膚也，天下之一都一邑、一家一姓、一鰥寡孤獨，有受傷

〔一〕三筆說明天性自涵仁、義、禮、智、信五德。
〔二〕此《荀子·性惡》之說也。「作爲」釋《荀子》「僞」義。
〔三〕《禮記·中庸》文。
〔四〕《孟子·離婁上》文。
〔五〕《孝經·開宗明義章》文。
〔六〕《禮記·禮運》云：「聖人耐以天下爲一家，以中國爲一人者，非意之也，必知其情，辟於其義，明於其利，達於其患，然後能爲之。」

者，猶吾身體髮膚之受傷也，故曰「民吾同胞」〔一〕，又曰「時人者，聖賢之身也」〔二〕，此豈好爲高論哉？皆性分中固有之事也〔三〕。

且夫人道之所以常存於世者，惟賴有先知先覺之士，經綸而匡救之。「天地之大德曰生」，人體天地之心以爲心，則當學道以愛人〔四〕。內行孝弟，外則推之於慈〔五〕，《大學》曰：「孝者所以事君，弟者所以事長，慈者所以使衆。」引《康誥》「如保赤子」，謂：「心誠求之，雖不中不遠，未有學養子而后嫁者也。」夫《大學》之文，何其繁且賾歟？蓋孝弟固出於天性，慈亦出於天性也。保民不啻如嚴父，更當如慈母也。秦西巴之獲麑也，麑母隨其車而啼，西巴不忍，舍麑而歸〔六〕。烏之哺其雛也，人欲奪其雛，

〔一〕張載《西銘》句。

〔二〕韓愈《争臣論》云：「夫天授人以賢聖才能，豈使自有餘而已？誠欲以補其不足者也。耳目之於身也，耳司聞而目司見，聽其是非，視其險易，然後身得安焉。聖賢者，時人之耳目也；時人者，聖賢之身也。」

〔三〕謂同情心也。

〔四〕《論語·陽貨》子游云：「昔者，偃也聞諸夫子曰：君子學道則愛人，小人學道則易使也。」

〔五〕孝弟爲「體」，慈爲「用」，一内一外，由衷而出，即天性也。

〔六〕西巴釋麑事載《淮南子·人間訓》，此以史實立證。

未有不舍命而奮鬥者〔一〕。嗚呼！禽獸猶若此，人生而可戕賊其同類乎哉？百姓皆赤子也，誠能保之如赤子，則民戴之如父母矣。

縱觀原野，極目蕭條。饑饉洊臻，鴻嗷載道。或者大兵之後，繼以凶年〔二〕，「老弱轉乎溝壑，壯者散之四方」〔三〕，其僅存者，百結鶉衣〔四〕，奄奄一息。朱子詩云：「若知赤子原無罪，合有人間父母心。」文治反復雒誦，輒爲之傷心而流涕也。猶憶惜年災沴流行，四鄰孺子，均罹於厄，聞其父母哀號之聲，則食不能甘，而夜不能寢。吾聞仁人之愛其民也，如慈母伏其將死之子。今芸芸赤子，將死者夥矣，誰其救之？豈非吾輩性分中之事哉？然而其源皆出於孝弟，未有非孝非聖之徒而能慈愛百姓者也。刼運循環，其癥結固安在乎？然則讀性理書者，當力行孝弟慈之實事，時時省察吾之本心，毋徒爲空言以欺世也。

〔一〕此以禽生立證。

〔二〕出《老子》第三十章，文云：「以道佐人主者，不以兵强天下。其事好還，師之所至，荆棘生焉；大兵之後，必有凶年。」

〔三〕《孟子·梁惠王下》文。

〔四〕鶉尾稀疏，喻衣不蔽體之慘狀。

論性理學首嚴君子小人之辨

【釋】本文原題《論理學首嚴君子小人之辨》，載《無錫國學專修學校校友會集刊・述學》第一集，一九三一年，頁一至六；文章主體内容則收在一九三一年出版之《國鑑・論政治先辨君子小人》。唐先生此文言性理學教化功能之五，具體而言乃君子教育。於當道者應知人善任，必通性理，乃能實踐君子道，施政得失，維繫於此。故本文詳細説明君子小人之具體作爲，乃先生獨到心得。

爲今之人，救今之世，惟有提倡理學而已。然由今之道，無變今之俗〔一〕，而以提倡理學爲事，恐反以誣罔理學、戕害理學〔二〕，何也？理學興而天下皆僞道學也。夫理

〔一〕《孟子・告子下》云：「今之所謂良臣，古之所謂民賊也。君不鄉道，不志於仁，而求爲之强戰，是輔桀也。由今之道，無變今之俗，雖與之天下，不能一朝居也。」

〔二〕謂以火救火，揚湯止沸也。

學豈尚空言哉？昔陸清獻生當盛時，講學風行，猶以「書自書、人自人」爲病〔一〕。然則理學必以躬行實踐爲主，而欲躬行實踐，必先嚴君子、小人之辨矣〔二〕。

余讀《漢書·古今人表》，凡列九等。其上三等曰聖人、仁人、智人，皆君子也。中三等不列名目，以其可爲君子可爲小人也。下三等統稱之曰愚人，則皆小人也。然所謂聖，所謂仁，所謂智，其中又各有不同焉。所謂愚，更萬有不齊焉。「君子上達」，上達者無窮期也；「小人下達」〔三〕，下達者無底止也，在自爲之而已矣〔四〕。

余不敏，講求理學，常欲奉君子爲依歸〔五〕，而教誨生徒，亦惟此爲兢兢。孟子曰：「義，路也。禮，門也。」惟君子能由是路，出入是門也。《詩》云：「周道如砥，其

〔一〕陸隴其《示大兒定征》云：「讀書做人不是兩件事。將所讀之書，句句體貼到自己身上來，便是做人的法，如此方叫得能讀書人。若不將來身上理會，則讀書自讀書，做人自做人，只算做不曾讀書的人。」又於《寄示趙生魚裳旂公》云：「人生學問，正當在失意磨煉出來，勿爲境累也。不佞年來爲此間諸生講書……然大段意思，是要針砭學者書自書、我自我之病。」

〔二〕此孔子言「知人」之義。

〔三〕《論語·憲問》孔子語。

〔四〕謂小人墮落，只能自救，他人無奈。

〔五〕先生提倡「君子教育」。

直如矢。君子所履,小人所視。」蓋君子、小人之分途,在心理之一轉移耳,可不謹哉?

君子之稱,何義乎?解者曰:君,尹也,可以爲主而發號施令者也;子者,尊稱也,此言乎人品之良貴也。又有解者曰:古子世子及卿大夫元士之適子,與鄉校所升凡民之俊秀者,皆入學,終業之時,其成也恭敬而温文,則曰可謂君之子也已。此則重其人以尊其親,興孝道也。然則君子之稱何昉乎?曰:昉於文王。

文王作《周易》彖辭,曰「君子有攸往」,曰「利君子貞」,曰「君子有終」,蓋皆有乾惕自勉之意焉。至周公作爻辭,始以君子小人對言,曰「君子得輿,小人剥廬」,曰「君子豹變,小人革面」,曰「君子維有解,有孚於小人」。至孔子作傳,始明言陰陽消長之幾,於《泰》則曰「君子道長,小人道消」,於《否》則曰「小人道長,君子道消」,蓋心理之消息,政治之樞紐,國家之興亡,罔不係乎是焉。至子夏等六十四人,述孔子之意以爲《論語》,以君子小人對言者尤夥。厥後曾子得其傳,子思子述《中庸》,亦多以君子小人對言,蓋品詣之高下,學説之邪正,風會之清濁,罔不係乎是焉。由是觀之,君子小人之判,固天下治亂之大原,抑亦千古是非之炯戒哉?古書中稱君子,多以德言,偶有以位言者,大抵對在上者言。

請言義利之辨。義利者，人心生死之大界限也。子曰：「君子喻於義，小人喻於利。」又曰：「君子懷德，小人懷土。」喻與懷相因，惟懷故喻，惟喻而所懷乃益深。宋陸子静先生在白鹿洞書院講「喻義喻利」章，諸生有泣下者。然先生僅言科舉之弊耳，若痛言諂媚齷齪之情狀、穿窬害人之陰險，更能無痛哭流涕乎？明劉蕺山先生有《聖學三關》一書，言學者當打破三關，一曰人己關，二曰義利關，三曰生死關。夫人己關其功深矣，義利、生死二關，孔子所謂「見利思義，見危授命」、《禮記》所謂「臨財毋苟得，臨難毋苟免」是也。惟透義利關，而後能透生死關，否則所以求生者無不爲，所以避患者亦無不爲矣。

夫利者生人之大欲也，公之則善，私之則惡。《易傳》曰「利者，義之和」，「以美利利天下，不言所利」〔一〕，此天下之公利也。若夫雞鳴而起，孳孳爲利，此一己之私利也。故曾子作《大學》曰：「以義爲利，不以利爲利」，「長國家而務財用者，必自小人矣。」

天下之大亂，皆始於小人之貪利，搜括歛怨，身必殉之。吁，可畏哉！雖然，人固

〔一〕《易·乾·文言》云：「乾始，能以美利利天下，不言所利，大矣哉！」

非生而爲君子，亦非生而小人者也。《孟子》言舜與蹠之分，無他，利與善之間。蓋其始不過毫釐之不同，惟一則葆其良知，於是乎辨義徙義、集義精義，知識愈進而愈明，斯爲君子矣！一則昧其良知，於是乎好利嗜利、貪利罔利，知識愈溺而愈昏，斯爲小人矣！以字義言之，義者，美也，善也；利旁从刀，争民施奪，殺機生焉。因一人之殺機，召天下之殺機，吁，可畏哉！

請言取與之辨。《論語》「子華使齊」一章〔一〕，辨析微矣。《孟子》則曰：「可以取，可以無取，取傷廉。可以與，可以無與，與傷惠。」蓋天下無兩可之理，必如刃之劃然斬絶，而後可以入道。伊尹先知先覺，自任天下之重，而究其本原，不過「非道非義，一介不以與人，一介不以取諸人」〔二〕。可見聖賢非不取不與也，惟揆〔三〕諸道義而已。吾嘗論取與之節，當分四等：有嚴於取而嚴於與者，細行必謹，君子也。有嚴於取而寬於與者，雖難乎爲繼，亦不失爲君子也。有濫於取而濫於與者，已則不廉，而復

〔一〕《論語·雍也》載子華使於齊，冉子爲其母請粟。子曰「與之釜」，請益，曰「與之庾」，冉子與之粟五秉。子曰：「赤之適齊也，乘肥馬，衣輕裘。吾聞之也，君子周急不繼富。」言毋錦上添花。

〔二〕出《孟子·萬章上》載孟子褒揚伊尹云：「其非義也，非其道也，一介不以與人，一介不以取諸人。」

〔三〕揆，量度也。

處人於不廉，小人也。有濫於取而吝於與者，貪庸鄙俗小人之尤者也。《孟子》曰：「焉有君子而可以貨取？」夫自古士未有不謹小慎微，而能成其品行者也。世尚有卻暮夜之金，而懍四知之嚴者乎〔一〕？斯爲真理學之君子〔二〕。

請言求己、求人之辨。夫求者，有分内分外之不同，乃社會風氣清濁所由判也。子曰：「君子求諸己，小人求諸人。」孟子曰：「求則得之，舍則失之。」是求有益於得也，求在我者也。在我者，爲仁義禮智，天性之在我，此求己之説也。又曰：「求之有道，得之有命。」是求無益於得也，求在外者也。在外者，爲富貴利達，凡外物皆是，此求人之説也。三代後，運會日降，士習日偷，專知求人而不知求己，韓子所謂「伺候於公卿之門，奔走於形勢之途」〔三〕，柳子所謂「王侯之門，狂吠狴犴」，「毛羣掉尾，百怒

〔一〕此東漢楊震卻金之事，載《後漢書・楊震傳》：「王密爲昌邑令，謁見，至夜懷金十斤以遺震。震曰：『故人知君，君不知故人，何也？』密曰：『暮夜無知者。』震曰：『天知神知，我知子知。何謂無知？』密愧而出。」此謂四知，言慎獨也。

〔二〕不爲僞道學也。

〔三〕韓愈《送李愿歸盤谷序》文。

一散」〔一〕，其逢迎阿諛之情狀，令人有不忍言者。抑且患得患失，排擠害人，下井投石，無所不至，先儒云：「逢人即有求，所以百事非。」〔二〕故求之一字，今日世道之大憂也。先大夫嘗訓文治曰：「自食其力，無求於人，方爲君子。」深望後之言教育者，移其求富貴利達之心，以求道德學問。」斯言也，竊銘心而刻骨矣。

請言出處之辨。「君子居易以俟命，小人行險以徼幸」〔三〕，孔子釋「綿蠻黄鳥」之詩曰：「於止，知其所止，可以人而不如鳥乎？」〔四〕曾子曰：「鷹隼以山爲卑，而層巢其上。魚鼈黿鼉以淵爲淺，而窟穴其中，卒所以得之者，餌也。是故君子苟無以利害義，則辱何由至哉？」又曰：「與君子居，如入芝蘭之室，久而不聞，則與之化矣。與小人居，如入鮑魚之肆，久而不聞，則與之化矣。是故君子慎其所去就。」〔五〕戰國之世，處士横議，政客朋興，出處大節，掃地無餘，故孟子答陳代之問，斥枉尺直尋之

〔一〕劉宗元《乞巧文》文。
〔二〕宋人吕聲之詩句，見引於《朱子語録》。
〔三〕《禮記·中庸》文。
〔四〕《禮記·大學》文。
〔五〕《大戴禮記·曾子疾病》文。

非；答周霄之問，醜與鑽穴隙之類；答公孫丑之問，引曾子言病於夏畦；子路言未同而言，赧赧然，謂君子之所養可知已矣；答萬章之問，辨伊尹之要湯、孔子之主癰疽侍人、百里奚之市鬻於秦養牲，嶄嶄焉，凜凜焉，出處之節，豈不大哉？偶一不慎，終身失足。子雲之於新莽，文若之於曹操，可爲殷鑑也。故孔子釋《易·困》之爻辭曰：「非所困而困焉，名必辱。非所據而據焉，身必危。」《禮》曰：「道合則服從，不可則去。」〔一〕量而後入，不入而後量，惟養吾氣以全吾節，此之謂君子。

請言學術之辨。子謂子夏曰：「女爲君子儒，無爲小人儒。」小人而亦得稱儒何也？蓋百家九流，偏至者也。子夏聞師説而悟焉，故曰：「雖小道，必有可觀者焉，致遠恐泥，是以君子不爲也。」蓋子夏進於君子儒矣。《荀子·勸學篇》曰：「君子之學，入乎耳，著乎心，布乎四體，形乎動静，一可以爲法則。小人之學，入乎耳，出乎口，口耳之間，則四寸耳，曷足以美七尺之軀哉？」又曰：「君子之學也，以美其身。小人之學也，以爲禽犢。」由是觀之，孔門所謂君子儒、小人儒，與荀卿所謂君子、小人之學已不同矣。吾於是俯仰世運之升降，更有感焉。蓋君子將以學説救天下者也，而小人

〔一〕《禮記·内則》文。

則專以學説亂天下者也。子思子作《中庸》曰：「君子之中庸也，君子而時中。小人之中庸也，小人而無忌憚也。」無忌憚者，素隱行怪是也。素隱則偏，行怪則僻，於是淆亂黑白，顛倒是非，簧鼓天下，羣趨於邪説，非經侮聖，無所不至。故《禮記·王制篇》曰：「析言破律，亂名改作，執左道以亂政者，殺。行僞而堅，言僞而辨，學非而博，順非而澤以疑衆，殺。」此詎非小人之中庸哉？天下之士，「不求其端，不訊其末，惟怪之欲聞」〔一〕，嗚呼！小人爲國家則亂人紀，小人倡學説則死人心，可畏哉！可痛哉！

請言心術之辨。孟子曰：「生於其心，害於其政。」心術與政治，相爲維繫，而世運之隆汙，遂因是而變遷焉。孔子曰：「君子周而不比，小人比而不周。」「君子和而不同，小人同而不和。」「君子易事而難説也，小人難事而易説也。」「君子泰而不驕，小人驕而不泰。」凡此皆載於《爲政》問政篇之内，蓋心術之本原，即政治之精理。君子明通公溥，故能網羅天下之英才。小人則比同驕恣之心甚，惟恐人之不媚我，於是讒諂面諛之人至，而天下生民乃實受其禍矣。孔子作《易傳》，發明陰陽消息之義，以陽

〔一〕韓愈《原道》句。

剛爲君子，陰柔爲小人。夫陰柔豈必爲小人哉？惟其能從於君子則爲善，害於君子則爲大惡耳。此消息之幾，所以在於一心，而辨之宜早也。《易》曰：「負且乘，致寇至。」子曰：「負也者，小人之事也。乘也者，君子之器也。小人而乘君子之器，盜斯奪之矣。」是何也？無其德而居其位也。是故内君子而外小人，則天下安。内小人而外君子，則天下亂。

綜以上諸端，則知吾人治事應世，必先知人，而知人必先窮理。惟於理有不明，故於君子、小人之辨，顛倒錯亂，好惡乖違，此心理之大患，即世道之大憂也。孔子曰：「視其所以，觀其所由，察其所安。」曰視、曰觀、曰察，蓋必以理燭照之，乃始有其準焉。

大抵君子必敬畏而則古昔〔一〕，小人必恣肆而侮老成。孔子所謂「君子畏天命，畏聖人之言。小人不知天命而不畏，侮聖人之言」是也〔二〕。

君子必忠厚，與人爲善；小人必刻薄，忌人之善。孔子所謂「君子成人之美，不

〔一〕則古昔，謂效法古先正人。
〔二〕此一辨。

成人之惡，小人反是」是也〔一〕。

君子必光明正直，小人必偏私傾仄。孔子所謂「君子坦蕩蕩，小人長戚戚」是也〔二〕。

君子辨事，必見其大，其所籌畫，在數十百年之遠，小人則僅見其細，其所籌畫，祇在目前。孔子所謂「君子可大受，小人不可大受」是也〔三〕。

君子必謹言慎行，小人必好爲大言，不顧事實。孔子所謂「君子欲訥於言而敏於行，其言之不怍，則爲之也難」是也〔四〕。

君子必至誠篤實，小人必作僞閉藏。曾子所謂「君子必誠其意，小人閑居爲不善，見君子而後厭然」是也〔五〕。

君子必韜晦，深自歛抑，小人必表暴，惟恐人之不知。子思子所謂「君子之道闇

〔一〕此二辨。
〔二〕此三辨。
〔三〕此四辨。
〔四〕此五辨。
〔五〕此六辨。

然而日章，小人之道的然而日亡」是也〔一〕。君子交友，必剛正不阿，小人交友，必竭忠盡歡。子思子所謂「君子淡以成，小人甘以壞」是也〔二〕。

凡此皆觀人之法，然非精研理學，則不能知言；不能知言，則不能知人；是以君子大居敬而貴窮理。

論古人造字多根於性理

【釋】本文原題《論理學與文字之關係》，載《無錫國學專修學校校友會集刊·述學》第一集，一九三一年，頁六至一五；與前文相連次第。本文以《説文解字》訓故説義理，溝通漢宋兩大門户，洞察出許慎之運用《易》理，則《説文》説義，理通孔孟，此義非比尋常。乃唐先生就讀南菁書院初際，研讀陳淳《北溪字義》而掌握運用訓故以闡述義理之方法。文中闡釋十八字，據人、心、言三部之内外關係，意義通貫而下，從而顯示性理學核心義理之體統，先列《説文》，然後闡發。

〔一〕此七辨。
〔二〕此八辨。皆觀人之具體角度也。

「古者黄帝之史倉頡，見鳥獸蹏迒之迹，知分理之可相别異也，初造書契」〔一〕，分理者，文理也，是文字學始於文理，而文理即理學之權輿也。揚子雲《太玄經》之仿《易》，著於有形；而許叔重《説文》之《易》理，則寓於微意〔二〕。然亦有迹象可見者，如「一」字注：「惟初太極，道立於一，造分天地，化成萬物。」隱用《繫辭》傳「太極生兩儀」之義；而《説文敘》則曰：「知天下之至賾而不可亂也」，而部首後題辭云：「方以類聚，物以羣分，探賾索隱，厥誼可傳。」是亦有儗《易》之意矣。故凡講文字學者，必探原於性理，而後教人之道，得其法而通於心。

考《易》例，二卦相重，内卦爲貞，外卦爲悔。凡二卦性質相近者爲吉，如《比》《謙》之類是也；性質相反者爲凶，如《睽》《革》之類是也。六書中形聲、會意字，取譬相成，比類合誼〔三〕，實有可樂而玩者；而形聲字以形爲體，以聲爲用，亦猶内外卦相

〔一〕許慎《説文解字敘》文。
〔二〕此先生發現《説文解字》自存一套完整義理體系，有擬《易》之意，非徒斤斤於解説文字也。故以下十八字所蕴之性理觀念，皆據《説文解字》「心部」推求，蓋其源於《易》義。此唐先生實踐融攝漢宋之學之治學方式，有本有源之學術氣象也。
〔三〕此專指會意字，《説文解字敘》云：「會意者，比類合誼，以見指撝，武、信是也。」

配之意〔一〕。其中如人部、心部、言部，實賅人道之大原，貫性命之奧旨，蓋禮樂所自出，引而伸之，觸類旁通，固不僅訓詁已也〔二〕。

余往昔嘗遊英國倫敦〔三〕，參觀圖書館，有法國人費席葉〔四〕者，通吾國語言文字，維時偕余遊，忽問曰：「中國素號文明，先生夙研文學，今來遊我歐洲，亦知我歐人識字多乎？抑中國人識字多乎？」言已，頗露驕矜之色。余應之曰：「唯唯。歐人固無不識字矣，然吾中國人識字，固有與歐人不同者。吾中國有孝、弟、忠、信四字，必能孝、能弟、能忠、能信，而後爲識此四字。又有仁、義、禮、智四字，必能仁、能義、能禮、能智，而後爲識此四字。非然者，仍謂之不識字人。貴邦能識此八字者，多乎否乎？」費有慚色。然余非故爲大言也，蓋古人制字之初，皆有至理存焉〔五〕，是性理學

〔一〕唐先生認爲許慎六書之合體字如會意、形聲，皆取義及推衍於《易》內外卦相對與互動之爲義。

〔二〕此明《説文解字》爲理學研究所當正視。

〔三〕時在一九〇二年五月，時先生爲清廷赴英祝賀繼任維多利亞女皇之新君愛德華七世之加冕儀式使節團成員。

〔四〕先生又稱之爲「微席葉」，微席葉（Arnold Vissière 一八五八～一九三〇），一八八二年以法國公使館翻譯學生身份來華，擔任巴西與中國換約大臣翻譯，一八九二年署理法國駐上海總領事。回法國後在任外交部漢文總翻譯，任教巴黎現代東方語學校，後在中法實業銀行任職。著《北京官話：漢語初階》。時亦擔任使節團之翻譯官。

〔五〕此至理，本修身立德之踐履，非在虛談。

者，文字學之根源也。嘗欲仿宋陳安卿先生《北溪字義》之例〔一〕，爲《理學字義》一書，苦無暇晷，未及握槧。偶與諸生講「心部」十數字，特録存之，以示舉隅之例。學者苟能體之於心，而以三隅反，則性理學之本原，亦略可覩矣。

性

許君注：「人之陽氣，性善者也。从心，生聲。」

按：告子曰「生之謂性」，實係古説。蓋人之陽氣，皆天地生生之機〔二〕，是以好生而惡殺。《孟子》曰：「天下之生久矣。」又曰：「樂則生矣，生則惡可已也。」此生氣也，而皆本於生理，故凡有血氣心知之屬，莫不自愛其生。人爲萬物之靈，而聖人尤得其最秀者，故盡人物之性，即有以遂人物之生。《禮記》曰「人者天地之心也」，言人皆有天地生生之性也。此性字从心从生之精義也。

〔一〕朱子門人陳淳《北溪字義》乃講學記録，以「一貫」居中，樞紐上下兩部二十五門，上部列述命、性、心、情、才、志、意、仁義禮智信、忠信、忠恕、誠、敬、恭敬等十三門，屬於體之範疇；下部十二門，道、理、德、太極、皇極、中和、中庸、禮樂、經權、義利、鬼神、佛老，皆屬於用之範疇。

〔二〕《易·繫辭上》云：「生生之謂易。」《繫辭下傳》云：「天地之大德曰生。」

情

許君注：「人之陰氣，有欲者也。从心，青聲。」

蓋青爲東方之色，實生機所由暢。春夏之交，林木向榮，人遊其下，見青青之，悱惻纏綿之意，油然自生，是則青有以感其外，而情因以動於中也〔一〕。蓋情之取青，猶意之取音，審音可以知音，察色乃能得情〔二〕。《孟子》曰：「乃若其情，則可以爲善矣。」性之善，因情而見也。《中庸》言情惟四，曰喜怒哀樂。《禮運》言情有七，曰喜怒哀懼愛惡欲。其言雖異，其理則一。

何以言之？《中庸》以喜怒哀樂未發爲中，發皆中節爲和，繼之曰「致中和」。「致中和」者，朱注所謂「推而極之」，其本乃在於戒懼。而《禮運》之七情，懼居乎中，明以懼爲維繫六情之具矣。常人之情，每因喜而致怒，因怒而哀乃隨之，哀之極則又轉而爲喜，是喜、怒、哀相爲循環者也。人又每因愛而致惡，愛惡生其中，於是有欲，欲之

〔一〕感物興情。
〔二〕從聲、色兩層取義。

至，則又轉而爲愛，是愛、惡、欲又互爲循環者也。

夫一渾然至善之心，而一任喜、怒、哀、愛、惡、欲六者，循環其中而無已時，則心之受其戕賊而斲喪者，將何所極？是以不得不歸之於懼，此《中庸》所先言「戒慎恐懼」也。故既察青之色而知情之用，尤須通懼之意以得情之節〔一〕。

意

許君注：「志也，察言而知意也。从心，从音。」

按：音意雙聲，故意亦从音得聲。夫音者，聲之調和而精密深細者也。是故誠意之功，須體察至精密深細處，以驗心音之調和。心氣和平，則發音和平。心氣粗暴，則發音粗暴。佛家有觀世音之説，觀世音者，觀世人之心而察其善惡也。學者不必遽察人之善惡，當先察己心之音。彼音之出於金石絲竹匏土革木者，各自成聲，聞於耳，則能辨其聲音之所自出。以審音之法，内省其心，則一念動於善、動於惡，其發而爲音，善惡自不能掩。意善則出言善，意惡則出言惡。

〔一〕克己工夫。

言者，心之聲也。音發於心爲意，聞於耳成聲則爲言。意、言，亦雙聲字。是故欲謹言者，必先誠意，「如惡惡臭，如好好色」，皆誠意之事也。口之於味，目之於色，皆有好惡之誠意。然則耳之於聲，要在審己之音，而於精密深細處求其調和，乃能得好惡之正。故曰「君子必誠其意」。

思

許君注：「睿也。从心从囟。」

蓋會意字，常人謂致思曰用心，西人謂致思乃用腦筋，不知致思必用心以發動腦筋，俾心與腦貫通會合，方能致思。西人之説，乃拘於一隅。此字上从囟，腦也。致思之道，乃心與腦相會通耳。古人造字之時，已知此理。孰謂格物之學，我國不如西人哉？

志

許書無志字，大徐補曰：「意也。从心㞢，㞢亦聲。」

蓋志者，心之所之也。心之所之，因人之心理識見淺深，各有不同，如《論語》「士志於道」，「志」字最淺，故爲外物所誘。志於仁而無惡，則較深矣。孔子十五志學，此乃志之最深遠者。《孟子》曰：「夫志，氣之帥也。」又曰：「持其志，無暴其氣。」惟氣統於志，則心之所志，斯能不失其正矣。然持志之先，要當立志。持志立志，相因而致。立志而後志有可持，持志而後志方能立也。王子墊問曰：「士何事？」孟子曰「尚志」。所尚何志？則惟仁義而已矣。故吾人求學，要在志聖賢之所志。

惪

許君注：「内得於己，外得於人也。从直心。」通用作「德」。

按韓子云：「足乎己無待於外之謂德。」實則當作直心解。《書·皋陶謨》九德曰「直而温」，蓋即古者教胄子之法。《洪範》三德，一曰正直。直者，天性也。「斯民也，三代之所以直道而行」，故「舉直措諸枉則民服，舉枉措諸直則民不服」，此治道之大關鍵也。孔子曰：「人之生也直。」凡直道而行者皆生氣，枉曲而行者皆死氣。巧言令色，機械變詐，則其心日死。故直心所以修德。

忠

許君注：「敬也。从心中聲，盡心曰忠。」

按《論語》曰：「夫子之道，忠恕而已矣。」〔一〕朱子謂「盡己之謂忠」，蓋必能敬其事，而後能盡己也。中心爲忠。中者，喜怒哀樂未發之謂。人受天地之中，以生至善至中之道，發之於心，推之於事，謹慎以出之，盡力以行之，是乃忠之大者。至如鄉隅之人，能遇事持實，竭心力而爲之，亦可謂之能忠。今人諱言忠，以爲專屬於臣之事君，不知古書所言忠字，多屬於朋友常人。如《論語》「爲人謀而不忠」「主忠信」「行之以忠」「忠告而善道之」「與人忠」「言忠信」，是皆忠於朋友常人，而爲言行之常經。譬如一邑之長，能竭力治事，以愛護其民，是謂能忠。《左氏傳》所謂：「上思利民，忠也。」爲一校之師，能殫思講授，以啓發其生徒，是亦謂之能忠。孔子所謂忠，焉能勿誨乎？孟子所謂「教人以善謂之忠」是也。惟諱言忠，而盡心以勤事者寡矣，此世道之憂也。

恕

許君注：「仁也。从心，如聲。」

〔一〕《論語·里仁》曾子向門人解釋孔子自云「吾道一以貫之」之意。

按《論語》子貢問：「有一言可以終身行之者乎？」子曰：「其恕乎！」恕者，如心之謂也。「一人之心，千萬人之心」〔一〕，心相如也。「己欲立而立人，己欲達而達人」，「刑于寡妻，至於兄弟，以御於家邦」〔二〕，推之「老吾老以及人之老，幼吾幼以及人之幼」，此恕以及人也。「己所不欲，勿施於人」，「所惡於上，毋以使下。所惡於下，毋以事上」，此恕以克己也。然人之私〔三〕膠固於中，則恕不行，故學者當先行克己之恕，乃可以言及人之恕。至於「民之所好好之，民之所惡惡之」，及「所欲與聚，所惡勿施」，是皆恕之道，而行之當知所先後。惟先能惡民之惡，所惡勿施，而後能好民之好，所欲與聚也。「强恕而行，求仁莫近」，「能近取譬，爲仁之方」，己欲得所，必使萬物各得其所。反是而己獨處於安逸，使人皆處於危苦；己獨處於富貴，使人皆處於貧賤。不恕之極，不如人之心〔四〕，於是乎不平，則不祥莫大焉。

〔一〕杜牧《阿房宫賦》文。
〔二〕《孟子·梁惠王》載孟子引《詩·大雅·思齊》句以「明推恩足以保四海」。
〔三〕私欲也。
〔四〕拆恕字而説。

怒

許君注：「恚也。从心，奴聲。」

按：《皇矣》詩曰：「王赫斯怒。」文王一怒而安天下之民〔一〕，聖人未嘗不怒也。惟常人之怒出於意氣，聖人之怒則出於義理〔二〕。人稟天地之氣以生，理爲主而氣爲奴。倘意氣用事，怒在心上，如一家之中，以奴作主，事事失當，其家必亡。一心之上，以奴作主，小則成過，大則成惡，此皆意氣之奴爲之也。且「奴」字有過甚之意。弓弩之弩，言發矢甚速也。努力之努，言過用其力也。故凡人遇事，著意愈甚，則往往發怒。程子曰：「怒易發難制。」吾人當怒氣盛時，宜用强制之功，縱有忿忿不平之氣，若能淡然忘之，則怒氣自消。故《易》之《損》，象曰「懲忿」。

忍

許君注：「能也。从心，刃聲。」

〔一〕《孟子·梁惠王下》載孟子云：「《詩》云：『王赫斯怒，爰整其旅，以遏徂莒，以篤周祜，以對于天下。』此文王之勇也。文王一怒而安天下之民。」蓋勉齊宣王也。

〔二〕見義勇爲也。

忍字有二義，一曰殘忍，一曰忍耐。殘忍者，以心爲刃，而殺害他人也。今人好利之心盛，利字旁从刀，因利心以引殺機，乃致以心刃人。心既爲殺人之刃，失其和善之氣，往往利不能得，而反足以自殺，且殺及其子孫，真可痛也。仁人君子則善用其刃，用之以斬絶嗜欲，剗除邪念，乃能「動心忍性，增益其所不能」〔一〕。夫忍性之性，氣質之性也。鋒芒太露，忍之而後可以入道。故凡識字，當知兼善惡二義，學者必先去惡，乃能明善。故玩此字，必先去殘忍之忍〔二〕，斯能歸於忍耐之忍。

忌

許君注：「憎惡也。从心，己聲。」

按：《論語》「克己復禮爲仁」，朱子注「己」謂：「心之私欲也。」人生大患，莫如有己而無人。己心愈甚，則忌刻愈深。故韓子《原毁》歸結於怠與忌，是毁人之忌，亦

〔一〕《孟子·告子下》載孟子説「天將降大任於是人」義，唐先生《孟子大義》釋曰：「心必動，性必忍，然後能增益其所不能。若不動不忍，則不能者終於不能而已矣。」

〔二〕勝殘去殺也。

生於私己之心也。陸桴亭先生謂：「忌字从心，巳聲。忌、巳，雙聲。巳，蛇也。蛇盤心上，其害猶甚於心上有刃。」[一]蓋忍爲陽惡，忌爲陰惡。陰惡糾纏於心，施之於事，有如毒蛇螫人，致人欲生不得，欲死不能，故其害最烈。然害人雖不淺，而自害則更深，何也？因蛇在心上，毒發於中，轉而自噬其心，久之腐敗潰爛，必不可救藥矣。此字前後兩説可並存[二]，而後説更覺凜然可畏，蓋惟私己之深，其毒乃蟠結而終至於此。

惡

許君注：「過也。从心，亞聲。」

按：大過爲惡，天下之惡皆歸焉，斯爲極惡矣。惡字去心加土，乃成爲堊。堊者，以泥塗壁也。人之有惡，其良心爲嗜欲蔽塞，殆如物之爲泥所塗圬[三]。然觀亞

[一] 陸世儀《思辨録輯要》卷六「誠正類」謂：「忌者己心也。己字古文作蛇。蛇有毒害之意，故人心莫毒於忌。」唐先生取其宗旨大意。

[二] 謂韓愈説與陸世儀説。

[三] 此猶孟子云茅塞其心也。

字，中極其空靈，似無所蔽塞，不知惟其自以爲空靈，乃尖刻取巧。尖刻取巧，則聰明日益蔽塞，而致陷於大惡，豈非大愚乎？《易》曰：「惡不積，不足以滅身。」小人事事尖刻，日日取巧，以惡小而爲之，而極其空靈之能事，乃至惡積而不可解，而竟滅其身，是天下之大愚也。故曾文正曰：「巧召殺。」〔一〕

感

許君注：「動人也。从心，咸聲。」

按《易》卦，山澤通氣爲咸，故彖傳曰：「咸，感也。天地感而萬物化生，聖人感人心而天下和平。觀其所感，而天地萬物之情可見。」山至高也，澤至深也。而山上有澤，其氣相通，則上下無所壅隔矣。《臨卦》爻辭曰：「咸臨，吉，無不利。」咸之屬於心部者爲感，屬於言部者爲諴，皆取咸和之義。惟至誠而後感人心，感人心而後保合太和，皆氣之相感也。王者以至誠感人心，故仁義之化，不見而章，不動而變。人同此心，心同此氣，故感通如此。

〔一〕曾國藩《家書》咸豐八年言三殺三祥云：「巧召殺，忮召殺，吝召殺。孝致祥，勤致祥，恕致祥。」

憧

許君注：「意不定也。从心，童聲。」

按《易·咸》九四爻辭：「憧憧往來。」《左氏傳·魯昭公十九年》「猶有童心。」由此童心，遂生種種妄念。蓋童心與赤子之心不同，《孟子》曰：「大人者，不失其赤子之心者也。」赤子乃是嬰兒，其心至誠無僞，但知慕父母而已。及至八歲以上，既爲學童，思慮雜出，正「憧憧往來，朋从爾思」之象。此象至幾至微至危，感於不正則有害，故必須保其赤子之心，存其赤子之善念，而去其憧憧邪妄之念，則大人〔二〕可企而及也，是在用主静工夫。

快

許君注：「喜也。从心，夬聲。」

〔二〕《論語·告子上》載公都子問曰：「鈞是人也，或爲大人，或爲小人，何也？」孟子曰：「從其大體爲大人，從其小體爲小人。」曰：「鈞是人也，或從其大體，或從其小體，何也？」曰：「耳目之官不思而蔽於物，物交物，則引之而已矣。心之官則思，思則得之，不思則不得也，此天之所與我者。先立乎其大者，則其小者不能奪也，此爲大人而已矣。」大人者能思而不蔽於耳目。

按：快本訓爲喜，而後人引申之，則爲疾速之義，何也？按《易傳》曰：「夬，決也，剛決柔也。」夬之屬於心部者爲快，屬於水部者爲決。剛決務在疾速，故曰快。孔子《雜卦傳》曰：「君子道長，小人道憂。」此見任賢去邪，皆當疾速，否則慢且過矣。然其幾，本於一心，行有不慊於心則餒〔一〕。慊，快也。以五陽決一陰，天人交戰，在俄頃之間，《艮卦》爻辭曰：「不拯其隨，我心不快。」象曰：「未退聽也。」言私欲未能退聽，以其不決，則不快也，故《豫》卦又曰：「遲有悔。」〔二〕

息

許君注：「喘也。从心自。」

按：許注未是。段注謂：「自者，鼻也。心氣必从鼻出，故从心自，如心思上凝於囟，皆會意也。」其説極是。蓋腦與心相應謂之思，鼻與心相應謂之息。《周易》言

〔一〕《孟子·公孫丑上》載孟子言浩然之氣曰：「其爲氣也，至大至剛，以直養而無害，則塞于天地之間。其爲氣也，配義與道，無是，餒也，是集義所生者，非義襲而取之也。行有不慊於心，則餒矣。」氣之剛健正大，取決於心。

〔二〕善惡之動念，當機立斷，乃在一心。

息字，有休息、息滅、發息三義。象傳「君子以向晦入晏息」，言休息也。人當静坐時，思慮不絶，是心未能休息也，必心與鼻相應，以數鼻息，久而忘數，心乃無事而休息矣，故爲雷藏澤下之象。至《乾》象傳「君子以自强不息」，言不息滅也。若陰陽消息之息，言發息也。君子知消息無常，當求不息滅之道，其惟自强乎？學者未能遽言自强，先當調息以養氣，使心氣和平，而後能因應萬事。蓋休養生息，必自本心始。朱子有《調息箴》〔一〕，言養氣之法，甚爲精切。

恬

許君注：「安也。从心，甜省聲。」

按《書·梓材篇》「引養引恬」，實爲恬適養心之始。《莊子·繕性篇》「以恬養知，以知養恬。」知與恬，有交相養之道。人以舌抵上齶，即津液生，有甜美之味，自然恬適。以心有寄託，則雜念自消。此道家養生之法，然其義實本於《尚書》。

〔一〕朱子《調息箴》載先生《紫陽學術發微》卷七；箴後附唐先生解説，可互參。

愾

許君注：「太息貌〔一〕。从心，氣聲。」引《詩》曰：「愾我寤嘆。」

竊謂此義太偏仄。愾者，言養心先養氣也。《孟子》曰：「志，氣之帥也。氣，體之充也。持其志，無暴其氣。」又曰：「其爲氣也，至大至剛，以直養而無害，則塞於天地之間。」愾者充塞之謂〔二〕，故《廣雅·釋詁》：「愾，滿也。」《禮記·哀公問篇》：「愾乎天下。」亦言充塞乎天下也。文文山先生《正氣歌》曰：「天地有正氣，雜然賦流形。於人曰浩然，沛乎塞蒼冥。」蓋天地正大氣，惟人心有以體之，故張子《西銘》曰：「天地之塞吾其體。」〔三〕至《莊子·人間世篇》謂：「氣也者，虛而待物者也。惟道集虛。虛者，心齋也。」此亦言養心養氣之法，然與《孟子》之言，一虛一實，迥不同矣。又《左氏傳》「諸侯敵王所愾」訓作「怒」，怒者，氣之過也。氣不可使之暴，故《孟子》曰：「是氣也，而反動其心。」

〔一〕《説文》流傳本作「太息也」，「也」字段玉裁注批評爲誤，云作「皃」爲是。皃即貌，故唐先生據爲正。
〔二〕此先生心得。
〔三〕唐先生《孟子大義》卷三釋「則塞於天地之間」云：「凡人之生，莫不秉天地至正之氣，而有存有不存者，養與不養之别，即其人直與不直之别也。《論語》云：『人之生也直。』唯直而後有生氣，有生氣然後能自養也。」

右十八字，俱形聲兼會意。凡讀「心部」諸字，當知養心之道，如以上所列是也。

讀「人部」諸字，當知修身之道。如仁字，爲「相人偶」，二人相對，有我即有人，由一人而推諸千萬人也。信字，爲人言，《穀梁傳》所謂：「不若於言者，人絶之也。」有禽獸之心，則不能爲人之言也。位字，「人所立也」，惟能立天下之正位，斯爲立人之道，否則無以自立於世。

讀「言部」諸字，當知謹言之道。如誠字，必真實而無妄，乃成爲言也。訒字，不敢盡其所有餘〔一〕，當以刃斬絶其枝辭也。

又推之於他部，如國字〔二〕，古爲或字，口即國也，以戈守地，《易》所謂「有戎勿恤，觸目而警心」矣；其後孳乳之字爲國，「邦畿千里，維民所止」。惟不从民而从或者，即《易》「或躍在淵」義，苟無德以居之，則或者將革而據之也〔三〕。

〔一〕此句乃朱子解釋《論語・學而》孔子所訓誨門人「敏於事而慎於言」之君子行云：「敏於事者，勉其所不足。慎於言者，不敢盡其所有餘也。」謂不敢枝蔓其辭也。

〔二〕國字在《説文解字》口部。

〔三〕戒失德也。

「宀部」家字，應據《六書故》作⿱宀乑，人所合也，从乑〔一〕。乑，古族字，民族所聚。从三人者，《易傳》所謂：「父父子子，兄兄弟弟，夫夫婦婦，而家道正。正家而天下定也。」〔二〕後乑訛作豕，許君謂从豭省聲，段氏以牢字爲喻，均非。

「又部」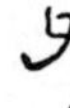，「巨也，家長率教者。从又，舉杖。」《禮記》所謂「祇敬杖屨」之意。觀舉杖形，則父母之年，不可不知，一則以喜，一則以懼〔三〕。孝子之心，惻怛宜如何矣。

「女部」母字，象褱子形，又象哺乳形。「母兮鞠我，出入腹我」，讀之令人自動孝思也。

又如「文者，錯畫也」，一陰一陽之謂道，交錯而成文，故《易傳》曰：「物相雜，謂之文。」觀乎文而可以知陰陽剛柔之性，治之得其宜矣。

「章者，音也」，聲成文，謂之音。音至於十則成章，言其章明也。古人作樂以感人心，謂之樂章。後人因文以感人心，謂之文章。故作文者，因聲以求氣，氣盛則聲之高下皆宜也。

〔一〕唐先生據《康熙字典》引録。
〔二〕《易・家人卦》彖辭。
〔三〕《論語・里仁》孔子語。

又如后、司二字，「后者，主也，謂在上者」，「司者，有司也，謂在下者」。后與司合，上下一心，則成同字。故求爲大同之治者，必君民同體，好惡與共。卿士從，庶民從，是之謂大同〔一〕。同聲相應，同氣相求，如出於一口。儻不能同心，即成反對矣。若此之類，不過略舉一二以爲例。後之識字者，固當究極理要。其造字者，尤當根據理要，以爲準則，庶不至有無知妄作之弊。

論理字本訓

【釋】本文全面考訂理字之涵義，批駁戴震、焦循説之偏頗。

或謂：「理字之義淪於空虛，早經戴東原、焦禮堂輩發揮而掃除之矣，子獨諄諄然言理，不其悖與？」

余應之曰：此不通訓故經義之論也。按：《説文》：「理，治玉也。从王〔二〕，里

〔一〕見《尚書·洪範》。

〔二〕此用段玉裁《説文解字注》。

聲。」蓋古形聲字多有兼會意者，如性者生也之類，亦其例，别見文字學條。特會意字皆「比類以合誼」，而形聲字則兼以意義，「取譬相成」而析言之爾。如理字之从王，取其精細也；里聲，譬其廣大也。天下之物，文理莫細於玉；而琢磨之工，亦莫精於玉。故《孟子》曰：「今有璞玉於此，必使玉人彫琢之。」蓋玉人能順玉文理之細而治之，故訓之曰「治玉」也。里字从田从土，《韓詩外傳》：「廣三百步，長三百步，爲一里。」周文王制其田里，方里而井，方十里爲成。里者，因地而畫者也。有制里之法，於是乎經緯縱横，錯綜高下，莫不秩然而有序。故曰「地理」，言乎其廣大也。

理字之義，擴之極其大，則充乎六合；析之極其精，則細入毫芒，夫是之謂理學。大抵古人之言理者，權輿於地，故《易·繫辭傳》曰：「易與天地準，故能彌綸天地之道，仰以觀於天文，俯以察於地理。」《坤卦·文言傳》曰：「君子黄中通理。坤，地道也。」《禮記·月令篇》曰：「毋絶地之理。」《中庸篇》曰：「文理密察。」又曰：「簡而文，温而理。」皆以文與理對言。文以屬乎天，理以屬乎地也。文者非有一物之可見，遇於迹象而後見。理者亦非有一物之可見，遇於事物而後見。故窮理在於格物，夫何空虚之有？

考戴氏之言謂「理者察之而幾微，必區以别之名，是故謂之分理」，「得其分則有條不紊，謂之條理。凡經傳中言理，謂人情之不爽失者也，非指潔淨空闊之一物也」。〔一〕其言似矣。惟字義固有實用、虛用之別。如孔子言「和順於道德而理於義」，《孟子》言「始終條理」，此虛用字也。孔子言「窮理盡性，順性命之理」，《孟子》言「心之所同然者，謂理也義也」，《禮記·樂記篇》曰「不能反躬，天理滅矣」，此實用字也。若必執其虛用者而欲掃除其實用者，則如《孟子》經正民興，即可例經解與五經六經之「經」字乎？然則專訓理字爲條理者，特偏言之端耳。此當辨者一也〔二〕。

戴氏又謂六經孔孟之書以及傳記羣籍，言理者少〔三〕，後儒不當據理以爲準則。此無論經傳中理字不爲少，即如其言，要知先聖之所創作而後儒之所闡明者，在乎心之安與不安，不在乎字之多見與不多見。伏羲、文王未嘗言太極也，而孔子言之。周公、孔子未嘗言浩然之氣、良知良能也，而《孟子》言之，豈得以其不經見而少之乎？若以古今不經見而不敢言，則後世誰復有發明之學乎？此當辨者二也〔四〕。

〔一〕戴震《孟子字義疏證》卷上。
〔二〕此據詞性而辨。
〔三〕戴震《孟子字義疏證》卷上云：「六經孔孟之言以及傳記羣籍，理字不多見。」
〔四〕此據詞彙之開拓辨之。

戴氏又謂「理至聖人而後無蔽，《孟子》以聖人先得義理爲人心所同然，若未至於同然，而存乎其〔一〕人之意見，不可謂理」，「今雖至愚之人，悖戾恣睢，其處斷一事，責詰一人，莫不輒曰理者」，「由自矜理具於心，而遂以心之意見當之也」。嗚呼！此誣民之論也。《孟子》言「理義之悦我心，猶芻豢之悦我口」，其意蓋謂凡民之同於聖人，而戴氏之意，乃適與之相反。「是非之心，人皆有之」，故曰性善。若謂必聖人而理始無蔽，非聖人者，皆意見之私也，則天下安所得如許之聖人，以定是非之理？《易傳》曰：「乾以易知，坤以簡能。易簡而天下之理得矣。」天下之理得者，得乎人心之所同然也，易知而易能也。今處斷一事，責詰一人，直言之曰理，而衆人皆服者，以其得乎心之所同然也。若處斷責詰曲言之曰理，而衆人皆不服者，以其出於意見，而非心之所同然也。是理者，正所以判公私之界者也。今必破理具於心之説，則是人心無是非，而天下無公理矣，豈吾儒所忍言乎？故曰此誣民之論，而當辨者三也〔二〕。

《大學》曰：「物有本末，事有終始。」《中庸》曰：「致廣大而盡精微。」理者，貫徹

〔一〕「其」字脱，據戴氏《孟子字義疏證》補入。
〔二〕此據同理心辨之。

乎本本終始，所以致廣大而盡精微也。惟潔淨乃所以爲精微，惟廣大乃覺其爲空闊。戴氏惡宋儒之言理爲潔淨空闊之一物，而欲掃除之，矯枉過正，則勢必掃除其固有之性。既掃除其固有之性，則勢必與本心之仁義禮智，而一併掃除之，於是乎人心橫肆，無所底止，而世道益不可問矣！故曰：「君子一言以爲知，一言以爲不知，言不可不慎也。」〔一〕吾懼夫空疏無具言理者之陋也，吾懼夫心粗氣浮言理者之妄也，吾更懼夫懷私爭勝言理者之偏且戾也〔二〕，《易》曰：「失之毫釐，差以千里。」貽誤後學，非淺鮮也。爰先發明理字訓詁，並闡《孟子》真詮，參以《大學》格物之旨，以質諸當世。若夫焦氏之論一貫忠恕〔三〕，吾有取焉；其論理〔四〕，則戴氏之唾餘耳，故不復辨。

論理氣之分合

【釋】理氣乃性理學之基本概念，唐先生考察朱子乃主理氣合一，反駁戴震批評失實，無知

〔一〕《論語・子張》載子貢批評陳亢之言。
〔二〕此三者先生所辨。
〔三〕焦循《一貫忠恕》，載氏著《論語通釋》第一篇。
〔四〕焦循《理說》一文，載氏著《雕菰集》卷一〇。

於理學。

「論萬物之一原，則理同而氣異；觀〔一〕萬物之異體，則氣猶相似，而理絶不同。」〔二〕此朱子之語，純粹以精者也。曷謂理同？皆得天地生生之理也。曷謂氣異，靈蠢攸殊，而靈之中尤有靈，蠢之中尤有蠢也。曷謂氣猶相似？形質皆有動静也。曷謂理絶不同？仁義禮智之性，非物之所得而有，而物與物之性又各異也。

然朱子又謂：「必先有是理，然後有是氣。」〔三〕既有是氣，即有是理，何也？天地果無初乎？吾不得而知之也。惟夫氣之輕清而上浮者爲天，必輕清者有上浮之理也；氣之重濁而下降者爲地，是必重濁者有下降之理也。不然，何不聞重濁上浮、輕清下降也？以人之一心言之，喜而後喜氣生，怒而後怒氣生，有是理故有是氣也。喜

〔一〕「觀」字，原作「論」，據《朱子語録》爲正。
〔二〕《朱子語類》卷四「性理」載朱子語。
〔三〕《朱子語類》卷一載或人問：「必有是理，然後有是氣，如何？」朱子曰：「此本無先後之可言。然必欲推其所從來，則須説先有是理。然理又非別爲一物，即存乎是氣之中；無是氣，則是理亦無掛搭處。氣則爲金木水火，理則爲仁義禮智。」

而飾怒，怒而飾喜，則氣不至，何也？無是理，故無是氣也。是故理不離乎氣，亦不雜乎氣，此千古不磨之論也。而後人不達其説，多疑而攻之者，何也？

余嘗晝夜淵思，博稽往籍，而知「理氣合一」與夫「理在氣先」之説，自古聖賢以迄後代通儒，皆莫之或易。孔子之言曰：「一陰一陽之謂道，繼之者善也，成之者性也。」〔一〕合陰陽以言道，理氣合也；先繼善而後成性，理在氣先也，命之善先於性之善也。又曰：「聖人之作《易》也，將以順性命之理，是以立天之道曰陰與陽，立地之道曰柔與剛，立人之道曰仁與義。」〔二〕順性命之理，理先於氣也；合陰陽、剛柔、仁義以言理，理氣合也。

《孟子》論浩然之氣曰：「是集義所生者，非義襲而取之也。行有不慊於心，則餒矣。」心不慊者，理不足也；理不足而氣餒，理先於氣也。又曰：「形色天性，惟聖人然後可以踐形。」理氣合也。又曰：「口之於味，目之於色，耳之於聲，鼻之於臭，四肢之於安佚，性也。有命焉，君子不謂性也。仁之於父子，義之於君臣，禮之於賓主，智

〔一〕《易·繫辭上》文。
〔二〕《易·説卦傳》文。

之於賢者，聖人之於天道，命也。有性焉，君子不謂命也。」是說也，蓋即宋儒義理之性、氣質之性所由昉。戰國之世，人欲横流，必以義理限氣質而後可以無弊，是理爲氣主也。戴氏東原有會于《孟子》之言，矜爲創獲，謂：「目能辨色，耳能辨聲，心能辨理義，血氣心知皆有自具之能。」是性善即於形氣，而非外於形氣，遂詆宋儒分理氣爲二，以爲悖於孔孟之旨。嗚呼！抑何考之不審也？

周子之言曰「五行之生，各一其性」，「性者，剛柔善惡中而已矣」，未嘗離氣而言理也。程子之言曰：「性即氣，氣即性。論性不論氣不備，論氣不論性不明。」未嘗離氣而言理也。張子之言曰：「由太虚有天之名，由氣化有道之名，合虚與氣有性之名，合性與知覺有心之名。」未嘗離氣而言理也。又曰：「形而後有氣質之性，善反之則天地之性存焉。」此即本《孟子》不謂性之説，而理與氣合之義益顯。朱子之言曰：「天以陰陽五行，化生萬物，氣以成形，而理亦賦焉。」〔一〕又曰：「性須是氣質，方説得性字。若人生而上，衹可説天道。」〔二〕未嘗離氣而言理也。戴氏於此，抑何考之不

〔一〕朱子《中庸章句》釋「天命」之義。
〔二〕《朱子語類》卷九五。

審也？

又推而求之於明儒。薛敬軒〔一〕、羅整庵〔二〕二先生，篤信程朱者也。薛氏之言曰：「凡大小有形之物，皆自理氣至微至妙中生，以至於成形而著。」〔三〕又曰：「形而上者謂之道，形而下者謂之器。聖人論理氣最分明，無離而二之之病。」〔四〕又曰：「理氣雖不可分先後，然氣之所以如是者，則理之所爲也。」〔五〕未嘗離氣而言理也。羅氏之言曰：「氣之聚便是聚之理，氣之散便是散之理。惟其有聚有散，是乃所謂理也。」〔六〕又曰：「通天地，亘古今，無非一氣而已。氣本一也，而一動一静，一往一來，一闔一闢，一升一降，循環無已，爲四時之温涼寒暑，爲萬物之生長收藏，爲斯民之日

〔一〕薛瑄（一三八九～一四六四），字德温，號敬軒，山西河津縣人，永樂十九年（一四二一）進士，官至禮部右侍郎兼翰林院學士，入閣參預機要事務，著《讀書録》二十二卷。

〔二〕羅欽順（一四六五～一五四七），字允升，號整庵，江西泰和人，弘治六年（一四九三）進士，授翰林院編修，官至南京吏部尚書。潛心理學，深有得於性命理氣之微旨，以二十餘年之力作《困知記》四卷，維護朱子。卒贈太子太保。

〔三〕薛瑄《讀書録》卷二。

〔四〕薛瑄《讀書録》卷三。

〔五〕薛瑄《讀書録》卷二。

〔六〕羅欽順《困知記》卷下。

用彝倫，爲人事成敗得失，千條萬緒，而卒不可亂，是即所謂理也。」〔一〕此蓋本朱子《答柯國材書》「一陰一陽，往來不息，即道之全體」〔二〕之義，未嘗離氣而言理也。又推而求之於清初諸儒。陸桴亭、陸稼書二先生，篤守程朱者也。桴亭先生《思辨録後集》「天道」「人道」二類，言理氣莫不合義理、氣質爲一；又作《性善圖説》謂：「性爲萬物所同，善惟人性所獨，性善之旨，正不必離氣質而觀。嘗取《孟子》前後論性語反復讀之，始知《孟子》祇就氣質中説善；於是又取孟子以前孔子、子思之言按之，無不同條共貫；又取孟子以後周、程、張、朱之言觀之，周則無不脗合，程朱則間有一二未合，而合者常八九也。」〔三〕未嘗離氣而言理也。稼書先生之言曰：「有是理則必有理所會歸之處，有是氣則必有氣所統攝之處。天下未有無本而能變化無方者，未有無本而能流行不竭者。」又曰：「盈吾身之内者皆氣也，而其運於氣之内者理也。……理氣之萬殊者，昭昭矣，而其本則在心。心也者，是氣之精英所聚，而萬理之原也。」〔四〕是

〔一〕羅欽順《困知記》卷上第十一章。
〔二〕《朱子語録》卷三載朱子語亦云：「是以一陰一陽，往來不息，而聖人指是以明道之全體也。」
〔三〕陸世儀《思辨録輯要》卷五七。
〔四〕陸隴其《三魚堂文集》卷一《理氣論》文。

未嘗離氣而言理也。戴氏於此，抑何考之不審也？

夫自古聖賢通儒，皆不離氣以言理，即不離氣質以言性。而彼菲薄宋儒者，謂其言性於人物未生以前，遂詆之爲虛渺，斥之爲禪學，豈不妄哉？君子之於著述，「質諸鬼神而無疑，百世以俟聖人而不惑」〔一〕，其於所不知，蓋闕如也。戴氏精於音韻訓詁之學，爲當世所推重，惟其於理學，則固茫乎其未有得也。夫既無心得，而乃强不知以爲知，且陰竊先儒之緒餘，轉以攻擊先儒，開後世叫囂侮慢之習，吾故不可以不辨。

論理欲之辨别

【釋】唐先生强調因時立教，乃救世之大義；而存天理去人欲，源出《禮記》，聖人立教宗旨，乃向來聖學主張，非朱子一人私言；從朱子至陽明，性理學充分體現其精髓。唐先生考察經籍中言「欲」之三項具體義涵，即善欲、惡欲、可善可惡之欲，善者養之，惡者遏之，因材施教之義存焉。指出戴震之説，義出《荀子》，則其刻意歪曲《孟子》，其來有自，皆逆因時立教之義。

〔一〕《禮記·中庸》文。

「教也者，民之寒暑也。教不時則傷世」，《禮記·樂記篇》文。斯言也，古教育家至精至微之論，惟聖賢能心知其意者也。聖賢之立教也，莫大乎因時〔一〕。故有學説雖出於古且正而弗尚焉者，由其不合乎時。不合乎時，則不能救世也。戰國之時，《孟子》創性善之説，無論性之本善也，原其學説，蓋將發人不忍人之心，而救嗜殺人之害也；《荀子》創性惡之説，無論性之本不惡也，推其學説，實足開人自暴自棄、賊仁賊義之漸也。此《孟子》之立教知時，而《荀子》之立教不知時也。吾於理欲之辨亦云然，請得而申言之。

《樂記篇》：「人生而静，天之性也。感物而動，性之欲也。物至知知，然後好惡形焉。好惡無節於内，知誘於外，不能反躬，天理滅矣。」又曰：「人化物也者，滅天理而窮人欲者也。」朱子《樂記動静説》曰：「人有是性，則即有是形。有是形，則即有是心，而不能無感於物。感於物而動，則性之欲者出焉，而善惡於是乎分矣。性之欲，即所謂情也。」「物至而知。知之者，心之感也。好之惡之者，情也。形焉者，其動也。

〔一〕謂「因時」立教，進而「知時」立教。

所以好惡而有自然之節者，性也。」「好惡無節於内」一節〔一〕，「正天理人欲之機，間不容息處。惟其反躬自省，念念不忘，則天理益明，存養自固，而外誘不能奪矣。」〔二〕朱子注解，極爲明瞭。

戴氏東原以：「理即情之不爽失者，在己與人皆謂之情：無過情、無不及情之謂理。」「欲出於性，由一人之欲，推之知天下人之同欲，此謂不能反躬而窮人欲。欲不可窮，非不可有。有而節之，使無過情。無不及情，即合乎天理矣。」〔三〕此説雖混情理爲一，而與朱子實不相違。乃後之申戴氏學者，以宋儒謂天理爲正，人欲爲邪，舉凡寡欲、遏欲、無欲之説，皆屬清淨寂滅之談，且併程朱而斥之爲禪學。嗚呼！此真可謂不讀書者。

夫解字有渾言、析言之别，同一「欲」也，有千萬人之心，即有千萬人之欲，紛紜蕃變，豈得概而同之？兹特約舉經傳諸子析言之。

《論語》子曰：「己欲立而立人，己欲達而達人。」《孟子》曰：「所欲有甚於生者，

〔一〕此唐先生節原文，指《樂記》「好惡無節於内，知誘於外，不能反躬，天理滅矣」一節。
〔二〕朱子《樂記動静説》，載《朱文公文集》卷六七。
〔三〕唐先生批評戴震説，原材料皆取自黄式三《申戴》（氣、理、性）三説，此篇取《申戴氏理説》，載《儆居集·經説》。

故不爲苟得。」又曰：「可欲之謂善。」《禮記・閑居篇》曰：「清明在躬，志氣如神。耆欲將至，有開必先。」凡此所謂欲，皆根於良知，出於天性之欲，有善而無惡者也〔一〕。《易・頤卦》爻辭曰：「虎視眈眈，其欲逐逐。」《論語》子曰：「棖也欲。」後人加「心」字，誤。「苟子之不欲。」原思曰：「克伐怨欲，不行焉。」《禮記・坊記篇》曰：「命以坊欲。」許叔重《說文解字》「欲」字下注曰「貪也」，「貪」字下注曰「欲也」，此轉注字，段注甚明。凡此所謂欲，皆貪欲之欲，有惡而無善者也〔二〕。

《禮記・禮運篇》曰：「何謂人情？喜怒哀懼愛惡欲，七者不學而能。」又曰：「飲食男女，人之大欲存焉。死亡貧苦，人之大惡存焉〔三〕。夫欲惡者，心之大端也。人藏其心，不可測度也。」董子曰：「命者，天之令也。性者，生之質也。情者，人之欲也。」又曰：「人欲之謂情，情非制度不節。」〔四〕許氏《說文》「情」字下注曰：「人之侌氣有

〔一〕善欲，善意盼求。
〔二〕惡欲，貪欲。
〔三〕「死亡貧苦，人之大惡存焉」句脱，據《禮運》原文補入。蓋下句言「欲惡」，指此大欲與大惡，若脱，則文意不接，故須補入也。
〔四〕董仲舒語皆載《漢書》本傳。

欲者。」梅賾《古文尚書》曰：「惟天生民有欲，無主乃亂。」凡此所謂欲，皆凡民平常之欲，可善可惡者也〔一〕。

君子於是有養欲之方〔二〕，遏欲之功〔三〕，寡欲無欲之道焉。孔子曰「欲仁而得仁」，又焉貪〔四〕？此蓋以仁道充己之欲者也。子貢曰：「我不欲之加諸我也，吾亦欲無加諸人。」此蓋以恕道推己之欲者也，是養欲之説也。蓋言先養己天性之欲，而後推及于不欲勿施、所欲與聚，養欲之説，方爲完備。《易傳》曰：「君子以懲忿窒欲。」《論語》子曰：「富與貴，是人之所欲也。不以其道得之，不處也。」後人僅節取上句，以爲富貴爲人之大欲，乃導人以貪欲，可謂大謬。《孟子》曰：「生亦我所欲，所欲有甚於生者，故不爲苟得。」是遏欲之説也。

《孟子》曰：「養心莫善於寡欲。其爲人也寡欲，雖有不存焉者寡矣。其爲人也

〔一〕中性之欲，情欲。
〔二〕養善欲。
〔三〕遏貪欲。
〔四〕此言善欲。

多欲，雖有存焉者寡矣。」〔一〕此寡欲字，指貪欲而言。存者何？存天理也。是寡欲之説也。進乎此者，則爲無欲。《禮記·表記篇》子曰：「無欲而好仁者，天下一人而已矣。」此無欲字，亦指貪欲而言。故《禮運篇》曰：「用人之仁，去其貪。」蓋因己之無欲，推之以戒人之貪欲也。

周子《太極圖説》曰：「聖人定之以中正仁義而主静，立人極焉。」自注云：「無欲故静。」又《通書》曰：「一者無欲也，無欲則静虚動直。静虚則明，明則通。動直則公，公則溥。」此無欲字，皆指貪欲而言。曰「定之以中正仁義」，曰明曰公〔二〕，則決非空虚矣。是寡欲之説，推其極而至於無欲者也。

若夫主虚無淡泊者，如《老子》所謂「常使民無知無欲」，謂「不欲以静，天下將自定」，此欲字亦指貪欲而言。然道家功夫，究與儒家有異。蓋儒家之無欲，以仁義充其欲而無欲也〔三〕；道家之無欲，以清虚掃其欲而無欲也〔四〕。後儒乃比而同之，且斥

〔一〕《孟子·盡心下》文。
〔二〕前引周敦頤《通書·聖學》，乃指出「明通公溥」要旨，唐先生以明公二字概括言之。
〔三〕充養其善欲，而去其貪婪之惡欲，遏惡揚善，乃工夫也。
〔四〕善者無存也。

寡欲、無欲之説爲禪學，然則孔孟亦禪學乎？

吾考戴氏之説，蓋有所本矣。《荀子·禮論篇》曰：「禮起于何也？曰：人生而有欲，欲而不得，則不能無求。求而無度量分界，則不能不争。争則亂，亂則窮。先王惡其亂也，故制禮義以分之，以養人之欲，給人之求，使欲不窮乎物，物必不屈于欲。」《正名篇》曰：「凡語治而待去欲者，無以道欲而困於有欲者也。凡語治而待寡欲者，無以節欲而困於多欲者也。」又曰：「性者天之就也，情者性之質也，欲者情之應也。以欲爲可得而求之，情之所必不免也。」凡此皆戴氏據以爲説者也。

夫《荀子》既言性惡矣，乃又謂：「性者天之就，情者性之質，欲者情之應。」〔一〕而欲養人之欲，豈非長民之惡乎？此其爲説，固已自相矛盾。且又謂語治不可去欲，又不可寡欲，則更導爲治者以徇民之情，縱民之欲，而濟之以惡矣。

且夫欲者，雖人之所同，而其辨别在公與不公，恕與不恕而已。故《左氏傳》之論欲，載臧文仲之言曰：「以欲從人則可，以人從欲鮮濟。」《僖二十年傳》。此其判欲字公私之界，彰彰明矣。又載子産之言曰：「衆怒難犯，專欲難成。」《襄十年傳》。又載魯襄

〔一〕《荀子·正名》原文三句末有也字。

公作楚宫，穆叔曰：「《大誓》曰：『民之所欲，天必從之。』君欲楚也……必死是宫也。」《襄三十一年傳》。此見專欲之干衆怒，而必死於欲，又彰彰明矣。是以孟子之戒諸侯曰：「今之欲王者，猶七年之病，求三年之艾。」而遏齊宣王之大欲，則曰：「以若所爲，求若所欲，盡心力而爲之，後必有災。」後儒謂孟子不責齊王之欲，而實齊王之爲不知所爲，實根於所欲。《史記·汲黯傳》載武帝曰吾欲云云，黯對曰：「陛下内多欲而外施仁義，奈何欲效唐虞之治乎？」此見爲治者當遏欲寡欲，又彰彰明矣〔一〕。

夫君人者，兢兢業業，以理制欲，猶恐其或縱。乃因養人之欲，給人之求，而謂在我不可無欲而寡欲，在人亦不可去欲而寡欲，此誠所謂性惡而逢人之惡者也。戴氏隱用其説，既破除理字，又於欲字公私之界，牽混不清，而乃以難宋儒，多見其不知量也。

要而論之，天性之欲〔二〕決不可無，而專恣之欲則決不可有〔三〕；大公之欲〔四〕決不

〔一〕道義勉爲政者也。
〔二〕謂人情本能之中性之欲。
〔三〕謂貪婪之惡欲。
〔四〕謂上達之善欲。

可無，而私己之欲決不可有，此其大界限也。惟聖人有慎獨之功，於理欲之界，析之精且密，故其立教能因乎時。大凡治世之民，其欲多出於正者也；亂世之民，其欲多出於邪者也。夫其欲已多出於邪，而猶津津然導而媚之曰：「吾將以養欲而給求也。」則夫紾兄之臂，逾東家牆者，勢將接跡於天下，而人且無異於禽獸。嗚呼！豈不謬哉？

夫以孔子生知之聖，至七十而始「從心所欲」，又以「不逾矩」爲節。矩者，理之則也。今以知識幼稚之青年，亦曰從心所欲，而不知以理範圍之，又豈不危哉？是故以「理」提倡天下，乃可以救世；以「欲」提倡天下，必至於傷世。吾惜夫戴氏之論欲，其立論非不善，而其爲教，則如陰陽寒暑之皆不得其時也〔一〕。夫庸醫執古方以治病，藥不對證，以至於殺人者死矣。吾悲夫「立教殺人」者之多也，故特發明宋儒之學，曰「存天理，遏人欲」，又曰「以理制欲」。即如利字，美利也，故《易》曰：「利物和義。」然至春秋時，孔子言小人喻利。至戰國時，孟子更痛惡利字，以其爲一己之私利也。故曰：言豈一端，各有所當。

〔一〕謂戴震立教非其時也，以其道還治其人，批評其「立教殺人」也。

論性情與心之辨别

【釋】此論理學之性、情、心三者之本質。

宋横渠張子曰：「由太虚有天之名，由氣化有道之名，合虚與氣有性之名，合性與知覺有心之名。」〔一〕斯言也，驟讀之，或未易辨。朱子注《中庸》首章第二節云：「道者性之德而具於心。」注第四節云：「喜怒哀樂，情也，其未發則性也。」故性情與心之辨，實爲言性學者初基。蓋性者，仁義禮智信五常之德，皆寓於心。性無迹而心有形，氣以成形，則其質或不免有所偏，且易爲物欲所蔽，故必修道而後能復其性。陸稼書先生《學術辨》曰：「氣之精英，聚而爲心。是心也，神明不測，變化無方，要之亦氣也。其中所具之理則性也。故程子曰『性即理也』，邵子曰『心者性之郛郭』……是心也者，性之所寓而非即性也。性也者，寓於心而非即心也。」〔二〕此辨心性界限極爲

〔一〕張載《正蒙·太和》。
〔二〕陸隴其《學術辨·辨中》文。

分明。

然文治謂張子「心統性情」一語[一]，渾括尤極簡當。按：性情二字俱從心，「天地之大德曰生」，性者生理也，故先儒又曰「性，生也」。人秉純粹至善之性，發而爲藹然惻坦之情。情字從青，青，東方之色，發露於外者也。人當春夏之交，見萬物萌芽，彌望青葱，欣欣向榮，不覺纏綿悱惻之情，油然自生，是何也？以人之情應乎天地之情是也[二]。是故性本善而情亦善，性爲未發，情爲已發，而皆統攝於心，以爲體用。《孟子·告子上篇》前六章論性，後七章論心，中以「公都子問性」章作樞紐，曰：「惻隱之心，仁也；羞惡之心，義也；恭敬之心，禮也；是非之心，智也。」蓋仁義禮非由外鑠我也，性也，其發爲惻隱、羞惡、恭敬、是非，則情也，而皆擴攝[三]於一心，所謂心統性情也。明乎此，則心、性、情之辨，不至混淆，而讀先儒性理諸書，可以迎刃而解矣。

[一] 張載「心統性情」乃心識統持之工夫。
[二] 謂通感也。
[三] 「擴攝」，擴充統攝，一外一內之心識工夫。

凡解經窮理，不知渾言、即合而言之。析言即分而言之。之别〔一〕，則不免執滯而鮮通。《易·繫辭傳》以性與心析言之，固自有别。《大學》言心而罕言性，主於發用也。《中庸》言性而不言心，主於本體也。然朱子注《大學》首章云：「明德者，人之所得乎天，而虚靈不昧，以具衆理而應萬事者也。」是明德即心也。《孟子》「盡心」章注略同。下文云：「其本體之明，則有未嘗息者，故學者當因其所發而遂明之，以復其初。」復初即復性也。好惡皆發於心，而《大學》末章云：「好人之所惡，惡人之所好，是謂拂人之性。」是《大學》言心，未嘗不含性也。《中庸》言天命之性，「自誠明，謂之性」，「盡人性，盡物性」，似專言性矣〔二〕。然朱子注尊德性節云：「尊德性，所以存心，而極乎道體之大也。」是《中庸》言性，未嘗不兼心也。《孟子》曰：「仁，人心也。」以仁爲心，渾言之也；又曰：「君子以仁存心。」又曰：「君子所性，仁義禮智根於心。」則析言之矣。

明道先生作《定性書》，黄勉齋先生注云：「此定性字，當作定心看，蓋以心無内外也。」此渾言之例也。王陽明先生謂「心即理也」，張武承先生駁之謂：「理義之悦

〔一〕 指詞彙之泛指與專指之分别。

〔二〕 盡己性，盡人性，進物性。

我心，猶芻豢之悦我口。理義非即心，芻豢非即口，何得認心爲理？」不知陽明所言，乃渾言之例耳，何必專以程子爲是，陽明爲非乎？

至於初學下手功夫，曰「盡心知性」，曰「存心養性」，性與心，自當有別。然知性即所以盡心，存心即所以養性，固未嘗不一貫矣。講學修身，詎可以執滯而自是哉？

論《宋史・道學傳》

【釋】本篇肯定《宋史・道學傳》，本方東樹以批評毛奇齡之歪，本宋翔鳳以申朱子之直與《宋史》之用心，唐先生申明道學乃宋明以來時代之精神支柱。

《宋史》於《儒林傳》外，别立《道學傳》，論者謂與史例不合，或詆爲淺識，或斥爲迂疏，通人達士，唱而和之，同然一辭。嗚呼！此真不通之論也。夫前史無此例而特創一格，亦何不可？若以爲迂疏淺識，則必使後之人不作一文字，不立一名詞而後可，泥古不化，可以謂之通人達士乎哉？爰發明《道學傳》本旨，並附前人之説，斷以己意，以質後世。

《宋史・道學傳敘》曰：「道學之名，古無是也。三代盛時，天子以是道爲政教，大臣百官有司以是道爲職業，黨庠術序師弟子以是道爲講習，四方百姓日用是道而不知，是故盈覆載之間[一]，無一民一物不被是道之澤，以遂其性。於斯時也，道學之名，何自而立哉？文王、周公既没，孔子有德無位，既不能使是道之用漸被斯世，退而與其徒定禮樂、明憲章、删《詩》、修《春秋》、讚《易》象，討論墳典，期使三五聖人之道，昭明於無窮，故曰：『夫子賢於堯舜遠矣。』孔子没，曾子獨得其傳[二]，傳之子思以及孟子，孟子没而無傳。兩漢而下，儒者之論大道，察焉而弗精，語焉而弗詳，異端邪説，起而乘之，幾至大壞。千有餘載，至宋中葉，周敦頤出於舂陵，乃得聖賢不傳之學，作《太極圖説》《通書》，推明陰陽五行之理，命於天而性於人者，瞭若指掌。張載作《西銘》，又極言『理一分殊』之情，然後道之大原出於天者[三]，灼然而無疑焉。仁宗明道初年，程顥及弟頤實生，及長，受業周氏，已乃擴大其所聞，表章《大學》《中庸》二篇，與《論》《孟》並行，於是上自帝王傳心之奥，下至初學入德之門，融會貫通，無復餘

〔一〕謂充盈天地之間。

〔二〕唐先生極重視曾子，曾輯録《曾子大義》二十卷。

〔三〕《漢書·董仲舒傳》載董氏《舉賢良對策》三云：「道之大原出於天，天不變，道亦不變，是以禹繼舜，舜繼堯，三聖相受而守一道。」

蘊。迄宋南渡，新安朱熹得程氏正傳，其學加親切焉。大抵以格物致知爲先，明善誠身爲要，凡《詩》《書》六藝之文，與孔孟之遺言，顛錯於秦火，支離於漢儒，幽沈於魏晉六朝者，至是皆焕然而大明，秩然而各得其所。此宋儒之學所以度越諸子，而上接孟氏者歟？其於世代之污隆，氣化之榮悴，有所關係也甚大。道學盛於宋，宋弗究於用，甚至有厲禁焉。後之時君世主，欲復天德王道之治，必來此取法矣。」〔一〕

毛氏奇齡〔二〕之言曰：「聖學不明久矣。聖以道爲學，而學進於道，然不名『道學』。凡『道學』兩字，《六經》皆分見之，即或併見，亦祇稱學道而不稱道學。……惟道家者流，自《鬻子》《老子》而下，凡書七十八部，合五百二十五卷，雖傳布在世，而官不立學，事〔三〕祇以其學私相授，以陰行其教，謂之『道學』。……是以道書有《道學

〔一〕唐先生先舉《宋史》以明其立傳本意，以見「道學」一詞於《宋史》爲褒揚其上承孔孟，乃天德王道再復之幾，意義高出「儒學」一詞。

〔二〕毛奇齡（一六二三—一七一三），字大可，號西河，浙江蕭山人。唐先生引毛氏《辨聖學非道學文》原文，原載《西河集》卷一二二。但此所徵引，乃轉録方東樹的《漢學兑商》卷上所載者，非《西河集》原文，蓋其删節處全同。爲避免轉相徵引而失真，其中删節處或文字異同，皆標明或補出。

〔三〕「事」字脱，據毛氏原文補入。

傳》，專載道學人，分居道觀，名爲道士。士者學人之稱，而《琅書經》曰：『士者何？理也。自心順理，惟道之從，是名道學，又謂之理學。』宋儒言理始於此。〔一〕逮至北宋，而〔二〕陳摶以華山道士自號希夷〔三〕，與种放、李漑輩張大其學，竟搜道書《無極尊經》及《張角九宮》，倡太極、河洛諸教，作《道學綱宗》。而周敦頤、邵雍、程顥兄弟師之，遂纂道教於儒書之間。……至南宋，朱熹直勾史官洪邁爲陳摶作一名臣大傳，而周程諸子，則又倡道學總傳於《宋史》中，使道學變爲儒學。凡南宋諸儒〔四〕，皆以得附希夷道學爲幸。……是道學本道家學，兩漢始之，歷代因之，至華山而張大之，而宋人則又死心塌地以依歸之。其爲非聖學，斷斷如也。」〔五〕

方氏植之〔六〕闢之曰：「學道乃士人之職業，道學乃後人所加之名號，隨文各當，

〔一〕毛奇齡自注脱，據原文補入。
〔二〕「而」字脱，據毛氏原文補入。
〔三〕「自號希夷」脱，據毛氏原文補入。
〔四〕毛氏原文作「南宋儒人」。
〔五〕録毛奇齡説以爲反面，其《辨聖學非道學文》主意在合「道」與「學」爲一體之義。
〔六〕方東樹（一七七二～一八五一），字植之，安徽桐城人。唐先生所引，見方氏《漢學兑商》卷上按語。

不可執著。古者治出於一，道在君、師、學校，而畎畝所樂者亦是。晚周以來，道治歧分，如老子所稱之道亦是，惟稍過而偏，遂失中耳。再變而爲莊、列、楊、墨，其途益差，於是始有攻乎異端者，則所謂道其所道，非吾所謂道也。再變而爲爐火、符籙、齋醮、章呪，誣《老子》，於是不但道與儒分，而道與道亦分矣。……蓋自漢儒分道爲一家，而道之正名實體大用皆不見。惟獨董子、韓子及宋程朱，始本六經孔孟之言而發明之，而聖學乃著。董子曰：『道之大原出於天。』韓子《原道》首揭仁義，道猶路也，言天下古今所共由之路也，故曰：『夫道若大路然，其原出於天而率於性，而行之必以中正。』故程子謂：『中者天下之正道。』而孟子亦謂之正路也。……周公《立政》曰『師以道得民』，又曰『論道經邦』。孔子曰『志於道』，子夏曰『君子學以致其道』，凡堯舜之道、文武之道、《大學》之道，何莫非聖學也？至於理者，許慎説爲治玉之名，吾以此詁猶後起之義。要之條理、義理、文理，皆本天道之自然，故曰天理。凡見於六經載籍者，古今無異論。……夫以堯、舜、周、孔之聖學，號而讀之曰道，循而求之曰理，此古今之通義。不圖以此乃犯不韙，至其以後世分居道觀之羽流黄冠，而謂周、程、張、朱與之同類，非但誣而失是非之心，又將使來學視周、程、張、朱爲異端，而斷其非聖學，此其爲害，豈在洪水猛獸下也。……當日林栗劾朱子，稱朱爲道學，葉適上疏争之曰：『小人殘害忠良。』率有指目。近創爲道學之名，鄭丙倡之，陳賈和之云云，則道學之名，非雒閩諸賢所自號亦明矣。至於元修《宋史》，非周程諸子所及逆知，毛氏謂『周程諸子倡道學總傳於《宋史》』，非事實也。」〔一〕

宋氏于庭〔二〕之言曰：「朱子《戊申封事》云：『一有剛毅正直、守道循理之士出乎其間，則羣議衆排，指爲「道學」之人，而加以矯激之罪，上惑聖聰，下鼓流俗。蓋目朝廷之上以及閭里之間，十數年來，以此二字禁錮天下之賢人君子，復如崇宣之間所謂元祐學術者，排擯詆辱，使無所容措其身而後已。』又《宋史·林栗傳》：『栗出兵部侍郎，朱熹以江西提刑召爲本部郎官。熹既入國門，未就職，栗與熹相見，論《易》與《西銘》不合。至是栗遣吏部趣之，熹以脚疾請告，栗遂論熹：「本無學術，徒竊張載、程頤之緒餘，爲浮誕宗主，謂之道學，妄自推尊，所至輒攜門生十數人，習爲春秋戰國之態，妄希孔孟歷聘之風，繩以治世之法，則亂人之首也。今采其虛名，俾之入奏，將置朝列以次收用；而熹聞命之初，遷延道途，邀索高價，門生迭爲遊説，政府許以鳳闕，

〔一〕 録方東樹《漢學兑商》卷上辨誣之文。
〔二〕 宋翔鳳（一七七九～一八六〇），字虞庭、于庭，江蘇長洲人，嘉慶五年（一八〇〇）舉人。

然後入門。既經陛對，得旨除郎，而輒懷不平，傲睨累日，不肯供職，是豈張載、程頤之學教之然也？緣熹既除兵部，在臣合有統攝，若不舉劾，厥罪惟均。望將熹既罷，姑令循省，以爲事君無禮者之弁。」上謂其言過當，而大臣畏栗之强，莫敢深論。太常博士葉適獨上封事辨之曰〔一〕：「考栗之辭，始末參驗，無一實者。至於〔二〕其中謂之『道學』一語，則〔三〕無實最甚〔四〕。……蓋自昔小人殘害良善，率有指名，或以爲好名，或以爲立異，或以爲植黨。近忽創爲道學之目，鄭丙唱之，陳賈和之，居要津〔五〕者密相付授，見士大夫有稍務潔修，粗能操守，輒以道學之名歸之……殆如〔六〕喫菜事魔、影迹犯敗之類。往日王淮表裏臺諫，陰廢正人，蓋用此術。……栗爲侍從……無以

〔一〕以下《宋史》引述，多有節略，今謹據葉氏《水心集》校正。
〔二〕「至於」二字脱，據《水心集》卷二《辯兵部郎官朱元晦狀》文補入。
〔三〕「則」字脱。
〔四〕「甚」原作「深」，據《水心集》爲正。
〔五〕「津」原作「路」，據《水心集》爲正。
〔六〕「殆如」原誤作「始知」，據《水心集》爲正。

達陛下之德意志慮，示信於下〔一〕，而更襲鄭丙、陳賈密相付〔二〕授之説，以道學爲大罪，文致言語，逐去一熹，固未甚害。第自此游辭無實，讒言横生，善良受禍〔三〕，無所不有。……願陛下正紀綱之所在，絶欺罔於既形……摧抑暴横，以扶善類，奮發剛斷，以慰公言。」於是侍御史胡晉臣劾栗，罷之，出知泉州。』按：此則道學之名，爲君子所不居，乃當時小人立此名以排擯君子。凡在排擯之列者，皆得入之道學。《宋史》傳道學，猶《後漢書》之傳黨錮也。《元史》效之，失其恉矣。」〔四〕

文治斷之曰：嗚呼！「道學」之不明於世久矣。衞公孫朝問於子貢曰：「仲尼焉學？」子貢答之曰：「文、武之道。」子思子曰：「苟不至德，至道不凝焉。故君子尊德性而道問學。」道之不可不學也，亦既明矣。孔子論天下論邦，皆分有道無道。《孟子》曰：「上無道揆，下無法守，國之所存者幸也。」蓋惟有道而後有揆，有道揆而後有

〔一〕「示信於下」脱。
〔二〕「付」原作「傳」，據《水心集》爲正。
〔三〕「禍」原作「害」，據《水心集》爲正。
〔四〕録宋鳳翔《過庭録》卷一二之説，以明「道學」一詞於宋人乃小人打擊君子之貶詞，《宋史》誤用。

法守也。又曰：「上無禮，下無學，賊民興，喪無日矣。」禮也者，理之不可易者也〔一〕。惟上不知有禮，是以下不知有學也。《孟子》又曰：「守先王之道，以待後之學者。」《宋史》立《道學傳》，其諸守先待後之旨歟？

然而「道學」之名，多爲世所詬病，何也？人心之乖戾，風俗之澆漓，以道學之不便於己也，乃相與訾謷之，排斥之，必使之不容於世，而己之身亦從而陷滅焉。嗚呼！伊古以來，國家之所以維持於不敝者，賴有道耳學耳。今率天下之士，皆爲無道、無理、無學之人，國豈有幸存者哉？

毛氏痛詆朱子，逐影吠聲，其謂「周程諸子倡《道學傳》於《宋史》中」，可笑孰甚？而其謂「朱子勾史官爲陳摶作《名臣傳》」，考《宋史》陳摶列「隱逸」，更不知其何所憑證？且陳摶既無功業，朱子豈有勾爲名臣傳之理？毛氏平生品行，見於全氏祖望《鮚埼亭集·外編》第十二卷所爲別傳，如鑄鼎象物，怪狀畢露。吾得斷言之曰：毛氏實傲很明德，《王制》所謂「學非而博，順非而澤」之人。方氏辨析精微，源流畢貫，吾得斷言之曰「衞道之干城」。宋氏雖囿於漢學家之説，吾得斷言之曰「無門户之見，而

〔一〕《禮記·樂記》句。

能求實事」。

夫《宋史》固有疏漏之處，如程門中不爲吕大臨立傳，吕東萊、蔡季通不列《道學傳》，是其小失也。若夫斥道學之名而欲掃除之，則子所言「志於道」「志於學」者，豈皆妄論乎？後世之士，有讀《道學傳》而景仰流連者，吾得斷言之曰君子人也。然苟有借道學之名，以文其奸而售其詐者，吾亦得斷言之曰名教之罪人也。

性理救世書卷二

目録

右目凡二十五篇，有當説明者，周、二程、張不名學派，僅論偏端，以四賢學派已詳拙著《性理大義》〔一〕也。朱子學别詳《紫陽學術發微》，陽明學别詳《陽明學術發微》，故論其救世救國之大。此外彙爲一篇者，大抵以師弟子授受爲衡，若楊、羅、李、孫、湯諸先生是也。有非師弟而學派一脈相傳者，若吕、薛、葉諸先生是也。有爲朋侣而學派同出一原者，若陸、陳、江、盛諸先生是也。至諸先儒行詣，宜參考史傳及學案，方可爲專門之學云。文治識。

〔一〕指《性理學大義》。

學派大同第二

漢儒重師承，宋儒重道統，皆拘泥之論〔一〕。士生天地間，當以孔孟爲法，其合於孔孟者，皆正學也，不必列師承道統之目也。其不合於孔孟者，則異學也，無所謂師承道統也。

且昔人又有所謂「不傳之祕」者〔二〕，吾斯之未敢信。夫既云不傳矣，後人何從而學之？又何從而傳之？「夫子之言性與天道，不可得聞」，言其不躐等爾；至一貫之說，夫子明以告曾子、子貢矣。一貫者，聖人以天下爲一家，中國爲一人，約六藝而貫

〔一〕唐先生宣示超越漢宋門户樊籬而歸宗孔孟，是爲有本之學。

〔二〕朱子向陸象山稱讚周敦頤《太極圖説》之創造「無極」，云：「若論無極二字，乃是周子灼見道體，迥出常情，不顧旁人是非，不計自己得失，勇往直前，説出人不敢説底道理，令後之學者曉然見得太極之妙，不屬有無，不落方體，若於此看得破，方見得此老真得千聖以來不傳之秘。」見《晦庵先生朱文公文集·書·辯答·答陸子静》卷三六。王守仁門人面稱「致知之訓，千聖不傳之秘也」。《王陽明集》卷八《書王一爲卷》。而李顒褒揚王守仁創「致良知」乃「泄千載不傳之祕」，見李顒《二曲集·體用全學》卷七。是唐先生所批評者，乃宋明理學兩大系統之通病。

通之，以修己而治人。聖門無不傳之秘，而後儒迺欲以心相傳，誤哉！

然而朱、吕〔一〕之不同也，朱、陸之不同也，薛、陳、羅、王之不同也，陸、張、顔、李之不同也，即在一派之中，各分異派，而實則同出於孔孟。文治特爲兹編，以見宗派歸於一原，勿迷所嚮可矣〔二〕。

精研學派者，必當反求諸己，而推之以救世。明周海門〔三〕輯《聖學宗傳》，先以古聖。文治仿《理學宗傳》《儒宗理要》例〔四〕，斷自周程。以孔孟之道，載在六經，當研究經學也。「學派論」中，間述事略者，文治幼時讀先儒行狀，至其所可感，輒爲歌舞不已，藉以洗濯吾心，激勵吾行〔五〕。世有讀是編而感動奮發者乎？是即陶淑國性，挽回

〔一〕謂朱子與吕祖謙。

〔二〕本孔孟，乃宋明諸儒之大原。

〔三〕周汝登（一五四七～一六二九），字繼元，號海門，浙江嵊縣人；其《聖學宗傳》十八卷，成書於萬曆三十三年（一六〇五），以王學譜系殿後，遥接三皇五帝治統。

〔四〕孫奇逢（一五八五～一六七五），明亡，清廷屢召不仕，其《理學宗傳》十六卷，爲儒門人物傳記學案。張能鱗（順治四年進士）《儒宗理要》二十九卷，選録周、張、程、朱五子作品與語録，以作品爲主。唐先生編撰本書，融攝二者之優長。

〔五〕尚友古人，同歌同哭之謂。

世運之機也。

周子《太極圖》論

陸桴亭先生謂此圖乃生天生地、生人生物之旨〔一〕，陸稼書先生謂：「論太極者，不在乎論天地之太極，而在乎論人身之太極。」〔二〕一則極廣大，一則極切近。余特本原經義，更分析論之。

蓋此圖即「易有太極，是生兩儀」一節〔三〕，與《禮運》「禮本於太一，分而爲天地」一節之義〔四〕。《中庸》所謂「大德敦化」者，全體之太極也；「小德川流」者，萬物各具一太極也。先儒有月照萬川之説，比喻極妙，然究嫌空虚。上一圈者，理先於氣，不雜陰陽之太極

〔一〕陸世儀（一六一一～一六七二）謂：「道生天地，天地生人。人配天地，故能盡道。只此四句，可該《太極圖》一篇之義。」，見《思辨録輯要》卷二三「天道類」。

〔二〕陸稼書（一六三〇～一六九二），名隴其。其《太極論》謂：「論太極者，不在乎明天地之太極，在乎明人身之太極。明人身之太極，則天地之太極在是矣。」載《三魚堂文集》卷一。

〔三〕《易・繫辭上》云：「易有太極，是生兩儀。兩儀生四象，四象生八卦。八卦定吉凶，吉凶生大業。」此文人所共知。

〔四〕謂周敦頤《太極圖》本乎《易傳》《禮記》，其來有自，洞然明白，原非「千載不傳之祕」。

也。陰陽中一圈者，理寓于氣，不離陰陽之太極也。

而人物必分爲二圈者，則更有説。蓋天地生生之德，雖無間于人物，而人爲萬物之靈，其所得之性，固與物判然不同，人之所以異於禽獸者，正在於此。王船山先生謂《易傳》僅言兩儀四象，五行爲九疇中之一，不當以陰陽五行並言。後世詆毀理學者，遂以此圖爲空談心性之祖。不知《禮運》謂：「人者天地之德，陰陽之交，五行之秀氣。」〔一〕是孔子早以陰陽五行並言矣。至以太極爲空談心性，此尤不知治心之學者也。

余請以實事求是之言，示存心養性之法。蓋心理由一本而推及萬殊，事理由萬殊而歸於一本〔二〕。是圖自上而下，由一本而散爲萬殊，《通書》所謂「一實萬分」也；自下而上，由萬殊而歸於一本，《通書》所謂「是萬爲一」也。萬一各正，小大有定（均見《理性命章》），定之以中正仁義也。《易》曰：「憧憧往來，朋從爾思。」子曰：「天下何思何慮，天下同歸而殊塗，一致而百慮。」此自一而萬也〔三〕。《易》又曰：「吉凶悔吝者，

〔一〕《禮記·禮運》原文云：「故人者，天地之德，陰陽之交，鬼神之會，五行之秀氣也。」

〔二〕「心理」與「事理」，順逆兩路。

〔三〕此謂心理。

生乎動者也。天下之動，貞夫一者也。天地絪緼，萬物化醇，言致一也。」此自萬而一也〔一〕。蓋心之爲物，神妙不測，出入無時，由未發而達已發，萬途競萌，要於中節，操而存之，存而養之，則仁義禮智信之五德，燦然畢具於中，无思无爲，感而遂通天下之故。觀是圖之自上而下，心理亨通，乾道之元亨也；自下而上，心理收斂，乾道之利貞也，貞下所以起元也。凡此皆治心之道，故曰「善惡分，萬事出」，一本於《易》理〔二〕，何嘗有空談心性之弊哉？

至以《圖説》論之，則有四大綱領。

一、天地氣化之流行。自「太極動而生陽」起，至「形既生矣」止，有多數「生」字，即《易》所謂「生生之謂《易》」「天地之大德曰生」、《中庸》謂「生物不測」，皆元氣之流行而不息也。自開闢以來，天下之生久矣，世有遞嬗，而生氣生機，終未嘗絶，所以保生理而弭劫運者，非立人極不爲功也。

二、理氣之説，當合不當分，蓋性即理也，而心則氣之精英也。《圖説》曰：「五

〔一〕此言事理。
〔二〕此謂事理存在於心理，説心理則事理在，故非空談也。

行之生也，各一其性。」又曰：「五性感動。」可見性即寓於氣質之中，故程子曰：「論性不論氣，不備；論氣不論性，不明。」朱子《中庸》注：「天以陰陽五行化生萬物，氣以成形，而理亦賦焉。」更可見周、程、朱子皆合氣質以言性，未嘗分理氣而爲二也。彼離心而空言性者誤矣。

三、人配天地之大旨。《易》大義在輔相天地之宜，《中庸》大義在贊天地之化育，周子特溯其源。《禮記·禮運篇》既言人者天地之德云云，又曰：「人者，天地之心也。」周子又本此義，故《圖説》「惟人也」一節：「人皆與天地相似，惟有定静之學，然後能立人極而配天地。」故《大學》止善以定静爲宗旨，彼自棄其本性而背乎人極者，深可惜矣。

四、《圖説》悉衷大《易》易簡之理，實紹孔子之傳。「立人之道，曰仁與義。」立人道即立人極也，《易》卦爻之義，莫貴於中正，故曰「定之以中正仁義」，而定性之功在是矣。至結二句曰：「大哉易也！斯其至矣！」當與《易傳》「大哉乾元！至哉坤元！」參看。元即太極，乾坤即陰陽，故曰大、曰至也。

循是四者，前賢作圖之精藴，當可玩索而得之矣。若夫無極之辯，朱陸争持不決，幾近萬言。然觀朱子注《圖説》首句，引「上天之載，無聲無臭」〔一〕爲證，精確不易。可見子静先生以「無極」二字，謂出於老子學者，不免略有偏見也。

黄梨洲先生《濂溪學案》下卷，並當參考。卷末黄氏百家評論周子學術，雖未及精微，而援黄山谷先生之論，高遠純潔，能挈要領，足破異説云。

周子《通書》論

《通書》精要之旨，曰誠曰幾，已見《性理大義》序文〔二〕，兹特詳晰論之。蓋《中庸》繼《易》而作者也，而《通書》則又繼《易》與《中庸》而作者也〔三〕。孔子作《乾・文言傳》釋二爻曰：「龍德而正中者也，庸言之信，庸行之謹。」是爲「中庸」二字之本；又曰「閑邪存其誠」〔四〕，故《中庸》下篇暢發「誠」字之義〔五〕。《通書》首章曰「誠者，聖人

〔一〕《詩・大雅・文王》句，見引於《禮記・中庸》。
〔二〕指唐先生《性理學大義・周子大義》卷首《周子大義自敘》。
〔三〕經爲根本，故非虚造「不傳之祕」也。
〔四〕《易・乾・文言》釋九二「見龍在田，利見大人。君德也」之義。
〔五〕君德之標準。唐先生列出《通書》之通《中庸》九例。

之本」，所謂「誠者，天之道」也。二章曰「聖，誠而已矣」，所謂「誠之者，人之道」也。而首章之末曰「性命之源」，蓋誠者所以養其性，保其命，而即以安天下之性命。反是而爲僞，浮滑欺罔，則將窒其性，絶其命，而即以戕天下之性命。故余嘗謂誠僞之辨，人心生死之界也。「作德，心逸日休；作僞，心勞日拙」〔一〕，周子曰「誠則無事」，無事，非清淨之謂，言天下本無事，庸人作僞，自擾之爾。變詐譸張，而民無寧日，豈不哀哉？

三章「誠無爲」者，《中庸》「至誠無息章」所謂「無爲而成」也。「幾，善惡者」、「莫見乎隱」節，朱注所謂「迹雖未形而幾則已動」，乃治心至要之關鍵也。「德，愛曰仁」節，三達德之所推，亦即「聰明睿知章」之大用也。「性焉安焉之謂聖」，「不勉而中，不思而得」，「安而行之」者也。「復焉執焉之謂賢」，「擇善而固執之」者也。「發微不可見」者，析之盡精微，道之隱也。「充周不可窮」者，擴之致廣大，道之費也。程子謂「中庸之德，放之則彌六合，卷之則退藏於密」，皆神之妙用也。

〔一〕《尚書·周官》文。

孟子以「思誠」釋中庸，而《通書》九章言：「幾動于彼，誠動于此，無思而無不通，爲聖人。」故思者，聖功之本。此由誠而通於幾，功在思通，乃聖學相傳之精藴也。

幾者，合内外之道。心幾，内也；事幾，外也〔一〕。「幾學」發明於虞廷，舜曰：「勑天之命，惟時惟幾。」此心幾也。禹曰：「安汝止，惟幾惟康。」此心幾也。皋陶曰：「兢兢業業，一日二日萬幾。」此事幾也。周公作《屯卦》爻辭曰：「君子幾，不如舍。」此事幾也〔二〕。孔子作《繫辭傳》曰：「易，聖人所以極深而研幾。惟幾也，故能成天下之務。知幾其神乎！」此以心幾達事幾也；又曰：「幾者動之微，吉之先見。」此心幾也。

周子曰：「動而未形有無之間者，幾也。」《聖第四章》。動而未形，其幾甚微，所謂獨也。《大學》《中庸》俱言慎獨，慎其幾也。朱子《學》《庸》章句，皆以幾字釋之。獨者，意之始也。當意念初萌，善者擴充之，惡者消除之，聖人謂「吉之先見」，周子謂「幾微

〔一〕此言「心理」與「事理」相應。
〔二〕兩言「心幾」，兩言「事幾」，相對爲義。

故幽」，聖學相傳之精蘊也〔一〕。而後之詬譏周子者，以爲是老非老，是釋非釋〔二〕，嗚呼誤矣！

夫儒家之學，所以異於老釋者，老釋二家不通政治學，而儒家之實學，則皆能措之於政治。政治之原理安在？周子之言曰：「聖人之道，至公而已矣。」《公第三十七章》。「天地，至公而已」，「未有不公於己，而能公於人也」。《公明第二十一章》。此即《禮運篇》「大道之行，天下爲公」之義。余嘗謂公私之界，人禽之判也。先人而後己，先義而後利，先公而後私，則天下治。有己而無人，有利而無義，有私而無公，則天下亂。人之所以不能克己者，惟在自護其過，周子又切戒之曰：「今人有過，不喜人規，如護疾而忌醫，寧滅其身而無悟也。」《過第二十六章》。嗚呼！文過飾非，心術日益壞，政治日益棼，豈不哀哉？周子又以《治篇》《禮樂篇》救之，曰：「仁義禮智四者，動靜言貌視聽無違之謂純。心純則賢才輔，賢才輔則天下治。」〔三〕《治第

〔一〕言周敦頤之「幾學」，從「心」與「事」兩面言，皆本《尚書》《易傳》《中庸》《大學》，有跡可尋，經爲根本，故非虛造「不傳之祕」也。

〔二〕黃宗羲弟宗炎謂周敦頤《太極圖説》「儒非儒、老非老、釋非釋」，見《宋元學案・濂溪學案下》。

〔三〕皆就天子之位而言。

十二章》。「禮，理也。樂，和也。君君臣臣，父父子子，兄兄弟弟，夫夫婦婦，萬物各得其理，然後和，故禮先而樂後。」《禮樂第十三章》。凡此名言，皆公正之宏規，政治之大本，豈老釋之徒所能冀其萬一哉？孔子曰「惡似而非者」〔一〕，不可以不辨也。

且夫吾人生於世界之內，以「正人心、拯民命」爲急務，聖功其體也，王道其用也。《志學章》「志伊尹之所志」，王道之極則也；「學顏子之所學」，聖功之首基也。循是二者，體用備矣。三代而下，臻斯詣者，能有幾人哉〔二〕？《師章》：「性者，剛柔善惡中。」實本於《洪範》三德：正直、剛克、柔克之旨，爲政治學宏綱精蘊。

至於《動靜》《理性命章》，宣太極之奥指，尤爲學聖者上達之功。世之有志理學者，其可不熟讀此書而體之於居心、推之於行政哉〔三〕？其尚勉之哉！

〔一〕《孟子·盡心下》載孔子論「鄉愿」之語。
〔二〕《通書》所言爲帝王學，故以實踐王道之聖王之道量之，故云。
〔三〕言《通書》爲政治學，體用兼具，乃儒家書。

大程子《論性》論

【釋】本文並載《國學論衡・儒術》第六期，一九三五年，頁一五至一九。

「性學」之不明，實由宋學末流分性爲二，以爲有義理之性，有氣質之性。義理屬先天，氣質屬後天，遂至虛渺支離，不可究詰。及聞程子「性即氣，氣即性」之説，相與疑愕，以爲未精。此其迷謬不省，不必爲之曲諱。而後人因之掊擊程朱，其爲斯道障礙，非淺鮮也，亟論正之如左。

一、自古聖賢論性，未有離氣質者也。

周公、召公言性曰：「節性，惟日其邁。」《王制》「司徒修六禮以節民性」，即本其説。夫性而曰節，限制其氣質之偏也。

孔子言「一陰一陽之謂道，繼之者善，成之者性」〔一〕，繼善爲元亨，成性爲利貞，而

〔一〕《易・繫辭上》文。

實本於一陰一陽，非氣質而何？故《論語》曰「性相近」，言氣質也。

子思子作《中庸》，言「天命之謂性」，朱注：「天以陰陽五行，化生萬物，氣以成形，而理亦賦焉。」明言理不離乎氣，未嘗分理氣爲二也。「惟天下至誠，爲能盡其性」，推及於「盡人性」「盡物性」，以人物並言，非氣質而何？

孟子道性善，論者以爲先天之性，實則大誤。孟子言「形色天性」，並以情與才皆可爲善，又以「口之於味」五者屬性，蓋性善即於氣質中見其善也。「平旦之氣，好惡與人相近」，氣即性也；「夜氣不足以存，則其違禽獸不遠」，氣即性也。天命之性，即在平旦之氣與夜氣之中，天人合一之道也。若謂孟子離氣質而言性，在人物未生以前言善，則是告子「無善無不善」之説〔一〕，其誣孟子甚矣。

董子爲西漢儒之最純粹者，其言曰：「性者，生之質。」非氣質乎？鄭、許二君，爲東漢儒之最純粹者。鄭君注《中庸》「天命之性」，以木、金、水、火、土神生五德，又引《孝經》説性者之質，與董子同。許君《説文》：「性，人之陽氣性善者也。」非氣質乎？

〔一〕《孟子·告子上》公都子轉述告子之言。

博考秦漢以來諸子言性，無有離氣質者。程子之論，蓋師師相傳之古義也〔一〕。

二、周、程、張諸子論性，亦未有離氣質者也。

周子《太極圖説》曰：「五行之生，各一其性。」性本於陰陽五行，氣質也。又曰：「形既生矣，神發知矣，五性感動而善惡分，萬事出。」五性者，五常之性，在形生之後，氣質也。《通書》曰：「性者，剛柔、善惡，中而已矣。」剛柔、善惡，氣質也。

張子《正蒙》曰：「合虚與氣，有性之名。」「太虚皆氣也，無所謂先天也；又曰：「形而後有氣質之性，善反之，則天地之性存焉。」天地之性即寓於氣質之中，善反之者，復見天地之心，無所謂先天也。

明道先生受周子學，故曰：「論性不論氣，不備；論氣不論性，不明。二之則不是。」然則分義理、氣質之性，不明不備，其顯背於程子，明矣！

至於此篇論性，尤爲精詳。

第一節「生之謂性」至「生之謂也」，蓋性者，生理也，生氣也，皆寓於人心者也，與

〔一〕唐先生證以七例，皆舉書證。

告子之説，語雖同而理則異。

第二節「人生氣禀」至「惡亦不可不謂之性」，或疑其與性善之説相歧，要知性惡由失胎教使然，然亦出於氣質，故曰「亦不可不謂之性」。且孟子道性善，原未嘗言無惡，不得疑其相背也。

第三節「蓋生之謂性」至「猶水流而就下也」，曰「才説性時，便已不是性」，語近玄妙，實非玄也。以其離氣質而言性，在人生而静以上，不得謂之性也。

第四節「皆水也」至「各自出來」，蓋本孟子「水無有不下」與「智者如禹之行水」之説而小變之，以理氣言，即不離不雜之意，能澄治則不雜矣。

第五節「此理天命也」至末，乃發明《中庸》首章性、道、教之義，所以變化人之氣質也；極之「舜有天下而不與」，性分中之模範也。

自此論出，而荀、楊、韓三家之説，由是溝通。蓋治世國性善，亂世國性惡。孟子言性善，蓋道其常；荀子憤世嫉邪，以人性爲惡，蓋言其變，可見人不可不加澄治之功。楊子言善惡混，統天下之性言，原非謂善惡相對而生。韓子言性有三品，即此篇第四節「水流至海」之意。總之皆言氣質，故所論歸於一貫。而其救人心之道，則一也〔一〕。

三、朱子論性，亦未嘗離氣質也。

《中庸》注、《太極圖説》《通書》注皆可徵，此外《文集》《語録》中，論性與氣合者，十之八九，其不合者，一二而已。惟《告子篇》「生之謂性」章注：「性者，人所得於天之理也；生者，人所得於天之氣也。性，形而上者也；氣，形而下者也。」而此篇注亦謂：「性命，形而上者也，氣則形而下者也。」過於分析，似非程子本意。至謂程子此篇發明告子「生之謂性」之説，亦似差誤。蓋告子以爲人、物同是一性，故孟子以犬之性猶牛之性，牛之性猶人之性駁之。若程子意，則專主人而言，並非發明告子之説。考朱子輯《二程遺書》，成於三十九歲，在己丑未經悟道以前，猶之論人心無未發時，同爲未定之論，學者惡可因此而駁之哉〔二〕？

近代論性之最精者，莫如吾鄉陸桴亭先生，其言曰：「論性不得離氣質，離氣質

〔一〕總持人性論之要義。
〔二〕回護朱子。

即離天地。蓋天地亦氣質也，離天地，則於陰陽外別尋太極矣。」又曰：「離氣質而論性，必至入禪。何則？父母既生以後，落氣質矣。則須推及父母未生前，又推及天地未生前，又推及無始前，去孔、孟、周、程、張、朱之説，千萬里矣。」又作《性善圖説》一書，發明人性之善，正在氣質。顔習齋先生見之，以爲心同理同，遂欲受業門下。見《顔氏遺書》。後人以爲矯空談心性之弊者，首推桴亭先生，而不知其概本於程朱。其説散見《思辨録輯要》。戴東原、焦禮堂輩，於理學初無門徑，妄詆程朱論性，目爲空虚。怐愗之士，萬口附和，曰「宋學空談心性，禪學也」。嗚呼！其爲斯道之障礙，非淺鮮也。

四、後來講求性學者，務宜化其氣質之偏也。

周子《通書》論性曰：「聖人立教，俾人自易其惡，自至其中。」蓋陰陽剛柔，其本二端，造物者付與，既糅而雜，而氣乃有多寡精粗、清濁厚薄之不同，於是品次億萬，至於不可勝窮。故《孟子》曰：「或相倍蓰而無算者，不能盡其才者也。」不能盡其才，即不能盡其性也。是故就其善者而言之，或好仁矣，而智或缺焉；或好禮矣，而信或缺也。就其惡者而言之，或因不仁之極，遂至於不智；或因無禮之極，遂至於無義無信。五常之明昧，形形色色而不齊。孔子言好仁、好智、好信、好直、好勇、好剛，皆性之美者也，而其弊也，爲愚、爲蕩、爲賊、爲紊〔一〕、爲亂、爲狂，可見非學不足以化其氣質也〔二〕。

《孟子》言：「水搏而躍之，可使過顙；激而行之，可使在山。……人之可使爲不善，其性亦猶是。」可見性之激烈者，搏而激之使然也。是故一家之中，父子兄弟之性，有不同者；一身之內，少年、中年、晚年之性，有不同者，皆氣質之變也。此方之民性，與彼方之民性，愚明强弱，各有殊者。《禮記・王制篇》曰：「中國蠻夷戎狄五方之民，皆有性也，不可推移。」皆氣質之異也。然則何以矯之，使之歸於正且中而已？《易傳》曰：「乾道變化，各正性命。」則性當貞於正矣。《中庸》言修道之教，推極於中爲天下之大本，則性當致於中矣。《洪範》言彊弗友、燮友、沈潛、高明〔三〕，皆氣質之性也，必以正直矯之。而用功之始，則在端其本心之好惡。《樂記》言：「人生而

〔一〕「紊」字原誤作「紋」。

〔二〕化之以學。

〔三〕《尚書・洪範》謂：「三德：一曰正直，二曰剛克，三曰柔克。平康正直，彊弗友剛克，燮友柔克；沈潛剛克，高明柔克。」此指人君之德，故孔穎達疏云：「此三德者，人君之德，張弛有三也。一曰正直，言能正人之曲使直；二曰剛克，言剛强而能立事；三曰柔克，言和柔而能治。」孔疏之言三能，唐先生所取義也。

靜，天之性，感於物而動，性之欲，好惡無節於内，知誘於外〔一〕，不能反躬，則天理滅。」《大學》言：「好人之所惡，惡人之所好，是謂拂人之心。」末世風俗澆漓，皆由好惡顛倒，是非淆亂，以致迷惑其本性。人性亡而國性亦亡，豈不大可哀哉？吾是以推而論之，以告天下萬世之研性學者。

讀二程子《顔子所好何學論》

【釋】唐先生在《交通大學演講録》之《二程子學派論·宋二程子學述録》著録程頤《顔子所好何學論》，題下注明：「文治自撰，刻入《性理救世書》第二卷。」見先生甚自重此文，蓋本文彰顯顔回之外王之才，此程頤與向來儒者所未及注意者。

宋歐陽子稱聖門顔子，在陋巷，曲肱飢卧而已；其羣居，默然終日如愚人，然自當時羣弟子，皆推尊之，以爲不敢望而及，而後世更千百歲，亦未有能及之者。夫顔子之所以不可及者，果學何道哉？文治嘗考《論語》所載顔子之學，舉精深不易窺

〔一〕「知誘於外」四字脱，據《禮記·樂記》原文補入。

尋；及讀《顏子所好何學論》，反覆循誦，乃知希賢入手之方，皆在於是矣。

此論上篇本《太極圖説》，中段本《通書・志學章》，皆闡明師法也。然《志學章》未嘗道其實際，此篇曰：「學之道，必先明諸心，知所往，然後力行以求至，所謂『自明而誠』也。」[一]善哉！「明諸心」者，《大學》明明德之始事，惟心虚而後能明，《通書・誠下章》曰：「至正而明達。」未有不明而達者也，故吾人必先自明其心。今之學者，浮囂變詐，日窒其心，邪暗塞也，哀哉！

「知所往」者，知止而後有定。「力行以求至」，行之弗篤弗措也。自古「自誠明」者，必始于「自明誠」，循序漸進，乃能上達天德。又曰：「誠之之道，在乎信道篤。」善哉！孔子曰：「篤信好學。」惟篤信而後能好學。子張[二]曰：「信道不篤，焉能爲有亡。」惟信道而後能學道。今之學者，未讀經而先疑經，未尊孔而先疑孔，隱僻迷謬以終身，哀哉！

「信道篤則行之果」，有毅力則雖柔必强；「行之果則守之固」，《詩》曰：「天保定

[一] 文載《近思録》卷二。

[二] 原作「子夏」。按：此《論語・子張》載子張曰：「執德不弘，信道不篤，焉能爲有？焉能爲亡？」故應作「子張」。

爾，亦孔之固。」孔子以學不固爲戒，凡人之守其心與守其學，皆當如守嚴城，壁立萬仞，而後風氣之惡薄，嗜欲之紛乘，舉不得而侵之犯之，所謂固也。今之學者，知德既鮮，畏人譏笑，轉瞬失足，哀哉！

「仁義忠信不離心，造次顛沛必於是」，「久而勿失，則居之安」，此則仁者安仁，三月不違矣。夫顏子之學，大舜之學也。大舜隱惡揚善，用中於民；顏子得一善，則拳拳服膺而勿失。「聖人不思而得，不勉而中」，「顏子必思而後得，必勉而後中」，善不積不足以成名，惡不積不足以滅身。今之學者，得一惡則拳服膺而勿失，至滅身而不悟，哀哉！

程子又復總結之曰：「此其好之篤，學之之道也。」其開示後世學者，幾於大聲疾呼矣。

抑又考顏子内聖外王之才也，孔子謂之曰：「用之則行，惟我與爾有是。」〔一〕及問爲邦，則告以四代之禮樂，而其幾，實在於「爲善」。蓋顏子王道之學，亦大舜之學也，其自言曰：「舜何人也？予何人也？有爲者亦若是。」〔二〕有爲者，兼體用而言。孔子

〔一〕《論語·述而》載孔子謂顏淵曰：「用之則行，舍之則藏。唯我與爾有是夫。」
〔二〕《孟子·滕文公上》孟子引述顏淵之語。

告以克己復禮爲仁：「一日克己復禮，天下歸仁焉。」《孟子》謂：「大舜有大焉，善與人同〔一〕，舍己從人，樂取于人以爲善。」惟克己而後能舍己，惟取人爲善而後能復於禮；四海之內〔二〕，輕千里而來告之以善，所謂天下歸仁也。千古政治之學，其要端實本於此。禹、稷、顏子，所以易地則皆然〔三〕。孳孳爲善者，舜之徒〔四〕。欲求彊國者，惟有以取人爲善、與人爲善，作爲程課，虛心以事天下之善士，而後「物恥足以振之，國恥足以興之」，興者，興其國以雪恥。見《禮記・哀公問篇》。故曰彊爲善而已矣〔五〕。今之學者，尊己卑人，「訑訑之聲音顏色，距人于千里之外」〔六〕，而國日以危，哀哉！

〔一〕「善與人同」四字脱，據《孟子・公孫丑上》原文補入。

〔二〕「內」字原作「人」，據《孟子》文爲正。

〔三〕《孟子・離婁下》言禹、稷、顏子同道。

〔四〕《孟子・盡心上》云：「雞鳴而起，孳孳爲善者，舜之徒也。」

〔五〕《孟子・梁惠王下》載孟子勉滕文公：「苟爲善，後世子孫必有王者矣。君子創業垂統，爲可繼也；若夫成功，則天也。君如彼何哉？彊爲善而已矣。」

〔六〕《孟子・告子下》載孟子讚揚樂正子好善云：「好善優於天下，而況魯國乎？夫苟好善，則四海之內，皆將輕千里而來告之以善。夫苟不好善，則人將曰：『訑訑，予既已知之矣。』訑訑之聲音顏色，距人於千里之外。士止於千里之外，則讒諂面諛之人至矣。與讒諂面諛之人居，國欲治，可得乎？」

程子之意，未及乎此〔一〕，爰著論以申之，其可爲迷途之南鍼乎？

張子《西銘》論

張子《西銘》一篇，劉蕺山先生《後記》〔二〕注重「踐形」二字，謂：「其踐之也，踐之心即窮神，踐之事即知化，而工夫則在不愧屋漏始。」陸桴亭先生《講義》〔三〕謂：「『乾稱父』兩節，乃愛之本原；『民吾同胞』兩節，乃博愛之差等，而揭其要於仁義，歸其功於居敬窮理。」〔四〕二先生之言，可謂擷其精藴矣！而文治更有進焉。

竊以此篇乃仁孝之大原也。孝者，爲仁之本也。全篇當分兩段讀，自篇首至「惟肖者也」爲上半篇，是言仁之本體；自「知化則善述其事」以後爲下半篇，是言仁之功夫。「崇伯子」以下，皆仁人孝子之標準，蓋必如是而後爲天之肖子，不能如是即爲不肖子。而其大義，則在發明天命之性，盡人性，盡物性，參贊天地之化育，其「盡人合

〔一〕爲政者以「爲善」爲心也。

〔二〕此後記，收入本編《性理學大義·張子大義·西銘》之「諸儒西銘論説」中之首。

〔三〕陸隴其《西銘講義》，收入本編《性理學大義·張子大義·西銘》之「諸儒西銘論説」。

〔四〕此非陸氏原文，乃陸氏講義要旨之概括。

天」之旨〔一〕，實與《太極圖說》相同。《易傳》言「裁成天地之道，輔相天地之宜」，《尚書》言「天工，人其代之」，人以藐然中處之身，而能與天地參，可不自勉乎？

抑又考之，《西銘》與諸經之義，無不息息相通。《孝經》曰：「事父孝故事天明，事母孝故事地察，天地明察，神明彰矣。」蓋必明察乎天地，而後仁周乎民物，身體髮膚不敢毁傷。天下人之身體有毁傷者，猶毁傷吾之身體也；天下人之髮膚有毁傷者，猶毁傷吾之髮膚也。故曰「天地之性人爲貴」〔二〕，「人者與天地萬物爲一體」〔三〕，是通於《孝經》學也〔四〕。

《禮記·禮運篇》曰：「人者，天地之心也。」故聖人能以天下爲一家，中國爲一人；使老有所終，幼有所長，矜寡孤獨廢疾者，皆有所養〔五〕；實皆《西銘篇》所本。

〔一〕明人瞿景淳（一五〇七～一五六九）於嘉靖二十三年（一五四四）進士試卷言：「道原於天而具於人，則盡人以合天者，人之責也。」載《欽定正嘉四書文》卷四。蓋此卷乃科舉範文，明清士子所共知，後孫其逢《四書近指序》言以至誠爲學聖之方，謂：「時習之學，殆所謂盡人以合天。」至熊十力先生以之爲學術之終極目標。

〔二〕《孝經·聖治章》文。

〔三〕程顥《仁說》語。

〔四〕通《孝經》，此本也，體也。

〔五〕皆出《禮記·禮運》。

《哀公問篇》曰：「仁人之事親也如事天，事天如事親，是故孝子成身。」《西銘篇》以事親之道事天，成身者「踐形惟肖」也。《中庸篇》亦曰：「思事親，不可以不知人。思知人，不可以不知天。」《西銘》知天知人之學也。由是措之於政治，使萬物各得其所，夫然後爲仁人，夫然後爲大孝。《祭義篇》載曾子曰：「樹木以時伐焉，禽獸以時殺焉。夫子曰：『斷一木，殺一獸，不以其時，非孝也。』」聖人不忍人之政，於是出焉。故物無不懷仁，迺躋於大同而大順，是通於《禮記》學也〔一〕。

《論語·顔淵篇》載子夏曰「死生有命」，而《西銘》則曰：「存吾順事，殁吾寧也。」曰「富貴在天」，而《西銘》則曰：「富貴福澤，將厚吾之生也。」曰「君子敬而無失，與人恭而有禮」，而《西銘》則曰：「子之翼也。」翼即敬也。「四海之内皆兄弟也」，而《西銘》則曰：「民吾同胞也，物吾與也。」蓋子夏對司馬牛之言，次於問仁諸章之後，實言仁之體，《西銘》即本之以立説，是通於《論語》學也〔二〕。

《孟子》曰：「以大事小者，樂天者也。以小事大者，畏天者也。」引《詩》「于時保

〔一〕 通《禮記》，致功也，用也。

〔二〕 通《論語》。

之」，又曰：「存其心，養其性，所以事天也。」事天而後樂天，樂天知命故不憂，《西銘》以爲「純乎孝」；存養以求放心爲先，《西銘》以爲「匪懈」。若夫「老吾老以及人之老，幼吾幼以及人之幼」，「親親仁民愛物」，義相脗合，尤爲顯著，是通於《孟子》學也〔一〕。

至此篇功夫所在，蕺山先生主於「不愧屋漏」，即《大學》慎獨誠意之功。誠意之效，推及於賢其賢，親其親，是大君宗子之盛德也；樂其樂而利其利，是民物之康阜也，則又通於《大學》矣〔二〕。然則張子此篇，蓋掇取諸經之菁華〔三〕，而淺識者以爲宋儒之倡論，豈不陋哉？

末世機變日甚，人欲横流，如一身痿痺不仁，而侈言「民胞物與」，口是心非，百姓胥受其毒，哀哉！救之之道，去人己之見而已。惟有己無人，天下之己，紛紜糾纏，故同胞互相殘，悖德害仁，同惡相濟，其禍至於不忍言！屋漏之中，良心尚在，有不悚然汗下，潸然涕泣者乎？是故克己而後能愛人，能克己愛人，而後不愧於天地之間，此

〔一〕通《孟子》。
〔二〕通《大學》。
〔三〕言張載有提煉經義精華之功，其來有自，有本之學，歸原孔孟，非自辟蹊徑，嚮壁虚造。

張子作《西銘》之苦心也。

楊龜山、羅豫章、李延平先生學派論

《孟子》有言：「守先王之道，以待後之學者。」又論由堯舜至於湯，由湯至於文王，由文王至於孔子，或見而知之，或聞而知之。向使道統無傳，則人道幾乎息矣。楊、羅、李三先生，蓋任「守先待後」之責，繼洛學而開閩學者也。紫陽淵源，其來有自，余於《性理大義》中，已詳著之〔一〕。茲謹掇三先生事略，並論其授受之大指，學術之精藴，以諗後學。倘有聞風興起者，吾道之幸也。

龜山先生〔二〕資秉穎異，受學於明道先生，明道稱之，其歸也，目送之曰：「吾道南矣。」於是先生莅吾錫講學，錫邑人爲建「道南祠」，至今祭祀弗替焉。年四十，事伊川，一日伊川瞑坐，與游酢侍立不去，伊川覺曰：「賢輩尚在此乎？歸休矣。」及退出，則門外雪深三尺，事師之禮，篤謹如此。程門多高賢，先生裒然稱首。厥後朱子、張

〔一〕參本編《性理學大義·洛學傳授大義自敘》。

〔二〕楊時（一〇五三～一一三五），字中立，世居福建將樂縣龜山下，故號龜山先生。

南軒先生之學，得程氏之正，其源皆出於先生。然人第知先生爲理學之傳，而不知其經濟足以匡世也〔一〕。

初歷任州縣凡四十七年，及老，居諫垣九十日〔二〕，其所論列，皆切於世道。爲秘書郎時，徽宗召對，首言：「熙豐、元祐分爲二黨，縉紳之禍，至今未艾，請置弗論。」〔三〕及金人入寇，上言〔四〕：「今日事勢如積薪然，當奮勵以竦觀聽，若示以怯懦，則事去矣。」欽宗受禪，擢諫議大夫，金人脅和，邀割三鎮，先生復言：「河朔爲國家重地，三鎮爲河朔要藩，一旦棄之，是敵以二十州之地，貫吾腹中，非經遠之謀也。」〔五〕李綱之罷，太學生伏闕上書，軍民集者數萬，欽宗召問，先生言：「諸生忠於朝廷，非有他意。」於是奉命兼祭酒，安撫之，事遂定。旋又雪王珪被誣之冤，以直宣仁皇后之謗，推蔡京蠹國之禍，以摘王安石學術之非。有旨改修宣仁謗史，而黜安石從祀，天

〔一〕蓋有體有用之學，經世乃要義也。
〔二〕未能大用也。
〔三〕請除黨禁。
〔四〕謂上疏陳情。
〔五〕請光復燕雲十六州。

下快之。由是德望日隆，遠及異域，雖高麗國王，亦從使者問先生安在。《中庸》曰：「聲名洋溢乎中國，施及蠻貊。」凡有血氣，莫不尊親。後世聞先生之風者，可不勉哉[一]？

豫章先生[二]嚴毅清苦，刻志求道，龜山先生令蕭山時，徒步往從之。初見三日，驚汗浹背曰：「不至是，幾枉此生。」龜山亦喜，謂可與言道。嘗講《易》至某爻曰伊川説「甚善」，先生即鬻田走洛，見伊川師之。復歸事龜山，龜山告之曰：「讀書之法，以身體之，以心驗之，從容默會於幽閑静一之中，超然自得於書言象意之表。」又曰：「學而不聞道，猶不學也。」先生受命益自力。嘗採祖宗故事爲《遵堯録》，其論治曰：「祖宗法度不可廢，德澤不可恃。廢法度則變亂之事起，恃德澤則驕佚之心生。」又曰：「君子在朝則治，小人在朝則亂。蓋君子常有亂世之言，使人主多憂，憂則善心生，故治。小人常有治世之言，使人主多樂，樂則怠心生，故亂。」其論士行曰：「周孔之心，使人明道。道苟明，則周孔之心深自得之。三代人材，得周孔之心而明道，故

[一] 述楊時之經謨。
[二] 羅從彦（一〇七二～一一三五），字仲素，福建羅源人，祖居南昌，郡望豫章，故世稱豫章先生。

生死去就，如寒暑晝夜之移，而行忠義也易。漢唐以後，失周孔之心，不能明道，故死生去就，如萬鈞九鼎之重，而行忠義也難。」皆可謂探本之論矣。

其後築室山中，常終日危坐，體天地萬物之旨，李延平、朱韋齋二先生俱從之游。朱子稱自龜山倡道東南，游其門者至衆，潛思力行，任重詣極，先生一人而已〔一〕。

延平先生〔二〕生有異禀，孝友謹篤，弱冠，遊鄉校，有聲稱，後聞郡人羅豫章先生得河洛之學於龜山先生之門，遂往學焉。講誦之餘，危坐終日，體驗乎喜怒哀樂未發之前氣象如何，而求所謂中者。如是者久之，而知天下之大本，真有在乎是也。蓋天下之理，無不由是而出，既得其本，則凡出於此者，雖品節萬殊，曲折萬變，莫不該攝洞貫，以次融釋，由是操存益固，涵養益熟，精明純一，發必中節矣。蓋先生平生得力於此，故其論《中庸》，謂「喜怒哀樂未發之中」一語，實爲一篇之指要云。其接後學，要以反身自得，俾入於聖賢之域，其言曰：「學問之道，不在多言，但默坐澄心，體認天

〔一〕 參本編《性理學大義·羅仲素先生傳》文。

〔二〕 李侗（一〇八八～一一五八），字愿中，生於福建劍浦，古稱延平，故世號延平先生；羅從彦門人，朱子父朱松學侶，朱子師從之。

理，雖一毫私欲之發，亦退聽矣。」又曰：「孔門諸子，羣居終日，交相切磨，又得夫子爲之依歸，日用之間，觀感而化者多矣。」〔一〕恐於融釋脱落處，非言説所及也，嘗以黄太史稱「濂溪周夫子，胸中洒落，如光風霽月」〔二〕云者，爲善形容有道者氣象，嘗顧謂學者曰：「存此於胸中，庶幾遇事廓然，而義理少進矣。」朱韋齋先生與鄧天啓論及先生，鄧曰：「愿中延平先生字。如冰壺秋月，瑩徹無瑕。」韋齋深嘆，以爲知言。朱子初見先生時，議論喜大而惡小，好同而惡異，先生曰：「此祇是籠統道理，理不患其不一，所難者分殊耳。」朱子大有悟，於窮理之學，益加精審。其訓《大學》「格物窮理」，蓋本師説也。後之學者，熟讀《延平答問》〔三〕，可以知之矣〔四〕。

綜論三先生授受精微，其題目有二：曰觀喜怒哀樂未發氣象，曰主静與主敬之别。夫既曰觀，則屬於已發矣，而謂未發氣象，何也？蓋未發已發之旨，闡自二程子，其與吕與叔先生辨論數四，要不外涵養、省察兩端。涵養於未發之前，《易傳》所謂

〔一〕朱子《延平先生李公行狀》文。
〔二〕黄庭堅《豫章集·濂溪詩序》云：「舂陵周茂叔，人品甚高，胸中灑落，如光風霽月。」
〔三〕《延平問答》録在《性理學大義·洛學傳授大義》。
〔四〕以上敘洛學楊時、羅從彦、李侗一脈三代人物之事略。

「无思无爲，何思何慮」是也；省察於將發之際，《中庸》所謂「莫見乎隱，莫顯乎微」，朱子注「遏人欲於將萌」，而不使其潛滋暗長是也。觀之云者，兼涵養、省察之功，非著力之觀也。孫夏峯先生論求放心云：「若觀未發，心即不放，孔子言『操則存』，『我欲仁，斯仁至矣』。」其斯之謂歟？近儒陳蘭甫先生謂：「經言喜怒哀樂之未發，未嘗言思慮未發，觀者以思慮省察性情也，時時收攝，即時時體驗。周子言動而未形，有無之間者，幾也，幾微故幽。」其斯之謂歟？

至於三先生皆言主静，而朱子補之以敬，後人遂諱言静字。文治竊謂：静與敬，一以貫之。孔子繫《易》，《坤卦・文言傳》以静與敬並言，《大學》言「知止而後有定，定而後能静」，静後文，即引《詩》「緝熙敬止」以釋之。《管子》曰：「守道莫若敬，主敬莫若静。」蓋静而著意，即敬也；敬而不著意，即静也。《孟子》曰「必有事焉」，敬也；「心勿忘」，静也。折衷於聖賢之言，自不必標主敬以求勝主静之説。若夫静中驗天地萬物一體之懷，是即復見天地之心，安静以養微陽，是又與觀未發氣象，息息相通，而實未嘗非敬也。

陸清獻《三魚堂集》力辨朱子静坐之説，夫静坐而限以半日，仍拘束矣。儻如蕺山先生所言，「行住坐卧皆作坐觀，食息起居皆存静想。」非即《通書》之所謂「動而無動，靜而無靜」乎？高忠憲、李二曲諸儒，實皆得洛學之心傳者也。文治體驗功淺，於三先生授受之精微，未知有當萬一否也。

朱子學爲今時救世之本論

【釋】文又載《交通大學演講録》第二集上卷「經學心學類」第七期，題爲《論朱子學爲今時救國之本》，題下注明主旨云：「救國先救民，正人心在善國性。」

「盡人合天」之謂聖賢[一]，朱子大賢而希聖者也[二]。

《易傳》曰：「天地之大德曰生」[三]，「裁成天地之道，輔相天地之宜，以左右

[一]「盡人合天」，開宗明義，見朱子繼聖，其功至偉，意義重大，唐先生以此概括朱子一生學術精神。參前文《張子〈西銘〉論》。

[二]唐先生用周敦頤《通書・志學》所言「聖希天，賢希聖」之意，總提朱子盡人合天之上達奮進之德。

[三]《易・繫辭下》云：「天地之大德曰生，聖人之大寶曰位。何以守位曰仁，何以聚人曰財。理財正辭，禁民爲非曰義。」乃聖王繼天成治，保民教衆之道。故下直接引《泰》卦象辭，順承重旨。

民」〔一〕。裁成也，輔相也，皆人所以佐天地之德也。朱子學，其《周易》之精義乎〔二〕？《尚書》曰：「天工人其代之，天敘有典，天秩有禮。天聰明，自我民聰明；天明畏，自我民明威。」典也，禮也，聰明也，明威也，皆人所以代天工也。朱子學，其《尚書》之精義乎〔三〕？《中庸》曰：「天地之大也，人猶有所憾」，「盡人性，盡物性，可以贊天地之化育」。化也，育也，皆人所以彌天地之憾也。朱子學，其《中庸》之精義乎？〔四〕夫惟盡人以合天，其學乃可以救世〔五〕。

文治昔年嘗編《朱子大義》，繼編《紫陽學術發微》，粗得梗概。學者欲知朱子爲學次第，當求之《年譜》〔六〕；欲知「己丑悟道」之要，當求之《與張欽夫》三書、《與

〔一〕《易·泰卦》象辭。原句指「后」德，謂人君之所當爲者。
〔二〕首示朱子本《易》立德。
〔三〕此明朱子本《書》立義。
〔四〕此明朱子本《禮》成德。
〔五〕言朱子發揚《易》《書》《禮》之教，成就「盡人合天」之道，乃實學也。
〔六〕在《朱子大義》中，此治朱子學第一道工夫。

湖〔一〕南諸公書》《已發未發説》〔二〕；欲知仁敬之方，當求之《仁説》《主敬箴》《玉山講義》〔三〕；欲知經學之大綱，當求之《易本義》《詩集傳》《四書章句集注》〔四〕；欲知金谿學之異同，當求之論無極太極諸書、鵝湖大會詩、白鹿洞講義〔五〕。欲知東學之是非，當求之與吕伯恭、吕子約、薛艮齋、陳同甫諸書〔六〕，亦可以悉其詳矣〔七〕。

兹復撮其大要論之。朱子之學所以「盡人合天」者，惟在體驗仁、義、禮、智渾然之性，惻隱、羞惡、辭讓、是非燦然之情而已。夫天地生人，不外太極陰陽健順五常之德，朱子灼知此德之精微，即天命我之性，性體無爲，渾全在我，發處呈幾，盡力體驗，

〔一〕「湖」字誤作「河」。
〔二〕治朱子學第二道工夫。
〔三〕治朱子學第三道工夫。
〔四〕治朱子學第四道工夫。
〔五〕治朱子學第五道工夫。
〔六〕治朱子學第六道工夫。
〔七〕先列舉研究朱子之途徑歷程，皆本朱子論著，實事求是。上六項要目之文獻，具載《性理學大義・朱子大義》八卷與《紫陽學術發微》十二卷中。

積累擴充，雖周流於萬物，而皆統會於一心。論其全體，祇此渾然燦然者〔一〕，充滿分量，無少欠缺。論其大用，祇此渾然燦然者，脈絡分明，無稍紛雜。論其即體以達用，則渾然燦然者，貫徹於身心内外，賅五事五倫，完性體而無不足。論其即用以見體，則渾然燦然者，流形於日用民彝，馭八政六官，亦完性體而非有餘。以是爲始，以是爲終，實則有倫有要，虛則无思无爲。節録朱氏止泉説。此朱子盡人合天之學，本於天命之性，率性之道，統於未發之中、已發之和，苟不固聰明聖知達天德者，其孰能知之哉？

且夫乾坤開闢以來，人類之所以不絶者，惟賴有「不忍人之心」而已。《孟子》曰：「人皆有不忍人之心，先王有不忍人之心，斯有不忍人之政。」朱子注曰：「天地以生物爲心，而所生之物，因各得夫天地生物之心以爲心，所以謂人皆有不忍人之心也。」夫不忍人之心，何以不泯？其始在「涵養」，其繼在「察識」，其終在「擴充」，此其精義與其方法〔二〕，朱子於《中庸》《孟子》注曁《文集》中暢發之。至晚年教人專讀《孟

〔一〕渾然者其性，燦然者其情。
〔二〕道術終始在涵養、察識、擴充三面工夫。

子》「道性善」「求放心」兩章，蓋所以淑人心而善國性者，肫肫之意，懇懇之誠，一息尚存，此志不容稍懈，信夫可以救世也。故其知南康軍及提舉兩浙常平茶鹽時，值歲大饑，卒賴其力，救活災民數百萬人。至其所修荒政，及所頒社倉法，千古奉爲率典。《康誥》曰：「如保赤子。」《孟子》曰：「赤子匍匐將入井，非赤子之罪。」百姓皆吾赤子也。朱子放賑詩曰：「阡陌縱橫不可尋，死喪狼藉正悲吟。若知赤子原無罪，合有人間父母心。」有心人讀之，無不惻然流涕。嗚呼！此非「爲天地立心，爲生民立命」者乎？

若夫孩提之良知良能，在家庭則爲愛敬，及其長也，達之天下，即爲仁義，故曰：「堯舜之道，孝弟而已矣。」朱子《四書注》，首重孝弟，其《甲寅上封事》云：「臣所讀者，不過《孝經》《語》《孟》之書。」知南康時《示俗文》云：「《孝經》云：『用天之道，分地之利，謹身節用，以養父母，此庶人之孝也。』以上《孝經·庶人章》正文五句，係先聖文宣王所言，勸民間逐日持誦。依此經解說，早夕思維」云云。朱子上告君，下教民，皆以《孝經》爲大本，誠以孝弟之至，通于神明，和氣洋溢，則民用和睦，災害不生。殺機消弭，信夫可以救世也。

然則朱子學者，詎可張皇幽渺哉？居敬窮理，下學上達，盡人以合天而已〔一〕。「仲尼祖述堯舜，憲章文武」〔二〕，朱子則祖述孔孟，師法周程，一脈相承，爲人心民命之所依賴。欲救今日之世界，當自尊孔讀經始，而尊孔讀經，當自學朱子之學始。

朱子、陸子學派異同論

黄梨洲先生《象山學案》論曰：「象山先生之學，以尊德性爲宗，謂：『先立乎其大，而後天之所以與我者，不爲小者所奪。夫苟本體不明，而徒致功於外索，是無源之水也。』同時紫陽之學，則以道問學爲主，謂：『格物窮理，乃吾人入聖之階梯。夫苟信心自是，而惟從事於覃思，是師心之用也。』兩家之意見既不同，逮後論《太極圖説》，先生之兄梭山謂：『不當加「無極」二字於「太極」之前，此明背孔子，且并非周子之言。』紫陽謂：『孔子不言無極，而周子言之，蓋實有見太極之真體，不言者不爲少，言之者不爲多。』先生爲梭山

〔一〕 明朱子盡人道之極，孝敬衷出，乃本良知良能，盡人合天，非虛談也。
〔二〕 《禮記·中庸》文。

反覆致辯，而朱陸之異遂顯。

「繼先生與兄復齋會紫陽於鵝湖，復齋倡詩有『留情傳注翻臻塞，著意精微轉陸沈』之句，先生和詩亦云：『易簡工夫終久大，支離事業竟浮沈。』紫陽以爲譏己，不懌，而朱陸之異益甚。案：鵝湖之會在淳熙二年，鹿洞之講在八年，已在其後。太極之辯在十年，又在其後。梨洲説未免倒置。〔一〕於是宗朱者詆陸爲狂禪，宗陸者以朱爲俗學，兩家之學，各成門户，幾如冰炭矣。

「嗟乎！聖道之難明。濂洛之後，正賴兩先生繼起，共扶持其廢墮，胡乃自相齟齬，以致蔓延，今日猶然借此辨同辨異，以爲口實，寧非吾道之不幸哉？雖然，二先生之不苟同，正將以求夫至當之歸，以明其道於天下後世，非有嫌隙於其間也。

「道本大公，各求其是，不敢輕易唯諾以隨人，此尹氏所謂『有疑於心，辨之弗明弗措』，豈若後世口耳之學，不復求之心得，而苟焉以自欺，泛然以應人者乎？況考二先生之生平自治，先生之尊德性，何嘗不加功於學古篤行？紫陽之道問學，何嘗不致力於反身修德？特以示學者之入門，各有先後，此其所以異耳。

〔一〕原《宋元學案》王梓材（一七九二～一八五一）按語。據活動時序，説明朱陸異同論非事實。

「然至晚年，二先生亦俱自悔其偏重。稽先生之《祭東萊文》有曰：『比年以來，觀省加細，追維曩昔，麤心浮氣，徒致參辰，豈足酬高義？』蓋自述其過於鵝湖之會也。《與諸弟子書》嘗云：『道外無事，事外無道。』而紫陽之親與先生書，則自云：『邇來日用工夫，頗覺有力，無復向來支離之病。』其別《與吕子約書》云：『孟子言道問學之道，惟在求其放心，而程子亦言「心要在腔子裏」，今一向耽著文字，令此心全體都奔在册子上，更不知有己，便是箇無知覺、不識痛癢之人，雖讀得書，亦何益〔一〕於我事邪？』《與何叔京書》云：『但因其良心發見之微，猛省提撕，使此心不昧，則是做工夫底本領。本領既立，自然下學而上達矣。若不見於良心發見處，渺渺茫茫，恐無下手處也。』又謂：『多識前言往行，固君子所急，近因反求未得箇安穩處，卻始知此未免支離。』《與吴伯豐書》自謂『欠卻涵養本原工夫』，《與周叔謹書》：『某近日亦覺向來説話有太支離處，反身以求，正坐自己用功亦未切耳。因此減去文字工夫，覺得閒中氣象甚適。每勸學者，亦且看孟子道性善、求放心兩章，著實體察，收拾此心爲要。』又《答吕子約》云『覺得此心存亡，只在反掌之間，向來誠是太涉支離。若無本以自立，則事事皆病耳，豈可一向

〔一〕「益」字，原作「盗」，據黄氏《宋元學案》原文爲正。

汩溺於故紙堆中，使精神昏蔽，而可謂之學』，又書『年來覺得日前爲學不得要領，自身做主不起，反爲文字奪卻精神，不爲小病。每一念之，惕然自懼，且爲朋友憂之。若只如此支離，漫無統紀，展轉迷惑，無出頭處』。觀此可見二先生之虛懷從善，始雖有意見之參差，終歸於一致而無間，更何煩有餘論之紛紛乎？

「且夫講學者，所以明道也。道在撙節退讓，大公無我，用不得好勇鬭狠於其間，以先自居於悖戾。二先生同植綱常，同扶名教，同宗孔孟，即使意見終於不合，亦不過仁者見仁，知者見知，所謂『學焉而得其性之所近』，原無有背於聖人，矧夫晚年又志同道合乎？

「奈何獨不睹二先生之全書，從未究二先生之本末，糠粃眯目，强附高門，淺不自量，妄相詆毁！彼則曰『我以助陸子也』，此則曰『我以助朱子也』，在二先生豈屑有此等庸妄無謂之助己乎？」〔一〕

〔一〕黄宗羲《宋元學案》卷五八《象山學案》。唐先生引其論，所以明本同末異，勢理自然，返本之學，合志同歸，大同之意也。

黄儆居太夫子《讀陸氏象山集》〔一〕曰：

「象山之學，王陽明宗之，藉以樹敵於朱子，後儒遂稱之曰陸王。然而陸氏與王氏有同有〔二〕異，與朱子有異亦復有同。陸氏以爲『仁義者〔三〕，人之本心。愚不肖則蔽於物欲而失本心，賢智者則蔽於意見而失本心；人必先立其志，躬行實踐，日充其本心之大。』此一生論學之旨也。而其《與趙詠道書》則云：『《大學》致知格物，《中庸》博學、審問、謹思、明辨，《孟子》始條理者智之事，固先乎〔四〕講明矣。未嘗學問思辨，而曰吾惟篤行之而已，是冥行者也。是〔五〕猶射者不習於教法之巧，而〔六〕徒恃其有力，能至於百步之外，而不計其未嘗中也。講明有所未至，雖伊尹、伯夷之聖，而孟子顧有所不願學。拘儒瞽生，安可以硜硜之必爲而傲知學之士？』其與劉淳叟、包顯

〔一〕黄式三《讀陸氏象山集》文，載《儆居遺書》之六《儆居集》中《讀子集》卷二光緒戊子春（一八八八）黄氏家塾刊本。下引《儆居集・讀子集》同此版。

〔二〕「有」字原作「而」，據《儆居集・讀子集》爲正。

〔三〕「者」字脱，據《儆居集・讀子集》補入。

〔四〕「乎」字脱，據《儆居集・讀子集》補入。

〔五〕「是」字脱，據《儆居集・讀子集》補入。

〔六〕「而」字脱，據《儆居集・讀子集》補入。

道、彭子壽書，皆言先知後行，是大綱本同於朱子矣。

「惟朱子承伊川之學，致知格物，必盡窮天下之物理。陸氏以爲：『人情物理之變，不可勝窮，是以堯舜之智不偏物；學者耻一物之不知，耻非所耻，終身習支離之學，而義利未分，端緒未正，本心汩没，反將置之不耻。』意蓋深憫乎此而有異於朱子耳……抑嘗讀朱子《與吕子約書》云：『孟子言學問之道，惟在求其放心。今一著文字，不知有己，是無知覺不識痛癢之人，雖讀書何益？』《與何叔京書》云：『因良心發見之微，猛省提撕，使此心不昧，則本領既立，自然下學而上達。』此其言[一]，與《大學》《孟子》注同，豈不與陸氏若合符節乎[二]？而後之爲朱子學者，必謂與吕、何書在年四十以前，猶非定論，抑又拘矣。

「讀先儒書，不必泥於時之先後，而祇論其説之是非。説果未盡是邪，則當知其非；未盡非邪，則當知其是。朱子平日教學者詳言『自明誠』，未嘗不言『自誠明』；陸氏平日教學者詳言『自誠明』，未嘗不言『自明誠』。讀朱子書，正當以所與吕、何諸

[一] 原作「此其言學」，「學」字衍，據《儆居集·讀子集》爲正。
[二] 謂朱陸大綱與本意皆相通。

書徵成其是；讀陸氏書，亦當以所與趙、劉、包、彭諸書彌縫其闕。朱子謂『學問所以求放心』，正欲讀書者之輾轉歸己也；陸氏以『宇宙事皆分内事』，安得以考訂經傳爲儒者分外事也？」

文治謹案：朱陸異同，自元明以來，紛紜聚訟，以文治所見，無有如二先生之廣大精微者，蓋深合《中庸》「道並行而不相悖」之旨，可謂會歸有極矣〔一〕。然更有進者，陸子尊德性，朱子道問學，實出於朱子之自言，蓋一時之謙辭爾。實則陸子未嘗廢問學，而朱子之問學，正所以養其德性，故自己丑悟道，晚年涵養邃密，統德性、問學而歸於一貫，特陸子之尊德性偏於虛靈，朱子之尊德性本於主敬耳。朱門弟子因先生自謙之辭，據以爲兩家殊塗之證，至元吴草廬先生更揚其波〔二〕，遂成分道揚鑣之鐵案，抑亦考察之未審，體驗之未精矣。

若夫陸子講學宗旨，曰本心，曰先立乎其大者，而其尤要者，在辨析義利，其原皆

〔一〕《書·洪範》云：「無黨無偏，王道平平。無反無側，王道正直；會其有極，歸其有極。」謂黄宗羲與黄式三皆持平通達也。

〔二〕吴澄謂：「朱子於道問學之功居多，而陸子以尊德性爲主。問學不本於德性，則其蔽必偏於語言訓釋之末，故學必以德性爲本，庶幾得之。」詳參本卷《趙仁甫、許魯齋、吴草廬先生學派論》。

出《孟子》。《象山語録》詹阜民問：「先生之學有所受乎？」曰：「因讀《孟子》而自得之。」則爲學大要可知矣。白鹿洞講演，諸生感動，皆爲泣下。夫人心滔滔，沈溺於利欲之中，不知自拔，於是百姓日益困苦，世道日益淪胥，得陸子提醒本心，大聲疾呼以挽救之，豈非熱病中清涼散乎？故朱子手記其講義後，欽服倍至，良以利心不除，則世界終無安靖之日。後儒當知衞道救世之功，兩賢正復相合，烏可分門户於其間哉〔一〕？故吾嘗謂從事陸學者，當自讀《白鹿洞講義》始；從事王學者，當自讀《拔本塞源論》始。文治幼年頗闢陸王，中年後學問稍進，心甚悔之，爰謹加論正，見講學之不可自隘其途，而立言之不可輕易也。

張南軒先生學派論

南軒先生純粹精密，盛德日新，與朱子相頡頏，惜年四十九卒。向使克登大耋，則其不亞於朱子，或更勝於朱子，未可量也。先儒論之較詳，兹採録黄、夏二家之說，再陳己意。

〔一〕謂朱陸意存淑世。

黄梨洲先生曰：「南軒之學，得之五峯，論其所造，大要比五峯更純粹，蓋由其見處高，踐履又實也。朱子生平相與切磋得力者，東萊、象山、南軒數人而已。東萊則言其雜，象山則言其禪，惟於南軒爲所佩服，一則曰：『敬夫見識卓然不可及，從遊之久，反復開益爲多。』一則曰：『敬夫學問愈高，所見卓然，議論出人表。近讀其語，不覺胸中灑然，誠可嘆服。』然南軒非與朱子反復辯難，亦焉取斯哉？第南軒早知持養是本，省察所以成其持養，故力省而功倍。朱子缺卻平日一段涵養工夫，至晚年而後悟也。」〔一〕

夏弢夫〔二〕先生曰：「宣公〔三〕受學於胡五峯，五峯爲伊川三傳弟子，《知言》一書，五峯所講授，宣公所奉爲準繩者也。朱子於『性無善惡，心無已發』、『仁以用言，心以用盡』、『不事涵養，先務知識』諸論，力辨其非，而宣公一一翻然從之。吕成公稱其事師，未嘗如世俗學一先生之言，暖暖姝姝〔四〕，不復更求其進學之力者，可謂真知宣公

〔一〕黄宗羲《宋元學案》卷五〇《南軒學案》按語。
〔二〕即夏弢甫。
〔三〕張栻（一一三三～一一八〇），字敬甫，號南軒，謚曰宣，故後世尊稱宣公或張宣公。
〔四〕句出《莊子·徐無鬼》：「所謂暖姝者，學一先生之言，則暖暖姝姝而私自説也，自以爲足矣。」

者矣。觀朱子與宣公諸書，一義之合違，一言之同異，必反覆辨證，不遺餘力，卒乃同歸而一致。然則宣公之爲學，其用心也虚，其親賢也篤，其集益也廣，其從善也勇。乾淳諸老之中，學足以肩隨建安，而傳之後世無弊者，當於宣公首屈一指也。」[一]

文治曰：黄、夏二家之説允矣，請進而論先生之經濟。考孝宗之世，宋室尚可自强，倘使朱、張、吕諸賢均能大用，止齋、水心諸老繼之，聲應氣求，安内攘外，何患不轉弱爲强。迺半明半昧，積弱以至於亡，惜哉！惜哉！觀先生進言孝宗曰：「陛下上念祖宗之讎耻，下閔中原之塗炭，惕然於中而思有以振之，臣謂此心之發，即天理之所存也。願陛下勿怠此心，而親賢稽古以擴充之，則不惟今日之功可以必成，而千古因循之弊，亦庶乎其可革矣。」

又疏言：「我與金義不同天日者，雖嘗詔以縞素出師，而玉帛之使，未嘗不躡其後，是以和戰之念，雜於胸中，而至誠惻怛之心，無以感格乎天人之際。繼今以往，誓不言和，專務自强，雖折不撓，遲以歲月，何功之不濟哉！」

時有言敵勢衰弱可圖者，先生奏言：「比年諸道水旱民貧，而國家兵弱財匱，大

[一] 夏炘《陸文安公、張宣公論》文，唐先生録在本編《紫陽學術發微》卷八。

小之臣又皆誕謾，不足倚仗，正使彼中可圖。臣懼我之未足以圖彼也，爲今之計，當下哀痛之詔，明復仇之義，顯絶金人，不與通使。然後修德立政，用賢養民，選將帥，練甲兵，通内修外攘、進戰退守爲一事，又且必治其實而不爲虚文，使必勝之形，隱在目前，則雖三尺童子，亦且奮躍而争先矣。」善哉斯言！蓋天地正氣之所維繫也。《大學》言「見賢而不能舉，見不善而不能退」，自來一小人進，則衆小人皆進；一君子退，則衆者皆退。奈何先生之言不用，而韓侂胄輩，迺得大張其燄乎！此後世所當引以爲鑑者也〔一〕。

請再論先生之學術。蓋先生之所學於五峯，及與朱子相切磋者，仁而已矣。所以求仁之方，敬而已矣。其序胡子《知言》謂：「不得其意，徒誦其言，不知求仁，坐談性命，幾何不流於異端之歸乎？」又作《洙泗言仁》，自序曰：「仁者天地之心，天地之心而存乎人，所謂仁也。人惟蔽於有己，而不能以推夫其所以爲人之道，故學必貴於求仁也。《論語》一書，家藏人誦，而真知其指歸者，何人哉？某讀程子之書，其間教門人聖賢言仁處，類聚以觀

〔一〕此言張栻之經濟，即政治大綱。

而體認之，因裒《魯論》所載，疏程子之説於下，而推以己見，題曰『洙泗言仁』。嗟乎！雖難言，然聖人教人求仁，具有本末，譬如飲食，乃能知味。故先其難而後其獲，所以爲仁而難，莫難於克己也。」

及《與朱子論仁書》曰：「人與天地萬物一體，是以其愛無所不至，猶人之身無尺寸之膚而不貫通，則無尺寸之膚不愛也。故以惟公近之之語形容仁體，最爲親切。故探其本，則未發之前，愛之理存乎性，是乃仁之體也。察其動，則已發之際，愛之施被乎物，是乃仁之用也。體用一源，内外一致，此仁之所以爲妙也。」朱子與之反覆討論，具詳《文集》中。

又先生作《主一箴序》謂：「主一之謂敬，無適之謂一，求仁之方，孰要乎此？」其箴詞與朱子《居敬箴》訢合無間。然則朱子之論已發未發，謂「人有是心而或不仁，則無以著此心之妙，人雖欲仁而或不敬，則無以致求仁之功」數語，亦與先生訢合無間者也。

文治竊不自揆，嘗論孔門求仁功夫，當分三層：曰「苟志於仁矣，無惡也」，「我欲仁，斯仁至矣」，是求放心，第一層也。曰「敬而無失，恭而有禮」，「居處恭，執事敬，與人忠」，是内外交修，第二層也。曰「其心三月不違仁，無終食之間違仁」，是心與理一，第三層也。

至於先儒論主敬用功，共分四層，曰：提撕警覺，是敬之入手處。惺惺不昧，是敬之進步處。主一無適，是敬之會聚處。緝熙光明，是敬之大成處。

竊嘗奉此以爲準繩，庶幾得躬行實踐之要〔一〕，不至貽空談心性之譏。先賢有靈，其許我乎？若夫義利之辨，乃修德立品之基，先生於此，尤兢兢焉，已於《讀〈南軒集〉》〔二〕中詳論之。吾人欲知舜與跖之分，當懍然知所惕厲矣。

吕東萊、薛艮齋、陳止齋、葉水心先生學派論

【釋】又載無錫國專《學術世界》第一卷第六期，一九三五年，頁一至三。

吕、薛、陳、葉四先生，世所稱永嘉學派者也。後儒謂洛閩研性理，永嘉尚經濟。於是喜事功者，右永嘉而薄程朱，且謂朱子與永嘉諸君子意見不合。嗚呼！此皆耳

〔一〕唐先生所言求仁三層、主敬用功四層，爲道德意志之生發、培養、維持與實現，乃倫理學之核心問題。
〔二〕謂《讀〈張南軒先生文集〉記》，載本書卷三。

食之談，不知事實者也。

按：永嘉學派傳自袁道潔〔一〕，其淵源出自程子，曷嘗不本於性理？特以經濟爲用爾。東萊先生爲朱子執友，與張南軒先生同爲當代大儒，且與朱子同輯《近思録》，題其首卷云：「陰陽性命，特使之知所嚮。講學具有科級，若躐等陵節，流於空虚，豈所謂近思？」可見先生學術之正矣。朱子與艮齋先生書，語意謙恭，推重頗至；與止齋、水心二先生交誼亦摯，《文集》中載《辛亥歲與陳君舉論學書》，附《答葉正則書》，至爲詳審。林栗彈劾朱子，水心先生大爲不平，盡力辨白，林栗罷斥，正氣稍伸，何嘗與朱子不合哉〔二〕？夫因論學而生意見，因意見而分黨派，古來君子之禍，後學當引爲殷鑑者也。兹先論四先生學術大略，後論性理經濟，一以貫之，決不宜妄分門户也。

東萊先生少從林拙齋、汪玉山、胡籍溪三先生遊，與朱子、張南軒先生友，性稍褊急，一日讀《論語》「躬自厚而薄責於人」，忽覺平時忿懥，涣然冰釋。善變氣質，朱子

〔一〕袁溉，字道潔，汝陰人，二程門人，行宜具載其門人薛季宣（一一三四～一一七三）所撰《袁先生傳》（《浪語集》卷三二）。

〔二〕葉適抗疏維護朱子事，詳參卷一《論〈宋史・道學傳〉》。唐先生此節則闡明程朱與永嘉諸賢同調。

深佩之。其文學術業，本於天資，習於家庭，稽諸中原文獻之所傳，博諸四方師友之所講，融洽無所偏滯；晚雖卧疾，任重道遠之意不衰。爲太學博士時，常勉孝宗以聖學謂：「宜虚心以求天下之士，執要以總萬事之機，勿以圖任或誤而謂人多可疑〔一〕，勿以聰明獨高而謂智足偏察〔二〕，勿詳於小而忘大之計，勿忽於近而忘壅蔽之萌。」又謂：「今日治體〔三〕視前代未備者，固當激厲而振起；遠過前代者，尤當愛護而扶持。」〔四〕可謂通達治體者矣。至其規朱子之詆斥蘇氏，謂：「蘇文非楊墨比，不可因激增怒。」朱子之辯駁胡氏《知言》，謂：「宜存尊讓前輩之意。」古人直諒忠告如此，交友者當奉爲圭臬也。夏弢夫《述朱質疑》有《張宣公、吕成公皆朱子之直友説》，極詳備。

艮齋先生未冠時，從袁公溉學，後乃青出於藍；以經濟爲主，讀書自六經外，歷代史、天官、地理、兵刑、農末，靡不采考；復留心於古封建、井田、司馬法。其自婺州召對也，王公炎訪政於先生，對言「格心正始，斯建中興之業。忽略根本，而奔走軍

〔一〕謂因誤用一人而全失信任。
〔二〕自以爲是。
〔三〕朱子和吕祖謙合編之《近思録》卷八專言「治體」，故吕氏之言，非泛泛而論。
〔四〕吕祖謙讜論兩則，皆據《宋元學案》卷五一《東萊學案序録》文。

旅，舛先後之序。方今兵疲民困，未免蕭牆之悔，惟以仁義紀綱爲本」云云。公炎薦之召對，進三事，一言治體有本末，躬細務，親騎射，本末倒置，願遴三公之選，責以進人材，張紀綱，延端直之士，與之講學，問求治道；二言冗官冗兵宜裁汰；三言虚税宜革除，皆切中時弊之言。又孝宗患士好名，先生對曰：「好名特爲臣子學問之累。人主爲社稷計，惟恐士不好名，誠人人好名畏義，何嚮不立。」其識見過人遠矣。全氏謝山謂：「先生之學，主禮樂制度，以求見之事功。然觀其以參前倚衡言持敬，則大本未嘗不整然也。」〔一〕止齋先生先學於艮齋，詢以所治何業，先生以己之所已得者對。艮齋曰：「吾懼子之累於得也〔二〕。」於是往依而卒學焉。厥後《祭艮齋文》自言初見梅潭，教之專讀《易》《魯論》。迨適毗陵〔三〕，授以百氏書，博我約我，有源有涉，譬彼草木，自根徂葉。然則先生之學，得益於艮齋深矣。蓋艮齋於禮樂兵農，務求該通委曲，可以施諸實用，先生嗣之，厥緒益張，是以奏劄詳明，一時莫比。其文集中如《民

〔一〕全祖望按語，載《艮齋學案序録》，《宋元學案》卷五二。
〔二〕生功利心也。
〔三〕薛季宣於高宗紹興二十六年（一一五六）居毗陵，陳傅良於是時求教。

論》《孫子發微序》，多係有用之文。與朱子二書，其一商量出處，語重心長；其二謂：「每懷企慕，三十年間，不在人後。間欲以書扣之，念長者前有長樂之争，後有臨川之辨，往還動數千言。學者轉務夸毗，浸失本指。蓋刻畫太精，頗傷易簡；矜持已甚，反涉吝驕，以此益覺書不能宣，要須請見，究此衷曲，尺楮匆匆，但有悁結」云云，殆指朱子争無極太極書〔一〕而言，其氣質之純良，交誼之懇摯，令人敬慕不置矣。

水心先生較止齋晚出，天資高曠邁倫。全氏謝山謂：「永嘉功利之説，至先生始一洗之。然言砭古人，多過情之處，其自曾子、子思而下皆不免，不僅如象山之詆伊川也。要亦有卓然不經人道者，未可以方隅之見棄之。」〔二〕余謂先生豪傑之士也，當師其經世之略，不必衷其講學之辭。最可心折者，在條陳理財與鄉兵二端。其論理財謂：「宣和之後，方臘甫平，理傷殘之地，則七邑始立；燕雲乍復，急新邊之用，而免夫〔三〕又興。自是以來，羽檄交警，增取東南之賦，遂至八千萬緡。多財本以富國，

〔一〕指朱子與陸子静争論周敦頤《太極圖》「無極」一詞之往還書信。
〔二〕全祖望按語，載《水心學案序録》，《宋元學案》卷五四。
〔三〕免夫指沿運河百姓捐納錢穀以代夫役。

既多而國愈貧；加賦本以就事，賦既加而事愈散。然則英主身濟非常之業，豈以財之多少爲拘乎？」又謂：「國家之體，當先論其所入。所入或悖，足以殃民，則所出非經，蠹國審矣。宜詔國用司詳議，何名之賦，害民最甚；何等横費，裁節宜先。減所入，定所出，和氣融浹，小民自活。」嗚呼！此可謂千古名言。歷代以來，視東南民賦，如金山銅穴，用之不竭，洎乎民怨沸騰，菑害並至，則危亡無日矣。

其論鄉兵謂：「宜先擇瀕淮沿漢數十州郡，牢作家計，州以萬家爲率，立廬舍，具牛種，置器仗，耕織之外，課習戰射。計一州有二萬人勝兵，三數年間，家計完實，事藝精熟，二十萬人聲勢聯合，心力齊同，敵雖百萬，不敢輕撓。」又謂：「春秋戰國之時，畫國而守，大爲城邑，小爲壁壘，百里之國皆有邊，而南北六朝人在戰地者，各有堡塢，得自爲家，未有如本朝之混然一區，無有捍蔽者。今事已無及，長淮之險，與敵共之。惟有因民之欲，令其依山阻水，自相保聚，用其豪傑，借其聲勢，縻以小職，濟其急難。行之有成，何畏乎敵？」蓋先生之意，在修邊而不急於開邊，整兵而不急於用兵，而其要尤在節用減賦，以寬民力，真救國之良謨也。雖然，用人親賢爲尤急矣，安得永嘉之人才乎？

聖門四科，德行之後，繼以言語政事。若以性理、經濟分言之，研性理而不曉經濟者，迂腐無用之儒也；講經濟而不明性理者，雜霸法術之徒也。間嘗上下古今，伏羲作八卦，通神明，類萬物，爲性理學之始。神農日中爲市，致民聚貨，爲經濟學之始。黄帝、堯、舜，通變宜民，禹、湯、文、武，累代作述，皆以性理與經濟交修互用。周公出，作《周禮》，體國經野，既竭心思，規模大備。孔子繫《易傳》，言性理，而《泰》《否》《損》《益》四卦彖象傳文，無非經濟學。孟子告梁惠、齊宣，經濟備矣，而《告子》一篇，發明性理特精。周子《太極圖説》，闡五性之微；而《通書》禮樂各篇，詳言治道。大程子爲邑令，周知民情。二程子撰《易傳》，通達治體。朱子學仕兼優，畢生出處，全體大用，罔不明備。彼判性理、經濟爲兩途者，豈非庸且妄哉？

惟自東萊先生歿後，龍川〔一〕嗣興，號稱永康學派〔二〕，心術既鄙，品誼亦卑；朱子盡力開導之，而龍川奏對時，極詆朱子，其人其學，俱不足論矣。

〔一〕陳亮（一一四三～一一九四），字同甫，號龍川先生，婺州永康人。
〔二〕《宋元學案》卷五六立《龍川學案》，陳亮爲開宗。

趙仁甫、許魯齋、吴草廬先生學派論

嗚呼！正學至於元代，衰微極矣！非有大儒講學以維持之，幾何不墜地而無餘哉？今所傳者，曰趙仁甫〔一〕、曰許魯齋〔二〕、曰劉静修〔三〕、曰許白雲〔四〕、曰吴草廬〔五〕，數先生而已。陸桴亭先生推重静修先生甚至，然余讀《静修集》，似乏精采，蓋人品高尚，不以文字傳者也。白雲先生則亞於魯齋矣。兹略述趙、許、吴三大儒學派。

〔一〕趙復，字仁甫，湖北安陸人，治程朱之學。宋理宗端平二年（一二三五）爲元軍所俘，在元不仕，唯以講學終生，示不忘根本，自號江漢，學者稱江漢先生。黄宗羲《宋元學案》卷九〇《魯齋學案》專載其人其事，標識爲「程朱續傳」。唐先生於敘述宋儒後，以趙氏冠元儒，乃特表氣節，程朱一脈承傳，國魂尚在，亦自表心跡也。

〔二〕許衡（一二〇九～一二八一），字仲平，號魯齋，謚文正，封魏國公，河南河内人，治程朱之學，元儒臣代表人物。

〔三〕劉因（一二四九～一二九三），字夢吉，號静修，河北保定人。《宋元學案》卷九一《静修學案》專載其人其學。

〔四〕許謙（一二七〇～一三三七），字益之，金華人，自號白雲山人，治程朱之學，學者稱白雲先生，與北方許衡並稱二許，講學未仕。其人其學見《宋元學案》卷八二《北山四先生學案》；四先生指宋元之際浙江金華之何基、王柏、金履祥、許謙，故稱金華學派，皆講朱子學。

〔五〕吴澄（一二四九～一三三三），字幼清，號草廬，江西崇仁人，元泰定初年任經筵講官，官至國子監祭酒、翰林學士，卒謚文正。

趙先生氣節，百世師也。元師伐宋，姚樞[一]得先生，與之言，奇之，而先生不欲生，月夜將赴水自沈，樞覺而追之，方行積尸間，見有解髮脱屨，呼天而泣者，則先生也。亟挽之出，至燕講學。當是時，程朱之書，不及於北，自先生而發之，作《傳道圖》，以教諸生。世祖嘗召見曰：「我欲取宋，卿可導之乎？」對曰：「宋，父母國也。未有引他人之兵以屠父母者。」世祖義之，不强也。嗚呼！方諸殷之箕子，又何愧乎？

魯齋得趙先生之教，還語其徒曰：「今始聞進學之序，當率棄前日所學，從事《小學》之灑掃應對，以爲進德之基。」乃相與講誦，諸生出入惟謹。先生自言對於朱子《小學》，終身敬之如神明，集中發明宗旨，可作《小學》疏義。讀其語録，超然萬物之上，有鳳凰翔千仞，凡鳥不能識之概，可謂篤行君子矣。

草廬先生邃於經學，所作《易纂言》，精微獨造，足繼程氏《易傳》、項氏《周易玩辭》而起。《禮記纂言》亦廣大通博，紹述微言，雖顛倒本經目次，實仿《儀禮經傳通

[一] 姚樞（一二〇一～一二七八），字公茂，號雪齋、敬齋，洛陽人；忽必烈攻大理、鄂州，屢諫屠戮；以藩預議朝政、參定制度，官至翰林學士承旨；卒謚文獻。

解》之例。惟其言「朱子於道問學之功居多，而陸子以尊德性爲主，問學不本於德性，則其蔽必偏於語言訓釋之末，故學必以德性爲本，庶幾得之」。〔一〕斯言也，文治以爲未免膜隔。蓋朱子自居道問學，本係自謙之語，實則朱子未嘗不尊德性，而非陸子所謂德性；陸子未嘗不道問學，而非朱子所謂問學也。雖然，朱子門人深通經術者甚鮮，先生《五經纂言》有功經術，足以接武建陽，蓋勝於北溪諸人矣。

嗚呼！士君子不幸而生鼎革之世，必當負「守先待後」之責。魯齋先生曰：「綱常不可亡於天下，苟在上者無以任之，則在下之任也。」〔二〕然則世道一綫之傳，非諸先生之功乎？若夫清遐放曠，詩酒名高；或閉户逃禪，厭薄塵世，雖無慚於逸民，然而淺矣。《詩》有之：「風雨如晦，雞鳴不已。」思見君子，所以挽頹風也。孔子曰：「歲寒然後知松柏之後彫。」説者曰：「士窮見節義，世亂識忠臣。」〔三〕學者必周於德，德者

〔一〕吴澄分判朱陸之語，載《元史》本傳及《宋元學案》卷九二《草廬學案》，故爲學者熟識，遂口耳相傳。唐先生力闢其説，參前《朱子、陸子學派異同論》。

〔二〕吴氏語載《元史》本傳及《宋元學案》卷九二《草廬學案》。

〔三〕朱子《論語集注》引謝良佐（一〇五〇～一一〇三）之語。

何？氣節學問是也。歲既寒矣，堅冰至矣，萬物之摧殘，端賴一陽之來復〔一〕。欲正人心而救世運，非如三先生者〔二〕，吾誰與歸？

陽明學爲今時救國之本論

【釋】先生此文在戰時滬上流傳甚廣。先載無錫國專《學術世界》第一卷第三期，一九三五年，頁一至三；《國專月刊》第二卷第五期，一九三六年一月，頁五九至六一；《大夏半月刊》第二卷第一期，一九三九年，頁七〇至七一；上海《辰光》第一卷第三期，一九三九年，頁三九至四〇；《交通大學演講録》第二集上卷「經學心學類」第八期（一九四〇年），題爲《論陽明學爲今時救國之本》，題下注明主旨云：「去國民貪鄙心、昏昧心、間隔心與怠惰性、因循遲緩性，必講求致良知與知行合一之學。」

余未弱冠時治性理學，先讀陸清獻《三魚堂集》，繼讀陳清瀾《學蔀通辨》、張武承《王學質疑》、陳定齋《明辨録》、羅忠節《王學辨》、吴竹如《拙修集》諸書，於凡論心論

〔一〕持守不失。
〔二〕趙復、許衡、吴澄，守先待後之樞紐也。

性，專以闢王學爲務。後讀《曾惠敏日記》謂：「程朱之徒處事過於拘謹，陸王之徒頗能通敏於事。」余時閱世未深，未之省也〔一〕。

迨中年兩遊東瀛，究其立國之本，則自崇奉王學始。遊其書肆，覽其書目，爲王學者不下數百家，其數遠過於吾國，爲之驚歎不置。夫覘國者，非徒審國勢、採國風、問學制也，必研究其國性。考王學之入日本，傳自朱氏舜水，朱雖籍隸姚江，實未嘗專習王學。而東鄰得陽明之學説，推衍張皇，以激厲其國性，遂成霸業焉。揚子有言：「彼我易處，未知何如。」余於是反觀默察，以彼邦之國性，與吾國之國性相較，乃知盛衰興廢之由，固大有在；而致良知之學，決然可以救國；知行合一之説，斷然可以强國也。曩編《陽明學術發微》，既詳其緒，茲復論其大綱，冀我國人猛省焉〔二〕。

曷謂致良知之學可以救國也？

吾國民所以泯滅其良知者有三端：一曰貪鄙心，二曰昏昧心，三曰間隔心。因

〔一〕第一階段，先入爲主，未了解王學，獨尊朱子，乃得之於讀書者也。

〔二〕第二階段，閱歷日深，高瞻遠矚，比較中日國民氣性，遂知王學。故一九〇一年隨團赴日，是先生學術思想轉折處，此乃得之於閱歷者也。

貪鄙而昏昧，因昏昧而間隔，有己無人，而國性乃日益戾。陽明之教，首以拔本塞源祛人之貪鄙。其言天曰：「天理之在人心，終不可泯，而良知之明，萬古一日。聞吾拔本塞源之論，必有惻然而悲，戚然而痛，憤然而起，沛然若決江河而有所不可禦者。」見《傳習録·答顧東橋書》。更復激厲氣節，唤醒人心，其言曰：「君子以忠信爲利，禮義爲福，苟忠信禮義之不存，雖禄之萬鍾，爵以侯王之貴，君子猶謂之禍與害。如其忠信禮義之所在，雖剖心碎首，君子利而行之，自以爲福也。」見《文成全書外集》卷三。如是人欲已漸淨盡，不爲風氣所撓，乃致吾心之良知於事事物物，由淺入深，如鏡之明，如淵之渟而嶽之峙，昏昧日消，間隔乃日去，於是人己一貫而天下定。

且夫良知者，放之則彌六合，卷之則退藏於密。自其「内心」而言之，則有事物已往之良知，有臨事警覺之良知，有事物未來之良知。見其過而内自訟，有不善未嘗不知，則已往之良知；不遠復而無祇悔矣，不逆詐，不億不信，抑亦先覺，則静虚動直，臨事之知覺靈明矣；事前定則不困，道前定則不窮，先明乎善，則事物未來之良知，燭照而無遺矣。而貫徹之者，尤在好惡之大公，《樂記》曰：「物至知知，然後好惡形焉。」此即《大學》致知之功，故曰：「好而知其惡，惡而知其美。」又曰：「好人之所惡，惡人之所好，是謂拂人之性。」人性即良知也。良知順人性，則無作好作惡之私，擴然而大公，物來而順應矣。此良知之屬於内心者也。

其屬於「外心」者，良知發於家庭，則爲愛敬；達之天下，即爲仁義。《孟子》曰：「人皆有所不忍，達之于其所忍。」又曰：「凡有四端於我知，知皆擴而充之矣。」陽明所謂「致」，《孟子》所謂「達」，所謂「充」也。《孝經》曰：「孝弟之至，通于神明，光于四海，無所不通。」陽明所謂「致」，即《孝經》所謂「通」也。「喜怒哀樂之未發謂之中，發而皆中節謂之和。」陽明所謂「致良知」，即《中庸》所謂「致中和」也。「先知覺後知，先覺覺後覺。」知覺周浹宇宙，和氣充盈，安有所謂貪鄙昏昧而間隔哉？如是乃可以善我國，乃可以善我國性，是謂大同。

曷謂知行合一之説可以强國也？

吾國民習性又有二端：一曰怠惰性，二曰因循遲緩性。每辦一事，今日調查，明日調查；今日預備，明日預備。凡事濡滯不決，隳壞於無形之中，沾沾自是曰：「吾以審慎也。」不知事機一失，早已審之無可審，慎之無可慎矣。陽明之教曰：「知之真切篤實處即是行，行之明覺精察處即是知。知行工夫，本不可離，真知即所以爲行，不行不足謂之知。」又曰：「人有欲行之心，然後知路。欲行之心即意，意即行之路，路歧之險易，必待身親履歷而後知，豈有不待親歷，而已先知路歧之險易耶？」並見《答顧東橋書》。

按：孔子言知智、仁、勇三者，則知所以修身，則知所以治人，則知所以治天下國家。陽明之教實本聖門合「自誠明」「自明誠」而一以貫之，坐而言者，立而起行，辦事如疾風之掃籜，如雷出地奮而無不動，舉國民之怠惰性、因循遲緩性，一掃而空之矣！

抑更有進者，知行合一，則言行無不合一。《禮記》曰：「天下有道，則行有枝葉；天下無道，則辭有枝葉。」〔一〕邵子《皇極經世書》曰：「天下將治，則尚行也；天下將亂，則尚言也。」〔二〕吾國議論之人多，力行之士絕少；言不顧行，行不顧言。文告之繁，累寸盈尺，無一語能見諸實行。又如爲孝弟之言，其言儼然孝弟也，而所行適與孝弟相反；講廉耻之言，其言儼然廉耻也，而所行適與廉耻相違。色厲内荏，口是心非，遂至相尚以斯；相率以詐，上下蒙蔽，百姓怨咨，豈不痛哉！

或曰：「謹慎小心，古人所貴，如陽明所言，行之太速，不幾鹵莽而僨事乎？」

〔一〕原作「天下無道，則言有枝葉；天下有道，則行有枝葉」，據《禮記·表記》原文爲正。

〔二〕《皇極經世·觀物篇》原文云：「天下將治，則人必尚行也；天下將亂，則人必尚言也。」

曰：不然。夫所謂謹慎小心者，謂行之之時也，非謂迂緩而不行也。以余平日之經歷驗之，凡勇者任事，其能成者十之六七，其僨事者十之三四，然尚可補救也。若游移不定，則無一事能辦。《周易》所戒「盱豫，悔，遲有悔」是也。孔子曰：「先行其言，而後從之。」「子路有聞，未之能行，惟恐有聞」〔一〕，即知行合一之道也。凡人之心畏縮不前，皆當聞斯行之，此聖門之家法。吾特大聲疾呼，正告國民曰：知而不行，即非真知；言而不行，不必空言。物耻何以振？國耻何以當？當學陽明之知行合一。

或曰：「如上所言，則陸清獻諸先儒之説皆非歟？」

曰：是又不然。陳氏清瀾〔二〕之書，或謂其揣摩政府，有爲而作，可置不論。至於清獻諸儒之辨，皆出於不得已也。明隆萬後，無善無惡、三教合一之説，猖狂無忌，私心自用，束經不讀，不有以闢之，流弊伊於何底？此末流之過，非王氏之教本然也。

〔一〕《論語·公冶長》載。
〔二〕陳建（一四九七～一五六七），字廷肇，號清瀾，廣東東莞人，著有《學蔀通辨》十二卷，其《皇明資治通紀》列爲禁書。

説别見《論王錢學派》。

夫「教也者，民之寒暑也，教不時則傷世；事也者，民之風雨也，事不節則無功」〔一〕。君子立教，譬諸寒暑風雨，各以其時；又譬諸醫家用藥，審其寒燠虚實而調濟之。偶一不慎，施教失其時，行政惟影響，誤哉懼哉！吾國比年來醉心歐化，科學滂興，學術壹歸於實矣。夫實者宜濟以虚〔二〕，而用必端其體。「致良知」與「知行合一」之學説，所以運實於虚，而明體達用之大本也。狂熱疾，不服清涼散不瘳。惟无妄之藥，貴以誠，不以僞爾。嗟我國民，時哉不可失矣！

昔孔子晚年好《易》，提其要於《繫辭傳》曰：「乾以易知，坤以簡能。」易知者，良知也；簡〔三〕能者，良能也；簡而天下之理得，知行合一之道也。孟子告滕文公曰：「君如彼何哉？彊爲善而已矣！」欲陶淑吾民之國性，急救吾國之亡，惟有取陽明之學説，上溯羣經，心體而躬行之，毋詐毋虞，猶可以爲善國。

〔一〕《禮記·樂記》文。
〔二〕虚指精神或意識。
〔三〕「簡」字原誤作「易」。

附録：陽明學與陸學異同論

【釋】本文及下文載《交通大學演講録》第五集下卷「理學」第十及十一講。此論王守仁與陸九淵同異，實事求是，乃先生自得之説，因類而歸附於此，同參前文《朱子、陸子學派異同論》。

《荀子》曰：「學不可以已。青，出於藍而勝於藍〔一〕；冰，水爲之而寒於水。」斯言也，其洛學與王學之謂乎？陽明之學，本於宋陸子静先生（諱九淵，謚文安），有過之而無不及，所謂勝於藍、寒於水者也。考陽明在南昌時，始揭良知之教。牌行金溪縣，録陸象山子孫，以象山得孔孟正傳，其學久抑未彰，文廟尚缺配享，子孫未沾褒典，乃仿各處聖賢子孫事例，一體優崇。其尊禮之如此。可見學術之淵源，本於陸子矣。惟雖本於陸子，而亦有同有異，且有同中之異，有異中之同，試詳論之如左。

《孟子》言「本心」，言「先立乎其大」〔二〕，此陸子之所本也。又言「不慮而知」者謂之良知〔三〕，

〔一〕「出於藍而勝於藍」，《荀子·勸學》原作「取之於藍而青於藍」。
〔二〕《孟子·告子上》文。
〔三〕《孟子·盡心上》文。

此陽明之所本也。陸子謂：「仁義者，人之本心……愚不肖……則蔽於物欲而失本心，賢智者則蔽於意見而失本心。」〔一〕人必先立其志，躬行實踐，日充其本心之大，此一生論學之旨也；而其《與趙詠道書》則云：「《大學》致知格物，《中庸》博學、審問、慎思、明辨，《孟子》始條理者，智之事，此講明也〔二〕。」又曰：「未嘗學問思辨〔三〕，而曰吾惟篤行之而已，是冥行者也。」〔四〕其與劉淳叟、包顯道、彭子嘉書，皆言先知後行，是大綱同於朱子也〔五〕。而陽明言知行合一，言行先於知，以格物爲正物，以致知爲致良知，以學問思辨爲力行之功，以無善無惡爲心之體，此皆與陸子異者也。故其《答席元山書》既稱象山之學簡易，而又嫌「其學問思辨、致知格物之説，未免沿襲之累」云云〔六〕，似更與陸子異矣。蓋先儒學問得力之處，各視其性質爲主，學者惟考其同異之故，而後可得入手之方也。

〔一〕陸九淵《陸九淵集·與趙監》卷一文。

〔二〕「此講明也」原作「固先乎講明矣」，據陸九淵《與趙詠道》文爲正。

〔三〕「未嘗學問思辨」原作「未嘗言學問思辨」，衍「言」字，據《與趙詠道》文爲正。

〔四〕《陸九淵集·與趙詠道》卷一二文。

〔五〕黄式三《儆居集四·讀子集·讀陸氏〈象山集〉》文。

〔六〕王守仁《王陽明全集·文録三·與席元山（辛巳）》卷五曰：「象山之學簡易直截，孟子之後一人。其學問思辯、致知格物之説，雖亦未免沿襲之累，然其大本大原斷非餘子所及也。」

宋張子曰：「合性與知覺有心之名。」〔一〕邵子曰：「心者，性之郛郭。」〔二〕蓋性也者，寓於心而非即心也；心也者，藴性之德而非即性也。明心性之辨，始可究陸王兩家學術之同異。案：陸子揭本心，陽明揭良知，此所謂同中之異也。蓋本心者，指仁義禮智而言，而良知則運用乎本心之妙，故陽明揭良知必兼致知言，陸子揭本心必兼先立乎其大言，否則無用功處矣。直揭本心者，可破世俗貪利争奪之習；直揭良知者，可以發孩提愛親敬長之誠。至於開物成務，冒天下之道，具救世之苦心，則陸王殊途而同歸，此所謂異中之同也。此外陸子言立心立命，而陽明以爲即盡心知性知天之功；陸子言一超頓悟，而陽明則於動心忍性、困心衡慮中得之，是皆同中之異也。

嗟乎！義利之界，人心生死之關也。喻於義則心清明廣大以生，喻於利則心貪鄙沈溺以死。孔子以喻義爲君子，喻利爲小人。《孟子》七篇，首辨義利，復於雞鳴、宋牼兩章暢發厥旨。陸子契孔孟之傳，在白鹿洞書院應朱子之請，演講《喻義喻利章》，謂「所喻由其所習，而所習由其所志」，志乎君子，即爲君子；志乎小人，即爲小人。學者必須大綱思省，平時雖號爲士人，其實何嘗篤志於聖賢事業，徒汩没於利禄而已。辭旨警辟，聽者爲之感泣。陽明先生本之，故於《答東顧東橋書》遂有拔本

〔一〕張載《正蒙·太和》文。

〔二〕邵雍《伊川擊壤集·伊川擊壤集序》曰：「性者，道之形體也，性傷則道亦從之矣。心者，性之郛郭也，心傷則性亦從之矣。身者，心之區宇也，身傷則心亦從之矣。物者，身之舟車也，物傷則身亦從之矣。是知以道觀性，以性觀心，以心觀身，以身觀物，治則治矣，然猶未離乎害者也。」

塞源之論，此與陸子同焉者也。惟陽明又云：「天理之在人心，終有所不可泯，而良知之明，萬古一日，聞吾拔本塞源之論，必有……沛然若決江河而不可御者。」[一]此其氣象清明廣大，更勝於陸子矣。此同中之異也。嗚呼！晚近以來，人欲横流，争民施奪，相争相殺，將不知成何世界？草剃禽獮之禍，靡所底止。吾故曰義利之界，人心生死之關也。安得如陽明先生者起而救之？

《中庸》云：「天地之大也，人猶有所憾。」《左氏傳》言三不朽，曰立德、立功、立言[二]。惟具三不朽之才者，而後能彌人間之缺憾。吾人講學，豈在口耳間哉？將以所講者措諸實行，救民於水火也。陸子遭遇未隆，不克大展其用。陽明則平山寇，擒宸濠，功業爛然，門徒至數千，著作傳百世。古人所謂三不朽，庶幾兼全，吾嘗謂五百年必有名世，惟陽明先生與近代曾滌生先生足以當之。兩先生皆救民於水火之中者也，天德、王道、聖功，此爲矜式，《詩》：「高山仰止，景行行止。」[三]往者余序曾先生手書日記，竊附於私淑弟子之列；今論陽明先生學術，不禁躍然興私淑之思矣！

附録：陽明學與朱學異同論

【釋】本文載《交通大學演講録》第五集下卷「理學」第十一講。唐先生强調朱子、陽明殊途

[一] 王守仁《傳習録中・答顧東橋書》文。
[二]《左傳・襄公二十四年》文。
[三]《詩・小雅・車舝》文。

同歸，不必軒輊。

吾嘗綜覽古今學術，以爲有自然、力行兩派。自然派天資高曠者以之，力行派學問邁進者以之，然亦相濟爲用。孔子之道，兼容並包，無行不與。顔子，自然派也，博文約禮，本於格致而終日不違，簞瓢陋巷，不改其樂，故後來自然派皆托於顔子，如《莊子》所載心齋坐忘之説皆是也。曾子，力行派也，然由忠恕而進於一貫，則亦歸於自然矣。宋周子默契道妙，發吟風弄月之趣，而《通書》論人性之剛柔善惡，俾人自易其惡、自至其中，於自然之中寓力行之實。厥後傳諸大程子，作《定性書》，自然派也；傳諸二程子，作《顔子所好何學論》，力行派也，而作《易傳》，未嘗不超然象外。朱子居敬窮理，力行派也。陽明先生高明勇智，自然派也，而極注重於力行，《全書》中所載精察克治，皆力行之實也。往者余嘗論陸王兩家之學，有同中之異，有異中之同。兹論朱王兩家之學，亦有異中之同、同中之異。

陽明所講習者，本體也。然朱子何嘗不言本體？《四書注》，晚年之所作也，《大學》首章注云：「其本體之明，有未嘗息者。」非言本體乎？《中庸》首章注云：「君子之心，常存敬畏，所以存天命之本然，而不使離於須臾之頃。」下篇「在下位」節注云：「不明乎善，謂未能察於人心天命之本然，而真知善之所在。」夫「人心天命之本然」，非即本體乎？是朱子與陽明同者也。

特朱子之言本體，宗《大學》「明明德」之義，發用處較多；陽明之言本體，宗《孟子》「求放心」之法，收攝處較多，此同中之異也。

陽明言去人欲存天理，論者譏爲空虛。然朱子注《孟子》「滕文公爲國」章云：「天理人欲，不容并立。」注《論語》「克己復禮」章云：「心之全德，莫非天理，而亦不能不壞於人欲。故爲仁者，必有以勝私欲而復於禮，則事皆天理，而〔一〕本心之德復全於我矣。」此言天理人欲，陽明與之同也。特陽明以去欲存理合爲一事，而朱子則必先去私而後存理，此同中之異也。蓋理欲者，義利所由分，爲人心生死之界。朱子注《論語》「喻義」章云：「義者，天理之所宜；利者，人情之所欲。」其平生痛惡功利；而陽明亦有「拔本塞源」之論，此則其異中之同，千古儒者皆當奉爲圭臬者也。

且夫天道一陰而一陽，人道一動而一静。《周易》大義，與時消息，通乎晝夜之道，而知通乎晝者存平旦之氣，通乎夜者存夜氣，其中有知覺焉，善念存露，即所謂良知也，是陽明學之所本也。孔子之言曰：「屈伸相感而利生。」〔二〕大而一進一退，小而一呼一吸，皆所謂利。利者，自然也。至於「精義入神以致用」〔三〕，則力行之大效也。《孟子》之言曰：「故者以利爲本。」〔四〕利者，自然也，行所無

〔一〕「事皆天理，而」五字脱，據朱子《論語集注・顔淵》文補入。

〔二〕《周易・繫辭下傳》文。按：《周易・繫辭下傳》「伸」作「信」字。

〔三〕《周易・繫辭下傳》文。

〔四〕《孟子・離婁下》文。

事也。至論養氣之功，曰「集義所生」，「行有不慊於心則餒」〔一〕，此力行之功也。然又曰：「必有事焉而勿正，心勿忘，勿助長。」〔二〕君子以「深造之以道，欲其自得之」，非歸於自然乎？陽明之學出於孔孟所言自然之利，而精言之，則造於窮神知化之域矣。

抑後儒之詆陽明者，謂其三教合一，故《全書》中有「本來面目」「正法眼藏」「無所住而生其心」諸語，一不純乎儒也〔三〕。然吾有説焉。朱子作《調息箴》曰：「鼻端有白，吾其觀之。」〔四〕非即《莊子·人間世篇》所謂「虛室生白，吉祥止止」乎？又曰「守一處和，千二百歲」〔五〕，非即《莊子·在宥篇》所謂：「守身千二百年，吾形未嘗衰」乎？王龍溪得陽明之傳，作《調息法》，引《老子》「綿綿若存」，亦此意。至於作《參同契解》，以十二辟卦值月日時，每卦值二日有半，陽爻主發舒，陰爻主收斂〔六〕。朱子引道家言，與陽明引釋家言奚以異？然則朱子以力行勝，陽明以自然勝，及其成功，一也。

考朱子在二十四歲以前，嘗出入於老釋；陽明〔七〕弱冠後，爲學與之相同。朱子自見延平先生

〔一〕《孟子·公孫丑上》文。
〔二〕《孟子·公孫丑上》文。
〔三〕胡泉《陽明先生書疏證序》文。
〔四〕《晦庵先生朱文公文集·箴·調息箴》卷八五文。
〔五〕《調息箴》卷八五文。
〔六〕《晦庵先生朱文公文集·雜著·參同契説》卷六七文。
〔七〕「陽明」二字原誤作「陰陽」。

後，講學仍在發端處用力，迨己丑四十歲，悟未發之旨，有會於心統性情復艮之妙。其用功得力，具詳《答張欽夫》三書、《與湖〔一〕南諸公書》中。自兹以後，力以涵養本體爲主，即以涵養本體，指示及門；陽明在龍場驛悟道，年三十六歲，與朱子悟未發之旨年歲亦復相近。惟朱子以從容涵養而得，陽明以操心慮患而得；朱子以力行而漸進，陽明以自然而頓悟；功力迥不相同爾。陽明作《朱子晚年定論》，謂朱子深悔往日之非〔二〕，此於朱子集中確有明證，乃宗朱子者絶不闡發體用一原、顯微無間之真，且深諱朱子之所悔者必不以爲悔，致使朱子涵養未發、深潛純粹之功，不顯明於世，豈不誤哉？

近高郵胡氏白水著《陽明書疏證》，於朱陸兩家之學，盡力溝通，其《自序》謂：「以陽明之學擬諸象山，尚屬影響。以陽明之學準諸朱子，確有依憑……惟朱子精微之語，自陽明體察之，以成其良知之學；惟朱子廣博之語，自陽明會通之，以歸於致良知之效。」是説也，雖不無穿鑿附會之處，然要知兩家之言本體，確係相同，而於體察用功則兩家互異。《中庸篇》曰：「道並行而不相悖。」《禮運篇》曰「連而不相及也〔三〕，動而不相害也」，是謂大順。吾特發明朱王學之相同與其所以異，以開後學之知識。夫知識通而是非定，即陽明「致良知」之學也。

〔一〕「湖」字誤作「河」。
〔二〕王守仁《王陽明全集·朱子晚年定論·序》文。
〔三〕兩句末「也」字脱，據《禮記》原文補入。

王龍溪、錢緒山先生學派論

【釋】文又載無錫國專《學術世界》第一卷第四期，一九三五年，頁三至四；及《交通大學演講録》第二集上卷「經學心學類」第九期，題《明王龍溪、錢緒山學派論》，題下注主旨謂：「精神教育本於知覺調息之法，敬以養神。」

明代學派，肇自正學〔一〕。薛氏瑄敬軒、曹氏端月川、胡氏居仁敬齋、羅氏欽順整庵諸先生繼之，篤守程朱，雖未必開物成務，要皆不失爲純儒〔二〕。正德時，陽明先生崛起，以良知之説提倡天下，學者靡然從風。迨隆萬之季，「三教合一之論，放言無忌，猖狂恣肆，靡所底止。陸稼書先生謂：「自來有立教之敝，有末流之敝。」陽明之致良知，乃「立教之敝」〔三〕。吾謂陽明先生以良知立教，乃欲人掃除利欲之私，拔本塞源，

〔一〕正學指方孝孺。方孝孺（一三五七～一四〇二），字希直、希古，浙江寧海縣人。齋名遜志齋，蜀獻王朱椿改之爲正學，故世稱正學先生。南明弘光帝追謚文正。黄宗羲《明儒學案》卷首「師説」首列方孝孺，次以曹端、薛瑄。

〔二〕此明代朱子學一脈。

〔三〕陸隴其《學術辨序》文。

實其學問得力之處；至於猖狂入禪，末流諸君子不得辭其責也。

考《明儒學案》，王門弟子由浙中以達粵閩，其最著名者，多至六十七人，而王龍溪〔一〕、錢緒山〔二〕兩先生爲巨擘〔三〕。緒山舉陽明先生教言謂：「無善無惡心之體，有善有惡意之動，知善知惡是良知，爲善去惡是格物。」龍溪謂：「心體既無善無惡，則意知物亦無善無惡。」在天泉橋各舉請正。陽明先生謂：「龍溪所見，是接利根人之法；緒山所見，是爲其次立法。」緒山又問：「先生謂本體祗是太虛，太虛無一物之障，用功須如此，方合本體」〔四〕云云。然則龍溪之學固歸結於無，緒山之學亦歸結於太虛而已，厥後「四無教」盛行，良有由也。爰綜二家之學，平心

〔一〕王畿（一四九八～一五八三），字汝中，號龍溪，浙江紹興人，王守仁門人。嘉靖十一年（一五三二）進士，官至南京兵部職方郎中。其學順「四句教」提出「四無」說，云：「心是無善無惡之心，意即是無善無惡之意，知即是無善無惡之知，物即是無善無惡之物。」同門錢德洪提出異議，謂「四句教」師門教人之定本，而王氏「四無」則破壞師法，遂求正王守仁，《天泉證道記》載其事。唐先生就此立說。

〔二〕錢德洪（一四九六～一五七四），字洪甫，號緒山，以字行，浙江餘姚人，嘉靖十一年（一五三二）進士。王門高弟，嘗讀《易》於餘姚靈緒山，故人稱緒山先生。錢氏與王畿是王守仁早期門人；其辭官後，以十六年時間撰寫《陽明先生年譜》，弘揚師說。

〔三〕此學術譜系乃據黃宗羲《明儒學案》。

〔四〕黃宗羲《明儒學案》卷一二《浙中王門學案二》之「郎中王龍溪先生畿」引《天泉證道記》。

論之。

黄梨洲先生曰「緒山之徹悟不如龍溪，龍溪之修持不如緒山，乃龍溪入於禪，而緒山不失儒者之矩矱，何也？龍溪懸崖撒手，非師門宗旨所可繫縛；緒山則把纜放船，雖無大得，亦無大失」〔一〕云。

余按：緒山《與湛甘泉書》曰：「良知天理，原非二義，以心之靈虚昭察而言謂之知，以心之文理條析而言謂之理。」「然曰靈虚昭察，則所謂昭察者，即文理條析之謂也。靈虚昭察之中，而條理不著，固非所以爲良知；而靈虚昭察之中，復求所謂條理，則亦非所謂天理矣。」〔二〕此與程朱言「沖漠無朕之中，萬象森然畢具」〔三〕，意極相合，要在施之於實用耳。

又《答王龍溪書》曰：「日來論本體處説得十分清脱，及徵之行事，疏略處甚多，此即是學問落空處。」〔四〕

〔一〕黄宗羲《明儒學案》卷一一《浙中王門學案一》之「員外錢緒山先生德洪」文。
〔二〕此文在前揭《明儒學案》。
〔三〕《集思録》卷一引程頤云。
〔四〕載前揭《明儒學案》。

余按：此即氣質之偏，任心冥行，故不能無疏脱。緒山固於應事接物時，實下體察工夫矣。在《獄中寄龍溪書》，推勘「動忍增益」[一]四字，掃除生死念慮[二]，可謂卓然豪傑之士。然又嘗謂「吾惟無動，則在吾者常一」，則近慈湖「不起意」之旨[三]，而亦墮於空虛，惜哉！

黄梨洲先生曰：「龍溪論學節目，以正心爲先天之學，誠意爲後天之學。從心上立根，無善無惡之心，即是無善無惡之意，是先天統後天。從意上立根，不免有善惡兩端之抉擇，而心亦不能不雜，是後天復先天。此其宗旨也。」[四]又曰：「良知既爲知覺之流行，不落方所，不可典要，一著功夫，則未免有礙虚無之體，是不得不近於禪。流行即是主宰，懸崖撒手，茫無把柄，以心息相依爲權法，是不得不近於老。……然先生親承陽明末命，其微言往往而在，象山之後，不能無慈湖；文成

〔一〕「動忍增益」句，概括《孟子·告子下》孟子云天降大任之「所以動心忍性，曾益其所不能」之意。
〔二〕載前揭《明儒學案》。
〔三〕《明儒學案》卷一一《浙中王門學案一》之「員外錢緒山先生德洪」按語云：「先生之無動，即慈湖之不起意也。」
〔四〕《明儒學案》卷一二《浙中王門學案二》之「郎中王龙溪先生畿」。

之後，不能無龍溪」〔一〕云云。

余竊謂：龍溪之學究異於文成，蓋文成固極端尊經，又研究朱子之學，若龍溪以心意分先天後天，附會武斷，不獨悖於羲經〔二〕，抑且誣及《大學》。夫心屬氣質，豈得謂之先天？若謂心體本體太虛，則豈人之心同於未有生以前，可以指爲先天乎？此與聖門經學渺不相涉，至於朱學更無所得。故論王學統系，若羅念菴，若王心齋，若周海門，若陶石蕢，雖其爲説不同，而其隱襲佛老則一，謂爲潔身自好可也，若以爲得聖門之傳，則誤矣。然如龍溪之言「調息」，吾有取焉〔三〕。蓋其言雖於聖賢存心養性之學，似同而異，然實道家之奥窔，與《老子》致虚守静、《莊子·養生主》《人間世》《在宥》諸篇相出入，用以養生，深有裨益，特附録於後，以備學者研究。且道並行而不悖，不必持門户之見也。

龍溪《調息法》

息有四種相：一風，二喘，三氣，四息。前三爲不調相，後一爲調相。坐時

〔一〕同前揭《明儒學案》卷一二。
〔二〕伏羲始作八卦，羲經指《易》。
〔三〕唐先生重視静坐，此王畿《調息法》乃静坐要方。

鼻息出入，覺有聲，是風相也。息雖無聲，而出入結滯不通，是喘相也。息雖無聲，亦無結滯，而出入不細，是氣相也。坐時無聲，不結不粗，出入綿綿，若存若亡，神資沖融，情抱悦豫，是息相也。守風則散，守喘則戾，守氣則勞，守息則密。前爲假息，後爲真息。欲習静坐，以調息爲入門，使心有所寄，神氣相守，亦權法也。調息與數息不同，數爲有意，調爲無意。委心虚無，不沈不亂，息調則心定，心定則息愈調。真息往來，呼吸之機，自能奪天地之造化。心息相依，是謂息息歸根，命之蒂也。一念微明，常惺常寂，範圍三教之宗，吾儒謂之燕息，佛氏謂之反息，老氏謂之踵息，造化闔闢之元機〔一〕也。以此徵學，亦以此衛生，了此便是徹上徹下之道。〔二〕

王心齋先生格物論

【釋】此文又載無錫國專《學術世界》第一卷第三期，一九三五年，頁一三至一四。又題《心

〔一〕「機」字《明儒學案》引作「樞」。
〔二〕王畿《調息法》載《明儒學案》卷一二《浙中王門學案二》之「郎中王龍溪先生畿」。

齋格物論》，載《國學論衡·儒術》第五下期，一九三六年，頁二〇至二三；又《交通大學演講録》第二集上卷「經學心學類」第九期《明王龍溪、錢緒山學派論》之附録，題《明王心齋格物論》，題下注明主旨謂：「通達萬變，均歸實用。」按：本篇爲收録在《唐文治文集》中之《大學格物定論》講義稿之底本，然本篇論述周至，以《易》《禮》及踐履三者折中歷來諸家之説，不獨論説淮南格物説而已，究可視爲唐先生《大學》定論。

心齋初見陽明先生〔一〕，據上坐，辯難久之，下拜稱弟子。既而悔之，明日，復上坐辯難，始大服，遂爲弟子如初。至京師時，陽明之學，謗議方盛，而心齋冠服言動，不與人同，都人以怪魁目之，陽明亦移書相責，是其爲人狂而流於妄，可置勿論，惟其謂「格物即物有本末之物，身與天下國家一物也」，當時謂之「淮南格物」，學者宗之。然吾謂心齋之説固屬一語破的，但其論亦有勉强附會者，玆特採取古

〔一〕王艮之學，先生據黄宗羲《明儒學案》卷三二《泰州學案一》之「處士王心齋先生艮」。王艮（一四八三～一五四一），字汝止，號心齋，江蘇泰州人，營商致富，言行一遵古禮。正德十五年（一五二〇）王守仁巡撫江西，遂往拜會，辯論心折，而尊王氏爲師，唐先生此下敘述其事。嘉靖七年（一五二八）陽明先生逝世，親赴浙江桐廬迎喪。自後授徒講學，主講《大學》，以「日用良知」「淮南格物」之心得授人，「泰州學派」之名以立。

今儒者格物之訓〔一〕，爲之折衷其是非焉。

鄭君解「致知格物」曰：「知，謂知善惡吉凶之所終始也。格，來也。物，猶事也。其知於善深，則來善物；其知於惡深，則來惡物。言事緣人所好來也。」〔二〕難者曰：「若此則知至而後格物矣。」不知吾儒之學，合内外之道，知在内，物在外，事緣人所好而來，經歷之則知益至，何待復言乎？

朱子注：「致，推極也。知，猶識也〔三〕。推極吾之知識，欲其所知無不盡也。格，至也。物，猶事也〔四〕。窮至事物之理，欲其極處無不到也。」〔五〕此本《易傳》窮理之説，包括身心家國天下之事理，最爲精至，與鄭君説意亦相貫。

王陽明先生則謂：「致知者，蓋致吾心之良知於事事物物爾。格者，正也，正其

〔一〕唐先生此下論述，另題《大學格物定論》（一九三八），乃更定此文以作講義者，載《茹經堂文集》四編卷四，今收録《唐文治文集》「經説類」。
〔二〕鄭玄注見《禮記正義·大學》「致知在格物」句下。
〔三〕「知，猶識也」脱，據朱注補入，下同。
〔四〕「物，猶事也」脱。
〔五〕朱子《大學章句》注文。

不正以歸於正也。正其不正者，去惡之謂也；歸於正者，爲善之謂也，夫是之謂格。」〔一〕此與鄭君説，意頗相近。要知先儒説經，各有體驗之功，得力之處，未可泥文義求之也〔二〕。

近人解格物者，以阮氏芸臺最爲明通而切實，其言曰：「物者，事也。格者，至也。事者，家國天下之事，即止於五倫之至善，明德新民，皆事也。格有至義，即有止意，履而至止於其地，聖賢實踐之道也。故曰：格物者，至止於事物之謂也。凡家國天下五倫之事，無不當以身親至其處而履之，以止於至善也。」〔三〕此解「格」字爲踐而履之，經歷家國天下之事，權衡衆理，泛應世變，深合大學「知類通達」之旨〔四〕，與朱子意合，千古莫能易其説矣〔五〕。

〔一〕此約王守仁《大學問》之説。
〔二〕此言鄭玄、朱子、王守仁皆「體驗之功」，乃生命實踐，非在虚説語言，此其所同也。
〔三〕阮元《大學格物説》，載《揅經室一集》卷二。
〔四〕《禮記・學記》言爲學次第云：「一年視離經辨志，三年視敬業樂羣，五年視博習親師，七年視論學取友，謂之小成。九年知類通達，强立而不反，謂之大成。夫然後足以化民易俗，近者説服，而遠者懷之，此大學之道也。」唐先生所言大學指此大成之學。
〔五〕以阮元「實踐」爲定。

心齋之言曰：「格物即『物有本末』之物，身與天下國家，一物也。格知身之爲本，而家國天下之爲末。『行有不得者，皆反求諸己』，反己是格物工夫，故欲齊治平，在於安身，《易》曰：『身安而國家可保也。』身未安，本不立也。」〔一〕又曰：「物有本末，故物格而後知本也；知本，知之至也；知至，知止也。物格，知本也；知本，知之至也。」又曰：「格如格式之格，即絜矩之謂。吾身是矩，天下國家是方，絜矩則知方之不正由矩之不正也」〔二〕云云。

余按：此即陽明訓「格」爲正之義，蓋引申師説爾。惟陽明謂「正物之不正以歸於正」，而心齋則謂「正身之不正以歸於正」，則迥異矣。劉蕺山先生謂：「後儒格物之説，當以淮南爲正，第少一注脚：『格知誠意之爲本，而正修治平之爲末。』則備矣。」〔三〕此語極精。余謂《孟子》言：「行有不得，反求諸己，其身正而天下歸之。」下章即言：「天下之本在國，國之本在家，家之本在身。」〔四〕用以説《大學》原無不可，但

〔一〕文載《明儒學案》卷三二《泰州學案一》之「處士王心齋先生艮」。
〔二〕兩條載前揭《明儒學案》之「心齋語録」。
〔三〕劉宗周説見引於《明儒學案·泰州學案》。
〔四〕《孟子·離婁上》文。

以正身爲格物，混格物於修身目中，實非經旨。然則心齋之説，究屬一偏，猶不如篤守師説之爲愈也。

間嘗汎覽[一]經籍，體諸身心，竊以爲格物之解，與其用力之方，莫詳於《易》《禮》二經，而閱歷尤其顯焉者也。

《易》之爲書，類萬物之情，故物理無所不該。《大象傳》言厚德載物、類族辨物、稱物平施、育萬物、言有物，皆格物學也。《説卦傳》「帝出乎震」章説《震》《巽》七卦皆言「萬物」，《序卦傳》言物稺物畜、物不可以終通終否、終盡終過之類，皆格物學也。《繫辭傳》言：「無有遠近幽深，遂知來物，有不善未嘗不知。」是即鄭君所謂「知於善深，則來善物」也。又言「乾知大始，坤作成物」，「易簡而天下之理得」，「雜物撰德，辨是與非」，即是朱子所謂「窮至事物之理」也。而握其樞機，則曰：「復小而辨於物。」又曰：「開物成務，冒天下之道。」由辨物以至開物，層累曲折，用力之久，愈研愈精；極其功，至於先知先覺，經世宰物，即阮氏所謂「周歷家國天下之事」也。格物之學，豈不廣大而精微哉？

[一]「覽」字原作「濫」。

《禮記》如《大學》明言格物外，其義更散見於《樂記》《哀公問》《中庸》諸篇。《樂記》曰：「人生而静，天之性也。感於物而動，性之欲也。物至知知，然後好惡形焉。」鄭注：「至，來也。知知，每物來則又有知也。」蓋即《大學》注「事緣人所好而來」之意。《哀公問》曰：「敢問何謂成身？」孔子對曰：「不過乎物。」又曰：「仁人不過乎物，孝子不過乎物。」此物字與言有物之物同，即指理而言；蓋仁人孝子明察天地，故不過乎事物之理也。《中庸》曰：「誠者物之終始，不誠無物。」鄭注：「物，萬物也，亦事也。大人不誠，萬物不生。」又曰：「誠者，非自成己而已也，所成物也。成己仁也，成物知也。」鄭注：「以至誠成物，則知彌博。」竊謂「物之終始」即《大學》「事有終始」，「成物而知彌博」，即《大學》「物格而后知至」也，皆格物學也。《周禮》大司徒以土均之法辨五物九等，此「察地之宜」也；以鄉三物教萬民而賓興之，六德六行六藝，包括人事而無遺。旁逮《儀禮》鄉射禮「物長如笴」、《大戴禮・虞戴德》「規鵠，豎物，履物以射」，具止於事物之義，亦皆格物學也。驗之義理，參之訓詁，精粗鉅細，隨處皆物，隨時宜格，則知鄭君、朱子與阮氏之説，精當不磨，而吾儒於八條目入手之方，確有依據矣。

抑又考「格物」之訓，多至數十家，阮文達之説至矣。又有訓格爲「量度」者〔一〕，其義亦精。見《文選・蕪城賦》注、《運命論》注引《倉頡篇》，又見《玉篇》《廣韻》。物者兼綜内外，其散見於經籍，如以上所言者，若心物、事物、人物、耳目之官等皆是也。《易傳》「有天地然後有萬物」、《中庸》「萬物並育而不相害」，指人物言。「天地之道，爲物不貳」，爲物指理言。「生物不測」，則指天地山川所生之物言。是言物固無所不包也。《書・大誥篇》曰：「矧曰其有能格知天命。」乃知《大學》「格物致知」之文，實本於周公之訓。孔子「四十而不惑，五十而知天命」，皆格物之學，此在内者也。《孟子》曰：「權然後知輕重，度然後後知長短。物皆然，心爲甚。」此言心物也，在内者也。以量度訓格，即權度也。《孟子》曰：「舜明於庶物，察於人倫。」此事物也；又曰「仁民而愛

〔一〕穆孔暉《大學千慮》之説，見載王士禛《池北偶談》卷八「穆文簡論格物」條，原文云：「《倉頡篇》云：『格，量度之也。』見《文選・運命論》注，此朱程以前書，乃訓詁之最古者，以其書久廢，故見之者鮮。考之内典，隋智顗《法華經文句解・分别功德品》云『格量功德』，又云『格量多少』，其一篇内，『格量』字甚多，此又在唐以前者。《大莊嚴經論》云：『況復如來德，何可格量？』格量之義，古皆用之，而程子未之見，意雖暗合，而解釋弗暢，故使聖經難明。然其爲説，合於聖門無疑，豈前人所及哉？問：『格之訓至，可終廢乎？』曰不可。當云『格量物理，以求其至』，其義始備。」穆孔暉（一四七九～一五三八），字伯潛，號玄庵，山東堂邑人；弘治十八年（一五〇五）進士，官至國子監司業、翰林院侍講學士、太常寺卿；卒謚文簡。

物」，此人物也，在外者也。又曰「萬物皆備於我矣」，此「物」字指理而言，在内者也。又曰：「耳目之官，不思而蔽於物。物交物，則引之而已矣。」上二「物」字，指耳目之官而言，下「物」字指外物之引誘而言，猶《樂記》所謂「物至而人化物」也。經籍中所言物字，千變萬化，吾人對於天下之物，所以量度而閱歷之者，亦千條而萬緒。聖人有以見天下之賾，而象其物宜。物相雜謂之文，故曰「文者物象之本」，博文即窮理也。善格物者，内則衡量乎身心意志之本，外則閱歷乎家國天下之變，是故身心意志、家國天下皆物也。本末終始，見内外之道也。

鄭君謂：「知於善深，則來善物；知於惡深，則來惡物。」謂之善念惡念亦可，謂之善事惡事亦可，兼内外者也。朱子謂：「窮至事物之理，衆物之表裏精粗無不到，吾心之全體大用無不明。」亦兼内外而言者也。陽明謂：「致吾心之良知於事事物物。」亦兼内外而言者也。三家之説〔一〕，皆由粗而精，層累曲折，非一言可盡，決非一日可幾。後儒以一隅論之，陋矣。

乃近世科學家有以西人之物質文明爲「格致學」者，不知格致之學，道也，非藝

〔一〕鄭玄、朱子、王守仁三家。

也。以物曲之技，藝術之士，而謂可以修齊治平，其貽誤家國天下，可勝嘆哉！

高景逸、顧涇陽先生學派論

【釋】本文又題《東林學派論》，見載於《國學論衡·儒術》第四上期，一九三四年，頁一五至二〇。

東林學術，倡自高、顧二先生[一]。然有謂「高、顧之學未脱陽明之藩籬」者，陸稼書先生也；有謂「闢陽明之學，實自高、顧始」者，陸桴亭先生也。今先列二家之説而折衷之。

稼書先生之言曰：「涇陽、景逸深懲陽明之弊，知夫知覺之非性，而無善無惡不

[一] 顧憲成、高攀龍見《明儒學案》卷五八《東林學案一》。顧憲成（一五五〇～一六一二），字叔時，號涇陽，直隸無錫人，萬曆八年（一五八〇）進士，官至吏部文選司郎中。萬曆三十二年（一六〇四）修復無錫東林書院，同年與顧允成、高攀龍、安希範、劉元珍、錢一本、薛敷教、葉茂才等東林八君子聚會東林，制定《東林會約》，規定會期，交流學術，商量時政，高張實學，稱盛一時。高攀龍（一五六二～一六二六），字存之，號景逸，無錫人，萬曆十七年（一五八九）進士；萬曆三十二年（一六〇四），與顧憲成等講學東林書院，時稱「高顧」。明熹宗即位後，官至左都御史。天啓六年（一六二六），受魏忠賢誣告，自沉而死；崇禎初年平反，贈太子少保、兵部尚書，謚忠憲。

可以言性。其所以排擊陽明者，亦可謂得其本。然其學也〔一〕，專以静坐爲主，則其所重，仍在知覺。雖云事物之理，乃吾性所固有，而亦當窮究，然既偏重於静，則窮之未必能盡其精微，而不免於過不及。是故以理爲外，而欲以心籠罩之者，陽明之學也；以理爲内，而欲以心籠罩之者，高、顧之學也。陽明之病，在認心爲性；高、顧之病，在惡動求静。我觀高子之論學也，言一貫則以爲是入門之學，言盡心則以爲盡心然後知性，言格物則曰知本之謂物格，與程朱之論，往往齟齬而不合者，無他，蓋欲以静坐爲主，則凡先儒致知窮理、存心養性之法，不得不爲之變易。夫静坐之説，雖程朱亦有之，不過欲使學者動静交養，無頃刻之離耳，非如高子《困學記》中所言『必欲澄神默坐，使呈露面目，然後有下手之地』也。由是觀之，則高、顧之學雖箴砭陽明，多切中其病，至於本原〔二〕之地，仍不能出其範圍，豈非陽明之説，浸淫於人心，雖有大賢，不免猶蹈其弊乎？」〔三〕

〔一〕「也」字脱，據陸氏原文補入。
〔二〕「原」字，陸隴其《學術辨下》作「源」。
〔三〕陸隴其《學術辨下》，載《三魚堂文集》卷二。

桴亭先生〔一〕之言曰：「有明學派，衍於國初，著於宣統〔二〕；爛熳於正嘉，瞀亂於隆萬。何以言之？國初之學，宋景濂、方正學，皆與聞其略而衍其緒者也。宣統則有曹月川、薛文清諸公，是時諸公專尚躬行，不爲口耳；進而居官，務修職業；退而林下，略有講貫，無聚徒講學之風也。至正嘉時，湛甘泉、王陽明諸先生出，而書院生徒，乃徧天下，蓋講學於斯爲爛漫矣，而陽明良知之學爲尤盛。龍溪、心齋諸公繼之，漸流漸失，迄於隆萬，此時天下幾無日不講學，無人不講學。三教合一之説，昌言無忌，而學派之瞀亂，於斯爲極，不惟詘紫陽，幾祧孔孟，吁！亦可畏哉！自高、顧兩先生起，始挽其衰而救其弊。間嘗讀兩先生書，而識其用心之旨焉。端文先生《小心齋劄記》開卷第一行，即曰：『惟知性然後可以言學，惟知學然後可以言性。』《忠憲先生遺書》開卷第一行即曰：『學必由格物而入。』此兩言者，皆前聖前賢所已言，又庸人衆人所能言，而兩先生以此爲開卷第一義，何也？祇因當時正嘉、隆萬以來，專以『無善無惡』爲性，『不學不慮』爲學。以無善無惡爲性，不知性矣，故曰：『惟知性然後可

〔一〕陸世儀（一六一一～一六七二），字道威，號剛齋，江蘇太倉人。鄉居鑿池築亭，號曰桴亭，故稱桴亭先生。

〔二〕明之宣統，指明宣宗宣德與英宗正統年間。

以言學。』以不學不慮爲學，不知學矣，故曰：『惟知學然後可以言性。』又當時純講良知，則《大學》之學，至致知而止矣，是學不由格物而入，非聖經之本來也，故曰：『學必由格物而入。』玩『必』字意，可見矣。」〔一〕

以上兩説，似乎相反，然余意實可溝通。蓋高、顧之學，其入手處，固有與陽明同者，如景逸先生：「冬至静坐〔二〕，自覓本體，忽思閑邪存誠句，覺得當下無邪，渾然是誠，更不須覓誠，一時快然，如脱纏縛。」「又讀〔三〕明道先生言〔四〕……當時猛省……如電光一閃，透體通明，遂與大化融合無際，更無天人内外之隔，至此見六合皆心，腔子是其區宇，方寸亦其本位。」又嘗謂：「自呈露面目以來，纔一提策，便是原物」〔五〕云云。凡此皆静中有覺，豁然頓悟之法，與陽明同者也。

〔一〕陸世儀《高顧兩公語録大旨》，載《桴亭先生文集》卷一。
〔二〕陸氏原文謂：「冬至朝天宫習儀，僧房静坐。」
〔三〕「又讀」，陸氏原文作「偶見」。
〔四〕所言指「百官萬務，兵革百萬之衆，飲水曲肱，樂在其中。萬變俱在人，其實無一事」。
〔五〕高攀龍《困學記》自序爲學之次第，見《高子遺書》卷三，及黄宗羲《明儒學案》卷五八《東林學案一》「忠憲高景逸先生攀龍」文中。

然其究竟處，則與陽明異。如涇陽先生本傳謂：「先生深慮近世學者，樂趨便易，冒認自然，故於不思不勉，當下即是，皆令察其本源，果於性命中〔一〕透得否？……而於陽明無善無惡一語，辯難不遺餘力，以爲壞天下心法，自斯言始。」又曰：「陽明謂：『求諸心而得，雖其言之非出於孔子者，亦不敢以爲非也；求諸心而不得，雖其言之出於孔子者，亦不敢以爲是也。』此兩言者，某竊疑之。夫人之一心，渾然天理，其是，天下之真是也；其非，天下之真非也。然而能全之者幾何？惟聖人而已矣〔二〕。……若〔三〕徒以兩言橫於胸中，得則是，不得則非，其勢必至自專自用，憑恃聰明，輕侮先聖，注脚六經，無復忌憚，不亦誤乎」〔四〕云云，是涇陽先生與王學迥異。

至景逸先生《遺書》中，《陽明說辨》四條均極明審〔五〕，而於陽明合心、理、知、行爲一，謂：「本離而合之之謂合，本合則不容言合。……若心理本一，知行亦未嘗不合

〔一〕「中」字，《明儒學案》作「上」。
〔二〕「矣」字脱，據《明儒學案》文補入。
〔三〕「若」字，《明儒學案》作「而」。
〔四〕顧憲成《與李見羅書》，見《明儒學案》卷五八《東林學案一》「端文顧涇陽先生憲成」。
〔五〕顧憲成《陽明說辨》四條，載《高子遺書》卷三。

一。……而聖人不必以合一言也。」[一]其論格物，則曰：「有物必有則，則者至善也，窮至事物之理，窮至於至善處也。」是其説亦與陽明迥異。惟程朱之格物，以心主乎一身，理散在萬物，存心窮理，相須並進；而景逸先生則謂「纔知反求諸身，是真能格物」[二]者，與程朱亦異。要而論之，聖道無所不該，讀《論語·子張》一篇，聖門弟子言論，已有不同，而況後世學者得力所在，見淺見深，知微知顯，其立言固各有當乎？故謂闢陽明自高、顧始，固無不可。

若夫涇陽先生之《小心齋劄記》與《識人篇》，景逸先生之《語録》與《論學》各書，皆鞭辟近裏，讀之開心明目，豈非聖賢之徒哉？而後儒病其過偏於静。余謂偏静亦何害？《易傳》言「坤至静而得方」，又曰「乾其静也專，坤其静也翕」，《樂記》言「人生而静，天之性」，《大學》言「知止而后定，定而后能静，静而后能安」，蓋人之一身一心，未有不定不静而能安者，即一家一國，亦未有不定不静而能安者。故周子作《太極圖説》，探其本曰主静。張南軒先生言「動以見静之所存，静以涵動之所本」，朱子深佩

[一] 顧憲成《陽明説辨三》文。
[二] 顧憲成論《大學》格物之旨，見《大學首章廣義》，載《高子遺書》卷三。

之，常以此二言出入觀省。然則静豈非爲學之大本哉？

至於「静坐」之旨，始自程門，傳之楊龜山，又傳之羅仲素，又傳之李延平，所謂養未發之中也。厥後傳之王陽明，又傳之高、顧，又傳之劉蕺山，又傳之李二曲。景逸先生《静坐説》謂：「初學者……必收斂身心，以主於一，一即平常之體也。……但從衣冠瞻視間，整齊嚴肅，則心自一，漸久漸熟，漸平常矣。故主一者，學之成始成終者也。」〔一〕其説最爲精要。而劉蕺山先生〔二〕《静坐説》又補之曰：「行住坐卧，都作坐觀；食息起居，都作静會。」則更爲完備。

而或者曰：「静坐，禪學也。稼書先生讀朱子告郭友仁語，謂『朱子教人半日讀書，半日静坐』，實係誤記。觀朱子答劉淳叟、潘子善書，可見未嘗教人静坐，況限定半日哉？」余謂稼書先生之説，亦當分别論之。若名山講學，歲月優游，如古君子蕭然物外，不出户庭，即半日静坐，未始非休復之吉。倘或簿書鞅掌，處事勤勞，如古聖人日昃不遑，吐哺握髮，豈能一切屏棄、專務静坐？程朱諸先儒之所言，蓋因人而施，即因時而施，

〔一〕此顧憲成《書静坐説後》文，非《静坐説》本文，載《高子遺書》卷三。

〔二〕劉宗周（一五七八～一六四五），字起東，號念臺，在浙江紹興蕺山書院講學，故稱蕺山先生。

豈可拘於一隅乎？《管子》曰：「守道莫若敬，主敬莫若静。」《孟子》曰：「平旦之氣，好惡與人相近。」平旦者，静時也；又曰「養心莫善於寡欲」，養心者，静功也。凡人之生，五性交感，七情相攻，以一人之心，而天下無窮之欲，環至迭乘，盤錯交互，終日憧憧，無寧息之候。惟於清夜之時，静以洗心，悚然内省，則良心油然而自生。操而存之，而私欲之萌芽者，庶幾爲之少息。然則静坐者，人心不死之幾也。余於《高子別集序》中〔一〕，嘗發其義。

夫稼書先生謂惡動求静，固不可也。若惡静求動，豈可乎？「正位凝命」，《易》有明訓〔二〕。高、顧兩先生之主静，實周子、程子所傳，爲救世之良方，而論者動詆之曰禪

〔一〕唐先生《高子外集序》撰寫於戊戌年間（一八九八），先生《自訂年譜》丁酉（一八九七）三十三歲條載：「冬，沈子培師假余《無錫高忠攀龍未刻稿》八册，云得自河南書肆中，蓋當時陳稽亭先生輯《高子遺書》所未録者也，其中論學精粹處極多。余喜甚，手自鈔録二册，爲序其首，並屬朱、孫二生各分鈔數册。」又《自訂年譜》丙寅（一九二六）六十二歲條三月載：「刻《高忠憲公別集》成，是書係沈子培師所贈，余爲作序，已三十年矣。至此志願始遂。」此序載《茹經堂文集》一編卷四，今收録《唐文治文集》「書序類」中。

〔二〕《周易·鼎卦·象傳》云：「鼎，君子以正位凝命。」王弼注云：「凝者，嚴整之貌也。……正位者，明尊卑之序也；凝命者，以成教命之嚴也。」孔穎達疏云：「君子以正位凝命者，凝者，嚴整之貌也。鼎既成新，即須製法；製法之美，莫若上下有序，正尊卑之位，輕而難犯，布嚴凝之命，故君子象此，以正位凝命也。」朱子《易本義》取此説。《程氏易傳》則云：「鼎者法象之器，其形端正，其體安重，取其端正之象，則以正其位，謂正其所居之位：君子所處必正，其小至於席，不正不坐，毋跛毋倚。」此則静坐説之張本，然朱子未取程子説。

學，誤哉誤哉！

黨禍之興，或歸咎於東林領袖諸公，此尤爲妄論。天地正氣，所以綿延而弗絶者，必賴有正人君子維持其間，而後委瑣齷齪之氣，莫由干犯之，而乾坤迺賴以不息。孔子曰「殺身成仁」，又曰「匹夫不可奪志」，《孟子》曰「舍生取義」，又曰「其爲氣也，至大至剛」，所以立天下後世氣節之標準也。明代氣節高峻，豈非高、顧諸君子之功哉？

孫夏峯先生曰：「陰晦之時，孤陽一綫，則東林實係絶續之關。乙丙死魏逆諸臣，甲申殉國難諸臣，屬之東林乎？屬之攻東林乎？諸君子之所以爲忠臣，而撑柱天地，名揭日月者，在五十年之後，而其鼓盪摩厲者，在五十年之前，則顧、高〔一〕之氣魄精神，度越諸子遠矣。」〔二〕

黄梨洲先生曰：「君子之道，譬則坊與？清議者，天下之坊也。夫子議臧氏之竊

〔一〕「顧高」，孫奇逢《理學宗傳》作「涇陽」。
〔二〕孫奇逢《理學宗傳》卷一一《顧端文公》文。

位〔一〕，議季氏之旅泰山〔二〕，獨非清議乎？小人之惡清議，猶黄河之礙砥柱也。熹宗之時，九鼎將移，其以血肉撑拒，没虞淵而取墜日者，東林也。毅宗之變〔三〕，攀龍髯而蓐螻蟻者〔四〕，東林也。數十年來，勇者燔妻子，弱者埋土室，忠義之盛，度越前代，猶是東林之流風餘韻也。」〔五〕

嗚呼！二先生之説，偉矣哉！吾婁復社崛起，志復東林。厥後若黄忠端、瞿忠宣、陳忠愍殉節諸公，多出其中。理學之與氣節，相爲維繫，有功於世道若此。一堂師友，冷風熱血，洗滌乾坤。無知之徒，竊竊然訾謷之，小人好議論，不樂成人之美，所謂自比於逆亂，設淫辭而助之攻者也，吾故特表而出之。

至於東林學侶講友，著者有錢啓新、顧涇凡、黄真長諸先生，皆抱清剛之德，潔白

〔一〕《論語・衛靈公》載孔子曰：「臧文仲其竊位者與！知柳下惠之賢而不與立也。」

〔二〕《論語・八佾》載季氏旅於泰山，子謂冉有曰：「女弗能救與？」對曰：「不能。」子曰：「嗚呼！曾謂泰山不如林放乎？」譏季氏僭越。

〔三〕崇禎十七年（一六四四），李自成破北京，明思宗煤山上吊自殺，史稱甲申之變。

〔四〕《史記・封禪書》載黄帝鑄鼎荆山之下，鼎成而有龍垂胡髯，下迎黄帝升天，小臣不得上者，悉持龍髯號哭；「蓐螻蟻」謂自殺以死，甘以身代崇禎爲螻蟻所食；二者皆言輕生殉義也。

〔五〕黄宗羲《明儒學案》卷五八《東林學案一》前言。

之行，具詳於《明儒學案》及《東林志》，兹不復述。

孫夏峯、湯潛庵先生學派論

【釋】文又載無錫國專《學術世界》第一卷第七期，一九三五年，頁三至四。

本理學而爲氣節，不涉於意氣之激烈，其必以孫夏峯先生爲法乎？孔子曰「匹夫不可奪志」，孟子曰「舍生取義」，宋文信國紹其緒，明東林諸先生繼之。當左忠毅、魏忠節、周忠介諸公之遇難也，先生爲之頓舍其子弟，與定興鹿忠節之父，舉旛擊鼓，歛義士之錢以救之，不足，則使其弟啓美，匹馬走塞外，求援於孫高陽。當是時，先生年四十餘矣。逆奄之燄，如火燎原，先生焦頭爛額，赴之不顧也。嗚呼！此豈有爲而然哉？

天地至大至剛之氣，秉於吾心，故患有所不避也，於是志節聞於天下矣。迨順治改元後，避地山中，隱然負王佐之望，徵書屢賁，堅辭不應。晚年攜家蘇門，抱道躬耕，龍德而隱。自公卿大夫士，下至傭夫走卒婦孺之流，或片語相接，或終歲相從，皆煦之以春風，昭之以白日，淺深高下，如量而予，人人有以獲其本心，一歸之於爲善。

嗚呼！何其盛也！

錢氏儀吉論之曰：「際貞元絶續之時，明大道於方來，佐聖治於在下，有若天心啓牖之一人，以維持一綫之緒者，故柏鄉在同時直擬之以箕子，是殆非先生所欲居，迺若隋唐之間河汾，宋元之間稱江漢，雖門多將相，而王霸雜用，或獨抱遺書，傳之其徒，以視先生之道乎上下而澤及生民者，其遭逢氣象，爲何如哉！」〔一〕以上錢氏説。余竊謂：先生之德業事功，較之江漢，誠有過之；方諸河汾，差見伯仲。士君子值世界玄黄，運會否塞，儉德辟難，毅然負「守先待後」之責，不當奉先生爲指歸哉？

至其學術得力之處，要以「慎獨」爲宗，以體認天理爲本，以日用倫常爲實際。嘗謂：「生平所見，有時而遷，而獨知之地，不敢自欺，識得『天理』二字，是千聖真脈，非語言文字可以承當。故言心即在事上見，言己即在人上見，言高遠在卑邇上見，言上達在下學上見；戰兢惕厲，不敢將就冒認〔二〕，惟是慎獨而已。」〔三〕蓋先生天性獨厚，

〔一〕錢儀吉《重刻夏峰先生集序》文。
〔二〕「不敢將就冒認」句脱，據湯斌《徵君孫鍾元先生墓誌銘》文補入。
〔三〕湯斌《徵君孫鍾元先生墓誌銘》文。

居親喪，結廬墓側，於憂戚孺慕中，悟心性原本，故晚年成就之大如此。

若其慎獨入手之方，則有之矣。《歲寒集》載先生常取文清「静坐觀心，閒中一樂」八字作功，謂客曰：「心何用觀？」曰：「爲其不在也。」曰：「不在而何以觀？」曰：「一觀之而即在矣。時時觀則時時在，至不待觀而無不在，則無不樂。非誠意君子，未可語此。」由此是觀之，士豈有不慎獨而能誠意，不誠意而能入道者哉？《孟子》養浩然之氣，先之以不動心，蓋惟心體光明，無絲毫人欲之障，然後天理流行，正大之氣生，配義與道，沛然其塞乎蒼冥也。論氣節者，可以知所本矣。

先生殁後，正氣留貽，下逮及門弟子，其最著者，爲湯潛庵先生。

湯潛庵先生〔一〕致仕養親時，聞容城〔二〕講學之風，賃蹇驢，往師事之，質疑問難，遂成大儒。顧與容城略有不同者，容城專以氣節顯，而先生則本氣節而發爲事功。

〔一〕湯斌（一六二七～一六八七），字孔伯，號荆峴，晚號潛庵，河南睢州人，順治九年（一六五二）進士。康熙五年（一六六六），拜孫奇逢爲師。十八年應博學鴻詞科拔頭籌，官至禮部、工部尚書。一生清正廉明，身後其友徐乾學「賻以二十金，乃能成殯」，乾隆元年追謚文正。

〔二〕孫奇逢，容城人，故云。

方其官檢討修《明史》時，請表彰明代殉節之臣，已邀仁廟〔一〕特達之知。及其巡撫吾吴也，吴俗故習豪侈，婦女嬉游以爲常，無籍子率用鬥毆，恐嚇民財，先生嚴禁不少貸。又素多淫祠，事楞伽山五通神者，嚴寒劇暑，鼓吹牲帛，賽禱不絶，奸巫淫尼，競相煽惑。先生上疏謂：「方今聖教，如日中天，豈容此淫昏之鬼，肆行於光天化日之下。」乃躬至五通祠，悉取土偶投諸湖中，衆始駭，久而大悦服。重修泰伯祠，朔望必往躬謁；又謁范文正公及周忠介公，以爲衆勸；數親詣學宫，命諸生講《孝經》，吾吴風俗，自是大變。迨其去也，吴民空一城，痛哭守轅門，叩留不得，則塞城闉阻其行，又不得，則遮道焚以送，逾千里不絶。嗚呼！此豈沽名釣譽所能致哉？惟積誠之至，感動於無形也。

入朝後，侃侃正言，不撓不屈，忌者益恨，必欲擠之死而後快。或勸先生委曲居間，冀自得解，哂曰：「吾義命自安，六十老翁，尚何求哉？」或又勸先生發忌者陰事以紓其禍，先生又曰：「吾有老母在，未敢以此試也。」嗚呼！先生遭際盛明，憂讒畏謗，内秉忠厚之誠，外樹懔然不可犯之節，學養兼邃，雖古之大賢，何以過兹？後之私

〔一〕清聖祖康熙廟號爲仁。

淑先生者，或不免委蛇從俗，如惠連之降志辱身，寧不悲夫〔一〕！

至其學術大綱，汪堯峯先生〔二〕論之謂：「其於性命之淵微，造化之粹奥，無所不探，而一以誠正爲本。於古今之治忽，事會之得失，無所不綜，而一以忠孝爲先。」可謂知言。唐鏡海先生論之謂：「其上孫徵君書及答褚懷葛、張仲誠、顧亭林書，皆以陽明與朱子並論，而《志學會約》有致良知爲聖學真脈之語。蓋先生師事蘇門，初不欲顯違其師若友，而及其久而悔，學而成也，則純乎程朱矣。觀其《答陸清獻書》謂：『程朱爲儒之正宗，欲求孔孟之道而不由程朱，猶航斷港絶潢而望至於海也，必不可得矣。』是先生不主陽明而專主程朱無疑。」〔三〕

余按：鏡海先生篤守紫陽，故爲此論。實則兼採陽明，亦復何害？竊謂潛庵先生得力之處，亦由「慎獨」而來，在抑不愧、俯不怍而已。其語録有云：「先儒嘗言頓悟之非，不知悟未有不頓者。但必學問真積力久，方有一旦豁然大悟處，是頓因於漸

〔一〕以上言湯氏之從政。
〔二〕汪琬（一六二四～一六九一），字苕文，號鈍翁，江南長洲人。以結廬於太湖堯峯，故稱堯峯先生。順治十二年（一六五五）進士，康熙十八年（一六七九）試博學鴻詞科，與湯斌修《明史》。
〔三〕載唐鑑《國朝學案小識》卷一五。

也。若剽竊聖賢言語糟粕，縱步趨無失，究竟成一鄉原。至對天質人處，心中多少愧怍。」又曰：「心中有趣纔得樂，此趣從不愧不怍而生。不愧不怍，從戒慎恐懼而出，學者先有用力處，後有得力處。」又《蘇州府儒學碑記》曰「學者必先明義利之界，謹誠僞之關，則貧富貴賤之非道不處不去，必劃然也〔一〕。造次顛沛、死生禍福之間，石可移易者，必確然也。毋爲枉尺直尋之事，毋作捷徑苟得之謀，寧拙毋巧，寧樸毋華，寧方毋圓。戒懼慎獨之功，無時可間；子臣弟友之職，不敢不勉；不愧於大廷，亦不愧於屋漏」云云。然則先生不愧不怍之功，固明示人以塗徑矣。

孔子曰「人之生也直」，《易傳》曰「直其正也」〔二〕，人生當世，惟有正直。小人爲不善，事皆不可對人言，見君子而後揜之，消沮閉藏，巧僞文飾，人心於是漓，國性於是喪，世界於是壞。欲明正學以振興之，先生真百世之師範矣。至於故老傳聞先生治蘇遺蹟甚夥，兹論其犖犖大者，故不著。

〔一〕化用《論語·里仁》孔子云：「富與貴，是人之所欲也，不以其道得之，不處也；貧與賤，是人之所惡也，不以其道得之，不去也。君子去仁，惡乎成名？君子無終食之間違仁，造次必於是，顛沛必於是。」

〔二〕《易·坤·文言傳》云：「直其正也，方其義也。君子敬以直內，義以方外，敬義立而德不孤。直方大，不習無不利，則不疑其所行也。」

劉蕺山、張楊園、黄梨洲先生學派論

有明末造，理學有南北二派：北派爲孫夏峯先生，傳湯潛庵、耿逸庵〔一〕兩先生，而孫、湯同從祀孔庭。南派爲劉蕺山先生，傳張楊園〔二〕、黄梨洲兩先生，而劉、張、黄亦同從祀孔庭。嗚呼！何其盛也。文治讀其書，於道統之淵源，心法之傳嬗，輒不禁神遊其間。前已論孫、湯學派，兹復論蕺山師弟子學派如左。

浙學自宋吕東萊先生開其緒，艮齋、水心、止齋諸先生和之，盛於一時。迨明王文成出，其道大光，理學氣節一以貫之。蕺山先生實紹文成之傳，尤以氣節顯。當崇禎時官御史臺，與懷宗〔三〕面折廷諍，懷宗大怒，削職歸。南渡起原官，居丹陽僧舍，四鎮高傑、劉澤清遣刺客數輩迹之，先生危坐終日無惰容，刺客心折而去。及浙省降，先生慟哭曰：「此余正命時也。」門人勸之，則曰：「世無逃死之宰相，亦豈有逃死之

〔一〕耿介（一六二二～一六九三），字介石，號逸庵，河南登封人，順治九年（一六五二）進士，康熙十三年（一六七四）建嵩陽書院，二十五年（一六八六）湯斌薦入上書房，學宗程朱。

〔二〕張履祥（一六一一～一六七四），字考夫，號楊園，浙江桐鄉楊園村人，故稱楊園先生，明亡不仕。

〔三〕即明崇禎皇帝，其廟號爲「懷宗」。

御史大夫乎？君臣之義本以情決，舍情而言義，非義也。」不食二十日而卒。偉哉！其志節之隆，求仁得仁，繼首陽高躅矣，雖與日月爭光可也。

梨洲論之曰：「先師之學在慎獨，從來以慎獨爲宗旨者多矣，或識認本體而角於恍惚，或依傍獨知而力於動念；惟先師體當喜怒哀樂一氣之通復，不假品節限制，而中和之德，自然流行於日用動静之間。先儒曰：『意者心之所發。』〔一〕師以爲心之所存，『人心徑寸間，空中四達，有太虚之象。虚故生靈，靈生覺，覺有主，是曰意。』」云云。

余按：梨洲所云，實本先生集中《原心篇》之言，然尚有缺漏者。《原心篇》最精之言曰：「心，其統也〔二〕，生生之主也；其常惺惺而不昧者，思也，心之官也……思而有見焉，識也；注識而流，想也；因感而動，念也；動之微而有主者，意也。……自心學不明，學者往往以想爲思，因以念爲意。及其變也，以欲拒理，以情偶性，以性偶

〔一〕朱子《大學章句》「致知在格物」注文。
〔二〕「其統也」三字脱，據劉宗周《原心》文補入。

心，以氣質之性分義理之性〔一〕，而方寸爲之四裂矣。」蓋先生以求放心爲求仁，心依於仁，即得其官，學者始得着實致力之方，豈漫無體驗者所能測哉？

其《静坐説》謂：「人生終日擾擾，一著歸根復命處，乃在向晦時，即天地不外此理，於此可悟學問宗旨，祇是主静而已。……行住坐卧，都作坐觀；食息起居，都作静會。昔人所謂勿忘勿助，未嘗致纖毫之力，此其真消息也。」蓋先生主静，與高忠憲、李二曲略有不同。高、李之主静，限於坐；而先生則不限於坐，專以此心爲主宰，周子所謂「動而無動，静而無静」，斯其所以爲神乎〔二〕？

至於《聖學宗要》《聖學三關》，皆希賢希聖之階梯，學者讀之，不可忽略，以致虚過此生也。

《中庸》言「至誠無息」之功，實始於闇然日章，内省不疚。能實踐之者，其楊園先生乎？先生爲學，自家庭孝行始。幼年秉母夫人之教，言動壹衷乎禮；晚年自謂尤得力於《小雅》「哀哀父母，生我劬勞」二句。夫人至中年時，赤子之心，已將汩没，而

〔一〕「以氣質之性分義理之性」句脱，據劉宗周《原心》文補入。
〔二〕周敦頤《通書・動静》云：「動而無静，静而無動，物也。動而無動，静而無静，神也。」

況於晚年乎！《孟子》論舜五十而慕，贊之曰：「大孝終身慕父母。」舜人也，我亦人也，良知盡人所同，學者如舜而已矣。當先生初見蕺山先生時，蕺山問：「子有親乎？」對曰：「皆歿矣。」蕺山憮然，若深有痛者，蓋師弟天性相感若此。

至其無息之功，嘗自謂：「吾人一日之間，能隨時隨事提撕警覺，方不至於汩沒。當睡覺之初，則念鷄鳴而起爲善爲利之義，平旦則念平旦之氣好惡與人相近否，日間則念旦晝之所爲不至梏亡否，以至當衣則思不下帶而道存之義，臨食則念終食不違之義，及暮則思嚮晦宴息，以及夜以繼日記過無憾之義。」〔一〕此蓋本《易·乾卦》「君子終日乾乾，夕惕若」之意。天行不息，悠久高明，如是而已。蓋先生遭際時艱，立身高潔，以主敬爲行己之本，以反經爲興民之原，蓽門蓬户，具有天下萬世世道人心之憂。《禮記·儒行篇》所謂「今人與居，古人與稽，猶將不忘百姓之病」也，推爲朱子後一人，不亦信哉？

顧論者謂先生師事山陰〔二〕，嘗受《人譜》，以其染陽明之習，不敢顯言其非。唐確

〔一〕張履祥語載《學案小識》。
〔二〕劉宗周山陰人，今屬浙江紹興市，故云。

慎輯《學案小識》，列先生於「傳道」，專載其闢陽明之説。噫！其亦過矣。「萬物並育而不相害，道並行而不相悖」〔一〕，蕺山採用陽明，蕺山之大也。且先生存養心性，表裏洞澈，實得蕺山先生心學之傳，讀其《經正》《備忘》二録，與夫《訓子》《訓門人語》，修己治人，酬酢萬變，何嘗專以闢陽明爲務哉？

梨洲先生繼忠端公之志，服膺蕺山先生而小變之，氣節屹然山立，不愧古人。讀其《南雷文定》《文約》，大致以考據爲宗，論金石文字，深得體要。《宋元》《明儒學案》亦以考據之法，寓於理學之中，蓋上紹永嘉之傳，而下開謝山、石齋二家之派者也。余嘗謂學者傳授師法，有變而離其宗者，有變而益加精密者，有變而別立一幟者。楊園、梨洲之於蕺山，皆少變而別立一幟者也。俎豆千秋，聞者莫不興起，而況於親炙之者乎？

陸桴亭、陳確庵、江藥園、盛寒溪先生學派論

【釋】文又載《國專月刊》第三卷第一號，一九三六年二月，頁一至六。本文乃王慧言初稿，

〔一〕《禮記·中庸》文。

唐先生删定，文末唐先生後序交代本末。其中有關陸世儀部分，又獨立抽出而題爲《陸桴亭先生學派論》以作講義，並在題下注云：「尚志居敬立其本，致知力行會其通，天德王道擴其功，盡性至命要其極。」原本乃删節王慧言代撰《四先賢學派論》而成。

《周禮》稱「儒以道得民」，揚子雲謂「通天地人曰儒」，儒之爲義，大矣哉！而其要，不外窮理盡性，以立身行己，通經致用，濟世澤民，非獨善其身之謂也。

吾婁自琅琊昆弟〔一〕以博雅名海内，文采彬彬稱盛。迄乎崇禎之世，二張先生〔二〕主盟復社，以繼東林。四方知名之士，馳騖奔走於壇坫〔三〕之下，惟恐不及。同時陸、陳、江、盛四先生〔四〕，獨避之若浼〔五〕，相與講習於荒江寂寞之濱。觀其所學所言，皆本諸心得，而能見諸行事，雖遯世无悶，而此心未嘗一日忘天下也。昔人謂：「程朱

〔一〕指太倉王世貞、王世懋兄弟。

〔二〕婁東二張指張溥、張采。

〔三〕壇坫，謂會盟壇臺。

〔四〕陸世儀、陳瑚、江士韶、盛敬等「太倉四君子」。

〔五〕浼，玷汙也。謂四先生不圖虚譽也。

得大用於世，隆古之治可得而復。」〔一〕吾謂陸、陳諸子見用於時，其建立亦必有大過人者。不幸身遭國變，未究所施，以逸民終。顧其昌明正學，足以繼往開來，匹夫而化及當時，興起後世，詎非有功於世道人心之大者？陸、陳之學，博大精深，吾人無可軒輊；江、盛二先生，亦皆純粹懇至，篤於踐履，而韜晦彌甚，人鮮知者。相傳陸、陳爲聖門之狂，江、盛爲聖門之狷，豈其然乎？

桴亭所著《思辨録》〔二〕，得平湖、儀封〔三〕諸公之表彰，至同治朝而先生從祀文廟〔四〕，推爲昭代純儒之首。確庵遺著〔五〕則存佚參半，流傳絶少，而議兩廡俎豆〔六〕者，

〔一〕蔡世遠（一六八二～一七三三）《歷代名儒傳序》，載《二希堂文集》卷一。

〔二〕陸世儀（一六一一～一六七二），字道威，號桴亭，太倉人。劉宗周門人，與陸隴其並稱二陸，明亡不仕。其《思辨録》原未分目，其友人江士韶、盛敬標列内容十四類：小學、大學、立志、居敬、格致、誠正、修齊、治平、天道、人道、諸儒、異學、經子、史籍，稱《思辨録輯要》。《志學録》八卷，論學答問之記録。

〔三〕平湖指陸隴其，儀封指張伯行，皆以本籍尊稱。

〔四〕文廟，禮祀孔子爲主。

〔五〕陳瑚（一六一三～一六七五），字言夏，號確庵，太倉人，崇禎十五年（一六四二）舉人。康熙八年詔舉隱逸，力辭不就，卒後門人私謚安道先生。巡撫湯斌於其故居立安道書院，其孫搜彙《安道遺書》五十八卷。

〔六〕兩廡俎豆，乃文廟大成殿東西兩側之堂廡，先賢從祀之處。

因末之及。唐確慎〔一〕撰《學案小識》，列桴亭於「傳道」，而以確庵入之「守道」，江、盛則在「待訪録」。其他諸家傳記，於江、盛亦皆闕如。嗚呼！四先生生同里閈，同爲明體達用之學，同屏絶聲華標榜之習；其孝友艱貞，不降不辱之節，又無不相同。説者謂婁東之學，特爲篤實，由四先生之不襲明季講學家窠臼，是皆豪傑之士也。而没世之名，顯晦各異，安得謂之非命也耶？今掇拾諸書，略具事實，俾後之學者知所矜式云〔二〕。

陸先生諱世儀，字道威，號剛齋，又號桴亭，明季諸生，少即篤志聖賢，於學無所不窺。嘗習養生家言有所得，既而幡然曰：「是其於思慮動作皆有禁，甚者涕唾言笑皆有禁，凡以秘惜其〔三〕精神耳，如此則一廢人耳〔四〕，縱長年亦何益〔五〕？」乃亟棄之，

〔一〕唐鑑（一七七八～一八六一），字鏡海，湖南善化人，嘉慶十四年（一八〇九）進士，官至太常寺卿，學宗程朱，曾國藩之師。
〔二〕謂完善學術史。
〔三〕「其」字原作「吾」，據《小腆紀傳》卷五三「儒林」文爲正。
〔四〕「耳」字脱。
〔五〕本句「縱」字原脱。

作《格致編》以自考，而以敬天爲入德之門，曰：「敬天者，敬吾之心也。敬吾之心如敬天，則天人可合一矣。」崇禎九年，始與同里陳先生瑚、江先生士韶、盛先生敬，相約爲體用之學；慮驚世駭俗，深自韜祕；或横經論難，或即事窮理，反覆以求一是。甚有商榷未定，徹夜忘寢，質明而後斷；或未斷而復辯者，人聞其言輒怪之；既而漸有從之學者，乃設規約，立講會，以九日誦讀，一日講貫。其學自身心性命之奥，天文、地理、河渠、兵法之事、太極、陰陽、鬼神之秘，儒釋之辨、經史百家之賾，無不根究本末，要於中正。退則仿先儒讀書記法，各有所録，旬日不記，即互相糾虔〔一〕，以爲學問進退之别。時天下已多故矣，先生謂：「今日之所當學，正不止於六藝，凡切用世者，皆不可不講。」故如横槊舞劍、彎弓弄刀、戰鬥之具，無不習也；而尤好言陣法，以爲陣法者，節制之師，兵家之禮樂也，作《八陣發明》以縱論其得失。又輯《守城全書》，作《桑梓五防》及《治鄉三約》。嘗謂：「平賊在良將，亦在良有司，宜大破成格，不拘資地。但有文武幹略者，輒與便宜以治兵積粟守城事，有功即以爲其地之牧令，如此

〔一〕「糾虔」，謂敬正堅固也。互相督責，以固皆求道之善願初衷也。

則將兵者所至皆有呼應。今拘吏部法，重以賄賂，隨在充數，是賣封疆也。」[一]

國變後，上書南都，不能用。又嘗出佐軍事，既歸，鑿地十畝，築亭其中，閉關謝客，因自號桴亭。自是體驗益精，著述益富。嘗言：「士人當變革時，處有三等，各視其人力所能而爲之。隱居抱道，守貞不仕，討論著述，以惠後學，以淑萬世，上也；度其才可以爲於時，度其時必能用我，進以禮，退以義，上則致君，下則澤民，功及於一時，德被於天下，次也；不事王侯，高尚其事，躬耕田野，以禮自守，又其次也。三者之外，進而少有補救，退而詩酒名高，亦云小矣。況陽慕高隱之名，而倡優博奕，敗壞風俗，謬託有爲之迹，而無恥干進，嗜利不休，豈足以語士乎？」[二]先生之自處蓋如此。

順治四年，就確庵於蔚村講學[三]，復爲考德課業之會，聲應氣求者麕至。先後講學於錫山東林書院，説《易》於毘陵大儒祠，設教於雲陽黃塘，聞風親炙者，皆感動奮發。復歸講里中，當事者累欲薦之，以親老固辭不出。嘗著《性善圖説》，發明理氣合

[一] 陸世儀語載徐鼒《小腆紀傳·列傳》卷五三「儒林」。
[二] 陸世儀答或問語，載《思辨録輯要》卷九「修齊類」。
[三] 陳瑚在明亡後，絶意仕進，奉父居於昆山之蔚村。

一之旨；又著《月道疏〔一〕》《分野説〔二〕》《雲漢升沈》《山河兩戒圖説》，以啓後學仰觀俯察之扃。慨世俗禮廢，爲斟酌古今，分五宗以祭，作《宗祭禮》，以立敬宗收族之本。提學張能鱗具禮聘輯《儒宗理要》〔三〕，先生率門弟子擷五子之精，而加以序論發凡。復爲《正學篇》〔四〕，以示學者。大抵先生之學，篤守程朱，而歸之於經世；雖伏處草莽，而情殷匡濟，因時制宜，確然可見諸行事。顧亭林贊之，謂其具内聖外王之學，非虚譽也。

先生至性過人，痛母氏因産已而亡，補行心喪三年及忌日悲哀禮。父病癱瘓，口爲餔食，廁牏必親，侍卧起者五載。居喪一遵古禮，不入内寢，不與宴會，人皆歎爲難能。康熙十一年卒，年六十二，門人私謚尊道先生，亦曰文潛先生。同治十三年，州人士籲大吏請於朝，得旨從祀文廟。

〔一〕「疏」字脱。

〔二〕「説」字脱。

〔三〕張能麟，字玉甲、西山，順天大興人，順治四年（一六四七）進士。順治十一年任江南下江提學道，十四年（一六五七）底，邀請陸世儀率門人編《儒宗理要》，取宋五子著述，分類編録，周子二卷，張子六卷，程子六卷，朱子十五卷；各有小序與本傳，一年成書。

〔四〕《正學篇》疑爲《志學録》之誤。

陳先生諱瑚，字言夏，號確庵，崇禎十六年舉人。父莊介先生諱朝典，以經行重鄉里。先生少禀家學，與桴亭、藥園、寒溪諸子結文會，嗣見天下多故，乃講求天文地理、兵農禮樂之書，旁及奇門六壬之術，時復彎弓橫槊，弄刀舞劍，將以爲用世具也。年二十五，始與同志約爲聖賢之學，讀書有得，即爲日記。每日課程，以敬怠善過自考。桴亭作《格致編》，首提「敬天」二字，先生亦由此用力，遂得要領。其論致中和，以爲工夫全在存養省察，祗是持敬而已。嘗曰：「吾走四方，訪當世知名之士，往往窮老盡氣，汩没文字中。其好古者，則或作爲詩歌古文以炫燿；又其傑者，亦能究心經術，有志世務，然不過至管、商、晁、賈而止，即求韓、范不可得，况其爲聖賢體用一貫之學者哉！故欲治平天下，未有舍我三四人者。」

崇禎辛巳（一六四一），以條議上當事，議食者五，議兵者八，議信者六。又上《救荒定議》，大率本「社倉常平法」〔一〕而變通之，謂「社倉之弊，在出易入難。常平之弊，在

〔一〕朱子在乾道四年（一一六八）初夏提出鄉里救災賑糶之法，時氣候變常，閩北建陽、崇安、浦城荒饉，饑民騷動。朱子籲請地方豪富發私粟，優惠災民；並上書建寧知府，請發放常平官倉以應急，遂稍紓困。因效果良好，孝宗淳熙九年（一一八二）詔頒朱子《社倉法》於全國。

糴多米少。」議甚切實，而不果行。

甲申，聞京師陷，痛哭焚衣冠，尋奉父移居崑山之蔚村。有田數畝，躬自荷鍤，父亦安之。村田沮洳〔一〕，先生導鄉人築岸禦水，用兵家束伍法〔二〕，不日而成，歲獲豐稔。時局稍定，復與諸子講學，仿《呂氏鄉約》〔三〕、朱子《白鹿洞規》、温公真率會〔四〕遺意，著《蓮社約法》，教以人倫，相戒不妄言，不訐私，不謀利，不作無益。又以端心術，廣氣類，崇儉素，均勞逸，爲《蔚村講規》。以孝弟、力田、行善爲《蔚村三約》，衆皆悦從。

嘗於元夕集數邑之士，講《乾》《坤》二卦，闡明聖學。遠近向風，游其門者，多俊偉英略之士。所著《聖學入門書》，以格致誠意正心、修身齊家治平爲「大學日程」，以入孝出弟、謹行信言、親愛學文爲「小學日程」。小學先行後知，大學先知後行；小學

〔一〕沮洳，謂澤滷低窪，出《詩·魏風·汾沮洳》，孔疏言：「沮洳，潤澤之處。」
〔二〕編列百姓，以五人爲一組協同攻堅。
〔三〕北宋神宗熙寧九年（一〇七六）藍田四呂：大忠、大鈞、大臨、大防，所制訂首種成文鄉約。
〔四〕邵伯温《聞見前録》、吴曾《能改齋漫録》載司馬光罷政居洛陽，與故老遊集，相約飲酒不過五行，食不過五味，號「真率會」。

之終，即大學之始；而每日記敬怠、分數、善過於其下。蓋由下學而漸臻上達，犂然有當於人心，桴亭所謂「隨時隨事精察」，其道不外乎此。

又著《治綱》二卷，仿《周禮》文體而自爲疏義，起於建都邑、封諸侯、設郡縣，極於限田制禄、巡狩祭祀、學校兵刑，觀天下之全局而爲此書，駸駸乎王佐之才焉。其論學有曰：「國家之盛衰，視人才之消長。人才之消長，視教化之興廢。教化興廢之關，人心生死之會也。人心不死，則天命流行而乾坤立，人心死則天命不行，而乾坤亦幾乎毁矣。治亂之故，豈非人心爲之哉？」〔一〕

生平操履端介，晚益困窶，雖至絶食，終不肯干人。冬月嘗衣單袷，客有重裘者，欲解以贈，竟席不敢言，退而語人曰：「吾乃知當世有陳無己〔二〕也。」康熙八年，詔徵隱逸，州守白公登明以先生名上，力辭乃已。父病，刺血籲天，願以身代。父殁，遺産悉讓之弟；葬父後，雖遷徙客游，而歲時常廬於墓。十四年卒，年六十三，門人私謚

〔一〕陳瑚文載《皇朝經世文》四編卷五「學術」。

〔二〕宋人陳師道，蘇門六君子之一，淡薄名利，閉門苦吟，有「閉門覓句陳無己」之稱。言此句蓋稱陳瑚安貧樂道「無己」，與陳師道無關。

安道先生。巡撫湯公斌，即其故居爲安道書院。先生著述之富，埒於桴亭。雍正時，其孫溥搜輯已刊未刊各稿，彙編爲《遺書》五十八卷，已多散佚云。

江先生諱士韶，字虞九，號愚庵，又號藥園。天性孝友，持身謹厚，弱冠爲諸生，以《春秋》教授鄉里，與陸、陳諸子講程朱之學。家本素封，中落，周游郡縣幕，藉脩脯以養。律己四戒：不徇情面、不通竿牘、不識苞苴、不知内外舞文。所至敬信，然往往與懷私者忤，即別歸，坐是貧益甚。父年高，先生愉色婉容，勉供甘旨，即僅陳菽水〔二〕，父未嘗不樂也。父喪，哀毁骨立；母喪，自湖南奔歸，號慟四十餘日無輟聲。族叔某貸百金於友，漫以先生證，後不能償，先生以己田償之。其篤行類如此。

桴亭所著《思辨録》皆逐年隨筆，未有倫次，先生與寒溪爲之纂輯精要，發凡分類，以便讀者，其序有云：「自禪玄之學盛，而二氏標榜，於是異學與正學争。自心宗之學盛，而三教合一，於是儒者與儒者争。浸淫至於末季，所推儒門巨擘，大約爲異

〔二〕《荀子·天論》言：「君子啜菽飲水，非愚也，是節然也。」《禮記·檀弓下》云：「啜菽飲水盡其歡，斯之謂孝。」菽者豆羹。言孝道儉德兼全。

端立赤幟耳。開闢以迄於今，此兩怪文字者〔一〕，或樹敵門外，或操戈室中，其旨似異，其害實同，故曰文字盛而聖賢之道晦也〔二〕。夫言之而足以明吾道，則病乎其不言也；言之而反足以晦吾道，又病乎其言之也。立言之得失，係斯道之存亡，嗚呼〔三〕！豈不重哉？」

先生爲學之純粹，概可見矣。又以爲：「三代聖賢之旨，盡於昔儒之論說，後人惟在躬行而已。」〔四〕晚年取生平所作，聚而焚之，故不傳於後，祗王氏《婁水文徵》中存文數首云。

盛先生諱敬，字聖傳，號寒溪，諸生。長桴亭先生一歲，年十五，遇桴亭，一見即甚相得，與同學三年，厭薄聲華，不耽舉業。後罹家厄，流離播遷，簞瓢屢空，益讀書砥行，矢志存誠居敬之學。嘗製一葛衣，以慎獨之語書諸紳。讀周子人極至靜〔五〕之

〔一〕「開闢以迄於今，此兩怪文字者」句脱，據《國朝學案小識》卷一一「太倉江先生」文補入。

〔二〕「故曰文字盛而聖賢之道晦也」句脱，據前揭《國朝學案小識》文補入。

〔三〕「嗚呼」兩字脱，據江氏原文補入。

〔四〕江士韶此語，見載《清史列傳・儒林上》卷六六「陸世儀」條附「江士韶」。

〔五〕「人極至静」原刻誤爲「太極至静」。按：周敦頤《太極圖說》云：「聖人定之以中正仁義，而主静，立人極焉。」

旨，檢身加密，因悟静坐之要謂：「於危坐時識得未發氣象，身心盡入規矩。」是時桴亭講學於毘陵書院，確庵隱居蔚村，愚庵讀蒔藥山房，先生名其所處曰寒溪書屋，相約考德課業，爲明體達用之學。無泛交，無勦説，信古竭才以默成其德。桴亭嘗曰：「聖傳於余四人中獨稱醇謹，每朋友生徒爲講學之會，聖傳雖日共事，不爲異，而常恐標榜，爲世所指目，惟日以庸言庸行自勉。」確庵稱：「其深思静氣，學力日進，雖論事或有未當，而嚴儒釋之分，敬怠之辨，至爲精密。」

事親孝謹，能色養，居喪哀毁，不沾葷酒，不入内，三年如一日。有弟不類，遇兄無禮，先生始終怡怡焉。鼎革後，無意當世事，黍離麥秀之感，往往寄之詩歌。教授里中，一以成就後學爲事，惟恐姓氏落於人間。然四方同志來訪者趾相錯，一時端人誼士，多出其門。先生自壯歲殫心九經疏解，晚與門人數講《春秋》，尤邃於《易》，時懷年過知非之惕，漸覺身心無妄，湛然純一，有天理流行之樂，不知老之將至也。康熙二十四年卒，年七十六，門人私謚貞介先生。著有《讀史彙編》《形勝紀略》《續高士傳》《成仁譜》《皇明道學淵源録》《寒溪文集》。

夫道一而已矣，宗孔孟者必歸程朱，宗程朱所以祖孔孟也。自考亭以還，斯道大明。學者但當謹守正傳〔一〕，述而不作，使天下知吾儒之有真，則丕顯丕承〔二〕，政教於是乎休明矣。彼猖狂之徒，譏程朱曰空談心性，曰氣息奄奄，吾觀明道之令晉城治河決，伊川之經筵奏對，凛然勿欺而犯。朱子之上孝宗封事奏劄，及備荒浙東、安撫荆襄，皆所謂足乎内而形乎外，惡得謂空談心性耶？吾鄉風尚醇厚，士皆篤守程朱，務爲明體達用之學，其淵源實始自四先生始。自四先生没後，去今二百數十年，學術之遞變，風會之轉移，恒與國運爲消長。大抵同光以來，降而愈下，至今日紊亂極矣。夫本實先撥〔三〕，枝葉何有？曠安宅而弗居，舍正路而弗由，哀哉〔四〕！多見其生心害政，徒苦吾民。雖然，天理民彝，不可泯滅，吾儒之道，自在人心。晦盲否塞之甚，必有一綫光明，以救人類之將亡，吾又安知夫鄉曲閭巷中，無四先生其人者，閉户潛修，

〔一〕指孔、孟、程、朱一脈相傳。

〔二〕《書・君牙》云：「丕顯哉！文王謨。丕承哉！武王烈。啓佑我後人，咸以正罔缺。爾惟敬明乃訓，用奉若于先王，對揚文、武之光命，追配于前人。」顯揚周文王、武王之德。

〔三〕《詩・大雅・蕩》云：「顛沛之揭，枝葉未有害，本實先撥。」鄭玄箋云：「撥，猶絶也。」

〔四〕出《孟子・離婁上》「自暴者，不可與有言也。自棄者，不可與有爲也。言非禮義，謂之自暴也；吾身不能居仁由義，謂之自棄也。仁，人之安宅也；義，人之正路也。曠安宅而弗居，舍正路而不由，哀哉！」謂自甘墮落也。

精思力行，通達古今，他日出而任天下之重者乎？爰述四先生事略，揭明正學之大原，藉以自勵，並爲吾鄉後進勖云。

吾鄉陸、陳、江、盛四先賢，惟桴亭先生有聞於世，確庵先生已鮮知之〔一〕，而藥園、寒溪二先生，則竟無知之者矣。同治時，桴亭先生從祀兩廡，其遺書六十餘卷，先大夫彙輯刊行〔二〕。確庵先生著作，本不亞於桴亭，無如零星散失。文治官京師時，屢與先師陸文慎公會商，奏請從祀，因無觥觥巨著如《思辨録》一書，恐格於部議，因循未果，至今歉然。回籍後，鄉人士議刻《陳子遺書》，文治謹爲作序，並助刊《周易傳義合闡》，將原板送存太倉圖書館，然全書告成，未知何日？藥園先生自焚其書，而《寒溪先生文集》《成仁譜》《形勝要略》等書，訪求數十年不可得，深可慨矣！乙亥（一九三五）夏，纂《性理救世書》，以世弟王君慧言稔

〔一〕唐先生有《陳子遺書序》（一九二七），原載《茹經堂文集》三編卷五，收録《唐文治文集》「序跋類」。

〔二〕唐先生大父唐受祺輯刊《陸桴亭先生遺書》，唐先生在《交通大學講演録》第二集十一期《讀〈陸桴亭先生遺書〉法》自敘其事云：「顧其遺書散亡零落，先大夫竭二十年之心力，加意蒐羅，共得二十二種，都凡七十三卷。迨後文治由世弟王君慧言處，假得《集外文》一卷，補刊之，先大夫已不及見矣。」

梓鄉文獻，爰請其代撰《四先賢學派論》，並告以四賢韜晦弗彰，宜詳事實。慧言弟許諾，旬日，即攜稿來，忻喜逾望，略爲删節，著之於篇，並志數語，不敢攘人之善也。文治謹記。

李二曲先生學派論

【釋】本文又載《國專月刊》第二卷第一期，一九三五年九月，頁一至二。

人生千古不磨之行，其惟大孝乎！天道福孝而禍逆，人心好孝而惡逆，雖至愚極不肖輩，苟詔以良知良能，未有不憬然悔悟，瞿然省察者，天命之性然也。古來理學名儒，皆本於純孝。吾於人倫中得一師表，可爲萬世法式者，曰李二曲先生。

先生父信吾公，從汪喬年擊流寇，於崇禎壬午年（一六四二），與五千人同殉難襄城，先生哀慕不已，淚盡繼之以血。閲三十年，抵襄招魂，撰文禱於隍神之廟，約牒五千遊魂，隨信吾公歸。襄令張某，於其歸也，爲之勒碑構祠。將歸前一夕，日暝，聞鬼聲號泣，悽愴悲涼，沁人肌骨，諸工役毛髮盡豎，有壯者禱告數語，聲始止。異哉！夫怪神聖人所不語，鬼神智者所敬遠，誠不敢謂事之所有，然誠不可揜，體物不遺，亦不敢謂理之所必無也，蓋其至誠上通於天矣！

迨先生母殁，終身居堊室虔祀，作《堊室録感》，以寄蓼莪之痛。其《示子》云：「生爲抱憾之人，死爲抱憾之鬼。」語極沈痛。文治讀其《録感》一書，詳載辛復元、曹真予、吕涇野、王心齋、吕新吾諸先生孝行，往復流連，爲之隕涕。嗚呼！人非空桑所生，試捫心自問，父母往矣，雖欲孝，誰爲孝乎？能無痛心之至乎？然則爲人子者，可不及時以盡孝乎？且夫人惟有終身永慕之孝德，而後成千載不怍之完人。先生孝行若此，故爲學反己刻責，鞭辟近裏，無有能過之者。其《悔過自新説》謂：「自天子以至於庶人，皆當以悔過自新爲本。君子小人、人類禽獸之分，祇在一轉念間。苟向來所爲是禽獸，從今一旦改圖，即爲人矣。向來所爲是小人，從今一旦改圖，即爲君子矣。故人無日無時，無不在悔過自新之中。」

其《學髓》載《人生本原》及《虚明寂定》二圖〔一〕，實指心體性體而言，謂：「通天地萬物上下古今，皆此靈原實際，非此靈原無以見天地萬物、上下古今，是以語大語小，

〔一〕李顒《學髓》，載《二曲集》卷二。

莫載莫破。」[一]其來錫山講《易》，謂：「求《易》於《易》，不若求《易》於己。人當未與物接，一念不起，即此便是『無極而太極』；及事至念起惺惺處，即此便是『太極之動而陽』。一念知歛處，即此便是『太極之静而陰』。無時無刻，不以去欲存理爲務，即此便是『天行健，君子以自强不息』。人欲淨盡而天理流行，即此便是『乾之剛健中正，純粹精』。希顔之愚，效曾之魯，歛華就實，一味韜晦，即此便是『歸藏於坤』。親師取友，麗澤求益，見善則遷，如風之疾，有過則改，若雷之勇。時止則止，時行則行，見可而進，知難而退。動静不失其時，繼明以照四方，則兑、巽、震、艮、坎、離，一一在己，而不在《易》矣。」[二]

至其《四書反身録》，語語歸諸真修實踐，足補朱注所未及。而論者謂：「其自責過甚，恐流於作僞。」不知後世人心陷溺，正當以先生之説矯之，或有悔悟之幾。若慮其作僞，則彼亂名改作，言僞而辯者，隨處皆可假託，不獨先生之説也。論者又謂：「先生雖兼採朱陸，而實宗陽明，於朱學半明半昧，不啻障霧。」先太夫子黄薇香先生

〔一〕李顒《學髓·人生本原》圖下文。
〔二〕李顒語載《錫山語要》，載《二曲集》卷五。

謂：「阮雲臺修國史，擯先生於儒林外，歸入隱逸，公論乃著。」

文治按：孔子論政治，盡於《爲政》一篇，其根本在「孟懿子問孝」四章〔一〕，與引《書》「孝乎惟孝」「友于兄弟」「施於有政」數語。先生孝行，至於感天地，泣鬼神，實足爲後代政治家作之模範。且儒林首重儒行，列先生於「儒林傳」，固無不可；即入於「孝行傳」，亦無不可，何必斷斷於其間哉？吾輩師其門内之行足矣。

顔習齋、李恕谷先生學派論

聖門文學，言、卜二子〔二〕，言子之道南行，是爲南派之祖；卜子設教西河，是爲北派之祖。南派鴻博淵雅，其弊也華而浮；北派誠樸篤實，其弊也僿而野。二千餘年，

〔一〕其一，孟懿子問孝，子曰無違。樊遲御，子告之曰：「孟孫問孝於我，我對曰無違。」樊遲曰：「何謂也？」子曰：「生事之以禮，死葬之以禮，祭之以禮。」其二，孟武伯問孝，子曰：「父母唯其疾之憂。」其三，子游問孝，子曰：「今之孝者，是謂能養。至於犬馬，皆能有養；不敬，何以別乎？」其四，子夏問孝，子曰：「色難。有事弟子服其勞，有酒食先生饌，曾是以爲孝乎？」謹按：此四章皆言孝。

〔二〕言偃，字子游，故稱言游，吳人。卜商，字子夏，在魏國西河（今陝西渭南）行教。子游、子夏一南一北，在《論語》皆列「文學」，同宗傳孔子之學，故唐先生以破地域偏見之自囿。

世變屢更，俗尚未改；惟聖賢之士，能不囿於方隅，其餘鮮不限於風氣。聞道百，以爲莫己若，得一長，沾沾焉自謂已足，讀《莊子・秋水篇》，河伯之言，豈足語天下之大經，知天地之化育乎？若夫居今世而論學術，中外且當兼採，況南北哉？君子必廣其遠識矣。

博野顏習齋、蠡吾李恕谷二先生〔一〕，純乎北方之學者，比年以來，其學盛行，以余論之，彼所謂豪傑之士矣，然未能出於崖涘、觀於大海也〔二〕。習齋所著頗夥，其精者，《存學》《存性》《存治》《存人》四編，蓋孫夏峯先生之流裔，專以質實勝，發明《周禮》鄉三物之教而實踐之，豈非躬行君子歟？然其《性理評》〔三〕各條，於程朱諸大儒，無所不詬譏，論極峭刻，一言以蔽之曰「重事而絀理」。夫習齋好古者也，自伏羲、文王、周公以來，皆事與理並重，故孔子傳《易》，以爲窮理盡性之書；子夏傳《禮》，《樂記》以爲「禮也者，理之不可易者也」；必尚事而輕理，且謂「孔門身通六藝七十有二人，即鄉

〔一〕顏元（一六三五～一七〇四），字易直，號習齋，直隸博野人。李塨（一六五九～一七三三），字剛主，別號恕谷，直隸蠡吾人。

〔二〕自限也。

〔三〕顏元《性理評》，載《顏元集・存性編》卷一。

三物之六藝」，識大識小之不分，則不免僿野矣。

恕谷撰《顏先生年譜》，精實不懈；《小學稽業》《大學辨業》，各有等級；《聖經學規》與《學禮》《學射》《學樂》諸篇，亦皆切實。尚武精神，尤有足多者。惟其輯年譜發凡謂：「漢唐之士，抱殘守缺；宋明之士，僞襲僭篡，而聖道幾委於地。」〔一〕厥後方望溪先生辯之曰：「後儒毋視程朱爲氣息奄奄人，觀朱子《上孝宗書》，雖晚明楊、左之直節無以過也。其備荒浙東，安撫荆湖，西漢趙、張之吏治無以爲過也。而世不以此稱者，以道德崇閎，稱此轉渺乎其小耳。」〔二〕恕谷一聞此言，立起自責，取不滿程朱語載經説中已鐫板者，削之過半。見《望溪集·李塨墓誌銘》。從善之勇，足資矜式，惜乎習齋不得聞望溪之言耳！且習齋獨未見周子之論樂、程子之論禮，與朱子文集語録中論禮樂之言乎？桴亭、夏峯兩大賢，習齋所心折者也，《存學編》中有《上陸孫二先生書》。兩賢皆信程朱，胡習齋獨駁斥程朱乎？若謂宋代積弱，由於宋儒之講學。然則周室之積弱可以咎孔子，戰國之擾攘可以咎孟子乎？宋之弱，正由於禁止道學，廢棄賢人，以

〔一〕李塨《顏習齋先生年譜》凡例第二條文。

〔二〕方苞《李剛主墓誌銘》，載《望溪先生文集》卷一〇。句末「耳」字刻作「矣」，據方氏文集爲正。

天時人事之不臧，齦齦焉責之君子，正大之氣不伸，其立言之流弊何如耶？

記曰：「教也者，民之寒暑也，教不時則傷世。事也者，民之風雨也，事不節則無功。」〔一〕聖人立教制事，一體一用，一本一末，一虚一實，皆法乎天行消息之存，各有時節，不失其輕重緩急之方。其爲道也，如中衢而設尊，過者斟酌，各得其宜。一有偏焉，即相争相害，而不知所止。夫苦心志，勞筋骨，足以强國民之體魄，吾人固當盡力爲之。然而五方之民，剛柔遲速，各有性質，不可推移。若以工人之事，使講道論德者强行之，勞心勞力，一身二任，則是率天下而路，究其極，必將均天下人之心思，均天下人之才智，而心思必日就於蠢愚，才智必盡趨於功利。此猶戴東原之論理欲，必求以欲勝理；焦禮堂之論義利，必求以利勝義；學説雖新，轉大有害於世道。況理與事相爲體用，豈有不明夫理而不僨事者哉？故錢氏《碑傳集》、唐氏《學案小識》，皆不列顏、李二家於理會；曾文正且謂其「胼手胝足，等於許行之並耕」，蓋是非之界，有識者固不容不辨也。

〔一〕《禮記·樂記》文。

咸同間浙人戴子高名望者〔一〕，好毁宋儒，見顔氏書大喜，輯《顔氏學記》，以張其聲勢。朱氏《無邪堂答問》謂：「顔、李之學，雖〔二〕多偏駁……戴氏更以己意爲去取〔三〕。」其説甚正。憶昔時先師黄元同先生嘗論戴子高爲人，以「忍」字作主，文治謹問：「爲忍耐乎？爲殘忍乎？」先生笑曰：「戴氏妻孥將餓死，而戴不之卹。『是可忍，孰不可忍』之忍，子謂作何解乎？」然則子高之爲人，殆毛西河之流亞。迺三四十年以前，戴氏《論語》，洋洋盈耳，究其心得，皆茫然不知所謂。甚矣！人之好怪也。蘇子有言：「其父殺人報仇，其子必且行劫。」〔四〕嗚呼！此人心之大憂，所以釀末世之劫運也。悲夫！

陸稼書先生學派論

【釋】本文又載《國專月刊》第二卷第四期，一九三五年十二月，頁一至三。

〔一〕戴望（一八三七～一八七三），字子高，以字行，浙江德清人。
〔二〕「雖」字作「已」，據朱一新《無邪堂答問》文爲正。
〔三〕「更以己意爲去取」句，朱氏原文作「所訂恐未免以己意爲去取」。
〔四〕蘇軾《荀卿論》文。

近數百年來，能篤守朱子之學，而登峯造極者，其惟稼書先生乎？主敬以立其本，窮理以致其知，返躬以踐其實；修身齊家，動必以禮；居官立朝，德必及民，純乎紫陽家法。惟朱陸同時講學，略有異同，先生當陽明之後，力闢其學，幾有被髮纓冠而往救之之意。論者或疑其過激，不知講道者不獨當知其人，並當論其世，先生之闢陽明，不得已也。其議論本末，備詳《三魚堂集》中；而與湯潛庵先生往復之書，剖析理窔，極盡精微，尤足徵大賢氣象。兹先節録兩先生書，斷以鄙意，庶後之景仰高山者，可以拾級而登焉。

陸先生《上湯先生書》曰：「竊以爲孔孟之道，至朱子而大明，其行事載於年譜行狀，其言語載於文集語類，其示學者切要之方，則見於《四書集注》《或問》《小學》《近思録》。其他經傳，凡經考定者，悉如化工造物，至矣盡矣，不可以有加矣〔一〕。學者舍是而欲求孔孟之道，猶舍規矩準繩而欲成室也，亦理所必無矣。」「自陽明王氏目爲影響支離，倡立新説，盡變其成法，知其不可，則又爲晚年定論之書，援儒入墨，以僞亂真，天下靡然響應，皆放棄規矩，而師心自用。」「故嘗竊謂今之學者，必尊朱子而黜陽

〔一〕「不可以有加矣」句脱，據陸氏《三魚堂文集》卷五原文補入。

明，然後是非明而學術一。」「若以詆毀先儒爲嫌，則陽明固嘗比朱子於楊墨洪水猛獸矣。是以古之詆毀先儒者，莫若陽明也。」「學術之害，其端甚微，而禍最烈。故自古聖賢，未嘗不謙退貴忠厚，而於學之同異，必兢兢辨之，其所慮遠矣。不然，當今之世，有能真實爲陽明之學者，其賢於庸惡陋劣之徒，相去不萬萬耶？何爲其議之也？」「昔孟子於伯夷、柳下惠，推爲聖人百世之師，至於論知言養氣，則曰『乃所願，則學孔子也』，夷與惠皆不得與焉。蓋天下有興起之師，有成德之師。興起之師，廉頑立懦，能拔人心於陷溺之中；成德之師，切琢磨磋，能造人才於粹精之地。使以興起之師，而遂奉爲成德之師，則偏僻固滯，其弊有不可勝言者矣。」〔一〕

湯先生答書〔二〕曰：「先生正學清德，爲人倫師表，某私心嚮慕久矣。」「獨謂某不欲學者詆毀先儒，是誠有之，然有説焉。某少無師承，長而荒廢，茫無所知，竊嘗泛濫諸家，妄有論説。其後學稍進，心稍細，甚悔之。反覆審擇，知程朱爲吾儒之正宗，欲求孔孟之道而不由程朱，猶航斷港絶潢而望至於海也，必不可得矣。故所學雖未能

〔一〕陸隴其《上湯潛庵先生書》，載《三魚堂文集》卷五。
〔二〕湯斌答書附録在陸隴其《上湯潛庵先生書》後。

望程朱之門牆，而不敢有他途之歸。若夫姚江之學，嘉隆以來，幾徧天下矣〔一〕。近來〔二〕有一二巨公，昌言排之，不遺餘力〔三〕，姚江之學遂衰，可謂有功於聖道矣〔四〕。然海内學術之漓日甚，其故何歟？蓋天下相尚以僞久矣。今天下深明理學者固衆，隨聲附和者實多。更有沈溺利欲之場，毁棄坊隅，節行虧喪者，亦皆著書鏤板，肆口譏彈，曰『吾以趨時尚也』。亦有心未究程朱之理，目不見姚江之書，連篇累牘，無一字發明學術，但〔五〕抉摘其居鄉居家〔六〕隱微之私……其用心亦欠光明矣。」「台諭曰『陽明嘗比朱子於洪水猛獸，是詆毁先儒，莫陽明若也……』竊謂陽明之詆朱子也，陽明之大罪過也，於朱子何損？今人功業文章未能望陽明之萬一，而止效法其罪過，如兩口角駡，何益之有？」「故某以爲欲明程朱之道者，當心程朱之心，學程朱之學，窮理必極其精，居敬必極其至。喜怒哀樂，必求中節；視聽

〔一〕「矣」字脱，據湯斌答書補入。
〔二〕「來」字脱，據湯斌答書補入。
〔三〕「不遺餘力」句脱，據湯斌答書補入。
〔四〕「可謂有功於聖道矣」句脱，據湯斌答書補入。
〔五〕「無一字發明學術，但」脱，據湯斌答書補入。
〔六〕「居鄉居家」句脱，據湯斌答書補入。

言動，必求合禮；子臣弟友，必求盡分。久之人心咸孚，聲應自衆。即篤信陽明者，亦曉然知聖學之有真也，而翻然從之矣。」「今天下真爲程朱之學者，舍先生其誰歸？故某將奉大教爲指南焉。」〔一〕

文治曰：觀二先生之言，非《易傳》所謂「君子以同而異」者乎？稼書先生語人曰：「湯先生書是《孟子》「反經」章意，某書是《孟子》「好辯」章意。」然則先生之闢王學，果出於不得已也。蓋陽明之學，一傳而爲王龍溪，再傳而爲周海門，名汝登。三傳而爲陶石簣，名望齡。屢傳而屢失其本真，無善無惡之説盈天下，束聖經賢傳而不讀，惟以播弄精神，談口頭禪爲事，任心蔑性，謂滿街是聖人。潛菴先生曰：「象山傳楊慈湖，失其爲象山。陽明傳王龍溪，失其爲陽明。」蓋自隆萬以後，所謂致良知者，非愛親敬長之謂，更非先知先覺之謂矣。非稼書先生力闢之，聖道不淪胥者幾希！且夫學聖人者，熟讀聖經，反之於身，體之於心而已。

聖經之言「靜」曰：「至靜而德方」，「乾其靜也專，坤其靜也翕」，「定而后能靜，靜而后能安」，如是而主靜，何有於空虛乎？

〔一〕湯斌答書，附録在陸隴其《上湯潛庵先生書》後，載《三魚堂文集》卷五。

聖經之言「敬」曰：「君子敬以直内」，「敬事而信」，「修己以敬」，「居敬而行簡」，如是而主敬，何有於空虚乎？

聖經之言「理」曰：「易簡而天下之理得」，「窮理盡性以至於命」，「不能反躬，天理滅矣」，如是而窮理，何有於空虚乎？

故程朱之學，道在尊經；陽明之弊，患在荒經。然而爲程朱學者，處事不免拘虚，爲陽明學者，處事較能靈敏，要在善師其所長耳。稼書先生曰：「當今之世，有能真實爲陽明之學者，其賢於庸惡陋劣之徒，相去不萬萬耶？何爲其議之？」至哉言乎！即如雍乾以後，鮮有治陽明之學者，而士林中方鰓鰓然闢之，屏同志而隘門牆，是亦不可以已乎！孔巽軒之詆宋學曰：「略窺語録，便詡知天；解斥陽明，即稱希聖；信洛學之盡善，疑孟氏之醇，其説空空，其見小小。」其箴規之也至矣。先師鎮洋王文貞公，篤守程朱者也，嘗詔文治曰：「程朱亦有流弊。」近時學人，每自謂從陸王入手，後迺恍然大悟，歸於程朱。實則並無其事，不過趨時髦而已。此則稼書先生之罪人也。

更有進者，世人每詆理學爲不合於時，不適於用。不知天下之大功業，必本於性理。試觀稼書先生之功業何如哉？

先生治嘉定，一以鋤豪强、抑胥吏、禁奢汰、變風俗爲主，二年邑大治。及去職，里民刻木爲位，旌幢鼓吹，迎歸以祠者，日數十輩，凡兩月乃已。其治靈壽，逢朔望必詣聖廟，爲諸生講四書，遂成《松陽講義》。且言於上官，非大恤民力不可，復條陳巡撫六事：一，緩征宜請；二，墾荒宜勸；三，水利當興；四，積穀宜廣；五，存留宜酌復；六，審丁不宜求益額。及遇荒賑濟，躬爲部署，驅馳山谷，夜以繼日。迨其去也，邑民攀留，如去嘉定時。

居御史臺時，言親睹小民疾苦，不敢不上聞，復力争保舉蠲納，論者以爲遲誤軍需。先生因俸滿遂歸，閉門苦讀，卒之日，四方學者聞之，莫不盡傷。嘉定之民，相率來哭者踵相接。嗚呼！亦可見三代之人心矣。其《治嘉》《遺蹟》〔一〕，爲邑宰者，不可不熟讀也。

《四庫提要》謂：「先生一生，非徒以講明心性爲一室之坐談，其兩爲縣尹，一爲諫官，政績卓卓可紀，蓋體用兼優之學，而其門人侯銓等，乃以奏議公牘確然見諸行事者，别爲外集。夫聖賢之道，本末同源，心法治法，理歸一貫。《周禮》皆述職官，

〔一〕 陸隴其《治嘉格言》與《莅嘉遺跡》。

《尚書》皆陳政事，周公、孔子初不以是爲粗迹；即黄幹編朱子詩文，亦未嘗薄視論政之文，擯而外之」〔一〕云云，斯言頗得體要，惜當時編集者，未見及此。

嗟乎！余觀潛庵先生之治吾蘇，視民如傷，感情極摯。先生治嘉定、靈壽，政績與之相埒，惟其學道，是以愛人若此〔二〕。論陸湯二先生學派，不禁心鄉神馳，恨不能執經受業於其旁也。

李厚庵先生學派論

治國以求才爲本，故救國必以教育人才爲先，《易傳》謂：「崇高莫大乎富貴。」非世俗之富貴也；惟能養人，乃謂之真富；能教人，乃謂之真貴，良貴是也。然必在己先有至正至大之學問，而後可以育才。若自尸於高明之地，不能陶鑄人才；或學非順非，艱僻自是，轉以戕賊人才，則爲世之大蠹矣。

〔一〕《四庫全書總目提要》卷一七三集部《三魚堂文集提要》文。

〔二〕《論語·陽貨》載言偃述孔子教誨之言曰：「君子學道則愛人。」

昔盛周時，《棫樸》《菁莪》，仁人有德〔一〕，曾文正序《先正事略》謂：「濟濟多士，皆出於文王之教。康熙、雍、乾後，人文蔚起，則皆出於聖祖之教。」〔二〕諒哉言乎！然吾溯殷之興以伊、傅〔三〕，周之興以周、召〔四〕，唐之興以魏、陸〔五〕，宋之興以韓、范、富、歐〔六〕，自來聖哲之君，必賴賢相以輔之，然後承流宣化，教澤至一二百年之久。若李厚庵先生〔七〕，其伊、傅、周、召之亞乎？其魏、陸之儔乎？其韓、范、富、歐之等倫乎？

〔一〕「棫樸」皆高大茂盛之木，見《大雅·文王之什》，《毛詩序》云「《棫樸》，文王能官人也」，言周文王知人善任。菁莪則是水草之名，乃《小雅·菁菁者莪》一詩，《毛詩序》云：「菁菁者莪，樂育材也，君子能長育人材，則天下喜樂之矣。」句謂因材之大少而教養造就之，乃仁人之實有德光者也。

〔二〕曾國藩《國朝先正事略序》原文云：「惟周之文王暨我聖祖仁皇帝，乃閱數百載而風流未沫。周自后稷十五世，集大成於文王，而成康以洎東周，多士濟濟，皆若秉文王之德。我朝六祖一宗，集大成於康熙，而雍乾以後，英賢輩出，皆若沐聖祖之教。」（《曾文正公文集》卷一）唐先生櫽括曾氏大意。

〔三〕伊尹、傅説。

〔四〕周公、召公。

〔五〕魏徵、陸贄，皆犯顏直諫之大臣。

〔六〕韓琦、范仲淹、富弼、歐陽修，宋嘉祐、治平年間賢臣。

〔七〕李光地（一六四二～一七一八），字晉卿，號厚庵，別號榕村，泉州安溪人，故稱安溪先生，康熙九年（一六七〇）進士，官至文淵閣大學士，卒謚文貞。唐先生尊之爲社稷之臣與儒學之宗，才學兼備也。然歸功於明君之有在，方得盡才。

蓋其學之正且大，不獨爲一朝之碩輔，實爲一代之儒宗也。

考先生之學，無所不精，而壹以性理爲主。初承修《朱子全書》，繼承纂《周易折中》，後承纂《性理精義》，嗣又自撰《周易通論》《觀象》二書，蓋先生最邃於《易》學，萃義理之指歸，窮象數之閫奥〔一〕，天德王道，一以貫之〔二〕。凡區區摭拾零文碎義者，舉不足道也〔三〕。

其論《大學》，「當復古本，不必補傳。蓋八條目以修身爲本，修身以誠意爲本」；「自曾子所受於夫子而傳之子思、孟子者，一誠而已。《大學》自均平齊治，本之誠意，猶《中庸》《孟子》自治民、獲上、順親、信友，本之誠身也。誠則有以成己，有以成物，而明德、新民、止至善之道在我，所謂明善格物，蓋所以啓思誠之端，而非思誠以外事也。」〔四〕其説與鄭君合，與王陽明先生亦合，而唐氏《學案小識》駁之，偏矣。此外所著《學庸語孟解》《毛詩疏》《尚書・洪範》諸篇之説，及所纂周、程、邵、張、朱子等篇，無

〔一〕閫奥言核心境域。
〔二〕天德其體，王道其用，明體達用也。
〔三〕此綜述其學之大體，下依次分述。
〔四〕李光地《初夏録・大學篇》語，載《榕村全集》卷六。

非根極性命，開闢啓鑰之書。所論數律算術，皆洞徹原本，貫穿古今，一一可施於實用，利賴無窮焉。

其出而巡撫畿輔也，不立赫赫之名，一惟節儉簡易，正己率物，因時之宜，循事之序，故法立而人易遵。察寮吏，飭戎伍，俾潔清者勸，嫺練者升。水利、農田、食貨諸政，靡不綢繆未然，規厥經久，古稱學道愛人之君子，何以過兹？其君臣相得也，契合無間，如石投水，故禮遇彌重。聖祖嘗詔廷臣曰：「知光地者莫若朕，知朕者亦莫若光地矣。」及以疾乞休，則報曰：「覽卿奏摺〔一〕，朕心慘然，想〔二〕當時舊臣，近來全無〔三〕，如卿等者，不過一二人。今朕亦老矣，實不忍言也。」〔四〕嗚呼！明良之盛，遭際之隆，豈不懿歟？

若夫造就之宏，諸弟子若楊名時、陳鵬年、冉覲祖、蔡世遠，並以德望重於時。它如張昺、張瑗、惠士奇、秦道然、王蘭生、何焯、莊亨陽，類有清節，通經能文章。而惠

〔一〕「覽卿奏摺」原作「覽奏」，據《榕村集》所載爲正。
〔二〕「想」字原誤作「相」，據《榕村集》爲正。
〔三〕「近來全無」四字脱，據《榕村集》補入。
〔四〕文載《榕村集》卷三〇。

士奇《易》學傳於惠棟，實出於先生。故論諸明公[一]中善育才者，必以先生爲首。昔《孟子》言「君子之澤，五世而斬」，蓋古君子宣教明化，規爲國是，高明悠遠，殫竭精思，其最久者，可垂之數百年，少猶數十年。至於見小欲速之徒，沾沾自喜，無遠慮而有近憂，其效不過旦夕之間，而其流弊已立見。是先生學術，至正至大，不涉畸徑，不尚歧趨；道德仁義，涵養擴充，根之於心術，形之於道術，施之於治術，壹皆純且粹焉。故其流風善政，迄於二百數十年，終不可諼也[二]。

而後人猶有訾議之者，一則疑其奪情也，一則疑其進蠟丸書，陳破賊策[三]，近媚君也。夫奪情一事，楊名時之墓碣，彭紹升之事狀，皆言上懸缺以待，可知其誣。至媚君之説，更有大謬不然者。夫倫紀之中，父子兄弟以天合，君臣朋友以人合，無論

[一] 東漢稱名位俱尊者曰明公，相對於明主而言。

[二] 《詩·衛風·淇奥》云：「瑟兮僩兮，赫兮咺兮；有匪君子，終不可諼兮！」《禮記·大學》引此詩曰：「有斐君子，終不可諠兮者，道盛德至善，民之不能忘也。」

[三] 楊名時（一六六一～一七三七）《李公光地墓碣》載：「庚戌（一六七〇）登第後，由庶吉士授編修。癸丑（一六七三）充會試同考；乞假歸省，逾數月，耿孽將爲亂。僞以朝命召至福州，及接語，頗見憚，竟不敢明言他志也。先生察其有異。……爰遺人自間道上蠟丸書，陳破賊策；上動容嘉嘆，超遷侍讀學士。」載《碑傳集》卷六「國初功臣·李光地」。

君臣之分與朋友殊，即以交誼論，若感情厚者，遇大事不以忠告，何貴有此負心之友哉？《禮運·大同》之旨，源於七情十義，情必先於義，忠於君，正所以忠於國也。而近人乃諱言「忠」，此國事之所以淪胥也。

張孝先先生學派論

【釋】又載《國專月刊》第二卷第二期，一九三五年十月，頁一至二。文中記先生亡友張海民之説，與前賢暗合。

國初傳孟子學者，顧亭林、張孝先〔二〕二先生而已。或曰：「亭林先生卓然清節，浩然正氣，固似孟子矣。孝先先生傳洛學者也，何言乎學孟子？」曰：當於其平生言行考之，非可以形跡求也。

先生之言曰：「天地大矣，立三才之中，必能與天地同體，而後不愧於天地。聖

〔二〕張伯行（一六五一～一七二五），字孝先，號恕齋，河南儀封。康熙二十四年（一六八五）進士，官至禮部尚書，居官清廉而聞。

賢往矣，生百世之下，必能與聖賢同心，而後不負乎聖賢。學者立志，可不遠且大哉？」〔一〕是其志氣，固以充然塞乎天地之間。王子墊問曰：「士何事？」曰「尚志」，「居惡在？仁是也。路惡在？義是也。」〔二〕讀其言而不知奮興者，無志之士，即無恥之徒也。

至其講「待文王而後興者」一章，則謂：「只一『待』字，斷送了〔三〕古來多少人，故因循最是害事。有待而興，便是凡民；凡民自甘爲凡民，非天有以限之。無待而興，即是豪傑；豪傑自命爲豪傑，非人有以助之。」信哉此言！亡友鎮洋張君海民〔四〕嘗謂：「天地生人，本無二致，在人好自爲之。爲豪傑即豪傑，爲凡民即凡民。」其意與先生暗合。

且《孟子·告子》一篇，先辨性，後論心，而繼以「天爵人爵」與「良貴」二章，何哉？凡人功名富貴之念閉錮於中，則心性爲之迷惑，而日喪其本真，《莊子》曰：「喪

〔一〕張伯行《困學録集粹》卷一文。

〔二〕《孟子·盡心上》文；王子墊，趙岐《孟子章句》注云：「齊王子名墊也。」

〔三〕「了」字脱。

〔四〕張海民乃唐先生學侶，長先生兩歲，年二十一病逝，詳唐先生所撰《張海民遺集序》，載《唐文治文集》「書序類」。

己於物，失性於俗者，謂之倒置之民。」彼其用心既倒置矣，文繡被於體，膏粱厭於口，堂高數仞，榱題數尺，適於身，訑訑之聲音顔色，距人於千里之外，久之，漸不知人間有廉耻事矣。《孟子》七篇所以首辨義利，而於「雞鳴」章、「宋鈃」章，更不憚反復言之。先生之言曰：「天下事多壞於僞君子。……而其最不能假者，每在利害之間。蓋見利必趨，見害必避，乃小人之真情也。……觀人者，亦觀其喻義者爲君子，喻利者爲小人而已。」[一]而又解《孟子》「未免爲鄉人」句，謂：「不特庸庸碌碌與世浮沉者爲鄉人，即志趨遠大，德業聞望無所表見者亦鄉人也。不特一介匹夫，側身寒微者爲鄉人；即公卿大夫，不能建立功勳、法令傳後者亦鄉人也。」[二]先將鄉人二字辨得明白，而君子之所憂可知矣。

又曰：「今之學者，只求做官，不求做人。求做官自不暇求做人，求做人自不暇求做官，此兩事也。而做人好，做官自好；做官好，必由於做人好，此又相因者也。若不求做人，祗求做官，決不能爲好官；不求做官，但求做人，斷未有不爲好人者也。

[一] 張伯行《困學録集粹》卷一文。

[二] 載唐鑑《國朝學案小識》卷首。

學者須是急求做人，莫要急求做官」〔一〕云云。後世做官、做人截然分爲二事，俗諺相傳「官者非人所作」，於是天下生民之禍，不忍言矣。吾嘗謂義利之界，人心生死之關也。私利之心勝，公利之事敗，一身未有不危，一家未有不滅，一國未有不亡者。《孟子》一則曰「放其良心」，再則曰「失其本心」，痛乎！哀莫大於心死也，皆利之爲害。嗚呼！富貴不能淫，貧賤不能移，威武不能屈，大丈夫盡其在我者而已矣。

夷考先生服官，爲濟寧道時，值歲飢，攜家資數萬，賑活數千萬人；所屬倉穀，不待申請，輒行賑糶，幾以此得罪而不顧。自爲中書，洊歷〔二〕內外，終大宗伯，常俸之外，未嘗受一錢，寸絲粒粟，皆取之家中。惡古節度之進羨餘以自浼者，凡有公餘，悉爲恤民養士之費。當是時，中外大吏雖多清白廉潔之士，然未有能及先生者，是以聖祖每稱爲「天下第一清官」。《孟子》曰：「非其道也，非其義也，一介不以與人，一介不以取諸人。」方之元聖，何多讓焉？

文治幼年聞父師之訓，皆謂人生溺於私利，即無上達之日，而先師王文貞公課讀

〔一〕張伯行《困學録集粹》卷一文。
〔二〕洊歷謂歷任之意。

《孟子》尤勤。今觀先生之學，不啻針芥之合。爰表而出之，以爲上繼《孟子》。至先生繼往開來之功，搜輯先儒遺書至富〔一〕，爲自來所未有，後人類能道之〔二〕，故不著。

朱止泉、王白田先生學派論

【釋】本文表出其二氏朱子學乃出以「實事求是」之治學原則。文又載《國專月刊》第二卷第五期，一九三六年一月，頁一至四。

朱先生諱澤澐〔三〕，字湘淘，别字止泉，江蘇寶應人。少不好弄，初入小學，即蹈規循矩若成人。十八歲，讀《性理大全》。二十四歲，立課程，依《程氏讀書分年日程》行之，數年乃卒業。三十歲，作《周易本義程傳異同辨》。三十一歲，始留心經世之學。三十二歲，得張子《理窟》《二程遺書》，反身體察，三復之，於性命之理，益有會心，由

〔一〕有《性理正宗》四十卷、《伊洛淵源續録》二十卷、《二程語録》十八卷、《朱子語類輯略》八卷、《濂洛關閩書》十九卷、《養正類編》十三卷、《學規類編》二十七卷等。

〔二〕參唐鑑《學案小識》卷二「傳道學案」之「陸桴亭先生、張孝先先生學案小識」。

〔三〕朱澤澐（一六六六～一七三二），乃唐先生心折之學人。

是盡屏雜書，專肆力於《論孟精義》《或問》《中庸輯略》，參以《語類》，玩味久之，乃有會心於孔孟之心傳。三十六歲，旁涉諸史，兼究心天曆，謁泰州諭德陳厚耀，歸自製《渾天圖》《中星説》《歲差論》《答予中王氏論七月流火書論》《唐曆中星》諸篇，皆是時作也。三十八歲，復從事輿地之學，作《禹豫冀河辨》《兖河辨》《宋史黄河論》。三十九歲以後，由博返約，壹意於洛閩之學。四十五歲，繹《文集》《語類》〔一〕數月，涵養未發之中，虚静專一。

四十六歲，讀《玉山講義》諸篇，乃恍然於朱子窮理集義功夫，真積力久，向發端處著力體驗擴充。既而透得寂然不動，體常涵用之本，舉平日所體驗者，會於未發之中，融豁貫通，一理渾然，如明鏡止水，而端倪即自此發生。於是從體驗端倪，窮究本原，集義主敬；積之數年，覺義理親切，日用之間，思慮方萌，凡惻隱羞惡之發，歷歷分明。即事物未至，思慮未萌，而吾心温厚公平之本體，常存不失，與前此空薄虚寂之體段不同。逾二年，益恍然於朱子之學：未發之時，萬理畢具，此心之全體呈露；已發之際，因物付物，此心之妙用顯行。體立而用自此出，用行而體自不摇，敬

〔一〕指《朱子文集》及《朱子語類》。

義夾持，動靜互根。上以印孔門博文約禮、《大學》格致誠正、《中庸》明善誠身、《孟子》盡心養性之旨，而因溯諸堯舜，明精一之藴，蓋遥相契合，無毫髮之間。乃知道問學莫如朱子，尊德性亦莫如朱子。六十歲，充養益純，窮格益精，日用動静，浩然自得，嘗謂：「天地陰陽、日月風雷，以至山川草木、鳥獸禽魚、一切飛翔動植之屬，莫非天理流行，充塞蟠際，無所間缺。玩而樂之，活潑洋溢，更何有内外大小之分？」六十七歲卒。

先生交遊，皆以道義。嘗講道東林，通書關内。至顯貴，則介然自守，不輕一見。雍正六年，奉詔内外大臣各舉所知一人，直隸副總督劉師恕擬疏薦先生，先生堅卧不起。然有虚心求教者，未嘗不叩端以竭焉。枝江知縣喬汧問吏治之法，先生書《牧民二十四則》與之，曰潔己、曰仁心、曰敬和、曰儉樸、曰勤勞、曰精詳、曰關防、曰勸農、曰催科、曰積貯、曰田畝高下肥瘠、曰户口貧富、曰訪問利病、曰不輕簽差、曰正風俗、曰禮賢、曰重祭典、曰表先哲、曰褒揚孝弟節烈、曰興學校教士教民、曰清盜、曰敬老、曰清訟、曰懲奸。所著有《合意編》《止泉文集》《朱子聖學考略》《宗朱要法》《朱子誨人篇》等書。崇祀無錫道南祠。

王先生諱懋竑〔一〕，字予中，別字白田，江蘇寶應人。世爲儒家，叔父式丹以詩文名，康熙四十二年賜進士第一人，世所稱樓村先生者也。先生少從叔父學，即自刻厲，又與方先生望溪交，篤志經史，耻爲標榜之習。康熙戊子舉鄉試，又十年，成進士，年已五十一矣。諸鉅公多物色之，先生皆堅謝，嘗云：「黄陶庵有言：『人止羨三年中之一人，不知更有數十年數百年之人。』此語殊足念也。」時太倉王相國〔二〕、常熟蔣相國〔三〕補薦三人皆館選，先生皆未一往。適蔣公五十生辰，或約往祝，亦謝之。有笑其拙者，先生曰：「正欲爲天地間留此一脈耳。」逾年，改就安慶府教授，重建培元書院，以學行造士，語學者曰：「人一號爲名士，無足取矣。」雍正元年，世宗手諭調用，先生應召，授編修，上書房行走。時同直者皆負一時重望，而先生尤邃於經術，元元本本，有叩即應。明年，丁母憂，世宗將奪情起用〔四〕，先生乞病不出，時年未六十也。

性耿介恬淡，少嘗謂友人曰：「老屋三間，破書萬卷，平生志願，足於斯矣。」歸田

〔一〕王懋竑（一六六八～一七四一）。
〔二〕王掞（一六四五～一七二八），字藻儒，太倉人，康熙九年（一六七〇）進士，官至文淵閣大學士。
〔三〕蔣廷錫（一六六九～一七三二），字酉君，號南沙，常熟人，康熙五十六年（一七一七）擢内閣學士。
〔四〕父母喪，守制尚未滿期而應上召赴職，曰奪情起用。

後，杜門著書。當路要人，雖素親厚，未嘗以竿牘〔一〕及之。晚年校定《朱文公年譜》，於《文集》《語類》考訂尤詳。謂《易本義》前九圖、《筮儀》及《家禮》，皆後人依託，非文公所作，其略曰：「朱子於《易》有《本義》、有《啓蒙》，與門人講論甚詳，而九圖曾無一語及之。九圖之不合於《本義》《啓蒙》者多矣，門人何以絶不致疑也？《本義》之敘畫卦云：『自下而上，再倍而三，以成八卦。八卦之上，更加八卦，以成六十四卦。』初不敢參以邵子之説，至《啓蒙》則一本邵子。而邵子所傳，止有《先天圖》，其《伏羲八卦圖》《文王八卦圖》，則以《經世演易圖》推而得之。同州王氏《漢上朱氏易》皆有此二圖，而《啓蒙》因之。至朱子所自作横圖六則，注大傳及邵子語於下，而不敢題云《伏羲六十四卦圖》，其慎重如此。今乃直云《伏羲八卦次序圖》《伏羲八卦方位圖》《伏羲六十四卦次序圖》《伏羲六十四卦方位圖》，是孰受而孰傳之耶？《變卦圖》，《啓蒙》詳之，蓋一卦可變爲六十四卦；彖傳變卦，偶舉十九卦以爲説爾。今圖卦變皆自十二辟卦而來，以《本義》考之，惟《訟》《晉》二卦爲合，餘十七卦皆不合，其非朱子之書明矣。《筮儀》之文亦不類朱子，《文集》《語録》，自《家禮序》外，無一語及。《家禮》者，

〔一〕竿牘，書簡之謂。

惟《與蔡季通書》有『《家禮》四卷』之語，此《儀禮傳通解》中《家禮》六卷之四，非今所傳之《家禮》也。勉齋作行狀，在朱子殁後二十餘年，其時《家禮》已不盛行，故不欲公言其非，但其詞略而不盡，其書《家禮》後，謂『《經傳通解》未成，爲百世之遺恨』，則其微意亦可見矣〔一〕。」

同邑朱止泉先生潛心朱學，據《答南軒書》云「敬貫動静，而以静爲本」，謂必從主敬以透主静消息，先生辯之曰：「人之有動静也，猶其有呼吸也。静則必動，動則必静，論其循環，則有互根之妙；論其時節，則有各致之功。朱子《已發未發説》作於己丑〔二〕，有『以静爲本』之語，甲午、乙未以後，不復主此説矣。」〔三〕

先生於諸史皆有考證，切實賅博，不爲抑揚過激之論。其他著作極多，撰述已刻者，《白田草堂》二十四卷、《朱子年譜》及《讀史記疑》若干卷。晚年貧甚，布衣蔬食，恬然安之。疾革時，作詩訓子曰：「人之立身，惟孝與忠。恕以接物，慎以持躬。讀

〔一〕此否定《家禮》爲朱子之作品，以證成唯一記載《筵儀》之成文證據。

〔二〕指《已發未發第三書》，内容同《與湖南諸公論中和第一書》。

〔三〕朱澤澐《答南軒書》文，見引於錢大昕《潛研堂文集》。

書考古，其益無窮。守此不失，先世遺風。垂歿之言，汝其敬從。」〔一〕其踐履篤實如此。

文治按：漢班固述河間獻王傳經之法曰「實事求是」，後人據此以爲漢儒師法。竊謂豈獨漢儒爲然？治宋學者，亦當本此四字。朱子《論讀書法》：「前一章未通，不得讀後一章；上一節未通，不得讀下一節。至於推及句法，非當合上下文融會貫通之者，上一句未通，不必研究下一句。」〔二〕朱、王二先生〔三〕即以朱子讀書之法讀朱子之文，嘗讀其評點《朱子文集》，訂年月，辨異同，務使歸於至當，還朱子之真於千百年之後。而白田先生尤爲精詳，一字之定，萬義紛陳，且旁及史事各家，櫛文梳義，往往

〔一〕以上王懋竑出處言論，出王箴聽《先考王公府君行狀》，載《白田草堂存稿》卷八末附録。

〔二〕朱子《朱子語類·讀書法下》云：「凡讀書，須有次序。且如一章三句，先理會上一句，待通透；次理會第二句，第三句，待分曉；然後將全章反覆紬繹玩味。如未通透，卻看前輩講解，更第二番讀過。須見得身分上有長進處，方爲有益。」又《朱子語類·語孟綱領》曰：「大凡看經書，看《論語》，如無《孟子》；看上章，如無下章；看『學而時習之』未得，不須看『有朋自遠方來』。且專精此一句，得之而後已。又如方理會此一句未得，不須雜以別說相似者。次第亂了，和此一句亦曉不得。」唐先生概括大意。

〔三〕指朱澤澐、王懋竑二氏。

以單辭引證，解後人聚訟之紛，其有功朱子，蓋不下於勉齋、北溪諸賢〔一〕矣。

又嘗綜覽二先生文集，知其於朱子之學，不第精審而已，復加之以貫串；不第貫串而已，復加之以心體力行。止泉先生輯《聖學考略》，歷十年始成，而其集中《朱子未發涵養》二篇〔二〕，又《讀朱子與陳超宗、程允夫、何叔京三書》《答黃直卿書、太極説、仁説諸篇》《答程允夫書》〔三〕：白田先生《玉山講義考》《朱子答江元適書、薛士龍書考》，辨析理奥，精細入毫芒。至於辨主静主敬之説，朱先生似偏重於静矣，而其作《晚年定論評》，則於陽明學不少假借。王先生似偏重於敬矣，而其輯《朱子年譜》附録，則頗專主於涵養。然則二先生各有心得，務在「實事求是」，無絲毫成見於其間，豈容畸輕而畸重哉？且二先生於全體大用，更無不貫徹者也。朱先生天文地理學靡不研究，《告牧令二十四事》尤掌民者所當確守。王先生以經術通治術，惜未盡其用耳。

或曰：「聖人以邦有道貧且賤爲耻。二先生際盛明之世，皆肥遯自甘，空室蓬户不厭，無乃陋歟？」應之曰：聖人言君子謀道不謀食，憂道不憂貧；又言邦有道穀，

〔一〕指黄榦與陳淳。
〔二〕朱澤澐此篇集中題《朱子未發涵養辨》二篇，載《止泉先生文集》卷七「雜文」。
〔三〕以上二篇，唐先生省題目中「讀朱子」三字，以首篇蒙下文也。

恥也。二先生蓋狷者也，今人與居，古人與稽，素位而行，樂天知命，以視乎趨承炎熱者，相去豈不霄壤哉？《易》曰：「履道坦坦，幽人貞吉。」又曰：「不事王侯，高尚其事。」二先生之風，倜乎遠矣！

唐鏡海、羅羅山、倭艮峯、曾滌生、吴竹如先生學派論

【釋】本文通觀晚清學術與國運，並徵引裘毓麐之説以商略，此與時代對話而非閉門自語者也。

先師沈子培先生嘗詔文治：「子勿輕視道咸間人才。」文治謹對曰：「豈特不輕視而已，爾時學術之純，素所私淑者也。」師大爲契合。夫咸豐之時，海宇鼎沸，内憂外患，岌岌不可終日。雖以雄才大略處此，尚慮其無從措手，而卒能轉否爲泰，化險爲夷者，唐鏡海〔一〕諸先生講學之功也。余嘗有言：「理學盛則國家安以治，理學衰則

〔一〕唐鑑（一七七八～一八六一），字栗生，號鏡海，長沙府善化人；嘉慶十四年（一八〇九）進士，官至太常寺卿；學宗程朱，著《國朝學案小識》以明道統之傳，在於正士。《國朝學案小識》乃唐先生常稱引者。

國家危且亂。」豈不信哉？茲略論其學派如左。

鏡海先生篤守程朱，毅然以斯道爲己任，陋室危坐，精思力踐，斯須必合於禮，一時耆碩高位，若倭文端〔一〕，若曾文正〔二〕，若何文貞〔三〕，若吴竹如〔四〕，若竇蘭泉〔五〕諸先生，皆相從考德問業，於是後進咸知敬師尊長之禮。當文宗〔六〕即位後，值東南糜爛於寇，起用先生，文宗詢以誰能平此大難，對曰：「臣當詳思之。」越日復詢，對曰：「有一人，恐朝廷不能用。」文宗詢何人，對曰：「曾國藩耳！」文宗默然。越兩載，曾遂大用。然則成中興之業者，固賴有曾文正，實由於鏡海先生也。其扶掖賢俊，提倡正

〔一〕倭仁（一八〇四～一八七一），字艮峰，蒙古正紅旗人，道光九年（一八二九）進士，官至文華殿大學士，卒謚文端。

〔二〕曾國藩（一八一一～一八七二），字伯涵，號滌生，曾子七十世孫，長沙府湘鄉人。道光十八年（一八三八）進士，組建湘軍，平太平軍有功，封一等毅勇侯。官至兩江總督、直隸總督、武英殿大學士。卒謚文正。

〔三〕何桂珍（一八一七～一八五五），字丹畦，號丹谿，雲南師宗人，道光十八年（一八三八）進士，官至安徽太廣道，後曾國藩上疏追論何氏軍功，追謚文貞。

〔四〕吴廷棟（一七九三～一八七三），字彦甫，號竹如，安徽霍山人，道光六年（一八二六）舉人，官至刑部右侍郎。

〔五〕竇垿（一八〇四～一八六五），字子玷、子州，號蘭泉，雲南曲靖人，道光九年（一八二九）進士，官至江西道御史。

〔六〕年號咸豐。

學，不愧一代之柱石矣。嗚呼！昔伊尹樂堯舜之道，自任以天下之重，先生蓋有其胸襟度量。後之憂國者，顰首蹙頞，求賢才而不可得，庸詎知雲龍風虎，同氣相求，倘得如先生者，矜式羣倫，足資師表，則四海之人，皆將輕千里而來，告之以善。「君子道長，小人道消」，天下豈有不太平者哉？

羅山先生〔一〕樂道安貧，每應試，輒徒步數百里，簞瓢屢空，晏如也，而其平居立志，常超然萬物之表。迨視師討賊，及門弟子若李忠武〔二〕，若王壯武〔三〕，若李希庵〔四〕諸先生，皆相與參究性理之學者，或同殉國難，或克享大名，節義彪炳，凡有血氣，莫不聞風興起。嗚呼，盛矣哉！蓋先生之學最得力於《西銘》，博求夫仁之體，而得其理一分殊之用，研之精而辨之晰；而其爲道，又在嚴理欲之防，明義利之辨，其於富貴

〔一〕羅澤南（一八〇七～一八五六），字仲岳，號羅山，湘鄉人，咸豐元年（一八五一）舉孝廉方正，官至浙江寧紹台道，加布政使銜。門人李續賓、李續宜、曾國荃、曾國華、蔣益澧、王鑫皆湘軍將領，乃湘軍之關鍵人物。

〔二〕李續賓（一八一八～一八五八），字如九，號迪庵，湘鄉人，貢生，咸豐二年（一八五二）在籍協助其師羅澤南辦團練，卒謚忠武。

〔三〕王鑫（一八二五～一八五七），字璞山，湘鄉人，道光二十八年（一八四八）師從羅澤南，協辦湘勇。

〔四〕李續宜（一八二二～一八六三），字克讓，號希庵，李續賓之弟，同爲羅澤南門人。

貧賤，禍福死生，泊然無足動其心。蓋自其少時艱難困苦，獨處荒山之中，而世變之繁賾，民生之疾苦，無一不返之於身，以求其變通屈伸之理。其言語動静，又皆本之以敬，而達之以誠。蓋其養之也，充然而自得，故其發之也，沛然而有餘，指揮若定，豈偶然哉？《禮》曰：「以死勤事，以勞定國。」人第震其功業之隆，而不知其皆本於學問也。《論語》謂：「任重道遠，仁以爲己任，死而後已。」〔二〕微先生，吾誰與歸？

曾滌生先生具英雄之略，備聖賢之姿，明物察倫，靡所不究，自小學、理學、經學而外，又精於文學，所選《經史百家雜鈔》《古文四象》，牢籠萬有，幾幾乎駕桐城派而上之。而吾亦列之於理學者，以其畢生功業，實以理學爲宗，而其日記中涵養一門，與家書中所載切實之行，舉足爲後世法也。蓋本理學發爲事功，王文成之後，一人而已。嘗以其手書日記就正於艮峯先生，故石印日記中，上方有艮峯評語，一筆不苟，亦可見先輩之勤且慎矣。

〔二〕此概括《論語·泰伯》載曾子云：「士不可以不弘毅，任重而道遠。仁以爲己任，不亦重乎？死而後已，不亦遠乎？」

艮峯先生雖規模稍隘，而其《致文正書》，勸其優容沈幼丹〔一〕，謂：「國家多故，正諸賢同心共濟之時，即意見少有差池，責己返躬，自能使猜嫌悉化。」可謂忠告之言。其遺書中《輔弼嘉謨》一卷，卓然具古大臣風度，股肱緝熙，所以能和聲而鳴盛也。

吴竹如先生研究心性，辨晰精詳，表章劉虞卿《理學宗傳辨正》〔二〕，不遺餘力；與方魯生書力闢禪學，至二十次之多；其《拙修集自序》謂：「通籍後得《朱子文集大全》，讀而好之，日久漸有味乎其言，雖涉歷中外，疲精案牘，其書固未嘗不日陳於座右，而其言亦未嘗不日懸於心目之間。」余謂先生誠不逮朱子，然於平湖家法〔三〕，蓋具體而微矣。同時尚有邵位西、何丹谿、竇蘭泉、涂朗軒諸先生。邵氏僅傳《禮經通論》及《遺集零篇》，何氏僅有《續理學正宗》二卷，竇氏、涂氏著作未見，故從略。

〔一〕沈葆楨（一八二〇～一八七九），字幼丹，福建侯官人，道光二十七年（一八四七）進士，官至兩江總督兼南洋通商大臣，卒謚文肅。

〔二〕劉廷詔，字虞卿，河南永城人，道光元年（一八二〇）科試入學，廩貢報捐教職，歷任考城、孟津兩縣學官。孫奇逢《理學宗傳》正宗列十一子，計周敦頤、程顥、程頤、張載、邵雍、朱子、陸九淵、薛瑄、王守仁、羅洪先、顧憲成；列陸、王於周、程、張、朱之後。劉氏認爲道統承傳譜系務必嚴格，著《理學宗傳辨正》十六卷，移陸、王及其門人於附録，以示正統。

〔三〕指平湖陸隴其。

友人慈谿裘君匡廬〔一〕之言曰：「自清中葉以來，百數十年中，殆無人可稱理學家者。清季好學之士，亦有心厭漢學之繁瑣無當，反求諸宋學，以修己教人者，唐鏡海、倭艮峯二公，治之尤勤。顧唐、倭之學，以平湖、楊園爲正宗，外此皆目爲異説，唐撰《學案小識》，專標此旨。然陸、張之學，醇正有餘，言及精微，已嫌不逮。唐、倭復專宗之，而悉擯其餘，則規模更形狹隘，意趣更覺膚淺。是以唐、倭雖有昌明理學之心，而其學卒不能大行於世者，此也。曾文正以名世之英，生平治學，艱苦絶人，其所得亦於近人爲最。其治理學，則師確慎而友文端，故其得亦僅至此，不能與有宋諸賢媲美，此尤近代學術中可惜之事也。」斯言也，可謂溯源流、中肯綮矣！

然余謂古人性質不同，學問得力亦異。學程朱者，以居敬窮理爲歸，其弊也，則爲迂滯，爲因循；學陸王者，以明心見性爲主，其弊也，則爲空虛，爲放曠。正賴後進之士，彌縫其闕，不當借端以攻訐之〔二〕。是故善爲政者，必集古今人之長，而補其

〔一〕裘毓麐（一八九〇年生），字匡廬，慈溪人。光緒甲辰（一九〇四）應省試輿地科考，畢業於舊譯學館，升入京師分科大學，一九〇三年赴加州大學攻讀政治經濟，五年歸，與錢基博善。其《廣思辨録》，乙亥年（一九三五）唐先生爲作序，載《唐文治文集》「書序類」。

〔二〕此有所期望於裘毓麐輩。

偏；善爲學者，必集古今儒之長，而祛其弊。況窮變通久，《易》有明訓。《禮》言「廣谷大川異制，民生其間者異俗」。〔一〕「教也者，民之寒暑也，教不時則傷世」。〔二〕聖賢設教，體天立極，必審察乎剛柔緩急、輕重虚實之宜，迺不至於傷世。吾國乾嘉時學術可謂實矣，故咸同諸先生濟之以虚；今世治科學者亦可謂實矣，故修身治心者亦必救之以虚。立天下之大本，明萬世之正學，斟酌損益，庶幾合時措之宜，無有意氣門户之争〔三〕。植綱常而扶名教，吾國果有盛治之一日乎？其必有真儒者出矣！

〔一〕《禮記·王制》。

〔二〕《禮記·樂記》。

〔三〕唐先生《廣思辨録序》更盡此衷懷云：「且乾嘉後，未有治王學者也。末世利欲薰心，倘有真能治王學者，拔其本而塞其源，方引爲同志之不暇，而何爲鬬之哉？《記》曰：『教不時則傷世。』君子慎之矣。學問、政治，理一分殊，宜論是非，不論新舊。新者果是乎？未必其盡是也；舊者果非乎？未必其盡非也。近世新舊之争，紛呶不已，意氣愈囂，國勢愈弱，豈不悲夫？古聖賢之論新者曰：『日新之謂盛德。』又曰：『作新民。』論舊者曰：『人惟求舊。』又曰：『不愆不忘，率由舊章。』『通其變，使民不倦。』『神而化之，使民宜之。』豈有新舊之見哉？惟求其是而已矣。求是而猶不免千慮之一失，況膠執適莫之私，有不僨天下之事者乎？吾讀是《録》，痛舊德之淪喪、新文化之似是而非，不禁掩卷太息也。」此先生宣示學術大同之苦心也。

性理救世書卷三

目録

讀書大路第三

文治十五歲時，先大夫授以《御纂性理精義》〔一〕，命先讀《朱子讀書法》〔二〕，與《總論爲學之方》〔三〕，其時已微有會悟。逮年十七，受業於先師王文貞公之門，命專治性理學。明年，赴省試，擬購理學諸書，苦於無貲，先妻郁夫人亟出奩貲助之，現藏之《四書精義》《或問》《二程全書》《朱子大全集》等，皆典質而得之者也〔四〕。厥後官京師，益廣

〔一〕《御纂性理精義》十二卷，康熙五十四年指示李光地等二十六位大臣精選《性理大全》成編，其中並收録了康熙研讀性理之學之體會，在康熙五十六年（一七一七）成書。

〔二〕《朱子讀書法》，原録在《朱子語録》卷一〇及一一，輯録不止一家。馬一浮先生復性書院所引藍印本四卷，分列六項：循序漸進、熟讀精思、虚心涵泳、切己體察、著緊用力、居敬持志。錢賓四先生《朱子學提綱》謂：「在理學家中，正式明白主張教人讀書，卻只有朱子一人。」

〔三〕《總論爲學之方》，見載《朱子語類》卷八，强調以聖賢明道爲己任。今《朱子語類》以「學」爲關鍵詞的類目便佔六種之多，依次是《小學》《總論爲學之方》《論知行》《讀書法》《持守》《力行》等，精神義理貫通。

〔四〕事詳載先生《自訂年譜》。

購理學諸書，友人中亦間有以性理書相贈者。訖今數十年，自《正誼》〔一〕及諸先儒全書外，專集計共百餘種〔二〕，雖自維弇陋，而沉浸其中，有終身知之行之不能盡者焉。

昔端木子之贊聖曰：「夫子之牆數仞，不得其門而入，不見宗廟之美，百官之富。」〔三〕後人讀性理書，得其門者寡矣。間有通訓詁，講詞章，精科學，聰明而特達者，詔以性理書，或茫然不得其解，是豈性理之高深哉？父師之教不明故也。

抑更有難者，比如《四庫提要》一書，皆當時鴻博所修，吾人所心折不違者，惟其於性理各書，祇能考板本源流，此外別無心得，甚至謂明之黨禍，由東林諸子造成

〔一〕《正誼堂全書》乃理學總集，收書凡六十八種五百二十五卷，先後以正續版刊出。初本乃張伯行（一六五一～一七二五）於閩鰲峰書院纂輯，以書院之正誼堂名書。其輯録程朱以下之作，分編立德、立功、立言、氣節、名儒粹語、名儒文集六類，宋以來理學專著大體與源流具備。初刻僅成五十五種，同治五年（一八六六）左宗棠訪閩得四十四種，遂踵張氏之意，於正誼堂書局重刊並增益爲六十八種，此續刊本三年而成。

〔二〕謂《正誼堂全書》所未及收羅者，以見研治理學，非徒因襲口説，乃實有得於博習親師之心得，遠過封疆大吏之膚庸淺識也。

〔三〕《論語・子張》載子貢語。

之；至論朱陸異同，則謂「講學之士，各隨風氣，以投時好」。〔一〕絶不能辨别其是非，此氣節之所以不伸，而人心之所由迷謬也〔二〕。

竊不自揆，作《讀理學書記》〔三〕，擇其較明著者，以示後學門徑。孟子曰：「夫道若大路然，豈難知哉？」「舍其路而不由，放其心而不知求，哀哉！」〔四〕茲編，人之正路也，因此以求放心可矣。而或者必欲造作新奇，日顛躓於崎嶇荆棘之中，終身不能自拔，屈子《離騷經》曰「路幽昧以險隘」，「惟捷徑以窘步」〔五〕，自伐其性不足，遂相與戕伐國性，嗚呼！能無爲孟子所哀乎？

〔一〕《四庫全書總目提要》子部存目之《〈朱子聖學考略〉提要》云：「朱陸二派，在宋已分。洎乎明代弘治以前，則朱勝陸。久而患朱學之拘，正德以後則朱陸争詬，隆慶以後則陸竟勝朱。又久而厭陸學之放，則仍申朱而絀陸。講學之士亦各隨風氣，以投時好。」此唐先生所言無是無非之虚説。

〔二〕言官修《四庫全書總目提要》非但不通理學，且其謬論邪説，足以敗壞風俗人心而有餘，與聖道大背。此唐先生讀書有得，非苟循成見者也。

〔三〕《讀理學書記》乃本卷原擬題目。

〔四〕《孟子·告子上》載孟子語。

〔五〕屈原《離騷》原文云：「彼堯舜之耿介兮，既遵道而得路。何桀紂之昌披兮，夫唯捷徑以窘步。惟黨人之偷樂兮，路幽昧以險隘。豈餘身之僤殃兮，恐皇輿之敗績。」

讀《伊洛淵源録》記

是書宋朱子所輯，書成於乾道癸巳（一一七三），記周子以下及程子交遊門弟子言行，凡四十八人。初刻於鄂、吴二庠，鄂板在至正癸未，吴板在至正乙丑，後板俱無傳。明成化間，孝感張瓚據吴刻本序而重刻之，近豐城楊廉又采取朱子文集、語録中議論，有及於伊洛者，增入各條之下，則更爲完備矣。余所藏者，爲成都志古堂庚申（一八六〇）刊本〔一〕。

據張序云：「伊洛之書，當時師友淵源之懿在焉，孔孟精微之緒在焉。矧經考亭先生手自編摩，皆其精神心術之所寓者，譬之龍泉太阿，雖埋伏豐城，而其祥光異氣，上干斗牛，自有不可掩者。」《四庫提要》謂：「《宋史·道學》《儒林》諸傳，多據此爲之。蓋宋人談道學宗派，自此書始，而宋人分道學門户，亦自此書始。厥後聲氣攀援，轉相依附。……非朱子著書之意也」云云。

余按：《易傳》言：「君子多識前言往行，以畜其德。」《詩》言：「高山仰止，景行行止。」凡先哲之前言往行，苟能常懸心目之間，則涵濡於道德者深，所以蔚成人格

〔一〕成都志古堂刻本凡十四卷。

者，自然和順積中，英華發外，絶類離倫而優入聖域矣，較之讀《道學傳》不更優乎[一]？至若慕道統之真傳，奮發自任，更有望於後之學者。

讀《考亭淵源録》記

《考亭淵源録》[二]，余訪求數十年不能得。甲戌歲（一九三四），門人錢生萼孫[三]告余上海書坊有此書，余因以重價購得之[四]，則日本享保九年（一七二四）刊本，卷首徐階序及薛氏自序，皆係手書翻刻者。禮失而求諸鄰邦，可耻可悲也。

〔一〕唐先生指點實行工夫，而非空議門户派性。

〔二〕《考亭淵源録》，宋端儀（一四四七～一五〇一）撰，薛應旂（一五〇〇～一五七五）重修。

〔三〕錢仲聯（一九〇八～二〇〇三），原名萼孫，號夢苕，常熟虞山人，唐先生門人。

〔四〕此事載先生《自訂年譜》甲戌（一九三四）七十歲十二月條，云：「自朱子纂《伊洛淵源録》後，明薛方山應旂作《考亭淵源録》，陸清獻《三魚堂集》嘗徵引之。余訪求數十年不能得。今冬，忽得之於上海富晉書肆，共二十四卷，編輯精詳，宗旨純粹，乃東人翻刻明板。其卷端徐階、薛應旂序，亦係手蹟翻刻，洵可寶貴。因歎外人尊崇理學如此，國安得不興盛哉！」

是書爲明薛方山先生諱應旂〔一〕所編，共二十四卷。卷一，李延平、胡籍溪、劉屏山、劉白水四先生。卷二，考亭先生。卷三至卷五，考亭學友張南軒先生等七人。卷六至卷二十二，考亭門人，共二百九十五人。卷二十三，考亭門人無記述文字者八十八人。卷二十四，考亭叛徒趙師雍、傅伯壽、胡紘三人。

薛先生自序謂是編係宋端儀原本，而己爲之删訂增補者；其自書《目録後》曰：「余三十年前，從事舉業，出入訓詁，章分句析，漫無歸著。一旦聞陽明王公之論，盡取象山之説讀之，直闚本原，而功夫易簡……遂以爲道在是矣。如是者又三十年。……年逾五十，猶未能不惑〔二〕。及罷官歸，則既老矣……日以孔孟之書，反覆潛玩，賴天之靈，恍然而悟。始知朱子之言，孔子教人之法也；陸子之言，孟子教人之法也。今觀《論語》一書，言心者二，言性者一；克己復禮，惟以告顔子，而一貫之

〔一〕薛應旂（一五〇〇～一五七五），字仲常，號方山，江蘇武進人，嘉靖十四年（一五三五）進士，官至浙江提學使，著有《宋元通鑑》《考亭淵源録》《甲子會記》《四書人物考》《高士傳》《薛子庸語》《薛方山紀述》《憲章録》《方山文録》《浙江通誌》等。

〔二〕孔子言「四十而不惑，五十而知天命」，五十尚未至不惑，則薛氏自嘲，而言下之意乃爲陽明學所誤也。

傳，自參、賜〔一〕之外無聞焉；其所雅言者，不過《詩》《書》執禮，文行忠信之類……無非欲學者隨事隨物，無時無處，而不用其力也。……迨至孟子之時，儀、衍〔二〕横行，楊、墨塞路，吾道晦蝕，幾於盡矣，若不盡出其底裏以語之，夫誰與我？此孟子所以一見梁惠，遂言仁義；齊宣易牛，指其是心足王；而性善堯舜之語，直以告之曹交、滕世子，而不少隱焉。其諸盡心知性、養氣集義之微，人皆得而聞之，不必及門之士也。……此孔孟一道，而教人之法不同也。然自今觀之，孔門之所造就者，不特顔、曾、閔、冉，卓然爲殊絶人物，而宰、仲、言、卜之徒，皆彬彬君子也。若孟氏之門，樂克、告子，號稱高弟，已不當與孔門下士並論，而公孫丑、萬章之徒，直衆人耳，此其故可知矣。蓋孔門之聞道也難，故多務爲近裏着己、精思實踐之功，而隨其分量，各有所得；孟門之聞道也易，而身心性命之教，卒皆視爲常談，而入耳出口，漫不經意，以故鮮有所得，此其理與勢，蓋有必至者耳。象山之門，東南之士，羣然趨之，而其所成就，自楊敬仲、袁和叔、沈叔晦、舒元質之外，罕有聞焉。考亭之門，則自黄直卿、蔡季

〔一〕孔子門人曾參與端木賜。
〔二〕張儀與公孫衍。

通以下，率多名儒碩士。凡修己治人之道，化民成俗之功，行之當時，而傳之後世。凡列兹録者，具在史册，歷歷可考見也。」〔一〕

余按：此説雖未必果確，而言之有故，持之成理，足徵先生之學，非盡出於陽明，故《明儒學案》謂：「先生嘗及南野之門，而一時諸儒，不許其名王氏學也。」〔二〕余家藏日本版理學書凡三種，是編外，尚有《羅豫章先生集》及《學蔀通辨》，而《豫章集》跋文謂日本家挾程朱之書，嗚呼！彼其國所以强盛也乎？

讀《理學宗傳》記

容城孫夏峯先生，世知爲豪俠氣節之士，實則理學真儒也。所輯《理學宗傳》二十六卷，列周子、二程子、張子、邵子、朱子、陸文安、薛文清、王文成、羅文恭、顧端文十二子爲正宗；後列《漢隋唐儒考》《宋元儒考》《明儒考》，端緒稍異者爲「補遺」〔三〕。

〔一〕薛應旂《考亭淵源録》目録後文，先生删略部分内容。
〔二〕黄宗羲《明儒學案》卷二五《南中王門學案·薛應旂傳》文。
〔三〕據孫奇逢《理學宗傳自序》文。

先生自序謂：「學之有宗，猶國之有統，家之有系也。系之宗有大有小，國之統有正有閏，而學之宗有天有心。今欲稽國之運數，當必分正統焉；遡家之本原，當先定大宗焉。論學之宗傳而不本諸天者，非善學也。」又謂：「近古之統，元其周子，亨其程張，利其朱子。……姚江非紫陽之貞乎？昔周元公接孔子生知之統，而孟子自負爲見知。静言思之，接周子之統者，非姚江其誰與歸？」〔一〕云云。蓋先生之學，主重心宗，故其立論不無稍偏。而其門人湯文正公斌，序是書大義謂：「其明天人之歸，嚴儒釋之辨，蓋《五經》《四書》之後，吾儒傳心之要典也。」〔二〕其推尊師法爲特至矣。

讀《理學宗傳辨正》記

【釋】唐先生在本書刊出後，於一九三九年又因重抄此書而撰《理學宗傳辨正鈔本跋》，可與此讀書記互參，原文載《茹經堂文集》四編卷六，今收録《唐文治文集》「序跋類」。

〔一〕孫奇逢《理學宗傳自序》文。
〔二〕湯斌《理學宗傳序》文，載孫奇逢《理學宗傳》卷首。

自夏峯先生輯《理學宗傳》，閱二百年而《辨正》之書作，蓋咸豐時劉廷詔虞卿先生〔一〕所輯也。是書列周、程、張、朱五子爲正傳，漢唐諸儒爲列傳，退陸、王諸先生於附録。

先生自序謂「孫先生於理學詳哉言之，顧理無二致，學只一途。理學之所宗所傳，而不取於一正，恐其以異學亂正學，而宗失其宗，傳失其傳，裂道術而二之也，是安可以勿辨」云云。原書未列作者姓名，後爲吴竹如侍郎〔二〕訪得之，遂付諸梓，並附羅羅山先生《王學辨》於後，可謂明辨以晳矣。

顧論者或病其有門户之見，實則當時孫先生倘列周、程、張、朱五子爲正宗，其餘均爲列傳，則此書亦可不作。吾輩信道宜篤，執德宜宏，但求得斯道之精微，不必斷斷於門户間也。

〔一〕劉廷詔，字虞卿，河南永城人，道光元年（一八二一）科試入學，嗣由廩貢報捐教職，歷任考城、孟津兩縣學官，後以憂歸。

〔二〕吴廷棟（一七九三～一八七三），字彦甫，號竹如，安徽霍山人，道光五年拔貢，同治二年（一八六三）入爲大理寺卿，尋擢刑部侍郎，故稱侍郎。

讀《儒宗理要》記

是書署名國初江蘇督學使者張能麟〔一〕撰。先生自序謂「理者先天地，生萬物，而儒者贊化育，參三才者也。故天地間一日非理，則不可以爲天地；而一日非儒，則不可以爲人。夫人心不明，理學之不彰也。理學不彰，儒術之不著也。竊謂古今先後之儒皆儒也，而儒必有其宗；天地萬物之理皆理也，而理必有其要。若周、程、張、朱五子者，上以續往聖不傳之緒，下以開來學入德之門，自孔孟後，以儒而言，則固儒之宗也。舉五子，則凡爲理學而稱儒者，皆可即此該之矣」云云。

余考陸桴亭先生所著書目，有《儒宗理要》六十卷，則此書實出桴亭先生之手，篇中緒言，大抵皆本於《思辨録》。而朱子書分類，列「格致誠正」「修齊治平」「天道人道」諸目，亦與《思辨録》相合。蓋張先生督學江蘇時，聘桴亭先生入幕，編輯理學書；桴亭先生以原書授之，删節過半，爲二十九卷〔二〕。現坊間傳本絶鮮，惟余

〔一〕張能麟，字玉甲，西山，順天大興人，順治四年（一六四七）進士。「麟」原作「鱗」。

〔二〕詳參本書卷二《陸桴亭先生學派論》。

與王君丹揆〔一〕家有藏本，皆在北京時所得也。學者讀之，有以闚理學之門徑，擷五子之精華。蓋於《近思録》外擴充之，極其精博，較諸《理學宗傳》，有純而無疵矣〔二〕。

讀《正誼堂全書》記

儀封張孝先先生正學明德，體用兼賅，篤嗜性理之學，先後刊儒先書及己所著書，不下八九十種。《全書》義例，約分五門，一曰「立德部」，二曰「立功部」，三曰「立言部」，四曰「氣節部」，五曰「名儒粹語」。據公自序，「立德部」以周、程、張、朱五子爲宗，龜山、和靖、上蔡、豫章、延平、張南軒、黄勉齋、陳克齋、許魯齋、薛敬軒、胡敬齋與焉。「立功部」所收書，爲諸葛武侯、陸宣公及宋、韓、范、司馬五君子。「立言部」所收書，爲韓、柳、歐、曾、王、蘇八大家。「氣節部」所收書，爲文山、疊山、正學、椒山、大洪五忠臣。「名儒粹語」所收書，爲《二程粹言》《薛氏讀書録》《胡氏居業録》等。此其大略也。

〔一〕王清穆（一八六〇～一九四一），字希林，號丹揆，農隱老人，崇明人。光緒三十年南洋公學改隸商部，商部委派王氏接收。次年春王氏代表商部到校宣布楊士琦爲監督，改校名爲商部高等實業學堂。同年秋楊士琦調京，監督一職由王清穆代理。唐先生撰有《崇明王丹揆先生傳》。

〔二〕唐先生有取於是書，見本書序。

惟先生所刻書既多，卷目遂不可考。據福州《鼇峯書院志》述所刻書有五十五種。至左文襄公宗棠督閩時，重刻《正誼堂全書》，共六十八種〔一〕。究竟孰爲原刻所有，孰爲原刻所無，亦莫能詳。總之，是書集先儒之大成，窮理學之閫奥，極宇宙之偉

〔一〕張伯行輯、楊浚重輯《正誼堂全書》福州正誼書院刊本收書六十二種，同治光緒間續刊收書五種，凡六十七種，共一六〇册，書目如次：《周濂溪先生全集》十三卷；《二程文集》十二卷；《張横渠先生文集》十二卷；《朱子文集》十八卷；《楊龜山先生集》六卷；《尹和靖先生集》一卷；《羅豫章先生文集》十卷；《李延平先生文集》四卷；《張南軒先生文集》七卷；《黄勉齋先生文集》八卷；《陳克齋先生集》五卷；《許魯齋先生集》六卷；《薛敬軒先生文集》十卷；《胡敬齋先生文集》三卷；《諸葛武侯文集》四卷；《唐陸宣公文集》四卷；《韓魏公集》二十卷；《司馬温公文集》十四卷；《文山先生文集》二卷；《謝疊山先生文集》二卷；《方正學先生文集》七卷；《楊椒山先生文集》二卷；楊時、張栻編《二程粹言》二卷；《伊洛淵源録》十四卷；《上蔡先生語録》三卷；《程氏家塾讀書分年日程》三卷、綱領一卷；丘濬《朱子學的》二卷；陳建《學蔀通辨》十二卷；薛瑄《讀書録》八卷；胡居仁《居業録》八卷；朱衡《道南源委》六卷；羅欽順《困知記》四卷；陸世儀《思辨録輯要》二十二卷；張烈《王學質疑》五卷，附録一卷；陸隴其《讀禮志疑》六卷；《讀朱隨筆》四卷；《問學録》四卷；《松陽鈔存》一卷；《石守道先生集》二卷；《高東溪先生遺集》二卷；《真西山先生集》八卷；《熊勿軒先生文集》六卷；吴海《聞過齋集》四卷；《魏莊渠先生集》二卷；《羅整庵先生存稿》二卷；《陳剩夫先生集》四卷；《張陽和文選》三卷；《湯潛庵先生集》二卷；《陸稼書先生文集》二卷；張伯行《道統録》二卷，附録一卷；張伯行輯《二程語録》十七卷，附録一卷；張伯行輯《朱子語類輯略》八卷；張伯行輯注《濂洛關閩書》十九卷；張伯行集解《近思録》十四卷；張伯行輯《廣近思録》十四卷，《困學録集粹》八卷，《小學集解》六卷，《濂洛風雅》九卷，《學規類編》二十七卷，《養正類編》十三卷，《居濟一得》八卷，《正誼堂文集》十二卷，續集八卷。《正誼堂全書續刻》書目如次：張伯行輯《唐宋八大家文鈔》十九卷；《范文正公文集》九卷；《楊大洪先生文集》二卷；《海剛峯先生文集》二卷；張伯行輯注《續近思録》十四卷。

觀，未有若斯之盛者也。聞辛亥之變，左文襄所刻書板，半燬於火，可痛孰甚！後有君子，能重刻之，維持斯道，則功不在禹下矣。

讀《宋元學案》《明儒學案》記

《宋元學案》一百卷，餘姚黄梨洲先生未及成書，鄞縣全謝山先生補修之〔一〕；《明儒學案》六十二卷，則梨洲先生原本也。梨洲先生爲忠端〔二〕賢嗣，劉蕺山先生高弟，是二書採擇宏博，卷帙浩繁，湯文正公謂其宗旨雜越〔三〕，可謂知言。

先太夫子黄薇香《儆居集》嘗著辨〔四〕云：「堯、舜、禹、湯、文、武、周公之道，孔

〔一〕全祖望（一七〇五～一七五五），字紹衣，號謝山，浙江鄞縣人，學者稱謝山先生。乾隆元年（一七三六）進士，專事講學著述，續修黄宗羲《宋元學案》。

〔二〕黄道周（一五八五～一六四六），字幼玄，號石齋，漳州人。天啓二年（一六二二）進士，官至吏部尚書兼兵部尚書、武英殿大學士。抗清殉義，謚忠烈，乾隆改謚忠端，故稱忠端。

〔三〕《易繫辭》「其稱名也，雜而不越」，孔疏云：「辭理雜碎，各有倫序，而不相乖越。」則雜越者，乃辭理雜碎而乖越倫序，言不成體統也。

〔四〕黄式三《儆居集》之《經説》卷三存此《宋元明儒學案辯》文，載光緒戊子春（一八八八）黄氏家塾刊本《儆居遺書》之六，下文同此版。

子集其成，孟子願學孔子，言聞知見知之統，不敢以一二言盡之。今《易》《書》《詩》《禮》《春秋》《論語》《孟子》諸書具在，其道詳且著，更僕數之不能盡，約而求於道之切而實者，官之以視聽言動，達之以君臣、父子、昆弟、夫婦、朋友，節之以喜怒哀樂之中和，秉之以仁禮義〔一〕信智之懿德，初無簡捷之路也。而先儒辯明所學，必標宗旨者，學各得性之所近，其自溯從入之途，獲益之專功，有不能自已者邪？讀《學案》者，思先儒之砥節礪行，從入者若何？獲益者若何？可以已矣。苟喜其簡捷之路，而謂此外皆旁門蹊徑，此明季儒者未博先約之弊，祇以見其惑也。

「蓋嘗舉先儒宗旨言之，曰静，曰敬，曰致知格物，曰先立乎心之大，此皆聖賢所言，合聖賢所言而融貫之則道全，分聖賢所言而拘執之則道偏，是以聖賢皆言定静〔二〕矣。定之以〔三〕中正仁義，而有不静乎？外定而主静，學者流寂滅，昔張南軒已辨之，

〔一〕「禮義」原作「義禮」，據黄氏《宋元明儒學案辯》爲正。
〔二〕「静」字脱，據黄氏文補入。
〔三〕「以」字脱，據黄氏文補入。

今陸稼書、王予中極論之焉。聖賢皆重篤敬矣。敬統參前倚衡，而行猶疏乎？而意在主一無適，學者之心有所繫，而反有所疏脱，昔羅整庵已辨之，今陸桴亭、段懋堂極論之焉。聖賢言致知格物，物者明新〔一〕之事，物内而格豈在外乎？而學者以爲先盡窮天下之物，則有支離之弊。聖賢立乎大而正其心，豈得大而遺其小乎？而學之者以此空言本心，則有思而不學之弊，有寂默坐灰之弊〔二〕。此無他，因聖賢所言而拘執之則偏耳。且宋先〔三〕儒談宗旨者，以爲修己治人之要轄，先聖所同也；而後儒則各鳴其異，以《禮》《樂》《詩》《書》爲糟粕，以孝弟忠信爲土苴，以射御書數爲桎梏，凡先聖之所言，皆後儒所不〔四〕言；以冥寂獨坐有所悟者爲智，以沖淡無欲有所覺者爲仁，以不計成敗、果敢行之者爲義學，以不起意爲公心，以〔五〕本然之精〔六〕神爲聖，無善無

〔一〕檃括明德與新民。
〔二〕「有寂默坐灰之弊」句脱，據黄氏文補入。
〔三〕「先」字原作「元」，據黄氏文爲正。
〔四〕「不」字脱，據黄氏文補入。
〔五〕「公」「心」原誤倒，據黄氏文爲正。
〔六〕「精」字脱，據黄氏文補入。

惡爲性體〔一〕，無善至善爲心體。凡託於先聖之言，實非先聖之言〔二〕，而猶謂所立《學案》能補先聖所未發乎？先聖之道，燦然於經而不待補，補之而矜爲祕旨，以同己爲是而標榜之，以異己爲非而拒絶之，是猶楊朱專義，墨翟專仁〔三〕，其始毫釐之差，其終千里之謬。此異端所以興，朋黨所以起也。朋黨起而禍不忍言矣。」

嗚呼！薇香太夫子憂世之心，可謂深切，而所論尤精且嚴矣。雖然，學者欲考傳統之源流、派別之同異，是二書紀載精詳，決不可不讀也，但當明辨其是非耳。即如梨洲先生《明儒學案自序》云：「心無本體，工夫所至，即其本體。故窮理者，窮此心之萬殊，非窮萬物之萬殊也。」此固背《大學》致知格物之義矣〔四〕；然又謂：「修德而後可講學，今講學而不修德，又何怪其舉一而廢百乎？」此則千古名言，詎可不分別觀之哉？

若夫「宗旨」之説，如《論語》一貫及博文約禮、《大學》八條目皆是。後儒各有經

〔一〕「性體」黄氏原文作「心體」。按：唐先生徑改可從。
〔二〕「實非先聖之言」句脱，據黄氏文補入。
〔三〕兩句「專」字，黄氏作「嫥」。按：兩字通用。
〔四〕此其宗旨雜越也。

驗心得，譬諸射者，皆有正鵠，以反求諸其身，但不可專務空談耳！吾得兩言以斷之曰：《學案》者，迺理學中參考之書，非理學中專門之書也。梨洲先生尚有《續宋元學案》稿本一百卷〔一〕，寥寥天壤，未知存焉否也。

讀《宋元學案》再記

《禮記・學記篇》言「知類通達」，惟能知類，然後能通達，故讀書以分類爲先〔二〕，讀《學案》亦然。分類即派别也，如廬陵、涑水爲一派，周、程、張、朱爲一派，洛學弟子爲一派，梭山、象山、慈湖爲一派，永嘉爲一派，紫陽弟子爲一派，深寧、東發爲一派，魯齋爲一派，草廬爲一派。凡諸先儒之嘉言懿行，分類精札，考其授受源流，各就性之所近而學之，庶乎學行兼修，漸臻通達矣。總集固當分類，即專集亦宜分類，如朱子、王文成諸

〔一〕《續宋元學案》稿本一百卷，乃黄宗羲子黄百家續作，全祖望續成，王梓材、馮雲濠校補，於道光十八年（一八三八）刊刻。百年後，一九三七年張壽鏞刊入《四明叢書》之中。一九六二年臺北世界書局獨立影印刊行，二〇〇九年再版。二〇〇二年，北京圖書館（後改名國家圖書館）出版社影印天津南開大學圖書館所藏四十二卷之《宋元學案補遺》之手稿本，文字一絲不苟。迨至二〇一一年北京中華書局排印出版《宋元學案》及《補遺》之百卷本，沈芝盈、梁運華標點整理，收録在該局「學案系列」之中，學者稱便焉，先生可欣然矣。

〔二〕分類乃先生治學之基本方法也。

先生集，亦宜分類，庶綱舉目張，易得門徑。

讀《明儒學案》再記

孔子曰：「多聞闕疑。多見闕殆。」〔一〕又曰：「擇其善者而從之，其不善者而改之。」〔二〕讀《宋元學案》既得分類之法，當推之以讀《明儒學案》。

惟宋元諸儒，如横浦〔三〕、永康〔四〕外，大抵皆可信從；至明儒則多思而不學之弊，當擇善而從；其不善者，闕而改之可矣。今約舉之，如康齋、敬齋爲一派，月川爲一派，敬軒爲一派，整庵爲一派，以上大都切實而可師者也。陽明爲一派，龍溪、緒山各爲一派，心齋、近溪、海門、石簣各爲一派，以上自陽明外，門弟子昌言無善無惡、三教合一，皆當疑而闕之者也。厥後漳浦爲一派，容城爲一派，東林爲一派，蕺山爲一派，

〔一〕《論語·爲政》載孔子語：「多聞闕疑，慎言其餘，則寡尤。多見闕殆，慎行其餘，則寡悔。言寡尤，行寡悔，禄在其中矣。」

〔二〕《論語·述而》載孔子語：「三人行，必有我師焉。擇其善者而從之，其不善者而改之。」

〔三〕張九成（一〇九二～一一五九），字子韶，號無垢、横浦居士，河南開封人，楊時門人。

〔四〕因陳亮籍貫爲名。陳亮（一一四三～一一九四），字同甫，號龍川先生，浙東路婺州永康人。

皆正大而純粹者；而容城、蕺山二派之傳授，又當參考《學案小識》。凡此僅舉大概，兼綜旁通，在後世有志之士矣。

讀《學統》記

《學統》五十三卷，熊青岳先生諱賜履〔一〕撰。光緒辛卯（一八九一）《湖北叢書》用孝感熊氏家藏本重刻。卷一至卷九，自孔子至朱子九人爲「正統」；卷十至卷三十二，自閔子至羅整庵先生凡二十三人爲「翼統」；卷三十三至四十二，自冉畊至高攀龍，一百七十八人，爲「附統」；卷四十三、四十四，荀子、揚子二人爲「雜學」；卷四十五至五十三，自老子至釋氏爲「異學」。

按：《四庫提要》所載共五十六卷，而是刻少三卷。又《提要》中評論有蘇軾、陸九淵、陳獻章、王守仁數人，或稱子，或稱字，自亂其例，而是刻並未列此數人，豈重刻時删去歟？《提要》又譏其「錙銖然較其品第而甲乙之，未免與班固《古今人表》同一

〔一〕 熊賜履（一六三五～一七〇九），字敬修、青岳，號素九，别號愚齋，湖北孝感人。

悠謬」，竊謂是編不過爲未識門徑者供參考已耳〔一〕。

聖門立四科，賅全體大用，而兹編於閔子、冉子等，列入「翼統」；於仲子、宰我、冉求等，則直書其名，而列入「附統」，豈政治言語之才不本於德行歟？未免蔑視先賢，其失一也。

漢儒祇董仲舒列入「翼統」，而如伏生、鄭君，傳經大儒，均列入「附統」，豈抱殘守缺、發明微言大義之功，不如胡敬齋、羅整庵諸先生歟？其失二也。

諸子各自名家，文章瑰瑋，往往震發於其間，原可不列入學統，乃以荀、揚列之「雜學」，老莊等列之「異學」，義例龐雜，其失三也〔二〕。

惟先生理學名儒，與李厚庵先生〔三〕同承纂《朱子全書》，彭氏紹升〔四〕稱：「先生平生論學以默識爲真修，以篤行爲至教，其居也恭，其動也毅，其事上也誠，其與人也恕，以是由程朱之涂而上溯孔孟。其言曰聖賢之道不外乎庸，庸乃所以爲神也。」節

〔一〕謂四庫館臣過苛不公。

〔二〕先生評《學統》三失，乃實事求是，非如四庫館臣之苛求也。

〔三〕李光地（一六四二～一七一八），字晉卿，號厚庵，又號榕村，泉州安溪人。

〔四〕彭紹升（一七四〇～一七九六），字允初，號尺木、二林居士，江蘇長洲人。法名際清，佛門居士。

録先生事狀，其立朝大節，亦多有可稱者。學者當師法其爲人，不宜過於苛求矣。

讀《學案小識》記

善化唐鏡海先生〔一〕，致知力行，篤守程朱家法，曾文正公推重特至。是書首列「傳道學案」：陸稼書、張楊園、陸桴亭、張孝先四人；次列「翼道學案」：湯潛庵、顧亭林等十九人；又其次列「守道學案」：于北溟〔二〕、魏貞庵〔三〕等四十四人；又其次列「經學學案」：黄梨洲、朱愚庵〔四〕等一百四人；又其次列「心宗學案」：張仲誠、潘用徵、趙寬夫等三人。雖其别經學於理學之外，所見不免稍隘。然宗旨精純，粹然一出於正，實爲江河不廢之書。蓋咸同之間，先生與倭文端、曾文正、吴竹如諸先生，講

〔一〕唐鑑（一七七八～一八六一），字鏡海，湖南善化人。

〔二〕于成龍（一六一七～一六八四），字北溟，號于山，山西永寧人，崇禎十二年（一六三九）國子監副榜貢生，順治十八年（一六六一）任羅城縣知縣，官至江南江西總督。廉潔刻苦著稱，故卒謚清端。其《于清端政書》收入《四庫全書》别集類中。

〔三〕魏裔介（一六一六～一六八六），字石生，號貞庵，直隸柏鄉人，順治三年（一六四六）進士，官至吏部尚書、保和殿大學士、太子太傅，入祀賢良祠，追謚文毅，著《聖學知統録》《知統翼録》《希賢録》諸書，彙編於《兼濟堂文集》。

〔四〕朱鶴齡（一六〇六～一六八三），字長孺，號愚庵，江蘇吴江人，明末諸生，明亡不仕，著《毛詩通義》。

明道德，崇尚躬行，一時風氣，漸趨淳樸，遂成中興之業。理學之效，蓋可觀矣！後之撰國朝學案者，必以是書爲先路之導。惟其篤信平湖〔一〕，亦步亦趨，必以闢王學爲快。其於聖門之絶然不同，朱子之虚靈不昧，幾諱言之，而不敢有所稱述，實不免太過耳。至江鄭堂先生〔二〕所撰《宋學淵源記》，於性理未得門徑，且多蹈瑕抵隙之意，以視此書，奚啻霄壤！有識者自能辨之。

讀《朱子小學》記

《四庫提要》載《朱子小學》〔三〕共有六種，一，《小學集注》六卷，明陳選注；二，《小學集解》六卷，清張伯行撰；三，《小學集解》六卷，清黃澄撰；四，《小學分節》二卷，

〔一〕「平湖」指陸隴其（一六三〇～一六九二），字稼書，浙江平湖人，從祀孔廟。
〔二〕江藩（一七六一～一八三一），字子屏，號鄭堂，江蘇揚州人。
〔三〕《朱子小學》原題《小學》，朱熹與其門人劉清之合編。劉清之（一一三四～一一九〇），字子澄，世稱静春先生，江西臨江人。書於成淳熙十四年（一一八七），全書六卷，分内外篇。内篇四卷，分立教、明倫、敬身、稽古四卷；外編嘉言、善行二卷。

清高熊徵撰；五，《小學集解》六卷，清蔣永修撰；六，《小學纂注》六卷，清高愈〔一〕撰。愈字紫超，無錫人，因陳選舊注，略刪訂之，後附總論及朱子年譜，段懋堂稱其「條理秩然，得朱子編輯本意」〔二〕，今通行皆高本也。

元許魯齋先生〔三〕曰：「古者民生八歲，上自王公，下至庶人之子弟，皆令入小學，教之以洒掃、應對、進退之節，禮、樂、射、御、書、數之文。及其十有五歲，自天子之元子、衆子，公卿、大夫、元士之適子，與凡民之俊秀者，皆入大學，教之以窮理正心、脩己治人之道，此小學、大學所以分也。當其幼時，若不先習之於小學，則無以收其放心，養其德性；及其年長，若不進之於大學，則無以察夫義理，措諸事業。三代盛時，賢才輩出，風俗醇厚，蓋由盡此道也。」「新安朱文公，以孔門聖賢爲教爲學之遺意，參以《曲禮》《少儀》《弟子職》諸篇，輯爲小學之書四卷，其綱目則有三，曰立教、明倫、敬

〔一〕高愈，字紫超，高攀龍家族之後，撰《朱子小學注》《讀易偶存》《春秋經傳日鈔》《春秋類》《春秋疑義》《周禮疏義》《儀禮喪服或問》。

〔二〕段玉裁《博陵尹師所賜〈朱子小學〉恭跋》，載《經韻樓集》卷八；又載《皇朝經世文編》卷二學術二之儒行，題《朱子小學跋》。

〔三〕許衡（一二〇九～一二八一），字仲平，學者稱魯齋先生，懷州河內人，卒謚文正，從祀孔廟。

身。立教者，明三代聖王所以教人之法也。」「明倫者，明理也。……敬身者，孔子所言君子無不敬，敬身爲大是也。……其外篇載漢以來賢者之嘉言善行，大綱亦不外立教、明倫、敬身三者。」〔一〕而救世之方，尤以明倫爲要。「蓋人而不能明人之倫理，則尊卑、上下、輕重、厚薄，淆亂而不可統理，其甚者至於父不父，子不子，君不君，臣不臣，夫婦長幼朋友，皆不能安其夫婦長幼朋友之分，豈止淆亂而不可統理，將見禍亂相尋，淪於禽獸而後已。此所以古之教者必以明倫爲教，而學者必以明倫爲學也。」〔二〕以上皆許氏説。

顧或者謂：「周禮八歲入小學，保氏教國子先以六書，朱子之編於古不合。」是大不然。昔段懋堂先生最精於漢學者也，其跋《朱子小學》曰：「自鄉善俗，世乏良材，利欲紛挐，異言喧豗。而朱子集舊聞，覺來裔，本之以立教，實之以明倫敬身，廣之以嘉言善行〔三〕。二千年賢聖之可法者，胥於是乎在。或以爲所言有非童蒙所得與者，

〔一〕許衡《小學大義》，載《魯齋遺書》卷三。

〔二〕唐先生移《小學大義》中敍述明倫之文於此，以突出人倫意義，原非《小學大義》結筆。

〔三〕「本之以立教，實之以明倫敬身，廣之以嘉言善行」脱，此語乃概括《朱子小學》内外編之意，觀前後文理，應非刪節求簡，故據段玉裁原文補入。

夫立教、明倫、敬身之大義，不自蒙養時導之，及其長也，則以聖賢之學爲分外事，我所與知與能，時義辭章科第而已矣。嗚呼！此天下所以無人材也。或又謂漢人之言小學，謂六書耳，非朱子所云也。此言尤悖。夫言各有當，漢人之小學，一藝也。朱子之小學，蒙養之全功也。子曰：『弟子入則孝，出則弟；謹而信，汎愛衆，而親仁；行有餘力，則以學文』，此非教弟子之法乎？豈專學文是務乎？朱子之教童蒙，本末兼賅，未嘗異孔子教弟子之法也。」〔一〕以上皆段氏説。

余按：《孟子》言庠序學校，皆所以明人倫。讀許氏之説，可以知明倫之大要。自來國家之亂，皆自廢人倫始。至古者八歲入小學，十五入大學，決非於八年之中，專習文字可知。曰「先以六書」，則六書外之科目，《内則》《曲禮》所載，皆當嫻習。夫《爾雅》訓詁類也，而《漢書·藝文志》屬於《孝經》類，可見《孝經》《爾雅》，皆古小學中所讀。觀段氏之説，更可知小學之根本。後世主持教育者，能以此書作小學課本，則功不在禹下矣。

〔一〕段玉裁《博陵尹師所賜〈朱子小學〉恭跋》，見載《經韻樓集》卷八。時段玉裁年七十五。

讀《近思録》記

案《朱子年譜》，是書成於淳熙二年（一一七五），朱子年四十六矣。書前有朱子題詞曰：「淳熙乙未之〔一〕夏，東萊吕伯恭來自東陽，過余寒泉精舍，留止旬日，相與讀周子、程子、張子之書，歎其廣大宏博，若無津涯，而懼夫初學者不知所入也，因共掇其關於大體而切於日用者，以爲此編。」〔二〕

原書閩浙俱有刻本，張敬夫〔三〕復刻于廣西，最後又有臨漳刻本〔四〕。均見《述朱質疑》第七卷。其後諸家爲注解者，葉采〔五〕集解爲最先，復有茅星來、李文炤、江永〔六〕注本，惟江氏書獨行於世。江氏多採取朱子《文集》《或問》《語類》中之言，

〔一〕「之」字脱，據朱子原文補入。

〔二〕朱子《近思録後敘》文。

〔三〕張栻（一一三三～一一八〇），字敬夫，號南軒，漢州綿竹人，中興名相張浚之子。

〔四〕《述朱質疑》十六卷，夏炘撰。夏炘（一七八九～一八七一），字心伯，道光五年（一八二五）舉人，曾任武英殿校録。於婺源教諭任内，以《近思録》啓導學子。唐先生所指是夏炘《跋近思録》，載《述朱質疑》卷七。

〔五〕葉采，閩人，理宗淳祐元年（一二四一）進士。

〔六〕江永（一六八一～一七六二），字慎修，婺源人。

以發明周、程、張四子之義。或朱子説有未備，始取葉采及他家説以補之，故其精嚴勝於前人。《四庫提要》謂江氏以「餘力爲之」〔一〕，蓋淺之乎測江氏，亦淺之乎測此書。

按：夏氏炘《跋近思録》云：「朱子始欲去篇端《太極圖説》及明道《論性》之類數段，而以《顔子所好何學論》爲首章。繼復以爲未安，仍還其舊，而以《顔子好學論》歸入第二卷中，又以《事親居事》在第九卷爲太緩，別作二卷，在第七卷出處之前。又疑篇首陰陽性命之説，非始學者之事，然不可不使其略知梗概，屬伯恭書數語於目録之後。」〔二〕見《大全集》三十三卷《答呂伯恭書》。然則朱子之編此書，可謂其難其慎矣。

夏氏又謂：「陳安卿〔三〕録云：『四子，六經之階梯。《近思録》，四子之階梯。』後

〔一〕《四庫全書總目提要》卷九二儒家類本書提要云：「蓋（江）永邃於經學，究心古義，穿穴於典籍者深，雖以餘力爲此書，亦具有體例，與空談尊朱子者異也。」

〔二〕夏炘《跋近思録》，《述朱質疑》卷七。

〔三〕陳櫟（一二五二～一三三四），字壽翁、徽之，休寧人。崇朱子之學，宋亡，隱居著書，晚號東阜老人，人稱定宇先生。

世以數語爲名言，其實非也。王氏懋竑〔一〕曰：『按《勉齋集·復李公晦》〔二〕云「先《近思》而後四子」，卻不見朱先生有此語。陳安卿所謂「《近思》，四子之階梯。」亦不知何所據而云。據此，則《近思》四子之階梯，或非朱子之語，與葉録不合。程子云：「若不得某之心，所記者徒彼之意耳。」此又讀《語録》者所當知也。』按：王氏說甚精。朱子平日教人讀書，先《大學》，次《論》《孟》，而後《中庸》。《近思録》開首所說太極性命，皆《中庸》之奥旨，餘亦《大學》《論》《孟》之精義，何得以此先於四書」〔三〕云云。

余謂夏氏所引，至爲精密。《近思録》爲讀四書參考之書，其要者在陰陽性命之奥，存養省察、出處進退、辭受之義，而吾人尤當服膺者，在「治平之道」一卷。先師沈子培先生〔四〕謂：「讀時務書，當先讀《近思録》『治道類』。」余反覆原書，深有味乎其言。蓋辭雖平淡，而義極精深也。

〔一〕王懋竑（一六六八～一七四一），字予中，號白田，江蘇寶應人，康熙五十七年（一七一八）進士，治朱子學。
〔二〕《勉齋集》乃朱子女婿黄榦文集。
〔三〕夏炘《跋近思録》引，載《讀朱質疑》卷七。
〔四〕沈曾植（一八五〇～一九二二），字子培，號巽齋，別號乙盦，晚號寐叟，浙江嘉興人。

又按：方植之〔一〕《漢學商兑》曰：「考《四庫提要·近思録下》曰：『朱子之學，大旨主於格物窮理，由博反約，根柢六經而參觀百氏，原末媛媛姝姝，守一先生之言，故其題辭曰：「窮鄉晚進。有志於學者，誠得此而玩心焉，亦足以得其門而入矣。」然後求諸四君子之全書，以致其博而反約焉，庶乎有以盡得之。若憚煩勞，安簡便，以爲取足於此而止，則非纂集此書之意。然則四君子之言，且不以此十四卷爲限，亦豈教人株守是篇，而一切聖經賢傳束之高閣哉？』據此，則凡漢學家所誣程朱之語……舉未考程朱之教之大全也。」〔二〕方氏此言，可謂平實精至，足破世俗迷謬之説矣。

讀《御纂性理精義》記

此書康熙時李光地等奉敕纂，疑與《御纂朱子全書》同時告成。按明永樂中胡廣德等雜鈔宋儒之語，名曰《性理大全》，此書蓋擷取《大全》之菁華也。從前列於學官，

〔一〕方東樹（一七七二～一八五一），字植之，晚號儀衛老人，安徽桐城人。
〔二〕方東樹《漢學兑商》卷一文。

坊間有通行本。

原書凡例謂：「性理之學，至宋而明。自周程授受，粹然孔門淵源。同時如張如邵，又相與倡和而發明之；從遊如吕如楊如謝如尹，又相與賡續而表彰之。朱子生於其後，紹述周程，參取張邵，斟酌於其及門諸子之同異是非，然後孔孟之指，粲然明白，道術一歸於正焉。宋元諸儒，皆所流衍之支派；宋之真，元之許，則其最醇者也。明初編爲《性理大全》，其所采輯，亦幾備矣。然擇焉不精，未免泛雜冗長之弊，其所區分門目，亦頗繁碎而失綱要，是以三百年來，精熟此書者鮮，是反以多爲病也。今特撥去華葉，尋取本根，必其微言大義，真與六經、四書相羽翼者，然後慎收而約載之。但耳義之備，不貴乎言之長也。」

又謂：「周子《太極圖説》《通書》，張子《西銘》，乃有宋理學之宗祖，誠爲《學》《庸》《論》《孟》以後僅見之書，並悉載全文。若張子《正蒙》、邵子《觀物》，亦皆窮極天地萬物之理，上贊聖經，有裨學者。朱子《近思録》不及《觀物》，所采《正蒙》，亦止三十餘條，今兼采二書，不下二百餘條，較之《近思録》則已多，而以視全書則甚約，要其言之粗且至者，不外乎此。又朱子《易學啓蒙》，已全載入《周易折中》内，因其討論《易》理，與《太極圖》《經世》《觀物》有相發明者，故就全文四篇内各摘其要語若干條，俾學者知讀《易》之門户。若《家禮》《吕律》，乃朱子言禮樂之書也，其文頗繁，學者憚於講究，亦摘其宏綱大節，可以括全書之體要者，約文申義，以發其端」云云。

文治十五歲時，先大夫授以性理學，命先從《讀書法》入門，進而求之性命類、理氣類，愈覺津津有味；至十七歲時，始讀《太極圖説》《西銘》諸書，不獨朱注精奥不易，其按語及旁采諸家説，均宏博精微，至於今服膺不能釋。蓋此書雖至簡，實理學之要鑰也。

讀《周子全書》記

濂溪先生究極性天，光風霽月，或以爲近於顔子，或以爲直接孟子，而朱子注《太極圖説》與《通書》，竭畢生之精力，幾與《四書集注》相亞。

竊謂《太極圖説》以人極配天地，實即《易·説卦傳》參天兩地、《中庸》贊天地化育之旨，其意蓋繼《易·繫辭傳》而作。《通書》本名《易通》，首數章專發明至誠之道，以下總括王道禮樂、修己治人之全功，其意蓋繼《中庸》而作也〔一〕。此外，文録諸作，

〔一〕先生强調周敦頤《圖説》《通書》乃聖傳之傳，力破閉門造車之譏，所以護持道統也。

一出於自然，要在樂天知命，不惑不憂。後儒乃謂其學宗陳希夷〔一〕，實則道家之學，究歸無用。而先生導理學先河，其書潔淨精微，概歸有用〔二〕，豈非唐宋以來儒宗第一人哉？

《四庫提要》載《周元公集》九卷，謂先生當時未有文集，「陳振孫《書録解題》載有文集七卷者，後人之〔三〕所編輯，非其舊也。故〔四〕振孫稱是集遺文才〔五〕數篇爲一卷，餘皆附録。……至九卷之書〔六〕不知何人所編。……明嘉靖間，漳浦王會曾爲刊行。清〔七〕康熙初，其裔孫沈珂又校正重鐫。」今不可得矣。

〔一〕陳摶（八七二～九八九），字圖南，五代至宋初道教代表人物，周世宗賜號白雲先生，宋太宗賜號希夷先生，《唐才子傳》《宋史》有傳。

〔二〕有用無用指經世濟民而言，非從個體利益立説。

〔三〕「之」字脱。

〔四〕「非其舊也。故」五字脱。

〔五〕「才」字原作「終」，據《四庫提要》爲正。

〔六〕「至九卷之書」，《四庫提要》作「此本亦」。

〔七〕「清」字原作「國朝」。

文治所見董氏榕輯本〔一〕，係乾隆年間所輯。榕號〔二〕恒岩，刊於江西，計《太極圖説》一卷、《太極發明》四卷、《通書》四卷、《太極通書發明》六卷、遺文併詩一卷、遺事一卷、交遊贈述一卷、年譜一卷、褒崇一卷、文録一卷，流傳本亦絶尠矣。

讀《二程全書》記

《二程全書》本爲其門人李籲〔三〕、吕大臨、謝良佐、游酢等所輯，而朱子復次録之者也。計遺書二十五卷、附録一卷、外書十二卷、文集十二卷、遺文一卷、附録一卷、《周易傳》四卷、經説八卷、粹言二卷。

文集所載如明道先生《定性説》《仁説》、伊川先生《顔子所好何學論》《易上下篇義》，皆天地間不可磨滅之文。《易傳》一書，尤爲千古卓絶之作，可與朱子《四書章句

〔一〕董榕（一七一一～一七六〇），字念青，號恒岩，别署繁露樓居士，河北豐潤人，雍正十三年（一七三五）拔貢。乾隆二十一年（一七五六），任分巡吉安贛道，擴建周子、二程子、蘇陽二公祠，頒佈「嚴禁贛俗溺女錮婢令」。學宗周程，編輯《周子全書》《洛學編》《聖學入門》。

〔二〕「號」字原作「字」。

〔三〕李籲，字端伯，何南偃師人，登進士，哲宗元祐中任秘書省校書郎，二程門人，著《師説》記録二程語，先二程子卒。朱子謂其所造深粹，甚重其書。《宋史》有傳。

集注》並傳不朽。

至於語録所載，朱子嘗謂：「明道之言，發明極致，善開發人；伊川之言，即事明理，尤耐咀嚼。然其記録，非出一人之手，頗多亂散失次。考尹焞以朱光庭所鈔伊川語，質諸伊川，伊川曰：『若不得某之心，所記者，徒彼意耳。』則程子在時，所傳已頗失真。」朱子釐定之功，豈淺鮮哉？

惟《二程粹言》出於楊龜山先生所記，龜山師事二程，親承指受，故其所録，秩然粹然，足以擷程學之菁華也〔一〕。原書善本極難得，近通行者，以六安涂氏求我齋所刻爲精，余家所藏，即是本也。

讀《張子全書》記

《四庫提要》載《張子全書》「不知何人所編，計〔二〕《西銘》一卷、《正蒙》二卷、《經學理窟》五卷、《易説》三卷、《語録鈔》一卷、《文集鈔》一卷，又《拾遺》一卷，又採宋元

〔一〕唐先生謂讀《二程全書》應並參楊時《二程粹語》。
〔二〕「計」字，《四庫提要》原作「題曰全書，而止有」。

諸儒所論及行狀等作爲附録一卷，共十五卷。自《易説》《西銘》外，與《宋史·藝文志》〔一〕所載卷數皆不相符」云云。

文治家藏有二本，一爲康熙五十八年朱文端公軾刻本；光緒年間翻刻。一爲道光二十二年武子仙澄刻本，卷次相同，惟武本附録内增入張氏能鱗《讀明公緒言》《性論》《太極歌》等，並武氏所編年譜，較爲完備。

横渠先生之學，主於强探力索，刻苦躬行。朱文端〔二〕謂：「《西銘》言仁，大而非夸，蓋太極明此性之全體，《西銘》狀此性之大用，體虛而微，用宏而實也。《正蒙》論天地太和絪緼，風雨霜雪，萬品之流行，山川之融和，即器即道，皆前人所未發，朱子所謂親切嚴密是也。而其言道，祇可稱隱顯，不可言有無，尤得消息真藴。史稱横渠以《易》爲宗，以《中庸》爲體，以孔孟爲法，與諸生言學，每告以知禮成性、變化氣質之道，學必爲聖人而後已。又曰：『爲天地立心，爲生民立命，爲往聖繼絶學，爲萬世開太平。』卓哉張子！其諸光輝而近於化歟？若其所從入，則循循下學，《正蒙》所謂『言

〔一〕「《宋史·藝文志》」，《四庫提要》原作「史志」。

〔二〕朱軾（一六六五～一七三六），字若瞻，號可亭，江西高安人，康熙三十三年（一六九四）進士，官至太子太傅，文華殿大學士，兼吏兵二部尚書，卒謚文端。

有教，動有法，息有養，瞬有存』，數語盡之矣。」〔一〕

至《正蒙》十七篇，精深艱澀，王船山、李榕村先生先後爲之注，皆可寶貴。

讀《楊龜山先生集》記

《龜山先生集》四十二卷，余購於上海，爲康熙間楊氏祠堂版，計卷一《上書》，卷二《奏狀》，卷三、四《劄子》，卷五《經筵講義》，卷六、七《辨》，卷八、九《經解史論》，卷十至十三《語録》，卷十四、五《答問策問》，卷十六至二十二《書》，卷二十三至三十八記序等雜文，卷三十九至四十二《詩》。

據原書揭翰績〔二〕序云：「先生集始刻於明弘治壬戌，僅十六卷，蓋從館閣宋本鈔録得之者也。萬曆壬子邑令海陽林熙春復訪求全集，得常州沈中丞暉鈔本，分彙增補，共成四十二卷，而先生刻集，始有全書。鼎革後，先生裔孫子立爲同邑宗者篡祀，旋竊先生集板於家，私藏垂三十年。邑宰余逋謁先生祠，以先生集無傳爲憾，績於是

〔一〕朱軾《張子全書序》。
〔二〕揭翰績，福建將樂縣人，康熙時舉人。

慨然曰：『是集載先生立朝行己、德業事功，是豫章、延平、考亭諸先生所祖述，而濂、關、伊、洛大極，《西銘》、六經傳注之所統貫也。』於是量力贊成，以全集復歸之嫡裔以行世」云云。然則斯集之傳，揭翰績之功爲大。

張清恪序謂：「當蔡京貴盛之時，先生以一縣令抗之，卒之浚湖瀦水之事格不行，則其氣固已蓋天下也。當王安石邪説横行之日，新經字説，流毒天下數十年，先生抗疏，黜其王爵，罷其配享。王氏之學息，而聖人之道明，其功固振古爲昭也。然則先生之經濟、氣節、文章，有何不備哉！」〔一〕

文治竊謂：先生語録，沖淡精奥，足繼《二程粹言》而起；論學書亦多怡然理順，考伊洛淵源者，不可不熟讀也。按：原本卷首有「抱經樓藏善本」圖記，蓋盧召弓先生藏本，可寶奚如！惟異日吾之學生暨子孫，能否傳洛閩之學？是書能否常爲識者所珍藏？則未可知已。

〔一〕張伯行（一六五一～一七二五）《楊龜山先生全集序》文。此文前部首句至「當王安石邪説横行之日」句，見蔡世遠《楊龜山先生集序》。蔡世遠（一六八二～一七三三），字聞之，號梁村，福建漳浦人，康熙四十八年（一七〇九）進士，官至内閣學士兼禮部侍郎，卒謚文勤。

讀《羅豫章先生集》記

余所藏《豫章先生集》共有三帙，一爲乾隆元年（一七三四）先生裔孫雍可、體勤鐫本，一爲光緒八年（一八八二）盱江謝甘棠刻本，均十二卷；一爲東洋本，係日本寬政八年（一七九六）林衡字述齋。刊本，板心中刻聽雨精舍藏版，共十七卷，然以乾隆刻本較之，僅列闕目，非有所增加也。

據謝甘棠重刻本序謂「先生没，遺編散佚，宋理宗時，郡守劉允濟始獲《遵堯録》上之。後元進士曹伯大乃搜得全集，刊行於世。國初，張清恪撫閩時刊之，沈心齋宫詹又刊之。乾隆初，先生裔孫壆等取沈本重付諸梓。咸豐兵燹後，張、沈二刻板既散亡，壆等所録者，復爲其裔孫分涣。光緒辛巳（一八八一），甘棠道出沙縣，經先生故里夏茂鄉，因其裔孫求得是集，爲選工督梓」云云。

據林衡刻本跋則謂「先生遺文散佚，無得而考。元至正間沙縣曹氏乃有所拾纂，亦僅僅數册。方今國家庠黌之政，專宗關閩之學。鄉閭之士，皆挾程朱之書，獨先生書不顯。余嘗訪求積年，得謝鸞刻本後，又得馮孜、熊尚文、張伯行校本，於是一據謝本，參以馮、熊、張三家，校勘初備，遂鐫於家塾」云云。

二本敘述源流，均極詳晰。林跋謂彼邦崇尚關閩之學，乃吾獨土苴之，可勝慨歎！

張清恪敘是書謂：「先生之學，傳之者延平。……延平答朱子問學，必舉羅先生緒言相諄勉，其敬師傳以成後學如是。……蓋先生居三傳之中，一脉淵源，的然有自。……所著《遵堯録》《二程語録》及雜著、議論、粹語，學者合而觀之，可以知先生之學，即可以知周、程、朱子相承之學矣。」〔一〕而文治所敬仰者，尤在《遵堯録》一書〔二〕，即夫子「憲章文武」之意，後學則而效之，於掌故之學，何患有志未逮乎？

讀《延平答問》記

《延平答問》二卷，朱子所編，據原書各序跋，初刻於明弘治間，繼刻於正德間，再刻於國初康熙間，續刻於乾隆間。而余所藏本，則爲光緒己卯年（一八七九）知延平府

〔一〕張伯行《羅豫章先生序》，載《南平縣志·藝文志》。

〔二〕羅從彦《遵堯録序》自述云：「採祖宗故事，四聖所行，可以楷今傳後者，以事相比，類纂録之，歷三季而書成，名曰《聖宋遵堯録》。……分七卷，添别録一卷，合四萬餘言。」

事古燕張國正刻本。先儒咸謂是書爲楊、羅、李三先生心傳所在，文治讀之，大抵朱子與李先生研求《論語》諸經説爲多，其要者問以采入《集注》。

李先生之教，惟以洒然有得爲主。其最精者，如論「夜氣」謂：「凡人理義之心何嘗無，惟持守之即在爾。若於旦晝間不至梏亡，則夜氣存矣。夜氣存，則平旦之氣未與物接之時〔一〕，湛然虚明，氣象自可見。此孟子發此夜氣之説，於學者極有力。若欲涵養，須於此持守可爾。」又謂：「夜氣之説所以〔二〕於學者最有力者，須是兼旦晝存養之功，不至梏亡，即夜氣清。若旦晝間不能存養，即夜氣何有？疑此便是日月至焉氣象。」

其論「静坐」謂：「曩時從羅先生學問〔三〕，終日相對静坐，某退入室中……亦只静坐而已。先生令静中觀喜怒哀樂未發之謂中，未發時作何氣象？此意不惟於進學有力，兼是養心之要。」

〔一〕「未與物接之時」句脱，據《閩中理學淵源考》卷五所載「答問上」引文補入。
〔二〕「之説所以」句脱。
〔三〕「問」字脱。

其論「太極」謂：「太極動而生陽，至理之源，只是動静闔闢，至於終萬物始萬物，亦只是此理一貫也。到得二氣交感化生萬物時，又就人物上推，亦只是此理。《中庸》以喜怒哀樂未發已發言之，又就人身上推尋，至於見得大本達道處，又統同只是此理。」

文治按：太極，性也；動静，心也。陸清獻曰：「論太極者，不在乎論天地之太極，而在乎論人身之太極。」〔一〕可見讀《太極圖説》，宜就自己身心體驗，不當徒騖空談。至其論「韜晦之德」謂：「若有一毫表暴之意，即不得謂之韜晦。」此即《易傳》「遯世无悶」、《中庸》「闇然日章」之義。故士君子龍德而隱，必貴乎潛。修身處世之道，胥括於是矣！

讀《朱文公全集》記

世傳《朱文公集》百卷暨續集别集，《書録解題》不載何人編輯，或云先生季子在所編，而朱玉《朱子文集大全類編》，稱在所編實八十八卷，合續集别集乃成百卷，是

〔一〕陸隴其《太極論》文，載《三魚堂文集》卷一。

正集百卷又非出在手矣。《四庫提要》稱別集之編，出余師魯手，惟續集不得主名。文治所藏者，一係道光三十年仿明嘉靖壬辰刻本，一係同治十二年六安涂氏求我齋仿嘉靖壬辰刻本。涂刻較精，惟二本續集均十一卷，別集均十卷，與《四庫提要》所載續集五卷、別集七卷，卷數不同，莫知其故。又「大全集」之名不知始於何時，當在明永樂以後也。

按：編集之例，不外兩端，曰編年，曰分類。《朱子集》既無編年，朱子偶有自注年歲，亦不過數篇。而又僅以書疏等分類，不以事隸屬；矧所著過多，爲古來所未有，故學者頗病其繁雜。然朱子畢生精力與進學次序，都萃於是，較諸《語類》爲門人所記或失其真者，固不可同日而語。

後學研究之法，先讀問答諸書，次封事，次雜著；而尤宜參考者，如王白田《朱子年譜》、朱止泉《朱子聖學考略》、夏弢甫《述朱質疑》。文治所編《紫陽學術發微》，博考周稽，庶可得門而入。而評騭是書者，陸清獻《讀隨筆》最爲精，吴竹如亦有評本。無錫國學專修學校王蘧常等《朱文公集校釋》亦詳審。至其文章之美備，文治所作《朱子大義序》已詳論之矣。

讀《御纂朱子全書》記

《御纂朱子全書》六十六卷，康熙五十二年李光地等奉敕纂，淵鑑齋原刻本，余居京時所購。首總論爲學之方，繼以四書、五經，又繼以性理、理氣、鬼神、道統，又繼以諸子、歷代治道，終之以詩文，蒐輯賅備，廣大精微，嘆觀止矣。

《四庫提要》謂「南宋諸儒，好作語録，卷帙之富，尤無過於朱子。咸淳中，黎靖德刪除重複，編爲一集，尚得一百四十卷。又南宋文集之富，無過周必大、楊萬里、陸游，而晦庵《大全集》卷帙亦與相埒。其記載雜出衆手，編次亦不在一時，故或以私意潤色，不免失真；或以臆説託名，全然無據。……考《朱子語録》稱孔門弟子留下《家語》，至今作病痛，憾其擇之不精也。然則讀朱子之書者，不問其真贋是非，隨聲附和，又豈朱子之意乎哉？……此書汰其榛蕪，存其精粹，以類排比，分爲十有九門。金受鍊而質純，玉經琢而瑕去，讀朱子之書者，奉此一編指南，庶幾可不惑於多歧矣」云云。

文治謹按：程氏門人輯《伊川先生語録》，伊川見之，謂：「不得當時立言之旨，所記者徒彼意耳！」語録之是非，蓋難言之矣。是書分類雖精，然文集、語録同列一編，雅俗雜糅，竊所不取。當時若屏語録不採，豈不尤盡善乎？

抑又考《聖祖自序》：「康熙三十五年天山告警……凱旋之後有所悟〔一〕。……始知朱子集諸儒之大成〔二〕，而緒千百年絕傳之學，開愚蒙而立億萬世一定之規。……至於忠君愛國之誠，動静語默之敬，文章言談之中，全是天地之正氣，宇宙之大道。讀其書〔三〕，察其理，非此不能知天人相與之奥，非此不能治萬邦於袵席，非此不能仁心仁政施於天下，非此不能外内爲一家。讀書五十載，祇得朱子一生所作何事。……况天下至大，兆民至衆，輿圖甚遠，開地太廣，諸國外藩，風俗不同，好尚各異，防此失彼之患，不可不思。若以智謀而得人心，如挾泰山而超北海也；以中正仁義，老成寬信，庶乎近之。」〔四〕可見聖祖以此爲治天下之書，固非爲尋章摘句之用，亦不僅爲存心養性之方也。朱子之學，志在救世。後世讀朱子書者，當措之於立人達人，博施濟衆，以爲救世之用，庶不負朱子之志也已。

〔一〕「凱旋之後有所悟」句，乃櫽括康熙序文「未十旬而凱旋，可謂勝矣，後有所悟」之意。

〔二〕「始知朱子集諸儒之大成」句，原康熙序文作「至於朱夫子集大成」。

〔三〕原序句首有「朕」字。

〔四〕康熙《御制朱子全書序》文，載《御纂朱子全書》卷首。

至《朱子語類》刊本甚多，文治家藏者，爲《朱子語類大全》，共一百四十卷，明刻本，附記於此。

讀《朱程問答》記

此孤本寶書也。乙亥（一九三五）秋，吴生其昌〔一〕自武昌寄余，審知爲嘉慶年間〔二〕刻本，而卷面有「宣統庚戌（一九一〇）重校」六字，後並有程慊一跋，恐慊僞託重刻也，爰鈔録一通。

其昌之跋曰：「右《朱程問答》一卷、附録一卷，乃朱子與其表弟程允夫洵〔三〕往來論學書札。程氏裔孫什襲而藏之韓溪家祠，自宋迄明，至嘉靖庚戌（一五五〇），始由其

〔一〕 吴其昌（一九〇四～一九四四），字子馨，海寧人，眇一目。十六歲考入無錫國學專修館，好性理學，與王蘧常、唐蘭合稱國專三傑。一九二五年考入清華大學國學研究院，從王國維治甲骨文、金文、古史，從梁啓超治文化學術史及宋史，深受器重。一九三二年任武漢大學歷史系教授。抗戰軍興，隨校遷至四川樂山，患肺病，臨終前一月著《梁啓超傳》，完成上卷而卒。著有《朱子著述考》《殷墟書契解詁》《宋元明清學術史》《金文世族譜》《三統曆簡譜》《北宋以前中國田制史》。

〔二〕 嘉慶十五年（一八〇八）。

〔三〕 程洵（一一三五～一一九六），字允夫，號克庵，徽州婺源人，朱子内弟。

裔孫程資〔一〕撲塵啓封，録副以流傳者也。始其昌讀《朱子年譜》，見朱子《與允夫論作詩當法陶韋帖》，實爲文集所無，當時固已駭之，因録入《朱子外集》。繼讀當塗夏弢夫先生炘《述朱質疑》，見其亦引朱子此帖，而其文視年譜尤詳，益自疑異。徐按之，乃知夏氏得之於《朱程問答》，始知世乃有此書，而尋求十年餘未得。既來武昌，於日報中見婺源重修朱子祠宇，因知先賢後裔，尚克世守車服。自慰之餘，因試馳書婺源朱氏，聊一詢其此書是否尚傳，固未嘗希其能得之也。無何而此書竟至！故五經博士朱文彬先生〔二〕且傳書謂：『是本朱氏亦已久絶，轉乞諸韓溪程氏，厪乃得之，而亦垂盡矣。』亟取以與《朱文公集》及别集讎校，則爲朱集及别集所遺者，計凡十有六書；其重見於文集者，凡十有三書；重見於别集者，凡九書。然著在文集、别集者，每篇或被删削自數字至數百字不等，惟賴此書，可以閲七百年後重複補足，異文勘正，猶其餘事已。又程允夫所撰《尊德性齋小集》三卷，今亦傳世。《知不足齋叢書》第三十集本。但程氏與朱子七書見於此本者，取校彼集，未登隻字，則此書不特可以補朱集

〔一〕程資，字仲朴，徽州婺源人，正德十二年（一五一七）進士。
〔二〕清室賜封朱子嫡裔爲五經博士，以示尊榮。

之闕文，且又可以補程集之闕文矣。

「嗟乎！朱子文集遭逢時禁，季子在〔一〕之所集滄洲精舍原本，不復可覩。今傳世百卷之本，不知出於何人纂輯。裔孫玉遂取世所流傳朱子手蹟補之，又得續集十有一卷。宋元之際，有所掇集，動成巨帙，然以其昌所知，朱子遺文有目可尋而其文不傳者，如《與馬侍郎書》，多至十有一帖，見於黃溍《金華黃先生集》；《與徐德夫書》，多至五帖，見於真德秀《西山集》；《與包氏兄弟書》，多至數十巨軸，見於包恢《敝帚稿略》；文瀾閣本卷五。《與潘德鄜書》，前後三帖，見於柳貫《柳待制集》；《與陸務觀書》，前後二帖，見於吴寬《匏翁家藏稿》。卷五十五。又有《與程允夫》二帖，見於阮元《石渠隨筆》；又《與曹子晉方伯謨》二帖，見於王惲《秋澗集》；卷七十二。《與傑然直方》〔二〕二帖，見於劉因《靜修集》卷十二〔三〕；其他《與程正思》三帖，都數千字，爲元人操希元所藏，見於胡炳文《雲峯集》；文瀾閣本卷四。《與或人》二帖，爲宋人林逢吉所藏，

〔一〕朱在（一一六九～一二三九），字敬之，號立紀；朱子第三子。
〔二〕「傑然」二字原缺，據劉因《靜修集·跋朱文公傑然直方二帖真蹟後》一文補。
〔三〕「卷」後原衍「三」字。

見於杜範《清獻集》；文瀾閣本卷十七。《與李泰發》二帖，藏於檇李項氏元汴，見於都穆《寓意編》。凡若此類，今皆澌滅不傳，其零星一帖，目存而文佚者，尤多至不能例舉，安得盡如此書之重傳於人間？」云云，余乃益嘉其昌治朱學之勤也。

按：嘉慶時程績序文謂：「此書採《朱子文集》《性理大全》《經濟文衡》《新安文獻志》，並先世遺墨所載，共得四十有一篇。」其旁搜可謂博矣。惟余覆按《考亭淵源録》載允夫先生事蹟，後附朱子書云「每與吾弟講論，覺得吾弟明敏，看文字不費力」云云，共百餘字，此書亦脱漏未採，不知薛方山先生〔一〕從何處得來？古書汗漫無津涯若此。《問答》中，朱子戒允夫先生勿沈溺蘇文處居多，《淵源録》備遺數條，意亦相同。蓋朱子病蘇文發露太盡，無含蓄之味故爾。

先太夫子黄薇香先生嘗輯《朱吕問答》。余謂不獨朱吕、朱程，紫陽高弟如黄勉齋、陳北溪諸先生，俱深入堂奥，後人倘能倣《延平答問》例，分別輯爲問答，附於學案之後，則凡學道之徑涂，均可探索而得之矣。但必當體諸身而驗諸心，若爲言論之資，則徒費筆墨矣。

〔一〕薛應旂（一五〇〇～一五七四），字仲常，號方山。

讀《紫陽大指》記

秦定叟先生〔一〕《紫陽大指》八卷，康熙間刻本，門人吴生其昌得之於京師，寄以贈余。蓋現今罕見之書，余甚愛之，然以君子不奪人之所好，未敢據爲己有。無錫高君涵叔〔二〕爲鈔録一通貽余，乃將原本仍歸之吴生。高、吴二人之意，均可感矣。

按：是書卷一朱子初學，先生自注云：「朱子初年，原自有未定之論。由此而讀余集，可次第識也。」

卷二論未發已發，注云：「此是千聖真脈，朱子一生學力大關，特詳録。」

卷三論涵養本原，注云：「乾道五年，朱子年四十歲，此皆乾道五年以後語也，折肱至言，其旨遠矣。」

卷四論居敬窮理，注云：「朱子祖述程氏，止此二言。」

卷五論致知格物，注云：「深究此卷之義，格物聚訟，或可少解。」

〔一〕秦雲海，字開地，號定叟，錢塘人，知理學，讀陽明書而有疑朱子晚年定論之説，輯《紫陽大旨》八卷。

〔二〕高文海（一八九二～一九七一），字涵叔，號子愚，高攀龍後裔，曾任無錫國專訓育員，唐先生之左右手。

卷六論性，注云：「無善無惡之説，言性之詖辭也。朱子早已致辯，特標之以療世之受痼而不知者。」

卷七論心，注云：「知未發已發，操心之學，炳如日星矣。仁心德之最大者，世亦有好而不知其蔽者，不可不明辨也。」

卷八論太極，注云：「朱子生平得力，止在中和之旨，録此亦見先覺一貫大概」云。

按：陸稼書先生《三魚堂集》中有答先生書謂：「於《紫陽大指》中，尚不能無纖毫之疑。……蓋陽明之病莫大於『無善無惡心之體』一語，而昧於未發已發之界。其末也，既以無善無惡爲心之體，則所謂未發，只是無善無惡者之未發；所謂已發，只是無善無惡者之已發。即使悉如朱子静存動察，亦不過存其無善無惡者而已，不待混動静而一之，然後爲異於朱子也。朱子中和舊説，雖屬已悔之見，然所謂『心爲已發，性爲未發』，亦指至善無惡者言，與陽明之無善無惡相楹莛〔一〕。即使朱子守舊説

〔一〕「楹莛」出《莊子·齊物論》「故爲是舉莛與楹，厲與西施，恢恑憰怪，道通爲一」，「莛」乃小木條若髮簪之類，「楹」乃梁柱；言大小之相遠，不爲同類也。

而不變，仍與陽明不同，所以陽明雖指此爲『朱子晚年定論』，而仍有影響尚疑朱仲晦之言，職是故耳。此僕所以謂考亭、姚江，如黑白之不同。先生《紫陽大指》書中乃云『無善無惡』一句，是名言之失，而非大義之謬，是僕所深疑而未解也。」〔一〕以上節録。云云。

惟按先生自序謂：「讀陽明書，謬謂略識其要領，惟於《晚年定論》一書，時爲心疚，以爲道者天下公是公非之所在，非一家之私説也。故君子之道，必考諸往古而無疑，質諸後世而不惑。今陽明以朱子爲君子之道乎？則當率天下而共是之矣；若果非也，當率天下而共非之，似不當始終有影響之疑，而又爲此委曲調停之舉也。始欲求朱子之書而讀之，考其一身力學，其立論所自來，其指趣所歸宿，揭其大指，昭然與天下共見之。懷此有年，以未見全書，不敢舉筆。今年夏，獲假文集而三復焉，始知朱子之立論歸宿，毫無可疑。余之積疑懷忤，適以自病。而陽明先生之於朱子，又不獨『晚年定論』爲可商矣。」可見先生研究理學，原從陽明入手，故其立論不無回護之處。況陽明明言「致良知於事事物物」，又言「知善知惡是良知」，其言「性體無善無

〔一〕陸隴其《答秦定叟書》，載《三魚堂文集》卷五。

惡」，乃指念慮未起而言。若謂陽明之已發，乃無善無惡之已發，豈其然乎？稼書先生之説，可以闢王龍溪輩，以之斥陽明，則少過矣。然則此書固可與夏氏《述朱質疑》並傳於世無疑也。

又按：乾隆間，閩連城有童先生能靈字龍儔〔一〕，著《朱子爲學次第考》，條理亦極精純。門人唐蘭於北京圖書館中鈔得二册寄余，惟缺去第一卷，深爲可惜，不知閩中尚有藏此書者否？特表之，以諗同志。

讀《朱子聖學考略》記

《朱子聖學考略》十卷，寶應朱止泉先生編，乾隆壬申（一七五二）刻本，卷首有先生自序，又有張師載、高斌、劉師恕三序。粵匪兵燹之後，書板無存。余近得於金壇馮夢華〔二〕同年處，借讀一過，夢華寄語曰：「寶邑祇此一部矣。」余因倡重刻之議，夢華

〔一〕童能靈（一六八三～一七四七），字龍儔，晚號寒泉，福建連江人，雍正中貢生，乾隆時，主漳州芝山書院，著有《朱子爲學考》《理學疑問》《周易剩義》《冠豸山堂文集》等。

〔二〕馮煦（一八四二～一九二七），字夢華，號蒿庵，江蘇金壇人，光緒十二年（一八八六）進士，官至安徽巡撫。辛亥寓居上海，創立義賑協會，承辦江淮賑務。

及寳應劉生啓瑞竭力贊成，先生後裔茀臣、憶劬兩君出資刊成。後海寧吴生其昌覓得《宗朱要法》一卷，劉生復爲校勘之〔一〕。自丙申年（一八九六）始，乙亥（一九三五）始訖工，居今世而刊此書，可謂盛舉矣。

是書之精華，見於先生自作提要，謂：「朱子之學，全從《大學》《中庸》《孟子》與《易》《詩》《禮》《春秋》得力。」「又於周、程、張子書極深研究，而《太極》《西銘》尤精詳焉。於《太極圖説》溯《西銘》之來歷，即體會自己身心之來歷，於《西銘》識《太極圖説》之實際，即體會自己身心實際也。」又謂：「朱子四十前，常存此心以格物致知，但在端倪上著力，故認心是已發，性是未發。及四十時，知心統性情，未發之中，性體具焉。此後窮理愈精，惟恐所知不精，害於涵養，故尊德性，道問學是相通功夫。」〔二〕其於朱子用功次第，闡發無遺。

余嘗謂勉齋諸先生編《朱子文集》，未有分年次第，第一大缺憾。王白田先生作

〔一〕唐先生《自訂年譜》甲子（一九二四）六十歲六月條載：「劉生啓瑞又來書云：『朱君憶劬擬刻《朱子聖學考略》，請爲作序。』並屬王生蘧常代爲校字，大爲快慰，謹擬序寄去。旋吴生其昌在天津圖書館鈔得朱止泉先生《宗朱要法》一卷，即寄劉生，屬其附刻於《聖學考略》後。」

〔二〕朱澤澐《朱子聖學考略提要》，載《朱子聖學考略》卷首目録後。

《朱子年譜》，考證較詳。及得《聖學考略》，不啻「朱子編年文集」，能使學者共曉然於敬静合一、知行並進之實驗。若夫封章啓事，有關於治術、經濟者，亦俱載列，豈非紫陽之大功臣歟？

《宗朱要法》爲朱學之階梯，婁縣姚春木先生〔一〕爲之序，極可寶貴。先生復有《朱子晚年定論評》，辨析精覈，他年彙而刻之，是所望於後賢。

讀《朱子年譜》記

按《朱子年譜》，宋洪友成刻爲洪本，閩省别刻者爲閩本，袁仲晦刻者爲袁本，明李默刻者爲李本，清初康熙有婺源洪去蕪續本，又有建寧朱氏新本，及武進鄒氏正譌本，均不經見。寶應王白田先生於朱子學極深研幾，取李本、洪本互相參考，根據《語録》《文集》，訂補舛漏，勒爲四卷。又仿朱子校正《韓集》之例，爲考異四卷，并採掇論學要語，爲附録二卷，綴於末。

〔一〕姚椿（一七七七～一八五三），字春木，號子壽，江蘇婁縣人。姚鼐門人，治朱子學，論文必本桐城，輯《國朝文録》八十二卷。

按：朱子平生學凡三轉。二十五歲以前，出入釋老，迨師事延平先生，後乃專志聖學，此一轉也。三十歲以後，交南軒先生，聞衡山胡五峯先生之學，從事於「先察識，後涵養」，此二轉也。四十歲己丑，豁然悟已發未發之旨，遂壹意於涵養致知，交修並進，敬義夾持，上達天德，此三轉也。王氏此書，頗注意於此；而於辨金谿學，闢永康學，亦極詳審，學者均宜研究。惟《四庫提要》謂：「其於學問特詳，於政事頗略。」其説實不然。朱子出處，凜然不苟，在朝僅四十日，孝宗屢辟屢辭。此書所載甚詳，後人讀之，頑者廉而懦者立，有確乎不拔之志矣，故文治常教人以此爲入德之門。

至附録二卷，選擇尤精，於朱子晚年論學得力之語，掇拾靡遺。學者服膺此二卷，其於學道之方，自能操之得其要矣。

讀《述朱質疑》記

《述朱質疑》爲《景紫堂全書》第一種，咸豐壬子（一八五二）刻本，夏弢甫先生著，余以重價購於上海。書凡十六卷，一卷至五卷，述朱子學術早晚之異同；六卷七卷，述朱子平生著作成書之歲月、各本之異同；八卷九卷，述朱子同時江西、湖南、金華、永康、永嘉諸老學術梗概，與朱子有同有異；十卷，述朱子以後疑異之士，挾好勝之心，每多異説，加以辨證；十一二卷，述朱子立朝大節，以正學術、格君心爲本；十三四卷，述朱子外任九年，自主簿以至安撫使政績；卷十五六卷，述朱子雜事。

先生自序謂：「朱子之學，自明中葉以後，異論紛紜。高明之士，既震於其言，而匍匐歸之。其守章句以習舉業者，叩以朱子平生學術之早晚、著述之異同、師友之淵源、出處之節目，茫然如坐雲霧之中。……書自書，我自我，則朱子之學，幾何而不晦也？數載以來，講習討論，關涉朱子之學術著作、師友出處者，隨筆疏記，積久成帙，共若干篇。……善乎！朱子之道，又豈徒講説而已哉！多士幸生紫陽之闕里，須識得魯鄒濂洛〔一〕而後，惟朱子爲吾道正宗，舍朱子而外，更無他途捷徑，可以至於聖人之域」〔二〕云云。時先生爲婺源學官。

余嘗謂治一家之學者，必於其人之平生行詣，一一考之，審知之確，夫然後言之沛然而無疑，師法之而不失其矩矱。紫陽而後八九百年以來，爲朱學者，朱止泉、王白田兩先生外，未有如弢甫先生者也。而先生於朱王兩家之説，亦有所貢獻而折衷，

〔一〕謂孔子、孟子、周敦頤、二程子。
〔二〕夏炘《述朱質疑》卷首目録後。

信乎前賢畏後生矣。而余所服膺者，尤在第十三四卷。蓋朱子體用兼備，平時惓惓以愛民爲心，讀其社倉之法、救荒之政，凡所以惠閭閻者，舉可爲萬世法。而興國復仇之策，忠心義膽，散見於封事劄中。往者朱竹垞先生嘗輯《朱文公文鈔》，專述其經濟事功，惜乎其書已佚。今先生兹二卷，與竹垞先生之意，不謀而合，彼以朱子學爲迂者，豈不謬之又謬哉！

先生諱炘，當塗人，其兄燮〔一〕，著有《中西紀事》，鑑於道光後之外禍頻仍，發斯義憤，亦賢者也。

讀《張南軒先生文集》記

《南軒先生集》四十四卷，朱子所編，咸豐甲寅（一八五四）重刻，緜邑南軒祠藏板。計詞賦詩七卷、表啓一卷、記五卷、序二卷、史論二卷、説一卷、書十卷、答問四卷、題跋三卷、銘箴贊一卷、墓誌銘五卷、祝文一卷、祭文二卷。

〔一〕夏燮（一八〇〇～一八七五），字謙甫，安徽當塗人，道光元年（一八二一）舉人。仿司馬光《資治通鑑》體例編《明通鑑》一百卷，道光三十年（一八五〇）成《中西紀事》。

朱子序其集曰：「敬夫自幼已得夫忠孝之傳，既又講於五峯之門，以會其歸，則其所以默契於心者，人有所不得而知也。獨其見於論説，則義利之間，毫髮之辨，蓋有出於前哲之所欲言而未及究者，措諸事業，則凡宏綱大用，鉅細顯微，莫不洞然於胸次，而無一毫功利之雜，是以論道於家，而四方學者争鄉往之也。」

文治按：南軒先生講學，莫嚴於義利之辨。《孟子講義自序》曰：「學者潛心孔孟，必得其門而入，愚以爲莫先於義利之辨，蓋聖學無所爲而然也。無所爲而然者，命之所以不已，性之所以不偏，而教之所以無窮也。凡有所爲而然者，皆人欲之私，而非天理之所存，此義利之分也。……嗟乎！義利之辨大矣，豈特學者治己之所當先，施之天下國家一也。王者所以建立邦本，垂裕無疆，以義故也。而伯者所以陷溺人心，貽毒後世，以利故也。」[一]以上節原序文。斯言可爲萬世之鑑。爲士者，未有不破義利之關，而能成人格者也；爲政者，未有不破義利之關，而能成善治者也。此誼不明，於是人心陷溺，百姓憔悴，而世運日衰矣，豈不悲夫！

集中與朱子論學書七十三通、答問二十五條，論涵養、省察、擴充之方，精密無

[一] 張栻《孟子講義序》，載《南軒文集》卷一四。

間；而朱子於其「類聚孔孟言仁處，以求夫仁」之説，且規其「專一如此用功，恐不免長欲速好矜之心，滋入耳出口之弊」云云〔一〕，切實忠告，務歸於躬行心得。近代如阮文達之《論語論仁論》《孟子論仁論》，專以考據爲是，正所謂口耳之學爾！曾子曰「以友輔仁」，若朱、張二先生，真輔仁之君子矣！

昔人有輯《朱程問答》者〔二〕，先太夫子黄薇香先生輯《朱吕問答》，惜其書無傳。文治不揣檮昧，擬補輯《朱吕問答》，並輯《朱張問答》，年老目盲，深望後人代償此願也。

讀《象山先生集》記

《陸象山先生集》二十八卷，附録八卷，共三十六卷，購自北京琉璃廠肆翰文齋〔三〕，係明正德辛巳（一五二一）撫州守李茂元刻本，首載王陽明先生序，極可寶之書

〔一〕朱子《答張敬夫》，唐先生録於《朱子大義》卷三，並《紫陽學術發微》卷四。

〔二〕參本卷《讀〈朱程問答〉記》。

〔三〕「翰文齋」乃北京琉璃廠老書肆。

也。前十七卷爲書，十八卷爲表奏，十九卷爲記，二十卷爲序贈，二十一卷至二十四卷爲雜著，二十五卷爲詩，二十六卷爲祭文，二十七八卷爲墓誌、墓碣、墓表，外集四卷，皆程試之文，末爲謚議行狀。又語録四卷，本於集外別行，李氏重刻是集，乃并附集末，以成陸氏全書。《四庫提要》敘此書源流頗詳。

「朱陸異同」已著於學派論〔一〕。大抵朱子教人，專宗孔門下學上達之訓；而陸子教人，曰本心，曰先立乎其大，則採《孟子》立教之法，雖較孟子不無蹈空之弊，而薛方山先生謂：「戰國時人心陷溺，仁義充塞，不得不以此救之。」然則吾人生今日，所以陶淑國性，振作國氣者，固當遵朱子之循序漸進，亦宜法陸子之直指本心，斷斷然也。夏弢甫先生《述朱質疑》有《陸文安踐履篤實論》，又《陸文安推服朱子政績説》謂：「其於朱子浙東之救荒，極其稱許，見癸卯《與尤延之書》《與陳倅書》。又於朱子社倉之立制，極其法效，見戊申《與趙汝謙書》。又於朱子南康之人言，極其剖別，見《與尤延之書》。又於朱子江西江東之提刑，極其欣冀，見兩次與朱子書。然則象山與朱子不同者，特其學術而已」云云，余謂君子和而不同，固當如此。即以先生與朱子辨無

〔一〕即本書第二卷之《朱子、陸子學派異同論》。

極書論之，其上文云：「聞已赴闕奏事，何日對揚。……外間傳聞留中講讀，未知信否[一]？誠得如此，豈勝慶幸！」又云：「昔年兩得侍教，康廬之集，加款於鵝湖，然猶莽鹵淺陋。……比日少進，甚思一侍函丈，當有啓助，以卒餘教。」其虛心謙敬如是。而朱子請先生在白鹿洞講《論語》「義利」章，諸生爲之感泣，朱子手跋其尾，謂其：「發明敷暢，又懇到明白，皆切中學者隱微深痼之病。」語意更殷勤鄭重，何其交誼之敦篤也！

後人學術品行，未逮古人萬一，遇有異己者，輒盡力相攻，甚至成爲仇隙；於是以己之私心，測度古人之心，而朱陸異同之辯，乃嘵嘵以至於今，此皆不通事實者也。《易》曰「謙謙君子」，又曰「謙尊而光」，吾輩講學，當則傚昔賢之謙恭，乃可以救心而救世。若龐然自大，意氣紛呶，失其模範，徒害人而已矣。

讀《東萊文集》記

《東萊先生集》，門人北流馮振購自上海，歸以贈余，爲同治年間退補齋刻本。卷

[一]「未知信否」四字脱。

一，表、劄子；卷二，策、問、啓；卷三、四、五，書；卷六，記、序、銘、贊、辭、題跋；卷七、八，墓誌銘；卷九，家傳、祭文；卷十，官箴、宗法條目、學規；卷十一，詩；卷十二、十三、十四，《易》説；卷十五，《詩》説；卷十六，《禮記》説、《周禮》説；卷十七、十八，《論語》説、《孟子》説；卷十九，《史記》説；卷二十，雜説。據《四庫提要》載，先生集四十卷，蓋係先生弟祖儉及從子喬年舊本〔一〕。以今刻校之，散失多矣。世變屢遷，古書零落，深可慨歎！然現今覓同治間刻本，已不易矣。

先生之學，廣大閎博，其所著《古易音訓》〔二〕，得漢《易》之傳，足補李鼎祚《集解》之闕；讀《書》《詩》兩記〔三〕，皆獨出心裁，朱子亦深佩之；《東萊博議》爲少年著作，後人勦襲，以爲科舉之用，遂致減色。其所纂《宋文鑑》，約一代治體，歸之於道，不以虛文爲主，葉水心先生謂「自古類書，未有善於此」者。至《文集》載王崇炳序稱：「其

〔一〕《四庫全書總目提要·東萊集》云：「其生平詩文，皆祖謙歿後，其弟祖儉及從子喬年先後刊補遺稿，釐爲文集十五卷。又以家範尺牘之類，爲别集十六卷。程文之類，爲外集五卷。年譜遺事，則爲附録三卷。又附録拾遺一卷，即今所傳之本也。（中略）祖儉等編集之時，失於别擇，未免收入贗作。然無從辨别，今亦不得而删汰之矣。」

〔二〕吕祖謙《古易音訓》原十四卷，今本二卷。

〔三〕吕祖謙《書説》三十五卷、《吕氏家塾讀詩記》三十二卷。

學近裏切己，貴涵養實踐，不貴争辨，於洙泗爲近。其爲人閎廓平粹，志在經世而耻苟合；其爲文波流雲湧，珠輝玉潔，爲一時著作之冠。」〔一〕洵知言也。

夏晙夫論：「吕成公無所不通，獨心折於朱、張二先生之學。教授嚴州，適植宣公爲守，後又與宣公同朝，隔牆而居，所以講求之者甚切。乙未夏，訪朱子於建安。丙申，復會朱子於三衢，殷殷就正，不辭道遠。觀其與朱、張二公諸書，無非虚心求益，切己克治之言，故其進德之猛如此。朱子贊之謂：『有著策之智，而處之若愚；有河漢之辨，而守之若訥；胸中有雲夢之富，而不以自多；辭章有黼黻之華，而不易其出。』〔二〕然則如先生者，漢唐以下，僅見之才也。其開永嘉學派之先，洵有由矣。」

讀《葉水心文集》記

《水心先生文集》二十九卷，商務印書館影印明黎諒刊黑口本，頗饒古色。計奏

〔一〕王崇炳《重刻吕東萊先生文集敘》，載同治退補齋本《東萊集》卷首。王崇炳（一六五三～一七三九），字虎文，號鶴潭，浙江東陽人，講學麗正書院。

〔二〕朱子《祭吕伯恭著作文》文。

劄一卷，狀表一卷，奏議三卷，詩三卷，記三卷，序一卷，墓銘十三卷，行狀、謚議、銘、青詞、疏文一卷，祭文一卷，書啓一卷，雜著一卷。首載趙汝讜、王直二序，並黎諒字公允〔一〕附識。蓋是集之行，黎氏首輯之功不淺。

王序謂：「先生之學，浩乎沛然，無所不窺，而才氣之卓越，又足以發之。……觀其議論謀猷，本於民彝物則之常，欲以正人心，明天理。至於求賢、審官、訓兵、理財，一切施諸政事之間，可以隆國體，濟時艱，然未至於大用，而道不盛行。今之所見，惟其文而已，惜哉！而後人所敬仰者，尤在《劾林栗》一書。栗與朱子論學不合，頗慚憤，乃借道學之名，以傾陷朱子〔二〕。善人君子，皆爲惴懼。先生獨上書天子，論栗姦邪，請予斥逐〔三〕，以扶善類。」〔四〕栗因之去職。當是時直聲震天下，而拘儒猶謂其立

〔一〕黎諒，字公允，號東園。景泰三年（一四五二），詔以平賊功進奉議大夫正五品俸，輯《葉水心文集》四十卷、《蘇平仲文集》二十九卷，並行於世。其序《葉水心文集》在明英宗正統十三年（一四四八）。

〔二〕「而後人所敬仰者，尤在《劾林栗》一書。栗與朱子論學不合，頗慚憤，乃借道學之名，以傾陷朱子」六句，王氏原文作「其《論林栗》一書，有功於斯道甚大。時栗唱道學之説，欲竄逐文公」。

〔三〕「請予斥逐」句，王氏原文作「請加摧折」。

〔四〕王直《重刊葉水心先生文集序》，落款題「景泰二年（一四五一）三月朔日，榮禄大夫太子太保兼吏部尚書」。

言不甚得體，庸詎知栗之邪談，當時無人能折其角，而先生獨敢昌言排之，維持乾坤之正氣，如是而尚訾議之，豈非不樂成人之美乎？吾謂先生經濟、文章、氣節，俱可不朽於後世矣。

讀《習學記言》記

葉水心先生《習學記言》五十卷，先師黄漱蘭先生督學江蘇時，刻於江陰。光緒乙酉（一八八五）冬，先師北上，持以授文治曰：「子宜勉爲有用之學。」後文治於經濟時務，雖稍有論略，毫無匡濟，愧對先師也。是書輯録經史百氏，各爲論述，條列成編，凡經十四卷、諸子七卷、史二十五卷、文鑑四卷。陳振孫《書録解題》謂：「其文刻峭精工，而義理未得爲純明正大。」《四庫提要》則謂：「當宋末世，方恪守洛閩之言，而適獨不免於同異，故振孫不滿之耳。」文治竊謂：先生才氣邁當世，所論皆匡時要策，未可以繩墨拘之也。

黄先生序是書曰：「先生之書，其〔一〕説經不同於漢人。……其爲一時憤激之言，

〔一〕「其」字脱，據黄體芳原序補入。

而不可以轉相師述者，如論『太極生兩儀』等語，淺陋之屬。……鄉先輩黄薇香明經爲《葉氏經學辨》，於其駁曾子、子思、孟子，皆頗議其誣，而推見其所以言之故，具在《儆居集》中。……竊以爲水心之才之識，最長於論史事。以其論史之才之識而論諸子，而又論經，豈能無偏？然較之空言無實者，相去蓋不啻萬萬焉。若夫後人之議水心者曰：『水心誠爲賢而有幹濟，而奚宜附姦臣用兵也。』夫《宋史》固言每疏求審，力辭草詔，適不附姦臣矣！而又惜其不能極力諫止，彼韓侂胄爲可諫者耶？適之初見帝，所謂『大事者，無過於復讎』，而其一生之材力，即未嘗不營營於斯。孔子之爲東周也，不忍於佛肸，方斯而論，孔子何心，而古之天下，乃有一成一旅中興者？君子於此，則惜宋於此時不以全力付適耳。苟以全力付適，則行其所謂實政實惠，反其所謂四難五不可，而庶幾乎改弱爲强。既不能强，而策其至險至危，以求朝廷一日之緩，斯亦可悲矣！天下之論，莫慘乎其茶然以願終，吾不知開禧之兵，胡爲萬口一聲，以爲亂謀，而不復念天下之有才如適者也。」以上原序文。

嗚呼！當光緒中葉，外侮頻乘，維時黄先生正色立朝，謇謇忠直，故於此通切言之。蓋水心先生論唐史諸條，欲以唐室爲宋之殷鑑，而黄先生所言，則欲以水心之議，爲光緒時之殷鑑也。藉使黄先生生於今世，悲憤填膺，更不知奚若？反復兹編，不禁盡然流涕矣。

又按：黄梨洲《水心學案》謂未見《習學記言》全書，則此編之寶貴，尤可知矣。

讀《北溪字義》記

文治初謁先師黄元同先生，請益性理學，師假以陳北溪先生《字義》二卷。文治即鈔録一册，尚能一字無訛，師甚喜，於卷首題云：「余弱冠時，於從兄假施刻《北溪字義》，讀之數四，間加評語，暨《經義通故》書成，遂以《字義》歸從兄。庚午鄉試，又於書肆得戴刻本，前所評語，未之過入，時以爲懷。太倉唐蔚芝，余主講南菁，夙許爲高材生者也；乙酉（一八八五），蔚芝來書院，叩之，於周、程、張、朱諸先生書已畢讀，而《北溪字義》猶未之見也，遂以戴刻本授之。蔚芝隨讀隨鈔，不數月録成。余喜其敏也，因書其耑」云云。先師手蹟，壓存於此，每一展卷，輒爲憮然。

北溪先生學術，淵源朱子，其説理之精確，薇香太夫子《儆居集》中已略言之。而文治所心折者，尤在《字義》下卷論鬼神本義、祠典、淫祠、妖怪〔一〕各條，謂：「形既生矣，神

〔一〕「妖怪」原誤倒作「怪妖」，據《北溪字義》卷下爲正。

發知矣。人之知覺屬魂，形體屬魄。陽爲魂，陰爲魄。魂者陽之靈而氣之英，魄者陰之靈而體之精。口鼻呼吸是氣，靈活處屬魂；耳目視聽是體，聰明處屬魄。」〔一〕此與《易傳》「精氣爲物」一節，及《禮記·祭義篇》宰我問鬼神之説〔二〕相合。蓋仁人孝子，「齊明盛服，以承祭祀」，「如在其上，如在其左右」，不過以本心之魂魄，感召祖考之神明，非迷信也。「事死如事生，事亡如事存」〔三〕，所以補侍奉之所不及，而有餘痛者也。

先生又謂：「鬼神之怪，皆由人心興之。人以爲靈則靈，人以爲不靈則不靈，鬼神之所以能動人，皆由人之精神自不足故耳！」〔四〕可見鬼神之作祟，皆由人之本心有所虧缺，因虧缺而生疑慮，即感召游魂滯魄，附會而來，實則皆心理作用也。若夫積善之君子，仰不愧，俯不怍，正氣彌綸，焉得有妖妄之事哉？乃近人廢棄祠典，以爲破

〔一〕陳淳《北溪字義》卷下「鬼神本意」條文。

〔二〕《禮記·祭義》載宰我曰：「吾聞鬼神之名，而不知其所謂？」子曰：「氣也者神之盛也，魄也者鬼之盛也，合鬼與神，教之至也。衆生必死，死必歸土，此之謂鬼。骨肉斃於下，陰爲野土；其氣發揚于上，爲昭明，焄蒿凄愴，此百物之精也，神之著也。」

〔三〕《禮記·中庸》文。

〔四〕陳淳《北溪字義》卷下「妖怪」條文。

除迷信，則本心將失魂落魄，而災害乘之，此豈鬼神之所爲哉？

讀《文山先生集》記

《文山先生集》，余得自京師。按：《四庫提要》載先生集二十一卷，又《集杜詩》四卷，記源流甚詳。余此本爲同治七年（一八六八）醴陵景萊書室所刊，僅二十卷，且合《集杜詩》在内，殆後人所歸併也。

考《宋史》先生傳論曰：「自古志士欲信大義於天下者，不以成敗利鈍動其心，君子命之曰仁，以其合天理之正，即人心之安爾。……宋至德祐，亡矣。文天祥〔一〕往來兵間，初欲以口舌存之，事既無成，奉兩孱王，崎嶇嶺海，以圖興復。兵敗身執，世祖……既壯其節，又惜其才，留之數年，如虎兕在柙，百計馴之，終不可得。觀其從容伏鑕，就死如歸，是其所欲有甚於生者，可不謂之仁哉？宋三百餘年，取士之科，莫盛於進士，進士莫甚於掄魁。自天祥死，世世之好爲高論者，謂科目不足以得偉人，豈其然乎？」〔二〕

〔一〕「文」字脱，據《宋史》本傳補入。
〔二〕《宋史·文天祥傳》。

元劉岳申〔一〕又論之曰：「方先生之〔二〕脱京口，走真揚；脱真揚，走三山，出萬死，與潮陽仰藥不死，南安絶粒不死，燕獄不死，何異〔三〕若將有以爲者？及得死所，卒以光明俊偉，暴之天下後世，殆天以丞相報宋三百年養士之厚，且以昌世教也。而或者咎其疏闊，議其無成，謬矣！夫非諸葛公所謂鞠躬盡瘁，死而後已者乎？死之日，宋亡七年，崖山亡又五年矣。」〔四〕厥後諸名儒弔先生詩文，不可勝數。

文治年十五，隨先大夫讀書上海，居停粤東鄭氏，有《潮陽縣志》，得讀先生《謁張睢陽祠詞》並《集杜詩》數首，心嚮往之。及長，讀先生《寶祐四年對策》《指南録》《獄中自述》《紀年録》《過零丁洋詩》《正氣歌》《衣帶銘》，爲之往復流涕，不能自已。後讀是編，知先生之教，以立誠爲主，如訓瑞州諸生：「忠信進德，天地間祇一誠字是也。」〔五〕先生之學，以程朱爲宗，如言「聖人浸遠，道學無傳，賴伊洛諸君子出，抉聖經千

〔一〕劉岳申，字高仲，江西吉水人，曾任泰和州判。其所撰《文丞相傳》，比《宋史·文天祥傳》尤詳。
〔二〕「方先生之」四字，劉氏原文作「至其」。
〔三〕「何異」兩字脱，據劉氏《文丞相傳》補入。
〔四〕劉岳申《文丞相傳》贊語，載《申齋集》卷一三。
〔五〕劉岳申《文丞相傳》，載《申齋集》卷一三。

載之衹，而後學遂得襲其遺，以求進於道」是也。先生之忠孝，發於天性，如廷對後，父疾篤椎心禱呼，冀殞滅以代父。勤王時，撫几涕泣言：「樂人之樂者，憂人之憂；食人之食者，死人之事。」其面折伯顔曰：「宋存與存，宋亡與亡，刀鋸鼎鑊，非所懼也。」其成仁取義，本於平日之學養，豈一朝憤激者所能冀其萬一哉！

嗚呼！一國之興替，惟視人心之存亡。宋有先生，宋可謂不亡。天下未有無民之國，亦未有無國之民，故人心莫不愛其國，而決不至於亡。然孰使之亡哉？侮慢聖賢，荒道敗德，氣節因之掃地也。使學校中盡讀先生之書，人心可以不亡矣！

讀《許魯齋遺書》記

《四庫提要》載《魯齋遺書》，爲先生七世孫婿郝亞卿所輯，未竟，河内教諭宰廷俊繼成之，何瑭〔一〕爲之序。嘉靖乙酉〔二〕，山陰蕭鳴鳳〔三〕校刊於汴，自爲之序。而文治

〔一〕何瑭（一四七四～一五四三），字粹夫，號柏齋，河南人，弘治十五年（一五〇二）進士，官至南京右都御史，卒謚文定。
〔二〕「乙酉」二字脱，據《四庫提要》文補入。
〔三〕蕭鳴鳳（一四八〇～一五三四），字子雝，紹興山陰人，王守仁門人，正德九年（一五一四）進士，官至廣東提學副使。

所藏，共有二本，一爲萬曆時刻本，並無蕭序；一爲乾隆時刻本，較精，悉載何、蕭諸序。原書首語録，次《小學大義》《大學中庸直解》及《讀易私言》等，至遺文則甚寥寥也。

按：元儒之卓然可傳者，先生與吴草廬先生爲最。揭傒斯〔一〕作《草廬先生神道碑》稱：「皇元受命，天降真儒。北有許衡，南有吴澄。」蓋當時二人爲南北學者之宗。許先生之學，主於篤實以化人；吴先生之學，主於著作以立教。文治訪《吴文正遺集》不可得，僅得《魯齋遺書》，讀其語録，操存懷惕之意，油然自生。其文集中奏議如論蠶桑學校、爲君難説等，亦均正大切實。

《宋元學案》載先生學術，原於江漢趙復仁甫先生〔二〕，嘗曰：「綱常不可一日亡於天下，苟在上者無以任之，則在下者之任也。」故雖在亂離之中，毅然以爲己責。其志

〔一〕揭傒斯（一二七四～一三四四），字曼碩，江西富州人。延祐元年（一三一四）任翰林國史院編修，官至翰林侍講學士，與修《經世大典》及遼、金、宋三史。

〔二〕趙復，字仁甫，學者稱江漢先生，德安安陸人，作《傳道圖》以明道統之傳。

氣彌可敬矣。至《小學大義》一篇〔一〕，於立教、明倫、敬身三者，諄諄垂訓，所謂「終身敬之如神明」〔二〕，其開有元代之治，非偶然也。

讀《程氏讀書分年日程》記

《程氏讀書分年日程》，同治八年（一八六九）江蘇書局刻本，元程氏端禮撰。端禮字敬叔，慶元人〔三〕。是書共分三卷，第一卷，自八歲至十五歲，讀四書、五經之法；第二卷，十五歲以後，讀《通鑑》《韓文》《楚辭》等書法，並批點諸經方法；第三卷，正音讀，附朱子《學校貢舉私議》及《調息箴》等。

據《元史·儒學傳》載：「慶元自宋季，皆尊尚陸九淵氏之學，而朱子之學〔四〕不

〔一〕許衡《魯齋遺書》卷一三附載《考歲略》載：「先生著述曰《小學大義》，乃甲寅歲（一二五四）在京兆教學者《小學》口授之語。」其書解讀朱子《小學》，結集爲四卷，以立教、明倫、敬身等三綱目總持大義。

〔二〕陸隴其《寄示席生漢翼漢廷》云：「《小學》不止是教童子之書，人生自少至老，不可須臾離，故許魯齋終身敬之如神明。」載陳宏謀《五種遺規·陸清獻公示子弟帖》。

〔三〕程端禮（一二七一～一三四五），字敬叔，號畏齋，慶元府（今浙江鄞縣）人。

〔四〕「朱子之學」，《元史》作「朱熹氏學」。

行。端禮獨從史蒙卿遊，以傳朱子明體達〔一〕用之指。學者及門甚衆，所著有《讀書工程》，國子監以頒示郡邑校官，爲學者式」〔二〕云云。

《讀書工程》，即《分年日程》也。明初諸儒讀書，大抵奉爲準繩，故一時人才，雖未承漢宋之隆，而經明行修，彬彬稱盛。厥後陸稼書先生竭力表章，《三魚堂集》中屢勸人讀此書，近則知此者鮮，並原板存否，亦不可考矣！兹節録稼書先生說於後，附以鄙意。後之學者，以昔儒讀書之法，與今儒讀書之法，互相參較，庶得所謂「明體達〔三〕用」者，無泥古之弊，亦無信今之失矣。

陸氏《讀書分年日程跋》曰：「此書蓋程先生依《朱子讀書法》修之，以示學者。朱子言其綱而程氏詳其目，本末具而體用備，誠由其法而用力焉。内聖外王之學，在其中矣！」

「或曰：『學者天資不同，敏鈍各異，豈必皆如程氏所謂「看讀百徧，倍諸百徧」乎？』曰：中人以下，固不待言。若生知學知之人，而用困知之功，不更善乎？况生

〔一〕「達」字，原作「適」，以《元史》爲正。

〔二〕《元史·列傳》第七十七「儒學二」文。

〔三〕此引《元史》語，故原作「適」者，皆以《元史》「達」字爲正。

知學知者有幾人邪？

「或曰：『朱子《綱目》一書，治亂得失，昭然矣！程氏又必取温公《通鑑》及司馬遷、班固、范祖禹、歐陽修之史而參之，不亦煩乎？』曰：《綱目》猶《春秋》也，温公《通鑑》及遷、固諸家之史，猶魯史舊文也。魯史舊文不存，學者不能盡見聖人筆削之意，故言《春秋》者，至於聚訟。今《通鑑》及遷、固諸家之書具在，參而觀之，而紫陽筆削之妙愈見，是烏可以不考乎？

「或曰：『明初纂《四書》《五經》《性理大全》，采諸儒之説備矣。今程氏《讀經日程》，又必取古注疏而鈔之，而讀之，而玩之，不可省乎？』曰：古注疏固漢唐千餘年間，學者之所講求，程朱之學，亦從此出而益精焉耳。雖曰得不傳之學於遺經，然非鄭康成、孔穎達之流，闡發於前，程朱亦豈能鑿空創造耶？故程朱之於古注疏，猶孔子之於老彭也〔一〕。幸而其書尚存，不至如夏殷之無徵〔二〕，是亦不可以不考也。」

〔一〕《論語·述而》載孔子曰：「述而不作，信而好古，竊比於我老彭。」
〔二〕《論語·八佾》載孔子曰：「夏禮吾能言之，杞不足徵也。殷禮吾能言之，宋不足徵也。文獻不足故也，足則吾能徵之矣。」

「是編之法，非程氏之法，而朱子之法也；非朱子之法，而孔孟以來教人讀書之法也。舍孔孟之道，有是理哉？」〔一〕余讀程先生書及稼書先生跋，俯仰古今學術之異宜，於人心風俗升降之原，不禁累嘆而頹息也。

昔者士居四民之首，皆尊稱之曰「讀書人」。余謂此三字宜分析究之，曰「讀」，當問其讀之是否合法；曰「書」，當問其書是否正當；曰「人」，當問其是否無愧爲人；此之謂知本。此曾文正在上海設立廣方言館，用半日中文、半日西文學科爲課程；文文忠在北京設立同文館，亦如之。嘗考東西洋各國課程，大抵本國文化居十之六七，而德國學校規則，在中學中已分專門性質，不以普通學科虛耗其精神。吾國果有自强之日，當沿用曾文正、文文忠所定學科，採用《讀書分年日程》，以植國學之根柢；並採取德國制，以壹學者心思。至入學年限，宜永遠規定初等小學三年，高等小學三年，中學四年，專科三年，俾光陰不至虛擲於無用之地，而學者得收專心致志之效。

〔一〕陸隴其《讀書分年日程跋》，載《三魚堂文集》卷四「雜著類」。

衞武公之詩曰：「於虖小子，告爾舊止。聽用我謀，庶無大悔。天方艱難，曰喪厥國。」〔一〕何其之痛心也！人人家置此編，父詔其子，兄勉其弟，皆知國學門徑。吾國民由定而静，由静而安，國家自然可保矣。

讀《讀書録》記

薛敬軒先生《讀書録》八卷，第一、二卷論五經、四書，三卷論《太極》《西銘》諸書，四卷論子史與天人理氣，五、六卷論道體、心性及體驗、克治，七卷論綱常、居家、交友，八卷論事君、從政、出處、氣節等。

《四庫提要》稱：「其書皆躬行心得之言，兩録之首皆有自記，言其因張子『心有所開，不思則塞』之語〔二〕，是以自録隨時所得，以備屢省。……瑄嘗言樂有雅鄭，書亦有之。小學、四書、六經、濂洛關閩諸聖賢之書，雅也，嗜者常少，以其味之淡也；百家小説、淫詞綺語、怪誕不經之書，鄭也，莫不喜談而樂道之，蓋不待教督而好之矣，

〔一〕《詩·大雅·抑》第十二章。

〔二〕此乃《近思録》卷三格物引張載《答范巽之書》云：「義理有疑，則濯去舊見，以來新意。心中有所開，即便劄記。不思則還塞之矣。」《四庫提要》誤以爲「程子」，唐先生徑改之。

以其味之甘也。淡則人心平而天理存，甘則人心迷而人欲肆。觀瑄是録，可謂不愧斯言」〔一〕云云。

余按：此書邃於義理，樸實切近，輝光日新，誠能繼《近思録》而作。「理氣不分先後」，説本朱子，而先生暢之，尤有功於後學；陸桴亭先生論性不分義理氣質，實亦本此。竊嘗謂《四庫提要》評理學諸書，多未中肯綮，至評《讀書録》，即引先生之言，警醒學者之心，有功名教不淺。

雍乾間，婺源汪雙池先生著《讀〈讀書録〉》，謂：「是書所見，實探乎性命之源，所言皆切己之學。初閱之，似乎平無奇；細按之，已高深不能外矣！所見少有異同，援筆記之，且發明其説之或有未盡者。」蓋足爲河津之功臣矣！

惟後之論先生者，謂先生由太監王振所引，爲御史，不早辭；于忠肅遇害，諫不從，不急去。按：此語非實。先太夫子黄薇香先生《儆居集》已詳辨之，兹特録於下，藉以表章先生之德行氣節，可爲後世法。

《儆居集》曰：「公於宣宗丁未爲監察御史，非王振擅權之時也。英宗即位，公

〔一〕《四庫全書總目提要》卷九三子部儒家。

出外用，其召爲大理寺卿，楊公士奇薦之，即王振與有内援，公不詣謝，禮也，何必遽以此辭職？此後王振又使人餽金，固[一]辭，亦禮也，公何嘗受污於王振？王山誣告指揮妻罪，公平反其獄，王振怒，嗾言官王文劾之，公所謂『辨冤[二]獲咎，死而無愧』耳！斯事在英宗八年，以嫠夫泣之，大臣申救之，得釋，公自是不立朝矣。英宗北去，王振族滅，景泰帝召用公爲南京大理寺卿，太監金英過境，皆餞之，公獨不往，英以是稱賢，遂召入閣。均是太監，一以不謝爲恨，一以不餞爲賢，以此知行止皆天，而公可謂始終不渝其節。既而英宗復位，石亨用事，于忠肅公於正月二十二日遇害，公主會試，事畢，於五月以禮部侍郎致仕，可謂見幾而作。然則羅整庵稱『公之學識純正，踐履篤實，出處進退，惟義之安。』斯爲定論，何不考事實而輕訾之耶？」[三]

[一]「固」字原誤作「因」，據黃氏《讀薛文清書并傳》文爲正。
[二]「冤」字原作「怨」，據黃氏《讀薛文清書并傳》文爲正。
[三]黃式三《讀薛文清書并傳》文，載《儆居集》中《讀子集》卷三，《儆居遺書》之六。

讀《困知記》記

羅整庵先生《困知記》，陸稼書先生亟稱其書，屢見於《三魚堂集》中。按：是書《前記》成於嘉靖戊子（一五二八），凡一百五十六章，《續記》成於嘉靖辛卯（一五三一），凡一百一十三章，附録一卷，皆與人論學之書，凡六首。惟余所見者，爲正誼堂刻本，僅有正續編四卷，其附録與友人書則未之見，深爲缺憾。

《四庫提要》謂：「欽順之學[一]，初從禪入，久而盡知其利弊，故於疑似之界，剖析尤精，非泛相訶斥、不中窾要者比。高攀龍嘗稱：『自來排斥佛氏，未有若是之明且悉者。』可謂知言。」

余按：《困知記·卷首》云：「釋氏之明心見性，與吾儒之盡心知性，相似而實不同。蓋虛靈知覺，心之妙也；精微純一，性之真也。釋氏之學，大抵有見於心，無見於性，故其爲教，始則欲人盡離諸相，而求所謂空，空即虛也；既則欲其即相即空，

[一] 此句《四庫提要》作「其學」。

而契其所謂覺，覺〔一〕即知覺也。覺性既得，則空相洞徹，神用無方，神即靈也。凡釋氏之言性，窮其本末，要不出此三者，然此三者皆心之妙，而豈性之謂哉？」此説蓋稼書先生《學術辨》所本。而其與陽明先生辨論，又散見於《王學正義》中，其衞道之心，可謂嚴矣。

先太夫子黄薇香先生曰：「羅氏尊崇程朱之學者也，而《困知記》十三章，有『程朱未定於一』之論。《答林次崖書》則云：『吾二人皆宗朱子，執事守其説甚固，必是無疑。僕偶有所疑，務求歸於至一。』《答陳國祥書》則曰：『義理真是無窮，吾輩之尊信朱子者，固當審求其是，補其微罅，救其小偏，一其未一，乃爲尊信之實。且朱子之於兩程子，何如其尊信也？觀其注釋各經，與程説時有小異，惟是之從。』然則羅氏豈欲駕程朱二子之上乎？不如是，則無以絶陸王之似，塞學陸王者之口也。」嗚呼！講學固貴大公無我，而是非之界，尤不可不慎哉！

〔一〕《明儒學案》所引脱「覺」字。

讀《王文成全書》記

《王文成公全書》三十八卷，余昔時所讀，爲浙江書局刻本。甲戌歲（一九三四），友人常熟張君鴻字隱南〔一〕，贈余明萬曆時西蜀黄氏刻本，極可寶貴。首編《傳習録》三卷，附《朱子晚年定論》，乃其門人徐愛所輯，而錢德洪删訂之者。此外文録、别録、外集及續編，皆德洪所編。又《年譜世德記》，則德洪與王畿等所纂集。愛字曰仁，德洪字緒山，畿字龍溪，皆先生座下大弟子也。

按：錢德洪《刻先生文録序説》謂：「先生之學凡三變，其爲教也亦三變。少之時，馳騁於辭章，已而出入二氏，繼乃居夷處困，豁然有得於聖賢之旨，是三變而至道也。居貴陽時，首與學者爲『知行合一』之説。自滁陽後，多教學者『静坐』。江右以來，始單提『致良知』三字，直指本體，令學者言下有悟，是教亦三變也。」〔二〕云云。

〔一〕張鴻（一八六七～一九四一），字隱南，號菊隱，江蘇常熟人。光緒三十年（一九〇四）進士，後任職駐日韓領事。民國後從事文教事業，撰寫小説、翻譯外國作品。

〔二〕錢德洪《刻〈文録〉敘説》，載《王陽明全集》卷三三。

天泉橋論道，德洪與王畿辨「無善無惡」，學者詫爲「漏洩天機」〔一〕，於是「四句教」盛行於世。謂「無善無惡心之體，有善有惡意之動，知善知惡是良知，爲善去惡是格物。」而王畿則主「四無教」，蓋以心意知物胥歸於無。

嘉隆以後〔二〕，講學者流弊滋甚。同時羅整庵《困知記》，厥後陳清瀾《學蔀通辨》、張武承《王學質疑》、陸清獻《三魚堂集》、陳定齋《明辨録》，近代羅羅山《王學辨》、吴竹如《拙修集》，攻之尤力，幾成黨同伐異之風。實則先生之學，本參禪學〔三〕，不必爲之諱；蓋禪學寂滅，歸於無用，而先生則文章勳業，震耀一時；要其存養之方，略參禪學，亦無所害也〔四〕。

〔一〕《天泉橋證道記》載王守仁云：「此是傳心秘藏，顔子明道所不敢言者，今既已説破，亦是『天機』該發泄時，豈容復秘？然此中不可執著。」

〔二〕指明嘉靖、隆慶後之萬曆時期。

〔三〕「本參禪學」句，《演講録》本作：「遠紹孟子，近宗陸子（宋陸子静先生，又稱象山先生，諱九淵，與朱子爲執友），即略參禪學。」

〔四〕此唐先生通達也。此句《演講録》作「亦不足爲賢者病也」。

明四明施氏邦曜〔一〕，别輯《陽明集要》，分理學、經濟、文章爲三集〔二〕，學者讀之，易得門徑。余編輯《陽明學術發微》，亦頗精要，深望讀者能發明良知以救人心也〔三〕。

附録：魏守謨《陽明學流入日本考略》〔四〕

予嘗研考王學入日本之始，與日本所以勃興之由，以爲彼邦崇奉朱舜水先生甚至，舜水爲餘姚人，必傳陽明學於東鄰者也。厥後讀《舜水集》，未嘗述及王學，心竊疑之。會門人安徽魏生守謨留學東瀛，爰以書詢之。生答書云：

〔一〕施邦曜（一五八五～一六四四），字爾韜，浙江餘姚人，萬曆四十七年（一六一九）進士，官至工部員外郎、左副都御史，崇禎自縊後自殺，謚忠介。好王守仁之學，歸其學爲理學、經濟、文章三類。

〔二〕《演講録》此句下有「深得提綱挈領之法」一句。

〔三〕《演講録》此句作：「學者宜讀《全書》，輔以《集要》《發微》二種，以求致良知之實功，置吾心於清明廣大之域，由是定静安慮，鍥而不舍，庶能救人心以救國矣。」

〔四〕魏建猷（一九一九～一九八八），本名守謨，安徽巢湖人。無錫國學專修學校畢業，一九三三至一九三六年間留學日本中央大學，回國後在滬從事近代史教研。按：魏氏有《儒學與日本武士道之關係》，載長沙《國光雜志》第十三期，一九三六年。

「舜水東傳陽明學派，當廣徵載籍，恭譯郵呈。按：東邦王學開山，係釋氏桂悟〔一〕。永正三年，明武宗正德元年。〔二〕將軍足利義澄，使桂悟入朝。翌年夏，陽明先生被謫赴龍場〔三〕，途至錢塘，遇桂悟，教以格物致知、知行合一之學，桂悟服膺其説。歸國後，盛傳其學，日本陽明學以起。

「至德川氏之世，幕府將軍約當明萬曆時。〔四〕有名學者中江藤樹氏〔五〕，篤奉陽明學。藤樹初講朱子學，著《原人》及《持敬圖説》，既而得《王龍溪語録》讀之，嫌其多用禪語，後見《陽明全書》，釋然悟曰：『聖人一貫之學，以太虛爲體，異端外道，皆在吾範圍。當今學禪之徒甚衆，若使彼等讀聖人書，則亦當知聖人之道，至大無外矣。』藤樹

〔一〕了庵桂悟（一四二八～一五一四）。正德八年（一五一三），了庵桂悟第二次赴明，王守仁及門人徐愛等相見於寧波四明，贈《送日本正使了庵和尚歸國序》。

〔二〕時公元一五〇六年。

〔三〕王守仁謫貴州龍場事，在武宗正德元年（一五〇六）。

〔四〕與武宗時，相去近百年。

〔五〕中江藤樹（一六〇八～一六四八），滋賀縣高島郡人。德川幕府時期儒者，初習朱子學，後讀王畿書，因感動而轉治陽明學。

傳其學於熊澤蕃山〔一〕。蕃山執贄於藤樹之門，日夕講論陽明學，心心相印，相見恨晚，於是潛心王學，鍊心法，修養精神。藤樹讀陽明書，深得良知之旨。蕃山從學於藤樹，大得心法之力。蕃山之學，得朱子、王子之神髓而融合之；於辨惑之事，則取朱子窮理之説；於慎獨之功，則取王子良知之説。

「其後將及百年，陽明之學，又自三輪執齋〔二〕傳至大鹽中齋〔三〕。約當清乾隆時。執齋入佐藤直方〔四〕之門受朱學，後得讀陽明書，大悟良知之旨，潛心一志，祖述之，屢説於其師，師怒，逐去之。至近江之小川村，追念中江藤樹，集士民，熱心講述。但當時有物徂徠〔五〕、室鳩巢〔六〕等鴻儒輩出，執齋之宣教，不免阻礙，故其學未能大行。其徒大鹽中齋，初事訓詁，當時之學風，非朱子派即考證派，非考證派即折衷派。中齋之境遇與氣質，最適於陽明學，故一旦讀《古本大學》，觸動其靈機，立棄舊學而奉王學。

〔一〕熊澤蕃山（一六一九～一六九一），名伯繼，京都人。中江藤樹門人，反對佛教、耶穌教，提倡儒學，主張仁政。
〔二〕三輪執齋（一六六九～一七四四），名希賢，通稱善藏，别號躬耕廬，京都人。先治朱子學，再轉入陽明學。
〔三〕大鹽中齋（一七九三～一八三七），大阪人。
〔四〕佐藤直方（一六五〇～一七一九），廣島福山藩人。
〔五〕荻生徂徠（一六六六～一七二八），名雙松，字茂卿，江户（東京都）人，以先祖原姓物部氏，乃自稱物徂徠。
〔六〕室鳩巢（一六五八～一七三四），諱直清，字師禮，號鳩巢，武藏國谷中（東京都台東區谷中）人。

其教育宗旨，學兼文武，使學問與事業並進，實從知行合一學説得來。與中齋同時之學者，有佐藤一齋〔一〕，其學陽朱而陰王，蓋因朱子學爲當時官學，陽明學爲私學，懼幕府異學之禁令也。

「王政維新〔二〕，又有西鄉南洲〔三〕其人者，少好陽明學，勸友人及子弟研究之，謂『陽明學説是實學，有涵養心術之效。』故平生愛讀王學書。又慕春日潛庵〔四〕之爲人，咨以時事，採取其説。潛庵乃以陽明學鳴之學者，絶意仕進，屏居講斯道，門人日盛。平日諄諄以『死生一貫』〔五〕教人，其説曰：『死生者，晝夜之象。生我者，殺我者也。知此理，則禍福一，順逆一，生死亦一，無往而不湛然。』是如何海闊天空氣慨！

〔一〕佐藤一齋（一七七二～一八五九），名擔，字大道，號一齋。

〔二〕明治天皇一八六八年一月三日頒佈「王政復古大號令」，故稱。

〔三〕西鄉隆盛（一八二七～一八七七），通稱吉之助，號南洲，薩摩藩士，稱維新三傑之一。

〔四〕春日潛庵（一八一一～一八七八），名仲襄，號潛庵，京都人。

〔五〕「死生一貫」，實出《莊子·德充符》老聃之言曰：「直使彼以死生爲一條，以可不可爲一貫者，解其桎梏，其可乎？」

「幕末明治維新前，德川幕府末期之稱。之佐久間象山〔一〕、鍋島閑叟〔二〕、吉田松蔭〔三〕、高杉東行〔四〕、雲井龍雄〔五〕、横井小楠〔六〕等士，道理貫心肝，忠義填骨髓，死生之際，能談笑自若，成維新之偉業者，皆陽明之學有以練其心膽，壯其氣骨故也。識者謂明治維新之原動力，即注意精神教育之陽明學説者。今日本『軍國民教育』基礎，所謂『武士道精神』，實皆脱胎於陽明先生之學，故其中有力武人，多出於此，其效蓋可覩已。」云云。

余維孔門立教，智勇相濟，文武相資。惟文人兼武，故能統攝武人，而無迂緩柔懦之患；惟武人兼文，故能信從文人，而無叫囂攘奪之風。傳曰：「有文事者，必有

〔一〕佐久間象山（一八一一～一八六四），名啓之助，字子明，號象山，以號行。習儒學而兼修「蘭學」，主張公武合體與開國論。

〔二〕鍋島閑叟（一八一四～一八七一），名直正，第十代佐賀藩主。

〔三〕吉田松陰（一八三〇～一八五九），名矩方，字義卿，號松陰，山口縣人。長州藩武士，名列明治維新之精神領袖。

〔四〕高杉晉作（一八三九～一八六七），名春風，字暢夫，號東行。長州藩武士，力倡尊王攘夷。

〔五〕雲井龍雄（一八四四～一八七〇），本名小島守善，米澤藩士。

〔六〕横井小楠（一八〇九～一八六九），熊本縣人。學宗程朱，主學以致用。因讀魏源《海國圖志》，從鎖國攘夷轉向開國論。

而人心亡，可哀也已！因讀《陽明集》，特附記之。方今孔孟聖教遺經，遠訖東西洋，古本寶書，捆載以去，而吾國人轉土苴視之，國勢弱爲言。蓋朱子以聖賢而兼英雄之姿，陽明則以英雄而進聖賢之域，其實無二致也。武備。」〔一〕合之兩是，離之兩非。朱子當南渡後，慷慨發憤，每上封事，輒以復讎雪耻

讀《羅念菴先生文要》記

《羅念菴先生文要》八卷，余購自上海，書賈索價十四金，余許以十二金，書賈報曰：「此係理學書，可從權相與，他書不爲例也。」異哉！理學書見輕於國中若此。聞日本人購《念菴集》二册，出四十金，而余以十二金得之，豈非幸遇？先生諱洪先，謚文恭。是書卷一、卷二，書；卷三，記；卷四，序、論、説、辨、跋；卷五，雜著；卷六，詩；其精要語皆在論學書中，與龍溪、荆川往來書較夥。

《明儒學案》載：「黄陂山人方與時自負得『息心訣』〔二〕。……先生與龍溪偕往

〔一〕《春秋穀梁傳·定公十二年》云：「雖有文事，必有武備。孔子於夾谷之會見之矣。」
〔二〕《明儒學案》記録其語云：「聖學者亦須静中恍見端倪始得。」

習〔一〕，龍溪先返，先生獨留。」是其學與龍溪同。惟《學案》又言：「先生於陽明之學，始而慕之，已見其門下承領本體太易，亦遂疑之。及至功夫純熟，而陽明進學次第，洞然無間，天下學者，亦遂因先生之言，而後得陽明之真。」〔二〕蓋先生確守「知善知惡是良知」一語，而不言「無善無惡」，於王學中較爲切實，故孫夏峯《理學宗傳》特列先生於正宗，殆以此也。

至其學精微之處，則鄒元標〔三〕之序盡之，其言曰：「乾坤以六子爲用。六子受成於艮，不艮則雷動風散、雨潤日晅、兑説，有時窮矣。故曰成言乎艮，惟聖人能以此洗心；退藏於密，則其端無倪，而非有聲臭可即。嗟乎微矣！余見從遊先生者，剽竊最緊要語曰『世無現成良知』、曰『收攝保聚』。夫孩提知愛，非不慮而知乎？曰『收攝』，收於何處？曰『保聚』，聚者何物？竊不能無疑。後十餘年，見稍窺端倪者，多蕩逾繩檢，乃知先生前言，有所激而云然。蓋先生之學本於《易》，成

〔一〕「往習」，《明儒學案》原文作「至黄陂習静」。

〔二〕黄宗羲《明儒學案·江右王門學案三》。

〔三〕鄒元標（一五五一～一六二四），字爾瞻，號南皋，江西吉水人。萬曆五年（一五七七）進士，官至吏部左侍郎，與趙南星、顧憲成號稱三君子。

於艮，故傳之無弊也。」

余按：王門弟子談《易》，多以先後天八卦，穿穴旁通。鄒氏所言，殆指後天八卦而言，是道釋兩家隱合《歸藏易》之旨。念菴先生苦心有得於此，其陽明先生之真傳乎？

讀《龍溪先生集》記

《龍溪先生集》，友人裘君匡廬〔一〕自滬寄贈。先生與緒山均王門大弟子，先生主四無教，緒山主四句教，而先生年登大耋，陽明殁後，講學數十年，故四無教盛行；而王門授受，漸失其宗矣。是集共二十二卷，卷一至卷八，語録；卷九至卷十二，書；卷十三、十四，序；卷十五，記；卷十六、十七，雜著；卷十八，詩；卷十九，祭文；卷二十，誌、狀、表、傳；卷二十一，大象義述；卷二十二，附録。其學髓精要處，大抵詳

〔一〕裘毓麐（一八九〇年生），字匡廬，慈溪人。光緒甲辰（一九〇四）應省試輿地科考，畢業於舊譯學館，升入京師分科大學，一九〇三年赴加州大學攻讀政治經濟，五年歸，與錢基博善。其《廣思辨録》，乙亥年（一九三五）唐先生爲作序，收録《唐文治文集》「書序類」。

於語録及其論學書中。

《易傳》言：「先天而天弗違，後天而奉天時。」此言聖人握消息之機，能造命亦能順命也；而邵子以先天後天作《八卦圖》，實非經旨。文治於百源學術〔一〕，多所不解，未敢輕議，惟《說卦傳》天地定位節有「八卦相錯」句〔二〕，「帝出乎震」章定八卦方位極明，則依之作圖，可資樂玩。

先生《先天後天解義》頗爲明白易曉，曰：「伏羲八卦〔三〕，乾南坤北，離東坎西，謂之四正；震、兑、巽、艮，則居於四隅；此存體之位，先天之學也。文王八卦，離南坎北，震東兑西，謂之四正；乾、坤、艮、巽，則居於四隅；此入用之位，後天之學也。先後一揆，體用一原。先天所以涵後天之用，後天所以闡先天之體。」「吾人處於天地之間，上爲乾，下爲坤。離爲日，生於東；坎爲月，生於西；艮爲山，奠於西北；兑爲澤，匯於東南；震爲雷，奮於東北；巽爲風，起於西南。八卦

〔一〕「百源學術」指邵雍之學，蓋其先人居河南輝縣之百源，故人稱雍爲「百源先生」。
〔二〕《說卦傳》云：「天地定位，山澤通氣，雷風相薄，水火不相射，八卦相錯。」
〔三〕王畿原文句首有「夫」字。

成列，此寂然不動之體，即所謂先天也。上下無常，剛柔相易，山澤以氣通，雷風以形薄，八卦摩盪，此感而遂通之用，即所謂後天也。坎者陰中之陽，命宗也；離者陽中之陰，性宗也；而其機不外於一念之微，寂感相仍，互爲體用，性命合一之宗也。」〔一〕

據此可見王門講《易》，不外性命兼修，以養生爲主，非合外内之道。所謂格物者，亦指身物心物，非人物事物，於家國天下無關。而所謂身物心物，亦皆歸之太虚，非涵養善念，固與《大學》殊塗，而與鄭君、朱子説亦絶異，作一家言，以備體驗可耳。《王心齋先生格物學》，已詳學派論中〔二〕。

遺集五卷，爲東台陳君保之〔三〕所贈，惟語録一卷、詩文雜著一卷，爲先生自著，其要者均已採入《明儒學案》。至其孝行卓然可傳，後人當奉爲法，特附記於此。

〔一〕王畿《先天後天解義》，載《龍溪王先生全集》卷八。
〔二〕收入本書卷二「學派大同論」，唐先生於此文總辨歷來「格物」歧義。
〔三〕陳邦懷（一八九七～一九八六），字保之，江蘇東臺人。曾任張謇秘書，任教於東臺達德學校、南通女子師範學校、無錫國學專修學校，後移居天津，專研古文字學。

讀《學蔀通辨》《王學質疑》《明辨録》記

《學蔀通辨》，陳清瀾先生諱建[一]著，日本寛文三年（一六六三）刻本，文治十七歲時購於太倉書肆，極愛寶之。《王學質疑》，張武承先生諱烈[二]著；《明辨録》，陳定齋先生諱法[三]著，是二書，先大夫假自先師王文貞公，手鈔之，先人遺墨無多，每一展卷，輒爲愴然。

《通辨》前後續終四編各三卷。清瀾先生自序謂：「前編明朱陸早同晚異之實，後編明象山陽儒陰釋之實，續編明佛學近似惑人之實，而以聖賢正學不可妄議之實終焉。」

《質疑》一卷，附録一卷，陸稼書先生所刊。《明辨録》一卷，共文十篇，皆闢陸王

[一] 陳建（一四九七～一五六七），字廷肇，號清瀾，廣東東莞人，嘉靖七年（一五二八）舉人。歷官河南信陽縣令，以母老辭歸，從事著述。

[二] 張烈，字武承，順天大興人，康熙九年（一六七〇）進士，官至左春坊左贊善。

[三] 陳法（一六九二～一七六六），字世垂，晚號定齋，貴州安平人，康熙五十二年（一七一三）進士，官至山東運河道、江南廬鳳道、淮揚道，精研治河方略。

之學者也。《通辨》《質疑》二書，稼書先生盡力提倡。而李二曲先生則謂：「陽明與政府有隙，政府目之爲禪，南宮策士，每以尊陸背朱爲口實，清瀾遂爲書以逢迎政府。」何可據爲定論？其然乎？其不然乎？

憶文治二十一歲時，方治平湖之學〔一〕，先師黄元同先生以「讀《王學質疑》」命題，文治遂引二陳先生之説，並採武承先生之旨；師意頗爲不然曰：「子讀書，勿存門户之見。」迨後學少進，始知講學宜求真是，故編《陽明學術發微》，於武承先生辨「心即理」與「知行合一」兩則，略爲辨正，非袒陽明也。

曾文正曰：「君子之言，平則致和，急則召争。詞氣之輕重，積久則移易世風，黨仇訟争，而不知所底。」〔二〕稼書先生之闢王學，不得已也。三先生之意，猶稼書先生之意也。迄於今日，時移世殊，學術屢變，乃欲張其焰而揚其波，不可也。且自標宗旨，而竊附於聖賢之門，則尤不可也。《中庸》曰：「大哉聖人之道。」蓋恢恢乎無所不

〔一〕平湖之學，指平湖陸隴其之實學。
〔二〕曾國藩《孫芝房侍講芻論序》文。

容焉〔一〕。

讀《聖學宗傳》記

周海門先生《聖學宗傳》十八卷。先生諱汝登，浙江嵊縣人〔二〕。是書久佚，近人劉氏承幹〔三〕覓得明刻原本，集資印行。自伏羲、神農、黄帝始，迄於明王棟、羅汝芳止，其所採，極雜而越。

據《明史·儒林傳》稱：「王守仁傳王艮，艮傳徐樾，樾傳顔鈞，鈞傳羅汝芳，汝芳傳楊起元及汝登〔四〕。……起元清修姱節，然其學不諱禪；汝登更欲合儒釋而會通之，輯《學聖宗傳》，盡採先儒語類禪者以入。蓋萬曆以後士大夫講學者多類此。」〔五〕

〔一〕《中説·周公篇》云：「帝者之制，恢恢乎其無所不容。」
〔二〕周汝登（一五四七～一六二九），字繼元，號海門，人稱「海門先生」，浙江嵊縣人，萬曆五年（一五七七）進士，官至南京尚寶司卿。
〔三〕劉承幹（一八八一～一九六三），字貞一，號翰怡，晚年自號嘉業老人，浙江吴興人。傾鉅資藏書、刻書，聚書六十萬卷，建嘉業堂藏書樓庋藏。
〔四〕《明史·儒林傳》原文作：「艮傳林春、徐樾；樾傳顔鈞，鈞傳羅汝芳、梁汝元；汝芳傳楊起元、周汝登、蔡悉。」
〔五〕《明史·列傳》第一七一「儒林二」。

云云。

《明儒學案》載：「許敬庵言無善無惡不可爲宗……先生作《九解》以伸其説，以爲『善且無，惡更從何容？無病不須疑病。惡既無，善不必再立。』」梨洲先生評之曰：「陽明言『無善無惡心之體』，原與性無善無不善之意不同。性以理言，理無不善，安得云無善？心以氣言，氣之動有善有不善，而當其藏體於寂之時，獨知湛然而已，亦安得謂之有善有惡乎？且陽明之必爲是言者，因後世格物窮理之學，先有乎善者而立也。乃先生建立宗旨，竟以性爲『無善無惡』，失卻陽明之意矣。」〔一〕

余按：先生之學出於羅近谿，先生固禪也，無所用其諱言。近今「三教合一」之説盛矣，出世之士，乃欲以禪學救國。夫所惡於禪者，爲其無用也。若陽明大儒，功業爛然，略參禪學，原屬無害。乃承流之徒，束經籍不讀，屏程朱不講，惟以無善無惡，高談寂滅，竊爲陽明痛焉！若謂禪學可以救國，余嘗遊錫蘭島等處，相傳文殊菩薩降生之鄉，其民貧窶，沿途乞食，即印度亦久爲英國屬地，佛教空虛，守柔積弱，罹劫若此。舍儒教不由，而謂禪學可以救國，非所敢知也。

〔一〕黄宗羲《明儒學案》卷三六「泰州學案五」。

讀《高子遺書》記

高景逸先生初自輯其語録文章爲《就正録》，後其門人嘉善陳幾亭先生〔一〕編爲此集，彙爲十二卷，無錫東林書院刻本；外有别集若干卷，蓋幾亭先生所删者，文治爲刊行之，板藏無錫國學專修學校。

幾亭謂先生之學「不率心而率性，不宗知而宗善。……其微妙逾於薛文清，而純實無弊，勝於王文成。……蓋〔二〕道脈自朱陸以來，終莫能合，薛非不悟而修居多，王非不力而巧偏重，一修悟、一巧力、一朱陸，惟先生其人。」〔三〕而陸稼書先生則謂：「以理爲外〔四〕，而欲以心籠罩之者，陽明之學也。以理爲内〔五〕，而欲以心籠罩之者，高、

〔一〕陳龍正（一五八五～一六四五），字惕龍，號幾亭，浙江嘉善人。師事高攀龍，崇禎七年（一六三四）進士，慷慨論政，均蒙優答，力倡救荒，提倡同善會，學者稱幾亭先生，門人私謚「文法」。子陳揆彙編其論著《幾亭全集》六十卷行世。

〔二〕「蓋」，陳龍正《高子遺書序》作「然」。

〔三〕陳龍正《高子遺書序》，落款崇禎辛未（一六三一）。

〔四〕「外」，原作「内」，據陸隴其《學術辨上》文爲正。

〔五〕「内」，原作「外」，據《學術辨上》文爲正。

顧之學也。陽明之弊[一]，在認心爲性；高、顧之弊，在惡動求静。」[二]

文治平心論之，先生蓋邃於《易》學，著《周易孔義》，深得乾坤易簡之理。讀其語録，清明純粹，怡然涣然，心地爲之灑落。文集中如《論未發書》《陽明學説辨》，皆闡發精密。《静坐説》尤爲存養之要，惟限定七日，不免太拘，所以爲清獻譏耳。至其臨終遺疏，忠君愛國，氣節凛然，胡可輕議！讀其書，宜師其人。文治居先生之鄉，聞五里湖講學[三]之風，輒景仰流連而不能已云。

讀《孫夏峯全書》記

是書得自北京，計文集十六卷、年譜二卷、《孝友堂家規》一卷，又《讀易大旨》《四書近指》《理學宗傳》《畿輔人物考》《中州人物考》《答問》《遊譜》等。南方欲訪求此書，不可得矣。

方望溪先生作《孫徵君傳》，專表揚其氣節；湯文正作先生墓誌銘，則兼詳其學

[一] 「陽明之弊」與下句「高顧之弊」兩句中之「弊」，陸氏作「病」。

[二] 陸隴其《學術辨上》。

[三] 無錫五里湖畔有湖山草堂、高子水居，乃其講學休憩之所。

術。蓋先生之氣節，本原理學而出，《孟子》所謂「浩然之氣，配義與道」者也。

其文集曰《歲寒集》；語録内勖諸心，莫不精實；集中《乙丙紀事》〔一〕，詳載左忠毅、周忠介諸君子遇難時事，讀之懍懍有生氣；而先生與鹿太公父子奔走營救，擊鼓嗚冤，亦且如聞其聲，如見其事，爲朋友者不當如是耶？然非意氣激烈者可比也。

《孝友堂家規》分安貧、寡營等十八則，以立齊治之本，「施于有政，是亦爲政」〔二〕，其效大矣。

《讀易大旨》論乾坤爲大世界，三百八十四爻爲各一小世界，深得重卦相配性質，以求補救之方，可謂能見其大。

《四書近指》於朱注外，時闡新義，有裨大道。

《理學宗傳》遠勝周海門《聖學宗傳》，前已詳論之，惟其正宗十一人，取羅文恭、顧端文而不取高忠憲，殊不可解。然古人論學，各有心得之處，師法相承，未可輕於

〔一〕「紀事」二字原刻作「己巳」。按：此讀書録乃鼎革前所撰，故清初之事，行文避諱。

〔二〕《論語·爲政》載或謂孔子曰：「子奚不爲政？」子曰：「《書》云『孝乎惟孝，友于兄弟，施於有政』，是亦爲政，奚其爲爲政？」

置議也。

讀《劉子全書》記

余居北京時，購書恒在琉璃廠肆翰文齋，其經理人韓姓，頗稔目録學，輒以理學示余，索值極昂，余詰責之，韓曰：「此等好書，現在無人能識，惟君知音爾！我不索君值，更向誰索？君不出貴值，何以對此好書？」余爲之莞爾，且深慨乎其言。

《劉子全書》與《夏峯全書》同時購得，計語類十三卷、文編十四卷、經術十一卷、附録二卷，共四十卷，門人黄宗羲爲之序。按：先生遺書在康熙乙丑（一六八五）、丙寅（一六八六）間，吾婁王藻儒〔一〕相國始刊於山陰，時梨洲先生尚在，與同門姜、董二子校而行之，凡四十卷。迨乾隆壬申歲（一七五二），雷翠庭先生〔二〕視學浙中，重梓先生遺

〔一〕王掞（一六四五～一七二八），字藻儒，太倉人，明首輔王錫爵曾孫，康熙九年（一六七〇）進士，官至文淵閣大學士，兼禮部尚書。

〔二〕雷鋐（一六九七～一七六〇），字貫一，號翠庭，福建寧化人，雍正十一年（一七三三）進士。乾隆癸酉（一七五三）督學浙江，訪劉宗周後人而爲刊行遺集；刊《陸清獻年譜》以教士。拜祭張履祥墓，序其遺集與爲作傳，一意表章正學。

書，祇二十四卷。厥後開《四庫全書》館，復删雷梓本《人譜》《學言》諸書之專行者，存奏疏以下，入別集類，爲十七卷，今《四庫提要》所載是也。余所得乃會稽吴氏傑據无休董氏重訂本，雖同係四十卷，而視梨洲所校，尤加詳慎，真可寶也。

先生之學，以慎獨爲宗，以心體爲主宰。然主宰亦非有一處停頓，即在流行之中，故曰：「逝者如斯夫，不舍晝夜。」然則先生平生學問，雖本於良知，而其真實活潑，迥非龍溪、海門、石簣可比。其所作《原心》《原性》《原道》《原學》諸篇，均極純正，而《原心篇》辨析思想識意，尤極精至。

語類中以《聖學宗要》《聖學三關》《人譜》爲人生必讀之書。《聖學宗要》視《理學宗傳》爲簡，遠勝周海門《聖學宗傳》。先太夫子黄薇香先生論之謂：「劉氏曾駁王氏良知之説，及無善無惡之誤，而《聖學宗要》詳採陸元静〔一〕《良知問答》，何耶？蓋劉氏學從静坐入，而元静聞常惺惺之教，善疑善問，雖以王氏之善辨，亦不能遽屈服。迄今讀其問答，正有陸氏所疑問爲是，而王氏之所答爲非，然陸氏終屈服於王氏，孰是孰非，後人必有以論定之。」文治竊謂：吾儒信道宜篤，執德貴弘。劉氏採《良知問

〔一〕王守仁門人。

答》，正可爲學者洗心之法。若以是非論，則吕與叔先生與程子未發問答，窮究反覆，其得失亦正難辨别，學者體之於心而已。

《聖學三關》，一曰人己關，明乎爲己爲人之辨，而後可以入德。廣而言之，訑訑之聲音顔色，有己而無人，天下之大亂所由起也。二曰敬肆關，謹乎外以養其内。三曰迷悟關，則專勘之於内，若迷而不悟，安得先知先覺？人心何由而靈警？國性何由而善良乎？文治嘗欲再補三關，一曰孝逆關，敦門内之行，而順天道天之義推焉。二曰義利關，君子小人之辨嚴焉。三曰生死關，正直邪佞之途判焉。

《人譜》一卷，首列《人極圖説》，次《記過格》，次《改過説》。《人譜類記》二卷，仿朱子《小學外篇》之例，集古人嘉言善行，分類録之，以爲楷模。蓋先生主講蕺山書院時，爲諸生講授者。文治不揣愚陋，嘗欲以所著《人格》〔一〕附於《人譜》之後，或於世道人心，不無裨益。

《經術語類》《論語學案》四卷，於朱注外闡明新義，多激厲志節之語，讀之感動奮發。《大戴禮記》内《曾子十篇》，自盧植注後，鮮有發明之者，先生創作《曾子章句》一

〔一〕 唐先生《人格》，收録《唐文治文集》「論説類」中。

卷，推廣孝德，崇尚實踐，開孔氏廣森、汪氏炤之先，可與黄忠端《孝經集傳》並垂不朽。此外《大學古文參疑》等四種，皆推衍《大學》古義，而體勘誠意好惡之旨，尤極精微。先生湛深經術如此，或乃疑爲禪機，詎不誤哉？

讀《陸桴亭先生遺書》記

【釋】陸世儀之學乃唐先生家學，陸氏遺書亦其父子家刻，故本文論其學術及指示研讀門徑，特爲精辟。文又題《讀〈陸桴亭先生遺書〉法》刊於無錫國專《學術世界》第一卷第一期，一九三五年，頁三至五；並收録在一九四〇年刊出之《交通大學講演録》第二集第十一期。

桴亭先生之學，與崑山顧亭林先生相頡頏，惟得力各有不同。蓋二先生雖皆重實學，皆主經世，然亭林先生長於經術，爲漢學家所宗，其史學之閎博精實，歸宿於《天下郡國利病書》〔一〕。而桴亭先生則宗朱子家法，兼取東萊、永嘉之長，言經濟處甚多，不爲迂遠難行之論。

〔一〕具論於卷二之《顧亭林先生學派論》。

先大夫序文謂：「先生之學，自天文、地理、禮樂、農桑、井田、學校、封建、郡縣，以至河渠、貢賦、戰陣、刑法、鄉飲、賓射、祭祀、喪紀，無不源流畢貫。凡其所言，皆參酌今古，務在因時制宜，有可見諸行事。」又謂：「先生爲學大旨，在尚志居敬以立其本，致知力行以勉其功，天德王道以會其全，盡性至命以要其極。」則其學之淹貫純粹，兼體用，賅本末，可知矣。顧其遺書散亡零落，先大夫竭二十年之心力，加意蒐羅，共得二十二種，都凡七十三卷。迨後文治由世弟王君慧言處，假得集外文一卷補刊之，先大夫已不及見矣，思之泫然。

研究全書，當先讀《志學録》。蓋先生嘗自言：「自丁丑（一六三七）紀《考德録》，即日書敬不敬於册，以驗進退。卯辰間，以所考猶疎，乃更爲一法，大約一日之間，以十分爲率，敬一則怠九，敬九則怠一，時刻檢點，頗少滲漏。」〔一〕《志學録》乃崇禎十四年辛巳（一六四一）所記者〔二〕，較前數年所記尤詳盡。其自省敬勝怠勝，學者最當師法。又以《大學》八條目，每旬日作一總結，即《論語》所謂「日知其所亡，月無忘其所能」是

〔一〕 陸世儀《思辨録輯要》卷二「居敬類」文。
〔二〕 陸世儀《志學録》一卷，陸氏自記崇禎十四年（一六四一）三月初一至十二月三十日事。

也。求道之要，莫逾於此。蓋當時先生與陳確庵、江芍園、盛寒溪諸先生，每旬日必聚會講學，即各以日記爲考德問業之資。每日每月功課，皆以此爲歸宿，乃學聖賢者入門之法。先生是書係居憂時所記，亦當注意。

進而上之，當讀《思辨録》，則廣大而精微矣。據吴葉廷琯調生〔一〕《吹網録》載：「此書清初已曾分類刊板，其時即名《輯要》，每卷前題同學友人江士韶虞九、陳瑚言夏同輯，卷首有張能鱗序文，作於順治戊戌督學江南時。言原書四十餘卷，選輯僅十之三四，其目分小學、大學、立志、居敬、格致、誠正、修齊、治平八類爲前集，天道、人道、諸儒異學、經、子、史籍六類爲後集。目録前有發凡，每類目前復有小序，後又附書文、詩歌、雜説三類，爲毛師柱增輯。此舊刻大較也。至張清恪公重刻此書，頗有節删處，各條標目俱省，原增書文等三類亦裁去，且不分前後集，合併爲一。乾隆中，四庫館徵書，僅得張清恪刻本，其舊刻本爾時已難得。」云云。

文治按：葉所敘源流甚詳。先大夫所刻，用前江蘇書局刻本，蓋據嘉興沈鼎甫

〔一〕葉廷琯（一七九二～一八六九），號調生，自號龍威遴隱，江蘇吴縣人，廩貢生，同治初年舉孝廉方正，辭不就。

太夫子〔一〕刊本，乃吾鄉王研雲先生所藏舊本，最爲完善。是書囊括萬彙，網絡羣流，窮究天人，開物成務，無所不備。顧亭林先生讀此書，贊之曰：「當吾世而有真儒，《孟子》所謂窮則獨善其身，達則兼善天下，具内聖外王之學者也。」〔二〕其推崇如此。

至其中論天文數理，兼採西學，謂：「歐羅巴人盡心於天算，終歲測驗，故精於中國。」〔三〕見《思辨録前集》卷十四「治平類」。三百年以前，所見遠大，燭照靡遺。近今學校，頗知講《日知録》《東塾讀書記》等書，儻能以《思辨録》作爲課本，既可矯張皇幽渺之誣，更可救馳騁新説之弊，有功世道人心，非淺鮮也。

自《孟子》創「性也有命，命也有性」之説，宋儒遂分氣質之性、義理之性，後人借此以爲掊擊之資，不知程子言「論性不論氣不備，論氣不論性不明」，朱子言「天以陰陽五行化生萬物，氣以成形，而理亦賦焉」，明合理氣爲一矣。

凡研心性之學者，當讀《性善圖説》暨《思辨録後集》「天道」「人道」二類。蓋先生

〔一〕沈維鐈（一七七八～一八三九），字子彝，號鼎甫，浙江嘉興人，嘉慶七年（一八〇二）進士，官至工部侍郎。治程朱之學，校刊宋儒諸書以教士。卒祀鄉賢祠。

〔二〕顧炎武《與陸桴亭札》，載《顧亭林詩文集》卷六補遺。

〔三〕陸世儀《思辨録輯要》卷一四「治平類」原文云：「謳羅巴人君臣盡心於天，終歲測驗，故其精如此。」

言性，不離氣質，謂《易》《書》《詩》中之言「性」，與孔子言「性相近」、孟子言「性善形色天性」，皆屬氣質之性。宋周、程、張子論性，亦皆合理氣而言。朱子言性與氣合者十之八，分者僅十之二，其注《告子篇》分性與氣言者，因告子混生與性爲一，故特分析言之耳。

凡離氣質言性，而推極於人物未生以前者，虛渺之談也。當時顔氏習齋讀《性善圖説》，謂「人性之善，正在氣質，氣質之外無性」之語〔一〕，以爲「不惟得孔孟學宗，兼悟孔孟性旨，上書宗仰，恨不得親炙門下」。其心折如此。原書載《習齋記餘》中。竊謂先生論性得程朱真傳，倘戴東原、焦理〔二〕堂、戴子高輩得讀此書，可以息其喙矣。

其他如《太極圖説講義》《西銘講義》《一貫答問》，皆深入理窟，非迂陋之士所能襲取而託迹也。

研究兵法，當讀《八陣發明》。武侯八陣，鮮有能通其意者，先生爲之發明闡微，嘗謂：「六朝而後，如高歡、宇文泰之惡戰，死者至數百萬人，皆由用兵者不知化整爲

〔一〕指陸世儀語。
〔二〕「理」字原作「禮」。

散。蓋陣法貴如常山蛇勢，此策彼應，奇正相生。」此書所載，變化無方。先大夫書後謂：「西人制陣，必先用散隊，即是書所謂偏軍也。次用整隊，即是書所謂正軍也。兩軍交綏，用兩翼包抄法，即是書所謂卻月外向也。至於依山伏阻，因地制宜，亦不外乎是書變陣之法，是近人所謂體段用兵法。節節皆活，未嘗不暗合八陣之旨。雖然曾文正有言：『用兵之道，隨地形賊勢而變，斷無可泥之法、不敝之制。』然則，彼鄙夷古人之法爲不可復行者，即其不善學西法者也。嗚呼！可謂深切著明矣。至《思辨録》所載，謂『兵陣仁人之事，不仁之人爲民害，不得已而殺人以生人，此非大仁人不可』云云，見《前集》卷十七「治平類」。以慈祥愷惻之言，明勝殘去殺之旨，治兵者更當日三復也。先生精於武藝，梅花槍法爲天下第一，略見《思辨録》及文集《石敬巖傳》，惜其法久已失傳耳。」

研究地方自治，當讀《治鄉三約》。夫自治者，非馳騁空議，更非緣飾外觀，要在得化民成俗之本。先生所訂「治鄉之法」：每鄉設「約正」一人，掌教約、恤約、保約，以一鄉之籍，周知一鄉之事，教民讀法飲射，考其德而勸之，糾其過惡而誡之；分設「教長」一人，掌一鄉之教事，使之相愛相和愛，有罪奇邪則相及，以教法頒四境之社師，俾教其童蒙；設「恤長」一人，掌一鄉之恤事，主常平義倉粟米出入之籍，凡有鰥寡孤獨，則聞於官府而養之，歲荒則設粥廠賑濟；設「保長」一人，掌一鄉之保事，令民五人爲伍，伍有夫，五伍爲隊，隊有士；農功之隙，以時興修水利，暇則頒以射法，教之擊刺，習之守禦，國有大故，則率其屬而授兵登陴，凡盜賊水火之患皆司之。

以上諸約，綱舉目張，實《周禮》之遺，師其意而用之，一鄉治而一國治矣。後世文教善舉，陵夷殆盡，盜賊横行，閭閻不得安枕，惟行保甲團練之制，庶幾可望太平。孔子曰：「吾觀於鄉，而知王道之易易。」大同之世，外户不閉。文治遊歷歐美各國，歎其風氣純樸，康樂和親，與吾國古制隱相合符。然則居今之世，先生治鄉之法，急不容緩矣。同時陳確庵先生有《治綱》一書，亦宜研究。

吾國以農立國，農田水利爲最大學問。近世水患頻仍，科學家不諳中國水性土性，遂致鑿枘。欲研究水利，當讀先生《淘河議》《婁江條議》《論漕河》《開劉河》各書，暨《思辨録·水利》各條。蓋先生治水，專務疏濬，不徒恃堤防，且行之於平日，是以費省而功多。同時陳確庵先生有《築圍説》《築圩説》，亦宜研究。

此外《常平權法》，論官民之間，不可爲市，倡之以義，使其自爲，則或有成功；督之以法，强其從吾，則奸弊百出。蓋倣朱子《社倉法》而變通之，故能實惠及民。《蘇松浮糧考》謂：「明時〔一〕，歲漕江南四百萬石，而姑蘇居其半，於是蘇州財賦之名甲天下，國家倚爲外府，而習見習聞者，遂真以蘇州土田爲不竭之倉，而莫知賦税相沿之所自。」實則皆由洪武攻張士誠，蘇城堅守不下，久而始克，洪武遷怒，特加重賦，苛政害民，莫此爲甚。大聲疾呼，言之痛切。然而後世尚以江蘇爲外府，以給天下之求，吾民其何以堪？於此徵先生之書，俱足爲萬世殷鑑。

夫學道者，宜探道本；爲治者，宜明治本。回憶三十年前，與先師嘉興沈子培先生論曾文正公雜著，沈先生曰：「子亦知曾文正之學，本於桴亭先生乎？」蓋曾、胡、左三家，所以蓄積道藝，翕受敷施，皆由桴亭先生實事求是之學，開其先機，故能權衡萬變，因應而不窮也。本此意讀先生之書，庶能得其要領矣。抑又聞先大夫言：「先生輯《儒宗理要》六十卷，其後張公能麟〔二〕署名刊刻，僅得二十餘卷，尚有《書鑑》《詩鑑》《宗祭禮》，及蘇州吴氏鈔《剛齋〔三〕日記》〔四〕等書，今不知尚存否也？」斯道寥落，

〔一〕「時」字，陸氏《蘇松浮糧考》作「世」。
〔二〕張能麟，字玉甲，西山，順天大興人，順治四年（一六四七）進士。
〔三〕「齋」原誤作「齊」。
〔四〕《剛齋日記》，即《三魚堂日記》十卷，已收入浙江平湖市史志辦整理出版之《陸子全書》之中。

文獻無徵，俯仰身世，追維庭訓，痛洒蔚蒿之淚矣[一]！

讀《陳確庵先生遺書》記

先生所著《聖學入門書》[二]及詩文集等，刊於汲古閣毛氏。康熙間，張清恪公撫吳，曾刊其《講學全規》《社學事宜》《淮雲問答》及文集數卷，張刻絶少流傳，汲古閣本亦不數數覯。先生孫名溥字乾如者，就汲古閣本補綴，合已刻未刻諸稿，彙爲五十八卷，附列已亡書目十有八種，蓋當時已多散佚矣。

文治曩從先大夫校刊《桴亭先生遺書》，並蒐訪確庵先生著述，每展轉商借，隨時鈔録，最後得《周易傳義合闡》，爲刊行之。同時崑山趙君學南[三]校刊《頑潭詩話》及《離憂從游》二集，顧其遺書全帙，向未之見。歲乙丑（一九二五），世弟王君慧言主任吾邑圖書館，始從虞山李氏假得乾如原本，完好無恙，亟録藏諸館中，而屬余序其簡

[一] 「斯道寥落，文獻無徵，俯仰身世，追維庭訓，痛洒蔚蒿之淚矣」五句，《演講録》删除。
[二] 陳瑚（一六一三～一六七五）《聖學入門書》凡三卷。
[三] 趙詒琛，號學南，崑山人，與太倉王保譿善，在昆山設趙氏義莊，建「寄雲樓」藏書。

端〔一〕。慧言擬將各種次第付梓，僅刊《治綱》《日記》及《年譜》，而慧言去職矣。

當明季龍戰之會，正復社鼎盛之時，壇坫名流，争相角逐，而先生與陸、江、盛諸君子，肥遯荒野，姓氏惟恐人知。天如既殁，或勸之出，先生默不應，蓋其視塵世功名，翛然無與於己，憂則違之，確乎不拔。《儒行》「憂思」章，先生實踐之矣。

其遺書中之精要者，曰《聖學入門書》，分「小學日程」，以孝弟、謹信、親愛、學文爲大目；「大學日程」，以格致、誠正、脩齊、治平爲大目；「内訓日程」，以德、言、容、功爲大目。各分注善過細目於其下，又填敬怠分數於其上，逐日分記，半月總結，與桴亭先生《志學録》意同，由下學而漸臻於上達，後儒亟宜仿行之者也。

曰《講學全規》，規分八則，會分四事，約分十章，實具内聖外王之規模。而條理精密，皆先儒所未及者。

曰《治綱》，仿《周禮》文體，而自爲疏義。起於建都邑、封諸侯、設郡縣，極於限田制、禄巡狩、祭禮學、校兵刑，蓋策天下大局，以爲王者之法，雖古今時勢不同，未必能

〔一〕唐先生《頑潭詩話序》，收録《唐文治文集》「書序類」。

一一實行，然經國大綱，實不外是。後世苟能師其意而善用之，自無枘鑿〔二〕之患。曰《典禮會通》，鑑於近代文勝之弊，以《周禮》與《明會典》參酌成書，裁繁就簡，損文用質，以爲聚而不可遺者謂之「會」，行而無所礙者謂之「通」，合典禮而求其可行，故謂之「會通」。夫道有升降，政由俗革，議禮者固因時制宜，而必有所憲章祖述，世之鹵莽滅裂者，可以警矣。

他如《歷年日記》，足窺先生學識之大略，與夫德業之與年俱進。《條議》及《開江》《築堤》《周急》諸書，關係國計民生，皆能坐言起行，惜乎不見用於時，僅僅以農田水利，小試於一村一邑，而論者輒以吾儒爲迂，豈不謬哉！

至於詩文諸作，則醇乎有德者之言。爲學之勤，誨人之切，具於是見。人心學術之辨，名教世道之憂，或發端於論說，或託諷於詠歌，雖尋常酬應之作，率皆詞嚴義正，氣度雍容。懷才不遇，而絕無牢騷侘傺之詞；惟禾黍之悲，陸沈之痛，則時見於毫端也。昔年先大夫曾假汲古閣刻本鈔録一通，手蹟猶新，思之潸然。

竊惟吾鄉陸、陳二先生，同時講學，同爲醇儒，而抱經綸匡濟之才，其著述皆足以

〔二〕枘鑿，謂不相容。

抉儒先之精藴而後世所取法，豈徒褒衣博帶、聚徒講貫、託諸空言而已！陸子遺書刊行已三十餘年，而陳子之書，尚隱晦於傳鈔之餘，海内不乏同志，苟得有力者爲之表彰行世，吾當馨香祝之。

讀《二曲集》記

《李二曲先生集》四十六卷，光緒三年（一八七六）陜西石泉彭氏懋謙刊本，余於丁酉歲（一八九七）購自北京琉璃廠肆。計《悔過自新説》一卷、《學髓》一卷、《兩庠彙語》一卷、《靖江語要》一卷、《錫山語要》一卷、《傳心録》一卷、《體用全學》一卷、《讀書次第》一卷、《東行述》一卷、《南行述》一卷、《東林書院會語》一卷、《匡時要務》一卷、《關中書院會約》一卷、《盩厔答問》一卷、《富平答問》一卷；書三卷、題跋雜著一卷、傳一卷、墓誌行略等一卷；《觀感録》一卷、《襄城記異》一卷、《義林記》一卷、《李氏家傳》一卷、《賢母祠記》一卷、《堊室録感》一卷、《司牧寶鑑》一卷、《四書反身録》十六卷、《歷年紀略》一卷、《潛確録》一卷。以上各種，或係先生自著，或係門人輯録，或係旁人紀述，編次極爲疣贅。其最精者，如《學髓》《傳心録》《四書反身録》《堊室録感》，足以鞭策身心，有功世道不淺。

要而論之，先生之性情行詣，本狷介者流，其講學自謂：「希顔之愚，效曾之魯。」〔一〕實則克伐怨欲不行，先生足以當之。《史記》稱季次、原憲「懷獨行君子之德，義不苟合當世，故終身空室蓬户，褐衣蔬食不厭，死而已，四百餘年，而弟子志不倦。」〔二〕先生刻苦真修，其孝行爲千秋模範，較聖門兩賢，殆無媿色。

先太夫子黄薇香先生《讀二曲集》〔三〕，以先生之學與陸清獻相衡，末謂：「陸氏與秦定叟、范彪西書，極言陽明之非，而稱陳清瀾《學蔀通辨》之是；且嫌范彪西《理學備考》一書，薛、胡、王、陳並列，無所甲乙。李氏亦與秦、范相友善，而謂『范書於陽明誤同彼哉〔四〕之例』，且謂：『陽明與政府有隙，政府目之爲禪，南宫策士，每以尊陸背朱爲口實，清瀾遂爲書以逢迎政府，有識者正當憐憫，何可據爲定論？』蓋陸李之不同如此。夫陸李皆大儒，今已往矣，李氏有《二曲集》，其〔五〕《四書反身録》，亦有讀之

〔一〕《二曲集》卷五《錫山語要》。
〔二〕《史記·遊俠列傳序》文。
〔三〕光緒戊子春（一八八八）黄氏家塾刊本《儆居遺書》之六《儆居集》中《讀子集》卷四《讀二曲集》文。
〔四〕「哉」字脱，據黄氏《讀二曲集》文補入。
〔五〕「夫陸李皆大儒，今已往矣，李氏有《二曲集》，其」句脱，據黄氏文補入。

而慕其學者〔一〕。大抵其書〔二〕遵陸象山〔三〕……於《大學》斥朱門之以博物爲格物，於《中庸》言愚夫婦之良知良能與聖人同，於《論語》『學而』章與〔四〕顔淵喟歎……〔五〕不知而作諸章〔六〕……皆自申明心見性之學而佼佼自異者。其學歸重於陸王……〔七〕於朱子之學半明半昧……〔八〕幸此時〔九〕陸氏之書盛行，如日在天中，障霧不得而蔽之〔一〇〕。」云云。

文治謹按：先生《學髓》一書，確係陽明宗傳。而《傳心録》引李延平云：「爲學

〔一〕「亦有讀之而慕其學者」句脱，據黄氏文補入。
〔二〕「其書」二字脱，據黄氏文補入。
〔三〕此原文「斥時文之害人，意固切，辭固厲，而遂以詛罵，失著書之體」句爲先生所删，蓋唐先生回護時文者也。
〔四〕黄氏《讀二曲集》「於《論語》『學而』章與」作「于《論語》『學而』章云：『人若自始至終，事事效先覺之所爲，是義襲于外。』于」。
〔五〕黄氏《讀二曲集》「顔淵喟歎」後有「章云：『顔子非學夫子之道。』于《默識章》云：『認識本體。』引陸象山言：『識得朱濟道，便是文王，極口贊歎。』于」句。
〔六〕黄氏文「不知而作諸章」後有「極言見聞擇識之非真知，真知人所自具」句。
〔七〕黄氏文「其學歸重於陸王」後有「夫中乎遵守陸王，力標宗旨」句。
〔八〕黄氏文「於朱子之學半明半昧」後有「正如公超之霧，足障數里」句。
〔九〕「此時」二字原作「而」，據黄氏文補入。
〔一〇〕「障霧不得而蔽之」句，黄氏文作「而瘴霧不得蔽之也」。

不在多言，默坐澄心，體認天理二語，實爲用工之要；務期莊敬静默，從容鎮定，静以培動之基，動以驗静之存……則身安命立，天賦之本然復矣。」[一]此即朱子己丑悟道之説；蓋先賢學問各有得力之處，不必抑此而揚彼也。讀先生之書，苟能採其所長，悔過自新，常自刻責，庶幾進於克己之功，人格决不至墮落矣。至《埾室録感》，文治向所服膺[二]，爲人子者，尤宜熟讀也。

讀《顔李叢書》記

余於己丑歲（一八八九）旅館津沽，略聞顔、李先生之學，未遑研究也。壬申歲（一九三二），寄購二先生叢書[三]於北京，裒然三十二册，蓋新刻於北京者。顔氏書曰《習齋先生年譜》《四書正誤》《言行録》《闢異録》《四存編》《朱子語類評》《禮文手鈔》《習齋記録》。李氏書曰《恕谷年譜》《周易》《詩經》《春秋》《論語》《大學》《中庸傳注及問答》

[一]《傳心録》載《二曲集》卷六；大意復見《靖江語要》，《二曲集》卷四。
[二]李中孚《埾室録感》，唐先生《孝經大義》多所稱引。
[三]徐世昌主編《顔李叢書》，於北京四存學會一九二三年刊。

《中庸講語》《小學稽業》《大學辨業》《聖經學規纂》《論學》《學禮》《學射》《學樂録》《平書訂》《閱史郄視》《擬太平策》《評乙古文》《瘳忘編》《四考辨》《恕谷集》《天道偶測》《訟過則例》《詩集》，前有趙氏衡序，後有齊氏振林跋。《顔氏年譜》極爲詳實，即恕谷先生所輯。《四存編》頗有上下古今之概，其《存人編》喚醒人心，共有五喚，與吾錫顧端文《識人篇》相近。李氏篤守師承，所著《聖經學規》等，亦多獨到處。

《四庫提要》論塨《大學辨業》各書謂其解格物爲：「《周禮》三物〔一〕，云『孔子之時，古大學教法，所謂六德六行六藝者，規矩常存，故格物之學，人人所習，不必再言，惟以明德親民標其宗要，以誠意指其入手工夫而已。格物一傳，可不必補。』其説較他家爲巧。」又論《小學稽業》一書謂：「其誦詩一條〔二〕自造詩譜，舞勺一條〔三〕自造舞譜，此又〔四〕杜撰古樂，惟《學書》一篇，辨篆楷之分，極爲精核，然亦非童子所急。」〔五〕

〔一〕「其解格物爲《周禮》三物」句，《四庫提要》原文作「其所争在以格物爲《周禮》三物」。
〔二〕「一條」脱，據《四庫提要》原文補入。
〔三〕「一條」脱，據《四庫提要》原文補入。
〔四〕「此又」二字脱，據《四庫提要》原文補入。
〔五〕《四庫全書總目提要》卷九八子部儒家類存目四。

云云。大抵二先生爲學，自闢徑塗，堅苦卓絶，實足挽虚憍〔一〕之習。惟其排斥程朱，多尚意氣，余於學派論中〔二〕，已詳辨之。

邇來北方設立「四存學會」〔三〕，傳嬗二先生學説，且從祀兩廡，尊崇之不遺餘力，必以余説爲不然。惟余竊有疑者，據方望溪先生所作《李塨墓誌銘》謂：「剛主（即恕谷別號）一聞余言〔四〕，立將經説中不滿程朱語，削之過半。又舉習齋《存治》《存學》二編未愜余心者告之，隨更定曰：『吾師始教，即以改過爲大。子之言然〔五〕，吾敢留之爲口實哉！』」〔六〕今按顔氏書中，菲薄程朱語，仍復不少，據齊跋稱自道傳祠不戒於火，書板盡燬，展轉鈔傳而得之，豈今本所刊者，非李氏更定之原本與？

〔一〕虚憍，出《莊子·達生》：「紀渻子爲王養鬥雞，十日而問『雞已乎？』曰：『未也。方虚憍而恃氣。』」謂徒有意氣而已。

〔二〕謂《顔習齋、李恕谷先生學派論》。

〔三〕「四存學會」一九一九年十月在北京成立，位於前清太僕寺舊址，取顔元《存性》《存人》《存學》《存治》四書之名。總統徐世昌支持，昌明周孔之學，並將顔、李入祀文廟。

〔四〕此句唐先生略述方苞原文大意。

〔五〕「子之言然」四字脱，據方苞《李剛主墓誌銘》原文補入。

〔六〕方苞《李剛主墓誌銘》，載《方苞集》卷一〇。

《禮》有之，「天下有道，則行有枝葉，天下無道，則辭〔一〕有枝葉。」〔二〕吾國所患，空論多而實行少，得二先生以劑其虚〔三〕，詎不甚善？惟因士習囂然，喜攻異己，且齊物平等之説滂興，且以掊擊程朱者掊擊孔孟，吾爲此懼，不得不進以忠告。孔子曰：「擇其善者而從之，其不善者而改之。」〔四〕惟願學者師二先生之堅苦篤行，勿效其詆排宋儒，自以爲是。若一得沾沾，安於曲隅，極其弊則爲村學究矣。學問之道，貴乎綱絡羣流〔五〕，囊括萬彙。二先生所就，僅止於此，吾深敬之，又深惜之也。

讀《陸稼書先生全書》記

光緒辛巳（一八八一），余年十七，受業於先師鎮洋王文貞公。初見時，先師即授以《三魚堂文集》曰：「修身窮理之學，粗具於斯，子詳讀之。」文治三復熟讀，醰醰有

〔一〕「辭」字原作「言」，據《禮記・表記》文爲正。
〔二〕《禮記・表記》文。
〔三〕虚，即前所言虚憍。
〔四〕《論語・述而》載孔子曰：「三人行，必有我師焉。擇其善者而從之，其不善者而改之。」
〔五〕「網絡羣流」句，出郭璞《江賦》「網絡羣流，商榷涓澮」，謂統集大成也。

味[一]，沈浸於其中者十年。旋於書肆中購得浙江局刻《陸子全書》十六册，紙甚劣，南北遷徙，失去一册。厥後屬沈生炳燾[二]補鈔一册，即今之圈點本也。逮無錫國學專修學校成立，嘉興沈生傳曾將其師葛君之命，贈余《陸子全書》三十六册，先生著作，於是大備。葛君名嗣浵[三]，字稚威，爲平湖邑紳，創設尊古講舍，近聞已歸道山，深可惜也。

謹檢全書目録：

一、《三魚堂集》十二卷，門人侯銓等所編，《四庫提要》謂「其中有少時之作，先生意所不欲存者」，此説良是。研究之法，約分四類：甲、論説之屬，如《原壤論》《衛輒論》《公子荆論》等，可爲初學作文之法。乙、訓札之屬，如《與兒子書》《與壻書》《與席生漢翼漢廷書》，讀書立品之要具焉；《應别録》一册，以備觀省。丙、論學書之屬，如與湯潛庵、秦定叟、范彪西、李子喬各書，宜熟讀。丁、性命理氣之屬，如《太極論》

[一]「醰醰有味」，出王褒《洞簫賦》「哀悁悁之可懷兮，良醰醰而有味」，醰醰，醇濃之意。

[二]沈炳燾，字健生，長沙人，光緒三十二年（一九〇六）出版《地理學教科書》，曾任南洋大學學監。

[三]葛嗣浵（一八六七～一九三五），字稚威，平湖竹林人，家富藏書。光緒二十八年（一九〇二），在平湖葛家宗祠設立尊古講舍與稚川學堂，提倡新學，後改小學與初中學堂。

《讀正蒙》各條，而《學術辨》三篇，尤爲論學論世之本。

二、《外集》六卷。《四庫提要》謂「其多經世之文，應仿《朱文公集》例，列入正集」，學者雖不必更易，當心知此意。

三、《日記》十卷。酬酢應世，當奉爲準繩。

四、《賸言》十二卷。

五、《四書講義》二十卷，門人趙鳳翔編。其凡例云：「壬申冬，我師欲輯《四書困勉録》，每章分學、問、思、辨、行五條，書之日記，不意遂成絶章。」是此書尚係中年所作。按：汪武曹《四書大全》採録《困勉録》甚多，此蓋吴氏光酉所稱舊本講義，係人强名之爲《困勉録》者，年譜中辨之綦詳。憶余在二十歲以前，尚見坊間有《困勉録》一書，價昂未購，今《陸氏大全》亦無知之者矣。

六、《松陽講義》十二卷。先生自敘謂：「在靈壽時，簿書之暇，輒至學宫，爲諸生講書，有所觸發，間疏其意示諸生。或述先儒注解，或自抒所見，欲其即聖賢之言，引而歸之身心，不徒視爲干禄之具，使書自書，我自我。」又謂：「今之爲世道者，必自羞乞墦，賤壟斷，闢佛老，黜陽儒陰釋之學始。」嗚呼！其用心可謂至矣。唐氏《學案小識》謂是書：「當下指點，語語親切，讀者警醒感憤，生向善之心。是宜家置一函，朝夕玩味，未有不獲其益者。」文治嘗以是書講論於家塾二徧，又擇其最精者，録入《四書》大義中，知《學案》所言，誠有關於人心世道也。

七、《松陽鈔存》二卷。

八、《學術辨》一卷。

九、《古文尚書考》一卷。

十、《呻吟語質疑》一卷。

十一、《讀禮志疑》六卷。先大夫篤好此書，謂「其簡易平正，爲學《禮》者入門之書。」至今思之，不禁愴然。後之子孫，當誌此語。

十二、《讀朱隨筆》四卷。析理至精，曾刻入《正誼堂全書》中。

十三、《問學録》四卷。目録後有許仁杰記，謂「足本《問學録》嚮未梓行，其編入《正誼堂全書》者，删節本也。是本錢塘丁君丙借録」云云，極可寶貴。余按：前人嘗以《松陽鈔存》名《問學録》，或又謂係先生與吕晚村問答之書，一時往復，皆有關於學術，是否今不可考矣。

十四、《戰國策去毒》二卷。讀《國策》者，賞其文可也，因之以壞心術，斷不可也。

十五、《禮經會元疏釋》四卷。

十六、《莅政摘要》二卷。

十七、《治嘉格言》一卷。余初讀時，疑「治嘉」當改爲「治家」，及讀沈寶禾序，謂：「是書自教孝教弟諸大端，苟有益於我民，而爲人生日用所必資者，若父詔兄勉，一一代爲之籌，乃知公之心，固往來於千萬户身家中，視四境如一家。」云云，大哉聖人視中國猶一家，視吾民猶一身矣！謂之治國格言亦可也！

十八、《治嘉遺蹟》三卷。吾婁相傳：先生之治嘉定時，有兄弟搆訟，先生勸導之不聽，乃令其兄弟各縛一手足，使之薙草，越三日，兩人知左右手足相助，一時不可或缺也，相與涕泣，請罷訟，先生乃諭慰而釋之。今檢查無此條，恐記載者尚有遺漏也。

此外尚有《年譜》二卷，壬申歲（一九三二），松江吴生德明持以贈余，爲《全書》所未刻，以之較浙江局刻《陸子年譜》，增什之七。按：浙局刻爲李氏枚吉所編，先生甥倪喆林謂其舛誤多而事蹟略，而後來刻本，則爲吴氏光酉重輯。蓋據《陸子隨記》一書，間附遺文雜録之最切要者，極可寶貴也。

嗚呼！先生著作流傳至今，而其德行，世人相與歌頌之不衰。文治嘗謂先生平生學問得力，曰廉曰誠。惟至廉，乃能興生民之大利；惟至誠，乃能格天下之人心。《大學》引《詩》「有斐君子，終不可諠」，釋之曰：「道盛德至善，民之不能忘也。」《中庸》言「君子言而世爲天下法，行而世爲天下則」，引《詩》曰：「庶幾夙夜，以永終譽。」先生道德，山高水長。吾輩讀其書者，當步趨其爲人，每過疁城〔一〕，罣然高望矣。

讀《張楊園先生全集》記

余少讀賀藕庚先生《經世文編》〔二〕，見其「學術類」中多引張楊園先生語，至爲精粹。迨服官京師，得交崇明王君丹揆〔三〕，案頭有《楊園先生集》，假而讀之，迺大歎服，以爲與陸清獻相伯仲也。後乃於蘇州書局寄購一帙，計年譜一卷、詩一卷、書十三

〔一〕疁城，謂嘉定。陸隴其曾任嘉定知縣。

〔二〕賀長齡（一七八五～一八四八），字耦庚，號耐庵，湖南善化人，嘉慶十三年（一八〇八）進士，官至雲貴總督兼署雲南巡撫。道光五年（一八二五），與魏源合編《皇朝經世文編》一百二十卷，次年完成，分學術、治體、六部事務三類，收録清初至道光三年經世文章二千餘篇。

〔三〕王清穆（一八六〇～一九四一），字希林，號丹揆，崇明人，光緒十六年（一八八五）進士，官至商部右丞。唐先生撰《王文恪公行狀》（一九四一）。

卷、上書疏序雜文等十卷、補遺一卷、《問目》一卷、《願學記》三卷、《讀易筆記》等二卷、《見聞録》四卷、《經正録》一卷、《初學備忘》二卷、《近鑑》一卷、《備忘録》四卷、《近古録》四卷、《訓子語》二卷、《補農書》二卷、《喪葬雜録》一卷、《訓門人語》三卷，共五十六卷。

先生之學，窮理居敬，宗法考亭，知行並進，内外夾持，無一念非學問，無一事非學問，蓋所謂「言有教，動有則，晝有爲，宵有得，瞬有存，息有養」[一]者是也，其闇然自修之功至矣。唐確慎《學案小識》謂：「先生值仁山之厄，不僅潔其身，砥白雲之節；不徒衍其傳，純粹如敬軒；而窮研洞悉，謹飭如敬齊，而規模宏遠。」其比儗可謂確切。尤可敬者，蕭然畎畝之中，具萬物一體之量，絶不出而干時，莘野氣象[二]，無以過之。厥後陸清獻、李文貞先後大用，而先生獨不遇，豈非其命歟？然孔子有言：「樂則行之，憂則違之。」確乎其不可拔。《孟子》有言：「得志與民由之，不得志獨行其道。」聖門操守，固當如是，豈屑與斗筲之徒爲伍哉？先生與梨洲，真不愧蕺山之高弟矣！

[一] 張載《正蒙·有德》語，載《張子全書》卷三。
[二]《孟子·萬章上》云：「伊尹耕於有莘之野，而樂堯舜之道焉。」先生謂其人具聖賢氣象也。

其論學書最爲純粹，《備忘》《見聞》二録，得《小學》《近思録》之意。《見聞録》與嘉定黄陶庵先生[一]《吾師録》《自監録》相仿，然先生書人尚知之而不能讀，陶庵集則知之者鮮矣。《訓子語》《訓門人語》，言近指遠，守約施博，而《訓子語》尤爲可師可法，其中論「知人之明不可不學」一條，辨别賢不肖，精覈無倫，先大夫以之採入《處世須知》中，至今讀之，不禁泫然。《補農書》多係老農經驗，實參新法。《喪葬雜録》施濟善舉，人道中必不可廢之事，其踐履篤實，胞與大同如此！而論者乃謂先生師事念臺，轉闢陽明，所見抑何隘矣！

讀《湯子遺書》記

余先購《湯子遺書》於北京，後以贈紹君越千[二]，旋在上海别購一帙，不逮北京本，然大致完備，計年譜一卷、語録、會約、奏疏、序記、書、雜文等十卷、《明史稿》二十

[一] 黄淳耀（一六〇五～一六四五），字蘊生，號陶庵，嘉定人，崇禎十六年（一六四三）進士。弘光元年（一六四五）南京城破，嘉定失守，與其弟淵耀自縊殉國。黄氏乃先生推崇之氣節士。

[二] 紹英（一八六一～一九二五），馬佳氏，字越千，滿洲人。曾任商部右丞，光緒三十一年（一九〇五）爲出洋考察大臣，辛亥後留宫中任内務府總管。唐先生《滿洲二友傳》（一九二六）稱其爲氣節之士。

卷、《乾坤兩卦解》一卷、《洛學編》五卷、《遺書續編》二卷。

《四庫提要》載：「先生與陸清獻俱號醇儒，清獻篤守程朱，攻擊陸王，不遺餘力。先生之學，源出容城孫氏〔一〕，其根柢在姚江，而能持新安、金谿之平，大旨主於刻勵實行，以講求日用，無王學杳冥放蕩之弊，故二人異趣而同歸。」〔二〕云云。先太夫子黄薇香先生謂：「程朱、陸王之辨，紛紛〔三〕迭出，二家得失，已顯著於諸儒互詰中。湯公置其所異，悟其所同，設誠於内而致行之，汲汲於爲己之學而已。且明末諸君子以講學鳴，自信太過，自行其教亦太急，由是各立門户，互相標榜，一時隨聲附和之士〔四〕，肆口譏彈，諸君子之自啓其釁以此〔五〕，小人乘間而攻以此，明代元氣之喪即以此〔六〕。湯公憂之，惴惴焉以立身制行爲務，而不敢立學術之辨，豈非防其弊耶？湯公心折之友曰田簣山，陸氏讀簣山書，而云『覺向來汲汲於朱王之辨，未免氣浮而躁』，則湯公

〔一〕指孫奇逢。
〔二〕《四庫全書總目提要·湯子遺書》卷一七三集部。《四庫提要》原文人物以姓名表之，先生易以字號。
〔三〕「紛紛」二字原作「紛紜」，以黄氏《讀湯公潛庵〈遺書〉》文爲正。
〔四〕「互相標榜，一時隨聲附和之士」句脱，據黄氏文補入。
〔五〕「諸君子之自啓其釁，以此」句脱，據黄氏文補入。
〔六〕「明代元氣之喪即以此」句脱，據黄氏文補入。

之答書，亦陸氏所欽服矣。」〔一〕

文治因而嘆曰：　湯先生所見遠且大，而黄太夫子之論公且正也。蓋湯先生學問得力，惟在慎獨，以「仰不愧天，俯不怍人」爲宗旨；　故其平生，毁淫祠，懲惡少，崇聖學，斥邪佞，侃侃不撓，養天地浩然之正氣。學者當先讀其語録，次讀會約，次讀論學書《洛學編》，再參讀奏疏公牘，以究其實用，俾心體正大光明，庶不愧讀先生之書矣。

又《四庫提要》載彭氏定求有《潛庵文集節要》八卷，彭爲先生門人，選録必精，惜其書不經見。

讀《榕村全書》記

《榕村全書》，購於上海，共九十餘册，並無總目。種數既多，檢查匪易。據《學案小識》載先生所著，有《榕村語録》《榕村講授》《榕村全集》《周易觀象大指》《尚書解義》《洪範説》《詩所》《孝經全注》《古樂經》《大學古本説》《中庸章段》《中庸餘論》《論語孟子札記》《離騒經注》《參同契注》《握奇經注》《陰符經注》《麻象本要》《太極圖》

〔一〕　黄式三《讀湯公潛庵〈遺書〉》文，載《儆居集》中《讀子集》卷三，《儆居遺書》之六。

《通書》《二程遺書》《正蒙》等注，《朱子禮纂》《朱子語類四纂》《韓子粹言》《古文精藻》等數十種，余擇其最精者論之。

一曰《周易通論》，實先生畢生精力所在。其論乾之潛龍，坤之牝馬，即道家龍馬之説所本。後儒僅知龍馬之爲取象，而不知龍馬之爲精神。蓋黄帝傳《歸藏易》，《歸藏》首坤，故文王特著牝馬之象，是孔子所謂「吾觀殷道，吾得坤乾」者也。文治嘗推先生之意，以爲文王《艮》卦彖辭亦取《連山易》之義，謂周公《艮》卦六爻之辭，與孔子所謂「艮其止，止其所也」，其微意可見矣。先生又謂反對卦取象往往相通，如《夬》之四爻即《姤》之三爻，故皆言「臀無膚」；《損》之五爻即《益》之二爻，故皆言「或益之十朋之龜」；《既濟》之三爻即《未濟》之四爻，故皆言「伐鬼方」；此誼未經人道，昭然若發蒙。其他説《易》理，抉經之心，執聖之權，義理皆互貫旁通。後惠定宇作《易例》，多泥於漢儒之説，不逮先生矣。即《周易觀象》一書，雖宗《程傳》《本義》，而其所得，多有出於傳、義之外者，非空談圖象比也。

一曰《大學古本説》，已見學派論中〔一〕。

〔一〕 其説在本書卷二《李厚庵先生學派論》。

一曰《中庸章段》《中庸餘論》《中庸四記》。《餘論》中論喜怒哀樂謂：「人心者，愛也惡也，欲也懼也。愛之發爲喜，惡之發爲怒，欲之發爲樂，懼之發爲憂，人心動而吉凶判焉。是故喜者吉之根也，怒者凶之根也，樂者吝之根也，憂者悔之根也。……吉凶悔吝之介，興衰治亂之幾也。是故喜者治之象也，怒者亂之象也，樂者盛之象也，哀者衰之象也。」「喜樂陽也，怒哀陰也。喜極則生樂，怒過則生哀，以類相生者也。哀生喜，樂生怒，反類相生者也。……哀生喜，亂而向治者也。喜生樂，樂生怒，治而入亂者也。善檢身者，不於樂生怒之時，而於喜生樂之際。」「故愛欲惡懼相生之界，則當節之以思也；喜樂怒哀相生之界，則當節之以和也。……節之以思，則理明而氣定；節之以和，則氣定而理明。」又曰：「懼者，平惡而節愛欲者也；哀者，殺怒而生喜樂者也。憂懼亦情也，而君子以制其情焉。」又曰：「懼者，衆情之懾也，生人之命也。小人爲畏威，學者爲畏義，君子爲畏天。」[一]蓋天生之意，以喜怒哀與愛惡欲，循環爲用，必以戒懼爲主，以復天命之性，是即《論語》畏天命之義。學者未有不畏天命，而能成其德者也。旨哉斯言！爲存養之本，即爲治亂之基矣。

[一] 李光地《中庸餘論》文至此爲止，唐先生特揭取「懼」義，所以立「敬天命」之大義。

至解《論語》，雖不若《中庸》之精。然謂「温良恭儉讓五德」及「子温而厲」章「皆聖人上法天行元亨利貞之德」，與解「歲寒」章謂：「松柏非不彫也，特後彫耳。新者已長，舊者始謝，人自不覺。」〔一〕《天保詩》曰「如松柏之茂，無不爾或承。」蓋道統相承之意，與《禮器》「松柏有心」相合。余嘗謂《子罕篇》皆言教育之法，先生説勝於舊解多矣。

此外如《正蒙注》《參同契注》《朱子禮纂》等，亦皆平實易曉。蓋自朱子以來，著作之夥，未有如先生者，惟近代曾文正足與相埒。然以功業而論，文正固勝於先生；而窮理之精奥，則文正不及先生也。

讀《正誼堂文集》記

張孝先先生〔二〕《正誼堂文集》，刻入《正誼堂全書》中，前集十二卷，爲李雨蒼選定，高斌爲之序；續集八卷，門人張朱霖所編，大抵前集所未録者，張爲跋於後。先

〔一〕李光地《榕村語録》卷三「上論二」原文云：「松柏非不彫也，新葉已生，舊葉徐落，特『後彫』而人不覺耳。」

〔二〕張伯行（一六五一～一七二五），字孝先，號恕齋，河南儀封人，康熙二十四年（一六八五）進士，官至禮部尚書。提倡理學，不遺餘力。

生所刻濂洛關閩之書，不下六七十種；其所自著者，則有《困學録》《續困學録》《正誼堂文集續集》《居濟一得》等，見於沈近思所爲行狀〔一〕，惟行狀謂《文集》四十卷，續集十卷，今本前後集僅二十卷，所缺甚多。蓋行狀所載，當係原本，而未經擇選者也。

先生之學，以程朱爲準的，不參異説，不立宗旨，恪守主敬、窮理、反躬三大端；以聖人之道爲必可學，以聖人之功爲必不可一蹴而致；循序漸進，若無一非困而知、勉而行者，歷艱險崎嶇，千磨百練，以成其確乎不可拔，凜乎不可干之氣象。是集皆本躬行心得之餘，而足以爲修己誨人，致君澤民之要道。其尤可師法者，在振災荒、興水利二事。

考集中所載，如《臺屬疊被災傷〔二〕題請分年帶徵疏》《請酌撥庫銀買米平糶疏》《請續賑淮揚徐三屬災民疏》《再奏設立社倉並附條例摺》，又《遵諭條奏黄河摺》《條陳黄淮河務十條》《西北水利議》等，惓惓愛民之意，溢於言表。夫民爲邦本，天下未

〔一〕沈近思《誥授光禄大夫禮部尚書加二級贈太子太保謚清恪儀封張先生墓表》，載《碑傳集》十七卷。沈近思（一六七一～一七二七），字位山，號闇齋，運河鎮五杭人，康熙三十九年（一七〇〇）進士，官至都察院左都御史，卒謚端恪。

〔二〕「傷」字原誤作「荒」。

有不愛民而能行政者也。先生事上治民，幾於不動而敬，不言而信，是以聖祖每稱曰「天下清官第一」，世宗賜之匾曰「理學名臣」。然則是集也，固可考見當時明良之盛，至於恤民之政，治水之方，皆可開卷而得益者也。《孟子》曰：「聞伯夷之風者，頑夫廉，懦夫有立志。」吾於先生書亦云。

讀《理學逢源》記

《理學逢源》十二卷，汪雙池先生[一]著。光緒庚子，譜兄世伯先諱譱，持以相贈，時拳匪之亂初定也。汪先生諱紱，字雙池，婺源人，與江慎修先生同里；江先生名聞天下，而汪先生則知之者絕少。是書前六卷爲内篇，後六卷爲外篇。卷一至卷三「聖學類」，卷四至卷六「物則類」，卷七至卷十「王道類」，卷十一、十二「道統類」。自序謂：「自天人性命之微，以及夫日用倫常之著；自方寸隱微之細[二]，以達之經綸一世之猷，亦庶幾井井有條，通貫融徹。所以反求身心，以探夫天性之本原者，

[一] 汪紱（一六九二～一七五九），字燦人，安徽婺源人，乾隆初年諸生，博通著稱。
[二] 「細」字原作「地」，據汪氏序文爲正。

亦可不待外求而得終身焉。」先太夫子沈鼎甫先生諱維鐈[一]序曰：「朱子謂四子書，六經之階梯；《近思録》，四子之階梯。今先生是編，又將與《西山讀書記》同爲《近思録》之階梯。」云云，則其有實益於身心可知。

或疑卷首列《陰陽五行化生萬物圖》《鬼神情狀圖》《天德王道圖》等，毋乃支離而虚渺與？

按：《鬼神情狀圖》以元亨利貞分配：「元，於人爲始生而幼弱之初。……亨，於人爲方壯而有爲之日。……利，於人爲練達而老成之日。……貞，於人爲衰老全歸之成。……由陽而至陰，由人而至鬼。……先王因人心之感，而制爲祭祀之禮，故祼鬯以求之；陰而報魄，燔膋以求之；陽而報氣，則萃人心之鬼神，以感通乎天地之鬼神。然亦必祖孫本屬一氣，及精神足以相攝者，乃能有以通之。」語極精覈。《天德王道圖》，天命爲根源，而推及於率性之道、修道之教、位育之效，亦皆切實。惟《陰陽五行圖》未免支離耳。

[一] 沈維鐈（一七七八～一八三九），字子彝，號鼎甫，浙江嘉興人，嘉慶七年（一八〇二）進士，官至工部侍郎。治程朱之學，校刊宋儒諸書以教士。卒祀鄉賢祠。

唐氏《學案小識》推許此書，然較諸薛氏《讀書録》、陸氏《思辨録》，則固瞠乎後矣。先生文集〔一〕，余未之見，僅得年譜四卷，同治間四川刻本。夏弢甫先生鑑定並爲之序，亦甚可寶貴也。

讀《朱止泉先生文集》記

《朱止泉先生文集》八卷〔二〕，初刻於乾隆四年，厥後書版散失。光緒辛丑（一九〇一），其六世姪孫朱壽鏞〔三〕爲之重刊。先生自幼專務賅博，未得要歸；顧獨念朱子之學，實繼周程，而紹顔孟，以上孔子。因取《朱子文集》《語類》《全編》讀之，潛思力究，

〔一〕汪紱《雙池文集》十卷，道光十四年（一八三四）婺源洪氏刊。
〔二〕朱澤澐（一六六六～一七三二），字湘陶，號止泉，江蘇寶應人。篤信朱熹居敬窮理之學，與王懋竑論學，認爲：「道問學莫如朱子，尊德性亦莫如朱子。觀朱子中和之説，其於《中庸》之旨深矣！故知居敬窮理衹是一事，窮即窮其所存之心，存即存其所窮之理，初非有二也。」（江藩《國朝宋學淵源記》）著有《止泉文集》《止泉外集》《朱子聖學考略》《朱子誨人編》《先儒辟佛考》《王學辨》。
〔三〕朱壽鏞，曾任河南布政使，光緒三十四年（一九〇八）於原籍家塾創設敦睦小學堂，捐銀二萬五千餘兩，推行新學。

至忘寢食，遂於紫陽之學，升堂入室。同時顧畇滋〔一〕、王爾緝〔二〕、是玉雯〔三〕、戴西洮〔四〕、王予中諸先生，咸推重之，唐氏《學案小識》列入「守道學案」。集中如《朱子未發涵養辨》《格物説辨》《讀中和舊説序》《讀朱子語類》《讀朱子答陳超宗、程允夫、何叔京書》《讀朱子答黄直卿書太極説仁説》《讀朱子答程允夫書》，以及《坤復乾艮四卦説》《主静説》《性情説等篇》，皆根極理奥，於朱子書殆能背誦無遺。

其《未發涵養辨》曰：「朱子涵養未發，後人或諱而不言。……不知其〔五〕原與陸王兩家不同，不必諱也〔六〕。蓋朱子之涵養，雖受之延平，而其默契乎心統性情，貫動静之奥，傳之久遠無弊者，實發龜山、豫章、延平所未及言，而直上合乎伊川。當其見延平時，方用力於格物致知之學，延平雖授以未發之旨，而朱子不以爲然。十餘年而

〔一〕顧培，字畇滋，無錫人。與張伯行往復討論静坐之説。
〔二〕王心敬（一六五六～一七三八），字爾緝，號澧川，陝西鄠縣人，李顒門人。
〔三〕《朱止泉先生文集》中有《寄是玉雯書》。
〔四〕戴晟（一六五九～一七三五），字晦夫，號西洮，山陽人，康熙朝諸生。萬斯選門人，從黄宗羲問學，傳王守仁、劉宗周之學。
〔五〕「不知其」三字，朱澤澐《朱子未發涵養辨一》無。
〔六〕概述大意如此，非原文。

延平没，未達其旨，故與叔京輩敘説以爲辜負此翁。及與張南軒往還，以未發之旨再三質證，所以有人自有生，四書皆是竊究此旨而未達之時所諄諄問辨者也。……而程子未發之旨，亦未嘗一日去於心也。……故於季通辨論之餘，疑而悔，悔而悟，反覆於程子諸説，而自覺其缺涵養一段工夫也。朱子悟涵養之旨，自己丑始；悟涵養之旨，無諸賢之流弊，亦自己丑始。其要旨在心兼體用，敬而無失，乃所以涵養此中，必實致其知，日就光明而學乃進也。悟心兼體用，而有涵養於未發，貫通乎已發之功，則向來躁迫浮露之病可去，而有寬裕雍容之象矣。悟敬以涵養，又必致知，則絶聖去智，坐禪入定，歸於無善無惡之弊有所防，而陽儒陰釋之輩，無所假借矣。自此以往，涵養之功日深，所見愈精，本領愈親。如『涵養於未發之前，則中節者多，湖南諸友無前一截功夫』，則有答林擇之之書。『平日有涵養之功，臨事方能識得』，則有答胡廣仲之書。……朱子涵養之序如此，原與後世陽儒陰釋，假未發之旨，實行其『不思善不思惡』〔一〕之術者，較若黑白，何爲有所避忌而不言哉？」〔二〕

〔一〕《壇經》語。
〔二〕《朱子未發涵養辨一》，載《朱止泉先生文集》卷七。

其《格物説辨》曰：「陽明詆朱子爲析心理二，爲義外〔一〕。……不知朱子講習討論之功，酌古參今之學，無非明此性體。『久之而衆物之表裏精粗無不到，即物之統於吾性者無不至，吾心之全體大用無不明，即吾性之涵夫物者無不徹。』終朱子之身，總是格物，總是知性，而未發之中，昭明形著。斯學問之極功，内外一致之實驗也。……學者循朱子之序，由發處用功，體驗到未發之中，即仁義禮智之渾然者，原自天地萬物一處來。……夫乃恍然知朱子格物之學，直是心理合一而非二也。」又謂：「學者於已發未發説，均未及細讀。不知此一篇者，實《大學中庸章句》《或問》之根原，格物知性之實地。以熟體之，而後深信朱子格物之學，實有向裏安頓處。初不令人誤用於所不當用也」〔二〕云云。以上皆節録。

此二辨合涵養、致知爲一事，深得《易傳》「敬以直内，義以方外」之旨。所謂「方外」者，實在内而非外也，其立説有與陽明相近處，而其功夫確與陽明異。得先生之言，後世德性問學之争喙，可以息矣。復有外集五卷，則皆粗迹，《聖學考略》别有記。

〔一〕「陽明詆朱子爲心理二，爲義外」，朱氏《格物説辨一》原文云：「自陽明以朱子格物爲析心理二，爲義外。」
〔二〕《格物説辨一》，載《朱止泉先生文集》卷七。

讀《白田草堂存稿》記

文治初於《學海堂經解》中，得讀《白田草堂存稿》，皆選録釋經之作，非完書也。後在京師琉璃廠，始購得是書，共八卷，除首卷釋經外，餘皆雜著。

按：黄薇香太夫子《儆居集》〔一〕以爲是書多可商之處，其言曰：「王集〔二〕首辨《易本義九圖》非朱子之作，遂謂《本義》中未嘗參邵子之説，惟《啓蒙》則本邵子。竊〔三〕按：《繫辭上傳》『兩儀生四象，四象生八卦』，《本義》有『一畫分陰陽，二畫分大〔四〕少』，詳見序例，《啓蒙》之説；《繫辭下傳》『八卦成列，因而重之』，《本義》有『乾一兑二、離三震四、巽五坎六、艮七坤八』之説；《説卦傳》『天地定位』節，《本義》云：『此邵子所謂伏羲八卦之位，先天之學也。』然則王氏謂《本義》無邵子之説，其可信

〔一〕黄式三《讀〈白田草堂集〉》文，載《儆居遺書》之六《儆居集》中《讀子集》卷三。
〔二〕「王集」，謂王懋竑《白田草堂存稿》。王氏（一六六八～一七四一）字予中，號白田，江蘇寶應人，康熙五十七年（一七一八）進士，治朱子學。
〔三〕「竊」，黄氏文作「式三」。
〔四〕「大」字原作「太」，據黄氏文爲正。

乎？……王集卷二辨《家禮》非朱子所作，因詳論《家禮》之悂謬，朱子必不爲此。竊〔一〕按：朱子丁母祝令人憂，於苫塊之中，鈔集《家禮》，本未成之書。既而書亡，不能增損訂正，則是書之有悂謬，不足爲朱子病。《家禮》之序，與朱子平日之文，無不脗合。邱瓊山謂此序非朱子不能作，可謂知言〔二〕，然則王氏之説〔三〕可信乎？……王集十一、十二卷《答朱湘淘書》，辨朱子晚年言主敬不言〔四〕主静，其説詳明。……而卷七據朱子《答吕士瞻書》，以程伊川不可於未發求中爲甲辰定論。竊考朱子前信伊川説，於是有主静之學，後知静寂無益，信李氏求中未發之旨，本非求於無心。雖朱子後悟敬賅動静，較李説爲備，而與伊川思即已發之旨迥異，則《與吕士瞻書》必非甲辰定論。王氏言朱子自庚寅年四十一，知敬賅動静，學問大旨已定，而復以伊川不可於未發求中爲甲辰定論，豈年五十有五，仍狃守主静之學乎？則王説之自矛盾也。王

〔一〕「竊」，黄氏文作「式三」，下同。
〔二〕「可謂知言」句脱，據黄氏文補入。
〔三〕「王氏之説」句，黄氏原文作「王氏引邱瓊山之言而駁之」。
〔四〕「言」字脱，據黄氏文補入。

集卷十三《與朱宗洛、喬星渚書》，詳辨《孟子》求放心之説，謂……〔一〕求放心不必言求已放之仁心，而以〔二〕黄勉齋、饒雙峯之説爲非。……然《孟子》言學問之道無他，務求已放之仁心，即《論語》所謂『依於仁』也。勉齋答雙峯云：『三心字以仁言』，是矣。然則王氏以學者未可遽識仁，遂謂求放心之非求仁，不尤失乎？」以上節録。

文治謹按：先生謂《易本義九圖》非朱子所作，竊嘗以近時仿宋影宋本校之，卷首皆列《九圖》，實一疑案。今古文《尚書》最爲支離轇葛，先生《古文尚書考》，源流清晰，爲經學家所必讀；《朱子家禮辨》，已於學派論中詳著之，學者正不妨並存其説，以待參考。他若「主静」及「求放心」兩條，當體之於身，驗之於心，以其有實得之印證，不必空言争勝也。《論語》曰「君子和而不同」，薇香先生固嘗謂「近儒爲朱子學者，陸氏稼書、王氏予中，可謂盡心」。惟二家之書，所以申明朱子者，亦復不能畫一耳。然則此書雖不能與《三魚堂集》並峙，而較乾嘉以來，博而寡要，約而隘陋諸儒，相去不萬萬哉？

〔一〕此删「學問以求放心爲本、學問所以求放心，二説皆本朱子，以前説爲是」等句。
〔二〕「而以」二字，黄氏《讀〈白田草堂集〉》無。

讀《唐確慎公集》記

《唐確慎公集》，余於甲午歲館北京翁宅時[一]，翁生之潤介公孫某來見，持此書相贈，迄今四十餘年，公之孫久無音問，並忘其名矣。集凡十二卷，曰奏疏，曰序説、論議，曰記碑、題跋、書，曰傳、墓志銘、墓碑、墓碣、哀辭，曰稟移示諭，曰詩，曰歌，曰語。

曾文正作先生墓志銘謂：「先生在翰林時，著有《朱子年譜考異》《省身日課》《畿輔水利》等書。在廣西著《讀易反身録》。居喪著《讀禮小事記》。……入爲九卿，又著《易牖學案小識》等書。……晚歲著《讀易識》，編次《朱子全集》，别爲義例，以發紫陽之藴。」[二]今所傳者，惟《學案小識》一書，餘皆未得見，深可惜也！

《文集》卷一載《朱子學案目録序》，列統紀、性道、敬明、新止、至善、格致、誠正、脩齊、治平、時事、傳述、論撰；此外，詩則分興、觀、羣、怨，又有附識。其義例尚可考

[一] 時先生爲翁同龢之塾師。
[二] 曾國藩《唐確慎公墓志銘》，載《曾文正公文集》卷四。

見，當與《御纂朱子全書》相類。論説中以《格物説》爲最精。按：阮文達論格物〔一〕，實爲漢學家之宗，而先生説格物，則可窺宋學家之藴。餘亦粹然壹出於正，後之學者，能奉先生爲正鵠，可以冀世道之寖昌矣。

讀《羅山遺集》記

《羅山遺集》，余於戊子歲（一八八八）購於江寧；計詩文集八卷、《周易附説》一卷、《讀孟子劄記》二卷、《西銘講義》一卷、《人極衍義》一卷、《姚江學辨》二卷、《小學韻語》一卷、《年譜》二卷。

先生品詣堅苦卓絶，功業震耀一時，使其大成，可與胡文忠、曾文正兩公並峙，乃攻武昌未克，中傷遽殞，年僅五十。臨終時自書云：「願天多生好人，補偏救弊，何必苦此蚩氓？」又書曰：「亂極時立得定，纔是有用之學。」〔二〕嗚呼！可謂聖賢豪傑之士矣！其所著文集，俱凜然有正氣。

〔一〕指阮元《大學格物説》，載《揅經室一集》卷二；以實踐之道爲説，非唐先生所取者也。
〔二〕羅澤南於咸豐六年（一八五六）三月二日在武昌大東門受傷，血流覆面，至八日不治，遺言如此。

《西銘講義》，先生於己酉歲（一八四九）爲諸生講解而作，其論「理一分殊」之旨曰：「理一不難知也，分殊難知。分殊不難知也，分殊之中各有其處之之道難知。然而豈知之而遂已哉？人稟二五之精以生，理即從而賦之；天地萬物，皆吾一體，雖其中親疏殊情，貴賤異等，而其天理之流行，實未嘗有一毫之稍間。……是以古之君子，親親而仁民，仁民而愛物，必皆有以盡其當然之則。向使於分殊之處，一毫有所未善，則此一理之渾然者，遂有所虧而莫周。義之不盡，又何以爲仁之至哉！」〔一〕自有先生此書，而民胞物與之説，不爲空言矣！

《人極衍義》原本《太極圖説》，上溯《易傳》三才之道，與《中庸》參贊化育之旨。

《讀孟子劄記》，上下古今，通達事變，不爲迂儒之論。

《小學韻語》，爲童蒙必讀之書，誨以誠，養以正，將來人格自不至於墮落。先妣胡太夫人恒言：「教兒嬰孩，訓婦初來，《書·召誥》言『若生子，罔不在厥初生，自貽哲命』。此家庭第一要事，立教第一要事，即人生第一要事也。」

《年譜》樸實詳盡，惜不知何人所輯。《詩》有之：「高山仰止，景行行止。」讀其

〔一〕羅澤南《西銘講義敘》，載《羅忠節公遺集》。

書，論其世，雖不能至，心嚮往之矣。

讀《倭文端公遺書》記

《倭艮峯先生遺書》，余於壬戌歲（一九二二）購自上海，係六安涂氏求我齋刻本。計《帝王盛軌》一卷、《輔弼嘉謨》一卷、講義一卷、奏疏一卷、《爲學大指》一卷、日記四卷、雜稿一卷、《吏治輯要》一卷，續刊三卷。先生爲學，篤守程朱，與曾文正諸公，同請益於唐鏡海先生之門。

《遺書》卷首《輔弼嘉謨》所引，自成周始，以迄現代，嘉言讜論，人君讀之，不放縱其心，不專制於事，治天下不難矣！

《爲學大指》，仿胡敬齋先生《續白鹿洞規》意，輯爲六條：一曰立志爲學，二曰居敬存心，三曰窮理致知，四曰察幾慎動，五曰克己力行，六曰惟己及人。蓋先生畢生學術，所以宗法宋儒者，由此可見大略。

「日記」自道光丙午年（一八四六）始，至丙寅年（一八六六）止，多砭己自責之語。

「雜稿」中論學書，亦皆篤實正大，雖氣象未免狹隘，遠遜唐宋名臣，然八旗舊習，大都志驕氣浮，正人君子不能多覯。同光而後，倘得如先生者，作之楷模，整理上書房及八旗官學，掃除粉飾太平、專任親貴之弊，何致有淪胥之禍〔一〕哉？

讀《拙修集》記

余於壬午（一八八二）秋赴省試，先師王文貞公開示應購理學書目，内有吴竹如先生《拙修集》〔二〕，遂於金陵書局中購之以歸。蓋同治十年（一八七一）涂氏求我齋刊本，計《恭紀》一卷、劄記一卷、《讀書記疑》二卷、《校正理學宗傳辨正按語》一卷、書後一卷、書三卷、家書一卷，共十卷；本方存之〔三〕所輯，後楊德亨〔四〕重爲編次。

先生復有《手評朱子大全集》，余於王文貞公處曾借臨一通。先生自壯至老，服膺朱子，一念一動，守其言不逾尺寸。是書於心性之微，理氣之辨，與夫家國天下之故，無不有以直揭其要。

〔一〕謂不教之弊，致淪喪宗社之禍。
〔二〕吴廷棟（一七九三～一八七三），字彦甫，號竹如，安徽霍山人，道光六年（一八二六）拔貢生，官至刑部右侍郎，存《拙修集》凡十卷。
〔三〕方宗誠（一八一八～一八八八），字存之，號柏堂，安徽桐城人。繼承桐城文派，見知於曾國藩。
〔四〕楊德亨（一八〇五～一八七六），字仲乾，安徽貴池人，受知於曾國藩。

論學書中，與方魯生辯論至二十次之多，儒釋之界，斷斷焉不稍假借，可謂能閑先聖之道矣。惟分析過細，遂生門户之見。如《讀薛文清〈讀書録〉》《陸桴亭先生〈思辨録〉》，凡關於操存涵養，與兼採陸王之説，莫不加以異議。《禮運》之論道曰：「連而不相及，順而不相害。」《中庸》之論道曰：「萬物並育而不相害，道並行而不相悖。」小德川流，當以大德敦化鎔之。先生剖察毫釐，其果有不得已者歟？抑諺所謂「四路把截」者歟？夫講道而至於四路把截，此理學之所以孤立而無助也〔一〕。

〔一〕以批判偏守者終篇，深意存焉。